刑法各論

［第3版］

山中敬一

成文堂

索引作成等でも多大な協力を頂いた成文堂編集部の篠崎雄彦氏に対し心よりお礼申し上げたい。

2015 年 6 月 20 日

山　中　敬　一

第3版はしがき

　2009年に第2版を上梓して以降、6年以上が経過した。その間、平成23年に、長年懸案となっていた「情報処理の高度化等に対処するための刑法等の一部を改正する法律」が成立し、不正指令電磁的記録に関する罪が新設され、わいせつ物頒布等の罪が拡充され、電子計算機損壊等業務妨害罪の未遂犯処罰規定が新設された。同じく、強制執行妨害関係の罰則整備として懸案となっていた96条以下の改正についても、この法律によって、改正された。これらについては、第2版ですでに改正立法の計画に上がっているものとして、ほぼ現在のような条文を掲げ、補充的に論じていたが、それらを現行法として解説することが必要となった。さらに、2013年には交通事故に関する危険運転致死傷罪（旧211条2項）および自動車運転過失致死傷罪（旧208条の2）についても、これを刑法典から外して単行法に移行させるという大きな改正がなされ、「自動車の運転により人を死傷させる行為の処罰に関する法律」（平成25年法86号）が、2014年5月から施行された。それとともに、危険運転致死傷罪にあたりうる基本的な危険行為の類型が拡充され、さらに、過失運転致死法アルコール等影響発覚免脱罪（同法4条）、無免許運転加重規定（同法6条）が新設された。これらの危険運転致死傷罪に加えて過失運転致死傷罪についても、刑法典から特別法に移されたのではあるが、本書では、犯罪統計上もその頻度において重要な地位占めるのみならず、司法試験における出題および一般市民における関心の高さに鑑みこれにつきなお解説を加えた。

　今回の改訂にあたっては、新立法や法改正のみならず、もとより新たな判例を採り上げ、解説内容についてもアップツーデートなものとした。理論的には、とくに財産犯における判例の蓄積による理論の進化を反映させ、部分的には新たな理論構成を試みた。

　第3版への改訂にあたっては、本書の改訂を熱心に勧めて下さった成文堂に対して満腔の敬意と感謝の意を表したい。また、とくに、このところ何年かにわたり冬休みおよび夏休み毎に長期のドイツでの在外研究を繰り返したため、改訂作業や校正作業に中断を余儀なくされたにもかかわらず、校正・

第2版はしがき

　本書初版を2004年に上梓して以降、いくつかの重要な法改正があった。その一部には、増刷の際に限定的ながら加筆し、巻末に「補遺」を付けるなどして対応した。総論に比べて、初版からの年月の経過はさほどでもないが、各論においては、理論面が前面に出る「総論」よりは、法規定に拘束される比率の高い各則の構成要件の新設や改正には迅速に対応する必要があるため、法改正への対応を「文言の修正」と「補遺」で行うことには限界がある。このようにして、最新の法状態に対応する必要があったほか、初版以降の重要判例を取り入れるという課題もあったが、今回の改訂のもっとも大きな動機の一つは、「総論」の合本化に合わせて本書も1冊にまとめるということであった。これによって、機動的に統一的な改訂が可能になるからである。

　初版以降の主な改正につき、増刷の際に何とか対応したのは、平成17年の「刑法等の一部を改正する法律」による強制わいせつ・強姦罪・強姦致死傷罪の法定刑の見直しと集団強姦罪（178条の2）の新設（☞§52の2）、および、「略取、誘拐および人身売買の罪」（33章）の改正（初版「補遺」）であった。今回、この増補分を加筆修正のうえ本文に組み込んだ。増刷以降の改正でその際対応しきれなかったのは、平成18年の公務執行妨害罪（95条）ならびに窃盗罪（235条）への罰金刑の新設、平成19年の自動車運転過失致死傷罪（211条2項）の新設ならびに危険運転致死傷罪（208条の2）の改正であった。初版当時、予定されていた、コンピュータ・ウィルスの作成、電子計算機損壊等業務妨害罪の未遂処罰、強制執行妨害罪等に関する改正（☞§238）は、現在でもそのままになっている。

　初版執筆時の方針として、各論は、総論とは異なり文献の引用を少なくし、個々の問題点に深入りすることをできるだけ避け、概観を与えるよう努めた。第2版においても、同様の方針で改訂を加えた。最新判例については、できる限り、事案と判旨を紹介し、コメントを加えて論点の把握に便利を図った。

　今回の改訂では、関西大学法学部准教授・佐伯和也氏に文献引用の照合に

御協力頂いたほか、奈良産業大学専任講師・前嶋匠氏には、とくに改訂判例の確認をして頂き、さらに筆者の在外研究の間に、校正を手伝って頂いた。成文堂の土子三男氏には、今回の改訂を強く勧めていただき、いつもながらレイアウト・校閲等でも大変お世話になった。お礼申し上げたい。

2009年1月10日

山 中 敬 一

はしがき

　本書「刑法各論Ⅰ・Ⅱ」は、「刑法総論Ⅰ・Ⅱ」の姉妹編として執筆されたものである。執筆にあたっては、総論の場合と同様に、各論の機能的体系化を目指した。

　各論には、総論ほど強い体系性はない。むしろ、各犯罪類型における個別問題の解決が重要な課題である。しかし、それがゆえに各論はカズイスティックで全体的なシステムに欠けるような印象を与える。したがって、各論の課題は、一方では、個別問題の理論化を進め具体的に妥当な結論を保障する個別システムを探究する点にあるが、他方では、各論の全体を貫き部分システムを緩やかに体系づける全体システムを明らかにする点にある。その際、次の二つの危険の前に立たされる。一方では、部分システムの探究の深みにはまり、全体的脈絡を見失う危険である。他方では、各論の諸領域にわたる問題を、とくに行為無価値・結果無価値といった総論の分析用具を持ち出して、全体的観点から体系化しようとするあまり、本来、理論的関連が論証されていない命題によって体系化を進める危険である。本書では、これらの危険を回避しつつ、できるだけ部分システムを問題領域ごとに開かれた全体システムに組み入れ、判例・学説によって提起されている新しい個別問題を機能的に規範体系化しようと心がけた。

　本書を具体的に企画したのは、総論の刊行の後間もない頃である。その後、法科大学院設立準備等、何かと大学での仕事が増え、しかも筆者の各論に関する全体的な研究の蓄積不足もあって、執筆は中断を重ねた。とくに文書偽造罪や詐欺罪に関しては、思考を整理するため論文を執筆するなど満を持して臨んだことも時間がかかった理由である。

　長年にわたる断続的執筆のために、執筆中に多くの教科書の出版あるいは改訂に接し、また新しい判例・研究に接し、再考を余儀なくされた部分も少なくない。昨年春ころからは、法科大学院の開校までにともかくも脱稿するという課題を自らに課してできるだけ仕事をこれに集中させ、本年3月末にようやく脱稿した。なお、現在進行中の法改正についてもできるだけ言及することにした。また、各節にまとめて「文献」を掲げるという「総論」でとったスタイルは断念した。

法学部の最後のゼミ生の有志が、判例索引等の作成に協力してくれたこと、関西大学非常勤講師の前嶋匠氏・一原亜貴子氏には、判例・文献の引用の確認を含めた校正を引き受けて頂いたことは深謝に堪えない。成文堂の阿部耕一社長、編集部長の土子三男氏には長年本書の出版に向けて激励していただき、また、編集部次長の本郷三好氏には本書の具体的な企画から装丁までお世話になったことも心から感謝の意を表したい。

　最後に私事にわたるが、本書の執筆開始直後に病に伏し、幸福な余生をという願いもかなわぬままに2000年2月7日に80歳余で不帰の人となった母啓恵に深甚なる感謝とともに万感の思いを込めて本書を捧げたい。

2004年7月10日

山　中　敬　一

文献略称

【教科書・注釈書】

青柳文雄・刑法通論 II 各論（1963）	青柳
朝倉京一・刑法各論（1994）	朝倉
浅田和茂=斉藤豊治=佐久間修=松宮孝明=山中敬一・刑法各論（補正版・2000） 執筆者名・浅田ほか〔山中執筆部分=山中〕	
井田良・刑法各論（2007）	井田
板倉宏・刑法各論（2004）	板倉
伊東研祐・現代社会と刑法各論（第 2 版・2002）	伊東
伊東研祐・刑法講義各論（2011）	伊東・講義
伊東研祐=高橋則夫=只木誠=増田豊=杉田宗久・刑法各論（2008）	伊東ほか
伊藤渉=小林憲太郎=齊藤彰子=鎮目征樹=島田聡一郎=成瀬幸典=安田拓人・アクチュアル刑法各論（2007）	伊藤ほか
井上正治=江藤孝・新訂刑法学〔各則〕（1994）	井上・江藤
今井猛嘉=小林憲太郎=島田聡一郎=橋爪隆・刑法各論（2007）	今井ほか
植松正・刑法概論 II 各論（再訂版・1975）	植松
内田文昭・刑法各論（第 3 版・1996）	内田
大塚仁・注解刑法（増補第 2 版・1977）	大塚・注解
刑法各論（上巻）〔改訂版・1984〕〔下巻〕（1968）	大塚・全集
刑法概説（各論）（第 3 版増補版・2005）	大塚
大野真義・加藤久雄・飯島暢・島田良一・神馬幸一・刑法各論（2014）	大野ほか
大場茂馬・刑法各論（上）（第 11 版・1922）、（下）（第 8 版・1914）	大場
大谷實・刑法講義各論（新版第 4 版・2013）	大谷
岡野光雄・刑法要説各論（第 4 版・2003）	岡野
小野清一郎・新訂刑法講義各論（第 3 版・1950）	小野
刑法概論（増訂新版・1960）	小野・概論
小野清一郎=中野次雄=植松正=伊達秋雄・刑法（ポケット註釈全書第 3 版・1980） 執筆者名・小野ほか	
香川達夫・刑法講義各論（第 3 版・1996）	香川
柏木千秋・刑法各論（1960）	柏木
川端博・刑法各論講義（第 2 版・2010）	川端
刑法各論概要（第 3 版・2003）	川端・概要
通説刑法各論（1991）	川端・通説
吉川経夫・刑法各論（1982）	吉川
木村亀二・刑法各論（復刊・1959）	木村
全訂新刑法読本（1967）	木村・読本
木村光江・刑法（第 2 版・2002）	木村（光）
草野豹一郎・刑法要論（1956）	草野
江家義男・刑法講義（各論）（改訂版・1952）	江家・刑法講義

◇文献略称

刑法各論（増補版・1963）	江家
小暮得雄=内田文昭=阿部純二=板倉宏=大谷實編・刑法講義各論（1988）	執筆者名・小暮ほか
齊藤金作・刑法各論（全訂版）1969	齊藤金作
齊藤誠二・刑法講義各論 I（新訂版）・1979	齊藤誠二
斎藤信治・刑法各論（第4版）・2014	斎藤信治
齊藤信宰・刑法講義各論（新版）・2007	齊藤信宰
佐伯千仞・刑法各論（訂正版）・1981	佐伯
佐久間修・刑法各論（第2版）・2012	佐久間
澤登俊雄・刑法概論（1976）	澤登
下村康正・刑法各論（1961）	下村
須之内克彦・刑法概説各論（第2版）・2014	須之内
曽根威彦・刑法各論（第5版）・2012	曽根
刑法の重要問題〔各論〕（第2版・2006）	曽根・重要問題
高橋則夫・刑法各論（第2版）・2014	高橋
滝川春雄=竹内正・刑法各論講義（1965）	滝川=竹内
滝川幸辰・刑法各論（1951）	滝川
滝川幸辰=宮内裕=滝川春雄・刑法（法律学体系コンメンタール篇：1950）	執筆者名・滝川ほか
団藤重光・刑法各論（法律学全集：平川宗信増補・1980）	団藤・各論
刑法綱要各論（第3版・1990）	団藤
団藤重光編・注釈刑法（3）各則 I（1）～（6）各則（4）（1965～1966）補巻（1）（1974）・補巻2（1976）	執筆者名・注釈
中義勝・刑法各論（1975）	中
中谷瑾子・刑法講義各論（上）（1982）	中谷
中森喜彦・刑法各論（第3版）・2011	中森
中山研一・刑法各論（1984）	中山
概説刑法 II（第4版・2005）	中山・概説 II
中山研一（松宮孝明補訂）新版　口述刑法各論（2014）	中山・口述
中山研一=宮沢浩一=大谷實編・刑法各論（1977）	執筆者名・中山ほか
西田典之・刑法各論（第6版）・2012	西田
西原春夫・犯罪各論（第2版）・1983	西原
林幹人・刑法各論（第2版）・2007	林
平井彦三郎・刑法論綱各論（1934）	平井
平川宗信・刑法各論（1995）	平川
平野龍一・刑法概説（1977）	平野
犯罪論の諸問題（下）各論（1982）	平野・諸問題
平場安治=森下忠・判例体系刑法各論（全訂版）・1961	平場=森下
福田平・全訂刑法各論（第3版増補）・2002	福田
福田平・大塚仁編・講義刑法各論（1981）	福田=大塚・講義
刑法各論（改訂版・1996）	福田=大塚・各論
藤木英雄・刑法各論（有斐閣大学双書：1972）	藤木・双書各論
刑法講義各論（1976）	藤木
堀内捷三・刑法各論（2003）	堀内
前田雅英・刑法講義各論（第5版）・2011	前田

牧野英一・重訂日本刑法下巻（1938）	牧野・日本刑法下
刑法各論（上巻・1950）（下巻・1951）	牧野
町野朔・犯罪各論の現在（1996）	町野
松宮孝明・刑法各論講義（第2版・2008）	松宮
松村格・日本刑法各論教科書（第2版・2007）	松村
宮内裕・新訂刑法各論講義（1960）	宮内
宮本英脩・刑法学粋（1931）	宮本・刑法学粋
刑法大綱（1935）	宮本
泉二新熊・日本刑法論各論（増訂四二版・1931）	泉二
刑法大要（増訂版・1942）	泉二・刑法大要
山岡万之助・刑法原理（訂正増補版・1927）	山岡
山口厚・刑法各論（第2版・2010）	山口
問題探究刑法各論（1999）	山口・探究

※引用中、「総論」とのみ表示した場合は、山中敬一・刑法総論（第3版・2015）を示す。

【祝賀論文集】（※出版年順）

牧野教授還暦祝賀・刑事論集（1938）	執筆者名・牧野還暦
宮本博士還暦祝賀・現代刑事法学の諸問題（1943）	執筆者名・宮本還暦
小野博士還暦記念・刑事法の理論と現実（1951）	執筆者名・小野還暦
滝川先生還暦記念・現代刑法学の課題（上・下）（1955）	執筆者名・滝川還暦
木村博士還暦祝賀・刑事法学の基本問題（1958）	執筆者名・木村還暦
齊藤金作博士還暦祝賀・現代の共犯理論（1964）	執筆者名・齊藤還暦
日沖憲郎博士還暦祝賀・過失犯（上・下）（1966）	執筆者名・日沖還暦
竹田直平博士=植田重正博士還暦祝賀・刑法改正の諸問題（1967）	執筆者名・竹田=植田還暦
佐伯千仭博士還暦祝賀・犯罪と刑罰（上・下）（1968）	執筆者名・佐伯還暦
植松博士還暦祝賀・刑法と科学・法律篇（1971）	執筆者名・植松還暦
中野次雄判事還暦祝賀・刑事裁判の課題（1972）	執筆者名・中野還暦
平場安治博士還暦祝賀・現代の刑事法学（1977）	執筆者名・平場還暦
鴨良弼先生古稀祝賀論集・刑事裁判の理論（1979）	執筆者名・鴨古稀
井上正治博士還暦祝賀・刑事法学の諸相（上・1981）（下・1983）	執筆者名・井上還暦
団藤重光先生古稀記念論文集第1巻～第5巻（1983～1984）	執筆者名・団藤古稀
平野竜一先生古稀祝賀論文集（上・1990）（下・1991）	執筆者名・平野古稀
荘子邦雄先生古稀祝賀・刑事法の理想と理論（1991）	執筆者名・荘子古稀
中義勝先生古稀祝賀・刑法理論の探究（1992）	執筆者名・中古稀
八木国之先生古稀祝論文・刑事法の現代的展開（上・下）（1992）	執筆者名・八木古稀
内藤先生古稀祝賀・刑事法学の現代的状況（1993）	執筆者名・内藤古稀
福田平・大塚仁博士古稀祝賀・刑事法学の総合的検討（上・下）（1993）	執筆者名・福田=大塚古稀
吉川経夫先生古稀祝賀・刑事法学の歴史と課題（1994）	執筆者名・吉川古稀
下村康正先生古稀祝賀・刑事法学の新動向（上・下）（1995）	執筆者名・下村古稀
森下忠先生古稀祝賀・変動期の刑事法学（上・下）（1995）	執筆者名・森下古稀
中山研一先生古稀祝賀論文集第1巻～第5巻（1997）	執筆者名・中山古稀
横山晃一郎先生追悼論文集・市民社会と刑事法の交錯（1997）	執筆者名・横山追悼

◇文献略称

中山善房判事退官記念・刑事裁判の理論と実務（1998）	執筆者名・中山退官
西原春夫先生古稀祝賀論文集第1巻～第5巻（1998）	執筆者名・西原古稀
松尾浩也先生古稀祝賀論文集（上・下）（1998）	執筆者名・松尾古稀
井戸田侃先生古稀祝賀論文集・転換期の刑事法学（1999）	執筆者名・井戸田古稀
夏目文雄先生古稀祝賀論文集・刑事法学の新展開（2000）	執筆者名・夏目古稀
渡部保夫先生古稀記念・誤判救済と刑事司法の課題（2000）	執筆者名・渡部古稀
大野眞義先生古稀祝賀・刑事法学の潮流と展望（2000）	執筆者名・大野古稀
田宮裕博士追悼論集上巻（2001）	執筆者名・田宮追悼
光藤景皎先生古稀祝賀論文集（上・下）（2001）	執筆者名・光藤古稀
佐藤司先生古稀祝賀・日本刑事法の理論と展望（上・下）（2002）	執筆者名・佐藤古稀
三原憲三先生古稀祝賀論文集（2002）	執筆者名・三原古稀
内田文昭先生古稀祝賀論文集（2002）	執筆者名・内田古稀
中谷瑾子先生傘寿祝賀・21世紀における刑事規制のゆくえ（2003）	執筆者名・中谷傘寿
齊藤誠二先生古稀記念・刑事法学の現実と展開（2003）	執筆者名・齊藤古稀
佐々木史朗先生喜寿祝賀論文集・刑事法の理論と実践（2003）	執筆者名・佐々木喜寿
河上和雄先生古稀祝賀論文集（2003）	執筆者名・河上古稀
阿部純二先生古稀祝賀論文集・刑事法学の現代的課題（2004）	執筆者名・阿部古稀
現代社会型犯罪の諸問題（板倉宏博士古稀祝賀論文集）（2004）	執筆者名・板倉古稀
松岡正章先生古稀祝賀・量刑法の綜合的研究（2005）	執筆者名・松岡古稀
小暮得雄先生古稀記念論文集・罪と罰・非情にして人間的なるもの（2005）	執筆者名・小暮古稀
小田中聰樹先生古稀記念論文集・民主主義法学・刑事法学の展望（上・下）（2005）	執筆者名・小田中古稀
小林充先生・佐藤文哉先生古稀祝賀刑事裁判論集（上・下）（2006）	執筆者名・小林・佐藤古稀
渥美東洋先生古稀祝賀・犯罪の多角的検討（2006）	執筆者名・渥美古稀
神山敏夫先生古稀祝賀論文集（1巻・2巻）（2006）	執筆者名・神山古稀
岡野光雄先生古稀記念・交通刑事法の現代的課題（2007）	執筆者名・岡野古稀
鈴木茂嗣先生古稀祝賀論文集（上・下）（2007）	執筆者名・鈴木古稀
刑事政策の体系（前野育三先生古稀祝賀論文集）（2008）	執筆者名・前野古稀
立石二六先生古稀祝賀論文集（2010）	執筆者名・立石古稀
大谷實先生喜寿記念論文集（2011）	執筆者名・大谷喜寿
刑法・刑事政策と福祉（岩井宜子先生古稀祝賀論文集）（2011）	執筆者名・岩井古稀
植村立郎判事退官記念論文集（現代刑事法の諸問題）第1巻（2011）	執筆者名・植村退官
刑事法理論の探求と発見（斎藤豊治先生古稀祝賀論文集）（2012）	執筆者名・斎藤豊古稀
三井誠先生古稀祝賀論文集（2012）	執筆者名・三井古稀
改革期の刑事法理論（福井厚先生古稀祝賀論文集）（2013）	執筆者名・福井古稀
曽根威彦先生・田口守一先生古稀祝賀論文集（上・下巻）（2014）	執筆者名・曽根・田口古稀
刑事法・医事法の新たな展開（町野朔先生古稀記念）（上・下巻）（2014）	執筆者名・町野古稀
自由と安全の刑事法学（生田勝義先生古稀祝賀論文集）（2014）	執筆者名・生田古稀
川端博先生古稀祝賀論文集（上・下巻）（2014）	執筆者名・川端古稀
山口厚先生献呈論文集（高山佳奈子・島田聡一郎［編］）（2014）	執筆者名・山口献呈
野村稔先生古稀祝賀論文集（2015）	執筆者名・野村古稀
斎藤信治先生古稀記念論文集（2015）	執筆者名・斎藤信古稀

【講座・判例研究類】（※類別順・あいうえお順）

阿部純二編・基本法コンメンタール（第 3 版）(2007)　　　　　　　　基本法コンメ
阿部純二=板倉宏=内田文昭=香川達夫=川端博=曽根威彦編・刑法基本講座 5 巻（1993）、
　　　　　　6 巻（1992）　　　　　　　　　　　　　　執筆者名・基本講座
石原一彦=佐々木史朗=西原春夫=松尾浩也編・現代刑罰法大系
　　　　　　1 巻～4 巻（1982～1984）　　　　　　　　　執筆者名・刑罰法大系
植松正=川端博=曽根威彦=日髙義博・現代刑法論争 II（第 2 版）(1997)　執筆者名・現代刑法論争
大塚仁=河上和雄=佐藤文哉=古田佑紀編・大コンメンタール刑法（第 2 版）
　　　　　　6 巻～13 巻（1999～2006）　　　　　　　　執筆者名・大コンメ
同（第 3 版）4、7、8、9、11 巻（2013～）　　　　　　　　執筆者名・大コンメ（3 版）
大谷實 vs 前田雅英・エキサイティング刑法（各論）(2000)　　　　　エキサイティング刑法
佐伯仁志・道垣内弘人・刑法と民法の対話（2001）　　　　　　　　佐伯=道垣内・対話
芝原邦爾=堀内捷三=町野朔=西田典之編・刑法理論の現代的展開（各論）(1996)
　　　　　　　　　　　　　　　　　　　　　　　　　　執筆者名・現代的展開
曽根威彦=松原芳博編・重点課題刑法各論（2008）　　　　　　　　執筆者名・重点課題
中義勝編・論争刑法（1976）　　　　　　　　　　　　　　　執筆者名・論争刑法
中山研一=西原春夫=藤木英雄=宮沢浩一編・現代刑法講座 4 巻・5 巻（1982）
　　　　　　　　　　　　　　　　　　　　　　　　　　執筆者名・現代刑法講座
西田典之=山口厚・ジュリスト増刊刑法の争点（第 3 版）(2000)　　　執筆者名・争点
日本刑法学会編・刑事法講座（4 巻～7 巻）(1952～1953)　　　　　執筆者名・刑事法講座
日本刑法学会編・刑法講座（5 巻・6 巻）(1964)　　　　　　　　執筆者名・刑法講座
前田雅英（編集代表）・条解刑法（第 3 版・2013）　　　　　　　　条解
山口厚・井田良・佐伯仁志・理論刑法学の最前線 II（2006）　　　　最前線 II
米澤慶治編・刑法等一部改正法の解説（1988）　　　　　　　　　執筆者名・米澤編
大塚仁編・判例コンメンタール刑法 II（1968）　　　　　　　　　執筆者名・判コンメ
刑事判例研究会・刑事判例評釈集 1～50 巻（昭和 16 年～昭和 63 年）(1936～2000)
　　　　　　　　　　　　　　　　　　　　　　　　　　執筆者名・刑評
最高裁判所調査官室・最高裁判所判例解説（刑事篇昭和 29～平 22 年度）
　　　　　　〔昭 30～平 25〕　　　　　　　　　執筆者名・最判解・○○年度
川端博=西田典之=原田國男=三浦守（編集代表）裁判例コンメンタール刑法 1 巻～3 巻（2006）
　　　　　　　　　　　　　　　　　　　　　　　　裁判例コン〔1〕～〔3〕
芝原邦爾編・刑法の基本判例（1988）　　　　　　　　　　　　執筆者名・基本判例
ジュリスト臨時増刊・刑法の判例（第 2 版・1973）　　　　　　　執筆者名・刑法の判例
ジュリスト臨時増刊・重要判例解説（＝昭 44～平 19）　　　　執筆者名・重判解・○○年度
西田典之=山口厚=佐伯仁志・判例刑法各論（第 4 版）(2005)　　　　判例刑法
西原春夫=宮沢浩一=阿部純二=板倉宏=大谷實=芝原邦爾編・
　　　　　　判例刑法研究 5 巻・7 巻（1980～1981）　　　　　　執筆者名・判刑研
藤永幸治=河上和雄=亀山継夫・刑法判例研究（1981）　　　　　　執筆者名・刑判研
山口厚編・クローズアップ刑法各論（2007）
山口厚・佐伯仁志編・刑法判例百選 II 各論（第 7 版）(2014)　　　　執筆者名・百選
有斐閣総合判例研究叢書・刑法〔(1)～(26)〕(1956～1965)　　　　執筆者名・総判

◇文献略称

【雑誌類】

関西大学法学論集	関法
警察学論集	警論
警察研究	警研
刑事法ジャーナル	刑ジ
刑法雑誌	刑雑
現代刑事法	現刑
ジュリスト	ジュリ
判例時報	判時
判例タイムズ	判タ
判例評論	判評
法学教室	法教
法学セミナー	法セ
法曹時報	曹時
法律時報	法時

【法令】

会社法	会社
改正刑法仮案	仮案
改正刑法準備草案	準備草案
改正刑法草案	草案
感染症の予防及び感染症の患者に対する医療に関する法律	感染症予防法
議院における証人の宣誓及び証言等に関する法律	議院証人
経済関係罰則ノ整備ニ関スル法律	経罰
警察官職務執行法	警職法
刑事施設及び被収容者の処遇に関する規則	刑事施設規則
刑事収容施設及び被収容者等の処遇に関する法律	刑事施設法
刑事訴訟法	刑訴
刑事訴訟法規則	刑訴規
(旧) 公営企業体労働関係法	公労法
公職選挙法	公選
更生保護法	更生
交通事件即決裁判手続法	交通裁判法
私的独占の禁止及び公正取引の確保に関する法律	独禁法
自動車の運転により人を死傷させる行為等の処罰に関する法律	自動車運転致死傷行為処罰法
出入国管理及び難民認定法	入管
少年院法	少院
商法	商
精神保健及び精神障害者福祉に関する法律	精神保健法
地方公務員法	地公
盗犯等の防止及び処分に関する法律	盗犯等防止法
国家公務員法	国公
道路交通法	道交法

文献略称◇　*xiii*

日本銀行法	日銀法
日本国憲法	憲法
破壊活動防止法	破防法
売春防止法	売春
爆発物取締罰則	爆発
破産法	破産
非訟事件手続法	非訟
人の健康に係る公害犯罪の処罰に関する法律	公害罪法
暴力行為等処罰に関する法律	暴力行為等処罰法
麻薬及び向精神薬取締法	麻薬取締法
民事訴訟法	民訴
民事訴訟法規則	民訴規
民法	民

【判例】

※判例の引用にあたっては、とくに古い判例につき、片仮名書きを平仮名に直し、句読点を振ったほか、「つ」を「小文字」にするなど読みやすさを優先させた。

大審院	大
大審院連合部	大連
最高裁判所	最
最高裁判所大法廷	最大
高等裁判所	高
地方裁判所	地
支部	支
判決	判
決定	決
大審院刑事判決録	刑録
大審院刑事判例集	刑集
大審院民事判決禄	民録
最高裁判所刑事判例集	刑集
最高裁判所民事判例集	民集
高等裁判所刑事判例集	高刑集
高等裁判所刑事裁判特報	高裁特
高等裁判所刑事判決特報	高刑特
第一審刑事裁判例集	一審刑
下級裁判所刑事裁判例集	下刑集
東京高等裁判所刑事判決時報	東高刑時報
大審院判決全集	判決全集
最高裁判所裁判集刑事	裁判集刑
刑事裁判資料	刑裁資
刑事裁判月報	刑月
高等裁判所刑事裁判（判決）速報	高検速報

裁判所時報	裁時
家庭裁判月報	家庭月報
法律評論	評論
法律新聞	新聞

【外国文献】

Arzt/Weber, Strafrecht, Besonderer Teil, Lehrbuch, 2009
Joecks/Miebach (Hrsg.), Münchner Kommentar zum Strafgesetzbuch, Bd. 1-5, 2. Aufl., 2012
Laufhütte/Rissing van Saan/Tiedemann (Hrsg.), Strafgesetzbuch. Leipziger Kommentar Bd. 1-14, 12. Aufl., 2007 ff.
Lackner/Kühl, Strafgesetzbuch mit Erläuterungen, 28. Aufl., 2014
Maurach/Schroeder/Maiwald, Strafrecht Besonderer Teil, Teilband 1, Straftaten gegen Persönlichkeits- und Vermögenswerte, 9. Aufl., 2003
Wolfgang Mitsch, Strafrecht Besonderer Teil 2/Teilband 1, Vermögensdelikte, 2. Aufl., 2003
Kindhäuser/Neumann/Paeffgen (Hrsg.), Nomos-Kommentar zum Strafgesetzbuch, 4. Aufl., Bd. 1 - 3. 2013
Harro Otto, Grundkurs Strafrecht. Die einzelnen Delikte, 7. Aufl., 2011
Rudolf Rengier, Strafrecht Besonderer Teil I. Vermögensdelikte, 16. Aufl., 2014；Besonder Teil II, Delikte gegen die Person und die Allgemeinheit, 15. Aufl., 2014
Schönke/Schröder, Strafgestzbuch Kommentar, 29. Aufl., 2014
Wessels/Hettinger, Strafrecht, Besonderer Teil 1, 38. Aufl., 2014
Wessels/Hillenkampf, Strafrecht, Besonderer Teil 2, 35. Aufl., 2012
Jürgen Wolter (Hrsg.), Systematischer Kommentar zum Strafgesetzbuch, Stand 2012

目　次

第3版はしがき
文献略称

序　論 ……………………………………………………………………………… 1
　　1　刑法各論の対象と方法 (1)　　2　刑法各論の解釈方法論 (2)
　　3　刑法各論の体系 (2)　　4　本書の叙述方法 (3)

第1編　個人的法益に関する罪

序　章 ……………………………………………………………………………… 7
第1章　生命・身体に対する罪 ………………………………………………… 8
　第1節　総　説 ………………………………………………………………… 8
　　§1　犯罪の種類と性格 …………………………………………………… 8
　　§2　人の意義・範囲 ……………………………………………………… 8
　　　1　人の始期 (9)　　2　人の終期 (12)
　第2節　殺人の罪 …………………………………………………………… 16
　　§3　総　説 ……………………………………………………………… 16
　　　1　殺人の罪の種類 (16)　　2　尊属殺規定の削除 (16)
　　　3　殺人の罪の特徴 (17)　　4　殺人罪の法定刑の引上げ (17)
　　§4　殺人罪 ………………………………………………………………… 18
　　　1　客　体 (18)　　2　行　為 (20)　　3　罪　数 (22)
　　§5　殺人予備罪 ………………………………………………………… 22
　　　1　予備の意義 (22)　　2　中止規定の準用 (23)
　　　3　予備の共犯 (23)　　4　他罪との関係 (24)
　　§6　自殺関与・同意殺人罪 …………………………………………… 24
　　　1　意　義 (24)　　2　自殺の不処罰根拠 (25)
　　　3　自殺関与の処罰根拠 (26)
　　　4　教唆・幇助・嘱託・承諾の意義 (27)

　　　　5　錯誤と同意の有効性 (29)
　　　　6　実行の着手と未遂・既遂・共犯 (31)
　　　　7　故　意 (31)　　8　安楽死・尊厳死 (33)

第3節　傷害の罪 …………………………………………………………35

§7　総　説 ………………………………………………………………35

§8　暴行罪 …………………………………………………………………36
　　　1　意　義 (36)　　2　暴行の意義 (36)
　　　3　構成要件該当性阻却・違法性阻却 (38)

§9　傷害罪 …………………………………………………………………40
　　　1　傷害の意義 (40)　　2　胎児性致死傷 (47)
　　　3　故　意 (51)

§10　傷害致死罪 ……………………………………………………………52

§11　傷害現場助勢罪 ………………………………………………………55
　　　1　意　義 (55)　　2　要　件 (56)

§12　同時傷害の特例 ………………………………………………………56
　　　1　意　義 (57)　　2　要　件 (58)
　　　3　承継的共同正犯と同時傷害の特例 (59)　　4　適用範囲 (62)

第4節　自動車運転致死傷行為処罰法の罪 …………………………63

§13　総　説 ………………………………………………………………63
　　　1　従来の規定 (63)　　2　本法成立の経緯 (64)
　　　3　従来の規定の問題点と新規定の特徴 (65)

§14　危険運転致死傷罪（2条）…………………………………………66
　　　1　意　義 (67)
　　　2　酩酊運転致死傷罪・制御困難運転致死傷罪・未熟運転致死傷罪 (67)
　　　3　妨害運転致死傷罪・信号無視運転致死傷罪 (70)
　　　4　通行禁止道路進行致死傷罪 (72)

§14の2　危険運転致死傷罪（3条）……………………………………73
　　　1　第3条の罪 (73)　　2　第3条1項の要件 (73)
　　　3　第3条2項の要件 (74)

§14の3　過失運転致死傷アルコール影響発覚免脱罪（4条）…75

§14の4　危険運転致死傷罪の共犯 ……………………………………77

§14の5　罪数・他罪との関係 …………………………………… 77
§15　過失運転致死傷罪（5条）………………………………… 78
　　1　本罪の趣旨 (78)　2　本罪の成立要件 (79)
§15の2　無免許運転による加重（6条）……………………… 80

第5節　凶器準備集合罪 ……………………………………… 81

§16　凶器準備集合罪の趣旨と法益 …………………………… 81
　　1　立法趣旨 (81)　2　保護法益 (82)
　　3　法益論の解釈論的帰結 (83)
§16の2　凶器準備集合罪 ………………………………………… 84
　　1　意　義 (84)　2　要　件 (84)
§16の3　凶器準備結集罪 ………………………………………… 91
　　1　意　義 (91)　2　要　件 (91)

第6節　過失傷害の罪 ………………………………………… 93

§17　総　説 ……………………………………………………… 93
§18　過失傷害罪 ………………………………………………… 94
§19　過失致死罪 ………………………………………………… 94
§20　業務上過失致死傷罪 ……………………………………… 94
　　1　加重処罰の根拠 (94)　2　業務概念 (95)
　　3　罪数・他罪との関係 (96)
§21　重過失致死傷罪 …………………………………………… 96

第7節　堕胎の罪 ……………………………………………… 97

§22　総　説 ……………………………………………………… 97
　　1　堕胎罪と処罰の縮小化傾向 (97)
　　2　堕胎罪の種類と保護法益 (98)
　　3　堕胎罪の正当化事由 (100)
§23　自己堕胎罪 ………………………………………………… 101
　　1　意　義 (101)　2　要　件 (101)
§24　同意堕胎罪・同意堕胎致死傷罪 ………………………… 104
　　1　同意堕胎罪 (104)　2　同意堕胎致死傷罪 (105)
§25　業務上堕胎罪・業務上堕胎致死傷罪 …………………… 106

§26 不同意堕胎罪・不同意堕胎致死傷罪 ……………………………… 106
第8節 遺棄の罪 ……………………………………………………………… 107
§27 総説 ……………………………………………………………………… 107
　1 意義・保護法益(107)　2 遺棄の概念(109)
§28 単純遺棄罪 ……………………………………………………………… 116
　1 客体(116)　2 行為(116)
§29 保護責任者遺棄罪 ……………………………………………………… 117
　1 意義(117)　2 保護責任者の意義(117)
§30 不保護罪 ………………………………………………………………… 120
§31 遺棄等致死傷罪 ………………………………………………………… 122

第2章 自由に対する罪 …………………………………………………… 124

§32 総説 ……………………………………………………………………… 124
第1節 逮捕および監禁の罪 ………………………………………………… 125
§33 総説 ……………………………………………………………………… 125
§34 逮捕・監禁罪 …………………………………………………………… 125
　1 客体(126)　2 行為(128)
§35 逮捕監禁致死傷罪 ……………………………………………………… 131
第2節 脅迫の罪 ……………………………………………………………… 133
§36 総説 ……………………………………………………………………… 133
§37 脅迫罪 …………………………………………………………………… 134
　1 行為(134)　2 違法性阻却事由(138)
　3 罪数・他罪との関係(139)
§38 強要罪 …………………………………………………………………… 139
　1 意義(139)　2 行為(140)
　3 未遂罪(142)　4 罪数・他罪との関係(143)
第3節 略取、誘拐および人身売買の罪 …………………………………… 143
§39 総説 ……………………………………………………………………… 143
§40 略取・誘拐の意義 ……………………………………………………… 145

§41 未成年者略取・誘拐罪 …………………………………………146
  1 主 体 *(146)*　　2 客 体 *(147)*
  3 行 為 *(147)*　　4 正当化事情・可罰的違法性阻却事由 *(148)*
  5 罪数・他罪との関係 *(149)*

§42 営利目的等略取・誘拐罪 ………………………………………149
  1 客 体 *(149)*　　2 行 為 *(149)*
  3 目的犯 *(149)*　　4 罪数・他罪との関係 *(151)*

§43 身の代金目的略取・誘拐罪、身の代金要求罪 ………………151
  1 意 義 *(151)*
  2 身の代金目的略取・誘拐罪（225条の2第1項）*(151)*
  3 略取・誘拐者身の代金要求罪（225条の2第2項）*(153)*
  4 被拐取者収受者の身の代金要求罪（227条4項後段）*(154)*

§44 所在国外移送目的略取・誘拐罪（226条）……………………155

§44の2 人身売買罪 …………………………………………………156

§44の3 被拐取者等所在国外移送罪 ………………………………157

§45 被拐取者引渡し等罪 ……………………………………………158
  1 本罪の趣旨 *(158)*　　2 227条1項 *(159)*
  3 227条2項 *(159)*　　4 227条3項 *(159)*
  5 227条4項前段 *(159)*

§46 身の代金目的略取・誘拐予備罪 ………………………………160

§47 解放による刑の軽減 ……………………………………………160

§48 親告罪 ……………………………………………………………161

第4節 強制わいせつの罪 ……………………………………………162

§49 総 説 ……………………………………………………………162

§50 強制わいせつ罪 …………………………………………………163
  1 意 義 *(163)*　　2 わいせつ行為 *(164)*
  3 行為（暴行・脅迫）*(165)*　　4 主観的要件 *(166)*
  5 罪数・他罪との関係 *(166)*　　6 親告罪 *(167)*

§51 強姦罪 ……………………………………………………………167
  1 主 体 *(167)*　　2 客 体 *(167)*　　3 行 為 *(169)*
  4 罪数・親告罪 *(170)*

§52 準強制わいせつ罪・準強姦罪 …………………………………170

1　心神喪失・抗拒不能 *(170)*　　2　行　為 *(172)*
　　　3　「第176条の例による」(1項)「前条の例による」(2項)の意義 *(173)*
　　　4　親告罪 *(173)*

　§52の2　集団強姦等罪 ··· *173*

　§53　強制わいせつ等致死傷罪 ··· *174*
　　　1　基本行為と死傷の結果 *(174)*　　2　結果の軽微性 *(175)*
　　　3　主観的要件 *(175)*

　§54　親告罪 ··· *176*

　§55　淫行勧誘罪 ··· *177*

第3章　私的領域の自由に対する罪 ··· *178*

第1節　住居を侵す罪 ··· *178*

　§56　総　説 ··· *178*

　§57　住居侵入罪 ··· *181*
　　　1　客　体 *(181)*　　2　侵入行為 *(185)*
　　　3　違法性阻却事由 *(193)*　　4　罪数・他罪との関係 *(194)*

　§58　不退去罪 ··· *195*
　　　1　意　義 *(195)*　　2　行　為 *(195)*
　　　3　未　遂 *(195)*　　4　他罪との関係 *(196)*

第2節　秘密を侵す罪 ··· *196*

　§59　総　説 ··· *196*

　§60　信書開封罪 ··· *197*
　　　1　客　体 *(197)*　　2　行　為 *(198)*
　　　3　違法性阻却事由 *(199)*　　4　親告罪 *(199)*

　§61　秘密漏示罪 ··· *199*
　　　1　主　体 *(200)*　　2　客　体 *(200)*　　3　行　為 *(202)*
　　　4　違法性阻却事由 *(202)*　　5　他罪との関係・親告罪 *(202)*

第4章　名誉・信用・業務に対する罪 ··· *204*

第1節　名誉に対する罪 ··· *204*

§62　総説 …………………………………………………………… *204*
　　1　意　義（*204*）　　2　保護法益（*205*）
　　3　抽象的危険犯（*207*）
§63　名誉毀損罪 ………………………………………………… *210*
　　1　客　体（*210*）　　2　行　為（*210*）
§64　真実性の証明による不処罰 ……………………………… *214*
　　1　趣　旨（*214*）　　2　事実の公共性（*215*）
　　3　目的の公益性（*216*）　　4　真実性の証明（*216*）
　　5　特　例（*218*）　　6　事実証明の効果（*219*）
　　7　真実性の誤信（*224*）　　8　違法性阻却事由（*227*）
　　9　罪数・他罪との関係（*227*）
§65　死者の名誉毀損 …………………………………………… *228*
　　1　保護法益（*228*）　　2　行　為（*229*）　　3　故　意（*229*）
§66　侮辱罪 ……………………………………………………… *229*
　　1　意　義（*230*）　　2　客　体（*230*）
　　3　行　為（*230*）　　4　他罪との関係（*231*）
§67　親告罪 ……………………………………………………… *232*
第2節　信用および業務に関する罪 ……………………………… *232*
　§68　総　説 …………………………………………………… *232*
　§69　信用毀損罪 ……………………………………………… *233*
　　1　客　体（*233*）　　2　行　為（*234*）　　3　他罪との関係（*235*）
　§70　業務妨害罪 ……………………………………………… *235*
　　1　客　体（*235*）　　2　行　為（*242*）
　　3　違法性阻却事由（*245*）　　4　罪数・他罪との関係（*245*）
　§71　電子計算機損壊等業務妨害罪 ………………………… *246*
　　1　総　説（*246*）　　2　客　体（*246*）
　　3　行　為（*247*）　　4　他罪との関係（*249*）

第5章　財産に対する罪 …………………………………………… *250*
第1節　財産罪総説 ………………………………………………… *250*
　§72　財産保護の意義と史的展開 …………………………… *250*

§73 財産罪の体系 … 251
§74 財産罪の分類 … 252
 1 財物罪・利得罪（252）
 2 個別財産に対する罪・全体財産に対する罪（252）
 3 動産・不動産（253）
§75 財物の意義 … 253
 1 有体性・管理可能性（253） 2 財物の価値性（255）
 3 禁制品（法禁物）（257） 4 所有権の対象物（258）
§76 財産上の利益の意義 … 259
§77 財産罪の保護法益 … 260
 1 刑法上の財産概念（260） 2 奪取罪の保護法益（261）
§78 占有の意義 … 266
 1 総　説（266） 2 事実上の支配（267）
 3 占有の意思（269） 4 占有の主体（死者の占有）（270）
 5 占有の帰属（273）
§79 不法領得の意思 … 276
 1 不法領得の意思の内容（276）
 2 不法領得の意思不要説（277）
 3 必要説と不要説の対立の背景（278）
 4 主観的犯罪類型個別化要素（279）
 5 不法領得の意思の機能（280）
 6 詐欺罪における不法領得の意思（283）

第2節　窃盗の罪 … 283

§80 総　説 … 283
§81 窃盗罪 … 284
 1 客　体（284） 2 行　為（285）
 3 故意・不法領得の意思（293） 4 違法性阻却事由（294）
 5 罪数・他罪との関係（294）
§82 不動産侵奪罪 … 295
 1 総　説（295） 2 客　体（295） 3 行　為（296）
§83 親族間の犯罪に関する特例 … 297
 1 意　義（297）

2　直系血族・配偶者・同居の親族の意義 (298)
　　　3　犯人との親族関係のある者 (298)　　4　適用の効果 (300)
　　　5　刑の免除の理由 (300)　　6　錯　誤 (302)

第 3 節　強盗の罪 ……………………………………………………………303

§84　総　説 …………………………………………………………………303

§85　強盗罪 …………………………………………………………………303
　　　1　強盗罪（1 項強盗）(303)　　2　強盗利得罪（2 項強盗）(310)

§86　事後強盗罪 ……………………………………………………………317
　　　1　意　義 (317)　　2　主　体 (317)　　3　行　為 (319)
　　　4　共　犯 (324)　　5　暴行時の限定責任能力 (325)
　　　6　罪数・他罪との関係 (326)

§87　昏酔強盗罪 ……………………………………………………………326
　　　1　意　義 (326)　　2　行　為 (326)

§88　強盗致死傷罪 …………………………………………………………327
　　　1　意　義 (327)　　2　主　体 (327)　　3　行　為 (327)
　　　4　240 条の未遂 (335)　　5　罪数・他罪との関係 (335)

§89　強盗強姦罪・強盗強姦致死罪 ………………………………………336
　　　1　意　義 (336)　　2　強盗強姦罪 (336)
　　　3　強盗強姦致死罪 (337)

§90　強盗予備罪 ……………………………………………………………339
　　　1　行　為 (339)　　2　目　的 (339)
　　　3　中止犯規定の準用 (340)　　4　罪数・他罪との関係 (340)

第 4 節　詐欺の罪 ……………………………………………………………341

§91　総　説 …………………………………………………………………341
　　　1　意　義 (341)　　2　本　質 (341)　　3　保護法益 (343)
　　　4　親族間の犯罪に関する特例の準用 (344)

§92　詐欺罪 …………………………………………………………………345
　　　1　客　体 (345)　　2　行　為 (347)
　　　3　処分行為（交付）(364)　　4　財産的損害 (375)
　　　5　主観的要件 (381)　　6　権利行使と詐欺罪 (382)
　　　7　罪数・他罪との関係 (383)

§93　詐欺利得罪 ……………………………………………………………385

xxiv ◇目 次

   1　要　件(385)　　2　罪数・他罪との関係(392)

 §94　準詐欺罪 …………………………………………………………………393
   1　意　義(393)　　2　行　為(393)

 §95　電子計算機使用詐欺罪 …………………………………………………394
   1　意　義(394)　　2　行　為(394)
   3　着手時期・既遂(397)　　4　罪数・他罪との関係(398)

第5節　恐喝の罪 ………………………………………………………………399

 §96　総　説 …………………………………………………………………399

 §97　恐喝(取財)罪 …………………………………………………………399
   1　客　体(399)　　2　行　為(400)
   3　未遂・既遂(403)　　4　主観的要件(404)
   5　罪数・他罪との関係(404)

 §98　恐喝利得罪 ………………………………………………………………405
   1　意義・要件(405)　　2　罪数・他罪との関係(406)

 §99　権利行使と恐喝罪 ………………………………………………………407
   1　二つの類型(407)　　2　判　例(408)
   3　本書の見解(408)

第6節　横領の罪 ………………………………………………………………409

 §100　総　説 …………………………………………………………………409

 §101　横領罪 …………………………………………………………………411
   1　意　義(411)　　2　主　体(412)　　3　客　体(412)
   4　行　為(429)　　5　未遂・既遂(433)　　6　横領額(434)
   7　主観的要件(434)　　8　共　犯(438)
   9　罪数・他罪との関係(438)

 §102　業務上横領罪 …………………………………………………………442
   1　意　義(442)　　2　主　体(443)　　3　客　体(444)
   4　行　為(444)　　5　共　犯(445)
   6　罪数・他罪との関係(446)

 §103　遺失物横領罪 …………………………………………………………446
   1　意　義(446)　　2　客　体(447)　　3　行　為(447)
   4　主観的要件(448)　　5　罪数・他罪との関係(448)

第 7 節　背任の罪 …… 448

§104　総　説 …… 448
1　意　義 (448)　　2　権限濫用か背信か (449)
3　委託物横領との区別 (453)

§105　背任罪 …… 455
1　主　体 (455)　　2　行　為 (458)　　3　主観的要件 (461)
4　財産上の損害 (465)　　5　共　犯 (467)
6　他罪との関係 (468)

第 8 節　盗品等に関する罪 …… 469

§106　総　説 …… 469
1　盗品等罪の本質 (469)　　2　追求権説との複合的性格 (471)

§107　盗品譲受け等罪 …… 473
1　主　体 (473)　　2　客　体 (473)　　3　行　為 (476)
4　故　意 (480)　　5　罪数・他罪との関係 (481)

§108　親族間の犯罪に関する特例 …… 482
1　意　義 (482)　　2　要　件 (483)

第 9 節　毀棄および隠匿の罪 …… 485

§109　総　説 …… 485
1　意　義 (485)　　2　毀棄・損壊の概念 (485)

§110　公用文書等毀棄罪 …… 486
1　保護法益 (486)　　2　客　体 (487)　　3　行　為 (487)

§111　私用文書等毀棄罪 …… 488
1　客　体 (488)　　2　行　為 (489)　　3　親告罪 (489)

§112　建造物等損壊罪・建造物等損壊致死傷罪 …… 489
1　客　体 (489)　　2　行　為 (491)
3　建造物等損壊致死傷罪 (494)

§113　器物損壊罪 …… 495
1　客　体 (495)　　2　行　為 (495)　　3　親告罪 (496)

§114　境界損壊罪 …… 496
1　意　義 (496)　　2　客　体 (497)　　3　行　為 (497)
4　他罪との関係 (497)

§115 信書隠匿罪 ··· 498
　　1 客　体 (498)　　2 行　為 (498)　　3 親告罪 (499)

第2編　社会的法益に対する罪

序　章 ··· 503
　　1 社会的法益の捉え方 (503)
　　2 社会的法益に対する罪の分類 (503)

第1章　公衆の安全に対する罪 ·· 505
第1節　騒乱の罪 ··· 505
§116 総　説 ··· 505
§117 騒乱罪 ··· 507
　　1 主　体 (507)　　2 実行行為 (507)
　　3 「多衆で集合して」の意義 (508)　　4 暴行・脅迫 (509)
　　5 行為態様 (510)　　6 主観的要件 (511)
　　7 共犯の可罰性 (515)　　8 他罪との関係 (516)
§118 多衆不解散罪 ·· 517
　　1 主　体 (517)　　2 行　為 (517)　　3 法定刑 (518)
第2節　放火および失火の罪 ··· 519
§119 総　説 ··· 519
　　1 意義・種類 (519)　　2 性　質 (520)
　　3 被害者の承諾 (520)
§120 放火罪の基本概念 ··· 520
　　1 放火の意義 (521)　　2 焼損の意義 (522)
　　3 不燃性建造物の焼損 (524)
　　4 抽象的危険犯か準抽象的危険犯か (526)
§121 現住建造物等放火罪 ·· 527
　　1 客　体 (527)　　2 罪数・他罪との関係 (532)
§122 非現住建造物等放火罪 ··· 532

　　　　1　客　体 (533)　　2　公共危険の認識 (534)
　§123　建造物等以外放火罪 ……………………………………………………537
　　　　1　客　体 (537)　　2　公共の危険 (537)　　3　故　意 (538)
　　　　4　自己の所有にかかる物 (539)
　§124　延焼罪 …………………………………………………………………539
　§125　放火予備罪 ……………………………………………………………541
　§126　消火妨害罪 ……………………………………………………………541
　§127　失火罪 …………………………………………………………………542
　　　　1　現住建造物・他人所有建造物失火罪 (1項) (542)
　　　　2　自己所有非現住建造物等失火罪 (2項) (542)
　§128　業務上失火罪・重失火罪 ……………………………………………543
　　　　1　業務上失火罪 (543)　　2　重失火罪 (544)
　§129　激発物破裂罪 …………………………………………………………544
　§130　過失激発物破裂罪・業務上過失激発物破裂罪・
　　　　重過失激発物破裂罪 …………………………………………………546
　§131　ガス漏出罪・ガス漏出致死傷罪 ……………………………………546
　　　　1　ガス漏出罪 (1項) (546)　　2　ガス漏出致死傷罪 (2項) (547)

第3節　出水および水利に関する罪 ……………………………………………547
　§132　総　説 …………………………………………………………………547
　§133　現住建造物等浸害罪 …………………………………………………548
　　　　1　客　体 (548)　　2　行　為 (548)　　3　故　意 (548)
　§134　非現住建造物等浸害罪 ………………………………………………549
　　　　1　客　体 (549)　　2　行　為 (549)　　3　故　意 (549)
　§135　水防妨害罪 ……………………………………………………………549
　§136　過失建造物等浸害罪 …………………………………………………550
　§137　出水危険罪 ……………………………………………………………550
　§138　水利妨害罪 ……………………………………………………………551
　　　　1　要　件 (551)　　2　違法性阻却事由 (551)

第4節　往来を妨害する罪 ………………………………………………………552
　§139　総　説 …………………………………………………………………552

§140 往来妨害罪 ··· 553
 1 客 体 (553) 2 行 為 (553) 3 故 意 (554)
 4 違法性阻却事由 (554)

§141 往来妨害致死傷罪 ·· 554

§142 往来危険罪 ··· 555
 1 意 義 (555) 2 行 為 (555) 3 往来の危険 (556)
 4 故 意 (557)

§143 汽車等転覆・破壊罪 ··· 558
 1 客 体 (558) 2 行 為 (558) 3 故 意 (559)

§144 汽車等転覆・破壊致死罪 ··· 560
 1 意 義 (560) 2 殺 意 (561)

§145 往来危険汽車等転覆・破壊罪 ··· 561
 1 意 義 (562) 2 人の死亡と「前条の例による」の意義 (562)

§146 過失往来危険罪・業務上過失往来危険罪 ································ 565
 1 過失往来危険罪 (565) 2 過失汽車等転覆・破壊罪 (565)
 3 業務上過失往来危険罪、業務上過失汽車等転覆・破壊罪 (565)

第2章　公衆の健康に対する罪 ·· 567

第1節　飲料水に関する罪 ·· 567

§147 総 説 ··· 567

§148 浄水汚染罪 ··· 568
 1 客 体 (568) 2 行 為 (568)

§149 水道汚染罪 ··· 569

§150 浄水毒物等混入罪 ·· 569

§151 浄水汚染致死傷罪・水道汚染致死傷罪・
 浄水毒物等混入致死傷罪 ·· 570

§152 水道毒物等混入罪・水道毒物等混入致死罪 ····························· 570
 1 水道毒物等混入罪 (570) 2 水道毒物等混入致死罪 (570)

§153 水道損壊・閉塞罪 ·· 571
 1 客 体 (571) 2 行 為 (571)

第2節　あへん煙に関する罪 …………………………………………… *571*
　§154　総　説 ………………………………………………………… *571*
　§155　あへん煙輸入等罪 …………………………………………… *572*
　§156　あへん煙吸食器具輸入等罪 ………………………………… *573*
　§157　税関職員によるあへん煙輸入罪 …………………………… *574*
　§158　あへん煙吸食罪 ……………………………………………… *574*
　§159　あへん煙吸食場所提供罪 …………………………………… *575*
　§160　あへん煙等所持罪 …………………………………………… *575*

第3章　取引の安全に対する罪 ……………………………………… *576*
　第1節　通貨偽造の罪 ………………………………………………… *577*
　　§161　総　説 ……………………………………………………… *577*
　　　1　意義・保護法益 (*577*)　2　法益としての通貨発行権？ (*578*)
　　§162　通貨偽造罪 ………………………………………………… *579*
　　　1　意　義 (*579*)　2　客　体 (*579*)　3　行　為 (*579*)
　　　4　行使の目的 (*581*)
　　§163　偽造通貨行使罪 …………………………………………… *582*
　　　1　客　体 (*582*)　2　行　為 (*582*)　3　他罪との関係 (*585*)
　　§164　外国通貨偽造罪 …………………………………………… *585*
　　§165　偽造外国通貨行使罪 ……………………………………… *585*
　　§166　偽造通貨収得罪 …………………………………………… *586*
　　　1　客　体 (*586*)　2　行　為 (*586*)　3　行使の目的 (*586*)
　　§167　偽造通貨収得後知情行使・交付罪 ……………………… *586*
　　　1　意　義 (*587*)　2　要　件 (*587*)
　　§168　通貨偽造準備罪 …………………………………………… *588*
　　　1　意　義 (*588*)　2　客　体 (*588*)　3　行　為 (*589*)
　　　4　目　的 (*589*)　5　共犯・罪数 (*589*)
　第2節　文書偽造の罪 ………………………………………………… *590*
　　§169　総　説 ……………………………………………………… *590*

1　文書偽造の罪の意義 (590)　　2　形式主義と実質主義 (592)
§170　文書の意義 …………………………………………………………593
　　　1　文書の一般的意義 (593)
　　　2　物体上の意思・観念の表示 (593)
　　　3　名義人の存在とその表示 (596)　　4　原本性 (597)
§171　偽造の概念 ……………………………………………………………601
　　　1　広義における偽造 (601)　　2　狭義における偽造 (601)
§172　代理人名義の冒用・代理権の逸脱 …………………………………610
　　　1　代理人名義の冒用 (610)　　2　代理権の逸脱・濫用 (613)
　　　3　他人名義の使用の承諾 (614)
§173　変造・虚偽文書作成・行使の意義 …………………………………616
　　　1　変造の概念 (616)　　2　虚偽文書の作成の概念 (618)
　　　3　行使の概念 (619)　　4　行使の目的 (621)
§174　詔書等偽造罪 …………………………………………………………622
§175　公文書偽造罪 …………………………………………………………622
　　　1　意　義 (622)
　　　2　有印公文書偽造罪 (1項)・有印公文書変造罪 (2項) (623)
　　　3　無印公文書偽造・変造罪 (3項) (625)
§176　虚偽公文書作成罪 ……………………………………………………626
　　　1　意　義 (626)　　2　主　体 (626)　　3　行　為 (626)
　　　4　本罪の間接正犯 (627)
§177　公正証書原本等不実記載罪 …………………………………………631
　　　1　意　義 (631)　　2　公正証書原本等不実記載罪 (1項) (631)
　　　3　免状等不実記載罪 (2項) (634)
§178　偽造公文書・虚偽公文書行使罪 ……………………………………635
　　　1　意　義 (635)　　2　要　件 (635)
　　　3　罪数・他罪との関係 (635)
§179　私文書偽造罪 …………………………………………………………636
　　　1　意　義 (636)　　2　各犯罪類型 (636)
§180　虚偽診断書等作成罪 …………………………………………………640
　　　1　意　義 (640)　　2　主　体 (640)　　3　客　体 (640)
　　　4　行　為 (640)

目 次◇ xxxi

　§181　偽造私文書・虚偽診断書等行使罪 …………………………………641
　　　1　意　義（641）　　2　罪　数（641）
　§182　電磁的記録不正作出罪 ……………………………………………642
　　　1　意　義（642）　　2　私電磁的記録不正作出罪（1項）（643）
　　　3　公電磁的記録不正作出罪（2項）（645）
　§183　不正作出電磁的記録供用罪 ………………………………………645
　　　1　意　義（645）　　2　客体・行為（645）　　3　未　遂（646）
　　　4　罪数・他罪との関係（646）

第3節　有価証券偽造の罪 ………………………………………………646
　§184　総　説 ………………………………………………………………646
　§185　有価証券偽造罪 ……………………………………………………647
　　　1　客　体（648）　　2　行　為（652）
　§186　有価証券虚偽記入罪 ………………………………………………655
　　　1　客　体（655）　　2　行　為（655）　　3　目　的（656）
　　　4　罪　数（656）
　§187　偽造有価証券行使罪 ………………………………………………657
　　　1　客　体（657）　　2　行　為（657）　　3　目　的（658）
　　　4　罪　数（659）

第4節　支払用カード電磁的記録に関する罪 ……………………………659
　§188　総　説 ………………………………………………………………659
　　　1　意　義（659）　　2　背　景（659）
　　　3　保護法益・対象となるカード（660）
　§189　支払用カード電磁的記録不正作出・供用・
　　　　譲り渡し等の罪 ……………………………………………………661
　　　1　意　義（661）　　2　客　体（661）　　3　行　為（662）
　§190　不正電磁的記録カード所持罪 ……………………………………664
　　　1　意　義（664）　　2　行　為（664）
　§191　支払用カード電磁的記録不正作出準備罪 ………………………665
　　　1　意　義（665）　　2　客　体（665）　　3　行　為（665）
　　　4　罪　数（666）

第5節　印章偽造の罪 ……………………………………………………667

§192 総　説 ··· 667
　1　意　義（667）　2　印章・署名の意義（668）
　3　偽造・不正使用・使用（671）
§193 御璽等偽造罪・御璽等不正使用罪 ······························ 671
§194 公印等偽造罪 ·· 671
　1　客　体（672）　2　行　為（672）
§195 公印等不正使用罪 ··· 672
　1　客　体（673）　2　行　為（673）　3　他罪との関係（673）
§196 公記号偽造罪 ·· 673
　1　客　体（673）　2　行　為（675）
§197 公記号不正使用罪 ··· 675
§198 私印等偽造罪 ·· 676
　1　客　体（675）　2　行為・目的（676）
§199 私印等不正使用罪 ··· 676

第6節　不正指令電磁的記録に関する罪 ······················· 676
　§200 不正指令電磁的記録に関する罪 ······························ 676
　　1　意　義（676）　2　不正指令電磁的記録作成等罪（677）
　　3　不正指令電磁的記録取得等罪（680）　4　罪　数（681）

第4章　社会生活環境に対する罪 ······························ 682
第1節　わいせつおよび重婚の罪 ······························ 683
　§201 総　説 ··· 683
　§202 公然わいせつ罪 ·· 685
　　1　行　為（685）　2　共　犯（688）　3　罪　数（688）
　§203 わいせつ物頒布等罪 ·· 689
　　1　最近の改正（689）　2　175条の合憲性（690）
　　3　客　体（691）　4　わいせつの意義（695）　5　行　為（700）
　　6　故　意（707）　7　共犯・罪数（707）
　§204 重婚罪 ··· 707
　　1　意　義（707）　2　主　体（707）　3　行　為（708）

第2節 賭博および富くじに関する罪 …………………………… 708
§205 総　説 …………………………………………………… 708
§206 賭博罪 …………………………………………………… 710
  1　行　為 (710)
§207 常習賭博罪 ……………………………………………… 712
  1　意　義 (712)　　2　主　体 (712)　　3　行　為 (713)
  4　共犯・累犯加重 (713)
§208 賭博場開張等図利罪 …………………………………… 714
  1　意　義 (714)　　2　賭博場開張図利罪 (715)
  3　博徒結合図利罪 (716)
§209 富くじ罪 ………………………………………………… 716
  1　意　義 (716)　　2　行　為 (717)

第3節 礼拝所および墳墓に関する罪 …………………………… 717
§210 総　説 …………………………………………………… 717
§211 礼拝所不敬罪 …………………………………………… 718
  1　客　体 (718)　　2　行　為 (718)
§212 説教等妨害罪 …………………………………………… 719
  1　客　体 (719)　　2　行　為 (719)
§213 墳墓発掘罪 ……………………………………………… 719
  1　客　体 (719)　　2　行　為 (720)
§214 死体損壊・遺棄罪 ……………………………………… 720
  1　保護法益・客体 (720)　　2　行　為 (721)
  3　罪数・他罪との関係 (721)
§215 墳墓発掘死体損壊等・遺棄罪 ………………………… 722
§216 変死者密葬罪 …………………………………………… 722

第3編　国家的法益に対する罪

序　章 ……………………………………………………………… 727

第1章　国家の在立に対する罪 …………………………………… 728

第1節　内乱に関する罪 ……………………………………………… 728

§217　総　説 …………………………………………………………… 728

§218　内乱罪 …………………………………………………………… 729

1　主　体 (729)　2　目　的 (730)　3　行　為 (731)
4　共　犯 (732)　5　罪数・他罪との関係 (732)

§219　内乱予備・陰謀罪 ……………………………………………… 732

§220　内乱等幇助罪 …………………………………………………… 733

第2節　外患に関する罪 ……………………………………………… 734

§221　総　説 …………………………………………………………… 734

§222　外患誘致罪 ……………………………………………………… 734

§223　外患援助罪 ……………………………………………………… 735

§224　外患予備・陰謀罪 ……………………………………………… 735

第3節　国交に関する罪 ……………………………………………… 736

§225　総　説 …………………………………………………………… 736

§226　外国国章損壊罪 ………………………………………………… 736

1　客　体 (736)　2　目　的 (737)　3　行　為 (737)
4　他罪との関係 (738)

§227　私戦予備・陰謀罪 ……………………………………………… 738

§228　中立命令違反罪 ………………………………………………… 739

第2章　国家の作用に対する罪 ………………………………… 740

第1節　公務員および公務所 ………………………………………… 740

§229　公務員 …………………………………………………………… 740

1　国または地方公共団体の職員 (741)
2　法令により公務に従事する者 (741)
3　議員、委員、その他の職員 (742)

§230　公務所 …………………………………………………………… 743

第2節　公務の執行を妨害する罪 …………………………………… 743

§231　総説 …… 743
§232　公務執行妨害罪 …… 744
　　1　客　体 (744)　2　職務の意義 (744)　3　行　為 (753)
　　4　故　意 (755)　5　罪数・他罪との関係 (756)
§233　職務強要罪 …… 757
　　1　意　義 (757)　2　行　為 (757)　3　目　的 (757)
§234　強制執行妨害罪等改正の経緯と趣旨 …… 759
§235　封印等破棄罪 …… 760
　　1　意　義 (760)　2　客　体 (760)　3　行　為 (763)
　　4　故　意 (764)　5　他罪との関係 (765)
§236　強制執行妨害目的財産損壊等罪 …… 765
　　1　意　義 (765)　2　改正の要点 (766)　3　主　体 (767)
　　4　目　的 (767)　5　行　為 (768)　6　共　犯 (771)
§237　強制執行行為妨害等罪 …… 772
　　1　本条の保護目的および目的 (772)　2　第1項 (772)
　　3　第2項 (773)
§238　強制執行関係売却妨害罪 …… 774
　　1　意義および改正の契機 (774)　2　改正の目的 (775)
　　3　行　為 (776)
§238の2　加重封印等破棄等罪 …… 779
§238の3　公契約関係競売等妨害罪 …… 779
　　1　本条の趣旨 (779)　2　公の競売・入札 (780)
　　3　公正を害すべき行為 (781)
§238の4　談合罪 …… 781
　　1　趣　旨 (781)　2　目　的 (782)　3　行　為 (783)

第3節　逃走の罪 …… 785

§239　総説 …… 785
§240　単純逃走罪 …… 785
　　1　主　体 (785)　2　行　為 (786)
§241　加重逃走罪 …… 787
　　1　主　体 (787)　2　行　為 (787)　3　共　犯 (789)

§242　被拘禁者奪取罪 ··789
　　1　客　体(789)　　2　行　為(790)　　3　共　犯(791)
　§243　逃走援助罪 ··791
　　1　意　義(791)　　2　行　為(792)　　3　他罪との関係(793)
　§244　看守者等逃走援助罪 ···793
　　1　主　体(793)　　2　行　為(794)　　3　共　犯(794)
第4節　犯人蔵匿および証拠隠滅の罪 ···795
　§245　総　説 ···795
　§246　犯人蔵匿罪 ···795
　　1　客　体(796)　　2　行　為(797)　　3　故　意(800)
　　4　罪　数(800)　　5　共　犯(800)
　§247　証拠隠滅罪 ···801
　　1　客　体(801)　　2　行　為(804)
　　3　罪数・他罪との関係(806)　　4　共　犯(806)
　§248　親族間の犯罪の特例 ···808
　　1　意　義(808)　　2　適用範囲(808)
　§249　証人威迫罪 ···809
　　1　意　義(810)　　2　客　体(810)　　3　行　為(810)
　　4　故　意(811)　　5　罪数・他罪との関係(811)
第5節　偽証の罪 ···812
　§250　総　説 ···812
　§251　偽証罪 ··812
　　1　主　体(812)　　2　行　為(813)
　§252　虚偽鑑定罪・虚偽通訳罪・虚偽翻訳罪 ·································818
　　1　主　体(818)　　2　行　為(819)
　§253　自白による刑の減免 ···819
第6節　虚偽告訴の罪 ··820
　§254　総　説 ···820
　§255　虚偽告訴罪 ···821
　　1　行　為(821)　　2　主観的要件(822)　　3　罪　数(824)

§256 自白による刑の減免 …………………………………………………… 824
第7節 職権濫用の罪 ……………………………………………………… 824
§257 総　説 …………………………………………………………………… 824
§258 公務員職権濫用罪 ……………………………………………………… 825
　1 主　体 (825)　2 行　為 (826)　3 結　果 (829)
　4 他罪との関係 (829)
§259 特別公務員職権濫用罪 ………………………………………………… 830
　1 主　体 (830)　2 行　為 (830)
§260 特別公務員暴行・陵虐罪 ……………………………………………… 830
　1 主　体 (831)　2 客　体 (831)　3 行　為 (831)
　4 違法性阻却事由 (832)　5 他罪との関係 (832)
§261 特別公務員職権濫用致死傷罪等 ……………………………………… 832
第8節 賄賂の罪 ……………………………………………………………… 833
§262 総　説 …………………………………………………………………… 833
　1 意　義 (833)　2 沿　革 (833)　3 保護法益 (834)
　4 職務の意義 (836)　5 賄賂の意義 (846)
§263 単純収賄罪 ……………………………………………………………… 849
　1 主　体 (848)　2 行　為 (849)　3 故　意 (850)
　4 罪数・他罪との関係 (850)
§264 受託収賄罪 ……………………………………………………………… 851
§265 事前収賄罪 ……………………………………………………………… 852
　1 主　体 (852)　2 行　為 (852)
§266 第三者供賄罪 …………………………………………………………… 853
§267 加重収賄罪 ……………………………………………………………… 853
　1 意　義 (854)　2 主　体 (854)　3 行　為 (854)
§268 事後収賄罪 ……………………………………………………………… 855
§269 あっせん収賄罪 ………………………………………………………… 856
　1 意　義 (856)　2 主　体 (856)　3 行　為 (857)
　4 他罪との関係 (858)
§270 贈賄罪 …………………………………………………………………… 858

§271 没収・追徴 ……………………………………………………859
　1　意　義(859)　　2　没収・追徴の対象(859)

事項索引 ……………………………………………………………863
判例索引 ……………………………………………………………872

序　論

1　刑法各論の対象と方法

　刑法各論は、刑法第2編の各「罪」を中心とする各刑罰法規の規範的意義を明らかにする学問である。したがって、本来は、刑法典の中に位置づけられている犯罪類型に限定されないが、本書では、刑法典の犯罪を中心に置き、特別刑法・行政刑法等については、付随的に言及することがあるにとどめる。

　ところで、刑罰法規は、個々の犯罪の成立要件と法的効果である刑罰とからなるが、刑法各論は、罪刑法定主義と刑法の社会的機能を調整しつつその規範体系全体から個々の犯罪類型とそれに対する刑罰権の内容と限界を解明することを目的とする。総論の方法論として採用された規範体系的機能主義は、各論においても、その導きの糸となる。

　これを詳論しよう。刑法各則は、要保護性のある法益について、当罰性のあるその侵害行為を処罰する個別の刑罰法規の内容と限界を明らかにすることを任務とする。各犯罪類型は、保護法益の侵害結果と侵害態様を規定し、犯罪とされる行為を限定している。罪刑法定主義の原則は、法益を全面的・網羅的に保護するのではなく、その侵害態様・程度を限定して断片的に保護している。したがって、刑法各論の解釈においては、このことを前提として、個別刑罰法規の規範内容を社会の現実的動向に適切に対応しうるような解釈論を展開することが重要である。さらに、個別の刑罰法規の内容は、保護法益論を中心とする各則全体の規範体系から規範論理整合的に決定されなければならない。規範体系の全体的連関の中で、個々の犯罪類型の意義が確定され、個別の要件の解釈が方向づけられるのである。

2　刑法各論の解釈方法論

　以上のことは、すべて、終局的には、各犯罪の構成要件をはじめとする犯罪の成立要件の解釈に反映されるべき解釈の方法論でもある。法解釈とは、あるべき規範の探究であるが、それは、立法者の歴史的意思を明らかにすることではなく、現在の法の意思を明らかにすることである。その意味で、あるべき解釈は、「現在」に規定されている。科学・技術と社会の発展・変化

とともに、従来、予定されていなかった社会現象・行為が次々と現れる。いったん立法化された規範が、このような新たな社会現象に柔軟に対応できないのであれば、そのような立法は、拙劣である。解釈もまた、社会の現実の動向に対応して目的論的に行われなければならない。あまりにも固陋で現実対応性を欠く解釈論は、刑法においても説得性をもたない。しかし、他方で、新しい事態に対応する刑事立法がありえないことを前提とした解釈による立法の補完は、罪刑法定主義の精神に反する解釈論の自殺である。昨今の刑事立法の動きとそれによって従来のややもすれば強引な解釈が意味を失うことになったといった事態を想起すれば、解釈論の限界を自覚することも重要な課題であることが分かる。

3　刑法各論の体系

　刑法各論の体系は、法益による分類を基礎とし、法益の重要性、侵害態様の類似性、実侵害か侵害の危険か等によってグループ化するのがオーソドックスな体系である。これは厳密な意味での体系ではなく（中3頁）、たんなる分類方法であるかもしれない。しかし、現行刑法も、このような分類方法に従って犯罪類型を整序している。

　法益は、その主体によって分類され、それを各個人か社会（不特定・多数人たる公衆）か国家かに応じて三つに分類されるのが通常である。これによって、犯罪は、①個人的法益を侵害する罪、②社会的法益を侵害する罪、それに③国家的法益を侵害する罪に分けられるのが一般である（三分説）。中には、個人的法益と公共的法益に二分し、社会的法益と国家的法益を公共的法益にまとめる分類もあるが、この二分説は、現在、一般的ではない。社会の共同生活上の利益を維持するのと、国家の存立やその統治機構の作用を保護するのとでは、その意味を異にする。したがって、三分説が妥当である。

　刑法各論を体系によって分類するのではなく、社会現象ないし「社会生活の実態における人間行動の類型」（西原・はしがき1頁）ごとに配分してグループ化する方法が用いられることもある。体系思考と問題思考が対比されることがあるが、公害、交通、医療、経済生活等のそれぞれの分野における社会生活事象としての犯罪の観点から、犯罪を整序するのであるから、これを、問題思考を基礎にするものということができるであろう。この問題思考的分類は、実践的で、犯罪類型の適用におけるダイナミックな思考を涵養するに適した優れた方法であると考えられる。しかし、本書は、伝統的な法益によ

る分類方法に従った。前述のように、講学上は、刑法各論で取り扱う犯罪類型の具体的解釈ならびに解釈原理の発見には、法益を整序原理とする体系的思考が優れていると考えるからである。

4 本書の叙述方法

　個人的法益、社会的法益、国家的法益、それぞれに関する犯罪を、どの順序で論じるかについては、国家的法益から始め、個人的法益を最後に論じる教科書もあるが、本書は、最近の通常の教科書と同様、個人的法益に対する罪から始める体系をとった。その理由は、憲法の明示する価値秩序に従えば、個人的法益が重要であること、個人的法益に関する犯罪の多くは、国家的法益に対する犯罪よりも頻繁に発生すること、個人的法益に関する罪に重要な基本的概念が登場し、講学上それを先に叙述する方が効率的であること等である。

　本書では、体系思考は、できるだけ貫徹しようと努力したが、重要論点を浮き彫りにするため、重要論点には、具体的事例を用い、判例の事案・判決内容を詳しく紹介することによって、問題を具体的に理解できるように心がけた。その結果、叙述にバランスを欠くところが出たが、規範体系的機能主義の体系は、問題思考を内在させるものであるから、むしろ、それが論点を明確にし、教科書にありがちな平板さを回避することができたと考える。

第1編 個人的法益に関する罪

第1編 個人的法益に関する罪

序　章

　個人は、自己目的であり、他人を侵害し危険にさらすことがない限り、尊重される。憲法においても、「すべて国民は、個人として尊重される。生命、自由及び幸福追求に対する国民の権利については、公共の福祉に反しない限り、立法その他の国政の上で、最大の尊重を必要とする」と定め（13条）、この趣旨を明確にしている。

　このような個人尊重主義の法体系のもとでは、個人の生命・身体・自由・財産の保護が、他のどのような法益にもまして、優先される。中でも、個人の生命は、個人の存立の基礎であり、諸価値の根源であるといってよい。身体も、個人の第1次的な構成要素であり、その安全は、生命の維持のみならず個人の諸活動の必須条件である。個人の自由には、身体の自由のみならずあらゆる分野における自由があるが、個人主義は、自由主義の双生児であり、自由主義においては、なによりも個人の自由権が保障されなければならない。この自由には、人格の自由な形成・発展も含まれるのであり、自由に形成・展開された「人格の尊厳」は、個人の秘密や名誉の尊重を要請する。さらに、財産は、社会生活の基礎であり、社会活動・経済活動の自由を支える物的基盤である。憲法も、私有財産制度を認め（29条3項参照）、「財産権はこれを侵してはならない」とする（29条1項）。

第1章　生命・身体に対する罪

第1節　総　説

§1　犯罪の種類と性格

　生命・身体に対する罪は、論理的には、生命に対する罪と身体に対する罪に分けることができるが[1]、実際上は、身体に対する罪が、生命に対する罪の危険犯的な性格をもつという側面もあり、生命・身体に対する罪の中には、過失致死罪、過失傷害罪が含まれ、また、「致死」を加重類型として加重処罰する例があるなど、両者が交錯する場合が多いといってよい。

　生命・身体に対する罪には、殺人の罪（26章）、傷害の罪（27章）、過失傷害の罪（28章）、堕胎の罪（29章）、遺棄の罪（30章）がある。殺人の罪、傷害の罪、過失傷害の罪は、侵害犯であるが、堕胎の罪、遺棄の罪は、危険犯である。堕胎の罪、遺棄の罪については、生命に対する罪のうちの危険犯であると位置づける見解（平野159頁、163頁、西田18、27頁、林14頁）および胎児の生命に対する侵害犯とする見解（山口20頁）ならびに生命・身体に対する罪の危険犯であるとする通説（大塚7頁、中7頁、大谷7頁以下、曽根5頁、前田8頁）とがあり、学説の対立がある。自動車運転致死傷行為処罰法の罪もこれに属する。

§2　人の意義・範囲

　生命・身体に対する罪は、「人」（ないし「胎児」）の生命・身体を侵害し、あるいは危険にさらす犯罪である。そこでまず、本章の罪の法益主体としての人（ないし胎児）の意義を明らかにしておこう。

　生命・身体をもつのは、生物学的意味における人、すなわち、自然人に限られるので、ここでいう人には法人を含まない。法律学上は、人とは、生まれてから死ぬまでの生命を保続する間の存在をいう。したがって、人には始

---

[1] 第1章「生命に対する罪」、第2章「身体に対する罪」に区別される。このような体系をとるものとして、平野155頁、165頁、西田5以下、37頁、林7頁、47頁参照。

第1節　総説　§2　人の意義・範囲◇　9

期と終期があり、それらは、最終的には、生物学的・医学的可能性の範囲内で、規範的観点から定められる。

1　人の始期

人の始期は、**出生**に始まる（民3条1項参照）。法は、出生以前の母体内に存在する生命を「**胎児**」と呼んで、人とは区別している。胎児は、堕胎罪の客体である。人の始期は、出生に始まるとしても、胎児の始期はいつと考えるべきであろうか。もちろん、個体としての生命の誕生は、受精から始まっているのであるから、胎児の始期を受精に認めることもできるが、堕胎罪の客体としての胎児は、**着床**に始まるとしてよいのではないか。

胎児の生成過程は、次の如くである。ヒトの卵細胞への精子の侵入によって、**受精**が行われた後、3時間から6時間で卵細胞と精細胞の前核が溶解し、**胚**となる。その後、細胞分裂を繰り返し、子宮内に着床して、**胎児**として成長する。現在、受精は、人工的に**体外受精**が可能であり、受精卵を卵子の提供者とは別の女性の子宮に移植すること（借り腹）も可能である。[2] 受精卵が着床する以前は、避妊との限界づけが困難であるので、堕胎罪の客体である胎児とはいえないであろう。したがって、胎児とは、母体内に着床後の胚をいうとするべきである。

胎児が出生した時点で、人となる。しかし、「出生」とは、厳密には、胎児が母体外に排出され、母体から独立する「過程」であるので、どの時点をもって人となるかについては、判断が分かれる。

①　分娩（陣痛）開始説　規則的な陣痛が始まったときとする（ドイツ・フランス・オーストリアの通説）。これによれば、陣痛の開始後は、母体中にいても人である。[3] これによって、帝王切開の際に生まれてくる赤ん坊を手術中誤って傷つけた場合には、業務上過失致死傷罪（211条1項）の適用が可能となる。[4] ドイツ刑法においては、嬰児殺（旧217条）の規定は、第6次刑法改正

---

[2] これに対して、妻の卵子が使用できず、かつ妻が妊娠できない場合に夫の精子を妻以外の第三者の子宮に注入して妻の代わりに妊娠・出産してもらう方法を「代理母」という。なお、細胞分裂と胚の形成の過程については、ギュンター／ケラー『生殖医学と人類遺伝学—刑法によって制限すべきか—』中義勝・山中敬一監訳（1991年）3頁以下参照。胚の発達の経緯については、総合科学技術会議・生命倫理専門調査会「ヒト胚の取扱いに関する基本的考え方」（中間報告書）（2003年12月26日）7頁以下参照。

[3] 諸外国における陣痛開始説の根拠は、嬰児殺の規定の存在によって、陣痛開始後は、分娩作用の終了後まで、母親が分娩中の嬰児を殺した場合を特別の軽減類型として規定するがゆえであった。

[4] 伊東18頁以下は、独立生存可能性説をとるが、堕胎の概念は、人工妊娠中絶の概念とは異なり、

法により削除されたが、その後も、本説が通説である。[5]

わが国の刑法の解釈論としては、陣痛開始説は、分娩作用の開始時点の確認が困難であり、人の始期を認めるに早きに失する。[6]

②　一部露出説　胎児の身体の一部が母体から露出したときとする（通説）。本説の根拠は、**外部からの直接の攻撃可能性**にある。胎児の身体の一部でも露出すれば、直接に攻撃が可能であるとするのである。[7]

本説に対しては、いったん一部露出した嬰児が再び母体内に引き入れられることがあるから、基準が不明確であるという批判がある。これに対しては、一部露出した時点で攻撃が加えられれば、後に再び母体内に引き入れられようとも「人」に対する攻撃であると解することができると反論される。さらに、本説に対しては、人という客体の範囲を独立侵害可能性という行為の態様により決するのは、感覚的であって不当であり、客体の価値によるべきだという批判（山口・探究3頁以下、同「生命に対する罪」現代的展開3頁）もある。しかし、この説も結論的に本説を支持する（山口9頁）。

③　全部露出説　胎児の身体の全部が母体から露出したときとする（民法の通説）。本説は、刑法においては、人の始期が遅きに失すると批判されている。しかし、最近は、後述のように、「自然の分娩期に先立って胎児を母体外に排出すること」という堕胎概念を修正し、全部露出までを堕胎とすべきだと主張し、そのうえで、人の始期を全部露出時とすべきだとする見解が有力化している（平野・諸問題260頁以下、町野・小暮ほか15頁）。

④　独立呼吸説　胎児が胎盤による呼吸をやめ、自己の肺によって呼吸を始めたときとする（大場・上37頁）。本説は、その昔、生産か死産かを見分けるのに、独立呼吸の有無によっていたわが国の裁判慣行と合致したという

少なくとも、自然の分娩期ないし母体外への排出期までは、続くと解するほかないから、この見解は、人と胎児の併存を認めるか、堕胎を殺人とするか二者択一の前に立たされ、いずれも不当であるがゆえに、採用できない。

[5] その婚外の嬰児を分娩中または分娩直後に殺害した母親は、3年を下らない自由刑によって罰せられる（ドイツ刑法旧217条1項）。なお、オーストリア刑法79条参照。しかし、嬰児殺廃止後もドイツでは分娩開始説が通説である。

[6] 同じく早きに失するのは、母体外で生存可能な程度に成熟した胎児は、人としての保護に値するという説（**独立生存可能性説**）である（伊東19頁）。

[7] 判例において、「胎児が未だ母体より全然分離して呼吸作用を始むるに至らざるも既に母体より其一部を露出したる以上母体に関係なく外部より之に死亡を来すべき侵害を加ふることを得るを以て殺人罪の客体となり得べき人なりと云ふを妨げざるものとす」とされる（大判大8・12・13刑録25・1367）。

ことをその根拠とする。しかし、本説によれば、少なくとも出産の後、独立呼吸までは堕胎罪・殺人罪による保護の間隙が生じ、不当である。[8]

人の始期をめぐる**現在の論点**は、通説たる一部露出説と最近有力に主張されている全部露出説の対立にある。全部露出説は、前述のように、堕胎の概念が、「自然の分娩期に先立って胎児を母体外に排出すること」とされるがゆえに、自然の分娩期に人工力を加えて排出する行為は、堕胎ではなくなることになり、一部露出説によっても、処罰の間隙が生ずるがゆえに、堕胎概念を修正して、全部露出までは堕胎とすべきだという主張とセットで唱えられている。これに対しては、「自然の分娩期に於ける危険な人工的排出」も堕胎概念に含めるという見解（木村34頁）による解決もありうる。

一部露出説が妥当である。一部露出説が、客体の価値による区別ではないという批判はあたらない。攻撃客体が母体内か母体外かにより客体の価値が異なるとするのが、一部露出説である。外部的直接侵害可能性は、その限界を説明し、それを補強する論拠にすぎない。[9]堕胎の概念を全部露出時まで拡大するのは不当である。「自然の分娩期における危険な人工的排出」が、自然の分娩と紛らわしいとしても、その時期に胎児を殺害する（あるいは、胎児の生命を危険にさらす）ことは、母体内において胎児を殺害することであり、自然の分娩期に先立たなくても、堕胎とすることができる。出産という危険な過程を経たかどうかによって客体の要保護性に差異を認めようとする立場（町野・小暮ほか15頁、山口・探究4頁）は、現在、出産時の胎児死亡の危険性が極めて低いことからすれば、説得性をもたない。全部露出説からは、頭部のみ露出した「胎児」の頭をたたき割って殺害した者は、母体内で胎児を殺害したわけでもなく、自然の分娩期に先立って母体外に排出したわけでもないから、堕胎罪にもならないことになり、不当である。また、人の始期は、殺人罪のみならず、傷害罪にとっても重要であるが、全部露出説によると、一部露出後に、「胎児」に、生命には危険のない傷害を加える行為については、傷害罪が成立せず、胎児傷害は不可罰であるから堕胎罪も成立しないことになり、処罰の間隙が生じると批判することができる。

---

[8] 町野・小暮ほか15頁によれば、本説は、「全部露出後、『へその緒』を切断した段階をもって人とする説だと広く誤解され、現在に至っている」という。
[9] 斎藤信治7頁は、胎児と異なり、「われわれと同類の存在」と社会的に認知されることにその根拠を求めることができるとする。

2 人の終期

ⓐ 学説の対立 死亡によって人ではなくなる。人の死亡の時期については、学説上、争いがある。

① **心臓死説（脈拍終止説）** 心臓が不可逆的に停止したときとする（佐伯96頁、香川359頁）。

② **呼吸終止説** 呼吸が不可逆的に停止したときとする（大場・上736頁）。

③ **総合判定説（三兆候説）** 心臓の鼓動と自発呼吸の不可逆的停止および瞳孔反応の消失の三兆候を総合して判断する（福田147頁、大塚10頁、中山・概説II 16頁、大谷10頁以下、川端12頁、前田13頁以下）。

④ **脳死説** 脳の機能が不可逆的に停止したときとする（植松247頁、団藤377頁、平野156頁、齊藤誠二34頁、町野56頁、65頁、西田11頁、林23頁）。

問題の所在 従来、心臓死説ないし総合判定説が通説であり、心臓・肺・脳の機能停止の間には大きな時間的差異は生じなかったため、問題はなかったが、脳機能が失われた後も、人工呼吸器（レスピレーター）によって心臓を鼓動させ続けることが、医療技術上、可能となって、脳死と心臓死の間に径庭が生じるようになったため、どちらが、人の個体死であるかが対立することとなった[11]。問題は、脳死状態に至った患者のレスピレーターを外したとき、殺人罪が成立しうるのか、また、脳死状態に至った患者から臓器（とくに心臓）を、移植のため摘出することが、殺人罪となるのか死体損壊罪が成立しうるにすぎないかという点に現れる。いわゆる脳死状態は、レスピレーターによって心臓が動かされている限りでのみ生じ、しかも、脳死が生じたかどうかは、外見上容易に判定できるものではなく、脳波計等によって測定されてはじめて判定しうる（いわゆる「見えない死」である）という特徴をもつ。

ⓑ 脳死論議と臓器移植立法の経緯 わが国では、脳死および臓器移植については、1990年代から国家的論議が開始された。1990年に内閣総理大臣の諮問機関として総理府に「**臨時脳死及び臓器移植調査会**」（脳死臨調）が設置され、1992年1月に「脳死及び臓器移植に関する重要事項について（答申）」が取りまとめられた。ここでは、脳死がおおむね社会的に合意されていると

---

[10] 脳死は、呼吸の自発的停止後、2〜3分後に現れる。

[11] これについては、齊藤誠二『刑法における生命の保護』（3訂版・1992年）、同『脳死・臓器移植の議論の展開』（2000年）、中山研一編著『資料に見る脳死・臓器移植問題』（1992年）、中山研一・石原明編著『資料に見る尊厳死問題』（1993年）、町野朔・秋葉悦子編『脳と臓器移植』（第3版・1999年）、町野朔他編著『安楽死・尊厳死・末期医療』（1997年）参照。

され、一定の条件のもとで脳死体からの臓器移植が認められたが、これに反対する少数意見が付されていた。

　1994年4月に、議員立法として、「**臓器の移植に関する法律案**」が第129回国会に提出されたが、国会において賛否両論があり、1996年6月に修正案が提出された後、同年9月に廃案となった。その年の12月には、修正案と同じ内容の法案が第139回国会に提出された。ここでは、脳死を人の死であるとする同法案と、脳死が人の死でないことを前提とする案について論議され、最終的に本人の同意があり家族がそれを拒まない場合に脳死を人の死とする案が採択され、1997年6月17日に衆参両議院の可決により、いわゆる臓器移植法が成立した。[12]

　ⓒ　臓器移植法と脳死判定　1997年10月16日から「臓器の移植に関する法律」が施行され、「施行規則」（厚生省令）および「運用に関する指針」（ガイドライン）が定められたが[13]、法律第6条により、死体には「脳死した者の身体を含む」とされ（1項）、「前項に規定する『**脳死した者の身体**』とは、その身体から移植術に使用されるための臓器が摘出されることとなる者であって脳幹を含む全脳の機能が不可逆的に停止するに至ったと判定されたものの身体をいう」（2項）とされた。

　規則第2条は、この法律第6条2項の判定の方法について詳しく規定する[14]。まず、「①6歳未満の者、②急性薬物中毒により深昏睡及び自発呼吸を消失した状態にあると認められる者、③直腸温が摂氏32度以下の状態にある者、④代謝性障害又は内分泌性障害により深昏睡及び自発呼吸を消失した状態にあると認められる者」を除いて、この判定は、①深昏睡、②瞳孔が固定し、瞳孔径が左右とも4ミリメートル以上であること、③脳幹反射（対

---

[12] 貝谷伸「臓器の移植に関する法律の概要及び同法の運用に関する指針について」ジュリ1125号（1997年）93頁、石川元也「脳死・臓器移植と日弁連の意見」中山古稀1巻357頁以下。

[13] これについては、厚生省保健医療局臓器移植法研究会〔監修〕『逐条解説臓器移植法』（1999年）119頁以下、中山研一・福間誠之編『臓器移植法ハンドブック』（1998年）113頁以下、なお、臼木豊「生命倫理と臓器移植法の問題点」現刑42号（2002年）49頁以下参照。

[14] 脳死の判定方法については、すでに、1985年の厚生省の「脳死に関する研究班」（竹内基準）が脳死の判定基準を提示していた。これによれば、脳死とは、「脳幹を含む全脳機能の不可逆的喪失」である。それは、「第1次性及び第2次脳障害の場合で、6歳未満の幼児及び急性薬物中毒などを除いて、①深い昏睡、②自発呼吸の喪失、③瞳孔の4ミリ以上の散大、④対光反射、角膜反射、前庭反射など各種の反射の喪失、⑤脳波の平坦、⑥以上の状態が6時間経っても変化がないこと」である。

光反射、角膜反射、毛様脊髄反射、眼球頭反射、前庭反射、咽頭反射及び咳反射をいう）の消失、④平坦脳波、⑤自発呼吸の消失、の状態が確認され、かつ、当該確定の時点から少なくとも 6 時間を経過した後に、それらの状態が再び確認されることをもって行われる。

臓器移植法は、6 条 2 項から、臓器移植を前提とした脳死判定をもって「死」の判定を行うことを認めたすぎない。6 条によれば、さらに、脳死の判定の前提条件として、死亡した者が生存中に脳死判定に従う意思を書面により表示している場合であって、その旨の告知を受けたその者の家族が当該判定を拒まないときまたは家族がいないときに（6 条 3 項）、必要な知識および経験を有する二人以上の医師の行う判断の一致がある場合（6 条 4 項）が挙げられている。[15]

ⓓ　臓器移植法後の人の終期　したがって、このような妥協的立法の産物である臓器移植法の成立によって、刑法における死亡の時期に関する論争に決着がついたわけではなく、むしろ、その解釈に関する論争を生んだ。[16] ①通説は、いわゆる**脳死選択説**ないし**相対的脳死説**が採用されたものとみる（大塚 10 頁、大谷 10 頁以下、曽根 8 頁、西田 12 頁、前田 14 頁）。すなわち、自己決定により臓器移植のために、家族の拒否もなく脳死判定を受けたとき、脳死をもって人の死とすることを選択しうるものとすることができることが認められたものと解するのである。これに対して、②臓器移植法は、脳死説を前提にして、たんに臓器の摘出の手続・要件等を定めただけのものだと解する見解（町野 69 頁）も有力である。脳死説をもって個体死とみる見解からは、この見解が支持されることになろうが、現在の法状態、社会的合意の点で、脳死説が採用しうるとは思われない。さらに、③三兆候説を維持し、本法の要件を充たす場合、違法性を阻却すると解する見解（斎藤信治 11 頁）も根強い。しかし、臓器移植法 6 条 1 項で、「死体（脳死した者の身体を含む。）」とされてい

---

[15] 1999 年 2 月 28 日に、一人の脳死患者につき、臓器移植法にもとづくわが国最初の心臓・肝臓・腎臓の摘出手術が行われ、摘出された臓器が移植された。
[16] 学説については、齊藤誠二「臓器移植と刑法」現刑 14 号（2000 年）19 頁以下、伊東研祐「死の概念」ジュリ 1121 号（1997 年）39 頁以下、小田直樹「臓器移植法と脳死論（1-4 完）」広島法学 23 巻 3 号（2000 年）91 頁、24 巻 1 号（2000 年）51 頁、2 号 67 頁、3 号（2000 年）29 頁、加藤久雄「新『臓器移植法』における問題点の検討」大野古稀 375 頁以下、松宮孝明「臓器移植法の問題点とその見直しにむけて」大野古稀 409 頁以下、井田良「臓器移植法のインプリケーション」中谷傘寿 260 頁以下参照。

る意味は、脳死ではあるが、三兆候説によってはまだ死に至っていない者の身体も死体であるとするものであるから、脳死をもって個体死と認めたものであって、心臓死には至っていないが、違法性を阻却するとしたものとは解されない。

したがって、結論的には、臓器移植法の成立を前提とすると、その立法に不明確性は残るとはいえ、各見解を衡量すると相対的には、第1の相対的脳死説が妥当である。

まず、レスピレーターをつけず、脳波の測定が行われていない状態での通常の死亡の際の脳死の判定は不可能であり、不必要である。ここでは、実際上の理由から総合判定説が妥当である。人は常に脳波計をつけて死ぬわけではなく、脳死が判定しえない場合にまで、総合判断により、脳死を推定できるとし、脳死をもって個体死とすることは許されない。また、すでに心臓死している者に脳波計をつけて脳波の平坦を確認することは不必要であることもいうまでもない。

したがって、問題は、レスピレーターをつけたまま脳死状態に陥ったが、臓器移植の要件を充たさない場合に、脳死を個体死と認めるかどうかである。これについては、臓器移植法は、規定するものではなく、むしろガイドラインによって従来どおりの取扱いとされている。[17] したがって、脳死判定は、**厚生省竹内基準**によって行われ、脳死判定そのものには、同意は必ずしも前提としなくてよいことになる。この脳死判定の意味は、しかし、臓器移植法の適用がないのであるから、脳死をもって個体死とするものではない。

法秩序の統一性の観点からは、したがって、法は、**原則として総合判定説**を採用し、臓器移植法の適用のある場合のみ **脳死説を採用している** と解釈しなければならない（二分説）。ただ、脳死状態にある者が臓器提供の意思を表示していない場合の、その者のレスピレーターの取り外しについては、なお、刑法上どのように取り扱うべきかという問題は残っている。これは可罰的責任阻却事由と解すべきであろう。

---

[17] ガイドライン第5は、「臓器移植にかかわらない一般の脳死判定に関する事項」につき、「法は、臓器移植の適正な実施に関して必要な事項を定めているものであり、臓器移植にかかわらない一般の脳死判定について定めているものではないこと。このため、治療方針の決定等のために行われる一般の脳死判定については、従来どおりの取扱いで差し支えないこと」とする。

第2節　殺人の罪

§3　総説

1　殺人の罪の種類

殺人の罪（26章）には、殺人罪（199条）、殺人予備罪（201条）、殺人未遂罪（203条）、自殺関与・同意殺人罪（202条）およびその未遂罪（203条）がある。予備罪・未遂罪という犯罪の段階的区別を除けば、刑法は、被害者の意思（同意）の有無により、殺人罪と自殺関与・同意殺人罪を区別するのみである。

諸外国の立法例には、計画等の有無により謀殺と故殺を区別し、客体の性格によって尊属殺、嬰児殺などを区別し、または、行為の態様により、毒殺等を分けて、法定刑を差別するものが比較的多い。わが国の旧刑法においても、謀殺（旧292条）、故殺（旧294条）、毒殺（旧293条）、惨刻殺（旧295条）、便利殺（旧296条）、誘導殺（旧297条）、誤殺（旧298条）、尊属殺（旧362条）が区別されていた。

2　尊属殺規定の削除

わが国では、平成7年まで、尊属殺（旧200条）の規定があったが、同年の改正により、削除された。自己または配偶者の直系尊属に対する殺人に対し、死刑または無期懲役を科するとし、殺人罪に比べて極めて重く処罰されたため、第2次大戦後、法の下の平等（憲法14条1項）に反するかどうかが議論されてきた。**最高裁の判例**は、当初、これを合憲としていた（最大判昭25・10・25刑集4・10・2126、最大判昭32・2・20刑集11・2・824）が、昭和48年に、**大法廷判決**（最大判昭48・4・4刑集27・3・265）により法定刑が重すぎるとして違憲とされるに至った。尊属殺を重く処罰すること自体が違憲ではな

---

[1] わが国でも、改正刑法仮案（1940年）337条が、嬰児殺を減軽類型として規定することを提案していた。なお、前述のように、ドイツ刑法217条の嬰児殺の規定は、最近の改正により削除された。

[2] 昭和48年の最高裁大法廷の判決の事案は、以下のようなものであった。本件の被害者である被告人の実父は、被告人が中学生であって満14歳になって間もない頃、強姦し、爾来無理に不倫な姦淫行為を継続し、被告人としても母や親族の協力によって再三、父の魔手から逃れようとして家出したが、その都度見つけ出されて連れ戻され、爾来15年間不倫関係を継続することを余儀なくされ、その間5人の子を生まされた（内2名死亡）。本件犯行の直接の動機として挙げられているのは、たまたま被告人が勤務した印刷工場で知り合った年下の同僚と相思の仲となり結

く、2回の減軽によっても処断刑の下限が3年6月にとどまり執行猶予を付しえないほどに、法定刑が重い点が憲法14条に違反するとしたのである。このように、本条につきいわゆる**重罰違憲**としたため、その後の最高裁の判例においても、極端に加重の程度が大きくない尊属傷害致死罪（旧205条2項）については、「合理的根拠に基づく差別的取扱いの域を出ない」（最判昭51・2・6刑集30・1・1）として合憲とする判例が出ていた（最判昭49・9・26刑集28・6・329参照）。このような事情もあって、尊属殺の規定は、削除の意見が強かったにもかかわらず、規定上は、その後も、長年、存続していた。しかし、実務上は、尊属殺による訴追は行われなくなっていた。平成7年の刑法の平易化のための一部改正により、尊属殺の違憲状態を解消し、他の尊属加重規定については尊属殺規定の削除との均衡上、尊属殺人罪を含めてすべての尊属加重規定（尊属傷害致死罪〔旧205条2項〕、尊属遺棄罪〔旧218条2項〕、尊属逮捕監禁罪〔旧220条2項〕）が、削除された。

3　殺人の罪の特徴

わが国では、このように、殺人の罪の類型的区別は行われず、被害者の同意がある場合を除くあらゆる類型の殺人行為に、普通殺人罪の犯罪類型のみで対処することによって、形式的区別にとらわれず、具体的な行為の違法性と責任に応じて刑を科することができるよう、普通殺人罪の法定刑の幅を極めて広くしているのが特徴である。

4　殺人罪の法定刑の引上げ

法務大臣の諮問を受け、2004年4月より、法制審議会刑事法部会で「凶悪・重大犯罪に関する刑事法の整備について」検討が始まった。そこでは、有期刑の法定刑を15年（12条1項、13条1項）から、「20年」に引き上げ、有期刑の処断刑を20年以下（14条）から「30年以下」に引上げ、また、死刑または無期刑から減軽した場合における有期刑の上限を15年以下（14条、68条1号、2号）から「30年以下」に引上げるという総則の改正とともに、「殺

婚の話に進み、実父によって蹂躙されてあきらめていた結婚が人並にできることを喜び、父の許しを求めたところ、はじめは許すような態度をとりながら飲酒をしては被告人に対し「出て行くならお前らが幸せになれないようにしてやる、一生苦しめてやる」とか、「今から相手の家に行って話をつけてやる、ぶっ殺してやる」などと脅迫し、被告人は涙をのんで断念するのやむなきに至ったが、父は被告人を軟禁状態にして焼酎を飲んでは淫行を迫り、あるいは脅迫しあるいは罵詈讒謗するというような地獄絵そのままの数日の生活の中で本件犯行は行われたといった事情である。

人罪の法定刑の見直し」も検討され、「3年以上の懲役」の部分が「5年以上の懲役」に引上げる改正法が2005年1月1日から施行された。これにより、執行猶予は、情状酌量によらなければ、そのままでは付しえなくなった。殺人罪が保護する人間の生命に対する国民の規範意識を高める必要性があるというのが改正の主な理由である。

§4 殺人罪

> 人を殺した者は、死刑又は無期若しくは5年以上の懲役に処する（199条）。未遂は、罰する（203条）。

1 客 体

ⓐ 胎児と人　「人」である。生命が保護法益であり、法人は、生命をもたないから、本罪の客体は、自然人に限る。ここでいう「人」には、本人を含まず、したがって、「他人」を指す。本人の殺害は、自殺であるが、自殺については、刑法は、不可罰としている。人の始期および終期についてはすでに解説した。胎児は、堕胎罪の客体であり、その殺害は殺人罪にはならず、死体については死体損壊罪（190条）の客体となるにすぎない。

問題は、堕胎罪の客体であった胎児が、母体外に排出された後に死亡した場合に、作為・不作為による殺人罪の客体になりうるかどうかである。堕胎罪は、侵害犯説を採る一部の学説（西田22頁）を除いて、胎児の生命に対する危険犯でもあるとされている。したがって、胎児が堕胎の結果、生きたまま出生したとしても、危険が発生している限り、堕胎罪は既遂である。生きたまま出生した嬰児が、出生後、放置されたため死亡した場合には、不作為犯の成立可能性があるのだろうか。また、作為で殺害された場合には、殺人罪の客体となるのであろうか。ここで、出生した嬰児が**生命保続可能性**をもつかどうかにはどのような意味があるのだろうか。

ⓑ 出生児の生命保続可能性　判例によれば、人は、犯罪当時に生活機能を保有しているものであれば足り、健康状態が善良であって相当の天寿を享けることができるものであることを要しないとされている（大判明43・5・12刑録16・857）。仮死状態で分娩された嬰児が仮に放置されるときは、分娩後15分ないし30分で死亡するものであっても、これを放置したのみならず、

---

[3] 堕胎を定義して、「胎児に攻撃を加え、母体内または母体外で死亡させる行為」とする。

新聞紙等に包んで川に投入した場合に殺人罪を構成するとした判例（東京高判昭 35・2・17 下刑集 2・2・133）もある。昭和 63 年には、**最高裁**は、妊娠第 26 週に入った胎児を堕胎により出生させ、出生した未熟児を自己の医院内に放置し、約 54 時間後に死亡させた医師につき、保護責任者遺棄致死罪が成立するとした（最決昭 63・1・19 刑集 42・1・1 =**百選 9**）。しかし、**下級審の判例**の中には、妊娠中の女性が他人の過失による交通事故により受傷し、仮死状態の女児を早産し、女児は約 36 時間後に死亡した場合につき、「胎児の際の過失により加害され、生活機能の重要な部分が損なわれ、自然の分娩期より著しく早く母体外に排出され（早産）、生活能力もなく、自然の成り行きとして出産後短時間で死に至ることが予測され、実際どんな治療を施しても生活能力を具備できず医学的にも死の結果を生じた本件事案のような場合には、刑法上右分娩児は『人』になったとは言えず、胎児の延長上にあり、胎児又は死産児に準じて評価するのが相当である」というものがある（秋田地判昭 54・3・29 刑月 11・3・264）。

学説には、母体外で独立して生命を保続する可能性がない段階で排出された「胎児」は、まだ、「人」ではないとする見解（町野・小暮ほか 15 頁以下、前田 12 頁、林 12 頁以下、山口・探究 13 頁以下、木村（光）188 頁）がある。その根拠は、母体保護法が適用可能な時期には、堕胎罪の保護の対象であり、堕胎罪で評価され尽くしているのであり、一律に「人」であることを否定するというのである。[4] これに対して、通説は、成育可能性のない嬰児も人であるとする（大塚 3 頁）。通説が妥当である。人の始期は、一部露出時であり、それ以降は、胎児ではないのはもちろん、成育・生命保続可能性のいかんを問わず、「人」であることに変わりはない（斎藤信治 45 頁）。

❻ 生命保続可能性のない場合　　人であることを前提にして、医学的に生

---

[4] 少なくともこの説を採る多くの学説が採用する全部露出があったならば、母体外で生命を保続している限り、人というべきである。いったん着床した胎児を、へその緒を結びながら母体外に取り出して手術を施し、再び母体に戻した場合も、母体外にいる間に殺害すれば殺人である。ただし、胎児の発育のどの段階で母体外に出たものが、人といえるかという限界は、引かれなければならないであろう。その限界を、母体外での独立生存可能性に求めるか、それとも、生物学的に、形態的・機能的に「人」といえるかどうかで定めるかは、残された問題である。医療技術的に、胎児の母体内での成育のある段階で人工子宮に移したり、他の動物の子宮内で成育させることが可能となれば、おそらく、「人」かどうかは、母体外での生存可能性ではなく、「胎児」そのものの「人」としての機能・形態から決せられるべきであろう。また、「胎児」や「堕胎」の概念も変更の必要があろう。

命保続可能性がなければ、**不作為犯**は成立しないと構成すべきである。数分の延命可能性があれば、それだけで作為義務があるかどうかは問題であるが、ここでは、作為可能性・作為義務論からではなく、その死亡は、堕胎行為・人工妊娠中絶行為によって創出された危険の実現の範囲内ですでに評価されていることが論点である。したがって、生命保続可能性がない段階で、堕胎行為によって出生した嬰児が、自然の経過により死亡した場合には、堕胎罪のみによって評価され尽くしている[5]。この段階で、人工妊娠中絶によって出生した嬰児についても、その危険の範囲内で死亡した場合には、新たに不作為による殺人罪は成立しない。適法な人工妊娠中絶行為の効果は、帰属可能な死亡にまで及んでいるのである。しかし、**作為**により積極的に殺害した場合には、当初の危険が実現したわけではなく、生命保続可能性がない嬰児に対してであっても殺人罪が成立する（大谷・判タ670号61頁、原田國男・最判解・昭63年度13頁）。違法な堕胎の結果生まれてきた成育能力がない胎児は、結局死亡せざるをえないから、それを積極的に殺害する行為まで、「胎児殺の概念中に含めうる」として、作為による殺害についても殺人罪は成立しないという見解（金沢・広島法学10巻4号27頁、堀内10頁、西田22頁）があるが、不当である[6]。

ⓓ　生命保続可能性のある場合　これに対して、母体外で生命保続可能性がある場合には、「人」であり、作為であれ不作為であれ、要件の具備する限り、殺人罪が成立する（林14頁）。ただ、この場合も、生命保続可能性（成育可能性）のある生育状態で出生した嬰児であっても、堕胎行為により瀕死の重傷を負っており、具体的に延命可能性がない場合には、作為義務がなく、不作為犯は成立しない。

2　行　為

行為は、故意をもって「殺」すことである。既遂となるためには、「殺した」こと、つまり、生命が断絶されることが必要である。行為は、（物理的）有形的方法、（精神的）無形的方法、作為、不作為（大判大4・2・10刑録21・

---

[5] したがって、人工妊娠中絶の段階で、生存して生まれる可能性を予見していて、殺人の未必の故意があるとしても、殺人罪は成立しない。

[6] この見解は、成育可能性がない場合に、不作為の場合と作為の場合を分け、作為の場合には殺人罪となりうるとするのは、「行為無価値的である」という（西田23頁）。しかし、純然たる行為を問題にしているわけではなく、作為義務がないことによる不作為犯の不成立と因果的結果惹起による作為犯の成立の相違が区別基準なのである。

90）を問わず、また、間接正犯の形態によってもよい。

　間接正犯による殺人行為として、通常の意思能力がなく自殺の意味を理解しない者が、自分の命令には絶対的に服従するのを利用して、縊首の方法を教えて縊死させた場合（最決昭27・2・21刑集6・2・275）、含糖ペプシンを飲ませて、これを飲んで首を吊るならば一時仮死状態に陥るが、後に容易に蘇生しうるものと欺いて愚鈍な被害者に自ら縊死させた場合（大判昭8・4・19刑集12・471）には、被害者に生命の断絶という法益侵害そのものについて理解がないから、殺人罪である。これに対して、追死すると偽わり、追死するものと誤信させて自殺させる場合（最判昭33・11・21刑集12・15・3519＝**百選1**）のように、法益侵害については認識がある場合には、法益関係的錯誤はなく、同意は有効であり、自殺関与罪にすぎない（☞総論§78, 2）。

　最近の下級審の判決には、同意の有効性を論じることなく、行為者が、その殺害依頼が被害者の誤信に基づくことを知っておれば殺人罪が成立するとしたものがある。本判決によれば、まず、被害者は自殺をも考えるほどに苦悩してはいたものの、他方、未だ自殺を実行するほどには至っていなかったと認められると認定している。かかる被害者が真実死ぬことを決意するに至ったのは、被告人と出会った後の、被告人の、一緒に死ぬとの言を信じたからにほかならないというべきである。被害者は、その誤信に基づき、被告人に殺害を依頼し、被告人は被害者の殺害依頼が誤信に基づくことを知りつつ同女を殺害したものであるから、被告人には普通殺人罪が成立するというべきであるというのである（福岡高判平15・8・29高検速報153）。これは、殺人罪と承諾殺人罪を分ける客観的構成要件要素である被害者の同意の有効・無効の観点を基礎に置くことなく、行為者の「認識」ないし主観から出発していずれかを認定しようとするものであって、不当である。

　　被害者に対して暴行・脅迫を加え、死亡する危険を認識しつつ危険な行為を行わせた場合、どの程度の威迫が行われ、どの程度の心理的強制があれば意思決定の自由が侵害され、暴行・脅迫者に殺人罪が成立するか。死亡に対する認識があるから、同意の任意性が問題となり、同意殺人との区別基準が重要である（☞§6, 4 **C**）。かつては、自殺を予見しながら執拗な肉体的・精神的圧迫を繰り返して妻に自殺させた事案では、自殺教唆罪が認められたものがあった（広島高判昭29・6・30高刑集7・6・944）。最近になって、最高裁は、次の事案において、被害者の意思に対する強制の契機を認め、殺人の実行行為性を肯定した。この事件の被告人は、事故を装い被害者を自殺させて多額の保険金を取得する目的で、自殺させる方法を考案し、それに使用する車等

を準備したうえ、被告人を極度に畏怖して服従していた被害者に対し、犯行前日に、漁港の現場で、暴行、脅迫を交えつつ、直ちに車ごと海中に転落して自殺することを執ように要求し、猶予を哀願する被害者に翌日に実行することを確約させるなどし、本件犯行当時、被害者をして、被告人の命令に応じて車ごと海中に飛び込む以外の行為を選択することができない精神状態に陥らせていたのであった。この事件につき、最高裁は、「被告人は、以上のような精神状態に陥っていた被害者に対して、本件当日、漁港の岸壁上から車ごと海中に転落するように命じ、被害者をして、自らを死亡させる現実的危険性の高い行為に及ばせたものであるから、被害者に命令して車ごと海に転落させた被告人の行為は、殺人罪の実行行為に当たる」とした（最決平16・1・20刑集58・1・1＝百選 I-73）（☞総論§156, 4 (8)）。

実行の着手の後、法益侵害結果が発生し、それが、実行行為の危険の実現であれば、既遂である。結果が発生せず、あるいは、因果関係ないし客観的帰属が欠けるならば、未遂である（203条）。

3 罪　数

本罪の罪数は、生命がそれぞれの個人に専属の利益であるので、被害者の数による。したがって、一人を殺害しようとして、同一の機会に数回殺害行為が行われた場合、包括して一個の殺人罪が成立する。数名を殺害する意思で、その使用する鉄瓶の沸かし湯中に毒薬を投入した場合、飲用者の数に応じた数個の殺人罪の観念的競合である（大判大6・11・9刑録23・1261）。

§5　殺人予備罪

> 第199条の罪を犯す目的で、その予備をした者は、2年以下の懲役に処する。ただし、情状により、その刑を免除することができる（201条）。

1　予備の意義

予備とは、着手以前の実行の準備行為である（☞総論§144, 2)。例えば、殺人の手段としての凶器・毒薬を調達するといった**物的な準備行為**[7]のほか、犯行現場の下見、犯行の方法の検討といった**無形的なもの**がある。準備行為そのものは、無限定であり、殺人のための刀剣を調達するために、刀剣を持っている者と交渉するのも準備行為といえる。したがって、可罰的な**予備行為の範囲を限定する基準**が必要である。判例の中には、その時期とは、その犯罪の実行に着手しようと思えばいつでもそれを利用して実行に着手しうる程

---

[7] 殺害の目的で被害者が日常通行する農道の道端に毒入りジュースを置く行為（宇都宮地判昭40・12・9下刑集7・12・2189）は、殺人予備罪であって、殺人の実行の着手はない。

度の準備が整えられたとき（東京地判昭39・5・30下刑集6・5＝6・694参照）であるとするものがあるが、厳格にすぎよう。「殺人罪の構成要件実現のための客観的な危険性という観点から、実質的に重要な意義を持ち、**客観的に相当の危険性の認められる程度の準備が整えられた時期**」であり（東京地判平8・3・22判時1568・35）、あるいは「その実行の危険性を顕在化させる準備行為」があったとき（東京高判平10・6・4判時1650・155）[8]とすることができよう。

予備行為は、殺人罪を犯す目的で行われることが必要である（目的犯）。自ら殺人罪を犯す目的が必要である。すなわち、**自己予備**に限って処罰され、**他人予備**は、予備罪ではなく殺人の幇助であり、正犯が実行行為に出たときのみ、処罰される（☞総論§144, 2）。確定的目的を必要とせず、**未必的目的**であってもよい（大阪高判昭39・4・14高刑集17・2・219）。条件付きの殺意でもよい（大判明42・6・14刑録15・769、大判大14・12・1刑集4・688ほか、反対＝大阪地判昭34・2・4下刑集1・2・319「明確な決意」を要求する）。

2 中止規定の準用

殺人目的で予備行為に出た後、実行行為に出なかった場合に、中止犯規定（43条但し書）の適用ないし準用があるかについては、争いがある（☞総論§152, 1）。43条但し書は、正犯の実行行為について規定したものであり、適用はできないが、準用しうるものとするのが通説である。中止減免の準用がないとすると、実行行為に出る以前に中止しても必要的減免を受けえないが、実行行為に出れば受けることになり、不合理だからである。

その場合の中止の基準刑についても、その既遂犯に対する刑か、それとも予備罪の法定刑かにつき争いがある（☞総論§152, 2）。

ただし、201条は、「情状により、その刑を免除することができる」としているので、中止がなくても、任意的に刑の免除を受けることができることに注意すべきである。

3 予備の共犯

予備罪の共犯については、これを認める見解と否定する見解がある（☞総論§159, 7、161, 2 (1) (g)、164, 4 (3)）。**判例**においては、殺人予備の共同正犯を肯定したものがある（最決昭37・11・8刑集16・11・1522）[9]。この決定では、予

---

[8] 本件評釈として、山中「サリン生成用化学プラントの建設と殺人予備罪」重判解・平10年度（1999年）144頁以下参照。
[9] 青酸カリの入手を依頼された者が、それを依頼主に交付したが、正犯者となるべき依頼主がそれ

備罪の幇助についてはこれを無定型・無限定な行為であるとして否定した（反対＝大阪高判昭38・1・22高刑集16・2・177）。しかし、予備罪の共同正犯も教唆・幇助も、その可罰性は肯定されるべきである。

4 他罪との関係

殺人の意図で住居に侵入したが、実行に至らなかったとき、本罪と住居侵入罪との観念的競合である（大判明44・12・25刑録17・2328）。殺人の目的で予備罪を行った後、殺人の実行に着手したときは、殺人罪の既遂または未遂が成立し、本罪はそれに吸収される（大判昭7・11・30刑集11・1750）。

§6 自殺関与・同意殺人罪

> 人を教唆し若しくは幇助して自殺させ、又は人をその嘱託を受け若しくはその承諾を得て殺した者は、6月以上7年以下の懲役又は禁錮に処する（202条）。未遂は、罰する（203条）。

1 意 義

202条は、自殺教唆・自殺幇助（自殺関与）と嘱託殺人・承諾殺人（同意殺人）の2類型を規定している。これらの類型は、殺人罪に対して減軽類型として規定されている。同意殺人罪は、生命の放棄に関する被害者の同意は、通常の殺人に比して違法性・責任を減軽させる意味をもつことを前提とする。自殺関与罪は、他人の自殺を教唆・幇助する行為を罰するのであるから、これも自殺者自身の生命という法益の放棄を前提とする。したがって、両罪ともに、他人を殺害する行為を処罰するものであるが、被殺者または自殺者が、自己の生命に関する利益を自己の意思により放棄している点で、普通殺人に対して減軽類型をなすという共通点がある。その相違は、誰が殺害行為を行うか、すなわち、殺害行為を支配する行為主体が、行為者にあるか（同意殺人）、それとも被害者にあるか（自殺関与）にみられる。[10]

を用いなかった事案につき、第1審（名古屋地判昭36・4・28下刑集3・3＝4・378）は、被告人の行為を殺人予備罪の幇助とした。これに対して、第2審（名古屋高判昭36・11・27高刑集14・9・635）は、殺人予備の共同正犯であるとし、最高裁は、この判断を是認した（☞総論§159、7）。

[10] 同意殺人と自殺関与との同一の取り扱いをするのは、問題であって、同意殺人は、行為者自身によって実行される点で、違法性の点でより重いともいわれている（内田15頁、中森10頁）。旧刑法（320条）では、自殺教唆と嘱託殺人を分け、前者は、6月以上3年以下の軽禁錮および10円以上50円以下の罰金、自殺補助は、一等を減ることとしていた。

承諾殺・嘱託殺と自殺関与の理論的区別は明確であるが、実際の適用においては、限界事例が存在する。例えば、毒薬を自殺者・被殺者の口まで運んでやったところ、それを飲み干した場合には、どちらが成立するのであろうか。

2 自殺の不処罰根拠

自殺そのものが、処罰の対象とされる立法例も少なくないが、今日では、一般に不可罰とされている。わが刑法も、自殺は、処罰せず、それに関与し、嘱託・承諾を得て自らの手で他人を殺害する行為を処罰するにとどめる。

問題は、自殺が不可罰なのにそれに関与する行為がなぜ処罰されるのかにつき、どのように説明するかである。それには、まず、自殺の不可罰根拠について論じなければならない。

① **違法性阻却・放任行為説** 自殺者は、自己の生命に対する処分権をもつから、自殺は、違法ではない、ないし、放任行為であるとする（平野158頁、齊藤誠二97頁、町野・小暮ほか26頁、中森10頁、平川48頁、西田13頁以下、前田27頁）。

② **可罰的違法性阻却説** 自殺は、違法であるが、可罰的違法性が阻却されるものとする（中22頁、大塚18頁、大谷17頁、曽根11頁）。

③ **責任阻却説** 自殺は、違法であるが、期待可能性が欠けるので責任が阻却されるものとする（滝川30頁、林26頁）。

ここでは、もちろん、構成要件該当性がないから、自殺が不可罰であることは明らかであるが、その実質的根拠が何かが問題なのである。したがって、構成要件該当性を欠くがゆえに、違法性・責任の欠如を論じることはできない（内田16頁）というわけではない。

第1説は、自殺を違法でないとする一方、違法でない行為に関与する自殺関与が処罰されるのはなぜかを説明しなければならない。**第2説、第3説**は、自殺を違法とするが、なぜ違法なのかを説明しなければならない。

自殺を違法とする根拠につき、二つの学説がある。**第1説**は、生命に関する罪は、個人の生命を保護法益とするだけではなく、その他の、国家的・社会的法益をも同時に法益とするものとし、したがって、個人は、自己の生命に対する処分権をもたないとする[11]（宮本281頁、佐伯100頁、中22頁）。**第2説**は、

---

[11] 大判大4・4・20刑録21・487参照。そこでは、「本人自ら法益を抛棄したる場合に属するも、仍ほ公益上容認すべきに非ず」とする。

生命については、それを処分することにつき、自己決定権をもたないがゆえに、違法であるとする（団藤399頁、吉田・下村古稀571頁）。しかし、生命に対する罪が、同時に超個人的法益をも保護しているとする論拠は、他殺の場合については不要であり、自殺の不可罰根拠を説明するために一般論としてこれを展開するのは本末転倒である。また、生命は、自己決定権の基礎をなすものであり、その基礎はいかなる場合にも自ら処分しえない至高の価値をもつとするのであれば、その刑罰による保護をも根拠づけることになろう。生命の放棄についても、自己決定権がまったく否定されるというわけではない。しかし、法秩序は、自殺を権利として承認しているわけでもない。そうだとすれば自殺を止めるのは権利の行使を妨害する違法な行為になるからである。それでは、自殺は、放任行為かというと、放任行為といったカテゴリーがありうるかどうかは別としても、法秩序が、自殺を各人の恣意に委ねているわけでもない。むしろ、自殺は、法秩序によって否定的に評価されている。自己決定権の自由な行使よりは、生命の維持に対する社会的合意を重要視し、また、自らの生命の否定よりは肯定に価値を置きそれを促進するというその基本的態度からこれを違法とみなしているというべきである。極論すれば、自殺を違法とするのは、法秩序の生命に対する価値体系を支えるためのフィクションであるといってもよい。自殺は、全法秩序からみて違法と評価されるべき行為であるが、犯罪とするべき適格性をもつ行為であるとはいえない。したがって、自殺行為自体は可罰類型性を欠き、構成要件化することはできない行為である。

3　自殺関与の処罰根拠

自殺は、違法でないとする見解からは、自殺関与罪の違法性は、「他人の生命の否定」という関与者の固有の違法性により根拠づけられるものとす

---

[12] 自殺者の意思が自由で真摯なものであれば、自殺関与罪が成立しないという見解も主張されている（町野・小暮ほか26頁、秋葉「自殺関与罪に関する考察」上智法学32巻2＝3号（1989年）137頁以下）。

[13] 自己決定の利益に対して生命維持の利益が優越しているということもできる（曽根威彦『刑法における正当化の理論』〔1980年〕149頁、伊東67頁）。

[14] 法秩序の行為・事象に対する評価、ないし行為規範（違反）については、「疑わしきは自由に」(in dubio pro libertate) の原則の応用事例として、「疑わしきは適法に」解すべきである。しかし、生命の処分については、「疑わしきは違法に」解する必要がある。

[15] 換言すれば、可罰的違法性・可罰的責任を欠くがゆえに、そもそも構成要件（犯罪類型）形成のできない場合である（☞総論§104, 1 (2)）。

る。しかし、自殺者に錯誤も強制もなく、まったく自由意思で自己の行為支配のもとで自殺する際にこれを幇助する行為は、自殺自体が違法でない限り、それを違法とすることはできないと思われる。嘱託殺人・承諾殺人の場合には、被殺者が行為支配をもたないがゆえに、他人の生命を否定する行為とみることができないわけではない。しかし、他人の適法な自殺をその意思を尊重しつつ幇助することが違法であるというのは説得力がない。

　法秩序が、違法であるが不可罰とする他人の自殺行為に関与する行為を可罰的とする根拠は、基本的に、関与者は、他人の違法な行為を利用してその者の生命を否定するという行為を行ったが、それは、他人の生命を否定するという法益侵害行為であり、独自の可罰性をもつ行為であるという点（大谷16頁以下）あるいは生命の絶対的価値からの自殺者等の当座の意思に優越する保護の要請があるという点（山口12頁）にある。通常の犯罪の教唆・幇助と同じく、違法な行為を教唆しており、それは、教唆者・幇助者にとっては、法益侵害行為である。

4　教唆・幇助・嘱託・承諾の意義

　自殺関与罪の構成要件的行為は、教唆または幇助して自殺させることである。「**教唆し**」て自殺させるというのは、自殺を決意していない者に自殺を決意させて自殺を行わせることをいう。「**幇助し**」て自殺を行わせるというのは、すでに自殺を決意している者の自殺行為を援助し自殺の遂行を容易にすることである。したがって、ともに死のうと持ちかけられてこれを承諾し自殺の決意を固めさせた者は、自殺幇助である（東京高判昭30・6・13高裁特2・12・597）。同死ないし集団自殺の生き残った者にも自殺幇助罪が成立することがある。最近では、インターネットの自殺サイトを通じて知り合ったAおよびBとともに集団自殺をしようと企て、Bと共謀のうえ、駐車中の普通自動車に燃焼している練炭を入れた七輪2個を持ち込み、自ら睡眠薬等を服用して同車後部座席に乗り込んだAに、一酸化炭素を吸入させて、Aを一酸化炭素中毒により死亡させた事案につき、Bとの共謀による自殺幇助罪を認めた判例（富山地判平17・6・13LEX/DB）がある。

ⓐ　自殺・嘱託・承諾の意義　　自殺とは、自由な意思決定にもとづいて自分自身の生命を絶つことである。自由な意思決定というには、行為者が自殺の意味・結果を知っている必要がある。自殺の何たるかを知りえない幼児（大判昭9・8・27刑集13・1086）・精神障害者（前掲最決昭27・2・21）を教唆・幇

助して自殺させたときは、本罪ではなく、殺人罪にあたる。強制により自由意思が奪われた者に自殺を決意させるのも、本罪ではなく、殺人罪である。

同意殺人罪の構成要件的行為は、他人の嘱託を受け、またはその承諾を得て、その人を殺害することである。「**嘱託を受け**」るとは、被殺者が行為者に依頼し行為者がこれに応じることを意味する。「**承諾を得て**」とは、被殺者から殺害されることの同意を得ることを意味する。

嘱託・承諾は、被殺者の自由意思にもとづいて与えられなければならない。それは、通常、「**真意**」かつ「**任意**」であることを要件とする。任意性の要件については、後に詳しく論じるが、真意性の要件につき、不要説（西田15頁以下）が展開されていることに注意すべきである。しかし、真意性とは、動機の錯誤といった、意思決定過程における瑕疵がないことを意味するわけではない。真意とは、法益放棄意思に内部的に重大な瑕疵ないし齟齬がないことをいう。これに対して、任意とは、外部的強制から自由な意思をいう。したがって、自ら死ぬ意思がないのに、「殺して欲しい」と言った人の意思は、任意ではあるが、真意ではないということができる。

ⓑ 法益侵害結果の認識・意欲 被殺者の同意が、法益侵害結果を「**認識**」していたが、「**意欲**」するものではなかったとき、同意があったといえるのであろうか。これも、同意の真意性の問題である。被害者の同意は、法益侵害の許容を内容とするものであるから、原則として行為者の行為による自己の殺害の結果の「認識」があるだけでは同意があるとはいえないであろう。なぜなら、行為者が自己の殺害行為に出たのを見た被害者が自分は死ぬだろうと認識したとき、同意があったとはいえないからである。同意は、少なくとも法益侵害結果の発生を認容し、積極的に甘受することを前提とする。しかし、結果の発生の「危険」のある行為について許諾があった場合については、結果発生の「意欲」までは必要なく、その「認識」があれば同意の要件を充たすというべきであろう[16]（大阪高判平10・7・16判時1647・156）。

嘱託・承諾は、殺害の実行行為の開始以前に与えられるのが通常であるが、実行行為開始のときにも嘱託・承諾が存在していなければならない。[17]

---

[16] 山中「嘱託殺人罪における『嘱託』の真意性およびその意思内容」現刑10号（1999年）76頁以下。（なお、☞総論§77, 3 (2)）
[17] 東京高判昭58・8・10判時1104・147においては、就寝前に夫と一家心中について話し合い、「起こせよ。お前ひとりでやるなよ」と告げて夫が眠り込んだ後、3時間ほどしてから夫および

ⓒ **任意性の要件** これについては、脅迫・威迫等の物理的・心理的強制により表意者の意思に重大な瑕疵がある場合、嘱託・承諾は、任意性を欠き、無効である。この場合、殺人罪が成立し、同意殺人罪ではない。自殺者の意思の自由を失わせる程度の強制が必要であるが、判例においては、夫が妻の自殺を予見しながら暴行脅迫による執拗な肉体的・精神的圧迫を繰り返した事案で、自殺教唆罪を認めたものがある（広島高判昭29・6・30高刑集7・6・944）。しかし、老女が出資法違反の罪で警察から追われているとの錯誤に陥れられ、長期間にわたって執拗な自殺慫慂を受けて、自殺を決意した事案については、状況認識についての錯誤を重ねたのであり、真意に添わない重大な瑕疵のある意思であるとして、殺人罪にあたるものとされた（福岡高宮崎支判平元・3・24高刑集42・2・103＝**百選2**）。後者の事案では、錯誤があることが、自殺教唆ではなく、殺人罪であるとされた決定的な根拠とされているかにみえる。しかし、この場合の錯誤は動機の錯誤にすぎない。本事案は、「欺罔を中心としつつも威迫的手段が併用された複合的形態」（振津・百選〔第4版〕7頁）である点に特色がある。すなわち、動機の錯誤にすぎなくても、脅迫によって自由意思は奪われていたがゆえに、殺人罪が成立するのである。最高裁判例においては、被害者に対して激しい暴行を加えた後、自動車に乗せ、その後、河川堤防の上で3名で脅し、川の護岸際まで追い詰め、逃げ場を失った被害者を川中に転落させ死亡させた事案では、被害者自身の行為を利用しているが、殺人罪の実行行為性を認めている（最決昭59・3・27刑集38・5・2064）。

5 錯誤と同意の有効性

殺人罪と同意殺人罪・自殺関与罪は、「同意」が有効であり、また、「自殺」が自由意思でなされたかどうかによって区別される。自殺関与罪については、「自殺者」の自殺行為が自由意思によらず、関与者の道具として関与者に間接正犯が成立するときに、殺人罪となる。

殺人罪は、たんに「同意」が無効であれば成立するのではなく、間接正犯としての実行行為性が認められることを前提とする。したがって、被殺者の同意が無効なだけではなく、行為者が被殺者を「殺した」と評価できる実行行為が行われていなければならない。例えば、ある者が、「お前なんか生き

長男を殺害したという事案で、被害者の承諾は実行行為時に存することを要するとし、また、夫の言動に照らしても承諾していたとは認められないとした。

ていても仕方がないから、死ね」と言ったところ、そう言われた者が自分がやはり癌で余命幾許もないと告げられたものと誤解して自殺した場合には、同意は無効であるが、殺人の実行行為性に欠ける。

ⓐ 法益関係的錯誤　「死」の結果の発生について認識がなかった場合には、同意は無効である（曽根13頁以下、山口14頁以下）。したがって、被害者が精神障害者で行為者に厚い信頼を寄せていたことを奇貨とし、首をくくっても蘇生できると偽って縊死させた事案については、法益侵害の認識がないから、殺人罪である（前掲大判昭8・4・19）。さらに、法益の価値に関する錯誤も、法益関係的錯誤である。例えば、医師が患者を騙してあと3ヶ月の命で、末期には耐えられないほどの激痛が伴うと告げて自殺を勧めた場合には、生命という法益の「価値」についてそれがもはや無価値に近いと錯誤したことによって自殺したのであるから、法益関係的錯誤が存在する（堀内24頁、西田17頁）。このように法益関係的錯誤のみが、真意でないというべきであり、原則として法益関係的錯誤以外は、錯誤があっても同意は有効である（☞総論§78, 2 (1)）。[18]

ⓑ 動機の錯誤　追死する意思がないのに追死するように被害者を誤信させ青化ソーダ致死量を嚥下させ死亡させた事案につき「真意に添わない重大な瑕疵ある意思」であるとして、殺人罪が成立するとした（前掲最判昭33・11・21）。しかし、被害者は、法益放棄については錯誤はないのであって、真意に添っている。この点で、行為者の追死することが、被害者の自殺の決意を固めるうえでもっとも本質的な点であり、それが欠けた場合には自殺は考えられない場合には、殺人罪を認めるべきだとする見解（大塚20頁）のほか、欺罔の結果、自殺の決意を生ぜしめた場合を殺人罪とする見解（団藤400頁、藤木193頁）は、法益放棄に対する同意の点では、意思の欠缺がないにもかかわらず、同意を無効とするものであって不当である。

ⓒ 例外としての緊急状態に関する錯誤　例えば、子供と二人で潜水艇で潜水中に、海上からの無線で酸素不足のため本人が自殺しなければ、子供がすぐに死ぬと騙されて自殺した場合に、騙した者は、自殺教唆であろうか、それとも殺人罪となるのだろうか。本人は、死ぬことを完全に意識しているから、本人に法益関係的錯誤はない。しかし、重要な法益を救うという価値

---

[18] 法益関係的錯誤については、山中「被害者の同意における意思の欠缺」関法33巻3＝4＝5号（1983年）271頁以下参照。

に拘束された決断には自由意思がないので、自由意思による自殺ではなく、殺人罪が成立する。

6 実行の着手と未遂・既遂・共犯

ⓐ 実行の着手　同意殺・嘱託殺の場合には、**実行の着手**は、被殺者に対する殺害行為の開始に認められる。自殺教唆・幇助の場合には、学説が分かれる。**第1説**は、自殺関与罪は独立の犯罪類型であるから、教唆・幇助行為の開始時点に実行の着手が認められるものとする（**教唆行為開始説**=平野159頁、大谷20頁、前田32頁）。教唆・幇助行為それ自体が自殺へと駆り立てる危険な行為（大谷20頁）だというのである。**第2説**は、自殺者が自殺行為を開始したときとする（**自殺行為開始説**=大塚21頁、中29頁、中山37頁、中森11頁、西田15頁）。本罪を従属共犯的なものと解する見地（中山37頁）から、同意殺・嘱託殺と自殺関与の限界が不明確であるのに、その区別により前者では実行の着手が否定され、後者では肯定されるのでは、均衡を失するという同意殺・嘱託殺との均衡性の見地から根拠づけられ、または、本罪より重い殺人罪における教唆・幇助について、正犯が実行に出なければ処罰されないのに、本説によると、より軽い自殺関与罪について、より早い段階で実行の着手が認められ処罰範囲が拡大されるという殺人罪との可罰性評価の均衡の見地（中29頁）から、根拠づけられる。

ここでも、実行の着手時期と未遂犯の成立時期とを区別して論ずる見解（曽根15頁）が唱えられているが、不当である。両者を区別するのではなく統合し、教唆行為が実行行為の実体であり、自殺行為の開始時点で、顕在的な実行行為となると解すべきである（☞総論§146, 2 (4)）。したがって、結論的には、第2説が妥当である。

ⓑ 既遂　本罪の既遂は、被教唆者・被幇助者が自殺を遂げ、または、嘱託・承諾による殺人の結果、被害者が死亡した場合である。死の結果が発生しなかった場合には未遂である。未遂も、罰せられる（203条）。

嘱託殺人が未遂に終わった場合に、嘱託をした被殺者は、嘱託殺人罪を実行した行為者に対する教唆、すなわち、嘱託殺人未遂の教唆罪とならないか。因果的共犯論の立場からは、自殺未遂と同様であり、処罰されないというべきである。

7 故　意

ⓐ 認識の対象　実行の着手時に殺人の事実および嘱託・承諾（同意）の

存在すること、ないし、自殺者の自殺行為に出ることの認識が必要である。少なくとも嘱託殺人については、嘱託の前に殺害の故意があってはならず、殺害の故意は、嘱託にもとづいて生じたのでなければならない（内田21頁）。

ⓑ 同意の認識　同意がないのにあると誤信した場合の錯誤の効果については、学説は、殺人罪と本罪とは構成要件的に重なり合うから、38条2項により軽い本罪が成立するものとする[19]（大判明43・4・28刑録16・760、東京高判昭33・1・23高裁特5・1・21、名古屋地判平7・6・6判時1541・144）。

判例には、妻である被害者が、殺害されることを望んでいなかったにもかかわらず、同人からその殺害を依頼されたものと思い込み、その首を両手で絞め、更に電気コードをその首に巻いて締め付けて、同人を頸部圧迫により窒息死させて殺害したという事案につき、「被害者から嘱託を受けたものと思い込んで被害者を殺害したものと認められるから、被告人には嘱託殺人罪(刑法202条後段)が成立する」とした（函館地判平26・4・30LEX/DB）ものがある。本判決は、詳しく論じてはいないが、嘱託の有無についての客観的には重い殺人罪であるが、**主観的には嘱託殺の故意**で殺害したという錯誤につき、軽い嘱託殺人の適用を認めたものである。

同意があるのにないと誤認した場合、例えば、他人を殺害しようと発砲したところ、たまたま被害者が殺害に同意していた場合については、学説は分かれる。①重い罪を犯す意思で軽い罪を犯した場合であり、構成要件上重なり合いが認められ、重い罪の故意には軽い罪の故意が含まれるから、本罪が成立するとするもの（中24頁、中山38頁、大谷22頁）、②同意を「得て」殺すことが構成要件要素であり、これを認識する必要があるから、この場合、本罪の故意があるとはいえず、普通殺の既遂が成立するとするもの（内田20頁）、③通常の殺人罪の未遂が成立するとするもの（平野・総論250頁）、および、通常の殺人罪の故意で、それが実現しなかったのだから、普通殺の未遂が成立するとするもの（中森12頁）が対立している。しかし、②の見解については、主観的に同意を「得て」殺すことの「認識」を要求するのであれば、客観的に「得て」殺すことも要求されるはずであるといえよう。そうだ

---

[19] 判例の中には、行為者が真意による嘱託と信じ、かつ当時の状況に照らしそのように信じるにつき通常人としても首肯できるときは38条2項により嘱託殺人となるとする判例（東京高判昭53・11・15判時928・121）もあるが、事実の錯誤であるので、錯誤は、それが相当であるか否かを問わず、故意を阻却するというべきである（☞総論§92, 1）。

とすると、同意がないのにあると誤信した場合にも、「得て」いないのであるから、本罪の故意は認められても本罪の成立はないはずであり、少なくとも本罪の未遂にすべきであろう。また、③の見解は、38条2項の事案において軽い罪の既遂が成立するとするのならば、逆の場合にも、重なり合う限度内で軽い罪の故意が認められるべきであるから、行為無価値論に立たない限り、不当である。①説が妥当である。

8　安楽死・尊厳死

　安楽死・尊厳死についても、嘱託・承諾がある場合、本罪の構成要件に該当する。安楽死については、患者の嘱託・承諾がある場合が通常であるが、尊厳死については、事前に意思表示している場合を除いて、嘱託・承諾はないのが普通である。事前の意思表示には、具体性が欠けるがゆえに、それが、嘱託殺人の意味における嘱託として十分であるかどうかには疑問があり、むしろ、普通殺人罪の構成要件に該当するというべきであろう。

　安楽死については、違法性を阻却するとする説と（可罰的）責任を阻却するとする説との対立があり、尊厳死についても同様である（☞総論§143, 6）。安楽死をめぐるさまざまな議論については、ここでは省略する[20]。

　安楽死に関する判例においては、**昭和37年の名古屋高裁**（名古屋高判昭37・12・22高刑集15・9・674）の**6要件**、東海大学事件に関する**平成7年の横浜地裁の判決**（横浜地判平7・3・28判時1530・28）における医師の手による**積極的安楽死の4要件**が重要である。横浜地裁は、①患者が耐え難い肉体的苦痛に苦しんでいること、②患者は死を避けられず、その死期が迫っていること、③患者の肉体的苦痛を除去・緩和するために方法を尽くし他に方法がないこと、④生命短縮を承諾する患者の明示の意思表示があること、という要件が充たされることを挙げた（☞総論§143, 6 (2) c (iii)）。

　いわゆる**尊厳死**が許されるかどうかについては、安楽死と異なる点に注意すべきである。安楽死とは異なり、尊厳死は、患者に苦痛が伴わない、患者に死期が切迫しているわけではない、病状は、回復不可能であり、患者はこん睡状態にあり、意思を表示できないといった点で異なる。

　ドイツでは、従来、判例は、人工呼吸器等の中断行為を不作為と解し、こ

---

[20] 甲斐克則『安楽死と刑法』（2003年）、町野朔「違法論としての安楽死・尊厳死―複合的な視点―」現刑14号（2000年）37頁以下、土本武司「安楽死合法化の根拠と要件」中山古稀1巻255頁以下等参照。

のような不作為によるいわゆる**消極的臨死介助**については、治療義務を否定し、その故殺の構成要件該当性を阻却して不可罰としていたが、2010 年の連邦裁判所の判例（BGHSt 55, 191）によって、作為・不作為を問わず、病状の回復不可能な状況のもとで、しかも死期が迫っている場合に、推定的同意のある臨死介助を正当とする方向に転換した。ドイツでは、自殺教唆・幇助は不可罰であるが、嘱託殺は可罰的であるので、推定的同意のみでは構成要件該当性を阻却できず、別の要件を付加したうえで**推定的同意**のある場合に正当化事由となると解すべきであろう。ドイツでは、**同一の法益主体間における利益衝突**の場合への**緊急避難**規定の適用を肯定し、緊急避難によって臨死介助を正当化する見解も唱えられている。[21]

わが国でも終末期医療における臨死介助の合法化に関して議論があるが、自殺教唆・幇助も含めて自殺関与罪を処罰している法制からみて、患者ないし家族の同意のみで違法性を阻却するとはみなし得ず、解釈論上はとくに一定の場合につき可罰的責任がないとして不可罰としうるとしても、厳密な要件を立てた上で立法的解決が図られるべきであると考えられる。

近時の判例では、いわゆる**川崎協同病院事件**（第 1 審＝横浜地判平 17・3・25、第 2 審＝東京高判平 19・2・28、最決平 21・12・7 刑集 63・11・1899 =**百選 I-21**）がその意味で重要である。

事案は、気管支喘息重積発作に伴う低酸素症脳損傷で意識が回復しないまま入院中の患者に対して、その回復を諦めた家族からの要請に基づき、担当医師であった被告人が、気道確保のために当該患者の気管内に挿管されていたチューブを抜き取り、呼吸確保の措置を取らずに死亡するのを待ったが、予期に反して患者が苦悶様呼吸を示したために事情を知らない准看護婦に命じて筋肉弛緩剤を投与させ、よって患者を死亡させたとして殺人罪に問われた事案につき、**第 1 審**は、弁護人の実質的違法性ないし可罰的違法性がないとの主張に答える形で、「回復不可能で死期が切迫している場合にあたるとはいえない」、「治療中止の意思があったことをうかがわせる事情はなく」治療義務の限界を論じるほど治療を尽くしていない段階でなされた「早すぎる治療中止である」といった事情を挙げて、違法性を減弱させるような事情すらないとして、殺人罪を認め、被告人を懲役 3 年、執行猶予 5 年に処した（前掲横浜地判平 17・3・25）。**第 2 審**は、いわゆる尊厳死において治療中止を適法とする根拠としては、患者の自己決定権と医師の治療義務の限界の観点が重要であるとし、前者については被告人に患者本人の治療中止を求める意思や、治療中止を求める家族の意思が患

---

[21] これについて、詳しくは、山中敬一「臨死介助における同一法益主体内の利益衝突について—推定的同意論および緊急避難論の序論的考察—」近大法学 62 巻 3・4 号（山本正樹名誉教授ほか退任記念号）265 頁以下参照。

者の意思と直ちに同視できるかどうかを判断することができず、後者についても複数の鑑定意見に従えば一週間以内の死亡は確実とされなかったとして否定し、結局、被告人の当該行為が殺人罪に該当することを認めた（東京高判平19・2・28判タ1237・153）。

これに対して、**最高裁**は、「被害者が気管支ぜん息の重積発作を起こして入院した後、本件抜管時までに、同人の余命等を判断するために必要とされる脳波等の検査は実施されておらず、発症からまだ2週間の時点でもあり、その**回復可能性や余命について的確な判断を下せる状況にはなかった**ものと認められる。そして、被害者は、本件時、こん睡状態にあったものであるところ、本件気管内チューブの抜管は、被害者の回復をあきらめた家族からの要請に基づき行われたものであるが、その要請は上記の状況から認められるとおり被害者の病状等について適切な情報が伝えられた上でなされたものではなく、上記抜管行為が**被害者の推定的意思に基づくということもできない**。以上によれば、上記抜管行為は、**法律上許容される治療中止にはあたらない**というべきである」とした。

この決定を逆に読めば、回復可能性がなく余命もほとんどなく、被害者の推定的意思に基づき、被害者の家族も適切な情報に基づいて承諾・要請が行われたものであれば、尊厳死も肯定されるということになる。

第3節　傷害の罪

§7　総　説

傷害の罪（27章）は、他人の身体を故意に侵害することを内容とする犯罪であり、人の身体の安全を保護法益とする。現行法は、傷害の罪として、傷害罪（204条）、傷害致死罪（205条）、傷害現場助勢罪（206条）、同時傷害の特例（207条）、暴行罪（208条）、自動車運転致死傷行為処罰法における危険運転致死傷罪（同法2条）、その他、過失運転致死傷罪（同法5条）の罪、さらに、凶器準備集合罪・凶器準備結集罪（208条の3）を規定している。危険運転致死傷罪は、平成13年に危険な運転により死傷の結果が発生した場合に加重処罰するために刑法典の中で新設され、のちに特別法に移行された犯罪類型である。傷害の罪の特別罪として、暴力行為等処罰に関する法律（大15法60）は、暴行罪につき、集団的暴行罪（暴力1条）、常習的傷害・暴行罪（同1条の3）、集団的傷害・暴行請託罪（同3条）の規定をもち、その他の特別刑法として、決闘罪（決闘2条、3条）および火炎びん使用罪（火炎びん2条）などの傷害の加重類型が定められている。なお、過失犯については、過失傷害の罪で扱われる。

殺人罪と同様、傷害の罪についても、「凶悪犯罪・重大犯罪に関する刑事法の整備について」法制審議会刑事法部会で検討が始まり、法定刑の見直しが検討され、2005年1月から傷害罪の法定刑が「10年以下の懲役又は30万円以下の罰金若しくは科料」から「15年以下の懲役又は50万円以下の罰金」に引き上げられた (204条)。さらに、傷害致死罪についても、「2年以上の有期懲役」から「3年以上の有期懲役」への引き上げられ (205条)、危険運転致傷罪の法定刑については、「10年以下の有期懲役」から「15年以下の有期懲役」へと引き上げられ (旧208条の2)、その後、特別法に移された (☞§13)。

§8　暴行罪

> 暴行を加えた者が人を傷害するに至らなかったときは、2年以下の懲役若しくは30万円以下の罰金又は拘留若しくは科料に処する (208条)。

1　意　義

暴行罪は、人の身体の安全を保護法益とする。身体が不当な攻撃を受けないという利益を保護するものである (内田37頁)。暴行は、侵害の結果の発生がない、いわば傷害の前段階的行為を処罰するものである。したがって、傷害が、身体の外部的・内部的機能の安全性を保護するのに対して、暴行罪は、身体が物理力による危険にさらされないよう保護するものである。[1] 比較法的には、暴行そのものを独立して処罰する法制度は、珍しい。

2　暴行の意義

暴行とは、一般に、**有形力の行使**であるとされる。殴る・打つ・蹴る・突く・引っ張る・抱きつくなどがその典型的な例である。暴行の概念は、暴行罪のみならず、他のさまざまな構成要件において用いられるが、その意義は、それらの構成要件によって区別されている。

ⓐ　四種類の暴行概念　　学説は、暴行の概念を**4種類**に分類する。第1は、人または物に対する有形力の行使を暴行とする**最広義の暴行**である。騒乱罪 (106条)、多衆不解散罪 (107条) の暴行がこれにあたる。第2は、人の身体に対するものではないが、**人に向けられた有形力の行使**を暴行とする**広義**

---

[1] 齋野彦弥「暴行概念と暴行罪の保護法益」成蹊法学28号 (1998年) 437頁以下、佐久間修「暴行の意義と刑法の解釈」夏目古稀101頁以下、野村稔「暴行罪・傷害罪」現代的展開33頁以下。

の暴行 である。公務執行妨害罪（95条1項）、職務強要罪（95条2項）、加重逃走罪（98条）、逃走援助罪（100条2項）、特別公務員暴行陵虐罪（195条）、強要罪（223条1項）の暴行がそれにあたる。暴行がたとえ物に対するものであっても、それを通じて人に向けられる場合もこれにあたる。したがって、公務員が押収し、トラックに積んだ物を公務員の前で街路上に投げ捨てた行為も、人に向けられた暴行である。第3は、**人の身体に対する有形力の行使**を意味し、これは**狭義の暴行**である。本罪の暴行がこれにあたる。第4は、人に対し、かつ、その**反抗を抑圧する程度**、ないしその抗拒を著しく困難ならしめる程度の有形力の行使を暴行とする**最狭義の暴行**である。強盗罪（236条）、事後強盗罪（238条）、強姦罪（177条）、強制わいせつ罪（176条）の暴行がこれにあたる。

人の身体に対する有形力の行使であれば、光線・電力・磁力・臭気・音響・自然力・動物を利用しても、暴行にあたる。被害者の身辺で大太鼓・鉦などを連打し、頭脳の感覚が鈍り意識もうろうたる気分を与えまたは脳貧血を起こさせる行為は、暴行にあたる（最判昭29・8・20刑集8・8・1277）として、音響による暴行を認めた判例がある。その他、携帯マイクを用い耳元で大声を出す行為が暴行とされたものもある（大阪地判昭42・5・13下刑集9・5・681）。これに対して、物理力を用いないで、催眠術をかけ、詐称誘導して被害者の行為を利用した場合には暴行ではない。[2]

❻ 身体への接触？ 暴行は、人の身体に対して加えられ、その安全を脅かしうるものであれば足り、必ずしも**身体に接触することを要しない**というのが通説である。[3] 人の身体めがけて石を投げたが、身辺をかすめただけで命中しなかった場合、驚かす目的で被害者の数歩手前をねらって投石する行為でも暴行となる（東京高判昭25・6・10高刑集3・2・222）。椅子を投げつけたが

---

[2] これに反対して、詐称誘導し、麻酔薬を与え、催眠術を施用することも暴行とする見解も有力である（福田155頁、大塚35頁）。

[3] 暴行罪を結果犯であるとして、被害者に命中しなかったときは暴行未遂であり、暴行でないとする有力な見解（平野167頁、町野・小暮ほか37頁、山口・探究42頁）もある。しかし、身体的接触は、暴行の要件ではない。百歩譲っても、有形力の行使が、心理的影響をも含めてまったく被害者の身体に影響を与えなかった場合、あるいは、傷害の危険のまったくなかった場合に限るべきである。例えば、大木にもたれて熟睡中の被害者に向かって小石を投げたが、石が耳元を通って遠くの茂みに落ち、被害者がそのまま熟睡し続けたといった場合である。行為者が身体的接触を目的としたか否かで分け、その場合には暴行罪を認めるが、目的としていなかった場合は、脅迫罪であるとする（西田40頁）のも、主観による区別であり、妥当でない。

当たらなかった場合（仙台高判昭30・12・8高裁特2・24・1267）。また、狭い四畳半の室内で被害者を脅かすために日本刀の抜き身を数回振り回す行為は暴行にあたるとしたものがある（最決昭39・1・28刑集18・1・31＝**百選4**）。さらに、自動車で高速道路を走行中、併行して進行している自動車に嫌がらせのため自車を著しく接近させる行為（東京地判昭49・11・7判タ319・295、東京高判昭50・4・15刑月7・4・480）も暴行にあたる。このように、有形力の行使の効果が身体に及べば、有形力の行使の手段である物自体が身体に命中しなくても、「暴行」である。接触の有無による暴行の限定ではなく、むしろ、身体への影響力ないし物理的な傷害の危険の有無によって限定すべきである（野村「暴行罪・傷害罪」現代的展開38頁、林59頁）。

暴行が有形力の行使であるとすると、混雑している歩道を駆け足ですり抜ける行為、人を追跡する行為も暴行である（東京高判昭35・6・16判タ105・103、反対＝広島高判昭32・10・22判時119・26）が、被害の心理作用を通じて避ける行為に至らせたような場合には、これは妥当でない。

ⓒ　軽微な有形力　　日常生活上通常の**軽微な有形力の行使**は、有形力の不法な行使ではなく、暴行の構成要件にあたらないというべきである。人の頭、顔、胸および大腿部に食塩を数回振りかける行為は、「**単に不快嫌悪の情を催させる行為**」ではあるが、有形力の行使にあてはまるものとする判例（福岡高判昭46・10・11刑月3・10・1311）がある。この判例を不当として、たんに心理的不快感・嫌悪感の惹起では足りず（西田38頁以下）、身体的・生理的苦痛の惹起を必要とする見解（中山50頁）が唱えられている。しかし、これによると頭髪を切断する行為、身体的接触を伴わない有形力の行使は、身体的・生理的苦痛を伴わないから暴行でもなくなってしまう。暴行罪は、身体の安全性を保護する危険犯であると解すべきであり、軽微な有形力の行使を「暴行」でないとして除外するのが、方法論的に妥当であると思われる。

ⓓ　傷害との関係　　暴行を加えた結果、傷害するに至ったときは、傷害罪（204条）が成立するから、暴行罪は、傷害するに至らなかったときに成立する犯罪である。傷害の意思で、暴行を加えたが、暴行に止まったときは、傷害の未遂であるが、傷害罪の未遂は罰せられないので、暴行罪が成立するのである。

3　構成要件該当性阻却・違法性阻却

人の身体に対する有形力の行使であっても、構成要件該当性・違法性を阻

却する場合がある。「暴行」は、有形力の不法な行使という意味を含むから、挨拶のつもりで肩をたたく行為、満員電車に乗客を押し込む行為などの**社会的に相当な行為**は、暴行にはあたらない。格闘技、球技等のスポーツも有形力の行使を伴うが、同意により構成要件該当性を阻却し、あるいは、ルールを守って行われている限り、少なくとも正当化される。しかし、例えば、練習には不適当な場所で正規のルールに従うことなく、危険な方法・態様の練習をして肋骨の骨折による失血により死亡させた場合、社会的相当行為とはいえず、傷害致死罪が成立するとした判例（大阪地判昭62・4・21判時1238・160）がある。同様に父親が、慢性網膜化血腫を発症して手術を受けたことのある障害をもつ長男(9歳)のリハビリ介助中、両手を放して畳の上に崩れ落ちさせ、さらに右脇とでん部を抱えて持ち上げクッションの上に放り投げて、急性硬膜化血腫の傷害により死亡させた事案につき、長男は介助がない状態で立位にされると転倒して頭部に衝撃や揺れが加わる可能性が極めて高く、その場合、その**生命を脅かされる危険性**すらあったとし、このような客観的危険性からすれば、上記の行為は、「もはや**リハビリとして許容される範囲を超え**ており、不法な有形力の行使である暴行に当たる」とし、クッションの上に放り投げる行為についても暴行とし、傷害致死を認めた(さいたま地判平24・7・17LEX/DB)。リハビリに必要な行為であれば、「不法な」有形力の行使とはいえないが、本件行為は、被害者が泣き止まないことから、些細ないらだちもあって行われたものであり、不法な有形力の行使にあたる。

　親権者の子供に対する**懲戒権**（民822条1項）の行使としての有形力の行使も、正当化される。しかし、満2歳の歩行もできない病弱児にしつけのために殴ることは、懲戒権の濫用であるとされる（札幌高函館支判昭28・2・18高刑集6・1・128）。もちろん懲戒行為の範囲を逸脱した場合には、暴行罪が成立する。なお、**教師の体罰**は禁止されている（学校教育法11条）のであり、懲戒のために行われたものであっても、違法性は阻却されず暴行罪にあたるとした判例（最判昭33・4・3裁判集刑124・31）がある。これに対して、中学校の教師が、生徒の軽率な言動に対して、平手および軽く握った右手のこぶしで頭部を数回軽く殴打した行為につき、学校教育法11条と同法施行規則13条によって認められた正当な懲戒権の行使にあたり、違法性が阻却される場合もあるとする判例（東京高判昭56・4・1刑月13・4＝5・341）もある。

　性交の際の加害行為についても、相手方の同意があれば暴行については構

成要件該当性を欠く。したがって、その暴行によって死亡した場合にも、傷害致死罪は成立せず（大阪高判昭29・7・14高裁特1・4・133）、過失致死罪が成立する。

§9　傷害罪

人の身体を傷害した者は、15年以下の懲役又は50万円以下の罰金に処する(204条)。

本罪の決定刑が引き上げられ、科料が削除されたことに注意すべきである。

1　傷害の意義

ⓐ 学　説　傷害の概念については、①身体の**生理的機能**に障害を加えることとする見解（**生理的機能障害説**）（平野167頁、中34頁、中山43頁、曽根16頁、西田41頁、林46頁、山口45頁）と②**身体の完全性**を害することとする見解（**完全性毀損説**）（滝川41頁、小野169頁、香川374頁）が基本的に対立し、③人の生理的機能に障害を与えること、および・または、身体の外貌に重要な変化を加えることとする見解（折衷説=木村22頁、団藤409頁、福田151頁、大塚26頁、西原14頁、内田26頁、大谷25頁、伊東74頁）も有力である。学説の対立の焦点は、生理的機能に障害を与えるのではなくても、頭髪やひげを切断する行為のように人の身体の外貌に著しい変化を起こさせる行為が傷害にあたるかどうかである。②③説では、これを肯定する（東京地判昭38・3・23判タ147・92）。完全性毀損説に対して折衷説からは、前者が、「完全性」を強調するとき、例えば、髪の毛一本を切断することも傷害となるので、後者は、完全性の要件を緩和し、著しい外貌の変化を来すかどうかを基準とするとされる（大塚26頁）。しかし、完全性毀損説によっても、極めて軽微な創傷または人の生活機能に格別の障害を及ぼさない部分を除去することなどは刑法上の「傷害」というべきでないとするものがあり（小野169頁）、理論的には、完全性毀損説からも、軽微な傷害を除くことは可能であろう。

生理的機能障害説によれば、例えば、毛髪・鬚髯を切断・剃去すること（大判明45・6・20刑録18・896）、あるいは、女性の髪の毛を白髪に染め、または爪に真っ黒なマニキュアを施すことは、傷害にはならない。これらの行為

---

[4] 学説につき、河上和雄「傷害概念の再検討」内田古稀303頁以下参照。

[5] 判例によれば、毛根部分から引き抜く場合は傷害にあたる（大阪高判昭29・5・31高刑集7・5・752）。毛根から引き抜くときは、血管神経を破壊し表皮を損傷するから身体における生理状態を不良に変更し、生活機能を毀損するものだとする。

が、有形力の行使であって暴行にあたるとすれば、処罰の間隙ができるわけではない。暴行罪と傷害罪を区別しているわが刑法においては、傷害を**生理的機能の障害に限定する解釈**の方が妥当である。

したがって、身体の完全性を毀損するのみで、生理的機能の障害に至らない場合には、傷害にはならない。先に挙げた事例のほか、例えば、眠っている間に、頭から水をかぶせる行為、顔にペンキを塗る行為、義足、入れ歯ないしかつらを外す行為も、暴行であっても傷害ではない。

❻　**身体の意義**　「身体」とは、何かについては、従来、議論の対象とはならなかった。しかし、身体に**人工の器官**等が装着されたとき、あるいは、身体の一部が身体の本体と切り離されたとき、それらが身体といえるかどうかが問題となる。具体的には、装着された義足・義歯等が身体に含まれるか、ないし、移植目的で摘出された臓器あるいは切断された接着可能な腕は身体かどうかである。人工器官については、生理的機能障害説からは、おそらく生理的機能を害することなく取り外し可能かどうかを基準とすべきであろう。この基準によれば、義足・義歯・かつら等は、身体の一部ではないが、人工骨・差し歯等は身体の一部である。完全性毀損説からは、取り外し可能な義足等も身体の一部ということが可能であり、それを取り去ることは傷害罪となりうる。

移植の実施計画、時間的接着性などによって、切り離された身体の一部である臓器、組織、細胞に対していまだもとの身体の人格が延長される場合がある。その場合、切り離された身体の一部に対する侵襲には傷害罪が成立すると解すべきである。すなわち、身体から切り離された身体の一部は、直ちに「財物」となるのではなく、それが元の身体といまだ**機能的一体性**をもつ場合、人格権の及ぶ「人の身体」とみなされるのであって、いわば、物になる前に**人格権の延長**によって身体とみなされる中間領域を認めるのである。機能的一体性は、臓器移植の計画がある場合などでは、移植に着手され、移植対象である人の身体に移植される直前であれば、その一部はすでに移植対象者の身体に属するというべきである。身体から切り離され、時間的接着性

---

[6] 身体に装着された義足、ペースメーカー、義歯、かつら等を取り外して取り去ることは、窃盗かどうかが問題となるが、装着されているこれらのものの「財物性」は否定される（山口・基本講座5巻33頁）が、容易に取り外しできる物については、財物性が認められるであろう。身体の一部が切り離された場合には、その財物性を肯定することができる。

が失われた身体の一部については、もとの身体の属する主体に**所有権**が認められる[7]（☞§76, 4**ⓑ**）。

身体から切り離された**臓器**、**血液**等の身体の一部が、移植や輸血のため、冷凍保存されている状態にある場合など、**具体的な移植計画、時間的接着性など**が欠如している場合、もはや元の身体の人格権は、そのものには及ばないので、それを損壊しても傷害罪にはあたらない。

体外受精のため採取された精子ないし卵子は、その属していたもとの身体の属する主体に所有権が認められる。精子ないし卵子が冷凍保存されて移植を待っている場合、切り離された身体の一部ではなく、身体から派生したものであるから、**器物損壊罪**が成立する。元の身体の人格権が及ぶのは、元の身体の生理的機能を物理的に害さないと取り出せない身体の一部である。髪の毛、つば、汗、体液など、身体を害さずに派生するものは、身体から離れると直ちに「財物」になる。

ⓒ 判 例 判例の多くは、「健康状態の不良変更」（福岡高宮崎支判昭62・6・23判時1255・38）をもって傷害とし、**生理的機能障害説**を採る（最決昭32・4・23刑集11・4・1393）[8]が、判例において、生理的機能の障害にあたるとされた事例として、皮膚の表皮の剥離（大判大11・12・16刑集1・799）のような外傷のほか、中毒症状、めまい、嘔吐（大判昭8・6・5刑集12・736）、梅毒の感染（大判明41・2・25刑録14・134）、胸部の疼痛（前掲最決昭32・4・23）、精神的興奮と筋肉激動による脳出血（大判大14・12・23刑集4・780）、長時間の失神状態（大判大8・7・31刑録25・899）なども傷害である。また、最近、最高裁は、当直医に睡眠薬の粉末を混入した洋菓子を提供し情を知らない被害者に食させ、約6時間にわたる意識障害および筋弛緩作用を伴う**急性薬物中毒の症状**を生じさせた事案について、「被害者の健康状態を不良に変更し、その生活機能の障害を惹起したものであり、傷害に当たる」とした[9]（最決平24・1・30

---

[7] これについて論じたものとして、山中「身体・死体に対する侵襲の刑法上の意義」(1) 法学論集63巻2号［2013年］1頁以下、とくに6頁以下参照。
[8] 身体の完全性を侵害する場合も含まれるとした判例として、前掲東京地判昭38・3・23がある。
[9] 本件では、第1審（京都地判平21・8・21刑集66・1・73）は、傷害罪の成立を肯定し、第2審（大阪高判平22・2・2刑集66・1・76）では、弁護人が睡眠薬等の薬剤を投与して「昏酔」させる行為が傷害にあたるなら、昏酔強盗罪（239条）や準強姦罪（178条）は、つねに強盗致傷罪（240条）や強姦致傷罪（181条）に該当することになって不合理だと主張して控訴した。控訴審では、それらの構成要件で当然予定されている程度の昏睡は、昏酔強盗や「準強姦にとどまるが、それ以上の昏酔が生じた場合には、それらの罪の致傷罪が成立しうると判事した。最高裁

刑集 66・1・36 = **百選 5**) ほか、窓を開け、窓際およびその付近にラジオ及び複数の目覚まし時計を置き、約1年半の間にわたり、隣家の被害者らに向けて、連日朝から深夜ないし翌未明まで、ラジオの音声及び目覚まし時計のアラーム音を大音量で鳴らし続けるなどして、同人に精神的ストレスを与えて、同人に全治不詳の慢性頭痛症、睡眠障害、耳鳴り症の傷害を負わせた事案につき、傷害罪の成立を認めた（最決平 17・3・29 刑集 59・2・54 = **百選 6**）。

なお、暴行による**心的外傷ストレス症候群（PTSD）による傷害**の成立については、慎重な判断を要する。判例には、症状が一か月以上継続することを要するとする要件や症状の強さの要件を充たしているものかどうか疑問であるとし、「ある程度のストレス状態になること、すなわち、憤りや強い被害感情、恐怖心等から、興奮しやすい状態、不眠状態、心理的に不安定な状態になるといった程度にとどまりあるいはそれにとどまる疑いが残る場合には、仮にそれが厳密には傷害の概念それ自体に当てはまる程度のものといえる場合においても、それはそれぞれの犯罪の本来の構成要件自体にそのような結果がある程度予想されていて、それがいわばその中に織り込み済みになっていると解する余地」があるとするものがある（福岡高判平 12・5・9 判時 1728・159）。このほかにも、3年以上にわたっていやがらせ電話をかけ（富山地判平 13・4・19 判タ 1081・291）、あるいは 2000 回以上の無言電話によって（東京地判平 16・4・20 判時 1877・154）、PTSD を負わせた行為が傷害にあたるとした判例がある。

最近、監禁致傷罪における「傷害」につき、PTSD（外傷後ストレス症候群）を惹起した場合も、刑法上の傷害に当たるとした最高裁判例（最判平 24・7・24 刑集 66・8・709）がある。事案は、1年余りの間に4回にわたり、各女性を次々にホテルの客室等に誘い込み、暴行や脅迫を加えるなどして監禁し、精神障害の一種である外傷後ストレス症候群を発症させたというもの。PTSD という精神的機能の障害の惹起も傷害にあたるとした初めての最高裁判断である。

d **軽微な生理的機能の障害**　傷害といえるには、どの程度の生理的機能の障害が必要か。まず、どの程度のものを「軽微」というかについては、髪の毛一本を引き抜く行為から、平手打ちによって頬を発赤させる行為、一時人事不省に陥らせる行為など、幅がある。髪の毛を一本引き抜き、あるいは、爪の端を切るというように、生理的機能の障害が、日常看過されうるような極めて軽微な行為については、傷害にあたらないといえる（大塚 26 頁、内田 27 頁）。判例の中には、傷害の概念をあくまでも法的概念であり医学上

は、「昏酔強盗罪等と強盗致死傷罪等との関係についての解釈が傷害罪の成否が問題となっている本件の帰すうに影響を及ぼすものではな」いとした。

の創傷の概念とは必ずしも合致しないとし、生理的機能の障害の程度が軽微なものについては刑法上の傷害ではないとするもの（名古屋高金沢支判昭40・10・14高刑集18・6・691）がある。そして、その**境界線**は、①日常生活に支障を来さないこと、②傷害として意識されないか、日常生活上看過される程度であること、③医療行為を特別に必要としないこと等を一応の標準とするものとする。また、「一般に看過されるような極めて軽微な身体の損傷、例えば本人が自覚しない程度の発赤とか表皮はく離、あるいは腫張、何らの治療手段を施さなくても極く短時間に自然に快癒する疼痛の如きは、医学上はこれを創傷ないし病変と称し得ても、刑法上にいわゆる傷害にはあたらないと解するのが相当である」（大阪高判昭35・6・7高刑集13・4・358）。学説には、生理的機能の変化が多少継続的であることを要するとするもの（宮本283頁、植松595頁、中34頁）がある。約30分ほど人事不省の状態に陥れた場合、傷害にあたらないとする判例（大判大15・7・20新聞2598・9）があるが、学説においては、極めて短時間でない限り傷害にあたるとされる（大塚26頁）。

「**傷害**」**の概念**は、傷害罪のみならず、強盗傷害罪（240条）、強姦致傷罪（181条2項）においても問題となる。傷害罪の法定刑は、懲役刑の下限は「1月」であり、「罰金」を科することも可能である。これに対して、強盗傷害罪は、「無期又は6年以上の懲役」、強姦致傷罪は、「無期又は5年以上の懲役」である。また、強姦致傷罪であれば、親告罪ではなくなる（180条1項、181条参照）。そこで、これらの犯罪についても「傷害」の概念に極めて軽微なものをも含むとすると、それによって極端に重い処罰を受けることになる。ここで、240条ないし181条の傷害には、軽微な傷害を含まないとして（大阪地判昭54・6・21判時948・128）、傷害の概念の相対性を認める道もある。しかし、最高裁は、これを否定する（最決昭41・9・14刑集160・733、なお、東京高判昭62・12・21判時1270・159）。

　❺　無形的方法による傷害　　傷害は、暴行を手段とする有形的方法に限らず、人を畏怖させて精神に障害を与えるといった**無形的方法**によっても与えることができる。物理的な身体への接触がなくても、被害者に詰め寄る行為は、精神的余裕のなさを生み、後ずさりを余儀なくさせるものであり、傷害の実行行為である暴行にあたる（大阪高判平24・3・13判タ1387・376）。この場合、たしかに精神的余裕のなさという精神的な現象を介在させているが、興奮し怒っているような態度で詰め寄るという行為は、被害者を転倒させて

けがをさせる危険を有する物理力をもった行為であり、いまだ無形的方法とまではいえないであろう。判例においては、病毒を他人に感染させる場合を暴行によらない場合としたもの（最判昭27・6・6刑集6・6・795）のほか、無言電話等のいやがらせ電話により加療約3週間を要する精神衰弱症に陥らせた場合（東京地判昭54・8・10判時943・122）、いやがらせ行為を繰り返して被害者を不安及び抑うつ状態に陥らせ、約3ヵ月の入院加療をさせた事案（名古屋地判平6・1・18判夕858・272）に傷害罪を認めたものがある。さらに、判例は、ストーカー行為や名誉毀損行為を繰り返し、精神的ストレスによって全治不詳の**適応障害**および**うつ病性障害**を負わせた事案に、無形的方法による加害行為は傷害罪の実行行為に該当するとし、それと傷害との因果関係も肯定した（神戸地判平21・4・17LEX/DB）。病毒を感染させる行為については、魔よけをしてやると欺き性病に罹患していることを秘して性交することにより感染させたものであるが、これにつき、①虚言を弄して病毒を感染させるのは暴行にあたらないとして判例を支持する見解（内田39頁）がある。しかし、②これをなお暴行によるものとする学説（木村21頁、大塚27頁、中山50頁、大谷26頁、西田43頁以下）が有力である。その他、③有形力の行使はあるが、相手方の同意があるから暴行でないとする見解も唱えられている（平野168頁、町野・小暮ほか37頁）。この事例においては、性交という物理力の行使によって病毒が感染していることが重要である。その点で、人を騙して腐敗した食物を被害者自身の手で食べさせる場合、あるいは、言語の意味を理解させて人に動作をさせる詐称誘導とは異なる。[10] しかし、このような有形力の行使に対しては、被害者の同意がある。性病に罹患していることなどを秘していることは、傷害との関係における法益関係的錯誤であって、有形力の行使については錯誤はないというべきである[11]（反対＝西田43頁）。したがって、

---

[10] ①詐称誘導により落とし穴に落として傷害を負わせるのは、暴行であるが、②腐敗食物をとらせて下痢を起こさせたり、③催眠術を施す行為は、暴行ではないという見解（中31頁）がある。しかし、前二者も、言語の意味を理解させ錯誤に陥れて被害者の行為を導いている点、また、被害者自身の行為の物理力は、他人の身体に向けられた物理力の行使ではないという点で、これを基準とするわけにはいかず、暴行とはいえない。

[11] 西田42頁は、被害者に病原菌の入った飲み物を飲ませて腹痛を生ぜしめて財物を奪取した場合にも暴行でないとすれば、強盗罪・強盗致傷罪の成立を認めることが困難となって不当だとされるが、食物を供しただけで被害者を騙して自ら飲ませた場合であれば、暴行ではなく、これを強盗・強盗致傷とするのはかえって不当である。カバンを足元においていた人を騙して歩かせ、落とし穴に落としてカバンを奪った者は、「暴行」を手段として強取したものではなく、傷を負っ

この事案については第3説が妥当である。

いやがらせ電話についても、電話のベルの物理的作用が直接「精神衰弱症」ないし「不安及び抑うつ状態」を引き起こしたのでなく、意味の解釈を通じて精神的作用を引き起こしたのであれば、暴行によらない傷害である。判例においても、怒号するなどの一連のいやがらせ行為により「不安及び抑うつ状態」に陥らせた行為を傷害罪にあたるとしたものがある（前掲名古屋地判平6・1・18）。しかし、声をかけて飼い犬に指図し、通行人にこれをけしかけて通行人に傷を負わせた場合は、「暴行」により傷害を負わせたものである（横浜地判昭57・8・6判タ477・216）。

❻ **錯誤の利用**　この点で、問題は、第三者を錯誤に陥れて物理力を行使させ、**間接正犯**の形で他人に傷害を負わせた場合に、暴行を手段とするといえるかどうかである。例えば、甲が乙を騙して捨てられたマネキンだと偽って石を投げさせ、丙に命中させて負傷させた場合、暴行による傷害であろうか。この場合、甲の行為は無形的方法によるが、乙の行為は有形力の行使であるといえ、甲の行為は、物理力の行使ではないといえそうである。しかし、第三者の行為を道具とする間接正犯の場合、道具の行為は、間接正犯者の延長たるその手足と同じであるとみて、他人の身体に対する物理力の行使というべきである。被害者の行為を道具とする場合との相違は、まさに他人を道具とするか、被害者自身を道具とするかにある。物理力は他人の身体に向けられる必要があるので、被害者の行為を道具として利用する場合には、物理力は自分に向けられており、他人に対する物理力の行使とはいえない。

ただし、リンチにより被害者が、肉体的にも精神的にも死という極限に近い状況に追い詰められて、命令に従って自己の指を歯でかみ切った場合には、抗拒不能の状態に陥っている被害者を利用した間接正犯である（鹿児島地判昭59・5・31刑月16・5＝6・437）が、行為者の行為の物理力が作用している例であり、暴行を手段とするものであることはいうまでもない。

病人に薬を与えない、怪我人に治療を施さないことによって病状や傷を悪化させた場合には、**不作為による傷害**であり、暴行を手段としない。

傷害未遂の処罰規定はない。しかし、暴行を手段とする場合には、傷害に至らない暴行は、暴行罪（208条）として処罰される。

たとしても強盗致傷罪とはならない。行為者の発した物理力が被害者に作用して反抗を抑圧する程度に至ることが必要である。

❼ 威迫による自傷行為の強要　怒号するなどして飲酒を強要して急性アルコール中毒による心肺停止状態に陥れ、脳障害により死亡させた事案で、威迫によって、もはや命じるままに短時間に多量の飲酒をするほかないとの精神状態に陥らせた上、同人をして**傷害罪結果発生の現実的危険性**を有する行為に及ばせたとして傷害致死罪が肯定された（静岡地浜松支判平 21・2・16LEX/DB）。本件では、被害者は、約 23 分間にアルコール度数 20 度の焼酎をストレートで 1 リットルを超えて飲酒させられていた。なお、傷害の故意についても、「少なくとも強度の酩酊により被害者の身体に傷害結果を発生させる故意があった」とされている。

2　胎児性致死傷

❶ 胎児性致死傷の意義　胎児性致死傷とは、母体を通じて胎児に傷害を加えたところ、傷害を負った人が出生し、あるいは、その傷害が原因となって、出生後、その人が死亡した場合をいう。この場合に、殺人罪ないし傷害罪が適用できるかが問題である。したがって、①胎児の段階で傷害を負っていること、②出生の後にもその傷害が残っていること、ないし、出生の後その人が死亡することが必要である。

傷害を負った胎児が出生の後、死亡した場合、あるいは、胎児の段階で出生の後死亡結果を引き起こすような薬を注射するなどの作用を及ぼして、過失により出生した後死亡させた「過失致死」ないし「故意の殺害」の事案については、死の結果は「人」に生じているので、過失致死罪ないし殺人罪を認めるのに困難はない。問題は、胎児の段階で傷害を負って出生してくる胎

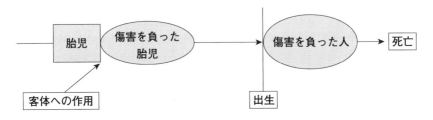

---

[12] 胎児の段階では、傷害を負うことなく、もっぱら人となった段階以降に傷害ないし死亡が発生するように胎児の段階ではたらきかけた場合には、傷害罪・殺人罪が成立することは疑いない。例えば、胎児の段階で、ミルクと偽って毒薬を送付し、出生後にそれを飲ませて殺害ないし傷害するよう仕向けた場合、あるいは、胎児の段階で、母親に対して、胎児が出生後はじめて、傷害に至るような薬物を飲ませ、後に作用する薬物を胎児の身体に蓄積させた場合は、これに含まれない。

児性致傷の場合である。この場合、胎児の段階で負った傷害が、人となった後にも悪化する場合（症状悪化型）と、症状が胎児の段階で固定する場合（症状固定型）とがある。

❻　水俣病刑事事件　この胎児性致死傷の事例は、熊本水俣病事件の判例によって問題となり、各審級において異なった見解が示された。[13]

〔事実〕チッソ会社の工場から塩化メチル水銀を含んだ廃水が排出され、それによって汚染された魚介類を摂取した妊娠中の母親を通じて、胎児が胎児性水俣病にかかり、傷害を負って出生し、後に死亡した場合に、会社の代表取締役社長・工場長に業務上過失致死傷罪が成立するかが問題となった。

〔第1審の判断〕（熊本地判昭54・3・22刑月11・3・168）「元来、胎児には『人』の機能の萌芽があって、それが、出生の際、『人』の完全な機能となるよう順調に発育する能力があり」、それゆえ、「胎児に対し有害な外部からの侵害行為を加え、『人』の機能の萌芽に障害を生じさせた場合には、出生後『人』となってから」「致死の結果を発生させる危険性が十分に存在することになる。従って、このように人に対する致死の結果が発生する危険性が存在する場合には、実行行為の際に客体である『人』が現存していなければならないわけではなく、人に対する致死の結果が発生した時点で客体である『人』が存在するのであるから、これをもって足りると解すべきである」として、業務上過失致死罪の成立を肯定し、致死結果の生じた時点で、「人」が存在すれば十分であり、「実行行為の際に客体である『人』が存在することを要件とするものではない」とした。

〔控訴審の判断〕（福岡高判昭57・9・6高刑集35・2・85）「その侵害は……いわゆる一部露出の時点まで、継続的に母体を介して及んでいたものと認められる。そうすると、一部露出の時点まで包括的に加害が認められる限り、もはや人に対する過失傷害として欠くるところがないので、右傷害に基づき死亡した同人に対する業務上過失致死罪を是認することも可能である」。

〔上告審の判断〕（最決昭63・2・29刑集42・2・314＝**百選3**）「現行刑法上、胎児は、堕胎の罪において独立の行為客体として特別に規定されている場合を除き、母体の一部を構成するものと取り扱われていると解されるから、業務上過失致死罪の成否を論ずるに当たっては、胎児に病変を発生させることは、人である母体の一部に対するものとして、人に病変を発生させることにほかならない。そして、胎児が出生し人となった後、右病変に起因して死亡するに至った場合は、結局、人に病変を発生させて人に死の結果をもたらしたことに帰するから、病変の発生時において客体が人であることを要するとの立場を採ると否とにかかわらず、同罪が成立するものと解するのが相当である」として、業務上過失致死罪が成立するものとした。

---

[13] 本判決の論点と学説の詳細について、金谷利廣・永井敏雄・最判解・昭63年度137頁以下、本判決を「事実上の刑事立法」であるとする評釈として、町野朔「最高裁判決における『胎児性致死傷』」警研59巻4号（1988年）3頁以下、9頁。なお、山中・**百選3**〔第6版〕参照。

第1審が、実行行為時に行為客体が存在しなくても、結果発生時に存在すればよいとしたのに対し、**控訴審は**、「原説示のほか一言付加」して、実行行為時に行為客体の存在が必要であるとする批判をかわすため、侵害が継続・・・的に母体を介して及んでおり、一部露出の時点まで加害が継続しているがゆえに、まさに人に傷害が生じたといえるものとした。これに対して、**上告審は、人である母体の一部に傷害が発生している**とし、これによって実行行為時に行為客体が存在しなければならないという原則を充たすものとして、さらに、胎児が人に至って死亡したものであるから、錯誤論における法定的符合説の考え方と同様に、「人」である母体に傷害を加え、胎児から生じた「人」が死亡しているといえるものとした（母体傷害・法定的符合説）。

しかし、この**最高裁の理論**に対しては、①胎児傷害が母体傷害であるとすると、妊婦が自己の身体の一部を傷害する自己堕胎（212条）は、自傷行為として不可罰のはずである、②その他の堕胎罪は、すべて母体に対する傷害罪となるはずであり、独立処罰の意味がなくなる、あるいは、③胎児を殺害した場合に適用される不同意堕胎（215条）の法定刑（懲役7年以下）と、胎児に傷害を与えたにとどまる場合に適用される傷害罪（204条）の法定刑（懲役10年以下）では、傷害罪の方が重く均衡を失する、さらに、④胎児が傷害を負ったが出生の前に死亡した場合にも、また、出生前に治癒した場合でも、傷害罪が成立することになると批判されうる。

❸ 学　説　傷害を負った胎児が人になった場合に傷害罪を認めるか否かにつき、**積極説**（藤木189頁、金沢文雄「いわゆる胎児性致死傷について」広島法学10巻4号27頁以下、38頁、板倉『現代社会と新しい刑法理論』265頁、中谷11頁、平良木・重判解・昭63年度145頁）と**消極説**（平野226頁、同・諸問題266頁、福田150頁、大塚9頁、内田706頁、吉川24頁、齊藤誠二『刑法における生命の保護』〔3訂版〕445頁以下、大谷27頁以下、中森33頁、西田26頁、前田38頁以下、林18頁）がある。**積極説**の根拠は、分かれるが、まず、①**作用不問説**（藤木188頁）は、すでに傷害を負った胎児も出生により人となり、それと同時に人に対する傷害が発生したものとする。それとともに、実行行為の作用が客体に及んだときにその客体が存在する必要はないとする。積極説の中には、さらに、②母体に対する傷害罪を認める立場（**母体傷害説**＝前掲最判昭63・2・29、宮本297頁、植松283頁）、および、③母親の子供を生む機能の障害と捉える立場（**出産機能障害説**＝藤木189頁、土本・警論32巻9号129頁）がある。これに対して、**消極説**

は、人に対する傷害罪の成立を認めるには、人が傷害されることが必要であるとする。したがって、この論拠によると、人になった以降も、症状が悪化し傷害が拡大する症状悪化型の場合には、過失致傷罪が肯定される余地がある。さらに、行為の作用が及んだときに行為客体が存在する必要があるとする**作用必要説**が採られることが多い。

　私見によれば、一般に、身体への作用の際に客体の存在が必要であるわけではない。建築用資材である柱に時限爆弾をセットしておいて、建造物になった後に爆発させるようにした場合でも、建造物損壊罪（260条）は成立する。必要なのは、建造物が損壊され、または人が傷害され、あるいは人が死亡させられることである。すなわち、行為客体に結果が発生することである。したがって、症状悪化型の場合には、傷害罪が成立し（斎藤信治37頁以下、山口26頁）、致死罪については、死亡の時にすでに客体が存在すれば、常に致死罪が成立しうる。しかし、法は、胎児の段階における故意による傷害および殺害に対しては、傷害は不可罰とし、殺害は堕胎罪を設けて別に処罰するが、過失については全般的に不可罰とする。そこで、過失による胎児への攻撃については、たとえ後に出生した場合にも、法は、それを不可罰としているものと解すべきである。したがって、出生後、死亡した場合も、傷害が悪化した場合も、過失致死傷罪の規範の保護範囲に含まれないと解すべきである。これに反して、故意による場合には、堕胎罪の処罰範囲の及ばない事案については、傷害罪・殺人罪の適用がある。例えば、試験管の中の受精卵の遺伝子を操作して、ハンチントン舞踏病に至る遺伝子を植え込み、30歳前後で発病させた場合、傷害罪が成立しうる。もちろん、母体内の胎児に故意にエイズ・ウィルスを感染させ、出生後、発病させた場合にも、少なくとも傷害罪が成立しうる。

　業務上過失致死ないし致傷罪に関するものであるが、近年、妊婦の乗った自動車と衝突事故を起こし、胎児に傷害を与えて早産させ、または、早産の結果、生まれてきた子を死亡させた事案において、その子供の死亡ないし傷害につき、業務上過失致死ないし業務上過失傷害罪を適用する判例が登場している（岐阜地判平14・12・17研修664・129、鹿児島地判平15・9・2LEX/DB）。

　鹿児島地判の事案と判旨は以下の通りである。被告人は、過失によって、仮眠状態に陥り、自車を妊娠7か月のＡ（当時27歳）運転の軽四輪乗用自動車に衝突させて、同人に常位胎盤早期剥離等の傷害を負わせるとともに、上記傷害を原因として早期

出生したBに対し、全治不明の呼吸窮迫症候群、脳室内出血後水頭症などの傷害を負わせたが、本事案につき、鹿児島地裁は、「胎児に病変を発生させることは、人である母体の一部に対するものとして、人に病変を発生させることにほかならず、そして、胎児が出生して人となった後、右病変に起因して傷害が増悪した場合は、結局、人に病変を発生させて人に傷害を負わせたことに帰することとなる」とし、Cを被害者とする業務上過失傷害罪が成立するものとした。最高裁のように、「母体」に対する病変を生じさせたことを要求しつつ、出生の後、その「傷害が増悪し」たこと、すなわち、「人の身体を傷害した」ことを根拠として傷害罪を認定している。

3 故 意

傷害罪の故意は、「傷害」の認識・認容であるが、次に述べるように、暴行の認識・認容があるにすぎない場合でも、傷害罪は成立する。傷害の故意は、もとより未必の故意で十分である。

> 判例は、甲板上などに乗組員のいる調査捕鯨船に向かって圧縮空気式発射装置（ランチャー）を使用して酪酸瓶を発射した行為は、暴行の故意ばかりではなく、「乗組員のだれかの人体の生理的機能に障害を生じさせる蓋然性を認識し、かつ、そのような傷害が生じても構わないとの認容」、すなわち、**傷害の未必の故意**をも有していたとする（東京地判平22・7・7判時2111・138）。

傷害罪の規定は、**故意犯**について規定したものか、**結果的加重犯**についても規定したものかについては、争いがある。①結果的加重犯説（泉二526頁、滝川43頁）、②故意犯説（木村23頁、小野・概論274頁）、③故意犯および結果的加重犯でもあるとする折衷説（通説）がある。第3説が妥当である。

暴行の故意をもって有形力の行使に出たが、傷害に至ってしまった場合、暴行罪の規定にいう「人を傷害するに至らなかったとき」(208条)ではないので、暴行罪にはあてはまらない。傷害罪(204条)の規定が故意犯に関する規定だとすると、この場合その適用もない。そうすると、過失傷害罪(209条)が適用され、その法定刑は、「30万円以下の罰金又は科料」となる。これは、暴行の意思で傷害に至らなかった場合（上限：2年以下の懲役〔208条〕）よりも軽く処罰されることを意味する。これが、傷害罪を結果的加重犯とみて、暴行の故意にすぎない場合にも、傷害に至れば204条を適用するという見解の主張である。これに対して、故意犯説からは、この場合、暴行罪と過失傷害罪の観念的競合が認められるべきであって、刑の不均衡は意味をなさないと反論される。しかし、この見解によれば、暴行の結果、傷害に至った場合にも、結局、暴行罪と同じ法定刑で処断されることになり（54条

参照)、208条で「人を傷害するに至らなかったとき」と規定している意味がなくなってしまうという不都合がある。傷害の故意で傷害罪を行った場合にも、204条が適用されるべきは当然であるから、結局、故意犯でもあり結果的加重犯でもあるという折衷説が妥当であるということになる。

判例も、結果的加重犯であることを認めている（大判大11・5・9刑集1・313、最判昭25・11・9刑集4・11・2239)。

なお、罪数関係では、近時、同一被害者に対し一定の期間内に反復累行された一連の暴行によって種々の傷害を負わせた事実について、**全体として包括一罪**としたものがある（最決平26・3・17刑集68・3・368）。

「一連の暴行によって各被害者に傷害を負わせた事実は、いずれの事件も、約4か月間又は約1か月間という一定の期間内に、被告人が、被害者との上記のような人間関係を背景として、ある程度限定された場所で、共通の動機から繰り返し犯意を生じ、主として同態様の暴行を反復累行し、その結果、個別の機会の暴行と傷害の発生、拡大ないし悪化との対応関係を個々に特定することはできないものの、結局は一人の被害者の身体に一定の傷害を負わせたというものであり、そのような事情に鑑みると、それぞれ、その全体を一体のものと評価し、包括して一罪と解することができる」（☞総論§175.(2)(e)）。

§10　傷害致死罪

> 身体を傷害し、よって人を死亡させた者は、3年以上の有期懲役に処する（205条）。

本罪は、暴行罪および傷害罪の結果的加重犯である。傷害行為ないし暴行行為と被害者の死亡結果との間に因果関係が存在し、結果が客観的にその行為に帰属できることが必要である。結果的加重犯の客観的帰属は規範的に限定的に行われるべきである。死亡結果に対して故意がある場合は除かれる。さらに、責任主義の見地から、死亡結果に対して**予見可能性**の存在することが要求されている。判例は、これを否定し、死亡結果に対する過失を不要とする（前掲大判大14・12・23、最判昭26・9・20刑集5・10・1937）が、疑問である。

因果関係に関しては、判例は、条件的な因果関係で十分としているとされることが多い（大塚30頁）。しかし、判例はあらゆる条件を平等に原因であるという条件説に立つのではなく、その条件の他の条件との競合、その強弱など実質的な意味を考慮しているのであり、むしろ、原因説的思考方法を採用しているともいえる。その一つとして相当因果関係説によったとみられる

ものもある（大判大2・9・22刑録19・884、大判大3・9・1刑録20・1579）。なお、資材置場事件においては、犯人の暴行により被害者の死因となった傷害が形成された場合には、その後、第三者により加えられた暴行によって死期が早められたとしても犯人の暴行と死亡との間に因果関係を肯定することができるとした（最決平2・11・20刑集44・8・837）（☞総論§88,3(1)）。

　最近の**最高裁の決定**（最決平15・7・16刑集57・7・950）によれば、被害者が、暴行を受け、その現場から逃走途中に高速道路に進入して遭遇した交通事故によって死亡した場合に暴行と死亡との間に**因果関係**があるとされた。事案は、被告人4名が、他の2名と共謀のうえ、被害者に対し、公園において、深夜約2時間10分にわたり、間断なく極めて激しい暴行を繰り返し、引き続き、マンション居室において、約45分間、断続的に同様の暴行を加えたところ、被害者は、すきをみて、上記マンション居室から靴下履きのまま逃走したが、被告人らに対し極度の恐怖感を抱き、逃走を開始してから約10分後、被告人らによる追跡から逃れるため、上記マンションから約763メートルないし約810メートル離れた高速道路に進入し、疾走してきた自動車に衝突され、後続の自動車にれき過されて、死亡したというものである。この事案に対し、最高裁は、「被害者が逃走しようとして高速道路に進入したことは、それ自体極めて危険な行為であるというほかないが、被害者は、被告人らから長時間激しくかつ執ような暴行を受け、被告人らに対し極度の恐怖感を抱き、必死に逃走を図る過程で、とっさにそのような行動を選択したものと認められ、その行動が、被告人らの暴行から逃れる方法として、著しく不自然、不相当であったとはいえない」とし、「被害者が高速道路に進入して死亡したのは、被告人らの暴行に起因するものと評価することができる」から、被告人らの暴行と被害者の死亡との間の因果関係が肯定されるものとする（☞総論§88,3(2)(c)）。これは、被害者の自己危殆化行為の介入であっても、行為者の行為の自然で相当に誘発された行為であれば、帰属は否定されないとしたものである。

　さらに、被告人らがAに対しビール瓶で殴打するなどの暴行を加えて傷害を負わせた結果、病院に搬送されて治療を受けたAが無断退院しようとして治療用の管を抜くなどして暴れ、容態が急変して死亡したという事案で「被告人らの行為により被害者の受けた前記の傷害は、それ自体死亡の結果をもたらし得る身体の損傷であって、仮に被害者の死亡の結果発生までの間に、（…）被害者が医師の指示に従わず安静に努めなかったために治療の効果が上がらなかったという事情が介在していたとしても、被告人らの暴行による傷害と被害者の死亡との間には因果関係がある」とした（最決平16・2・17刑集58・2・169）。これは、当初の行為の危険が大きく、被害者の自己危殆行為の介在が帰属連関を中断しない事例であろう。

　仙台地裁は、暴行と死亡の法的因果関係につき、次のようにいう（仙台地判平20・6・3 LEX/DB）。甲は、甲方において18歳のA女の背部を足蹴にし、顔面および腹部を手拳で殴打するなどの暴行を加えたため、Aは、更なる暴行から逃れようとし

て同室内から裸足のまま約158メートルにわたり走って逃走することを余儀なくされ、左冠状動脈開口部の先天的位置異常を有するAを、路上において急性循環不全に陥らせてその場に転倒させ、病院において、同女を急性循環不全により死亡するに至らせた。被害者の頭皮下や左頬部の皮下出血は加療約1週間程度のものであった。冠状動脈異常を有していることから、上記逃走行為に基づく運動負荷により心臓の活動が著しく亢進して血流供給に障害が起こり、急性循環不全に陥って死亡した。このような事実認定にもとづき、裁判所は、「相当強度の暴行を立て続けに加えられた被害者が、恐怖心から必死に逃走するのは当然のことであり、その逃走行為が被害者が有していた冠状動脈異常に作用して死因となった急性循環不全を引き起こしたものである。世の中には、心臓等の持病を抱えて脆弱な体質ながら通常の社会生活を送っている者が少なからず存在しており、本件のような暴行及びその後の逃走行為がその持病等に作用して死亡の結果が生じることもあり得ることであり、被告人が被害者の冠状動脈異常を認識していたか否かに拘わらず、本件暴行により恐怖を覚えた被害者が逃走し、それが被害者の冠状動脈異常に作用して急性循環不全を誘発したのであるから、本件暴行と被害者の死亡との間には因果関係があるといえる」とする[14]。暴行行為の危険性は、「相当強度の暴行」を「立て続けに加える」といったものであった。それが、「恐怖心から必死に逃走する」という被害者の行為に当然のごとくつながり、その逃走行為が、被害者が有していた冠状動脈異常に作用して死因となった急性循環不全を「**誘発**」したがゆえに、暴行と被害者の死亡の間に「**因果関係**」があるというのである。本件は、暴行後の逃走の事例に、被害者の冠状動脈異常という持病が介在した事例が組み合わさった事例類型であり、主として問題は、冠状動脈異常への作用と急性循環不全の誘発の介在が、**危険の現実化**といえるかどうかである。暴行については、追跡型ではなく、単純逃走型であることから、心理的準強制の程度は一般には低いが、本件の暴行が被害者に恐怖心を抱かせ、逃走に準強制することは行為の危険性の範囲内といいうるであろう。被害者が冠状動脈異常である確率は、「世の中には、心臓等の持病を抱えて脆弱な体質ながら通常の社会生活を送っている者が少なからず

---

[14] 弁護人は、被害者の冠状動脈異常は、本件後はじめて明らかになったもので、何人も知りえない異常な介入事情であり、また、激しい運動をさせてはならないという具体的な認識も欠いていたから、被告人は被害者死亡の結果を予見しえなかった旨主張した。これに対して、裁判所は、「被害者に心臓疾患のような特殊事情がなかったならば致死の結果を生じなかったと認められ、かつ、行為者が行為当時、その特殊事情を知らず、致死の結果を予見できなかった場合においても、暴行と特殊事情があいまって致死の結果を生じさせれば因果関係を認める余地がある上…、本件において、被告人は、前記のとおり、被害者がランニング中に倒れて意識を失ったことがあることや、仙台に来てからも同女が走って電車に乗った際に心臓が苦しかったと話すのを聞いて知っていたのであるから、本件暴行に及んだ時点で、同女が激しい運動、特に走ることに脆弱な体質であることを認識していたと認められ、被害者の脆弱な体質とあいまって生死に関わるような重篤な症状を招来することが予見できなかったとはいえない。したがって、被告人が行為当時に被害者死亡の結果を予見できる可能性が必要であるとしても、本件暴行と被害者の死亡との間の法的因果関係は否定されない」とする。このようにして、行為当時に死亡の結果が予見可能であるという。

存在して」いるという程度のものである。因果関係を肯定する結論は、従来の判例の見解によれば予測の範囲内であるが、帰属論においても、創出された危険とは異なる新たな危険を根拠づける程度の稀有な持病の介在とはいえないであろう。

同意がある場合の傷害致死罪の成否について**独自の論理を展開する判例**を紹介しておこう。被害者から殺害の嘱託を受けて暴行または傷害の故意で暴行を加え、結果として被害者を死亡させた事案で、重い**傷害致死罪の故意で、客観的には軽い202条後段（同意殺）の罪に該当する事実を実現したのであるから、本件に適用すべき罰条は、202条後段のみであるとし、救命体制が整っているとの事実が存在したとしても、被害者の嘱託があることによって、行為の違法性が阻却されないとして、違法性阻却事由の錯誤を否定した**（札幌地判平 24・12・14 判タ 1390・368）。しかし、傷害の故意しかないものに、法定刑の軽い罪というだけで、抽象的事実の錯誤論を適用して同意殺人の故意を認めるのはそもそもおかしい。被害者の殺害の嘱託は、行為者には傷害の故意しかないのであるから余剰な同意であり、その同意は、死の危険のある傷害の限度の同意と解するべきである。そうだとすると、本件は、傷害の故意で、傷害に対する同意のある事実を実現したが、その傷害に対する同意が、死の危険のある傷害への同意であるので、無効であり、したがって、傷害致死罪は正当化されないと単純に解すべきなのである。そもそも本件で、嘱託殺は問題にならない。錯誤論は、重い罪の故意は軽い罪の故意を含むものというだけではなく、故意自体の概念上の包含性（包含関係）を前提としていると解すべきであり、したがって、傷害の故意に（同意）殺人の故意が含まれるわけではないのである。控訴審では、傷害致死罪が成立する（札幌高判平 25・7・11LEX/DB）としたが、量刑上の理由は示されているとしても、解釈論上の理由は十分には示されていない。しかし、原審が、「そもそも、傷害致死罪を定める刑法 205 条は、『被害者が自らの殺害行為を嘱託していないこと』を書かれざる構成要件要素としている」という点については、「人を殺した」に殺意のない場合を含むとい法令解釈は同条の体系的地位や文言に反すると反論する。また、「行為者において被害者から殺害行為の嘱託を受けたことを認識しつつ被害者に暴行を加え死亡させていながら、殺人の故意が未必的にも認められないという場合は容易に想定し難いのであって、そのような現実的でない行為類型を指定して嘱託殺人罪との処断刑の不合理を論じるのは相当でない」とも判示している。

§11　傷害現場助勢罪

> 前2条の犯罪（傷害罪・傷害致死罪）が行われるに当たり、現場において勢いを助けた者は、自ら人を傷害しなくても、1年以下の懲役又は10万円以下の罰金若しくは科料に処する（206条）。

1　意　義

本罪の性質については、①これを**傷害罪ないし傷害致死罪の幇助犯の減軽的**

類型とする見解（小野 174 頁、滝川 45 頁、木村 26 頁、団藤 417 頁、福田 153 頁、平川 56 頁、西田 44 頁、前田 47 頁、山口 48 頁以下）と、②これとは独立に、可罰性の範囲を扇動的助勢行為にも拡大して処罰するものとする見解（平野 169 頁、大塚 31 頁、中 41 頁、西原 16 頁、中山 57 頁、内田 33 頁、大谷 32 頁、曽根 21 頁、中森 16 頁、林 54 頁）とが対立している。前説は、野次馬的な幇助を、群集心理を考慮してとくに軽い刑を規定したものとする（団藤 417 頁）。しかし、このような野次馬的な行為をとくに軽く処罰する政策的根拠はないというべきである。また、不特定者への助勢行為を幇助とみることにも疑問がある（中山 57 頁）。この説に立って、特定の正犯者に対する助勢行為も、現場助勢の態様において行われたものは、本罪になるのかどうかについては、説が分かれる（本罪成立説＝団藤、傷害罪の従犯成立説＝福田）。後説によれば、傷害・傷害致死の幇助にはあたらないような行為を独立に犯罪化したものであるから、傷害罪の現場での煽動的行為の危険性にかんがみて処罰範囲を拡大するものである。後説が妥当である。

2　要件

「犯罪が行われるに当たり」とは、傷害ないし傷害致死を生じさせる暴行が行われている際にという意味である。本条の適用があるためには、勢いを助ける行為によって傷害行為が容易になったことは必要でない（大塚 32 頁）が、被害者に実際に傷害ないし傷害致死の結果が生じたことが必要である。これらの結果の発生がない場合には、暴行の幇助犯にもならない。幇助の減軽類型とする見解からは、傷害・傷害致死の発生がなかった場合でも、暴行の幇助犯として処罰される。「現場」とは、暴行が行われている場所を指す。「勢いを助けた」とは、行為者の気勢を高めまた刺激となる行為をいう（中山 57 頁）。特定の行為者に声援を送る行為は、傷害罪の幇助犯である。判例も、本罪は、いわゆる傷害の現場におけるたんなる助勢行為を処罰するものであって特定の正犯者を幇助する従犯とは自ずから差別の存するものとする（大判昭 2・3・28 刑集 6・118）。

§12　同時傷害の特例

> 二人以上で暴行を加えて人を傷害した場合において、それぞれの暴行による傷害の軽重を知ることができず、又はその傷害を生じさせた者を知ることができないときは、共同して実行した者でなくても、共犯の例による（207 条）。

1 意 義

　二人以上の者が意思の連絡なく同一機会に同一の被害者に暴行を加えて傷害した場合に、共犯として処罰する特例を設けたものである。いわゆる同時犯の場合、本来、各行為者がそれぞれ自己の行為から生じた結果に対して独立に責任を負う。傷害の結果が数人中の誰の行為によるものか証明できない場合には、それらの者を傷害罪として処罰することはできず、せいぜい暴行によって処罰しうるにすぎない。数人の行為の中で、傷害を生ぜしめるに至った暴行を特定し、因果関係を立証することは困難である。この立証の困難を救済するために、**挙証責任を被告人に転換**し、それとともに共同実行者ではなくても共犯であると法律上擬制するのが、本条の趣旨である（大谷36頁など通説）。

　本条の意義については、ほかに、①法律上の推定を認めたものとする見解（小野174頁、滝川46頁、植松258頁）、②法律上の擬制を認めたものであるとする見解（江家206頁）、③挙証責任の転換を認めたものとする見解（藤木201頁）があり、また、④挙証責任を被告人に転換し、行為者間に意思の疎通がないものをあるものと擬制したものであるとする見解（西原17頁）がある。最後の見解は、意思の疎通のみを擬制することによって、客観的には共犯となりうる事情が立証されていることを要求して、擬制の範囲を狭く限定しようとするものである。しかし、法文上、「共犯の例による」とされており、共犯を擬制したものと解すべきである。しかも、片面的共同正犯を肯定する立場からは、意思の共同は、共同正犯の不可欠の要件ではないのであるから、これを擬制することは過剰な擬制である。通説が妥当である。

　本条は、**共犯でないものを共犯と擬制するもの**であるから、「疑わしきは被告人の利益に」の原則の例外を定めるものである。その意味で、本条は、嫌疑刑を認めるものであって（宮本289頁、大場・上241頁）、また、無実の者を罰するものであり憲法違反の疑いがある（平野170頁）と批判される。立法論としては、傷害を生ぜしめる危険のある行為をした責任を問う限度にとどめるべきであるともされる[15]（平野・法セ199号78頁、中森17頁）。

---

[15] ドイツ刑法231条は、「殴り合い、又は数人によって行われた攻撃によって人の死若しくは重大な傷害（226条）が惹起されたとき、その殴り合い又は攻撃に関与した者は、この関与により3年以下の自由刑または罰金刑に処せられる」（1項）、「その者に責任がない場合には、殴り合い又は数人によって行われた攻撃に関与した者は、1項によって罰せられることはない」（2項）と

2 要件

二人以上の者が、意思の連絡なしに、時間的・場所的に近接して同一の被害者に暴行を加えたところ、その者に傷害の結果を生じさせたが、それぞれの暴行の軽重を知ることができず、または、その傷害を生じさせた者が誰かを知ることができないことが、本条の要件である。意思の連絡がある場合には、共同正犯であるから、本条の適用はない。共同実行とみられうるような外形がなければならない。[16] すなわち、行為者の暴行と当該の傷害の因果関係の存在が事実上推定されるほどの事実の立証があることが前提とされる。例えば、行為者の暴行が当該の傷害を生ぜしめるに足りる程度のものであったことは立証されなければならない。共犯が擬制されるには、**共同正犯現象が認められうるような外形**のあることが必要である。

判例によれば、行為の外形面における共犯現象との強度の類似性がない場合についても、本条を適用するためには、各暴行の「時間的、場所的間隔の程度、各犯行の態様、さらに暴行者相互間の関係等諸般の事情を総合し」、それが「社会通念上同一の機会に行われた一連の行為と認められ、共犯者でない各行為者に対し生じた結果についての責任を負わせても著しい不合理を生じない特段の事情の認められる場合であることを要する」（札幌高判昭45・7・14高刑集23・3・479）。

規定する。これは、危険犯を規定するものである。死ないし重大な傷害の結果の発生は、客観的処罰条件である。

[16] 当初、判例は、「其の暴行が時・所を異にすると又時・所を同じくするとは敢て問ふ所に非ず」（大判昭11・6・25刑集15・823）としていたが、その後、「二人以上の暴行が時間的及場所的に相競合する場合にのみ其の適用を見るべきもの」とするに至った（大判昭12・9・10刑集16・1251）。なお、東京高判昭47・12・22東高刑時報23・12・244参照。二つの暴行が時間的に約20分、場所的に約2キロないし3キロメートル離れている場合に刑法207条を適用したものがある（福岡高判昭49・5・20刑月6・5・561）。さらに、Aは、Cらに対して殴打・足蹴りにするなどの暴行を加え、Bが、CらをB方に連れてこさせ、平手等でその顔面を殴打するなどの暴行を加えたが、その間、時間的には約1時間50分の隔たり、場所的には約27.8キロメートルの車による移動がある場合、AとBとの暴行が「時間的、場所的に接近しているとはいえない」上、お互い面識がなく、「他方の暴行を現認もしていない」とし、AおよびBの暴行が、「**社会通念上同一の機会に行われた一連の行為**」と言えないとしたものとして207条の適用を認めなかったもの（広島高岡山支判平19・4・18LEX/DB）がある。逆に、第1現場でAおよびBが、第2現場でCが、それぞれ被害者に暴行を加えたが、各現場における各暴行の間には、時間的には約1時間20分の差、場所的には約20キロメートル前後の移動がある事案では、「互いの暴行を十分に予期、認識していた」という事情があるときに、3名の各暴行は、「社会通念上同一の機会に行われた一連の行為と認められる」とし、207条により3名が、傷害結果の責任を負うとされた（東京高判平20・9・8判タ1303・309）。

3 承継的共同正犯と同時傷害の特例

先行者が被害者に対して暴行を加えている途中から暴行に加担した者に、本条の適用があるのだろうか。AがXに対して暴行を加えた直後、Bが、Aとの意思の連絡なくXに暴行を加え、Xが、AまたはBいずれかの暴行によって受傷したが、傷害の結果を生じさせた行為者を特定できない場合には、207条の適用が可能である。したがって、Bは、Aがすでに加えた傷害についても、因果関係の不存在を立証しえない限り、責任を負う。それでは、**途中から意思の連絡が生じた場合**はどうであろうか。この場合に、承継的共同正犯を肯定することもできる（東京高判平8・8・7東高刑時報47・3・103）。しかし、いま、後行者Bが加功したときに、先行者Aと意思の連絡が生じた場合、Bが、「自己の犯罪遂行の手段として積極的に利用する意思」をもって加担したのでなければ、先行者Aの惹起した可能性のある傷害については、承継的共同正犯として先行者Aによる傷害の結果に対する責任を後行者Bに負わせることはできないことになる（大阪高判昭62・7・10高刑集40・3・720）。

ここで、最高裁が、**傷害罪における承継的共同正犯**が問題となりうる事例につき、後行行為者は、原則として関与後に惹起した傷害にいてのみ責任を負うとしたことを確認しておこう。すなわち、共犯者の傷害行為を開始後に加功した者の罪責について、共謀加担前に他の共犯者らがすでに生じさせていた傷害結果については傷害罪の共同正犯としての責任を負うことはなく、共謀加担後の暴行によって傷害の発生に寄与したことについてのみ、傷害罪の共同正犯としての責任を負うとしたのである（最決平24・11・6刑集6・11・1281、第1審＝松山地判平23・3・24刑集66・11・1299、第2審＝高松高判平23・11・15刑集66・11・1324、☞総論§159．4．(3) (c)）。

　事案は、AとBが、駐車場付近などにおいて、誘い出したCとDに対し、暴行を加えたが、その態様は、Dに対し、複数回手拳で顔面を殴打し、顔面や腹部を膝蹴りするなどし、Cに対し、複数回手拳で殴り、足で蹴るなどするというものであった。その後、Aらは、Dを車のトランクに押し込み、Cも車に乗せ、別の駐車場（本件現場）に向かった。その際、Bは、被告人に対し、これからCを連れて本件現場に行く旨を伝えた。Aらは、本件現場に到着後、Cらに対し、更に暴行を加えた。これらの一連の暴行により、Cらは、被告人の本件現場到着前から流血し、負傷していた。その後、被告人は、本件現場に到着し、CらがAらから暴行を受けて逃走や抵抗が困難であることを認識しつつAらと共謀の上、Cらに対し、暴行を加えた。共

謀加担後に加えられた被告人の暴行の方がそれ以前のAらの暴行よりも激しいものであった。被告人の共謀加担前後にわたる一連の前記暴行の結果、Dは、約3週間の安静加療を要する見込みの頭部外傷擦過打撲などの傷害を負い、Cは、約6週間の安静加療を要する見込みの右母指基節骨骨折などの傷害を負った。

これに対し、原判決は、被告人は、被告人の共謀加担前のAらの暴行による傷害を含めた全体について、承継的共同正犯として責任を負うとの判断を示した。

最高裁は、被告人は、Aらの傷害行為の後、Aらに共謀加担した上、金属製はしごや角材を用いて、Dの背中や足、Cの頭、肩、背中や足を殴打し、Dの頭を蹴るなど更に強度の暴行を加えており、少なくとも、共謀加担後に暴行を加えた上記部位についてはCらの傷害を**相当程度重篤化させた**ものと認定し、その結果、「この場合、被告人は、共謀加担前にAらが既に生じさせていた傷害結果については、被告人の共謀及びそれに基づく行為がこれと**因果関係を有することはない**から、傷害罪の共同正犯としての責任を負うことはなく、共謀加担後の傷害を引き起こすに足りる暴行によってCらの傷害の発生に寄与したことについてのみ、傷害罪の共同正犯としての責任を負うと解するのが相当である」とした。承継的共同正犯が認められるとした原審の判断に対しては、「被告人において、CらがAらの暴行を受けて負傷し、逃亡や抵抗が困難になっている状態を利用して更に暴行に及んだ趣旨をいうものと解されるが、そのような事実があったとしても、それは、被告人が共謀加担後に更に暴行を行った動機ないし契機にすぎず、**共謀加担前の傷害結果について刑事責任を問い得る理由とはいえない**ものであって、傷害罪の共同正犯の成立範囲に関する上記判断を左右するものではない」とした。

千葉勝美裁判官の**補足意見**によれば、「いわゆる承継的共同正犯において後行者が共同正犯としての責任を負うかどうかについては、強盗、恐喝、詐欺等の罪責を負わせる場合には、共謀加担前の先行者の行為の効果を利用することによって犯罪の結果について因果関係を持ち、犯罪が成立する場合があり得るので、承継的共同正犯の成立を認め得るであろうが、少なくとも傷害罪については、このような因果関係は認め難いので（…）、承継的共同正犯の成立を認め得る場合は、容易には想定し難いところである」という。

原審は、承継的共同正犯を肯定するにあたり、被告人は、「自己の犯罪遂行の手段として**積極的に利用する意思**のもとに、一罪関係にある傷害に途中から共謀加担し、上記行為等を現にそのような制裁の手段として利用したものである」とし、被告人は、「被告人が加担する以前のAやBらによる傷害を含めた全体について、**承継的共同正犯**として責任を負う」ものとしたのであるが、最高裁は、結合犯の場合などについては、「共謀加担前の先行者の行為の効果を利用することによって犯罪の結果について因果関係を持ち、犯罪が成立する場合があり得る」ことは認めたが、傷害罪については、「共謀加担前の傷害結果について刑事責任を問い得る理由とはいえない」とした。

承継的共同正犯の事例につき、後行の共犯者の加担以前の行為についても、結果に対する「因果関係」を要求するなら、先行の状態につき「積極的な利用の意思」がある場合に承継的共同正犯を認め、先行の行為についても責任を認める理論は、終局的には根拠を失うことになろう。

　ところで、ここで別の観点から先行行為者のみの実行の段階において生じた傷害か、後行行為者も加担した後の段階で生じた傷害かが明らかでないとき、後行者が加功前の結果につき責任を負うとすることはできないのかどうかが検討されるべきである。この場合でも、Bの関与時点からは、共同正犯が成立することは疑いない。その場合、同時傷害の特例の適用は可能であろうか。「共同して実行した者でなくても」の解釈については、共同実行者でない場合に限るという意味であるとする見解（団藤417頁、福田154頁、大塚33頁、大谷34頁）が有力である。共同実行者であるときは、共同正犯の規定（60条）が適用されることは当然であって、本条によるべきではない（大判明44・3・13刑録17・345）というのである。これによると、本事例においては、後行者加功以降は共同正犯の事例であるから、本条の適用がないと解すべきか、それとも、先行行為については、共同正犯の事例でないから、本条の適用があるのかが問題となる。本条を「共同して実行した者でなくても」とは、当然、共同実行した者をも含むと解釈すれば、その適用には問題がない。判例の中には、先行者と後行者の間に承継的に「共謀」が生じた場合でも、承継的共同正犯として先行の傷害結果に対して責任を負わせられない場合に、本条を適用して、その責任を認めようとするものがある（大阪地判平9・8・20判タ995・286）。

　最近の下級審の判例にも、このような事案に、207条の適用を認めるものがある。事案は次のごとくである。被告人Aがまず被害者に暴行を加え、被告人Bがこれに加担して被害者に暴行を加え、次いで被告人Cがこれに加担して被害者に暴行を加え、さらにはDがこれに加担して被害者に暴行を加えた。また、被告人B、被告人C及びDが、それぞれ先行者の行為を「自己の犯罪行為の手段として積極的に利用する意思」を有していたとも、先行者の「行為等を現にそのような手段として利用した」とも認められない。しかしながら、本判決はいう。「一般に傷害の結果が全く意思の連絡のない2名以上の者の同一機会における各暴行によって生じたことは明らかであるが、いずれの暴行によって生じたものであるかを知ることができない場合には、同時犯の特例として、刑法207条により傷害罪の共同正犯として処断されるが、このような事例と対比して考えると、本件のように、共謀成立の前後にわたる一連の暴行により傷害の結果が生じたことは明らかであるが、共謀成立の前後いずれの暴行

により生じたものであるかを知ることができない場合にも、やはり『その傷害を生じさせた者を知ることができない』ときに当たるとみなければ権衡を失することが明らかであるから、これら一連の暴行が同一機会において加えられたものである限り、刑法207条が適用され、全体が傷害罪の共同正犯として処断されると解するのが相当である」(神戸地判平15・7・17LEX/DB)。

学説上も、法文の文言上、「共犯関係の存在する場合に適用を否定する根拠は存在しない」(前田52頁)として、この場合に、本条の適用を認める見解 (ほかに、林57頁) がある。これに対して、207条は、傷害結果について誰も責任を負わなくなる場合についての例外規定であるが、承継的共犯の場合、少なくとも先行者は傷害の責任を負うから、本条の拡大適用は疑問であるとする見解 (大谷37頁、西田47頁、前掲大阪高判昭62・7・10) もある。[17]

本条の適用の前提は、傷害の軽重ないし傷害を生じさせた者を「知ることができないとき」であるが、先行者には、全体に対する責任を問うことができるのであるから、「知ることができる」のであり、本条の要件を充たさず、**否定説**のいう通り、その適用はできないと解すべきである。

4 適用範囲

本条は、傷害罪についてのみ適用される (福田151頁、大塚33頁、中山60頁、西原17頁、内田35頁、大谷36頁、中森18頁、曽根23頁、平川58頁、西田47頁、斎藤信治24頁、山口51頁)。判例は、**傷害致死罪**にも適用があるとする (前掲最判昭26・9・20、名古屋地判平25・7・12LEX/DB)。これを支持する学説も有力である (団藤419頁、藤木202頁、中42頁、香川383頁、前田52頁)。本条は、個人責

---

[17] 本判決では、次のようにいう。「甲の暴行終了後乙が甲と共謀の上暴行を加えた場合で、いずれの暴行による傷害か判明しないときには、前示のような当裁判所の見解によれば、乙の刑責が暴行罪の限度に止まることになり、甲との意思連絡なくして丙に暴行を加え同様の結果を生じた場合と比べ、一見均衡を失する感のあることは、これを否定し難い。しかし、刑法207条の規定は、二人以上で暴行を加え人を傷害した場合において、傷害を生じさせた行為者を特定できなかったり、行為者を特定できても傷害の軽重を知ることができないときには、その傷害が右いずれかの暴行 (又は双方) によって生じたことが明らかであるのに、共謀の立証ができない限り、行為者のいずれに対しても傷害の刑責を負わせることができなくなるという著しい不合理を生ずることに着目し、かかる不合理を解消するために特に設けられた例外規定である。これに対し、後行者たる乙が先行者甲との共謀に基づき暴行を加えた場合は、傷害の結果を生じさせた行為者を特定できなくても、少なくとも甲に対しては傷害罪の刑責を問うことができるのであって、刑法の右特則の適用によって解消しなければならないような著しい不合理は生じない。従って、この場合には、右特則の適用がなく、加担後の行為と傷害との因果関係を認定し得ない後行者たる乙については、暴行罪の限度でその刑責が問われるべきこととなるのであって、右結論が不当であるとは考えられない」。

任の原則、疑わしきは被告人の利益にという原則の例外規定であり、その適用は、厳格な要件のもとに置かれるべきであり、解釈も厳格になされる必要がある。「人を傷害した場合」とは、「傷害し、よって人を死亡させた」場合を含まない。したがって、二人以上の者が、それぞれ暴行を加え、被害者が死亡した場合には、傷害の軽重ないし傷害を生じさせた者を知ることができないときは、207条により傷害の限度で共犯を認めることができる。[18]

さらに、本条は、個人の身体に対する犯罪である **傷害罪以外の性質をもつ犯罪** に適用されるべきではない。強姦致傷（181条2項）（適用否定＝仙台高判昭33・3・13高刑集11・4・137）、特別公務員職権濫用等致傷（196条）、逮捕等致傷（221条）、強盗致傷（240条前段）（適用否定＝東京地判昭36・3・30判時264・35）などにまで適用すべきではない。

本条は、「共犯の例による」としていることから、60条が適用されることになる。判決には法令を示すべきである（刑訴335条1項）から、判決において60条が示されるべきである。

第4節　自動車運転致死傷行為処罰法の罪

§13　総　説

平成25年11月27日「自動車の運転により人を死傷させる行為等の処罰に関する法律」（法第86号・略称＝自動車運転致死傷行為処罰法）が公布され、平成26（2014年）5月20日から施行された。これにより、従来、刑法典の中で規定されていた「危険運転致死傷罪」および「自動車運転過失致死傷罪」は、特別法に移されて規定されることとなった。

1　従来の規定

本法の成立に至るまでの危険運転致死傷罪の規定の成立の経緯について振り返っておく。従来の危険運転致死傷罪の規定は、刑法208条の2に規定されていた。その規定は、平成13年11月28日に第153回国会において刑法の一部を改正する法律として成立し、同年12月5日、法律第138号として公布され、同月25日より施行されたものである。当時、飲酒運転や著しい

---

[18] 判例は、傷害致死罪についても本条の適用を認めるが、その場合、傷害と死亡との間にたんに因果関係の存在が認められるだけではなく、各行為者にとって行為時に致死の結果を予見することが可能であったことを必要とする（秋田地大曲支判昭47・3・30判時670・105）。

高速度運転等の悪質かつ危険な自動車の運転行為による重大な死傷事故が少なからず発生していたが、平成13年6月には、道路交通法が改正され（法51号）、酒酔い運転、過労運転、無免許運転などの危険な運転行為の罰則が引き上げられた。これらの故意によって行われる危険な運転行為から死傷の結果が生じた場合には、業務上過失致死傷罪と先に掲げた道交法違反の罪との併合罪として処理されている（最大判昭49・5・29刑集28・4・114）が、これのみでは十分でないことから、暴行の結果的加重犯としての傷害罪や傷害致死罪と同じ構造をもつものとして、危険な運転にもとづき死傷の結果が発生した場合に加重処罰するための構成要件の創設が意図されたのである。ただし、危険な運転のみで、結果が発生しなかった場合には、刑法には処罰規定を設けなかったので、基本犯が処罰されない結果的加重犯であるといえる。

　本罪は、個人の生命・身体を保護法益とする基本的・一般的犯罪であり、国民の日常生活に極めて密接な犯罪であるとして、当初、特別法ではなく、刑法に規定された。本条は、208条の2として傷害の罪の章に規定されたが、これは暴行による傷害罪・傷害致死罪に準じた規定であると考えられたからである。一回の事故で多数の死傷者が生じえ、また、悪質・危険な運転行為によるものであることから、傷害罪の法定刑のうち軽い刑に相当する例は考えられず、罰金刑は設けられていない。危険運転致死罪の法定刑は、「1年以上の有期懲役」とされ、傷害致死罪の法定刑である「3年以上」とはされなかったが、それは、危険運転行為が、暴行に「準ずる」行為であって、暴行自体とは捉えられていないからである。

　本規定は、平成19年に改正され、従来、「四輪以上の自動車」の走行を要件としていたが、近時、問題となっていた「二輪車」をも含めるため「自動車」と修正された。

2　本法成立の経緯

　2014（平成26）年5月20日から施行された「自動車の運転により人を死傷させる行為等の処罰に関する法律」（平成25年法第86号）は、2012（平成

---

1 井上宏・山田利行・島戸純「刑法の一部を改正する法律の解説」曹時54巻4号（2002年）35頁参照。
2 曽根威彦「交通犯罪に関する刑法改正の問題点」ジュリ1216号（2002年）46頁以下参照。
3 井上宏「自動車運転による死傷事犯に対する罰則の整備（刑法の一部改正）等について」ジュリ1216号38頁参照。
4 この立法の背景と改正点の解説として、井上宏・山田 利行・島戸 純「刑法の一部を改正する法

24)年9月7日の法務大臣諮問96号を承けて法制審議会刑事法部会で可決された「要綱案」に基づき、これが第183回国会に提出され、第185回国会において可決され、2013年11月27に公布されたものである。

　従来、刑法典に規定されていた危険運転致死傷罪（208条の2）および自動車運転過失致死傷罪（211条2項）は、これによって**特別法に規定**されることになった。その背景には、従来の危険運転致死傷罪の要件からは漏れるが、実質的に危険運転致死傷罪として要罰性のある行為を加える必要性があり、また、新たに犯罪化された危険行為にはむしろ「政令」で定める要件に当てはまることを前提とするような技術的性格をもつ規定が含まれ、それが、実質的に基本的犯罪に関する規定である刑法典における規定とするにふさわしくないと考えられたからである。自動車の運転に際しての過失犯を処罰する自動車運転過失致死傷罪も、併せて本法に移行させられ、罪名は、「過失運転致死傷罪」に名称変更された。

3　従来の規定の問題点と新規定の特徴

　従来の危険運転致死傷罪の適用に疑義のあったケースには以下のものがある。自動車運転免許を有しない外国人であっても、運転技能を有する者の場合、「進行を制御する技能を有しない」走行とは認められない（名古屋地判平成24・3・12LEX/DB）。自動車運転免許を有しない少年が、無免許での走行を繰り返していたため無技能運転にあてはまらないが、居眠り運転をしていて、10人を死傷させたという事案で、危険運転致死傷罪は認められなかった（京都地判平25・2・19LEX/DB、大阪高判平25・9・30LEX/DB）。てんかんに罹患し投薬治療を受けていた者が、服薬を怠ってクレーン車の運転を行い、運転中に発作を生じて意識を喪失し、児童の列に突っ込み、児童6人を死亡させた事案で、「アルコール又は薬物の影響により」生じた「正常な運転が困

律の解説」曹時54巻4号（2002年）1043頁以下、山田利行「刑法の一部を改正する法律の概要」警論55巻3号（2002年）114頁以下。最近のものとして、「特集・自動車運転死傷行為等処罰法の成立」刑ジ41号（2014年）4頁以下参照（今井猛嘉「自動車運転死傷事故等処罰法の新設―危険運転致死傷罪等の改正―」同4頁以下、杉本一敏「自動車運転致死傷行為等処罰法の成立をめぐる所感―議事録を読んで―」同18頁以下、高井良浩「『自動車の運転により人を死傷させる行為等の処罰に関する法律』について」同35頁以下）、同「自動車運転致死傷処罰法の制定」時の法令1958号（2014年）、同「自動車の運転により人を死傷させる行為等の処罰に関する法律」捜研63巻7号（2014年）2頁以下、同「自動車の運転により人を死傷させる行為等の処罰に関する法律施行令について」警論67巻8号84頁以下参照。

難な状態」ではなかったため、危険運転致死傷罪には当てはまらなかった[5]（宇都宮地判平23・12・19LEX/DB）。最終的に、危険運転致死傷罪の成立が肯定されたが、大量に飲酒した後、自動車を運転していて運転操作ができなくなって、橋の上で他車に追突して同車を海に転落させ、乗車していた子供3人を死亡させた事案で、被告人は、いったんは逃走を図ったが、自車が大破していたためこれを諦め、被害者を救助することなく、水を飲むなどして事故直後のアルコール濃度の測定を困難ならしめ、「アルコールの影響により正常な運転が困難な状態」の認定を回避しようとしたものがある（最決平23・10・31刑集65・7・1138）。改正は、主としてこれらの処罰の間隙を埋め、本罪の認定を容易ならしめる規定のほか、従来、危険運転に対する故意などの認定の点で危険運転致死傷罪で捕捉しえなかった行為類型を規定に付け加えようとするものである。

本法において新設されたのは、①通行禁止道路進行による危険運転致死傷罪（2条6号）、②運転開始時点では「その走行中に正常な運転に支障が生じるおそれがある状態」であったが、運転中に「正常な運転が困難な状態」に陥り、その結果、人を死傷させたという行為類型に属する危険運転致死傷罪（3条）、③過失運転致死傷アルコール等影響発覚免脱罪（4条）、④2条から5条までの罪を犯した時に無免許運転であったことによる加重（6条）である[6]。

§14 危険運転致死傷罪（2条）

> 次に掲げる行為を行い、よって、人を負傷させた者は、15年以下の懲役に処し、人を死亡させた者は1年以上の有期懲役に処する。
> 1．アルコール又は薬物の影響により正常な運転が困難な状態で自動車を走行させる行為
> 2．その進行を制御することが困難な高速度で自動車を走行させる行為
> 3．その進行を制御する技能を有しないで自動車を走行させる行為
> 4．人又は車の通行を妨害する目的で、走行中の自動車の直前に進入し、その他通行中の人又は車に著しく接近し、かつ、重大な交通の危険を生じさせる速度で自動車を運転する行為

---

[5] ほかにも、京都祇園で、てんかんに罹患していた者が自動車を運転中、発作により意識をなくし、自動車の操作ができなくなり、人を死傷させた事案でも、危険運転致死傷罪は適用されず、自動車運転致死傷罪で書類送検された。

[6] 無免許運転行為を基本行為とした危険運転致死傷罪の新設は、無免許運転が死傷結果に対して直接の因果関係に立たないことなどの理由で、立法化されなかった。また、「過労運転行為」を基本とするそれも、過労運転の概念が明確な内容をもたないこと等から立法化は否定された。

5．赤色信号又はこれに相当する信号を殊更に無視し、かつ、重大な交通の危険を生じさせる速度で自動車を運転する行為
6．通行禁止道路（道路標識若しくは道路標示により自動車の通行が禁止されている道路又はその部分であって、これを通行することが人又は車に交通の危険を生じさせるものとして政令で定めるものをいう。）を進行し、かつ、重大な交通の危険を生じさせる速度で自動車を運転する行為（自動車運転致死傷行為処罰法第2条）。

1　意　義

本罪は、危険運転致死傷罪に関する規定であるが、第1次的には、**人の生命・身体の安全**という個人的法益を保護法益とし、第2次的には、**交通の安全という公共的法益**をも保護法益とする。本罪は、一定の危険な自動車の運転行為を行い、その結果として人を死傷させた者を処罰するものである。危険な運転は、故意によるので、死傷という加重結果が生じた場合に重く罰する結果的加重犯の構造に似ているが、基本犯自体は、刑法では処罰されていない点で、結果的加重犯と異なる。しかし、この危険運転行為は、道交法においては、酒酔い運転、高速度運転等の各種の違反行為として処罰されているものである。

本罪の法定刑については、その上限については、暴行の故意にもとづく傷害ないし傷害致死と同様の構造をもつことから、傷害させた場合には、「15年以下の懲役」、死亡させた場合には「有期懲役」とし、下限については、危険運転行為が暴行に至らないものであることから、「1年」として、傷害致死（3年）に比べて低く設定されている。

1号から5号までは、もともと刑法208条の2に規定されていた行為類型を本法に移したものであり、6号は、本法により新たに付け加えられた。

故意の危険運転行為として、①酩酊運転、②制御困難運転、③未熟運転、④妨害運転、⑤信号無視運転、⑥通行禁止道路進行致死傷罪の類型を規定し、①から③に**規定する危険運転行為**は、運転者が自動車の進行を制御することが困難な状態における「走行」を意味するが、④から⑥に**規定する危険運転行為**は、自動車の制御には支障がないが特定の相手方との関係で、または特定の場所において危険な「運転」を指す。

2　酩酊運転致死傷罪・制御困難運転致死傷罪・未熟運転致死傷罪

ⓐ　酩酊運転致死傷罪　アルコールまたは薬物の影響により正常な運転が困難な状態で自動車を走行させ、よって、人を死傷させる罪である。アル

コールとは、アルコール飲料、酒類を意味する。薬物とは、麻薬、覚せい剤などの規制薬物に限らず、シンナー、睡眠薬等の「**正常な運転が困難な状態**」を生じさせる薬理作用のあるものを指す。道交法上の酒酔い運転罪（117条の2第1号、65条1項）にいう「正常な運転ができないおそれがある状態」では足りず、現に運転操作を行うことが困難な心身の状態にあることが必要である。「**アルコール又は薬物の影響により**」正常な運転が困難な状態になったことが必要である。

薬物には、いわゆる**脱法ハーブ（危険ハーブ）**も含まれる。判例では、自転車で横断歩道を渡っていた被害者に自車を衝突させて、はね飛ばし脳挫傷の傷害を負わせて死亡させたが、薬物の影響により正常な運転が困難な状態にあったとされたものがある（名古屋地判平25・6・10判時2198・142）。本事件の脱法ハーブ（MAM2201）には、大麻に似た薬効があり、その効果は大麻の数十倍である。これを使用すると、酩酊感を感じ時間的・空間的な感覚に変調を来たし、幻覚、幻聴、妄想が生じる場合があるとされている。

「**正常な運転が困難な状態**」にあったとされた事例として、次のものがある（千葉地判平18・2・14判タ1214・315）。被告人は、自動車の運転を開始する前に、相当多量に飲酒し、第三者から見て分かるほど平衡感覚を正常に保てない状態にあったうえ、本件自動車の運転を開始した後には、2か所の交差点で信号機を見落とし、右カーブで路外に接近してガードレールに衝突しそうになり、本件事故現場付近では、緩やかな左カーブになっているほぼ直線の道路で自動車を左外側線側に進出させ、視認しやすい状況にあった被害者らに全く気付かないまま、自車を被害者らに衝突させたものと認められる。判例によると、「これらのことからすると、被告人は、アルコールの影響により現実に前方の注視及び道路の状況に応じた運転操作が困難な状態で自動車を走行させたものと認められるから、刑法208条の2第1項前段の危険運転致死傷罪にいう『正常な運転が困難な状態』にあったというべきである」。

逆に、「アルコール又は薬物の影響により正常な運転が困難な状態」が否定されたものもある。元市職員が、酒を飲んで車を運転し、海上に架かる橋上で家族5人が乗車した被害車両に追突し、その衝撃により被害車両を橋の欄干を突き破って海中に転落・水没させ、5人のうち幼児3人を溺死させたほか両親に傷害を負わせ、事故後、逃走を図るなどした事案について、「アルコールの影響により正常な運転が困難であったと認めることができない」として、危険運転致死傷罪の適用を否定した（福岡地判平20・1・8LEX/DB）。本件は、後述のように自動車運転過失致死傷罪の新設の切っかけをなした事件である。

これに対して、**第2審**（福岡高判平21・5・15）では、被告人は、基本的には前方に視線を向けて運転していたが、アルコールの影響により、正常な状態であれば当然に認識できるはずの被害車両の存在を認識できない状態にあったと認められるとして、

第1判決を破棄し、危険運転致死傷罪の成立を認めた。**最高裁**（最決平23・10・31刑集65・7・1138）は、208条の2第1項前段の「アルコールの影響により正常な運転が困難な状態」とは、「アルコールの影響により道路交通の状況に応じた運転操作を行うことが困難な心身の状態をいう」とし、被告人の「アルコールの影響により前方を注視してそこにある危険を的確に把握して対処することができない状態」もこれに当たるとして、危険運転致死傷罪の成立を認めた原審の判断を支持した。これには田原睦夫裁判官の**反対意見**がある。多数意見の正常な運転が困難な状態で運転していたと認定できず、それに対する被告人の故意があったとはいえないとする。

本罪は、故意犯である。したがって、「**正常な運転が困難な状態**」であることの**認識**が必要である。正常な運転が困難であるという自己の評価の認識が必要なのではなく、運転が困難であることを基礎づける事実、例えば、ハンドルを思うように操作できないという事実等を認識していることで足りる。

❻ 制御困難運転致死傷罪・未熟運転致死傷罪　進行を制御することが困難な高速度で、または進行を制御する技能を有しないで自動車を走行させ、よって人を死傷させる罪である。「**進行を制御することが困難な高速度で走行**」するとは、高速度であるため道路の状況に応じて進行することが困難な状態で自車を走行させることをいう。例えば、カーブ等の道路の具体的状況、当該の車両の性能あるいは過積載の事実等にかんがみ、事故を発生させる危険性の高い高速度での走行をいう。刑法208条の2第1項後段にいう「進行を制御することが困難な高速度」か否かは、客観的事情に照らして判断すべきであり、運転時における運転者の心身の状態等の個人的事情については考慮しない趣旨である（千葉地判平16・5・7判タ1159・1181）。最高速度が時速50キロメートルとされているカーブを時速約90から100キロメートルで走行し、対抗車両との衝突を避けようとハンドルを切ったが、歩道に乗り上げ、3名を跳ね飛ばして、傷害を負わせた事案にこれを認めた判例（東京高判平22・12・10判タ1375・246）がある。そこでは、被告人は、カーブの限界旋回速度を超過するものではないが、ほぼそれに近い高速度で走行していたのであるが、「**進行を制御することが困難な高速度**」とは、「そのような速度での走行を続ければ、道路の形状、路面の状況などの道路の状況、車両の構造、性能等の客観的事実に照らし、あるいはハンドルやブレーキのわずかなミスによって、自車を進行から逸脱させて事故を発生させることになるような速度」をいうとし、本罪の成立を認めた。「**進行を制御する技能を有しない**」とは、運転の技能が極めて未熟で基本的な自動車操作の技能を有しないことをい

う。運転免許を有しないことのみならず、長年ペーパードライバーであったこと等の事実上の運転経験等をも考慮して判断される。

故意犯である。したがって、「進行を制御することが困難な高速度」であることの認識あるいは「進行を制御する技能を有しない」ことの認識が必要である。それは、それらを基礎づける事実の認識を意味する。

> 判例において、最高速度を時速40キロメートルと指定されている道路を進行するにあたりその進行を制御することが困難な時速100キロメートルを超える速度で自動車を走行させ、街路灯に激突させて同乗者を死亡させた事案において「『進行を制御することが困難な高速度』であることの認識」が必要であるとし、これを肯定したもの（函館地判平14・9・17判時1818・176）、湾曲した下り坂の一般道において時速約150キロメートルで自動車を走行させ、車道脇の樹木等に激突させて同乗者を死亡させた事案につき本罪の成立を認めたもの（金沢地判平14・9・25判タ1123・283）がある。

3 妨害運転致死傷罪・信号無視致死傷罪（第2項）

第2項は、特定の相手方や特定の場所との関係において危険性の高い危険運転行為による致死傷罪の規定である。

ⓐ 妨害運転致死傷罪 人または車の通行を妨害する目的で、通行中の人または車に著しく接近し、かつ、重大な交通の危険を生じさせる速度で自動車を運転し、よって人を死傷させる罪である。「**走行中の自動車の直前に進入**」する行為とは、例示である。割り込み、幅寄せ、あおり等により、他車のハンドル操作を誤らせて死傷事故を発生させた場合がそうである。「**人又は車**」とは、歩行者または四輪以上の自動車、自動二輪車、原動機付自転車、軽車両等の道路上を通行する車全般を意味する。「**通行を妨害する目的**」とは、相手方の自由で安全な通行を妨げることを積極的に意図することをいう。やむをえず割り込むような場合には通行の妨害の認識があっても、積極的な意図がないので、本罪にはあたらない。

> 「直前に進入」する行為、「通行を妨害する目的」は、普通乗用自動車を運転して被害車両を追尾し、いったん被害車両を追い越した後、被害車両から逆に追い越し返されそうになったため、それを許すまいとして、被害車両の通行を妨害するために、時速40キロメートルの速度でその進路直前に自車を進入させて著しく接近したことにより、両車両の衝突の危険を感じた被害車両を右転把させ、歩道上に乗り上げさせて同所に設置された道路案内板の支柱に衝突させ、運転席及び助手席に乗車していた被害者2名を死亡させ、後部座席に乗車していた被害者1名に重傷を負わせた事案において肯定された（佐賀地判平19・5・8判タ1248・344）。

判例は、「『人又は車の通行を妨害する目的』とは、人や車に衝突等を避けるため急な回避措置をとらせるなど、人や車の自由かつ安全な通行の妨害を積極的に意図することをいうもの」とし、「運転の主たる目的が上記のような通行の妨害になくとも…、自分の運転行為によって上記のような通行の妨害を来すのが確実であることを認識して、当該運転行為に及んだ場合には、自己の運転行為の危険性に関する認識は、上記のような通行の妨害を主たる目的にした場合と異なるところがない」という（東京高判平25・2・22高刑集66・1・3）。したがって、「自分の運転行為によって上記のような通行の妨害を来すのが確実であることを認識していた場合も、同条項にいう『人又は車の通行を妨害する目的』が肯定されるものと解するのが相当である」。

「**重大な交通の危険を生じさせる速度**」とは、妨害目的で相手方に著しく接近した結果、相手方と接触すれば大きな事故を生じさせると認められる速度をいう。時速20〜30キロメートルのスピードで走行していれば、これにあたる場合が多い（井上ほか・曹時54巻4号74頁参照）。「**重大な交通の危険を生じさせる速度**」**の認識**が必要である。ここでもそれを基礎づける事実の認識で足りる。

判例には、A運転車両の通行を妨害する目的で、最高速度が40キロメートルの道路において、重大な交通の危険を生じさせる時速約120キロメートルを超える速度で進行しA運転車両を追い上げ、同車の後方約8.1メートルないし約30.1メートルまで同車に自車を著しく接近させ、Aをして、被告人運転車両との衝突の恐怖を覚えさせて被告人運転車両から離れるため、前方注視及び進路の安全確認不十分なまま被告人運転車両と同等以上の高速度で走行させ、信号機により交通整理の行われている交差点において、A運転車両と、B運転の普通貨物自動車の右前部を衝突させ、その衝撃により、さらに、A運転車両を花壇の煉瓦に衝突させて転覆させ、Bに胸部打撲の傷害を負わせ、死亡させた事案に妨害運転致死傷罪を肯定したものがある。判例は、本件で、車を甲の運転車両に著しく接近させたこと、A運転車両の自由かつ安全な通行を妨害する意図、被告人の運転行為とAが進路前方の安全確認不十分なまま高速進行したこととの間の因果関係を肯定した（静岡地判平18・8・31判タ1223・306）。

❻ 信号無視運転致死傷罪 赤色信号またはこれに相当する信号を殊更に無視し、かつ、重大な交通の危険を生じさせる速度で自動車を運転し、よって人を死傷させる罪である。「**赤色信号**」とは、公安委員会が設置した信号機の表示する赤色灯火の信号をいう。「**これに相当する信号**」とは、赤色信号と同様の効力を有する信号を意味する（井上・ジュリ1216号41頁参照）。具体的には、道交法が定める「警察官等の手信号その他の信号」を意味する。「**殊更に無視し**」とは、およそ赤色信号に従う意思のない場合をいう。赤色

信号であることの確定的な認識があり、十分停車が可能なのにそれを無視して進行する場合や、信号の表示を一切意に介することなく進行する場合をいう。赤色信号であることにつき未必的認識しかない場合や、完全に停止することが困難な地点ではじめてそれに気づいた場合は、これにあたらない。

　判例には、指定最高速度が40キロメートルであるのに、赤色信号を無視して時速約70～80キロメートルで交差点に進入し青色信号で進入してきた車両と衝突して乗車員1名を死亡させ、2名を負傷させた行為に対して本項を適用したもの（津地判平14・5・8判時1790・159）、ならびに、パトカーに追尾され、赤色信号を無視して時速約80キロメートルで交差点に進入し、乗用車に衝突させて死亡させた事案に本項を適用したもの（大阪地堺支判平14・7・8判時1790・161）、さらに、飲酒して自動車を運転し、帰宅の途中で赤色信号を無視して無謀な運転をし、死亡事故を発生させてそのまま走り去って逃走した事案に本項を適用したもの（甲府地判平15・12・4LEX/DB）がある。

　さらに、**最高裁**の次の事案がある。被告人は、対面信号機の赤色表示に従って停止していた先行車両の後方にいったん停止したが、同信号機が青色表示に変わるのを待ちきれず、同交差点を右折進行すべく、同信号機がまだ赤色信号を表示していたのに構うことなく発進し、対向車線に進出して、上記停止車両の右側方を通過し、時速約20キロメートルの速度で自車を運転して同交差点に進入しようとした。そのため、折から右方道路から青色信号に従い同交差点を左折して対向進行してきた被害者運転の普通貨物自動車を前方約14.8メートルの地点に認め、急制動の措置を講じたが間に合わず、同交差点入口手前の停止線相当位置付近において、同車右前部に自車右前部を衝突させ、よって、同人に加療約8日間を要する顔面部挫傷の傷害を、同人運転車両の同乗者にも加療約8日間を要する頚椎捻挫等の傷害をそれぞれ負わせた。この事案につき、最高裁（最決平18・3・14刑集60・3・363＝**百選7**＝重判解・平18年度165頁参照）は、「赤色信号を殊更に無視し、かつ、重大な交通の危険を生じさせる速度で四輪以上の自動車を運転したものと認められ、被害者らの各傷害がこの危険運転行為によるものであることも明らかであって、刑法208条の2第2項後段の危険運転致傷罪の成立を認めた原判断は正当である」とした。本決定では、衝突の原因は、自車を対向車線上に進出させたことであり、赤色信号を殊更に無視したことと被害者らの傷害との間には因果関係が認められないとの主張に対し、「被告人が対面信号機の赤色表示に構わず、対向車線に進出して本件交差点に進入しようとしたことが、それ自体赤色信号を殊更に無視した危険運転行為にほかならないのであり、このような危険運転行為により被害者らの傷害の結果が発生したものである以上、他の交通法規違反又は注意義務違反があっても、因果関係が否定されるいわれはないというべきである」とした。

4　通行禁止道路進行致死傷罪

　本規定は、本罪の特別刑法への独立化の際に追加された。「通行禁止道路

(…) を進行し、かつ、重大な交通な危険を生じさせる速度で自動車を運転する行為」によって人を負傷させた場合を新たに処罰対象に加えたのである。「**通行禁止道路**」とは何かについては、政令によって定められる。例としては、車両通行止め道路、自転車および歩行者専用道路、一方通行道路などである。そもそも車の通行が禁止されている道路では、人は、車が通らないことを前提に通行しているから、それに違反する走行は、赤色信号無視と同様の危険な行為であるといえる。しかし、追越しのための右側はみ出し通行禁止道路において禁止に違反して走行する行為は、「通行禁止道路の進行」に該当しない。駐車車両や障害物を回避するための右側はみ出し行為までは禁止されてない場合があり、その違法性は、他と比べて相当低いからである[7]。

§14の2　危険運転致死傷罪（3条）

1　第3条の罪

> アルコール又は薬物の影響により、その走行中に正常な運転に支障が生じるおそれがある状態で、自動車を運転し、よって、そのアルコール又は薬物の影響により正常な運転が困難な状態に陥り、人を負傷させた者は12年以下の懲役に処し、人を死亡させた者は15年以下の懲役に処する（自動車運転致死傷行為処罰法3条1項）。
> 　自動車の運転に支障を及ぼすおそれがある病気として政令で定めるものの影響により、その走行中に正常な運転に支障が生じるおそれがある状態で、自動車を運転し、よって、その病気の影響により正常な運転が困難な状態に陥り、人を死傷させた者も、前項と同様とする（同法3条2項）。

本条は、従来の危険運転致死傷罪では把捉できなかった行為類型を処罰の対象にするものである。

2　第3条1項の要件

1項は、アルコール等の影響によって「**正常な運転に支障が生じるおそれがある状態**」で自動車を運転し、その結果、「**正常な運転が困難な状態に陥った**」場合に、死傷の結果が発生したときを処罰しようとするものである。「正常な運転が困難な状態」で運転する行為は、「危険」であるが、その前段階である「正常な運転に支障が生じる恐れがある状態」は、いわば「準危険」である。本条では、このような準危険行為から危険につながり死傷の結

---

[7] 今井猛嘉「自動車運転死傷事故等処罰法の新設―危険運転致死傷罪の改正―」刑ジ41号［2014年］7頁参照。

果が発生した場合を処罰するのである。

「アルコール」と「薬物」の意義については、第2条と同じである。「**アルコール**」の影響による場合として、酒気帯び状態での運転がある。ここで、「**薬物**」とは、これを服用した者をして「正常な運転が困難な状態」に陥らせる薬理作用を有するものをいう。麻薬、大麻、あへん、覚せい剤がその例である。ただし、これらの薬物の中毒症状がみられる場合には、3条2項に該当するので、本条からはこれらの場合を除くのである。市販の風邪薬でも服用によって意識障害をもたらすものであれば、これにあたりうる。「薬物」の影響による場合として、「危険ドラッグ」も含まれる。

3 第3条2項の要件

2項は、「自動車の運転に支障を及ぼすおそれがある病気として政令で定めるものの影響により」「その走行中に正常な運転に支障が生じるおそれがある状態」で運転し、「よって、その病気の影響により正常な運転が困難な状態に陥り」、人を死傷させたときを把捉する。病気の影響により運転に必要な能力が減退したが、正常な運転が困難な状態には陥っていない段階で、それと知りつつ運転を開始したが、運手中に正常な運転が困難な状態に陥り、人を死傷させた場合に関する規定である。

ここにいう「**病気**」の代表的なものは、一定の、統合失調症、てんかん、低血糖、躁うつ病、重度の眠気の症状を呈する睡眠障害である。本法の施行令3条において「自動車の運転に支障を及ぼすおそれがある病気」として、次のものを掲げる。

1．自動車の安全な運転に必要な認知、予測、判断又は操作のいずれかに係る能力を欠くことになるおそれがある症状を呈する統合失調症、2．意識傷害又は運動傷害をもたらす発作が再発するおそれがあるてんかん（…）、3．再発性の失神（…）、4．自動車の安全な運転に必要な認知、予測、判断又は操作のいずれかに係る能力を欠くことになるおそれのある症状を呈する低血糖症、5．自動車の安全な運転に必要な認知、予測、判断又は操作のいずれかに係る能力を欠くことになるおそれのある症状を呈する躁うつ病（…）、6．重度の眠気の症状を呈する睡眠障害。

病気は、一方では、正常な運転に支障が生じるおそれがある状態をもたらすものであらねばならないが、他方で、その病気に罹患していることによってすでに責任能力が否定される程度に至っているものであってはならない。**統合失調症**は、運転能力の低下をもたらすが、故意や責任能力が否定されるのが通常だとはいえない。認知症については、結論的には除外される。ここ

でいう**認知症**とは、「脳血管疾患、アルツハイマー病その他の要因に基づく脳の器質的な変化により、日常生活に支障が生じる程度にまで記憶機能及びその他の認知機能が低下した状態」をいう（介護保険法5条の2）。**躁うつ病**についても、自動車の安全な運転に必要は能力を欠くこととなるおそれがある症状を呈しないものは除かれる。[8]この状態に陥った者の運転による死傷の結果に対する責任能力が否定されることになるのであって、したがって、ここでいう認知症に罹患した者については本罪の適用は除外されると解するべきである。

1項と2項の構造は共通であるが、アルコールまたは薬物と病気では、運転能力の減退に至る経過が異なるがゆえに区別して規定された。前者は、人の意思に基づいて摂取されるのに対し、病気は人の意思に基づくものではない[9]というのである。本条の故意に関しては、本条では、「正常な運転に支障が生じるおそれがある状態」については、行為者の認識は必要であるが、「正常な運転が困難な状態」に陥ることの認識は必要ではない。

§14の3　過失運転致死傷アルコール影響発覚免脱罪（4条）

> アルコール又は薬物の影響によりその走行中に正常な運転に支障が生じるおそれがある状態で自動車を運転した者が、運転上必要な注意を怠り、よって人を死傷させた場合において、その運転の時のアルコール又は薬物の影響の有無または程度が発覚することを免れる目的で、更にアルコールまたは薬物を摂取すること、その場を離れて身体に保有するアルコール又は薬物の濃度を減少させることその他その影響の有無ないし程度が発覚することを免れるべき行為をしたときは、12年以下の懲役に処する（自動車運転致死傷行為処罰法4条）。

本罪は、本法に新たに規定されたものである。本罪の成立に必要な、アルコールないし違法薬物の影響があったかどうかは、運転時の体内におけるそれらの存否・程度を、事故の直後に測定することによって証明される。これらの影響の有無・程度は、時の経過とともに変化し、散逸する。本条は、被疑者が、事故直後にアルコール等をさらに摂取することによって、または、例えば、その場を離れて大量の水を飲むことによって、アルコール又は薬物の影響が発覚しないようにする行為を行うことなどによって運転時にアルコ

---

[8] 道路交通法90条、道路交通法施行令33条の2の3第3項1号所定の除外事由を参照。これについて、今井・前掲12頁参照。
[9] 今井・前掲9頁参照。

ールの影響があったかどうかが判定困難になるので、それを禁止し、処罰するものである。問題は、これらの行為は、アルコール又は薬物の影響により犯された過失運転致死傷罪の被疑者によって行われる点にある。すなわち、それは、犯人自身による「証拠隠滅罪」(104条) に当たることである。証拠隠滅罪は、「他人の刑事事件」に関する証拠を隠滅するものであって、犯人自身が自己の刑事事件について行ったときは、違法ではあっても、期待可能性 (責任) がなく、不可罰であるとされている。そこで、なぜ本罪に関しては、その犯人自身の証拠隠滅行為が、処罰されるのかが問われるべきである。

　本罪の犯罪化は、このように一般に**自己の刑事事件に関する証拠を隠滅する行為**を違法ではあるが、期待不可能であるとして不可罰とする証拠隠滅罪の例外を規定するものである。ところで、期待可能性とは、責任非難をする側とされる側とのバランスによって成り立つ概念であって、「可罰的責任」に位置付けられるカテゴリーである (☞総論§143)。一定の事案において、責任非難をする側において、別の価値を保護するため適法行為の**期待可能性の程度を引き上げる**ことにより、大きな期待が課せられる場合にこれを考慮し、政策的に可罰的責任を立法上認めることは可能である。例えば、交通事故を引き起こし、負傷者を出した場合に救護義務が認められていることは、事故惹起者が逃走することに期待可能性があるということを否定する。本罪においても、自動車を運転していて人を死傷させた者には、「アルコール又は薬物の影響の有無又は程度が発覚することを免れるべき行為」をすることを特に禁じ、他人が行う通常の証拠隠滅罪 (2年以下の懲役) よりは飛躍的に重い刑罰 (12年以下の懲役) を科しているのである。このように、本罪は、事故の惹起者に対し、上記のような態様での証拠隠滅行為を禁止し、可罰的責任を肯定したのである。その意味で、本罪は、一定の義務を負う身分者のみが正犯として実行しうる「義務行為支配犯」である[10]。

　その結果、事故の惹起に関与していない者が、これに関与した場合には、本罪の共同正犯・教唆・幇助ではなく、証拠隠滅罪 (105条) のそれらにあたる。事故の惹起者が、他人に「発覚を免れるべき行為」をしてもらったときも、事故の惹起者が本罪の正犯であり、他人は、証拠隠滅罪の正犯に該当し、両者は共同正犯である。

---

[10] これにつき、山中「正犯原理に関する覚書」関西大学法科大学院ジャーナル6号 (2011年) 73頁以下参照。

§14の4　危険運転致死傷罪の共犯

　危険運転致死傷罪を教唆し、または幇助した場合もその教唆ないし幇助として処罰される。**幇助**については、判例（最決平25・4・15刑集67・4・505、第1審＝さいたま地判平23・2・14、第2審＝東京高判平23・11・17）がある。事案は、運送会社で運転手をしていたAとB二人が、後輩運転手Xが酩酊した状態であったにもかかわらず、A・Bらが同乗する車両をXが運転することを黙認した結果、走行中に2名死亡、4名負傷の交通事故を起こすことを容易にしたというものである。Xは、運転する際、同乗しているA・B両名の意向を確認し、了解を得て運転し、Xがアルコールの影響により正常な運転が困難な状態であることを認識しながら、車両発進に了解を与え、その運転を制止することなく、同乗しこれを黙認し続けた、これがXの運転の意思をより強固なものにすることにより、Xの危険運転致死罪を容易にしたというのである。本件では、意向確認、車両発信の了解、黙認という一連の行為が幇助とされている。厳密にいえば、行為は、作為と不作為の複合体であるが、本件の事案では、その複合体の作為的要素も実行行為の一部であり、全体的に、作為の幇助とみてよいであろう。

§14の5　罪数・他罪との関係

　ⓐ　本罪と道交法上の罪の関係　危険運転行為の類型は、酒酔い運転、速度違反、信号無視等の道交法上の罪を含んだ構成要件であるから、本罪が成立する場合には、道交法上の罪は、法条競合であり、本罪に吸収される。本罪に含まれない無免許運転等は、独立に成立し併合罪として処理される。

　ⓑ　本罪と暴行・傷害・殺人の罪との関係　暴行につき故意がある場合にも、本罪が成立し、傷害罪・傷害致死罪の成立が排除される。人の死につき故意がある場合には、殺人罪が成立する。傷害の故意がある場合については、法定刑の上限が危険運転致死傷罪と傷害罪とが同一であるので、傷害罪が成立するという見解（井上ほか・曹時54巻4号62頁）と危険運転致死傷罪が成立するという見解とがある（西田55頁、山口57頁）。本罪は、傷害の故意ある場合を含まないと解すべきであり、前説が妥当である。

　ⓒ　本罪と過失運転致死傷罪との関係　故意犯である本罪が成立する以上、過失犯である過失運転致死傷罪は成立しない。

§15　過失運転致死傷罪（5条）

> 自動車の運転上必要な注意を怠り、よって人を死傷させた者は、7年以下の懲役もしくは禁錮又は100万円以下の罰金に処する。ただし、その傷害が軽いときは、情状により、その刑を免除することができる（自動車運転死傷行為処罰法5条）。

1　本罪の趣旨

　本条は、もともと刑法211条2項に規定されていたものが、平成25年11月26日の本法の公布とともに、本法の第5条に移行されたものである。

　そもそも本条のもととなった刑法211条2項は、平成19年の刑法の一部改正（法54号）により、「自動車運転過失致死傷罪」として新設されたものであり、本法に移行されたことにより、名称も、本法の罪が、自動車運転によるものであることが自明であることから、「過失運転致死傷罪」とされるに至った。

　平成19年に本条のもととなった規定が置かれた趣旨は、自動車運転による死傷事故の実情にかんがみて、事案の実態に即した適正な科刑を実現するために、自動車の運転上必要な注意を怠り、人を死傷させた者に対する罰則を強化することにあった。危険運転致死傷罪には該当しないが、悪質で危険な運転行為による事故、あるいは多数の死傷者を出すなどの重大な結果を生じる事故に対して、法定刑の長期が、懲役または禁錮5年とする業務上過失致死傷罪は、国民の規範意識に合致しないというのである。[11] 平成19年5月17日に改正法が成立し、同年6月12日から施行された。本条の成立については、酒を飲んで運転した元市職員の車に追突され、幼児3人が死亡した事故が切っかけとなった（前掲福岡地判平20・1・8）。

　本罪の保護法益は、人の生命・身体の安全である。過失犯であり、過失致死傷罪の加重類型である。本罪は、過失致死傷罪のうち、自動車運転によるもののみを対象とする。自動車運転者の業務上過失が、とくに重く処罰される根拠は、自動車の運転は、業務上過失致死傷罪が適用される業務の中でも、人の生命・身体を侵害する危険性が類型的に高く、また、鉄道事故等と比べて事故防止には、機械化され組織化された安全確保システムよりは、む

---

[11] 伊藤栄二・江口和伸・神田正淑「『刑法の一部を改正する法律』について」曹時59巻8号（2007年）27頁以下。

第4節　自動車運転致死傷行為処罰法の罪　§15　過失運転致死傷罪（5条）◇　79

しろ基本的に運転者個人の注意力に依存するところが大きいため、自動車運転者にはとくに重い注意義務が課せられていることが挙げられている[12]。しかも、本条は、運転が「業務」であるかどうかを問わず適用される。自動車の運転上必要な注意を怠り、人を死傷させた者については、運転が業務にあたらない場合でも、本条により重く処罰される。法定刑については、7年以下の懲役もしくは禁錮または100万円以下の罰金とされた。罰金については、業務上過失致死傷罪と同様である。

　本罪が成立する場合には業務上過失致死傷罪は成立しない。酒酔い運転または酒気帯運転中に本罪を犯した場合には、本罪と道交法違反の罪との併合罪となる。

2　本罪の成立要件

「自動車」とは、原動機によりレールまたは架線を用いないで走行する車両をいう。道交法上の自動車と原動機付自転車を指す。「運転」とは、自動車の各種装置を操作し、そのコントロール下において自動車を動かす行為をいう。運転は、発進に始まり、停止で終わる。高速道路に自動車を停止したところ、後続車が追突して死傷事故が起こったとき、自動車を停止させる行為は運転に含まれるから、本条の適用がある。しかし、路側帯に自動車を一時的なものではなく、停止させ、運転者が降車しようとドアを開けたところ、後続の二輪車が衝突した場合には、ドアを開ける行為にのみ過失があるときは、本罪の適用はない[13]。

　　刑法旧211条2項の自動車運転過失致死傷罪に関する事案であるが、自動車のエンジンを切って自ら降車するために運転席ドアを開けたところ、後方から進行してきた被害者運転の自転車にドアを衝突させて傷害を負わせたという事案に、自動車の運転そのものはいったん終了していたものとしつつ、「自動車の運転に付随する行為」であって「自動車運転業務の一環としてなされたもの」として、旧211条1項前段の業務上過失傷害罪を認めたものがある（東京高判平25・6・11判時2214・127）。

　道交法においては、「運転」とは、道路において車両等をその本来の用法に従って用いることをいう（同法2条17号）が、本条は、道路上の事故に限定されず適用される。「自動車の運転上必要な注意」とは、従来の、業務を行ううえで必要とされる注意にあたる。

---

[12] 伊藤ほか・曹時59巻8号38頁参照。
[13] 伊藤ほか・曹時59巻8号42頁参照。

judge例には、停止していたA・Bの2台の車両の間を通り抜けようとしてAの車両に自車を衝突させ、その際、被害車両の運転席にいたAに頸椎捻挫等の傷害を負わせ、助手席にいたCにいわゆる心的外傷後ストレス障害（PTSD）を負わせたが、Cの事故の衝撃による事故体験は、PTSDの診断基準にいう心的外傷体験に適合しないとして、自動車運転過失傷害罪の成立を否定したものがある（東京高判平22・6・9判タ1353・252）。

§15の2　無免許運転による加重（6条）

「第3条（第3号を除く。）の罪を犯した者（人を負傷させた者に限る。）が、その罪を犯した時に無免許運転をしたものであるときは、6月以上の有期懲役に処する。
2．第3条の罪を犯した者が、その罪を犯した時に無免許運転をしたものであるときは、人を負傷させた者は15年以下の懲役に処し、人を死亡させた者は6月以上の有期懲役に処する。
3．第4条の罪を犯した者が、その罪を犯した時に無免許運転をしたものであるときは、15年以下の懲役に処する。
4．前条の罪を犯した者が、その罪を犯した時に無免許運転をしたものであるときは、10年以下の懲役に処する」（自動車運転致死傷行為処罰法6条）。

道路交通法上の無免許運転罪（道交法117条の4第2号）は、無免許運転であることによって道路交通の阻害をもたらしうる抽象的な危険に着目して規制された犯罪類型であり、現実的な危険の発生がなくても構わない。現実的な危険の発生を要件としない無免許運転そのものが、必ずしも実質的な意味の危険運転にあたるわけでもないので、**無免許運転は、刑の加重事由**となるものとするのが、6条の規定である。本法の規定以前の旧危険運転致死傷罪を実現した者が、無免許運転罪をも実行するものであったときは、両罪の関係は、併合罪であった。本法第6条の規定は、このような場合、両罪の併合罪により科しうる以上の法定刑を定める。その意味で、危険運転致死傷罪で要求される実質的で現実的な危険運転が、死傷の結果に現実化したのに加えて、無免許運転のもつ危険も死傷結果に現実化しているものと捉え、これによって行為の違法性が高められているので、これを加重処罰するのが本条の意義であるとされる[14]。しかし、実質的な意味での危険運転が死傷結果に現実化している上に、無免許運転についても同様の危険の現実化がつねに認められるわけではない。本罪における加重処罰は、無免許で運転するという違法

---

[14] 今井・前掲17頁参照。

行為に対してこれを思い止まることがなかった点で、行為者の可罰的責任が高まることを理由とすると解すべきである。故意の無免許運転を実行するという行為によって規範的障害を乗り越えて、危険運転を行い、死傷結果を発生させた点に重い責任が認められるのである。これを無免許という不真正身分をもった者による**責任非難の増大による加重事由**と解することもできよう。

本法6条1項は、無免許運転による加重の除外される事例を認めている。すなわち、第2条3号の無技能（未熟）運転および6条に掲げる事案で「死亡」結果を発生させた場合には加重処罰されないものとする。無技能運転の事案が除かれたのは、従来から危険運転致死傷罪のみが成立し、無免許運転による併合罪加重も実務上行われていないことが理由として挙げられている。無免許運転でかつ無技能運転である場合が主たる事案であるので、無技能運転には無免許運転の危険性がすでに評価されているからと説明することが可能であろう。また、危険運転致死罪について無免許運転による加重が除外されているのは、危険運転致死罪の法定刑が1年以上20年以下（2条）ないし15年以下の有期懲役（3条）とすでに十分に高く、無免許運転による加重の必要がなかったからである。[15]

第5節　凶器準備集合罪

§16　凶器準備集合罪の趣旨と法益

> 二人以上の者が他人の生命、身体又は財産に対し共同して害を加える目的で集合した場合において、凶器を準備して又はその準備があることを知って集合した者は、2年以下の懲役又は30万円以下の罰金に処する（208条の3第1項）。

1　立法趣旨

本罪は、暴力団犯罪を事前に鎮圧するため、凶器を準備して集合し、結集する行為を抑制することを目的とする規定である。[1] 昭和33年の刑法の一部改正によって、証人威迫罪（105条の2）などの規定とともに新設された（法107号）。この立法当時、暴力団の抗争が激しく、殴り込みなどのために大勢が集合し、著しい社会不安をもたらしたので、このような事態を規制して、

---

[15] 今井・前掲17頁参照。
[1] 前田雅英「集団犯罪」現代的展開225頁以下。

殺傷事犯等を未然に防止することが目指されたのである。立法にあたって、本罪の立法趣旨を超えて労働運動などの大衆行動の弾圧のために濫用されるおそれがあるという危惧があり、国会での法案決議に際してその濫用をいましめる **附帯決議** がなされている。昭和40年代に入って、学生運動の激化に伴い学生運動に対する規制手段となった。[2] 以後、本罪による検挙者中に占める暴力団関係者の割合は、むしろ少ない（平川97頁参照）。

憲法21条の保障する集会の自由にもとづく政治的集団行動を事前抑制する手段として、本罪が適用されることのないよう、本罪の要件の解釈については適切なしぼりをかけることが必要である。

2　保護法益

①本罪を騒乱罪（106条）の予備罪的なものと解し、公共的な社会生活の平穏という **社会的法益** であるとする説（**公共危険罪説**、藤木83頁、中193頁、松村234頁）と、②殺人罪・傷害罪・器物損壊罪等の共同予備行為を処罰することによる個人の生命・身体・財産の安全という **個人的法益** であるとする説（**予備罪説**、滝川＝竹内31頁）および③その両者の性質を併有するとする **二元説**（団藤421頁以下、福田155頁、大塚37頁、中山61頁、大谷48頁、中森22頁、平川98頁、西田56頁、前田67頁、山口58頁、最決昭45・12・3刑集24・13・1707＝**百選8**、最判昭58・6・23刑集37・5・555＝アドセンター事件）が対立している。さらに、二元説の中でも、個人的法益、社会的法益のいずれに重点を置くかについて、立場が分かれ、個々の解釈論にも影響を及ぼしている。社会的法益を優先させる立場（青柳316頁）、両者を対等とみる立場[3]（板倉・前掲論文5頁）および個人的法益を優先させる立場（大谷47頁、曽根29頁）がある。立法の段階では個人的法益に重点が置かれていたが、その後の運用においては、社会的法益の側面、すなわち、「騒乱予備罪」「小型騒乱罪」的な色彩が鮮明になってきているとされている（板倉・前掲論文4頁参照）。しかし、学説においては、依然、**個人的法益優先説** が多数説であろう。これによると、本罪は、個

---

[2] 昭和42年以降、過激派学生等の集団的暴力活動を取り締まる有力な武器として運用されているとされる（白井滋夫「兇器準備集合・同結集罪をめぐる諸問題（上・下）」曹時25巻11号〔1973年〕1809頁以下、26巻2号36頁以下。なお、白井「判例から見た兇器準備集合罪」警論28巻10号〔1975年〕18頁以下、板倉宏「兇器準備集合罪の解釈と適用上の問題」警論28巻10号〔1975年〕2頁参照）。

[3] 判例は、「凶器準備集合罪は、個人の生命、身体または財産ばかりではなく、公共的な社会生活の平穏をも保護法益とする」として、対等とみる説を採っている（前掲最決昭45・12・3）。

人の生命・身体・財産に対する共同加害行為を処罰するものであり、個人的法益に対する予備罪的性格が中心であるが、第2次的には社会の平穏に対する公共危険犯的性格をも有するということになる。なお、判例は、本罪を**抽象的危険犯**とする(前掲最判昭58・6・23)。これに対しては、社会生活の平穏という漠然とした法益について、さらにその抽象的危犯を認めることには疑問があるとする批判(中森22頁)がある。本罪は、確かに抽象的危険犯ではあるが、その**予備罪的性格**からして、目的とされた身体・財産に対する罪が実行される一定の客観的な蓋然性・危険性がなければ成立しないと解すべきであろう。その意味では、抽象的危険犯ではあっても、「集合」により直ちに危険が発生したと擬制されるものとは言い難く、目的とされた加害行為の実行の危険性が判断されるべきであり、**抽象的具体的危険犯**であるといえよう。

3 法益論の解釈論的帰結

公共危険罪説と予備罪説とのどちらを基準とし、また、二元説においてどの法益を優先させるかという法益論の基本的理解に応じて、凶器準備集合罪の各個の解釈の帰結が異なる。具体的には、①犯罪の終了時期は、予備罪説を採れば、加害行為の実行に至れば、予備罪が成立する余地がなく、犯罪は終了したと解することになるが、公共危険罪説では、集団が解散しない限り危険が存続しているから、その後も本罪が継続することになる。②罪数関係にも影響を及ぼす。予備罪説に立てば、目的とされた加害行為が実行されたとき、その加害行為たる例えば傷害罪に吸収され、あるいは少なくとも牽連関係に立つことになる。公共危険罪であるとすれば、罪質が異なるので、併合罪となろう。③上述の加害行為に出る客観的蓋然性の存否・程度の問題は、相手方の襲撃を条件として迎撃する目的で集合した場合に、相手方の襲撃の蓋然性が不存在であった場合に問題となる。この場合、予備罪説によると、抽象的具体的危険は認められないことになり、公共危険罪説によると、実行に出る危険性とは無関係に公共的危険が擬制されることになる。これらの解釈的帰結については、それぞれの箇所でさらに詳論する。

§16の2　凶器準備集合罪

> 前項の場合において、凶器を準備して又はその準備があることを知って人を集合させた者は、3年以下の懲役に処する（208条の3第2項）。

1　意　義

二人以上の者が他人の生命・身体・財産に対して共同して害を加える目的で集合した場合において、①凶器を準備して集合した者、または、②その準備のあることを知って集合した者について成立する。

2　要　件

ⓐ　行為と結果　「二人以上の者が集合した場合において」というのが、構成要件的状況を表し、また、構成要件的結果である場合をも含むのか（**構成要件的状況説**）、それとも構成要件的結果のみを表す（**構成要件的結果説**）のかについては学説の対立がある。**構成要件的状況説**（団藤422頁、大塚37頁、大谷48頁、曽根29頁）によれば、共同加害の目的で集合しているという行為の状況がある場合に、凶器を準備して集合するという行為をした者、またはそれを知って集合するという行為をした者が処罰されるが、行為の結果として「二人以上の者が共同加害目的で集合した」という状況が作り出された場合でもよいということになる。この説の帰結として、行為の状況としての集合には、共同加害目的をもって集合することが要求されるが、行為そのものは、そのような目的をもたず、たんに凶器をもって集合し、または、その準備があることを知って集合すればよいことになる。したがって、本説を採ることから、例えば、たんに幇助的な意思をもつのみで、加害目的をもたない者が集合した場合でも本罪に該当する（団藤425頁）という解釈の可能性が生じる。しかし、実際には、本説に立って、加害目的をもった者が集合することを要するとする見解も唱えられている（大塚41頁、内田46頁、平川100頁）。これに対して、**構成要件的結果説**（町野・後掲警研52巻4号9頁、中森22頁以下、林65頁、山口62頁）によれば、共同加害意思をもった者が集合したという結果が生じた場合において、その集合者のうち、凶器を準備して集合した者、またはその準備を知って集合した者のみを処罰するという趣旨の規定であると解されることになる。本説からは、構成要件的状況説に対して、社会的法益の保護を重視しすぎたものと批判される（中森22頁）。本説が妥当である。

第 5 節　凶器準備集合罪　§16 の 2　凶器準備集合罪◇　85

❺　**共同加害目的**　他人の生命、身体または財産に対し共同して害を加える目的で集合した場合であることが必要である。[4]

（ⅰ）　**加害の対象**　他人の生命・身体・財産に対して害を加える目的とは、殺人・傷害・暴行・建造物損壊・器物損壊などの個人的法益に対する罪に限る（中山 63 頁、内田 44 頁以下、大谷 49 頁、平川 99 頁）のか、それとも、放火罪・溢水罪のような社会的法益に対する罪、公務執行妨害罪のような国家的法益に対する罪をも含む（前掲最判昭 58・6・23、大塚 37 頁以下、中森 23 頁以下、西田 59 頁）のかという点については、争いがある。形式的に罪名によって判断するのではなく、放火罪・溢水罪ないし公務執行妨害罪においても、実質的に、生命・身体・財産に対する加害の目的が存在する場合には、これに含まれると解すべきであろう。身体に対して害を加えるとは、身体の自由に対する罪を含まないから、監禁目的は含まれない。財産に対して害を加える目的は、凶器を用いて行われる破壊的な犯罪を行う目的に限られるから、詐欺、窃盗、強盗などの財産奪取の目的を含まない。

（ⅱ）　**共同加害目的の意義**　共同して害を加える目的は、現場で実際に加害行為を共同実行することを意味するから、数人が加害行為を共謀したが、その中の一人のみが実行するといった場合の共謀のみを行う目的、または、たんに加害行為を幇助する目的は除かれる（福田 156 頁、大塚 38 頁、平川 99 頁）。しかし、学説の中には、行為者自らが加害行為を行う目的があることを要せず、加害行為を共謀し、その一部の者に実行させる目的である場合、実行の準備を目的とする場合および実行について謀議することを目的とする場合なども含むとする見解（町野・小暮ほか 48 頁以下、大谷 49 頁）も有力に唱えられている。判例も、「2 人以上の者が他人の生命、身体又は財産に対し共同して加害行為を実行しようとする目的をもって兇器を準備し集合したことをもって足り、集合者の全員又はその大多数の者の集団意思としての共同加害目的を必要とするものではない」とする（最判昭 52・5・6 刑集 31・3・544）。ただし、この見解によっても、気勢をあげる目的（大阪高判昭 46・4・26 高刑集 24・2・320、団藤 425 頁）では足りず、また、付和随行の意思では足りないとするもの（大谷 49 頁）もある。

（ⅲ）　**加害目的と襲撃の蓋然性**　加害目的とは、積極的に加害する目的の

---

[4] これについて、町野「兇器準備集合罪における共同加害目的」警研 52 巻 4 号 5 頁以下。

みならず、相手方が襲撃してきた場合にこれを迎撃し、共同して相手方を殺傷しようとする**受動的な目的**でもよい（最決昭37・3・27刑集16・3・326、大塚38頁、大谷45頁）。このようないわゆる**迎撃形態の凶器準備集合**にあって、相手方の襲撃の蓋然性が、共同加害目的の判断に影響するかどうか、その蓋然性の判断をどのような基準で行うかが問題となる。判例には、客観的な蓋然性の有無について、相手方から襲撃を受ける蓋然性ないし具体的可能性が存在することを要せず、また、行為者の認識した事情を基礎とし、一般社会人の見地からしてこのような蓋然性ないし具体的可能性があることも要しないとするものがある（大阪高判昭54・10・30刑月11・10・1146）。他方、相手方の襲撃の蓋然性を必要とし、その判断基準を、前記判決と同様に、行為者の認識した事情を基礎とし、一般人の見地から行うべきだとするものもある（東京高判昭53・9・20高刑集31・3・242）。**最高裁**は、この点につき、兇器準備集合罪は、「抽象的危険犯であって、いわゆる迎撃形態の兇器準備集合罪が成立するためには、必ずしも相手方からの襲撃の蓋然性ないし切迫性が客観的状況として存在することは必要でなく、兇器準備集合の状況が社会生活の平穏を害しうる態様のものであれば足りる」（前掲最判昭58・6・23＝アドセンター事件）とした。[5]

しかし、本罪を抽象的危険犯とみて、相手方からの襲撃の可能性がないにもかかわらず、社会生活の平穏を害しうるということはできないのではないだろうか。本罪は、少なくともある程度の抽象的危険の発生を必要とする抽象的具体的危険犯であり、やはり、客観的な危険性の有無・程度によって危険性のない場合には、本罪の成立を否定すべきであろう。[6]

共同加害目的は、集合した二人以上の者が相互に共通して有することを要する。当該場所に集合した集団員のうち、少なくとも二人以上の者が、共同して加害行為を実行する目的を有することが必要である（東京地判昭50・3・4判タ320・316）。

ⓒ　行　為　凶器を準備して、またはその準備があることを知って集合

---

[5] 久岡康成「凶器準備集合罪の罪質」基本講座6巻67頁参照。

[6] 前掲アドセンター事件判決（最判昭58・6・23）における**団藤裁判官の補足意見**では、「兇器の種類・数量・集合した人数、周囲の状況、等々、行為当時の具体的な要因をすべて総合的に考察判断して、その行為の規模・態様等が、定型的にみて、個人の生命・身体・財産および公共的な社会生活の平穏を害する抽象的危険を感じさせるようなものであることを要する」とされる。

することである。
　（ⅰ）**集合の意義**　「集合」するとは、二人以上の者が時間・場所を同じくすることを意味する（東京高判昭39・1・27判時373・47）。自発的であると他人の誘いに応じる場合であるとを問わない。共同の加害実行を行うことができる程度に、時および場所を同じくして集まるのでなければならない（町野・警研52巻6号20頁以下、中森24頁）。しかし、**判例**の中には、目的とする共同加害行為と集合との時間的・場所的関係が密接で、法益侵害に対して現実的ないし具体的危険性が認められる範囲内におさまっていなければならないわけではないとしたもの（前掲大阪高判昭54・10・30）がある。二人以上の者が、共同加害の目的をもって、移動して、新たに時および場所を同じくするのが通常であるが、すでに一定の場所に集まっている二人以上の者が、その場で凶器を準備し、またはその準備のあることを知ったうえ、共同加害の目的を有するに至った場合も「集合」にあたる（最決昭45・12・3刑集24・13・1707＝清水谷公園事件）。判例は、自らも加害行為に出る目的をもつことを要しないという解釈を根拠に、共謀共同正犯を肯定する（東京高判昭49・7・31高刑集27・4・328、東京地判昭63・3・17判時1284・149）。

　（ⅱ）**凶器の意義**　凶器とは、人を殺傷、物の損壊を本来の用途として作製された器具、または、本来、他の用途のために作製されたものであるが、その用法によって直ちに殺傷・損壊をなしうるような物体をいう。前者を**性質上の凶器**、後者を**用法上の凶器**という。前者に属するものとして、銃砲刀剣類がある。後者の例としては、鉄棒、こん棒、斧、鎌、包丁、ハンマーなどがある。判例によれば、用法上の凶器というためには、社会通念上、用法によっては人の生命、身体または財産に害を加えるに足りる器物であるという危惧感を人に抱かせるに足りるものでなければならない（前掲最決昭45・12・3）。危惧感を抱かせるものかどうかは、物の外観から一般的・客観的に判断すべきであろう。具体的に、どのような物が、用法上の凶器でありうるのかについては、判断が困難である。手拭い、タオル、紐なども、用法上、人に害を加えるに足りる物であるが、その外観上、一般的に危惧感を与えるものではなく、凶器性は否定されるべきであろう。判例によれば、「長さ1メートル前後の角棒」は、凶器である（前掲最決昭45・12・3）。しかし、「ダンプカー」については、人を殺傷する用具として利用される外観を呈していたものとはいえず、直ちに他人に危惧感を抱かせるに足りるものとはい

えないとして、凶器性が否定された（最判昭47・3・14刑集26・2・187）。その他、「こぶし大くらいの石塊」（東京高判昭50・2・28東高刑時報26・2・47）、竹竿約10本およびコカコーラのびん約100本（名古屋高判昭55・11・18高検速報55・607）について、凶器であると認められた。しかし、横1メートル、縦1.5メートルの布製の旗を取り付けた長さ2.7メートルの切り口のとがっていない竹竿については、凶器ではない（東京地判昭45・10・1刑月2・10・1099）。さらに、「角材の柄付きプラカード」について、それが、社会通念に照らし、人の視聴覚上直ちに危険性を感ぜしめるものかどうかは、客観的状況に応じて変化することを認め、それをもって殴りかかった段階においては、闘争の際に使用される意図が明らかに外部的に覚知され、凶器性を帯有するものに至ったとする（東京地判昭46・3・19刑月3・3・444）。凶器性のこのような段階的認定を認めるならば、手拭い、タオルでも凶器として使われれば凶器となり、不当であって、凶器性は、集合の段階において危険感を抱かせるものに限定すべきだと批判されている（西田59頁、山口63頁）。

　(iii)　準備の意義　「準備」とは、凶器を必要に応じていつでも加害行為に使用しうる状態に置くことをいう（名古屋高金沢支判昭36・4・18高刑集14・6・351、前掲東京高判昭39・1・27、団藤424頁、大塚39頁）。準備の場所は、加害行為に使用することが不可能ないし著しく困難な場所であってはならない。「準備があることを知って集合した」とは、すでに準備がなされていることを認識して共同加害の目的で集合することを意味する。集合した後に凶器を準備し、または、集合した後に準備のあることを知ったが離脱しないときも、その時点から集合罪が成立する[7]（広島高松江支判昭39・1・20高刑集17・1・47）。

　本罪は、**継続犯**である。したがって、加害目的で集合した時点で**既遂**となるが、集合状態が続いている限り、本罪は継続している。

　問題は、共同加害行為が開始された時点でも、なお継続しているかどうかである。換言すれば、加害行為の開始後に集合した者に本罪の適用が可能かどうかが問題である。判例には、公共的な社会生活の平穏をも保護法益とすることを強調し、これを肯定するものがある（前掲最判昭45・12・3＝清水谷公園

---

[7] 共同加害の目的をもつ集団が、目的地に向かうために電車に乗車し、その乗車駅で縄で束ねられた角材を車内に搬入し、進行中の車内でその縄を解き、角材を各自に手渡し、必要に応じていつでも加害行為にこれを使用しうる状態においたときは、その時点において凶器準備集合罪が成立する（東京高判昭48・4・24高刑集26・2・197）。

事件、学説として、藤木86頁)。判例によれば、「兇器準備集合罪は、個人の生命、身体または財産ばかりではなく、公共的な社会生活の平穏をも保護法益とするものと解すべきであるから、右『集合』の状態が継続するかぎり、同罪は継続して成立しているものと解するのが相当である」とする。学説においても、集合自体はその性質上解散するまで人の集まりとして継続するから、共同加害行為の実行の段階に至っても、準備のための集合状態は継続していると解し、この場合にも凶器準備集合罪の成立を肯定するものがある（植松・小野ほか474頁、藤木86頁）。この見解（**存続説**）は、形式論としては、凶器を準備して集合している状態が存続している限り、構成要件的状況は存続しているものとし、実質論としては、集合状態が続いている限り社会生活の平穏が危険にさらされている状態が存続しているから、社会生活の平穏という法益は危険にさらされているものとする。共同加害行為が開始されてもこの集合体の危険は解消されず、かえって増大していることを根拠にする。これに対して、本罪を共同加害罪に対する予備罪と捉える見解からは、すでに構成要件的状況は失われている（**消滅説**）から、共同加害行為の開始によって犯罪は終了しており（大塚40頁、中山64頁、大谷52頁）、その後に共同加害の意思をもって集合しても、本罪を構成しないことになる（前掲東京地判昭43・4・13）。実質論としては、共同加害行為開始後にも社会生活の平穏に対する危険は残るといっても、それは、共同加害行為自体に伴う危険であって、共同加害目的をもった集合のもつ危険とは質的に異なるとするのである（曽根30頁）。

ただし、集合体の一部のグループによって共同加害行為が開始されたにすぎず、他のグループは、まだ加害行為を行っていない場合、集合体全体としての共同加害行為とみることはできず、この場合には、本罪を適用することが可能である。

ⓓ 故 意 二人以上の者が共同加害の目的をもって集合していることの認識とともに、行為者自身も共同加害の目的をもって集合することが必要である。

ⓔ 罪数・他罪との関係 本罪は、加害行為に対する予備罪的性格をも

---

[8] これに対して、集合体が共同加害行為を開始した後は、その集合体に後から加わっても本罪は成立しないとする判例もある（東京地判昭43・4・13下刑集10・4・385）。

つから、それらの加害行為の予備罪（殺人予備罪、放火予備罪等）とは観念的競合となる（東京高判昭49・3・27刑月6・3・207）。本罪から加害行為に発展した場合には、それらの犯罪と本罪とは**牽連関係**に立つ（福田157頁、大塚41頁、内田52頁、大谷53頁、曽根32頁、中森25頁、西田57頁）。しかし、判例の主流は、社会生活の平穏が保護法益であるから、併合罪とする。[9]

f　必要的共犯か単独犯か　集合罪については、必要的共犯（**集団犯**）であるかどうかにつき、争いがある。必要的共犯であるという見解（藤木549頁、内田50頁、大谷54頁、西田60頁）は、本罪は、二人以上の者が共同加害の目的を共有して集合することによってはじめて成立することを根拠とする。すなわち、二人以上の者が凶器を準備して集合した場合において、共同加害目的を共通するに至った場合にも本罪の成立があるが、このことは必要的共犯であることを意味するというのである。これに対して、必要的共犯でないとする見解（大塚・注釈920頁）によれば、二人以上の集合とは構成要件的状況であるが、構成要件的行為、すなわち、凶器を準備して集合するのは、一名であってもよいのであって、単独犯として規定されているとする（植松264頁）。集合は、構成要件的結果と解すべきであるから、本罪は、必要的共犯である。

g　共犯の適用　本罪を単独犯であるとすれば、本罪にも共犯規定（教唆・幇助）の適用があることになる。集団犯であると解する立場からも、共同正犯の規定ははじめから適用を受けないとしても（大谷54頁）、狭義の共犯の規定については、本罪は、内乱罪・騒乱罪のように、集団の内部にいる者についてその役割に応じた刑の個別化がなく、外部者について処罰する必要性はないのであるから、その適用がありうるとする見解（内田51頁）が有力である。

---

[9] 本罪が公共的な社会生活の平穏をも保護法益とするものであることにかんがみれば、暴力行為等処罰に関する法律違反の所為に対するたんなる手段とのみ評価することはできず、牽連犯ではなく、併合罪と解すべきであるとする（最決昭48・2・8刑集27・1・1）。殺人未遂・傷害罪との間で牽連犯を認めた判例として、大阪高判昭47・1・24高刑集25・1・11がある。

§16の3　凶器準備結集罪

> 前項の場合において、凶器を準備して又はその準備があることを知って人を集合させた者は、3年以下の懲役に処する（208条の3第2項）。

1　意　義

本罪は、二人以上の者が共同加害目的をもって集合した場合であって、①凶器を準備して、または、②その準備があることを知って、人を「**集合させた**」場合に成立する。凶器準備集合の状態を積極的に作り出し、その集合状態の形成に主導的役割を演じた者[10]をより重く処罰する趣旨の規定である。したがって、単純な集合の教唆・幇助に相当する行為を超えた**凶器準備集合状態の積極的形成行為**と評価されうる行為が必要である（平川102頁、中森25頁、西田60頁、反対=団藤427頁、大塚42頁）。したがって、一人の者に集合をはたらきかけるだけでは、本罪の正犯にはならず、集合罪の教唆にすぎない。

2　要　件

ⓐ　行　為　凶器準備集合罪における行為の状況が存在する場合に、前述のように、二つの行為態様で、人を集合させることが必要である。まず、①集合した者が凶器を準備していない場合に、自ら凶器を準備して集合させる場合と②凶器を準備しているが、集合していない者を、その準備を知って集合させる場合である。「人を集合させる」とは、他人にはたらきかけて、時および場所を同じくさせることをいう。はたらきかける行為は、教唆的行為であっても、扇動的行為であってもよい（大塚42頁）。

①の場合に、集合者が準備のあることを知っている必要はない。したがって、集合者が集合罪の決意を起こし、または集合罪を実行する必要はない（団藤427頁、平川102頁、反対=町野・小暮ほか50頁）。すなわち、結集罪は、凶器準備集合罪の教唆犯ではない。②の場合、集合させられた者がすでに凶器を準備していることが必要であり、集合させる者が、凶器を準備して集合するように教唆した場合は含まれない（団藤427頁）。すでに論じたように、一人の者に集合をはたらきかける場合は、集合状態の形成に主導的な役割を演

---

[10] 凶器準備集合体の形成に主導的役割を果たした者についてのみ成立するとする判例（東京地判昭48・7・3刑月5・7・1139）、また、「『結集』とは集合体の形成および共同加害目的の付与について指導的ないしは積極的な役割を果たすことが必要である」とする判例（東京地判昭50・3・26刑月7・3・406）がある。

じたとはいえないから、集合罪の教唆犯にすぎない。本罪が成立するためには、集合者を自己の支配下ないし掌握下におくことを要するとする見解（植松267頁、中山66頁、大谷53頁）も有力であるが、行為支配の意味における「支配」の必要はないであろう。

本罪の正犯は、自ら集合することを要せず、また、共謀共同正犯肯定説によるならば、共謀共同正犯の形態によることも可能であるから、自ら集合させる行為をする必要もないことになる。

すでに集合している二人以上の者に対して共同加害目的を抱かせる場合も本罪にあたる。したがって、必ずしも人の場所的移動を伴う必要はない（大谷50頁）。共同加害の目的で凶器を準備して集合している者に対し、解散させないで、集合を継続させる場合でもよい。

同一人が、結集罪と集合罪とをともに行った場合には、包括して重い結集罪一罪として処断される（最決昭35・11・15刑集14・13・1677）。

❻　**共犯の適用**　原則として、凶器準備集合罪および結集罪に対して総則の共犯規定の適用がある。しかし、集合罪の教唆にあたる行為のうち、結集罪が成立するものについては、集合罪の教唆犯の規定の適用はない。集合罪は、二人以上の者が集合することによって成立するから、必要的共犯であり、共同正犯規定の適用を排除する（大谷54頁、西田60頁）。争われているのは、共謀共同正犯を認めることができるかである。判例の中には、集合罪についてこれを肯定するものがある（東京高判昭49・7・31高刑集27・4・328、東京地判昭63・3・17判時1284・149）。学説の中には、共謀共同正犯理論を肯定するなら、ここでも否定する理由はないとするものもある（西田60頁、山口65頁）。しかし、正犯者は集合の現場において共同加害の目的をもつ必要があり、共謀共同正犯は成立しないとする見解（藤木86頁、大谷54頁）も有力である。共謀共同正犯否定説からは、否定されるべきは当然である。

なお、結集罪については、先の否定説によっても、「集合させる者」は、集合の現場に参集する必要はないから、共謀に参加しただけの場合には、共謀共同正犯が成立するとされる（大谷54頁）。

第6節　過失傷害の罪

§17　総　説

　刑法第 28 章は、「過失傷害の罪」として、過失傷害罪（209 条）、過失致死罪（210 条）、業務上過失致死傷罪（211 条前段）、重過失致死傷罪（211 条後段）の各犯罪類型を規定している。過失犯処罰は、例外的である（38 条 1 項）が、生命・身体の侵害については、その法益侵害の重大性にかんがみて過失犯も処罰する趣旨である。[1] 過失傷害罪・過失致死罪ともに法定刑は、財産刑であり、過失傷害罪は、親告罪である。業務上過失致死傷罪・重過失致死傷罪は、それぞれ業務上必要な注意を怠って犯した場合、重大な過失によって犯した場合の加重類型である。重過失致死傷罪は、人身の保護を強化するため、昭和 22 年の改正により新設されたものであり、昭和 43 年には、自動車交通事故の激増に対処するべく、業務上過失致死傷罪および重過失致死傷罪の法定刑が引き上げられ、法定刑についても、当初、禁錮刑のみであったが、これにより懲役刑が加えられた。[2] 平成 19 年には 211 条 2 項に「自動車運転過失致死傷罪」が設けられた。

　業務上過失致死傷罪は、従来、ほんどがいわゆる交通関係業過であったが、その後、これらは統計上「自動車運転過失致死傷罪等」として別に取り扱われている。それは検挙人員では、刑法犯の 70.3％を占める（平成 26 年版犯罪白書 6 頁）。しかし、過失犯処罰の予防効果については疑問がある。前述のように、危険運転致死傷罪が、新設されたことにより、故意に危険な運転をするという故意犯によって人を死傷させたという犯罪と捉えられ、暴行による傷害、傷害致死に準じた犯罪とされることになり、予防効果が期待されている。平成 19 年に自動車運転過失致死傷罪（旧 211 条 2 項本文）として新設され、法定刑が加重されこの規定も、平成 25 年には「自動車運転致死傷行為処罰法」へと移行された（同法 5 条）。しかし、過失犯の重罰化は、予防効

---

[1] 未遂罪は処罰されない。過失致死傷の未遂的な場合を処罰するものとして、軽犯罪法 1 条 9 号から 12 号がある。
[2] 「三年以下の禁錮又は千円以下の罰金」から「五年以下の懲役若しくは禁錮又は千円以下の罰金」（平成 3 年改正前の罰金等臨時措置法 3 条参照）とされた。その後、罰金額は、平成 3 年の改正により 50 万円以下に改められ、平成 18 年の改正により 100 万円以下に定められている。

果は高くなく、行政法規による危険防止のための安全措置の強化や行為規制の強化によって事故の事前予防が図られるべきである。過失犯処罰は、被害者感情の宥和と社会システムの不備の責任を肩代わりするスケープゴートの割り出しにとどまるものであってはならない。

§18 過失傷害罪

> 過失により人を傷害した者は、30万円以下の罰金又は科料に処する（209条1項）。前項の罪は、告訴がなければ公訴を提起することができない（同条2項）。

傷害の結果ないしその手段たる暴行について故意があってはならない。過失とは、注意義務違反をいう（☞総論§133, 2）。過失の実行行為と傷害結果との間には、因果関係が存在し、結果が過失行為に客観的に帰属可能でなければならない。

§19 過失致死罪

> 過失により人を死亡させた者は、50万円以下の罰金に処する（210条）。

不注意によって他人を死亡させた場合を処罰する規定である。未遂は処罰されない。

一個の過失行為によって数人を死亡させたとき、観念的競合である（大判大2・11・24刑録19・1326）。

§20 業務上過失致死傷罪

> 業務上必要な注意を怠り、よって人を死傷させた者は、5年以下の懲役若しくは禁錮又は100万円以下の罰金に処する（211条前段）。

過失が「業務上」のものである場合に過失傷害罪および過失致死罪を加重処罰する類型である。このような加重処罰の必要性については疑問がないわけではない（平野『刑法改正の研究2 各則』296頁参照）。

1 加重処罰の根拠

これについては、①業務者にはとくに高度の注意義務が課せられており、その違反には重い責任非難が与えられるとする見解（=**義務加重説**、団藤433頁、大谷57頁、西田63頁、大判大3・4・24刑録20・619、最判昭26・6・7刑集5・7・1236）、②業務者は、非業務者に比して一般的・類型的に高度の注意能力を

有するのであり、その能力に応じて、注意義務違反の違法性・責任ともに大きいとする見解（＝**高度の注意能力説**、福田159頁、大塚45頁）がある。③個々具体的な行為者について、高い注意能力を有するがゆえに注意義務違反に対する責任（平野89頁）ないし違法性および責任（内田63頁）が重いとする見解、あるいは④類型化された重過失であるとする見解（＝**過失重大説**、山口67頁）がある。その他、一般予防目的を考慮しつつ責任が重いとする見解（中山69頁以下）、または一般予防・特別予防目的の両者が考慮されているという説（斎藤信治・総論143頁）、行為の一般的危険性に着目した政策的規定であるとする説（＝**政策説**、中森27頁）もある。個々の行為者の注意能力が高いとする見解からは、実際上、それが通常人と同じであれば、業務者の過失であっても、単純過失となり、不当である。

業務上必要な注意義務には、刑事政策的に、とくに高い注意義務が要求され、一般的・類型的に業務者の高い注意能力が擬制されているがゆえに、**可罰的責任**が高いことが、加重根拠であるというべきである（☞総論§134, 2 (1)）。

2　業務概念

本罪は、「**業務者**」という加重的身分をもつ者が行為主体となる**身分犯**である。「業務」とは、「**社会生活上の地位に基き反覆継続して行う事務である**」（最判昭33・4・18刑集12・6・1090）とされ、また、「**人の生命・身体の危険を防止することを業務内容とする業務も含まれる**」（最決昭60・10・21刑集39・6・362）。本罪の性質上、人の生命・身体に対する危険を伴うものであることを要する。したがって、類型的に人の生命・身体に対する危険を伴うものでない日常生活上の活動は、業務ではない。例えば、家事、育児、散歩などは、通常の形態では類型的危険をもたないものといえよう。

一般に、業務概念は、相当に広く解釈されている。そのゆえんは、過失傷害罪・過失致死罪の法定刑が軽いため、また、戦前には、重過失致死傷罪（211条1項後段）の規定がなかったが、その際、加重処罰するために、業務概念を拡大解釈して211条にあてはめたという経緯によっている（前掲最決昭60・10・21における谷口正孝裁判官の補足意見参照、なお、平川63頁）。学説の中には、業務概念には、自家用車の運転、娯楽のための狩猟も含まれるというように広く解されるのであれば、「社会生活上の地位に基き」という要件を固守する必要はないとして、たんに「**反覆・継続して行う事務**」とする見解[3]（中48頁、中森27頁）もある。逆に、「社会生活上の地位に基き」とあるにもかか

わらず、これが広く解釈されすぎているので、これを本来の業務とそれに付随する補助的事務・作業に限定すべきだとする見解（内田 60 頁、曽根 33 頁）もある。いずれにせよ、家事・育児・飲食・散歩・睡眠等の私生活上の個人的活動を除くには社会生活上の地位にもとづくという限定が必要である。そこで、有力説は、「社会生活上の地位に基き」の要件を「人が社会生活を維持する上」で従事する仕事であることをもって代えようとしている（植松 272 頁、団藤 434 頁、大塚 45 頁、大谷 58 頁）。

業務は、職業である必要はなく、営業である必要もない。無免許運転（大判大 13・3・31 刑集 3・259）・無免許医業（福岡高判昭 25・12・21 高刑集 3・4・672）も業務である。娯楽のためのドライブ・狩猟も業務である。しかし、**継続・反復**して行われるものでなければならない。一回限りの行為（自動車の運転）は、業務とはいえない（東京高判昭 35・3・22 東高刑時報 11・3・73）。ただし、**継続して従事する意思**（福岡高宮崎支判昭 38・3・29 判タ 145・199）があれば、一回限りの行為であっても、業務である。したがって、バスの運転手が、就職後最初の運転の際に人を轢死させた場合にも、その運転は、業務である。

3 罪数・他罪との関係

一個の業務上過失行為により同時に数人を死亡させたときは、本罪の観念的競合である（大判大 7・1・17 刑録 24・4）。

§21 重過失致死傷罪

> 重大な過失により人を死傷させた者も、同様とする（211 条後段）。

「**重大な過失**」とは、注意義務違反の程度が甚だしい過失を意味する（☞総論§134, 2 (2)）。したがって、些細な注意を払えば、注意義務を尽くすことができたにもかかわらずそれをしなかったという場合が重大な過失である[4]（大塚 48 頁）。実際上は、業務者であったならば、業務上過失となったであろう

---

[3] 自動車の運転は、それ自体としての本条の「業務」概念に含まれるとしても、自動車運転過失致死傷罪の新設によって、自動車運転中の死傷事故については、本条の適用は排除され、自動車運転過失致死傷罪が適用されるようになった。以下の説明における「自動車運転」「ドライブ」等も同様である。

[4] 判例においては、重大な過失を定義して、「人の死傷の結果がその具体的な状況下において通常人として容易に予見できたのに、これを怠り、あるいは、結果を予見しながら、その回避の措置をとることが同様容易であったのに、これを怠ったというような注意義務の懈怠の著しい場合を指す」（東京高判昭 62・10・6 判時 1258・136）とする。

過失が、重大な過失であるといってよい（中52頁）。したがって、業務上過失致死罪が成立する場合には、本罪は成立しない（仙台高判昭30・11・16高裁特2・23・1204）。

　例えば、無免許・飲酒運転で人の雑踏する場所に自動車で乗り入れ、前方不注視で、大勢の人を死傷させた事例（最決昭29・4・1裁判集刑94・49）、心神喪失または心神耗弱の状態で犯罪を犯す習癖を自覚する者が、飲酒酩酊の結果、人を傷害した事例（福岡高判昭38・2・9高刑集6・1・108）、自招酩酊による心神喪失中の殺傷行為の事例（東京高判昭33・12・3高裁特5・12・494）、住宅街の路上でゴルフクラブの素振りをして自転車で通行中の女性の胸部を強打し死亡させた事例（大阪地判昭61・10・3判タ630・228）、土佐犬を飼育するにあたり河川敷で鎖で係留する状態で飼育を続けて、幼児がその土佐犬に噛み殺された事例（札幌高判昭58・9・13刑月15・9・468）、闘犬用の犬二頭を放し飼いにしたため、犬が幼女2名を襲い、傷害および致死の結果を生ぜしめた事例（那覇地沖縄支判平7・10・31判時1571・153）などがその例である。

　最近では、**自転車の運転**により、信号機の設けられていない場所を横断しようとし、進行してきたBの運転する車両に衝突回避のため急制動の措置を取らせ、これとの衝突を回避しようとしたCの運転する車両に左転把させた結果、歩道に乗り上げさせ、歩道にいた2名に衝突し、死亡させたという事案に**重過失致死罪**が肯定された。判例は、重過失とは、結果発生の予見・回避が容易であったにもかかわらず、注意を怠って結果を発生させた場合である」とし、本件被告人には、予見・回避が容易であったことは明らかであるとした。自動車を運転していた場合ならば、業務上過失致死罪にあたるところであるが、自転車につき重過失罪を認めたものである（大阪地判平23・11・28判タ1373・250）。

第7節　堕胎の罪

§22　総　説

1　堕胎罪と処罰の縮小化傾向

　堕胎の罪は、胎児および妊婦の生命・身体の安全を害することを内容とする犯罪である。堕胎罪の処罰は、歴史的にみると、社会的・倫理的価値観および社会・経済的条件にも影響を受け、また、国家の軍事的・人口政策的見地も背後にもちつつ、変遷を重ねてきた。世界的にみても、第2次大戦後、とくに1960年代以降、刑法が倫理から解放され、女性の自己決定権が強調

されることになり、堕胎罪の非犯罪化・縮小化が押し進められた。堕胎罪の処罰からの自由化は、主として、二つの立法主義による。第1は、「**適応事由**」**による解決方式**であり、一定の適応事由にあてはまるならば堕胎を許容するというものである。第2は、「**期間**」**による解決方式**であり、妊娠後、一定の期間内であれば堕胎を許容するというものである。この許容要件は、徐々に拡大されていった。

わが国においては、戦後、昭和23年に「優生保護法」（法156号）が公布・施行され、この両方式を併用して、人工妊娠中絶を合法化した。優生学的・医学的・倫理的・社会経済的見地からの適応事由（同法14条1項）が定められた。平成8年に、優生保護法は、「**母体保護法**」（法105号）と改称され、優生思想を払拭するため、「優生学的見地」にもとづく人工妊娠中絶の許容条項は削除された。人工妊娠中絶は、一定の期間内に一定の要件のもとで許容されるものであり、堕胎の概念よりは狭い。

実質的には、適用される適応事由のほとんどが「社会的・経済的適応事由」であり、その要件が極めて緩やかに運用されているために、堕胎罪の適用される裁判例はほとんどない。

2 堕胎罪の種類と保護法益

ⓐ 種 類 堕胎の罪は、自然の分娩期に先立って人為的に胎児を母体から分離・排出させ、胎児・母親の生命・身体を危険に陥れる犯罪である。刑法は、自己堕胎罪（212条）、同意堕胎罪・同致死傷罪（213条）、業務上堕胎罪・同致死傷罪（214条）、不同意堕胎罪・同致死傷罪（215条1項、216条）、および不同意堕胎未遂罪（215条2項）の各罪の処罰規定を置く。

ⓑ 保護法益 堕胎罪の保護法益は、①第1次的には、胎児の生命・身体の安全、第2次的には、母体の生命・身体の安全である（団藤440頁、福田160頁、大塚49頁、内田68頁、大谷63頁、曽根37頁、中森30頁）。学説の中には、②胎児の生命・身体の安全とする説（木村33頁、香川394頁）、③胎児の生命および母体の安全（生命・身体）とする説（小野183頁、平野159頁、前田94頁、西田19頁、山口17頁）、④胎児の生命・身体および母体の身体とする説（江家210頁、齊藤金作202頁）もある。[1]第②説は、そのうえ、胎児の生命に対する侵害犯であるとする。胎児の生命侵害のみが犯罪内容であり、母体の安全を含

---

[1] その他、胎児の生命、母体の身体とする説（中55頁）もあり、また、第1次的には、女性の自己決定権ないしその生命・身体、2次的には胎児の生命とする見解（堀内8頁）もある。

まないとすると、自己堕胎が減軽処罰されている理由が説明できず、また、胎児の生命の保護のみが問題だとすると、母親の生命・身体の保護を考慮していること（212条、216条）を説明できないので、本説は不当である。③説は、胎児が自然の分娩に先立って母体外に排出されたが、まだ生きていたとき、生命が侵害されていないので、侵害犯と解するこの説によると、既遂とならないが、少なくとも堕胎行為の時に身体を侵害し[2]、またはその安全を危険にさらしたうえで自然の分娩期に先立って母体外に排出しているので、堕胎罪は成立するとすべきである点、および、条文の位置上、堕胎の罪は、身体に対する罪の後に置かれているのでこれを含むと解するのが自然であるから、不当である。④説も、母体については、致死のみならず、致傷も加重処罰していることから、母体の生命および身体も保護法益と解するのが妥当であるから、不当である。結局、胎児の生命・身体および母体の生命・身体とする通説①が妥当である。

　堕胎罪は、胎児または母体の生命・身体に対する**侵害の発生**を要件としない。胎児の生命に対する侵害犯であるとする見解（平野161頁、西田22頁、山口21頁）は、「胎児に攻撃を加え、母体内または母体外で死亡させる行為」を堕胎とするが、堕胎罪の成立範囲が狭すぎる。堕胎罪を危険犯とする見解の中でも、抽象的危険犯とする見解（大塚50頁、内田72頁）と具体的危険犯とする見解（団藤446頁、中57頁、大谷63頁）とがある。「堕胎」行為の概念中に、胎児ないし母体の生命・身体を危険にさらしたことが含まれているというべきであり、具体的危険犯とみるべきであろう。したがって、既遂は、母体内で胎児を殺害したときのみならず、生きたまま自然の分娩に先立って人為的に母体外に排出させたときにも成立する。しかし、すでに母体内で死亡している胎児を排出しても堕胎とはいえない。

　◉　基本・減軽類型　　堕胎罪は、不同意堕胎罪（215条1項）が基本類型であり、妊娠中の女子本人が行った場合、その同意がある場合には、減軽類型である。通説は、自己堕胎罪を基本類型とする（大塚49頁、大谷67頁、中森30頁）が、母体の保護をも法益とするのであれば、他人による堕胎、しかも妊婦の同意のない堕胎が基本類型であると解すべきである（宮本293頁以下、

---

[2] 胎児の段階での傷害行為が、傷害罪にあたらないとすると、胎児の生命の侵害のみを法益とする立場では、このような場合、不可罰（ないし不同意堕胎の場合、未遂）となるにすぎず、不当である。

木村38頁、中56頁、曽根37頁)。しかし、本書では、条文の順により自己堕胎罪から解説を始める。

3　堕胎罪の正当化事由

現代医学の発達によって、個体としての生命・身体に対する侵襲は、医学的技術を駆使することにより受精卵の段階からすでに可能となり、その保護の必要性が高くなった。他方で、受精等の人為的コントロールが可能となり、妊娠の中絶も比較的安全に行いうるようになり、また、生む生まないを決定する**自己決定権**が妊婦にあることが強調されるようになった。わが国では、刑法においては、規範上、堕胎は、全面的に禁止され処罰されているが、実際上は、母体保護法により、適応事由と期間の併用によって許容され、経済的適応事由の広い運用によりほぼ全面的に許容されているといって過言ではない状況である。この分野における価値の分裂が、諸外国では、さまざまな立法上の妥協的工夫を招いているのに対して、わが国では、規範と事実の乖離を招いている。

母体保護法は、①妊娠の継続または分娩が身体的または経済的理由により母体の健康を著しく害するおそれのあるもの（社会・経済的適応事由・医学的適応事由）、②暴行もしくは脅迫によってまたは抗拒もしくは拒絶することができない間に姦淫されて妊娠したもの（倫理的適応事由）につき、人工妊娠中絶を許容する（14条1項）。

> 優生保護法の時代には、そのほかに、①本人または配偶者が、精神病・精神薄弱・精神病質・遺伝性身体疾患又は遺伝性奇型を有しているもの、および、②四親等以内の血族関係にある者が、遺伝性精神病・遺伝性精神薄弱・遺伝性精神病質・遺伝性身体疾患又は遺伝性奇型を有しているもの、③本人又は配偶者がらい疾患にかかっているもの（旧優生保護法14条1項1号～3号）という優生学的適応事由があったが、改正によって削除された。

この要件を充たしたとき、本人および配偶者の同意を得て、医師会の指定する医師による人工妊娠中絶が許容されるのである（14条1項）。人工妊娠中絶とは、母体保護法によると、「**胎児が、母体外において、生命を保続することのできない時期に、人工的に、胎児及びその付属物を母体外に排出することをいう**」（2条2項）。「生命を保続することのできない時期」は、厚生省通知により定められるが、その時期は、医学ないし医療技術の発達とともに早期化し、現在では、「**妊娠満22週未満**」（平成2年3月20日厚生事務次官通知）とされ

ている。
　この要件を充たさなくても、刑法35条による違法性阻却が認められる場合、あるいは期待可能性がないために可罰的責任阻却が認められる場合がありうることはいうまでもない。

§23　自己堕胎罪

> 妊娠中の女子が薬物を用い、又はその他の方法により、堕胎したときは、1年以下の懲役に処する（212条）。

1　意　義

　本罪の法定刑が軽いのは、母体については一種の自傷行為であって、法益が胎児の生命・身体に限られることによって違法性が低く、また、適法行為の期待可能性が低いからである。不同意堕胎罪（215条）の減軽類型である。

2　要　件

❹　主体・客体・行為　　本罪の主体は、**妊娠中の女子**である（身分犯）。妊婦が「堕胎」状態を惹起する行為を処罰する。「堕胎」とは、自然の分娩期に先立って人為的に胎児を母体から分離・排出させることである（大判明44・12・8刑録17・2183）。胎児を母体内で殺害するのも堕胎である。**胎児の概念**については、判例では、妊娠期間の長短および発育程度のいかんを問わないとされる（大判昭2・6・17刑集6・208、大判昭7・2・1刑集11・15）。しかし、胎児の始期がいつかについては、明確でないとしても、堕胎が可能となる時点については、胚が**子宮へと着床した時点以降**と解すべきである（団藤448頁、大谷59頁）。したがって、法的には、着床以前の胚は、「胎児」とはいえず、母体内で殺害したとしても、その殺害は、「堕胎」ではない。母体外で、例えば試験管の中の受精卵を殺害することは、堕胎でない。学説の中には、この場合、器物損壊罪が成立するとするもの（石原明「体外受精の法的視点と課題」ジュリ807号31頁）がある。堕胎は、胎児が母体外で生存を継続しうる程度

---

[3] 人の生命の萌芽としてのヒト受精胚は、研究目的でのその作成・利用が制限されるべきである（前掲ヒト胚の取扱いに関する基本的考え方（中間報告書）参照）。
[4] したがって、厳密にいえば、着床を妨げる避妊ではなく、着床した胚を剝離させる避妊薬（ピル）を用いることは堕胎にあたる。
[5] この見解に対しては、人の生命（の萌芽）は所有の対象にはならず、母体外にある受精卵の財物性は否定される（平川30頁、山口・基本講座5巻33頁）、堕胎行為も器物損壊罪となって妥当

に発育している段階でも行いうる。堕胎された胎児が自然の分娩期に先立って母体外に排出された後、死亡せず、さらに生存し続けた場合にも、危険な堕胎行為が行われた場合には、堕胎罪が成立する。

ⓑ 出生後の殺人罪の成否 堕胎行為の結果、生きたまま出生して人となったものに対して、殺人罪が成立しうるのであろうか。これについては、**母体外で生命の保続可能性がない場合**には、出生しても「人」ではなく、殺人罪は成立しないという見解（町野・小暮ほか 15 頁以下、前田 12 頁）あるいは不可罰的事後行為として処罰されないという見解（山口 29 頁）がある。この見解のうち前者は、母体保護法により人工妊娠中絶が可能な時期の胎児は、生きて母体外に排出されたとしても、人として保護されるまでは成長していないから、殺人罪の客体たる人ではないというのである。これに対して、後者は、前者の見解では無関係の第三者による殺害を許容することになるとし、「人」であることは肯定したうえで、堕胎が先行して連続して殺害される場合には、堕胎行為の限度でのみ罪責を問い、殺人の点を不可罰的事後行為とするものである。しかし、この見解は、胎児殺のみを堕胎と解した（山口 20 頁）のであるから、生きて生まれてきた場合には、不同意堕胎以外は未遂は不可罰であるはずである。そうだとすると、不同意堕胎の場合、生まれた後の「人」の生命を奪う行為が、軽い堕胎未遂の不可罰的事後行為であるとし、また、不同意堕胎以外の場合、胎児殺に至っていない不可罰な行為が、事後の人の殺害を不可罰的事後行為とするとみなし、全体的に不可罰となるのは、不当である。[6]

でない（西田 6 頁）といった批判がある。後者の批判は、母体内の受精卵が「器物」であるというのでないから、あたらない。前者の批判については、移植のために摘出された臓器、精子・卵子が物であるならば（山口・基本講座 33 頁）、将来、個体に成育しうるもののみを、これらと区別して、「物」ではないとする理由が明らかではない。体細胞からクローンが作れるのであるから、この論理だと体細胞も物ではないということになり、臓器も物ではないといわざるをえなくなる。例えば、ヒトの冷凍胚についても、生命であるから、器物損壊罪の客体にならないというのは不合理である。人の身体に由来するものや身体から切り離されたものについては、元の身体と機能的一体性のある限りのみ、人格権が延長され、身体の一部と解されるが、それ以降は「物」となる。したがって試験管内の受精卵は「物」である。

[6] この見解は、不可罰的事後行為の概念と共罰的事後行為の概念を別のものとし、前者は、事前の軽い行為により、事後の重い行為の処罰が排除される場合をいい、後者は、重い事前行為の罪が軽い事後行為を包括評価する場合をいうものと定義する（山口 30 頁）。この概念をこのように使用し、内容をどう定義するかは、自由であるが、もともとドイツその他の諸国では、両者は、同じ意味に解されているので、国際的には概念が混乱する虞がある（vgl. *Roxin*, Strafrecht AT Bd.

「胎児」が母体外に露出すればすべて人である。母体外での生命の保続可能性がなくても、生命に質による差異はなく積極的に殺害すれば、殺人罪が成立するというべきである（中森35頁）。母体外で生命の保続可能性がある段階で、出生後、積極的に殺害された場合については、殺人罪の成立することは疑問がない。

判例には、仮死状態で分娩された嬰児が、放置された場合には分娩後15分ないし30分で死亡するものであったとしても、故意にこれを放置し、新聞紙に包んで川に投入した場合に、殺人罪を構成するとしたものがある（東京高判昭35・2・17下刑集2・2・133）が、この場合、作為が認められる。問題は、生まれた子供を保護しないという不作為によって殺人罪が成立するかである。さらに、妊娠26週に入った胎児の堕胎を行った医師が、保育器等の医療設備の整った病院の医療を受けさせれば、成育する可能性があったのに、保育器もない自己の病院内に放置し、出生の約54時間後に死亡させたときは、業務上堕胎罪に併せて保護責任者遺棄致死罪が成立するとしたもの（前掲最決昭63・1・19）がある。堕胎行為を行った者に、生まれた嬰児に対する保障人的地位が認められるかが問題である。少なくとも、先行行為にもとづく作為義務が認められうるかどうかについては、疑問の余地がある（中森36頁）。

堕胎行為を行い、排出後、これを殺害した場合には、両罪の併合罪であるとするのが判例（大判大11・11・28刑集1・705）・通説（木村39頁以下、団藤447頁、内田80頁）である。本罪を生命に対する侵害犯と解する立場からも併合罪となる（平野161頁、西田23頁）。その他、手段と結果の間に一般的な結びつきがあるから牽連犯であるとする見解（小野187頁、福田158頁、大塚54頁、大谷66頁）、さらに、同一の生命を対象としているから、より軽い堕胎は、より重い殺人に吸収されるとするもの（中森35頁）もある。しかし、同一生命といっても、胎児の生命と人の生命では、法的評価を異にするから、吸収関係ではなく、補充関係でもない。併合罪と解する通説が妥当である。堕胎によってすでに死に瀕していた場合であって、一連の行為によって殺害されたと

2, 2003, S. 858 ff.; *Schönke/Schröder/Stree*, StGB 29, Aufl., Vorbem §§ 52 ff. Rdn 112.)。このような使い方を認めたうえであっても、不可罰の行為が、事後の可罰的行為を吸収するという考え方は、罪数論には適合しない。なお、本来の意味で、両概念を区別して用いるものに、西田165頁。

きは、堕胎罪の包括一罪とすることができよう。

ⓒ 他人の関与　「堕胎した」とは、自らの手で直接行う場合のみならず、他人に実施させる場合をも意味する。「その他の方法により」とは、他人に依頼して堕胎する場合をも含むと解されるのであり、他人に嘱託して「堕胎させ」る行為を教唆した場合にも、あるいは、同意堕胎罪につき幇助した場合にも、自己堕胎罪の正犯となるという趣旨である。この場合、犯罪共同説からは、共同正犯を認めようとすると、「『犯罪共同説』は崩れ去る」(内田78頁)ので、本条を必要的共犯的に理解し、60条の適用がないと解される(大塚55頁)。自己堕胎と同意堕胎(業務上堕胎)は、堕胎行為の特殊性を考慮して、「共同」現象をそれぞれ独立した犯罪類型として規定したものというのである(内田78頁)。犯罪共同説ないし罪名従属性説からは罪名を共同にする必要があるから、自己堕胎罪の共同正犯ないし共犯が成立することになる(山口22頁参照、大判昭10・2・7刑集14・76、大判昭15・10・14刑集19・685)。行為共同説からは、共同実行があれば、自己堕胎罪と同意堕胎罪の共同正犯が成立するのであり(中59頁、大判大8・2・27刑録25・261)、問題はない。

§24　同意堕胎罪・同意堕胎致死傷罪

> 女子の嘱託を受け、又はその承諾を得て堕胎させた者は、2年以下の懲役に処する。よって女子を死傷させた者は、3月以上5年以下の懲役に処する(213条)。

1　同意堕胎罪

当該胎児につき妊娠中である**女子の同意**がある場合の減軽類型である。同意があっても自傷ではなく、他傷であるがゆえに自己堕胎よりは違法性が高く、法定刑は、自己堕胎よりも重くなっている。女子の嘱託・承諾は、自由かつ真意になされたものであることを要する(仙台高判昭36・10・24高刑集14・7・506)。「堕胎させた」とは、妊婦に堕胎行為を行わせるという意味ではなく、妊婦以外の者が自ら堕胎行為を実行することをいう。妊婦に堕胎を勧め、器具等を与えた者[7]、あるいは、妊婦の同意を得て他人に堕胎行為の実行を唆し、

---

[7] 罪名従属性説からは、自己堕胎罪の教唆・幇助となるが、罪名独立性説からは、本文のようになる。共犯規定の適用がないがゆえに、自己堕胎の教唆・幇助とするものとして、内田79頁。罪名独立性説をとりながら、自己堕胎罪の教唆を認めるのは、中山82頁。判例は、自己堕胎罪の教唆・幇助とする。妊娠中の女子のために堕胎手術者を紹介あっせんした行為(前掲大判昭10・

または実行を手助けした者は、同意堕胎罪の教唆・幇助である[8]（中59頁）。

一面、妊婦に堕胎を決意させ、他面、医師を教唆して堕胎手術を行う決意をさせ、これによって一つの堕胎行為を遂行させたときは、同意堕胎罪の教唆犯が成立する（中59頁）。判例は、この場合、妊婦による自己堕胎の教唆と、医師による業務上堕胎の教唆に該当するが、二人を教唆して一個の堕胎行為を実行させたにすぎないから、包括的に観察して重い後者の刑によるべきだが、65条2項により、同意堕胎罪の刑を科すべきものとする（大判大9・6・3刑録26・382）。私見によれば、包括的に一罪の成立を前提として、医師に対する教唆は、医師の業務上堕胎罪の（共同）正犯を引き起こしているが、教唆者の罪責は、65条2項により同意堕胎罪の教唆である。

妊婦から堕胎の嘱託を受けた者が、堕胎を実行したところ、妊婦の身体に異状を生じ、胎児を排出しなければその生命に危険を及ぼすおそれがあったので、医師の来診を請い、医師が緊急避難として堕胎させたとき、**医師の適法行為を利用した間接正犯**であるとされる（大判大10・5・7刑録27・257、大塚55頁、大谷68頁）。しかし、受託者は、すでに堕胎の実行行為に出ており、正犯であることは疑いなく、したがって、間接正犯か否かの問題ではなく、同意堕胎罪の既遂が成立するかどうか、すなわち、結果の客観的帰属が肯定されるかどうかの問題である（中59頁参照）。医師の緊急避難としての手術の介入は、帰属関係を中断するものではないので、既遂が肯定されるであろう。

2 同意堕胎致死傷罪

堕胎行為により妊婦を死傷させたときは、同意堕胎致死傷罪が成立する（213条後段）。同意堕胎罪の結果的加重犯である。死傷は、分娩の通常の経過として発生する創傷を含まない（大塚55頁、中山82頁、大谷69頁）。「堕胎」の「同意」の範囲内にあると考えられるからである。堕胎が既遂に達していることが必要かどうかについては、既遂に達したことを要するという見解（大塚55頁、内田77頁）、未遂でもよいとする見解（小野188頁、大谷69頁、大判大

2・7)、また、堕胎手術を受ける費用として妊婦に金員を供与する行為を自己堕胎罪の幇助とした（前掲大判昭15・10・14）。

[8] この場合、自己堕胎罪の従犯および同意堕胎罪の教唆となるが、前者は後者に吸収されて後者の教唆犯一罪が成立するという見解（大谷69頁）がある。しかし、自己堕胎罪の従犯は問題とならない。いずれも、同意堕胎罪の従犯および同意堕胎の教唆である。両罪は、吸収関係ではなく、同一法益に向けられた社会的に一個と評価されうる行為に対する包括一罪として重い教唆のみが成立すると解すべきである。

13・4・28新聞2263・17）とに分かれる。堕胎未遂は、不同意堕胎罪のみ可罰的である（215条2項）。同意堕胎罪・業務上堕胎罪には、未遂処罰規定がないのであるから、それらの未遂は、そもそも不可罰である。したがって、213条後段、214条後段にいう「よって」は、それぞれの前段の要件全体を受けると解すべきであり、同意堕胎・業務上堕胎罪の「既遂」を前提とした規定と解すべきである。

§25　業務上堕胎罪・業務上堕胎致死傷罪

> 医師、助産師、薬剤師又は医薬品販売業者が女子の嘱託を受け、又はその承諾を得て堕胎させたときは、3月以上5年以下の懲役に処する。よって女子を死傷させたときは、6月以上7年以下の懲役に処する（214条）。

　同意堕胎罪の、身分による加重類型である。業務者という身分によって刑が加重されるので、不真正身分犯である。身分は、制限列挙である。非身分者との共犯関係については、65条2項の適用がある。非身分者が医師を教唆して同意堕胎罪を実行させたときには、非身分者には、同意堕胎罪の教唆犯、医師には、業務上堕胎罪の正犯が成立する（前掲大判大9・6・3）。
　後段は、結果的加重犯の規定である。前条と同じく、業務上堕胎罪が既遂になっていることを要する。

§26　不同意堕胎罪・不同意堕胎致死傷罪

> 女子の嘱託を受けないで、又はその承諾を得ないで堕胎させた者は、6月以上7年以下の懲役に処する（215条1項）。前項の罪の未遂は、罰する（215条2項）。
> 前条の罪を犯し、よって女子を死傷させた者は、傷害の罪と比較して、重い刑により処断する（216条）。

　妊婦の同意のない堕胎を罰する。医師、薬剤師等の業務者も、同意がなければ本罪にあたる。未遂も処罰されている。不同意堕胎致死傷罪は、「前条の罪を犯し」とあるから、1項の不同意堕胎罪の既遂の場合と、2項の未遂の場合を含む趣旨である。「重い刑により処断する」とは、法定刑を比較し、上限・下限ともに重い方に従って処断するという趣旨である（最判昭28・4・14刑集7・4・850参照）。傷害罪（204条）および傷害致死罪（205条）と215条の法定刑を比較し、上限・下限ともに重い刑に従うと、致傷の場合には6月

以上10年以下の懲役、致死の場合には2年以上15年以下の懲役となる。

第8節　遺棄の罪

§27　総　説

1　意義・保護法益

ⓐ　本罪の構成　遺棄の罪は、単純遺棄罪（217条）、保護責任者遺棄罪（218条前段）・不保護罪（218条後段）、それらの結果的加重犯としての遺棄致死傷罪（219条）からなる。尊属保護責任者遺棄罪（218条2項）は、平成7年の改正によって削除された。

ⓑ　保護法益　遺棄の罪は、扶助を要する者の生命・身体を、保護されない状態に置くことによって危険にさらすことを内容とする犯罪である。保護法益は、被遺棄者の**「生命・身体」の安全**であり[1]、本罪は、それらに対する危険犯であるとするのが通説（団藤452頁、大塚57頁、内田84頁、中森35頁以下、曽根40頁以下、前田99頁、大判大4・5・21刑録21・670）である。最近の有力説は、保護法益を被遺棄者の**生命の安全**に限定しようとする（平野163頁、大谷71頁以下、町野・小暮ほか65頁、西田27頁、浅田・浅田ほか72頁、林40頁、山口・探究19頁、同31頁）。通説は、①遺棄罪の規定の位置は傷害罪・過失傷害罪の後に規定されていること、②「傷害」の発生が結果的加重犯として規定されていること（219条）、③法定刑（1年以下の懲役、3月以上5年以下の懲役）が、傷害のそれ（15年以下の懲役・50万円以下の罰金）よりも軽いこと、を根拠とする。これに対して、有力説は、①218条では、「生存」に必要な保護をなさないことが犯罪行為とされていることは、生命に対する危険を要求していると読めること、②身体に対する危険を含めると処罰範囲が拡大されすぎること、を根拠とする[2]。有力説からは、③の論拠に対して、遺棄罪と傷害罪の

---

[1] 本罪を個人的法益に対する罪であるとともに、社会的法益に対する罪としての性格をも具備するという見解（大塚58頁、同「遺棄罪」刑事法講座7巻1594頁参照）がある。遺棄により社会的風俗を害するとするのである。貧困・困窮による遺棄が、いわば社会現象であった19世紀においては、社会的法益に対する罪であるとする見解も理解できないわけではないが、福祉制度の充実した現代においてはもはや純粋に個人の問題である。

[2] その他、ドイツ刑法221条では、生命に対する罪に位置づけられていることも挙げられていた。しかし、もともとドイツ刑法でも、解釈論としては、通説は、「身体」をも法益に含めており、

法定刑の下限を比べると、傷害の方が軽いと反論される（山口・探究 18 頁）。しかし、傷害罪の法定刑の下限が軽いのは、ある程度軽微な傷害をも含むからであり、遺棄罪の場合には、身体に対する重大な危険が要求されているからである。遺棄致死傷罪（219条）が、傷害罪と比較して上限・下限ともに重い刑に従うとしているのは、遺棄罪においてその危険から保護する「傷害」が「重大な傷害」であるべきことを意味している。[3]また、身体に対する危険が含まれているといっても、遺棄行為という手段による身体に対する危険は、ナイフで手を傷つけるとか、頭を殴るといった態様での具体的な傷害の危険ではなく、一般的な危険なので、それは、生命に対する危険と段階的に分かちがたく結びついているというべきである。生命に対する危険を要求しても、限定的に解釈しようと努力したという慰めにしかならないであろう。両説の根拠を比較すると、通説が妥当である。

❿　**具体的危険犯か抽象的危険犯か**　遺棄罪は、危険犯の性格を有するが、具体的危険犯（滝川 59 頁以下、団藤 452 頁、宮内 52 頁、平川 70 頁、前田 100 頁）か抽象的危険犯（前掲大判大 4・5・21、木村 43 頁、福田 166 頁、大塚 60 頁、中 63 頁、中山 85 頁、大谷 74 頁、曽根 41 頁、中森 36 頁、西田 27 頁）かについては、学説上争いがある。問題の焦点は、他人の救助が確実に期待される状況で、遺棄した場合に遺棄罪が成立するかどうかである。具体的危険説からは、上の場合、具体的に生命・身体に対する危険が発生しておらず、遺棄とはいえないとする。本説は、「たとえば警察の門前に捨子をしても単に援助が予想されるにすぎないから遺棄になるが、他人が拾い上げるのをたしかめた上で立ち去ったときは遺棄にならない」（団藤 452 頁）とし、抽象的危険説からも、確実に救助が期待されるような場合には、遺棄とはいえないとするのであり（植松 287 頁、大谷 74 頁）、具体的適用において大差はない（中 63 頁）とされる。具体的危険犯か抽象的危険犯かの対立が、解釈論上、大きな差異をもたらす

今回の改正によって、明らかに、「重大な健康毀損の危険にさらす」という文言が入れられ、身体に対する危険も保護法益とすることが宣言された（*Lackner / Kühl*, StGB, 28. Aufl., 2014, S. 1076 ff.）。

[3] 前田 74 頁も、「身体への重大な危険」を要求する。傷害罪の法定刑の幅が広いのは、上は、生命に対する危険を含むものから、下は、生命に対する危険のない身体の軽微な傷害もカバーするからである。したがって、傷害罪は、生命に対する危険犯の意味をももつものである。生命に対する危険と身体に対する侵害との関係について、法は、一律に侵害犯の方を厚く保護しようとしている（山口・探究 18 頁以下）のではなく、生命に対する危険をも考慮しているのである。

のは、放火罪のように、構成要件上、行為と行為結果（放火・焼損）のほかに、保護法益侵害としての危険結果（公共の危険）が予定されているような場合である。これに対して、遺棄罪の場合は、「行為」は、「遺棄」であり、条文上、危険結果発生が要求されているわけではなく、また、未遂処罰規定もない。遺棄罪については、遺棄行為の解釈として、生命・身体の危険な状態に置くのが遺棄であるとすれば、遺棄行為とは別の危険結果を要求しなくても、遺棄の解釈により、危険な状態に置かれたのでなければ、遺棄とはいえないとすることが可能なのである。しかも、遺棄罪において、生命・身体に対する厳密な意味での具体的危険の発生は、要求されていないというべきである。なぜなら、例えばもし生命に対する具体的危険の発生が要求されるなら、客観的には殺人未遂との区別がつかなくなるからである。遺棄罪においては、具体的な危険結果の発生は要求されておらず、「遺棄」であるためにせいぜい生命・身体の具体的危険に発展しうる具体的危険状況の発生が要求されているのみである。このようにして、遺棄罪を抽象的危険犯と解するのが相当である。

個人的法益における抽象的危険犯・具体的危険犯においても、被害者の同意は原則として有効である。生命に対する危険が侵害されるとき、同意は無効であるという見解（曽根41頁、山口31頁）もあるが、生命の侵害に対する同意が行為を正当化しないとしても、生命の危険に対する同意は、危険犯においては有効である（☞総論§77, 3 (1)、山中・平場還暦（上）345頁参照）。

2 遺棄の概念

「遺棄」とは、扶助を要する者を、場所的離隔をもって、（以前より）危険な不保護状態に置くこと、ないし置いたままにすることを意味する。**遺棄概念**をめぐっては、大別して**四つの学説**がある。①遺棄には、移置と置き去り

---

[4] 108条、109条1項の放火罪は、放火行為の結果としての焼損が発生すれば、危険結果（公共の危険）の発生が推定されている危険犯の類型である（危険結果推定型抽象的危険犯）。この場合には、事前に危険結果の発生がまったくない場合には、犯罪不成立である。これに対して、遺棄罪は、危険行為型抽象的危険犯である。この場合、構成要件行為に危険概念が含まれている。なお、この第2類型には、名誉毀損罪も含まれるが、これは、危険行為型の抽象的危険犯であり、同時に、結果推定型抽象的危険犯でもある。

[5] なお、具体的危険犯だとすれば結果としての危険の発生を予見していなければならないことになり、本罪の故意を殺傷罪（殺人罪）の未必の故意と区別することが不可能になると指摘する学説がある（中森36頁、西田27頁）。なお、遺棄罪と危険概念については、山中「遺棄罪と危険概念」法セ27巻12号（1983年）52頁以下参照。

の二義があり、217条の遺棄概念には移置のみを、218条のそれには、移置と置き去りを含むとする通説、②217条は、作為による遺棄、218条は、それに加えて不作為による遺棄を含むとする有力説、③217条および218条の遺棄は、すべて移置を意味し、その他は、218条後段の不保護にあたるとする最近の有力説である。さらに、④217条の「遺棄」も、218条の「遺棄」も「作為義務」違反があれば、不作為によって行いうるとし、218条の「保護義務」は、作為義務とは別の加重処罰根拠であるとする見解も、最近有力である。

① 通説 まず、通説によれば、狭義における遺棄は、「移置」を指し、広義における遺棄には、そのほかに「置き去り」を含む。移置とは、被遺棄者を危険な場所に移転させることをいう。置き去りとは、被遺棄者を危険な場所に遺留して行為者がその場所を立ち去ることをいう。移置が作為なのに対して、置き去りは、被遺棄者の身体に直接作為を加えない不作為だとするのである。単純遺棄罪（217条）における遺棄は、狭義の遺棄であり、保護責任者遺棄罪（218条）における遺棄は、広義の遺棄を意味するというのが通説である（団藤452頁以下）。

①通説	（前提概念） 移置＝作為 置き去り＝不作為	
	遺棄の概念内容	行為態様
217条	（狭義の遺棄） ＝移置	作為
218条前段	（広義の遺棄） ＝移置 ＝置き去り	作為 不作為

② 有力説 第2に、これに対して、不作為による移置も、作為による置き去りもありうるから、遺棄罪における遺棄は、もっぱら作為により被遺棄者を場所的に移置する行為、または、被遺棄者がその保護者に接近するの

---

[6]「接近の遮断」にも、二つの類型がある。第1は、要扶助者が行為者に接近するのを行為者が遮断する類型である。第2は、要扶助者が他の可能的保護者に接近するのを遮断する類型である。

②　有力説　（前提概念）　移置＝作為・不作為、置き去り＝不作為・作為

	遺棄の概念内容	行為態様
217条の遺棄	移置 置き去り（接近の遮断）	作為的形態
218条前段の遺棄	217条の移置・置き去り ＋ 移置（被遺棄者の立ち去り） 置き去り（離隔の不除去）	作為的形態 ＋ 不作為的形態

を妨げるような置き去り行為（接近の遮断）を指すが、保護責任者遺棄罪における遺棄は、不作為によるもの、例えば、行為者がその位置を動かないで被遺棄者が立ち去るのに任せておくとか、または被遺棄者と行為者との間の離隔を除去しないでおく場合などをも包含するとする見解（大塚59頁、福田165頁）も有力である。

しかし、本説は、移置は217条、移置および置き去りが218条とする通説を出発点として、これに修正を加えようとする点で不当である。「被遺棄者がその保護者に接近するのを妨げるような置去り行為」のみが、移置を伴わない作為なのではなく、一般に、移置を伴わないかどうかを問わず、被遺棄者の危険状態を積極的に創出する行為がすべて217条の「遺棄」である。例えば、川の中州に横たわっている病者のいる場所から見て上流にあるダムの放水を開始して、もともと保護者のいない病者を容易に移動できないほどの危険状態におくのも遺棄行為である。これを、置き去り行為とはいわない。

前者の類型には、作為による接近の遮断と不作為によって接近の障害を放置する場合とがある。例えば、山小屋の主人が、救助を求めて小屋に入ろうとする遭難者に対して、扉を開けなかった場合が、不作為による接近の障害の放置である。この場合、危険状態を積極的に創出していないので、単純遺棄罪にはあたらない（反対=木村47頁）。もし保護責任者でないならば、保護責任者遺棄罪にもならない。この主人が、開いていた扉を遭難者の面前で閉めた場合が作為による接近の遮断であるが、危険状態の創出といわれるほどに危険を増加させていないので、単純遺棄罪にはならない。後者の類型については、救助の因果関係が認められる限り、危険状態創出があるといえる。この第2の類型について、単純遺棄罪を認めないのは不当である。大谷69頁では、この類型が考慮されていないように思われる。

また、「被遺棄者自身が立ち去るのに任せておく」ことを「移置」というのは不自然である。[7]「移置」・「置き去り」の概念は、被遺棄者が移動するか、遺棄者が移動するかによる概念的区別であるが、このような原初的区別を維持する理由はない。

③ **最近の有力説（1）** 第3に、最近の有力説の一つによれば、遺棄とは、217条においても218条においてもすべて「移置」を指すとして「遺棄」概念を統一的に解釈し、保護責任者遺棄罪（218条）については、不作為による行為はすべて不保護にあたるとする見解（町野・小暮ほか67頁、大谷76頁、西田30頁、日高・現代刑法講座4巻167頁以下、林41頁）が唱えられている。しかし、病人が路地で行き倒れになっているのを見た者が、通行止めの看板を掲げて交通を遮断し、救助されなくした場合には、単純遺棄罪を成立させるべきであって、このような接近の遮断の事例を不可罰とするのは不当である。また、保護者の監禁ないし殺害によって、不保護状態を創出することを遺棄とするのは不当であるというこの説が主張する批判（町野・小暮ほか68頁）はあたらない。それは、極端な事例ではある。しかし、保護状態を保護者の殺害によって危険状態に変更するのも、危険状態の創出であり、「遺棄」にあたりうる。[8]自分が病者の世話をするからと当該病人の看護者を欺いて、その者を立ち去らせた場合などを考えれば、看護者にはたらきかけるの

③最近の有力説（1）　（前提概念）　遺棄＝移置

	遺棄の概念内容	行為態様	問題点
遺棄 217条＋218条前段	移置	作為	接近の遮断（不可罰）の扱い
不保護 218条後段	保護義務違反	不作為	

---

[7] それは、むしろ、「放置」というのであり、「止めない」という不作為がその概念の中核なのである。また、故郷で突然に病気になった年老いた親を、都会に出た子供がそれと知りつつ放置するのも、遺棄であるが、「移置」ないし「置き去り」の概念には適合しない。

[8] 「幼児のそばから立ち去る作為も単純遺棄罪ということになってしまう」（町野・小暮ほか68頁）との批判は、不当である。また、たんなる立ち去り行為も作為であるとするのは、身体的挙動が行為であるという見解（☞総論§62）の帰結であって不当である。立ち去る行為がたとえ作為であるとしても、それが危険状態を積極的に創出しない限り、「遺棄」ではない。

第8節 遺棄の罪 §27 総 説◇ 113

も、遺棄であることは明白である。

④ 最近の有力説（2） 第4に、最近の有力説の第2のものによれば、単純遺棄罪についても、殺人罪等と同じく、保障人的地位にある者について不作為犯が成立しうるとする見解（内田88頁、平野「単純遺棄と保護責任者遺棄」警研57巻5号9頁、曽根42頁以下、同・重要問題44頁以下、堀内『不作為犯論』262頁、山口35頁）が唱えられている。この見解は、217条の不真正不作為犯も218条の不真正不作為犯も、保障人の「作為義務」は、共通であり、それと、218条の「保護義務」とは区別され、また、217条および218条において「遺棄」概念を統一的に理解しなければならないとする。このことは、作為義務は、不作為の可罰性を根拠づける要素であるが、保護義務は、218条の加重処罰を根拠づける要素となるというように、その範囲および機能を区別する可能性を開く（中森37頁、西田30頁）。また、作為義務（保護義務）があれば、218条の加重類型にあたると解するよりは、217条の単純遺棄罪にあたる不作為犯も可能となることで、従来より軽い不作為犯処罰が可能となるという（山口・探究25頁）。

217条および218条に共通の「作為義務」は、不真正不作為犯における保障義務と同様であるとしても、それと区別される218条固有の「保護義務」の内容が明確ではない（西田30頁）。また、218条後段の「不保護罪」においては、保護義務から作為義務が導かれるものだとすると、なぜ、前段と後段

④ 最近の有力説（2） （前提概念）（a）遺棄概念の統一（作為・不作為を含む）
（b）不作為による遺棄＝作為義務違反

217条218条の類型	遺棄の概念内容と義務	行為態様
217条の遺棄	作為 不作為（→作為義務）	作為 不作為
218条の遺棄	遺棄＝作為 　　＝不作為（→作為義務） ＋ 保護義務（加重処罰根拠）	作為 不作為
218後段の不保護	保護義務 　　（可罰根拠？）	不作為

で、作為義務の根拠が異なるのかが不明である。217条の不作為犯は、理論上可能であるが、作為義務は事実上保護責任と重なるから、217条の不作為犯は、218条の不作為犯にあたる限度でしか可罰的ではなく、したがって、実際上は、その場合、218条が成立し、意味をもたない。

⑤ **本書の立場**　この問題の**解決のための出発点**は、単純遺棄罪と保護責任者遺棄罪との罪質上の相違である。前者が危険創出罪であるのに対して、後者は、危険状態不解消罪(保護義務懈怠罪)である。218条は、基本的に「不保護」を処罰する規定であるが、場所的離隔をもたらす遺棄行為をも、不保護の一態様としてとくに規定しているのである。218条は、保護責任者という身分をもった者の行為を加重処罰する規定ではなく、保護責任者の不保護行為に対する独立の処罰規定である。

このような観点から、この問題にアプローチすると、基本的には、単純遺棄罪は、作為犯であり、危険状態創出をいうが、保護責任者遺棄罪は、その中核は、不作為犯であり、危険状態の不解消である。したがって、「遺棄」の概念は、217条と218条によってまったくその内容を異にし、前者は、作為を、後者は不作為を意味する。217条と同様の作為による遺棄行為が行われた場合でも、そこでは、作為の側面が重要なのではなく、危険状態において保護しない不作為の責任が問われるのである。また、保護責任者の保護義務が、作為による保護を要求するのであり、それ以外に作為義務を根拠づけるものはない。したがって、保護責任者によらない217条は、不作為犯の作為義務を根拠づけられない不作為であるので、不可罰となる。

さて、作為か不作為かは、身体的挙動の有無によって区別されるのではなく、危険状態を積極的に創出するのが作為であり、不保護状態を解消しないのが不作為である。「危険状態創出」は、移置のみならず、周囲の状況を変化させることによっても行いうる。「不保護状態の不解消(不保護)」という不作為には、**三つの態様**がある。第1は、危険状態の創出(作為)を伴う不保護の類型(遺棄)である。第2は、危険状態の創出がないが場所的離隔を伴う不保護の類型(遺棄)である。第3は、場所的離隔を伴わない不保護の類型(218条後段の不保護)である。

なぜ、このような異なった遺棄概念を用いたのかというと、「遺棄」概念の本質的要素を、場所的離隔を発生させることであると捉え、不保護のうちでも場所的離隔を伴うものは遺棄という概念で表したからである。幼児を森

⑤ **本書の立場**　（前提概念）（a）遺棄＝場所的離隔の発生
　　　　　　　　　　　　　（b）218条は、真正不作為犯。作為的形態も不作為
　　　　　　　　　　　　　（c）不保護は、場所的離隔なき不作為
　　　　　　（前提構想）　217条は、危険創出犯、218条は、危険状態不解消犯

217条・218条の類型	遺棄の概念内容	行為態様
217条（危険創出罪）	遺棄（含：接近の遮断）	作為犯（離隔の作為的発生）
218条（危険状態不解消罪）前段	遺棄（前段）	不作為犯（離隔の発生・含：作為的形態）
後段	不保護（後段）	不作為犯（離隔なき不保護）

の中に捨てた者は、作為によって要保護者を森に移置したが、それが218条の遺棄の本質ではなく、森に移置した要保護者を保護せずに遺棄し、危険状態にさらしたことが本質である。また、保護責任者が、要保護者を立ち去るに任せ、あるいは欺いて立ち去らせた場合には、作為ではなく、保護内にとどめなかった不作為が重要である。これに対して、保護責任者でない者が立ち去るに任せた場合には、保護義務がなく、作為による遺棄のみを把捉する217条の遺棄にはあたらない。欺いて立ち去らせた場合には、危険状態の創出があり、作為による217条の遺棄である。「危険な場所に遺留して立ち去る行為」（置き去り）は、危険な状態を積極的に創出しておらず、217条の遺棄ではない。しかし、保護責任者が、要保護者を置き去りにした場合には、生じた危険状態を解消しない不作為が遺棄となる。[9]

---

[9] 保護責任者が要保護者を「置き去り」にするということは、保護責任者の保護のもとになった要保護者の保護を解消するということである。これによって生じた危険状態は、危険状態の創出といえなくはない。例えば、一人でその子を育てていた母親が幼児を置き去りにして家出をした場合、危険状態の創出であるともいえる。これを作為というかどうかは保護責任者遺棄罪にとっては重要ではない。いずれにせよ、保護責任者でない隣家の者が、隣の家の幼児が一人でいるのを知って、外出したとしても、危険状態の創出でもなく、217条の遺棄とはならないのは当然である。

§28　単純遺棄罪

> 老年、幼年、身体障害又は疾病のために扶助を必要とする者を遺棄した者は、1年以下の懲役に処する（217条）。

1　客　体

本罪の客体は、老年、幼年、身体障害または疾病のために扶助を必要とする者である。[10]「**老年**」の年齢的限界は明確ではないが、判例には、80歳前後の老人の病人を要扶助者としたもの（前掲大判大4・5・21）がある。「**幼年**」については、旧刑法336条は、8歳未満の幼者としていたが、7、8歳未満の者（法曹会決議昭8・9・29評論22巻刑法318頁）をいう。「**身体障害**」とは、身体器官に損傷のあることをいう。「**疾病**」とは、肉体的・精神的な疾患をいう。精神病（大判昭3・4・6刑集7・291）、負傷（最判昭34・7・24刑集13・8・1163＝218条関係）などのほか、泥酔（名古屋地判昭36・5・29裁時332・5、218条関係＝最決昭43・11・7裁判集刑169・355）も、疾病にあたる。しかし、たんに妊娠中、熟睡中であるというのは、疾病にはあたらない。[11]「**扶助を必要とする者**」とは、他人の助力がなければ、日常生活を営むに必要な動作をなしえず、生命・身体に対する危険状態に陥る恐れのある者をいう（大塚61頁、前掲大判大4・5・21）。経済的困窮者は含まれない。

2　行　為

本条にいう「**遺棄**」とは、すでに論じたように、作為によって要扶助者の危険状態を積極的に創出することをいう。要扶助者を場所的に移転させると否とを問わない。もともと危険な場所にいる者をより危険の高い場所に移動させた場合にも、危険を増加させており、遺棄である。「自己の占有する場所内に、老幼、不具若しくは傷病のため扶助を必要とする者」がいることを知りながら、速やかにこれを公務員に申し出ない不作為は、軽犯罪法1条18号に違反するが、単純遺棄罪にはあたらない。

---

[10] 遺棄罪を、生命に対する危険犯と解する見解からは、「扶助者の扶助によりはじめて生命に対する危険から身を守ることができる状態」をいうとされる（山口32頁）。
[11] 妊婦も手足を縛られた者も病者であるとする見解として、植松288頁がある。

§29　保護責任者遺棄罪

> 老年者、幼年者、身体障害者又は病者を保護する責任のある者がこれらの者を遺棄したときは、3月以上5年以下の懲役に処する（218条前段）。

1　意　義

要保護者を保護する責任がある者が、「遺棄」を行うことを処罰する規定である（真正身分犯）。本条における「**遺棄**」とは、不保護状態を、**場所的離隔をもって解消しない**という不作為である（真正不作為犯）。[12] この不作為は、危険状態の創出をもたらす移置が前提となっている場合も、それがない置き去りの場合も、あるいは、場所的離隔をもって保護しないままに放置する場合をも含む。

2　保護責任者の意義

「保護する責任のある者」とは、法律上、要扶助者の生命・身体の安全を保護する義務のある者をいう。保護責任は、法令の規定のほか、契約・事務管理・条理によって根拠づけられる。

老年者・幼年者・身体障害者・病者とのみ規定され、「扶助を必要とする者」の文言はないが、当然、この要件が加えられるべきである。「保護する責任のある者」とは、保護すべき義務のある者を意味する。

ⓐ　保護義務の発生根拠　保護すべき義務は、法令に直接規定がある場合のほか、契約、事務管理、条理等によっても生じる。**条理**とは、法の精神に立脚した合理的判断（大塚63頁参照）であるが、その内容については、不明確であり、たんに具体的に妥当な保護義務の発生根拠の総括概念であるにすぎないので、それ自体は意味をもたない。むしろ、そこに含められる先行行為・引受け行為等の具体的基準・内容を類型化し、明確化しなければならない。

法令は、公法上・私法上の保護義務を問わない。公法上の保護義務としては、警察官職務執行法にもとづく警察官の保護義務（3条）、精神保健法にもとづく保護義務（20条）などがあり、私法上の保護義務としては、民法にも

---

[12] 本条が、前段・後段を問わず、真正身分犯であり、真正不作為犯であるとする点で、前段を、作為犯および不作為については不真正不作為犯であり、かつ真正身分犯とする通説とは異なる。なお、本条は、単純遺棄罪の加重類型ではないことを、もう一度確認しておこう。

とづく親権者の監護義務（820条）、親族の扶養義務[13]（877条以下）がある。作為による遺棄行為が行われた場合には、これらの保護義務を負う地位にあるかどうかは、身分上の加重根拠である。しかし、不作為による場合には、これらの保護義務は、不真正不作為犯における保障人的地位と同様の、作為義務を根拠づける保障人的地位にもとづくものでなければならないことは明白である。したがって、この場合、法令上の保護義務が、直ちに保護責任者遺棄罪における保護義務となるわけではなく、要扶助者が現に保護を要すべき危険状態に陥っている場合にはじめて、法令上の保護義務が、不保護状態を解消し、生命・身体の安全を守るべき作為義務を根拠づける保護義務となる。「保護する責任のある者」という要件が、作為・不作為によってその内容を区別されるべきではないから、それは、作為・不作為を問わず、法令上の根拠にもとづいて具体的に発生した「生命・身体を守るべき義務」を意味すると解すべきである。

　契約にもとづく保護義務としては、雇用関係にもとづき、雇人が疾病にかかったときはこれを保護するという黙約があるときは、雇主には保護義務が認められる（大判大 8・8・30 刑録 25・963）。内縁の夫婦が契約によって 2 歳の子供を養子としてもらい受け自宅に引き取っていた事実上の養父母は、養子縁組に関する法律上の手続を履行すると否とにかかわらず、幼者たる養子に対して保護責任を負う（大判大 5・2・12 刑録 22・134）。

　事務管理にもとづく保護義務としては、病者を引き取り自宅に同居させたとき（大判大 15・9・28 刑集 5・387）、罹病して歩行の自由を失った者を村役場の要求により自宅に引き取ったとき（大判昭 12・3・28 判決全集 4・6・42）、および、客を招き酒席を設けた者が、泥酔状態となった参会者に対して、現に保護の任にあたっていたとき（横浜地判昭 36・11・27 下刑集 3・11＝12・1111）、事務管理の法理に照らして、保護責任を負うとした判例がある。

　条理にもとづく保護義務の例としては、引受けないし先行行為にもとづく

---

[13] 民法上先順位の扶養義務者がある場合であっても、後順位者が老者を看護すべき状態にあった場合には、その者もまた本条にいう老者を保護すべき責任ある者である（大判大 7・3・23 刑録 24・235）。また、民法上扶養義務者が数人ある場合に、扶養義務履行先順位にある者がこれを履行しないときは、後順位にある者に保護すべき責任がある（大判大 8・8・7 刑録 25・953）。さらに、扶養義務者が数人ある場合において、尊属たる老者と同居する者は、他に扶養義務者があると否とを問わず、保護すべき責任があると解すべきである（札幌高函館支判昭 29・3・16 高刑特 32・95）。

ものがある。自動車の運転者が、過失によって人を轢過し、重傷を負わせた場合、先行の過失行為にもとづいて被害者に対する保護義務が生じるかどうかが問題である。過失の先行行為自体によって保護義務を認める見解（団藤454頁、大塚64頁）もあるが、通説は、いったん被害者を自動車に乗せるなどの引受けないし排他的支配によって危険を高める行為があった場合にはじめて、保護義務を認めている（平野164頁、中山91頁、大谷78頁、中森39頁）。

ⓑ 判 例 判例においては、**道交法上の救護義務**（72条）（旧道路交通取締法24条）を根拠にして、轢き逃げの際に法令上の保護義務を認めるものがある（前掲最判昭34・7・24、大阪高判昭30・11・1高裁特2・22・1152）。しかし、道交法上の救護義務違反が直ちに刑法上の保護義務違反となるものではない。両規定は、目的が異なるからである。道交法上の救護義務は、生命・身体の安全を保護すべき程度に至らず、扶助を要する程度に至らない軽微な負傷であっても、警察活動への協力義務の一種として課せられるものだからである（大塚64頁）。

昭和40年代から、**轢き逃げ**に不作為による殺人罪を適用するものが現れた。過失によって歩行者に傷害を負わせた自動車運転者が、被害者を同乗させて病院へ搬送する途中、即時救護の措置を加えなければ死亡するかもしれないことを十分予見しながらそれもやむをえないと決意し、なんらの救護措置もとらず29キロメートル離れた場所まで走行したため車内において死亡させた事案に、殺人罪の成立を認めた（東京地判昭40・9・30下刑集7・9・1828）。その他、同様に、被害者を運んで深夜の寒気厳しい暗い農道上に放置し置き去りにした行為につき、不作為による殺人未遂を認めた判例（浦和地判昭45・10・22刑月2・10・1107）がある（☞総論§83, 3）。

その他、**先行行為**や**引受け**によって保護義務が根拠づけられる事例に関する判例として、妊婦の依頼を受け、妊娠26週に入った胎児の堕胎を行った産婦人科医師が、出生した未熟児を医院内に放置して約54時間後に死亡させたという事案について、保護責任を認めて、保護責任者遺棄致死罪を認めたもの（前掲最決昭63・1・19=**百選9**）がある。また、自動車運転者が、歩行者を誘って助手席に同乗させて走行中、下車を求められたにもかかわらず走行

---

[14] ひき逃げが遺棄罪を構成するかについて、最近の議論として、岡野光雄「ひき逃げと遺棄罪」佐々木喜寿285頁以下参照。

を継続したため、同乗者が路上に飛び下り重傷を負ったという事案につき、「自己の先行行為に基き」保護責任を有するものとする（東京高判昭45・5・11高刑集23・2・386）。また、**13歳の少女**をホテルに同伴し、覚せい剤を注射して錯乱状態に陥れ正常な起居の動作ができないほどに重篤な心身の状況に陥らせた者に、救急医療を要請する保護義務を認めた判例（最決平元・12・15刑集43・13・879**百選Ⅰ-4**）がある（☞総論§82, 6 (3) (a)）。

たんに一時的でない共同生活ないし継続的で緊密な共同行為を行っていた場合にも、任意的・制度的な保護関係が発生し（☞総論§82, 2 (3) (ii)）、保護義務が根拠づけられる。判例には、被害者と同一の会社に勤務し、同一の社員寮に起居しており、同人と外出中に同人が傷害を負って起居動作が不可能に陥ったときに保護義務が認められるとしたもの（岡山地判昭43・10・8判時546・98）がある。また、3歳の幼児を連れた女性と同棲を開始し、数日間共同生活を営んだ男性は、条理上ないし社会通念上保護すべき責任を有するとしたもの（東京地判昭48・3・9判タ298・349）もある。

　　保護責任者遺棄致死に問われた事案であるが、**保護責任者**にあたるかが問題になった事案を紹介しておく。被告人が、夫がいながら交際中のXに、数種類の向精神薬合計100錠くらいをXに服用するよう申し付け、これを服用したXが、被告人使用の軽自動車内において薬物中毒状態に陥り、自力で車外へ出るのが困難であることを認識しつつ、救急車の派遣を求めるなどをすることなく、その場を立ち去り、数時間にわたってXを自動車内に放置し続け、死亡させたというものである。判決は、「被告人とXは不倫関係にあったこと、Xが自ら向精神薬を服用したとはいえ、それは被告人の言動に誘発された側面が強いこと、被告人が歩いて出て行ったXを自分の自動車に乗せたこと、Xは被告人以外の者が発見しにくい自動車の後部座席にいた」ことなどを挙げ、保護責任を肯定した。被告人がその場を立ち去っているので、被告人の行為は、不保護罪ではなく、保護責任者遺棄罪にあたり、**作為犯**である。向精神薬を多量に飲むよう誘発し、しかも自車に乗せるといった先行行為は、保護責任を根拠づける（静岡地判平23・10・4LEX/DB）。

§30　不保護罪

> 老年者、幼年者、身体障害者又は病者を保護する責任のある者が、その生存に必要な保護をしなかったときは、3月以上5年以下の懲役に処する（218条後段）。

保護義務違反（不保護）を処罰する真正不作為犯である。主体は、保護責任者である。「生存に必要な保護をしなかった」とは、要保護者との場所的

離隔なしに生命・身体の安全を守るための保護をしないことをいう。例えば、自宅で2歳の養子に対して何日間も適当かつ十分な食事を与えずはなはだしく栄養状態に障害を来たさせた場合（前掲判大5・2・12）などがそうである。生存に必要な保護を欠いたかどうかは、要保護者の具体的事情によって判断される（大判大3・1・26新聞922・28）。「**生存に必要な保護**」をする必要がある場合を前提とするから、保護義務の発生の前提として、生命・身体に対する客観的に危険な状態が発生している必要がある。[15] 218条前段の「不作為による遺棄」とは、場所的離隔を生じるか否かによって区別される。

判例には、起居不能となった73歳の老婦を保護すべき責任のある者が、看護を嫌って狭小な張出小屋に押入れ、適宜の食餌も与えず、夏には蚊帳も使用させず、糞尿堆積浸滲して寝具は腐食し、着衣に蛆その他の虫類を寄生するに至らせた場合（大判大14・12・8刑集4・739）、65歳の実母が、疾病にかかり他家の物置に寝臥していたのを顧みず、必要な食物すら給与せず、4、5日して自宅に引き取ったが、その後も適当な食物を与えるなどの適当な措置をとらず、放置して相当な看護をしなかった場合（前掲大判大8・8・7）に不保護罪を肯定したものがある。

さらに、マスコミで話題となった事件で、被告人は、入手したMDMAを女性に譲り渡し、それを服用した女性が急性MDMA中毒による錯乱状態に陥り、生命に危険な状態が生じたのにその生存に必要な保護をしなかったという事案につき、保護責任者遺棄致死罪を認めたものがある（東京高判平23・4・18LEX/DB）。「被害者が錯乱状態に陥った時、本件居室には被告人と被害者の2人しかおらず、被告人が呼ばない限り誰も立ち入ることができず、正常な判断と行動ができるのは被告人しか存在しなかった」などとして、保護責任を認めた。この判旨にはいわゆる「排他的支配」説の影響が見られるが、被告人の先行行為の影響にもっと着目すべき事案であっただろう。本件では、生存に必要な保護をしないという不保護罪が成立し、「致死」結果が生じたので保護責任者遺棄致死罪（219条）が成立する。

本罪は、抽象的危険犯であるので、故意は、危険の認識を含まない。しかし、抽象的危険を基礎づける事実を認識している必要がある（宮崎地判平14・3・26判タ1115・284）。

---

[15] 判例には、泥酔した内縁の妻が、深夜、寒冷下で水風呂に入ったまま眠り込んでしまって死亡したという事案で、「泥酔状態にあったとしても、極度に衰弱し切っているとの証明はなく、さらに直に介護しなければ生命身体に危険が差し迫っている客観的状況にあったとするには疑問のあるところである」として、遺棄の故意を否定したもの（東京高判昭60・12・10判時1201・148）がある。

§31　遺棄等致死傷罪

> 前２条の罪を犯し、よって人を死傷させた者は、傷害の罪と比較して、重い刑により処断する（219条）。

　遺棄罪、保護責任者遺棄罪、不保護罪の結果的加重犯である。死傷の結果は、遺棄行為・不保護行為に客観的に帰属可能でなければならず、また、それに対する故意があってはならない。不保護罪の故意は、必要な保護をしないという認識があれば足り、その生命・身体に危害を加えるという認識は必要でない（前掲大判昭3・4・6）。不保護罪については、当該不作為が殺人の実行行為の程度に達していないときは殺人罪を構成せず、本罪にあたるから、致死の結果についての故意のある場合をも含むと解する見解（大塚66頁、大谷80頁、曽根46頁、林46頁）がある。しかし、故意とは、実現意思であるから、実行行為の程度に達していないならば、殺人の故意もないというべきである（結論同旨＝山口39頁）。殺意が認められる場合には、殺人罪が成立する（団藤456頁、前田109頁）。本罪と殺人罪との実行行為の差は、客観的な危険の程度（西田36頁）、保護義務の程度（大谷80頁、町野・小暮ほか74頁）によって具体的に判断されるべきである。

　　最近の判例では、**西淀川虐待死事件**で、内縁の妻と夫が共謀し、夫の実子である次女に対して必要十分な食事を与えないなどの虐待を加えていたところ、次女が衰弱し、身動き不自由な状態になったにもかかわらず、医師の診察などの医療措置を受けさせず、わずかな飲食物を与えるのみで、玄関土間あるいはベランダにおいて就寝させるなどして死亡させた行為が、生存に必要な保護をなさない行為にあたるとし、**保護責任者遺棄致死罪の共同正犯**に問われた事件がある。夫については、大阪地判平22・8・2LEX/DBがあり、妻については、大阪地判平22・7・21LEX/DBがある。

　最高裁判例（シャクティ殺人事件）では、不保護罪の共同正犯に問われた長男の罪責につき、病院から連れ出すという「遺棄」行為が先行し、その後、不保護罪で要求されている「生存に必要な保護」をなさなかったことによって、父親が死亡した事案で、長男を遺棄致死罪に、シャクティ治療と称して必要な保護をなすことなく殺意をもってその父親を殺害したグルを不作為に

---

[16] 保護義務者が、殺意をもって故意に被養育者の生存に必要な食物を与えないで死亡させた場合には、殺人罪が成立し、たんにその義務に違背して生存に必要な食物を与えないで死亡させた場合は、遺棄致死罪が成立するとした判例（大判大4・2・10刑録21・90）がある。

よる殺人罪とした（最決平 17・7・4 刑集 59・6・403、山中・百選〔第 6 版〕I -6 評釈参照）。

　傷害の罪と比較して重い刑によって処断される。傷害の罪とは、致傷の場合には 204 条の傷害罪（15 年以下の懲役）、致死の場合には、205 条の傷害致死罪（3 年以上の有期懲役）を指す。両者の法定刑の上限・下限それぞれともに重いものを適用するという趣旨（単純遺棄致傷罪＝5 年以下の懲役、保護責任者遺棄致傷罪＝3 月以上 5 年以下の懲役、致死罪＝いずれも 3 年以上の有期懲役）である。

第2章 自由に対する罪

§32 総 説

　自由に対する罪は、さまざまな人間の自由のうち社会生活上重要なものを選んでそれを保護法益として保護することを目的とする犯罪類型である。ここで問題となる自由は、意思決定や意思活動の自由（脅迫罪・強要罪）、場所的移動を伴う身体行動の自由（逮捕監禁罪）のみならず、その他、既存の生活環境の中で生活する自由（略取誘拐罪）、性的自由（強制わいせつ罪）を含む。

　したがって、自由に対する罪は、逮捕および監禁の罪（31章）、脅迫の罪（32章）、略取および誘拐の罪（33章）、強制わいせつおよび姦淫の罪（176条～181条）、および淫行勧誘罪（182条）からなる。

　自由に対する罪に、どのような犯罪類型が含まれるかについては、学説は多岐に分かれているが、基本的には、「住居を侵害する罪」と「秘密を侵す罪」を自由に対する罪に含めるか（林71頁）、住居を侵す罪のみを自由に対する罪に含め、秘密に対する罪は、「秘密・名誉に対する罪」（西田104頁）ないし「人格的法益に対する罪」（山口126頁）として独立に位置づけるか、または、住居を侵害する罪ならびに秘密を侵す罪を別に「私生活の平穏を害する罪」として分類するか（団藤499頁、福田202頁、大塚109頁、中98頁）によって分かれる。後者を「私的領域における他人の干渉からの自由」（内田191頁）ないし「プライヴァシーに対する罪」（西原164頁、曽根78頁）とするものもある。その他、業務妨害罪（35章233条後段以下）を自由に対する罪に含め（平野186頁、中山147頁、内田182頁、曽根71頁）、住居侵入罪を行動の自由に対する罪ではないとしてここから除く見解（中森44頁、67頁）ないし、業務妨害罪を、自由に対する罪とは独立に、「信用および業務に対する罪」と位置づける見解（西田124頁、林71頁、山口152頁）もある。住居を侵す罪（12章）は、一定の場所的空間における意思活動の干渉されない自由、ないし住居等に立ち入りを認める自由（住居権・Hausrecht）、または、建造物等に対する支配・管理権、私的領域における人に知られない自由（秘密）（住居侵入罪）などの自由に対する罪の側面をもつが、とくに私生活の自由に対する罪という特

殊性をもつので、独立に次章で論じる。

　姦淫の罪は、現行刑法の条文の位置からすると、わいせつの罪とともに社会的法益に対する罪に位置づけられているが、今日では、わいせつ罪のうちの強制わいせつ罪（176条）とともに、性的自由に関する個人的法益に対する罪に組み入れられている。淫行勧誘罪（182条）については、社会の風俗を害する罪として社会的法益に関する罪と捉える学説（大塚514頁、中249頁、内田512頁、西田393、400頁、前田575頁）と、個人の性的自由に対する罪と捉える学説（団藤498頁、大谷122頁以下、中山137頁、中森56頁、曽根66頁）に分かれている。ここでは、後説に従う（山中122頁）。

第1節　逮捕および監禁の罪

§33　総　説

　逮捕および監禁の罪は、人の身体の拘束によって人の行動の自由、場所的移動の自由を奪うことを内容とする犯罪である。逮捕・監禁罪（220条）と結果的加重犯としての逮捕監禁致死傷罪（221条）が含まれる。したがって、保護法益は、人の行動の自由と生命・身体である。逮捕と監禁とは、行為態様を異にするが同一の条文の中に規定され、法定刑も同一であるから、両者を厳密に区別する実益はない。尊属逮捕監禁罪（220条2項）および同致死傷罪（221条）の部分は、平成7年の改正により削除された。また、平成17年の改正により逮捕・監禁罪の法定刑の上限が「5年以下」から「7年以下」に引き上げられた。

　逮捕・監禁罪は、身体の活動の自由を奪うことを内容とする侵害犯である。また、身体活動の自由が拘束されている限り、犯罪は継続するので、継続犯である。

§34　逮捕・監禁罪

> 不法に人を逮捕し、又は監禁した者は、3月以上7年以下の懲役に処する（220条）。

1 客 体

　本罪の客体は、人である。身体活動の自由が保護法益であるから、すでに自由が奪われている人は、客体から除かれることになる。自由を奪われているということを知らない者は、身体の活動の自由を侵害されうるのだろうか。

　ⓐ 意思活動能力・身体的活動能力の存在　　意思活動能力とは、事実上の意思活動をなしうる能力をいい、責任能力や法律行為能力を意味しない。したがって、幼児や責任無能力者もこの意味の意思活動能力をもつ。この意思活動の自由を前提とする身体的活動能力とは、自ら移動する能力をいう。他人の援助や道具・器具などの助けを得て活動しうる身体障害者・傷病者なども、身体活動の自由を有する。したがって、歩行の不能な幼児であっても、這うことできれば、身体的活動の自由はあるといえる。判例には、1歳7カ月の幼児に対して監禁罪を肯定したものがある（京都地判昭45・10・12刑月2・10・1104＝**百選10**）。

　身体的活動能力の前提としての意思活動の能力が存在しないと思われるのは、嬰児や植物状態にある患者である。問題は、一時的に意思活動の自由を失った睡眠中の者や泥酔者等である。これらの者は、覚醒し、酔いが覚めれば意思活動の能力を回復する。ここでは、学説には、**可能的な自由**で足りるというもの（福田172頁、大塚76頁、香川413頁、内田117頁、大谷83頁、中森46頁、曽根48頁、斎藤信治48頁、林72頁）と、**現実的な自由**が必要であるという見解（西原133頁、中山107頁、川端142頁、西田72頁以下、山中98頁以下、前田113頁）とに分かれている。[1] 個人のもつ意思活動・身体的活動の自由を奪うことがこの犯罪の内容であり、一時的にせよ、現実にその自由がもともと存在しないがゆえに奪われることのない熟睡者や泥酔者には、逮捕・監禁罪は成立しないというべきであり、後説が正当である。[2]

　それでは、意思活動能力はないが、身体的活動能力はある者に対して逮捕・監禁罪は成立するか。例えば、夢遊病者や、高度の精神病によってまったく意識を欠く者が、意思活動能力なしに歩き回ることはできる場合である。夢遊病者の場合、行為の意味を理解したうえでの意思活動能力はないが、どこに行きたいという意思があるかもしれない。「まったく意識を欠く」者につ

---

[1] なお、事案によって、両説を使い分ける見解として、山口83頁以下参照。
[2] 山中敬一「行動（精神）の自由に対する罪」現代的展開51頁以下参照。

いては、通常、移動の自由も否定されるであろう。しかし、もし、先の夢遊病者のように、移動能力があり、それが何らかの意思にもとづく限り、その移動の自由を奪うことは逮捕・監禁罪を成立させうるであろう。しかし、実際には、次に検討する「自由剥奪の意識」に欠けることがほとんどであろう。

さらに、意思活動能力はあるが、身体的活動能力がない者に対して逮捕・監禁罪が成立するであろうか。例えば、四肢を失いベッドに横たわっているが、意識ははっきりしている者、ないし、四肢をベッドに縛りつけられて身動きできない状態にある者がそうである。この場合、自らの力では身体的活動ができないことが前提であり、自ら車椅子を操作し、あるいは束縛を解くことができる場合は除く。したがって、他人の助けを借りれば、移動可能な者も含まれる。そのような他人がその者を移動させようと接近するのを、その者のいる部屋に施錠することによって不可能にした場合などには、監禁罪は成立しない。監禁罪は、人の社会的活動・社会的相互作用を保障するものではないからである。自由剥奪の意識をもつことがあっても、身体的活動能力が否定される以上、逮捕・監禁罪は成立しない。

ⓑ 自由剥奪の意識の存在　客体となる被害者が、身体活動の自由を奪われていることにつき、意識していることが、逮捕・監禁罪の成立のために必要か。例えば、偽計によって、監禁されていることに気づかなかったときでも監禁罪は成立するのだろうか。また、例えば、夢中で仕事をしている人のいる部屋に鍵をかけて閉じ込めたが、被害者がまったく気づかなかった場合、あるいは、離れ小島に住む人を監禁するためその人の使用している唯一のボートを海中に沈めたが、その人がそれに気づかず、その間、一度も島を出ようとも思わなかったのであるが、発覚しないうちに、ボートを元通りに戻したといった事例である[3]。ちなみに、これらの事例では、被害者に意思活動能力も身体的活動能力も存在することは前提になっている。**通説は、可能的な自由**で足りるとするので、**自由剥奪の意識を不要とする**（不要説＝大塚76頁、大谷84頁、曽根48頁）。これに対して、**現実的自由**を必要とする見解からは、これを要求する（必要説＝木村59頁、西原133頁、川端143頁、西田73頁以下、前田113頁、山中・現代的展開51頁）。上の事例で、客観的に監禁状態にあったとし

---

[3] 監禁状態にあることを知らず、監禁状態を脱して移動しようという意思も抱かなかったのであり、このような場合には自由剥奪の意識はない。知っていれば移動しようと思ったかどうかという仮定的意思（堀内53頁）が重要ではなく、現実的意思の不存在が重要である。

ても、被害者が現実的に不自由な状態に置かれたわけでもないので、監禁罪を成立させるのは、処罰範囲を拡大するものである。したがって、結論的にも、必要説が正当である。睡眠中に監禁された者が、途中で眼を覚まし、監禁に気づいた場合には、その時点から監禁が成立する。再び熟睡したとしても、すでに自由剝奪の意識はあるから、その事前の意識で十分であり、その間、監禁罪が中断するわけではない。

　これらの事例と区別されるべきは、**監禁状態そのものにつき意識はある**が、それに同意している場合である。例えば、電車に乗った者は、列車内から任意に脱出できないということを認識しているから、自由剝奪の意識はある。また、「棺桶の中で施錠したまま1日過ごせば5万円やる」といわれてそうした者も、自由剝奪の意識はあるが、同意しているのである。

2　行　為

　逮捕すること、または監禁することである。

ⓐ　逮捕の意義　　逮捕とは、**人の身体を直接的に拘束して行動・移動の自由を奪うこと**をいう。羽交い締めにする、体全体をロープで縛る等により、身体に対して直接的に支配して移動の自由を奪うことを必要とする。このような有形的手段によるのみならず、詐欺・脅迫などの無形的手段によることも可能である。脅迫による場合は、被害者の抵抗を排除する程度に強度の脅迫を用いることを要する。例えば、ピストルを突きつけ、「動くな。言う通りにしろ」という場合がそうである。場所的な移動の自由を奪うことが必要であるから、被害者に手錠をかけ、あるいは後手に縛って放置する行為は、まだ逮捕とはいえず、暴行にとどまるという見解（大塚77頁、大谷85頁、内田118頁、西田74頁）と、逮捕罪が成立するという見解（香川415頁）がある。

　逮捕は、身体的拘束が一定の時間継続することを要する[4]。したがって、背後から抱きついたがすぐに解放した場合には、暴行罪にとどまる。

ⓑ　監禁の意義　　監禁とは、一定の場所から脱出することを不可能または著しく困難にして間接的に人の移動の自由を奪うことをいう。一室に閉じ込めるような場合が典型的であるが、必ずしも「**囲い場所**」であることを要

---

[4] 判例には、自由の拘束が「多少の時間継続」することが必要であるとしたものがあるが（被害者の両足を荒縄で縛り約5分間引きずり回した事例＝大判昭7・2・29刑集11・141、大判昭7・2・12刑集11・75）、脱出不能の状態においた時間が1分以内にすぎなくても、監禁罪が成立するとしたものもある（名古屋高判昭35・11・21下刑集2・11＝12・1338）。

しない。したがって、被害者を原動機付自転車の荷台に乗せて疾走する場合も、また、屋根の上に上がった者から梯子を外す場合も、脱出が著しく困難であるから、監禁にあたる。一定の場所が十分に広く、その外に出ることはできないが、その内部では行動の自由がある場合でも、監禁である。監禁の方法は、施錠するとか、出口に監視人を置くというように物理的に脱出を不可能にする有形的方法による場合でも、脅迫を加えて畏怖させたり、錯誤や羞恥心を利用する無形的方法による場合でもよい。脅迫による監禁罪が成立するためには、被害者を一定の場所から立ち去ることができなくさせる程度のものであることを要する（最大判昭28・6・17刑集7・6・1289）。容易に脱出しうる状態にあるときには、監禁といえない（東京高判昭38・8・9高刑集14・6・392）。脱出方法があっても、生命・身体の危険を冒すか、公序良俗に反する方法によらなければ脱出できないような場合は、監禁である。脅迫行為により後難を恐れたり（最決昭34・7・3刑集13・7・1088、東京高判昭40・6・25高刑集18・3・238）、先に加えられた強姦の恐怖の念がまだ残っているといった場合[6]（最判昭24・12・20刑集3・12・2036）にも畏怖心を利用した監禁が成立する。**羞恥心を利用する事例**として、女性が入浴中にその衣服を隠して浴室から出ることができないようにする場合が挙げられる。しかし、羞恥心により脱出不能になるのは、心理的抵抗の相当強い場合に限られる。したがって、大勢の男性が周りにいるが、衣服に代替するものがまったくないとかといった事情がある場合に限るであろう。

ⓒ 被害者の同意 家まで送ってやると騙して、同意を得てオートバイの荷台に乗せて疾走する行為、あるいは、入院中の母親のところまで送ってやると騙してタクシーに乗せる行為について、監禁罪は、乗せて走り出したときに成立するのか、それとも、被害者が別の行き先に向かっていることに気づいて「降ろして欲しい」と言ったときなのか。これは、自由剥奪の意識を必要とする見解を前提にすると、**自由剥奪の意識の問題**なのか、それとも**被害者の同意の問題**なのか。判例は、いずれも、当初からの監禁罪の成立を肯定する（最決昭33・3・19刑集12・4・636、最決昭38・4・18刑集17・3・248）。し

---

[5] 自動車を疾走させて危険を冒さなければ降車できない状態においた事案につき、監禁を認めたものとして、大判昭10・12・3刑集14・1255、最判昭30・9・29刑集9・10・2098がある。
[6] 事案は、深夜、強姦による恐怖の念がなお継続している婦女を、海上沖合に停泊中の漁船内に閉じ込めたというものであり、監禁であるとする。

かし、タクシーやオートバイに乗った時点では、被害者は、運転者に停車を命じればいつでも停車しうると思っているから、自由剥奪の意識がない。これに対して、エレベータに乗ったところ、電気系統の故障ではないのに、「故障で修理されるまで、降りることができません」と騙されてその内部にとどまった者には、自由剥奪の意識がある。このように、自己の意思に従って任意に脱出可能であると思っているときには、自由剥奪の意識はないといえる。したがって、自由剥奪の意識必要説からは、タクシー、オートバイの事例では、被害者が気づいて「降ろして欲しい」と頼んだにもかかわらず降ろさなかったときに、自由剥奪の意識が生じる。それと同時に、同意もないので、監禁罪が成立する。エレベータの事例では、脱出不能であって、そのことを意識しているから、自由剥奪の意識は存在する。しかし、その意識は、あやまった前提に依拠している。同意もまた、すでに自由という法益が剥奪されているという法益に関する錯誤にもとづくものである。したがって、この同意は、同意といえるとしても、無効なのである。

ⓓ 違法性阻却事由　220条は、「**不法に**」と規定する。これは、逮捕・監禁は、法令にもとづき適法に行われることがあるから、違法に行われた場合に限って処罰する趣旨であることを注意的に明らかにした規定であると解されている（大塚79頁、大谷86頁）。したがって、その他の犯罪類型とは異なった特殊な、あるいは程度の高い違法性が要求されているわけではないとされる。しかし、「不法に」は構成要件要素であるので、構成要件該当性の判断において「不法に」行われたことが要求されることに注意しなければならない。これは、いわゆる「**全体的行為評価要素**」[7]であり、その事実的前提条件は構成要件に属し、総括的評価は、そこから形式的に演繹されるような場合、例えば、法令行為の場合には、その事情の存在によって構成要件該当性が阻却され、また、構成要件の予定する違法に至らない場合には可罰的違法構成要件が阻却されることもあるが、正当防衛・緊急避難等に具体的に利益衡量を行ってはじめて総括的な違法判断をなしうる場合には、その総括評価的不法判断そのものは違法性の段階で行われるという変則的な要素である。

　法令行為として「不法に」とはいえず、構成要件該当性が阻却されるのは、**適法な令状による被疑者・被告人の逮捕・勾引・勾留**（刑訴199条、210条、

---

[7] これについては、総論§73, 2, §104, 2 (2) (a) 参照。

58条、60条、62条、207条など)、現行犯逮捕(刑訴213条)、親権者が、懲戒権にもとづき家庭裁判所の許可を得て未成年の子を懲戒場へ入れる行為(民822条)、精神保健法による措置入院・医療保護入院等(29条、29条の2、33条)などである。

その他、労働争議に際して逮捕・監禁が使用者に対して行われた場合、労働組合法1条2項の「正当な」行為に含まれる場合には、違法性が阻却される。この場合、利益衡量によって総合的・具体的な判断が必要であるから、違法性阻却事由の問題である。

❺ **罪　数**　逮捕と監禁は、同一の条文に規定された同性質の犯罪である。したがって、人を逮捕し、引き続いて監禁したときは、本条の包括一罪である(大判大6・10・25刑録23・1131、前掲最判昭28・6・17)。個人の身体的活動の自由という法益は、一身専属的法益であるから、同時に複数の者を監禁すれば、被害者の数だけ本罪が成立し観念的競合となる。逮捕・監禁の手段として行われた暴行・脅迫は、逮捕監禁罪に吸収される(大判昭11・5・30刑集15・705)。逮捕・監禁が未遂に終わった場合には、逮捕・監禁罪の未遂処罰規定がないので、暴行罪・脅迫罪が成立する。監禁の機会になされた暴行・脅迫が、監禁状態を維持する手段としてではなく、まったく別の動機から行われたときは、監禁罪のほか暴行罪・脅迫罪が成立する(最判昭28・11・27刑集7・11・2344)。

恐喝の手段として監禁が行われたとしても、監禁罪と恐喝罪は、牽連犯ではない(最判平17・4・14刑集59・3・283)(☞§97、5)。本判決では、これを牽連犯とした大審院判例(大判大15・10・14刑集5・10・456)が変更された。

§35　逮捕監禁致死傷罪

> 前条の罪を犯し、よって人を死傷させた者は、傷害の罪と比較して、重い刑により処断する(221条)。

逮捕・監禁罪の結果的加重犯である。監禁中、被害者が恐怖により窓から飛び下り負傷ないし死亡した場合などに本罪が成立する(東京高判昭55・10・7刑月12・10・1101参照)。傷害の罪と比較して重い方の刑によって処断される。致傷の場合は204条と比較し、致死の場合は205条の刑と比較し、刑の上限・下限ともに重い刑に従う。

逮捕監禁致死傷罪は、結果的加重犯であり、逮捕監禁の構成要件に伴う死亡ないし傷害という加重結果の発生の危険性が類型的に高いことを理由に重い法定刑が科せられている。したがって、基本構成要件である逮捕監禁行為の危険性から類型的にみて当該加重結果が典型的に生じ、その危険が結果に実現された場合にのみ、加重結果に対して加重された責任を負う。したがって、少なくとも、加重結果が、基本構成要件行為の危険の実現でなければ、結果的加重犯の構成要件を充足しないというべきである。

　この点で、次のような事案につき、最高裁は、逮捕監禁致死傷罪を肯定した（最決平 18・3・27 刑集 60・3・382＝百選 I -11）（☞総論 § 88, 3（3）（b））。その事案の被告人は、被害者を普通乗用自動車後部のトランク内に押し込み、トランクカバーを閉めて脱出不能にし同車を発進走行させた後、知人らと合流するため、車道の幅員が約 7.5 メートルの片側 1 車線のほぼ直線の見通しのよい道路上で停車した。その停車の数分後、後方から普通乗用自動車が走行してきたが、その運転者は前方不注意のために、停車中の上記車両に至近距離に至るまで気付かず、同車のほぼ真後ろから時速約 60 キロメートルでその後部に追突した。これによって同車後部のトランクは、その中央部がへこみ、トランク内に押し込まれていた被害者は、第 2・第 3 頸髄挫傷の傷害を負って、間もなく同傷害により死亡した。本件につき、最高裁は、「被害者の死亡原因が直接的には追突事故を起こした第三者の甚だしい過失行為にあるとしても、道路上で停車中の普通乗用自動車後部のトランク内に被害者を監禁した本件監禁行為と被害者の死亡との間の因果関係を肯定することができる」とした。学説においては、客観的帰属ないし相当因果関係のみでは足りないとし、加重結果につき「予見可能性」（過失）があることを要求している。

　監禁罪と窃盗罪の併合罪加重にあたっての処断刑の決定に関して、両罪全体からその範囲は定められるべきであるとした最高裁判例がある（☞総論 § 182, 2（b））。本件判決（最判平 15・7・10 刑集 57・7・903）は、犯行当時 9 歳の女子小学生であった被害者を連れ去り、自宅の自室において 9 年 2 か月間余りにわたって監禁し続け、治療期間不明の傷害を負わせた未成年者略取および逮捕監禁致傷（第 1 の罪）ならびに約 2400 円相当の商品 4 点を万引きした窃盗（第 2 の罪）の事案において、刑法 47 条においては処断刑の範囲内で具体的な刑を決するにあたり、併合罪の構成単位である各罪についてあらかじめ個別的な量刑判断を行ったうえこれを合算するようなことは法律上予定されていないのであり、併合罪を構成する個別の罪についてその法定刑を超える趣旨のものとすることは許されないとした原判決は相当でないとして、原

判決を破棄し、「第1、第2の両罪全体に対する処断刑の範囲は、懲役3月以上15年以下となるのであって、量刑の当否という問題を別にすれば、上記の処断刑の範囲内で刑を決するについて、法律上特段の制約は存しないものというべきである」と判示した。

第2節　脅迫の罪

§36　総　説

　脅迫の罪は、脅迫罪（222条）および強要罪（223条）からなる。脅迫の罪の保護法益については、それを**個人の意思決定・意思活動の自由**および**身体活動の自由**として、脅迫罪の保護法益は前者のみであるのに対して、強要罪の法益は、両者を含むとするのが通説である（団藤460頁、福田68頁、大塚67頁、内田109頁、曽根52頁、西田66頁、林76頁以下）。意思決定ないし意思活動の自由は、身体的活動の自由の論理的前提であるが、脅迫罪は、意思決定ないし意思活動の自由に対して向けられるのみであって、身体的自由は侵害されないが、強要罪は、害悪の告知により特定の作為・不作為が行われ、身体的自由が侵害されるというのである。したがって、この見解からは、脅迫罪は危険犯であり、強要罪は侵害犯ということになる。

　これに対して、**有力説**は、脅迫罪の保護法益は**人の法的安全に対する安全感・平穏あるいは私生活の平穏**とする（小野199頁、木村53頁、中90頁、大谷89頁、中森41頁、斎藤信治60頁、山中88頁、前田122頁、山口72頁）。この見解によれば、脅迫罪は、恐怖心を起こさせ、一般的な安全感を脅かすことを内容とする。もちろん、加害の旨を告知して安全感を脅かすことが必要であるから、将来の加害に対する心理的恐怖感を抱くことが必要であって、吉凶禍福を告げるだけで脅迫となるわけではない。しかし、この見解によっても、強要罪については、暴行・脅迫によって特定の作為・不作為を行わせることを内容とするから、意思活動ないし身体的活動の自由の侵害がその中心的意義である。そこで、脅迫罪の場合には、意思決定・意思活動の自由に対する危

---

[1] 強要罪については、意思決定の自由を含まないとする見解として、中森41頁、林76、81頁、山口76頁がある。しかし、意思決定の自由は、意思活動の自由の前提であり、意思活動の自由の侵害は、意思決定の自由の侵害を含むものである。

険が禁止されるが、それは、同時に害悪の告知による安全感という心理状態を侵害することを意味する。しかし、脅迫罪が、精神の法的安全状態の侵害を要求する侵害犯であるというのではなく、その危険の発生で十分とする危険犯であると解すべきである[2]（前田123頁）。

結局、脅迫罪と強要罪を含めた脅迫の罪は、広い意味の意思決定および意思活動の自由の侵害が保護法益であるが、脅迫罪については、一般的な法的安全の意識を保護し、強要罪は、特定の意思決定・意思活動・身体的活動の保護を目的とすると解すべきである。

§37 脅迫罪

> 生命、身体、自由、名誉又は財産に対し害を加える旨を告知して人を脅迫した者は、2年以下の懲役又は30万円以下の罰金に処する（222条1項）。
> 親族の生命、身体、自由、名誉又は財産に対し害を加える旨を告知して人を脅迫した者も、前項と同様とする（同条2項）。

1 行 為

ⓐ 脅迫の意義 相手方またはその親族の生命・身体・名誉または財産に対し害を加える旨を告知して人を脅迫することである。脅迫とは、恐怖心を抱かせるに足りる害悪の告知をいう。脅迫の意義については、脅迫の程度に応じて**3種に分類**されている。①**広義の脅迫**は、恐怖心を生じさせる目的で、害悪を告知する行為の一切を意味する。この意味の脅迫も、その害悪の種類が特定されている場合とそうでない場合とに分けられる。脅迫罪にいう脅迫は告知される害悪の種類が特定されている場合にあたる。これに対して、公務執行妨害罪（95条1項）、職務強要罪（同条2項）、加重逃走罪（98条）、逃走援助罪（100条2項）の手段としての脅迫は、害悪の種類に限定はない。②**狭義の脅迫**は、害悪の告知によって生ぜしめられた恐怖心にもとづいて相手方が、特定の作為または不作為へと強要される程度のものをいう。強要罪における脅迫はこれを意味する。最後に、③**最狭義の脅迫**は、人の反抗を抑圧するに足りる程度、あるいはそれを著しく困難にする程度のものを意味する。強盗罪（236条）、事後強盗罪（238条）、強姦罪（177条）および強制

---

[2] 山口・探究48頁は、意思決定の自由に対する罪の側面と私生活の平穏・安全の側面の「両者の趣旨を包括・総合的に理解することが妥当である」とする。なお、曽根52頁も、両者は必ずしも排他的関係に立つものではないとする。

わいせつ罪（176条）にいう脅迫はこれにあたる。

　❻　加害の対象　害悪の加えられる対象は、告知の相手方の生命・身体・自由・名誉・財産に限定される（制限的列挙）。貞操は、身体・自由・名誉に準じるという見解（団藤462頁、福田170頁）もあるが、制限列挙であるから、類推解釈は許されない。むしろ、自由に含まれると解される（大塚69頁、大谷89頁、斎藤信治60頁）。

　脅迫の相手方となるのは、自然人のみであり、**法人**を含まないというのが通説（大塚71頁、大谷89頁、曽根53頁、林78頁、山口75頁、反対＝野村・（西原ほか編）「刑法学」(4) 107頁）・判例（東京高判昭50・7・1刑月7・7＝8・765、大阪高判昭61・12・16高刑集39・4・592、高松高判平7・6・30判時1571・148）である。人の私生活の平穏・安全感が保護法益であるとすれば、法人には脅迫罪は成立しない。意思決定の自由に対する犯罪と解すれば、法人も機関を通じて意思決定をなしうるから、脅迫罪はありうるといえるであろう（西田68頁参照）。

　2項においては、加害の対象は、**告知の相手方の親族の法益**にまで拡大されている。例えば、子供に害を加えることをその親に告知する場合が、この2項にあたるのである。内縁の妻が親族に含まれるかについては、立法趣旨を推及してこれを肯定する見解（平川162頁）もあるが、類推解釈であって許されない（大谷91頁、西田67頁）。

　❼　害悪の告知　告知される害悪は、一般に人を畏怖させる程度・内容のものでなければならないが、現に恐怖心を生じたかどうかは問わない。恐怖心の発生があったかどうかの立証・認定は困難だからである。一般に人を畏怖させる程度のものといえるかどうかは、告知の内容を四囲の状況に照らして客観的に判断すべきである[4]（最判昭35・3・18刑集14・4・416＝**百選11**）。脅

---

[3] 事案は、暴力団員による建設会社に対する脅迫罪の成否が問題になったものである。大阪高裁は、「法人に対しその法益に危害を加えることを告知しても、それによって法人に対するものとしての同罪が成立するものではなく、ただ、それら法人の法益に対する加害の告知が、ひいてその代表者、代理人等として現にその告知を受けた自然人自身の生命、身体、自由、名誉又は財産に対する加害の告知に当たると評価され得る場合にのみ、その自然人に対する同罪の成立が肯定される」とする。

[4] ここに掲げた判例では、ある村で、「二つの派の抗争が熾烈になっている時期に、一方の派の中心人物宅に、現実に出火もないのに、『出火御見舞申上げます。火の元に御用心』『出火御見舞上げます。火の用心に御注意』という趣旨の文面の葉書が舞込めば、火をつけられるのではないかと畏怖するのが通常であるから、右は一般に人を畏怖させるに足る性質のものである」とする。

迫罪は、**抽象的危険犯**であるので、その法益が法的安全感であるとしても、脅迫行為によってその安全感に対する危険の発生が擬制されているのであり、**一般に人に恐怖心を抱かせるに適した脅迫**が行われれば脅迫罪が成立する。このように脅迫行為は、客観的に人に恐怖心を抱かせるに適したものであれば、その相手方が個人的にとくに小心であり、あるいは迷信を信じやすい人であったかどうかを考慮して判断する必要はない（中山100頁、中森42頁、前田125頁）。相手方が特殊な心理状態にあって恐怖心を生ずるとみられる場合に、行為者がこれを知りつつ害悪を告知した場合には脅迫となりうるとする説も有力である（大塚70頁、大谷92頁）が、それがその具体的状況下においては一般人でも恐怖心を抱くという程度のものでなければ、保護する必要はないというべきである。

　害悪は、告知者自身が、加害する旨を告知する必要はなく、第三者に加えさせる旨を告げる場合（間接脅迫）でもよい（大判昭10・6・24刑集14・728）。一般に、「害を加える旨」の告知、すなわち、「加害」の告知であるから、将来加えられるべき害悪の告知であることが必要であり、また、害悪の発生が何らかの形で告知者によって影響されうるものであるかのような外観が装われていなければならない。現実に害悪の発生を左右しうる地位・立場にある必要はなく（大判昭10・11・22刑集14・1240、最判昭27・7・25刑集6・8・941）、一般人が客観的に判断して告知者がその**第三者に対して影響力を及ぼしうることを印象づけ**れば脅迫となる。したがって、第三者は虚無人でもよい（大判昭7・11・11刑集11・1572）。ただし、相手方に、自らがその第三者を左右する地位にあることを明示的ないし黙示的に知らせることが必要である。脅迫は、たんなる**警告とは区別される**。警告とは、行為者の支配しえない害悪を告知することであり、例えば、天変地異・吉凶禍福を説く場合、相手方が、告知者がそれを左右しうると感じさせるように説くのであれば、たんなる警告ではなく、脅迫となるとされる（大塚70頁、中91頁）。しかし、自然事象の発生について、告知者が支配しうるかのように一般人に信じ込ませる態様で、客観的に印象づけることができる場合はまれであって、相手方がとくに迷信深い人であるといった場合にのみ可能であることからすれば、客観的に一般人が恐怖心を抱かない吉凶禍福・天変地異を説く行為は、脅迫にはならないというべきであろう（中山101頁、中森42頁、前田125頁）。

　判例において、この問題がどのように取り扱われているかを見ておこう。派出所の

巡査に対して「お前を恨んで居る者は俺丈けじゃない。何人居るか判らない。駐在所にダイナマイトを仕掛けて爆発させ貴男を殺すと云うて居る者もある」と申し向けた場合につき、「被告人自ら加うべき害悪の告知、もしくは第三者の行為に因る害悪の告知にあたり被告人がその**第三者の決意に対しで影響を与え得る地位**に在ることを相手方に知らしめた」場合であるとしたものがある（前掲最判昭27・7・25）。これに対して、警官に対して「人民政府ができた暁には人民裁判によって断頭台上に裁かれる。人民政府ができるのは近い将来である」と告知した事案については、「被告人自身において又は被告人の左右し得る他人を通じて可能ならしめられるものとして通告せられたものと解することはできない」とした（広島高松江支判昭25・7・3高刑集3・2・247）。また、裁判官に**人民裁判**を予告した葉書を郵送した事案につき、記載内容から、害悪が行為者もしくは行為者から直接、間接に影響を受ける何人かによって加えられることを予告したものであることが明らかに読み取れるとはいえない場合には、脅迫罪にあたらないとした（名古屋高判昭45・10・28判時628・93）。さらに、当該の警察官と地元の共産党員との間で対立があったという客観的状勢のもとでは「一の具体的、客観的害悪の告知」であって、「普通一般人の誰れもが畏怖を感ずる」ようなものであり、脅迫にあたるとしたものがある（最判昭29・6・8刑集8・6・846）。

最近では、警部補が取調室で任意で取調べを行った被疑者に対し、激昂して「お前の人生無茶苦茶にしてやるわ」などの脅迫文言を申し向けた行為が、脅迫罪にあたるとした判例（大阪地判平23・4・28LEX/DB）がある。

❹　害悪の違法性　　害悪の内容は**違法であり犯罪となるもの**であることを要するかについては、見解が分かれる。犯罪の被害者が「告訴するぞ」と告知するような場合、被害者は告訴権をもち、当然の権利の行使を告知しているだけであり、告知する害悪自体が違法でないのにそれを告知することが違法ではありえないのだから、告訴の告知は違法ではなく脅迫罪を構成しないとし、害悪の内容は、①違法でかつ犯罪となるべきものであることを要求する見解（平野・法セ201号69頁、中90頁、山口76頁）もあるが、通説は、通常恐怖心を与えるものであれば②違法でなくても脅迫となるとする（大塚70頁、大谷92頁以下、西田68頁、前田124頁、林79頁）。判例も、虚偽告訴された者が虚偽告訴罪の告訴をする意思がないのに、虚偽告訴者を畏怖させる目的で、告訴する旨の通知をした事案につき、脅迫罪の成立を肯定した（大判大3・12・1刑録20・2303）。しかし、③犯罪である必要はないが、違法であることは必要というべきである（曽根54頁、中森42頁、山中90頁）。したがって、スーパーで万引きした女性に応じなければ告訴すると脅して肉体関係を迫った場合などにも、告知内容が犯罪とはいえないが、権利の濫用であり、違法であるから、脅迫罪にあたりうる。

いわゆる**村八分の通告**、すなわち、一定の共同体において、何人もの住民が共同して特定のその共同体の住民との将来一切の交際を絶つことを決定し、通告すること（**共同絶交の通告**）が脅迫になるかどうかが問題である。判例によれば、共同絶交の通告は、被絶交者の人格を蔑視し、その社会的価値である名誉を毀損するものであり、名誉に対する害悪（大判大2・11・29刑録19・1349、大判大9・12・10刑録26・912）あるいは、他人と交際することについての自由を阻害することの害悪の通告（大阪高判昭32・9・13高刑集10・7・602）であって、脅迫罪を構成するものとする。**学説**においても、害悪の内容は違法ないし犯罪であることを要しないとする立場からはこの判例の立場が支持される。しかし、共同絶交の決定によりすでに名誉に対する加害は発生しており、名誉毀損罪が成立している場合には、将来の加害の告知ではなく脅迫罪は成立しない（大谷93頁以下）。また、交際の自由は、告知者ももつものであり、絶交の通告が、名誉以外の法益を違法に侵害するわけではない。したがって、村八分の告知が脅迫罪を構成するわけではない。

　❺　**告知の方法**　　害悪告知の方法は、文書、口頭、態度・動作を問わない。明示・黙示のいずれでもよい。また、相手方への告知が行為者によって直接なされようと、他人を介して間接的に行われようといずれを問わない（大判明44・6・29刑録17・1327、最判昭26・7・24刑集5・8・1609）。

　❻　**既　遂**　　告知が相手に伝達されたときに既遂となる。それによって相手が現実に恐怖心を生じたことを要しない（大判明43・11・15刑録16・1937）。

　2　違法性阻却事由

　正当な権利の行使として害悪を告知した場合には、違法性を阻却する。しかし、判例は、権利の行使の外観を装っても、**実質的に権利の濫用である場合**には違法性を阻却しないとする。例えば、虚偽告訴の被害者が、実際には告訴する意思がないのに、虚偽告訴者を畏怖させる目的で告訴を通告した場合、脅迫罪が成立するものとされる（前掲大判大3・12・1）。しかし、真に告訴をする意思がないのに、告訴を通告したがゆえに、権利の濫用になり、違法性が阻却されないのではなく、客観的に、違法な告訴といえるかどうかが重要である。万引きした女性に性交に応じなければ告訴すると脅した場合には、相手方に性交に応じさせるという目的を関連づけられた告訴が客観的に違法だから、脅迫罪を構成するのである。権利行使と脅迫罪の成立については、なお、債務の取立にあたって身体に危害を加えることを告知する場合

（大判昭 9・7・19 刑集 13・1037）等、債権の行使として許される範囲を超えるとき、すなわち、社会通念上一般に受忍しえないと認められる程度の脅迫的言辞を用いたとき（最判昭 27・5・20 裁判集刑 64・575）には、脅迫罪が成立する。[5]この場合、恐喝罪の成立を認める説もあり、詳細は、恐喝罪の解説（☞§99）に委ねる。

3　罪数・他罪との関係

害悪の告知の後、その害悪を実行した場合には、両罪は併合罪である。しかし、脅迫と害悪の実行とが場所的・時間的に接着して行われたときは、脅迫罪は、害悪の告知の実現として実行された犯罪に吸収される（大判大 15・6・15 刑集 5・252）。

§38　強要罪

> 生命、身体、自由、名誉若しくは財産に対し害を加える旨を告知して脅迫し、又は暴行を用いて、人に義務のないことを行わせ、又は権利の行使を妨害した者は、3 年以下の懲役に処する（223 条 1 項）。
> 親族の生命、身体、自由、名誉又は財産に対し害を加える旨を告知して脅迫し、人に義務のないことを行わせ、又は権利の行使を妨害した者も、前項と同様とする（同条 2 項）。
> 前 2 項の未遂は、罰する（同条 3 項）。

1　意　義

相手方またはその親族の生命・身体・自由・名誉・財産に対して害を加える旨を告知して脅迫し、または暴行を用いて、人に義務のないことを行わせ、または権利の行使を妨害する犯罪である。**本罪の保護法益**は、**意思決定の自由および意思活動の自由（行動の自由）**である。[6]したがって、まず、脅迫・暴行をもって一定の意思決定を強制し、またはすでに存在する意思決定を変更させ、もしくは意思決定をさせないようにして、次に、それによって、一定の作為または不作為を強要するのが、本罪の内容である。本罪は侵害犯である。

---

[5] 害悪の告知が可罰的違法性を欠くとするものとして、東京高判昭 45・4・27 東高刑時報 21・5・165 がある。
[6] たんなる意思決定自体が問題ではなく、行動を強制されることによって意思決定の自由も害されることに意味がある（山口・探究 50 頁以下参照）。

2 行　為

ⓐ 暴行・脅迫　脅迫または暴行を手段とする強要である。まず、脅迫は、脅迫罪における脅迫と同じ意味である。暴行は、相手方の自由な意思決定を拘束してその行動の自由を制約するに足りる程度のものであることを要する（大阪地判昭36・10・17下刑集3・9＝10・945）。暴行は、人に向けられておれば足り、人の身体に加えられる必要はないとするのが通説である（大塚73頁、大谷95頁以下、西田70頁、反対＝山口78頁）。その理由は、暴行は、相手方に恐怖を与えることによって一定の作為または不作為へと強要するに足りるものであればよく、したがって、被害者と共感関係に立つ第三者に対する暴行であっても、物に対する暴行（対物暴行）であっても、被害者に恐怖心を起こさせ、それによって意思活動の自由（行動の自由）が侵害されるに足る程度の有形力の行使であればよいと考えられているからである。そのことは、とくに、第2項の解釈において意味をもつ。

第2項の「親族の生命」等に対する加害行為の手段としては、「脅迫」のみが規定されている。そこで、問題となるのは、例えば、親の眼前で子供に暴行を加えてその親に一定の作為・不作為を強要する場合に、強要罪が成立するかである。この場合、通説に従って、暴行は、子供の身体に加えられているが、親に向けられているものであると解すれば、1項の強要罪が成立するということになる。そこで、1項の暴行概念を拡張解釈してこの問題を解決しようというのが、その意味なのである。

しかし、子供に対する現在の暴行は、**将来の暴行（加害）の黙示の予告**であり、**脅迫**と解すべきである。したがって、親の目前での子供への暴行は、2項の脅迫にあたる（中95頁、西田70頁）。本人に対する加害と親族の法益に対する加害によって1項と2項が分けられているのに、親族に対する加害行為（暴行）の場合に1項を適用するのは、体系性を欠くからである。

このような解釈を前提にするならば、1項にいう「暴行」の概念にも影響を及ぼしうる。本人の眼前で、物に対して暴行を加える場合は、1項にいう暴行ではなく、それによって将来の暴行を予告する脅迫と解することもできるが、人に向けられた暴行であることを否定する必要はないであろう。しかし、2項では親族の生命等に限定して脅迫を処罰しているのであるから、1

---

[7] 物に対する暴行でもよいとするものとして大谷95頁、曽根56頁、中森44頁。

項において第三者に暴行を加え、または第三者への加害を告知する行為は、その者が親族でない限り、本人の意思決定・行動の自由を侵害する程度は、類型的に低く（西田70頁）、当罰性を欠くがゆえに、不可罰と解釈すべきであろう。

　さらに、問題は、**法人**は強要罪の被害者になりうるかである。脅迫罪の場合と同様、これを否定するのが通説である。これに対して、強要罪の保護法益は意思決定の自由であるという立場から、法人にもその機関や代表者を介して法人の意思決定およびそれにもとづく法人の行動が観念しうる以上、強要罪の被害者となりうるとする見解が唱えられている（大判大6・4・12刑録23・339、西田70頁、山口79頁）。しかし、強要罪は、脅迫・暴行を手段として、被害者の恐怖心（安全感の危殆化）を介して、作為・不作為が強要される点に本質があるというべきであるから、**安全感を脅かされない法人**は、強要罪の被害者とならないというべきであろう。法人の機関の安全感の危殆化はありうるとすれば、それによって法人に対する強要罪の成立を認めるには、2項の「親族」に類する特別の規定が必要であろう。

　❻　**強　要**　　強要とは、脅迫または暴行の結果、それにもとづいて人に義務のないことを行わせ、または行うべき権利を妨害することをいう。行動の自由が侵害されたことを要する（侵害犯）。脅迫・暴行と義務のないことを行ったこと、ないし権利の行使を妨害されたことの間には生ぜしめられた恐怖心を通じて因果関係がなければならない。「**義務のないことを行わせ**」るとは、行為者に当該行為を行わせる権利ないし義務がないのに、相手方にこれを強制し、相手方に作為または不作為を余儀なくさせることをいう（大判大8・6・30刑録25・820）。この義務は、**法律上の義務に限定されないという立場**もある[8]（平野174頁、内田105頁、中森44頁、前田128頁）が、**法律上の義務に限定される**と解すべきである（大谷96頁、曽根56頁、平川164頁、林80頁、山口・探究52頁、同80頁）。法律上の義務に限定しない場合は、本罪の成立範囲が不明確になるからである。したがって、道徳上の義務を強要した場合にも強要罪が成立する。例えば、謝罪・自己批判を強要する行為は、社会倫理上謝罪・自己批判するのが当然のようにみえる場合でも、法律上の権利・義務がない

---

[8] この立場からは、「社会生活上、行なうことが相当である行為を含む」とされ（平野174頁）、あるいは、社会生活上相当でないことを強制する場合に限って処罰されるとする（前田128頁）。しかし、何が社会的に相当かは不明確である。

場合には、義務のない行為をさせたことになる。「権利の行使を妨害した」とは、被害者が法律上許されている作為・不作為を妨害することをいう。ここでも、法律上の権利の行使に限定されるべきである。

　暴行・脅迫によって被害者の反抗が抑圧される程度に達し、被害者が自らの意思で一定の作為または不作為を行ったとはもはやいえず、暴行・脅迫者の意のままに**まったく機械的に行動させられたとき**には、もはや強要罪は成立しないと解すべきである（大塚73頁、大谷95頁、山中・現代的展開47頁）。強要罪は、意思決定に対する罪でもあり、自らの意思に基づく行為が強要される必要があるからである。したがって、女性の腕を摑んで引っ張り、10メートル余り移動させる行為は、「暴力のままに器械的に右行動に出たに過ぎないのである」から、その行動は、刑法223条1項にいわゆる「義務なき行為」に出たものということはできず、強要罪にはあたらない（東京高判昭34・12・8高刑集12・10・1017）。限定的に解する必要はないとする見解（中森44頁、山口79頁）もあるが、強要罪は、意思活動の自由のみならず、その前提として意思決定の自由の侵害も含むから不当である。

　　義務がないのに相手方が作為・不作為を強制された事例としては、13歳の子守りの少女を叱責する手段として、頭上に水入りバケツ、醬油の空き樽等を数十分ないし数時間頭上に支持させる行為（前掲大判大8・6・30）、陸軍の運輸部長に雇員の解雇を強要する行為（大判昭7・3・17刑集11・437）、名誉毀損罪または侮辱罪を犯していない相手方に対して謝罪文を作成・交付させる行為（大判大15・3・24刑集5・123、なお、大阪地判昭45・1・29刑月2・1・70）、労働組合集会の視察に来ていた巡査部長に詫状を書かせて、参集者に読み上げさせる行為（最判昭34・4・28刑集13・4・466）、校長を取り囲み約15時間にわたって確認書の作成を求める行為（最判昭61・10・28裁判集刑244・117）、許容限度を超えて糾弾し自己批判書を書かせる行為（大阪高判昭63・3・29判時1309・43）等が挙げられる。

　強要した行為の一部に被害者の義務に属する事項が含まれていた場合には、他に義務に属さない事項も含まれている限り、強要罪が成立する（大判大2・4・24刑録19・526）。

3　未遂罪

　手段たる脅迫・暴行が開始されたが、相手方に義務のないことを行わせ、または権利の行使を妨害するに至らなかった場合、あるいは脅迫・暴行と相手方の行為との間の因果関係（客観的帰属）が否定される場合に、未遂罪（223条3項）が成立する。相手方が畏怖心を抱かず任意に義務のないことを

行ったときも、未遂である（前掲大判昭7・3・17）。これらの場合に、脅迫罪にあたるのではない（同判決）。

4 罪数・他罪との関係

一個の強要行為によって数人の自由を侵害した場合には、数罪が成立し観念的競合となる。恐喝罪、強盗罪、強姦罪、逮捕・監禁罪、職務強要罪などの罪が成立するときは、法条競合となり、本罪の適用は排除される。

第3節　略取、誘拐および人身売買の罪

§39　総　説

略取、誘拐および人身売買の罪は、人を従来の生活環境から離脱させ、不法に自己または第三者の実力支配内に移して、**現在の生活環境を享受する自由**を侵害することを内容とする犯罪である。この罪には、未成年者略取・誘拐罪（224条）、営利目的等略取・誘拐罪（225条）、身の代金目的略取・誘拐罪（225条の2第1項）、身の代金要求罪（同条2項、227条4項後段）、所在国外移送目的略取・誘拐罪（226条）、人身売買罪（226条の2）、被略取者等所在国外移送罪（226条の3）、被略取者引渡し等罪（227条）、未遂罪（228条）、身の代金目的略取・誘拐予備罪（228条の3）が属する。

第3節は、従来、「略取及び誘拐の罪」と題されていたが、平成17年の刑法の一部改正によって、「略取、誘拐及び人身売買の罪」と改称された。この改正の理由は[1]、平成12年11月15日に国連において採択された人身取引議定書に、わが国が平成14年12月9日に署名し、平成15年12月25日にこれが発効したのを受け、この条約が締約国に義務づけている人身取引の犯罪化の措置に従い、議定書の定める人身取引の処罰を可能にすることであり、また、近年における人身取引その他の人身の自由を侵害する犯罪等の実情にかんがみ、この種の犯罪に対処するため早急に罰則を整備する必要があったことである。これによって、わが刑法に人身売買罪を新設し、臓器摘出目的を含む「生命若しくは身体に対する加害の目的」で行う略取や被略取者

---

[1] 久木元伸「人身の自由を侵害する行為の処罰に関する罰則の整備についての要綱（骨子）」ジュリ1286号（2005年）2頁以下、佐久間修「人身の自由に対する罪の法整備について」ジュリ1286号9頁以下参照。

引き渡し等の行為を処罰の射程に入れることが要請されたのである。その際、従来の罰則では適正に対処することが困難であった、長期に渡る誘拐事案、国境を越えた略取・誘拐事案などに対処することが目的とされた。平成17年に新設された犯罪類型については、未遂犯処罰規定を置き（228条参照）、国外犯処罰規定をもつ（3条、3条の2参照）。

ⓐ　略取・誘拐の罪の性格　これについては、行動の自由に対する罪であるのかどうかについて見解が分かれている。①被拐取者の自由を侵害する罪とみる見解（香川425頁、内田128頁、平川179頁）、②監護権ないし人的保護関係の侵害であるとする見解（小野204頁、井上＝江藤57頁、吉田敏雄「行動の自由の保護」基本講座6巻83頁）、③基本的に被拐取者の自由が保護法益であるが、被拐取者が未成年者・精神病者など要保護状態にあるときには、親権者等の監護権も法益に含まれるという見解（団藤476頁、福田175頁、大塚82頁、川端166頁、斎藤信治49頁）、さらに、④被拐取者の自由および身体の安全であるとする見解（平野176頁、曽根58頁、西田78頁、前田130頁以下、山口・探究58頁、同90頁）が対立している。なお、その他に、身体の安全に対する抽象的危険犯であるとする見解（林83頁）もある。しかし、自由に対する罪とみることには、現実的自由をもちえない嬰児等の略取の例をみても、疑問であり、監護権の侵害とみることは、本来、保護されるべきは、被拐取者のもつ法益であるべきであるのに、当該の被拐取者にはいない場合もある監護権者の法益が保護されているとみることは本末転倒の感を否めない。被拐取者の身体の安全と解するのは、拐取行為自体が常に身体の安全の侵害を伴うわけではないから、本罪を抽象的危険犯とみることを意味するが、これは、略取誘拐にとって本質的な法益を迂回して、本質的でない法益の抽象的危険を想定して処罰しようとするものである。それに加えて、略取誘拐の罪において、逮捕監禁罪や強要罪と比べてとくに生命・身体の危険が大きいとも思われない。

　結局、本罪においては、**被拐取者の既存の生活環境を保持する自由**、ないし、むやみに**現在の生活環境から離脱させられない自由**が保護されているとみるべきである（山中・現代的展開57頁、同103頁参照）。現在の生活環境にとどまる自由とは、人が生活する社会関係においてその人的・社会的関係を保持する自由である。つまり、ここで保護される自由は、他者との社会的相互作用の中で成り立つ社会関係形成の自由である。人は、一定の年齢以降は、自

己の生活環境を自ら形成することができるから、有効な同意のある生活環境の変更は、この自由を侵害するものではない。しかし、生活環境についての自己決定権は、同意能力のない幼者等については、監護権者によって、それが本人に利益でありかつ合理的な根拠のある場合には、代行されうる。

❺ 状態犯か継続犯か 本罪が、**状態犯か継続犯か**についても争いがある。この争いは、本罪を、人的保護関係を侵害する罪とみるか、被拐取者の自由を侵害する罪とみるかと関係する。前者の見解（小野207頁、井上＝江藤58頁）からは、保護関係が侵害されれば既遂に達し、その後は違法状態が継続しているにすぎない。したがって、状態犯である。これに対して、後者の見解（福田175頁、香川425頁）からは、自由の侵害が継続する限り、本罪は継続するがゆえに、継続犯である（中森48頁）。現在の生活環境の保持の自由とみる立場からも、従来の生活環境からの離脱状態が継続している間、その自由の侵害が続いているから、継続犯である。これに対して、基本的に被拐取者の自由が保護法益であるが、親権者等の監護権も法益に含まれるという見解は、原則的に継続犯であるが、被拐取者が嬰児や高度の精神病者であるときは、状態犯であるとする（大塚83頁）。身体の安全に対する抽象的危険犯を含むとする立場からは、その状態が続く間、法益侵害の危険が継続しているのであるから、継続犯と解することになる（林82頁参照）。略取・誘拐行為を構成する暴行・脅迫・欺罔・誘惑自体は、継続しないことや、収受行為が別途定められていることから、状態犯と解すべきだとするものもある（山口91頁）。

§40　略取・誘拐の意義

略取と誘拐（これらを併せて「拐取」という）とは、人を現在の生活環境から離脱させ、自己または第三者の実力支配下に移して従来の生活環境の中で生活する自由を侵害することを内容とする点で共通する。そのうち、**略取**とは、暴行・脅迫を手段とする場合をいい、**誘拐**とは、欺罔または誘惑を手段とする場合をいう。略取の手段としての**暴行・脅迫の程度**は、被害者の反抗を抑圧するに足りる程度のものであることを要せず、被害者を自己または他人の実力支配内に移すに足りる程度で十分である。誘拐の手段としての**欺罔**とは、相手方を錯誤に陥れることをいう。誘惑とは、欺罔の程度には至らないが、甘言を用いて相手方を動機づけ、その判断の適正を誤らせることをい

う（大判大 7・10・16 刑録 24・1268、大判大 12・12・3 刑集 2・915）。

被拐取者を **場所的に移転させること** を要するか。これについては、必要説と不要説に分かれる。問題は、未成年者の保護監督者に対して欺罔・誘惑を用い、あるいは、暴行・脅迫を加えて未成年者のいる場所から立ち去らせたような場合に略取誘拐にあたらないかどうかである。本罪の本質は、現在の生活環境から離脱させることにある。それは、人的社会関係の変更を含むものであるから、被拐取者の場所的移転が本質的要素ではなく、人的関係の離隔が生じる態様で、自己または第三者の実力支配内に移した場合には、場所的移転がなくてもこれにあたるということができる。古くは、必要説に立つ判例・学説（前掲大判大 12・12・3、滝川 75 頁）があったが、現在の通説は、不要説に立つ（福田 176 頁、大塚 84 頁、大谷 99 頁以下等）。

次に、略取・誘拐は、被拐取者を「**保護された状態**」から離脱させることを要するかについても、学説が対立している。判例（福岡高判昭 31・4・14 高裁特 3・8・409）ならびに学説の中には、これを要するとする立場もあるが、略取・誘拐が、必ずしも「保護された状態」の存在を前提とする犯罪ではないことは、本罪の本質を現在の社会環境からの離脱とみる立場からも、また、「保護」者のいない一人暮しの成人に対しても本罪が成立することからも明白である。[2] 現在の事実上の生活環境からの離脱が本質的な要素であるから、保護された状態から離脱させることは不要である。したがって、略取・誘拐された者をさらに略取・誘拐することも可能である（木村 64 頁、内田 132 頁）。

§41 未成年者略取・誘拐罪

> 未成年者を略取し、又は誘拐した者は、3月以上7年以下の懲役に処する（224条）。未遂は、罰する（228条）。

平成 17 年に法定刑の上限が「5 年以下」から「7 年以下」に引き上げられた。

1 主 体

監護者も本罪の**主体**となりうるか。これについては、主体となりえないとする立場（香川 426 頁）もあるが、制限はないとするのが通説である。本罪の

---

[2] 本罪は、保護者の監督権をも侵害する犯罪でもあるとする立場からは、保護された状態からの離脱を要する場合もあるとする見解（大塚 85 頁）が展開される。

本質を監護権の侵害とみる立場からは、否定説に帰結するが、被監護権者の自由・生活の安全ないし現在の生活環境なども保護法益であるとする立場からは、監護権者であってもそれらを侵害・危殆しうるから、主体となりうることになる。

2 客体

本罪の客体は、**未成年者** である。未成年者とは、20歳未満の者をいう（民4条）。未成年者は、心身の発達が不十分であって、知慮経験に乏しいからとくに本罪によって保護されるものとされる（大塚86頁、大谷100頁）。しかし、実際には、子供の略取・誘拐が類型的に多く、その際、格別の目的をもたない事案も多いことから、225条とは異なり「目的犯」でない一般的な行為類型としてこの構成要件が設けられているものと思われる。心身の発達が不十分な点は、その者にとっての現在の生活環境の保持の重要性を根拠づけることはあっても、知慮経験に乏しく欺罔・誘惑に弱い者を特別に厚く保護するという結論にはつながらない。なぜなら、欺罔・誘惑はともかく、略取を手段とする場合には、心身の発達の不十分性や知慮経験に乏しいという事実は何らの役割を果たさないからである。本罪は、行動の自由を保護法益とするものではないから、被害者の意思能力・行動能力を前提としない。したがって、嬰児に対しても本罪は成立する。20歳未満の者も婚姻によって成年に達したものとみなされ（民753条）、それによって親権に服さないことになるから、本罪にいう「未成年者」ではないとする見解（藤木228頁、中森49頁）があるが、日常生活上の独立した法律行為の必要性から成年を認める民法の趣旨と、刑法上の未成年者拐取罪の趣旨は異なる。本罪の本質を監護権の侵害とみるのでない限り、既婚者を例外とする理由はない。

3 行為

本罪の行為 は、略取または誘拐である。故意は、客体が未成年であることの認識を必要とする。その目的を問わない。しかし、営利・わいせつ・結婚・生命若しくは身体に対する加害の目的、身の代金取得の目的、所在国外に移送する目的があった場合には、それぞれ別に犯罪（225条、225条の2、226条）が成立し、本罪はそれらに吸収される。

監護権者の同意があった場合、人的保護関係を保護法益とする立場からは、本罪は不成立となる。監護権者を欺罔して同意を得て未成年を連れ出す行為は、同意が有効ではないから本罪を構成する（大判大13・6・19刑集3・

502)。被拐取者が同意していた場合には、逆に、被拐取者の自由を保護法益とする立場からは、例えば18歳の女性を連れ出す場合のように、被拐取者に同意能力があり、法益関係的錯誤がないなど同意が有効である限り、本罪は不成立である。

4 正当化事情・可罰的違法性阻却事由

拐取者が、未成年者の親権者であったとき、未成年者略取・誘拐罪の保護法益には被監護者の自由・生活の安全のみならず現在の生活環境も含むと解すると、親権者といえども現在の生活環境を離脱させる行為は、構成要件に該当する。しかし、現在の監護者の養育環境が劣悪で、被監護者が十分な養育を受けていないとき、または、家庭内で虐待を受けているとき等には、親権者が、必要な措置を求めて行政ないし司法に訴えるという手段でも、子供の生活状況が好転しないとき、他に方法がなく、実力で未成年者を自己の実力支配のもとにおいたとき、場合によっては緊急避難として正当され、あるいは、処罰するに値する質的違法性を備えないとして、可罰的違法性が阻却されることがある。

最高裁は、次の事案につき、正当化ないし可罰的違法阻却を認めなかった。被告人は、Cの共同親権者の1人であるBの実家においてB及びその両親に監護養育されて平穏に生活していたCを、祖母のDに伴われて保育園から帰宅する途中に有形力を用いて連れ去り、保護されている環境から引き離して自分の事実的支配下に置いた。これに対して、最高裁は、「その行為が未成年者略取罪の構成要件に該当することは明らかであり、被告人が親権者の1人であることは、その行為の違法性が例外的に阻却されるかどうかの判断において考慮されるべき事情であると解される」としながら、本件においては、「被告人は、離婚係争中の他方親権者であるBの下からCを奪取して自分の手元に置こうとしたものであって、そのような行動に出ることにつき、Cの監護養育上それが現に必要とされるような特段の事情は認められないから、その行為は、親権者によるものとしても、正当なものということはできない。また、本件の行為態様が粗暴で強引なものであること、Cが自分の生活環境についての判断・選択の能力が備わっていない2歳の幼児であること、その年齢上、常時監護養育が必要とされるのに、略取後の監護養育について確たる見通しがあったとも認め難いことなどに徴すると、家族間における行為として社会通念上許容され得る枠内にとどまるものと評することもできない」として違法性阻却を認めなかった（最決平17・12・6刑集59・10・1901＝**百選12**）。

これには、滝井裁判官の反対意見がある。滝井裁判官によれば、「被告人の行為は親権者の行為としてやや行き過ぎの観は免れないにしても、連れ出しは被拐取者に対し格別乱暴な取扱いをしたというべきものではなく、家庭

裁判所における最終的解決を妨げるものではないのであるから、このような方法による実力行使によって子をその監護下に置くことは子との関係で社会観念上非難されるべきものではないのである」。かくして、「被告人の本件連れ出しは社会的相当性の範囲内にあると認められ、その違法性が阻却されると解すべきものであると考える」とされる。しかし、乱暴な取扱いの有無ないし家庭裁判所における最終的解決を妨げないことが社会的非難を消滅させるわけではない。子供の事実的成育環境は、法的解決が着くまでは原則として尊重されるべきであり、それが、子供にとって耐えがたい環境である等の事情がなければ、そのような事実上の生活環境から離脱させることは違法であるといわざるをえないであろう（☞総論§104, 2 (3) (a) (ii)）。

5　罪数・他罪との関係

拐取後に被拐取者を監禁した場合、拐取罪の自由拘束の程度は監禁罪ほど強くなくてもよいので、より強い拘束である監禁によって新たに監禁罪が成立することになる。両罪は併合罪である（最決昭58・9・27刑集37・7・1078）。略取の手段としての暴行・脅迫は本罪に吸収される。

本罪は、親告罪である（229条）。

§42　営利目的等略取・誘拐罪

> 営利、わいせつ、結婚又は生命若しくは身体に対する加害の目的で、人を略取し、又は誘拐した者は、1年以上10年以下の懲役に処する（225条）。未遂は、罰する（228条）。

1　客　体

人である。成年・未成年にかかわらない。未成年者は、意思能力の有無を問わない（大判明44・3・31刑録17・497）。

2　行　為

「略取」し、または「誘拐」することである。本罪の着手時期は、暴行・脅迫ないし欺罔・誘惑の手段を開始した時点にある。被拐取者を行為者または第三者の実力支配内に置いたときに既遂に達する。

3　目的犯

本罪は、営利、わいせつ、結婚または生命もしくは身体に対する加害の目的で行われることを要する「目的犯」である。

「**営利の目的**」とは、拐取行為によって自ら財産上の利益を得、または第三者に得させる目的をいう（最決昭57・6・28刑集36・5・680）。必ずしも営業的であることを要しない（大判明44・11・16刑録17・2002）。継続的または反復的に利益を得る目的である場合に限らず（大判昭9・3・1刑集13・166）、一回的に利益を得る目的であってもよい（大阪高判昭36・3・27下刑集3・3＝4・207）。被拐取者を利用し、その自由の侵害を手段として利益を得る目的で行われる必要があるが、必ずしも拐取行為自体によって利益を得る場合に限らず、拐取後の他の行為によって利益を得る目的（東京高判昭31・9・27高刑集9・9・1044）であってもよい。被拐取者の負担によらないで財産上の利益を得ようとする目的で行われる場合、例えば、ストリッパーとして働かせるために引き渡してその謝礼を第三者から受け取る目的のように、拐取行為に対して第三者から報酬を得る目的による場合であってもよいとするのが、判例（最決昭37・11・21刑集16・11・1570）・通説（反対＝曽根61頁）である。

「**わいせつの目的**」とは、被拐取者をわいせつ行為の主体または客体として利用する目的をいう。わいせつな行為の意義については、強制わいせつ罪のところ（☞§50, 2）で説明したい。わいせつな行為は、行為者自身のためであると、第三者のためであるとを問わない。

「**結婚の目的**」とは、被拐取者を行為者自身または第三者と結婚させる目的である。「結婚」とは、法律上の婚姻である必要はなく、事実上の結婚、すなわち内縁関係があれば十分である（団藤480頁、福田177頁、大塚88頁、大谷103頁以下、中森50頁）。しかし、通常の夫婦生活の実質を備えないたんなる肉体関係の継続の目的は、「結婚の目的」ではなく、「わいせつの目的」に含まれる（岡山地判昭43・5・6下刑集10・5・561）。

「**生命若しくは身体に対する加害の目的**」とは、被拐取者の生命を害し若しくはその身体に害を加える目的である。本条の改正により、本「目的」が追加されたのは、国連において採択され、わが国によって署名された「人身取引議定書」によって、締役国に人身取引の犯罪化等の措置をとること、とくに臓器摘出の目的での略取誘拐ないし人身売買を取り締まることを義務づけられたからである。したがって、本条の「目的」が、「臓器摘出目的」の略取・誘拐に対処することは明らかである。しかし、もちろん、その文言上、生命若しくは加害、暴力団関係者がリンチを加える目的で、すなわち暴行の目的でそのような行為に及ぶ場合にも適用されることが予定されているので

あって、臓器摘出目的以外を排除するものではない。

4　罪数・他罪との関係

営利等のいずれかの目的で人を拐取し、被拐取者を自己の実力支配内に置いた者が、その支配の存続中、さらに被拐取者をその他の目的で拐取したとき、いずれの行為も、同一法益を侵害し、同一法条に触れる行為であるから、本罪の包括一罪である（大決大 13・12・12 刑集 3・871）。営利等の目的で未成年者を拐取したときは、未成年者拐取罪は、本罪に吸収される。

§43　身の代金目的略取・誘拐罪、身の代金要求罪

> 近親者その他略取され又は誘拐された者の安否を憂慮する者の憂慮に乗じてその財物を交付させる目的で、人を略取し、又は誘拐した者は、無期又は 3 年以上の懲役に処する（225 条の 2 第 1 項）。未遂は、罰する（228 条）。
> 　人を略取し又は誘拐した者が近親者その他略取され又は誘拐された者の安否を憂慮する者の憂慮に乗じて、その財物を交付させ、又はこれを要求する行為をしたときも、前項と同様とする（225 条の 2 第 2 項）。
> 　略取され又は誘拐された者を収受した者が近親者その他略取され又は誘拐された者の安否を憂慮する者の憂慮に乗じて、その財物を交付させ、又はこれを要求する行為をしたときも、2 年以上の有期懲役に処する（227 条 4 項後段）。

1　意　義

昭和 30 年代に頻発した身の代金目的で人を拐取する事件に対しては、当初、身の代金目的拐取罪・要求罪の規定がなかったため、裁判所は、営利目的拐取罪と恐喝罪（249 条）の併合罪で対処した。しかし、この種の犯罪が被拐取者の生命に危険が及ぶことが多く、また模倣されやすいこと、さらに、被拐取者を働かせたり売却したりすることによって利を図る営利目的拐取罪とは、犯罪類型的にも著しい相違があることから、これに対して厳しく対処すべく、昭和 39 年（法 24 号）に、本罪の規定が新設されたのである。その際、この種の重大な犯罪を未然に防止するために、実行の着手前に自首した者に対して刑の必要的減免の規定（228 条の 3 但し書）、および公訴提起前に被拐取者を安全な場所に解放した者に対する刑の必要的減軽を認める規定（228 条の 2）も設けられた。

2　身の代金目的略取・誘拐罪（225 条の 2 第 1 項）

本罪は、近親者その他の、被拐取者の安否を憂慮する者の憂慮に乗じて、その財物を交付させる目的で、人を拐取することを内容とする犯罪である。

- ⓐ **客　体**　「人」である。未成年者であると成年者であるとを問わない。
- ⓑ **行　為**　略取し、または誘拐することである。
- ⓒ **目　的**　本罪は、目的犯であり、近親者その他被拐取者の安否を憂慮する者の憂慮に乗じてその財物を交付させる目的で行われることが必要である。身の代金取得の目的、すなわち、釈放の代償を要求する目的が典型例であるが、必ずしもそれに限られず、被拐取者に危害を加えないことの代償として財物を交付させる目的をも含む。

「近親者その他略取され又は誘拐された者の安否を憂慮する者」とは、親子、夫婦、兄弟のような近親関係にある者のほか、被拐取者と密接な人間関係にあるために、被拐取者の安全につき親身になって憂慮するのが社会通念上当然とみられる特別な関係にある者をいう（最決昭62・3・24刑集41・2・173=百選13)[3]。「その他……安否を憂慮する者」の意義については、大別して三つの説がある（山中111頁参照）。第1説は、**事実上の保護関係**にある者に限定すべきであるとする**最狭義説**である（香川・注釈5巻294頁、中79頁、山口98頁）。この説によれば、事実上の保護関係が認められるのは、内縁の親子・夫婦、里親と里子、店主と住み込み店員などの間に限られる。第2説は、近親者に類した密接な個人的関係のある者ないし被拐取者と密接な人間関係があるため、被拐取者の安全について憂慮するのが社会通念上当然とみられる**特別な関係にある者**をいうとする**狭義説**[4]である（前掲最決昭62・3・24、福田174頁、大塚89頁、大谷105頁、川端176頁、林85頁）。この説によれば、被拐取者と親族関係にない者も含み、被拐取者の自由または保護状態を回復するためにはい

---

[3] 本件の事案は、人的色彩の濃い相互銀行の社長を誘拐し、その銀行の幹部から身代金を要求した事案である。最高裁は、「相互銀行の代表取締役社長が拐取された場合における同銀行幹部らは、被拐取者の安否を親身になって憂慮するのが社会通念上当然とみられる特別な関係にある者に当たるというべきである」とした。

[4] この説に立つ最高裁決定以前の下級審の判例として、大阪地判昭51・10・25刑月8・9=10・435がある。そこでは、被拐取者が代表取締役である株式会社の常務取締役であるとともに、被拐取者が個人的に経営するパチンコ店の管理責任者でもあり、10数年間被拐取者の片腕として働いて、互いに他を必要とする関係にあった者について「所詮は互いに必要とする範囲で結合された人間関係であり、その中心は従業員と雇主という経済的利害に基く結合関係にすぎない」として「被拐取者の安否を憂慮する者」に該当しないとされた。一般論としては、「刑法225条ノ2にいう『其他被拐取者ノ安否ヲ優慮スル者』とは、被拐取者との間の特別な人間関係が存在するため、被拐取者の生命身体または自由に対する危険を近親者と同程度に親身になって心配する者をいい、単に被拐取者あるいは近親者等の苦境に同情する心情から心配する者に過ぎない者は、『其他被拐取者ノ安否ヲ優慮スル者』には当らない」とした。

かなる犠牲をもいとわないと通常考えられる程度の特別な人間関係があればよいとする。第3説は、親族に限らず、知人その他、被拐取者との個人的交際関係を離れ、社会通念に従って客観的類型的に**特別の社会的関係**にあると判断される者はすべて含むとする **広義説** である（団藤482頁、東京地判平4・6・19判タ806・227）。[5]「近親者その他」という例示があるので、「近親者」に類する特別な個人的つながりがある場合に限られるべきであると思われるから、第2説が妥当であると思われる。憂慮に「乗じて」とは、憂慮している状態を利用してという意味である。

交付される対象は、金銭、動産、不動産を問わないが、財物に限られ、財産上の利益は含まない。したがって、債務の弁済を免除させる目的であった場合には、本罪ではなく、営利目的拐取罪にあたる。被拐取者の安否を憂慮する者に属する財物であることが必要であるが、その者が事実上処分しうる状態にある物であれば足りる（団藤483頁、福田178頁、大塚89頁、大阪高判昭53・7・28高刑集31・2・118）。必ずしもその者が私法上の所有権ないし処分権を有することを要しない（大阪高判昭52・11・15判時890・122）。

ⓓ 既遂時期 　上述の目的をもって略取・誘拐を行ったとき、既遂となる。実際に被拐取者の安否を憂慮する者が存在したかどうか、現に安否を憂慮していたかどうか、そして、その者に財物を交付させたかどうかは、犯罪の成否に影響しない。

ⓔ 他罪との関係 　本罪の目的で、未成年者を拐取したときには、本罪のみが成立する。営利目的拐取罪は、本罪に吸収されるが、わいせつ目的・結婚目的・加害目的の場合には、観念的競合の関係に立つ。本罪の予備罪は可罰的である（228条の3）。解放減軽規定の適用がある（228条の2）。

3 　略取・誘拐者身の代金要求罪（225条の2第2項）

本罪は、人を略取・誘拐した者が、近親者その他略取・誘拐された者の安否を憂慮する者の憂慮に乗じて、拐取の後、その財物を交付させ、またはこれを要求する行為をすることを罰するものである。

身の代金を交付させまたは要求した場合、被拐取者に対する危険が増大す

---

[5] 東京地裁の事案は、都市銀行の行員が誘拐されたときに、その銀行の代表取締役頭取に身の代金が要求された事案である。判旨は、この特別な関係には、「被拐取者との個人的交際関係を離れ、社会通念に従って客観的類型的に判断すべきであり、そのような特別の関係にある以上、近親に準ずるような者でなくても」含まれるとした。

ることから、略取誘拐の刑が加重されている。

ⓐ 主体 本罪は、身分犯である。「略取し又は誘拐した者」とは、未成年者拐取罪（224条）、営利目的等拐取罪（225条）、身の代金目的拐取罪（225条の2第1項）、所在国外移送目的拐取罪（226条）、の各犯罪を実行した者をいう。したがって、本罪の主体は、拐取の正犯に限られ（大塚90頁、大谷107頁、中森55頁）、共犯は含まれないというのが通説である（反対=藤木230頁）。

ⓑ 行為 本罪の行為は、財物を交付させ、または要求することである。「財物を交付させ」とは、相手方に提供させた財物を受領することをいう。「要求する行為をした」とは、財物の交付を求める意思表示したことを意味する。意思表示は発信されれば足り、相手方がそれを了知したことを要しない。「安否を憂慮する者」の憂慮に乗じて行われたことが必要である。「安否を憂慮する者」以外の者に要求した場合、被拐取者を憂慮している状況を利用するのでない場合、ないし、憂慮と財物の交付との間に因果関係がない場合には、本罪は成立しない。

ⓒ 他罪との関係 判例は、身の代金目的拐取者が本罪を犯した場合には、牽連犯となるとする（前掲最決昭58・9・27、福田179頁）。しかし、学説では、両罪は連続して行われるから、包括して225条の2の規定にあたるものとする見解が多数である（団藤484頁、大塚91頁、大谷107頁）。未成年者を拐取し、その後、身の代金を要求したときは、①未成年者拐取罪は身の代金要求罪に吸収されるという見解（植松315頁、内田149頁）、②両者は牽連犯であるという見解（大塚91頁、大谷107頁）、さらに③併合罪とする見解（最決昭57・11・29刑集36・11・988、団藤484頁、福田179頁、曽根62頁、中森56頁）とがあるが、最後の説が妥当であろう。

ⓓ 解放減軽 解放による刑の減軽が認められる（228条の2）。

4 被拐取者収受者の身の代金要求罪（227条4項後段）

被拐取者を収受した者が、**近親者その他略取され誘拐された者の安否を憂慮する者**の憂慮に乗じてその財物を交付させ、またはこれを要求する行為を処罰するものである。

ⓐ 主体 被拐取者を収受した者であり、身分犯である。身の代金目的による被拐取者の収受者（227条の4前段）、未成年者拐取罪、営利目的等拐取罪、所在国外移送目的拐取罪を犯した者を幇助する目的で被拐取者を収受した者（227条1項）、身の代金目的略取等の罪を犯した者を幇助する目的で

第3節　略取、誘拐および人身売買の罪　§44 所在国外移送目的略取・誘拐罪（226条）　155

被拐取者を収受した者（227条2項）、営利・わいせつの目的で被拐取者を収受した者（227条3項）を含む。

❺　他罪との関係　身の代金目的による被拐取者収受者が本罪を犯したときは、包括して227条4項の規定にあたる罪が成立する。その他の被拐取者収受罪と本罪とは牽連犯となる（前掲最決昭58・9・27、大塚91頁、大谷108頁、中山105頁）。

§44　所在国外移送目的略取・誘拐罪（226条）

> 所在国外に移送する目的で、人を略取し、又は誘拐した者は、2年以上の有期懲役に処する（226条）。未遂は、罰する（228条）。

平成17年の改正以前、226条は、1項で国外移送目的略取・誘拐罪を規定し、2項で人身売買罪および国外移送罪を規定していたが、改正により、1項の「日本国外に移送する目的」が、「所在国外に移送する目的」に変更された。日本に所在する人を国外に移送する目的のみならず、現に外国に所在している人を別の国に移送する目的も、さらに国外から我が国へと移送する目的も含めようという趣旨である。従来の本条2項は削除され、新たに226条の2として人身売買罪が設けられた。

その改正の理由は、日本の経済・労働市場の関係で、日本国外から国内に移送する目的で略取誘拐される事案が増え、また日本人が外国で他国へ移送するため略取誘拐される事案に対処する必要もあるとされたことである。

本罪は、所在国外に移送する目的で、人を略取し、または誘拐することを内容とする犯罪である。所在国外に移送する目的とは、被拐取者を所在国の領土・領海または領空外に移送する目的をいい、目的犯である。営利・結婚などの目的が併存していてもよい（大判昭12・9・30刑集16・1333）。旧規定のもとでは、被拐取者を現実に国外に移送したことを要しないとされていた（大判昭12・3・5刑集16・254）。

共同親権者であっても、別居中の妻のもとで平穏に暮らしている長女を外国に連れ去る目的で連れ出したとき、本罪が成立する。これに関する最近の最高裁の判例の事案と判旨（最決平15・3・18刑集57・3・371）を紹介しておこう。

> 事案は、オランダ国籍で日本人の妻と婚姻していた被告人が、別居中の妻が監護養育していた2人の間の長女（当時2歳4か月）を、オランダに連れ去る目的で、長女

が妻に付き添われて入院していた病院のベッド上から、脇に抱えて連れ去り、あらかじめ止めておいた自動車に乗せて発進させたというものである。この事案につき、最高裁は、「被告人は、共同親権者の1人である別居中の妻のもとで平穏に暮らしていた長女を、外国に連れ去る目的で、入院中の病院から有形力を用いて連れ出し、保護されている環境から引き離して自分の事実的支配下に置いたのであるから、被告人の行為が国外移送略取罪に当たることは明らかである」とした。

§44の2　人身売買罪

> 人を買い受けた者は、3月以上5年以下の懲役に処する（226条の2第1項）。
> 未成年者を買い受けた者は、3月以上7年以下の懲役に処する（同条2項）。
> 営利、わいせつ、結婚又は生命若しくは身体に対する加害の目的で、人を買い受けた者は、1年以上10年以下の懲役に処する（同条3項）。
> 人を売り渡した者も、前項と同様とする（同条4項）。
> 所在国外に移送する目的で、人を売買した者は、2年以上の有期懲役に処する（同条5項）。
> 本条の未遂は、罰する（228条）。

改正前には、国外移送目的での人の売買を罰する規定があった（旧226条2項前段）が、そこでは、売買とは、有償で被売者の支配を移転することを意味し、売主・買主双方に成立した。本罪は、これを受けて、「所在国外に移送する目的」で、人を売買する行為を第5項において処罰するほか、それ以外の人身売買にも処罰を拡大する規定である。

1項では、人の買受行為が、客体・目的の限定なく処罰の対象とされている。客体が「未成年」である場合には、2項で法定刑の上限が「7年以下の懲役」に加重されている。買受けは、経済的出損を伴うため、売渡しのように常に営利の目的を伴うとはいえない。しかし、買受けは、売渡しの必要的共犯の関係に立ち、これを不処罰にする理由はなく、むしろ営利目的がなくても処罰する必要があるとされたのである。

3項では、「営利、わいせつ、結婚又は生命若しくは身体に対する加害の目的」での買受行為に対し「1年以上10年以下の懲役」として、法定刑を加重した。

4項は、売渡行為を処罰する規定である。売渡行為については、代金の取得を伴うものであるから、概念上、常に営利の目的があるものと解され、特別の目的要件は設けられなかった。したがって、法定刑も、前項と同じとされた。

売買とは、有償で人に対する不法な支配を移転することを意味する。したがって、**買受**とは、金銭もしくは利益を与えて人に対する不法な支配の移転を受けた者であり、**売渡**とは、金銭もしくは利益を得て人に対する不法な支配の移転を受けた者をいう。被売者の同意がどのような意味をもつかについては、有効な同意が存在するかという観点が重要である。同意を無効ならしめる不法な支配があるかどうかが決め手となろう。父親が借金の返済のために娘の「同意」を得て風俗産業に売り渡すような場合、および、国際結婚のために来日した外国人花嫁のパスポートを預かり管理する場合などが限界事例である。

§44の3　被拐取者等所在国外移送罪

> 略取され、誘拐され、又は売買された者を所在国外に移送した者は、2年以上の有期懲役に処する（226条の3）。未遂は、罰する（228条）。

従来、226条2項は、「日本国外に移送する目的で人を売買し、又は略取され、誘拐され、若しくは売買された者を日本国外に移送した者も、前項と同様とする」と規定していたが、削除され、本条において、「略取され、誘拐され、又は売買された者」を「所在国外に移送した」者を罰することとした。所在国にとどまる自由ないし所在国に所在するという事実状態を保護するためである。

本罪は、日本国外で日本人によって行われた場合にも（3条）、日本人に対して国民以外の者によって犯された場合（3条の2）にも適用される。したがって、例えば、日本人が、タイ国からタイ人である被売者をフィリピンに移送した場合にも本罪が成立する。しかし、外国人が日本国外で、略取・誘拐・売買された外国人を所在国外に移送した場合には適用はない。

被拐取者とは、所在国外移送目的略取・誘拐罪によるものに限定されない。被害者が所在国外に出たときに既遂となる。所在国以外の国の領土内に入ったことを要しない。

（所在）国外移送の目的で人を略取・誘拐し、さらにその人を（所在）国外に移送したときは、（所在）国外移送目的略取・誘拐罪と本罪との併合罪（香川442頁）とする学説と、牽連犯とする学説（前掲大判昭12・3・5、大塚93頁、内田144頁、大谷112頁、中森53頁）があるが、両罪は、手段・目的の関係にあ

るから、後説が妥当である。

§45　被拐取者引渡し等罪

> 第224条、第225条又は前3条の罪を犯した者を幇助する目的で、略取され、誘拐され、又は売買された者を引き渡し、収受し、輸送し、蔵匿し、又は隠避させた者は、3月以上5年以下の懲役に処する（227条1項）。
> 第225条の2第1項の罪を犯した者を幇助する目的で、略取され又は誘拐された者を引き渡し、収受し、輸送し、蔵匿し、又は隠避させた者は、1年以上10年以下の懲役に処する（同条2項）。
> 営利、わいせつ又は生命若しくは身体に対する加害の目的で、略取され、誘拐され、又は売買された者を引き渡し、収受し、輸送し、又は蔵匿した者は、6月以上7年以下の懲役に処する（同条3項）。
> 第225条の2第1項の目的で、略取され又は誘拐された者を収受した者は、2年以上の有期懲役に処する（同条4項前段）。
> 各罪の未遂は、罰する（228条）。

1　本罪の趣旨

本罪は、目的によって区別される各種の拐取罪を犯した者を事後的に幇助する行為ないしこれらの犯罪の実行を容易にする行為を罰するものである。被拐取者・被売買者の人身の自由の侵害状態を継続させ、その発見を妨げ、支配状態からの離脱を困難にする行為を処罰する必要があるとされたのである。各種拐取罪の性質をどのように解するかによって、幇助か事後従犯かという見解が分かれる。所在国外移送罪、人身売買罪など明らかに状態犯である場合と、略取・誘拐罪のように、被拐取者を自己または第三者の実力支配内に置いた後、なお、一定の間、犯罪が継続していると思われる類型とがありうるからである。拐取罪が、状態犯に達しておれば、事後従犯であり、継続犯にとどまるとすると幇助でありうる。しかし、各種拐取行為が継続しているならば、総則の従犯の成立が可能であるから、その場合、本条を設ける意味がない。したがって、本条は、事後従犯の場合の規定と解すべきである。

従来の227条1項および2項は、「収受し」「蔵匿し」または「隠避させた」者を処罰したが、改正により、本条には、これらにさらに、「引き渡し」「輸送し」が付け加えられた。また、従来の3項では、「収受」のみを処罰していたが、「引渡し」「輸送」「蔵匿」が付け加えられた。

第3節　略取、誘拐および人身売買の罪　§45　被拐取者引渡し等罪◇　159

2　227条1項

　227条1項は、拐取行為を幇助する目的で収受・蔵匿・隠避が行われた場合を処罰する規定である。客体は、未成年者拐取罪、営利目的等拐取罪、所在国外移送目的拐取罪により略取・誘拐された者、人身売買罪によって売買された者、および所在国外移送罪によって所在国外に移送された者である。本罪は、目的犯である。**幇助する目的**とは、拐取状態を継続させる目的をいう。**引渡し**とは、被拐取者の実力支配を他者に移すことをいう。収受とは、有償・無償を問わず、被拐取者・被売者の交付を受け、それらの者を自己の実力支配下に置くことを意味する。**蔵匿**とは、それらの者の発見を妨げる場所を提供すること（大判明44・7・28刑録17・1477）、**隠避**は、蔵匿以外の方法で発見を困難にさせる一切の行為をいう。

　224条の罪（未成年者拐取罪）および225条の罪（営利目的等拐取罪）を幇助する目的で本罪を犯したときは、営利の目的による場合を除いて、親告罪である（229条）。

3　227条2項

　2項は、略取・誘拐・売買・国外移送した本犯者を事後的に幇助する目的で、その客体となった者を「引渡し」、「収受」、「輸送」、「蔵匿」、または「隠避」した者について処罰する規定である。解放による刑の減軽が認められる（228条の2）。

4　227条3項

　3項は、事後従犯的な規定ではなく、独立犯であって本犯の存在を前提にすることなく自らの営利等の目的における「収受」行為を処罰する規定であると解されてきたが、改正により、引渡し、輸送、蔵匿も処罰の対象とされた。

　客体は、「営利、わいせつ又は生命若しくは身体に対する加害の目的で、略取され、誘拐され、または売買された者」である。

5　227条4項前段

　4項にいう「225条の2第1項の目的」とは、「近親者その他略取され又は誘拐された者の安否を憂慮する者の憂慮に乗じてその財物を交付させる目的」である。被拐取者を「収受する」行為を罰する。解放による刑の減軽が認められる（228条の2）。

160　◇第1編　個人的法益に関する罪　　第2章　自由に対する罪

§46　身の代金目的略取・誘拐予備罪

> 第225条の2第1項の罪（身の代金目的拐取罪）を犯す目的で、その予備をした者は、2年以下の懲役に処する。ただし、実行に着手する前に自首した者は、その刑を減軽し、又は免除する（228条の3）。

　早期検挙により身の代金目的拐取罪を予防するのが、予備罪処罰の目的である。それとともに、自首による必要的減免を認めて、その実行に出ることを防止しようとする。自首の時期については、「捜査機関に発覚する前」（42条）ではなく、「実行に着手する前」という時期的限定が付されている。

§47　解放による刑の減軽

> 第225条の2（身の代金目的拐取罪［1項］、拐取者身の代金要求罪［2項］）又は第227条第2項（身の代金目的拐取罪の犯人を幇助する目的による収受罪）若しくは第4項の罪（身の代金取得目的による収受罪）を犯した者が、公訴が提起される前に、略取され又は誘拐された者を安全な場所に解放したときは、その刑を減軽する（228条の2）。

　本条は、被拐取者の生命・身体の安全を図るという刑事政策的見地から設けられた規定である。**解放**とは、被拐取者に対する実力支配を解くことをいう。安全な場所に解放することが必要である。**安全な場所**とは、被拐取者が安全に自由を回復しうると認められる場所をいう。判例によれば、それは「被拐取者が安全に救出されたと認められる場所を意味する」ものであり、「被拐取者が近親者及び警察当局などによって救出されるまでの間に、具体的かつ実質的な危険にさらされるおそれのない」状態に置かれることを意味する[6]（最判昭54・6・26刑集33・4・364）。漠然とした抽象的な危険やたんなる不安感ないし危惧感を伴うということだけで、直ちに安全性に欠けるということはできない。

　近時の判例において、被害者を午前0時半頃、山間の道路上で解放した行為が、本条に該当するかが問題になった事案がある（東京地判平14・4・17判時1800・157）。この事案では、被告人が被害者を解放した場所、時刻、方法は適切なものではないが、

---

[6] 判例によれば、その判断は、「解放場所の位置、状況、解放の時刻、方法、被拐取者をその自宅などに復帰させるため他人の講じた措置の内容、その他被拐取者の年齢、知能程度、健康状態など諸般の要素を考慮して」なされなければならない。

被害者が川に転落したり、見知らぬ土地を長時間にわたりさまよい続けたりする危険が、具体的かつ実質的な危険として実際に存したとは認め難いから、被告人らの解放行為は、安全な場所にあたるとして、刑の減軽を認めた。

解放は、公訴が提起される前になされなければならない。公訴提起の前かどうかは、共犯者がいる場合には、それぞれの行為者ごとに判断されるべきである。

§48 親告罪

> 第224条の罪、第225条の罪及びこれらの罪を幇助する目的で犯した第227条第1項の罪並びに同条第3項の罪並びにこれらの罪の未遂罪は、営利又は生命若しくは身体に対する加害の目的による場合を除き、告訴がなければ公訴を提起することができない。ただし、略取され、誘拐され、又は売買された者が犯人と婚姻をしたときは、婚姻の無効又は取消しの裁判が確定した後でなければ、告訴の効力がない（229条）。

告訴権は、被害者・被害者の法定代理人に認められる（刑訴230条、231条）。被拐取者が未成年者の場合には、拐取罪の本質を監護権の侵害をも含めて考える説を採れば、未成年者とともに保護監督者も、告訴権を有するのは当然である。しかし、学説には、被拐取者の利益を図る立場にあるから、保護権者には告訴権が認められると解するものもある（大谷115頁）。その場合、保護監督者とは、親権者・後見人のような法定代理人に限らず、事実上の保護監督者でもよい（福岡高判昭31・4・14高裁特3・8・409）。これに対して、保護法益を被拐取者の自由と解する立場からは、法定代理人でない限り、保護権者に告訴権は否定される（山口104頁）。

「婚姻」とは、事実上の結婚ではなく、**法律上の婚姻**を意味する。告訴は、婚姻の無効または取消しの裁判が確定した日から6か月以内にしなければその効力がない（刑訴235条2項）。被拐取者が犯人と婚姻した場合には、共犯者に対しても告訴の効力はない。公訴の提起後に、婚姻が成立した場合、すでになされた告訴の効力は消滅する（名古屋高金沢支判昭32・3・12高刑集10・2・157）。

第4節　強制わいせつの罪

§49　総説

　強制わいせつの罪は、広義においては、性的自由を害する罪を総称する。性的自由とは、一種の人格的自由である（団藤489頁）。刑法は、この罪を「わいせつ、姦淫及び重婚の罪」の章（第22章）に規定し、社会的法益に関する罪とみているが、現在では、個人的法益に関する罪とみるのが通説である。第22章に規定された犯罪は、社会生活環境、すなわち、いわゆる風俗犯（性的風俗に対する罪）として、公然わいせつ罪（174条）、わいせつ物頒布罪（175条）、重婚罪（184条）のように、社会的法益に関する罪に属するものもあるが、ここで取り上げるのは、強制わいせつの罪、つまり、個人の性的自由を侵害する個人的法益に関する罪である。このように、刑法における性的風俗に関する罪は、個人の性的自由を保護する規定と公衆の性的風俗を保護する規定とに分けられ（平野179頁）、それぞれ体系上、個人的法益に対する罪と社会的法益に対する罪に二分されるのである。なお、淫行勧誘罪（182条）については、個人的法益に対する罪に位置づける見解と社会的法益に位置づける見解とに分かれる。ここでは、個人の性的自由に対する罪とみて、個人的法益に位置づける見解に従う。

　本章における強制わいせつの罪が、大きくは個人の性的自由ないし性的自己決定権に関する犯罪であるとしても、具体的には、性的強要罪としての性的意思活動を侵害するだけではなく、とくに13歳未満の者に対する強姦・強制わいせつ罪ないし準強姦・準強制わいせつ罪のように意思の自由が制約されている場合、むしろ外部からの性的干渉に対する個人の「性的不可侵性」の侵害と見る方が適切な犯罪類型も含まれ、本章の罪の保護法益は、「性的自己決定権」ないし「性的不可侵性」（sexuelle Integrität）であるというべきである。

　「強制わいせつの罪」には、本罪の基本となる強制わいせつ罪（176条）および強姦罪（177条）のほか、準強制わいせつ・準強姦罪（178条）、さらにこれらの罪の未遂罪（179条）、そして、これらの罪から死傷が生じた場合につき、結果的加重犯として強制わいせつ致死傷罪（181条）の規定が含まれる。

　2005年1月から施行された「刑法等の一部を改正する法律」により、強

制わいせつ罪・強姦罪・強姦致死傷罪の法定刑が見直され、強制わいせつ罪における「7年以下の懲役」の「10年以下の懲役」への引上げ (176条)、強姦罪の「2年以上の有期懲役」の「3年以上の有期懲役」への引上げ (177条)、強姦致死傷罪における「3年以上の懲役」の「5年以上の懲役」への引上げ (181条) が行われた。さらに、集団強姦罪 (2人以上の現場共同・準強姦の場合を含む)・同致死傷罪が新設された。集団強姦の法定刑は、「4年以上の有期懲役」とされ、同致死傷罪の法定刑は、「無期又は6年以上の懲役」とされた。

さらに、平成27年10月9日に性犯罪の厳罰化につき法制審議会に諮問され、強姦罪と強制わいせつ罪を非親告罪とし、強姦罪の法定刑の下限を5年に引き上げるとともに、集団強姦罪を廃止し、親などの地位・影響力を利用して18歳未満の者に対する性犯罪に暴行・脅迫要件をなくした新たな規定を設け、被害者が男性であっても強姦と同等に扱い、性交に類似する行為を強姦と同等に扱うなどの改正について審議される。イギリスの性犯罪法 (Sexual Offences Act) や、欧州評議会のイスタンブール条約36条1項において取り決められた「承諾なき性行為の禁止」を要請する条項にもとづく、暴行・脅迫要件を排して「承諾なき性行為」を可罰的とする立法については、わが国では採用されなかった。

なお、刑法典以外にも、児童福祉法において「児童に淫行をさせる行為」(同法34条1項6号) が禁止・処罰 (60条1項) されており、また、地方自治体の青少年保護育成条例においても、児童に対する淫行を処罰する規定が設けられている。さらに、平成11年11月1日からは、「児童買春、児童ポルノに係る行為等の処罰及び児童の保護等に関する法律」(法52号) が施行され、児童を相手方とする児童買春、児童買春の周旋、児童ポルノ頒布等の行為を処罰する規定を設けている。

§50 強制わいせつ罪

> 13歳以上の男女に対し、暴行又は脅迫を用いてわいせつな行為をした者は、6月以上10年以下の懲役に処する。13歳未満の男女に対し、わいせつな行為をした者も、同様とする (176条)。未遂は、罰する (179条)。

1 意 義

強制わいせつ罪は、客体の差異にもとづき区別し、13歳以上の男女に対する場合と13歳未満の男女に対する場合とで構成要件を分ける。前者については、暴行または脅迫を手段としてわいせつ行為を行うことを要するが、

後者については、わいせつ行為をすれば足りるとする。13歳未満の男女については、わいせつ行為の意味を正しく理解せず、暴行または脅迫がなくても抗拒困難であることが擬制されているのである。したがって、被害者の承諾があっても成立する。**本罪の保護法益**は、**性的自由**ないし**性的不可侵性**であるが、性的感情ないし性的羞恥心を含むという学説が唱えられている（大谷116頁以下、西田89頁、反対=林88頁、山口105頁）。しかし、性的感情は千差万別であり、性的感情をもちえない人に対しても、客観的にわいせつな行為はありうるから、これを保護法益とみなすことは妥当ではない。わいせつな性的感情は、性的自由に還元されうる限度で保護されているというべきである。身体と人格的尊厳についてのより重大な侵害を伴う犯罪であるとする見解（前田146頁）については、広範囲にすぎ、むしろ、身体的な性的不可侵性が保護されている犯罪というべきである。

2 わいせつ行為

わいせつな行為とは、いたずらに性欲を興奮・刺激させ、かつ、普通人の正常な性的羞恥心を害し、善良な性的道徳観念に反する行為をいう（名古屋高金沢支判昭36・5・2下刑集3・5=6・399）。被害者の性的自由の侵害が本罪の中核であり、性的風俗を保護法益とする公然わいせつ罪、わいせつ物頒布罪における「わいせつ」の観念とは異なることがある。例えば、相手方の意思に反する接吻（東京高判昭32・1・22高刑集10・1・10）は、公然わいせつ罪の意味における「わいせつ」行為ではないが、強制わいせつ罪にいう「わいせつ」行為である。判例において本罪のわいせつ行為とされたものとして、陰部への接触（大判大13・10・22刑集3・749等）、乳房への接触（大阪地堺支判昭36・4・12下刑集3・3=4・319）、少年の肛門に異物を挿入する行為（東京高判昭59・6・13判時1143・155）などがあり、着衣の上から若い女性の臀部を手のひらでなで回す行為もわいせつ行為にあたる（名古屋高判平15・6・2判時1834・161）。そのほか、直接身体に接触しなくても、裸にして写真を撮る行為（東京高判昭29・5・29高刑特40・138）、男女に強いて性交させる行為（釧路地北見支判昭53・10・6判タ374・162）もわいせつ行為にあたる。

性的に未熟な7歳の女児に対してその乳部および臀部を触れる行為を行った場合、わいせつ行為といえるか。判例は、その女児は、「性的に未熟で乳房も未発達であって男児のそれと異なるところはないとはいえ、同児は、女性としての自己を意識しており、被告人から乳部や臀部を触られて羞恥心と

嫌悪感を抱」いているのであって、わいせつ行為であるとする（新潟地判昭63・8・26判時1299・152）。しかし、性的に未熟な児童に対しても、客観的にみてわいせつと感じられるような行為をすればわいせつにあたるのであって、被害者の性的羞恥心・嫌悪感の有無は、本罪の成否に影響しない。例えば、植物状態に陥った者の性的自由ないし不可侵性も侵害されうるのであり、少なくとも準強制わいせつ罪によって保護されるべきだからである。

本罪は、いわゆる**傾向犯**であり、わいせつ行為は、わいせつな主観的傾向の発現として行われることを要するとされる（大塚100頁）。しかし、このような主観的傾向は、構成要件の主観的要素とされていない、行為者の主観的傾向によって被害者の性的自由の保護が左右されるべきではない、それが余りにも漠然とした無意識の世界にまで立ち入って判断せざるをえないものであるといった理由で、これを否定する見解も有力である（平野180頁、大谷118頁以下、中森58頁、西田90頁、前田152頁）。

3 行為（暴行・脅迫）

暴行・脅迫を用いて13歳以上の男女に対してわいせつな行為をし、または13歳未満の男女に対してわいせつな行為をすることである。わいせつな行為の手段としての**暴行・脅迫**については、通説によれば、**被害者の反抗を著しく困難にする程度のもの**であることを要する（団藤490頁、内田158頁）。しかし、すれ違いざまに**不意に女性の胸に触れる**といった行為について、これを暴行によるわいせつ行為とするために、暴行が手段ではなく、それ自体がわいせつ行為とみられる暴行でもよいとするのが通説である（大塚99頁、大谷119頁、前田149頁、大判大14・12・1刑集4・743）。そのような場合には、被害者の反抗を著しく困難にする程度の暴行とはいえないともいえるから、この場合をどう解決するかが問題である。まず、脅迫と区別して、暴行については、被害者の油断に乗じて行われるときは、比較的軽度のものでも本罪の手段になりうるから、その程度のものであることを必要としないという見解（大塚99頁、大谷119頁、中森58頁、曽根67頁）も有力である。さらに、そのような場合には、反抗を困難にする程度の暴行とはいえないから、強制わいせつ罪ではなく、単純暴行罪が成立するにすぎないとする見解（中85頁）が唱えられている。確かに反抗を著しく困難にする程度の暴行と、不意をつかれたために被害者が避けることができない暴行とは類型的に異なる。後者の類型においては、暴行が反抗を困難にしたのではなく、物理的・心理的に抗拒

困難な状況においてわいせつ行為を行ったのであるから、準強制わいせつ罪の成立が認められるべきであろう（☞§52,1）。強姦行為も強制わいせつ行為の一種であるが、強姦罪の規定があるから、強制わいせつ罪にはあたらない（大判大3・7・21刑録20・1541）。

行為客体が**13歳未満の男女**であるときは、暴行・脅迫は必要としない。わいせつな行為が行われれば、たとえ被害者の承諾を得ている場合でも本罪は成立する。性的自己決定に対する判断力が未熟であるため、抗拒困難の状態にあることが擬制されているからである。したがって、甘言を用い、偽計を弄するなどの方法によろうと、被害者の方からのはたらきかけによろうと、本罪は成立する。

本罪の着手時期は、暴行・脅迫を手段とする場合には、その開始時点であり、それらを手段としない場合は、わいせつな行為の開始時点である。

4　主観的要件

まず、主観的要件として、故意を必要とすることはいうまでもない。本罪の故意というには、行為のわいせつ性の認識を要する。13歳以上か未満かにつき認識することを要する。13歳未満の者を13歳以上と誤信して、同意を得てわいせつ行為を行った場合、故意を阻却する。

故意以外の主観的要件として、**性的な意図ないし傾向**、すなわち、自己の性的欲望を刺激・興奮・満足させる意図が必要かどうかにつき**必要説と不要説の対立**がある。**判例**には、報復の目的で女性を脅迫し、裸にして写真撮影を行う行為は、このような目的を欠くから、強制わいせつ罪にはあたらないとするものがあり（最判昭45・1・29刑集24・1・1＝**百選14**）、必要説も有力である（大塚99頁）。しかし、女性を裸にして写真を撮る行為は、客観的にみてもっぱら報復目的のみで、わいせつな意図がまったくないとはいえず、両者が併存するのが通例であり、わいせつ目的を否定できない。のみならず、そもそもこのような主観的要件のあるなしにかかわらず、人の性的自由は保護されるべきであるから、性的自由の侵害があれば、行為者の意図とは独立に強制わいせつ罪は成立するとするべきである（団藤491頁、平野180頁、中山130頁、中森58頁、曽根67頁、前田152頁、山口108頁）。

5　罪数・他罪との関係

同一の被害者に対し同一の機会になされた一連のわいせつ行為は、一罪である。被害者が複数に及ぶ場合は、同一の機会であっても併合罪である（広

島高岡山支判昭 48・4・3 判タ 306・297）。

公然と本罪が犯された場合には、本罪のみが成立するという見解も有力であるが、公然わいせつ罪との**観念的競合**を認めるべきであるとする見解も少なくない（団藤 491 頁、大塚 101 頁）。保護法益の違いにかんがみれば後説が妥当である。13 歳未満の者に対して暴行・脅迫を用いてわいせつ行為を行った場合、本条にあたる一罪が成立する（最決昭 44・7・25 刑集 23・8・1068）。

6 親告罪

本罪は、致死傷の結果が発生した場合および二人以上が現場で共同して犯した場合を除いて、親告罪とされる（180 条）。

§51 強姦罪

> 暴行又は脅迫を用いて 13 歳以上の女子を姦淫した者は、強姦の罪とし、3 年以上の有期懲役に処する。13 歳未満の女子を姦淫した者も、同様とする（177 条）。未遂は、罰する（179 条）。

1 主 体

本罪の主体は男性であるが、間接正犯ないし共同正犯としては**女性も主体になりうる**（反対=中山 131 頁）。間接正犯は、精神病者の男性などを利用することによって可能となる。共同正犯となりうる根拠としては、通説は、本罪を身分犯として、女性が身分のある男性と共同して本罪を実行したとき、**刑法 65 条 1 項**を適用して身分のない者でも共犯となるものとする（最決昭 40・3・30 刑集 19・2・125）。有力説（団藤・総論 422 頁）は、同条同項を適用しなくとも、女性も暴行・脅迫という強姦罪の実行行為の一部を共同実行しうるのであるから、共同正犯になりうるとする。この後者の見解は、65 条 1 項は、共同正犯には適用されないという解釈を前提とするものである。この解釈を前提とすべきであるから、65 条 1 項によって共同正犯となるのではなく、身分犯ではないが、実行行為の一部を共同しているから共同正犯となると解するのである。

2 客 体

本罪の客体は、女子に限られる。女性器をもつ者であれば、法律上の女性である必要はないであろう。**夫婦間で強姦が成立しうるか**（山中 122 頁参照）、すなわち、妻が本罪の客体になりうるかについては、法文上、限定がないか

ら、当然、客体になりうる。しかし、伝統的な見解によれば、継続的な性的関係を前提とする夫婦間においては、婚姻関係が実質的に破綻していない限り、夫婦間に強姦罪は成立しないとされてきた（大塚・全集上238頁）。判例においては、夫が、その暴力を恐れて実家に逃げ帰っていた妻を遊び仲間である共犯者と二人で無理やり連れ出し自宅に連れて帰る途中、暴行を加えてこもごも姦淫したという事案に対して、「婚姻中夫婦が互いに性交渉を求めかつこれに応ずべき所論の関係にあることはいうまでもない。しかしながら、右『婚姻中』とは実質的にも婚姻が継続していることを指し、法律上は夫婦であっても、**婚姻が破綻して夫婦たるの実質を失い名ばかりの夫婦にすぎない場合**には、もとより夫婦間に所論の関係はなく、夫が暴行又は脅迫をもって妻を姦淫したときは強姦罪が成立し、夫と第三者が暴力を用い共同して妻を輪姦するに及んだときは、夫についてもむろん強姦罪の共同正犯が成立する」と判示した（広島高松江支判昭62・6・18高刑集40・1・71）。この判例においては、婚姻関係が実質的に破綻し、第三者が共同正犯として関与しているので、夫に強姦罪の成立を認めること（斎藤信治53頁）は伝統的な見解によっても異論がないものと思われる。さらに、法律上の夫が、**婚姻関係が実質的に破綻している状態**にあった妻に対して暴行脅迫を用いて強姦した事案につき、違法性を阻却しないとして、強姦罪が成立することを認めた判例（東京高判平19・9・26判タ1268・345）がある。通常の婚姻関係が維持されている場合にも、夫が妻の拒絶の意思表示に反して暴行・脅迫を用いて妻の反抗を著しく困難ならしめて姦淫した場合に、強姦罪の成立する余地はありうる。婚姻関係が継続的な性的関係の相互承諾を含むものであったとしても、それは妻の包括的承諾として有効なわけではなく、具体的・個別的に、妻の自己決定権は保護されるべきである。もっとも、実際には婚姻関係の破綻がない限

---

[1] ドイツ刑法旧177条1項は「婚姻外の性交」に限っていたので、妻は客体から除外された。しかし、第6次刑法改正法により、177条に関する考え方が抜本的に変更された。177条は、「性的強制・強姦」と題され、その第1項は、「他人を、1．暴行をもって、2．身体または生命に対する現在の危険を伴う脅迫によって、3．被害者が行為者の影響に無保護に置かれている状況を利用して、行為者または第三者の性的行為を受忍するよう、または行為者または第三者に対して行うよう強制した者は、1年を下らない自由刑に処する」とされた。これによって、行為客体は、「女性」に限らず、男性をも含むこととされた。つまり、強姦罪は残されたが、それは性的強要の延長線上に位置づけられ、性的強制の重い場合とされたのである（177条2項）。それによると、姦淫に類似する行為は強姦なのである。この改正によって、婚姻外の女性への限定も、取り払われたのである。

り、通常、妻が告訴することはないから、刑事事件になることはない。

3　行　為

　13歳以上の女子に対しては、暴行・脅迫を手段として姦淫することであり、13歳未満の女子に対しては、たんに姦淫することである。13歳未満の女子は、姦淫についての承諾能力を欠くと擬制しているのである。

　暴行・脅迫の程度については、学説が分かれている。①被害者の反抗を抑圧する程度に至ることを要するという見解（牧野32頁、滝川40頁）、②大小強弱を問わないという見解（植松・刑事法講座7巻1540頁）もあるが、③必ずしも被害者の反抗を抑圧する程度のものであることを要せず、著しく困難にする程度のもので足りるとするのが通説・判例である（最判昭24・5・10刑集3・6・711、平野179頁、中85頁、福田184頁、大塚102頁、大谷121頁、斎藤信治52頁以下、山口107頁）。大小強弱を問わないという見解は、任意の承諾のある場合と区別するためには不適切である。財産奪取罪の場合、反抗抑圧の程度に至ることが必要とされるが、反抗抑圧の程度に至らない場合には、恐喝罪（249条）にあたりうる。これに対して、強姦罪にはこれに類する補充規定がない。そこで、強盗罪よりも緩和された低い程度のもので足りるとしたのである（大塚102頁）。

　暴行・脅迫は、自ら加える必要がある。他人が加えた暴行・脅迫に乗じて姦淫するのは準強姦にあたる。

　実行の着手時点は、暴行・脅迫を手段とする場合には、強姦を実現する意思で暴行・脅迫を開始した時点である。しかし、その暴行・脅迫が反抗を困難にして、直接に姦淫行為につながらない場合には、実行の着手とは認められない。暴行・脅迫を手段としない場合は、姦淫行為の開始時点に実行の着手時点が認められる。

　　判例には、強姦の意思でダンプカーの車内に女子を引きずり込んだが、数キロ離れた場所で車を止め、姦淫したという事案で、引きずり込もうとする暴行の段階ですでに「強姦に至る客観的な危険性が明らかに認められる」としたものがある（最決昭45・7・28刑集24・7・585＝百選I-63）。このように、自動車で拉致して強姦しようとした事案では、判例の多数は、連れ込もうとした時点で強姦の実行の着手を認めている（名古屋高金沢支判昭46・12・23刑月3・12・1613）これに反して、下級審の判例には、タクシー内やスナックの店内で暴行を加え、ホテルで姦淫しようとしたという事

---

[2]「夫婦間の場合とほかの場合とをまったく同じに考えるわけにはいかない」とする見解（林92頁）もある。

案については、タクシー内ではいまだ強姦に至る客観的な危険が生じているとはいえないとしたものがある（大阪地判昭61・3・11判時1256・123、その他、大阪地判昭45・6・11判タ259・319）。前者の事案においても、運転席に引きずり込んだ後、数キロ離れた地点の「運転席内で同女の反抗を抑圧」する行為がさらに行われている。このように時間的・場所的に離隔して予定された第2段の行為がいまだ介在しなければ反抗困難な態様での姦淫行為が行われない段階ならば、いまだ実行行為とはいえないというべきである（山中126頁）。学説の中にも、「強姦に至る客観的な危険性」が認められる場合には、実行の着手が肯定されるとするものがある（山口110頁）。最近の判例においては、「被告人が、H〔被害者〕を自動車内に連れ込もうとして加えた暴行につき、『暴行又は脅迫を用いて姦淫した』といい得るだけの姦淫の結果への直接的危険性があったとまでは評価することができず、本件においては、強姦行為の実行の着手はなかったといわざるを得ない」としたものがある（大阪地判平15・4・11判タ1126・284）。マンションのエントランスホールで、20メートル離れた場所に駐車した自分の車に連れ込んで強姦する目的で女性に暴行を加えた事例については、「直ちに強姦の犯意を確実に遂行できるような状況になかった」として強姦の実行の着手を否定したもの（広島高判平16・3・23LEX/DB）がある。

「姦淫」とは性交をいう。それをもって既遂となる。

4 罪数・親告罪

暴行と脅迫が併用された場合も、13歳未満の女子を、暴行を用いて姦淫した場合も、本罪一罪が成立する。死傷の結果が生じた場合、および二人以上現場で共同して実行した場合を除いて、親告罪である（180条）（☞§54）。

§52 準強制わいせつ罪・準強姦罪

> 人の心神喪失若しくは抗拒不能に乗じ、又は心神を喪失させ、若しくは抗拒不能にさせて、わいせつな行為をした者は、第176条の例による（178条1項）。女子の心神喪失若しくは抗拒不能に乗じ、又は心神を喪失させ、若しくは抗拒不能にさせて、姦淫した者は、前条の例による（同条2項）。未遂は、罰する（179条）。

本罪は、暴行・脅迫の手段は用いないが、被害者を抵抗困難な状態に陥れ、またはそれを利用して、わいせつ行為または姦淫行為を行うことを処罰する趣旨である。改正により、わいせつ行為と姦淫行為とを1項と2項に分けて規定されることとなった。暴行・脅迫によらないで自らその状態を作出する場合のみならず、自己または第三者によって作出された状態を利用する場合をも含む。この点で、昏酔強盗罪（239条）より広く認められる。

1 心神喪失・抗拒不能

「**心神喪失**」とは、精神の障害によって性行為につき正常な判断能力を失

っている状態にあることをいう。例えば、失神・泥酔・高度の精神病等により、自己の性的自由が侵害されているということの認識がない場合がそうである。ここでいう心神喪失とは、責任無能力における心神喪失（39条）とは、必ずしも同じ意味ではない。「抗拒不能」とは、心神喪失以外において、心理的または物理的に抵抗不可能かまたは著しく困難な状態にあることをいう（仙台高判昭32・4・18高刑集10・6・491）。熟睡している場合（大判大13・11・7刑集3・783）のほか、恐怖・驚愕・錯誤によって行動の自由を奪われている状態、手足を縛られていて身動きできない状態がその例である。不意をつくことも抗拒困難な状態ということができる。したがって、通りすがりの女性の胸にすれ違いさまに触れる行為もこれにあたる（斎藤信治57頁、山中119頁）。「乗じ」とは、既存の状態を利用することである。例えば、就寝中の被害者の局部を弄んだ場合に、準強制わいせつ罪が成立する（大阪地判昭62・10・1判時1256・123）。

　判例には、内縁の妻の子であり重度の知的発達障害を有する被害者に対し（17歳時および19歳時の二度にわたり）姦淫するなどした事案において、被害者は心神喪失の状態にあったとし、被害者が外形的にこれらについて同意しているかのように見られたとしても、それが性的行為の意味に対する理解を前提とした真の同意とは認められず、また、被害者が、当時、心神喪失状態にあったことを認識していたものとしたもの（神戸地判平23・11・29LEX/DB）がある。

欺罔によって錯誤に陥れて姦淫した場合に、抗拒不能に乗じたものといえるかどうかは問題である。例えば、被害者が、深夜、暗さや睡気のため夢うつつで犯人を自分の夫と誤信しているのに乗じて姦淫した場合（前掲仙台高判昭32・4・18、広島高判昭33・12・24高刑集11・10・701）、そもそも被害者に同意能力があったかどうかが問題であるが、錯誤の問題としては、相手が誰かということが本罪における同意については重要であるから、法益関係的錯誤があり、承諾は無効であり、準強姦罪が成立する。[3] しかし、法益関係的錯誤に陥っていない場合には、治療のためと偽って姦淫しても、霊感治療のためと称して姦淫しても（東京高判昭58・3・1刑月15・3・255）、準強姦にはあたらない。（にせ）医師が必要な施術であるかのように誤信しているのに乗じて姦淫した場合（大判大15・6・25刑集5・285、名古屋高判昭55・7・28刑月12・7・709）にも、

---

[3] 山中「被害者の同意における意思の欠缺」関法33巻3＝4＝5号（1983年）271頁以下、同・総論§78, 2参照。

性的行為を行うことについて認識があり、したがって、法益関係的錯誤がなければ承諾は有効である。被害者の性器に異常があるとか、それを**霊感による治療**によってのみ治すことができると告げて、姦淫した事案で、通常の判断能力を有する成人女性を広く信用させるに足りる力を有するものとはいえないとして、抗拒不能の状態に陥っていたとは認められないとしたものがある（前掲東京地判昭58・3・1）が、妥当であろう。錯誤に陥っていなくても、雇用関係・身分関係にもとづく従属関係のため抗拒不能の状態にあると認められる場合もある。例えば、プロダクションの実質的経営者がモデルとして売り出したいと望む女子学生らの心理的抗拒不能に乗じてわいせつ行為を行った場合がその例である（東京高判昭56・1・27刑月13・1＝2・50）。

「心神を喪失させ、若しくは抗拒不能にさせ」る手段には、暴行・脅迫によるものでないという以外に、制限はない。麻酔薬の注射、催眠術の施用（東京高判昭51・8・16東高刑時報27・8・108）、欺罔などがその例である。判例には、**心理的・精神的抗拒不能の判断基準**に言及したものがある（東京地判昭62・4・15判時1304・147）。すなわち、警察に依頼された医師と称して、検査や治療のため拒みえない処置と誤信させ、偽医者にわいせつな行為および性行為に応じさせた事案につき、まず、「身体的には抗拒不能といえない場合であっても、わいせつ、姦淫行為を抗拒することにより被り又は続くと予想される危難を避けるため、その行為を受け容れるほかはないとの心理的、精神的状態に被害者を追い込んだとき」には、抗拒不能に陥れた場合にあたるとし、次いで、被害者を心理的・精神的に抗拒不能に追い込んだかどうかは、「危難の内容、行為者及び被害者の特徴、行為の状況などの具体的事情を資料とし、当該被害者に即し、その際の心理や精神状態を基準として判断すべきであり、一般的平均人を想定し、その通常の心理や精神状態を基準として判断すべきものではない」とした。

2 行 為

以上の手段を用いてわいせつ行為をした場合が準強制わいせつ罪、姦淫行為をした場合が準強姦罪である。強制わいせつ・強姦とそれぞれ法定刑は同じであるから、実質上暴行・脅迫を用いたのと同程度に相手方の自由意思を侵害して行う必要がある。

抗拒不能の状態にあることの認識が必要である。すなわち、被害者（22歳）が抗拒不能の状態にあることを認識していなければ、故意が阻却される。これに関する判例

の事案は、エステティックサロンを経営する被告人が、美容矯正等の施術として姦淫にまでは至らない性的な行為を行った後、性交に及んだが、被害者は、施術を行う旨の被告人の説明を信じ込み、姦淫開始前に、被告人に姦淫されることを認識していなかったとして、被害者が抗拒不能状態にあったことは認めたが、被告人が、被害者が抗拒不能状態にあったことを認識していたか否かを問い、「被告人においてAが抗拒不能状態に陥っていることを**認識していたと認めるには『合理的な』疑いが残る**」として、これを否定したもの（福岡地判平26・4・23LEX/DB）である。

3 「第176条の例による」（1項）「前条の例による」（2項）の意義

わいせつな行為をした場合には、176条によって6月以上10年以下の懲役に、姦淫をした場合には177条により、3年以上の有期懲役に処せられる。

4 親告罪

本罪も、死傷の結果を生じた場合を除いて、親告罪とされる（180条）。

§52の2　集団強姦等罪

> 二人以上の者が現場において共同して第177条又は前条第2項の罪を犯したときは、4年以上の有期懲役に処する（178条の2）。未遂は、罰する（179条）。

集団形態で行われた強姦罪および強姦致死傷罪に関する加重類型である。集団強姦罪については、法定刑の下限を4年とする。集団強姦において、共同して暴行・脅迫を加えたのであれば、姦淫に及ばなかった行為者も、これにあたる。被告人AとBとで強姦を共謀したが、Bは、犯行場所であるホテルに着く前に車の中で積極的に暴行を加えていた。しかし、Bは、甲女らを呼び出し、ホテルまでの車内においても積極的に甲女を脅迫していたという場合、「積極的かつ重要な役割を果たした」のであるから、集団強姦にあたるとした判例がある（東京高判平18・2・24LEX/DB）。本罪は**親告罪ではない**。

> 「二人以上の者が現場において共同して……犯した」の意味につき、「少なくとも、一人が実行行為に着手し、かつ、一人以上の者が現場において強姦の実行共同正犯の実質を有する加功行為を行うことが必要であると解するのが相当である」とし、共犯者の加功行為が、遠巻きに見張りをしていたにすぎず、**実行共同正犯の実質を有するものとは認められない**」という場合には、**集団強姦未遂罪**をもって問擬することはできず、強姦未遂罪の共同正犯の限度で犯罪が成立するにとどまる」とした判例（大津地判平21・7・16判タ1317・282）がある。本判決は、その理由を、集団強姦罪の立法の経緯や趣旨を踏まえ、集団的形態の強姦の事案の処罰の適正を図るとともに、罪刑法定主義に照らして処罰範囲を明確にするという観点に求めている。

§53　強制わいせつ等致死傷罪

> 第176条若しくは第178条第1項の罪又はこれらの罪の未遂罪を犯し、よって人を死傷させた者は、無期又は3年以上の懲役に処する（181条1項）。
>
> 第177条若しくは第178条第2項の罪又はこれらの罪の未遂罪を犯し、よって女子を死傷させた者は、無期又は5年以上の懲役に処する（同条2項）。
>
> 第178条の2の罪又はその未遂罪を犯し、よって女子を死傷させた者は、無期又は6年以上の懲役に処する（同条3項）。

1　基本行為と死傷の結果

結果的加重犯である（大判明44・4・28刑録17・712）。本条は改正により強制わいせつ致死傷罪と強姦致死傷罪を分離して規定するようになり、後者の法定刑を「無期又は5年以上」とし、法定刑の下限を引き下げると同時に、集団強姦致死傷罪を付け加えたものである。死傷の結果は、①手段たる暴行・脅迫によって生じたもの、ないし強制わいせつ・姦淫行為等実行行為から生じたものに限るとする説（滝川81頁、大谷129頁、曽根70頁、西田95頁）と、②わいせつな行為・姦淫行為の機会に行われた、それと密接に関連する行為、ないし各基本犯の遂行過程から生じたものでもよいとする説がある（団藤498頁、大塚105頁、前田164頁、中森61頁）。**判例**は、後者の見解を採る（最決昭46・9・22刑集25・6・769、東京高判昭37・4・25東高刑時報4・98）。強姦が既遂に達した後、もっぱら逃走を容易にしようとの意思で加えた暴行によって傷害の結果を生じた場合について本罪の成立を認めたものがある（大阪高判昭62・3・19判時1236・156）。また、強制わいせつ行為を終了した直後、被害者に腕をつかまれたので、腕を突き出して強く振り払ったところ被害者に中指末節骨折等の傷害を負わせた事案につき、「強制わいせつ行為を終了した直後に、強制わいせつ行為が行われたのと全く同じ場所で、被害者から逮捕されるのを免れる目的で行われた」として「強制わいせつ行為に随伴する行為」とし、強制わいせつ致傷罪を認めたもの（東京高判平12・2・21判時1740・107）がある。[4] さらに、人の心神喪失に乗じてわいせつな行為をしたのち、被害者が覚せいし、被告人のTシャツをつかむなどしたことによって、わいせつな行為を行う意思を喪失した後に、その場から逃走するため、被害者に対して暴行を加えたとき、「被告人のこのような暴行は、上記準強制わいせつ行為

---

[4] 本件第1審は、強制わいせつ罪と傷害罪の併合罪であるとした。

に随伴するものといえるから、これによって生じた上記被害者の傷害について強制わいせつ致傷罪が成立する」という（最決平20・1・22刑集62・1・1＝百選15）。結果的加重犯の加重根拠は、基本犯に内在する危険の範囲から直接に生じた結果にのみ及ぶというべきであるから、基本犯の実行行為から生じたものに限ると解するべきである。行為と死傷の結果の間には、因果関係（客観的帰属連関）の存在が必要である。[5]

181条3項に集団強姦致死傷罪が新設され、法定刑の下限は6年の懲役とされた。したがって、酌量減軽により執行猶予を付することができる。

2　結果の軽微性

死傷の結果は、軽微な傷害にとどまる場合でもよいか。判例は、処女膜の裂傷（大判明44・3・9刑録17・341、最大判昭25・3・15刑集4・3・355、最判昭34・10・28刑集13・11・3051）、陰毛の脱取（大阪高判昭29・5・31刑集7・5・752）、病毒の感染（大判大14・4・23刑集4・262）を傷害とする。しかし、法定刑の重さからみて、キスマークをつけた（東京高判昭46・2・2高刑集24・1・75）程度の軽微なものは、傷害にあたらないと解すべきである（東京地判昭40・8・10判タ181・192）。判例において傷害が否定されたものに、加療5日を要する左下腿擦過傷（神戸地姫路支判昭41・12・23判タ207・194）、軽微な擦過傷（宮崎地都城支判昭42・6・22判時498・89）、治療を要せず2日間くらいで治癒する発赤程度の傷害（岡山地判昭42・7・12下刑集9・7・868）がある。

強制わいせつ・強姦の行為自体が**未遂**に終わっても、被害者が死傷した以上、本罪が成立する。本罪の基本となる犯罪には、強制わいせつ・強姦罪の未遂罪（179条）も含まれる（最判昭23・11・16刑集2・12・1535）。中止未遂でもよい（最判昭24・7・9刑集3・8・1174）。

3　主観的要件

死傷の結果について**故意**がある場合に、本罪が成立するか。これをめぐっては見解が分かれている。まず、故意ある場合は本条に含まず、強姦罪と傷害罪または殺人罪の観念的競合を認める見解（札幌地判昭47・7・19判時619・

---

[5] 強姦の目的で暴行を加えたところ、救いを求めて被害者が2階から飛び降りたため、負傷した場合には、客観的帰属が認められる（最決昭35・2・11裁判集刑132・201参照）。しかし、強姦の被害者が、羞恥・興奮により、または精神異常により自殺した場合には、通常、客観的帰属連関を欠く（最決昭36・1・25刑集15・1・266、最決昭38・4・18刑集17・3・248参照）。相当因果関係を認めたものとして、東京高判昭42・3・7下刑集9・3・175がある。

104、大塚 106 頁、内田 168 頁、曽根 70 頁、斎藤信治 58 頁）が有力である。また、死傷の結果に対して故意がある場合、それぞれ殺人罪ないし傷害罪と強姦致死傷罪との観念的競合であるとする見解（団藤 495 頁、平野 181 頁、大判大 4・12・11 刑録 21・2088、最判昭 31・10・25 刑集 10・10・1455）もある。しかし、この見解によれば、一つの死傷に対して故意を二度評価することになる。本罪の 1 項の法定刑が、「無期又は 3 年以上の懲役」であり、2 項の法定刑が「無期又は 5 年以上の懲役」であることを前提にして本問を考察すべきである。

① 致死の結果の認識のある場合　1 項の場合につき本条の適用を認めると殺人罪より軽くなるので、強制わいせつ罪と殺人罪の観念的競合とすべきである。

② 致傷の結果の認識のある場合　強姦罪と傷害罪の観念的競合とすると、刑は強姦罪の法定刑（3 年以上の有期懲役）にとどまることになる。強制わいせつ罪と傷害罪の観念的競合の場合には、重い方の刑として、上限は、15 年以下、下限は、6 月以上の懲役である。これでは、故意ある場合を含まないはずの強姦致傷罪（5 年以上の懲役）・強制わいせつ致傷罪（3 年以上の懲役）に比べて、軽すぎる。そこで、強制わいせつ致傷罪・強姦致傷罪については、傷害につき故意のある場合をも含むと解すべきである（大谷 131 頁、中森 61 頁、前田 165 頁以下、168 頁、山口 116 頁）。さらに、強姦罪の際に、傷害の未必の故意の付随する類型は、刑事学的にみても典型的なものであり、殺意の付随する場合が、典型的といえないのとは異なる。

強姦によって被害者を傷害した後、死亡に至らせたときは、傷害の事実は致死の結果に吸収され、強姦致死罪のみが成立する（前掲最判昭 23・11・16）。強姦の目的で暴行を加えて被害者を死亡させ、その直後に姦淫したときは、包括して強姦致死罪が認められる（前掲最判昭 23・11・16）。強姦終了後、別個に被害者に傷害を与えたときは、強姦罪と傷害罪の併合罪である。強姦致傷の後、犯罪が発覚するのを恐れて、被害者を殺害したときは、強姦致傷罪と殺人罪の牽連犯ではなく、併合罪である（大判昭 7・2・22 刑集 11・107）。

§54　親告罪

第 176 条から第 178 条までの罪及びこれらの罪の未遂罪は、告訴がなければ公訴を提起することができない（180 条 1 項）。
　前項の規定は、二人以上の者が現場において共同して犯した第 176 条若しくは第

第4節　強制わいせつの罪　§55　淫行勧誘罪　177

178条第1項の罪又はこれらの罪の未遂罪については、適用しない（同条2項）。

これらの罪の訴追にあたって、被害者が捜査などの刑事手続に巻き込まれ、かえって名誉その他の社会的不利益を被る危険が大きいので、**犯人処罰と自己の不利益とを比較衡量**して告訴するかどうかを決定できるよう図ったものである。2項は、輪姦などの悪質で危険性の高い事案については、被害者の利益より犯人の処罰・一般予防を優先させるため、昭和33年の刑法の一部改正（法107号）により暴力団対策の一環として新設された。「二人以上の者が現場において共同して犯した」とは、共同正犯として実行されたことを意味する。「現場」とは、犯罪実行の場所および社会観念上それと近接し、一体化して捉えることのできる場所である。二人以上現場にいれば十分であるから、現場にいなかった共謀共同正犯、教唆犯、幇助犯等の共犯者についても、非親告罪となる（幇助犯につき、最決昭43・10・15刑集22・10・928）。

§55　淫行勧誘罪

営利の目的で、淫行の常習のない女子を勧誘して姦淫させた者は、3年以下の懲役又は30万円以下の罰金に処する（182条）。

本罪の**保護法益**は、**女性の性的自由**である。本罪を風俗犯の一種として社会的法益に対する罪に位置づける見解も有力であるが、本罪における「女子」は、被害者であるがゆえに処罰されていないのであり、本罪は、やはり女子の「性的自由」を保護する規定と解すべきである。客体は、「淫行の常習のない女子」である。淫行の常習のある女子とは、貞操観念に乏しく不特定人を相手として性生活を行うことを常習とする女子をいうから、それ以外の者が、それである。行為は、女子を勧誘して姦淫させることである。「**勧誘**」とは、姦淫の決意を生じさせる一切の行為をいう。欺罔を用いる場合も含まれる。勧誘された女子が相手方と姦淫行為を開始すれば既遂である。勧誘された女子は、本罪の共犯とはならない。その相手方となった者も同様である。「営利の目的」で行われることを要する。

第3章　私的領域の自由に対する罪

　他人から干渉されない自由も、人間の基本的な自由の一種である。そのような他人の干渉からの自由を保障するために、刑法は、一定の場所ないし空間に対する形式的な個人の支配・管理権を認めて、その私的領域において個人の生活や活動を自由に展開するための形式的枠組みを包括的に保護しようとする。それが、住居を侵す罪である。同様にして、他人によって自らの個人情報にみだりにアクセスされることのないように、一定の私的領域における情報の漏示に対して個人の秘密を保護している。これが、秘密を侵す罪である。私的領域の自由に対する罪は、このように、一定の空間に対する支配・管理状態を維持する自由と、一定の支配・管理された個人の情報である秘密を他人の干渉から保護するものである。

第1節　住居を侵す罪

§56　総　説

　住居を侵す罪は、住居侵入罪（130条前段）と不退去罪（同条後段）からなる。その保護法益については、社会的法益ではなく、個人的法益であることは疑いないとしても、住居に対する事実上の支配・管理権か、それとも、事実上の平穏かをめぐって争いがある。細かく分けると、①旧住居権説、②**事実上の平穏説**、③**新住居権説**のほかに、④とくに住居が客体の場合につき、プライヴァシーに対する罪とする説（西原164頁、曽根79頁）もある。第1説および第3説は、誰を立ち入らせるかの自由が住居権者ないし管理権者にあると解するもので、それが誰にあるかの点で、異なる。旧住居権説は、本罪の保護法益を住居権であるとし、戦前の通説であって、家長たる戸主に住居

---

[1] 条文の位置からも、立法者は、これを社会的法益に対する罪とみていた。戦前の判例には、これを公共的法益に対する罪とみたものがある。「住居侵入罪の本質は、我国に在りては主として家族生活の平穏を害する公共的犯罪の一種と観るべく」としたもの（東京控訴院昭17・12・24新聞4821・3）がある（小野・刑評8・304参照）。

権があるが、戸主以外の者、例えば、妻にはそれはなく、その承諾を得て住居に立ち入っても住居侵入罪は成立するものとした。戦後になって、このような封建的な家長制度と結びついた住居権説は批判され、保護されるべきは、権利ではなく、住居者の事実上の平穏であるとする説（事実上の平穏説＝小野208頁、団藤501頁、中98頁、福田202頁、藤木232頁、前田172頁）が、誰が住居権者であるのかという問題を回避し、事実上そこに居住する者全員の平穏が保護されるとしたことによって、多くの学説によって支持され通説となった。しかし、平穏概念が不明確であり、静謐の意味かプライヴァシーなのか、居住者の意思に反する立入りなのかがはっきりしないうえに、その概念により行為態様や立入り目的が意味されているのかが問題視されるに至り、最近では、立入りを認めるか否かを決定する自由、ないし住居の自由な管理・支配権が保護法益であるとする**新住居権説**が唱えられ支持者を増している（平野183頁、中山140頁、内田171頁、大谷134頁、中森68頁、堀内74頁、西田98頁、山口・探究66頁）。これに対しては、法律上の権利とはいい難い（福田203頁）住居権の概念を用いている点、建物等への立入りを認めるかどうかという形式的観点のみから問題を捉えようとしている点が不都合であると批判されている（大塚111頁参照）。

　判例は、戦前は、旧住居権説に立ち、「住居侵入の罪は、他人の住居権を侵害するを以て本質と為し、住居権者の意思に反して違法に其住居に侵入するに因りて成立す」（大判大7・12・6刑録24・1506）とした。戦後も、同様の判例があったが（最判昭23・5・20刑集2・5・489）、その後、**事実上の平穏**を保護法益とみる下級審判例が出て（札幌高函館支判昭25・11・22高刑特14・222）、最高裁も、居住者または看守者が「法律上正当な権限」をもつかどうかが、建造物侵入の成立を左右するものではないとし、住居権説とは適合しないと思われる見解を採った（最決昭28・5・14刑集7・5・1042）。その後、「住居等の事実上の平穏」を法益とした（最決昭49・5・31裁判集刑192・571、最判昭51・3・4刑集30・2・79）ことによって判例を変更したかに思われた。しかし、昭和58年のいわゆる「**大槌郵便局事件**」において、最高裁は、「刑法130条前段にいう『侵入シ』とは、他人の看守する建造物等に**管理権者の意思**に反して立ち入ることをいう」と判示した（最判昭58・4・8刑集37・3・215＝**百選16**）。この

---

[2] 当初、131条に皇居等侵入罪の規定が置かれていたが、昭和22年の刑法一部改正によって削除された。

判例によって新住居権説に判例変更されたと解する見解（西田98頁）と、なお事実上の平穏説を採っているとする見解（大塚111頁等）とに評価が分かれたが、その後の下級審の判例（東京高判平5・2・1判時1476・163、東京高判平5・7・7判時1484・140等）からみても、これによって新住居権説を採ったと解するのが妥当であろう。

　事実上の平穏の概念が不明確であり、事実上の静謐なのか、精神的な平静状態を含むのか、プライヴァシーなのか、一定の場所における平穏かつ円滑な事務遂行なのかが明らかではない。事実上の平穏な支配・管理状態（福田203頁）であるという説明もありうると思われるが、そのように捉えるなら、「状態」というか「権利」というかの違いであって、実質上は、違いはないことになる。

　住居権説が基本的に正当である。住居権とは、形式的には、一定の場所内に、誰を立ち入らせ、誰をとどまらせないかを決定する自由・権利であるが、それは、実質的には、住居や建造物等に対する場所の支配権・管理権である。ただ、留意すべきは、住居者・看守者の意思が絶対視されてはならないことである。明示の意思表示がないにもかかわらず、管理権者の意思を持ち出す前述の最高裁判決（大槌郵便局事件判決）にその問題点が現れている。

　最近では、住居権説について、それを、①住居等の中において守られるべき利益を問題とする「**実質的利益説**」と②もっぱら住居等への立入の許諾の自由を問題にする「**許諾権説**」とに分類し、後者の説が妥当であるとするものがある（山口・探究66頁、同119頁）。確かに、実質的利益説は、従来、統一的な実質的利益に還元することはできず、さまざまな内容のものが唱えられてきた。中には、住居については、プライヴァシー的利益が保護されるが、公の営造物や社会的営造物には、それらの利用目的に従って「平穏かつ円滑に業務を遂行しうること」が保護されるという、住居権説と平穏説の振り分け論的見解も唱えられている（関哲夫『住居侵入罪の研究』315頁以下）。確かに、このような状況の中で、形式的に、立入りの承諾の自由・利益のみを問題とする方が独自の法益侵害性を示す点で優れているかもしれない。[3]

　しかし、住居侵入罪においては、住居ないし管理権者の「意思」ないし「許諾権」のみが保護されているのではなく、私的領域に対する**支配・管理**

---

[3] ドイツ刑法においても、許諾権説が通説である。実質的利益説を採るものとして、*Rudolphi*, SKStGB, §123, Rn. 2 ff.

状態という客観的利益が保護されているのである。したがって、確かに、そのような空間的私的領域の内部におけるさまざまな自由を享受する権利の実質的内容自体は、住居侵入罪の保護法益とは直接的には無関係である。しかし、主観的な「意思」が保護されているのではなく、客観的な「支配・管理状態」が保護されているのである。住居において追求されるべきプライヴァシーその他の住居内における自由といった実質的利益が保護されているのではなく、その形式的な枠組みとしての住居という私的領域の「支配・管理状態」そのものが保護されているのである。

§57 住居侵入罪

> 正当な理由がないのに、人の住居若しくは人の看守する邸宅、建造物若しくは艦船に侵入し（又は要求を受けたにもかかわらずこれらの場所から退去しなかっ）た者は、3年以下の懲役又は10万円以下の罰金に処する（130条）。未遂は、罰する（132条）。

1 客 体

客体は、人の**住居**または**人の看守する邸宅、建造物**または**艦船**である。「人」とは、居住者・看守者以外の他人をいう。以前に居住していたとしても、住居を離脱した者は他人である。例えば、家出中の息子が、強盗の目的で、共犯者とともに実父の家に侵入すれば、「人」の住居に侵入したといえる。死者は、人ではないから、単独で居住していた者が死亡した後に、それと接着した時間内に侵入したとしても、住居侵入罪を構成しない[4]（東京高判昭57・1・21刑月14・1=2・1参照）。ただし、はじめから侵入の意図で、表通りで殺害した直後に侵入する場合は住居侵入罪が成立するであろう。同居しているのでなければ親族の住居は当然、他人の住居であり、自己所有の妾宅であっても同棲していなければ、他人の住居であり（広島高岡山支判昭26・11・15高刑特20・131）、別居して離婚訴訟中の妻の居住する住居も、他人の住居である（東京高判昭58・1・20判時1088・147）。

---

[4] 事案は、東京のマンションに一人で住んでいた女性を松山におびき出して殺害した後、約25時間後にその女性の居住指定居室に侵入したというものである。判決は、殺害前から侵入が企図されていたこと、航空路線の発達から距離と時間的経過がそれほど大きなものではないこと、死亡の事実は被告人らのみが知っていたことなどを理由に、同女の「住居の平穏は、被告人らの侵入の時点においても、同女の生前と同様に保護されるべきものであり、被告人らはその法益を侵害したものと解される」とした。

ⓐ 住　居　「住居」とは、①人の起臥寝食に使用される場所である（通説）。少数説には、②たんに人が占拠する場所であればよく、日常生活を営むために使用することを要しないとするもの（牧野・日本刑法下 89 頁、木村 72 頁）があるほか、③日常生活に使用するために人が占拠する場所であるとし、実験室や、研究室、事務室、店舗等も、場合によっては住居とするものがある（大塚 112 頁、大谷 135 頁）。しかし、②説のように、人が占拠する場所でよいとすると、邸宅・建造物との区別がつかないし、③説のように、実験室等を含めることも不当である。実験室等は、長時間そこに滞留し日常生活の一部となっていても、人の一般的・基本的な生活の場ではなく、また、建造物として保護されうるのであるから、住居に含めないのが合目的的であろう。したがって、基本的に①の通説が妥当であるが、厳密には、人の起臥寝食に使用されるべく整えられた場所であるというべきであろう。

　住居としての使用が**一時的**であってもよいかについては、見解が分かれる。少数説には、ある程度の継続性を必要とするものがある（大塚 112 頁、前田 175 頁）が、一時的でもかまわないとするのが通説である。短時間の休息のために旅客が使用する旅館の客室等も、人の起臥寝食のために整えられた場所であるので、住居である（西田 99 頁）。また、居住者が常に現在していることを要しない。

　住居が、日常生活に使用されるためにある程度の設備を備えた場所であることを要するかどうかについては、見解が分かれる。テントやキャンピングカーなどは、日常生活のための設備を備えているので、いずれの見解に立っても住居である。しかし、野外の土管の中、神社・寺院の床下・洞窟などについては、住居として用いられている限りで、一定の設備がなくても住居であるとする見解からは、住居とされる（中 100 頁）が、さもない見解からは否定される（大塚 113 頁）。しかし、日常生活のための設備・道具（札幌高函館支判昭 27・11・5 高刑集 5・11・1985）がなくても、たんに洞窟等を起臥寝食に使用しているというだけではなく、そのために他の場所と一定の堅固性をもって人為的に仕切りが設けられ自由な立入りが妨げられるべく整えられた場所である限り、住居である。したがって、土管の両入口にむしろを垂らしてある程度の仕切りでも住居といいうる。ただし、ダンボール箱で、四方を囲っただけで屋根もない区画は、住居とはいえないであろう。

　住居は、建物の全体である必要はなく、**区画された一部**でもよい。したが

って、アパート、下宿屋の一室も住居である。建物の一部分だけが住居に用いられ、貸店舗や貸事務所なども入っている雑居ビルは、全体としてみるのではなく、独立した部分を個別的に住居か建造物かについて判断し、さらに共用部分について、その独立部分のどれに属するかを判断すべきである（広島高判昭 51・4・1 高刑集 29・2・240）。**建物の周辺部** ないし **居室の周辺の共用部分** が住居かどうかが問題である。判例によれば、縁側（大判大 12・1・27 刑集 2・35）、アパートの一階出入口・エレベーター・外階段踊り場等の共用部分（名古屋地判平 7・10・31 判時 1552・153）、階段通路・屋上（前掲広島高判昭 51・4・1）、住居等の屋根の上（東京高判昭 54・5・21 高刑集 32・2・134）、会社独身寮の各居室以外の屋内部分（福岡高判昭 59・5・7 高検速報 59・1303）も住居である。

❻ **囲繞地** 建物の囲繞地が、住居かどうかが問題とされている。通説（団藤 486 頁、平野 183 頁、大塚 113 頁、内田 173 頁、中山 142 頁）は、住居の囲繞地は住居であり、邸宅の囲繞地は邸宅であると解している（東京高判昭 30・8・16 高裁特 2・16＝17・849）。しかし、判例（大判昭 7・4・21 刑集 11・407、最判昭 32・4・4 刑集 11・4・1327）は住居の囲繞地も邸宅と解している（関哲夫・西原古稀 3 巻 129 頁）。**囲繞地**とは、垣根、塀、門のような建物の周囲を囲む土地の境界を画する設備が施され、建物の付属地として建物使用に供されることが明示されている土地をいう。主たる住居・邸宅・建造物にそれぞれ付属するのが囲繞地であるから、住居の囲繞地は住居、邸宅の囲繞地は邸宅、建造物の囲繞地は建造物と解すべきである。囲繞地の設備としてどの程度のものが必要かについては、塀をめぐらすとか石を積むとかして、通常の歩行では越えることのできないものをいうとされている。

判例には、大学の研究所構内へ金網柵を引き倒して乱入した事案で、人の看守する建造物には囲繞地も含むものとし、「その建物の附属地として門塀を設けるなどして外部との交通を制限し、外来者がみだりに出入りすることを禁止している場所」であるとし、前記土地を囲繞地とするものがある（前掲最判昭 51・3・4）。また、小学校の校庭は建造物の囲繞地であり、「囲繞地であるためには、その土地が、建物に接してその周辺に存在し、かつ、管理者が外部との境界に門塀などの囲障を設置することにより、建物の付属地として、建物利用のために供されるものであることが明示されれ

---

[5] 判例によれば、囲繞地とは、「その土地が、建物に接してその周辺に存在し、かつ、管理者が外部との境界に門塀等の囲障を設置することにより、建物の付属地として、建物利用のために供されるもの」である（前掲最判昭 51・3・4）。

[6] 建物の付属地である必要があるので、ゴルフ場に柵がめぐらされていても、ゴルフ場は、その中のクラブハウスの囲繞地ではない（毛利晴光・大コンメ 7 巻 283 頁）。

ば足り」るとした（東京高判平 5・7・7 高刑集 44・1 = 12・53）。

敷地に「駐車された捜査車両を確認する目的で、警察署の高さ約 2.4 メートルの塀の上部にあがった行為について建造物侵入罪の成立を認めた最高裁判例（最決平 21・7・13 刑集 63・6・590）がある。「本件塀は、本件庁舎建物とその敷地を他から明確に画するとともに、外部からの干渉を排除する作用を果たしており、まさに本件庁舎の利用のために供されている工作物であって、刑法 130 条にいう『建造物』の一部を構成するものとして、建造物侵入罪の客体に当たると解するのが相当」とした。第 1 審大阪地裁は、敷地内に入り込む意思を有していたとは認められないとし、囲繞地とは周囲の塀自体を含まないと解し、「『建造物』に囲繞地の周囲の塀は含まれないと解するのが相当」だとして、無罪を言い渡したのに対し（大阪地判平 19・10・15 判タ 1274・345）、第 2 審大阪高裁（大阪高判平 20・4・11 刑集 63・6・606）が**塀の上によじ登る行為は囲繞地への侵入行為である**としていた（☞後述 4)。

住居は、必ずしも、**適法に占有**されたものでなくてもよい。ここでいう住居権は、住居を支配している状態を維持する権利をいうので、必ずしも適法な根拠を有する必要はないのである。したがって、賃貸借関係が消滅した後に、家主が借家人を追い出すために、その意思に反して借家人の住居に立ち入れば、住居侵入罪が成立する（最決昭 28・5・14 刑集 2・12・1649）。

ⓒ 邸宅・建造物・艦船　「**邸宅**」とは、住居用に建てられた建造物とその囲繞地をいう。現に起臥寝食の場所として利用されている場合には、住居となるので、現に住居として使用されていない閉鎖された別荘（最決昭 32・2・28 裁判集刑 117・1357）や空き家が邸宅である。「**建造物**」とは、一般に、屋根を有し、障壁または支柱により支えられた土地の定着物であって、少なくともその内部に人が出入りしうる構造のものをいう。例えば、官公署の庁舎、学校、事務所、工場、倉庫、映画館など、住居・邸宅以外の建造物を意味する。庁舎の出入口・廊下（最判昭 24・6・16 刑集 3・7・1070）や駅のホーム（福岡高判昭 41・4・9 高刑集 19・3・270）も、庁舎・駅舎に付属してその一部をなしている限り、建造物である。その他、判例によれば、球場のスコアボードの屋上（福岡高那覇支判平 7・10・26 判時 1555・140）、広島の原爆ドームは、障壁や内部の状況からみて外界から区画されたものではなく、屋蓋もないに等しく雨露をしのぐに足りる効用すら有せず、建造物ではない（広島地判昭 51・12・1 刑月 8・11 = 12・517）。万博の太陽の塔は、建造物である（大阪高判昭 49・

9・10刑月6・9・945)。「**艦船**」とは、軍艦および船舶をいう。少なくとも人が居住しうる程度の大きさのものでなければならない。

❹ 人の看守　人が事実上管理支配していることを意味する（最判昭59・12・18刑集38・12・3026)。事実上管理支配するとは、一定の場所に他人の侵入を防止する人的・物的設備を施すことをいう。守衛・監視人を置く、施錠する、釘づけにするなど方法の如何を問わない。たんに立て札を立てただけでは、侵入防止にはならず、看守があるとはいえない。

人の看守する場所にあたるかどうかが争われるのは、官公署の出入口・廊下、駅のホール等、一般に開放されている場所である。原則的に判例は、これらの場所も看守内にあるものとする（前掲最判昭24・6・16、最判昭34・7・24刑集13・8・1176)。駅のホールについては、**上野駅正面玄関のホール**に営業時間中に立ち入った事案につき、原則として公衆に開放しており、「特に人の出入りを監視したり或いはみだりに人の侵入するのを防止するための設備を設け」ていないとして看守があるとはいえないとした（東京高判昭38・3・27高刑集16・2・194)。しかし、その後、最高裁が、**井の頭線吉祥寺駅南口一階付近**は、構造上同駅駅舎の一部で、同駅長の看守下にあるものとした（前掲最判昭59・12・18）ことによって同判例は変更された。

2　侵入行為

「**侵入**」とは、居住者・看守者の意思に反する立入りをいう（前掲最判昭58・4・8)。すなわち、住居については、居住者の意思に、邸宅・建造物・艦船については看守者の意思または推定的意思に反して立ち入ることをいう。判例の中には管理者の意思に反する立入り行為は、たとえそれが平穏、公然に行われた場合においても、建造物利用の平穏を害するものということができるから、保護法益の侵害があるとするもの（仙台高判平6・3・31判時1513・175）もある。本罪の実行の着手は、他人の住居等に侵入する行為を開始した時点である。例えば、入口のドアの把手に手をかけ、塀を乗り越えようとしたときである。身体の一部が住居・囲繞地等に入れば既遂であるとする少数説（中野・小野ほか313頁、柏木390頁）もあるが、通説と同じく**身体の全部**が入ったときに既遂となると解すべきである（大塚120頁、大谷138頁、西田100頁、山口123頁)。

---

[7] ただし、軽犯罪法1条32号違反で処罰した。

本罪は、行為者が人の住居等に侵入してから退去するまで犯罪行為が継続する**継続犯**である。住居権説に立って、住居等への立入りに対する許諾権をその内容とする見解（山口 119 頁）によれば、状態犯とみることになるが、「侵入」という身体的移転行為によって、犯罪が終了し、不法状態が続いているのではなく、「**支配・管理権にもとづく支配・管理状態**」が保護法益であるとする見解からは、そのような状態の侵害の惹起とその状態の維持が、「侵入」であるというべきであるから、継続犯とみるのがむしろ自然である。

ⓐ 立入拒否の意思表示　居住者・管理者が立入拒否の意思を明示的に表示しているにもかかわらず、立ち入る場合には住居侵入罪が成立する。拒否の意思を明示的に表示していない場合には、「該建造物の性質、使用目的、管理状況、管理権者の態度、立入りの目的などからみて、現に行われた立入り行為を管理権者が容認していないと合理的に判断されるとき」[8]（前掲大槌郵便局事件＝最判昭 58・4・8、前掲東京高判平 5・2・1）、反対の意思が推定される。このような推定的意思は、居住者・管理者が実際に反対の意思を表示していないときに、意味をもつものである。したがって、その判断にあたっては、居住者・管理人の仮定的な主観的意思を推測するのではなく、外部的・客観的な事情に現れた「客観的意思」の有無を判断すべきである。

判例は、この点、管理権者の意思の表示が明示的でない場合にもそれを推定し、拡大的に解釈する傾向にある。県の総合運動公園陸上競技場に入場券を所持して一般客を装って入場し、発煙筒をロイヤルボックス目掛けて投げつけた事案に、「建造物侵入罪の保護法益を建造物の管理権と見るか建造物の利用の平穏と見るかはともかくとして、他人の看守する建造物に管理者の意思に反して立ち入ることは、その建造物管理権の侵害に当たる」とし、「建造物利用の平穏を害するものということができる」と判示した（前掲仙台高判平 6・3・31）。さらに、最近の最高裁決定によれば、現金自動預払機利用客のカードの暗証番号等を盗撮する目的で、現金自動預払機が設置された銀行支店出張所に営業中に立ち入った事案において、そのような立入りが同所

---

[8] 過激派の構成員が、付近の警備状況を調査するため小学校の校庭に入った事案につき、東京高裁は、「管理者の意思といってもその自然的意思を絶対視することなく、規範的にみて合理性を有すると認められる意思に反するかどうかを問題とすべき」とし、「行為の全体像を総合的に捉えることが必要であり、後記の侵入目的のほか、侵入の態様、滞留場所及び滞留時間、その他記録上窺い得る諸般の事情に照らせば、被告人の本件立入りが同校の管理権者の合理的意思に反することは明らか」であるとする（前掲東京高判平 5・7・7）。

の管理権者である銀行支店長の意思に反するものであることは明らかであるから、その立入りの外観が一般の現金自動預払機利用客のそれととくに異なるものでなくても、建造物侵入罪が成立するものというべきである（最決平19・7・2刑集61・5・379）という。

　管理者の意思に反する立入りは、**マンションや集合住宅の敷地や共用部分**に立ち入って、ドアポストや新聞受けに**ビラやパンフレット類等を投函する行為**においてみられる。このような事案は、住居侵入罪における管理者の意思に反する立入りの解釈論の問題と並んで、憲法21条1項の表現の自由の保障とも関係する憲法論の問題でもある。[9] これに関する判例も集積されてきているが、可罰性の判断には、やはり客観的意思、すなわち「明示の意思表示」があったかどうかが基準とされるべきであろう。

　まず、自衛隊のイラク派兵に反対する旨のビラを**自衛隊宿舎の敷地内**に立ち入った行為が住居侵入罪に問われた最高裁判決（最判平20・4・11刑集62・5・1217）の事案、すなわち、「**立川自衛隊宿舎事件**」がある。判決によれば、この宿舎は、その「構造及び出入口の状況、その敷地と周辺土地や道路との囲障等の状況、その管理の状況等によれば、各号棟の1階出入口から各室玄関前までの部分は、住居用の建物の一部であり、宿舎管理者の管理に係るものであるから、住居用の建物の一部として刑法130条にいう『人の看守する邸宅』に当たる。また、建築物が建築されている部分を除く部分は、『人の看守する邸宅』の囲にょう地として、邸宅侵入罪の客体になるという。また、「侵入」の意義につき、「刑法130条前段にいう『侵入し』とは、他人の看守する邸宅等に管理者の意思に反して立ち入ることをいう」とし、被告人らの立入りはこれらの管理者の意思に反するものであったとし、また、法益侵害の程度が極めて軽微なものであったとはいえないとする。

　なお、本件**第1審**（東京地八王子支判平16・12・16刑集62・5・1337）は、動機は正当なものであり、その態様も相当性を逸脱したものとはいえず、法益の侵害も極めて軽微なものであるとし、さらにビラの投函は憲法21条1項の保障する政治的表現活動の一態様であり、民主主義の根幹をなすものであるとして、「法秩序全体の見地からして、**刑事罰に処するに値する程度の違法性があるものとは認められない**」とし、無罪が言い渡されていた（これについて☞

---

[9] これについて、曽根威彦「ポスティングと住居侵入罪適用の合憲性—2つの最高裁判決をめぐって—」曹時65巻5号1頁以下参照。

総論§104. 2.(3)(b) 参照）が、**第2審**（東京高判平17・12・9刑集62・5・1376）で破棄では検察官の控訴が容れられた。

さらに、最近、**最高裁** は、**政治ビラ** を配布するため各住戸のドアポストに投かんする目的で、**分譲マンションの共用部分** に管理組合の意思に反して立ち入った行為につき、130条前段の罪が成立するとした（最決平21・11・30刑集63・9・1765＝**百選17**)。管理組合は、本件マンションでのチラシ、パンフレット等広告の投函を禁止する旨のはり紙をしてこの目的での立入りを禁止していたのであるが、被告人は、同マンションの集合ポストと掲示板が設置された玄関ホールの奥にあるドアを開けるなどして7階から3階までの廊下等の共用部分に立ち入った。この行為につき、最高裁は、「本件マンションの構造及び管理状況、玄関ホール内の状況、上記はり紙の記載内容、本件立入りの目的などからみて、本件立入り行為が、本件 **管理組合の意思に反する** ものであることは明らかであり、被告人もこれを認識していたものと認められる」とし、また、本件立入り行為の態様が「法益侵害の程度が極めて軽微なものであったということ」もできず、他に犯罪の成立を阻却すべき事情は認められないから、刑法130条前段の罪が成立するとした。[10]

しかし、管理者の意思に反するかどうかを正当な理由のない住居侵入かどうかを決定する基準とする場合であっても、その意思は、**客観的な事情に現れた客観的意思** でなければならない。とくに塀と門扉で外部から隔絶されているのではなく、一般には、郵便配達や御用聞きなどの外部者も出入りできるような集合住宅の共用部分については、ビラ・パンフレット類の投函お断りとの貼り紙があったとしても、それを無視して立ち入り、それらを配布するだけでは、管理者の意思に反した立入りとは断じ難い。管理者はその意思を明確にするための客観的条件を整え、**慣用的に認められている立入りを拒否する体制をとっていなければならない** であろう。

構成要件段階での「侵入」の有無に次いで正当化事由の存在についても、

---

[10] 本判決では、憲法21条1項の表現の自由の保障に違反するとの弁護人の主張に対しては、「確かに、表現の自由は、民主主義社会において特に重要な権利として尊重されなければならず、本件ビラのような政党の政治的意見等を記載したビラの配布は、表現の自由の行使ということができる。しかしながら、憲法21条1項も、表現の自由を絶対無制限に保障したものではなく、公共の福祉のため必要かつ合理的な制限を是認するものであって、たとえ思想を外部に発表するための手段であっても、その手段が他人の権利を不当に侵害するようなものは許されないというべきである」とした。

憲法上の表現の自由の保障という価値と個人の私的領域の平穏という価値の衡量によって判断される必要がある。

とくに、万引き目的でスーパーマーケットに立ち入る行為などのような、**違法な目的**をもって立ち入る行為は、管理権者の推定的意思に反するとすることは、新住居権説の立場からも不当である[11]。出入りする顧客に、違法な目的をもっているかどうかチェックしているわけでもなく、また、たとえ張り紙に「万引き目的での立ち入りを禁ずる」と書いていても、このような包括的な拒否の意思は、主観的心理状態にまで及ぶべきではなく、外部的・客観的には、有効な立ち入り拒否の客観的意思の表示はないというべきである。

❻ 承諾・同意の意義 住居等への立入りにつき居住者・看守者の同意（承諾）がある場合、住居侵入罪は成立しない（最判昭25・11・24刑集4・11・2393）。「侵入」という言葉に、承諾を得ずに立ち入るということが含意されているから、同意の存在しないことが構成要件要素である。同意があっても住居侵入罪の構成要件には該当するが、違法性を阻却するという説もあった（小野209頁、前掲最判昭23・5・20刑集2・5・489）が、最近では、**構成要件に該当しないもの**とするのが圧倒的通説（大塚116頁、大谷140頁以下、曽根81頁、西田101頁）である。同意は、任意かつ真意によるものであることを要する。錯誤にもとづく同意は、原則として法益関係的錯誤である限り、無効である。これについては、後述する（☞❼）。同意の意思表示は、明示によると黙示ないし挙動によるとを問わない。住居の一部に立ち入ることを承諾した場合には、その承諾の範囲を超えた立入りは侵入にあたる。居住者の承諾を得て住居の一室に立ち入ったが、その範囲を超えて隣室に入った場合がそうである（大判昭5・8・5刑集9・541）。

ところで、学説の中には、被害者の同意と推定的同意を並べて、住居侵入罪においては、その存在によって構成要件該当性を欠くことになるとするものがある（大塚116頁）。しかし、推定的同意は、利益衝突・利益放棄の場合にはたらく正当化事由である（☞総論§122, 1）。現実の同意がないのに、住居侵入罪の構成要件該当性が阻却されるわけではない。したがって、この見解

---

[11] 前田139頁によれば、新住居権説からは不穏当な立ち入りについては推定的承諾がなかったと説明せざるをえないが、より単刀直入に「平穏な立ち入りは侵入ではない」とする方が合理的であるという。確かに、事実上の平穏説からは、違法な目的をもっているだけでは事実上の平穏は侵害されないと容易にいうことができるであろう。

は不当である。推定的同意は、通常の事態において客観的事情から窺える被害者の客観的意思ではなく、破裂した水道管を修理するために、留守宅に立ち入ったというように、利益衝突状態等において具体的・個別的に推定される被害者の意思である。

ⓒ 承諾・同意の任意性・真意性の要件　同意は、任意かつ真意に出た場合にのみ有効である。多数の威力を背景とする言動に威圧されて与えられた家宅捜索に対する同意（最大判昭23・10・11刑集4・10・2012）は、同意の意思に重要な瑕疵があり任意とはいえないので無効である。同意者に錯誤がある場合については、いかなる場合に真意にでたものでないのかについては、法益関係的錯誤説と本質的錯誤説（☞総論§78, 2 (1)）とで結論が分かれる。

法益関係的錯誤がある場合には、同意は無効であると解すべきである。同意者が、真実を知っていたならば同意しなかったであろうという本質的な錯誤がある場合には、同意は無効であるとする見解（団藤408頁）も有力であるが、法益関係的錯誤説からは、行為者の**違法な目的**を知らずに同意した場合にも、住居等への立ち入りを許可することを知っているのであるから、同意は有効である。古着商の店内に客を装って侵入し、殺害して金品を奪取しようとして、表戸をたたき、開けてくれと言って表戸を開けさせたという事案で、顧客だと誤信して店内に入ることを許容したことが、承諾を与えたとはいえないとした判例（前掲最判昭23・5・20）、さらに、強盗の意図を隠して「今晩は」と挨拶し、家人が「おはいり」と答えたので入ったという場合にも、「外見上家人の承諾があったように見えても、真実においてはその承諾を欠く」としたものがある（最大判昭24・7・22刑集3・8・1363）。また、判例では、夜間税務署庁舎内に人糞を投げ込む目的で同構内に立ち入る行為（前掲最判昭34・7・24）、発煙筒を燃焼発煙させる目的で皇居の一般参賀会場に立ち入る行為（東京地判昭44・9・1刑月1・9・865）、万博会場内の中華民国館に肖像画を損壊する目的で立ち入る行為（大阪地判昭46・1・30刑月3・1・59）が建造物侵入とされている。しかし、これらの事案では、法益関係的錯誤はないから、同意は有効である。また、判例は、虚偽の氏名・住所を記載した傍聴券を携帯・呈示して参議院へ立ち入った行為については、内容虚偽の傍聴券を携帯した傍聴人の立入りを容認していないとして、建造物侵入罪の成立を肯定する（前掲東京高判平5・2・1）。この事案については、真正の傍聴券を携帯・呈示する人のみの立入りを承諾しているのであるから、この欺罔にも

とづく錯誤は、法益関係的錯誤であり、同意は無効である。これに対して、前述の判例において、国民体育大会の開会式を妨害する目的で一般観客を装って陸上競技場に立ち入った行為について、行事の運営および進行を妨害する行為をすることは禁止されており、その「禁止事項に抵触する行為を行う意図を有する被告人の入場が（管理権を有する）公園公社の意向に反するものであったことは明らかである」とし、「他人の看守する建造物に管理権者の意思に反して立ち入ることは、その建造物管理権の侵害に当たる」のみならず、「建造物利用の平穏をも害する」とした判例（前掲仙台高判平 6・3・31）には疑問がある。管理者の立入り拒絶の意思は、禁止事項を記載した掲示板によって客観的に明らかにされているが、一般観客に対しては、入場に同意している。したがって、判例は、この同意の有効・無効を判断すべきであった。法益関係的錯誤説によれば、この事案では、先の平成 5 年の東京高裁の事案とは異なり、同意を与える際に、一般観客と違法な目的をもった者とを具体的に識別する特別の措置をとっているわけではないので、同意者が抱くはずであった立入り許可にあたっての特別の関心につき具体的な錯誤はなかったといえる。したがって、同意は有効である。

ⓓ 包括的同意と慣習上の同意　　包括的同意がある場合として、デパートの売場、ホテルのロビーなどの不特定・多数の一般客が出入りする建造物ないし官公署のような公衆に開放されている建造物への立入りがある。このような場所への立入りについては、個別的に承諾が与えられるわけではない。しかし、外観上その事業の目的に明らかに反すると判断される行為態様での立入り以外は、**事前に包括的・一般的に立入りについて同意**されているものとみることができる。内心、違法な目的をもっているだけでは、包括的同意の範囲内の立入りということができるが、外観上明らかに看守者の意思に反する態様での立入りは包括的同意の範囲外である。したがって、飲食店の営業時間内に、たんに暴行の目的で闖入した行為を住居侵入罪とした判例（大判大 11・5・18 刑集 1・319）は、「暴行の目的」をもつがゆえにではなく、硝子障子を下駄で破壊して侵入したという行為態様により包括的同意の範囲外とみなされるがゆえに結論的に正当である。料理店の客と闘争する目的で、日本刀を携えて勝手口から侵入する行為（大判昭 9・12・20 刑集 13・1767）、警察官の制止を排して官公署の庁舎の出入口・廊下に立ち入る行為（前掲最判昭 24・6・16）も同様である。

反対の意思が明示されていない限り、社会通念上、同意があるとみなされる場合がある。他家を訪問するに際し、その囲繞地や玄関内に立ち入る行為、親しい隣家や友人宅に無断で立ち入ることが慣習的に許されている場合などがそうである。

ⓔ 承諾・同意権者 住居・建造物への立入りに対して有効な同意を与えることができるのは、その権限をもった者に限られる。したがって、居住者または看守者である。現に居住していれば何ヶ月間か留守にしていても居住者であり、逆に客として短期間滞在するにとどまる者は、居住者ではない。居住者から留守番を頼まれただけの者、看守者の依頼で監視にあたる者は、居住者ないし看守者の意思に反する同意を与えた場合、その同意は無効である。居住者・看守者が複数いる場合については、権限の優劣の問題が生じる。

居住者は、原則として平等の居住権を有するから、居住者は平等に同意権限を有する[12]。同意権限を有する者は全員の同意が必要だとする見解（大塚118頁）は、一人でも反対すれば同意は無効となり、不合理である。しかし、現にその住居にいる居住者の一部が明示的に反対の意思表示をしているときは、同意は全体として無効であると解すべきである[13]。現在する居住者の同意が不在者の反対の意思に優先する（**現在者意思優先説**）から、不在者が反対の意思を表示していても、共同使用されている居室への立入りについては、同意は有効である[14]。共同居住者にも不在者のみの個人的使用にあてられている居室に立ち入ることに対する同意権限はない（大塚119頁）。未成年者でも同意能力がある場合には、その同意は有効である（大谷140頁）。

姦通目的での住居への立入りに妻が同意している場合には、その同意は、夫が、当該住居に現在しているのでない限り、有効である（大谷141頁、中森70頁、堀内78頁、西田101頁）。戦前は、夫の留守の間に姦通目的で妻の同意

---

[12] 旧住居権説では、家父長が独占的に許諾権を有するものとされた（大判昭14・12・22刑集18・565）。
[13] 同意権者のうち一人の同意があれば足りるという見解（平野「住居侵入について」警研57巻7号〔1986年〕10頁）ないし居住者全員の意思に反する場合にのみ、同意は無効であるとする見解（斎藤信治66頁、山口125頁）は、現在しない居住者のみの同意があり現在する居住者が全員反対する場合にも成立を認めないのは不合理である。
[14] 判例は、反対であり、現在者の承諾は、不在者の推定的意思に反しないものでなければならないとする（東京高判昭57・5・26判時1060・146）。なお、大塚118頁も判例と同旨。

を得て住居に立ち入る行為は、家長である夫の同意がないから、住居侵入罪にあたるとされた[15]（前掲大判大7・12・6、大判昭13・2・28刑集17・125）。しかし、不在者が明示的に**反対の意思表示**をしている場合を除いて、たとえ寝室への立入りの同意であったとしても、妻の同意は有効である。学説には、他人が妻と姦通する目的で立ち入る行為については、夫の承諾は得られないのが一般であるから、妻のみの承諾のもとに**夫の不在中の住居に立ち入る行為**は、通常、住居侵入罪を構成するが、夫が別居中であるとか、長期不在であって住居の平穏について妻との共同の利益を欠いている場合に限って、罪とならないものとするものがある（植松325頁、大塚119頁）。戦後の判例においても、住居権は夫婦共有の関係にあるから、仮に妻の承諾があったとしても、夫の承諾がない場合においては夫の住居権を侵害するとしたものがある[16]（名古屋高判昭24・10・6高刑特1・172）一方、保護法益を事実上の平穏とする立場から、夫の不在中、妻の承諾を得てその居室に立ち入るのは住居の平穏を害しないとした判例（福岡地小倉支判昭37・7・4下刑集4・7＝8・665、尼崎簡判昭43・2・29下刑集10・2・211）もある。住居権説からも、現に住居にいる者の承諾権限が、不在者の推定的な反対の意思に優先するというべきである（毛利・大コンメ7巻291頁）。[17]

3 違法性阻却事由

住居・建造物等への侵入は、正当な理由なしに行われることが必要である。法文上「**正当な理由がないのに**」とは、違法にという意味である。それは、構成要件要素ではなく、違法性阻却事由であり、住居侵入が適法に行われる場合が多いことから、犯罪成立要件上当然のことが注記されたものである。捜査機関が、法令にもとづき押収・捜索・検証などの目的で他人の住居に立ち入る行為（刑訴102条、128条、130条、218条、220条参照）は、法令にも

---

[15] 戦前は、出征兵士の妻の姦通の事案が多かったが、出征兵士の士気高揚のため、妻の姦通を処罰する必要があった。しかし、姦通罪が親告罪（旧183条2項）であったため、戦地の夫が告訴しえず、姦通罪に代えて住居侵入罪で処罰しようとしたものとされている。

[16] 前掲東京高判昭57・5・26では、「住居利用に関し、複数の利益享受者が存する場合に、その一部の者が特定の個人に対して住居への立入りを許容したとしても、それによりその立入りを拒否する者の利益が害されて良いとする理由は全くないのであるから、本件敷地についても、Aがその立入りを拒否する限り、その意思に反する本件の如き立入り行為は、Aとの関係で住居侵入罪に当たると解するのが相当である」とする。

[17] この場合、事実上の平穏を害するという見解は、家族生活の信義を破るから、住居の平穏を害するという見解（小野・刑評2巻277頁以下）と思想上通ずるものがある。

とづく行為（35条）として、正当な理由があるので、正当化される。その他、正当防衛・緊急避難などの正当化事由も認められる。例えば、隣家の住人が、行為者の自宅に浸水させるために、水道の栓を開けたまま外出したので、自宅を浸水から守るために隣家の庭に侵入して水道栓を止めた場合、猛犬に襲われて隣家の庭に逃げ込んだ場合がその例である。

さらに、「正当な理由」につき、「住居等へ立ち入った日時、立ち入った住居等の構造及び立入り箇所、立入り態様等の客観的要素と、立入りの動機、目的や立入りに際しての行為者の認識等の主観的要素とを総合的に考慮した結果、その立入り行為が**社会通念上相当な行為**と認められる場合をいう」とし、結論として無罪を言い渡した判例（大阪高判平21・5・13LEX/DB）がある。事案は、夕刻、騒音に対する苦情を申し入れる目的で、施錠されていなかった玄関ドアを無断で開放し、立ち入ったという事実で、起訴されたが、被告人は、インターホンを押して応答を待ち、玄関土間にとどまっており、呼びかけに応じて居住者である女性が玄関に出てくるまでは土間にさえも立ち入っていないなどから「社会通念上、相当な行為」であったとして、**第1審**が、居住権者の意思に反する立入りであったとし、明示の承諾を得たうえで相手方の住居に立ち入るべきであるとして住居侵入罪を肯定した（神戸地判平20・10・14LEX/DB）のを破棄して、無罪を言い渡している。

4 罪数・他罪との関係

本罪は継続犯であるから、住居侵入罪が成立した後、退去せずそのまま滞留し続けた場合にも、不退去罪はこれに吸収されて成立しない（通説、最判昭31・8・22刑集10・8・1237）。その他に、住居侵入罪を状態犯であるとして包括一罪となるとする少数説（山口127頁）もあるが、通説・判例によると、不退去罪の成立を立証するためには、住居侵入罪が適法にないし故意なく行われたことを立証しなければならないが、それが困難であるとの理由にもとづく。約10日間にわたり断続的に共同住宅の共用部分に立ち入った場合、包括して住居侵入罪一罪が成立する（名古屋地判平7・10・21判時1552・153）。隣接する囲繞地の境界に設置されたブロック塀の上を伝い歩く行為は、2個の住居侵入罪を構成し、両者は観念的競合の関係にある（東京地判昭57・2・2刑月14・1=2・187）。

本罪と殺人罪、傷害罪、暴行罪、強姦罪、窃盗罪、強盗罪、強盗致死傷罪、放火罪との間には牽連犯の関係が認められる。玄関のガラス戸を手拳で

割って室内に侵入したとき、器物損壊罪と牽連犯の関係に立つ（東京高判昭63・10・5判時1305・148）。強盗予備（東京高判昭25・4・17高刑特12・14）または殺人予備（大判明44・12・25刑録17・2328）の目的で住居に侵入したとき、住居侵入罪との観念的競合となる。

§58 不退去罪

> 要求を受けたにもかかわらずこれらの場所から退去しなかった者は、3年以下の懲役又は10万円以下の罰金に処する（130条後段）。未遂は、罰する（132条）。

1 意 義

不退去罪は、住居等に適法に（同意を得て）または過失で立ち入った者が、退去の要求を受けたにもかかわらず、正当な理由なくその場から立ち退かない場合を処罰するものである。退去しないという不作為が構成要件的行為であるから、真正不作為犯である。退去しないという不作為が継続している限り、違法行為は継続するから、継続犯である。

2 行 為

要求を受けたにもかかわらず、人の住居、人の看守する邸宅・建造物・艦船から退去しないことである。退去の要求をなす権限を有する**退去要求権者**は、居住者・看守者またはこれらの者から授権された者である（大判大15・10・5刑集5・438参照）。事実上の居住者であれば、法律上適法に居住している者でなくても、退去を要求することができる。例えば、賃貸借契約の解除の後、借家にとどまっている者は、明け渡しを迫って住居に立ち入った賃貸人に対して退去を要求することができる。退去の要求は、言語や動作によって明示的になされる必要がある。

3 未 遂

要求後、退去に**必要な時間の経過した時点**で既遂となる。本罪の未遂の処罰規定があるにもかかわらず、真正不作為犯としての性質上未遂を考えることはできないというのが、通説である（大谷144頁、西田103頁）。退去を要求された者が、退去するのに必要な時間が経過する前に、家人によって突き出されたような場合に本罪の未遂が成立するという少数説（大塚123頁、内田179頁）も有力である。退去を要求された時点で、実行の着手があるとはいえないので、このような場合は、確かに、いまだ退去義務の発生していない

予備の段階にとどまるといえよう。しかし、退去に必要な時間とは、厳密には、退去行為の開始に要する時間のみならず、退去の完了に要する時間をも意味しうる。前者に達した時点で、実行の着手が認められ、後者に達した時点で既遂となるということができよう。

4 他罪との関係

はじめから違法に他人の住居等に侵入した場合、住居侵入罪が成立し、住居侵入罪は継続犯であるから、不退去罪の成立時まで継続している。したがって、不退去罪は、これに吸収される（前掲最決昭31・8・22）。適法にまたは過失によって侵入した場合には、不退去罪が成立する。不退去罪と傷害罪とは牽連犯である（大判大4・4・29刑録21・444）。

第2節 秘密を侵す罪

§59 総 説

秘密を侵す罪に属する犯罪類型として、信書開封罪（133条）および秘密漏示罪（134条）がある。両者に共通する保護法益は、個人の秘密である。他人に対して自己の情報をコントロールする権利がプライヴァシー権であるが、刑法は、個人の一定の情報に対する支配・管理権を認め、その漏示に対して保護しようとしているのである。私的領域の他人の干渉からの自由が、秘密の保護の意味である。住居を侵す罪が、空間的私的領域を保護するものであったのに対して、秘密を侵す罪は、情報上の私的領域を保護するのである。

ここでは、個人の秘密が保護法益であるが、秘密の帰属主体別に分類するならば、秘密には、その他、国家機密、企業秘密がある。秘密の侵害態様としては、秘密の探知、漏示、窃用に区別される。刑法で保護している秘密は、特定の個人の秘密に限定され、侵害態様も、探知と漏示に限られてい

---

[1] 学説には、「秘密に対する罪」を「秘密・名誉に対する罪」の一種として位置づけるものもある（西田99頁）。

[2] なお、平成12年に施行された「不正アクセス行為の禁止等に関する法律」におけるコンピュータによる「不正アクセス行為」の処罰（3条）は、探知よりさらに前段階の予備罪的態様の行為の一形態を処罰するものである。

る。改正刑法草案では、企業の役員または従業員が、企業の清算方法その他の技術に関する秘密を第三者に漏らす行為を処罰する企業秘密漏示罪（草案318条）を設けたが、立法化に至っていない。

なお、解釈論として、秘密を侵す罪の保護法益を個人の秘密に限る必要はないとする見解（木村93頁）もあるが、通説は、国家や公共団体の秘密については、特別法上の処罰規定（例えば、国法100条1項、2項、109条12号、地法34条1項、2項、60条2号）があり、信書開封罪および秘密漏示罪が親告罪（135条）であることから、個人の秘密に限るとしている（団藤508頁、大塚125頁、大谷155頁、前田180頁）。ただし、自然人の秘密だけではなく、法人および法人格のない団体の秘密も保護の対象となる。

§60 信書開封罪

> 正当な理由がないのに、封をしてある信書を開けた者は、1年以下の懲役又は20万円以下の罰金に処する（133条）。告訴がなければ公訴を提起することができない（135条）。

1 客 体

本罪の客体は、封をしてある信書である。「**信書**」とは、特定人から特定人に宛てた文書をいう。特定人は、自然人のみならず、法人や法人格のない団体でもよい。国または公共団体に宛てた場合について、私的関係における秘密に限られるから、信書にあたらないという説（中野・小野ほか322頁）もあるが、通説は、これも信書にあたるとする。国・公共団体に宛てた個人の文書中に個人の秘密が記載されていることは少なくないので、通説が妥当である。しかし、発信人、受信人のいずれもが国または公共団体であるときは、信書に含まれないとする見解（大谷156頁、西田105頁）が有力である。この場合は、個人の秘密が含まれていることもなくはないが、国または公共団体の事務に関する文書であることが多く、類型的に除かれるべきだとみるのである。しかし、そのような文書に個人の秘密がまったく含まれないわけではなく、したがって、これを除外する理由はない（山口130頁）。信書とは、意思を伝達する文書に限定されるかについては、説が分かれる。限定されるというのが**従来の通説・判例**（小野211頁、福田209頁、藤木255頁、大判明40・9・26刑録13・1002）である。これによると、小包郵便物、図画、写真、原稿などは信書とはいえない。これに対して、**最近の通説**は、個人の秘密を保護す

る趣旨からいえば、必ずしも意思を伝達するものに限る必要はなく、たんに事実を記載したものや、感情を表示したにとどまるものも含めてよいとする（大塚126頁、西原166頁、大谷156頁、山口129頁）。しかし、外観上も明らかに意思伝達のための信書が入っているとはみなされない小包、印刷物封筒などをも信書ということはできない。たんなる図画、写真、原稿などは信書ではない。内容の空疎である封筒も、封をして特定人に宛てている以上、信書であるとする見解（木村94頁、西原180頁、大谷156頁）は、不当である。封をしたものすべてが信書ではなく、また信書の外観を備えたものがすべて信書ではないのであって、意思を伝達する文書であることが必要というべきである。信書は、必ずしも郵便物である必要はなく、直接、相手方に、または使者を通じて手渡されるものでもよい。

「封をしてある」とは、信書と一体となって信書の内容を認識されないために施された外包装置をいう。封筒に入れて糊付けするなどがその例である。封筒をクリップでとめただけでは「封」にあたらない。信書を机やタンスの引出しに入れて施錠するのは、信書と外包装置が一体性を有しないから「封をしてある」とはいえない。受信人がいったん開封して閲読した後、再び封をした文書は、信書にあたる（大塚126頁、大谷157頁）。

2 行 為

「開け」ることである。「開け」るとは、封を破棄して開き、内容を知りうる状態におくことをいう。それによって、信書の内容が知りうる状態になればそれだけで既遂であり、それが閲読されたり、内容が了知されることを要しない。本罪は、信書という形式で個人が秘密としている内容の漏示を罰するものであり、信書が開けられれば、形式的な秘密が漏示される危険があるがゆえに開封行為を罰するものである。したがって、本罪は、抽象的危険犯である（大塚127頁、大谷157頁、曽根85頁）。開封が秘密の侵害を意味するわけではないので、信書を開けた場合にすでに法益侵害があるから侵害犯であるとする見解（中森72頁、林108頁、山口129頁）は不当である。信書という形式をとることで、形式的に秘密となるのであるから、信書の内容が実質的に秘密事項であることを要しない。開封する行為が構成要件に該当する行為であるから、それ以外の方法で信書の内容を知る行為は、本罪にはあたらない。したがって、封筒の上から太陽光線等に透かせて信書の内容を了知しても、本罪を構成しない。封だけで内容空疎な場合には、知りうる状態に置か

れているわけではないので、「開けた」とはいえない。

3 違法性阻却事由

「正当な理由がないのに」なされたのでなければならない。信書の開封が、法令上許可されている場合（郵便法41条2項、54条1項、刑訴111条、刑事施設法127条、135条、140条、144条、222条など）が、正当な理由がある場合にあたり、違法性を阻却する。権利者が同意している場合には、法益侵害の危険がなく、すでに構成要件該当性がない。推定的同意が認められる場合には、違法性を阻却する。親権の行使（民820条）として、教育上の必要性から子に宛てられた信書を開封する場合、子の年齢をも考慮し、その同意を得ることができず、かつ、やむをえない事情がある限りで、違法性が阻却される。

4 親告罪

信書の秘密に対する侵害行為が訴追されることによって、かえって秘密が公になり、被害者にとって不利益を招くことがあるのを避けるため、刑事手続を進めるかどうかを被害者の意思にかからしめるのが、親告罪とする趣旨である。本罪の告訴権者が誰かについては争いがある。**第1説**は、信書の発信者・受信者ともに常に告訴権を有するとする（通説）。**第2説**は、発信者は常に告訴権を有するが、信書の到着後は受信者も有するとする（大判昭11・3・24刑集15・307）。**第3説**は、発信者は常に告訴権を有するが、信書の発信後は受信者も告訴権を有するとする（江家244頁、山口131頁）。**第4説**は、信書が受信者に到達する以前は発信者が、到達した後は受信者が告訴権を有するとする（木村95頁、西原181頁、曽根85頁）。さらに、**第5**に、発信者のみが告訴権を有するという見解（林108頁）も唱えられている。発信者も受信者も、信書の発信から受信までのどのような段階においても、信書の秘密について保護されるべき利益を有するのであるから、**第1説**（通説）**が妥当**である。

§61 秘密漏示罪

　医師、薬剤師、医療品販売業者、助産師、弁護士、弁護人、公証人又はこれらの職にあった者が、正当な理由がないのに、その業務上取り扱ったことについて知り得た人の秘密を漏らしたときは、6月以下の懲役又は10万円以下の罰金に処する（134条1項）。
　宗教、祈禱若しくは祭祀の職にある者又はこれらの職にあった者が、正当な理由がないのに、その業務上取り扱ったことについて知り得た人の秘密を漏らしたときも、前項と同様とする（同条2項）。告訴がなければ公訴を提起することができない（135条）。

1 主体

本罪の主体は、列挙された者に限定される。真正身分犯である。列挙された主体に限って処罰の対象とされているのは、これらの者は、その職業上、信頼関係にもとづいて人から秘密を打ち明けられ、したがって、秘密に接する機会が多いので、その漏示に対して強く抑圧する必要があるからである。[3]
「**医薬品販売業者**」とは、許可を受けて医薬品の販売を業とする者をいう（薬事法29条）。「**助産師**」とは、分娩を助け、産婦や新生児を助けることを業とする女子をいう（保健師助産師看護師法3条）。「**弁護人**」とは、弁護士でない者が弁護人となった場合をいう。いわゆる特別弁護人を意味する（刑訴31条2項参照）。「**宗教の職にある者**」とは、神官、僧侶、牧師などをいう。「**祈禱若しくは祭祀の職にある者**」とは、祈禱師をいい、災難、病魔を払うよう神仏に祈禱する者をいう。

2 客体

業務上取り扱ったことについて知り得た人の秘密である。**秘密**とは、特定の小範囲の者にしか知られていない事実であって、それを他人に知られないことが、一般的にみて本人の利益と認められるものをいう（団藤510頁、中107頁、福田110頁、大塚129頁、中森73頁、前田183頁）。**秘密概念の要素**としては、次の三つのものが挙げられる。まず、一般的に知られておらず、特定の少数の人にしか知られていない事実であることを「**秘密事実**」（非公開性）という。一般に知られていない事実であることを要するから、公知の事実は秘密ではない。次に、他人に知られないことが本人の利益である事実であることを「**秘密利益**」という。利益とは、必ずしも、経済的利益を指すのではなく、隠された精神的・肉体的欠陥なども利益である。したがって、実質的にみて秘密として保護されるべき内実を備えたものかどうかが、秘密利益かどうかの基準である。これらに加えて、本人が他人に知られないことを欲している事実であるという「**秘密意思**」が、秘密概念の要素として必要かについては争われている。通説は、秘密概念は客観的であるべきだとして、秘密意思を不要とする（**客観的秘密概念**）。これに対して、本人が秘密とすることを

---

[3] 国家公務員法・地方公務員法のほかにも、特別法上、本条で列挙された者以外の者の秘密の漏示が処罰されている例が多い。司法書士（司法書士法24条、76条）、行政書士（行政書士法12条、22条）、公認会計士（公認会計士法27条、52条）にも、秘密漏示罪が定められている。その他、感染症予防法（67条、68条）、児童福祉法（61条）にも医師や相談従事者による秘密漏示の処罰規定がある。

欲している事実が秘密であるとして、客観的秘密概念に代えて「**主観的秘密概念**」を唱える説もある（木村97頁、藤木256頁、平川257頁、曽根86頁）。さらに、客観的秘密概念を基礎としながら、それに加えてさらに本人が秘密であることを欲しているという主観的秘密をも要求する見解（牧野129頁、平野189頁、大谷159頁、山口132頁）のほか、客観的秘密概念あるいは主観的秘密概念のいずれかであればよいとする見解[4]（植松330頁、西田107頁）もある。主観的秘密概念は、本人の主観によって、秘密とすることを欲していれば秘密となるという点で、本人の意思・主観に依拠し、不明確で法的安定性を欠く。客観的秘密概念を基礎としつつ、それを秘密意思によって限定しようという見解も、秘密としたくないという意思は、漏示に対する被害者の同意であると構成することができ、秘密概念の中に不明確な主観を持ち込む必要はない。

　精神科医である被告人が、現住建造物放火、殺人等の少年保護事件につき、家庭裁判所から少年の精神鑑定を命じられてその作業を進める中、**フリージャーナリストに少年の供述調書等を閲覧謄写させた事案**で、秘密漏示罪にいう秘密につき「一般に知られていない非公知の事実であって、これを他人に知られないことが本人の利益と認められるものをいう」とした判例（奈良地判平21・4・15判時2048・135、大阪高判平21・12・17刑集66・4・471、最決平24・2・13刑集66・4・405）がある。最高裁は、「医師が、医師としての知識、経験に基づく、診断を含む医学的判断を内容とする鑑定を命じられた場合には、その鑑定の実施は、医師がその業務として行うものといえるから、医師が当該鑑定を行う過程で知り得た人の秘密を正当な理由なく漏らす行為は、医師がその業務上取り扱ったことについて知り得た人の秘密を漏示するものとして134条1項の秘密漏示罪に該当すると解するのが相当である」とした。

　通説によれば、**秘密の主体**は、自然人のほか、法人や法人格のない団体でもよい。死者、国家、公共団体は、主体とならない。また、国または公共団体も含むとする見解もある（木村98頁）。これに対して、本条は、個人のプライヴァシーを保護するものであるとして、自然人に限る見解もある（西田107頁）。しかし、本罪は、他人の干渉を排する情報上の私的領域を保護する点に趣旨があり、必ずしも、狭い意味の私生活上の秘密に限らないであろう。例えば、顧問弁護士が依頼人である倒産寸前の会社の負債総額を知った場合には、その事実は、本罪の「秘密」と解すべきである。

　秘密は、業務上取り扱ったことによって知りえたものでなければならな

---

[4] 西田101頁は、本人の意思が明示されていない場合には客観説によるという。

い。したがって、業務と無関係に偶然知りえた事実は、ここでいう秘密には含まれない。

3　行　為

秘密を「漏ら」すことである。「漏ら」すとは、いまだ秘密を知らない他人に告知することである。他人は一人でも多数でもよい。漏らす方法は、口頭・書面・録音テープなどいかなる方法によるものでもよい。不作為によって漏らすこともできる。

本罪は、告知が相手方に到達したときに既遂に達する。必ずしも、告知の内容が相手方に了知されたことを要しない。本罪は、抽象的危険犯である。

4　違法性阻却事由

漏示が違法となるのは、「正当な理由がない」のに秘密が漏らされたときである。法令上秘密事項を告知する義務がある者の漏示行為は、正当な理由があり、違法性を阻却する。例えば、医師が感染症予防法12条1項、結核予防法22条1項などにもとづいて患者を保健所長、都道府県知事などに届け出る場合がそうである。医師・歯科医師・弁護士などは業務上知りえた他人の秘密につき、刑事訴訟法・民事訴訟法上（刑訴149条、民訴197条1項2号）証言拒否権が認められている。それにもかかわらず、この権利を行使しないで証言した場合、秘密漏示罪が成立するかどうかについては学説が分かれる。この場合でも証言は、司法に協力する行為であって、必ずしも本罪を構成しないとするのが通説である（団藤510頁、大塚131頁）。証言拒否権は、権利であって義務ではないという考え方が背後にある。これに対しては、秘密を侵されない本人の利益と、証言するという司法上の利益を比較し、後者の利益が優越する場合に限り、違法性が阻却されるという見解（江家243頁）がある。学説には、さらに、公判における証言を理由に違法性が阻却されることはなく、緊急避難や同意ないし法令上の義務等の事由がない限り、守秘義務違反の違法性は阻却されないという見解（上口裕「秘密漏泄罪と証言拒否罪」一橋論叢98巻5号740頁）もある。

5　他罪との関係・親告罪

業務上知り得た人の秘密を公然と漏示して人の名誉を毀損したときは、本罪と名誉毀損罪の観念的競合である。本罪も親告罪である（135条）。告訴権者は、被害者としての秘密の主体に限る（内田200頁、曽根87頁、中森73頁、山口133頁）か、秘密の漏示によって直接被害を受けたその他の者を含むか

が争われているが、例えば、医師が重病の患者の身体についての秘密を漏らした場合には、本人だけではなく、その近親者も告訴権者となりうると解しても（大塚131頁、大谷160頁）、告訴権者の範囲が不明確になるわけではないと思われる。

第4章　名誉・信用・業務に対する罪

　名誉および信用は、ともに人が社会から受ける積極的評価である。このような社会的・経済的評価を基礎にして社会生活や経済的取引活動が円滑に行われるのであり、本章の罪では、このような人に対する情報上の価値という社会・経済活動の基盤が保護されている。人格に対する社会的評価を保護するのが名誉に対する罪であり、その人格の経済的能力・活動の保護を目的とするのが、信用に対する罪である。業務妨害罪は、人の経済的活動そのものを保護するのである。

第1節　名誉に対する罪

§62　総　説

1　意　義

　名誉に対する罪は、個人の人格権の尊重（憲法13条参照）を掲げる憲法に即して、人格に対する社会的評価を保護しようとするものである。名誉に対する罪は、名誉毀損罪（230条）および侮辱罪（231条）からなる。名誉毀損罪は、生存者に対する名誉毀損（230条1項）と死者に対する名誉毀損（230条2項）に分けて規定される。名誉毀損罪（230条1項）については、事実証明に関する規定（230条の2）が定められている。

　名誉毀損罪においては、事実上通用している社会的評価が保護されている。その社会的評価が、本来、あるべき評価であるか、虚名であるかは問わない。すなわち、人の名誉は、摘示された事実の有無を問わず、保護されているのである。確かに、摘示された事実が真実であるか否かを問わず、人のプライヴァシーに関する事実などの暴露は許されるべきではなく、処罰されるという方式は一定の合理性をもっている。しかし、虚名でも保護されるべきだとすると、公共の関心の深い事実についても、真実でさえ報道できなくなる。これは、とくに報道機関の表現の自由・国民の知る権利の面からみて重大である。そこで、一定の要件のもとに、事実が真実であることの証明が

あった場合には、処罰されないものとすることが必要となる。このようにして、昭和22年の刑法一部改正の際に、憲法における表現の自由（憲法21条）の尊重の趣旨から、名誉毀損に関する事実証明の規定が追加された。[1] 表現の自由と名誉の保護との調和を図るのがこの規定の趣旨である。

2 保護法益

名誉に対する罪の保護法益は、人の「名誉」である。[2]名誉の概念には三つの意味がある。[3]第1は、人の**内部的価値としての名誉**である。この意味の名誉は、外部からの評価とは独立の客観的に存在するその人の価値（真価）であり、絶対的評価である。これを**内部的名誉**という。第2は、人の価値に対する**社会的評価としての名誉**である。これは、人に対する社会的な評価であって、外部からの評価である。したがってこれを**外部的名誉**（社会的名誉）という。第3は、その人の価値についてその人自身が有する**自己評価の感情**ないし価値意識である。これを**名誉感情**（主観的名誉）という。第1の内部的名誉は、本来その人に備わっている真価であり、これは、他人の行為によって侵害されるものではない。したがって、名誉毀損罪における法益とはならない（反対=内田202頁、丸山・内田古稀328頁）。そこで、第2の外部的名誉ないし第3の名誉感情が名誉毀損罪の法益となるとする見解が考えられる。具体的には、名誉毀損罪および侮辱罪の法益は、外部的名誉であるとする①**通説**（中111頁、大谷162頁、斎藤信治72頁、西田110、114、122頁、山中142頁、林113頁、山口135頁、149頁）と、名誉毀損罪の法益は、外部的名誉であるが、侮辱罪の法益は、名誉感情であるという②**有力説**（小野214頁、団藤512頁）が対立している。そのほかに、外部的名誉と名誉感情とを切り離せないとして、名誉毀損罪も侮辱罪も、③その両者が法益であるとする見解（総合説=平野191頁、大塚135頁、前田188頁）も有力である。

---

[1] このような規定が、戦前にまったくなかったわけではない。明治26年の出版法31条、明治42年の新聞紙法44条が、出版物、新聞による名誉毀損につき「専ら公益の為にするものと認むるときは」事実の証明により不可罰となる余地を認めていた。ただし、「私行に渉るものを除く外」という限定が設けられていた。そのため、真実性の証明による不可罰の可能性は狭かった。なお、この改正の際に、名誉毀損罪の法定刑も引き上げられた。

[2] これに関する最近の論稿として、平川宗信「名誉に対する罪の保護法益」現刑60号（2004年）5頁以下、丸山雅夫「個人法益としての『名誉』概念」内田古稀315頁以下参照。

[3] なお、学説の中には、外部的名誉を社会的評価ないし名声と捉えるのは妥当ではなく、むしろ、人の人格的価値に関する社会的な情報状態として捉え直すべきであるとする見解が唱えられている（平川『名誉毀損罪と表現の自由』〔1983年〕19頁以下）。さらに、丸山・内田古稀327以下。

名誉概念＼犯罪類型	名誉毀損罪			侮辱罪		
	① 通説	② 団藤説	③ 平野説	① 通説	② 団藤説	③ 平野説
内部的名誉						
外部的名誉	○	○	○	○		○
名誉感情			○		○	○

○印が法益であることを示す。

　通説が妥当である。侮辱罪の保護法益が名誉感情であるとすると、名誉感情をもちえない幼児・精神病者・法人などには、侮辱罪が成立しないことになる。しかし、これらの者も公然と侮辱されることによって、社会的評価を下げることはありえ、そのような危険から保護されるべきである。したがって、侮辱罪の保護法益は、名誉毀損罪と同様、外部的名誉と解されるべきである。最高裁の判例[4]においても、法人に対する侮辱罪の成立が肯定されている（最決昭58・11・1刑集37・9・1341）。

　侮辱罪の保護法益を名誉感情とする見解は、名誉毀損罪と侮辱罪の**大きな法定刑**の差は、事実の摘示の有無といった行為態様の差では説明がつかないのであって、外部的名誉と名誉感情という保護法益の差として説明されるべきであるとする。これに対して、外部的名誉とする通説は、両者の法益は、外部的名誉であって共通であり、両者は具体的事実を摘示するか、抽象的価値判断を発表するにすぎないかによって区別され、また、侮辱罪においても「公然」性が要求されているのは、社会的評価としての外部的名誉が保護法益だからであって、名誉感情が保護法益ならば、むしろ「**面前性**」が要求されるべきであり、公然性の要件は不要であるという。さらに、通説からは、両者の法益が異なるならば、名誉毀損の場合、同時に名誉感情が害されているのが通常であり、常に両罪が成立し、観念的競合ということになるが、それは不合理である。また、名誉毀損罪については、事実の真実性が証明され

---

[4] 事案は、被告人が、ビルの一階の玄関の柱に、「T海上の関連会社であるN火災は、悪徳I弁護士と結託して被害者を弾圧している、両社は責任を取れ！」と記載したビラ12枚を糊で貼付したというものである。決定は、「刑法231条にいう『人』には法人も含まれると解すべき」であるとした。本決定には、中村裁判官の補足意見、団藤、谷口両裁判官の意見が付されている。

たとき、処罰されないことになる（230条の2）が、常に同時に侮辱罪が成立しているなら、名誉感情説によると、侮辱として処罰されることになり、事実証明の規定の趣旨が没却されると批判する。

なお、**事実的名誉**と**規範的名誉**が対立させられることがある[5]（西田 109 頁、山口 135 頁）。事実的名誉とは、先に掲げた外部的名誉につき、事実として流布している社会的評価・世評をいうが、規範的名誉とは、あるべき正当な名誉を意味する。しかし、刑法は、原則として、事実的名誉を保護しているのであり、元来その人にふさわしくない社会的評価が存在する場合には、それも（虚名も）保護されるのであり[6]、また、規範的名誉説からは、事実的名誉がすでに非常に低い悪人に対しては、名誉毀損罪が成立しえなくなると批判されるが、その場合でも、それ以上に評価を下げる場合には、名誉毀損罪は成立すると反論するのである。事実的名誉が保護されていると解するべきである（中森・大コンメ 12 巻 7 頁以下）。

3　抽象的危険犯

名誉に対する罪の保護法益は、外部的名誉であるが、それが毀損されるということが、その人に対する社会的評価の低下を意味するのであれば、それが立証される必要がある。学説の中には、本罪では「毀損した」とあり、結果犯であるとして、本罪を侵害犯と解するものもある（内田 222 頁、曽根 89 頁、平川 227 頁、佐伯・現代的展開 80 頁）。しかし、本人に対する社会的評価が現に低下したことを訴訟上立証するのは困難であり、それを要件とすることは妥当でもない。そこで、一般には、名誉に対する罪は、侵害犯でなく、**危険犯**であると解されている（大判昭 13・2・28 刑集 17・141）。しかも、その危険の発生が立証されることも要しない**抽象的危険犯**であるとするのが通説である（団藤 513 頁、大塚 135 頁、西田 112 頁）。中には、一般的にみて、名誉を毀損する何らかの危険が生じたといえるときにはじめて本罪を構成すると解して準抽象的危険犯であるとするものもある（大谷 163 頁）。

しかし、侵害犯説も準抽象的危険犯説も妥当ではない。侵害犯説は、名誉毀損罪は、名誉を「毀損した」ことを要件としているから、社会的評価の低

---

[5] 理念的名誉（ある人格的価値を有する地位・状態）、規範的名誉（あるべき正当な名誉）と事実的名誉に区別する見解（平川 221 頁）もある。

[6] 230 条の 2 によって、一定の要件のもとに例外的に、摘示された事実が真実であったことが証明されたとき、罰しないものとしているのである。

下、すなわち法益の侵害を要件とするものと解している。しかし、名誉を「毀損した」とは、必ずしも社会的評価の現実的低下を意味しない。また、準抽象的危険犯説は、抽象的危険犯においてもある程度の具体的危険の発生を必要と解する根拠が論証されておらず、採りえない。

　本罪は、抽象的危険犯であると解すべきである。しかし、構成要件的行為の認定には、一定の危険が前提とされている犯罪類型であり、それが認められてはじめて法益侵害危険の発生が擬制される。一般に、抽象的危険犯とされる犯罪類型には、**二つの類型**がある。**第1類型**は、構成要件に記述された「行為」（放火）および「結果」（焼損）と、「法益侵害結果たる危険」（公共の危険）の発生とが予定されているものである。[7] この類型では、行為結果と法益侵害結果（公共の危険）とが乖離する可能性がある。**第2類型**は、構成要件には「行為」（遺棄）のみが記述され、その行為が、一定の危険・結果を含んだもの（「遺棄した」）と解釈できる場合であり、法益侵害の結果・危険（生命・身体の危険）は、その危険な行為が行われたことによって擬制される場合である。名誉に対する罪がこのいずれの類型にあたるかが問題である。「公然と事実を摘示し」というのが構成要件的行為であって、「名誉を毀損した」というのは、構成要件的危険（法益侵害の危険）を指すとすると、第1類型にあたり、「摘示行為」が行われると、「名誉毀損」という危険の発生は、擬制されているということになる。本罪を抽象的危険犯と解する説は、一般に、このように解しているものと思われる。しかし、名誉毀損罪は、**第2類型にあたる**と解すべきである。この解釈においては、名誉毀損罪の構成要件的行為とは、名誉を侵害する危険を発生させること（「名誉を侵害した」）を意味する。法益侵害危険としての「名誉侵害の危険」（社会的評価の現実的低下）は、これとは別のものであり、その発生は、「毀損した」といえる場合には、擬制されているのである。したがって、構成要件的行為としての「名誉を毀損した」という行為があるというためには、**外部的名誉を低下させるある程度の**

---

[7] 例えば、「放火」行為の結果、「焼損」に至り、それが、「公共の危険」の発生をもたらすと擬制（推定）されているのが108条の放火罪であるが、ここでは、通常、焼損があれば公共の危険が発生したとみなされるのである。しかし、この原則は、行為者が公共の危険の発生をあらかじめ排除しておく行為によって、はたらかない場合がある。その意味で、この類型は、準抽象的危険犯と解すべきである。遺棄罪においては、構成要件的行為と構成要件的結果は同じ概念で表され、「遺棄した」（遺棄行為＋遺棄結果）とのみ書かれている。生命・身体の「危険」は、「遺棄した」といえれば、発生したものとみなされるのである。

具体的危険のある行為であることが必要である（山中142頁参照）。

　名誉毀損罪が状態犯か継続犯かについては、争いがある（☞総論§71, 6 (3)）。判例では、インターネット上のホームページの掲示板に名誉を毀損する書き込みをして不特定または多数人に閲覧させた事案で、被害者が「犯人を知った日」から6ヶ月の告訴期間（刑訴235条）を過ぎてから告訴したとき（大阪高判平16・4・22判タ1169・3）、告訴期間を過ぎているから、不適法なのかどうかが争われた。ところで、刑訴法235条1項にいう「犯人を知った日」とは、犯罪終了後において、告訴権者が犯人が誰であるかを知った日をいい、犯罪の継続中に告訴権者が犯人を知ったとしても、その日をもって告訴期間の起算日とされることはない。そこで、この判例においては、「犯罪の終了」時点は何時かが問われたのである。この判例の事案は、平成13年7月5日に、名誉を毀損する記事をサーバーコンピュータに記憶・蔵置させ、不特定多数のインターネット利用者らに閲覧可能な状態を設定したが、その後少なくとも、平成15年6月末ころまで、サーバーコンピュータから削除されることなく、利用者の閲覧可能な状態に置かれたままであったというのである。この事案に対し、判決では、閲覧可能な状態を設定した時点で、「名誉に対する侵害の抽象的危険が発生し、本件名誉毀損罪は既遂に達したというべきである」としたが、その後削除されなかったことから、「被害発生の抽象的危険が維持されていたといえる」とし、「このような類型の名誉毀損罪においては、既遂に達した後も、未だ犯罪は終了せず、継続していると解される」とする[8]。

　しかし、名誉毀損罪は、継続犯ではなく、状態犯であると解すべきである。人の評価を低下させるような事実を公然と摘示する行為が実行行為であるが、それは、行われると同時に終了し、その後はその状態が続いているにすぎない。さもなければインターネットのように削除すればその状態を元に戻すことができる行為態様とは異なり、書籍・雑誌・新聞のような場合に

---

[8] もっとも、本件においては、被告人は、警察署に電話し、自分の名前を名乗ったうえで、「自分が書き込んだ掲示板がまだ残っており、消したいが、パスワードを忘れてしまったので消せない。ホームページの管理人の電話を教えてほしい。」旨申し入れたという事実がある。判決によると、「この事実は、被告人が、自らの先行行為により惹起させた被害発生の抽象的危険を解消するために課せられていた義務を果たしたと評価できるから、爾後も本件記事が削除されずに残っていたとはいえ、被告人が上記申入れをした時点をもって、本件名誉毀損の犯罪は終了したと解するのが相当である」とされた。

は、図書館に保管されて閲覧可能な限り、犯罪行為が継続することになって不都合である。

§63 名誉毀損罪

> 公然と事実を摘示し、人の名誉を毀損した者は、その事実の有無にかかわらず、3年以下の懲役若しくは禁錮又は50万円以下の罰金に処する（230条1項）。親告罪である（232条）。

1 客体

「人の名誉」である。人とは、自然人、法人（大判大15・3・24刑集5・117）、法人格のない団体を含む。団体は、その存在と活動が社会的実体を伴った単一的評価の客体となるものでなければならない。その構成員の範囲等の不明確なたんに漠然とした集団は、名誉の主体にはならない。「阪神ファン」「東北人」「昭和生まれの者」といったものがそうである。名誉は、人の行為や人格に対する倫理的価値、政治的・社交的・学術的・芸術的能力、身体的・精神的資質、職業、身分などの広く社会生活上認められる価値を含む（大塚136頁）。しかし、人の支払意思および能力に対する社会的評価は、信用毀損罪（233条）の法益であるので、除かれる（大判大5・6・26刑録22・1153）。その人の真価に一致しない高い評価である虚名も保護される。積極的価値のみが名誉として保護され、悪名のような消極的価値は保護されない。したがって、一般には悪い評判がたっている者に対し、よい評価となる事実を公然摘示されたからといって、名誉毀損とはならない。過去ないし将来の名誉も、現在の名誉に関連するから、その毀損は名誉毀損にあたる。

2 行為

ⓐ 公然性 公然と事実を摘示して人の名誉を毀損することである。「公然」とは、**不特定または多数人の知りうる状態**をいう（通説）。公然の意義については、ほかに、①不特定かつ多数の知りうる状態をいうとする説（泉二634頁）、②特定・不特定を問わず多数人の知りうる状態をいうとする説（宮本14頁、滝川95頁）があるが、いずれも狭きに失するので、不特定または多数人と解する通説が妥当である。不特定または多数人の知りうる状態であれば足り、現に知ったことを要しない（大判明45・6・27刑録18・927）。不特定人とは、相手方が特殊の関係によって限局されない者をいう（大判大12・6・4

刑集2・486)。多数人とは、数名では足りず、相当の員数であることを要する（大塚137頁、大谷155頁）。多数人の知りうる状態におく行為は、同時に行われる必要はないから、文書の郵送、個人面接などにより順次多数人に伝達した場合でもよい。

　判例は、被告人が、Aが放火したものと思い込み、自宅で、Aの弟および火事見舞に来た村会議員Cに対し、また、A方でその妻D、長女Eおよび近所のG、H、Iに対し「Aの放火を見た」等と述べ、その噂が村中に相当広まったという事案で、「不特定の人」に対してなしたものとした（最判昭34・5・7刑集13・5・641＝**百選19**)。これに対して、侮辱罪に関する事案で、自宅玄関内で、相手方のほか、行為者の母と妻の二人だけが居合わせたときの発言が、「公然」となされたものとはいえないとしたものがある（最決昭34・12・25刑集13・13・3360）。

　不特定または多数人に**伝播**することを期待して、特定かつ少数人に対して伝達した場合に、不特定・多数の者の知りうる状態においたといえるかどうかが問題である。このような場合には、伝播して不特定または多数人の知りうる状態になるから、公然性が肯定されるとするいわゆる**伝播性の理論**を認めるのが、判例（大判大8・4・18新聞1556・25）であり、有力説である（団藤513頁、大塚138頁、中森77頁）。これに対して、「公然と」事実を「摘示し」とは、摘示の結果として公然となる場合を含むものではなく、公然と摘示行為が行われる場合のみを意味し（平川・百選Ⅱ〔第2版〕43頁)、また、**一般の人が直接に認識できるように摘示すること**を意味するとして、**伝播性の理論を否定する説**がいまや通説である（大谷165頁、曽根91頁以下、川端232頁以下、斎藤信治71頁、西田112頁、林120頁、山口137頁）。この説の中には、伝播性の理論は、相手方が不特定または多数のいずれかであっても、伝播性がなければ公然性が否定されるという消極的な形で機能すべきものであるとするものが多い。

　この見解は、さらに、伝播させるかどうかという相手方の意思により犯罪の成否が決定されるのは不当であり（平野・諸問題313頁）、新聞記者一人に事実を摘示した場合に本罪を認めないのは不当であるという伝播性の理論肯定説の主張（中森77頁、同・大コンメ12巻18頁）に対しては、新聞報道による事実摘示のみが本罪にあたりうるのであって、新聞記者に事実を摘示した者は、その共犯となるのみであるとされ、また、伝播理論は、抽象的危険犯とされる本罪の危険性をさらに抽象化することになると批判される（西田105頁以下）。しかし、不特定・多数の者に対する直接の摘示のみが、公然と

摘示したことにあたるとすれば、新聞記者が記事を書くのは、それが不特定・多数の者に認識されうる状態に達するまでに、情を知った者の介在があるから、直接の摘示ではなく、名誉毀損罪の正犯ではないことになりかねない。また、本罪は抽象的危険犯であるが、伝播性の理論を認めると、危険はより抽象化されるという議論も根拠がない。公然と事実を摘示する行為のみが、構成要件的行為ではなく、それによって名誉を毀損する行為が構成要件的行為だからである。「不特定または多数の者の認識しうる状態」とは、伝播可能性のある特定・少数の人の前で告知すればよいのではなく、現に伝播したときにはじめてその状態に達したといえるからである。この意味の公然性が認められたとき、はじめて人格の社会的評価が低下する危険性が擬制されるのである。抽象的危険の程度は、直接の公然摘示の場合と同じである。したがって、伝播性の理論は、伝播可能性があるというだけではなく、客観的な状況から伝播の危険性も高く、それに加えて伝播して「**不特定・多数の人の認識に達しうる状態**」が生じたことを前提として肯定しうる（山中144頁参照）。伝播可能性があるというだけでは、「公然」とはいえない。このような限定を付したうえで、伝播理論を限定的に肯定することができるというべきである。ただし、「公然」の概念も構成要件要素であるから、故意を認めるにはその認識が必要である。「特定・少数の者」に直接摘示したにすぎない場合で、「**不特定・多数の者の認識に達する可能性**」を**認識・認容**していない（認容説）者には、故意が否定される。

　判例においては、当初、多数人であることを要求したのは、多数であっても、その集合の性質上秘密が保たれる等の伝播のおそれがない場合には、公然という必要がないからだというニュアンスで用いられた（大判昭12・11・19刑集16・1513）。しかし、

---

[9] 例えば、記者の書いた記事を校閲した校閲者も内容を知っており、編集長等が最終的に掲載を決定したのであり、少なくとも、彼らと共同正犯としないと、新聞記者の正犯性に問題が生じるであろう。さらに、新聞記事を読みつつそれを販売した販売店員も介在しているのが通常なので、この場合には、記者の正犯性は否定されざるをえなくなる。他人を通じて公然性を獲得するに至ることの認識があれば充分であるというべきである。

[10] 判例によっても、新聞に名誉毀損記事を掲載した場合には、新聞紙が配付されたときに、既遂となる（大判大12・5・24刑集2・437）。

[11] 学説上、伝播性の理論を、摘示の相手方が、不特定ないし多数であっても情報社会一般に流通する危険がない場合に限定的に用いることは認める見解が有力に主張されている（大谷156頁、曽根90頁以下、西田112頁）。しかし、不特定であるか多数であれば、公然性が肯定されるのであり、それをさらに「情報社会一般への流通」といった基準を持ち出して限定する根拠は与えられていない。

第 1 節 名誉に対する罪 §63 名誉毀損罪◇ 213

この判例は、「不特定または多数」を公然性の要件としているのだから、この限定は、「または」としたことに矛盾する。「多数」または「少数であっても不特定」であれば、伝播しなくても、「公然」なのである。判例は、関係のない 2、3 の人に対して事実を告知した場合でも、他の多数人に伝播すべき事情がある場合には公然といえるものとする（前掲大判大 8・4・18）が、この判例も、関係のない 2、3 人の者が、不特定であれば、多数に伝播する可能性を必要とするわけではないのである。伝播するおそれがないとして公然性が否定された判例として、人の名誉を毀損する文書を特定少数人に郵送した場合に、「文書の性質、内容、相手方との関連、その他具体的諸事情を総合して、社会通念により、その記載内容が不特定又は多数の人に伝播する虞が有るか否か」を検討すべきであるが、高校教諭の懲戒等を求めて、その名誉を毀損する内容の文書を県教育長、高校長、PTA 会長に送ったとき、結果として 20 名近くが内容を聞知したが、それらの者が調査の関係者等で守秘義務をもち、または家族ないしそれに近い者であったという事情により、「他へ伝播する虞はなかった」としたものがある（東京高判昭 58・4・27 高刑集 36・1・27）。さらに、取調べ担当検事と検察事務官の二人だけが在室する検事取調べ室内での被告訴人による告訴人の名誉を害する発言につき、「検事及び検察事務官は公務員として職務上知ることのできた秘密を守らなければならない法律上の義務があるのみならず、右両名は捜査官としてその職務に従事中であったから」、その発言は伝播性がないとしたもの（最決昭 34・2・19〔大阪高決昭 34・1・21〕刑集 13・2・186）がある。

ⓑ 事実の摘示 「事実を摘示」するとは、人の社会的評価を低下させるに足りる**具体的な事実を告知すること**をいう。具体的に事実を表示する必要があり、たんなる価値判断・評価の表明は、事実の摘示ではない。特定人の名誉が毀損される可能性のある程度に具体的に摘示されなければならない。事実の内容は、真実であると虚偽であると（大判昭 7・7・11 刑集 11・1250）、また、公知の事実であると非公知の事実であるとを問わない（大判昭 9・5・11 刑集 13・598）。本人に不利益な事実であれば足り、必ずしも、悪事・醜行に限らない（大判大 7・3・1 刑録 24・116）。特定人の名誉に関する事実であることを要するが、被害者の氏名が明示される必要はなく、他の事情と相まって誰であるかが特定できればよい（最判昭 28・12・15 刑集 7・12・2436）。摘示の手段・方法を問わない。口頭・文書・図画によるほか、身振り・動作によっても可能である。直接見聞したものとして摘示される必要はなく、風聞（大判明 44・8・4 刑録 17・1483）、噂（最決昭 43・1・18 刑集 22・1・7、東京高判昭 41・11・30 下刑集 8・11・1432）、伝聞（東京高判昭 30・2・28 高裁特 2・4・98）として摘示された場合でもよい。

ⓒ 名誉毀損 「名誉を毀損した」とは、人に対する**社会的評価を低下さ**

せる危険のある状態を生じさせることを意味する。現実に評価が低下したことを要しない。既述のように、多数説は、公然と事実が摘示された以上、通常、被害者の名誉は毀損され、既遂に達するとする（大塚139頁、大谷167頁）。すなわち、社会的評価を低下させるに足りる事実の摘示を行ったかどうかを判断し、「毀損した」ことの判断に置き換えているというのである（大谷164頁）。これは、あたかも名誉毀損罪の実行行為は、「公然と事実を摘示」することであり、「名誉を毀損した」というのは、危険結果を表していると解される。しかし、「名誉を毀損した」というのは、実行行為の一部を表しているのであって、「社会的評価を低下させる危険のある状態」を生じさせたことを要求するものである。これは、実行行為といえるための要件を意味するから、危険状態の発生は立証されることを要する。すなわち、この類型の抽象的危険犯は、危険の発生を法律上推定するのではなく、人に対する「社会的評価の現実的低下」という結果の発生を推定するものである。

❹　故　意　本罪の故意は、①人の社会的評価を低下させるに足りる事実を公然と摘示することを認識し、②名誉を毀損する危険性を予見することである。本罪の実行行為につき、公然と事実を摘示することに尽きるという見解（大谷157頁）からは、前半の①の認識で故意として十分であるが、名誉毀損行為を実行行為とみる見解からは、名誉を毀損する行為についての認識も必要である。

§64　真実性の証明による不処罰

> 　前条第1項の行為が公共の利害に関する事実に係り、かつ、その目的が専ら公益を図ることにあったと認める場合には、事実の真否を判断し、真実であることの証明があったときは、これを罰しない（230条の2第1項）。
> 　前項の規定の適用については、公訴が提起されるに至っていない人の犯罪行為に関する事実は、公共の利害に関する事実とみなす（同条2項）。
> 　前条第1項の行為が公務員又は公選による公務員の候補者に関する事実に係る場合には、事実の真否を判断し、真実であることの証明があったときは、これを罰しない（同条3項）。

1　趣　旨

名誉毀損罪は、「事実の有無にかかわらず」成立する。しかし、公共の関心の高い事実で、公益を図るためになされるなら、真実である限り、虚名を暴き、事実を社会の目に触れさせても罰せられることがないということが、

社会に正しい情報が流布され、それにもとづいて個人が社会事象を正しく判断することができるためには、必要不可欠である。真実性の証明があったとき、罰せられないとする規定が設けられた趣旨は、虚名であっても保護すべき名誉の保護と、民主社会の基礎である表現の自由（憲法21条）との調和を図る点にあるのである。[12]

230条の2第1項を充たしたとき、処罰されないという効果が発生する。その要件とは、①摘示された事実が公共の利害に関するものであること（**事実の公共性**）、②摘示の目的がもっぱら公益を図るためのものであったこと（**目的の公益性**）、③事実の真実性が証明できたこと（**事実の真実性の証明**）の三つである。

2　事実の公共性

摘示された事実は、「公共の利害に関する事実」に係るものでなければならない。すなわち、その事実を摘示することが、公共の利益増進に役立つと認められること（藤木242頁、大谷169頁）が必要である。事実は、公共の利益を増進するに役立つものである限りで、私人の行状に関するものであってもよい。公共の利益は、国家または社会全体の利益であることを要せず、その事実が、一地域の住民ないし小範囲の社会の構成員にのみ公表されるときは、その一地域ないし小範囲の社会の利益でもよい（大阪地判平4・3・25判タ829・260）。事実の公表は、濫用にわたってはならず、公共の利益の増進に必要な限度で行われなければならない（必要性）。さらに、その事実が、公共の利害に関するものであることが相当に明白でなければならない（明白性）とする見解が有力であるが、明白性が必要かどうかについては疑問がある（町野・刑罰法大系3巻「国民生活と刑罰」326頁）。公共の利害に関する事実にあたるかどうかは、「摘示された事実自体の内容・性質に照らして客観的に判断されるべき」である（最判昭56・4・16刑集35・3・84＝**百選20**）。

摘示された事実が、私人の私生活上の行状であった場合に「公共の利害に関する事実」といえるのかについては、もともと私人の私生活上のプライヴァシーないし行状は、公表すること自体が憚られるのであるから、それが公

---

[12] 藤木英雄「真実性の誤信と名誉毀損罪」法学協会雑誌86巻10号（1969年）1103頁以下、とくに1116頁以下、中野次雄「名誉毀損罪における違法阻却事由と処罰阻却事由」『刑事法と裁判の諸問題』（1987年）68頁、佐伯仁志「名誉とプライヴァシーに対する罪」現代的展開82頁、川崎一夫「名誉毀損罪における事実証明規定の法意」西原古稀3巻155頁以下、塩見淳「言論の自由と真実性の証明」現刑60号（2004年）13頁以下。

共の利害に関係するというには特殊な事情がなければならない。いわゆる**月刊ペン事件**に対する最高裁判決（前掲最判昭56・4・16＝**百選20**）が、私行であっても、一定の条件のもとで公共の利害に関する事実となりうることを明らかにした。

　判決は、「私人の私生活上の行状であっても、そのたずさわる社会的活動の性質及びこれを通じて社会に及ぼす影響力の程度などのいかんによっては、その社会的活動に対する批判ないし評価の一資料として、刑法230条ノ2第1項にいう『公共ノ利害ニ関スル事実』にあたる場合があると解すべきである」とする。これは、「公的存在」（public figure）については、私生活も公共の利害に関する事実でありうるとしたものである。なお、従来の下級審の判例では、その表題において不当な侮辱的言辞を用いているばかりではなく、記事の内容も不確実な漠然たる世間の噂、風聞をそのまま伝えているような場合には、これを「公共の利害に関する事実に係る場合には該当しないものと解するのが相当である」としていた（東京高判昭28・2・21高刑集6・4・367、東京高判昭54・12・12判時978・130。客観的に判断したものとして、横浜地横須賀支判昭35・12・9下刑集2・11＝12・1506）。しかし、月刊ペン事件判決においては、摘示事項が客観的に判断されるべきであるとして、「摘示する際の表現方法や事実調査の程度などは、同条にいわゆる公益目的の有無の認定等に関して考慮されるべきことがらであって、摘示された事項が『公共ノ利害ニ関スル事実』にあたるか否かの判断を左右するものではないと解する」べきであるとした。

3　目的の公益性

　もっぱら公益を図る目的に出たことを要する。したがって、恐喝の目的、被害弁償を受ける目的（広島高判昭30・2・5高裁特2・4・60）、読者の好奇心を満足させる目的（東京高判昭30・6・27東高刑時報6・7・211）であるときは、公益目的とはいえない。法文上「専ら」とされており、それは、他の目的・動機を排除することを意味するが、「公益を図る目的」が唯一の動機であるという場合は稀であるから、支配的な、ないし主たる動機が公益を図る目的であればよいと解されている（大塚141頁、大谷170頁、前田195頁、山口141頁）。

4　真実性の証明

　上記**2**の事実の公共性および**3**の目的の公益性の要件を充たした場合、裁判所は、被告人側の申立ての有無にかかわらず、職権によって調査する義務を負い、事実の真否を判断する必要がある。これらの要件が充たされない場合、裁判所が事実の真否を判断することができるかについては、見解の対立がある。事実の真否は情状にかかわるものであるという根拠から、それは許されるという見解（中野『改正刑法の研究』179頁、大塚141頁）があるが、プラ

第1節　名誉に対する罪　§64　真実性の証明による不処罰◇　217

イヴァシー保護のために許されないという見解（平野195頁、町野・刑罰法大系3巻317頁、大谷161頁）も増えている。しかし、検察官が情状の問題として事実が虚偽であることを主張したときなどに、被告人に反証を許すことが必要な場合もあるから、当事者の主張もないのに、裁判所が職権で事実調べをすることが許されないと解するべきであろう。

　証明の対象の問題としては、まず、摘示された事実の重要部分が真実であると証明されれば足り、細部についてまで証明される必要はない。次に、「人の噂であるから真偽は別として」と表現された場合、あるいは、「という噂である」と書かれた場合などのように、噂や風聞の形式をとって表現された場合に、証明の対象は、噂や風聞が存在するということなのか、それとも、その内容である事実が存在するということなのかが問題とされている。判例の中には、「犯罪の容疑あり」と述べた事案につき、証明の対象は、「犯罪行為の存在」ではなく、「犯罪行為の疑い」の存在であるとしたもの（大阪高判昭25・12・23高刑特15・95）があり、学説の中にもこれを唱えるものも有力である（植松342頁、大塚142頁、大谷172頁）。この説は、「内容」の存在の証明を要求すれば、行為者に酷になりすぎることを理由とする。しかし、噂や風評の存在自体は、名誉を害するものではなく、その内容が害するのであるから、**噂・風聞の内容が証明の対象である**と解すべきである[13]。

　「真実であることの証明があった」のでなければならないから、積極的に真実性が証明されなければ、処罰は免れない。その証明の負担は、被告人側が負うのであり、その意味で**挙証責任**は被告人に転換されている。このことは、被告人側の立証がない以上、裁判所は、取調べの義務がないという意味ではない。裁判所が職権で真相の究明に努力したにもかかわらず、真実であると確定されなかったときは、被告人が不利益を負うということである（前掲東京高判昭28・2・21、最判昭30・12・9刑集9・13・2633）。

　証明の方法・程度については、**厳格な証明**により、合理的な疑いを容れない程度に証明される必要があるというべきである。まず、証明の方法につき、**自由な証明**で足りるとする見解（小野『刑法に於ける名誉の保護』571頁以下）がある。しかし、厳格な証明を要求する刑事訴訟法の例外を認める理由はな

---

[13] 最高裁も、「刑法230条ノ2所定の事実の証明の対象となるのは、風評そのものが存在することではなく、その風評の内容たる事実の真否であるとした原判断は、相当である」とした（前掲最決昭43・1・18）。

いから、通説に従い、厳格な証明を要すると解すべきである（大阪高判昭41・10・7下刑集8・10・1290）。次に、証明の程度については、**証拠の優越の程度**で足りるとする見解（藤木243頁、大谷172頁以下、町野・刑罰法大系3巻332頁、曽根93頁、西田116頁、山口・探究85頁、同143頁）が有力であるが、合理的な疑いを容れない程度に真実であることの証明が必要であるとする説（東京高判昭41・9・30高刑集19・6・683）が妥当である。前説は、被告人側は、証拠収集のための強制権限をもたず、検察官に比べて著しく証拠収集能力に劣ることから、表現の自由を保障するため、被告人の負担を軽減すべきことを理由とする。しかし、真実であったことが合理的な疑いを容れない程度に真実であると証明されることを前提として、法は、名誉毀損との関係では言論の自由を保障しているものというべきであって、被告人への挙証責任の転換は、刑事裁判で通常要求される程度の証明を前提としたうえでの被告人の負担を認めたものなのである。

5 特 例

230条の2においては、二つの特例が定められている。

ⓐ 犯罪行為に関する特例　まだ公訴が提起されていない人の犯罪行為に関する事実は、公共の利害に関する事実とみなされる（230条の2第2項）。公訴提起前の犯罪行為を公表することが、一つは捜査官憲に捜査の端緒を与え、それによって世論の協力や励ましを得（前掲大阪高判昭25・12・23）、他は、捜査を世論の監視下に置き、捜査の怠慢または不当性に対する批判の自由を保障するためのものである。「公訴が提起されるに至っていない」とは、捜査開始前の場合、捜査中で公訴が提起されていない場合、不起訴処分とされた場合を含む趣旨である。起訴後の裁判で明らかにされた事実について報道することは、裁判の公開性の原則から許されるのはいうまでもない。ただし、時効、恩赦などによって、法律上、公訴提起の可能性がなくなった場合は除かれる。

---

[14] 判例にも、「真実であることの証明は、必ずしも裁判所に対して犯罪事実の認定において必要とされる程度の確信をいだかせる必要はない。健全な社会一般人が日常生活においていだく程度の確信で十分である」とするものがあった（浦和地判昭36・8・28下刑集3・7＝8・793）。

[15] 裁判所による真実性の認定は、事実上、被害者の不利益となるから、刑事裁判の機能が、被告人の有罪・無罪を確定するだけであるとしても、被害者にとっては苛酷であるともいえよう（中森・大コンメ12巻55頁）。処罰阻却事由ではなく、正当化事由であるとすると、なおさら、合理的な疑いを容れない程度の証明が必要であろう（反対＝山口・探究84頁）。

第1節　名誉に対する罪　§64　真実性の証明による不処罰◇　219

❻　公務員およびその候補者に対する特例　公務員または公選による公務員の候補者に関する事実に係る場合には、利害の公共性・目的の公益性を問わず、ただ事実の真否を判断し、真実であることの証明があったときは、罰しない。公務員は、全体の奉仕者であり、公務員を選定・罷免するのは「国民固有の権利」である（憲法15条1項、2項）ことによる。公務員または公選によるその候補者に関する事実は、真実である限り国民の自由な批判にさらしうるものとする趣旨である。摘示される事実は、公務員の私行に関する事実でも（東京高判昭26・11・7高刑特25・29）、たんに私怨をはらす目的に出たものであっても（大阪高判昭30・3・25高裁特2・6・180）かまわない。しかし、真実性の証明を許される対象は、公共的利害に関係する事実であるから、公務員または公選による公務員の候補者のその地位における行動・能力・識見・品性など、その資質や適格性に関する事項に限られるべきであり、公務と無関係な肉体的・精神的障害を摘示することなどは許されない。[16]

6　事実証明の効果

真実であることの証明があったときは、「罰せられない」のであるが、その効果の法律的意味については、諸説がある。

❶　230条の2の解釈　まず、基本的には、①**処罰阻却事由**とする説（植松340頁、内田217頁、前田196頁）、②**違法性阻却事由**とする説（団藤523頁、福田193頁、大塚144頁、大谷174頁、曽根97頁、斎藤信治77頁）、③**構成要件該当性阻却事由**とする説（団藤・初版421頁、中117頁）、さらに、④**責任阻却事由説**（堀内88、90頁）に大別される。ここで論点は、230条の2が、真実であることの裁判上の証明があったときに、罰しないとしていることである。つまり、事実の証明という訴訟法上の要件を実体法上の不処罰の要件としている点を、実体法的にどのように説明するかが問題なのである。**処罰阻却事由説**は、名誉毀損罪の成立を肯定して、裁判上真実性の証明があったときは、表現の自由の観点から処罰だけを妨げる事由とするので、犯罪成立後の事後的な事実の証明により処罰されなくなる理由としてもっとも体系的に説明しやすいという長所をもつ。しかし、犯罪の成立要件とは独立の処罰阻却事由の肯定には理論上抵抗がある。また、処罰阻却事由は、故意の対象ではないので、錯誤がある場合に故意が阻却されず、行為者に不利にはたらく点も問題

---

[16]「肉体的の片手落は精神的の片手落に通ずるとか、ヌエ的町議がある」という摘示が許されないとした判例（前掲最判昭28・12・15）がある。

である。**構成要件該当性阻却事由説**は、虚名の保護と表現の自由との調和という趣旨から、利益衝突の場面での葛藤解決の手段として設けられた230条の2の趣旨と合わない。**違法性阻却事由説**も、犯罪の成否の判断は、(結果・危険の発生をも含めた)「犯罪行為」を対象とするのが原則なのに、「事実が真実であることが証明された」ことを違法性阻却事由だとすると、犯罪終了後の裁判の時点での真実の証明を要件として違法性が阻却されるとするのは背理であるという問題点を抱えている。**責任阻却事由説**は、摘示した事実が真であったときは予防の必要がないとして、責任を否定する。しかし、責任を予防に還元してしまうことはできない。

真実性の証明の根拠の問題は、真実であると誤信した場合の処理に影響する。事実が真実であることが違法阻却事由であるとし、構成要件該当性阻却事由説ないし違法性阻却事由説に立つと、厳格責任説（福田193頁以下）に立たない限り、誤信があれば、その錯誤に至ったことが相当であったかどうかを問わず、軽率に噂を信じて虚偽の事実を摘示してしまったような場合でも、故意を阻却する。また、処罰阻却事由説を採れば、前述のように、錯誤は故意の成否に影響しない。したがって、これらの説は、錯誤があった場合、不可罰であるか処罰されるかとなり、中間的解決は排除される。この点については後述しよう。

さて、真実性の証明という**訴訟法的概念**と違法性阻却事由という**実体法上の概念との調和**は、違法性を阻却する事由とは何かという問題に展開する。つまり、「**事実が真実であったこと**」によって違法性が阻却されるのか、それとも、「**証明可能な程度の真実性**」（大塚145頁、団藤・初版422頁参照）があったことによってなのかという見解の対立である。事実が真実であったことを違法性阻却事由とすることは、もちろん、真実であったことは、事後の「証明」によってのみ明らかになるのであるから、「後に証明された、行為時に

---

[17] 消極的構成要件要素の理論を採れば、この説を支持しうる（中117頁）が、そうでなければ、旧団藤説に対しても、「事実の真否の判断は、実際上、かなり複雑かつ実質的な内容を含み、必ずしも構成要件該当性の存否を決すべき定型的判断にとどまらない」（大塚144頁）と批判されているのも、本文で述べた趣旨と同様の批判であろう。

[18] この問題は、当初、構成要件該当性阻却事由説（旧団藤説）によって考案された。そこでは、事実が証明の可能な程度に真実であったことが構成要件該当性阻却事由とされたのである（団藤・初版422頁）。なお、処罰阻却事由説からは、事実が真実であることが証明されたことが阻却事由であることはいうまでもない。

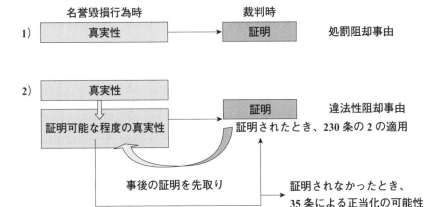

存在した真実性」を意味し、それは、事後的には「証明可能な真実性」を意味するが、ここでは事前的判断が問題である。「証明可能な程度の真実性」を違法性阻却事由とする見解は、当初、行為当時、客観的に証明可能な真実性が存在したことを違法性阻却事由と解した。そして、故意論にこの見解を適用し、行為者が証明可能な程度の資料・根拠をもって事実を真実と誤信したときには、故意を欠き不可罰であるとした。

判例には、**インターネット**の個人利用者による表現行為と**名誉毀損**の成否につき取り扱った第1審から上告審までの判断がある（最決平22・3・15刑集64・2・1、東京地判平20・2・29判時2009・151、東京高判平21・1・30判タ1309・91）。事案は、被告人が、フランチャイズによる飲食店の加盟店の募集および経営指導等を業とする株式会社Aがカルト集団である旨の虚偽の内容を記載した文章をサーバーのディスクスペースに掲載したというものである。

第1審は、「個人利用者がインターネット上で名誉毀損的な表現行為に及んだ場合の刑法230条の2第1項に関する解釈としてより**緩やかな要件で十分とする新たな基準を定立した**。その内容は、被害者が自ら進んで加害者の名誉毀損的な表現を誘発する情報をインターネット上で先に発信したり、名誉毀損的な表現がなされた前後の経緯に照らして、当該表現に対する被害者による情報発信を期待してもおかしくないという特段の事情がある場合には、加害者が、摘示した事実が真実でないと知りながら発信したか、インターネットの個人利用者に対して要求される水準を満たす調査を行わず真実かどうか確かめないで発信したといえるときに限って同罪に問擬する」というものである。**第2審**では、「インターネット上の個人利用者が発信する情報だからといって、必ずしも信頼性が低いとは限らない」とし、「また、全体的には信頼性が

低いものと受け止められる情報であっても、それを閲覧する者としては、まったく根も葉もない情報であると認識するとは限らないのであり、むしろその情報の中にも幾分の真実が含まれているのではないかと考えるのが通常であろう」としている。**最高裁**は、「インターネットの個人利用者による表現行為の場合においても、他の場合と同様に、行為者が摘示した事実を真実であると誤信したことについて、**確実な資料、根拠に照らして相当の理由があると認められるときに限り、名誉毀損罪は成立しない**ものと解するのが相当であって、より緩やかな要件で同罪の成立を否定すべきものとは解されない」とし、本件については「被告人が摘示した事実を真実であると誤信したことについて、確実な資料、根拠に照らして相当の理由があるとはいえない」として原判断を正当であるとした。ネット情報が今後ますます重要度を増してくると予想されるが、名誉毀損に対してネットの世界だからといってその成立要件を緩やかにすることは、ネット内での名誉毀損摘示表現を助長することになるであろう。控訴審・上告審の判断が正しいといわざるをえない。

❻　35条による違法性阻却事由　違法性阻却事由説は、230条の2の解釈論として展開されたが、もし、虚名の保護と言論の自由の対立を解消するのが違法性阻却事由の意義であるとすれば、その原則に立ち返って、230条の2を適用しなくても、正当化事由の一般原則を定めた35条により正当化されるのではないかと考えることもできる。[19] 合理的根拠にもとづく言論は、刑法35条により、230条の2とは無関係に正当化されるのに対して、合理的根拠にもとづくものではないが、裁判によって後に真実であることが証明された場合には、230条の2によって処罰が阻却されるというのである[20]（中野・前掲刑事法と裁判の諸問題72頁以下、田宮・現代刑法講座5巻199頁）。これは⑤**35条との振分け説**（新処罰阻却事由説＝曽根・重要問題96頁）ということができよう。次に、230条の2の解釈として、合理的根拠にもとづく言論は、正当化事由であるが、合理的根拠のない言論は、処罰阻却事由であるとする見解（伊東183頁以下、野村稔『未遂犯の研究』204頁）が唱えられている。これは、⑥**二元**

---

[19] 藤木・前掲法協86巻10号1121頁。なお、35条を適用するにあたり、公共性・公益性の要件を維持し、230条の2に準じてそれらの要件を考慮するか（大谷177頁）、それとも、230条の2とは独立に35条による正当化を補完する役割を果たさせるものとして適用するか（前田200頁注20、なお、公益性要件をできるだけ緩やかに解釈されるべきものとするものとして、平川・基本講座6巻118頁）につき、この見解内部で学説が分かれている。

[20] なお、230条の2の要件に該当する場合につき、合理的根拠のある場合には正当化され、それがない場合には処罰阻却されるという二つの場合が規定されていると解し、さらに、230条の2に該当しない場合でも、合理的根拠がある言説は、35条によって正当化されるとする見解（平川『名誉毀損罪と表現の自由』102頁）もある。

説と呼ばれる。どちらかというと、振分け説は、結果無価値論からも主張されるが、二元説は、一般人・平均人でも錯誤に陥ることが避けえない場合には、違法性がないとする行為無価値論の立場から主張される。

しかし、合理的根拠がある場合には35条が適用できるとする見解は、230条の2の存在根拠・趣旨を没却するものであり、また、正当化根拠が基礎づけられていない[21]といわざるをえない。230条の2は、人格権としての名誉の保護（憲法13条）と表現の自由（憲法21条）との調和を図る規定である。表現の自由が名誉の保護に一般的に優越することを認めたものではなく[22]、真実性の証明に成功した限りで、表現の自由を優越させる趣旨の規定である。刑法は、230条の2の要件のもとで、両者の調和を図ろうとしているのであり、したがっていわば正当化の一般的根拠を定めた35条の適用をその限りで排除していると読むべきである。合理的根拠を有する言論は、それ自体では何ら正当化根拠ではない。

⑦**本書の見解**によれば、230条の2は、230条によって事実の有無を問わず名誉を保護すべきであるとする構成要件該当・違法行為が、言論の自由という民主社会の根底をなす憲法上の権利の行使と抵触する場合に、無制約に言論の自由に優越性を認めたものではなく、摘示された事実が公共の利害に関し、摘示が公益を図る目的で行われたときに、違法行為から可罰性を剥奪する意味をもつものである[23]。すなわち、これを理論的に説明すると、230条の2は、「証明可能な真実性」という行為時の事実的側面と事後の裁判上の「証明」[24]という規範的側面の全体を**可罰的違法性阻却事由**とする規定であると解することから出発するのが妥当である。可罰的違法性は、原則として構成

---

[21]「許された危険」の法理が援用されるが（中野・前掲69頁、林124頁）、許された危険は、正当化事由にはなりえない（☞総論§99, 2 (1)）。
[22] したがって、「限界確定衡量」によって問題の解決を図ろうとする立場（平川・基本講座6巻117頁）は、失当である。憲法的名誉毀損法論は、表現の自由に、特別に厚い保護を受けるべき優越的地位を有する「優越的権利」としての性質を認めるが、憲法上の人権に画一的な優劣を認める憲法論が正当とは思われない。
[23] これは、可罰的違法性阻却事由の諸類型のうち、「憲法上の権利行使に付随する軽微な過剰の類型」（☞総論§104, 2 (3) (b)）に類するものである。
[24]「真実性の証明」そのものを裁判時の違法性判断に影響を及ぼす事由、すなわち違法性阻却事由とする見解（鈴木茂嗣・論争刑法326頁）は、「裁判時法における違法性判断」を前提とする点などが疑問である。むしろ、私見のように可罰的違法性阻却事由と構成することによって洗練された刑法理論としてこの趣旨は活かせると思われる。

要件的行為および結果に対する同時的な規範的評価であるが、時間的推移による規範的評価の変化によって評価基準そのものが事後的に変化し、それが事前の構成要件該当行為・結果の評価に影響することはありうるのである[25]。「証明可能な真実性」という事実は、それだけでは行為時において違法性阻却ないし可罰的違法性阻却の意味をもたないが、それが事後的に証明されることによって、遡って「証明された事実」に変化し、それが行為時における判断としても違法行為の可罰性を喪失させるのである。

ⓒ　230条の2と侮辱罪　　230条の2により名誉毀損罪の成立が否定されたとき、侮辱罪は成立するかについては、学説上争いがあり、否定されるという説[26]（西田123頁、山口150頁）も有力である。事実の摘示とともに侮辱的言辞を弄している場合、表現が不当な場合、名誉毀損罪は可罰的違法性を阻却しても、侮辱罪が成立することはありうるというべきである（植松345頁、平川237頁、中森85頁、斎藤信治79頁）。

7　真実性の誤信

行為者が、摘示した事実が真実であると誤信していたが、裁判においてその真実性を証明できなかった場合の取扱いについては、ⓐ錯誤論によるアプローチ、ⓑ違法論によるアプローチ、およびⓒ過失論によるアプローチに大別される[27]。

ⓐ　錯誤論によるアプローチ　　この立場は、真実性の誤信の問題を、故意阻却なし責任阻却の問題として捉える点で共通するが、その解決は、学説によって多様である。まず、処罰阻却事由説に立つと、それは故意の対象ではないから、その錯誤は、意味をもたず、刑事責任は免れない（前掲最判昭34・5・7）。違法性阻却事由とする見解にもとづくと、違法性阻却事由の錯誤の

---

[25] 例えば、刑の廃止による免訴（刑訴337条2号）は、実体法的には、このように、可罰的評価の時間的推移による変化によって、可罰的違法性が減少した結果として根拠づけられるものといえよう。これに反して、中止未遂の場合には、「事後行為」という事実の変化によって可罰的責任が減少するのである（山中『中止未遂の研究』〔2001年〕63頁以下参照）。

[26] 肯定すると、名誉感情を侮辱罪で保護する見解に帰着するという。しかし、具体的事実の摘示と抽象的価値判断が併存する表現の場合には、両者ともに外部的名誉を保護するとしても、侮辱罪は、名誉毀損にあたらない態様の独自の軽微な行為類型を処罰するものであるから、侮辱罪は残りうるというべきである。

[27] 最近の文献として、丸山雅夫「名誉毀損罪における『真実性の誤信』の扱い」渡部古稀501頁以下参照。

第1節　名誉に対する罪　§64　真実性の証明による不処罰◇　225

取扱いに関する学説の対立および「事実の真実性」が阻却事由か、それとも「証明可能な真実性」が阻却事由かの対立が反映することになる。事実の真実性が違法性阻却事由であるとする説からは、違法性阻却事由の事実的前提の錯誤を事実の錯誤として故意を阻却するという見解に立てば、真実性の錯誤は、錯誤に陥ったことに相当の理由があると否とにかかわらず、常に故意を阻却し、不可罰となる（牧野512頁）。しかし、この説によると、真実性の証明があったときに罰しないとする230条の2の趣旨に反して、真実性の証明がなくても、軽率に真実であると誤信した場合にも広く故意阻却を認めることになって不当だとされる（大塚146頁）。これに対して、行為者が証明可能な程度の資料・根拠をもって事実を真実と誤信したときに、構成要件的故意（中117頁）ないし故意責任を阻却するという見解（大塚147頁、佐久間141頁）は、証明可能な真実性が違法性阻却事由とする見解を前提とする。この説に対しては、230条の2が要求しているのは、真実性の「証明」であるが、この説によれば、「証明可能性」が立証されれば違法性が阻却されてしまうことになり、不当だという批判、および、この説によれば、証明可能性についての錯誤、すなわち、資料・根拠の存在についての錯誤が故意を阻却することになって不当だという批判がある（中森・大コンメ12巻59頁参照）。違法性阻却事由の錯誤は、禁止の錯誤であって故意の問題ではないとする厳格責任説に立てば、真実性の誤信については、誤信したことにつき相当の理由のあるときは、責任を阻却する（福田194頁）。

　❺　**違法論によるアプローチ**　これには、真実性の錯誤が確実な資料・根拠にもとづき、相当の理由がある場合には、たとえ事後的に真実性が証明されなかったときでも、35条により違法性が阻却されるとする見解（団藤527頁、藤木246頁、平川234頁、中森・大コンメ12巻62頁）がある。この説は、確実

---

[28] 最大判昭44・6・25刑集23・7・975＝**百選21**がこの見解を採用した。同判決では、「刑法230条ノ2の規定は、人格権としての個人の名誉の保護と、憲法21条による正当な言論の保障との調和をはかったものというべきであり、これら両者間の調和と均衡を考慮するならば、たとい刑法230条ノ2第1項にいう事実が真実であることの証明がない場合でも、行為者がその事実を真実であると誤信し、その誤信したことについて、確実な資料、根拠に照らし相当の理由があるときは、犯罪の故意がなく、名誉毀損の罪は成立しないものと解するのが相当である」とする。
[29] 中117頁は、そういう。
[30] なお、相当の理由のある場合には、同様に違法性が阻却されるとし、相当の理由がない場合には、違法性の錯誤として処理されるべきであるとする見解として、川端192頁がある。

な資料・根拠があって正当化事由に関する錯誤に陥った場合には、相当な根拠のある誤信であって、正当化されるとする。これは、行為無価値論の立場に立って、主観的な誤信が、正当化をもたらすという考え方を基礎とするものであるという点で批判された。そこで、最近では、相当な資料・根拠にもとづく言論は、客観的に価値が高いがゆえに、利益衡量の結果、正当化されるという見解も有力になっている。これには、一括して表現の自由の優越的地位から、「一応真実と考えられる程度の相当の根拠」がある場合には35条により正当化されるとするもの（平川・基本講座6巻120頁）と、名誉という人格権と表現の自由という憲法上の価値の衝突の微妙な調整が必要だとして、相当性の要件のファクターを分析し、実質的違法性判断によって衡量されるべきだとする見解（前田197頁以下）がある。

❸ **過失論によるアプローチ**　これには、230条の2を38条1項但し書の「特別の規定」がある場合の過失犯の処罰規定と解する構成と、処罰阻却事由にも少なくとも過失を必要とするという構成とがある。前者は、公共の利害に関する事実については、虚偽の事実によってのみ名誉毀損が可能であるということを前提として、230条の2は、摘示された事実が虚偽であることを認識している場合を処罰する故意犯の規定であるだけではなく、その事実が虚偽であることを過失によって認識しなかった場合をも処罰する趣旨の規定であるとする。すなわち、故意の名誉毀損罪のみならず、過失名誉毀損罪も処罰する規定であるとするのである。その形式的根拠は、230条の2は、38条1項但し書にいう過失処罰に関する「**特別の規定**」にあたるからというのである（佐伯・現代的展開85頁、西田120頁）。これに対する批判としては、この見解は、事実の虚偽性が法益侵害結果を基礎づけるものとするのであるから、230条の2が挙証責任の転換を定めた規定であることを前提とする限りで、法益侵害結果の立証につき挙証責任の転換を認めることになるが、それは本来許されないはずだとされる（山口・探究91頁）。後者は、230条の2は、事実が真実であることが**処罰阻却事由**だとし、その可罰性の阻却の根拠は、真実であることによって違法性を減少させるからであるとする。事実の真実性が処罰阻却事由だとすると、その裏面である「事実の虚偽性」は、処罰条件となるが、このような違法性に関係する処罰条件も、故意の対象ではないとしても、少なくともそれにつき過失があることを要求すべきものである。そこで、230条の2が前提とする名誉毀損罪は、基本的構成要件

に関する「故意」と処罰条件に関する「過失」を結合させた犯罪類型であるとする（町野・刑罰法大系 3 巻 334 頁、山口・探究 92 頁）。これに対しては、処罰条件について過失を要求するのは、犯罪論体系の混乱を生じさせるのみであり、故意犯と過失犯の結合形態という点で結果的加重犯と同じである（山口・探究 92 頁）としても、結果的加重犯における加重結果は、処罰条件ではないのであり、その点ではまったく異なるものであるといわざるをえない。

❹ 本書の立場　　原則的に**錯誤論からのアプローチ**が妥当である。前述した可罰的違法性阻却事由説を前提に、その錯誤がどのような意味をもつかを考察することによって真実性の誤信の問題は解決されるべきである。先に分析した可罰的違法性阻却事由について、行為者の故意の対象となるのは、事実的側面である「証明可能な真実性」であり、「証明」自体は、故意の対象ではない。「証明があったこと」は、結果としての規範的判断を意味するが、「可罰性」に関わる判断であるので、故意の対象とはならないことはもちろん、違法性の意識の可能性の問題でもない。したがって、行為者が証明可能な程度の資料・根拠をもって事実を真実と誤信したとき、証明可能な真実性の認識があり、故意構成要件該当性（☞総論§89）を阻却する。このような解決は、他のどの説よりも、体系的に明確であり、無理なく妥当な結論を導きうるものだと思われる。

8 違法性阻却事由

名誉毀損行為は、被害者の同意、正当な弁護権の行使[31]、議員の議会における論議、学術・芸術における「公正な評論」等については、それぞれの違法性阻却事由の見地から正当化されるのはいうまでもない。

9 罪数・他罪との関係

本罪の罪数は、被害者の数を基準として決定される。したがって、1 通の

---

[31] 弁護活動が名誉毀損罪にあたるかについて、いわゆる丸正名誉毀損事件決定（☞総論§121, 4）においては、最高裁は、弁護人が被告人以外の特定人が「真犯人であることを広く社会に報道して、世論を喚起し、被告人らを無罪とするための証拠の収集につき協力を求め、かつ、最高裁判所の職権発動による原判決破棄ないし再審請求の途をひらくため、本件行為に出たものであって、被告人らの無罪を得るために当該被告事件の訴訟手続内において行ったのではないから、訴訟活動の一環としてその正当性を基礎づける余地もない」と決定した（最決昭 51・3・23 刑集 30・2・229）。

文書によって二人以上の者の名誉を毀損したときは、本罪の観念的競合である（東京高判昭35・8・25下刑集2・7＝8・927）。同一人の被害者につき、新聞紙上に名誉毀損にあたる記事を連載した場合には、包括一罪である（大判明45・6・27刑録18・927）。本罪と同時に業務妨害罪・信用毀損罪にもあたる行為を行った場合には、本罪と信用毀損罪・業務妨害罪との観念的競合である（大判大5・6・1刑録22・854）。

本罪と侮辱罪との関係については、法益は共通で、事実の摘示によるか否かが異なるという通説・判例の立場からは、両罪は法条競合の関係に立ち、名誉毀損罪のみが成立する（大判大3・11・26刑録20・2265、大谷181頁、なお、大塚151頁）。法益が異なるとする見解からは、両罪の観念的競合となるとされる（川端250頁）。230条の2の適用によって、名誉毀損罪が成立しないのであれば、通説・判例からは、侮辱罪も成立しない（大判大5・11・1刑録22・1644）が、前述のように（☞6、**Ｃ**）、侮辱罪は成立するとする見解（植松345頁、中森85頁等）も唱えられている。この場合、侮辱罪の法益を名誉感情とする立場からは、侮辱罪が成立するとされる（小野220頁、団藤530頁、福田195頁）。

§65　死者の名誉毀損

> 死者の名誉を毀損した者は、虚偽の事実を摘示することによってした場合でなければ、罰しない（230条2項）。親告罪である（232条1項）。

1　保護法益

法文上「死者」の名誉とあることから、本罪の保護法益が何かについては争いがある。①死者自体の名誉とする説（通説＝福田217頁、内田209頁、大谷167頁、平川227頁、曽根98頁、川端246頁、山中145頁、山口148頁）、②遺族の名誉とする説（宮本313頁、澤登219頁）、③遺族が死者に対して抱く敬虔感情とする説[32]（中森84頁、前田193頁）、④死者に対する社会的評価（追憶）としての

---

[32] 大塚説（大塚148頁）は、通説と遺族の敬虔感情とする説の複合形態である。なお、大谷説（大谷167頁）は、通説を基調とするすべての説の複合説である。大塚説は、名誉感情をも保護法益とする立場を前提とするので、一貫性をもつが、外部的名誉説に立つ大谷説が、すべての説の問題点をどのように克服したのか不明であり、なぜ、すべての説によって死者の名誉の問題を説明する必要があるのかも不明である。

公共的法益とする説（中野・刑事法講座4巻820頁）などが唱えられている。①の通説が妥当である。この見解は、死者が生前にもっていた名誉の保護が死後にまで延長されているとみるのである（植松335頁）。遺族の名誉とする見解は、遺族がいない死者の名誉の毀損に対して本罪の成立の余地がなくなり、また、遺族に対しては、1項の名誉毀損罪が成立しうるのに、重ねて2項を規定する必要がないという点を説明できないから、支持しえない。遺族の敬虔感情とする見解については、死者の名誉も外部的名誉を意味すると解すべきであり、「敬虔感情」といった感情を保護するのが、名誉毀損の罪の趣旨ではないというべきである。しかも、敬虔感情を保護するのなら、たとえ真実であっても遺族の敬虔感情は害されるのであるから、虚偽の事実の摘示という手段に限定する意味がなくなる。告訴権が、親族・子孫に限られることを理由に、遺族のいない場合には死者の名誉を保護する必要はないとする論拠に対しては、遺族以外でも告訴の余地はありうる（刑訴234条参照）から根拠にならないと反論されうる（山口151頁）。公共的法益と解する説に対しては、親告罪とされている趣旨と矛盾すると批判される。本条は、死者の生前の人格的・社会的事蹟に対する死後の尊重を要求して、死んだ者の生前の人格の保護を延長したものである。

2　行　為

公然と虚偽の事実を摘示して死者の名誉を毀損することである。真実であるときは、構成要件に該当しない。

3　故　意

虚偽の事実であることを確定的に認識していたことが必要であり、たんなる未必の故意では足りない（通説）。行為者が、その事実が真実であると誤信していた場合には、それが過失による場合でも、故意は否定され、罪とならない。

§66　侮辱罪

事実を摘示しなくても、公然と人を侮辱した者は、拘留又は科料に処する（231条）。親告罪である（232条1項）。

1 意　義

本罪の保護法益については、前述のように争いがあるが、**外部的名誉**[34]と解すべきである。したがって、名誉毀損罪と本罪の違いは、具体的事実を摘示して行われるか否かにある。具体的事実の摘示を伴わない本罪の行為態様は、外部的名誉を侵害する危険の程度が、名誉毀損罪よりも低いがゆえに軽く処罰される。

2 客　体

人の名誉である。外部的名誉が保護法益であるとする通説・判例からは、幼者、精神病者、法人、法人格を有しない団体などに対しても本罪が成立しうる（最決昭58・11・1刑集37・9・1341＝**百選22**）。本罪の保護法益が名誉感情だという有力説に立てば、名誉感情を有しないそれらの者に対しては本罪は成立しない（小野219頁）。第1次的法益は、外部的名誉であるが、副次的には名誉感情も法益であるとする見解からは、名誉感情をもたないものに対しても本罪は成立する（大塚149頁）。

　　法人に対する侮辱罪の成否が争われたのは、前述した、「T海上の関連会社であるN火災は、悪徳I弁護士と結託して被害者を弾圧している。両社は責任を取れ！」というビラ12枚をビルの玄関柱に貼ったという事案（前掲最決昭58・11・1）である。決定は、侮辱罪の成立を認めたが、これには、団藤裁判官と谷口裁判官の反対意見が付されている。

3 行　為

事実を摘示せずに公然と人を侮辱することである。したがって、名誉毀損にあたる事実を摘示しないで侮辱することである。侮辱とは、他人の人格に対する**軽蔑の価値判断**を表示することである。表示される内容は、他人の能力、身分、身体の状況など限定はない。表示の方法は、口頭、文書、動作いずれでもよく、また、不作為によるものでもよい。事実を摘示しないで侮辱する点で、「事実を摘示して」行われる名誉毀損と区別される。法文上の「事実を摘示しなくても」は、「事実を摘示しないで」を意味することにな

---

[33] 最近の文献として、山本雅子「侮辱罪小論」佐藤古稀（上）431頁以下、小名木明宏「侮辱罪の問題点」現刑60号（2004年）25頁以下参照。

[34] 平川221頁、235頁は、侮辱罪の保護法益を「普遍的名誉」とする。普遍的名誉とは、人間の尊厳が尊重・保護された状態をいう（平川『名誉毀損罪と表現の自由』22頁以下参照）。なお、最近では、名誉に対する罪の保護法益を社会的名誉として統一的に捉えたうえで、名誉毀損罪の保護法益を「個別的社会的名誉」、侮辱罪の保護法益を「普遍的社会的名誉」とする（平川・前掲現刑60号8頁）。

る。具体的には、「事実を摘示して」とは、具体的な事実を摘示することをいい、「事実を摘示しないで」とは、他人の人格に対するたんなる抽象的価値判断を表示することをいう。例えば、「馬鹿野郎」「税金泥棒」と怒鳴ったり、壁新聞に「売国奴」と記載したり（前掲大阪高判昭30・3・25）、「選挙ブローカー」とけなすこと（大判大15・10・7新聞2633・13）、身体障害者に向かって「めくら」とか「ちんば」などと呼ぶことは、侮辱罪にあたる。身体的障害を指摘することは、事実の摘示ではあるが、たんなる抽象的価値判断を表示したにすぎないのであって、それによって相手方の社会的評価を低下させる危険のある具体的事実の摘示とは言い難い。

> 侮辱罪を構成するとした判例に、拡声器を用いた街宣活動によって朝鮮学校がサッカーゴール、朝礼台等を不当に設置しているとしてそれに抗議するという名目で、「日本から出て行け」等の発言を行った行為が侮辱罪にあたるとしたものがある（京都地判平23・4・21、大阪高判平24・2・23、最決平24・2・23LEX/DB）。本判決は、いわゆる**ヘイトスピーチ**が侮辱罪に当りうることを示したものとして意義がある。

本罪は、抽象的危険犯であるが、「侮辱した」という構成要件的行為の性質上、外部的名誉の侵害の危険が発生したときに、構成要件を充足する。

なお、本罪には、事実の証明に関する230条の2の規定の適用はないが、一般的な違法性阻却事由が存在するときは、侮辱罪を構成しないことがありうる。

4 他罪との関係

名誉毀損罪と侮辱罪は、事実の摘示の有無によって区別されるから、択一的に成立しうる。侮辱罪の保護法益を外部的名誉および名誉感情の両者とする見解のように、両者が法条競合となって、名誉毀損のみが成立することになるわけではない。この説によると、名誉毀損罪が、230条の2によって名誉毀損罪が成立しなくなったとき、侮辱罪も成立しないとする（大塚151頁）。人に暴行を加えて侮辱した場合、暴行罪と侮辱罪の択一関係を認める見解（柏木413頁）、両罪は罪質を異にするから、観念的競合とする説（牧野524頁、木村92頁、大塚151頁）、および暴行罪には侮辱罪も含まれているとして、暴行罪のみが成立すると解する説（伊達・小野ほか524頁、大谷181頁）が対立している。

---

[35] 判例によれば、「侮辱罪は、事実を摘示せずして他人の社会的地位を軽蔑する犯人自己の抽象的判断を公然発表するによりて成立する」（大判大15・7・5刑集5・303）。

§67 親告罪

> この章の罪は、告訴がなければ公訴を提起することができない（232条1項）。告訴をすることができる者が天皇、皇后、太皇太后、皇太后又は皇嗣であるときは内閣総理大臣が、外国の君主又は大統領であるときはその国の代表者がそれぞれ代わって告訴を行う（同条2項）。

親告罪とすることによって、訴追という公的利益と、公開の裁判において被害者の名誉が二重に侵害される危険とを衡量し、訴追を告訴権者の意思に委ねようとしたのである。告訴権者は、刑事訴訟法（230条以下）の定めるところによって、被害者その他の者である。ただし、死者の名誉を毀損する罪については、死者の親族または子孫も告訴権を有する（同233条1項）。2項は、昭和22年の改正によって、従来の不敬罪（旧74条、76条）および外国の元首等に対する侮辱罪（旧90条2項、91条2項）が削除されて、すべて名誉に関する罪の適用によることになったので、この罪の告訴権者の特例として規定されたものである。「その国の代表者」とは、国際法上その国を代表する外交使節を指す。

第2節　信用および業務に関する罪

§68　総　説

「信用及び業務に対する罪」（第35章）は、信用毀損罪（233条前段）、偽計業務妨害罪（233条後段）、威力業務妨害罪（234条）、電子計算機損壊等業務妨害罪（234条の2）からなる。この犯罪類型の体系上の位置づけについては諸説があるが、結論的には、名誉ないし自由に対する罪と財産に対する罪の中間に位置づけられるべきである。信用毀損罪は、人の経済的信用を保護するものであり、名誉毀損罪の保護法益である人の人格に対する社会的評価のうち経済力に関する社会的評価を別に保護するものである。それは、人格に対する社会的評価である名誉毀損罪と財産に対する罪のまさに中間に位置づけられる犯罪類型である。業務妨害罪については、人の社会的活動の自由として自由に対する罪の一種に位置づける見解（木村76頁、平野186頁、中山147頁、内田182頁、大谷181頁、中森62頁）が有力である。しかし、業務活動の円

滑な遂行が、本罪の保護法益であり、それは、社会活動ないし経済活動の自由と財産に対する罪の中間に位置づけられる独自の犯罪類型である（中122頁、福田196頁、大塚153頁、西田124頁、山口152頁以下）。

前説は、業務に対する罪を自由に対する罪の中で論じ、信用に対する罪を名誉に対する罪の中で論じるという体系をとる。しかし、この両罪は、ともに自由・名誉に対する罪と財産犯との中間に位置づけられる信用・業務を保護法益とする独自の犯罪と特徴づけられるべきである。信用毀損罪を名誉に対する罪の一種とみる見解（滝川101頁、中山147頁）は、信用毀損罪が、もっぱら経済面における社会的評価であることを看過している点で不当であり、また、それを財産罪の一種と解する見解（大場・上758頁）は、それが常に財産的損害を被るものではないことから、妥当ではない。業務妨害罪についても、これをもっぱら財産に対する罪とみる見解（宮本410頁）もあるが妥当でない。

なお、本罪の未遂は、従来、一般的に処罰されていなかったが、ハイテク犯罪立法により電子計算機損壊等業務妨害罪の未遂罪が処罰されることとなった（234条の2第2項）。

§69　信用毀損罪

> 虚偽の風説を流布し、又は偽計を用いて、人の信用を毀損した者は、3年以下の懲役又は50万円以下の罰金に処する（233条前段）。

1　客体

人の信用である。**信用**とは、人の経済的価値に対する社会的評価、つまり、**支払能力または支払意思に対する社会的信頼**をいうとする狭い理解が従来の通説・判例（大塚154頁、香川478頁、大谷181頁、大判大5・6・1刑録22・854、前掲大判大5・6・26、大判大5・12・18刑録22・1909、大判昭8・4・12刑集12・413）であった。これに対して、支払意思・能力のみならず、より広く**商品の品質・効能、人の技量等についての信用も含む**とする見解[1]（西田125頁）も唱えられていたところ、最高裁は、最近、従来の判例を変更し、「刑法233条が定

---

[1] 金銭的履行に限らず、一定の品質の商品を引き渡す債務や一定のアフターサービスを行うべき債務を負う場合、経済的な側面における人の社会的評価として、人の「履行意思・能力」の側面を表に出そうとする見解も唱えられている（条解694頁）。

める信用毀損罪は、経済的な側面における人の社会的な評価を保護するものであり、同条にいう『信用』は、人の支払能力又は支払意思に対する社会的な信頼に限定されるべきものではなく、販売される商品の品質に対する社会的な信頼も含むと解するのが相当である」として、広義説に立つことを明らかにした[2]（最判平15・3・11刑集57・3・293）。信用概念を広く解すると、業務妨害罪との限界が曖昧になるというのが狭義説の根拠であった。例えば、酒店の酒が腐っているという虚偽の風説を吹聴した場合、判例は、業務妨害罪を認めたが、（前掲大判大5・12・18）、広義説によれば、信用毀損罪が成立することになるというのである（坪内利彦=松本裕・大コンメ9巻80頁）。広義説を採れば、確かに業務妨害罪との区別が難しい。しかし、「信用」を金銭的履行意思や能力に限定する根拠もない。両罪は、理論的には、支払意思・能力に限らないが、人の履行意思・能力に関する社会の信頼が揺るがされているか、人の社会・経済的活動が妨害される危険を発生させるものかによって区別されるべきであろう。したがって、信用とは、商品をも含めて人の履行意思・能力に対する社会の信頼と解すべきである（同じく、信用概念を広く捉える見解として、山口154頁）。

信用の主体たる人には、自然人のみならず、法人、法人格を有しない団体をも含む。

2 行 為

虚偽の風説を流布し、または偽計を用いて人の信用を毀損することである。信用の毀損の手段は、この二つに限られる。「**虚偽の風説の流布**」とは、事実に反する内容の噂を不特定または多数人に伝播させることをいう。「虚偽の」とは、客観的真実に反することである[3]。

「風説」とは噂のことである。必ずしも出所・根拠が曖昧なものであることを要せず、行為者自身が創作したものであるかどうかを問わない（大判大2・1・27刑録19・85）。「流布」とは、不特定または多数の者に伝播させることをいう。必ずしも行為者自身が、直接、不特定または多数人に告知する必要はない（前掲大判大5・12・18参照）。不特定または多数人に伝播する可能性を

---

[2] 事案は、コンビニエンスストアで買った紙パック入りオレンジジュースに家庭用洗剤を注入したうえ、警察官に対して上記オレンジジュースに異物が混入していたと虚偽の申告をし、報道機関にそれを報道させたというものである。

[3] 「行為者が真実と認識した事実に反すること」をいうとするものとして、藤木249頁。しかし、判例（東京地判昭49・4・25刑月6・4・475）は、通説の立場に立つ（後述注6参照）。

予測して特定人に告知した場合（大判昭12・3・17刑集16・365）も流布したものである。「**偽計**」の意義については、見解が分かれる。①まず、他人を欺罔することをいうとする狭い見解（小野223頁、植松349頁、福田197頁）がある。通説によると、②他人の錯誤または不知を利用し、または欺罔、誘惑の手段を用いることをいう。これに対して、③欺罔、誘惑に限らず、あまねく陰険な手段を用いることと解する広い見解（柏木416頁）もある。しかし、第1説は狭すぎ、第3説は広すぎる。他人の錯誤や不知を利用し、または欺罔、誘惑の手段を用いる場合をいうと解する折衷説が妥当である（団藤533頁、大塚155頁、大谷183頁、曽根75頁、中森65頁、西田128頁）。

「**毀損**」とは、経済面における人の価値に対する社会的信頼を低下させるおそれのある状態を生じさせることを意味する。本罪が、抽象的危険犯である（西田116頁）か、具体的危険犯である（団藤533頁、大塚154頁）か、あるいは侵害犯である（内田230頁、曽根101頁、前田206頁）かには争いがある。名誉毀損罪と同様、抽象的危険犯であるが、「毀損」という危険状態が生じたことは立証される必要があると解すべきである。したがって、故意は毀損に及ぶ必要がある。

3　他罪との関係

虚偽の風説を流布し、かつ偽計を用いて人の信用を毀損した場合には包括して信用毀損罪一罪が成立する。名誉毀損と信用毀損が一個の行為によって行われたとき、法条競合とする説（「特別関係」とする=内田230頁、大谷183頁）と観念的競合であるとする説（木村82頁、大塚156頁、曽根100頁）とがある。名誉毀損とは独立の犯罪類型とする限り、後説が妥当である。

§70　業務妨害罪

> 虚偽の風説を流布し、又は偽計を用いて、人の業務を妨害した者は、3年以下の懲役又は50万円以下の罰金に処する（233条後段）。
> 威力を用いて人の業務を妨害した者も、前条の例による（234条）。

1　客体

ⓐ　業務　本罪の客体は、人の業務である。業務とは、社会生活上の地位にもとづき反復・継続して行う人の事務をいう（大判大10・10・24刑録27・643）。必ずしも経済的活動に限らず、収入・報酬を得る目的のものであ

ることを要しないのであって、文化的活動・社会的活動でもよい。しかし、娯楽として行う行為、日常の家庭生活は除かれる。宗教団体の社会奉仕活動・民間のボランティア活動も含まれる。反復・継続して行われる事務であることが必要であるから、例えば、団体の結成式のような一回的な行事は含まれない[4]（東京高判昭30・8・30高刑集8・6・860）。不適法・違法な事務は、ここにいう業務として保護する必要はないが、業務の基礎となっている契約が無効であったり、行政上の免許・許可を欠いているなどの事情があっても、業務性は否定されない。刑法上保護を要する事務であれば、適法な事務であることを要しないというべきであろう。耕作権のない者が行う農業（東京高判昭24・10・15高刑集2・2・171）、知事の許可を得ていない湯屋営業（東京高判昭27・7・3高刑集5・7・1134）、行政取締法規に違反したパチンコ景品買入営業（横浜地判昭61・2・18刑月18・1＝2・127）も、刑法上保護を要する業務である。判例は、事実上平穏に行われているものであれば、保護に値するものとするが（前掲東京高判昭27・7・3）、事実上平穏に行われていれば、覚せい剤の製造・販売も業務として保護すべきであるとはいえないので、事実上の平穏性は基準とはならないというべきである（西田126頁）。

❻　公務と業務　公務は業務に含まれるか。すなわち、公務員の行う公務は、業務妨害罪の客体となりうるか。これについては、学説が分かれる。学説を詳論する前に、この問題の前提条件を明らかにしておこう。公務については、別に、国家的法益としての公務執行妨害罪（95条1項）の規定がある。公務執行妨害罪の行為の手段は、暴行または脅迫であるが、業務妨害罪の行為手段は、①虚偽の風説の流布、②偽計、③威力である。一般に、暴行または脅迫の手段の方が、①②③の手段より強い手段であるということができる。

学説は、業務には、①公務も含まれるという**積極説**[5]（小野222頁、木村77頁、西原285頁、大谷147頁）、②公務は含まれないとする**消極説**（伊達・刑事法講座4巻679頁、吉川116頁）、③公務員の行う公務は含まれないが、非公務員の行う公務は含まれるとする説（**身分振分け説**）（内藤・注釈5巻400頁）、④権力的・

---

[4] しかし、株式会社の創立は、継続してその事業の遂行に従事することを要する性質のものであり、業務である（前掲大判大10・10・24）。政党の結党大会を開催することも、結党大会準備委員会の業務である（東京高判昭37・10・23高刑集15・8・621）。
[5] 基本的には、限定積極説をとり、偽計業務妨害罪については、積極説をとるのが妥当であるとする見解として、山口161頁がある。

支配的公務は、業務に含まれないが、非支配的公務は含まれるがゆえに、非支配的公務については、業務妨害罪と公務執行妨害罪とが競合的に成立しうるとする説（**限定積極説=競合的二分説**=福田 199 頁、大塚 159 頁、内田 185 頁、西田 128 頁）、⑤権力的・支配的公務については、公務執行妨害罪のみが成立し、非権力的・非支配的公務に対しては、業務妨害罪のみが成立するとする説（**公務振分け説=配分的二分説**）（団藤 534 頁、藤木 20 頁、中山 150 頁、曽根 73 頁、中森 64 頁、平川 208 頁、前田 210 頁以下）がある。この限定積極説と公務振分け説の用いる基準である権力的・支配的公務かどうかについては、その他、「現業性」ないし「民間企業類似性」の基準も用いられる。限定積極説が、①権力的・支配的公務の範囲を、強制力を伴うものに限定するのか、それとも、②議会における審議、国立大学の入試等をも含め、私企業類似の現業的公務のみを非権力的支配的公務に入れるのかどうかは明確ではないが、おそらく前者を意味すると思われる。

　まず、**積極説**については、公務は、すべて業務妨害罪の客体でもあり、公務執行妨害罪と業務妨害罪の法定刑の上限（3 年以下の懲役）が同じことから、公務執行妨害罪の存在意義がなくなるのではないかという問題がある。また、例えば、警察官による逮捕といった強制力を伴う公務に対して、偽計ないし威力を用いた場合でも業務妨害罪が成立することになって不当だという批判がある。次に、**消極説**に対しては、現業的・民間企業類似的公務に対しても、業務妨害罪が成立しなくなる点が不当であるといえる。民間企業の業務に対しては、偽計・威力による妨害も保護されるが、強制力をもたない民間企業類似の公務にはこれが欠ける合理的理由は見出せない。さらに、**身分振分け説**に対しては、この説は、公務執行妨害罪が公務員の公務を保護するのみであるので、非公務員の公務は業務妨害罪で保護する必要があるとするのであるが、公務員の公務について、業務妨害罪が成り立たないという点で、消極説と同様の問題をもつ。そこで、限定積極説と公務振分け説とが残る。

　公務と業務の区別について、従来、権力性・支配性、現業性、民間企業類似性のいずれかないしその組み合わせが基準とされてきたが、この基準は、それぞれ若干ニュアンスを異にする。まず、警察官の逮捕行為・強制執行のように、「**強制力の伴う公務**」と、権力とは無関係な、私企業と同様の製品・サービスが提供される「**現業的公務**」が対極に立つ。前者は、公務執行妨

交差型振り分け説		判例		限定積極説		公務振り分け説	
公務	強制力の伴う権力的公務（例：逮捕）	公務・業務	強制力を伴う公務	公務	権力的支配的公務	公務	権力的支配的公務
公務・業務	強制力の伴わない権力的公務（例：議会の審議）	公務・業務	強制力を伴わない公務	公務・業務	非権力的支配的公務	公務又は業務	学説によって業務か公務かに分かれる部分
業務	民間類似業務現業的公務（例：旧国鉄の営業）					業務	現業的公務

罪による保護で十分であり、強制力をもつことから、威力や偽計を手段とする妨害に対する刑法上の特別の保護を要しないともいえる。後者は、公務執行妨害罪を適用する必要もなく、業務妨害罪による保護で十分である。問題は、中間に位置づけられる「**強制力を伴わない権力的公務**」である。これに属するのは、議会における委員会の審議のほか、立法・行政・司法作用の実現のための公務であり、国家・公共団体の権力関係を前提とする公務などである。この公務については、公務執行妨害罪における「公務」であると同時に、業務妨害罪における「業務」であるという二面性をもつように思われる。したがって、強制力を伴わない権力的公務については、それが、威力・偽計によって妨害された場合には、業務妨害罪が成立し、暴行・脅迫による場合には公務執行妨害罪が成立するということになる。

　強制力を伴う公務につき、原則として、威力に対しては強制力により排除しうるから、原則的に威力業務妨害罪は成立しないが、偽計に対しては物理的強制力は無力であるとして、偽計業務妨害罪の成立を肯定する見解（修正積極説＝山口 161 頁）は、業務の範囲を妨害手段および強制力の及ぶ範囲かどうかによって区別するものであるが、業務および公務概念を手段たる行為や対抗手段の有効性によって決定するのは、あまりにも技巧的であり、目的論的である。偽計・威力といった暴行・脅迫に至らない軽微な手段を取った者に対しては、強制力を伴う権力的公務は、刑法によって保護される必要はな

いのであって、処罰を振りかざす程のことではないとしているのである。

近時、この見解に従うとみられる高裁判例（東京高判平21・3・12高刑集62・1・21＝判タ1304・302）が現れた。

　被告人は、自宅でパーソナルコンピューターを操作して、インターネット掲示板に、1週間以内に東日本旅客鉄道株式会社土浦駅において無差別殺人を実行する旨の**虚構の殺人事件の実行を予告**し、これを不特定多数の者に閲覧させ、同掲示板を閲覧した者からの通報を介して、同県警察本部の担当者らをして、勤務中の同県土浦警察署職員らに対し、その旨伝達させ、同伝達を受理した同署職員8名に土浦駅構内およびその周辺等への出動、警戒等の徒労の業務に従事させ、その間、被告人の予告さえ存在しなければ遂行されたはずの警ら、立番業務その他の業務の遂行を困難ならしめた。

　東京高裁は、偽計による業務妨害罪の適用を認め、次のようにいう。「最近の最高裁判例において、『強制力を行使する権力的公務』が本罪にいう業務に当たらないとされているのは、暴行・脅迫に至らない程度の威力や偽計による妨害行為は強制力によって排除し得るからなのである。本件のように、警察に対して犯罪予告の虚偽通報がなされた場合（インターネット掲示板を通じての間接的通報も直接的110番通報と同視できる。）、警察においては、直ちにその虚偽であることを看破できない限りは、これに対応する徒労の出動・警戒を余儀なくさせられるのであり、その結果として、虚偽通報さえなければ遂行されたはずの本来の警察の公務（業務）が妨害される（遂行が困難ならしめられる）のである。妨害された本来の警察の公務の中に、仮に逮捕状による逮捕等の強制力を付与された権力的公務が含まれていたとしても、その強制力は、本件のような虚偽通報による妨害行為に対して行使し得る段階にはなく、このような妨害行為を排除する働きを有しないのである。したがって、本件において、妨害された警察の公務（業務）は、**強制力を付与された権力的なものを含めて、その全体が、本罪による保護の対象になる**と解するのが相当である」。

　本判決は、上述の見解と同様、行為客体である業務ないし公務そのものを概念上区別するのではなく、強制力を伴う公務によって刑法上の保護を要しないほどの自力回復力をもつかを加味した区別基準を用いようとするものであるが、偽計という隠然たる手段を用いる限り、強制力をもっては対抗できない場合がほとんどであり、業務妨害罪と公務執行妨害罪が、政治犯との関係で後者に禁固刑が科されている点を除けば法定刑も同じであることに鑑みると、偽計による強制力を伴い公務執行妨害を、適法性を要件とする公務に含めなかった意味が理解しがたいことになる。強制力に対する対抗手段が重要であるなら、立法時に公務執行妨害の手段に「偽計」を入れるべきであったであろう。

　したがって、結論的には、公務は業務に含まれる部分もあるが、振り分け

られる部分もあるという、いわば**交差型振分け説**が妥当である。公務が業務に含まれる部分とは、強制力ないし妨害に対する自力排除力を伴わない権力的公務であり、公務執行妨害罪のみが成立する部分が、強制力ないし自力排除力を伴う権力的公務であり、そして、業務妨害罪のみが成立するのが、現業的公務・民間類似の業務である。なお、強制力・自力排除力を伴わない権力的公務を、暴行・脅迫を用いて妨害した場合には、法条競合であって、公務執行妨害罪のみが成立する。

ⓒ 判 例 判例は、変遷している。戦前は、当初、偽計を用いて執行裁判所の競売を妨害した事案につき、業務妨害罪を肯定した（大判明42・2・9刑録15・120）が、偽計を用いて小学校長の教育勅語謄本保管職務を妨害した事案につき業務妨害罪の成立を否定して、**消極説**に立った（大判大4・5・21刑録21・663）。さらに、郵便配達夫に暴行を加えてその職務を妨害した事案につき、**郵便配達夫は公務員でない**として、業務妨害罪の成立を認めた（大判大8・4・2刑録25・375）。**最高裁**は、まず、警察官に、暴行または脅迫に達しない程度の威力を加えた事案につき、公務員の職務は業務に含まれないとした（最大判昭26・7・18刑集5・8・1491）。しかし、昭和35年には、**旧国鉄職員の業務**を威力により妨害した事案につき、国鉄の業務は、民営鉄道のそれと同様であるとして、国鉄職員の行う現業業務は、業務妨害罪にいう業務にあたるとした（最判昭35・11・18刑集14・13・1713）。昭和41年にも、同様に、**青函連絡船摩周丸**の出港を国鉄職員に実力を加えて遅延させた事案につき、国鉄の行う事業ないし業務は、権力的作用を伴う職務ではなく、民営鉄道のそれと異ならないとして、業務妨害罪の成立を肯定した（最大判昭41・11・30刑集20・9・1076）。

　　この最高裁判決によると、「国鉄は、公法上の法人としてその職員が法令により公務に従事する者とみなされ、その労働関係も公労法の定めるところによる（日本国有鉄道法2条、34条、35条）等、一般の私人又は私法人が経営主体となっている民営鉄道とは異なる特殊の公法人事業体たる性格を有するものではあるが、その行う事業ないし業務の実態は、運輸を目的とする鉄道事業その他これに関連する事業ないし業務であって、国若しくは公共団体又はその職員の行う権力的作用を伴う職務ではなく、民営鉄道のそれと何ら異なるところはないのであるから、民営鉄道職員の行う現業業務は刑法233条、234条の業務妨害罪の対象となるが、国鉄職員の行う現業業務は、その職員が法令により公務に従事する者とみなされているというだけの理由で業務妨害罪の対象とならないとする合理的理由はないものといわなければならない」とする。

その後、下級審の判例においては、現業性のない**国立大学の入試業務**（京都地判昭44・8・30刑月1・8・841）、民間類似性のない**郵便局の業務**（名古屋高判昭45・9・30刑月2・9・951）、非権力的職務に属する**衆議院本会議の議事**（東京地判昭48・9・6刑月5・9・1315）に業務妨害罪を認めた。さらに、**税務調査**とそのための出張行為を妨害した事案に対する威力業務妨害罪の成否につき、「法は、警察官のように職務の性質上その執行を妨げる者を排除する実力を有する公務員に対する暴行、脅迫に至らない威力等による抵抗については、その公務員による実力排除をもってすれば足り、刑罰を科するまでの必要はないとしたもの」とし、国税調査官には妨害を排除する実力を有しない公務員であるとして、税務調査とそのための出張を業務とした判例（京都地判昭61・5・23刑月18・5＝6・731）がある。昭和62年には、最高裁は、「県議会総務文教委員会の**条例案採決等の事務**」につき、「なんら被告人に対して**強制力を行使する権力的公務ではない**」として業務妨害罪を肯定した（最決昭62・3・12刑集41・2・140）。しかし、最高裁は、国鉄職員の業務を暴行により妨害した場合につき公務執行妨害罪の成立を認めている（最決昭59・5・8刑集38・7・2621）。その後の最高裁の判例では、公職選挙法上の**立候補届出受理事務**につき、これを、強制力を行使する権力的公務ではないとし、「業務」にあたるとした（最決平12・2・17刑集54・2・38）が、これによって、判例の基準は、強制力を行使する権力的公務は「業務」にあたらず、公務執行妨害罪が成立しうる場合があるが、それ以外の公務は業務妨害罪にいう「業務」にあたるとするものと解されるようになった。

さらに、最高裁は、いわゆる**新宿ホームレス退去妨害事件**につき、東京都による動く歩道の設置に伴う環境整備工事が威力業務妨害罪にいう「業務」にあたるとし、さらにその「要保護性」も肯定した（最決平14・9・30刑集56・7・395＝百選**24**）。本件においては、この環境整備工事の前に、路上生活者の段ボール小屋の撤去作業が行われており、それが本件工事の内容をなすものかどうかが問題となった。第一審判決は、撤去作業は本件工事の重要かつ不可欠な内容であるとし、本件工事は強制力を行使する権力的公務にあたるとした。第2審は、これに反して、「業務」にあたるのは、撤去作業と切り離された本件工事であるとし、本件工事は民間の業務と異ならないとした。本決定においては、「本件において妨害の対象となった職務は、動く歩道を設置するため、本件通路上に起居する路上生活者に対して自主的に退去するよう説得し、これらの者が自主的に退去した後、本件通路上に残された段ボール小屋等を撤去することなどを内容とする環境整備工事であって、強制力を行使する権力的公務ではないから、刑法234条にいう『業務』に当たると解するのが相当」であるとした。なお、

段ボール小屋を撤去したことは、やむをえない事情にもとづくものであって、業務妨害罪としての要保護性を失わせるような法的瑕疵があったとは認められないという。

2 行 為

ⓐ 偽 計 　虚偽の風説を流布し、または偽計もしくは威力を用いて人の業務を妨害することである。「虚偽の風説の流布」とは、事実に反する噂を不特定または多数人に伝播させることをいう。[6]「偽計」を用いるとは、人を困惑させ、もしくは欺罔し、または人の不知、錯誤を利用することをいう（学説の対立については☞§69、2）。

偽計を用いた事例としては、外面から容易に窺い知れない程度に、**漁場の海底に障害物**を沈めておき、漁業者の魚網を破損させて漁獲を不能にした場合（大判大3・12・3刑録20・2322）、水田にガラス片を撒いた事案（長崎地判大5・8・24新聞1180・29）、また、しじみ畜養場において夜陰に乗じ、6名の作業員を動員して、漁業権者が畜養し、採捕することとしていたシジミ約38キログラムを密漁したという事案（青森地弘前支判平11・3・30判時1694・157）がある。さらに、新聞の講読者を奪うために、他紙と紛らわしく改名し、かつその題字および題字欄の体裁模様を他紙に酷似させて発行する場合（大判大4・2・9刑録21・81）、中華そば店に、約970回にわたり昼夜を問わず繰り返し**いやがらせ電話**をかけ、その都度、相手方が電話口に出ると、無言のまま相対するなどして、その間相手方の発着信を不能ならしめた場合（東京高判昭48・8・7高刑集26・3・322）、電話回線において、発信側電話機に対する課金装置を作動させるために受信側から発信側に送出される応答信号の送出を阻害する機能を有する**マジックホン**と称する電気器機を加入電話回線に取り付け使用して、応答信号の送出を妨害するとともに、発信側電話機に対する課金装置の作動を不能にした場合（最決昭59・4・27刑集38・6・2584＝百選25）、正当な電気料金の計算業務を妨害しようと企て、電力計の作動を減速させて実際の使用電力より少ない電力量を指示するような工作をなした場合（福岡地判昭61・3・3判タ595・95）がある。

---

[6] 判例においては、虚偽の風説の意義および判断基準につき、「刑法233条にいう『虚偽の風説』とは、行為者が確実な資料・根拠を有しないで述べた事実であると解し、故意の点は別として、その資料・根拠の確実性は、被告人の主観によって決するのではなく、社会通念に照らし客観的に判定されるべきであるとするのが相当であると考える」とされる（前掲東京地判昭49・4・25）。

第 2 節　信用および業務に関する罪　§70　業務妨害罪◇　243

　また、最高裁は、盗撮用ビデオカメラを設置した現金自動預払機の隣に位置する現金自動預払機の前の床にビデオカメラが盗撮した映像を受信する受信機等の入った紙袋が置いてあるのを不審に思われないようにするとともに、盗撮用ビデオカメラを設置した現金自動預払機に客を誘導する意図であるのに、その情を秘し、あたかも入出金や振込等を行う一般の利用客のように装い、適当な操作を繰り返しながら、1 時間 30 分間以上、あるいは約 1 時間 50 分間にわたって、受信機等の入った紙袋を置いた現金自動預払機を占拠し続け、他の客が利用できないようにしたという事案につき、その行為は、「偽計を用いて銀行が同現金自動預払機を客の利用に供して入出金や振込等をさせる業務を妨害するもの」として、偽計業務妨害罪にあたるとした（最決平 19・7・2 刑集 61・5・379）。

　❻　威　力　「威力を用い」るとは、人の意思を制圧するに足りる勢力を使用することをいう（最判昭 28・1・30 刑集 7・1・128）。暴行・脅迫を用いる場合のみならず、社会的地位・権勢を利用する場合（大判明 43・2・3 刑録 16・147、前掲最判昭 28・1・30）や、集団的勢力を利用する場合も含む。威力は、一定の行為の必然的結果として、人の意思を制圧するような勢力を用いれば足り、必ずしも直接現に業務に従事している他人に対して加えられることを要しない（最判昭 32・2・21 刑集 11・2・877）。したがって、店の営業を妨害する目的で来店する顧客に暴行を加える場合も（団藤 522 頁）、また、一定の物的状態を作出してその結果、人の自由な行動を不可能・困難にする場合も（最決昭 40・9・3 裁判集刑 156・311）、威力を用いたといえる。威力は、犯人の威勢、人数および四囲の状勢からみて、客観的に、被害者の自由意思を制圧するに足りる程度の勢力であれば足り、現に制圧されたことを要しない（前掲最判昭 28・1・30）。

　判例によって「威力」とされた事案としては、営業中の商家の表のほとんど全部に板囲いをして看板・店灯等を街路から見えなくし、室内の光線を遮断して暗黒にして営業不能にした事案（大判大 9・2・26 刑録 26・82）、百貨店の食堂配膳部に縞蛇 20 匹を撒き散らし、満員の食堂を混乱に陥れた事案（大判昭 7・10・10 刑集 11・1519）、競馬場の本馬場に平釘一樽分を撒いた事案（大判昭 12・2・27 新聞 4100・4）、キャバレーの客室でコンロを用いて牛の内臓・ニンニク等を焼き、悪臭を充満させ、来客を退散させた事案（広島高岡山支判昭 30・12・22 高裁特 2 追録 1342）、弁護士から重要な書類が在中する鞄を奪取して 2 カ月余り自宅に隠匿し、弁護士活動を困難にした事案（最決昭 59・3・23 刑集 38・5・2030）、消防署員が、消防長の執務机の引出しに赤く染めた

猫の死骸を入れておき、発見させて執務を不可能にした事案（最決平4・11・27刑集46・8・623）、国民体育大会の開会式で掲揚されていた**国旗**を引き下ろし火をつけ、競技会の運営に影響を与えた事案（福岡高那覇支判平7・10・26判時1555・140）、開会中の参議院本会議場において、傍聴席から首相が答弁している演壇に向かってスニーカー3個を投げつけた事案（東京高判平5・2・1判時1476・163）などがある。

また、卒業式の開式直前に、式典会場である体育館において、主催者に無断で、保護者らに対して、国歌斉唱のときには着席してほしいなどと大声で呼びかけを行い、これを静止した教頭らに対して**怒号する**などし、その場を**喧噪状態に陥れる**などして、卒業式の円滑な遂行に支障を生じさせた行為が威力業務妨害罪にあたるとされた事案（都立板橋高校事件）がある（東京地判平18・5・30刑集65・5・811、東京高判平20・5・29判時2010・47、最判平23・7・7刑集65・5・619）。

　ⓒ　偽計と威力の区別　　偽計は、人の意思を制圧しないで隠然と、または人の意思を制圧せずにはたらきかけて業務妨害の結果を惹起するのに対して、威力は、直接の物理力による物の破壊を通じて間接的に、もしくは直接的に**人の意思の制圧**を通じて業務妨害の結果を発生させる点で区別される。上述のマジックホン事例、電力計事例などは、課金装置の作動不能や電力計への工作によって、隠然と業務が妨害されているから、「偽計」であり、本馬場に平釘を撒き散らせた事案、猫の死骸を机の引出しに入れて発見させた事案などは、人の意思の制圧を通じて業務妨害の結果を発生させているので、「威力」である。なお、海中に障害物を沈めた事案は、その行為自体が業務妨害ではなく、それを通じて隠然と網を破損させて業務を妨害したから、偽計によるものであり、また、前述のように、夜陰に乗じてシジミ約38キログラムを密漁するのは、偽計業務妨害罪にあたり（前掲青森地弘前支判平11・3・30）、夜陰に乗じてロープを解き放って仕切網を開放し、捕獲された**イルカを多数逃走**させた事案（静岡地沼津支判昭56・3・12判時999・135、長崎地佐世保支判昭55・5・30刑月12・4＝5・405）は、直接に動物傷害ないし器物損壊により、その必然の結果として人の意思を制圧したことによる業務妨害であるから、「威力」を用いた場合にあたる。

　ⓓ　妨　害　　「妨害した」の意義については、危険犯か侵害犯かが争われている。**危険犯とする学説**にも、妨害結果を発生させるおそれのある行為をすれば足りるとする見解（大判昭11・5・7刑集15・573、前掲最判昭28・1・30、

木村77頁)、業務を妨害するおそれのある状態を生じさせたことを要するとする見解(団藤538頁、福田201頁、大塚160頁)とがある。後者の見解は、業務妨害罪を具体的危険犯とする。しかし、現実に業務妨害の結果の発生したことを要するとすべきであろう(平野188頁、中山152頁、大谷150頁、曽根75頁、中森63頁、西田130頁、林127頁、山口168頁)。「**業務活動の円滑な遂行**」が保護法益であり、その「侵害」は、信用毀損の結果と異なり、認定に格別の困難はなく、侵害の発生をもって犯罪の完成を認めるに問題はないからである。

3 違法性阻却事由

労働争議行為に際して、労働力給付の集団的停止である同盟罷業(ストライキ)を行うことは、使用者側の正常な業務の遂行を妨害する手段であり、威力業務妨害罪の構成要件に該当する。しかし、憲法(28条)によって保障された争議権にもとづく、正当な労働争議行為の一態様として同盟罷業が認められる以上、違法性を阻却する。ピケッティングとは、同盟罷業を維持するために就業・操業を阻止する行為であるが、スクラムを組み、または座り込んで、出荷・輸送業務を阻止する行為などは、使用者の業務を妨害する行為であるといえる。これについては、違法性を阻却する場合としない場合とがある。ピケッティングについては、判例は、当初、「平和的説得論」を採用した。すなわち、就業しようとする非組合員を平和的に説得してやめさせる場合には、威力業務妨害罪を構成しないとするのである。その後、「諸般の事情論」を規準とした(最大判昭33・5・28刑集12・8・1694=羽幌炭鉱事件)。さらに、その後も、「当該行為の具体的状況その他諸般の事情を考慮に入れ、それが法秩序全体の見地から許容されるべきものであるか否かが判定されなければならない」とする(最決昭49・7・4判時748・26、最判昭53・3・3刑集32・2・97)。

4 罪数・他罪との関係

数個の偽計および威力を用いて業務を妨害したときは、233条と234条とにあたる単純一罪である(福岡高判昭33・12・15高裁特5・12・506)。信用を毀損すると同時に業務を妨害する場合には、両罪の観念的競合である(大塚163頁、大谷141頁)。公務執行妨害罪と威力業務妨害罪が同時に成立するときは、両罪の観念的競合である(大塚163頁、大谷151頁)。

§71 電子計算機損壊等業務妨害罪

> 人の業務に使用する電子計算機若しくはその用に供する電磁的記録を損壊し、若しくは人の業務に使用する電子計算機に虚偽の情報若しくは不正な指令を与え、又はその他の方法により、電子計算機に使用目的に沿うべき動作をさせず、又は使用目的に反する動作をさせて、人の業務を妨害した者は、5年以下の懲役又は100万円以下の罰金に処する（234条の2第1項）。
> 前項の罪の未遂は、罰する（同条2項）。

1 総説

本罪は、昭和62年のコンピュータ犯罪立法の際に、コンピュータ（電子計算機）に対する加害を手段とする業務妨害行為を独立に重く処罰するために新たに追加されたものである。高度情報化社会においては、コンピュータ技術と情報ネットワークの発達により、情報の大量迅速保存・処理・伝達が可能となり、従来、人の手によって行われてきた多くの業務が、コンピュータに代替されるようになった。それに伴い、人の社会生活は、さまざまな局面で、コンピュータによる業務処理に大きく依存するようになった。それによって、コンピュータ・システムに対する攻撃が、業務の遂行を阻害し、深刻・広範な被害をもたらす蓋然性を飛躍的に増大させた。そこで、コンピュータに対する加害行為を手段とする業務妨害を、独立の構成要件を設けて、偽計・威力による業務妨害よりも重く処罰しようとするのが、234条の2の規定である。本罪の保護法益は、コンピュータによる業務の円滑な遂行である。[7]

2項の未遂犯処罰規定は、平成23（2011）年の刑法改正によって新設された。コンピュータ・ウィルスを送り込むことによってコンピュータに攻撃が加えられたが、動作阻害が生ずる前であっても処罰する必要があるとされ、未遂犯処罰規定が設けられた。これについては、後述のところも参照（☞§200, 1）。

2 客体

電子計算機（コンピュータ）による人の業務であり、電子計算機を使用して行われる業務に限定される。加害の対象となるのは、「人の業務に使用する

---

[7] 本罪が、副次的には社会的法益に対する保護をも意図するものであるとするものとして、大塚164頁。

第2節 信用および業務に関する罪 §71 電子計算機損壊等業務妨害罪◇ 247

電子計算機」である。それは、業務において用いられ、人に替わって、独立して自動的に事務を処理するものでなければならない。したがって、そのような機能を果たさないで、例えば、家電製品、自動販売機、自動改札機等、他の機器の中に組み込まれその構成部分となっているマイクロコンピュータ等はこれに含まれない。パチンコ遊戯台の電子計算機部分が、「業務に使用する電子計算機」にあたらないと判示した判例（福岡高判平12・9・21判タ1064・229）がある。公務に使用されている電子計算機はすべてこれに含まれる。

3 行 為

本罪の行為は、①加害行為、②動作阻害、③業務妨害の三つの要素からなる。

ⓐ 加害行為 行為の手段として、（ⅰ）人の業務に使用する電子計算機もしくはその用に供する電磁的記録を損壊する行為、（ⅱ）人の業務に使用する電子計算機に虚偽の情報もしくは不正の指令を与える行為、（ⅲ）その他の方法が予定されている。

（ⅰ）電子計算機または電磁的記録の「損壊」とは、それらの物を物理的に毀損することのみならず、磁気ディスク等に記録されているデータ等を消去することなど、その効用を喪失させる一切の行為を含む（大阪地判平9・10・3判タ980・285、京都地峰山支判平2・2・26裁判資料273・218）。

（ⅱ）「虚偽の情報」とは、真実に反する内容の情報をいう。「不正の指令」とは、当該事務処理の場面において与えられるべきではない指令をいう。前

---

[8] この判例では、「それ自体が自動的に情報処理を行う装置として一定の独立性をもって業務に用いられているもの」でなければならないとし、本件の電子計算機部分は、「一定の作業をあらかじめロムに書き込まれているプログラムどおりに動作させるにとどまり、その内容も比較的単純なもので」あるとする。

[9] 前者の判例では、放送会社の開設したホームページの天気予報画像を消去して、わいせつ画像に置き換えた行為が、後者の判例においては、コンピュータ制御式旋盤機の作業用プログラムを消去した行為が問題となった。

者は、電子計算機に虚偽のデータを入力する行為をいい、後者は、電子計算機のプログラムを改ざんする行為をいう。

(iii) 「その他の方法」とは、上記の（i）（ii）以外の方法による電子計算機に対する加害行為であって、その動作に直接影響を及ぼす性質のものに限られる。電子計算機の電源の切断、温度・湿度等の動作環境の破壊、通信回線の切断、入出力装置等の損壊、処理不能データの入力などがこれにあたる（鶴田六郎・大コンメ12巻154頁）。コンピュータ・ルームの占拠やオペレータの拘束などは含まれない（芝原「コンピュータによる情報処理と業務妨害罪—改正案234条の2の検討」ジュリ885号14頁、西田132頁、林134頁）。

ⓑ 動作阻害 加害行為により、電子計算機をして使用目的に沿うべき動作をさせないこと、または使用目的に反する動作をさせたこと、すなわち、動作阻害という中間的な構成要件的結果の発生が必要である。

（i）使用目的に沿うべき動作をさせないこと

「使用目的」とは、電子計算機の設置者が、その業務遂行にあたりその電子計算機の使用によって実現しようとした目的をいう。「動作」とは、電子計算機の情報処理のための出入力・演算等の活動をいう。「使用目的に沿うべき動作をさせない」とは、上述のような使用目的に適合した動作を停止することをいう。例えば、電子計算機を損壊したり、プログラムを破壊したりして、電子計算機としての機能を停止する場合がそうである。

（ii）使用目的に反する動作をさせること

「使用目的に反する動作をさせて」とは、電子計算機の設置目的に反する動作をさせることを意味する。例えば、プログラムを改ざんして、または虚偽のデータを入力して、電子計算機に欠陥製品を製作させる場合である。

ⓒ 業務妨害 動作阻害の結果、人の「業務を妨害した」ことが必要である。したがって、動作阻害と業務妨害の間に因果関係がなければならない。本罪が、侵害犯か危険犯かについては争いがある。そこで、「業務を妨害した」の意義について、電子計算機による業務を現実に混乱させたことを要するのか（大谷154頁、曽根77頁、西田133頁、前田219頁、林134頁、山口167頁）、業務を妨害するおそれのある状況を生じさせればよい（具体的危険犯説＝鶴田・大コンメ12巻155頁、大塚166頁）のかは争われているが、通常の業務妨害罪と同様、**侵害犯**と解すべきであろう。電子計算機を無権限で使用し、あるいは他人のパスワードを用いて電子計算機から情報を不正に入手する行為

は、それによって現実に業務を妨害したのではないから、本罪にあたらない。外形的な業務妨害が発生したことが必要なのであって、電子計算機に個々の判断の誤りを生じさせたにすぎない場合には本罪にあたらない。例えば、偽造キャッシュカードを用いてキャッシュディスペンサーから現金を引き出す行為は、業務を妨害したものではない。

ⓓ 未　遂　234条の2第2項によって、電子計算機損壊等業務妨害罪の未遂は罰せられる。加害行為に着手したが、動作阻害ないし業務妨害が生じなかったときは、未遂である。コンピュータ・ウィルスを送り込むことによって他人の業務に使用する電子計算機に対して攻撃が加えられ、それに動作阻害が生じる前であっても、処罰する必要があるとされ、平成23年の改正によって未遂処罰規定が設けられたのである。通常の業務妨害罪については、業務を妨害するに足りる行為があれば、既遂となると解されたから、未遂処罰規定は不要であった。しかし、電子計算機損壊等業務妨害罪においては、電子計算機に「使用目的に沿うべき動作をさせず、又は使用目的には塗る動作をさせ」ることが要求されているので、防護措置が機能して、ウィルスが送り込めなかったとき、プロバイダーのメールボックスに記録されるにとどまり、または損壊に至らず、動作阻害が生じなかったときは、「動作」に影響していないので、構成要件を完全に充足しているとはいえないからである。

4　他罪との関係

偽計・威力業務妨害罪との関係は、威力ないし偽計と本罪の加害行為という両罪の手段が実質的に重なる場合、本罪がその特別罪であって、吸収関係とみるべきであろう。電磁的記録を消去して本罪が行われた場合には、保護法益が異なるので、電磁的記録毀棄罪（258条、259条）と本罪との観念的競合である。

第5章　財産に対する罪

第1節　財産罪総説

§72　財産保護の意義と史的展開

　財産に対する罪は、財産罪ないし財産犯とも呼ばれ、個人の財産を保護法益とする犯罪諸類型をいう[1]。通常、刑法第2編36章以下に規定される諸犯罪を指す。憲法は、「財産権は、これを侵してはならない」（憲法29条1項）と定め、私有財産の法的保護の重要性を明言している。刑法による財産保護も、この憲法の規定を受けたものである。

　このような財産権の不可侵性の思想は、資本主義経済の発達の所産であり、財産の刑法的保護の形態や範囲も歴史的発展段階に相応しているのであって、不変のものではない。資本主義の未発達の段階では、土地は私的所有の対象ではなく、むしろ政治的支配と結びつき、刑法的保護の対象は、動産に限定された（平川318頁）。この時代には、市場経済が未発達のため、交換・貸与・委託などを前提とする詐欺・横領・背任などは処罰の対象ではなく、窃盗・強盗などの奪取罪が財産的保護の中心であった[2]。また、近代資本主義の発達が、財産の利用形態を変化させ、財物の利用権・債権・担保権等の保護が必要となり、財物ばかりではなく、財産的利益が保護されるようになったのである（西田135頁以下）。その後の高度資本主義の発達は、一方では、さらに、無体財産権[3]・財産的価値を有する営業秘密などの保護の必要性をも生ぜしめ、他方では、社会国家・福祉国家の観点から、個人の経済的自由への国家的介入の必要性をもたらした。このようにして、経済法・消費者保護法などの発達が、市場メカニズムや消費者を保護するための特別刑法で

---

[1] 最近の財産犯論の論点については、「特集・財産犯論」現刊12号（2000年）5頁以下参照。
[2] 内田240頁は、大陸法において、詐欺罪が財産罪として純化されたのは、1810年のフランス刑法405条がはじめとするようであるとし、木村光江『詐欺罪の研究』（2000年）12頁は、英米法の領域でも19世紀以降とする。
[3] 無体財産権の侵害に関する犯罪としては、特許法196条、197条、実用新案法56条、57条、意匠法69条、70条、商標法78条、79条、著作権法119条、121条、121条の2の罪がある。

ある経済刑法を発展させた。

　ところで、現行刑法典において財産罪として処罰している行為は、財産に対する不法な侵害ないし侵害危険の一部にすぎず、その処罰範囲は断片的である。財産に対する侵害・危険であっても、私法的規制および救済に委ね、刑罰によって禁圧するのは、極めて重大な不法に限定するのが、謙抑的法益保護の原則の要請である。利益窃盗や単純な債務不履行は、民事法の問題であり、処罰されていないのである。財産罪の具体的な解釈論の展開にあたっても、このような私法秩序に委ねるべき問題と、当罰性をもち刑事法によって対処すべき問題とを識別しなければならない。

§73　財産罪の体系

　財産罪として刑法典が掲げる犯罪には、窃盗・不動産侵奪・強盗・詐欺・恐喝・横領・背任・盗品関与・毀棄の諸類型がある。これらの犯罪諸類型は、一定の観点に従って分類できる。まず、侵害態様の差によって区別される。財産的侵害行為の意味が財産の「取得」(領得)にあるのか、それとも財産の「毀棄」にあるのかによって、いわゆる取得罪ないし領得罪と毀棄罪とに分類しうる。通説は、これを主観的基準、つまり、不法「領得」の意思の有無によって分類するが、これは、主観的区別につきるものではなく、客観的にみて財産の取得(領得)か毀棄かによる分類を基礎にするものであるというべきである。財物については、財物の占有形態により、他人占有の場合(奪取罪)、自己占有の場合(横領罪)、無占有の場合(遺失物横領罪)に区別される。奪取罪に属するのは、財物罪のうち横領罪を除いたものすべての犯罪をいう。これらの犯罪は、財物の占有の「移転」を要件とする犯罪であるから、これを「財物移転罪」と呼ぶ。奪取罪の内部でさらに、盗取罪か、交付罪か、つまり、被害者の意思に反して奪取するか、被害者の意思にもとづいて交付させるかという侵害方法によって、窃盗罪・強盗罪(盗取罪)と詐欺罪・恐喝罪(交付罪)とに区別される。なお、領得罪の共犯的形態の犯罪類型として盗品関与罪が位置づけられる。

---

[4] 「領得」という概念を否定する立場からは、「領得罪」という概念の代わりに「取得罪」という概念が使われる(大塚 168 頁)。
[5] 窃盗罪などを直接領得罪とするのに対して、盗品関与罪を、間接領得罪とする立場もある(平野 199 頁、中山・概説 II 116 頁)。

財産罪の体系

財産罪	財物罪	領得罪	奪取罪（他人占有）	盗取罪（意思に反する）	窃盗罪・強盗罪
				交付罪（意思にもとづく）	詐欺罪・恐喝罪
			（自己占有）		横領罪
			（無占有）		遺失物横領罪
			領得罪の共犯的形態（間接領得）		盗品関与罪
		毀棄罪			器物損壊罪・文書毀棄罪
	利益	背任			背任罪
		2項犯罪			強盗罪・詐欺罪・恐喝罪・電子計算機詐欺罪

§74 財産罪の分類

1 財物罪・利得罪

　行為客体の区別を基準にして、行為客体が「財物」か財産上の「利益」かによって財物罪と利得罪とに分類される。この区別は、一定の財産犯において、財物罪が1項に規定され、利得罪が2項に規定されているため、**1項犯罪**もしくは**2項犯罪**とも呼ばれる。窃盗罪、横領罪、盗品関与罪、毀棄・隠匿罪は、財物罪である。強盗罪、詐欺罪、恐喝罪は、1項で財物罪を規定し、2項で利得罪を規定するので、財物・利益の両者を客体とする。背任罪は、客体が財物の場合と利益の場合がある。電子計算機使用詐欺罪は、「利益」を客体とするのであり、2項詐欺の特別類型である。

2 個別財産に対する罪・全体財産に対する罪

　個別財産に対する罪とは、被害者の財物もしくは個々の財産権に対して侵害を加える犯罪をいい、**全体財産に対する罪**とは、被害者の全体的財産状態に対して侵害を加え、損害を生じさせた場合に成立する犯罪をいう。刑法典における犯罪諸類型において、全体財産に対する罪に属する犯罪が存在するかどうか、およびどの犯罪がそれかについては争いがある。全体財産に対する罪に属する犯罪類型はないとするもの（内田246頁以下）、背任罪のみがそ

れであるとする見解（大谷185頁）、および、背任罪に加えていわゆる2項犯罪（利益強盗・利益詐欺・利益恐喝）は、個別財産に対する罪と全体財産に対する罪の一面を併せもつとする見解（大塚167頁）がある。原則的に、背任罪および2項犯罪が全体財産に対する罪の性質をもつが、詐欺罪に関しては、1項犯罪の場合、つまり、財物が客体である場合にも実質的な損害の発生が既遂の要件であると解すべきである。

3 動産・不動産

財物罪は、動産のみに対する犯罪か、不動産も含む犯罪かによって分類しうる[6]。窃盗罪は、動産のみに対する犯罪であるが[7]、不動産侵奪罪は、不動産のみを客体とする犯罪であることはいうまでもない。1項強盗罪、1項恐喝罪が不動産を含むかどうか、不動産は、むしろ2項強盗にあてはまるのではないかについては争いがある。詐欺罪、横領罪、盗品関与罪、毀棄・隠匿罪、背任罪は不動産に対しても可能である。

§75 財物の意義

財産罪の客体は、財物もしくは財産上の利益であるが、まず、財物の意義を明らかにしよう。なお、刑法典における財産罪においては、「財物」という概念を用いる場合（235条、236条1項、246条1項、249条1項）と、「物」という概念を用いる場合（252条、261条）とがあるが[8]、両者は同じ意味である。

1 有体性・管理可能性

ⓐ 学説 財物の概念については、**有体性説**（平野200頁、中山195頁、内田232頁、大谷186頁、曽根106頁、平川331頁、中森90頁、斎藤信治90頁、西田140頁、林174頁、山口173頁）と**管理可能性説**（牧野548頁、小野228頁、団藤548頁、中129頁、福田215頁、大塚172頁、藤木270頁、西原205頁）に分かれる。**有体性説**は、**民法85条**が、「『物』とは、有体物をいう」と定義するのと同様、刑法上も、それを有体物と解する立場であり、これによれば、有体物とは、

---

[6] 「財産犯における不動産の扱い」については、丸山雅夫・佐々木喜寿305頁以下参照。

[7] 従来、不動産窃盗が可罰的であるという学説（牧野611頁以下、滝川111頁、木村102頁）も有力であったが、昭和35年に不動産侵奪罪の規定が新設されたことによって、その問題は一応の決着をみた。

[8] 刑法典では、245条の「電気は、財物とみなす」とする規定を準用する犯罪（251条）については財物とされ、準用しない犯罪は「物」とする点で区別しているが、これは、物と財物の意義に差異があることを意味しない。

空間の一部を占めるものをいう。有体物には、固体、液体、気体を含む。しかし、電気や熱といったエネルギーはこれに含まれない。これに対して、**管理可能性説**は、管理可能なものは財物であるとする。旧刑法時代の大審院の判例[9]（大判明36・5・21刑録9・874）において、電気の盗取を窃盗罪で処罰しうるかどうかが問題となったときに、電気が管理可能であるがゆえに財物であると判示したが、管理可能性説は、その際唱えられた見解であり、それを契機として有力になったものである。

ⓑ 電気・エネルギー 電気が財物であるかどうかについては、その後、現行刑法の制定により、「**電気は、財物とみなす**」（245条、251条）と規定され、問題は、一応、立法的に解決された。ただ、横領罪や毀棄罪については、245条の準用規定がなく、管理可能性説に立つか有体性説に立つかによって結論が異なりうる。また、電気以外のエネルギーについて財物なのかどうかも開かれたままである。しかし、「管理可能性」の概念は明確でなく、処罰範囲が拡大されるおそれがある。例えば、熱、音、光などのエネルギーのみならず、債権、人力、役務、情報等も管理可能でないとはいえない。他人の冷蔵庫で自分のビールを無断で冷やした場合、自分のデジカメで他人の情報を撮影した場合、あるいは、電車にただ乗りした場合等が問題となる。この説の中には、ほとんどすべての利益窃盗が235条により処罰されるとする見解（牧野546頁、滝川108頁）もある。しかし、管理可能なものの範囲を限定する立場も唱えられている。債権等の事務的管理可能性を除外し、物理的管理可能性のみを意味すると解する物理的管理可能性説（小野228頁）、人力や動物のエネルギーの利用は除き、電気と同じような自然力の利用によるエネルギーに限られるべきであるとし（団藤548頁）、または、あくまで物質性を備えたエネルギーに限られるべきであるとする物質的管理可能性説（大塚172

---

[9] 判例によれば、「刑法第366条に所謂窃取とは、他人の所持する物を不法に自己の所持内に移すの所為を意味し、人の理想のみに存する無形物は之を所持すること能はざるものなれば、窃盗の目的たることを得ざるは論を待たず。然れども、所持の可能なるが為めには、五官の作用に依りて認識し得べき形而下の物たるを以て足れりとし、有体物たることを必要とせず。何となれば、此種の物にして独立の存在を有し、人力を以て任意に支配せられ得べき特性を有するに於ては、之を所持し其所持を継続し移転することを得べければなり。約言すれば、可動性及び管理可能性の有無を以て窃盗罪の目的たることを得べき物と否らざる物とを区別するの唯一の標準となすべきものとす。而して、電流は有体物にあらざるも、五官の作用に依りて其存在を認識することを得べきものにして、之を容器に収容して独立の存在を有せしむることを得るは勿論、容器に蓄積して之を所持し、一の場所より他の場所に移転する等人力を以て任意に支配することを得べく、可動性と管理可能性とを併有するを以て、優に窃盗罪の成立に必要なる窃取の要件を充たすことを得べし」。

頁）などが唱えられた。

有体性説 が妥当である。財物とは、空間の一部を占める有形的存在をいうとする定義（我妻栄・新民法総則201頁）は、物という概念の本質を反映するとともに、管理可能性説に比べて明確であり、刑法の体系的解釈にも沿うものである。①刑法は、財物に対して「財産上の利益」の奪取についても財産罪の客体としているが、財物概念に管理可能物を含めると、「財産上の利益」を別に保護する必要がなくなる。②「電気は、財物とみなす」という245条が置かれていることは、管理可能性説によれば注意規定であると説明することになるが、しかし、みなし規定は、本来異なるものを同一視するという趣旨の規定であるから、この規定の存在が、電気は財物でないということを前提にするものである（平野200頁、西田139頁）。

ⓒ **情報と財物**　情報自体は、有体物ではなく、財物ではない。しかし、情報が有体物である媒体の上に記録された場合、それは財物である。したがって、媒体に化体された情報は、財物である。窃盗罪は、財物のみを保護するので、媒体の化体された限りでの情報のみが保護される。しかし、財産上の利益も保護されるいわゆる 2 項犯罪においては、情報も、事実上有償の情報であれば、財産上の利益として保護されることがある。[10]

2　財物の価値性

最高裁の判例は、「財物とは、財産権殊に所有権の目的となり得べき物を言い、それが金銭的乃至経済的価値を有するや否やは問うところではない」とする（最判昭25・8・29刑集4・9・1585）。しかし、学説においては、財物は、刑法上保護に値する価値を有するのでなければならないとされ、判例の中にも財物の価値を考慮するものが少なくない。

ⓐ **財物の価値構造**[11]　財物の価値の意義については、「客観的価値」と「主観的価値」に分けられ、客観的価値は、経済的価値を意味するが、それは、使用価値と交換価値（金銭的価値）に分けられる。さらに、客観的価値の有無にかかわらず、規範的価値の有無も問題となる。「規範的価値」とは、

---

[10] 情報の刑法上の保護については、林陽一「財産的情報の刑法的保護—解釈論の見地から」刑雑30巻1号（1989年）9頁以下、山口厚「財産的情報の刑法的保護—立法論の見地から」刑雑30巻1号27頁以下、荒川雅行「情報と財産犯」基本講座5巻37頁以下、吉岡一男「企業秘密の情報財」法学論叢117巻3号（1985年）1頁以下。佐久間修『刑法における無体財産の保護』（1991年）。

[11] 詳しくは、山中敬一「財物の価値性」判タ540号（1985年）47頁以下参照。

当該規範による財物保護の必要性の判断、あるいは、その財物の消極的価値（すなわち、悪用の危険）による規範的な保護の必要性の判断をいう。その他、個々の財物の具体性が刑法上保護されるかどうかも問題となる。これを財物の「具体的価値」の問題ということができる。例えば、無断で千円札を100円硬貨10枚に両替した場合に窃盗罪が成立するかという問題がそうである。[12]

ⓑ　主観的価値　所有者・占有者の主観的・感情的な価値が存在するにすぎず、客観的・経済的価値が認められないものについても、刑法上「財物」として保護されるべきかについて、肯定説が通説である（団藤551頁、大塚173頁）。これに対して、その使用価値が金銭的に評価しうるものでなければならないとする見解（江家264頁）もある。しかし、いずれの見解にも従いえない。客観的価値がなく、主観的・感情的な価値が存在するにすぎないものとはどのようなものかが問題であるが、古いラブ・レターのようなものがこれにあたるとは思われない。ラブ・レターでも、交換価値はなくとも使用価値はあり、財物である。金銭的価値を有しないものも、使用価値はあるということができる。

ⓒ　規範的価値　規範的価値が問題となるのは、次の三つの場合である。①他の刑罰法規において処罰規定に該当する客体、②消極的価値のある客体、③法律上の占有ないし所有禁止規定が存在する客体である。財物性が軽微な場合につき他の刑罰法規に処罰規定があり、それにあたる場合には、財産罪としての財物性が否定されることがある。しかし、そのものが、量的に、軽微とはいえない場合には財産犯にいう財物である。例えば、馬鈴薯10貫目くらい（最判昭26・3・15刑集5・4・512）、ないし桑葉約10貫目（大判大4・6・24刑録21・899）を盗んだ事案について窃盗罪は肯定された。それが少量であれば、旧警察犯処罰令2条29号[13]によって処罰されたが、被害法益の大小に応じて判断し、[14]窃盗罪の客体とされたのである。現在の軽犯罪法には、そのような規定はないので、菜果等については、規範的価値の問題ではなくなった。財物の消極的価値が考慮された事案としては、消印済収入印紙（最判昭30・8・9刑集9・9・2008）、失効した運転免許証（東京地判昭39・7・31下

---

[12] 金銭の特殊性から、具体的価値は問題とはならず、無断両替は不可罰とすべきであろう。これに対して、大量生産された同種・同価値の財物の無断交換は、可罰的ではないだろうか。
[13] その2条29号は、「他人ノ田野、園圃ニ於テ菜果ヲ採摘シ又ハ花卉ヲ採折シタル者」を「30日未満ノ拘留又ハ20円未満ノ科料ニ処ス」るものとしていた。
[14] 馬鈴薯については、「現場において採食せられ得る程度分量」を超えるので、財物とされた。

第1節　財産罪総説　　§75　財物の意義◇　257

刑集6・7=8・891)、使用済鉄道乗車券（大阪高判昭29・6・24高刑特28・148）がある。判例において財物性が否定された第3の類型は、禁制品につき財物性を否定する場合である（☞ 3)。

ⓓ　財物の価値性に関する判例　　財物性を肯定した判例は多数存在するが、代表的なものとして、無効な約束手形（大判明43・2・15刑録16・256）、価格2銭くらいの石塊（大判大元・11・25刑録18・1421）、木像一体と石塊（大判大4・6・22刑録21・879）、共産党中央指令綴（前掲最判昭25・8・29）、1枚の勝ち馬予想表（最判昭27・4・15裁判集刑63・243）、生け花10本（大阪高判昭29・1・23高刑特28・72）、消印済の収入印紙（前掲最決昭30・8・9）、タブロイド版新聞紙2枚（東京高判昭31・5・31東高刑時報7・6・229）、百貨店の買上券（東京高判昭36・7・4高刑集14・4・246）などがある。

下級審の判例において、財物の軽微な価値性のゆえに**財物性が否定された**ものとして、英詩のようなものを書き付けたメモ用紙1枚（大阪高判昭43・3・4下刑集10・3・225）、汚れたちり紙13枚（東京高判昭45・4・6東高刑時報21・4・152）、はずれ馬券（札幌簡判昭51・12・6刑月8・11=12・525）、パンフレット2通の在中する封筒（東京高判昭54・3・29東高刑時報30・3・55）がある。

3　禁制品（法禁物）

禁制品とは、阿片、覚せい剤、麻薬、銃砲刀剣類のように、法令上、私人の所有・占有が禁止されている物をいう。禁制品は所有・占有が禁止されているのであるから、それを財産犯の保護の対象とすることは、法秩序にとって違法な法秩序を維持することを意味する。そこで、禁制品の刑法上の要保護性が問題となるのである。この問題は、かつての判例のように財物性の問題というより、保護法益が所有権か事実上の占有かという問題と捉えられている[15]。学説の中には、元軍用隠匿物資・連合国占領軍物資のようにたんに「占有」が禁止されているものについては財産犯が成立するが、阿片煙吸食器具・偽造通貨など「所有権」が成立しえないものについては成立しないとする見解（伊達・小野ほか531頁）、および禁制品の没収にも一定の手続を要するから、その手続を履まない奪取行為に対しては刑法上保護の必要があり、

---

[15] 判例は、古く、禁制品を所有権の対象とならないものとし、偽造文書（大判明42・11・9刑録15・1536）、偽造借用証書（大判大元・12・20刑録18・1563）、偽造委任状（大判大10・12・5新聞1921・12）、偽造手形（東京高判昭35・11・30東高刑時報11・11・315）につき財物性を否定した。判例は、財物とは財産権称に所有権の目的となることができるものであると定義しているのである（大判大3・3・23刑録20・326等）。

その限度において財物性を認めるべきであるとする見解（福田217頁、大塚176頁、大谷191頁）がある。

不法原因給付物の財物性については、民事法上、返還請求権がないとされる（民708条）が、財物性については一般的に肯定されている。

4 所有権の対象物

有体物であっても、所有権の対象とならないものは、財物性を有しない。

ⓐ 無主物　禁漁区の鳥獣、河川の砂利[16]（最判昭32・10・15刑集11・10・2597）、海浜の砂利（広島高判昭29・9・30高刑集7・10・1545）は、所有権の対象ではなく、財物ではない。無主物は、財物であるが「他人の」財物ではない。落網のふくろ網の中で遊泳しているさけは支配・管理されており、窃盗罪の客体となる（札幌高判昭34・4・14高刑集12・3・249）が、海底に養殖している赤貝（もがい）（佐賀地判昭34・11・27下刑集1・11・2499）ないし浅蜊貝（最判昭35・9・13判時243・7）は、占有支配はなく、無主物である、

最高裁は、ゴルファーがゴルフ場内の貯水池に誤って打ち込んで池の底で放置されていたいわゆる**ロストボール**につき、ゴルフ場の経営者によって定期的に回収・再利用されていたという事実関係のもとで、それを無断で拾い上げた被告人の行為について、「本件ゴルフボールは、無主物先占によるか[17]権利の承継的な取得によるかは別として、いずれにせよゴルフ場側の所有に帰していたのであって無主物ではなく、かつ、ゴルフ場の管理者においてこれを占有していたものというべきである」とし、窃盗罪の客体にあたるとした（最決昭62・4・10刑集41・3・221）。

ⓑ 人体とその一部　人の身体は、所有権の対象とはなりえず、財物ではない。ただし、身体からその一部が切り離されたとき、それは所有権の対象となりうるから、それが何人かの所有に帰している以上、財物である。例えば、かつらの材料として切り取られた毛髪、採血された血液、試験管に保存された精子・受精卵[18]なども財物である。身体に装着して使用する義足、義

---

[16] 最高裁は、「刑法の窃盗罪の規定によって保護されるべき管理占有が地方行政庁によってなされているものと認めることはできない」とした。

[17] 東京高判昭61・1・30刑集41・3・232は、無主物先占によるとしたが、最高裁は、本文のようにこの点を留保した。

[18] ただし、受精卵ないしヒト胚の所有権の帰属については、「生命の萌芽」である胚がそもそもその対象となるかをはじめ、問題がある。なお、身体から切り離された身体の一部の所有権の問題（☞§9.1 ⓑ）については、山中・前掲法学論集63巻2号6頁以下参照。

眼、入歯、コンタクトレンズが財物であることはいうまでもない。身体に埋め込まれ装着できないペースメーカーや人工骨は、身体の一部であって財物ではない。移植された臓器についても、身体の一部である。しかし、摘出されたが、移植される前の臓器の財物性については、疑問があり、財物性を肯定する見解（山口 174 頁以下）と否定する見解（町野 113 頁）がある。

切り離されてからの時間的接着性や身体の一部の身体への再復帰可能性などから判断し、元の身体の人格権が切り離し後も延長されている限り、財物ではなく、身体の一部であって、傷害罪の対象となる（☞§9.1.❶）が、延長が及ばない場合、財物であり、元の身体主体の所有権が及ぶと解すべきである。

❸ 葬祭対象物 葬祭対象物としての死体・遺髪・遺骨・棺内収納物は、財産的価値をもつが、財産罪の客体としての財物ではない（大判大 4・6・24 刑録 21・886、東京高判昭 27・6・3 高刑集 5・6・938）。190 条では、「死体、遺骨、遺髪又は棺に納めてある物」を領得する行為等が独立に処罰されている（3 年以下の懲役）（☞§214）。その法定刑は、窃盗罪より軽い。そこで、葬祭対象物は、財産罪の客体から除外された趣旨であると解される。その根拠につき、①棺に納められたときから、財産として占有する意味が希薄化し、信仰感情の対象とされたから、財産罪の対象とみることは妥当でないとする見解（大塚 176 頁、中 130 頁）と、②埋葬に供された物は、それが祭祀の対象となっている限りで、すでに実質上所有権が放棄されているからであるとする見解（平野 201 頁、中山 196 頁、大谷 190 頁、中森 91 頁、西田 141 頁、林 175 頁、山口 185 頁）がある。後説が妥当である。葬祭対象物を領得した場合、納棺物領得罪と窃盗罪との観念的競合となるという見解（小野 154 頁、団藤 363 頁、福田 144 頁、平川 332 頁）は妥当でない。

死体、遺骨なども、医学上の標本ないしミイラなどのように、葬祭・礼拝の対象としての性質を失えば、財物となりうる。死体・遺骨から脱落した金歯は、財物であり、窃盗罪の対象となる（前掲東京高判昭 27・6・3）。

§76 財産上の利益の意義

財産上の利益 とは、財物以外の財産上の利益一切をいう。積極的財産の増加であると、消極的財産の減少であるとを問わない（大判明 42・12・13 刑録

---

[19] この問題については、原田保「死体等に対する財産罪の成否」福田＝大塚古稀（下）511 頁以下参照。

15・1779)[20]。一時的利益であってもよい（大判明45・4・22刑録18・496）。財産上の利益の侵害・取得の方法として**三つの態様**がある。第1は、相手方に一定の財産上の処分ないしその意思表示をさせる場合である。例えば、債務を免除させ（大判昭6・5・8刑集10・205、最判昭32・9・13刑集11・9・2263）、債務の履行期を延期させる場合（大判明44・10・5刑録17・1598、最決昭34・3・12刑集13・3・298）、土地所有移転の意思表示をさせる場合（大判明44・12・4刑録17・2095）、債務の負担を約束させる場合（大判昭8・12・18刑集12・2384、最決昭43・10・24刑集22・10・946）がその例である。第2に、相手方に一定の有償の労務（役務）を提供させる場合である。例えば、タクシーや列車に乗車し走行させる場合（大阪高判昭44・8・7刑月1・8・795）である。第3に、有償の情報については、移転は複写によって行われ、情報の内容を知ることが利益であり、知られることが損害であるので、被害者の手元の情報が失われなくても、複写されたものが移転されることが侵害・取得である。

§77 財産罪の保護法益

1 刑法上の財産概念

財産罪の保護法益は、財産に対する人の支配・管理である。財産は、客体によって「財物」と「財産上の利益」に分けることができる。**財産概念**については、法律的財産説、経済的財産説および法律的・経済的財産説の三つの説が対立している。①**法律的財産説**は、法律上保護される利益、すなわち、民事法上の権利・利益を財産とする説である。この説によれば、財産的な権利及び義務の和が財産である。②**経済的財産説**（大塚168頁）は、事実上の経済的利益をもって刑法上の財産とする説である。この説は、違法な経済的利益についても刑法上の保護に値しないとはいえないとする。③**法律的・経済的財産説**（団藤546頁、大谷193頁、曽根104頁、平川334頁、林148頁）は、法的保護に値する経済的利益を刑法上の財産とする説である。民事上適法な外観を有する財産的利益を保護法益とする。法律的財産説によれば、民事上の権利・義務関係にもとづく利益の得喪がない限り、経済的価値がなくなっても、法律上の利益はあり、財産的損害がないことになって不合理である。経

---

[20] 「財産上の利益」につき、山口厚「財産上の利益について」植村退官（1）125頁以下、林幹人「二項犯罪の現状」曽根・田中古稀（下）137頁以下、金澤真理「財産上の利益に対する刑法的保護に関する一考察」川端古稀（下）106頁以下参照。

済的財産説は、民事法秩序が否定する違法な利益を刑法上保護することになり、不合理である。結局、刑法上保護に値する経済的利益を財産とする**法律的・経済的財産説**が妥当である。これによると、例えば、銀行の支店長が、相手方が返済の意思・能力がないにもかかわらず多額の資金を無担保で貸し付けた場合、債権を得ている限り、銀行には財産上の損害がないとはいえず、実現の可能性のない債権は経済的には無価値である。また、不法原因給付として民事上返還請求権がない利益について、詐欺罪等が成立しうるかという問題においては、相手方が返還請求権をもたない利益を得た者には、法律的・経済的財産説によれば、詐欺罪は否定される。

しかし、法律的・経済的財産概念は、詐欺に至った「取引」の目的に当事者の主観的目的が混ぜられて合意される場合、その主観的目的によって修正される。したがって、その当事者にとっての交換価値のみならず、「使用価値」も考慮して「損害」が算定される。この限りで「人的損害概念」にも一定の余地が与えられるというべきである（☞§91．2．§92．4）。

2 奪取罪の保護法益

ⓐ 本権説と占有説 財物移転罪の保護法益について、財物に対する他人の所有権その他の本権であるか、財物に対する事実上の占有であるのかは争われている。[21] ① **本権説**（小野235頁、滝川119頁、香川493頁、内田251頁、曽根112頁、林161頁以下）は、事実上の占有ではなく、その背後にある所有権その他の本権であると解する。② **占有説ないし所持説**（牧野594頁、木村106頁、山口193頁、伊東193頁以下）は、事実上の占有そのものが保護法益であるとする見解であり、民事上の権利関係、占有の法的根拠を問わない。

この問題は、形式的には、242条の「他人が占有し」という文言の解釈の形で争われた。242条は、「自己の財物であっても、他人が占有」するものであるときは、この章の罪（窃盗罪・不動産侵奪罪・強盗罪）については、「他人の財物とみなす」と規定し、この規定は、251条により、詐欺罪、恐喝罪にも準用されている。本権説によれば、例えば、窃盗罪の法益は、所有権その他の本権であるから、235条にいう「他人の」財物とは、他人が所有する財物を意味する。そうすると、自己の所有する財物を賃貸している者から、その財物を取り返した場合、その者は、法益を侵害したことにならず、処罰

---

[21] 林幹人『財産犯の保護法益』（1984年）、芝原邦爾「財産犯の保護法益」現代的展開163頁以下、前掲「特集・財産犯論」現刑12号4頁以下参照。

されないことになる。そこで、242条は、他人が占有する財物は他人の所有物とみなしたと解するのである。他方、占有説によれば、例えば、窃盗罪の保護法益は、財物の占有である。235条においては、旧刑法366条のように、「人ノ所有物」と規定していないことから、むしろ、財物の占有を保護する趣旨であるが、それは、財物の利用によってその経済的価値を最大限に活用しようとする現代社会においては、その利用関係そのもの、つまり、事実上の占有自体を法的に保護することが重要だからであるとする。この見解によると、242条は、他人の占有を保護する趣旨を注意的に規定したものにすぎない。また、他人の占有する財物であれば、その占有の適法であると否とを問わず、さらに、所有権者自身に対しても、自救行為その他の適法な方法によるのでなければ、その侵害は許されない。

❻ 判例の変遷 大審院の判例は、本権説に立脚した。担保として提供することを禁止されている恩給年金証書を債権担保のため債権者に交付した後、欺罔してそれを取り返したという事案に対して、自己の財物であって他人の占有に属するものを窃取しまたは騙取するときは、刑法242条、251条により窃盗罪又は詐欺罪を構成することは明らかであるが、この規定は、占有者が、適法にその占有権をもって所有者に対抗しうる場合に限り、適用されるべきものであるとし、そのような対抗権が存在しない場合には、この規定により占有者を保護し所有者を処罰すべき理由がないとした（大判大 7・9・25 刑録 24・1219）。

これに対し、**最高裁**は、占有説に移行した。まず、隠匿物資である**元軍用アルコール**をだまし取った事案に対し、「刑法における財物取罪の規定は人の財物に対する事実上の所持を保護せんとするものであって、これを所持するものが、法律上正当にこれを所持する権限を有するかどうかを問はず、たとい刑法上その所持を禁ぜられている場合でも現実にこれを所持している事実がある以上社会の法的秩序を維持する必要からして、物の所持という事実上の状態それ自体が独立の法益として保護せられみだりに不正の手段によって、これを侵すことを許さぬとする趣旨である」として詐欺罪を認めた（最判昭 24・2・15 刑集 3・2・175）。その他、窃盗犯人から盗品を喝取した事案に「正当の権利を有しない者の所持であっても、その所持は所持として法律上の保護を受ける」として恐喝罪の成立を認めたもの（最判昭 24・2・8 刑集 3・2・83）、不法に所持する占領軍物資を喝取した事案につき、同じく恐喝罪を肯定したもの（最判昭 25・4・11 刑集 4・4・528）が続いた。窃盗罪についても、所有・所持の禁じられた濁酒を奪った事案につき、窃盗罪を認めたもの（最

第 1 節　財産罪総説　§77　財財産罪の保護法益◇　263

判昭 26・8・9 裁判集刑 51・363) があり、さらに、詐欺罪についても、担保に供することが禁止された**国鉄公傷年金証書**を借金に際し差し入れた者が、欺罔手段を用いてそれを取り戻した事案に対し、その成立を肯定し、「この点において、刑法 242 条、251 条の規定をもって、正権限により他人の占有する自己の財物の場合に限り適用されるべきものとした大審院判例（前掲大判大 7・9・25）は、変更を免れない」とした（最判昭 34・8・28 刑集 13・10・2906)。

この判例では、所有権者が、占有者から財物を取り戻した事案に詐欺罪が認められたが、**昭和 35 年**には、最高裁は、さらに、窃盗罪につき占有説から所有者による取り戻しを窃盗罪にあたると判示した。事案は、**譲渡担保**として債務者である K 会社所有の貨物自動車 1 台の所有権を取得した被告人が、引き続き同会社がその自動車を使用していたにもかかわらず、自己の倉庫に運び去ったという事案につき、先の諸判例を引用し、「他人の事実上の支配内にある本件自動車を無断で運び去った被告人の所為を窃盗罪に当るとした原判決の判断は相当である」とした（最判昭 35・4・26 刑集 14・6・748)。**平成元年**には、買戻約款付自動車売買契約により**自動車金融**をしていた貸主が、借主の買戻権喪失により自動車の所有権を取得した後、借主の事実上の支配内にある自動車を当該の自動車の合鍵等を用いて承諾なしに引き揚げた行為につき、窃盗罪を認めた。「被告人が自動車を引き揚げた時点においては、自動車は借主の事実上の支配内にあったことが明らかであるから、かりに被告人にその所有権があったとしても、被告人の引揚行為は、刑法 242 条にいう他人の占有に属する物を窃取したものとして窃盗罪を構成するというべきであり、かつ、その行為は、社会通念上借主に受忍を求める限度を超えた違法なものというほかはない」とする[22]（最決平元・7・7 刑集 43・7・607 =百選 25)。この判例では、占有を侵害した所有者に窃盗罪の構成要件該当性を認め、その後、それを「違法なもの」と判断しているので、占有説を採用しつつ、違法性の段階で違法性阻却事由の有無を検討するという構成を採っていることは明らかである（香城敏麿・最判解・平元年度 227 頁)。

ⓒ　財物利用関係の保護　現代の経済社会において、財物は、その所有

---

[22] 本件原審では、①契約の無効ないし取消の可能性も考えられ、また、②いまだ買戻権が喪失していない時期に権原なくしてなされ、また少なくとも権利濫用により買戻権喪失事由が発生しているか疑問であるとして、このような二つの事情を考慮すると、「担保提供者の占有はいまだ法律上の保護に値する利益を有していた」と認められるとして、窃盗罪を肯定した。

者によって自己使用に供されるのみならず、むしろ、例えば、賃貸借といった形で他人の利用に供しその財物の経済的価値を有効利用する客体としての機能の面が重要である。このような財物の利用関係を法的に保護することの重要性が、財物の占有それ自体の保護を要求する。事実上の占有説の実際上の根拠は、一方で、このように財産的経済秩序の維持にある。他方では、法秩序は、不法な占有を保護するわけにはいかない。本権説は、占有に対する民法上の正当な権限のある所有権その他の本権のあることを法益保護の条件としたのは、この観点を強調したからである。

一応理由のある占有・平穏な占有　このような二つの矛盾する要請の中で、第1の方向として、多くの学説は、徹底した事実上の占有説を採らずいわゆる**中間説**を唱え、「一応理由のある占有」（小野・警研33巻1号105頁）、「平穏な占有」（平野206頁、西原210頁）、「一見不法な占有とみられない財物の占有」（大塚181頁以下）、「本権の裏付けがあるとの一応の外観を呈する占有」（藤木273頁）、「民事上保護された適法な占有」（林幹人『財産犯の保護法益』237頁）といった表現を用い事実上の占有に何らかの限定を加えて、これらの要請の調和を図ろうとしている。[23]

本権説の修正　中間説の第2の方向として、基本的に本権説を支持しつつ、これを修正する見解（**修正本権説**=曽根112頁、林162頁）が有力である。例えば、本権と占有が相互に排斥し合う関係には立たない場合、双方が保護法益であるとし、両者が衝突した場合、適法な占有のみが保護に値するが、これは、本権が第1次的に保護法益であり、占有は第2次的法益であることを意味する。さらに、例外的に所有・占有の禁止されている禁制品を窃取する場合には、たんなる占有が保護されるとする見解（曽根112頁）である。[24]

さらに、本権説からの、第三者が窃盗犯人から窃取する事例の解決方法としては、元の被害者の所有権がさらに侵害されたがゆえに窃盗罪が認められると考えるべきであるという見解が提示されている（内田250頁）。このいわゆる**所有権の再度の侵害説**に対しては、一度侵害された所有権をさらに侵害するのは盗品等の罪のはずであり、このような説明は、直接領得罪と間接領得罪の区別を曖昧にすると批判される（前田233頁）。しかし、これに対しては、

---

[23] 香城・前掲最判解226頁以下参照。
[24] この一応理由のある占有説と修正本権説の対立は、民事法への刑事法の従属性か、それからの独立性かという問題（伊東188頁以下参照）にも必ずしもパラレルではないと思われる。

第1節　財産罪総説　§77　財財産罪の保護法益◇　265

窃盗犯人からの窃盗によって、第三者は元の被害者の窃盗犯人に対する所有権にもとづく返還請求権も同時に侵害しているのであり、盗品等に関する罪と異なり本犯助長的性格をもたないこのような事案では、所有権の再度の侵害により窃盗罪の成立を認めることができると反論されている（西田156頁）。

❹　一応理由のある占有説　所持説から出発しても、事実上の占有がすべて保護に値するわけではない。したがって、どのような占有が保護に値するかの限界を具体的に画することが重要である。

まず、**禁制品（法禁物）**のように法令上私人による所有ないし占有が禁止されている物に対する財産罪は、国家との関係で所有・占有が禁止されているのであって、国家がその法禁物を没収するにも、法律上の没収手続が必要なのであり、私人による奪取等に対しては、その占有は保護されると解すべきである。不法の禁制品を所持している者も、第三者からの奪取等に対しては原則として刑法上保護されるべき合理的根拠をもつというべきである。

そこで、実際上問題となるのは、本権者が**窃盗犯人から盗品を取り戻す場合**に窃盗罪が成立するかである。しかしながら、ここで事実上の占有説を採用しても、この問題を解決できるのならば、不都合はないともいえる。事実上の占有説を採用しながら、上記の問題は、自救行為等の違法性阻却事由にあたるとすることによって解決しようとする見解（前田234頁、木村光江『財産犯論の研究』507頁、大谷196頁、前掲最判平元・7・7）は、このようにして唱えられているのである。この説の根拠は、被害者が盗品を取り戻す場合は構成要件に該当しないが、被害者以外の第三者が窃盗犯人から窃取する場合は構成要件に該当するというならば、行為者によって相対的に構成要件該当性を肯定または否定するという不自然な構成をとることになる点にある。

窃盗犯人から盗品を取り戻す事案については、窃盗の構成要件該当性を認めても、ほとんどの場合、自救行為によって正当化しうるとしても、問題は、

---

[25] 権利行使として占有を取り戻すためになす行為の必要性・緊急性・手段の相当性などが認められるときに、違法性が阻却されるとする（大谷196頁）。この説に対する批判として、手段が不相当であることは、財産的侵害があるかどうかの判断とは別であるという見解（西田154頁）。これに対する反論として、前田234頁以下（注14）参照。

[26] 所有権留保付売買において、売主が買主の占有する物件を取り戻した事案で、自救行為として認められる範囲を逸脱しているとしながら、「その手段方法において、特段に非難すべき点はなく一般に許容される範囲に属し、社会的に相当な行為として構成要件該当性あるいは違法性が阻却され、犯罪の成立がない」として窃盗罪を否定したものがある（東京地判昭42・6・30判タ211・187）。

窃盗犯人ではなく、所有権留保付の割賦販売などの事例において、所有者が占有者から目的物を取り戻す行為が常に窃盗罪を肯定するのが妥当かどうかである。買主が弁済せず、清算の利益もないことが明白な場合に目的物を回収する行為は窃盗罪を構成しないとするのが妥当である（西田155頁）とすると、それを保護法益の欠如から説明するのが妥当だと思われるのである。

そうだとすると、占有者と第三者との関係でなく、占有者と所有者の間の関係が問題となっている場合には、事実上の占有そのものが保護法益ではなく、所有者の返還請求権の自力執行が、占有者の占有保持に**正当で合理的な根拠**がある場合にのみ、その「占有」が保護されると解すべきである。占有者の正当で合理的な根拠とは、例えば、占有者が同時履行の抗弁権等の刑法上の保護に値する利益を有し、目的物の取り戻しの実現に、法秩序の認めた手続によるとするなら、なお法的な障害が存する場合に認められるものである。これは、緊急状態において占有者の利益と所有者の利益が対立している事案ではないので、違法性阻却事由の問題ではなく、構成要件の次元での保護法益の問題として解決されるべきである。

§78 占有の意義

1 総説

奪取罪たる財物罪については、財物の占有の侵害が共通の犯罪内容である。ここで「占有」の概念について明らかにしておこう。[27]

占有とは物に対する**事実上の支配**をいう。民法上の占有の概念とは異なるので、同じ「占有」という表現を避け、「管理」（小野231頁）ないし「所持」（牧野562頁以下、木村107頁以下）の概念を用いるものもある。刑法における占有概念は、民法におけるそれと比べてより事実的色彩が強い。「自己のためにする意思」（民180条）は必要でなく、他人のための占有も含む。他方、代理人による占有・間接占有（民181条）、占有改定（民183条）のような観念的な占有は認められない。また、相続による占有の継承ということもない。

財物に対する事実上の支配が認められるためには、占有の**客観的要素**と**主観的要素**が備わる必要がある。客観的には、占有の事実、すなわち、財物に

---

[27] 占有については、田中利幸「刑法における『占有』の概念」現代的展開186頁以下、野村稔「刑法における占有の概念」基本講座5巻71頁、鈴木左斗志「刑法における『占有』概念の再構成」学習院法学会雑誌34巻2号（1999年）133頁以下。

対する事実上の支配が必要であり、主観的には、占有の意思、すなわち、財物に対する支配の意思が必要である。ただし、**占有の意思**は、事実的支配を補充し、その有無を判断するに際して補助的役割を果たすにすぎない。占有の問題点としては、そもそも占有が存在するか否かという「占有の有無」の問題のほか、占有の主体は人であるとしても、外観上、複数の人の支配が存在するかにみえる場合に、どの人に占有が帰属するかという「占有の帰属」の問題も重要である。また、以上では、盗取罪における占有概念を中心に論じてきたが、横領罪における占有は、これから若干ずれることに注意しなければならない。それは、**横領罪の占有**は、事実上の占有のみならず、**法律上の占有**も含むということである。つまり、財物に対する処分可能性を有する場合には占有が認められるのである。例えば、倉荷証券のような物権的有価証券の所持人は、化体された動産に対する処分可能性を有するから、その動産に対する占有をもつのである（☞横領罪§101、3 **ⓑ**）。

2 事実上の支配

客観的にみて人が財物を事実上支配していることが必要である。財物に対する事実上の支配は、財物が占有者の**物理的支配が及ぶ場所内**に存在する場合のほか、社会観念上その財物の**支配者を推知しうる一定の状態**に置かれている場合に認められる。必ずしも財物の**現実的握持・監視**を必要としない（大判明44・4・17刑録17・605、最決昭32・1・24刑集11・1・270）。

ⓐ 自己の排他的に支配する場所 　自己の排他的に支配する場所内では目的物を紛失してもその存在を失念していても、その占有はその場所の支配者にある。自宅の屋内で財物を見失った場合（大判大15・10・8刑集5・440）にも、また、倉庫保管責任者がその倉庫所蔵品の存在を知らなかった場合（東京高判昭31・5・29東高刑時報7・6・221）にも、その物の占有は、その者にある。

ⓑ 支配力の客観的に延長可能な範囲 　公共の場所に放置した場合であっても、一定の客観的状況のもとに占有者の支配が場所的・時間的に延長されて及んでいることが推知しうる範囲内に置かれた物は、その物に対する支配力が客観的に延長されその物に対しいつでも影響可能であるから、占有された物である。例えば、留守中に配達され郵便受けに入った郵便物は家人の占有に属する。軒下に放置した履物、門前の道路上に駐車した、あるいは店の角から1.55メートルの地点にある隣家の公道上の看板柱のそばに立てかけられた自転車（福岡高判昭30・4・25高刑集8・3・418）は、放置者の占有に属す

る。バスの改札口で行列に並んでいた者が、**カメラ**を置いたまま行列の進行によって移動したが、距離にして約20メートル、時間にして約5分過ぎたときに、気づき引き返したところ、カメラはすでに持ち去られていたという事案で、社会通念上の判断によれば、占有者の支配力の及ぶ場所に存在する[28](最判昭32・11・8刑集11・12・3061)。同じく、列車を待っている者が、ボストンバッグを乗客の列の中に置き、約10分間その場を去っても、占有を失わない（東京高判昭30・3・31高裁特2・7・242）。また、暴行を加えられ、懐中から財物を落としても直ちにその占有を失うわけではなく（大判昭8・7・17刑集12・1314）、暴行の被害者が逃げるに際してその場に投げ出した所持品についても同様である（大阪地判昭33・9・12一審刑1・9・1351）。最近の最高裁決定によると、公園のベンチにポシェットを置き忘れ27メートル離れたときも、占有は失われない（最決平16・8・25刑集58・6・515）。しかし、判例によれば、**スーパーの6階のベンチの上に財布を置き忘れた**が、約10分後に地下1階で思い出し引き返したが、盗まれていたという事案では、「客観的にみて、被害者の本件札入れに対する支配力が及んでいたとはたやすく断じ得ない」として、占有は否定された（東京高判平3・4・1判時1400・128）。これに対して、駅の窓口カウンターに財布を忘れ、1、2分後に約15、6メートル離れたところでそれに気づいた事案では、「本件財布に対し、被害者の目が届き、その支配力を推し及ぼすについて相当な場所的区域内にあった」として、占有を認めた（東京高判昭54・4・12刑月11・4・277）が、この判例に対しては、批判が強い（大谷208頁）。これらの事案では、占有が継続していることを推知させる客観的状況がないというべきであろう。他方、**公園のベンチに置き忘れられたポシェット**を、被害者がベンチから27メートル離れた横断歩道橋の踊り場まで行ったときに、奪ったという事案では、「被害者が本件ポシェットのことを一時的に失念したまま現場から立ち去りつつあったことを考慮しても、被害者の本件ポシェットに対する占有はなお失われておらず、被告人の本件領得行為は窃盗罪に当たるというべきである」としたもの（前掲最決平16・8・25）がある。

---

[28] 本判決では、「刑法上の占有は人が物を実力的に支配する関係であって、その支配の態様は物の形状その他の具体的事情によって一様ではないが、必ずしも物の現実の所持又は監視を必要とするものではなく、物が占有者の支配力の及ぶ場所に存在するを以て足りると解すべきである。しかして、その物がなお占有者の支配内にあるというを得るか否かは通常人ならば何人も首肯するであろうところの社会通念によって決するの外はない」とされた。

第 1 節　財産罪総説　§78　占有の意義◇　269

ⓒ 人の支配範囲内にあることが推知しうる状況　真珠貝の養殖者が養殖場に放養している稚貝は、養殖者の占有に属する（大判昭元・12・25 刑集 5・603）。公設または事実上の自転車置場に **14 時間放置された自転車**（福岡高判昭 58・2・28 判時 1083・156）も、放置者に占有が認められる。[29] 同様に、無施錠で駐輪場に置かれた自転車を持ち去った場合、一般に駐輪場に置いた自転車について通常被害者の占有が認められるのは、**駐輪場という他の場所と区別された区間内に置く**ことによって、被害者の当該自転車に対して支配意思が客観的に明確にされ、それが社会秩序の中に受け入れられていると考えるからであって、放置自転車として撤去されるような場所に駐輪した場合をこれと同視することはできない（東京高判平 24・4・11 LEX/DB）。この場合、窃盗罪ではなく、占有離脱物横領が成立する。**奈良公園の鹿**（大判大 5・5・1 刑録 22・672）や飼い犬（最判昭 32・7・16 刑集 11・7・1829）のように、飼い馴らされた動物で飼い主のもとに帰巣する習性をもつものについては、飼い主に占有が認められる。

ⓓ 排他的支配者たる施設の管理者への移行　宿泊客が旅館内のトイレで**紛失した財布**は旅館主の占有に帰し（大判大 8・4・4 刑録 25・382）、浴場に置き忘れた時計は浴場のある旅館主に属し（札幌高判昭 28・5・7 高刑特 32・26）、**銀行の事務室内**で机上から落として気づかなかった金銭は銀行の管理者の占有に属する（大判大 11・9・15 刑集 1・450）。ゴルフ場内の池の中に打ち込まれた**ロストボール**は、ゴルフ場の管理者の占有に移る（前掲最決昭 62・4・10）。[30]

しかし、村役場の事務室内（大判大 2・8・18 刑録 19・817）、電車・列車内（大判大 10・6・18 刑録 27・545、大判大 15・11・2 刑集 5・491）等のように、一般人の出入りが自由であって排他的支配が十分に及んでいない場所に置き忘れられた物については、直ちにその管理者等の占有に移るわけではない。この場合、車掌の支配が及ばないので、占有離脱物である。公衆電話機内に残された硬貨についても、電話局長の管理が認められるとする判例（東京高判昭 33・3・10 高裁特 5・3・89）には疑問がある（西田 144 頁）。

---

[29] 被害者は、「後で取りにくる積りで本件自転車をそのまま同所に置いて一旦帰宅した」という事情がある。
[30] 本件は、ゴルフ場内の人工池の底から、ゴルファーが誤って打ち込み放置したロストボールをゴルフ場側においては早晩その回収、再利用を予定していたところ、これらのロストボール合計 1300 個を窃取したというものである（☞§81, 1）。

3 占有の意思

　占有の意思とは、財物を事実的に管理支配する意思である（前掲最決昭32・1・24）。必ずしも個々の財物に対して特定の具体的な意思が存在することは必要でなく、自己の支配領域に存在する財物に対する包括的・抽象的な意思で足りる（大塚185頁）。したがって、自宅内にある財物、不在中に自宅の郵便箱に配達された郵便物に対しても占有の意思は認められる。占有の意思は、いつでも呼び覚ませるものである限り、不断の意識を要せず、潜在的占有意思で足りるから、睡眠中や仕事に熱中しているときにも占有の意思は認められる。占有の意思が財物に対する支配を積極的に放棄するという意思に変わった場合には、客観的には占有が認められうる状況にあっても、占有は否定される。積極的な占有の意思が、意味をもつのは、客観的な状況が占有を推知させるかどうかが、事実的支配が希薄で不明確な場合である。

　　判例においては、何人の占有にも属さない堂宇の中にその存在を意識してとくにその場所に置いた物であるときは、その所有者の占有に属するとしたもの（大判大3・10・21刑録20・1898）がある。公道の上に置いた場合として、関東大震災の際に所有物たる布団を道路上に搬出して一時他所に避難した場合に所有者がその存在を意識し放棄する意思がなかったときには占有を認めうるとしたもの（大判大13・6・10刑集3・473）があるが、この場合、公道に置かれていても、震災という客観的状況下であり、また、布団という比較的運ぶのが困難なものであったという財物の形状・大きさからみて、占有を推知せしめる状況があったというべきであろう（反対＝西田145頁、同旨林187頁）。また、自転車を放置したが、酩酊していて放置した場所も失念していた事案について、占有が否定されたものがある（東京高判昭36・8・8高刑集14・5・316）。しかし、占有の意思は、あくまでも客観的な占有状況の補充的要素であるにすぎない。

4 占有の主体（死者の占有）

ⓐ　法人の占有　「占有の主体」は自然人に限るか、**法人**も含むかについては争いがある。自然人については、意思能力のない者も責任無能力者も占有の主体となりうる。したがって、幼児・精神病者・酩酊による心神喪失者も財物を占有しうる。[31] 法人は、①占有の主体とはならないとする見解（牧野570頁、大塚186頁）は、法人の所有物については、その機関である代表者自身が法人のためにそれを占有するものと解する（大塚186頁）。これに対して法人の占有を肯定する立場からは、②法人もその機関である代表者を通じて

---

[31] ただし、占有を正当に移転する能力は有しないから、これらの者を欺罔して財物を奪う行為は、詐欺罪ではなく、窃盗罪である。

第1節　財産罪総説　§78　占有の意義◇　271

占有することができるものと解する（木村108頁、大谷210頁、野村・基本講座5巻72頁）。刑法上の占有について代理占有（民181条）・占有改定（民183条）を否定するのであれば、機関による法人の占有は否定すべきであろう。

❻ 死者の占有　死者の占有が認められるかについては、学説が分かれている。**死者の占有を肯定する見解** は、死者も財物の占有を有すると解する（小野245頁）が、死者には占有の意思も占有の事実も認められず、その占有の主体となりえないから、この説は不当である。しかし、そうであれば、生者が、死によって財物に対する支配を直ちに失うことになるかどうかについては問題がある。最近、有力に唱えられているのは、生前に奪った場合と同視できるような、死亡直後の生々しい死体から奪う場合（前田261頁）、ないし、一般人の立場からみて財物が外形上他人の支配を排除する状態にある場合には、死者の占有を認めるという見解（野村・基本講座5巻79頁以下）である。

三つの類型　死者の占有が問題となる事例として論じられている事例群は、**三つの類型** に分かれる。①最初から財物奪取の意思で殺害し、死者から財物を奪う場合、②殺害後にはじめて財物奪取の意思を生じ、死者から財物を奪取した場合、③第三者によって殺害された被害者から財物を奪取する場合である。

最初からの財物奪取意思の類型　最初から財物奪取の意思で殺害し、死者から財物を奪う事例については、強盗殺人罪（240条）が成立するとするのが、通説・判例である。**判例** は、この類型においては、「強盗が財物強取の行為に因りて人の死に致したる事実あれば直に成立すべく、致死の結果が財物強取の前に在ると其後に在るとに因りて同罪の成立に消長を来すことなし」（大判大2・10・21刑録19・982）とする。この判例が、「財物を現実に取得しなくても強盗殺人罪が成立する」とした（曽根・重要問題155頁[32]）のか、それとも、被害者の死亡によって財物の占有が強盗行為者に移転したとするのかどうかは、不明であるが、ともあれ、強盗殺人罪の成立を肯定する。**学説** には、①死者の占有を肯定する見解のほか、②相続人の占有を侵害するとする見解（大判明39・4・16刑録12・472）、③殺害の瞬間に占有が行為者に移転すると解する見解（植松404頁）、さらに、④強盗罪にあっては、財物は実行の

---

[32] 判例は、続けて、「蓋し財物強取の手段たる暴行に因りて他人を死に致し、其占有に係る財物を自己に領得せる行為は当然強盗殺人罪の観念中に属すればなり」というが、この表現は、むしろ死亡によって移転したという解釈を根拠づけるように思われる。

着手の際に被害者の占有に属すれば足りるとする見解（宮本363頁、泉二740頁）がある。しかし、③の見解は、財物の占有を被害者から離脱させる行為をもって占有の取得とみるものであり、その時期は早きに失する。④の見解は、実行の着手後、その暴行・脅迫とは別の原因で死亡した場合も、強盗殺人罪を肯定することになり不合理である。最近有力なのは、⑤占有侵害行為を、死亡の前後にわたって全体的に観察し、行為者が、被害者の有していた占有を、殺害・盗取という一連の行為によって侵害し、財物を自己の占有に移したものとみる見解（団藤572頁、大塚230頁、曽根・重要問題155頁）である。[33] さらに、⑥強盗の手段である殺害は、生前の占有を侵害する強盗の実行行為であるから、死後に財物の占有を完全に取得しても、それは生前の占有に対する侵害の結果として行われたものであるとする見解（大谷211頁）も唱えられている。事前に財物奪取の意思があり、それによって、殺害行為と盗取行為は、一連の行為として結合されているのであり、⑤説が妥当である。⑥の見解と⑤の見解は、占有侵害の開始時点にすでに占有侵害を認めるか、死後の占有侵害の完成時点にそれを認め、ただ生前にその開始があるので、生前の占有が延長されていると考えるかの差異にすぎない。占有移転の完成時点を基準とすべきであるから、⑤説が妥当である。

殺害後の財物奪取の意思の類型　死者から財物を奪取した場合については殺人罪が成立することを前提として①遺失物横領罪が成立するとする説、②窃盗罪が成立するとする説、③強盗罪が成立するとする説に分かれている。

　判例は、基本的に窃盗罪の成立を認める立場に立つ。大審院は、野外で人を傷害し死に致した直後に、死体から懐中金を奪取した事案につき、「被害者が生前有したりし財物の所持を其の死亡直後に於ても尚継続して保護すべき実質上の理由存するもの」として、窃盗罪を認めた（大判昭16・11・11刑集20・598）。さらに、**最高裁**も、野外で殺害直後に現場で領得の意思を生じ、被害者の腕時計を奪取した事案に対し、同様に述べた後、「被害者からその財物の占有を離脱させた自己の行為を利用して右財物を奪取した一連の被告人の行為は、これを全体的に考察して、他人の財物に対する所持を侵害したものというべきである」として、窃盗罪を認めた（最判昭41・4・8刑集20・4・207＝**百選29**）。これに対して、**下級審の判例**の中には、「直後」「現場で」

---

[33] 大谷236頁以下は、⑤説を「死者の占有自体を考慮に入れる点で妥当でない」とし、「殺害によって占有を侵害することになるから、現に生命を奪われようとしている生前の人の占有を侵害するものと解すべきである」とする。しかし、⑤説も、被害者が生前に有していた占有を、全体としての殺害・盗取行為によって侵害・移転させると解するものであるから、死者の占有自体を考慮するものではなく、大谷説がこれとどう違うのかが明確ではない。

奪取するのではなく、時間的・場所的間隔がある場合にも、窃盗を肯定したものがある。被害者を住居内で殺害した後、死体を海岸に捨て、約3時間ないし86時間を経過した後に、室内にあった死者の所有物を持ち去る行為（東京高判昭39・6・8高刑集17・5・446）を窃盗とした。[34]しかし、約9時間後に居室から持ち去った事案（東京地判昭37・12・3判時323・33）、5日および10日後に持ち去った事案（新潟地判昭60・7・2刑月17・7＝8・663）については、占有離脱物横領を認めた。

学説においては、①被害者の生前に有した占有が、被害者を死亡させた犯人に対する関係では、被害者の死亡との時間的・場所的に近接した範囲内にある限り、なお、刑法的保護に値するのであり、犯人が被害者を死亡させたことを利用してその財物を奪取したという**一連の行為を全体的に評価**して、その奪取行為を**窃盗罪**とする見解（団藤572頁、福田225頁、大塚187頁、内田252頁、川端316頁、前田260頁）が有力である。しかし、最初から殺害を手段とする場合との重要な相違は、本事例類型では、殺害行為の故意に担われる行為とその後生じた盗取の故意に担われた行為とは別個の行為であり、行為者の行為を全体として一連の行為とみなすことはできない点である。また、②「自己の殺害行為によって生じた被害者が抵抗不能となった状態を利用して所持品を奪取した」という根拠から、**強盗罪**が成立するという見解（藤木302頁）は、当初の殺害行為が、主観的・事前的にみて財物奪取行為の手段とはいえないのであるから、これを全体として強盗と評価するのは不当である。そこで、最近では、本事例類型においては、③**遺失物横領罪**が成立するにすぎないとする説（平野204頁、大谷211頁、曽根118頁、同・重要問題157頁、中森97頁、斎藤信治112頁、西田146頁、林199頁、山口183頁以下、伊東221頁）が有力となっている。本説が妥当である。

第三者による殺害の類型　最後に、第三者によって殺害された被害者から財物を奪取する場合については、その奪取者は死亡原因とまったく無関係であり、その財物について新たな管理者の占有が認められない限り、遺失物横領罪が成立するにすぎない。

5　占有の帰属

財物に対する支配に関与する者が複数存在する場合、そのうちの誰に占有

---

[34] 本判決では、「被告人の奪取した本件財物は、右Bが生前起居していた前記家屋の部屋に、同女の占有をあらわす状態のままにおかれていて、被告人以外の者が外部的にみて、一般的に同女の占有にあるものとみられる状況の下にあったのであるから、社会通念のてらし、……なお継続して所持しているものと解し」うるものとする。

が帰属するかが問題となる。これには、(a) 上下・主従の関係にある複数者間の占有の帰属と、(b) 対等者間の占有の帰属の場合とがあり、さらに、(c) 封緘委託物の占有の帰属の問題がある。

ⓐ 上下・主従関係 財物の保管・管理につき上位者の指図によって下位者が現実にその財物を支配しているような場合、占有は上位者に帰属するのか、それとも下位者に帰属するのか、あるいは両者の共同占有となるのか。

判例は、下位の者が、財物を領得した場合には、窃盗罪が成立するものとしている。車掌が乗務していた貨物列車から輸送中の行李を盗取した事案につき、窃盗罪を認め（最判昭23・7・27刑集2・9・1004）、雇人が、雇主の居宅で雇主の物品を販売している場合、その物品に対する占有は雇主にあるとして窃盗罪を認めた（大判大7・2・6刑録24・32）、また、倉庫番が倉庫内の物品を奪取した事案でも、窃盗罪の成立を認めた。両者の共同占有を認めるか、上位者のみに占有を認めるかについては、異なる判例がある。貨物列車の車掌が乗務中に運送荷物を領得した事案に対し、鉄道省の機関と車掌の共同占有を認めた（大判大14・7・4刑集4・475）のに対し、郵便局長の指導のもとに、郵便局の事務員が、赤行囊中の封金を領得した事案につき、下位の者にあたる郵便局事務員には占有を否定した（大判昭15・11・27刑集19・820）。

学説は、財物の保管・管理につき、①上位者が、現実の握持者である下位に立つ者を、監視し、またはいつでも財物に対する支配が可能であり、下位に立つ者は、機械的な占有の補助者にすぎない場合と、②上位者と下位に立つ者との間に高度の信頼関係があり、下位に立つ者が現実に支配する財物につきある程度の処分権を有する場合とを区別し、前者の場合には、占有は、上位者に帰属するが[35]、後者の場合には、下位に立つ者が占有を有するとする（大塚188頁、大谷212頁）。例えば、店員や倉庫係、出前持は、占有補助者にすぎない。これに対して、商店の管理を委ねられている支配人は、その商品につき処分権をもち、占有者であり、店主が占有を有するのではない。

ⓑ 対等な関係における占有 数人がある財物に対して対等に共同占有する場合については、そのうちの一人の者が、他の者に無断で共同支配を排除して、自己の独占的支配に移せば、窃盗罪が成立する（大判大12・6・9刑集2・508）。共有物を共有者が共同占有する場合に、その一人がそれを自己の単独占有に移すときも同様である（前掲大判昭元・12・25）。

ⓒ 封緘物の占有 封を施され、または錠をかけられた包装物が委託さ

---

[35] しかし、この場合に、上位者と下位に立つ者との間の共同占有を認め下位に立つ者にも占有は認められるが、共同占有を侵害した下位に立つ者には、窃盗罪が成立すると解する見解（牧野567頁、植松360頁）もある。

れた場合、占有は、委託者にあるか受託者にあるかが争われている。例えば、施錠されたトランクを預かった者が、錠を外してその内容物を領得し、または、友人から封をした香典を預かった者が封を破ってその中身である現金を抜き取った場合、内容物または現金に対する窃盗罪が成り立つか、横領罪にすぎないかが問題である。

判例は、包装物全体については、受託者が占有を有するが、内容物については、占有は、委託者にとどまるとする。内容物については、受託者が自由に支配しうる状態にないからである。判例は、その根拠につき、「金品在中の容器に鎖鑰又は封印を施し、之を寄託するときは、容器の占有は受託者に移るも、寄託者は依然として在中の金品の上に現実支配力を有し、受託者はこれを有せざる」からだとする（大判明44・12・15刑録17・2190）。錠をかけられた鞄を預かっている者が、それを開いて内容物たる衣類を取り出した場合（大判明41・11・19刑録14・1023）、縄かけ梱包された行李内から、質種にする目的で受託者が衣類を取り出した場合（最決昭32・4・25刑集11・4・1427）、郵便配達人が、配達中の信書に封入してある小為替証書を開封して取り出した場合（大判明45・4・19刑録14・1023）、他人から預かった集金かばんに在中する現金を抜き取った場合（東京高判昭59・10・30刑月16・9＝10・679＝**百選27**）には、窃盗罪が成立する。これに対して、重油船の船長が、重油運送の途中、蓋に封印のある船倉から重油をくみとる行為については、窃盗罪が成立するが、蓋に封印のない船倉からくみとる行為については、業務上横領罪を認めた判例がある（大判昭14・5・25刑集18・294）。これは、封印のある場合には、委託者たる海運業者に重油の占有はあるが、封印のないときは、船長に占有があると解したものである。

学説には、判例と同様、①包装物全体については受託者に占有があるが、在中物については、寄託者にあるとする見解（**二分説**＝木村109頁、大谷202頁、前田211頁）、②包装物全体につき寄託者に占有があるとする見解（**窃盗罪説**＝団藤570頁、福田224頁、大塚189頁、山口182頁）、および③その全体につき受託者に占有があるとする見解（**横領罪説**＝牧野628頁、中森99頁、斎藤信治111頁、林189頁）とがあり、そのほかに、在中物について寄託者と受託者の共同占有を認め、包装物全体の占有は、受託者にあるとし、在中物に対する窃盗罪と、全体に対する横領罪の観念的競合ないし法条競合とする見解（西原214頁、野村・基本講座5巻81頁）がある。①説に対しては、包装物全体を領得すれば軽い横領罪となり、在中物のみを抜き取れば重い窃盗罪にあたるという「奇妙な結論」となるという批判（団藤570頁）がある。これに対しては、在中物を領得する意思で、その手段としてまず全体を領得した場合には、窃盗の手段としての横領行為は、窃盗に吸収され窃盗罪のみが成立するから、奇

妙な結論になる場合は実際上それほど多くないと反論される（大谷213頁以下）。しかし、封を解くことなく包装物ごと、他人に売り渡すような場合には、窃盗罪を構成しないからやはり奇妙な結論の部分は残る。このような場合でも、寄託者にとって重要なのは在中物であり、包装物の寄託は、その占有を寄託者に留保するという寄託者の意思の現れであるから、受託者は占有補助者にすぎず、包装物全体につき寄託者に占有を認める見解が妥当である。したがって、窃盗罪が成立するという第2説が妥当である。在中物については、寄託者と受託者の「共同占有」が成立するという立場は、このような対等とはいえない事例にも共同占有を認めるその前提が不当である。[36]

§79 不法領得の意思

財物罪の主観的要件として、故意のほかに不法領得の意思が必要かどうかが、財産犯の重要な基本問題の一つである。[37] 毀棄罪と領得罪の違いは、前者が、物の利用・効用を不能ならしめる点に本質があるが、後者は、物の利用の可能性を取得する点にそれがあるということである。この領得罪の本質は、物の利用の意図をもってその占有を確保するときに顕著に現れるがゆえに、また、たんなる物に対する他人の権利の侵害を領得罪として処罰することを回避するために、そのような意思を領得罪成立の要件としようするのである。しかし、これに対しては、このような意思を不要とする見解も有力である。

1 不法領得の意思の内容

不法領得の意思（Absicht rechtswidriger Zueignung）の内容については、見解が分かれている。[38] 判例は、領得の意思とは、**(1) 権利者を排除し、(2) 他人の物を自己の所有物と同様にその経済的用法に従いこれを利用し又は処分する意思**であるとする（大判大4・5・21刑録21・663、最判昭26・7・13刑集5・8・1437）。この定義によって、例えば、毀棄・隠匿の意思で財物を奪取する行為や、たんに一時使用のために他人の財物を自己の占有に移す行為（大判大9・2・4刑

---

[36] 野村・基本講座5巻81頁。曽根・重要問題161頁は、在中物については寄託者の単独占有を認めれば足りるとする。
[37] 平野龍一「不法領得の意思をめぐって（1）」警研61巻5号（1990年）3頁以下、斎藤信治「不法領得の意思の必要性」八木古稀（上）380頁以下、中森喜彦「不法領得の意思」現代的展開175頁以下、同・基本講座5巻87頁以下、林美月子「窃盗罪における不法領得の意思についての一考察（1-4完）」警研53巻2号（1992年）43頁、4号67頁、6号43頁、7号25頁以下。
[38] わが国の最近の議論については、斉藤豊治「近年の不法領得の意思論」齊藤古稀18頁以下参照。

録26・26）は、不法領得の意思を欠くのであって、窃盗罪を構成しないというのである。学説は、この（1）の「**排除の意思**」の要素と（2）の「**利用・処分の意思**」の要素[39]をどう組み合わせるかによって、見解が分かれている。まず、判例と同様に、①権利者の排除の意思と利用・処分の意思の双方を要求する立場（平野206頁、西原231頁、大谷200頁、中森100頁、斎藤信治・八木古稀（上）382頁以下、西田156頁以下、山口・探究114頁、同198頁）のほか、②「排除の意思」のみ、すなわち、財物につき権利者を排除して所有者として振る舞う意思であるとする見解（小野237頁、団藤563頁、福田231頁）、③「利用・処分の意思」のみで足りるとする見解（江家270頁以下、前田245頁、伊東209頁）がある。②説は、排除意思のみを不法領得の意思の内容とするのであるから、それが欠ける場合には財産罪が成立しない。つまり、この見解によると、いわゆる使用窃盗の場合にはたんに一時使用する意思のみしかないのであるから、窃盗罪を構成しない。③説によれば、利用・処分の意思のない毀棄・隠匿行為は、領得行為ではない。

2　不法領得の意思不要説

これに対して、④不法領得の意思不要説（木村115頁、植松367頁、中137頁、大塚202頁、内田255頁、曽根122頁、平川347頁）は、窃盗罪等の主観的要件としては、当該財産罪の故意があれば足り、そのうえに不法領得の意思を必要とするものではないと解する。(1)毀棄罪との区別、および(2)使用窃盗の排除は、不法領得の意思によらずとも、可能であり、しかも、(1)に関しては、毀棄・隠匿の意思で他人の財物の占有を奪った者が、毀棄・隠匿行為に出なかったとき、不可罰となるのは、不合理であり、さらに、当初、毀棄・隠匿の意思で占有を奪った行為につき、後に経済的用法に従って利用・処分を行った場合、窃盗罪にも横領罪にも問うことができないという不合理があるという点にある。(2)に関しては、不法領得の意思が欠けるから不可罰なのではなく、その行為自体が可罰的な財物の窃取行為とは認められないからであるとする（大塚201頁参照）。

---

[39] ドイツ刑法では、「領得」（Zueignung）は、所有者をその経済的地位から排除するいわゆる「排除」（Enteignung）という消極的な要素と、行為者の財産ないし物の価値の利用へと財物を組み入れる、いわゆる「収得」（Aneignung）という積極的な要素とに分けられる。ここでいう権利者の「排除」と「利用・処分」に対応する。

3 必要説と不要説の対立の背景

不法領得の意思必要説と不要説の対立には、このほかに、本権説と所持説の対立の論点と、主観的違法要素の肯定・否定の論点がある。

ⓐ 保護法益と不法領得の意思　第1の論点は、不法領得の意思の要否に関する見解の対立が、奪取罪の保護法益に関する学説の対立を反映しているかどうかである。反映していると解する見解によれば、本権説に立てば、奪取罪における故意は、占有侵害の認識に加えて本権侵害の認識をも必要とされる。なぜならば、本権の侵害が奪取罪の本質であるから、主観面でその侵害の意図を要求しないならば、占有侵害と区別しえないからである。これに対して、所持説の立場からは、財物の占有の認識で足りるので、故意以外の主観的要件は不要である。

しかし、今日では、奪取罪の保護法益に関する見解と不法領得の意思の要否の問題とは必然的つながりはないとする見解が多い（中森・基本講座5巻88頁参照）。それぞれの問題の要点が異なるからである。前者の問題は、占有が違法であっても奪取罪が成立するかをめぐるものであるのに対して、後者の問題は、占有侵害の事実的態様をめぐるものだからである。この両問題が必然的関係がないという例証として、戦後の判例が、事実上の占有説に立ちながら、不法領得の意思を必要としていることが挙げられる。また、不法領得の意思の内容を「利用・処分の意思」のみと解するなら、その側面では、法益の問題と直接の関係はないとする見解（大谷198頁、前田241頁）がある。しかし、権利者排除意思について、本権説が必要説に、占有説は不要説につながりやすいとする理論的根拠もない。なぜなら、占有説の立場も、事実上、使用窃盗にあたる場合をまったく認めないのではなく、ある程度の占有侵害の継続を要求しているが、権利者排除の意思により占有侵害の有無を判断することも可能だからである。

ⓑ 主観的違法要素・責任要素と不法領得の意思　不法領得の意思は、主観的要素であるが、主観的違法要素であろうか。通説的見解は、これを**主観的違法要素**と解する。権利者排除意思の側面では、実行行為の客観的側面を超えた利益の侵害を根拠づける意思、すなわち、その違法性を創出する意思であり、利用・処分の意思の側面では、不法領得の意思は、領得罪に特有の利益侵害と結び付ける違法要素だからである。これに対して、一般予防の必要の大きさから違法要素とする見解（中森102頁）もある。判例も、毀棄罪と

比較して窃盗罪が重く処罰される理由を「犯人の意図が物の効用の享受に向けられる行為は誘惑が多く、より強い抑止的制裁を必要とする点」に求めている（東京地判昭62・10・6判時1259・137）。

しかし、最近では、権利者排除の側面は、法益侵害の量に関係するから主観的違法要素であるが、利用・処分の意思の側面は、利用可能性を得ようとする利欲的動機を意味するにすぎず、**主観的責任要素**であるとする見解が有力になっている（大谷199頁）。したがって、不法領得の意思の内容を利用・処分の意思のみと解するならば、不法領得の意思の肯定は、主観的違法要素を肯定することにはならない（前田245頁）。一般予防の観点にもとづくが、行為者の意思を根拠として一般予防の必要性の大きさから説明できるのは、違法性の加重ではなく、責任の加重であり、したがって、責任要素であるとも説明されている（林195頁）。

権利者排除の意思と利用・処分の意思を分けて、利用・処分の意思に着目する説明は、利用・処分が利欲的動機によるのが通常であるため、そのような動機にもとづく行為を強く非難し、一般予防を図ろうとするもので、説得力をもつ。しかし、領得罪と毀棄罪の相違が、利欲的動機の有無のみにあるとは考えられない。本来、毀棄罪は、財物の物質的損壊を中心とする効用の喪失という形での権利者排除を典型例とする。これに対して、領得罪は、占有の排除いう形で権利者を排除し、さらに、その財物上に自己または他人の占有を設定することを必要とする。その占有設定は、自己または第三者の物の利用・処分可能性の確保を意味する。このような行為の質の客観的相違が、両罪の処罰の軽重の違いをもたらすのである。両罪の法定刑の差は責任の相違に尽きないのである。このことは、すでに、行為の客観的側面において、典型的な意味における行為の類型に相違があり、行為類型としてもその違法性においても差異があるということを意味する。

4 主観的犯罪類型個別化要素

問題は、したがって、両罪の客観的区別が、物質的毀損を伴わない占有の確保の段階においてなしうるかである。これが困難であるので、主観的要素を判断資料にせざるをえないのである。この主観的要素の本質は、それがあることによって違法性が根拠づけられたり、責任が重くなったりするものではない。それは、たんに領得罪と毀棄罪とを区別するための**犯罪類型個別化機能**[40]をもつにすぎないのである。

それでは、権利者排除意思としての不法領得の意思は認められるのであろうか。この類型においても、一見、排除の意思が行為の違法性を根拠づけているようにみえるが、実際にはそうではなく、権利者の排除とは、権利者の何を排除するかという意味の問題なのである。権利者の占有を排除すれば、奪取罪となるのか、それとも、財物に対する権利者の利用可能性かである。この侵害内容の差は、もちろん、行為の客観的側面に影響を及ぼし、占有者の利用可能性を排除しない限り、占有（本権）侵害がないのかどうかが問題となる。これについても、本来、客観的側面のみで、窃盗と使用窃盗が区別されるべきではあるが、事前の立場からはその区別が困難であるので、権利者排除意思にその区別基準が求められているのである。そうだとするここでも、不法領得の意思は、犯罪類型個別化機能を果たすというべきである。

以上により、不法領得の**意思必要説**が妥当である。領得の意思の内容は、排除意思とともに利用・処分の意思をも含み、それらは、両者ともに、主観的違法要素でも責任要素でもなく、たんに主観的犯罪類型個別化要素にすぎない。それは、客観的要件を超過する要素ではなく、客観的要件を限定する主観的構成要件である（☞総論§73, 1 (3)）。

5 不法領得の意思の機能

ⓐ　使用窃盗との区別　他人の財物を無断で一時使用する行為が、窃盗にあたるか、それともいわゆる使用窃盗（furtum usus）として不可罰なのかについては争いがある。不法領得の意思必要説からは、それが欠けるため窃盗罪は成立しないものとされている（前掲大判大9・2・4）。これに対して、不要説からは、使用窃盗は不可罰であるが、その根拠は、権利者を完全に排除しない使用窃盗の場合、いまだ財物の占有の取得がないからであるとする（大塚201頁）。しかし、返還の目的で自転車を奪ったか、そのような目的がなかったかが客観的に明確ではないから、自転車の盗取は、一般的に、一定の時間が経過しなければ占有の移転がないといわざるをえないが、それは、実行の着手概念や既遂時期の問題に混乱をもたらすであろう。不要説からは、短時間使用した後返還したという客観的事実（中137頁）を基準として、財物の占有の移転の有無を決定することができるとするが、これは不可能で

---

[40] ここでは、領得罪と毀棄罪の一般的な犯罪個別化機能という意味で、この用語を用いている。この意味で、故意の構成要件個別化機能が、殺人未遂と傷害といった特殊な構成要件間の個別化機能であるのとは異なる。

あるといわざるをえない。例えば、スリ行為の実行の着手も、既遂時期も、財物が事後に返還されれば成立しないことになるのは、法的安定性を著しく害するからである。

　権利者を排除しない態様での占有の取得とは、実質的に占有者の利用の可能性を奪わない可罰性をもたない態様での占有の取得をいう。駐輪場に置かれた他人の自転車を無断で一時使用した者、簡単なメモをとるために他人の鉛筆を無断で一時使用した者は、実質的に権利者を排除していない。したがって、可罰的な窃盗ではない。しかし、事前の時点でどれだけの財物の利用が客観的に妨げられたか（前田243頁）を客観的に判断すること、すなわち、「一時使用」であるかどうかを客観的に認識することは不可能である。権利者排除の意思の有無によってはじめて、それを認識することが可能になるのである。

　（ⅰ）　**不法領得の意思に関する判例**　　判例は、古くから不法領得の意思を必要とする説を採っている。すでに大正4年の判決で、小学校の教員が教育勅語等を教室の天井裏に隠したという事例につき、「領得の意思とは、権利者を排除して他人の物を自己の所有物として、其経済的用方に従ひ、之を利用若くは処分する意思に外ならず」ないのであって、単に物を毀損又は隠匿する意思を以て他人の支配内に存する物を奪取する行為は、領得の意思に出たものではないから、窃盗罪を構成しないとし、不法領得の意思必要説を採っている（前掲大判大4・5・21）。

　（ⅱ）　**使用窃盗に関する判例**　　判例には、一時使用の意思であり、または返還の意思があった場合に、窃盗罪を否定したものがある。大正9年の判例は、**自転車の一時使用**につき、「単に一時使用のためにこれを自己の所持に移す」行為は、窃盗罪を構成しないとした（前掲大判大9・2・4）。戦後の下級審の判例にも、「**返還の意思**」があった場合に2、3時間自転車を無断使用し、その間約2キロメートル走行した事案につき、不法領得の意思を否定したものがある（京都地判昭51・12・17判時847・112）。同様に、数時間にわたって完全に自己の支配下に置く意図のもとに、所有者に無断で、深夜、駐車場から他人所有の乗用車（時価約250万円）を4時間余り持ち出し乗り回した事案で、最高裁は、「たとえ、使用後に、これを元の場所に戻しておくつもりであったとしても、被告人には右自動車に対する不正領得の意思があったというべきである」として窃盗罪を認めた（最決昭55・10・30刑集34・5・357＝**百選27**）。当初から窃盗犯人として自首するつもりで駐車中の自動車内から他人所有のステレオパック等を持ち出し、直ちに100メートル以内の近接した派出所に被害品を携えて出頭し、これを証拠品として任意提出した事案では、不法領得の意思が否定された（広島地判昭50・6・24刑月7・6・692）。

　これに対して、最高裁は、窃盗犯人が逃走のため船で対岸へ渡ろうとした事案につき船を「**乗り捨てる意思**」であったことから、不法領得の意思を肯

定した（前掲最判昭26・7・13）。**自動車**を「相当長時間にわたって」（最決昭43・9・17判時534・85）、ないし「4時間余りの間」乗り回した場合には[41]、不法領得の意思が肯定されている。

　なお、**会社の秘密資料等**を社外に持ち出して**コピー**したという事案では、約2時間後にそれを保管場所に戻したとしても、その物の占有は行為者に移ったとして、窃盗罪を認めた判例（東京地判昭55・2・14刑月12・1＝2・47、なお、東京地判昭59・6・15刑月16・5＝6・459）があり、さらに、新薬の開発に関する資料ファイルをコピーのために持ち出し、7時間程後に返却したという事案でも、不法領得の意思を肯定した（東京地判昭59・6・28刑月16・5＝6・476＝**百選33**）。

　ⓑ　**毀棄罪との区別**　「経済的用法に従って利用しまたは処分する意思」であるかどうかが、毀棄罪と窃盗罪を分ける。すでに大審院の判例において、競売事件の進行を一時妨害する意図で競売場から競売記録を持ち出して**隠匿**した事案に、経済上の用法に従い利益を獲得しようとしたものでないとして、不法領得の意思を否定したもの（大判昭9・12・22刑集13・1789）がある。仕返しのためにロンバート・チェーンソーを海中に**投棄する目的**で持ち出した事案につき、不法領得の意思を欠くとした判例（仙台高判昭46・6・21高刑集24・2・418）、酔余、いたずら半分で、逃がす目的でインコを籠ごと持ち出し、100メートルほど離れた公園に投げ捨てた事案につき不法領得の意思を否定した判例（東京高判昭50・11・28東高刑時報26・11・198）、**犯行発覚を免れるため**腐敗しない貴金属類を死体から剥ぎ取った事案につき不法領得の意思を欠くとした判例（東京地判昭62・10・6判時1259・137）がある（なお、大阪高判昭61・7・17判時1208・138参照）。また、**主として報復の目的**でかつて交際していた女性から現金の入ったバッグ等を奪った事案で、犯行後にこれらの物を廃棄したとしても不法領得の意思が否定されることにはならないとしたもの（東京高判平12・5・15判時1741・157）、および、強姦目的で自動車内に監禁した女性から、かばんや携帯電話を取り上げた意図が、その女性が携帯電話を使用して助けを呼ぶのを封ずることや、これらを取り上げることにより女性に心理的圧力を与え、姦淫に応じさせる手段とすることにあったと認められ、被告人ら自身が、かばんや携帯電話それ自体の価値を獲得したり、用法に従って使用したりする意思があったとはいえないとして、不法領得の意思

---

[41] ただし、駐車中の自動車を30分、走行距離にして15キロメートル余り乗り出したという事案につき、不法領得の意思を肯定した判例（高松高判昭61・7・9判時1209・143）がある。

を認めず、窃盗罪の成立を否定したものがある（大阪高判平13・3・14判タ1076・297 ☞器物損壊罪§113, 2参照）。さらに、不正なロムにすり替える意図でパチスロ遊技機の正規ロムを取り外して持ち去った行為について、不法領得の意思が認められないとして、強盗致傷罪（事後強盗）の成立が否定された例（名古屋高判平19・8・9判タ1261・346）がある（☞後述§81, 3, ❻）。正規ロムを取り外した目的は不正なロムを取り付けるための準備と見るべきであり、これを持ち去っていたことについても、単にその場に放置できず、他の場所に投棄するためであったと解する余地があるとして、被告人らが取り外して持ち去った正規ロムについてその経済的用法に従って利用処分する意思は認めることができないとするのである。

6　詐欺罪における不法領得の意思

1項詐欺の客体である財物それ自体について利用・処分の意思がなければならない。当該財物の受領が財産的利益を得るための手段の一つであるとしても、それにより不法領得の意思があったとすることはできない。これに関し次の**最高裁決定**がある。被告人は、金員に窮し、支払督促制度を悪用して叔父の財産を不正に差し押さえ、強制執行等により金員を得ようと考え、叔父に対して6000万円を超える立替金債権を有する旨内容虚偽の支払督促を申し立てたうえ、裁判所から債務者とされた叔父あてに発送される**支払督促正本及び仮執行宣言付支払督促正本**について、共犯者が叔父を装って郵便配達員から受け取ることで適式に送達されたように外形を整え、叔父に督促異議申立ての機会を与えることなく支払督促の効力を確定させようと企て、共犯者において、2回にわたり、あらかじめ被告人から連絡を受けた日時頃に叔父方付近で待ち受け、支払督促正本等の送達に赴いた郵便配達員に、自ら叔父の氏名を名乗り受送達者本人であるように装い、郵便配達員の求めに応じて郵便送達報告書の受領者の押印又は署名欄に叔父の氏名を記載して郵便配達員に提出し、共犯者を受送達者本人であると誤信した郵便配達員から支払督促正本等を受け取ったが、支払督促正本はすぐに廃棄したという事案に対し、「支払督促正本等について、**廃棄するだけで外に何らかの用途に利用、処分する意思がなかった場合**には、支払督促正本等に対する不法領得の意思を認めることはできないというべきであり、このことは、郵便配達員からの受領行為を財産的利得を得るための手段の一つとして行ったときであっても異ならない」とした（最決平16・11・30刑集58・8・1005）（☞§92, 2❼）。

第2節　窃盗の罪

§80　総　説

窃盗の罪には、窃盗罪（235条）と不動産侵奪罪（235条の2）が属する。窃

盗罪は、他人の占有する他人の財物を奪取することを内容とする。財産上の利益に関する窃盗である利益窃盗は、不可罰である。不動産侵奪罪は、他人の占有する不動産に対する侵奪を内容とする犯罪である。両罪ともに、暴行脅迫を手段としない場合をいう。また、いずれについても、親族相盗例（244条）の適用がある。窃盗罪については、電気は財物とみなされている（245条）。

窃盗の罪の保護法益については、すでに論じた本権説・所持説の対立がある。本権説は、旧刑法366条が「人ノ所有物」の窃取を処罰していたという沿革的解釈、そして、「他人の占有する財物」と規定されているのではなく、たんに「他人の財物」と規定されていることを根拠とする文理的解釈にもとづき、さらに、242条における「占有」とは、たんなる「占有」そのものをいうのではなく、「権原による占有」すなわち、適法な原因にもとづく占有をいうと解することを根拠にして主張される。他方、占有説は、財物の占有自体が保護法益であると解するのであるが、その根拠は、現行法は、旧刑法366条のように「人ノ所有物」と規定しなかったことの反対解釈として、所有物に限らない趣旨だと解し、242条は、注意規定と解するのである。本説によると、その占有が適法であると否とを問わない。

§81　窃盗罪

> 他人の財物を窃取した者は、窃盗の罪とし、10年以下の懲役又は50万円以下の罰金に処する（235条）。未遂は、罰する（243条）。

1　客体

他人の占有する他人の財物である。自己の財物であっても、他人が占有し、または公務所の命令によって他人が看守するものであるときは、他人の財物とみなされる。「公務所の命令により他人が看守する」とは、執行官の差押えなどによって、所有者の占有を排除し公務所の占有に移された財物が、公務所の命令によって他人の事実上の支配下に置かれていることをいう。「他人」とは、所有者以外の者をいう。[1]「財物」ならびに「占有」の意義についてはすでに解説した。

---

[1] 公務員が差押えた他人の財物を容器等に入れ封印したうえで、所有者に保管させた場合、所有者にとっては、自己の物であって他人が占有するものにあたる（大判明43・2・16刑録15・264）。

既述のように、ゴルファーが誤ってゴルフ場の人工池に打ち込みそこに放置した、わゆる**ロストボール**につき、ゴルフ場側が、早晩その回収、再利用を予定していたという事実関係のもとにおいて、所有権・占有は、ゴルフ場の管理者にあるとした最高裁の判例（最決昭 62・4・10 刑集 41・3・221）がある。この判例は、以前の判例（広島地尾道支判昭 60・11・18 判時 1178・160）や本件第 1 審・2 審が、ボールの所有者が所有権を放棄したのだから、ボールは無主物となり、ゴルフ場側が無主物先占をして所有権・占有を取得したと解したのとは異なり、その根拠を、「権利の承継的な取得」によるものである可能性を認めたものである。

買戻約款付自動車売買契約により**自動車金融**をしていた貸主が、借主の買戻権喪失により自動車の所有権を取得した後、借主の事実上の支配内にある自動車を承諾なしに引き上げた行為は、刑法 242 条にいう他人の占有に属する物を窃取したものとして窃盗罪を構成する（最判平元・7・7 刑集 43・7・607＝**百選 25**）（☞§77, 2）。

2 行 為

❶ 窃取の意義 窃取とは、暴行・脅迫によらず、また、相手方の瑕疵ある意思にもとづく「交付」によることもなく、他人の占有する財物を自己または第三者のもとに移転させることをいう（大判大 4・3・18 刑録 21・309）。強盗罪や詐欺罪・恐喝罪が成立しない態様での財物の占有の移転でなければならないということである。窃盗とは、「窃」の語義から、本来、ひそかに盗むという意味をもつが、公然と行われた場合でも、本罪が成立する（大判大 15・7・16 刑集 5・316、最決昭 32・9・5 刑集 11・9・2143）。自己の支配下ではなく、第三者の支配下に移す場合であってもよいとするのが、通説である。利益強盗に関する 236 条 2 項において、「他人にこれを得させた」場合についても規定していることもその根拠とされている。判例も、他人の占有する財物を、情を知らない第三者に売却して搬出させた事案に、本罪が成立するものとしている（最決昭 31・7・3 刑集 10・7・955）。

（ⅰ）間接正犯 窃取の手段・方法を問わない。**間接正犯**の形式によることも可能である。判例においては、是非の弁別のない幼児を道具として利用して、自宅から借用証書を持ち出させたとき（大判明 37・12・20 刑録 10・2415）、13 歳に満たない少年に呉服店から何か品物を取って来るように言いつけたとき（仙台高判昭 27・9・27 高刑特 22・178）、自己の日頃の言動に畏怖し意思を抑圧されている**12 歳の養女**を利用して窃盗を行わせた場合には、たとえその養女が是非善悪の判断能力を有する者であったとしても、間接正犯

が成立する（最決昭58・9・21刑集37・7・1070）。他人の所有物を自己に処分権があるように装い、情を知らない第三者に売り渡して搬出させる行為も、窃盗罪の間接正犯である（前掲最判昭31・7・3、広島高判昭27・10・3高刑集5・13・2345）。管理者の知らない間に、鉄道手荷物の荷札をもぎ取り、他の荷札と付け替えて、情を知らない係員をして自宅に配達させた場合もそうである（最判昭27・11・11裁判集刑69・175）。

　（ⅱ）　**機械・装置の利用**　　機械・装置に細工等を施して財物を差し出させ、それを取る行為も窃盗である。判例によれば、すでに、磁石を用いて**パチンコの玉**を当たり穴に誘導する場合（最決昭31・8・22刑集10・8・1260）など、パチンコ遊戯機に細工しパチンコ玉を流出させ取得したとき、窃盗罪が成立し（最決昭29・10・12刑集8・20・1591）、いわゆる**パチスロ遊戯機**のメダル投入口にセルロイド様器具を挿入し、内蔵された投入メダルを読み取る感知装置などに異常反応を起こさせてメダルを取り出した行為は窃盗罪にあたる（東京地判平2・11・15判時1373・144）。また、体感機を使用してパチスロ機で遊技し、メダルを盗む行為も「窃取」である（京都地判平16・1・9LEX/DB）。

　同様に、低周波治療型体感器を利用してスロットマシーンからメダルを取得する行為も、窃盗である[2]（宮崎地都城支判平16・2・5判時1871・147）が、これにつき、最近、最高裁の判例（最決平19・4・13刑集61・3・340）が出た。事案と決定要旨は以下の通りである。

　　　被告人が、被害店舗では、持込みを許していなかった本件機器（体感器）を使用してメダルを不正に取得する意図のもと被害店舗に入店してパチスロ遊技を行い、本件機器を用いて大当たりを連続して発生させる絵柄をそろえることに成功するなどし、合計約1524枚のメダルを取得したという事案につき、最高裁は、「本件機器がパチスロ機に直接には不正の工作ないし影響を与えないものであるとしても、専らメダルの不正取得を目的として上記のような機能を有する本件機器を使用する意図のもと、これを身体に装着し不正取得の機会をうかがいながらパチスロ機で遊戯すること自体、通常の遊戯方法の範囲を逸脱するものであり、パチスロ機を設置している店舗がおよそそのような態様による遊戯を許容していないことは明らかである。そうすると、被告人が本件パチスロ機『甲』55番台で取得したメダルについては、それが本件機器の操作の結果取得されたものであるか否かを問わず、被害店舗のメダル管理者の意思に反してその占有を侵害し自己の占有に移したものというべきである」として、メダル1524枚につき窃盗罪を認めた。

---

[2] 本判決の評釈として、山中「いわゆる低周波治療器型体感機を使用してスロットマシーンからメダルを取得する行為が窃盗に当たるとされた事例」判評573号（2006年）212頁以下。

この最高裁決定は、結論部分のみを読めば、取得したメダルについて、「それが本件機器の操作の結果取得されたものであるか否かを問わず」、メダル管理者の意思に反してその占有を侵害し自己の占有に移したものとするので、店舗側が許容していないような遊技方法を用いた場合、窃盗としていると解せられる。しかし、メダルを不正取得する「機能を有する本件機器を使用する意図」がなければならないので、例えば、店舗側が、「黒色サングラスを着用し刺青を入れた客お断り」と明示していたところ、そのような客が遊戯してメダルを出しても、これにあたらないことは明らかである。しかし、そのような機能を有する機器を使用していた場合には、その機器の操作の結果としてメダルを取得したかどうかを問わないというのである。これによれば、**不正操作とメダル取得の「因果関係」**がなくても、窃盗罪が成立するということになる。つまり、このような機器を装着して遊戯しさえすれば、当初のメダルを正当に対価を支払って取得し、現実に機器を不正に使用する前に出たメダルも、窃取されたものとなるというのである。しかし、従来の下級審の判例の趣旨からみてもこれは行き過ぎである。たしかに結果的にどのメダルが不正使用前に出たメダルで、どれがその後、不正操作を原因として出たメダルかは区別がつかないといってよい。その場合に、不正操作を原因とするメダルを特定することなく、「約」メダル1524枚と最大限のメダル数を表示することも、立証技術上、許容しうるであろう。しかし、実体法上、一般に、不正操作と因果関係がなくとも、窃取にあたるというのは解釈上認めがたい。最高裁決定が、不正操作と一定のメダルの取得との因果関係を肯定しつつ、その中に因果関係の立証できないメダルも含まれているという趣旨であり、本件事案に対する判断であるからそれを当然に前提としているというのでない限り、一般論として因果関係を不要とする立場は容認できない。この関係で、下級審の判例には、体感機に誤作動を生ぜしめる能力を欠く場合には、実行の着手が認められないとしたものがある（徳島家決平 19・2・21 家月 59・6・73）。

そうしたところ、上記の趣旨を入れた最高裁第2法廷の線に沿った判例が出た（最決平 21・6・29 刑集 63・5・461＝**百選 30**、第1審＝仙台簡判平 20・9・22、第2審＝仙台高判平 21・1・27）。第1審判決および第2審判決は、被告人が通常の遊戯方法により取得したメダルについても窃盗罪の成立を認めたが、被告人の上告に対し、最高裁は、「被告人が自ら取得したメダルについては、被害

店舗が容認している **通常の遊戯方法により取得したもの** であるから、**窃盗罪が成立するとはいえない**」とし、「被告人が通常の遊戯方法により取得したメダルとA（共犯者）がゴト行為により取得したメダルとが混在した前記ドル箱内のメダル414枚全体について窃盗罪が成立するとした原判決は、…解釈適用を誤り、ひいては事実を誤認したもの」とした。

他人名義のキャッシュカード等を用いて正当な権限がないのに現金自動支払機から現金を引き出す行為も窃盗である（東京高判昭55・3・3刑月12・3・67）。なお、**送金銀行のミス** で、預金口座に過剰に入金された金員につき、銀行の占有を認めて、これを引き出した行為に窃盗罪を認めた判例（東京高判平6・9・12判時1545・113）がある。[3]

(iii) 錯誤を利用した窃取　財物の盗取にあたって人を欺く行為が行われても、それが相手方の錯誤を利用して財物を交付させて奪い取ろうとするものでない限り、詐欺罪は成立せず、窃盗罪が成立する。したがって、顧客を装って時計を見せさせ、隙をみて時計を持ったまま逃走した場合、時計を手渡したとしても事実上の支配はいまだ店員にあり、処分行為がないから詐欺罪ではなく窃盗罪である（東京高判昭30・4・2高裁特2・7・247）。その他、古着を試着したままトイレに行くと **欺いて逃走した事案** についても窃盗罪が認められる（広島高判昭30・9・6高刑集8・8・1021）。ただし、顧客を装って自動車販売店で時価320万円の普通乗用車の試乗を申し入れ、試乗後は直ちに返還するものと誤信させて同店から自動車を発進させて乗り逃げした場合には、**試乗車** に対する事実上の支配は失われたとして、単独試乗させた時点で占有が被害者の意思により試乗者に移転しているので、窃盗罪は成立せず、詐欺罪が成立したものとする（東京地八王子支判平3・8・28判タ768・249）。

❻　実行の着手の時期　財物に関して他人の占有を侵害する行為が開始されたときである。判例は、窃盗の目的で家宅に侵入し他人の財物に対する事実上の支配を侵すにつき「密接な行為」をなしたときは、実行の着手があるとする（大判昭9・10・19刑集13・1473、東京高判昭29・4・5高刑集7・3・361）。したがって、一般的には、現場において客体に対して物色行為を開始すれば、実行の着手があったといえる（**物色説**）とする。これによると、例えば、

---

[3] 誤振込された金員を他人に振り込んだ場合等にどのような犯罪が成立するかについては、電子計算機使用詐欺罪・詐欺罪・横領罪等の項で、論じる。詳しくは、とくに横領罪（☞§101, 3）を参照。

金品物色のためにタンスに近寄った場合に着手がある（大判明 34・6・21 刑録 7・6・69、前掲大判昭 9・10・19）。また、物色行為がなくても、電気器具商の店舗内に侵入して懐中電灯で店内を照らしたところ、電気器具類が積んであることは分かったが、なるべく金を取りたいので自己の左側の煙草売場の方へ行きかけたという時点において、着手行為があったものとする判例がある（最決昭 40・3・9 刑集 19・2・69）。同じく、実行の着手時点は、構成要件該当行為自体の開始時点に限定されず、これに密接な行為であって、既遂に至る客観的危険性が発生した時点において認められるとしたものに、次の判例の事案（東京高判平 22・4・20 東高刑判時報 61・1～12・70）がある（☞総論§147, 5）。被告人は、駅の**自動券売機の硬貨釣銭返却口に接着剤を塗り付け、釣銭の付着を待ち、これを回収して取得しようとした**が、駅員に発見され、回収できないまま現行犯逮捕された。この事案につき、**第1審**では、実行の着手を否定した。「接着剤を塗布して罠を仕掛けた後、被告人は、利用客が切符を買う行為等を待つことを余儀なくされるが、その客の行為には被告人の影響力は及ばないから、客の行為を含めて被告人のコントロール下にある一連の行為とはいえない」「罠を仕掛けた段階において、被告人の意思次第で速やかに占有侵害行為の段階に移行することができたと認められない以上、結果発生の具体的危険が生じたとは解されず、**窃盗の実行行為と認めることはできない**」とした。これに対して、**第2審**では、「窃盗罪における実行の着手は、構成要件該当行為の開始時点に限定されず、これに密接な行為であって、既遂に至る客観的危険が発生した時点に認められるとし、**接着剤を各券売機の釣銭返却口に塗布した時点において、実行の着手があった**」とされ、窃盗未遂が認められた。本事案は、被害者がこの手口に気づいていない限り、被害者の無知を利用した行為であって、しかも硬貨が付着する確率が著しく低いわけではないく、また新橋駅という乗降客の多い駅の券売機は、頻繁に利用されるのであるから、結果発生の具体的危険は、釣銭返却口に接着剤を塗布し、その場を離れた時点で生じているというべきである。これに対して、学説は、**事実上の支配を侵害する行為の開始時点**ではじめて実行の着手を肯定する。しかし、かつて学説の中には、侵入窃盗の場合には、住居に侵入した時点で実行の着手が認められるべきであるとするものが少なくなかった（小野 247 頁、牧野 629 頁）が、この見解は、今日ではもはや克服されている。

判例・学説において、**土蔵**や**倉**のようにその中には客体たる財物しかない

ような場合には、窃盗の目的でその建物に侵入すれば、窃盗の実行の着手が認められてよいとされている（名古屋高判昭25・11・14高刑集3・4・748、高松高判昭28・2・25高刑集6・4・417、大阪高判昭62・12・16判タ662・241、大塚193頁、前田216頁）。同様にして、駐車中の自動車内の財物を窃取しようとした者が、ドライバーなどでドアを開けたときには、実行の着手がある（前掲東京地判平2・11・15）。すりの場合の実行の着手時期については、たんなるあたり行為は予備にすぎない。しかし、犯行の相手方を物色するためにあたり行為を行うのではなく、「被害者のズボン右ポケットから現金をすり取ろうとして同ポケットに手を差しのべその外側に触れた以上窃盗の実行に着手したものと解すべき」である（最決昭29・5・6刑集8・5・634）。なお、窃取したキャッシュカードを現金自動預払機に挿入し、その画面の残高照会の表示部分を押したが、盗難届が出されており機械の中に取り込まれたままになったという事案につき、地裁（名古屋地判平13・3・30公刊物未登載）では、実行の着手を認めるにはさらに払戻機能を作動させる必要があるとして窃盗未遂が否定され、高裁（名古屋高判平13・9・17高検速報平13・179）では、残高確認行為と窃取行為とは分離できないとして実行の着手を肯定したものがある（前田・研修643号21頁以下参照）。

ⓒ 既遂の時期　　窃盗罪の既遂時期に関しては、①犯人が目的物に手を触れたときとする説（**接触説**）、②犯人が目的物に対する他人の占有を排除して、自己または第三者の占有に移したときとする説（**取得説**）、③犯人が目的物を他の安全な場所に移転したときとする説（**移転説**）、④犯人が目的物を容易に発見できない場所に隠匿したときとする説（**隠匿説**）がある。窃盗の本質が財物に対する占有の侵害・移転にあり、財物に対する事実上の支配が移転した時点でそれがあったのであるから、**取得説**が妥当である。

判例も、事実上他人の支配内に存する物件を**自己の支配内**に移したときに既遂となり、必ずしも犯人がこれを自由に処分しうべき安全な場所に置くことまでをも必要としないとする（大判大3・6・10刑録20・1167、最判昭23・10・23刑集2・11・1396）。自己または第三者の支配下に移されたかどうかは、目的物の形状、占有の形態、犯行の日時・場所等によって区々様々である。

（ⅰ）小型の財物　　形状に関して、まず、**小型の財物**は容易に携行できるが、これを身につけることによって直ちに既遂となる。例えば、本屋で書籍を上着の脇下に挟んだとき（広島高岡山支判昭28・2・12高刑特31・65）、既遂で

ある。容易に移動可能であれば、小型といえなくても、自転車・自動車（広島高判昭 45・5・28 判タ 255・275）を発車させて逃走しうる状態にすれば既遂となる。例えば、他人の玄関に置いてあった自転車の錠をはずして自転車を手に持ちその方向転換をしたとき（大阪高判昭 25・4・5 高刑特 9・40）である。**被害者の占有を脱し自己の事実上の支配を打ち立てたこと**が必要であるが、万引きの意図で、ショーウィンドー内の指輪差しから指輪一個を抜き取り、これを手中にして手前に引き寄せたが、左横に店員がいたので、感付かれたのではないかと思い、直ちにショーウィンドー内に右指輪を落とし、その場を離れ店外に出て逃走した事案については、「指輪差しから指輪を抜き取り一旦手中にしたが、直ちにもとの場所近くに戻しているのであるから、指輪に対する被害者の支配を侵し、これを自己の事実的支配のもとに移したとは認められず、本件は窃盗の未遂にとどまるもの」とした（大阪高判昭 60・4・12 判時 1156・159）。また、**他人の事実的支配を喪失**させなければならないから、店員による監視の目を通り抜けなければ、当該財物を支配したとはいえない。したがって、スーパーマーケットのように客が籠等に入れてレジまで商品を持っていくようなシステムをとっているところでは、備え付けの籠以外の袋に入れたとか、レジをすり抜けたような場合に既遂となる。判例には、買物かごに商品を入れレジで代金を支払わずにその**外側に商品を持ち出した時点**で、「商品の占有は被告人に帰属し、窃盗は既遂に達すると解すべきである」とし、その根拠を「その外側に出たときは、代金を支払ってレジの外側へ出た一般の買物客と外観上区別がつかなくなり、犯人が最終的に商品を取得する蓋然性が飛躍的に増大すると考えられるからである」とする（東京高判平 4・10・28 東高刑時報 43・1=12・59＝**百選 34**）。また、フェンスで囲まれ、警備員がいて侵入者に気づき逃げ道を塞がれた工事現場内の自動販売機の錠を壊して扉を開け、中から携帯・持ち運びの容易なコインホルダーを取り外して自己の手中に収めたという事案において、この時点で、金銭在中のこのコインホルダーにつき自動販売機の管理者の占有を排して、これを自己の占有に移したとして窃盗既遂を認めたものがある（東京高判平 5・2・25 判タ 823・252）。

（ⅱ）**大型の財物**　　これに対して、大型の財物は、荷造り、移動、搬出などがあった時点で既遂となる。金網の棚をめぐらし、出入口も閉ざされた工場の構内の資材小屋内からアクスルメタル四個（約 33 キログラム）を取り出し、これを構外へ運び出そうとしたところ、夜間作業員等に発見された事

案では、いまだ既遂にはならない（大阪高判昭29・5・4高刑集7・4・591）。しかし、パチンコ玉500個入りの木箱4個を手拭いで2包につつんでいつでも持ち出せるようにして通路に置いたとき（東京高判昭30・7・4東高刑時報6・7・227）、銅線を盗もうと倉庫内に入って倉庫の入り口付近まで運んだとき（広島高松江支判昭26・5・7高刑特20・163）、車庫の中から木炭6俵を担ぎ出し棚外に持ち出したとき（前掲最判昭23・10・23）、既遂である。これに対して、深夜、近くの道路上で共犯者にエンジンをかけたまま乗用車を待機させ、道路に面していて出入り口に門扉等の設備はなく、道路からの出入りが自由であった中古車駐車場内の乗用車からタイヤを取り外して駐車場の出入り口の方へ向かおうとしたところを発見されたという事案では、タイヤの占有は行為者に移転したとされている（東京高判昭63・4・21判時1280・161）。

(iii) 財物の隠匿 特殊な場合として、**他人に容易に発見されない場所に隠したとき**、取得したものといえる。例えば、他家の浴場で他人の遺留した金製の指輪を発見し、領得の意思をもって一時室内の隙間に隠したとき（大判大12・7・3刑集2・624）、既遂である。鉄道線路の地理に精通している鉄道機関助手が、後刻その場所に戻って来て拾得する計画のもとに、進行中の貨物列車から積荷を突き落とす場合には、突き落としたときに既遂となる（最判昭24・12・22刑集3・12・2070）。最近の判例には、大型店舗の3階家電売り場に陳列してあった**液晶テレビ1台**を盗む目的で買い物カートに乗せ、レジで精算せずに同店舗3階にある**男子用トイレ内の洗面台下部に設置されている収納棚の中に隠した事案**で、窃盗罪の既遂を認めたものがある（東京高判平21・12・22判タ1333・282）。本件テレビをトイレの収納棚に隠した時点で、被害者である本件店舗関係者が**把握困難な場所に本件テレビを移動させた**のであり、…しかも…これを店外に運び出すことが十分可能な状態に置いたのであるから、本件テレビを被害者の支配から**自己の支配内に移した**ということができ、既遂と認めた原判断は妥当であるとした。

ⓓ 不可罰的事後行為？ 窃盗罪は状態犯である。既遂に至った後も違法状態は存続するが、犯罪は終了する。違法状態が存続している限り、侵害された保護法益に対する別個の侵害行為とみられるような場合でも、すでに先の侵害によって評価されている場合がある。例えば、窃盗の既遂後、その財物を毀棄しても、器物毀棄罪については、すでに窃盗の構成要件によって包括的に評価されている限り、不可罰的事後行為にすぎない[4]。しかし、預金

通帳を窃取した者が、その通帳を利用して預金の払戻しを受けた場合（最判昭25・2・24刑集4・2・255）、窃取したキャッシュ・カードを用いてキャッシュ・ディスペンサーから現金を引き出した場合のように、事後の行為が**新たな法益の侵害**を生ぜしめるときは、不可罰的事後行為ではない（前掲東京高判昭55・3・3）。また、テレホンカードの自動販売機から窃取した千円札を同機の「1000円札入り口」に挿入してテレホンカードを取り出した行為が、千円札に対する窃盗罪の不可罰的事後行為ではなく、テレホンカードに対する窃盗罪を構成する（福岡高判平6・6・21判タ874・286）。

3　故意・不法領得の意思

ⓐ　窃盗罪の故意　財物に対する他人の占有を排除して、それを自己または第三者の占有に移すことの実現意思である。ひとまとまりとなっている一群の財物を窃取した場合、そこに含まれる財物の種類個数等の詳細を認識していなくても、全体について窃盗の故意がある。その中に行為者が予想していなかった物が含まれていた場合でも、通常、それがありうる物であれば故意が欠けることはない。例えば、財布の中に小切手が入っていることに気づかなかったとしても、在中の財物全部について故意がある（東京高判昭30・12・28高裁特2・24・1296）。

ⓑ　不法領得の意思　主観的要件として通説・判例は、そのほかに**不法領得の意思**を必要とする。不法領得の意思については既述した（☞§79）。複写目的で秘密書類を持ち出した事案に窃盗罪を認めた判例（前掲東京地判昭59・6・15、前掲東京地判昭59・6・28）、複写目的で百貨店の顧客名簿が入力された磁気テープを持ち出した行為が窃盗にあたるとされた事例（東京地判昭62・9・30判時1250・144）、また、区役所内での閲覧が許されている住民基本台帳閲覧用マイクロフィルムを、正規の手続で借り出したうえ、区役所外に無断で短時間持ち出した行為が窃盗罪にあたるとされた事例（札幌地判平5・6・28判タ838・268）がある。

　最近の下級審判例において、不法領得の意思が否定された例を挙げておこう。まず、停車中の自動車の窓ガラスを割り、乗車していた男女2名に暴行を加えるなどし

---

[4] わが国では異論のないこの窃盗の後の毀棄の事例が、ドイツの有力説では、不可罰的事後行為の例ではないとされている。なぜなら、財物の「領得」の後の「毀棄」は、新たな法益侵害を惹起するものだからであるといわれる。ドイツでも、通説および古くからの判例では、不可罰的事後行為を認める。Vgl. *Roxin*, Strafrecht AT, 2. Bd. 2003, S. 862.

たうえ、現金を強取し、その際、被害者らに傷害を負わせたという事案において、被害者らから**取り上げた携帯電話機や自動車の鍵**について、不法領得の意思を否定したものがある（松山地判平19・7・19LEX/DB）。判決によれば、被告人両名が被害者から携帯電話機や自動車の鍵を取り上げたのは「逃走や警察への通報を妨げることに主眼があり、取得後直ちにこれらを破壊したことからすると、これらを何らかの用途に利用、処分する意思はなかったといえる」からである。さらに、パチンコ店の遊技機のロムを密かに不正なものにすり替え、出玉率を良くしておいて、一味の者がその台で遊技をしてメダルを窃取するにあたって、すり替えるために取り去った正規ロムをその場に放置できず、他の場所に投棄するために持ち去った正規ロムにつき、経済的用法に従って利用・処分する意思、すなわち**不法領得の意思を否定したものがある**（前掲名古屋高判平19・8・9判タ1261・346）。

逆に、環境保護団体の幹部2名が、ほか1名と共謀し、調査捕鯨船の船員による鯨肉の横流しの疑惑についての調査を行う中、証拠資料を収集する目的の下に、配送会社の視点にある宅配段ボール箱の占有取得行為に及んだ事案につき、**不法領得の意思**を肯定した。「当初の占有取得時には、証拠資料を収集するとの目的を達成した**後には返却する意思**であったにしても、公表を念頭に置いた調査活動に資するための証拠を収集する目的の下に、権利者を排除し、本件段ボール箱ごと本件鯨肉の支配を取得し、開披して中身を確認後に、本件捕鯨について、撮影をしたり、サンプルを採取して保全するという、**所有者にして初めてなしうるといえるような方法**により、本件段ボール箱ごと本件鯨肉を利用しようとする意思に基づき、…占有したのであるから、不法領得の意思が肯定できる」（仙台高判平23・7・12LEX/DB）。

4 違法性阻却事由

財物の占有の移転につき被害者が承諾している場合には、「窃取」にあたらないので、すでに構成要件該当性がない。窃取行為は、他人の意思に反して財物の占有を移転することを内容とするものだからである。被害者とは、ここでは、財物の占有者をいい、所有者と占有者が異なるときも、占有者の承諾があればよい。

財物の所有者が窃盗犯人からその所有する財物を取り返すために窃取する行為であっても、平穏な占有状態が確立した後は、原則として構成要件該当性を阻却しない。自救行為として違法性が阻却されることはありうる。

5 罪数・他罪との関係

窃盗罪の罪数は、窃取行為の可罰類型的不法の全体評価からみて決定される。例えば、同一家屋内にある複数の家財道具を窃取する行為は、同一人の占有に服する物である限り、一個の全体的評価に服する。窃盗罪の罪数は、財物の所有権の個数によるのではなく、財物の占有の個数を標準とすべきで

ある（高松高判昭31・4・17高裁特3・19・901）。窃盗行為が数回にわたっても、全体として一個の犯罪意思により一個の占有を侵害した場合には包括して一罪である。判例によれば、例えば、夜中に3回にわたって同一倉庫から米俵合計9俵を持ち出した事案について、機会を同じくして行われた同種の動作であるから一罪である（最判昭24・7・23刑集3・8・1373）。行為者が反復の意思で多数回にわたって窃取行為をした場合、犯行の日時、場所が違ってもそれらが近接している限り、一個の犯罪意思にもとづき、被害物件が同一の占有に属する場合には、包括一罪である（名古屋高判昭34・6・15高刑集12・6・650参照）。

§82 不動産侵奪罪

> 他人の不動産を侵奪した者は、10年以下の懲役に処する（235条の2）。未遂は、罰する（243条）。

1 総説

本罪は、昭和35年の刑法の一部改正により、「境界毀損罪」（262条の2）とともに新設された（6月5日施行）。戦後の社会的混乱の中で他人の戦災地跡にバラックを急造して住み着く、あるいは商売を始めるといった不法占拠があい次ぎ、その立ち退きをめぐって暴力団が介入するといった事態に対処するために本条が設けられた。それ以前、学説では、窃盗罪の客体に不動産も含まれるという見解が有力に唱えられた（牧野611頁、木村105頁、滝川111頁、反対=団藤464頁）が、実務では不動産窃盗は否定されていた。不動産侵奪罪の新設によって、「不動産窃盗」は、本罪によって処罰されることが明らかになった。

2 客体

他人の占有する他人の不動産である。「他人」とは、自己以外の自然人・法人を指す。自己の不動産であっても、他人が占有または公務所の命令により他人が看守するものであるときは、他人の不動産とみなされる（242条）。

「不動産」とは、土地およびその定着物をいう（民86条1項）。土地は、地表のみならず、地下・地上の空間、水中をも含む。国有溜池の一部を埋め立てて宅地造成した場合、本罪が成立する（高松地判昭46・8・17刑月3・8・1115）。家屋については、その一つの部屋（福岡高判昭37・8・22高刑集15・5・

405)、床下、天井裏も含む。不動産から分離してその一部を奪取した場合には、動産となっており、本罪ではなく窃盗罪が認められる。苗代から種苗を抜き取った場合には、窃盗である。立木は土地の定着物であり、そのままの状態で領得すれば本罪にあたるが、切り取った場合には窃盗罪である。

3 行 為

ⓐ 侵奪の意義 本罪の行為は、「侵奪」することである。侵奪とは、不法領得の意思をもって、不動産に関する他人の占有を排除して自己または第三者の占有を設定することをいう（最決昭42・11・2刑集21・9・1179、大阪高判昭42・5・12高刑集20・3・291）。占有とは不動産に対する事実上の支配である。侵奪の有無は、「具体的事案に応じ、不動産の種類、占有侵奪の方法、態様、程度、占有期間の長短、原状回復の難易、占有排除及び占有設定意思の強弱、相手方に与えた損害の有無などを綜合的に判断して、社会通念にしたがって」（大阪高判昭40・12・17高刑集18・7・877）決定されるべきである。

最近、問題になっているのは、土地の所有者が土地利用を承諾していたが、その使用方法につき、例えば、従来の簡単な構造の建築物を半永久的な建築物に改築するなどして、利用者が無断で変更した場合である。その場合、「容易に除去できない半永久的な工作物を築造したこと」、あるいは「容易に原状回復をすることができないようにしたこと」によって侵奪が認められるであろう。

ⓑ 判 例 侵奪が認められた事案として次のものがある。他人の土地を不法に占拠して住宅や店舗を建てた事案（大阪高判昭31・12・11高刑集9・12・1263）、他人の空家に住み着いた事案（前掲福岡高判昭37・8・22）、仮設的な塀で囲まれた他人の空地を建築資材置場として一時使用していた者が、その塀が台風で倒壊した際、所有者の意思に反して、周囲に半永久的なコンクリートブロック塀を築造し、倉庫として使用するに至った事案（前掲最決昭42・11・2）、執行官の占有する土地を、宅地造成の目的でブルドーザーで切り崩し、全域を約3メートルないし4メートル掘り下げて整地した事案（東京高判昭45・6・30高刑集23・3・441）、他人の土地を深さ約4.5メートル掘り崩して土砂を搬出した後、**産業廃棄物**を捨て、夜間は人の出入りを遮断した事案（大阪高判昭58・8・26刑月15・7＝8・376）、土地上に建設廃材等の混合物からなる廃棄物約8606立方メートル高さ約13.12メートルに堆積させ、**容易に原状回復することができないようにした事案**（最決平11・12・9刑集53・9・1117＝**百選36**）等がある。

これに対して、最近、「侵奪」を否定した**最高裁判例**として、東京都の所有する公園の予定地の中央付近の約110.75平方メートルの土地上に中古電気製品等を置き、不法に占拠して**リサイクル・ショップ**を営むようになり、風雨対策として、コンクリ

ート部分や土部分の上に土台として角材を置いただけで、屋根や壁に相当する部分にもビニールシートを用いただけのものである約64.3平方メートル余りの簡易建物を建築した事案につき、侵奪行為があったと評価するには**疑問が残る**としたもの（最判平12・12・15刑集54・9・923）がある。

これと同日の**最高裁判例**には、直ちに撤去可能な屋台営業のみを認めるという約定で、無償貸与された土地に、鉄パイプの骨組みをトタン屋根とビニールシートの側面で覆った施設を作ったが、その後、化粧ベニヤで内壁を作り、ブロックをおいてその上にコンクリートパネルを敷き、天井ボードを張りつけて天井を作り、個室をも設けてシャワーやトイレ等も設置して**風俗営業のための施設**を作った事案につき、構築されたのは、「本格的店舗」であって、従来のものとは「大いに構造が異なる」ものであり、「解体・撤去の困難さも格段に増加していた」とし、所有者の土地に対する「**占有を新たに排除した**」として、**不動産侵奪罪を肯定したもの**（最決平12・12・15刑集54・9・1049＝**百選37**）がある。

たんに一時使用するために他人の不動産を占拠したけでは、侵奪にはあたらず、**ある程度継続的に占有を奪う意思**が必要である。一時的に排水口として使用させてもらうため、臨時に設備を設けたが、その設備が地上に出ておらず、地中深くもなく、原状回復が容易であり、所有者の侵害が皆無に等しければ、不法領得の意思がなく、侵奪したとはいえない。

§83　親族間の犯罪に関する特例

> 配偶者、直系血族又は同居の親族との間で第235条の罪、第235条の2の罪又はこれらの罪の未遂罪を犯した者は、その刑を免除する（244条1項）。
> 前項に規定する親族以外の親族との間で犯した同項に規定する罪は、告訴がなければ公訴を提起することができない（同条2項）。
> 前2項の規定は、親族でない共犯については、適用しない（同条3項）。

1　意　義

本条は、いわゆる**親族相盗例**に関する規定であり、直系血族、配偶者および同居の親族の間で窃盗罪、不動産侵奪罪、およびそれらの未遂罪を犯した者には、その刑を免除し、その他の親族の場合には親告罪とするというものである。親族間で犯されたこれらの財産犯については、「法律は家庭に入らない」という思想にもとづいて、国家が刑罰権の発動を差し控え、親族間の処分に委ねるのが望ましいという政策的考慮がはたらいている。親族の親疎に応じて処分の種類を異にしている。本条は、詐欺、背任、恐喝、横領の罪にも準用され（251条、255条）、盗品等の罪については、特別の規定が置かれ

ている（257条）が、強盗の罪にはこの種の規定はなく、また、本条も適用されない。

親族相盗例の適用の効果は、1項が刑の免除であるのに対して、2項は親告罪である。これは、親告罪は告訴がなければ、有罪判決を受けることもないのに対して、1項の効果である刑の免除は有罪判決の一種であるので、近親者の方が、たんなる親族に比べて実際上不利に取り扱われることになることを意味する。そこで、この不均衡を解消するためのさまざまな解釈学的工夫が提唱されている。[5]

2 直系血族・配偶者・同居の親族の意義

「直系血族」「配偶者」「親族」の意義は、民法の定めるところによる。「配偶者」は、内縁関係を含まない（名古屋高判昭26・3・12高刑特27・54、東京高判昭26・10・5高刑特27・114）。最近、最高裁が同旨の決定を行った（最決平18・8・30刑集60・6・479）。生活に困窮していた元夫が居着いたため同居させていた元妻から、7回にわたって現金を窃取したという事案につき、最高裁は、「刑法244条1項は、刑の必要的免除を定めるものであって、免除を受ける者の範囲は明確に定める必要があることなどからして、内縁の配偶者に適用又は類推適用されることはない」とした。婚姻届を出し、戸籍上婚姻関係にあっても、当事者間に婚姻の意思がなく、金員を騙取する手段として婚姻届を出したにすぎないときは、婚姻は無効であり、本条の「配偶者」とはいえない（東京高判昭49・6・27高刑集27・3・291）。「同居の親族」とは、事実上同一の住居内で共同の日常生活を営んでいる者をいう。家屋の一室を賃借していても、区画を設け、物資の受配、炊事、起居を別にしている者は同居の親族とはいえない（東京高判昭26・10・3高刑集4・12・1590）。一時宿泊したにすぎない者（札幌高判昭28・8・24高刑集6・7・947）についても同様である。親族の身分は、犯罪のときに存在すれば足り、その後消滅しても本条の適用を妨げない（大判大13・12・24刑集3・904）。逆に、犯罪後に、親族になっても本条の適用はない。

3 犯人との親族関係のある者

親族関係は、犯人と被害者の間に存在することを要するが、財物の所有者

---

[5] 親族間の財産犯罪については、松原芳博「親族関係の財産犯」基本講座5巻317頁以下、林美月子「親族間の財産犯」内田古稀331頁以下、338頁以下、筑間正泰「親族間の犯罪に関する特例について―いわゆる親族相盗例―」佐藤古稀〔上〕475頁以下参照。

と占有者が異なる場合に、そのいずれに必要かが問題となる。これについては、三説に分かれる。第 1 に、犯人と財物の所有者との間に親族関係があれば足り、占有者との関係を問わないとする①「**所有者説**」(滝川 113 頁、118 頁)、第 2 に、占有者との間にのみあればよいとする②「**占有者説**」(最判昭 24・5・21 刑集 3・6・858、平井 384 頁、中 148 頁)、第 3 に、所有者および占有者の双方との間に親族関係が必要であるとする③「**双方説**」(団藤 581 頁、大塚 209 頁、大谷 226 頁、中森 105 頁、斎藤信治 118 頁、西田 165 頁以下、山口 211 頁)があり、最後に挙げた説が通説である。この問題は、財産罪の保護法益が、所有権などの本権であるか、占有であるかという対立に原則的に対応する。所有権者の所有権の内容である利用・処分・収益の権利も侵害されており、所有権者との間にも親族関係は要求されるであろう。したがって、双方説が妥当である。

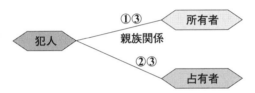

判例は、**古くは**、所有者・占有者の双方に親族関係が必要であるとしていた。親族以外の者が占有する親族の所有物を盗んだ場合につき (大判明 43・6・7 刑録 16・1103)、逆に、親族が占有する親族以外の者が所有する財物を盗んだ場合 (大判昭 12・4・8 刑集 16・485) においても、親族相盗例の適用を否定した。ところが、**戦後**になって、親族相盗例は、窃盗罪の被害者たる**占有者と犯人との関係**についていうものであって、所有権者と犯人との関係について規定したものではないとするかにみえる最高裁判例 (前掲最判昭 24・5・21) が現れた。判決におけるこの部分の所論が、さらに続く文章の一部であったため、この判決が、占有者説を採用したものか、昭和 12 年の大審院判決を覆したものではないのかについては、争いがあった。

しかし、その後、**最高裁**は、**平成 6 年**の決定で、犯人が、軽トラックから同居していない親族である A 保管にかかる B 会社所有の現金を窃取した事案において、244 条 1 項所定の親族関係は、「窃盗犯人と財物の占有者との間のみならず、所有者との間にも存することを要する」として (最決平 6・7・19 刑集 48・5・190)、明確に双方説に立った。

判例は、**実母とその夫の共有財産**であるノートパソコンとモデムを持ち出した行為に、244 条 1 項の適用があるかを論じ、「窃盗の被害物品が**共有物である場合**におい

て、刑の免除に関する244条1項を適用するには、犯人と共有者全員との間に同項所定の親族関係が存在することが必要であると解される」とし、パソコン等が、実母と、そのような親族関係のないその夫の共有罪財産であることを前提として、同項の適用ないし準用を主張する所論は失当」であるとした（名古屋高判平23・2・14LEX/DB）。

4　適用の効果

1項は、配偶者、直系血族、同居の親族間において所定の犯罪が行われた場合には、刑を免除し、2項は、その他の親族間でこれらの犯罪が行われた場合に、親告罪となるものとする。

1項に定める「刑の免除」とは、有罪判決の一種であるが、刑を科さないことが言い渡されるものである（刑訴334条）。それに対して、2項は、1項で刑が免除される親族よりは遠い親族関係に立つ「その他の親族」について、親告罪としているが、これは、告訴がなければ有罪とされることもないことを意味する。したがって、近親間で犯された場合よりも、この場合の方が犯人には有利となる。この不均衡を是正するため、①近親者については、刑の免除ではなく、免訴の言渡しをすべきだとする見解（植松381頁）、②近親間の場合は、刑罰権が放棄されているとみなし、刑事訴訟法339条1項2号に準じた公訴棄却の決定をすべきであるという見解（滝川125頁、藤木288頁、大谷227頁、中森105頁注39）、③解釈論上、親告罪として扱うべきだとする見解（団藤582頁、山口208頁）、④いずれも解釈論としては無理があり、立法的解決（草案334条参照）によるべきであるとする見解（西田167頁、前田279頁）が唱えられている。

5　刑の免除の理由

この問題を考えるに際して、まず、刑の免除の刑法解釈論的意義について考察しよう。

刑の免除の理由については、①親族関係を消費共同体とみて、親族間の財産罪については、犯罪の成立要件である、可罰的違法性が阻却されるとする説[6]（**可罰的違法性阻却説**＝佐伯・総論221頁、中148頁、中山234頁）、および、親族間では行為動機に対する反対動機が弱く、相互に窃盗等を行わないことが期

---

[6] この説は、3項において、「親族でない共犯については、適用しない」とされている趣旨を説明できない。違法の連帯性を前提にするなら、正犯の可罰的違法性が阻却される場合、共犯の可罰的違法性も阻却されてもよいからである。また、家族を消費共同体とみるのも、現代の個人主義的な家族像には合わない。

第2節 窃盗の罪　§83　親族間の犯罪に関する特例◇　301

待しえないとして、②責任が阻却されるという説（責任阻却説＝滝川113頁、松原芳博・基本講座5巻323頁）もあるが、③犯罪は成立するが、「法は家庭に立ち入らない」という政策的観点から処罰を控える一身的な刑罰阻却事由である（**一身的刑罰阻却事由説・政策説**）とするのが通説（最判昭25・12・12刑集4・12・2543、団藤581頁、大塚209頁、大谷224頁、前田276頁、山口209頁以下）である。最近では、刑の免除が有罪判決であることから、犯罪の成立が阻却されるのではなく、減少するだけだとして、違法性を減少させるとする④**違法減少説**（平野207頁、町野・ジュリ1092号131頁、中森104頁以下）のほか、同様の理由で、⑤責任を減少させるにすぎないとする**責任減少説**（曽根126頁、西田164頁、林203頁）も有力である。

　刑の免除は、有罪判決の一種である（刑訴333条―335条）から、**可罰的違法性・責任**が阻却されると犯罪不成立であるとの前提に照らせば、処罰阻却事由ないし違法性・責任が減少するとする見解から出発するのが妥当であるということになる。違法減少説は、家庭内においては、物の所有・占有の排他性・支配性が弱まるために侵害の違法性が少なくなるとするが、所有・占有の強弱が対人関係によって変動するものではないと考えられるほか、違法性が減少するなら、3項が、共犯に適用しないとしている理由が説明できず、また、政策的根拠を考慮しない点でも妥当ではない。責任減少説が出発点としては妥当であるが、政策的根拠を法律説的観点に還元した犯罪論体系の中に位置づけることが問題解決の出発点であるから、処罰の必要性が減少したことにより「可罰的責任」が減少するというべきである（**可罰的責任減少説**）。親族間の財産犯に関する規範の予防的意味の薄弱性ならびに家庭内紛争解決の優位性から、可罰的責任の程度が低く、それによって刑罰請求権を根拠づける程度に達せず、犯罪としては成立するが、刑罰が阻却されるのである（**可罰的責任減少による刑罰阻却**☞総論§142, 6 (2)）。

　前述のように、**刑の免除**の意味については、第2項のその他の親族の行為については親告罪とされていることから、**犯罪不成立と解すべき**であるとする見解が有力に唱えられている。この見解は、可罰的違法性阻却説ないし責任阻却説に立つことになる。この見解は、1項・2項間の先の不均衡を解釈論上是正しようとする意図のもとに、刑の免除は無罪を意味すると解するのである。この見解の中には、①刑の免除はここでは犯罪の不成立を意味し、検察官が公訴を提起しても、裁判所は、刑事訴訟法334条によって刑の免除

をするべきではなく、339条1号（現2号）によって公訴棄却の決定をするか、または336条によって無罪の言渡しをすべきものとする説（牧野632頁）、②はじめから可罰的でないから、刑の免除を言い渡すべきではなく、公訴権を欠くものとして免訴の言渡しをすべきだとする説（小野・総論232頁）とがある。しかし、いずれも、刑事訴訟法において、刑の免除が有罪判決の一種とされていることに矛盾する。これに対して、この不均衡を是正するために、第1項の近親者間の犯罪の場合についても、その他の親族の場合と同じく被害者の告訴を要するものとする見解については、解釈論としては無理があるというべきである（大塚210頁）。

6 錯　誤

　錯誤によって身分関係が存在すると誤信して窃盗罪等を実行したいわゆる積極的錯誤の場合の処理については、刑の免除をどのように根拠づけるかによって異なる（☞総論§142, 6 (2)）。①違法減少説ないし可罰的違法性阻却説によれば、違法阻却の事実的前提に対する錯誤の問題となる（中山234頁、中森105頁）。②責任阻却（減少）説によれば、これを事実の錯誤として扱う見解によれば、期待可能性を基礎づける事実の錯誤として窃盗罪の故意を阻却し、38条2項により親族相盗例の限度で責任を問われるものとされ（曽根123頁）、法律の錯誤とすれば、錯誤に陥ったことが回避可能かどうかにより、不可能であった場合には期待可能性がなくなり、責任が阻却されることになる（福田・総論218頁）。③人的処罰阻却事由説によると、錯誤は故意・責任の成否に影響しないことになる（木村129頁、団藤582頁、大塚210頁、大谷228頁）。しかし、④可罰的責任の薄弱性を根拠とする人的処罰阻却事由説に立てば、錯誤に陥ったことにつき無理もないといえる場合には、38条2項の趣旨にかんがみて政策的に窃盗罪として処罰することは差し控え、親族相盗に準じ、刑の免除を言い渡すべきである（☞総論§142, 6 (2)）。他人の占有する財物であると信じて盗んだが、実は父親の占有する物であったという消極的錯誤の場合については、客観的に親族相盗例の適用があるのだから、主観によって左右されず、刑は免除されるというべきである。

　親族でない共犯については、親族相盗例の適用はない（244条3項）。可罰的責任の強弱は、一身専属的なものであり、親族の身分をもたない者に刑の免除等を行う必要はないからである。

第3節　強盗の罪

§84　総　説

　強盗の罪は、暴行または脅迫を手段とする盗取罪である強盗罪を基本類型とし、それに準ずる類型をも含む犯罪類型であるが、他人の財物のみならず、財産上の不法の利益をも客体とする。刑法は、強盗罪（236条）のほかに、これに準ずる犯罪類型（準強盗）として、事後強盗罪（238条）、昏酔強盗罪（239条）を規定し、さらに加重類型として、強盗致死傷罪（強盗傷人罪・強盗殺人罪）（240条）、強盗強姦罪・強盗強姦致死罪（241条）、これらの罪の未遂罪（243条）、および強盗予備罪（237条）を設けている。

　強盗の罪は、財産犯であるが、暴行・脅迫を手段とするので、被害者の生命・身体・自由などに対する罪としての性質をも併有する。[1]

§85　強盗罪

> 暴行又は脅迫を用いて他人の財物を強取した者は、強盗の罪とし、5年以上の有期懲役に処する（236条1項）。
> 前項の方法により、財産上不法の利益を得、又は他人にこれを得させた者も、同項と同様とする（同条2項）。
> （1項・2項ともに）未遂は、罰する（243条）。

1　強盗罪（1項強盗）

　1項は、財物に対する罪であり、「強盗取財罪」または「1項強盗」と呼ばれる。

ⓐ　行　為　暴行または脅迫を用いて他人の財物を強取することである。
　（ⅰ）**暴行・脅迫**　暴行または脅迫は、被害者の**反抗を抑圧するに足りる**ものでなければならない（大判大3・6・24刑録20・1333、最判昭24・2・8刑集3・2・75）。学説の中には、現実に反抗を抑圧することを要するとする立場（中森129頁）もあるが、通説は、強盗の実行行為としての暴行・脅迫であるためには、必ずしも、現実的に反抗を抑圧したことは要しない（最判昭23・6・26刑集2・7・748参照）とする。判例は、被害者が、「その精神及び身体の自

---

[1] 強盗罪の最近の論点については、「特集・強盗罪の現代的諸相」現刑44号（2002年）4頁以下。

由を完全に抑圧されることを必要としない」という（最判昭23・11・18刑集2・12・1614＝**百選38**）。したがって、反抗を抑圧するに足りる程度の暴行・脅迫が加えられれば、少なくとも強盗罪の**未遂**である。抑圧しうる程度に至らない暴行・脅迫を用いて財物を交付させた場合には、恐喝罪である（249条1項）。反抗を抑圧するに足りる程度かどうかの判断の基準は、被害者の主観を基礎とするのではなく、**客観的基準**によるべきである（通説）。**判例**も、この点、社会通念上一般に被害者の反抗を抑圧するに足りる程度のものであるかどうかという客観的基準によって決せられるのであって（前掲最判昭23・11・18）、具体的事案の被害者の主観を基準にして被害者の反抗を抑圧する程度であったかどうかということによって決せられるのではないとする（前掲最判昭24・2・8）。

　　さらに最近の判例では、万引きで私人に現行犯として逮捕され警察官に引き渡される際、逮捕を免れる目的で警察官の胸倉等を摑んで押し、警察官の右腰のホルスターからけん銃を抜き取ったうえ、その銃把を握り多数回にわたってけん銃を強く引っ張るなどの暴行を加え、警察官の職務の執行を妨害するとともに、警察官に加療約7日間の傷害を負わせた事案につき、被告人はけん銃を奪われまいとする警察官との間で引っ張り合いのようになったが、「本件暴行自体は、相手方であるA巡査の生命身体を直接攻撃するものではなく、専らけん銃を奪い取る手段としての行為にとどまっているのであるから、それをもって同巡査の反抗を抑圧するに足りるような暴行と評価することはできない」として、強盗致傷罪の成立を肯定した原判決を破棄し、窃盗罪と公務執行妨害・傷害罪として処断したものがある（大阪高判平16・2・19判時1878・155）。本判決では、「反抗を抑圧するに足りるような暴行」かどうかが問題とされているが、本件行為者に強盗の不法領得の意思があったかどうかも疑問である。

　判断基準　　客観的に反抗を抑圧する程度の暴行・脅迫であったが、被害者が現実には、畏怖はしたが反抗を抑圧されずに財物を交付したような場合をどう処理するかについては、見解が分かれている。判例には、強盗既遂とするもの（前掲最判昭24・2・8）、強盗未遂と恐喝既遂の観念的競合とするもの[2]（大阪地判平4・9・22判タ828・281）もある。学説においても強盗既遂を認めるものがある（藤木294頁、前田286頁）。しかし、反抗を抑圧して財物を強取するのが、強盗罪の本質であるとすれば、**既遂の要件**としては、**現に反抗**

---

[2]「その最も重い刑」は、未遂減軽前の法定刑を比較することによるから（大判大2・2・3刑録19・173）、この場合、強盗未遂として処断されることになる。

を抑圧されること が必要だと解すべきであろう。後説が妥当である。したがって、豪胆な人物に社会通念上反抗を抑圧するに足りる程度の暴行・脅迫を用いたが、反抗を抑圧されなかった場合には、強盗未遂であり、少なくとも畏怖していた場合には、それに加えて恐喝罪も成立して、強盗未遂罪との観念的競合となる（団藤588頁、大塚215頁、中森107頁、曽根129頁、西田169頁、山口217頁）。これとは逆に、極めて臆病な人物に、それと知らずに、反抗を抑圧するに足りない程度の暴行・脅迫を加えても、恐喝の限度にとどまる（強盗の故意が否定される）。犯人が、被害者が極めて臆病であることを知って、これを用いた場合には、被害者が現に反抗を抑圧されている以上、強盗の手段としての暴行・脅迫があったものと解する見解が有力である（団藤587頁、大塚213頁、大谷231頁、中森107頁、山口218頁）。これに対しては、この見解は、客観的基準をとる以上は一貫しないとして、客観的に恐喝の程度であれば恐喝既遂にとどまるとする学説も有力である（曽根129頁、西田169頁、前田283頁）。しかし、この説によるなら、反抗を抑圧されたため、被害者が財物を「交付」していないにもかかわらず、恐喝既遂が成立するというのは不当であり、恐喝未遂にとどまると解すべきである。結論としては、臆病であることを知って、その人にとって反抗を抑圧される程度の暴行・脅迫を加え、反抗を抑圧されて財物を差し出した場合には、強盗既遂を肯定する見解が妥当である。

暴行の概念　　暴行は、人に向けられた有形力の行使であれば足り、直接身体に対して加えられる必要はない。物に対する有形力の行使でも、被害者の意思・行動の自由を抑制し、その反抗を抑圧しうるものであるときは、本罪にいう暴行であるとする見解（木村119頁、大塚214頁、大谷232頁）もあるが、これを、暴行を示すことによる「脅迫」と捉える見解（中森107頁）もある。直接的には物に対する暴行であっても、間接的に人の身体に対する暴行であれば、人に向けられた暴行である。なお、相手方を殺害する行為は、有形力の行使であり、しかも相手方の反抗を完全に抑圧するものであるから、暴行にあたる（前掲大判大3・6・24）。

ひったくり　　いわゆるひったくり行為が、強盗罪にあたるかどうかについては争いがある。窃盗にしかならないという見解は、それが反抗の抑圧に向けられた暴行ではないことを根拠にする（中森107頁以下、西田169頁、山口219頁）。判例は、行為者が、女性が右手で自転車のハンドルとともに提げ手

のバンドを握っていたハンドバッグを無理にでも引っぱって奪い取ろうとした行為につき、「被告人の企図した右のような行為は、同女が僅かでも抵抗すれば両車の接触、同女の転倒等を招き同女の生命身体に重大な危害を生ずる可能性のある極めて危険な行為であって、ことに前記のような当時の四囲の状況の下では、一般的客観的にみて同女の抵抗を抑圧するに足る暴行に当るものというべきである」として（東京高判昭 38・6・28 高刑集 16・4・377）、反抗の抑圧に向けられた行為であるとしている。[3] 突然、通行人を突き倒し、その携帯品を奪って逃走する場合のように、不意に極めて短時間の暴行が加えられ被害者が抵抗するいとまがなかった場合、たんに被害者の虚をついたにすぎず、窃盗罪であるとする見解が有力に唱えられていた（牧野 644 頁、滝川 127 頁）。反抗を抑圧するに足りる暴行かどうかは、ひったくりの強度と態様によるであろう。上に掲げた判例の事案のように、たんに財物に対して物理力を加えただけではなく、物理力はそれを通じて身体に及び、または、注意をそらされたことによって無防備になったというだけではなく、加えられた暴行によって反抗を抑圧されたときは、強盗罪が成立するというべきである（山口 218 頁以下）。判例には、一人歩きの被害女性に対し後ろからいきなり首の辺りに腕を回して引きつけ、右肩にかけていたショルダーバッグの鎖部分を右手でつかんで引っ張り、座り込んだ被害者を無理やり引きずるなどした行為につき、強盗致傷を否定し、恐喝未遂と傷害罪の成立を認めたものがある（札幌地判平 4・10・30 判タ 817・215）。

暴行・脅迫の相手方　財物の強取について障害となる者であれば足り、かならずしも財物の所有者または占有者であることを要しないとする見解が有力である[4]（大判大元・9・6 刑録 18・1211、大塚 214 頁、大谷 232 頁以下、前田 285

---

[3] 最決昭 45・12・22 刑集 24・13・1882 も、同旨である。詳細については、原審（東京高判昭 45・6・22 刑集 24・13・1895）を参照。そこでは、「被害者の女性がハンドバッグを手離さなければ、自動車に引きずられたり、転倒したりなどして、その生命、身体に重大な危険をもたらすおそれのある暴行であるから相手方女性の抵抗を抑圧するに足るものであった」という。

[4] 最判昭 22・11・26 刑集 1・28 は、留守番をしていた 10 歳の子供に暴行を加えた事案につき次のようにいう。「およそ強盗罪の成立には目的を遂行するに障碍となる者に対してその反抗を抑圧するに足る暴行を加へるといふことで十分であって論旨にいふやうに暴行を受けるものが十分の意思能力を持ってゐることは必要ではない。本件被害者 M の三男 T も既に当十歳と云へば完全な意思能力はないまでも或程度物に対する管理の実力は持ってゐるといふべきであって同人が本件犯行の現場に居合せたことは被告人が同家の物を盗むといふ目的を遂行するのに障碍となったことは疑のないところである」。

頁）が、「強取について障害となる者」という表現は広すぎるとして、財物の保持に協力すべき立場にある者（中森107頁）ないし占有者を補助する者（山口・探究132頁）でなければならないとする見解もある。侵入窃盗に際して、眠っている幼児が目覚めて泣き出すと妨害になるので、薬物注射で念を入れた場合、強盗に入ろうとする家の前で長話をしているアベックに暴行を加えて立ち去らせた場合などは、強取のための暴行とはいえないであろう。後説が妥当である。

暴行・脅迫後の領得意思　財物強取の手段として行われた暴行・脅迫であることが必要である。たんなる暴行・脅迫の意思で開始されたが、被害者の反抗抑圧の後に財物奪取の意思を生じてこれを奪ったときも、強盗罪が成立するとする見解[5]（藤木294頁）があるが、財物強取の意思にもとづく暴行・脅迫ではないので、暴行罪・脅迫罪と窃盗罪の併合罪にとどまる（大塚214頁、大谷234頁）。強盗罪の成立には、領得意思にもとづく**新たな暴行・脅迫**が必要である（内田272頁、大谷234頁、中森108頁、西田172頁以下、前田289頁、山口221頁）。

　判例では、強姦の目的で暴行・脅迫を加えたところ、被害者が畏怖し金員を提供したので、これを受領した場合、「自己の作為したる相手方の畏怖状態を利用して」他人の物の所持を取得するものであるから、暴行または脅迫を用いて財物を強取するに等しく、強盗にあたるとするものがある（大判昭19・11・24刑集23・252）。これに対して、強姦の目的によって加えられた暴行・脅迫によって相手方が抗拒不能の状態になった後に、財物奪取の犯意を生じ、被害者が失神している間にこれを奪ったときは、強盗罪は成立せず、窃盗罪にとどまるとしたものもある（札幌高判平7・6・29判時1551・142）。強姦目的での暴行・脅迫を強盗の手段としての暴行・脅迫とみなすことはできず、また、抗拒不能の状態の利用は、暴行・脅迫を加えて反抗を抑圧するのとは異なるから、強盗罪の成立を認めることはできないというべきである（大塚215頁、大谷234頁、曽根131頁、前田289頁）。その場合、強姦罪と窃盗罪の併合罪である。財物奪取の意思を生じた後、さらに暴行・脅迫を加え、**反抗抑圧状態を持続**させてその財物を奪った場合には、強盗罪になることは一般に認められている（東京高判昭48・3・26高刑集26・1・85、大阪高判平元・3・3判タ712・248、大塚214頁、大谷234[6]

---

[5] 藤木294頁は、「暴行・脅迫により相手方を制圧したのちはじめて財物奪取の犯意を生じ、無抵抗の被害者から財物を奪取したときは、犯人が前の暴行によって生じた抵抗不能の状態を利用し、いわばその余勢をかって財物を奪ったものと認められるかぎり、強盗と認めるべきである」とする。

[6] 「自己の先行行為によって作出した**反抗抑圧状態を継続させるに足りる暴行、脅迫**があれば十分であり、それ自体反抗抑圧状態を招来するに足りると客観的に認められる程度のものである必要はない」とする。

頁、前田291頁)。犯人の存在自体が反抗を抑圧するに足りる脅迫にあたるとすれば、被害者が失神しているのでない限り、新たな脅迫の認定は容易になろう。なお、近時の判例には、強姦罪の共同正犯としてすでに強姦行為を開始し、共同者が、姦淫の後、反抗抑圧状態において、口淫を実行中、被害者の鞄から財物を奪取したとき、いまだ、共犯者が強姦の行為を継続中であり、被告人自身もその傍らで見張り行為をしている最中に被告人が単独で被害者の財物を奪取する旨決意してこれを実行したのであるから、共犯者が現に実行継続中の行為は、被告人のそもそも責任を負うべき暴行行為であるとして、強盗罪を肯定したものがある（大阪高判平11・7・16判タ1064・243)。また、被害者の女性に対し暴行を加えてその反抗を抑圧したうえで、わいせつな行為に及び、その後、ショルダーバッグを奪おうとした事案で、「財物奪取の犯意が生じた後に新たな暴行、脅迫がなされることが必要であるが、その暴行、脅迫は、先行行為によって作り上げた**反抗抑圧状態を維持継続するに足りる程度のものであれば足りる**」として、強盗罪の成立を認めた判例もある（旭川地判平16・1・29LEX/DB)。

さらに、被告人が、被害者に対して強制わいせつ罪の暴行・脅迫を加えた後に、被害者から携帯電話等を奪取したという事案につき、東京高裁は、強制わいせつの目的による暴行・脅迫が終了した後に、新たに財物取得の意思を生じ、前記暴行・脅迫により反抗が抑圧されている状態に乗じて財物を取得した場合においては、強盗罪が成立するのは、新たな暴行・脅迫と評価できる行為が必要と解されるが、本件のように**被害者が緊縛された状態にあり、実質的には暴行・脅迫が継続していると認められる場合**には、新たな暴行がなくとも、これに乗じて財物を取得すれば、強盗罪が成立すると解すべきであるという（東京高判平20・3・19判タ1274・342＝**百選41**)。

(ⅱ) 強 取　　強取とは、暴行・脅迫をもって**相手方の反抗を抑圧し、その意思によらずに財物を自己または第三者の占有に移すこと**をいう。したがって、被害者から、直接、財物を奪取する場合のみでなく、反抗を抑圧されている被害者から提供された財物を受領する場合も強取である。また、反抗を抑圧されている被害者の知らない間に財物を奪取した場合にも、知らなかった原因が行為者の暴行・脅迫にあるという場合には、強取である（最判昭23・12・24刑集2・14・1883)。暴行・脅迫による被害者の反抗の抑圧と財物の奪取との間に**因果関係**がなければならない（大塚215頁、大谷220頁)。したがって、反抗を抑圧するに足りる程度の暴行・脅迫を加えた結果、畏怖心を生じたが、反抗を抑圧されることなく財物を提供した場合[7]、ないし、憐憫の情から任意に財物を提供した場合には、強盗未遂罪が成立する[8]（平野208頁、大

---

[7] 客観的には恐喝罪の結果が生じている。通説・判例は、強盗未遂と恐喝既遂の観念的競合とし、54条により「最も重い刑」である強盗未遂の刑を科せられるものとする。
[8] 判例は、この場合にも強盗既遂罪を認める（前掲最判昭24・2・8)。同旨、藤木294頁、前田287頁。

塚215頁、大谷233頁、曽根129頁）。

　強盗の故意で**まず財物を奪取し、次いで被害者に暴行・脅迫**を加えてその奪取を確保した場合、強盗罪が成立する（最判昭24・2・15刑集3・2・164）。窃盗が既遂に達した後は、事後強盗が成立するという見解（西田170頁）は、この事案では、当初から強盗の故意で行われ、しかも奪取行為と暴行・脅迫とが極めて接着して行われていることが前提とされていることを勘案すれば、不当である。**既遂後の財物の確保のための暴行・脅迫**も強盗の手段と解すべきである。

　当初は強盗の意思がなく、窃盗に着手した者が、途中から暴行・脅迫を用いて財物を奪取した場合（いわゆる**居直り強盗**）、強盗罪にあたる。[9]この場合には、財物の取得以前の暴行・脅迫により財物の占有が移転したといえるからである。

　❺　**実行の着手・既遂時期**　　本罪の実行の着手は、反抗を抑圧するに足りる程度の暴行・脅迫の開始時点に認められる。強盗の意図でまず財物を奪取し、ついで財物確保のため暴行・脅迫を加えた場合にも、暴行・脅迫の開始時点が着手時期であり、いわゆる居直り強盗の場合もそうである。

　本罪の**既遂時期**は、行為者または第三者が財物の占有を取得した時点である（前掲最判昭24・2・15）。本罪は、状態犯である。取得された盗品の処分行為は、新たな法益侵害を伴わない限り、不可罰的事後行為である。

　❻　**主観的要件**　　強盗の故意のほか、通説・判例によれば、不法領得の意思が必要である。

　❼　**罪数・他罪との関係**　　数人に暴行・脅迫を加えて、一個の占有を侵害して財物を強取したとき、強盗罪一罪が成立するにすぎない。これに対して、一個の暴行・脅迫によって数人から財物を強取したとき、強盗罪の観念的競合である（最判昭22・11・29刑集1・36）。窃盗の意思で他人の住居に侵入して窃盗行為を行い、その後、家人に暴行・脅迫を加えて財物を強取した場合には、被害者が同一であるので、窃盗罪は強盗罪に包括され、強盗罪のみが成立する（高松高判昭28・7・27高刑集6・11・1442）。侵入強盗においては、住居侵入罪と強盗罪とは牽連犯となる。

---

[9] この場合、窃盗罪は、重い強盗罪に吸収される。

2 強盗利得罪（2項強盗）

2項は、財産上の利益に対する罪であり、「強盗利得罪」または「2項強盗」と呼ばれる。

ⓐ 客 体 2項強盗罪の客体は、財産上の利益である。

（ⅰ）**財産上の利益** 本罪の客体は、財産上の利益である。暴行・脅迫を加えて債権者に債務免除の意思表示をさせる場合の「債権」がその例である。不動産についても、財産上の利益である。情報は、財産として有償で提供される場合があるが、財物である媒体に化体されない状態でコンピュータ・ネットワークを通じて提供される場合にも、財産上の利益になりうる。このような財産上の利益としての情報を「情報財」と呼ぶことにする。情報財は、2項強盗罪の客体となる（☞後述ⓑ, (ⅱ)）。財産上不法の利益とは、財産上の利益自体が不法なのではなく、不法に得られた財産上の利益という意味である。

利益自体が**不法な利益**であってもよい。道路運送法に違反して自動車運送業を営むいわゆる白タクの運転手に暴行を加えて逃走し、運送料金の支払を免れた場合（名古屋高判昭35・12・26高刑集13・10・781）、また、麻薬購入資金として被害者から預かった金銭の返還を免れ、領得するために被害者を殺害した場合（最判昭35・8・30刑集14・10・1418）、さらに、盗品等の対価であることを明らかにして現金の消費寄託を受けた者が、その返還を免れる目的で委託者を殺害した場合にも、本罪にあたる[10]（大阪高判昭36・3・28下刑集3・3=4・208）。覚せい剤の返還を免れる目的で委託者を殺害した場合にも、本罪が成立する（最決昭61・11・18刑集40・7・523＝百選39）。しかし、判例は、暴行・脅迫を用いて売春代金の支払を免れた場合、対価請求は刑法上の保護を受けないのであって、財産上の利益を得たとはいえないとする（広島地判昭43・12・24判タ229・264）。最近の判例では、暴利の闇金融業者から支払の督促を受けていた二人の被告人が共謀して、これまで請求を受けていた貸金債務の支払を免れようと、金属バットで業者を殴打して殺害しようとして未遂に終

---

[10] 本判決は、708条が、「不法原因のため給付したものは給付したものの返還を請求することができないとしたのは、受領者が給付物の返還を拒んだ場合、給付者は法律上の手段によって返還請求をすることができないとしたに止まり、受領者が右利得を保持することを正当とするのでもなく又当事者間の事実上の返還を禁ずる趣旨ではなく」、受領者が給付者に対する右事実上の返還を免れる目的で給付者を殺害したときは、2項強盗が成立するものとする。

わった事案につき、2項強盗殺人未遂が成立するとしたものがある（大津地判平15・1・31判タ1134・311）。また、アパートの家賃を数か月滞納していたため、支払の督促を受けていたが、ある日、大家から滞納家賃を払わなければ退去するよう追及されたため、隠し持っていたペティナイフで、殺意をもって計5回にわたって被害者の胸部などを突き刺し、これによって出血性ショックにより死亡させたという事案で、強盗目的が否定されたものがある（鹿児島地判平24・3・19判タ1374・242）。そこでは、支払を厳しく督促され、今の追い詰められた状況から逃げたいといった気持で「財産的利益を獲得するという積極的な目的意識を認めることはできない」とし、「刑法236条2項にいう『財産上不法の利益』、すなわち、同条1項における『他人の財物』と同視できる程度に具体的な利益を意識していたともいえない」とする。

（ⅱ）**代金支払・返還請求の免脱**　この関係で、窃盗ないし詐欺行為の後、財物の返還ないし債務を免れるため、暴行に及んだ事案に関する最高裁判例（前掲最決昭61・11・18＝百選39）を検討しておこう。[11]

（**事実**）甲は、知り合いの組長Yから、X会の幹部のAを殺害すればX会の力が弱まるし、覚せい剤を奪えばその資金源もなくなる旨を告げられ、Aに、覚せい剤の買手がいるように装って覚せい剤の取引を申し込み、Aから覚せい剤1.4キログラムを売る旨の返事を得た。そこで、甲は、Aをホテルに呼び出す計画を立て、仲間に引き入れたYの配下の乙に対し、「俺が相手の部屋で物を取りその部屋を出た後お前の部屋に行って合図するから、そのあとお前は入れ替わりに相手の部屋に入って相手をやれ」と指示した。その翌日、甲は、Aをホテルの303号室に案内し、同人の持参した覚せい剤を見て値段を尋ねたりしたあと、Aに「先方は品物を受け取るまでは金はやれん言うとる」と告げた。しばらくやりとりが続いた後、Aは、譲歩して「なら、これあんたに預けるわ」と言いながら、甲に覚せい剤約1.4キログラムを渡したので、甲はこれを受け取って、Aに「一寸待ってて」と言い、309号室に行き、乙に303号室に行くように指示し、逃走した。乙は、甲が出ていってから少し時間を置いて303号室に向かい、室内に入り、至近距離からA目掛けて拳銃で弾丸5発を発射したが、同人が防弾チョッキを着ていたので、重傷を負わせたにとどまり、殺害の目的を遂げなかった。

この事実に対し、第1審および原審は、一項強盗による強盗殺人未遂罪の成立を認めた。これに対して、最高裁は、次のような理由で、2項強盗殺人未遂を認めた。

（**判旨**）　「被告人による拳銃発射行為は、Aを殺害して同人に対する本件覚せい剤の返還ないし買主が支払うべきものとされていたその代金の支払を

---

[11] 判例評釈として、安廣文夫・最判解・昭61年度276頁以下参照。

免れるという財産上不法の利益を得るためになされたことが明らかであるから、右行為はいわゆる二項強盗による強盗殺人未遂罪に当たるというべきであり（…）、先行する本件覚せい剤取得行為がそれ自体としては、窃盗罪又は詐欺罪のいずれに当たるにせよ、前記事実関係にかんがみ、本件は、その罪と（2項）強盗殺人未遂罪のいわゆる包括一罪として重い後者の刑で処断すべきものと解するのが相当である」（傍点引用者）。

谷口正孝裁判官の「意見」　要約すると、以下のごとくである。①取引の対象となっているのが法禁物である覚せい剤であり、所持の移転は所有の移転に直結するものであって、詐欺にもとづく交付行為があったと考えるのが相当である。②窃盗罪の成立を肯定したうえ、2項強盗罪の成立を論ずるが如きは、解釈に名をかり、238条の成立範囲を拡張するに等しいものと考える。③犯人と被害者の間において債権、債務の関係が解決されるべき当面の係争事として問題となっている場合に、債務を負担すべき地位にある者が、債務の履行を免れるため、債権を行使すべき地位にある者を殺害して事実上債務の履行を免れ、反面、債権の行使を事実上不能に帰せしめた場合に限っては、2項強盗殺人罪の成立を肯定してよい。結論としては、2項強盗殺人未遂罪の成立を認めるというものである。

従来の判例・論点　ここでは、詐欺行為の後の暴行・脅迫による利益の取得の罪責と窃盗行為の後の暴行・脅迫による利益の取得の問題のみを取り上げよう。この点、判例には、かつて1項詐欺が成立した後、暴行・脅迫により代金の支払を免脱した場合、2項強盗の成立を否定するものがあった（神戸地判昭34・9・25下刑集1・9・2069）。しかし、判例には、詐欺罪の成立の後、暴行・脅迫を加えて代金の支払を免れた事案で、強盗罪を認めたものは少なくない（高松高判昭30・4・27高裁特2・10・543、大阪地判昭57・7・9判時1083・158ほか）。前掲最高裁昭和61年決定は、最高裁としてこれを認めたものである。また、窃取した書画の返済を請求されたときにそれを免れるために、相手方を殺害した場合、返還請求権の追及を困難ならしめているから、強盗殺人罪が成立するとされている（安廣・最判解・昭61年度306頁参照）。その際、2項強盗罪と事後強盗罪は、相互に交錯する二つの円のような関係であるとされる。

本書の見解　詐欺行為が先行している場合にのみ、2項強盗罪が成立し、窃盗罪が先行する場合には、事後強盗罪の要件にあたらない限りで、2項強

盗罪が成立する余地があるというべきである。詐欺罪においては、交付は錯誤にもとづく意思によっており、占有は意思によって移転している。これに対して、窃盗は意思にもとづかない一方的な盗取にすぎない。詐欺にあっては、瑕疵ある意思にもとづく「契約」が存在するから、取り消しうるものであったとしても（民96条1項）、代金債務が生じるが、窃盗の場合には財物に関する返還請求権ないし不法行為にもとづく損害賠償請求権が生じるのみである。したがって、詐欺罪の後の暴行・脅迫によって代金請求権に対する2項強盗が成立することは否定できない。しかし、窃盗によって生じる返還請求権・損害賠償請求権については、事後強盗罪の成立する範囲内で2項強盗罪の成立を排除するというべきであろう。したがって、後日、窃取された財物の返還を請求するため窃盗犯のもとに赴いたところ、それを免れるために被害者を殺害したといった事案において、2項強盗（殺人）罪が成立する。

ⓑ 行 為 反抗を抑圧する程度の暴行・脅迫を加えて財産上の不法の利益を得、または第三者に得させる行為である。

（ⅰ） 財産的処分行為の必要性？ 1項強盗においては、反抗を抑圧して財物を強取すれば、強盗罪が成立するが、**2項強盗**にあっては、財産上の利益の取得は、被害者の**財産的処分行為**にもとづくものであることを要するとする見解がある（牧野647頁、滝川129頁、木村120頁）。

　大審院の判例は、当初、2項強盗罪が成立するには、「財産上の処分（作為又は不作為を含む）を強制することを要し、債務者が、債務の履行を免れる目的を以て単に債権者を殺害する行為の如きは、同条項の強盗罪を以て論ずるを得ず」（大判明43・6・17刑録16・1210）としていた。[12] 最高裁は、この判例を変更し、「1項の罪におけると同じく相手方の反抗を抑圧すべき暴行、脅迫の手段を用いて財産上不法利得するをもって足り、必ずしも相手方の意思による処分行為を強制することを要するものではない」とし、暴行・脅迫を加え、債権者をして事実上支払の請求をすることができない状態に陥らしめて支払を免れた場合でも、2項強盗が成立するとした（最判昭32・9・13刑集11・9・2263=**百選40**）。

2項強盗罪において「財産的処分行為」を必要とする積極説（**処分行為必要説**）の根拠は、1項強盗において財物の取得には「占有の移転」という外部的事実が必要なように、財産上の利益についても利益の移転を認めうる外部的事実が存在する必要があり、それを「財産的処分行為」に求めるべきだと

---

[12] しかし、後には、タクシーの運転手の首を絞めて乗車賃の支払を免れた事案につき、被害者の意思表示を要しないとして、本罪の成立を肯定した（大判昭6・5・8刑集10・205）。

する点にある（牧野647頁、滝川129頁、木村120頁）。しかし、通説は、強盗罪は、暴行・脅迫によって被害者の反抗を抑圧し、被害者の意思によらず強制的に財産上の利益を移転させるものであることを理由に、また、1項では、「交付」を要求しないのに、2項でのみ「処分行為」を要求するのは均衡を失するということを理由に、消極説に立つ。消極説（**処分行為不要説**）が妥当である。

（ii）**財産上の利益の移転**　暴行・脅迫による反抗抑圧の結果、財産上の利益が行為者ないし第三者に移転し、それらの者が不法の利益を得たのでなければならない。1項強盗の「財物」の移転の場合における、財物の占有の移転の意義はある程度明確であったが、「利益」の移転については、いかなる条件のもとにいつ利益が移転したかにつき困難な問題がある。

第1に、キャッシュカードそのものを窃取した後、脅迫を加えてその**暗証番号を聞き出した**とき、利益強盗の既遂として「財産上の利益の移転」があったといえるかという問題を、判例（東京高判平21・11・16判時2103・158）を手掛かりとして取り扱っておこう。

　被告人は、住居に侵入後、キャッシュカードの窃取に着手し、いつでも容易にその占有を取得できる状態においたうえで、同キャッシュカードの占有者に脅迫を加えて同キャッシュカードの暗証番号を強いて聞き出したという事案で、**第1審**は、暗証番号を聞き出したとしても、財物の取得と同視できる程度に具体的かつ現実的な財産的利益を得たとは認められないとし、「財産上不法の利益」とは、「移転性」のある利益に限られ、同項に該当するためには、犯人の利益の取得に対応した利益の喪失が被害者に生じることが必要であると解したうえで、被告人が上記のとおり暗証番号を聞き出したとしても、キャッシュカードの暗証番号に関する情報が本件被害者と被告人との間で共有されるだけで、本件被害者の利益が失われるわけではないから、被告人が「財産上不法の利益を得た」とはいえないとして、強盗罪の成立を否定し、**強要罪が成立するにすぎない**とする。これに対して、**第2審**は、利益強盗（236条2項）の既遂を認めた。「2項強盗の罪が成立するためには、財産上の利益が被害者から行為者にそのまま直接移転することは必ずしも必要ではなく、行為者が利益を得る反面において、被害者が財産的な不利益（損害）を被るという関係があれば足りると解される」。「本件においては、被告人が、ATMを通して本件口座の**預金の払戻しを受けることができる地位**を得る反面において、本件被害者は、自らの預金を被告人によって払い戻されかねないという事実上の不利益、すなわち、**預金債権に対する支配が弱まる**という財産上の損害を被ることになるのであるから、2項強盗の罪の成立要件に欠けるところはない」とする。しかし、預金債権に対する支配が弱まるという程度の事実上の不利益の発生で十分かどうかには疑問が残る。むしろ、第1審のいうように、

財産上の利益の「移転」の直接的効果としての「不利益」が生じることが必要であり、「払戻しを受けることができる地位」は、いまだ「利益」の移転には当たらないと解すべきである。第2審の解釈は、財産罪を危険犯化するものである。

さらに利益の移転時期の認定が困難な場合の一つとして、**情報財の移転**につき論じておこう。情報の移転については、情報は、複写されることによって伝達され、情報の価値は、その利用可能性を得ることによって生じるから、財物の移転とは異なり、情報自体は、被害者の手元に残りながらそのコピーが相手方に伝達されるという形で、情報財が相手方に移転する。この情報財の伝達形式の特殊性から、利益移転罪としての2項強盗罪にはあたらないのではないかという解釈が展開されている（山口・研修647号3頁以下）。しかし、情報財の特殊性から、情報の利用価値は、コピーを入手しただけで完全に取得され、被害者の手元に残った情報財の価値が減少することもありうるのであるから、情報財という利益の移転は、そのコピーが相手方に不法に利用可能となったときに生じるというべきである。

この点は、**有償の役務の提供**（サービス）についても同様であり、役務の提供を受けたときに利益の移転があったというべきである（大塚218頁、なお、山口215頁）。

(iii) **財産上の利益の移転とみられる事態**　一般に、財産上の利益がいつ移転したかについては、その確定が困難である場合が多い。そこで、被害者の財産的処分行為は不要であるとしても、利益の移転が生じたといえる客観的な事態を基準としてそれを判断すべきであると主張されている。すなわち、**法律上・事実上利益が移転したとみられる事態**の存在が必要だとするのである（東京高判昭37・8・7東高刑時報13・8・207参照）。この点で問題となるのは、債権者を殺害して債務を免れようとする場合である。債権者の死亡によっても債権が消滅するわけではないから、それによって直ちに債務者が利益を得るわけではない。しかし、殺害されたことによって債権の追及が長期間にわたって事実上不可能ないし著しく困難になったという場合には、利益を得たものといえよう。判例では、債務の支払を免れるために債権者を殺害した事案において、「殺害の結果、債権の相続人等においてこれを行使することが不可能もしくは著しく困難になったときは、債務者が、債権者による債務免除の処分行為を得たのと実質上同視しうる現実の利益を得たという意味において、財産上不法の利益を得たと認めうるのは当然である」が、さら

に、「履行期の到来又は切迫等のため、債権者側による速やかな債権の行使を相当期間不可能ならしめたときにも、財産上不法の利益を得たと認めうるもの」とする（大阪高判昭59・11・28高刑集37・3・438）。**利益の取得**は、現実的・具体的なものでなければならず、その可能性や利得を受ける地位を得るだけでは足りない（大谷241頁）。したがって、相続分を独占するため**推定相続人**が、他の推定相続人を殺害しても、現実に財産上の利益を得たわけではないから、強盗殺人罪を構成しない[13]（大谷227頁、中森132頁、西田174頁、山口225頁）。利益の移転の観点からの客観的事態の存在のみならず、暴行・脅迫によって債務の支払を免れるという趣旨が客観的に明らかであることも必要であろう。不特定の客に対する役務の提供後、その支払が行われる段階での暴行・脅迫により逃走する場合などは、事実上債務を免れるという趣旨は明確である。債務者が履行期の定めのある特定の債権債務関係に立つ債権者を殺害した場合には、履行期が切迫していたり、厳しい督促を受けているなど（浦和地判昭53・12・12判時922・123、大分地中津支判昭53・1・31判時922・123）、その債務の履行が**当面の係争事項**になっていることが必要であろう。

❸ 罪数・他罪との関係 　1項強盗と2項強盗の関係につき、例えば、タクシー強盗をはたらこうと、運転手に暴行を加え、料金の支払を免れるとともに売上金を奪った場合、両者を包括して強盗罪一罪が成立する。詐欺によって取得した財物の支払を免れるために、暴行を加えた場合、詐欺罪と2項強盗罪が成立するが、侵害される財産的利益は実質的に一個であるから、包括して一個の2項強盗が成立すると解すべきである（中森110頁）。判例には、1項詐欺罪と2項強盗が成立するとするもの（札幌高判昭32・6・25高刑集10・5・423）、1項詐欺罪と暴行罪の併合罪とするもの（神戸地判昭34・9・25下刑集1・9・2069）もあるが、前者は、同一の法益につき二重の刑法的評価を加えるものであり、後者は、詐欺罪を行わずに、代金支払時に暴行を加えてそれ

---

[13] 相続人となるべき者が、相続の利益を得ようと被相続人を殺害した事案につき、東京高裁は、「相続の開始による財産の承継は、生前の意志に基づく遺贈あるいは死因贈与等とも異なり、人の死亡を唯一の原因として発生するもので、その間**任意の処分の観念を容れる余地**がないから、同条2項にいう財産上の利益には当たらない」として、強盗殺人罪の成立を否定し、単純なる殺人罪とする（東京高判平元・2・27高刑集42・1・87、団藤591頁、大塚220頁）。これに対しては、たんに相続人としての地位を取得するにすぎない場合には、暴行・脅迫などによって直接・不法に財産が移転するのではなく、財産上の利益の取得は現実的・具体的なものとならないから、強盗殺人罪を構成しないとする見解がある（大谷240頁）。なお、判旨に疑問を呈するものとして、林213頁参照。

を逃れた場合には、2項強盗罪が成立し、詐欺罪の後暴行を加えた場合と比べて不均衡となり不当である（大阪地判昭57・7・9判時1083・158）。

§86　事後強盗罪

> 窃盗が、財物を得てこれを取り返されることを防ぎ、逮捕を免れ、又は罪跡を隠滅するために、暴行又は脅迫をしたときは、強盗として論ずる（238条）。未遂は、罰する（243条）。

1　意　義

窃盗行為の後に暴行・脅迫を加えられることが多いという刑事学的実態を考慮して、この類型を強盗と同じく処断するというのが本罪の趣旨である。本罪の目的を、暴行・脅迫の加重類型とし、窃盗の後の暴行・脅迫からの人身の保護であるとする見解もある（大谷242頁）が、財産罪の機会におけるその完遂の手段としての暴行・脅迫に全体として強盗に準ずる性格を認めたものである。「強盗として論ずる」とは、法定刑の適用のほか、強盗致死傷罪、強盗強姦罪などの適用についても、すべて強盗として取り扱うというものである（大判明43・4・14刑録16・610、大判大15・2・23刑集5・46）。なにゆえ強盗として論じうるのかについては、従来、さほど議論がなかった。思うに、暴行・脅迫を用いて財物を強取するのも、後に暴行・脅迫によって確保するのも犯罪心理学的には価値的に同一だという点や、違法・責任の程度は低いが、被害者の取り返しや逮捕行為の（緊急権の）保護の必要性が高いので、政策的に同様に扱われるべきだという点から説明できるであろう。[14]

2　主　体

窃盗犯人である。窃盗の実行の着手に至っていることが必要である（東京高判昭24・12・10高刑集2・3・292）。未遂犯・既遂犯を含む。[15] 窃盗の正犯であ

---

[14] 窃盗犯人が思わず家人に発見されたときに、暴行・脅迫の行為に出るのは、「通常の心理的情動反応」である（*Blau*, Die Affekttat zwischen Empirie und normativer Bewertung, in : Tröndle-Festschrift, 1989, S. 112）。なお、事後強盗は、ドイツ刑法では「強盗的窃盗」（Räuberischer Diebstahl）（252条）とされ、窃盗の現場で暴行・脅迫を加えたとき、強盗と同様に処罰される。

[15] 本条における「窃盗が」には、窃盗の既遂の場合のみを含むという見解として、西田184頁、林216頁。しかし、窃盗の既遂・未遂は、本罪の既遂・未遂の判断基準としつつ、既遂の場合のみを含むとすれば、窃盗犯人が暴行・脅迫を加えれば本罪は既遂となり、実行の着手時点が既遂時点となり、また、窃盗未遂犯が加えた暴行・脅迫をこの類型から排除する根拠に乏しい。事後強盗の類型は、当初から、暴行・脅迫と財物の確保との手段・目的関係を緩和した類型なのである。

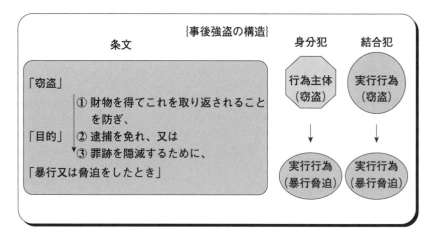

ることが必要であり幇助を含まない（大阪地堺支判平11・4・22判時1687・157）。財物を得て取り返されるのを防ぐ目的で、暴行・脅迫を加える場合には、窃盗はすでに既遂であるが、その他の場合には未遂であっても本罪の主体となる（大判明43・7・1刑録16・1322、大判昭7・12・12刑集11・1839）。窃盗の実行の着手の時点で、本罪の主体となるが、同時に**窃盗行為**も、後に遡って事後強盗の実行行為の一部となることのある行為である。

本罪は、**身分犯**であり、窃盗犯人であるということがその身分であるとする見解（**身分犯説**=大塚221頁、前田300頁）が有力である。しかし、主体の要件により本罪の既遂・未遂が決定されるのは不合理であり、身分犯ではないと解するべきである。強盗罪と同じように、窃盗罪と暴行・脅迫罪の**結合犯**である（**結合犯説**=中森112頁、山口233頁）。

身分犯説には、**真正身分犯説**（大阪高判昭62・7・17判時1253・141、堀内135頁、前田300頁）と**不真正身分犯説**（新潟地判昭42・12・5下刑集9・12・1548、東京地判昭60・3・19判時1172・155、大塚224頁、内田285頁、大谷243頁、曽根134頁）がある。真正身分犯説は、窃盗犯人という身分があることによってはじめて事後強盗罪という**財産犯**が構成されるがゆえに、「窃盗が」とは、真正身分を表すものとする。これに対して、不真正身分犯説は、本罪は暴行・脅迫罪に窃盗犯人たる身分が加わって刑が加重される犯罪であることを根拠にするが、本罪を**暴行・脅迫罪の加重類型**とする点に問題がある。身分犯説には、さらに、事後強盗において、財物の取り返しを防ぐ目的で暴行・脅迫を加え

た場合と逮捕を免れる目的、罪責を隠滅する目的でそれらを行った場合とを分け、前者の場合には 65 条 1 項の身分であり、暴行・脅迫のみに加功した者にも事後強盗の共犯が成立するが、後者の場合には 65 条 2 項の身分であって、加功者には暴行・脅迫罪のみが成立するという見解（佐伯仁志「事後強盗罪の共犯」研修 632 号 3 頁）がある。先行者の窃盗が未遂の場合には、財産罪の実質を備えていないから事後強盗の共犯とすべきでないというのがその根拠である。しかし、この見解を貫くならば、逮捕を免れる目的および罪責を隠滅する目的の場合、238 条は、一人の者が行ったとしても、財産罪としての実質を備えない、財産犯の既遂後の逃走のための暴行・脅迫にすぎないものを（事後）強盗と評価していることになって不当である。

しかし、「窃盗が」とは、確かに本罪の主体を表すものであるとしても、身分犯ではなく、本罪の実行行為の一部となるべき窃盗の**実行行為**を表すものにすぎない。[16] この見解に対しては、実行の着手時点が、暴行・脅迫の開始時点にあることから、それに先立つ窃盗行為を実行行為の一部とするのは矛盾であるとの批判があるが、先に行われた窃盗行為が、暴行・脅迫に至った時点で遡って実行行為となると解することによって矛盾なく説明できる（☞後述 3、**ⓓ**）。なお、「窃盗」の解釈に「強盗」も含むと解する見解（平野・法セ 213 号 52 頁、山口 227 頁）があるが、強盗の故意で暴行・脅迫の後、逃走の際の暴行・脅迫によって死傷させた場合、強盗と密接に関連する機会に死傷させたといえるから、事後強盗罪を適用せずとも、240 条の適用は可能であり、また、事後強盗の本旨は、まさに窃盗罪を犯した者が事後に暴行・脅迫を加えたときに、強盗に準じて取り扱う規定であるという点にあるから、事後強盗罪の「窃盗」に、「強盗」を含むと解して強盗罪との区別をあいまいにすることは不要である。

3 行 為

窃盗を行った者が、財物を得てそれが取り返されるのを防ぎ、逮捕を免れるため、または罪跡を隠滅するため、暴行・脅迫を加えることである。

ⓐ 暴行・脅迫 強盗罪と同じく、**相手方の反抗を抑圧するに足りる程度**のものであることを要する（大判昭 8・7・18 刑集 12・1344）。その程度のものか

---

[16] これによると、本罪の構成要件は、「窃盗に着手した後、財物を得てこれを取り返されることを防ぎ、……暴行又は脅迫をした者は、強盗として論ずる」と読むことになる。

どうかは、抽象的にではなく、具体的状況に徴して決定されるべきである[17]（大判昭19・2・8刑集23・1）。判例は、実際に反抗を抑圧したかどうかは問わないとする（広島高判昭26・1・13高刑特20・1、東京高判昭36・6・6東高刑時報12・6・81）。暴行・脅迫の相手方は、必ずしも窃盗の被害者に限らず、追跡してきた第三者（大判昭8・6・5刑集12・648）、逮捕しようとした警察官（大判明43・2・15刑録16・236、最判昭23・5・22刑集2・5・496）などをも含む。判例・学説の中には、本罪の暴行・脅迫は、強盗罪の暴行・脅迫の程度に比べてより強度なものであることを要するとするものがある（東京高判昭61・4・17高刑集39・1・30、前掲大阪高判平7・6・6、反対に軽い程度のもので足りるとするものとして、大塚222頁）が、強盗罪と同程度のものであればよい。判例の中には、事後強盗罪における暴行の程度は、強盗罪と同程度のものであることを要するとし、「事後強盗罪にあっては、逮捕者の逮捕行為あるいは財物取還を図る者の財物取還行為を抑圧するに足りる程度の暴行であることを要する」とするものがある（前掲福岡地判昭62・2・9）。

　　最近の判例において、事後強盗の成立を否定したものとして、所持していたバールで、追いついた被害者の胸を突くなどの暴行を加え、全治10日の傷害を負わせた事案で、その「暴行は相手方の逮捕意思を制圧すべき程度には達していなかった」としたもの（東京地判平15・3・31判タ1126・287）がある。
　　さらに最近の判例には、窃盗の後、保安員に2分程度の暴行を加え、傷害を与えた事案に**強盗致傷罪を否定したもの**がある（大分地判平25・1・18LEX/DB）。それによると、強盗致傷罪が成立するためには、暴行が、「普通なら万引き犯人の逮捕をあきらめるであろうといえる程度の暴行に当たらなければならない」とし、その暴行は、積極的な意思で加えられたものではなく、各暴行をみても、それぞれ、殴打の威力は強いものではなく、引きずる行為による肘の怪我も軽いものであるなどから、「執拗で強度なものであったとはいえず」、「普通なら万引き犯人の逮捕をあきらめるであろうといえる程度の暴行であると認められない」として、強盗罪の成立を認めず、窃盗罪と傷害罪を認定した。

　❻　**窃盗の機会**　　暴行・脅迫は、窃盗の機会に加えられることを要する。すなわち、窃盗の現場ないしこれと時間的・場所的に接着した機会であることが必要である。判例・通説は、多少の時間的・場所的離隔はあっても、引き続き追跡を受けているなどの**窃盗の現場の継続的延長**があるとみられる状

---

[17] 比較的大柄で空手を学んだスーパーマーケットの保安係の男性の胸を一回蹴って転倒させた事案につき、被害者の反抗を抑圧する程度に至っていないとした判例がある（大阪高判平7・6・6判時1554・160、その他、その程度に達していないとしたものとして、福岡地判昭62・2・9判時1233・157、浦和地判平2・12・20判時1377・145、大阪高判平16・2・19判時1878・155）。

況のもとであれば窃盗の機会であるとする[18]（広島高松江支判昭25・9・27高刑特12・106、大塚223頁）。

判例において、本罪の成立が肯定されたものとして、窃盗犯人が現場である工場から数十メートル離れた地点で巡査に現行犯として逮捕され、工場詰所へ連行される途中で逃げ出し、逮捕を免れるために巡査に暴行を加えた事案（最決昭34・6・12刑集13・6・960）、犯行時から30分経過後、犯行現場から約1キロメートル離れた場所で、連絡を受けて駆けつけた警察官に財物を取り返されそうになったので、暴行を加え、傷害を負わせた事案（広島高判昭28・5・27高刑特31・15）がある。窃盗犯人が、進行中の電車内で現行犯として逮捕され、約5分経過後に到着駅ホームを警察官に引き渡しのため連行されている際に逃走のため車掌に暴行を加えたとき、「**窃盗の現行の機会延長の状態**」である（最決昭34・3・23刑集13・3・391）。また、被害者の自宅における窃盗から約11時間経過後自宅の別室で寝入ったままの同人を殺害した事案について、殺意の一体性・継続性を肯定し、「窃盗の犯行に対する被害者の追跡態勢をとる可能性」が続いているとして、窃盗の機会であることを認めたものがある（千葉地木更津支判昭53・3・16判時903・109）。**最近の判例**では、窃盗犯人が他人の居宅内で財物を窃取後、窃盗の犯意をもち続けて**天井裏に潜み約3時間後**に駆けつけた警察官に逮捕を免れるため暴行を加えた事案につき、窃盗の機会継続中であるとしたものがある（最決平14・2・14刑集56・2・86、仙台高判平12・2・22高刑集53・1・21）。否定したものとして、犯行現場とは異なった場所で、犯行とは無関係に警邏中の巡査から職務質問のため呼び止められたので、逮捕を免れようとして暴行を加えた事案（東京高判昭27・6・26高刑特34・86）、窃盗未遂の犯人を現行犯逮捕したが、警察へ出頭するように約1時間ほど説得しているときに、逃走しようとした犯人が暴行を加えた事案（京都地判昭51・10・15判月8・9＝10・41）がある。さらに近時、最高裁は、財布を窃取した後、だれからも発見・追跡されることなく、**いったん犯行現場を離れ、約30分後に脅迫した**事案につき、「窃盗の機会の継続中」とはいえないとした（最判平16・12・10刑集58・9・1047＝**百選42**）。

この最高裁判決の事案につきさらに詳しくみておこう。被告人は、ある家に窓から侵入し、居間で現金の入った財布及び封筒を窃取し、侵入の数分後に玄関から戸外に出て、自転車で約1キロメートル離れた公園に向かったが、公園で盗んだ現金を数えたところ、3万円余りしかなかったため、**再度A方に盗みに入る**ことにして自転車で引き返し、**約30分後**、同人方玄関の扉を開け、家人がいるのに気づいて戸外に出たが、帰宅していた家人のBに発見され、逮捕を免れるため、ポケットからボウイナイフを取り出し、Bに刃先を示し、左右に振って近付き、Bがひるんで後退したすきを見て逃走した。この事案につき、「財布等を窃取した後、だれからも発見、追跡され

---

[18] 本罪における暴行の際に、傷害を負わせるなら、強盗致傷罪が成立する。窃盗の機会の延長される範囲が広くなれば、通常の強盗罪における致傷が、「強盗の機会」に生じるとするのと均衡を失する。それゆえ、判例の強盗の機会の具体的判断基準は、事後強盗の窃盗の機会の継続中と類似の判断構造がみられると指摘される（前田309頁）。

ることなく、いったん犯行現場を離れ、ある程度の時間を過ごしており、この間に、被告人が被害者等から容易に発見されて、財物を取り返され、あるいは逮捕され得る状況はなくなった」ものというべきであり、「その後に、再度窃盗をする目的で犯行現場に戻ったとしても、その際に行われた上記脅迫が、窃盗の機会の継続中に行われたものということはできない」として、窃盗の現場の継続的延長を認めなかった（前掲最判平 16・12・10）。

　その他、同一の事案につき、第1審と第2審で、結論の分かれた事案もある。それは、被告人が隣家に侵入して金品を窃取し、1度自宅に戻った後、その犯行を同居者Aに目撃されたと考えて再度隣家に戻り、同人を殺害したという事案である。**第1審判決**は、窃盗後被告人が自宅に戻っていた時間は10分ないし15分程度であるから、窃盗現場との時間的場所的接着性が認められるとした（千葉地判平 17・2・3判タ 1194・347）が、**控訴審**では、被告人が自宅に戻った間、警察官が出動するといった事態もなく、被告人は被害者側の支配領域から完全に離脱したというべきであり、本件殺害は窃盗の機会の継続中に行われたものということはできないとして、事後強盗罪の成立を認めた原判決を破棄し、窃盗罪と殺人罪の成立を認めた（東京高判平 17・8・16判タ 1194・289）。

　❸　既遂時期・未遂罪　第1に、事後強盗罪が、攻撃犯・人身犯たる暴行罪・脅迫罪の加重類型であるとする見解からは、**暴行・脅迫**が、既遂・未遂の区別基準となる。したがって、この見解からは、暴行・脅迫が既遂となれば既遂である（内田 284頁）。しかし、強盗罪においては財物の取得が既遂・未遂を決定するのであるから、事後強盗を「強盗として論ずる」のであれば、同様に財産犯である事後強盗についても、財物の取得をもって既遂・未遂を決すべきである。そこで、第2に、通説・判例は、事後強盗の既遂・未遂は、**窃盗行為の既遂・未遂**によって定まるとする（最判昭 24・7・9刑集 3・8・1188、団藤 479頁、大谷 245頁、中森 112頁、前田 300頁、山口 229頁以下）。この説の問題点は、窃盗犯人が取り返しを防ぐために暴行・脅迫を加えた事案では、窃盗はすでに既遂に達していることが前提なので、暴行・脅迫を加えれば事後強盗は既遂になることであり、また逆に、窃盗が未遂に終わっているが逮捕を免れまたは罪跡を隠滅するために暴行・脅迫を加えた事案では、暴行・脅迫の前に未遂であることが決定されている点である。[19] ちなみに、本説では、窃盗がすでに既遂に達している場合、暴行・脅迫を加えたが、被害者に取り返された場合も、事後強盗罪の既遂である。第3の説として、窃盗の

---

[19] さらに、事後強盗罪を身分犯とする見解に立脚すると、「行為」ではなく、「身分」の性質が既遂・未遂を決定することになって不当である。

既遂・未遂を問うことなく、暴行・脅迫により**最終的に財物を取得したかどう**かによって事後強盗の既遂・未遂を決定しようとする見解（植松 394 頁以下、曽根 135 頁、西田 181 頁）が唱えられている。本罪の基本類型は、窃盗の延長において財物の確保を目的として行われるという点にみられること、243 条は、取返し防止の類型についても未遂を予定していることを根拠とする（西田 181 頁参照）。しかし、逮捕を免れまたは罪跡を隠滅する目的で暴行・脅迫が加えられる事案では、窃盗犯人は財物を取得していない場合がありうるが、その場合、事実上すでに窃盗未遂の時点で未遂が確定しており、第 2 説と同様である。第 4 に、事後強盗は、窃盗犯人が財物を取得した場合に限り成立するものと解し、財物を取り返されることを防ぐ目的の場合には、暴行・脅迫を加えることによって直ちに既遂となり、その他の目的の場合には、暴行・脅迫により財物を取得したか否かにより既遂・未遂を決するという見解（**目的による区別説**=大塚 223 頁以下）が唱えられている。しかし、平成 7 年の刑法改正の際、「窃盗が、財物を得てこれを取り返されることを防ぎ、」と読点が入れられ、「財物を得て」の後ろに点がないということは、「財物を得て」は、取り返し目的の場合に限られると解されるので、この解釈を採ることはできず、しかも、取り返し目的の場合にも、取り返された場合には未遂を認める余地があってよいと思われるが、暴行・脅迫の開始によって直ちに既遂とする根拠に欠けると思われる。結局、後述の（☞**d**）ように、事後強盗罪は、窃盗行為の後、財物確保のため暴行・脅迫を加えることによってはじめて犯罪全体としての実行の着手が認められ、窃盗行為も実行行為の一部となる犯罪であるから、実行の着手以降、窃盗行為の既遂・未遂が全体として新たに評価され、それを条件として財物の確保の成功・不成功が確定するものと解すべきであり、[20]通説・判例のように、暴行・脅迫時点での窃盗の既遂・未遂が事後強盗の既遂・未遂を決定すると解すべきである。

d 実行の着手時期 これについては、窃盗の着手の時点とする見解（内田 284 頁）もあるが、**暴行・脅迫の開始時点**とする通説・判例が妥当である。本罪を身分犯と解する見解からは、この見解が採られることになるが、結合犯と解する見解からも、この説が妥当である。**潜在的実行行為**である窃盗行為は、暴行・脅迫の時点で遡って全体として事後強盗の実行行為と評価され

---

[20] 本罪の実行の着手時点と結合犯説の立場からのその説明の困難性については、岡野光雄「事後強盗罪」基本講座 5 巻 122 頁以下参照。

るのである。実行の着手に関する**事後的遡及的評価説**（☞総論§146, 2 (4)）の帰結である。

❺ 目 的　本罪は目的犯である。したがって、故意のほかに①財物の取り返しを防ぎ、②逮捕を免れ、または③罪跡を隠滅する目的が必要である。これらの目的を達したかどうかは、本罪の成立に影響しない。被害者その他の者が、現実に財物を取り返そうとしたか、犯人を逮捕しようとしたか否かを問わない（大判明43・4・21刑録16・708、最判昭22・11・29刑集1・40）。

4 共 犯

本罪は、窃盗罪と暴行罪・脅迫罪の**結合犯**である。「窃盗が」とは、窃盗の実行の着手後の犯罪の主体をいうが、身分犯ではない（中森132頁）。**身分犯説**は、窃盗行為後に暴行・脅迫のみに関与した者に65条を適用して本罪の共同正犯とするが、真正身分犯説（前田300頁）・不真正身分犯説（大塚224頁、内田285頁、大谷245頁）ともに不当である。結合犯であるから、窃盗行為と暴行・脅迫行為とが結合された犯罪類型であり、事後強盗における暴行・脅迫のみに加担した者の罪責についても、このような前提から出発するのが妥当である（**結合犯説**）。

> 例えば、甲が、カー用品店で、マスコットを盗んだところ、警備員Aに見つかり逃走し、逮捕されそうになったとき、逮捕を免れるためAに暴行を加えたが、それを見ていた甲の友人乙が、甲に加勢し、共同してAに暴行を加え、マスコットを持ったまま逃走したというような場合における乙の罪責が問題である（大阪高判昭62・7・17判時1253・141）。

本罪の先行行為者に対する承継的関与の場合[21]、**身分犯説**からの解決方法と、**承継的共犯**による解決方法（中森112頁、西田184頁）とがあるが、**判例**は、身分犯とするアプローチを採る。新潟地判昭42・12・5下刑集9・12・1548[22]および東京地判昭60・3・19判時1172・155[23]は、不真正身分犯とするのに対して、前掲大阪高判昭62・7・17は、真正身分犯とする。前二者は、65条1項を適用し、いずれも傷害の結果を発生させた事案であったので、強盗致傷

---

[21] この問題について、島田聡一郎「事後強盗罪の共犯」現刑44号（2002年）16頁以下。
[22] 事案は、タイヤを盗んだ仲間4人がAによって逮捕されそうになったとき、窃盗に関与していない被告人が、逮捕を免れさせるために共同してAに対して暴行を加え、傷害を負わせたというものである。
[23] 事案は、乙が、甲とともに飲酒していた際、甲がAの財布から金員を窃取し、Aがその返還を求めたとき、返還を免れるため甲と共同してAに暴行を加え、傷害を負わせたというものである。

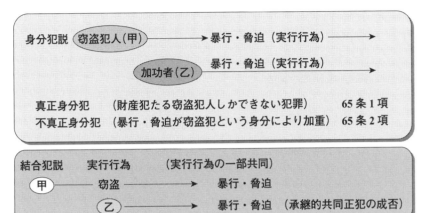

罪の共同正犯の成立を認め、さらに2項を適用して、その刑は傷害の限度にとどめるものとした。これに対して、最後に挙げたものは、65条1項のみを適用した。身分犯ではないとする学説からは、**承継的共犯**の問題として解決されることになる。この事案は、暴行・脅迫を共同して行った場合、実行行為の一部を共同して行っていることになるので、承継的共同正犯肯定説からは、承継的共同正犯が成立しうる事例であろう。

しかし、因果的共犯論によれば、後の加功者が、先行行為者の引き起こした状態を積極的に利用する意図であった場合でも、先行の窃盗行為を惹起したわけではなく、行為共同説によれば、先行者は強盗致傷罪、後行者は傷害罪、その両者の共同正犯という構成も可能であるから、承継的共同正犯を認める必要も、理論的余地もない（☞総論§159, 4 (2) (i)）。加功者は、暴行・脅迫罪ないし傷害罪の限度で責任を負うにすぎない（同旨、山口・探究139頁）。

5　暴行時の限定責任能力

窃盗を行う時点では、完全な責任能力を有していたが、**暴行・脅迫時には限定責任能力状態に陥った場合**、事後強盗罪全体について限定責任能力状態にあったとして刑が減軽されるのであろうか。判例は、事後強盗罪は身分犯であり、実行行為は暴行であるから、実行行為の時点で限定責任状態にあったのであれば犯行全体につき限定責任能力であるとする（札幌地判平2・4・23判タ737・242）。身分犯ではないと考える立場からも、結合犯の場合、異なる複数の構成要件的行為が行われなければならず、実行行為の途中で陥った限定

責任能力状態の事例のように、構成要件上要求されている種類の実行行為が完了した場合の結果帰属を問う事案とは異なって、事後強盗の実行行為全体につき完全責任能力を認めることはできないであろう（☞総論§132, 6 (3)）。

6 罪数・他罪との関係

本罪の成立によって、窃盗は本罪に吸収される。本罪の成立は、財物に対する代金請求権に関する2項強盗の成立を妨げない。

§87 昏酔強盗罪

> 人を昏酔させてその財物を盗取した者は、強盗として論ずる（239条）。未遂は、罰する（243条）。

1 意 義

本罪は、財物奪取の手段において、麻酔薬・睡眠薬などの使用によって意識作用に障害を生じさせる点で、強盗罪とは異なるが、それによって相手方の反抗を不能ないし著しく困難にすることによって財物を奪取する点で強盗罪と同視できるところから、強盗に準じて処罰することにされた。本罪が準強盗とされるゆえんである。

2 行 為

人を昏酔させてその財物を盗取することである。「**昏酔させ**」るとは、意識作用に障害を生じさせ財物に対する事実的支配の困難な状態に陥れることをいう。完全に意識を喪失させる必要はない（横浜地判昭60・2・8刑月17・1=2・11）。昏酔させる方法は限定されていない。睡眠薬などを用いる場合のほか、泥酔させたり催眠術を施すことも含まれる。ただし、有形力の行使によって昏酔させる場合は、暴行であり、強盗罪が成立する。したがって、例えば、身体を押さえつけて睡眠薬を注射し、昏倒させるのは本罪にはあたらない。犯人自らが被害者を昏酔させることを要する。他人が被害者を昏酔させ、あるいは被害者自ら昏酔しているのに乗じて財物を奪取するのは、窃盗罪を構成するにすぎない（名古屋高判昭29・10・28高刑集7・11・1655）。「**盗取**」するとは、財物の占有を奪取することをいう。「強取」の語が用いられていないが、それは、占有の奪取が昏酔によって反抗しえない状態を利用して行われるからである。

§88　強盗致死傷罪

> 強盗が、人を負傷させたときは無期又は6年以上の懲役に処し、死亡させたときは死刑又は無期懲役に処する（240条）。未遂は、罰する（243条）。

1　意義

本罪は、強盗の機会に死傷の結果を伴うことが多いことから、被害者の生命・身体を保護するため、強盗罪の加重類型として規定された。従来、負傷させたとき法定刑は無期または「7年以上の懲役」であり、軽微な負傷の場合にも、酌量減軽しても執行猶予が付けられえなかったのは問題であり、法定刑を「6年以下の懲役」に引き下げるべきであるとされた結果、改正された。

本罪は、結果的加重犯であるが、傷害または殺人の故意がある場合をも含むかが問題となる。判例は、古くは強盗犯人が殺意をもって殺害した場合を殺人罪と強盗致死罪の観念的競合としたが（大判明43・10・27刑録16・1764）、すでに大正時代から本条後段のみの適用があるとするに至っている（大連判大11・12・22刑集1・815）。通説も、本条は、故意による強盗傷人罪および強盗殺人罪にも適用されるとする。このようにして、本条は、強盗致傷罪、強盗致死罪、強盗傷人罪、強盗殺人罪の四つの犯罪類型を含む。

2　主体

本条の主体は、「強盗」である。強盗とは、強盗罪の実行に着手した者をいう。本罪を身分犯とする見解（大塚227頁）もあるが、あえて身分犯という必要はない。したがって強盗が未遂の場合であってもよい（最判昭23・6・12刑集2・7・676）。事後強盗、昏酔強盗の犯人をも含む（大判明43・4・14刑録16・610）。

3　行為

人を負傷させ、または死亡させることである。人は、強盗行為の被害者に限らない。本条は、逮捕を免れるために警察官を負傷させた場合にも適用される。

「人を負傷させ」るとは、他人に傷害を加えることを意味する。故意による場合としての強盗傷人罪と、結果的加重犯としての強盗致傷罪の場合とがある。強盗致傷罪においては、その傷害が、たんなる過失致傷として生じた

か、暴行の故意にもとづく暴行行為から生じるか、あるいは脅迫行為から生じるかを問わない。

ⓐ 脅迫からの負傷 学説の中には、「負傷させた」とあることから刑法204条の傷害罪の要件を備えることを要し、したがって脅迫からの傷害は含まれず、少なくとも暴行の故意の存在が必要であるとするものがある（団藤595頁、大塚233頁）が、通説は、このような限定を不要とする。強盗の際に脅迫から致傷の結果を生じることも通常の類型であり、この類型を排除する理由はないからである。

脅迫からの致傷に関する判例には、女性に日本刀を突きつけて「金を出せ」「騒ぐと突き刺すぞ」などと申し向けて脅迫し、金員を強取しようとしたところ、その女性が右手で右日本刀にしがみつき大声をあげて救いを求めたためその目的を果たさなかったが、その際、行為者がその刀を引いたのでその刀先などによりその女性の右手掌等に切創を負わせたという事実につき、「犯人が被害者に対し前示のような日本刀を突き付ける所為をなせばそれだけでも人の身体に対する不法な有形力を行使したものとして暴行を加えたといい得ること勿論であって、かかる際に判示の如く被害者がその日本刀にしがみつき救を求め、犯人がその刀を引いたことにより被害者の判示部位に切創を負わしめたとすればその負傷は右暴行による結果たること多言を要しないところである」として、脅迫ではなく、暴行を認めて強盗致傷罪を肯定したものがある（最判昭28・2・19刑集7・2・280）。これに対して、**下級審の判例**には、脅迫からの致傷につき強盗致傷罪を肯定したものがある。事案は、被告人が、被害者から金員を強取しようと企て、被害者運転のミニバイクの後部荷台にまたがって乗車し、登山ナイフを同人の右脇腹に突きつけ、「騒ぐな、騒ぐと殺すぞ、俺の言うとおりにせえ」などと申し向け、両手錠の一方を同人の左手首に、他の一方を同車のハンドルにかけて連結固定するなどの暴行、脅迫を加えて同人の反抗を抑圧したうえ、さらに「倒れろ」と命じ、同人において命じられた通りにしなければ殺されるかもしれないと畏怖させて同車もろともその場に転倒するのやむなきに至らしめ、同車前部の荷物かごから同人管理にかかる現金及び小切手等在中の鞄を強取して逃走したが、同人は路上に転倒した際、両肘を路面で打って加療約14日間を要する左肘部打撲挫切創、右肘部打撲傷を負ったというものである。判決は、被告人が「反抗抑圧状態にある被害者に『倒れろ』と命じる所為は、強盗罪における脅迫に当たるというべきで、それは強盗の実行中に強盗の手段としてなされたものであることは明らかであり、被害者の傷害は被害者が畏怖したことに起因するものであるから、強盗の手段たる脅迫によって傷害の結果を生じたものとして強盗致傷罪の成立を認めるのが相当であ」るとする（大阪高判昭60・2・6高刑集38・1・50）。この事案を、強制された被害者の行為を利用する暴行の間接正犯の場合であり、暴行による傷害であるとする学説もある（大塚231頁参照）。

❺　**傷害の程度**　本罪における傷害の意義については、傷害罪における傷害と同一であるとする見解（藤木 300 頁、大判大 4・5・24 刑録 21・661、大阪高判昭 35・6・7 高刑集 13・4・358）もあるが、軽度の発赤などの軽微な傷害は、強盗の手段としての暴行によってすでに評価されており、また、改正前、本罪の法定刑が、下限が 7 年以上の懲役とされ、酌量減軽しても処断刑の下限が 3 年 6 月であって執行猶予は付しえなかったため（25 条参照）、傷害が発生した場合、科料を規定する傷害罪と比べて苛酷な結果をきたすことから、本罪の傷害は、社会通念上看過しえない程度のものであることを要すると解すべきであるとして傷害概念を相対的に捉える見解が有力であった（大塚 227 頁、大谷 248 頁〔新版追補版〕、中森 113 頁、西田 181 頁〔第 2 版〕）。現在では、後者の執行猶予を付しえないという根拠は妥当しなくなった。[24]社会通念上看過しえない程度とは、一般に医師の治療措置を受ける必要の認められる程度のものとされている（大塚 227 頁、名古屋高金沢支判昭 40・10・14 高刑集 18・6・691、大阪地判昭 54・6・21 判時 948・128 参照）。傷害がこの程度に達しない軽微なものであったとき、強盗のみが成立するという立場（広島地判昭 52・7・13 判時 880・111）に対しては、傷害が発生した以上、傷害罪が成立し、強盗罪との観念的競合になるという見解も展開された。しかし、軽微な傷害は、強盗罪によって包括的に評価されているとみるべきであり、別罪を構成しない（山口 239 頁）。

　　本罪の法定刑が、「6 年」に改正する以前の判例であるが、大阪地裁（大阪地判平 16・11・17 判タ 1166・114）は、本罪で予定されている「傷害」には軽微な傷害は含まれないと解するのが素直な理解であるとし、本件では、被害者の負った傷害は、受傷当初は血が滲み出ていたとはいえ、それも水で洗い流せば、そのまま放置しても足りる程度のものであって、診断書上は前記のような全治期間が記載されているとはいっても、日常的には、医師の治療はおろか、患者が自分で行う救急絆創膏の貼付等すら要しない、いわば「かすり傷」程度の極めて軽微なものであったとし、極めて軽微な傷害であって、被害者はこれによって日常生活にもほとんど支障を来さなかったというのであるから、本件は強盗致傷罪にいう「人を負傷させた」場合に該当せず、強盗未遂罪と傷害罪が成立するに止まると解するのが相当であるとして、保護観察付の執行猶予とした。

　　なお、昏酔強盗罪は、その成立要件として、昏酔させることを必要とするが、この「昏酔」は、強盗致傷罪にいう「傷害」には含まれないと解すべき

---

[24] 現在、大谷 248 頁、西田 186 頁は、平成 16 年の改正により、本罪の有期刑の下限が 6 年に引き下げられたため、この議論の重要性は減少したとする。

ことになる。

　ⓒ　殺人の故意　　強盗犯人が、故意に人を殺した場合も、本罪にあたるか。つまり、本罪は、強盗罪の結果的加重犯の場合のみならず、殺人についての故意のある強盗殺人罪の場合をも含むものか。240 条は、「死亡させたとき」と規定するが、この表現は、文言上、殺意のある場合を含まないかに読めるものだからである。**判例**は、古くは、殺意がある場合を強盗致死罪と殺人罪との観念的競合とした（前掲大判明 43・10・27）。その後、240 条には殺意ある場合も含まれるから、240 条後段のみの適用で足りるとした（前掲大連判大 11・12・22、最判昭 32・8・1 刑集 11・8・2065）。この判例の立場は、**学説**においても支持され、① 240 条は、結果的加重犯のみならず、**殺人につき故意ある場合**にも適用されるというのが、現在、通説（団藤 595 頁、中 156 頁、福田 245 頁、大塚 229 頁、大谷 249 頁、前田 313 頁以下、林 221 頁、山口 237 頁）である。そのほかに、古い判例と同じく、②**殺人罪と強盗致死罪の観念的競合**とする少数説もある（小野 244 頁）。また、③**強盗罪と殺人罪の観念的競合**を認める見解（大場・上 16 頁、滝川＝竹内 183 頁）も唱えられた。

　まず、殺人罪と強盗致死罪との観念的競合とする立場は、人の死亡という一個の事実を殺人と致死の二つの側面から二度評価するのが疑問である。この立場は、そもそも 240 条は、結果的加重犯を定めたもので、殺意ある場合に適用できないという前提で、別に殺人罪の適用を認めるのであるが、結局、殺意ある場合に 240 条を適用していることになり、自家撞着である。次に、強盗罪と殺人罪との観念的競合を認める見解は、殺人の点について、故意がない場合には 240 条の適用があり、刑は、死刑または無期懲役であるのに対して、故意がある場合には、殺人罪の刑である「死刑又は無期若しくは 5 年以上の懲役」であり、上限はともかく、下限は、故意ある場合の方が軽くなるという不合理を回避できない。したがって、結果的加重犯と故意犯とが同一の文言で規定されているとみるのは、理論的には、疑問がないわけではないが、本条のみの適用で足りるとする。**通説**の解釈が政策的にも妥当である。本罪は、強盗の機会における人の殺傷という刑事学的に頻繁にみられる事態に対し、このような構成要件を設けて対処しようとしたのである。

　ⓓ　暴行・傷害の故意？　　**強盗致傷罪**は、強盗の結果的加重犯であるから、傷害に対する故意は必ずしも必要でない。しかし、「人を負傷させた」という文言から、刑法 204 条の傷害罪の要件を備えることを要するとし、少

なくとも暴行については故意を必要とするという見解（団藤 595 頁、大塚 233 頁）がある。この見解によると、強盗の機会に発生したたんなる過失による致傷は、本罪にあたらず、少なくとも暴行の意思による行為（泉二 741 頁、団藤 595 頁、大塚 233 頁）ないしいわゆる拡張された手段説（☞❺注25）から暴行・脅迫の故意による行為（西田 186 頁、山口 237 頁以下）が必要であるとされる。しかし、「人を負傷させた」という文言が暴行の故意を前提とするものと解する必然性はなく、また、脅迫から傷害結果が生じる場合をも含め、強盗の機会に行われた過失致傷をすべて排除するのは妥当ではない（大谷 249 頁、前田 310 頁以下）。例えば、強盗目的で住居に侵入して家人を縛りつけたが、犯人が現金を求めて家捜しした際に苛立って壊した戸棚のガラスの破片が家人を負傷させたといった場合でも、強盗致傷罪は認められるべきである。逆に、強盗の機会に傷害の故意をもって「負傷させた」場合にも、240 条の適用があるかについては、肯定すべきである。傷害の未必の故意をもって暴行を加える類型は典型的な場合だからである。

強盗致死傷罪においては致死傷が財物強取の前後いずれに発生するかは重要ではないかに思われる。しかし、「致死」の事実が財物強取の前に発生した場合には、財物奪取の時点では財物の占有の主体である被害者が死亡しているので、いわゆる「**死者の占有**」が問題となる（☞前述§78, 4❻）が、殺人行為の開始時に、占有移転の開始がすでに始まっているから、その場合、生前の占有が時間的に死後まで延長されて保護されるべきであるという見解につき、強盗殺人罪成立の限界の問題を論じておく。すなわち、殺害行為と財物奪取行為とは、時間的・場所的に接着している必要がある。学説の中には、直接の結びつきという客観的な関係によって判断すべきとする見解（町野 163 頁）があるが、さらに、行為の連続性のみならず、主観による限定を説き、意思の連続性ないし単一性を要求するもの（山口 240 頁）もある。したがって、強盗殺人を犯した翌々日死体を埋める際、その死者所持のかばん内より現金を発見奪取した場合、意思の連続性がないから、強盗殺人罪が成立するものではない（仙台高判昭 31・6・13 高裁特 3・24・1149）。判例の中には、時間的・場所的接着性を要しないとするもの（東京高判昭 53・9・13 判時 916・140）もあるが、東京の被害者宅から金品を強取しようと計画し、被害者を松山市に誘い出して殺害して財物を強取したうえ直ちに飛行機で東京に引返えし被害者宅から財物を奪取したときは、殺害と奪取との間に 25 時間の間

隔があっても、全体として一個の強盗殺人罪が成立するとしたものがある（東京高判昭57・1・21刑月14・1=2・1）。さらに、都内で被害者を殺害後、3日あるいは8日を経過し、その死体は遠く鳥取県下の山中に遺棄されていたとしても、「その時点も必ずしも甚だしく隔ってはいないときは、被害者の死亡と時間的に接着しているとはいえず、かつ、その死体が既に遠隔の地に遺棄されている場合であっても、全体的に観察し、右財物の取得は強盗致死罪の一部をなすものである」とした判例がある（東京高判昭60・4・24判タ577・91）。しかし、これらの事案では行為の連続性は認められず、判例は不当である。

❺ **強盗の機会** 死傷の結果は、強盗の手段としての暴行・脅迫から生じる必要はない。強盗致死傷罪は、強盗の機会には死傷の結果が生じやすく、また、殺人・傷害が行われる場合も多いことを考慮して作られた犯罪類型であるから、強盗の機会に強盗行為との密接な関連性において生じたものであれば、240条の適用があるというべきである。

学説には、本罪を結果的加重犯とする立場を基礎にして、死傷の結果は強盗の手段である暴行・脅迫から生じたものであることを要するとする見解（**手段説**=大場・上612頁、滝川131頁）もあるが、本罪の立法趣旨は、強盗の機会には死傷の結果を招く行為が行われやすいので、それを厳しく防圧するために設けられた点にあるから、そのような限定になじまないというべきであろう。他方、死傷の原因である行為が強盗実行の機会に行われたものであればよいとするのが通説・判例（**機会説**=団藤594頁、藤木299頁、大判昭6・10・29刑集10・511、最判昭23・3・9刑集2・3・140）であるが、これは広すぎるであろう。これによって、本来の犯罪類型として予定されていない、強盗犯人が私怨を晴らすために強盗の機会を利用して人を殺害した場合、強盗犯人が逃走の際に誤って赤ん坊を踏み殺した場合、共犯者が、強盗の際に他の共犯者を殺害した場合などにも本罪の成立が認められることになるからである。強盗行為に通常付随するそれと密接な関連性のある行為から生じる必要があるであろう（**密接関連性説**=柏木453頁、中156頁、大塚231頁、大谷250頁、曽根135頁）。この見解に対しても十分な限定とはいえないとして、強盗の手段たる暴行・脅迫と事後強盗類似の状況における暴行・脅迫に限定するという見解（西田172頁）も唱えられ、さらに、死傷の結果は、財物の奪取、確保、維持、ないし逃走のための行為から発生し、その遂行の障害となる者に発生したこと

を要するとする見解[25]（井田良・基本講座5巻127頁以下、同方向のものとして、山口・探究142頁）が唱えられている。

　判例においては、強盗犯人が小刀を突きつけて脅迫したところ、被害者が出刃包丁で抵抗したので、格闘中、小刀で腕に切り傷を与えた事案に「強盗の機会」を認め（前掲大判昭6・10・29）、強盗犯人が短刀で被害者を脅迫中たまたま被害者が短刀を握ったため傷害を負った事案に強盗致傷罪を認めた（最判昭24・3・24刑集3・3・376）。また、強盗犯人が、侵入した家屋から逃走するにあたり、追跡してきた家人の下腹部をその入口付近において日本刀で突き刺し、死に至らしめた事案（最判昭24・5・28刑集3・6・873=**百選44**）に強盗の機会における殺害であることを認めたほか、タクシーの運転手にけん銃を突きつけて金を要求した犯人が、その場から6キロメートル離れた交番まで走らせた後、逃走するため被害者の頭部を殴打して負傷させた事案（最決昭34・5・22刑集13・5・801）に強盗の機会を認めた。これに対して、強盗殺人の後、顔を見られた被害者の殺害を共謀して**約5時間後に殺害した事案**では、新たな決意にもとづく別個の殺人罪が成立するものとした（前掲最判昭23・3・9）。さらに、岡山県で強盗を実行した後、翌日神戸で巡査に発見され傷害を加えた事案でも、本罪の成立を認めなかった（最判昭32・7・18刑集11・7・1861）。最近の判例では、女性の後を付け、折りたたみ式ナイフを突きつけるなどして、女性の自宅に押し入ろうとした犯人が、女性に拒絶されたため、ショルダーバッグを強取して逃走したうえ、逮捕を免れるため、**追跡してきた男性を折りたたみ式ナイフで突き刺して殺害するなどした事案**につき、「強盗の機会というためには、財物の奪取と時間的、場所的に密接な関連性を有すれば足りると解するのが相当である」とし、「本件においては、強盗の現場と殺害行為の現場とは、被告人の逃走経路からすると、約640メートルしか離れておらず、時間の間隔もせいぜいのところ数分程度であって、しかも、被告人は、財物奪取後、Bから継続して追跡され、逮捕を免れるため、本件殺害行為に及んでいることからすれば、本件殺害行為は、**財物の奪取と時間的、場所的に接着しており、強盗の機会になされた**というべきである」とした（広島高判平15・2・4 LEX/DB）。

　強盗犯人が、罪跡を隠滅するため自動車の中で被害者に覚せい剤を注射して山中に放置し、死亡させた事案（東京高判平23・1・25高刑集64・1・1）で、これが「**強盗の機会**」に行われたかどうかが争われた。被告人は、被害者宅でパスポートを強取してから、上記放置行為まで**約6時間経過**していたが、強盗と被害者の死亡の原因となった行為の場所及び時刻が離れていたとしても、当初からこれを計画しており、場所の点では被害者を監禁している自動車で移動し、常時被害者の間近に居続け、時間の点では、強盗の意思を放棄するや直ちに罪跡の隠滅に向けた行動を開始している。「そうすると、強盗と罪跡を隠滅する行為との間には、**連続性ないし一体性がある**と認められる」として、強盗の手段となる行為と被害者の死亡との関連性を肯定し、被害者の死亡は強盗の機会に生じたものであって、強盗致死罪が認められるとした。

---

[25] 山口238頁は、これを「拡張された手段説」と名づける。

さらに、スーパーマーケットにおいて発泡酒等を窃取し、被告人を抑え付けた警備員に対し、包丁を振る暴行を加えて傷害を負わせ、その場から走り去ったが、追跡を受けて、進路上にいたAに対し、逮捕を免れるため同人に対し包丁で切り付けるなどの暴行を加えて傷害を負わせた事案で、**強盗の犯行後、追跡され、逮捕され得る状況が継続している**として、Aらに対する暴行は、財物取得行為である窃盗と密接な関連性を有すると認められる情況の下に行われたとして、強盗の機会の継続中に行われたものとした（福岡高判平24・10・4LEX/DB）。

密接関連行為と死傷の結果との間には**客観的に帰属可能性ないし因果関係**（最判昭46・6・17刑集25・4・567）が存在しなければならない。

次の判例の事案は、このような**客観的帰属関係**を論点としたものである。

事案は、被告人がコンビニエンスストアにおいて、カッターナイフを用いて同店従業員Aから金員を強取しようとしたが、同店経営者Bにカッターナイフを取り上げられたという事案で、①Bが店内で被告人とカッターナイフの奪い合いをした際に受けた同店アルバイト店員Cの傷害、また、②引き続いて店外で自転車に乗って逃走しようとする被告人を取り押さえる際に生じたBの傷害が、強盗致傷罪における傷害に当たるかがが争われたものである（横浜地判平21・6・25判タ1308・312）。そこで、これらの暴行とCないしBの傷害との因果関係が問われた。

①**Cの傷害**　Bは、カッターナイフの奪い合いに際し、いったん奪い取ったカッターナイフを、被告人に奪い返されることを恐れ、それをCに向かって投げ渡したが、Cがそれを受け取り損ねて怪我をしたというものである。この点については、これを投げ渡した行為は「極めて自然なもの」であるとし、「何の前触れもなく刃物を投げ渡された者としては、それを受け取り損ね、あるいは避け損ねて怪我をするというようなことは決して稀有なことではない」。「Cの傷害はまさにカッターナイフを奪い返そうとする被告人の**行為の危険性が現実化したもの**といえ、その間に因果関係を認めることができる」という。

②**Bの傷害**　被告人は、「暴行をやめ、財物奪取をあきらめて逃走し、自転車のペダルに両足を載せて発信しようとした時点で、Bに左後方からつかみかかられ、ほぼ同時に（同店アルバイト店員）Cに後輪をけられて転倒したものであって、自転車が転倒してBが傷害を負うに際し、同人に対してはおろか、Aに対してもなんら積極的な行為はしていない。「Bの傷害を帰属させるべき被告人の行為は存在せず、被告人の行為とBの傷害との間に因果関係があるということにはならない」とした。

Cの傷害については、カッターナイフを奪い合うという切迫した状況の中で生じ、奪い返されるのを恐れた被告人が同店アルバイト店員に向かって投げたこと、受け取り損ねて傷害を負ったその傷害が、被告人の行為に帰属できるかが問われたものであり、裁判所は、これをその行為の「**危険の現実化**」であるとして肯定した。結論的には、BやCの「過失行為」も被告人の危険な行為から生じたものであり、危険の現実化は肯定されてよい（→総論§88.3(1)）。Bの傷害については、被告人は、自転車を発進させる行為はしているが、転倒したのは、自転車を蹴られたことによるので

あり、その時のBの傷害は、被告人の少なくとも作為による「暴行」によるものではない。検察官は、傷害結果を帰属させるべき行為としては、「逃走行為」で十分だと主張したが、裁判所は、「傷害の原因行為は、これが強盗の機会に行われた行為であることにほか、少なくとも被害者等に向けられた暴行ないし積極的な行為である必要がある」と判示した。

人を殺害したとき、財物奪取に着手したかどうかを問わず、強盗殺人罪は、既遂となる（前掲東京高判昭53・9・13）。すなわち、殺害の実行に着手した時点で個別的な財物奪取の意思でその手段として財物の所有者または占有者を殺害すれば、財産奪取に対する着手の有無を問わず、殺人が既遂に至っていれば、強盗殺人罪は、既遂となる。

4　240条の未遂

240条の未遂は、243条によって可罰的である。まず、**強盗殺人罪の未遂**とは、強盗自体が未遂に終わったときをいうのか、殺人が未遂に終わったときをいうのかについて見解の対立がある。240条を強盗罪の結果的加重犯と解する立場からは、結果的加重犯の未遂はありえないので、強盗致死傷罪の未遂は、強盗自体が未遂に終わった場合に認められるものとする（滝川133頁、香川534頁）。これによると、殺人が既遂で、強盗自体が未遂の場合、殺人罪の既遂と強盗致死未遂の観念的競合となる（香川534頁）。これに対して、殺人の故意がある場合も240条の適用が認められるとする立場（通説・判例）からは、死亡の結果が生じたとき、既遂であり、未遂は、殺人が未遂に終わった場合に成立するものとする（大判昭4・5・16刑集8・251＝**百選45**）。さらに、強盗自体について未遂に終わったときも、殺人について未遂に終わったときにも、ともに240条の未遂とする立場もある（平野211頁、中山259頁、曽根135頁）。しかし、本罪は、財産犯であるが、生命・身体に対する殺傷罪という側面が重要な犯罪でもあり、殺人の未遂が、本罪の未遂であるとすべきである。次に、**強盗傷人罪の未遂**については、傷害の故意があったが、傷害が発生しなかった場合に成立するという見解（大塚233頁、内田295頁）が有力である。しかし、多数説は、傷害が発生しなかった場合には、たんなる強盗罪にとどまるものとする（大谷251頁、堀内140頁、西田187頁、前田315頁、山口240頁）。多数説が妥当である。

5　罪数・他罪との関係

強盗致死傷罪の保護法益は、生命・身体の側面が重要な要素である。した

がって、強盗行為が一個であっても、その機会に二人以上の人を殺傷したときは、被害者の数に応じて強盗致死傷罪が成立する。致死傷の結果が一個の行為によって生じたときは観念的競合となるが（大判明42・6・8刑録15・728、大判明42・6・17刑録15・793）、そうでない場合には併合罪となる（最判昭26・8・9刑集5・9・1730）。不法原因給付により金銭を給付された者が、その返還を免れる目的で給付者を殺害し、事実上返還を免れた場合、判例は、強盗殺人罪の成立を認めるが（最判昭35・8・30刑集14・10・1418）、学説には、受給者には強盗利得罪は認められず、殺人罪のみが成立するというものがある（大塚234頁）。また、不法原因寄託すなわち不法原因にもとづいて担保に供し、賃貸し、あるいは委託したにすぎない場合には、民事上返還請求権が認められる可能性があるから、強盗殺人罪を認めるべきであるとして、給付と寄託を分けて考える説もある。

ガソリンスタンドにおいて代金を支払う意思もないのにあるように装ってガソリンを詐取した後に店員に暴行を加えて傷害を負わせて逃走した事案においては、詐欺罪と別に強盗致傷罪が成立し、両罪は包括一罪の関係にある（大阪地判平18・4・10判夕1221・317）。

§89 強盗強姦罪・強盗強姦致死罪

> 強盗が女子を強姦したときは、無期又は7年以上の懲役に処する（241条前段）。よって女子を死亡させたときは、死刑又は無期懲役に処する（同条後段）。未遂は、罰する（243条）。

1 意 義

本罪は、強盗犯人が、強盗の機会に反抗を抑圧された状態の女子を強姦する例が実際にもみられ、強盗の際の女子の性的自由を保護する必要性から、これをとくに重く処罰しようとするものである。本罪は、強盗罪と強姦罪との結合犯として独立の加重類型としたものである。前段（強盗強姦罪）は、故意犯であり、後段（強盗強姦致死罪）は、結果的加重犯である。

2 強盗強姦罪

ⓐ **本罪の主体** 強盗犯人である。強盗の実行に着手した者であることを要するが、強盗未遂犯人であると既遂犯人であるとを問わない。昏酔強盗、事後強盗の犯人をも含む。強盗の着手後に強姦の故意が生じた場合にも

本罪の成立がある（最判昭30・12・23刑集9・14・2957）。強姦犯人が、強盗の故意を生じ、被害者の畏怖に乗じて財物を強取した場合には、本罪にはあたらず、強姦罪と強盗罪の併合罪である（最判昭24・12・24刑集3・12・2114）。しかし、犯人が強姦を実行中に強盗を行い、さらに強姦を継続したときは本罪の成立が認められる（大判昭19・11・24刑集23・252）。

ⓑ 行　為　強姦することである。準強姦（178条）をも含む。強姦行為は、必ずしも暴行・脅迫を手段として行われる必要はなく、強盗の手段として用いられた暴行・脅迫によって反抗抑圧状態を利用して行われたものであればよい。必ずしも強盗と強姦の被害者が同一であることを要しない（中森115頁、山口241頁）。強姦は、**強盗の現場**ないし**強盗の機会**に犯されることを要する。判例には、強盗の現場から15キロメートル離れた場所で2時間20分後に強姦が犯された事案で、本罪を認めず、強盗罪と強姦罪の併合罪としたもの（佐賀地判昭54・5・8刑月11・5・435）がある。強盗に着手した後、抵抗不能の状態にある女子をみて強姦の犯意を生じ、強姦したときは、姦淫の着手前に強盗の意思を放棄して財物を返還したとしても、強盗の機会に強姦したものである（前掲最判昭30・12・23）。

本罪は、強姦行為の完成によって既遂に達する。未遂は、強姦行為が未遂の場合をいう。

ⓒ 罪数・他罪との関係　本罪の個数は、女子の性的自由という法益を侵害する罪であるから、被害者の数に相応する（最判昭24・8・18判例体系35・517）。

3　強盗強姦致死罪

「強盗犯人が、女子を強姦し、よって死亡させたとき」に成立する。致死の原因は、強盗の手段としての暴行・脅迫による場合であっても、姦淫行為自体によるものであってもよい。本条においては、女子を死亡させた場合についてのみ規定し、傷害を負わせた場合については規定してない。「よって死亡させたとき」というのは、**結果的加重犯**であることを意味する。本罪が、殺人について故意ある場合にも適用されるかが問題である。なお、致死結果が生じた場合は、姦淫が未遂にとどまっても既遂となる。

殺意のある場合の処理　殺意がある場合については、①強盗強姦罪と殺人罪の観念的競合とする説（滝川＝竹内185頁）、②強盗強姦致死罪と殺人罪との観念的競合とする説（香川536頁）、③強盗強姦致死罪のみが成立するとす

る説（植松407頁、内田299頁、林223頁、山口242頁）、④強盗殺人罪と強盗強姦罪の観念的競合とする説（木村124頁、藤木304頁、大塚236頁、大谷255頁、曽根141頁、前田318頁、大判昭10・5・13刑集14・514、横浜地判平8・5・9判時1578・150）がある。①説は、刑の下限が、結果的加重犯の場合よりも軽くなって不当である。②説は、死の結果が二重に評価されていて不当である。④説に対しては、強盗の点が二度評価されるので不当である（林223頁）。③説が妥当である。

致傷事例の処理　本罪は、「致死」の場合のみを規定し、「致傷」については規定していない。そこで、傷害が発生した場合の擬律が問題となる。学説は、①強盗強姦罪が成立するとする説（伊達・小野ほか552頁、植松407頁、大谷255頁、曽根141頁、中森140頁、山口243頁、大判昭8・6・29刑集12・1269）、②強盗強姦罪と強盗致傷罪との観念的競合とする説（福田247頁、大塚236頁、藤木304頁、西田188頁、前田320頁、浦和地判昭32・9・27判時131・43）、③強盗強姦罪と傷害罪との観念的競合とする説（内田300頁）、④強盗強姦罪と強姦致傷罪との観念的競合とする説（滝川=竹内185頁）とに分かれる。①説が通説であり、致傷について規定がないので、傷害の点は量刑上不利益な情状として考慮すれば足りるという。しかし、本説によれば、強姦が未遂に終わったとき、強盗強姦未遂罪となるが、強盗致傷罪との刑の均衡を失するので、強盗を二重評価するという難点はあるが、②説が妥当である。

未遂罪　刑法第243条は、241条の罪の未遂は、罰すると規定している。この未遂処罰は、241条後段をも含むかが問題となる。通説は、強盗強姦致死罪は結果的加重犯であるから、殺意ある場合を含まず、したがって、①強盗強姦致死未遂罪の適用は認められないとする（牧野660頁、木村124頁、大谷255頁、中森188頁、西田188頁、前田318頁）。殺意があり既遂に至った場合には、強盗殺人罪と強盗強姦罪との観念的競合を認める立場からは、殺人の点が未遂に終わったとき、強盗強姦罪と強盗殺人未遂罪の競合とされる（大谷255頁）。そのほかに、②強盗強姦致死罪には殺意ある場合を含むとして、殺意があり殺害が未遂に終わった場合には243条の適用が認められるとする見解（団藤594頁、山口242頁）、③強姦が未遂に終わった場合にそれが認められるとする見解（福田247頁、平野211頁、大塚237頁、藤木304頁、曽根140頁）がある。しかし、①説は、強盗強姦致死罪は、殺意ある場合を含むから不当であり、③説は、致死罪にとって決定的な致死の結果が発生しているのに未遂

とするのは妥当でない。強盗強姦致死罪は、法定刑が「死刑又は無期懲役」である点からみても殺意ある場合を含むのであるから、殺人の点の未遂が、強盗強姦致死罪（241条後段）の未遂として処罰されると解すべきである。

§90 強盗予備罪

強盗の罪を犯す目的で、その予備をした者は、2年以下の懲役に処する（237条）。

1 行 為

強盗の罪を犯す目的でその実行の準備をすることである[26]。殺人予備罪（201条）、放火予備（113条）と異なり、情状による刑の免除の規定はない。予備行為自体にその目的との関連において相当の危険が認められること、すなわち、その犯罪の実行に着手しようと思えばいつでもそれを利用して実行に着手しうる程度の準備が整えられたことが必要である（東京地判昭39・5・30下刑集6・5＝6・694参照）。判例においては、強盗の目的で凶器を携えて目的地に向けて出発する行為（最判昭24・9・29判例体系35・411）、金品の強奪を企て、出刃包丁、刺身包丁、ジャックナイフおよび懐中電灯を携えて徘徊する行為（最判昭24・12・24刑集3・12・2088）、貨物自動車を襲撃するためけん銃と実包を携え、貨物自動車を物色するため徘徊する行為（名古屋高金沢支判昭30・3・17高裁特2・6・156）、凶器を携帯して被害者宅に赴き表戸を叩いて家人を起こす行為（最判昭29・1・20刑集8・1・41）などに強盗予備罪が認められている。しかし、客観的に実行の着手に至る相当の危険性がいまだ認められない段階の準備行為は、予備ではない。したがって、バンドで首を絞めて強盗する目的でタクシーに乗って機会をうかがう（東京高判昭31・5・31高裁特4・11＝12・289）だけではいまだ本罪にはあたらないというべきである。

2 目 的

「強盗の罪を犯す目的」を要求するので目的犯である。問題は、**事後強盗の目的は本罪の目的に含まれるか**である。

判例には、事務所等に忍び込んで窃盗をはたらき、他人に発見された場合には脅迫を加えて盗品の取還を防ぎ、逮捕を免れようと企て、凶器として登山ナイフおよび模造けん銃などをアタッシュケースに入れて携帯し、ビル街の路上を侵入すべき事務所

---

[26] 判例においては、「行為者が金品の強奪を企てこれが着手を準備する行為」とされる（前掲名古屋高金沢支判昭30・3・17）。

を物色しながら徘徊したという事案につき、この問題を扱ったものがある（最決昭54・11・19刑集33・7・710＝百選43）。最高裁は、これを肯定し、「刑法237条にいう『強盗ノ目的』」には、同法238条に規定する準強盗を目的とする場合を含むと解すべきであ」るとした。第2審では、238条にいう「強盗ヲ以テ論ス」というのは、事後強盗を強盗と同等に取り扱おうとする趣旨であって、「単なる条文の配列、あるいは文理解釈を理由に事後強盗の意図が強盗予備罪にいう『強盗の目的』に含まれないとするのは相当でない。また、事後強盗を身分犯であるとして、いまだその身分を取得しない者の行為に事後強盗予備の構成要件充足ということはあり得ないとする所論についても、およそ予備というものは犯罪の実行に着手する以前に特定の犯罪の準備行為をするものであるから、これを本件についていえば、被告人がいまだ事後強盗の構成要件の一部である窃盗の実行行為に着手していないことを論拠に本罪の成否を云々するのは当たらないというべきである」とした。

学説には、①判例を支持し、事後強盗の予備罪を肯定するもの（団藤598頁、福田248頁、大谷257頁、前田321頁、山口230頁）と、②否定するもの（大塚237頁、内田284頁、中森111頁、曽根136頁、西田182頁）がある。否定説は、事後強盗罪の規定が予備罪の規定より後位置にあること、実質的に現行法上不可罰な窃盗の予備を処罰することになることを挙げる。これに対しては、この見解によると、条文の位置からいえば、昏酔強盗の予備も処罰されないことになるが、その予備の当罰性は強盗罪と変わらないことが挙げられ[27]、また、事後強盗の予備と窃盗の予備は、客観的にも準備している道具等において相違があり、窃盗予備を処罰することにはならないと反論しうる。

3　中止犯規定の準用

本罪に**中止犯規定**（43条但し書）の準用を認めるべきかについては、殺人予備罪の場合と同様の議論がある。予備行為を行ったが実行の着手以前に強盗の罪を犯す目的を放棄したときは、予備の中止として43条但し書の準用を認めるべきであるというのが通説である。本罪においては、情状による刑の免除の規定がないことも、予備の中止を認めるべき根拠の一つである。しかし、判例は、中止規定の準用を否定している（前掲最判昭29・1・20）。

4　罪数・他罪との関係

本罪の後、強盗罪の実行に着手したときは、予備行為は強盗罪の既遂または未遂に吸収される（最判昭24・12・21刑集3・12・2048、名古屋高判昭47・12・6高刑集25・6・937）。強盗の目的でけん銃を携行し、被害者方の塀を乗り越え

---

[27] これに対して、昏酔強盗についても、予備の段階から処罰する実際的必要性に乏しいと反論される（大塚237頁）。

て邸宅に侵入すれば、住居侵入罪と強盗予備罪との観念的競合である（東京高判昭25・4・17高刑特12・14）。強盗の実行の着手に及べば、住居侵入罪と強盗（未遂）罪の牽連犯となる。

第4節　詐欺の罪

§91　総　説

1　意　義

　詐欺の罪は、人を欺いて錯誤を生ぜしめ、その錯誤による瑕疵ある意思にもとづいて財物ないし財産上の利益を得、または他人に得させる罪をいう。相手方の意思にもとづいて財物を交付させ、または財産上の利益を処分させる行為が介在して財産が移転する点で、窃盗の罪・強盗の罪とは区別される。また、恐喝の罪も同じく相手方の瑕疵ある意思にもとづく交付・処分行為が介在するが、そのような意思を生じさせる手段として、相手方に恐怖心を生じさせる脅迫によるか、錯誤を生じさせるかに違いがある。本罪は、欺く（欺罔）行為、錯誤、処分行為（交付）、詐取（財産の移転）という因果経過をたどって実現されることが必要であり、主観的にもこのような因果経過によって財産を取得することが表象されていなければならない。詐欺の罪の客体には、財物のみならず、財産上の利益も含まれる。

　本章に属する犯罪類型として、詐欺罪（246条1項）、詐欺利得罪（同条2項）、準詐欺罪（248条）、電子計算機使用詐欺罪（246条の2）、これらの罪の未遂罪（250条）がある。電子計算機使用詐欺罪は、昭和62年の刑法の一部改正の際に新設された規定である。人を欺くのではないから、本来、詐欺にはあたらないが、行為の形態として虚偽の手段を用いて財産上の利益を取得するものであるので、詐欺罪に類似していることをもって、詐欺罪の特別の形式として規定されている（大塚240頁参照）。

2　本　質

　詐欺罪は、西洋でも19世紀中ごろに完成された経済的取引社会を前提とする犯罪であり、経済的自由主義の現れである。それ以前は、「偽造罪」の一種だと解され、その要件として「財産的損害」は要求されていなかった。しかし、詐欺罪は、現在では、財産犯に位置づけられる。このことから、詐

欺罪の本質は、窃盗罪や強盗罪とは異なり、相手の意思に反して財物等を奪取する犯罪ではなく、相手の瑕疵のある同意にもとづいて財物等を交付・処分させる犯罪である。したがって、詐欺罪は、**経済的取引を目的とし前提とする犯罪**だということができる。[1]このことは、一見、片務的給付のように見える寄付行為や補助金の受給などについてもあてはまることに注意すべきである。片務的であるかに見える寄付や補助金受給に関しても、無条件の片面的行為ではなく、給付する側とそれを受給する側の目的が合致していることが条件となっている。その意味でこれも取引行為ということができる。

したがって、このような取引行為において、取引目的を達成しない場合には、「損害」が発生しているということができる。すなわち、この場合も、反対給付が予定され、その給付と反対給付のアンバランスが財産上の損害となるのであって、合意された取引における反対給付が、その目的を達成しない場合には、損害が発生しているとみることができるのである。

取引の給付・反対給付の対象となるのは、財物・財産であり、それ以外のものではない。片務的な行為である寄付金詐欺や補助金詐欺などの場合も、「損害」は、この給付と反対給付の財産上の格差によって生じる。このような格差が錯誤を原因として生じるのは、片方の財産上の取引目的が達成されていないからである。このような**財産上の取引目的の達成・不達成が、詐欺罪における「財産的損害」の有無を決定する**。例えば、難民の子供を支援するための寄付を募っていると偽り実際には自らの生活費の支出に充てていた者は、寄付者の取引目的である、難民の子供を支援するための金銭として寄付金が使用されていないことに関して、その取引目的は達成されていない。そこに第三者の支援に使われるべき金銭が本来の取引目的を達成するために使われていないので、「財産上の損害」が発生している。

近年、他人に譲渡する目的で自己名義の銀行口座を開設したり、他人に譲渡する目的で携帯電話を買ったり、あるいはゴルフ場の会員となることを排除されている暴力団員が会員資格を偽って会員となり、あるいは暴力団員であることを秘してマンション賃貸借契約を締結した場合などに、欺罔があるのか、財産的損害が発生しているのか等が判例上問題となり、理論的説明が求められている（☞§92.2、❹、§92.4）。

---

[1] これについて詳しくは、山中敬一「詐欺罪における財産的損害と取引目的」法学新報121巻11＝12号（2015）、397頁以下参照。

以下では、このような詐欺罪の本質の理解ないし取引目的の不達成の場合に財産上の損害が発生するとの財産概念理解から、これらの問題の体系的な説明を試みる。

3 保護法益

詐欺の罪の保護法益は、個人の財産である。取引における信義誠実の維持という社会的法益も詐欺の罪の保護法益と解する見解もあるが、少数である（長島敦・警研22巻1号60頁）。詐欺に限って、その手段がとくに取引に関する公の秩序を乱すわけではなく、個人的法益と解すれば足りる。[2]

ⓐ 公共的法益 公共的法益に対する詐欺的行為が詐欺罪を構成するかについては争いがある。[3]有力説は、①直接、公共的法益の侵害を目指す場合と、②係員を欺いて行われ、個人の財産権の侵害とともに国家の経済統制をも乱す行為とを区別し、前者については詐欺罪にあたらず、後者については、特別刑罰法規によって処罰の対象とされ財産的法益の侵害を主眼とするものである場合には詐欺罪にあたらないとする（大塚240頁以下）。前者①にあたる例として、例えば、詐欺的方法によって犯される脱税は、税法違反の罪にあたるが、詐欺罪にはあたらず（大判明44・5・25刑録17・959）、また、係員を騙して村長の建物所有証明書や、印鑑証明書、旅券等の交付を受ける行為も、財産的法益の侵害を本旨とするといえないから、詐欺罪にあたらない（団藤607頁以下、大塚240頁以下）。後者②の例として、偽造の主要食糧配給通帳を提出して係員を欺いた主食の不正受配の場合（大判昭18・12・2刑集22・285）、農地法の規定によって国が所有する未墾地の売渡事務をつかさどる県知事を欺いて、売渡処分名下に土地の所有権を取得する行為について詐欺罪を認めた判例（最決昭51・4・1刑集30・3・425＝**百選47**）がある。これに対し[4]

---

[2] 最高裁の判例にも、闇取引については取引当事者の財産的利益が問題ではないとの主張に対し、「詐欺罪の如く他人の財産権の侵害を本質とする犯罪が、処罰されたのは単に被害者の財産権の保護のみにあるのではなく、かかる違法な手段による行為は社会の秩序をみだす危険があるからである」とするものがある（最判昭25・7・4刑集4・7・1168＝**百選46**）。

[3] これについて、伊藤渉「公法上の財産をめぐる不正行為に対する詐欺罪の適用」中山古稀2巻283頁以下。

[4] この判例では、「被告人らの本件行為が農業政策という国家的法益の侵害に向けられた側面を有するとしても（…）、その故をもって当然に、刑法詐欺罪の成立が排除されるものではない。欺罔行為によって国家的法益を侵害する場合でも、それが同時に、詐欺罪の保護法益である財産権を侵害するものである以上、当該行政刑罰法規が特別法として詐欺罪の適用を排除する趣旨のものと認められない限り、詐欺罪の成立を認めることは、大審院時代から確立された判例である」とする。

て、個人の財産と変わらない性格をもった財産の取得行為には詐欺罪の成立が認められるものとする。

ⓑ 財産的価値と要保護性　しかし、詐欺罪が成立するかどうかは、直接、公共的法益の侵害を目指すか、財産的法益の侵害を主眼とするかなど、行為者の目的によって決定されるのではなく（平野219頁、西田189頁以下）、詐欺罪の客体としての財物の要保護性および財産的価値に関係する証明書等であるかどうか、[5]そして、特別刑罰法規による包括的評価の有無等の基準によって決定されるべきである。

判例は、財産的価値としては軽微で要保護性のない財物の詐取については、詐欺罪を否定している。例えば、欺いて、前述の建物所有証明書（大判大3・6・11刑録20・1171）、印鑑証明書（大判大12・7・14刑集2・650）、旅券（最判昭27・12・25刑集6・12・1387）、運転免許証（高松地丸亀支判昭38・9・16下刑集5・9＝10・867）などの交付を受ける場合がそうである。他方、特別刑罰法規によって財産権的側面も評価されていると思われる場合には詐欺罪の適用を否定している。脱税の場合（前掲のほか、東京地判昭61・3・19刑月18・3・180）、地方行政庁の許可を受けて河川敷地内の砂利を採取するにあたり河川管理者に採取量を過少申告して採取料を免脱した事案（広島高岡山支判昭43・12・10高刑集21・5・640）がそうである。しかし、たんなる事実証明に関するものではなく、財産的利益に関係する証明書を受ける行為等については、その不正受給に詐欺罪が成立するものとする。例えば、欺いて配給食糧や統制物資を受給・購入する場合（最大判昭23・6・9刑集2・7・653、最判昭23・11・4刑集2・12・1446、最判昭23・7・15刑集2・8・902）、米穀配給通帳（最大判昭23・4・7・刑集2・4・298）、硝子特配書面（最判昭25・6・1刑集4・6・909）、輸出証明書（大阪高判昭42・11・29判時518・83）のほか、簡易生命保険証書（福岡高判平8・11・21判時1594・153、最決平12・3・27刑集54・3・402）を取得する場合がそうである。健康保険証については見解が分かれている（大阪高判昭59・5・23高刑集37・2・328［肯定］、名古屋地判昭54・4・27刑月11・4・358［否定］）が、肯定すべきであろう。預金通帳につき肯定した判例（最決平14・10・21刑集56・8・670）がある。

4　親族間の犯罪に関する特例の準用

本章の罪には親族間の特例（244条）が準用される（251条）。犯人と詐欺の罪の被害者との間に親族関係がなければならない（大判大13・8・4刑集3・608）。被欺罔者と被害者が異なる場合には犯人と被害者との間にあればよい。

---

[5] 西田206頁は、157条2項（免状等不実記載罪）にあたる行為については、内容虚偽の証明書の受交付という詐欺罪の類型まで含んで処罰されているので、別途詐欺罪の成立を認めることはできないとする。

§92　詐欺罪

人を欺いて財物を交付させた者は、10年以下の懲役に処する（246条1項）。未遂は、罰する（250条）。

1　客体

　客体となる財物は、他人の占有する他人の財物である。盗罪とは異なり、財物には動産のみならず、不動産も含む（福田 251 頁、大塚 243 頁、大谷 250 頁、西田 190 頁）。不動産の処分可能性は、詐欺行為にもとづく相手方の処分行為による登記名義の移転によって生じ、登記名義の移転によって不動産の占有が移転するからである[6]（大判大 12・11・12 刑集 2・784）。電気も財物とみなされる（251 条、245 条）。自己の財物であっても他人の占有に属し、または公務所の命令によって他人が看守するものであるときは、他人の財物とみなされる（251 条、242 条）。

　金銭の占有については、民法上、原則として占有と所有とが連動すると考えられている。刑法上は、使途を定めた金銭の寄託の場合に所有権と占有とが分離することが認められている。詐欺罪においては、自己の口座に誤って振り込まれた金銭の占有が問題となるが、その占有は、銀行にあると解すべきである。したがって、窓口で**誤振込**（☞§101、3❻）であることを知りながらこれを秘して引き出した場合には詐欺にあたる[7]。なお、現金自動払入機によって引き出した場合には窃盗罪が成立する。

　　判例では、税理士 A から被告人を含む顧問先からの顧問料等の取立事務の委託を受けていた団体 B が、手違いにより、本来 A が受け取るべき顧問料報酬金合計 75 万円余を S 銀行 K 支店の被告人名義の普通預金口座に誤って振り込んでしまったところ、これを知った被告人が、右入金分を含む金額である 88 万円を右支店窓口において払戻請求をし、窓口受付係から現金 88 万円の交付を受けたという事案につき、誤振込の存在を秘して入金の払戻しを行うことは詐欺罪の「欺罔行為」に、また銀行側

---

[6] しかし、賃借料を支払う意思がないのに家を借り受け、入居する行為は、不動産の占有を取得したとしてもたんに利用権を取得したにすぎないから、2項詐欺の成立が認められるにすぎない（西田 191 頁、山口 246 頁）。
[7] 誤振込であっても、振込自体は有効であって、振込先である預金口座の開設者においては、当該銀行に対し有効に預金債権を取得すると解されており（最判平 8・4・26 民集 50・5・1267）、したがって、誤振込による入金の払戻しをしても、銀行との間では有効な払戻しとなり、民事上は、そこには何ら問題は生じない（大阪高判平 10・3・18 判タ 1002・290）。

のこの点の錯誤は同罪の「錯誤」に該当するというべきであるとして、詐欺罪を肯定したものがある（前掲大阪高判平10・3・18）。誤振込について詳しくは、横領罪の節（☞§101, 3）を参照。

　交付にかかる金員が、銀行の預金口座から、欺罔行為者の管理する口座に振り込まれたとき、「客体」は、金銭という「**財物**」であろうかそれともその財産上の価値である「**財産上の利益**」だろうか。それは、このような事案が1項詐欺にあたるか2項詐欺に当たるかという問題である。これについて、いくつかの判例を紹介しよう。

　ある医師が、腎臓の提供者の家族に対する謝礼の名目で、慢性腎不全患者が、腎臓移植を受け得る見込みもないのに提供者の家族が2500万円欲しいといっているとうそをいい、A銀行浜松支店のB名義の口座に振り込んでもらいたいと申し述べ、B銀行浜松支店から2500万円をA銀行浜松支店のB名義の口座に振り込ませた事案につき、これを「**財産上不法の利益**」を得たとして2項詐欺としている（静岡地浜松支判平2・3・27判時1344・176）。同じく、別の判例でも、病院を経営していた被告人が、審査を経ていない診療報酬明細書を密かに差し込ませて審査を経たように見せかけ、診療報酬の支払い計算事務を担当する管理係員をして誤信させ、A名義の普通預金口座に、差し込んだ明細書分の診療報酬名下に金員を振り込み入金させて、「**財産上不法の利益**」を得たという事案があるが、これらは、銀行振り込みを利用した入金については2項の「**財産上不法の利益**」であるとされている（神戸地判平2・12・12LEX/DB）。

　さらに、最高裁は、「釜焚き」と称する儀式で病気などを治癒させる効果があるかのように装い、釜焚き料名下に金員を要求し、それを払えない被害者らには、被害者（A）らが被告人（X）らの経営する薬局から商品を購入したように仮装し、その購入代金につき信販業者（B）とクレジット契約（立替払契約）を締結させたという事案で、XとAのBに対する行為が、詐欺罪を構成するかどうかにかかわらず、XのAに対する行為は詐欺罪を構成するとした（最決平15・12・9刑集57・11・1088、第1審＝青森地判平11・11・8、第2審＝仙台高判平13・4・26）。この仮装のクレジット契約にもとづいて、信販業者は、被告人らの管理する普通預金口座へ代金相当額を振込送金した。その罰条は、第1審判決によれば、「246条1項」である。先の下級審判例と同じく銀行を通じた振込送金であるが、ここでは、**1項詐欺**とされている。

　詐欺罪ではなく恐喝罪でも、脅迫された被害者が金員を指定の預金口座に振り込み送金させた事案において、捜査官の指示により預金払い戻しができない体制の整った状況にあった場合につき、1項恐喝に当たるとしたもの（浦和地判平4・4・24判時1437・152）がある（☞§97, 3）。この事案においては、もし2項恐喝だとすれば、引き出すことはできなくとも、すでに口座に振り込まれた時点で既遂になるとも考えられる。しかし、本来自己の管理する口座であっても、捜査機関と銀行によってその口座が管理されていて、引出し、振替等ができない状況に置かれている場合、その口座

に振り込まれた財産上の利益は、口座の保有者には帰属しないともいいうる。そうだとすると2項恐喝であるとしても、未遂である。

詐欺・恐喝等の被害者が、銀行を通じて金員を振替送金する場合、その金員を現金で銀行にもっていくとは限らず、口座にある金員を送金することもあると思われる。そうだとするとこの事案は、金銭という「財物」が物理的に移動したのではなく、「財産上の利益」の移転があったにすぎないとみるのが自然である。したがって、このような場合、2項犯罪が成立するというべきである。

2 行 為

ⓐ 詐欺行為　人を欺いて財物を交付させることである。「人を欺いて」[8]とは、他人をだまして財物の占有（財産的利益の帰属）の移転につき錯誤に陥らせ、または陥った錯誤を維持させることをいう。一般には、たんに他人をだまして錯誤に陥らせることと定義されることが多い（大塚244頁）が、厳密ではない。第1に、**財物の交付**（財産的利益の処分）に向けて人を錯誤に陥らせることが必要である（大谷261頁、西田192頁、前田324頁、山口250頁）。それは、たんに錯誤の惹起で足りるとすれば、相手方の注意を逸らすためだまし、その隙にその財物を奪ったとき、少なくとも詐欺罪の未遂が残るが、この場合、未遂も成立せず、窃盗罪の既遂とすべきだからである。第2に、陥った錯誤を維持する場合にも欺く行為は認められる。**不作為による詐欺行為**は、相手方が陥っている錯誤を維持させることによってのみ、詐欺行為、錯誤、処分行為、財物（財産的利益）の移転という詐欺罪に必要な因果経過をたどるという説明が可能だからである。欺いて、人に錯誤を生じさせなければならないが、「**機械は錯誤に陥らない**」[9]から、機械を「だましても」、詐欺罪

---

[8] 旧規定では、「人ヲ欺罔シテ」とされていたので、「欺罔行為」と呼ばれたが、新規定では「人を欺いて」と改められた。そこで、これを「欺く行為」ないし「詐欺行為」と呼ぶ。

[9] 従業員が客と顔を合わせない営業システムをとっているホテルに無銭宿泊する場合も、客が客室入口のドアーを開けた際、管理人室のチャイムが鳴り、同時に入室した部屋のランプが点灯することによって従業員が客の入室を確認するシステムになっている場合に、欺罔行為が存在するとした判例（大阪高判平2・4・19判時1392・159）がある。近時、同様の事例で、被告人が入室した時点で従業員が入室の事実を確認していないが、「その事実は了知可能な状態になっている」とし、実行の着手を認め、錯誤にもとづく財産的処分行為があったのは、従業員が利用客が入っていることを認識した時点、つまり、欺く行為があってから一時間が経過した時点であるとした。被告人が取得した財産上の利益は、それ以降の「宿泊の利便である」と判示した（東京高判平15・1・29判時1838・155）。

にいう「欺く行為」ではない。

　一般に、詐欺罪と窃盗罪の区別は、詐欺の成立に必要な因果経過をたどって財物が移転するか否かによる。とくに錯誤にもとづく処分行為によって財物の占有が移転したのでない場合には詐欺罪は成立しない。したがって、例えば、金属片を用いて自動販売機から罐入り飲料水を盗む行為は、窃盗罪であって、機械を錯誤に陥れて交付させたわけではないので、詐欺罪にはあたらない。同じく、窃取したキャッシュカードを用いて現金自動預払機から現金を引き出した場合、詐欺罪ではなく窃盗罪が成立する（東京高判昭55・3・3刑月12・3・67）（☞§81, 2❸）。公衆電話機、コインロッカー、ジュークボックス、ゲーム機等にコインを入れる代わりに金属片を用いて不正使用する行為は、詐欺ではなく、また、財産上の利益を得るにすぎないから、窃盗としても不可罰である。[10] デパートの洋服売場で「試着させて欲しい」と偽って、試着した服を着たまま逃げ去った場合には、財物の占有を移転させるための相手方の処分行為がないから窃盗罪にすぎない。

　不法領得の意思　　詐欺罪においても不法領得の意思が必要である。すでに紹介したように、最高裁は、支払督促の債務者を装い郵便配達員を欺いて支払督促正本を受領することにより、送達が適式になされたものとして支払督促の効力を生じさせ、債務者から督促異議申立ての機会を奪ったまま確定させて、その財産を差し押さえようとしたが、支払督促正本はそのまま廃棄するだけで外に何らかの用途に利用・処分する意思がなかったという判示の事実関係の下では、支払督促正本に対する詐欺罪における不法領得の意思を認めることはできないとした（最決平16・11・30刑集58・8・1005）。

　　近時の判例には、**詐欺罪における不法領得の意思**（☞§80, 6）を問題としたものがある。被告人は、猫の里親を探していたX等それぞれ3名に電話するなどして、譲り受けた猫を飼育する意思はなく、虐待の上殺傷する意図であるのに、その情を秘し、猫を養育するかのように装って誤信させ、猫を譲り受け、人を欺いて財物を交付させ、1週間に3回にわたり5匹の猫を殺害したが、その交付の点につき、横浜地裁川崎支部は、詐欺罪を肯定した（横浜地川崎支判平24・5・23判時2156・144）。この判例においては争われていないが、詐欺罪における不法領得の意思が問われる事例であった。本件では、被告人には経済的用法に従って利用・処分する意思に欠けると思われるが、不法領得の意思を所有者として振る舞う意思ないし権利者を排除する意思と解すれば、虐待し殺害する意思もこれに含まれるであろう。

---

[10] 電子計算機使用詐欺罪が成立することはありうる。

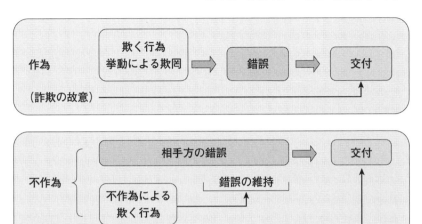

❻ 詐欺行為の形態 人を欺く行為の手段・方法には制限はない。言語によると動作によると、口頭によると書面によるとを問わず、また、直接的であっても間接的であってもよい。また、現在の事実または過去の事実に関するものに限らず、将来の事実に関するものでも、自己の現在における意思状態に反していればよい（大判大6・12・24刑録23・1621）。しかし、具体的な状況のもとで通常人でも錯誤に陥るような内容のものでなければならない（大判大3・11・26刑録20・2260、東京高判昭28・11・12高刑特39・177）。相手方に過失がある場合でもよい。詐欺行為は、作為によっても不作為によってもよい。作為による詐欺行為には、明示的な詐欺行為と黙示的行為による場合とがある。

黙示的詐欺行為 詐欺行為には、例えば言語によって積極的に事実を偽る場合とその挙動の社会的意味の解釈によって事実を偽ったとみなされる場合とがある。後者が黙示的（推断的）詐欺行為であり、「**挙動による詐欺**」とも呼ばれる。その例としては、料金を支払う意思も能力もないのに、飲食店で飲食物を注文し、あるいはホテルで宿泊する意思を表示し、宿泊する場合がある。行為者は、このような事例では、「支払う」と告げたわけではない。しかし、飲食店やホテルで注文ないし宿泊の意思を表示することは、後に料金を支払うという意思を表示したものと社会的に解釈される行為である。この行為は、注文のときに告知すべき義務を負うわけではなく、不作為ではな

い（反対、小野253頁、齊藤金作287頁以下）。判例においては、いわゆる取込詐欺の事例で、代金を支払う意思も能力もなく、商品の買受の注文をしたとき、「その注文に代金を支払う旨の意思表示を包含しているものと解するのが通例である」として、その注文の行為自体を欺罔行為と解するものがある（最決昭43・6・6刑集22・6・434）が、黙示の詐欺行為を認めたものである。さらに判例によれば、キセル乗車の乗車駅で降車駅までの正規の運賃を支払う意思がないのに、1区間だけの切符を買って改札係員に呈示するのは、黙示的行為（挙動）による詐欺行為である（大阪高判昭44・8・7刑月1・8・795、広島高松江支判昭51・12・6高刑集29・4・651）[11]。同じく、支払う意思も能力もないのに加盟店でクレジットカードを呈示して買物をする行為も挙げられている。行為者は、支払の意思も能力もないのにそれがあると偽ったわけではない。しかし、そのカードの呈示行為は、社会的に支払の意思・能力を意味すると解釈されるのではないかというのであるが、そのような解釈については疑問がないわけではない。この場合も、相手方はその呈示行為によって錯誤に陥るのであり、その行為は作為であって不作為ではない。

不作為による詐欺行為　事実を告知する法的義務を有する者が、その義務に反して、告知せず、すでに陥っている相手方の錯誤状態を利用する場合である。典型例としては、いわゆる釣銭詐欺を挙げることができる。**釣銭詐欺**とは、錯誤によって過剰な釣銭を渡そうとするのをその事実を知りながら、その旨を告げずに受け取る行為をいうが、取引の相手方が錯誤に陥っている場合、信義誠実の原則ないし社会生活上の条理にもとづいてそれを**告知する義務**があるから、それに違反してその事実を告知しなかったのは、不作為による詐欺行為にあたるというのである[12]。しかし、この場合、相手方の財産の保護義務は、通常の取引においては認められないとして、不作為の詐欺罪の成立を否定する見解（中森120頁）もある。この見解からは、遺失物横領

---

[11] 大阪高裁は、「行為は、単純な事実の緘黙ではなく、改札係員に対する積極的な欺罔行為といわなければならない」とする。
[12] 過剰な釣銭を受け取った者が、後にその事実に気がついたが、それを返却しない場合、遺失物横領罪（254条）が成立する。余分に渡した被害者が後にそのことに気づき受領者に質したが、受領者がこれを否定した場合、別に詐欺利得罪が成立するとするもの（大塚245頁、藤木315頁）があるが、これに対しては、同一財物について二重の刑法的評価を認めることになるとして、先に詐欺罪が成立する場合には、詐欺罪のみが成立し、遺失物横領罪が成立する場合には、詐欺利得罪のみが成立するとするもの（大谷264頁）がある。この場合、遺失物横領罪が成立するが、2項詐欺罪（藤木314頁）は成立しない（前田333頁、山口254頁）と解すべきである。

罪が成立しうることになる。法律上の告知義務（大判大6・11・29刑録23・1449）がある場合のほか、信義誠実の原則にもとづいても告知義務が認められるが、具体的にどのような場合に告知義務があるかについては、その事実の当該取引における重要性等にかんがみて判断されるべきである。

　判例において**告知義務**が認められた事例として、生命保険契約の締結に際して既往症を告知しなかった場合（大判昭7・2・19刑集11・85）、準禁治産者（被保佐人）が相手方から金銭を借り受ける際、準禁治産者である事実を黙秘した場合（大判大7・7・17刑録24・939）、不動産取引において売買の目的物に抵当権が設定登記済であることを黙秘した場合（「法律上の義務」大判昭4・3・7刑集8・107）がある。しかし、不動産業者のように振舞う者に対し、国立公園内の土地を売り渡す場合には、売買の目的物である土地の法的規制の内容の詳細に関し逐一告知する義務はなく、相手方に規制の内容等につき調査する機会を与えれば足りるものとする判例（東京高判平元・3・14東高刑時報40・1＝4・11）がある。個別的な契約の履行意思・能力とは違って、一般的な経営状態や信用状態について告知すべき義務はない（大判大13・11・28新聞2382・16、福岡高判昭27・3・20高刑特19・72）。

　最近の判例では、マンション販売会社の代表取締役であった被告人が、自社が分譲販売するマンションについて、**構造計算書の計算結果が虚偽**であり、建物の安全性が建築基準法に規定する構造計算によって確認されていないことを知りながら、代金をだまし取った事案で、**不作為による詐欺罪の成立**を認めた（東京高判平21・3・6判夕1304・132＝高刑集62・1・23）ものがある。本件物件の安全性に関する瑕疵や本件引き渡しに関する事実を知った時点で、**構造計算書が虚偽であることなどを告げる**などして、残余代金の支払請求を一時的にも撤回する**義務**があるとした。第1審では、居室の買主が、この事実を知ったならば、支払を見合わせ、場合によっては支払拒絶に出ることも予想されるとし、このような事実を知った販売会社は、民法および売買契約上の信義誠実の原則から、その請求を一時的にも撤回する義務が認められるとし（東京地判平20・3・25LEX/DB）、控訴審もこれを是認している。

　ⓒ　取引上重要な事実に関する詐欺行為　取引において重要な事実または判断に関する詐欺行為であることが必要である。[13] 詐欺行為の対象は、事実のみならず、価値判断その他意見に属する事項をも含む（平野212頁、大塚246頁、内田307頁）。したがって、取引の客体である財物・財産的利益に関する価値、性質、機能、効果のほか、その対価等の取引上重要な要素に関する錯誤を引き起こすものが属する。

　身分に関する詐欺行為　取引当事者の身分・資格も財産的利益に関係する限りで、取引の重要事項である。したがって、商品購入につき会員割引が

---

[13] 一定の事実について形式的な虚偽告知があれば詐欺行為がなされたものとはいえない。伊藤渉「形式詐欺と実質詐欺について」松尾古稀（上）479頁以下参照。

ある場合に会員の身分を偽って割引を受けるのも詐欺にあたるが、阪神ファンにしか売らないというスポーツ用品店で阪神ファンだと偽って商品を買うのは、財産的価値に関して欺いたわけではないので、詐欺にはあたらない。未成年者が年齢を偽って、未成年者には販売を禁止されたものを購入するのも、財産的価値に関して欺いたわけではないので、詐欺にはあたらない。判例には、医術の知識を有しているが、医師免許をもたない者が、患者を診断して適応する薬品を所定の代価で買い取らせた事案につき詐欺罪にはあたらないとしたもの（大判昭3・12・21刑集7・772、広島高松江支判昭25・6・2高刑特9・100）がある。

被告人が**暴力団構成員**であるのにその情を秘し、勤務先、勤続年数及び年収につき虚偽の内容を記載した入居申込書をファクシミリ送信して**賃貸借契約**を申し込んだ事案につき、暴力団構成員であることを隠して入居申し込みをした点について、挙動による欺罔であることを否定した近時の判例がある。

札幌地裁によれば、「勤務先等に関する虚偽の事実の告知及びそれに基づく所有者Aの錯誤は、賃借権に係る詐欺利得罪における欺罔行為であり錯誤である」とされ、「仮に被告人が暴力団構成員であることを事前に知っていれば、たとえ被告人に賃料の支払能力があっても、Aは被告人に賃貸しなかった可能性が高い」ので、この点で詐欺罪が成立する。しかし、暴力団の構成員であることを隠した点については、本件賃貸借契約書18条には、賃借人が暴力団等の構成員であることが判明したときは無催告解除ができるという条項であったが、同条項の目的は、賃借人が暴力団等の構成員である場合には、そうした組織の性質上、近隣住民とトラブルになり、あるいは近隣住民の生命や身体を危険にさらす可能性が高いので、こうしたトラブル等を未然に防ぐことにあり、賃貸人にとって賃借人が暴力団等の構成員であるか否かは契約締結の段階においても極めて重要な要素であるというのが検察官の主張であった。しかし、本件判決によれば、「本件入居申込書を通じた被告人の入居申込みは、暴力団構成員ではない旨の告知を当然に含んでいるものではなく、これをもって挙動による欺罔行為とみることはできない」（札幌地判平19・3・7LEX/DB〔DBでは「19・3・1」と誤記〕）。

また、**暴力団組織**に所属する被告人が、無職でありながら**内容虚偽の記載をしたクレジットカード申込書**を作成し、カード会社に郵送してクレジットカードの郵送交付を受けた事案で、カード会社は、被告人が無職であり、申込書の記載内容が虚偽であることが分かれば、カードを交付することはなかったとして、詐欺罪を肯定した（名古屋地判平22・4・12LEX/DB）。**暴力団の準構成員**が、**マンションの売買契約締結**にあたって、その身分を偽ったことが、詐欺罪を構成するかにつき、これを肯定したもの（京都地判平26・3・25LEX/DB）がある。被告人は、そのことを秘して、反社会的勢力に該当しない旨を確約する内容の重要事項説明書や契約書に署名押印するなどし

て、マンションの一室の売買契約を成立させ、この所有権移転登記をさせたのであるが、本件では、「暴力団準構成員であることを秘して、本件排除条項の含まれた本件契約書に署名押印して、…提出するなどした行為は、詐欺罪における欺罔行為に該当し」また、故意もあったとして詐欺罪が肯定された。判決中では、財産的損害の有無については論じられていない。

さらに、近時、**暴力団構成員のゴルフ場の利用**をめぐる二つの異なった最高裁判断が出た。まず、第1に、詐欺罪を否定したもの[14]（最判平26・3・28刑集68・3・582）を検討しておく。

暴力団員であった被告人は、副会長のDとともに予約したB倶楽部に行き、フロントにおいて、ビジター利用客として、備付けの「ビジター受付表」に氏名、住所、電話番号等を偽りなく記入し、これをフロント係の従業員に提出して**ゴルフ場の施設利用**を申し込んだ。その際、同受付表に暴力団関係者であるか否かを確認する欄はなく、その他**暴力団関係者でないことを誓約させる措置**は講じられていなかったし、暴力団関係者でないかを従業員が確認したり、被告人らが自ら暴力団関係者でない旨虚偽の申出をしたりすることもなかった。被告人は、施設を利用した後、利用料金等を支払った。なお、同倶楽部は、会員制のゴルフ場であるが、ビジター利用客のみによる施設利用を認めていた。

この事案につき、**最高裁**は、「暴力団関係者であるビジター利用客が、暴力団関係者であることを申告せずに、一般の利用客と同様に、氏名を含む所定事項を偽りなく記入した『ビジター受付表』等をフロント係の従業員に提出して施設利用を申し込む行為自体は、申込者が当該ゴルフ場の施設を通常の方法で利用し、利用後に所定の料金を支払う旨の意思を表すものではあるが、それ以上に**申込者が当然に暴力団関係者でないことまで表しているとは認められない**。そうすると、本件における被告人及びDによる本件各ゴルフ場の各施設利用申込み行為は、詐欺罪にいう人を欺く行為には当たらないというべきである」とした。

最高裁は、利用施設の側で、暴力団員であることに施設利用の条件となる重要事項として、関心を払っておらず、暴力団員であることが、チェック項目でもなかったとき、欺罔行為があったとはいえないというのである。

これに対して、詐欺罪を肯定したもの[15]（最決平26・3・28刑集68・3・646）は、以下の通りである。**事案**は、暴力団員である被告人が、ゴルフ倶楽部の会員であるAと

---

[14] 第1審＝宮崎地判平24・5・21刑集68・3・628、第2審＝福岡高判平24・12・6刑集68・3・636。なお、近時の文献として笹井武人「暴力団排除における詐欺罪適用の限界」野村古稀331頁以下、松宮孝明「暴力団員のゴルフ場利用と詐欺罪」斉藤豊古稀147頁。

[15] 第1審＝名古屋平成24・4・12刑集68・3・674、第2審＝名古屋高判平25・4・23刑集68・3・686。

共謀の上、ゴルフ倶楽部において、同倶楽部はそのゴルフ場利用約款等により暴力団員の入場及び施設利用を禁止しているにもかかわらず、真実は被告人が**暴力団員であるのにそれを秘し**、Aにおいて、同倶楽部従業員に対し、被告人によるゴルフ場の施設利用を申し込み、同倶楽部従業員をして、被告人が暴力団員ではないと誤信させて、ゴルフ場利用契約を成立させた上、被告人において同倶楽部の施設を利用し、もって、人を欺いて財産上不法の利益を得た、というものである。

この事案に対し、**最高裁**は、「入会の際に暴力団関係者の同伴、紹介をしない旨誓約していた本件ゴルフ倶楽部の会員であるAが同伴者の施設利用を申し込むこと自体、その同伴者が暴力団関係者でないことを保証する旨の意思を表している上、利用客が暴力団関係者かどうかは、本件ゴルフ倶楽部の従業員において**施設利用の許否の判断の基礎となる重要な事項**であるから、同伴者が暴力団関係者であるのにこれを申告せずに施設利用を申し込む行為は、その同伴者が暴力団関係者でないことを従業員に誤信させようとするものであり、詐欺罪にいう人を欺く行為にほかならず、これによって施設利用契約を成立させ、Aと意を通じた被告人において施設利用をした行為が刑法246条2項の詐欺罪を構成することは明らかである」として被告人に詐欺罪の共謀共同正犯が成立するものとした。

最高裁は、本件ゴルフ倶楽部にあっては、「利用客が**暴力団関係者**かどうかは、本件ゴルフ倶楽部の従業員において**施設利用の許否の判断の基礎となる重要な事項**である」として、欺罔を認めた。施設利用が、財産上の利益にあたり、欺罔によってこれを得たことにより、2項詐欺が成立するとしたのである。

次の事案（最決平26・4・7判時2228・129）も**暴力団員**であることを偽って郵便局で**総合口座の利用を申し込んだ**ものである。

暴力団員である被告人は、自己名義の総合口座通帳及びキャッシュカードを取得するため、郵便局において、株式会社ゆうちょ銀行から口座開設手続等の委託を受けている同局局員に対し、暴力団員であることを秘し、総合口座利用申込書の「私は、申込書3枚目裏面の内容（反社会的勢力でないことなど）を表明・確約した上、申込みます。」と記載のある「おなまえ」欄に自己の氏名を記入するなどして、自己が暴力団員でないものと装い[16]、前記申込書を提出して被告人名義の総合口座の開設及びこれに伴う総合口座通帳等の交付を申込み、前記局員らに、被告人が暴力団員でないものと誤信させて、被告人名義の総合口座通帳1通の交付を受け、さらに、その後、同人名義のキャッシュカード1枚の郵送交付を受けた。

---

[16] その際、当該郵便局においては、貯金は、預金者が暴力団員を含む反社会的勢力に該当しないなどの条件を満たす場合に限り、利用することができ、その条件を満たさない場合には、貯金の新規預入申込みを拒絶することとし、申込者に対し、通常貯金等の新規申込み時に、暴力団員を含む反社会的勢力でないこと等の表明、確約を求めることとしていた。また、利用者が反社会的勢力に属する疑いがあるときには、関係警察署等に照会、確認することとされていた。

最高裁は、「総合口座の開設並びにこれに伴う総合口座通帳及びキャッシュカードの交付を申し込む者が暴力団員を含む反社会的勢力であるかどうかは、本件局員らにおいてその交付の判断の**基礎となる重要な事項**であるというべきであるから、暴力団員である者が、自己が暴力団員でないことを表明、確約して上記申込みを行う行為は、詐欺罪にいう人を欺く行為に当たり、これにより総合口座通帳及びキャッシュカードの交付を受けた行為が刑法246条1項の詐欺罪を構成することは明らかである」とした。

　本件においては、自己が暴力団員でないことを表明して申込みを行う行為は、「人を欺く行為」に当たるとして欺罔行為を認定し、これによって、通帳およびキャッシュカードを取得したことにより、1項詐欺が成立するとする。当該財物の移転が、損害であるとすれば、損害が発生していると言え、また、暴力団員であることを明らかにすれば交付していない財物を欺罔によって交付させられたことにより、銀行は、財産的損害を被っているということができるとするのであろう。もし実質的個別的損害概念（☞ 4. 財産的損害、❹）に立脚するなら、実質的に財産的損害が発生しているかどうかは、別途、認定する必要がある。

　目的に関する欺罔行為　　財物の使用目的が、当該財物の交付をするか否かを決定する重要な要素となり、明示的に目的達成を要件とした取引についての合意が要件となっている場合には、目的を偽って財物を交付させた場合にも、欺罔行為である。詐欺罪にあっては、法益関係的錯誤がある場合はもとより、反対給付の錯誤においても、財物交付について同意はないといってよい。財物の交付は、経済取引の一環として行われるのであるから、反対給付の有無・範囲・価値などは、交付を決定する重大な要素だからである。経済取引ではなく、寄付として行われるような財物の交付については、反対給付は、寄付がその目的を達するという満足感であるが、もしはじめから寄付を偽って寄付金をだまし取ろうとしている場合など、このような寄付の目的について錯誤がある事例であり、したがって、寄付金詐欺は欺罔である。

　　最近の最高裁決定の事案もこの観点から考察されるべきである。Aは、**預金通帳ないしキャッシュカードを第三者に譲渡する意図**であるのにこれを秘し、自己名義の普通預金口座の開設並びに同口座開設に伴う自己名義の預金通帳及びキャッシュカードの交付方を申し込み、行員らに、A本人が第三者に譲渡することなく利用するものと誤信させ、普通預金通帳1通及びキャッシュカード1枚の交付を受けた。銀行で

は、契約者に対して、キャッシュカードを名義人以外の第三者に譲渡・質入れ又は利用させるなどすることを禁止していた。また、Aに応対した各行員は、第三者に譲渡する目的で預金口座の開設や預金通帳、キャッシュカードの交付を申し込んでいることが分かれば、預金口座の開設や、預金通帳及びキャッシュカードの交付に応じることはなかった。決定では、「銀行支店の行員に対し預金口座の開設等を申し込むこと自体、申し込んだ本人がこれを自分自身で利用する意思であることを表しているというべきであるから、預金通帳及びキャッシュカードを第三者に譲渡する意図であるのにこれを秘して上記申込みを行う行為は、詐欺罪にいう**人を欺く行為にほかなら**」ないとした（最決平19・7・17刑集61・5・521）。

また、被告人が、Bと共謀の上、カナダへの不法入国を企図している中国人が搭乗するための航空券をあたかもBが搭乗するかのように装い、Bに対する**航空券および日本国旅券**を呈示して、搭乗券の交付を請求し、係員をしてその旨誤信させ、Bに対する航空券の交付を受けるなどした事案（最決平22・7・29刑集64・5・829＝百選50）で、最高裁は、「航空券及び搭乗券にはいずれも乗客の氏名が記載されているところ、本件係員らは、搭乗券の交付を請求する者に対して旅券と航空券の呈示を求め、旅券の氏名及び写真と航空券記載の乗客の氏名及び当該請求者の容ぼうとを対照して、**当該請求者が当該乗客本人であることを確認した上で、搭乗券を交付することとされていた。**このように厳重な本人確認が行われていたのは、航空券に氏名が記載されている乗客以外の者の航空機への搭乗が航空機の運航の安全上重大な弊害をもたらす危険性を含むものであったことや、本件航空会社がカナダ政府から同国への不法入国を防止するために搭乗券の発券を適切に行うことを義務付けられていたこと等の点において、当該乗客以外の者を航空機に搭乗させないことが本件**航空会社の航空運送事業の経営上重要性を有していた**からであって、本件係員らは、上記確認ができない場合には搭乗券を交付することはなかった。また、これと同様に、本件係員らは、搭乗券の交付を請求する者がこれを更に他の者に渡して当該乗客以外の者を搭乗させる意図を有していることが分かっていれば、その交付に応じることはなかった」として詐欺罪の成立を肯定した。最高裁は、当該乗客以外の者を航空機に搭乗させないことが「経営上重要性」を有していたとするので、被告人らの行為が、財産上の損害をもたらすものであると一応は示しているが、錯誤の問題として処理しているので、その点は、明確になっていない。また、国内便の搭乗券であれば、パスポートによる本人確認が行われているわけではなく、そもそも欺く行為があったかについても疑問がある。

同じく、第三者に譲渡する目的を秘して自己名義で**プリペイド式携帯電話の購入を申し込む行為**について、第1審と控訴審で判断が分かれた判例（東京高判平24・12・13高刑集65・2・21）がある。**第1審**は、店長は、3人が2日で10台もの携帯電話を買ったのであるから、自ら使用するために買ったとは思っていない、契約者本人が利用すべきことが法令上も当然の前提として要請されているとはいえない、親族等には携帯音声通信事業者の承諾を得ずに携帯電話を譲渡することを許容している、複数台同時に購入しようとする客に対しその理由を聞くよう指導することもしていない。これによって、被告人両名が人を欺く行為をしたとはいえないとして、両名を無罪とした。

これに対して、**控訴審**は、「このような法律上の規制措置及びこれを受けての携帯音声通信事業者である Z 株式会社における取扱状況等を踏まえてみれば、本人確認の求めに応じて自己名義の身分証を提示するなどして、自己名義で携帯電話機（…）の購入及びこれに伴う携帯音声通信サービス契約の締結（…）を申し込む行為は、申込みをした本人が、携帯音声通信事業者との契約及びその前提となる法令に従い、**購入する携帯電話機を第三者に無断譲渡することなく自ら利用する意思であること**、要するに、自らの責任において正当に利用する意思であることを表しているものと理解すべきである」という。

　目的実現の錯誤は、一般的には法益関係的錯誤ではないが、経済取引ないし財産の処分行為においては、対価・反対給付は、財物・財産上の利益を補填するものであり、実質的な法益の得喪と密接な関係を有する。また、財物・財産上の利益は、当事者の意思によってその用途・目的を限定して取引される場合が少なくない。その財物ないし財産上の利益の価値は、それらの用途ないし目的によって規定されていることが少なくない。したがって、取引においてこのような使用目的等が明示的に条件となっている場合には、処分行為者は、行為者の欺罔によってその財物・財産の将来的価値について錯誤に陥っているのであって、いまだ広い意味における法益関係的錯誤であるといってよい。

246 条 2 項の財産上の利益に関する目的実現の錯誤も、同様に、法益関係的錯誤の一種である。次の最高裁の決定の事案を検討しておこう。

　事案は、被告人が経営する A 会社は住宅金融専門会社である B 社に対する債務を担保するため、各不動産に根抵当権等を設定したところ、B 社から各抵当権等を被担保債権と共に譲受けた住宅金融債権管理機構の担当者を被告人が欺き、各根抵当権等を放棄させ、その登記を抹消させたというものである。

　決定要旨は、「本件各根抵当権等を放棄する対価として A 社から住管機構に支払われた金員が本件各不動産の時価評価などに基づき住管機構において相当と認めた金額であり、かつ、これで債務の一部弁済を受けて本件各根抵当権等を放棄すること自体については住管機構に錯誤がなかったとしても、被告人に欺かれて本件各不動産が第三者に正規に売却されるものと誤信しなければ、住管機構が本件各根抵当権等の放棄に応ずることはなかったというべきである」とし、被告人は、「真実は自己が実質的に支配するダミー会社への売却であることなどを秘し、住管機構の担当者を欺いて本件各不動産を第三者に売却するものと誤信させ、住管機構をして本件各根抵当権等を放棄させてその抹消登記を了した」のであるから、2 項詐欺が成立するものとした（最決平 16・7・7 刑集 58・5・309）。

　この決定では、「根抵当権等を放棄すること自体については住管機構に錯誤がなかった」としても、欺罔によって「第三者に正規に売却されるものと誤信しなければ、住管機構が本件各根抵当権等の放棄に応ずることはなかった」とする。したがって、同意の錯誤における本質的錯誤説（☞総論 § 78, 2 (1)）

に立って説明している。しかし、ここでも、根抵当権を放棄するという処分行為の対価として払われた金額が、「住管機構において相当と認めた金額」であったとしても、第三者に正規に売却されるかどうかも、住管機構の抵当権放棄の目的の一部に属し、やはり法益関係的錯誤の範囲内というべきである。

商品の誇大広告 商取引にあたって当該商品について誇大な表現を用い、あるいはその短所について緘黙するなど、多少事実を歪曲して商品を宣伝ないし説明することは、日常生活において少なからずみられるところであり、消費者も誇張されていることを予想しているのが通常であるから、通常、相手方が錯誤に陥ることがない程度のものである限り、欺く行為とはいえないであろう。[17]例えば、産物商品類を売買するにあたり、その名称を偽っても、その品質・価格には変わりがなく、相手方もその物の名称にこだわらず、自己の鑑識で実験して購入した場合（大判大8・3・27刑録25・396）、担保物である絵画が偽物であっても十分な担保価値を有する場合（大判大4・10・25新聞1049・34）などには、詐欺行為があったとはいえない。しかし、取引上の重要事項につき具体的に錯誤に陥らせるような方策がとられ、それによって相手方の意思決定に重要な影響を与えたというような場合には、詐欺行為が認められる。例えば、いわゆる「サクラ」を使ってその商品の効用が甚大で、世評・売行きがよく、各方面から注文がある旨の虚構の事実を告げて、顧客に商品の価値判断を誤らせ、買受の決意をさせた場合（前掲大判昭6・11・26）、山椒魚等を癌に効くと効能を誇大に宣伝し、「サクラ」を用いて仕入値の2、3倍で販売する場合（名古屋高判昭36・1・18下刑集3・1・2）なども、詐欺行為にあたる。

原産地・品質内容等を偽って商品を販売する行為は、それが取引上重要な事実である限り詐欺行為であるが、不正競争防止法（2条1項13号、21条2項1号）に処罰規定がある。

被害者の不安・無知の利用 宗教を利用し、効果を誇張して、病気治療の対価として供養料等を得る場合にも詐欺行為となりうる。判例には、病気の原因も効果も分からないのに霊能力によって分かるかに装い、供養しなけれ

---

[17] 大判昭6・11・26刑集10・627。ただし、「具体的の事実を虚構して人をして物品の価値判断誤らしめ買受の決意を為さしむる如きは素より欺罔手段なりと為すべきものにして之を漠然として捕捉するに由なき誇大広告の類と同一視すべきに非ざるなり」とする。

ば治癒しないと断言して、相談者を不安と錯誤に陥れて治癒の効験があると信じさせて高額の供養料を交付させるのは、詐欺行為にあたるとしたものがある（富山地判平10・6・19判タ980・278、前田329頁参照）。同じく霊能があると偽った事案として、宗教法人の多数の僧侶が、いわゆる**霊視商法**により、悩みごとが解決できるとうそを言って被害者らを欺いて、それを誤信した被害者らから高額の供養料を騙し取った事件について、僧侶たちが被害者らに告げていた「霊能」は、抽象的・観念的な教義レベルのものではなく、相談者の具体的な悩みごとを「供養」により解決することができる特殊な能力を意味しており、実行行為者にそのような「霊能」はなかったので、欺罔があり、詐欺の故意も肯定できるとした判例（名古屋高判平14・4・8高刑速平14・127）がある。さらに、医師免許をもたない被告人が、**霊能力**を有すると称する者を信奉していることに乗じて投薬代金名下に金員を詐取しようと企て、被告人の提唱する眼球虹彩診断によっては被診断者の病状等を的確に診断できないにもかかわらず、あたかも眼球虹彩診断によって被診断者の病状等を的確に診断でき、被告人が投与するいわゆるホメオパシー薬を服用すれば病気の治療及び予防に著しい効果があるように装って、投薬代金として多額の金員を振り込ませた事案につき、被告人は、「自己の提唱する眼球虹彩診断の理論がその根幹部分において客観的事実に反することを認識していたと認められる」として詐欺の故意をも認め、詐欺罪を肯定したもの（札幌高判平16・10・29判タ1199・296）がある。

　悪徳商法　さらに、近時、金融、利殖、販売方法等に関する経済の仕組みについての消費者の無知を利用して財産上の利益を得る営業方法を用い、巨額の被害をもたらす悪徳商法に対して詐欺罪の適用される事案が増加してきた。1970年代から、ネズミ講（無限連鎖講）、マルチ商法（連鎖販売取引）、現物まがい商法、投資顧問商法、先物取引などが、社会問題となり、詐欺罪の適用が図られた。[18] **現物まがい商法**の代表格の事件としては、純金の売買契約を締結させてその金を顧客に引き渡すことなく、顧客から消費寄託を受け、賃借料を払い、寄託の満了時に純金を返却するとだまして、「ファミリー契約証券」という紙切れを顧客に渡すという手口で、総額2020億円とも

---

[18] 悪徳商法と詐欺罪については、山中敬一・立石雅彦・垣口克彦・新保佳宏『経済刑法の形成と展開』（1996年）33頁以下、192頁以下、垣口克彦『消費者保護と刑法—悪徳商法をめぐる犯罪—』（2003年）参照。

言われる被害を出した**豊田商事事件**が有名であり、裁判所は、これに対して詐欺罪を適用した（大阪地判平元・3・29判時1321・3）。**投資顧問商法**に関しては、投資顧問業を営む者とその従業員が、株式資金の融資、株式の売買、その取り次ぎを仮装して株式投資家から株式買付資金の融資保証金等の名目で多額の現金・株券等を詐取した**投資ジャーナル事件**について詐欺罪の成立が認められた（東京地判昭62・9・8判時1269・3、東京高判昭63・11・17判時1295・43）。さらに、先物取引に関するいわゆる「**客殺し商法**」により顧客から委託証拠金をだましとった事件に対しても、詐欺罪の成立が認められた（最決平4・2・18刑集46・2・1）。客殺し商法とは、**利乗せ満玉、頻繁売買、利幅制限、解約引き延ばし、無断売買・一任売買、向かい玉**を建てる等といった手口を用いて、最終的には顧客に損失が生じるようになっているにもかかわらず、自分たちの勧めるとおりに取引すれば必ず儲かるなどと強調し、取引の委託方を勧誘し、その旨、信用した被害者らから、委託証拠金名義で現金等の交付を受ける先物取引業者の詐欺的商法をいう。

　　食品品質・産地偽装　　商品の品質や内容ないし食品の原産地の偽装など**不正競争防止法違反**に当たる行為とともに、詐欺罪にあたる行為も行われる場合がある。

　　　判例では、食肉会社の代表取締役であった被告人が、従業員らと共謀の上、牛肉に豚肉等の他の畜肉を加えるなどして製造した挽肉等を梱包した段ボール箱に、牛肉のみを原料とするかのようなシールを貼付するなどして、商品の品質及び内容を誤認させるような表示をし、それらの挽肉等が牛肉のみを原料とするものであるかのように表記して引き渡したにもかかわらず、その事情を秘し、各社からの注文どおり牛肉のみを原料とする挽肉等を引き渡したかのように装って、その販売代金を請求し、同人らをしてその旨誤信させ、前後14回にわたり、取引業者に対し、この事情を秘して代金請求をし、販売代金を詐取した事案（札幌地判平20・3・19LEX/DB）がある。

　　さらに、**産地偽装**により売買代金を詐取しようとした事案（大阪地判平20・4・17LE/DB）として、精米の製造・卸売等を業としていた会社の代表取締役等が、共謀の上、精米の袋に表示された米とは産地等の異なる米を袋詰めにして販売し、売買代金名下に金員を詐取しようとして、精米3袋がその表示された平成17年産新潟県産コシヒカリ単品の商品である旨誤信させ、代金として小切手1通の交付を受けたという事案があり、詐欺罪が認められた。

　　ⓓ 錯誤に陥れるに足りる詐欺行為　　詐欺行為の相手方は、錯誤に陥らなければならない。相手方の無関心によって錯誤が取引上重要でない場合にも

錯誤に陥れる詐欺行為があったとはいえない。錯誤に陥れるに足りる「欺く行為」は行われたが、相手方が錯誤に陥ることなく、たんに憐憫の情を抱いて財物を手交した場合には、詐欺罪は未遂にとどまる（大判大 11・12・22 刑集 1・821）。

自己名義のクレジットカードの不正利用　クレジット会員が、代金支払の意思も能力もないのに、自己名義のクレジットカードを不正利用して加盟店から物品を購入したり、宿泊したりした場合には、詐欺罪が成立するか。これについては、詐欺罪が成立するという説が圧倒的に多数であるが、不可罰であるとする少数説もある。クレジットカードのシステムは、会員が加盟店でクレジットカードを呈示して物品等を購入した場合、加盟店が信販会社（カード会社）に売上票を送付し、信販会社はそれにもとづいて加盟店に対する代価の支払を立替払し（立替払説）、後に信販会社が会員の口座から相当額を引き落とすというものである。事故カードではない有効なカードの呈示を受けた加盟店は、会員に対して取引を拒否できず、現金払を要求できないという特約が付されているのが通常である。

通説・判例は、加盟店が被欺罔者であり、財物を交付し、被害を受けたのであって、加盟店に対する 1 項詐欺が成立するという（**1 項詐欺説**）。判例によれば、「若し利用客に代金を支払う意思や能力のないことを加盟店が知れば、クレジットカードによる取引を拒絶しなければならないこと信義則上当然のことであり、このような場合にまで右拒絶が信販会社によって禁止されていることは到底考えられない」（福岡高判昭 56・9・21 刑月 13・8＝9・527、東京高判昭 59・11・19 判タ 544・251、大塚 250 頁、大谷 268 頁、髙橋・大コンメ 13 巻 90 頁）というのがその根拠である。また、加盟店が、欺かれて財物を交付することが加盟店の損害であり、後日、信販会社から支払を受けることが加盟店に対する詐欺罪の成立を否定することにはならないとする。

これに対して、会員が欺く行為を行っているわけではなく、また加盟店は錯誤に陥らないから詐欺罪は成立しないとする**消極説**（神山敏雄・岡大法学会報

---

[19] ほかに、加盟店が会員に対して有する債権を信販会社に譲渡すると解する債権譲渡説がある。
[20] 同様に、1 項詐欺説を採る判例として、和歌山地判昭 49・9・27 判時 775・178、名古屋高判昭 59・7・3 判タ 544・268、東京高判昭 59・10・31 判タ 550・289、前掲東京高判昭 59・11・19 がある。最後に掲げた判例では、「会員が後日クレジット会社に対し代金及び利息（あるいは手数料）を支払う意思及び能力を有するかどうかについて、販売店としても**関心を持たざるをえないことは明らか**」であるとし、欺罔も錯誤もあるとする。

誌36巻3=4号451頁、山中・関法37巻1号94頁以下）がある。この説は、クレジットカード・システムは、加盟店は、有効なカードを呈示した会員には取引を拒否できない代わりに必ず信販会社から代金の支払を受けることができるという信用取引であるという制度を中核とするのであるから、会員によるカードの呈示は、自らの支払意思や能力を表示するという意味をもつ黙示的行為ではなく、信販会社によって確実に支払を受けうるということを表示しているにすぎないとする。また、加盟店も、会員の支払意思・能力には関心がなく、錯誤は生じず、信販会社の立替払も、錯誤にもとづくものではないという。

加盟店が被欺罔者・処分行為者・被害者であるとみるのは困難であるから、信販会社にそれを求める肯定説が唱えられた。この**2項詐欺説**は、会員が加盟店を介して信販会社を欺き、信販会社をして加盟店に代金を支払うという処分行為をさせて財産上不法の利益を得たものと解する（藤木370頁）。しかし、売上票を受け取った信販会社は、有効なカードにより取引がなされている限り、必ず立替払をしなければならないのであるから、信販会社に錯誤にもとづく処分行為はない。また、本説によると、詐欺罪の既遂の時期は、立替払をする時点であるから、遅すぎることになると批判されている。

そこで、この事案を**三角詐欺**の事案であると捉え、加盟店に対して欺く行為があり、信販会社の財産を処分する地位にある加盟店が錯誤に陥って処分行為を行った結果、立替払をさせられた信販会社が被害者となったとする説が唱えられた（曽根154頁、西田202頁以下、前田345頁、林253頁、山口266頁）。これには、**1項詐欺説**と**2項詐欺説**とがある。1項詐欺説は、信販会社の加盟店に対する立替払を財物の交付と捉えて財物に対する詐欺とする（芝原「クレジットカードの不正使用と詐欺罪」法セ334号116頁）。2項詐欺説は、①会員が商品を得て、信販会社が債務を負担したことにより損害を受けたので、商品を購入した時点で2項詐欺が既遂になるとする説（中森「クレジットカードの不正使用と詐欺罪の成立」判タ526号79頁）、②信販会社が加盟店に立替払をしたことにより行為者が債務の支払を免れたとする説（曽根154頁）、および、その既遂時期を商品購入の時点とする見解（堀内151頁、西田202頁、前田345頁、林253頁）のほか、③加盟店は売上票を信販会社に送付したことにより、加盟店に信販会社のため「その財産を処分しうる権能または地位」が認められるが、加盟店は、第三者たる信販会社に「代金相当額の支払を受ける地位」

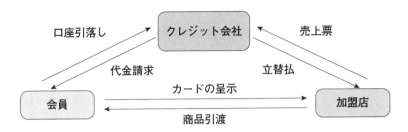

を与えるという交付を行ったと捉え、かくして、第三者に財産処分を受ける「地位」を交付させた2項詐欺であるとする説（山口・探究174頁、同266頁以下）も唱えられている。

しかし、1項詐欺説は、立替払が、現金によるのではなく、振替によるのだから、1項詐欺を認めることはできない点で不当である。2項詐欺説のうち、①は、商品の取得と債務の負担が表裏の関係にないので、詐欺行為者が得た利益と被害者が被った損害とが**素材同一性**（☞4、**ⓐ**）の関係になければならないという要請に反する。また、②説については、立替払商品を購入し、売上票を作成した時点で、事実上債務を引き受けることになるとし、既遂になるとする（西田202頁、堀内152頁）が、まだ立替払も債務の支払の免脱もない時点で、財産的損害の発生の危険が認められるだけで、既遂を肯定することはできない。また、加盟店がカード会社に「代金相当額の支払を受ける地位」を与えた点で、「交付」があるという見解（山口266頁）についても同様に、その地位を得ることが財産上の利益の移転ではない。詐欺罪は、財産に関する侵害犯であり、「地位」を得ただけでは既遂にならない。さらに、2項詐欺説一般につき、取得された商品は詐取された物とはいえなくなり、情を知ってそれを譲り受けても、盗品罪に問えなくなるという不都合も指摘されている。

他人名義のクレジットカードの不正使用　他人名義のクレジットカードの不正使用は、他人になりすまして自己に債務を発生させることなく、商品を詐取しようとし、相手方も名義人であると錯誤しているので、詐欺罪を構成する。したがって、他人のカードを拾得しまたは盗取してそれを加盟店で呈示して商品を買った場合等には、詐欺罪が成立する（東京高判昭56・2・5判時1011・138、大阪高判平元・11・15高検速報平元・175）。なぜなら、「クレジットカード制度は、カード名義人（カード会員）に対する個別的な信用を基礎に一定

限度内の信用を供与することが根幹となっており、しかもなんらの担保的措置も講ずることなくこれを行っているのであるから、一定額内の商品の購入という通常的な取り引きに関しその本人に対してのみ信用を与えていると解され、このことは、本件における会員規約で、名義人以外の者のカードの使用が禁止され、また加盟店規約では、加盟店がカード名義人以外の者に販売してはならないことを前提として、名義人と売上票の署名とが同一であることを確認する義務を負わされている」からである（東京高判平3・12・26判タ787・272）。

　しかし、問題は、**名義人の承諾**がある場合である。承諾があり、その範囲内でカードを利用し、しかも名義人が支払の意思と能力がある限り、詐欺罪は成立しないというべきであろう。判例には、名義人がその使用を承諾していた場合について、「名義人の名前を詐称しただけでなく、本来のカード名義人も、カード会社からの請求に応じないことを充分認識していたのであり、右のような認識の下で本件クレジットカードを使用した行為は、…カード名義人の承諾があったと認識していても、詐欺罪に該当する」としたものがある（大阪地判平9・9・22判タ997・293）。

　なお、近時、名義人のカードについて使用許諾のないまま、名義人に成り済まして、ガソリンスタンドで給油を受けたとき、仮に、被告人が本件クレジットカードの名義人から同カードの使用を許されていると誤信していたという事情があっても詐欺罪の成立は左右されないとする最高裁の決定（最決平16・2・9刑集58・2・89＝**百選54**）が出た。

3　処分行為（交付）

　詐欺行為により相手方が錯誤に陥り、その錯誤にもとづいて財産上の処分行為がなされることが必要である。1項詐欺においてはこの処分行為のことを「**交付**」と呼んでいる。[21]処分行為は、処分の事実と処分意思を要件とし、

---

[21] 学説には、財産の交付とは、相手方の財産的処分行為の結果として、財物の占有が行為者の側に移ることであるとする見解がある（大塚252頁）。この見解は、財産的処分行為者と交付者とが別人格であってよいとするものである（大塚249頁）が、246条1項で法文上「交付」概念が用いられ、それが財産的処分行為を意味するようになった現在、交付をもたらす処分行為を別個に想定し、その結果としての交付のみを書かれた構成要件要素とする立法技術が用いられているとすれば、それは拙劣であり、したがって、このような解釈は不当であるといわざるをえない（山中「詐欺罪における他人の財産に対する処分行為について」関法52巻4＝5合併号〔2003年〕479頁以下参照）。したがって、処分行為には広狭二義があり、広義では、詐欺罪全体における被欺罔者の意思にもとづく財産移転行為を指し、狭義では2項のそれをいうと解すべきである。

処分意思にもとづく処分がなければならない。処分行為は、処分者の意思にもとづくものでなければならないから、相手方の意思にもとづかず、無理やり奪うのは詐欺罪を構成しない。したがって、財産を処分するということの意味を理解しておらず、処分意思を欠く幼児や精神障害者を欺いて財物を奪っても、詐欺ではなく、窃盗にすぎない。処分意思が無意識的処分意思でもよいか、意識的処分意思であることを要するかについては、争いがあり、次項（☞§93）で詳しく解説する。財物の交付の相手方は、行為者でなくてもよい（最判昭26・12・14刑集5・13・2518）が、行為者との間に「特殊な関係」が存在する者、または「特殊な事情」が存在する場合に限られる[22]（大判大5・9・28刑録22・1467）。

❶ 交付と占有移転　交付（処分行為）とは、財物の占有（財産上の利益）を移転させる行為である。占有が相手方に移転することが必要である。したがって、古物商店で上着の試着をしたいという客に対して店員が上着を手渡すのは、占有を移転させる行為ではないから、交付ではない。虚言を弄して現金70万円の紙幣を入れた風呂敷包を玄関の上り口の所に置かせた後、被害者がトイレに行った隙に、その現金を持って逃走したという事案では、「被告人の事実上自由に支配させることができる状態に置かせた上でこれを自己の占有内に収めた」のであって、すでに交付が認められるとした判例（前掲最判昭26・12・14）がある。しかし、この事案では、被害者に占有を移転させる意思があったかどうか疑問である（☞後述§93, 1❶）。

このように、交付といえるためには、占有が誰に属するか、それがいつ移転するかが重要な意味をもつ。

占有の移転　先の例で手渡しによって占有が移転せず、店主のもとにとどまるときは、試着を許された者が店員の隙をみてそのまま逃走すれば、店主の事実上の支配が侵害されており、窃盗罪にあたり詐欺罪ではない（広島高判昭30・9・6高刑集8・8・1021）。自動車販売店が顧客に添乗員をつけないで自動車の単独試乗を許す行為は、それによって事実上の支配は失われ、占有が移転するので、交付にあたる（東京地八王子支判平3・8・28判タ768・249）。このように、占有の移転の有無が窃盗罪と詐欺罪の区別の基準となる。

---

[22] 判例によれば、特殊な事情とは、第三者が情を知らず犯人の機械（道具）にすぎないか、犯人の代理者としてその利益のために財物を受領するか、そうでなければ犯人が第三者をして財物の交付によって利得させる目的があるといった場合をいう。

直接性の要件　占有移転は、行為者の移転のための何らかの行為を介在させることによってはじめて完成するものであってはならない（直接性）。問題は、行為者が、欺いていったん財物を放棄させてから領得しようとした場合に、詐欺罪が成立するかどうかである。例えば、当たりくじをはずれているとだまし、屑篭に捨てさせ、その後直ちに拾得した場合である。これに関しては、①窃盗罪とする説（団藤616頁）、②遺失物横領罪とする説（滝川159頁）および③詐欺罪とする説[23]（通説）がある。直接性の要件から、占有の移転に行為者の行為が介在する場合には詐欺罪が成立しないというべきであるから、詐欺罪説には従うことができない。占有の移転は、結果として生じればよいのではなく、直接、「手交」される必要がある。加えて、後述のように占有移転の意思が欠けることも交付が否定される理由である。瑕疵があるとはいえ、被害者の意思にもとづく占有放棄が存在するため、占有離脱物ではない。被害者は、行為者にだまされて財物の占有放棄の意思を生じたのであり、財物を放棄させる行為の開始が実行の着手であり、被害者の財物に対する事実上の支配が侵害されているから、窃盗罪が成立する。

ⓑ 処分意思の意識性　当該の客体またはその占有の移転に関する意識がなくても、処分行為を認めることができるかをめぐっては学説の対立がある[24]。これを肯定するのが、無意識の処分行為を認める見解である。意識的処分行為を必要とする見解の中にも、最近では、それを財産移転について意思決定をしているという意識であると解し、自由な意思決定をしているという意識さえあれば、自己の交付する財産の内容、その量・質について全面的に意識が及んでないとしても処分行為として十分であるとする見解（林237頁以下）が有力に唱えられている。しかし、具体的客体の存在にさえ意思が及んでいない場合に意識的処分行為があるとはいえない。

客体の認識　例えば、古新聞をリサイクル業者に売却する意思で全体を売却したとき、その中に紛れ込んでいたにもかかわらず気づかなかった紙幣については無意識の処分行為である。このような無意識の処分行為は、処分

---

[23] 西田195頁が、この場合に詐欺罪を肯定するのは、意思にもとづく終局的な占有移転を要求する態度と矛盾する。
[24] これに関する私見を展開したものとして、山中「詐欺罪における『処分行為』に関する一考察」阿部古稀317頁、とくに329頁以下。その他の文献として、山口厚・平野古稀（上）441頁以下、林幹人「詐欺罪における処分行為」現代的展開212頁以下、鈴木佐斗志「詐欺罪における『交付』について」松尾古稀（上）515頁以下参照。

行為かどうかについては、学説が分かれる。ここでは、①そもそも一定の客体に対して処分意思があれば処分行為と認めてよいという見解（**無意識的処分行為肯定説**）と②当該具体的客体につき処分意思がなければ処分行為があったとはいえないとする見解（**意識的処分行為必要説**）とがある。前者は無意識の処分行為を肯定する見解（平野 215 頁、中森 121 頁、西田 196 頁）であり、後者は意識的処分行為を要求する見解（中山 272 頁、曽根 147 頁、前田 275 頁、山口・平野古稀〔上〕441 頁以下、林幹人・現代的展開 215 頁）である。後者の見解が妥当である。しかし、前述のような、自由な意思決定をしているという意識をもって、意識的処分行為とする見解もあるのだから、重要なのは「意識的処分行為」の意味である。

　意識的処分意思必要説によれば、例えば、スーパーマーケットで箱入りの魔法瓶を買う際にその魔法瓶を包装するための箱の中に、そっと乾電池を入れ、レジで気づかれずに魔法瓶のみの代金を払った場合、乾電池については詐欺罪ではなく、窃盗罪が成立する。このように、別の客体が知らないうちに付け加えられていたときは、その客体については、五感による認知（感覚的知覚）がない限り、無意識的処分行為でしかないというべきである[25]。このようにして、店員にその客体について気づかれずに、レジを通ったとき、客体についての感覚的知覚がそもそもなく、意識的処分行為がないから詐欺罪は成立しない（反対＝林 236 頁）。

　財物の占有移転の意思　　財産の移転（財物の占有の移転および利益の帰属の移転）についても、意識的処分行為がなければならない。意識的処分行為の内容については、客体の認識のみではなく、1 項詐欺・2 項詐欺を通じて**財産の帰属の移転の意思**がなければならない。**1 項詐欺**については、財物の**占有**が他人に移転することを認識したうえでの引渡しが「交付」である。例えば、試着室で試着したまま「ちょっとトイレに行ってくる」と告げて店から逃亡した者に対しては、店員は、財物に関する占有移転の意思をもたず、店の占有を継続させる意思であるので、意識的処分行為があったとはいえない。注意すべきは、この事例で店員には、客体たる財物の認識はあることである。その占有を移転させる意思がないのである。このように、意識的処分行為の内容には、財物の占有移転の意思も含まれると解すべきである。**2 項詐欺**に

---

[25] 詳しくは、山中・前掲 329 頁以下参照。

ついては、財産的利益の帰属の移転は、先の事例のように、「ちょっとトイレに行ってくる」と告げられ、それを許したにすぎない場合にも、財物という物理的存在とは異なり、財産上の利益という追求の困難なものが客体であるので、認められ、意識的処分行為も肯定される（☞§93, 1 **ⓑ**）。

また、前述のように、被害者にいったん財物を放棄させて後に拾得しようという意思でだました者には詐欺罪が成立しない。なぜなら直接の占有移転のみならず、被害者には占有移転の意思もないからである。

ⓒ 三角詐欺 欺く行為の相手方（欺かれた者＝被欺罔者）が、錯誤に陥り、それにもとづいて財産的処分行為を行い、財産の移転によって被害者が損害を被るのであるが、①被欺罔者と処分行為者とは同一人格であることが必要であろうか、それとも異なってよいのであろうか。また、②被欺罔者と処分行為（交付）者とは同一人格であることが必要であるとしても、それらと被害者とは異なる人格であってもよいのだろうか。わが国では、被欺罔者と処分行為者とは別人でもよいとして前者の問いを肯定する見解が有力少数説である（団藤614頁、福田255頁、なお、大塚252頁）。これに対して、通説・判例は、後者の問いを肯定する。

被欺罔者と処分行為者との別人格性？ 有力少数説は、三角詐欺の構造を、被欺罔者と処分行為者・被害者に分かれるものとみる。これに対して、通説・判例は、被欺罔者・処分行為者と被害者に分かれるものとみる。有力少数説は、被欺罔者の陥った錯誤が処分行為者に伝わってそれにもとづいて処分行為者が処分することが要求されるので、結局、処分行為者も錯誤に陥っていることになる。したがって、被欺罔者とは、欺罔の直接の相手方を意味するにすぎず、実際には、被欺罔者と処分行為者とは別人格ではなく、三角詐欺と呼べない構造である。この見解の修正説で、財産的処分行為と交付の概念を区別し、欺かれた者が「財産的処分行為」をし、その結果、それに拘束されて別の者が「交付」を行うものとし、訴訟詐欺については、裁判所が財産的処分行為をなし、敗訴者が「交付」をなすとするもの（大塚249頁）がある。しかし、この見解は、「交付」を財産的処分行為のたんなる結果とみる点で不当である。246条1項で要求している交付とは、まさに瑕疵ある意思にもとづく処分行為なのであって、たんに誰か別人の処分行為の因果的結果としての財物の事実上の引き渡しではないからである。

下級審の判例には、この見解に依拠して、**被欺罔者と処分行為者とが別人格**

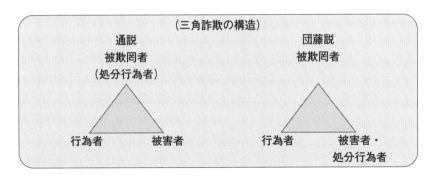

である場合の三角詐欺を認めたものがある。架空の貿易取引について、銀行に商業信用状を開設させて荷為替手形の支払保証の利益を得る目的で、国内の輸入業者に対し、その取引銀行に商業信用状を開設させるよう依頼した行為について、被欺罔者は輸入業者であり財産上の処分者は銀行であるとして、被欺罔者が処分行為者に対して**財産上の処分を事実上為さしめ得る可能的地位**にあったことをその要件としたものである。それによると、「欺罔される者とその欺罔の結果財産上の処分を行う者（財産上の被害者）とは必ずしも同一人である必要はなく、被欺罔者が財産上の処分者（被害者）に対し、**事実上又は法律上その被害財産の処分を為し又は為さしめ得る可能的地位**にあることをもつて足りるもの」とされている（大阪高判昭60・11・28判時1224・134）。しかし、この事例は、銀行が、輸入業者を通じて欺罔されているのであって、三角詐欺の事案ではないとみることができる。

被欺罔者・処分行為者と被害者との別人格性 これに対して、通説・判例は、被欺罔者と処分行為者は原則として同一人格であることを要し、それらと被害者とは別人格であってよいとする。したがって、この見解によれば、訴訟詐欺において、裁判所は、被欺罔者であるとともに、処分行為者であり、敗訴者は被害者であるということになる。欺かれた者が、錯誤に陥り、それにもとづいて処分行為を行うのであり、その動機連関は同一人格の中の心理的因果経過である。したがって、この見解からは、被欺罔者・処分行為者の被害者の占有する財物に対する処分権限が問題となる。

他人の財産に対する処分権限 他人の所有ないし占有する財物に対して、無関係の者が処分権限をもたないことはいうまでもない。他人の所有する財物につきいかなる場合に処分権限を有するのであろうか。これに関して学説

は、法的権限説・授権説と陣営説に分かれている。**法的権限説**ないし**授権説**（林幹人・現代的展開230頁、山口・探究155頁、同・平野古稀〔上〕462頁）は、処分者が、占有の移転につき占有者から法的に有効な授権を得ていたとき、処分行為といえるものとする。この説は、処分が法的に有効なとき、または被害者が処分権限を与えたときにのみ処分権限が認められるとするのである。これに対して、**陣営説**（中森122頁）は、他人の財物に行為者に比べて事実上近接した地位にいるもの、つまり被害者の陣営にいる者が処分行為者であるとする。ただし、その者は、占有保護者としての地位に立つことが要求される。陣営説は、被害者の占有を保護すべき特別の関係にある者が行った占有移転行為は、法的権限や授権がなくても処分行為であるとする点で、法的権限説より広く処分行為を認める。例えば、主人の忘れたコートを取りに来たと欺いた主人の会社の従業員を装った者にコートを引き渡したとき、主人の授権がなくても処分行為を行ったというのである。あるいは、自家用車を共同している車の管理人をだまして自動車のキーを引き渡させたとき、法的権限はなくても処分行為であるというのである。

法的・事実的権限説 法的権限説は、被害者の授権がありまたはその行為が法的に有効である場合に限って処分権限を認める点で、あまりにも狭い。これに対して、陣営説は、被害者の陣営にいるとされる基準が不明確である。基本的には、授権があり、その行為が法的に有効である場合に処分行為性が認められるという法的権限説の出発点が妥当であるが、これは硬直にすぎて、詐欺罪の範囲をあまりにも制限する。そこで、**法的・事実的権限説**をもって妥当とすべきである。[26]これによれば、財物詐欺については、原則的に、財物に対する「事実上の支配的・管理的地位」に立つ者のみが処分行為を行いうると解すべきである（木村132頁、前田344頁）。詐欺利得罪については、権利・債権に対する「事実上の加害的影響力ある内部的地位」に立つ者が処分行為を行いうる。被害者と外部的関係に立つにすぎない二重抵当の事例のような場合は、二重に抵当権を設定したが、後の抵当権者に先に登記を済ませた者は、未登記抵当権につき加害的処分行為を行うものではない。しかし、後述するように（☞❺）、例外的には、一定の組織内の終局的処分決定権者が処分行為を行う場合もある。

---

[26] これについて詳しくは、山中・前掲関法52巻4=5号475頁以下、508頁以下参照。

他人の財物に対する処分行為に関する判例　判例は、すでに古くから被欺罔者と被害者とは同一人であることを要しないと認める（二重抵当の事案につき、大判大元・11・28刑録18・1431）。登記官吏をだました事案につき、被害者にかかる**財産上の利益につきその処分をなすことをうべき権限または地位**がある場合に他人の財産に対する処分が認められるものとし、登記官吏にはこれが欠けるがゆえに詐欺罪の成立を否定した（大判大6・11・5刑録23・1136、大判大12・11・1刑集2・784）。**最高裁の判例**では、土地所有者の氏名を冒用して、簡易裁判所に起訴前の和解の申し立てをし、所有権移転登記手続をする旨の和解が成立したごとく装い、裁判官に内容虚偽の和解調書を作成させた行為も、所有権移転登記を行った登記官吏にも「不動産を処分する権限も地位もない」として詐欺罪の成立を否定したものがある（最決昭42・12・21刑集21・10・1453）。その後の**最高裁判例**も、「被欺罔者と財産上の被害者が同一人でない場合には、被欺罔者において被害者のためにその財産を処分しうる権能または地位のあることを要する」として、**裁判所書記官補および執行吏**は、第三者の財産である家屋につき「**処分しうる権能も地位もなかった**」としている（最判昭45・3・26刑集24・3・55＝**百選55**）。この限りでは、判例は、法的権限説に従っているようにみえる。

　他に被欺罔者と被害者とが別人格の例としては、銀行員を欺いて預金の払戻しを受ける場合（大判明44・5・29刑録17・1011）、教団の有力者を欺いて教団の金を借用する場合（最判昭24・2・22刑集3・2・232）等がある。

　❹ 訴訟詐欺　三角詐欺の重要な例としては、訴訟詐欺がある。訴訟詐欺とは、裁判所を欺いて勝訴判決を得ることによって敗訴者の財産を取得する詐欺をいう。例えば、債権がないのにあるかのように偽って相手方に対して裁判所に請求訴訟を提起し、裁判所を欺いて請求権を認める判決を得て相手方の財産を取得する場合をいう。[27]

　学説の中には、**訴訟詐欺**について、裁判所が被欺罔者、敗訴者が交付者（処分行為者）と解する有力少数説の立場から、詐欺罪の成立について疑問を提起するものがある（団藤614頁、福田255頁）。この見解は、第1に、民事訴

---

[27] 判例においては、訴訟手続（大判明44・11・14刑録17・2047、大判大3・5・12刑録20・856、大判大9・11・17刑録26・837、大判大11・7・4刑集1・381、大判昭5・8・5刑集9・534）、督促手続（大判明43・2・3刑録16・113、大判大3・5・18刑録20・956）、強制執行および競売（大判明43・6・6刑録16・1055、大判明44・5・5刑録17・768、大判大2・4・28刑録19・530、大判昭9・8・30刑集13・1095）に関するものがある。

訟においては形式的真実主義ないし弁論主義が採用され、裁判所は当事者の主張に拘束されるため、虚偽であると分かっていてもその主張通り裁判する必要があるから、民事訴訟の利用は、欺く手段とはなりえず、第2に、敗訴者は、強制的に財物を提供させられるから、意思に反した行為であり、任意の交付をなすものではないという理由を挙げ、訴訟詐欺は詐欺罪の定型にあたらないと主張する。三角詐欺について、被欺罔者と交付者が別人格であるとしながら、詐欺罪を肯定する見解（大塚250頁）もある。詐欺罪否定の根拠のうち第1点については、裁判所は当事者の虚偽の主張に拘束されて一定の裁判をせざるをえないにしても、錯誤に陥った場合と法的に同視してよい関係がうかがえ、また、第2点については、裁判所の裁判自体を財産的処分行為と解することによって、解決できるというのである。第1点については、民事裁判においても証拠の評価は自由心証によるのであり、錯誤に陥って処分行為が行われることはありうるし、裁判所が虚偽だと分かっていながら原告に有利な判決を下さなければならないのは被告が口頭弁論期日に欠席し、それにより擬制自白が認められる場合のみであり、その場合には欠席すれば敗訴すると分かっていてそうしたのであるから、被害者の承諾により詐欺罪の構成要件該当性または違法性が欠けると反論される（西田201頁、大谷266頁）。裁判所が財産的処分行為者であり、敗訴者が交付者であるとして、訴訟詐欺について詐欺罪を肯定する見解に対しては、財産的処分行為者と交付者の区別が不当であることはすでに指摘した。

訴訟詐欺は三角詐欺の一類型であり、裁判所が被欺罔者・処分行為者であり、敗訴者が被害者であり、詐欺罪が成立しうる。むしろ、問題点は、裁判所の判決が財物の占有の移転を生じさせる処分行為といえるかどうかである。

ⓔ　組織内の処分行為主体　現代社会においては、商品の注文を受けてから配送が完了するまでに多数の人々が関与するのが通常である。例えば、支払の意思も能力もない者が、販売会社をだまして商品を交付させる場合、商品の所有権は会社にあるが、占有は商品管理部長にあり、販売部員が注文を受け付け、販売課長が商品の販売に対して責任を負い、別の販売部員が発送し、運送会社の社員がこれを注文者に届ける。このような事例において、詐欺罪の成立要件である、被欺罔者・処分行為者が誰なのかは明白ではない。財物の占有者ないし共同占有者に第一次的に処分権があるという原則か

ら出発すると、商品の占有者ないし共同占有者が処分行為者であり、上例においては商品管理部長が処分行為者である。販売部から回ってきた伝票によって錯誤に陥り、商品を搬送したことが処分行為であると解することになる。処分行為者が処分行為をした後、占有の移転が完了するまでの間に、占有の移転に関与する者が多数存在するが、それらの者は、**交付補助者**である。

この組織において、例外的に、組織の代表者が商品管理部長に命じて、特定人に商品を販売させた場合には、当該組織の制度上、処分行為に対する終局的処分権が属する組織の代表者が任意の交付者となる。

訴訟詐欺において、裁判所は、請求権の対象となっている当該財物に対して占有ないし共同占有があるわけではない。しかし、当該財物の占有の移転につき、訴訟制度に従う限り、終局的に決定権をもつ主体である。したがって、裁判所が処分行為者であり、敗訴者は処分行為ないし交付補助者にすぎない。

さらに、この組織内の処分行為の主体の問題は、**キセル乗車**に関する判例においても論じられている。改札係員が被欺罔者であり、列車の乗務員が処分行為者であるという構成に対して、広島高裁は、「列車の乗務員が、被告人から直接または改札係員を利用して間接に欺罔されて錯誤に陥ったというような事情は認められず、また処分行為者とされる乗務員が被欺罔者とされる改札係員の意思支配のもとに被告人を輸送したとも認められないのであるから、単に組織体の機構を理由として被欺罔者の錯誤に基づく処分行為がなされたとすることは相当ではない」という[28]（広島高判昭51・12・6高刑集29・4・651）。

❻ 不法原因給付 財物の交付が不法原因給付（民708条）である場合にも詐欺罪が成立するか[29]。民法708条は、「不法な原因のために給付をした者は、その給付したものの返還を請求することができない。ただし、不法な原因が受益者についてのみ存したときは、この限りでない」と規定する。本文

---

[28] これに対して、大阪高判昭44・8・7刑月1・8・795は、「被欺罔者以外の者が右の処分行為をする場合であっても、被欺罔者が日本国有鉄道のような組織体の一職員であって、被欺罔者のとった処置により当然にその組織体の他の職員から有償的役務の提供を受け、これによって欺罔行為をした者が財産上の利益を得、または第三者をして得させる場合にも成立するものと解すべき」であるとする。

[29] 最近の研究として、田山聡美「不法原因給付と詐欺罪の成否」法研論集106号（2003年）183頁以下。

の意味は、例えば、麻薬を売ってくれるというので、代金を支払ったが、麻薬の引渡しがなかったため代金の返還を請求しようとしても、請求が認められないというのである。そうだとすると、このような場合でも、刑法上、詐欺罪が成立するかどうかが問題である。

この問題につき、判例は、紙幣を偽造する資金であると欺いて金員を詐取した場合（大判明42・6・21刑録15・812）、闇米を買ってやると欺いて代金を詐取した場合（最判昭25・12・5刑集4・12・2475）、売春すると偽って前借金を詐取した場合（最決昭33・9・1刑集12・13・2833）、詐欺罪が成立するものとする。「欺罔手段によって相手方の財物に対する支配権を侵害した以上、たとい相手方の財物交付が不法の原因に基いたものであって民法上其返還又は損害賠償を請求することができない場合であっても詐欺罪の成立をさまたげるものではない」（最判昭25・7・4刑集4・7・1168＝百選46）からである。

学説においては、民法708条本文の適用により返還請求権が認められない以上、財産上の損害はなく詐欺罪は成立しないとする見解（滝川157頁）もあるが、成立するとするのが通説である。成立の根拠については、相手方は、欺かれなければ財物を交付しなかったであろうから、人を欺く行為にもとづいて不法原因給付がなされたのであって、708条但し書の適用がある場合であるとみることができるとする説（大塚253頁、大谷284頁）、交付する財物（財産上の利益）そのものは、交付するまでは不法性あるものではなく、むしろ詐欺行為によって被害者の適法な財産状態を侵害するものであるからとする説（平野220頁）がある。これは、結局、708条但し書の適用される場合と解することになろう（西田213頁）。

しかし、そうだとすると、詐欺罪と不法原因給付の問題として論じられる二つの事実類型があることになる。すなわち、民法708条本文の適用がある類型と民法708条但し書が適用されるべき類型である。先に挙げた、麻薬を売ってやると欺かれ代金を支払ったという場合には、行為者の詐欺行為自体に不法の原因があるわけではなく、すでに詐欺行為以前に取引の目的物である麻薬の取引自体にある。被害者にはその目的物の対価の返還請求権は認める必要はない。したがって、本文が適用される類型である。これに対して、判例で取り扱われたような事案は、すべて当該取引の受益者である行為者の詐欺行為のみに不法の原因が存在する類型である。この後者の類型の事案については、民法708条但し書によって被害者に返還請求権が認められ、詐欺

罪は成立するというべきである。

ⓖ 詐欺罪の着手時期 欺く行為の開始時である。相手方が錯誤に陥ったかどうかを問わない（大判大3・11・26刑録20・2265）。保険金を詐取する目的で保険の目的物である家屋に放火したり船舶を転覆させた場合には、いまだ欺く行為を開始したとはいえないから実行の着手はない。保険会社に保険金の支払を請求したときにはじめて実行の着手が認められる（大判昭7・6・15刑集11・859）。訴訟詐欺については、訴状を裁判所に提出したとき（大判大3・3・24刑録20・336）に実行の着手がある。必ずしも口頭弁論で申し立てをすることを要しない。競輪の八百長レースが詐欺罪を構成するとき、その実行の着手は、八百長レースを通謀した選手らがスタートラインに立ったときである（最判昭29・10・22刑集8・10・1616）。詐欺賭博については、相手方に対する欺く行為が開始されたときであって、錯誤に陥った相手方が財物を賭ける行為を開始したときではない（大判昭8・11・9刑集12・2114、最判昭26・5・8刑集5・6・1004）。

ⓗ 既遂時期 相手方が財物を交付し、その財物の占有が行為者または第三者に移転したときに詐欺罪は既遂となる。財物の占有の移転とは、財物に対する被害者の支配が排除され、行為者または第三者の支配のもとに移ることを意味する。詐欺行為から相手方の錯誤にもとづく交付を経て、財物の占有の移転に至る因果関係が存在する必要がある。したがって相手方が錯誤に陥らず、憐憫の情から財物を交付したときは、詐欺は未遂にとどまる（大判大11・12・22刑集1・821）。財物の占有の移転は、動産については、引渡しのあった時点、不動産については、現実に占有の移転があった時点、または所有権取得の移転登記が終了した時点に認められる（大連判大11・12・15刑集1・763、大判大12・11・12刑集2・784）。登記名義の移転により新たな名義人が不動産の処分可能性を取得し不動産の占有が移転したといえるからである。権利証その他移転登記に必要な一切の書類を詐取したときにも不動産の詐取を認める見解（藤木『経済取引と犯罪』104頁、西田191頁）があるが、書類がそろっただけではいまだ外形的に処分可能性を取得したとはいえないのであって、登記名義を取得するためのさらなる行為が必要であるから、移転登記が完了することを要すると解すべきであろう。

4 財産的損害

わが刑法246条の詐欺罪の規定には「財物」（1項）、「財産上の利益」（2項）

という文言は登場するが、「損害」の文言は用いられていない。そこで、「財産的損害」の発生が既遂の要件となるかどうかについては見解の相違が生じている。そこで、これらの見解を検討しておこう。

詐欺罪の本質は、人を欺くことによる財物詐取たる点にあり、被害者に財産的損害を与えることは必要ないとする見解（木村150頁、牧野684頁）もあるが、詐欺罪は財産犯であり、実害犯であるから、被害者に財産的損害が発生したことがその成立要件となる（大判昭3・12・21刑集7・772）。しかし、1項詐欺罪は、財物の交付・移転によって既遂となるが、そうだとすると、財産的損害の要件はどのような意味をもつのだろうか。詐欺罪をもっぱら全体財産に対する罪と解する立場（滝川152頁）に立てば、当該財物の占有の移転が、全体財産の減少をもたらしてはじめて既遂となると解することになろう。しかし、個別財産に対する罪であるとすると、財物の喪失、財産的利益の喪失自体が損害であると解する（団藤619頁、大塚256頁）ことによって財物の占有の移転と損害が一致することになる。

なお、**最高裁**は、請負人が受領する権利を有する請負代金を、欺罔手段を用いて不当に早く受領したとして、代金全額について1項の詐欺罪が成立するには、「欺罔手段を用いなかった場合に得られたであろう請負代金の支払とは社会通念上別個の支払に当たるといい得る程度の期間、**支払時期を早めたものであることを要する**」ものとする（最判平13・7・19刑集55・5・371=**百選49**）。この判例は、詐欺罪を個別財産に対する罪と捉えても、個別財産の喪失が直ちに損害に結びつくものではないことを前提

---

[30] これに関する研究として、菊池京子「いわゆる乞食詐欺と寄附詐欺における『無意識の自己加害』について―処分行為の自由をめぐる問題―」一橋論叢98巻5号779頁以下、同「詐欺罪における相当対価が提供された場合の財産上の損害の有無について―『処分行為の自由』をめぐる問題(2)」（上～下）東海法学6号（1991）135頁以下、7号51頁以下、18号53頁以下、伊藤渉「詐欺罪における財産的損害―その要否と限界―」(1)～(5・完) 警研63巻4号27頁以下、5号28頁以下、6号39頁以下、7号32頁以下、8号30頁以下、さらに最近のものとして、足立友子「詐欺罪における欺罔行為について（4）」法政論集214号（2006年）336頁以下。なお、ドイツにおける詐欺罪について、照沼亮介「ドイツにおける詐欺罪の現況」刑ジ31号（2012年）29頁以下参照。最近のわが国の議論として、林幹人「詐欺罪における財産上の損害」現刑44号（2002年）48頁以下、同「詐欺罪の新動向」曹時57巻3号（2005年）1頁以下、小田直樹「財産論の視座と詐欺罪の捉え方」広島法学26巻3号（2003年）205頁以下、木村光江「詐欺罪における損害概念と処罰範囲の変化」曹時60巻4号（2012年）1頁以下、上嶌一高「最近の裁判例に見る詐欺罪をめぐる諸問題」刑ジ31号（2012年）12頁以下、山中敬一「詐欺罪における財産的損害と取引目的」法学新報121巻11＝12号（2015年）397頁以下、長井圓「詐欺罪における形式的個別財産説の理論的構造」斎藤信治古稀359頁以下、田山聡美「詐欺罪における財産的損害」曽根・田口古稀（下）151頁以下、杉本一敏「詐欺罪における被害者の『公共的役割』の意義」野村古稀301頁以下参照。

としている。[31]

わが国の財産犯体系においては、1項が「財物」を客体とし、2項が「財産上不法の利益」を客体とする。したがって、1項では、財物の移転がすでに財産的損害であり、2項では、「財産上の利益」の確定は、全体財産の増減にかかるように思われる。しかし、詐欺罪では、1項においても財産的損害の発生が既遂の要件であり、財産的損害は、1項、2項を通じて共通の要件であると解すべきである。そこで、「財産的損害」要件の意義をどのように解するかが重要な課題となる。上述したように（☞§91, 2）、詐欺罪の本質は、当事者の取引目的の実現のため、相互に取引関係に入り、給付と反対給付に関する瑕疵のある合意を見たが、他方の欺罔により、給付のバランスを欠く点にある。これは、一方の取引目的が不達成であったことを意味する。例えば、一見、取引関係ではないような、例えば、国際難民の救済を目的とした **寄付金詐欺** についても、寄付する側の金銭の贈与と寄付を受ける側のその寄付にもとづく難民の救済への支出のバランスが欺罔によって崩れ、取引目的の重要部分であった寄付金の使途が異なっているため、寄付行為者の取引目的が達成されていない点に損害の発生がみられる。このように、詐欺罪における財産的損害とは、**経済上の取引目的の不達成** にある。寄付金詐欺、補助金詐欺などの一方的で片務的にみえる行為も、財産上の取引関係に位置づけられうるのであり、取引目的不達成の場合、損害が生じているのである。これを「**取引目的不達成論**」と呼ぶことにする。これは、後に解説する「実質的個別的損害」の下位基準である。

❶ 素材同一性　行為者は、利益を、その利益が損害の裏面であるといったように、直接に被害者の財産から取得しなければならず、行為者が得る利益と被害者のこうむる損害が同一の処分行為にもとづき、利益が被害者の財産の負担に帰するときに素材同一性があるという。すでに例示したように、クレジットカードの不正利用の事例において、1項詐欺であり、カードで購入された商品が利得であるとすれば、損害は、同一の処分行為によるその商品の喪失から直接生じるものでなければならず、それにもとづいてカード会社が立替払をしたことではない。

❷ 財産状態の格差　判例によれば、医師の免状をもたない者が、医師

---

31 林幹人・現刑44号48頁以下、とくに49頁参照。

と偽って患者を診察したうえ、薬を買い取らせたが、適切な薬を定価で買い取らせた場合、財産上の損害を与えたことにならず、詐欺罪は成立しない（前掲大判昭3・12・21）。また、18歳未満の者には購入を禁止されている書籍を17歳の者が年齢を偽って購入する行為が、売主の財産上の損害を生ぜしめるものではないということもできる。しかし、このような場合でも、当該財物の交付自体が損害であると解すれば、財産上の損害は存在するともいえそうである。逆に、組合員のみに割引販売している大学生協で組合員と偽って割引価格で商品を購入する場合、生協には財産上の損害が存在し、詐欺罪が成立することは疑いない。この事例では、当該商品の交付自体が損害であるというよりも、本来、定価で販売したはずの商品を割引価格で販売したことが損害であるという考え方が実態に即しているであろう。財産上の損害とは、結局、財物の交付自体ではなく、相手方（被害者）が欺かれた事実を知っていたとしても当該取引が行われていたであろうという場合に、知っていたならば得ていたであろう当該財物の財産上の価値と、欺かれたために現に得た当該財物の財産上の価値との差である。被害者の財産状態は、割引価格で販売したため、通常価格としての対価が得られず、交換価値において減少したのである。医師でない者が医師と偽って薬を定価で買い取らせた事案では、財産状態の差はなく、財産上の損害は発生していない。18歳と偽って書籍を購入する事例もその差はない。しかし、生協の割引商品の購入の事例では、その間に財産上の価値における差があり、財産上の損害がある。

受給資格を偽って配給を受ける行為（大判昭17・2・2刑集21・77、前掲最判昭23・6・9、前掲最判昭23・4・7）は、本来受給できない者に配給することによって、国の配給物の総量を減少させ、財産上の損害を生じさせているから、詐欺罪を構成する。営農意思を偽って国有地の払い下げを受ける行為（前掲最決昭51・4・1）も、国の財産を侵害する行為であり、詐欺罪を構成する。

ⓒ 相当な対価の支払（使用価値の減少） 取引において詐欺行為が行われ、相手方が錯誤に陥って、それにもとづく財物の交付があったが、それに対して相当な対価が支払われた場合でも詐欺罪が成立するだろうか。判例においては、小売価格2100円の**ドル・バイブレーター**と称する電気アンマ器を中風等に効果のある特殊治療器であり、大学医学部教授の推薦のある高価なものであるかに効能を偽って2100円で売却した事例につき、「たとえ価格相当の商品を提供したとしても、事実を告知するときは相手方が金員を交付しない

ような場合においても、ことさら商品の効能などにつき真実に反する誇大な事実を告知して相手方を誤信させ、金員の交付を受けた場合は、詐欺罪が成立する」（最決昭34・9・28刑集13・11・2993＝**百選48**）としたものがある。判例は、従来から欺く行為がなければ相手方は財物を交付しないであろう場合に、これを欺いて交付させたのであるから、交付そのものが財産的損害にほかならないと解している（大判大12・11・21刑集2・823）。財産上の損害を必要としつつ財物の交付自体を損害とみる趣旨を明らかにした判例もある（大判昭17・4・7新聞4775・5）。したがって、相当の対価ないしそれ以上の対価を提供しても詐欺罪の成立を認める（大判大2・11・25刑録19・1299）。例えば、偽造の書画を真物と偽り代金を詐取したときは、たとえその偽造の書画が相当価格を有したとしても（大判昭11・11・7新聞4074・13）、焼酎のアルコール含有量を偽って顧客を欺き代金を取得したがその売価がその実際の含有量に相当する価格であっても（大判昭7・5・23刑集11・665）、詐欺罪が成立する。学説も、「欺罔されなければ交付しない財物を欺罔された結果、交付したということによって、すなわち、財物の喪失によって、被害者は、その財物に対する使用・収益・処分といった所有権その他の本権の実質的機能が害されるのであって、これは、被害者にとって、全体財産に減少がなくても、財産上の損害といえる」（福田「詐欺罪の問題点」刑法講座84頁）とする。このような損害概念は、形式的に個別財産の喪失を損害とみるので、**形式的個別財産説**ということができる（前田350頁）。

　ⓓ　実質的個別的損害　財物詐欺について、形式的に財物が移転すれば個別財産の損害があったと解することは妥当ではない。むしろ、実質的に損害が発生したかどうかを基準とすべきである（**実質的個別財産説**＝西田350頁）。したがって、交付の前後の被害者の財産状態に格差が存在するかどうかで、財産上の損害があるかどうかを判断すべきである。

　しかし、その財産状態の格差はどのような基準で判断されるのであろうか。そこでは、その指導的な基準は、**取引目的の不達成**か否かである。欺罔行為者と被欺罔者の間の見せかけ上の合意から本質的に逸脱した給付は、取引目的を達成するものではなく、それは、「損害」となる。そこでもたらされるべき「給付」は、まず第1に、客観的に財産的給付としてふさわしいものでなければならず、あくまでも一般的に「財産上の給付としての性格」を持たなければならない。第2に、給付となりうるかどうかは、欺罔者と被欺

岡者の「**取引関係の意義・目的**」、すなわち、「合意された主観的目的」によって決定される。すなわち、当事者が明らかに取引の目的ないし条件としたものの範囲内にとどまる限り、その不達成は、目的の不達成である。第3に、その取引関係は、**直接的な交換関係**にあるものでなければならない。第4に、その取引目的に両者の**明示の意思**が示されていない場合には、その「**取引の社会的意義**」からその目的の解釈可能なものの範囲内かどうかが解釈されるべきである。

　その損害の測定基準は、合意された取引からの逸脱であるから、例えば、その給付された財物が、合意に反して被害者には**使用価値**のないものであった場合、損害である。したがって、相当対価は提供されても使用価値のない財物は、損害と評価してよい。すなわち、先のドル・バイブレーター事件において、治療に役立たない普通の電気アンマ器は被害者にとって使用価値がない。すなわち、相当な対価を支払った代わりに得たものは、使用価値の低いものであって、支払った対価に釣り合わないいわば無用の長物であり、被害者は財産上の損害をこうむったといえるのである。この意味では、被害者の主観的な使用価値の不存在も損害となりうるので、損害が当該の「人」に依存するという「**人的財産概念**」も考慮されるべきであろう。

　❺　**被害者の民事上の保護**　被害者が民事上保護されていても詐欺罪の成立に影響しない。例えば、財物交付の原因となった法律行為に要素の錯誤があるため、被害者の処分行為が無効であって民法上財産上の権利に変動がない場合にも（前掲大判大12・11・21）、偽造文書を行使して約束手形の割引を受けるに際し連帯振出人となり法律上支払義務を負担したとしても（大判昭3・11・8評論18刑法35）、詐欺罪は成立する。代理人が代理権を濫用し権限外の行為をなすにつき、権限があると誤信させたときは、たとえ本人が民法上の責任を負う場合でも詐欺罪の成立を妨げない（大判大11・3・22刑集1・160、最決昭36・12・20刑集15・11・2032）。

　❻　**各種証明書の不正受給**　虚偽の申し立てによって各種証明書の交付を受けた場合、詐欺罪が成立するであろうか。証明書の種類によって財産的価値のあるものとそうでないものとがある。

　旅券（最判昭27・12・25刑集6・12・1387）、米穀輸送証明書（福岡高判昭30・5・19高刑集8・4・568）、運転免許証（前掲高松地丸亀支判昭38・9・16）、建物所有証明書（前掲大判大3・6・11）、印鑑証明書（前掲大判大12・7・14）などは、独立の経済的・財

産的価値があるわけではない。これに対して、三食者外食券（最判昭24・5・7刑集3・6・706）、硝子配給割当証明書（前掲最判昭25・6・1）、米穀通帳（最判昭24・11・17刑集3・11・1808）、国民健康保険証（前掲大阪高判昭59・5・23、反対=前掲名古屋地判昭54・4・27）、簡易生命保険証書[32]（最決平12・3・27刑集54・3・402）については、判例においても詐欺罪の成立が肯定されているが、これらの証明書は経済的利益を受けるという財産上の権利義務に関する事実を証明する文書であって、社会生活上重要な経済的価値（前掲大阪高判昭59・5・23）を有するがゆえに、財産の価値をもつといってよい。近時の判例には郵便配達員を欺いて、裁判所から郵送された支払督促正本を受領し廃棄したとき、不法領得の意思を否定したものがある（前掲最決平16・11・30）。

このような各種証明書の不正受給については、特別法に罰則が付されていることも多く、したがって、財産上の価値いかんという基準のみならず、各種証明書の不正受給につき、それらが詐欺罪の適用を排除する趣旨の特別法とみなされるかどうかを参照しなければならない。

❻ 二重抵当 自己の不動産に抵当権を設定した者が、まだ登記が完了していないのに乗じて、さらに同一の不動産上に他人のために抵当権を設定し、これにつき登記を済ませた場合に、詐欺罪が成立するかが問題である。現在の通説・判例は、これを先の抵当権者を被害者とする背任罪が成立する事例であるとしている（大塚257頁、大谷336頁以下、西田256頁以下、最判昭31・12・7刑集10・12・1592）。しかし、後の抵当権者に対する関係で詐欺罪が成立するとする見解もある。大審院の判例は、被欺罔者と被害者が異なる事案であるとし、後の抵当権者が被欺罔者であり、先の抵当権者が被害者であるとして、詐欺罪を肯定する（大判大元・11・28刑録18・1431）。しかし、後の抵当権者は先の抵当権者の財産に対して処分する法的・事実的権限をもつものではなく、三角詐欺は成立しない。また、後の抵当権者が被欺罔者で、かつ、被害者であると構成した場合にも、後の抵当権者は第1順位で抵当権の登記を受けているから、財産上の損害は発生していない（大谷336頁）。先の抵当権者との関係で背任罪が成立することについては、後述する（☞§105、1❶）。

5 主観的要件
本罪の故意は、他人の財物を詐取する認識を伴う実現意思であるが、人を欺き、錯誤に陥らせ、それにもとづいて交付させ、その財物の占有を取得す

---

[32]「簡易生命保険契約の事務に従事する係員に対し、被保険者が傷病により入院中であること又は被保険者につき既に法定の保険金最高限度額を満たす簡易生命保険契約が締結されていることを秘して契約を申し込み、同係員を欺罔して簡易生命保険契約を締結させ、その保険証書を騙取した行為について」、246条1項の詐欺罪の成立を認めた。

ることを実現する意思が必要である。その間の因果関係の認識も必要である。不法領得の意思を必要とするのが通説・判例である。

6 権利行使と詐欺罪

　他人から財物を取得する権利を有する者が、その権利の実現の手段として詐欺行為を行った場合、詐欺罪が成立するかが問題である。これには**二つの場合**がある。

　第1は、自己の所有物を不法に占有する他人からその財物を取り戻すために、その他人を欺いて財物を交付させた場合である。これは、詐欺罪における保護法益が本権か占有かという対立の反映する問題である。判例は、借金の担保として差し入れた国鉄公傷年金証書を欺いて取り返した行為について、それを担保として差し入れたことは無効であるとしても、他人の財物とみなされた財物（242条）の「所持」を保護し、詐欺罪を肯定した[33]（最判昭34・8・28刑集13・10・2906）。

　第2は、権利者（債権者）がその権利（債権）の実行の手段として欺いて財物を交付させた場合である。これについて、判例は、恐喝罪との共通の原則を立てている。①権利の実行にあたってその権利の範囲内で人を欺く手段を用いても詐欺罪は成立しない。②その権利の範囲を超えた場合には、その財物（財産上の利益）が法律上可分であれば超過部分についてのみ詐欺罪が成立し、不可分である場合には全部について詐欺罪が成立する。③正当な権利を有する場合でも権利を実行する意思ではなく、たんに権利の実行に藉口するとき、またはその権利とはまったく別個の原因にもとづくときは、財物・財産上の利益の全部について詐欺罪が成立する。大審院判例は、この**三つの原則**によっていた（大連判大2・12・23刑録19・1502）。**最高裁**は、恐喝罪に関する判例でこの第2原則を変更し、権利の範囲を逸脱するときは、違法となり、全部について恐喝罪が成立するものとした（最判昭30・10・14刑集9・11・2173）。詐欺罪についても同様に解すべきである（仙台高判昭33・11・27高裁特5・12・486、札幌高判昭35・6・20下刑集2・5＝6・693、東京高判昭38・9・6高刑集16・7・499、東京高判昭54・6・13東高刑時報30・6・81）。学説においては権利の範囲内で人を欺いて財物を得た場合には詐欺罪は成立しないとするもの（内

---

[33] この判例が、占有それ自体を法益と解したのか、平穏な占有ないし一応理由のある占有を保護法益と解したのかについては解釈に争いがある。

田 320 頁、中森 119 頁) もあるが、権利の実行であっても、あるいは権利の行使の範囲内での行為といったものはありえず、詐欺罪を認めるべきであるとするのが多数説（大塚 258 頁、大谷 275 頁）であろう。

7 罪数・他罪との関係

ⓐ 罪 数 一個の人を欺く行為によって同一人から数回にわたって財物を交付させたとき、包括一罪である（大判明 43・1・28 刑録 16・46）。一個の人を欺く行為によって数人から財物を交付させたとき、包括一罪とする見解（大判明 42・12・23 刑録 15・2037、牧野 719 頁、木村 136 頁) もあるが、数個の占有を侵害するから観念的競合を認めるべきである（大判明 44・4・13 刑録 17・552、大塚 260 頁、大谷 275 頁）。

近時、難病の子供たちの支援活動を装って、2 か月にわたり、**街頭募金**の名の下に通行人から金を詐取した事案において、その募金活動は、一体のものであり、**包括一罪**とされた判例がある（最決平 22・3・17 刑集 64・2・111）。その理由として、①不特定多数の通行人一般に対し一括して同一内容の定型的な働きかけを行って寄付を募るという態様のものであること、②1 個の意思、企図に基づき継続いて行われた活動であること、③被害者が投入する寄付金を個々に区別して受領するものではないこと、といった特徴を挙げ、これを**一体のものとして評価できる**ことを挙げる。

ⓑ 財物と財産上の利益の取得 一個の人を欺く行為によって財物を取得し、かつ不法の利益をも得た場合、判例は、古くは 1 項詐欺と 2 項詐欺の観念的競合としていた（大判明 42・5・31 刑録 15・673）が、後に刑法 246 条にあたる一個の詐欺罪が成立するとした（大判大 4・4・26 刑録 21・422、東京高判昭 29・6・7 東高刑時報 5・6・210）。包括的に 246 条の罪が成立すると解すれば足りる。

ⓒ カード等の詐取と現金化 窃取した貯金通帳を利用して郵便局員を欺き、現金を払い戻させる行為（最判昭 25・2・24 刑集 4・2・255）あるいはタクシー乗車券を窃取しこれを用いてタクシーを利用した行為（秋田地判昭 59・4・13 判時 1136・161）は、詐欺罪にあたる。また、**最高裁**は、他人になりすまし、消費者金融会社から**ローンカードの交付**を受けたうえ、その約 5 分後に、同カードを利用して同社の現金自動入出機から**現金 20 万円**を引き出そうと企てた被告人に対して、「同社係員を欺いて同カードを交付させた点につき詐欺罪の成立を認めるとともに、同カードを利用して現金自動入出機から現

金を引き出した点につき窃盗罪の成立を認めた原判決の判断は、正当である」とした（最決平14・2・8刑集56・2・71）。

　この判例につき詳しく紹介すると、被告人は、**無人契約機コーナー**に設置された無人契約機を介して、不正に入手した他人名義の自動車運転免許証により氏名等を偽るなどして、同社のサービスセンターにいる同社係員を欺き、他人名義で同社と上記基本契約を締結したうえ、同係員からローンカードの交付を受け、その約5分後に、同カードを同無人契約機コーナー内に設置された現金自動入出機に挿入し、同機を操作して作動させ、同機から現金20万円を引き出したという事案につき、最高裁は、次のように決定した。「カードローン契約の法的性質、ローンカードの利用方法、機能及び財物性などにかんがみると、同社係員を欺いて同カードを交付させる行為と、同カードを利用して現金自動入出機から現金を引き出す行為は、社会通念上別個の行為類型に属するものであるというべきである。上記基本契約の締結及びローンカードの交付を担当した同社係員は、これらの行為により、上記無人契約機コーナー内に設置された現金自動入出機内の現金を被告人に対して交付するという処分行為をしたものとは認められず、被告人は、上記…のような機能を持つ重要な財物である同カードの交付を受けた上、同カードを現金自動入出機に挿入し、自ら同機を操作し作動させて現金を引き出したものと認められる。したがって、被告人に対し、同社係員を欺いて同カードを交付させた点につき詐欺罪の成立を認めるとともに、同カードを利用して現金自動入出機から現金を引き出した点につき窃盗罪の成立を認めた原判決の判断は、正当である」。

　❶　**新たな法益侵害**　　これらの場合、詐欺罪として新たな法益侵害があり不可罰的事後行為ではない。その場合、両罪は、牽連犯であるとする説（小野248頁、大塚260頁）もあるが、一般的な目的・手段関係はないから併合罪である（前掲最判昭25・2・24、木村213頁、大谷276頁、西田214頁）。

　保険金詐取の目的で家屋に放火し保険金を詐取した場合、放火罪と詐欺罪は併合罪である（大判昭5・12・12刑集9・893）。偽造・変造の通貨を行使して財物を詐取し財産上の利益を得た場合、牽連犯であるとする見解（木村235頁）もあるが、詐欺罪は行使罪に吸収されるとするのが判例であり多数説である（大判明43・6・30刑録16・1314、大判昭7・6・6刑集11・737）。財物を詐取した後、極めて接着した時点でその返還を暴行・脅迫を用いて免れた場合、包括して2項強盗一罪が認められる（福田・注釈6巻258頁）。他人のためその事務を処理する者が、本人を欺いて財物を取得した場合、詐欺罪のみが成立するとする見解（牧野758頁、中森143頁、山口332頁、大判昭7・6・29刑集11・974、最判昭28・5・8刑集7・5・965）、背任罪のみが成立するという見解（小野275頁、西田265頁以下）、背任罪と詐欺罪との観念的競合とする見解（滝川176

頁、木村 126 頁、大塚 260 頁、大谷 276 頁、曽根 189 頁、前田 356、410 頁）がある。考察の出発点としては、法益が同一であることを重視すべきであり、吸収関係に立つと解すべきである。重い詐欺罪が成立する。

§93 詐欺利得罪

> 前項の方法により（人を欺いて）財産上不法の利益を得、又は他人にこれを得させた者は、10 年以下の懲役に処する（246 条 2 項）。未遂は、罰する（250 条）。

1 要件

人を欺いて、錯誤に陥れ、それにもとづいて財産的処分行為を行わせ、財産上の不法の利益を得、または他人に得させることである。[34]

「財産上不法の利益」における「不法の」とは不法の手段によるという意味であって、得られた利益自体が不法であることを意味しない。

ⓐ 財産上の利益 財産上の利益とは、財物以外の財産上の利益一切をいう。債務の免除の承諾、債務弁済の猶予、有償の役務の提供の受領、担保物権の取得などが財産上の利益の例である。判例で財産上不法の利益を得たとされた事例としては、銀行員を欺いて為替手形の割引を承諾させ、割引金を自己の口座に振り替えさせた場合（大判大 14・3・20 刑集 4・184）、取引所で定期取引をしようとする者が、人を欺いて証拠金の交付を免れた場合（大判明 43・11・17 刑録 16・1999）、電気計量器の指針を逆回転させ、電気料金の支払を免れた場合（大判昭 9・3・29 刑集 13・335）などがある。なお、情報財もまた、[35] 財産上の利益であるが、利益の移転をめぐって、情報の特殊性がみられる。

---

[34] 2 項詐欺の規定は、旧刑法にはなく、旧刑法では「詐欺取材ノ罪」として「財物若クハ証書類」を騙取する行為のみが罰せられた（旧刑法 390 条参照）。これに対しては、明治 16 年の刑法改正にあたって、徴された外国人の旧刑法に対する意見書のうち、ルードルフ氏の「日本刑法意見書」においてこの規定では「要求権利又ハ其他ノ利益ニ及ハス」と批判されていた（内田文昭＝山火正則＝吉井蒼生夫編著『日本立法資料全集』20［刑法 (1) — I・明治 40 年］・1999 年）520 頁参照）。「財産上の利益」を 2 項において定める規定方法は、「明治 34 年刑法改正案」で導入された（同編著『日本立法資料全集』22［刑法 (3) — I・明治 40 年・1999 年］153 頁参照）が、「明治 35 年刑法改正案」280 条 2 項では、現行刑法 246 条 2 項と同旨の規定が設けられている（倉富勇三郎＝平沼騏一郎＝花井卓蔵監修『増補刑法沿革綜覧』［日本立法資料全集・別巻 2］474 頁）。ちなみに、明治 34 年草案では 1 項の客体は、「財物若クハ証書類」に代わって「動産」とされたが、明治 35 年草案では「財物」に改められている。

[35] さまざまな情報財の刑事上の保護については、吉岡一男「企業秘密と刑事法―秘密侵害と財産犯構成―」刑雑 32 巻 1 号（1991 年）139 頁以下、とくに 151 頁以下。

また、欺罔によって銀行口座に振込入金させる場合、財産上不法の利益を得たことになるのかについては、判例上も結論が分かれている（肯定するもの＝神戸地判平 2・12・12 税務訴訟資料 236・4139、静岡地浜松支判平 2・3・27 判時 1344・176）。これに対して、購入代金を支払う際に、信販業者とクレジット契約を締結させ、商品売買を仮装して信販業者をして立替金を交付させた行為について、1 項詐欺を認めたもの（最決平 15・12・9 刑集 57・11・1088）がある。

ⓑ 処分行為 人を欺く行為によって人を錯誤に陥れ、それにもとづいて処分行為をさせ、行為者または一定の第三者が財産上の利益を得る必要がある（大判大 7・11・18 刑録 24・1407）。処分行為は、財産上の利益を被害者から行為者その他の一定の第三者に移転させるものでなければならない。判例においては、りんごの売買契約にもとづきその代金を受け取っていた売主甲が、履行期が過ぎてもその履行をしなかったため買主乙が督促にきたところ、甲は、履行の意思がないのに乙をりんごの積み出し駅に案内し、その発送手続が完了しているかのように示して、乙に安心させて帰宅させたという事案につき、欺罔行為による誤信の結果として履行の督促をしなかったことを処分行為とみているかもしれないが、「すでに履行遅滞の状態にある債務者が、欺罔手段によって、一時債権者の督促を免れたからといって、ただそれだけのことでは、刑法 246 条 2 項にいう財産上の利益を得たものということはできない」とする（最判昭 30・4・8 刑集 9・4・827 ＝ **百選 56**）。このように、処分行為とは、財産上の利益の帰属を移転させる行為でなければならないのである。

その点で、**情報財**や**サービス**については、その非移転性から、2 項詐欺罪の客体から除かれるのではないかという問題がある（山口 244 頁）[36]。しかし、財産罪の客体となる情報財・サービスは、有償のものに限り、利益の移転の意味は、財物のように、一方への所属が消滅し、他方への帰属が確立されるのではなく、相手方がその無形の利益を享受すれば、情報財の場合に手元にある情報財から新たにコピーが生じて移転したのであって、コピー元の情報財はなお残るのである。情報財については、これを「移転」と解することができるのである。サービスの場合も、相手方がそれを享受すれば、「移転した」のである。したがって、情報財・サービスについて、2 項詐欺罪の成立

---

[36] 山口「情報・サービスの不正取得と財産罪の成否」研修 647 号（2002 年）3 頁以下。

を否定する理由はない。

上記の例が示すように、処分行為は、債務の弁済を請求しないといった不作為によっても行われうる。

無銭飲食・宿泊 例えば、ホテルで「ちょっと外出するが、すぐ戻る」と告げて、宿泊料金の支払を免れた場合、ホテルの従業員を欺いて支払請求をしないという不作為による処分行為を行わせたのであるが、詐欺利得罪が成立するだろうか。①無銭飲食・宿泊の場合にも、はじめから支払の意思なく、料理を注文し、またはホテルに投宿する場合 (**犯意先行型**) と②投宿後、支払の時点までにお金が足りないことに気づき、支払を免れるために、「ちょっと外のトイレに行ってくる」と告げて逃走するような場合 (**飲食・宿泊先行型**) とがある。前者の犯意先行型においては、すでに料理の注文が挙動による欺罔行為であり、その時点で詐欺の実行の着手が認められ、注文した料理が提供され、その占有が移転すれば既遂である[37] (最決昭30・7・7刑集9・9・1856＝百選52)。このように、飲食については、財物詐欺の事例であるが、宿泊については詐欺利得罪の事例である。

問題は、後者の**飲食・宿泊先行型**の類型である。この事例類型で、もし、客が、代金を支払わないで店員の目を盗んでこっそりと逃走した場合には、利益窃盗であって、詐欺罪は成立しない。相手方に対する欺罔も、相手方の処分行為もないからである (**単純逃走型**)。これに対して、「ちょっと外出してくる」と告げて店員をだまして債務を逃れる場合 (**偽計逃走型**) については、店員の意識的処分行為が存在するかどうかが問題となる。

　　判例においては、旅館の宿泊客が必ず帰るからと騙してそのまま逃走した事案につき、支払を一時猶予する黙示の意思表示があるとして詐欺罪を肯定したもの (東京高判昭33・7・7高裁特5・8・313)、映画を見に行ってくると告げて逃走した事案につき、詐欺罪の成立を否定したもの (東京高判昭31・12・5東高刑時報7・12・460) がある。

無意識の処分行為 財産上の利益に関する処分行為についても、処分意思の内容として客体の認識と財産上の利益の移転の認識が必要かどうか、すなわち、これらの認識のない無意識の処分行為が認められるかどうかにつき争いがある。無意識の処分行為でもよいとする見解 (平野215頁、大塚262頁、大谷280頁、中森121頁、西田196頁) に対して、利益の移転とその結果につき

---

[37] 本件では、2項詐欺は、「債権者を欺罔して債務免除の意思表示をなさしめることを要する」としてこれを否定し、1項詐欺を認めたのである。

認識が必要であるとする見解（前田340頁）もある。前述のように、この問題についても、原則として財物詐欺と同様に考えることができる。したがって、無意識の処分行為は否定される（曽根149頁、前田340頁、林237頁以下、なお、山口258頁以下参照）。

肯定説の検討　学説の中にはこれを肯定し、無意識の処分行為とは、自分の行為の具体的な意味については無意識であっても、当該の不作為が財産上の利益が移転する事態にあることについての一般的な意識をもっている場合と解し、欺かれた者は錯誤に陥らなければ必要な作為を行ったであろうとみられる状況下では、財産的処分行為が行われたという法的評価をなしうるとする（大塚262頁）。そして、例えば先の事例の場合には、この意味の無意識の処分行為があったものとする。のみならず、後述するキセル乗車の事例についても、この意味の一般的認識があるので、具体的財産的処分行為の認識はないが、処分行為とみなしうるとする（大塚265頁）。しかし、このような一般的な意識では処分行為とするに十分ではない。

処分意思の内容　客体としての「財産上の利益」の意識と財産上の利益の「移転」の意識は、処分意思の内容として必要である。先に掲げたホテルの事例においては、宿泊客が「ちょっと外出してくる」と断っているのは、そのままチェックアウトするのではないという意思表示を意味し、ホテルの従業員も「今は請求しなくてもよい」と思い込んだのだから、請求すべき「利益」について認識があるといえる。また、利益の「移転」の認識についても、客観的な移転は、法的な権利の移転を意味せず、「権利の事実的実現可能性」がなくなるという事実の発生によって生じる。つまり、利益・権利の法的帰属の移転ではなく、**事実上の実現可能性**を意味する。したがって、その認識は、行為者の外出を認識し、もし逃走されれば債権の追求が困難になることの認識を意味する。財物の占有移転とは異なり、宿泊費の請求のような債権については、その債務者に対する監視可能性がなくなったとき、債権の事実的実現可能性がなくなり、被害者には監視可能性の消滅の認識が存在するからである。[38]

キセル乗車　詐欺利得罪が成立するかどうか争われている事例にキセル乗車の事例がある。乗車駅であるA駅から、B駅、C駅を順に通過してD

---

[38] 山中・阿部古稀334頁。

駅まで乗車する意図で、A駅・B駅間有効な乗車券を買い、改札口でそれを改札係員に呈示して乗車し、降車駅であるD駅では、すでに所持していたC駅・D駅間の乗車券を改札係員に呈示して、B駅とC駅間を無賃乗車した場合、詐欺罪が成立するかが問題である。判例は、詐欺利得罪を肯定したもの[39]（大阪高判昭44・8・7刑月1・8・795＝**百選**53）と、否定したもの（東京高判昭35・2・22東高刑時報11・2・43、広島高松江支判昭51・12・6高刑集29・4・651）に分かれる。判例の詐欺利得罪否定（前掲東京高判昭35・2・22）の根拠は、単純な事実の緘黙によって他人を錯誤に陥れた場合においては、事実を申告すべき法律上の義務が存在する場合でなければ、欺罔があるとはいえないとして、まず、入場時の詐欺行為を否定し、さらに、乗客が下車駅において清算することなく、あたかも正規の乗車券を所持するかのように装い、係員を欺罔して出場したとしても、係員が免除の意思表示をしない限り、財産上の利益を得たことにならないというものである。

学説にも**肯定説**（福田258頁、藤木315頁、大塚264頁、内田318頁、大谷281頁以下、堀内148頁、前田331頁、山口261頁）と**否定説**（西原229頁、平川372頁、曽根252頁、斎藤信治157頁以下）がある。否定説によれば、この場合、鉄道営業法の不正乗車罪（同法29条）にあたるにすぎない。肯定説は、乗車駅基準説（大塚264頁、大谷282頁以下）と下車駅基準説（平野216頁、福田259頁、堀内148頁、西田199頁、山口261頁）に分かれる。

① **乗車駅基準説**　A駅の改札口で、実際にはD駅まで乗車する意思であるのに係員に対してB駅までの乗車券を呈示する行為は、人を欺く行為であり、有償の役務の提供である運転手の輸送行為が財産的処分行為にあたり、行為者が輸送の利益を得れば、詐欺利得罪が成立するものとする（前掲大阪高判昭44・8・7）。

② **下車駅基準説**　D駅の改札口で係員に対して正規の運賃の支払が済んでいるかのように装って欺き、運賃を請求させずに不作為による債務免除という処分行為を行わせて財産上の利益を得たものとする。[40]

③ **否定説**　行為者は、A駅では有効な乗車券を呈示している。A駅で

---

[39] 前掲大阪高判昭44・8・7＝**百選**53は、この場合の乗車券の呈示行為は、単純な事実の緘黙ではなく、改札係員に対する積極的な欺罔行為といわなければならないとする。
[40] 降車駅で改札口を通過せず、柵を越えて外に出、あるいはたまたま改札口に係員がいなかったので、こっそりと外に出た場合には、単純逃走型であり、利益窃盗であるにすぎない。

のB駅まで有効な乗車券の呈示の社会的意味は、後に清算することもあるのだから、決してB駅まで乗車するにすぎないということではなく、したがって、挙動による欺く行為があったとはいえない。D駅で改札口を通り抜ける行為は、係員を欺いているが、係員には、有効な乗車券の呈示があるから、錯誤がない。あるいは、係員には意識的な処分行為がないというのである。

乗車駅基準説は、改札係員が改札口の通過を許すのは、乗客が乗車券通りに乗車すること、または後に正規の運賃を支払うであろうことを信ずるからであるから、正常な乗客であることを装った詐欺行為であるとする（大谷277頁）。そして、改札係員が入場を許可するのは、同時に列車への乗車と全区間への乗車を許容したのであるから、その許容は、役務の提供という財産上の利益を供与する財産的処分行為にあたるという。したがって、列車がA駅を出発したとき詐欺罪はすでに既遂になるとする。ここで、被欺罔者は、改札係員であり、被害者は鉄道営業者であるとする。しかし、この構成には問題がある（山口260頁参照）。それは、第1に、相手方の錯誤を引き起こすような詐欺行為があったかどうかという点である。改札係員は、確かに行為者の内心において正規の運賃を支払う意思がないということを知らない。その点で、錯誤に陥っているようにみえる。錯誤とは事実と表象の齟齬である。ここで重要なのは、改札係員の「表象」である。正規の運賃を支払う意思がないという事実に対して、行為者がその意思があると表象したのでなければ齟齬はない。しかし、乗車駅の係員は、個々の乗客が正規の運賃を支払う意思があるかどうかには関心がない。なぜなら、乗車券の呈示を求めることによってそれを確かめることはできず、乗客にその意思があると明言する義務もないからである。関心があるのは、もっぱら正規の有効な乗車券を所持しているかどうかなのである。したがって、係員には錯誤がなく、行為者には錯誤を引き起こすような詐欺行為もない。第2に、改札係員による乗車許容が、財産的処分行為であると解しながら、[41]既遂時期を列車が出発したときとする点である。財産的処分行為とは、それによって直接に財産上の利益が相手方に移転する行為でなければならない（直接性の要件）。そうだと

---

[41] 大谷281頁以下は、改札係員の駅構内入場許諾が、乗車許容を意味し、役務の提供という財産上の利益を供与する処分行為にあたるとする。しかし、既遂時期は、乗車した列車が駅を出発した段階であるとする。

すれば、財産的処分行為と利益の移転の間に行為者の列車に乗車するという行為が介在するのは直接性の要件に反する。

下車駅基準説は、次のように根拠づけられる。下車駅で行為者には乗車券なしで乗車した区間に対する所定の運賃を支払う義務が生じている。改札係員は、当該乗客が乗車した全区間の適正な運賃を請求する権利をもつ。改札係員は、運賃の請求をせずに改札口を通過させるが、この不作為は、債務免除の不作為による処分行為である。降車駅においては、乗客は、確かに乗車した全区間に対する正当な運賃を支払う義務がある。その支払義務は、その義務を改札係員に告知する義務につながるであろうか。もしつながるとすると、それを申告せずに改札口を通過しようとする行為は、この申告義務に反する行為であり、申告しておれば、係員が債務免除をすることはなかったであろうから、錯誤にもとづく処分行為が存在したといえる（福田259頁）。しかし、取引の相手方にこのような告知義務は認められない。改札口の通過は、挙動による欺罔行為であって不作為ではない。それを前提にすると、行為者は、改札係員にC駅～D駅間の有効な乗車券を呈示したのみで、B駅～C駅間の債務の弁済につき請求させなかったのである。この欺罔により係員は錯誤に陥ったが、**財産的処分行為**をしたといえるかが問題である。

処分意思不要説（西田196頁）は、詐欺と窃盗の区別等において問題を生じさせるものであって、不当であるから、採用できない。財産的処分行為における**処分意思の内容**として要求される認識は、**「債権の存在」**と**「その移転」**の**認識**である。[42] 降車駅改札係員には、債権の存在に関し、そのように債務を弁済しないで降車しようとする乗客もいるという一般的な意識しかなく、具体的にはそのような意識はないというべきである（同旨=曽根149頁、斎藤信治157頁、反対=山口259頁）。また、財産上の利益の移転に関する具体的認識もない。この点で、当該の宿泊客や飲食店の客が支払義務のあることを具体的に知り、監視可能性が失われると、利益が移転することも知っている先の例の場合とは異なる。また、不払で改札口を通過する者が、相当数であると意識されている限り、欺かれて出場を許せば運賃債務の支払いを事実上免れさせてしまうことも認識しつつ処分しているとみることもできる（前田341頁）も、当該通過者についての具体的な処分意思を認めることはできないから、不当

---

[42] 山中・前掲阿部古稀329頁以下。

である。したがって、キセル乗車の事例については、詐欺罪は成立しないというべきである。

なお、最近では、ほとんどの鉄道会社で自動改札装置を用いているので、キセル乗車も自動改札口を通じて行われており、詐欺罪が問題にならない事例が多い。機械は、錯誤に陥らず、処分行為もしないからである。また、高速道路のキセル利用については、判例では、出口での詐欺利得罪を認めたもの（福井地判昭 56・8・31 刑月 13・8 = 9・548）がある。

ⓒ 財産上の損害 被害者に財産上の損害が発生したことが必要である。すなわち、全体財産に対する罪であるから、処分行為の前後において被害者の財産状態の減少が生じていなければならないことを意味する。

債務を一時的に免れただけでは、損害があるとはいえない。損害が発生したといえるためには、財産的利益の移転が必要である。判例は、債務弁済が猶予されれば財産上の利益の移転があったとする（大判昭 8・6・29 刑集 12・1013、最決昭 34・3・12 刑集 13・3・298）。しかし、前述のように、**りんごの仲買人**が、履行期限が過ぎてもその履行をしなかったため、りんご箱を貨車積みし、発送手続が完了したかのように示して、買主を誤信させ安心して帰宅させた事案において、「すでに履行遅滞の状態にある債務者が、欺罔手段によって、一時債権者の督促を免れたからといって、ただそれだけのことでは、刑法第 246 条 2 項にいう財産上の利益を得たものということはできない」と判示した判例（前掲最判昭 30・4・8 = **百選 56**）がある。債務弁済の一時的猶予自体が財産上の利益を構成する場合は別として、債務が免除されるのと同視できる程度の不利益が発生しなければ損害が発生したとはいえないであろう。

2 罪数・他罪との関係

財物詐欺に引き続いてそれに関して生じた代金債務につき欺いてその支払を免れた場合、例えば、無銭飲食を行った者が、飲食店主を欺いて代金の支払を免れたとき、財物詐欺と詐欺利得罪を包括した一個の詐欺罪が認められる（福田・注釈 6 巻 250 頁、大塚 266 頁）。他人のためその事務を処理する者が、本人を欺いて財産上の利益を取得した場合、詐欺罪が成立する（☞§ 92, 7 ⓓ）。

§94 準詐欺罪

> 未成年者の知慮浅薄又は人の心神耗弱に乗じて、その財物を交付させ、又は財産上不法の利益を得、若しくは他人にこれを得させた者は、10年以下の懲役に処する（248条）。未遂は、罰する（250条）。

1 意 義

知慮の足りないのに乗じてその財物を交付させ、財産上の利益を取得する行為は、人を欺く行為によるのではないが、詐欺罪に準じて処罰するものとした詐欺罪の補充規定である。知慮浅薄な未成年者や心神耗弱者であっても、人を欺く手段が用いられて財物等を交付させたときは、詐欺罪が成立する（大判大4・6・15刑録21・818）。[43]

2 行 為

未成年者の知慮浅薄または人の心神耗弱に乗じて、財物を交付させ、または財産上不法の利益を得、もしくは他人にこれを得させることである。

「**未成年者**」とは、20歳未満の者をいう（民4条）。「**知慮浅薄**」とは、知識が乏しく、思慮の足りないことをいう。万事について思慮の不足していることを要せず、具体的事項について知慮が不足していれば足りる（通説）。「**心神耗弱**」とは、精神の健全を欠き事物の判断をするに十分な普通人の知能を備えていない状態をいう（大判明45・7・16刑録18・1087）。限定責任能力者としての心神耗弱の概念（39条2項）にこだわるべきではないが、それに準じるものと解されている。心神喪失者も、誘惑に乗ぜられる者である限り、これに含められる（泉二828頁、大塚267頁）。しかし、まったく意思能力を欠く心神喪失者や幼児は、処分能力を有せず、本罪ではなく、窃盗罪にあたる（通説、反対=木村137頁、植松430頁）。

「**乗じて**」とは、つけ込むこと、利用することをいう。すなわち、誘惑にかかりやすい状態を利用することである。積極的に利用するのではなくても、相手が処分行為をしようとするのを放置した場合でもよい。例えば、心神耗弱者が、行為者のもつお菓子を自分のもつ高価な時計と交換してほしいと申し出たのに乗じる場合である。

本罪の着手時期 未成年者らに対して誘惑行為を開始した時点である。

---

[43] 本罪につき、242条（自己の物）、244条（親族間の犯罪）、245条（電気）の規定の適用がある。

§95　電子計算機使用詐欺罪

> 前条に規定するもののほか、人の事務処理に使用する電子計算機に虚偽の情報若しくは不正な指令を与えて財産権の得喪若しくは変更に係る不実の電磁的記録を作り、又は財産権の得喪若しくは変更に係る虚偽の電磁的記録を人の事務処理の用に供して、財産上不法の利益を得、又は他人にこれを得させた者は、10年以下の懲役に処する（246条の2）。未遂は、罰する（250条）。

1 意　義

　電子計算機を用いた資金移動等の取引においては、財産権の得喪・変更にかかる事務が電磁的記録にもとづいて自動的に処理される。このような取引を悪用して財産上の利益を得る行為は、人の錯誤・処分行為を介しないため詐欺罪にも該当せず、取得されるものが財物ではないため窃盗罪にもあたらない。そこで、このような処罰の間隙を埋めるため昭和62年に本条が追加された。本条は、人に代わって電子計算機が自動的に財産権の得喪・変更の事務を処理している場面において、他人の事務処理に使用する電子計算機に虚偽の情報もしくは不正な指令を与えて財産権の得喪・変更にかかる不実の電磁的記録を作り、または、財産権の得喪・変更にかかる虚偽の電磁的記録を人の事務処理の用に供して、財産上の不法の利益を得、または他人に得させる行為を罰するものである。保護法益は、財産上の利益である。

　本条には、「前条に規定するもののほか」と規定されていることから、本罪は、詐欺罪の規定を補充するものである。したがって、詐欺罪が成立する可能性があるとき、本罪の成立は排除される（法条競合）。

2 行　為

　本条の行為は、(a) 行為手段たる加害行為と、(b) 結果たる不法利得の2段階からなる。まず、本条の行為手段には**二つの類型**がある。①人の事務処理に使用する電子計算機に虚偽の情報もしくは不正な指令を与えて財産権の得喪・変更にかかる不実の電磁的記録を作り、または、②財産権の得喪・変更にかかる虚偽の電磁的記録を人の事務処理の用に供することである。次に、結果としては、財産上不法の利益を得、または他人にこれを得させることである。

ⓐ 加害行為　　不実の電磁的記録の作出、虚偽の電磁的記録の供用である。

(ⅰ) 不実の電磁的記録の作出　　「人の事務処理に使用する電子計算機」

第4節　詐欺の罪　§95　電子計算機使用詐欺罪◇　395

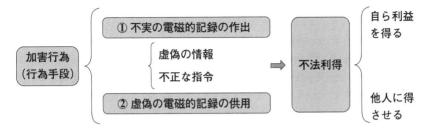

とは、他人がその事務を処理するために使用する電子計算機である。人の事務処理とは、ここでは財産権の得喪・変更にかかる事務である。「人」は、自然人でも法人その他の団体でもよい。「**虚偽の情報**」とは、真実に反する内容の情報をいう。例えば、金融機関のオンラインシステムを悪用して架空の入金データを入力する行為が「虚偽の情報を与え」る行為である。判例では、銀行員が、端末を操作して自己の預金口座に振替入金があったとする虚偽の情報を与えて**自己の預金残高**に関する磁気ディスクの記録を書き換えた事案に本条の適用を認めたもの（大阪地判昭63・10・7判時1295・151）がある。

最高裁は、窃取したクレジットカードの番号等を冒用し、インターネットを介して電子計算機に本件クレジットカードの名義人氏名等を入力送信し、電子マネーの購入を申し込み、電子マネーの利用権を取得した事件につき、「本件クレジットカードの名義人による電子マネーの購入の申込みがないにもかかわらず、本件電子計算機に同カードに係る番号等を入力送信して名義人本人が電子マネーの購入を申し込んだとする虚偽の情報を与え、名義人本人がこれを購入したとする財産権の得喪に係る不実の電磁的記録を作り、電子マネーの利用権を取得して財産上不法の利益を得たものというべきである」として、電子計算機使用詐欺罪の成立を認めた（最決平18・2・14刑集60・2・165＝**百選59**）。

---

[44] 判例は、信用金庫の支店長が、多額の負債を抱え返済に窮し、オンラインシステムを利用して、経済的・資金的実体を伴わない架空入金処理を行ったという事案において、金融実務における入金等に関する「虚偽の情報」とは、「入金等の入力処理の原因となる経済的・資金的実体を伴わないか、あるいはそれに符合しない情報をいうものと解するのが相当である」とする（東京高判平5・6・29高刑集46・2・189＝**百選57**）。なお、本件の**第1審**は、支店長が支店の業務として入金・送金の手続を行っている場合には、入金・送金自体が架空のものとはいえないとして、本条の成立を否定した（東京地判平4・10・30判時1440・158）。

最近の判例では、他の者が不正に入手した**インターネット銀行の預金口座**の入出金、振込等を行うために使用する他人名義の預金口座のユーザーID及びパスワードを利用し、インターネット上の同口座にログインした上、同銀行の預金の振込等の事務処理に利用する認証サーバーコンピュータに対し、同他人名義の口座から被告人らが管理する口座に現金を振り込んだ旨の**虚偽の取引情報**を与え、国内の銀行間取引を中継するコンピュータを介して、被告人らが管理する口座の預金残高を増加させて不法の利益を得たという事案につき、電気計算機使用詐欺罪を認めた判例（横浜地判平25・11・22LEX/DB)がある。

「**不正な指令**」とは、電子計算機の設置管理者が本来予定していたところに反する指令をいう。したがって、例えば、銀行の預金管理を行うプログラムを権限なく変更することをいう。判例においては、国際電信電話株式会社（KDD）の回線に、通話料金が計算されないように不正の指令を与えて、**KDDの電話料金課金システム上のファイル**に虚偽の記録を作出させ、通話料金の支払を免れた事例に本条を適用したもの（東京地判平7・2・13判時1529・158＝**百選58**）がある。前者の大阪地裁の事案のように、財産上の利益を取得する類型は、「**積極的利得型**」に属し、後者のKDDの事件のように、支払を免れる類型は「**債務免除型**」に属する（西田219頁以下）。

「**財産権の得喪若しくは変更に係る電磁的記録**」とは、財産権の得喪・変更の事実またはその得喪・変更を生じさせるべき事実を記録した電磁的記録であって、その作出等が事実上当該財産の得喪・変更を生じさせることとなるようなものをいう（鶴田・大コンメ6巻160頁）。オンラインシステムにおける銀行の元帳ファイルにおける預金残高の記録（前掲大阪地判昭63・10・7）がその例である。しかし、不動産登記ファイルは、財産権の得喪・変更を公証する目的で記録されているものであり、また、キャッシュカードは、一定の資格を証明するためのものであるにすぎないから、これにあたらない。「不実の記録を作」るとは、人の事務処理の用に供されている電磁的記録に虚偽のデータを入力して真実に反する内容の電磁的記録を作出することをいう。

（ⅱ）　**虚偽の電磁的記録の供用**　「虚偽の電磁的記録を人の事務処理の用に供」するとは、行為者がその所持する真実に反する内容の財産権の得喪・変更にかかる電磁的記録を他人の事務処理に供される電子計算機において用いうる状態に置くことをいう。例えば、不正に作出されたテレホンカードを公衆電話機に差し込んで電話をかけること、事務処理の用に用いられている銀行の備え付けの預金元帳ファイルを内容虚偽のファイルを作ってそれ

と交換すること、変造・偽造された自動改札用定期券を利用すること等がその例である。窃取したり拾得したプリペイドカードを使用して財産上の利益を得ても、電磁的記録自体は「虚偽」のものではなく、これにあたらない。

自動改札機を用いたキセル乗車に関して「虚偽の電磁的記録の利用」による電子計算機使用詐欺罪を認めた判例（東京地判平24・6・25判タ1384・363）が出たので、検討しておく。**事案**は、被告人らが、130円区間の片道乗車券を利用して鶯谷駅に入場、乗車し、上野駅で乗り換え宇都宮駅に到着した際、自動改札機に対し、雀宮駅から岡本駅までを有効区間とする入場記録のない普通回数乗車券を投入し、自動改札機を開扉させることにより、改札口を通過して出場し、または、その往路においてもこのようなキセル乗車を行った等というものである。これが、246条の2後段の「財産権の得喪若しくは変更に係る虚偽の電磁的記録」に当たるかどうか、とくに「**虚偽**」に当たるかが問われた。判決は、「**本件構成要件中『虚偽』**とは、電子計算機を使用する当該**事務処理システムにおいて予定されている事務処理の目的に照らし、その内容が真実に反するものをいう**と解するのが相当である」とし、本件回数券の電磁的記録は、虚偽のものといえるとする。

❺ 不法利得 財産上不法の利益を得るか、他人に得させることが必要である。財物以外の財産上の利益を得ることをいう。不実の電磁的記録を使用して銀行の預金元帳ファイルに預金債権を作出し、預金の引き出し、または振替を行いうる地位を得るなどの、事実上財産を自由に処分できるという利益を得るならば、財産上不法の利益を得たといえる。預金残高を増額する行為も利得にあたる（東京地八王子支判平2・4・23判時1351・158、名古屋地判平9・1・10判時1627・158）。虚偽の情報を入力して債務を免脱させる場合も、不法利得を認めることができる。課金ファイルを改ざんし、借金データを消去するなどがそうである。

3 着手時期・既遂

❹ 着手時期 前段の行為については、虚偽の情報または不正の指令を与える行為に着手した時点、例えば、他人の口座から自己の口座に振り込むために偽造したCDカードをATM機に挿入したときに実行の着手が認められる。後段の行為については、虚偽の電磁的記録を人の事務処理の用に供する行為に着手した時点、例えば、偽造したテレホンカードを公衆電話機に挿入したときに認められる。

❺ 既遂時期 財産上不法の利益を取得した時点である。自己の預金口座に振替入金した場合はもちろん、第三者の預金口座に振り込んだ場合で

も、その者と利害を共通にする関係があり、またはその者の口座の金額につき自由に処分しうる手段を有している場合（例えば、その者のCDカードを持っている場合）には既遂が認められる。不実の電磁的記録を作出しただけでは既遂とはならない。したがって、仕向け銀行に持ち込んで振込を依頼するための、当該会社の給与データファイルの内容を改ざんしただけでは既遂とはならない（反対=的場・米澤編119頁）。そのファイルが銀行のコンピュータに装着され、行為者の口座の残高が書き換えられたことを要する。

4 罪数・他罪との関係

数回にわたって他人の事務処理の用に供する電子計算機に虚偽の情報を入力し、財産上不法の利益を得た場合には、それが時間的に接着して行われた場合には包括一罪となる。また、本罪は、詐欺罪の補充規定であるから、銀行の支店長が、為替係を欺いて架空の送金をさせる場合のように、電子計算機による事務処理過程に人が介在する場合には、本罪ではなく、2項詐欺罪が成立する。

161条の2の電磁的記録不正作出罪（1項）・供用罪（3項）と本条前段の罪は、一個の行為で行われるものであり、したがって観念的競合である。本罪の成立後、キャッシュディスペンサー機から現金を引き出したとき、窃盗罪が成立し、銀行窓口で現金を引き出したときには、詐欺罪が成立するが、本罪と窃盗罪・詐欺罪とは、それぞれ包括一罪をなす。

第5節　恐喝の罪

§96　総説

　恐喝の罪とは、恐喝して人に恐怖心を生じさせ、その意思決定・意思活動の自由を侵害して財物または財産上の利益を取得する犯罪であるが、それには、**恐喝罪**（=恐喝取財罪）（249条1項）と**恐喝利得罪**（同条2項）、それにこれらの未遂罪（250条）が属する。保護法益は、財産であるが、**意思決定・意思活動の自由**も保護されている（大塚272頁、大谷291頁、中森126頁）。財物罪としての恐喝罪の保護法益については、所有権その他の本権とする立場と占有とする立場（最判昭24・2・8刑集3・2・83）およびその両者であるとする立場（大塚272頁）があるのは、他の財産罪と同じである。被害者の瑕疵ある意思にもとづく処分行為（交付）によって財産を移転させる犯罪（交付罪・移転罪）である点で、詐欺罪と共通するが、暴行・脅迫を手段として恐怖心を生じさせる点で、強盗罪とも共通する。ただ恐喝罪は、暴行・脅迫が相手方の反抗を抑圧する程度に達しない程度のものであることを要する点で異なる。人を脅迫して恐怖心を生じさせる犯罪である点で、強要罪（223条）とも共通点をもつが、たんなる意思活動の自由に対する罪でなく、財産罪である点で異なる。

　恐喝の罪についても、親族相盗例（244条）の準用がある（251条）。

§97　恐喝（取財）罪

> 人を恐喝して財物を交付させた者は、10年以下の懲役に処する（249条1項）。未遂は、罰する（250条）。

1　客体

　他人の占有する他人の物である。自己の物であっても他人が占有し、または公務所の命令により他人が看守するものであるときは、他人の財物とみなされる（251条、242条）。電気も本罪の客体であり（251条、245条）、**不動産**も本罪の客体となりうる（大判明44・12・4刑録17・2095）。また、盗品も財物に含まれ（前掲最判昭24・2・8）、禁制品も本罪の客体となりうる（最判昭25・4・11刑集4・4・528）。

2 行 為

 人を恐喝して財物を交付させることである。恐喝とは、害悪を告知して相手方にその反抗を抑圧するに至らない程度の恐怖心を生じさせ、財物の交付を要求する行為をいう。[1]

暴 行 脅迫を手段とするが、暴行も手段となりうるかどうかについては、暴行を脅迫の一種とみる見解（大塚275頁）と正面から暴行も恐喝の手段であることを認める見解（西田225頁）とがある。脅迫を手段とするが、暴行も、財物を交付しないときにはそれが反復継続されることを黙示的に告知しているから、脅迫となりうるものとする（東京高判昭31・1・14高裁特3・1=2・8、木村140頁、中164頁、大塚275頁、大谷293頁）。この見解によると、暴行は害悪告知の方法なのである（最決昭33・3・6刑集12・3・452）。しかし、暴行は、直接、恐喝の手段であるとするのがむしろ最近の通説である（西田205頁）。この見解によれば暴行自体によって恐怖心が生じさせられればよい。恐怖心を生じて相手方がその反抗を抑圧されるに至らない程度にとどまることを要する（最判昭24・2・8刑集3・2・75）。反抗を抑圧する程度に至れば、強盗となりうるからである。人を困惑させ、嫌忌の念[2]（大判大5・6・16刑録22・1012、前掲大判昭8・10・16）ないし不安の念（大判昭8・12・21刑集12・2397）を生じさせ、または人に威圧感を与える（東京高判平7・9・21判時1561・138、大阪高判平9・2・25判時1625・133）だけでは足りない。[3]

害悪の種類 告知される害悪の種類には制限がない。脅迫罪とは異なり、相手方またはその親族の生命・身体・自由・名誉または財産に対するものに限らない（大判明44・2・28刑録17・230）。相手方の友人、縁故者、その他の第三者に対する加害の通知でもよい（大判大11・11・22刑集1・681）。しか

---

[1] 反抗を抑圧するに足りる程度に至れば、強盗となる。判例は、恐喝となるか強盗となるかは、「その暴行又は脅迫が、社会通念上一般に被害者の反抗を抑圧するに足りる程度のものであるかどうかと云う客観的基準によって決せられるのであって、具体的事案における被害者の主観を基準として、その被害者の反抗を抑圧する程度であったかどうかと云うことによって決せられるものではない」という（最判昭24・2・8刑集3・2・75）。

[2] 大判昭8・10・16刑集12・1807は、医師の人気投票結果を連日新聞に掲載した事案につき、「恐喝罪を構成する恐喝手段は、悪事醜行の摘発又は犯罪の申告其の他之に類する害悪の告知に限定せらるべきものに非ずして、此の外凡そ人を困惑せしむべき手段を包含するもの」とする。

[3] 改正刑法草案346条は、「人を威迫し又は人の私生活もしくは業務の平穏を害するような言動により、人を困惑させて、財物を交付させ、又は財産上不法の利益を得、もしくは第三者にこれを得させた者は、7年以下の懲役に処する」として、準恐喝罪を規定する。

し、まったくの他人に対する加害を告知しても、通例、相手方を畏怖させないであろう。本罪の脅迫にあたるものとして、新聞紙上に人の秘密に関する事項を通告し（大判明45・3・14刑録18・337）、または不利益な記事を掲載すると通告すること（大判大3・6・24刑録20・1337）、共同絶交の通告（大判大元・11・19刑録18・1393、大判昭2・9・20刑集6・363）がある。害悪自体は、**違法**であることを要しない。したがって、犯罪事実を捜査官憲に申告するもののように申し向けて他人を畏怖させ口止料として金品を提供させることも恐喝である（最判昭29・4・6刑集8・4・407）。

害悪の実現　害悪は、急迫・強度の攻撃であることを要せず（大判大12・6・29刑集2・596）、実現可能なものでなくてもよい（大判大12・11・24刑集2・847）。行為者が害悪を実現する意思をもっていたかどうかも問わない（大判大8・7・9刑録25・864）。害悪を加える主体は、行為者自身であると第三者であるとを問わない。ただし、第三者である場合には、行為者が**第三者の害悪の実行に影響を与えうる立場**にあることを相手方に知らせるか、相手方が推測しうる場合であることが必要である（大判昭5・7・10刑集9・497）。したがって、たんに天変地異・吉凶禍福を説くのは脅迫にあたらず、恐喝罪は成立しない（大判明36・4・7刑録9・487）。しかし、自己の力によって吉凶禍福を支配しうると信じさせることができる場合には恐喝となりうる。[4] 害悪の内容それ自体では人を畏怖させることはなくても、例えば、行為者が街の不良であるという**地位**（福岡高判昭31・3・19高裁特3・7・304）、新聞雑誌業者といった職業などの他の事情と相まって畏怖の結果を生じさせるような行為は恐喝にあたる（大判明44・5・23刑録17・906、前掲大判昭8・10・16）。

被恐喝者・被害者　恐喝行為の相手方と、財産的被害者とは同一人格であることを要しない（前掲大判明44・12・4）。したがって、恐喝においては、行為者を含めて、脅迫の相手方（被恐喝者）、加害の相手方、および財産的被害者の四当事者が関係する場合がありうる。被恐喝者は、同時に交付者でなければならず、**同一人格**であることを要する（反対=団藤624頁、内田331頁）。恐怖心にもとづいて交付される必要があるからである。被恐喝者・交付者

---

[4] 相手方の母親の病気について祈禱の依頼を受けた被告人が、相手に対して「あんたのお母さんには外道がついている。その外道を神様に頼んでとってあげる。そのかわり金10万円出せ、出さぬとお前の母の生命が危い」などと申し向けて畏怖させ、数回にわたって金員を交付させた事案に、恐喝罪の成立を認めた判例（広島高判昭29・8・9高刑集7・7・1149）がある。

は、財産的被害者とは別人格であってもよい（**三角恐喝**）が、財産的被害者の財産につき処分しうる権限または地位を有することが必要である（大判大6・4・12刑録23・339）。この権限または地位は、正当な処分権限・地位であることを要するか。**判例**の中には、2項恐喝に関してこれを肯定するものがある（福岡高判昭27・4・26高刑特19・82）。しかし、**事実上の権限・地位**でもよいと解すべきであろう（小倉・大コンメ13巻275頁）。財産的被害者に恐怖心が生じることは必要でない。

交　付　「交付させた」ことが必要である。「**交付させた**」とは、被恐喝者が、恐怖心を生じて、それにもとづき処分行為を行うことによって、行為者またはそれと一定の関係にある者が財物の占有を取得したこと、すなわち喝取したことをいう。それでは、被脅迫者が、直接交付したのではなく、その**父親が交付した場合**には、恐喝罪における「交付」といえるのであろうか。

　　判例に次のような**事案**がある。被告人は、Aから金員を喝取しようと企て、Bをして、Aから依頼を受けたAの父親であるCから現金40万円を受け取らせて、同金員の交付を受けた事案において、父親Cが被害者Aの代わりに金銭を出捐した場合につき、「Bに渡した40万円については、実質的にみると、Aが、Cから援助を受け、一旦自分が受け取った後に、被告人側に交付したのと何ら異ならず、**実質的にはAが直接交付した場合と同視できる**」という。CとAとは親子であり、経済的に一体とまでは認められないものの、……A側の人間としてその出捐を決意しており、また、40万円をBに渡した際には、Aも同席している。そうであるとすれば、「CがBに渡した40万円は、Aが、恐喝行為により畏怖した結果に基づくものであり、同金員と、前記認定に係る恐喝行為との間には、因果関係が認められる」という（松山地判平22・12・1LEX・DB）。

父親は、息子と親子関係という相互に緊密な関係にあり、その恐怖心を息子と共有しており、父親も間接的に脅迫され、畏怖しているのであるから、それにもとづく「交付」があったといえる。

不動産の交付　客体が不動産の場合、交付はどのように行われるのであろうか。不動産については、その占有は、事実的支配のみならず、法律的支配、すなわち登記名義を取得することによっても可能である。そこで、学説においては、登記名義を取得した場合に不動産に対する1項恐喝が成立し、事実上の支配（利用可能性）を取得する場合には事実的支配の利益を得たのであるから、2項恐喝が成立すると解するものがある（西田224頁、山口280頁）。しかし、利用可能性という利益を事実上の支配という方法で処分させること

が可能であるならば、不動産に対する事実上の支配そのものを交付させることも可能であり、1項恐喝が成立するというべきである。

財物の交付を受ける者は、恐喝行為者以外の一定の関係に立つ第三者、例えば、同伴者でもよい（大判昭10・9・23刑集14・938、大塚276頁、曽根161頁、山口284頁）。

被恐喝者が、恐喝行為によって畏怖状態にあるのに乗じて行為者が財物を奪取した場合、「交付させた」といえるであろうか。被恐喝者が奪取されるのを黙認した場合と、財物の占有移転につきまったく認識のない場合とに分けて考えることが必要である。[5]財物の占有移転につき認識しながら黙認した場合、恐怖心により占有移転を防止しえなかったのであり、処分意思はあり、「不作為による交付」をさせたことになる。[6]しかし、認識のない場合には、処分意思がなく交付させたものではない。脅して注意をそらし、隙をみて財物を奪った場合、交付させたのではないので、窃盗にすぎない。

3 未遂・既遂

本罪の**実行の着手時期**は、恐喝行為の開始時期である。**既遂時期**は、財物の占有が行為者または第三者に移転したときである。本罪が既遂となるためには、被害者に財産的損害が発生したというだけではなく、恐喝罪の成立に必要な因果経過をたどって損害発生に至らなければならない。したがって、恐喝行為によって相手方が恐怖心を抱き、それにもとづいて財産的処分行為が行われ、その結果、財物の占有が移転したことが必要である。ここで、恐怖心からではなく、[7]行為者に対する憐憫の情から財物を与えた場合には、恐

---

[5] 黙認した場合に関する判例として、路上でモルヒネ模造品を所持していた者を威嚇し、畏怖しているのに乗じてモルヒネ模造品を奪った事案について、判例は、「恐喝取財罪の本質は、被恐喝者の畏怖に因る瑕疵ある同意を利用する財物の領得行為であると解すべきであるから、その領得行為の形式が、被恐喝者において自ら財物を提供した場合は勿論、被恐喝者が畏怖して黙認し居るに乗じ恐喝者において財物を奪取した場合においても、亦本罪の成立を妨ぐるものではない」とする（最判昭24・1・11刑集3・1・1）。しかし、暴行中、被恐喝者の腕から落ちた腕時計を拾い上げて領得した場合にも「交付させた」にあたり、恐喝罪が成立するとする（浦和地判昭36・7・13下刑集3・7＝8・693）。

[6] 暴行・脅迫により畏怖した被害者が所持金の一部を取り出そうとしたところ、行為者が隙を見てその財布を持って逃走したという事案において、「被害者が若干の金員を交付しようと決意し、現金をつまみ出そうとしている時、その隙を見てその現金在中の財布を引さらって逃げる行為は被害者において阻止する余裕がなく犯人が財物を奪うを黙認するの余儀なきに至らしめた場合は任意の交付と同一視するに足るからである」とする（名古屋高判昭30・2・16高刑集8・1・82）。

[7] 市助役を脅迫して同市に寄付した2000万円の返還を求め、畏怖困惑させたが、市長が補正予算

喝罪は未遂であるにすぎない。

手段としての暴行と既遂　暴行も、恐喝の手段たりうるとするなら、暴行によって畏怖させ、財産的処分行為をさせたとき、既遂となる。これは、暴行が手段であるときも、既遂となるときは、もちろん、被害者の処分行為を前提とすることを意味する。しかし、判例においては、暴行・脅迫によって、被害者を畏怖させたとき、被害者の処分行為がなくても既遂を認める例が少なくない（西田226頁）。例えば、暴行・脅迫により畏怖した被害者が、金銭を提供するため財布を取り出したところ、隙をみてそれを奪ったという事案につき、判例は、恐喝未遂と窃盗既遂の観念的競合ではなく、恐喝既遂のみを認め（前掲名古屋高判昭30・2・16）、また、恐喝の被害者が現場で落した腕時計を、被害者の気づかないうちに行為者が拾って領得した事案につき、恐喝既遂のみを認めた事案（前掲浦和地判昭36・7・13）がある。しかし、反抗を抑圧されていない限り強盗ではなく、恐喝であれば財産的処分行為を介在させて財産が移転することが要件である。

財産的損害の発生　は、財物が相手方の支配領域内に入ったときに認められる。脅迫して指定の預金口座に金員を振込送金させたが、銀行と警察の協力により、送金先の口座の関係機器に当該**キャッシュカードによる預金払戻し**ができないようにし、自動払戻機の音声による指示にもとづき銀行窓口に赴くときには捜査官が待ち受けている等の体制が整った状況にあったときには、恐喝未遂である（浦和地判平4・4・24判時1437・151）。恐喝者が相当な対価を与えて財物を交付させた場合については、被害者が恐喝にもとづいて恐怖心を生じたがゆえに当該財物を給付したのである以上、財産的損害はあるから恐喝罪の成立は認められる（大判昭14・10・27刑集18・503）。

4　主観的要件

本罪の故意は、相手方に恐怖心を生じさせ、それにもとづく財産的処分行為によって財物の占有を取得することの認識を必要とする。故意のほかに不法領得の意思が必要であるとするのが通説・判例である。

5　罪数・他罪との関係

一個の恐喝行為によって同一の被害者から数回にわたって財物を交付させたときは包括一罪である（大判昭6・3・18新聞3283・15）。一個の恐喝行為によ

を組んで2000万円支出したとき、市長の決断は畏怖の結果にもとづくものとはいえないので、恐喝未遂罪を構成するにとどまる（浦和地判平4・3・19判夕801・264）。

って数人を畏怖させ各人から財物を取得したときは観念的競合である（大判明43・9・27刑録16・1558）。

従来、恐喝の目的で人を監禁したときは監禁罪と本罪との牽連犯であるとされた（大判大15・10・14刑集5・456）。しかし、平成17年に最高裁は、両罪が牽連犯であることを否定し併合罪として判例を変更した（最判平17・4・14刑集59・3・283）（☞§34, 2❺）。恐喝の手段として業務妨害が行われるときは業務妨害罪と本罪との牽連犯である（大判大2・11・5刑録19・1114）。公務員が恐喝行為を手段として職務に関し、賄賂を収受したときは収賄罪と恐喝罪との観念的競合であり、収賄罪も成立するというのが判例である[8]（大判昭10・12・21刑集14・1434、福岡高判昭44・12・18刑月1・12・1110）。学説は、これを支持するものが多い（内田339頁、大谷296頁、中森128頁）が、収賄罪は成立しないとする説もある（小倉・大コンメ13巻316頁、西田229頁）。恐喝罪の被害者は、瑕疵ある意思にもとづいて財物を交付しているので、贈賄罪の主体としては期待可能性を欠き、贈賄罪が成立しないとすると、対向犯である収賄罪も成立しないというのである。

§98 恐喝利得罪

> 前項の方法により（人を恐喝して）財産上不法の利益を得、又は他人にこれを得させた者は、10年以下の懲役に処する（249条2項）。未遂は、罰する（250条）。

1 意義・要件

本罪は、人を恐喝して財産上の利益を不法に取得することを内容とする。財産上の利益が客体であり、相手方の財産上の処分行為を必要とする点で、恐喝取財罪と同様である[9]。患者が医師を脅迫して麻薬の注射をさせた場合には、財産上の利益に関する処分行為ではないから、恐喝罪は構成せず、強要

---

[8] ただし、財物を要求するのが職務の執行とはいえない場合には、判例は、恐喝罪のみが成立するものとする。「人を恐喝して財物を交付せしめる場合には恐喝罪が成立する。本件のように公務員がその職務を執行するの意思がなく、ただ名をその職務の執行に藉りて、人を恐喝し財物を交付せしめた場合には、たといその被害者の側においては公務員の職務に対し財物を交付する意思があったときと雖も、当該公務員の犯行は、収賄罪を構成せず恐喝罪を構成するものと見るを相当とする」という（最大判昭25・4・6刑集4・4・481）。

[9] 判例も、処分行為を必要とし、飲食代金の請求を受けた被告人が、その請求者等を脅迫してこれを畏怖させ、請求を一時断念させて支払を免れた事案につき、「そこに被害者側の黙示的な少なくとも**支払猶予の処分行為**が存在する」として恐喝利得罪の成立を認めた（後掲最決昭43・12・11）。

罪が成立するにすぎない（高松高判昭46・11・30高刑集24・4・769）。「**不法の利益**」とは、利益を取得する手段方法が不法であることを意味し、財産上の利益そのものが不法であることを意味しない。処分行為は、**不作為**によってもなされうる。例えば、暴力団員が飲食店で飲食後に従業員から飲食代金を請求されたのに対して、脅迫して畏怖させ請求を**一時断念**させた場合には、**黙示的な支払猶予の処分行為**が存在する[11]（最決昭43・12・11刑集22・13・1469＝百選59）。畏怖にもとづいて処分行為をし、**財産上の利益を移転させる**ことを要し、恐喝行為と財産上の利益の取得との間には**因果関係**の存在することが必要である。請求を一時断念させることが、**利益の移転**にあたるかどうかは疑問である（☞§93、1❸）。恐喝行為によって畏怖させ財物の交付を受ける形式的名義を取得すれば既遂である（大判明43・12・23刑録16・2293）。米穀商に白米を廉売することを承諾させたとき（大判大8・5・23刑録25・673）、飲食代金の支払を一時免れたとき（大判昭2・4・22新聞2712・12）、本罪は既遂となる。判例によれば、脅迫して金員を要求し、交付の約束を取り付けたときも既遂であるとしている（最判昭26・9・28刑集5・10・2127）が、財物に対する恐喝罪の未遂であるという学説（福田・注釈6巻364頁、大塚280頁）が妥当である。

　不法原因給付として被害者に民法上の返還請求権がない場合に恐喝罪が成立するかについては、詐欺罪の場合と同様に考えることができる。しかし、判例では、詐欺罪の場合とは異なり（札幌高判昭27・11・20高刑集5・11・2018、福岡高判昭29・3・9高刑特26・70）、売春行為をさせた後に恐喝的手段を用いて対価の支払を免れた事案につき、恐喝罪の成立を認めたものがある（前掲名古屋高判昭25・7・17）。

2　罪数・他罪との関係

　一個の恐喝行為で財物の交付を約束させ、次にその財物を交付させた場

---

[10] 本判決では、「医師の診察とこれに伴って行なう注射施用等の治療手段とは一体となって医師の技能および技術の発現ないしは行使としての医療行為であると解すべきであって、その治療に用いる注射液等の薬剤そのものが財産的価値のあるものであることを理由に、……恐喝罪のいわゆる財産的処分行為であるとするのは医療行為の性質を正解しないものといわなければならない」という。本文で後に引用する名古屋高判昭25・7・17高刑特11・88は、淫売における情交を経済的利益とする。「法の保護を受け得ない経済的利益についても財産犯の成立を肯定せざるを得ない」という。

[11] 「恐喝は人に害悪を告知して威嚇し、之により相手の反抗を抑圧しない程度内で畏怖せしめて一定の財産上の利得をなすことによって成立し、その際その被害者において積極的にその財産を放棄する処分行為に及ぶことを必要とするものではない」（東京高判昭31・4・3高刑集9・3・243）。

合、一個の財物に対する恐喝罪が成立するのであって、利益恐喝罪と財物に対する恐喝罪の包括一罪ではない。一個の恐喝行為によって財物を交付させ、財産上の利益をも取得した場合には両者を包括した一個の恐喝罪を構成する（大判明45・4・15刑録18・469）。

　恐喝罪が成立するとき、暴行罪・脅迫罪は、法条競合として吸収される。欺く行為と恐喝行為とが併用されたことにより、被害者が畏怖して、財物・財産上の利益が交付・処分されたとき、恐喝罪のみが成立する（最判昭24・2・8刑集3・2・83）。これに対して、錯誤に陥ると同時に畏怖して交付・処分行為が行われたとき、詐欺罪と恐喝罪の観念的競合を認める見解（大判昭5・5・17刑集9・303、大塚275頁、曽根162頁）が有力であり、さらに、包括一罪とする見解（林265頁）、恐喝罪の成立のみを認める見解（中森128頁、山口287頁）もある。公務員が恐喝して賄賂を要求・譲り受けたとき、判例によれば、恐喝罪と収賄罪の観念的競合となり、被恐喝者には贈賄罪が成立する（前掲大判昭10・12・21、前掲福岡高判昭44・12・18）。

§99　権利行使と恐喝罪

1　二つの類型

　自己の権利を実現するために恐喝的手段を用いた場合に、恐喝罪が成立するか[12]。その**第1類型**は、他人が不法に占有している自己の財物を恐喝的手段によって取り戻した場合である。この類型は、恐喝罪の保護法益が占有か本権かという争いを基礎として解決されるべき問題である。**第2類型**は、相手方に対して債権を有する者が、恐喝的手段によって債務の弁済として財産上の利益を受け取った場合である。これらの場合に、恐喝罪が成立するか、それとも違法性が阻却されるかが問題である。**学説**においては、①犯罪を構成しないとする説（柏木478頁）、②債権の行使として許される範囲を超えるときは**脅迫罪を構成すると解する説**（小野261頁、内田337頁、西田228頁）、③債権の行使でも恐喝的方法によることは許されないから、**恐喝罪を構成すると解する説**（木村141頁、福田270頁、大塚277頁、大谷298頁、前田300頁以下、山口286頁、大判昭9・8・2刑集13・1011、最判昭30・10・14刑集9・11・2173＝**百選60**）がある。

---

[12] 文献として、木村光江「権利行使と詐欺・恐喝」基本講座5巻212頁以下、京藤哲久「権利行使と恐喝」争点188頁以下。

2 判例

判例には変遷がある。**大審院**は、当初、恐喝罪の成立を否定していた（大判大 2・11・19 刑録 19・1261）。連合部判決でこれを確認しつつ、権利を実行する意思ではなく、たんに権利の実行に藉口し、または正当な権利とはまったく別の原因によって財物を取得したときは、恐喝罪になるとし、また、その権利の範囲を超えて財物を取得した場合には、その財物が、法律上可分であれば超過分についてのみ、不可分であれば全部について恐喝罪が成立するとした（大連判大 2・12・23 刑録 19・1502）。これを受けて、権利行使の範囲内であったが、恐喝罪が否定された場合には脅迫罪が成立するとした（大判大 11・11・7 刑集 1・642）。その後、判例は、権利行使の意思があっただけでは足りず、社会通念上、被害者において忍受すべきものと一般に認められる程度を超えるものである場合には、その行為はすでに権利の行使としての性質を失うとして、権利の濫用にあたる場合には恐喝罪が成立するとした（前掲大判昭 9・8・2）。**最高裁**も、3 万円の債権を有する者が 6 万円を喝取した事案について、「他人に対して権利を有する者が、その権利を実行することは、その権利の範囲内であり且つその方法が社会通念上一般に忍容すべきものと認められる程度を超えない限り、何等違法の問題を生じないけれども、右の範囲程度を逸脱するときは違法となり、恐喝罪の成立することがあるものと解する」と判示し、6 万円全額につき恐喝罪の成立を認めた（前掲最判昭 30・10・14＝**百選 60**）。

3 本書の見解

第 1 類型における相手方が占有する自己の財物を取り戻すための権利行使は、占有を保護法益とみる**最近の通説**によれば、正当防衛や自救行為などの違法性阻却事由がない場合には、相手方の占有が保護に値するものである限り、財産犯としての恐喝罪が成立する。当該の占有に要保護性がないのであれば、手段としての脅迫行為に違法性があれば脅迫罪が成立すると解すべきである。債権者が債権の実現のために債務者を脅迫するという**第 2 類型**については、債権・債務が明白で特定している場合に、特定同時履行の抗弁権もなく、履行期、履行債務の種類・範囲等においても権利行使と認められるものである限り、履行を求める行為態様が権利の濫用というべきものであっても財産的利益の損害が存在しないがゆえに恐喝罪は成立せず、脅迫罪が成立するにすぎないというべきであろう。

第6節　横領の罪

§100　総　説

　第38章「横領の罪」は、他人の占有を侵害することなく財物を不法に領得することを内容とする犯罪である。単純横領罪（252条）、業務上横領罪（253条）、遺失物横領罪（254条）に分けられる。占有侵害を伴わない財物に対する領得罪である点で、これら三つの犯罪類型は共通しているが、単純横領罪と業務上横領罪は、他人から財物の保管を委託されて自ら占有する他人の財物を不法に領得する犯罪であるのに対して、遺失物横領罪は、他人からの委託が前提ではなく、むしろ占有を離れた他人の所有する財物が客体となる犯罪類型である。単純横領罪と業務上横領罪は、委託物横領罪と呼ばれるが、委任者と受任者との間の委託物に関する信任関係（委託信任関係）を破って行われる犯罪である。この点で、背任罪（247条）と共通の性格をもつ。これに対して、遺失物横領罪は、委託信任関係を基礎としない犯罪である。したがって、むしろ、窃盗罪と近接する犯罪である。現行刑法は、委託物横領罪と遺失物横領罪を同一の章のもとで規定しているが、むしろ、遺失物横領罪は、窃盗の罪のもとに入れ、委託物横領罪は、背任罪と併せて規定するのが妥当である。[1]

　横領の罪の保護法益は、物に対する所有権である。窃盗罪、強盗罪、詐欺罪、恐喝罪などの奪取罪とは異なり、占有は行為者にあるか、または占有する者がそもそもいないから、占有の侵害が生じず、それを保護法益と考える余地はないのである。公務所から保管を命じられた自己の物の横領も処罰される（252条2項）が、この場合には、保護法益は、所有権ではなく、物の保管の安全である。

　横領の罪についても、**親族間の犯罪に関する特例の準用**がある（255条、244条）。親族関係は、委託物横領罪においては行為者と委託物の所有者および委託者との間に存在しなければならない。行為者と委託者との間の親族関係は必要でないとする見解（小野271頁、内田375頁）があるが、委託者との信頼

---

[1] 遺失物横領罪が、横領の罪における基本的な類型であり、委託物横領罪は、委託信任関係を破って行われることを理由とする加重類型であるとする見解（滝川142頁）があるが、妥当ではない。あくまで単純横領罪が基本類型であるとされているのである。

関係の侵害が横領罪の中核であるから、委託者との親族関係の存在が、刑の免除等の効果を与えるための重要な要件というべきである。他方、所有権が保護法益であるから、物の所有者との親族関係の存在も必要である（大判昭6・11・17刑集10・604）。しかし、遺失物横領罪の場合は、行為者と所有者の間に親族関係があることで足りることはいうまでもない。

業務上横領罪における親族間の犯罪に関しては、特殊な問題が生じている。すなわち、親族関係のある未成年後見人ないし成年後見人が業務上横領を犯したとき、244条1項の準用があるかが争われている。この問題に関して、最高裁は、家庭裁判所から選任された未成年後見人である被告人が、共犯者2名と共謀のうえ、後見の事務として業務上預かり保管中の未成年被後見人の貯金を引出して横領したという事案につき、被告人は、未成年被後見人の祖母であるから、刑法255条が準用する同法244条1項により刑を免除すべきであるとの主張に対して、「未成年後見人の後見の事務は**公的性格**を有するものであって、家庭裁判所から選任された未成年後見人が、業務上占有する未成年被後見人所有の財物を横領した場合に、上記のような趣旨で定められた刑法244条1項を準用して刑法上の処罰を免れるものと解する余地はない」とした[2]（最決平20・2・18刑集62・2・37＝百選35）。

さらに、平成24年にも、最高裁は、成年被後見人の養父である被告人が、**後見の事務として業務上預かり保管中の成年被後見人の預貯金**を引出して横領したという業務上横領の事案につき、**親族関係があっても、刑法上の処罰を免除することはできない**のはもとより、量刑判断において酌むべき事情でもないとした（最決平24・10・9刑集66・10・981）。「家庭裁判所から選任された成年後見人の後見の事務は**公的性格**を有するものであって、成年被後見人のため

---

[2] 最高裁は、次のようにいう。「家庭裁判所から選任された未成年後見人は、未成年被後見人の財産を管理し、その財産に関する法律行為について未成年被後見人を代表するが（民法859条1項）、その権限の行使に当たっては、未成年被後見人と親族関係にあるか否かを問わず、善良な管理者の注意をもって事務を処理する義務を負い（同法869条、644条）、家庭裁判所の監督を受ける（同法863条）。また、家庭裁判所は、未成年後見人に不正な行為等後見の任務に適しない事由があるときは、職権でもこれを解任することができる（同法846条）。このように、民法上、未成年後見人は、未成年被後見人と親族関係にあるか否かの区別なく、等しく未成年被後見人のためにその財産を誠実に管理すべき法律上の義務を負っていることは明らかである」。このような解釈につき、「親族」の関係があれば244条の準用は認められるべきであり、「公的性格」をもつ場合にその準用を否定するという見解は、被告人に不利益な縮小解釈であって許されないとするのは、この規定の処罰阻却の根拠を見誤るものである。法が家庭に入らないのは、純粋に家庭内の出来事についてのみであり、親族が公的義務を負う場合は別である。

にその財産を誠実に管理すべき法律上の義務を負っているのであるから、成年後見人が業務上占有する成年被後見人所有の財物を横領した場合、成年後見人と成年被後見人との間に刑法244条1項所定の親族関係があっても、同条項を準用して刑法上の処罰を免除することができないことはもとより、その量刑に当たりこの関係を酌むべき事情として考慮するのも相当ではないというべきである」という。

しかしながら、所有権を保護法益とする委託物横領罪においては、親族関係は、委託者と行為者との間のみならず、所有権者と行為者との間にも必要であるとの見解から言えば、後者の判例のように、244条を準用するには、両者との関係がともに必要であるが、**量刑事情**として斟酌するには、**所有権者との間に親族関係が存在すれば十分だ**と解することができる。たしかに委託物横領罪は、委託信任関係に対する違背を重要要素とはするが、保護法益は所有権である。成年後見人が、家庭裁判所から選任され、公的性格をもつとしても、横領罪がその公的な委託信任関係への違背のゆえにのみ処罰されるのでないのであれば、被後見人との親族関係は、量刑上考慮されてもよい事情であろう。

§101 横領罪

> 自己の占有する他人の物を横領した者は、5年以下の懲役に処する（252条1項）。自己の物であっても、公務所から保管を命ぜられた場合において、これを横領した者も、前項と同様とする（同条2項）。

1 意 義

他人の委託にもとづいて物を占有している者が、その物を領得する行為を処罰するが、他人の占有を侵害して領得するのではなく、すでに自らが占有する物を領得する点で形態において平和的であり、他人の物の利用権の妨害の程度も直接的には高くなく、また動機において誘惑的であって非難可能性が低く、違法性も責任も低いため、窃盗罪、詐欺罪と比べて法定刑は軽くなっているのである（滝川243頁、団藤628頁、西田230頁）。また、横領罪は、他人の占有する物に対する罪でない点で、遺失物横領罪と共通するが、委託関係を侵害することにより、自己の占有するものを領得する点に、それとの相違があり、背任罪と共通する特色をもっている。

2 主 体

他人の物を占有する者、または公務所から保管を命じられた自己の物の占有者である。真正身分犯である（最判昭27・9・19刑集6・8・1083）。

3 客 体

自己の占有する物（1項）、または公務所から保管を命ぜられた物（2項）である。

ⓐ 物 「物」とは財物を意味する。動産のみならず、不動産も含む。電気その他のエネルギーが客体となるかについては、本条には245条の「電気は、財物とみなす」という規定の準用規定がなく、争いがある。管理可能物であれば、電気はもちろん、それ以外の人工冷気その他のエネルギーも本罪の客体となりうるという見解（団藤637頁、大塚282頁）も有力であるが、物を有体物と解する見解を前提にすると、準用規定のない本条においては、電気その他のエネルギーは客体とはならない（平野212頁、内田361頁、大谷301頁、前田372頁、山口291頁）。

ⓑ 占 有 横領罪における占有とは、事実上、または法律上、物に対する支配力を有する状態をいう（大判大4・4・9刑録21・457）。窃盗罪における占有は、事実上の支配のみを意味するが、横領罪においては、**法律上の支配**をも意味する（前掲大判大4・4・9、最判昭30・12・26刑集9・14・3053）。横領罪における占有については、窃盗罪のように、侵害の対象となる占有状態、すなわち、他人の支配を排除する排他的支配力が問題ではなく、その物の処分に関する濫用のおそれの基礎となっている占有状態、すなわち、処分の可能性が問題である。[3] そうだとすると、事実上の支配があることのみならず、法律上の支配があることも、その物の処分に関して**濫用のおそれのある支配力**が存在することを意味し、占有を認めることができるからである。

登記による不動産の占有 例えば、ある不動産につき登記上の名義をもつ者は、濫用のおそれのある支配力を有し、したがって法律上の支配を認めることができる。登記名義人は、法律上、当該不動産を第三者に対して処分しうる地位にあるからである[4]（大判明45・5・7刑録18・578、前掲最判昭30・12・

---

[3] 「横領罪にあっては占有の重要性はその排他力に在るのではなくして濫用の虞のある支配力に在る」（宮本383頁）。
[4] ただし、登記名義人でなくても、法律にもとづき、事実上、他人の不動産を管理支配する場合には、占有者となる。例えば、未成年の所有する不動産については、その親権者ないし後見人がそ

26)。不動産を事実上占有している不動産の賃借人などは、占有する者ではない。登記が無効である場合には、占有は否定される（大判明43・4・15刑録16・615）。なお、判例によれば、抵当権設定のために他人の土地の登記済証、白紙委任状を交付された者は、占有しているものとされる（大阪高判昭46・10・6刑月3・10・1306、福岡高判昭53・4・24判時905・123）が、それらを支配していることによって不動産の処分につき濫用のおそれが認められるからであろう（大谷302頁、中森133頁、西田234頁、反対=山口294頁）。未登記の不動産については、事実上の管理・支配者が占有者である（最決昭32・12・19刑集11・13・3316）。

建物の**表示登記**の存在が、法律上の占有を意味するかが争われた事案がある。A社の代表取締役たる被告人が、B社の代表取締役甲と共謀の上、C社がB社との請負契約に基づいて建設したC社所有の未登記の建物につき、いまだ所有者ではないB社を表題部所有者とする表示登記を了することによって、本件建物をC社のため甲において業務上預かり保管中、本件建物をB社からA社に売却させてその代金を被告人甲に対する債権の回収等に充てる目的で、甲において、本件建物をC社に無断で、B社が所有者である旨の虚偽の所有権保存登記をしたという事案で、表題部所有者であった甲には、横領罪による保護の前提となる当該不動産に対する法律上の占有が認められるとして、業務上横領罪の共同正犯を認めた事例である（大阪地判平22・1・8判タ1322・269）。判決では、B社が本件建物を占有していたかどうかに関する争いについて、B社は、本件建物について自社を表題部所有者とする表示登記を了しており、「**不動産の表示登記における表題部所有者には**、（業務上）横領罪による保護の対象となる当該不動産に対する**法律上の占有が認められる**」とされた。ちなみに、この表示登記によるB社の法律上の占有は、C社との委託信任関係に基づくものとされ、また、横領行為があったかについては、本件建物をB社からA社に売却するためになされた本件所有権保存登記の申請手続は、C社からの委託の趣旨に反した本件建物の所有者でなければ許されない権限外の行為であるとして、これを認めた。

また、貨物引換証、倉庫証券、船荷証券といった引き渡しに物権的効力が認められる物権的有価証券の占有は、その寄託物自体の占有とみなされる（大判大7・10・19刑録24・1274）。

銀行預金の占有　判例には、村長が自己の保管する公金を銀行に預け入れた場合、その公金は村長の支配内に存するから、「自己の占有する他人の物」であり、それを不法領得の意思で引き出せば横領罪にあたるとしたもの

れを占有する（大判大6・6・25刑録23・699）。また、法人の代理理事は、法人の不動産を占有する（大判昭7・4・21刑集11・342）。

がある（大判大元・10・8刑録18・1231）。銀行の事実上支配する金銭につき、法律上処分しうる状態にあるのは村長であるから、村長に占有が認められるというのであろう。しかし、銀行預金契約は消費寄託（民666条）であって、民法上は、預金者は預金の払戻請求権をもつにすぎず、預金について占有するものではないともいえる。この見解によると、預金を引き出す行為は、横領罪を構成しない。他人の口座に振り込んだ場合も、背任罪にしかならない。これは不都合である（西田235頁）。したがって、銀行預金については、横領罪における占有概念は、**法律上の処分可能性**を意味するとして、刑法上の占有を認めるべきであると思われる。

　ただ、この場合、村長が村の公金を銀行に預け入れた行為自体は、金銭を法律上の支配内に置いているにすぎず、横領にあたらないのであるから、引き出す行為自体も、たとえ不法領得の意思があっても、横領にはならないというべきである。保管の形態が変わっただけだからである。引き出して不法領得の意思で処分したときに横領罪が成立する。銀行預金については、具体的な物の特定ができるわけではないが、処分可能性のある金額について法律上支配していると考えられる。上の村長がその預金の全部または一部を他人の口座にATM機等を用いて振り込んだときには、その金額について処分可能性がなくなるが、当該の占有している「物」を領得したわけではないので、横領罪が成立せず、背任罪が成立する。[5]

　預金者の預金に対する法律上の支配は、銀行の預金に対する事実上の支配を排除するわけではない。したがって、他人の銀行預金を不法に引き出した場合には、原則上、銀行の占有する金銭に対する窃盗罪や詐欺罪が成立する。しかし、預金者に横領罪が成立する場合には、銀行と預金者の占有が重畳している場合であり、窃盗罪・詐欺罪等も成立する可能性があるので、預金の引き出しに横領罪を認めると、窃盗罪・詐欺罪等の成立を排除する（山口297頁）かどうかが問題となる。引き出しただけでは横領罪に問いえないとすると、正当な手続によって引き出されたのだから、犯罪を構成しない。

---

[5] 西田235頁は、この場合を背任とするのは疑問であるというが、横領罪を認めるに疑問が拭いえないのは、預金に対しては法律上の占有は認められても、「特定の物」の占有が移転しているわけではなく、また、「法律上の」処分可能性が移転しているのでもないからである。「金額所有権」のような概念によらない限り、その占有者が変更されても、銀行に保管された「物」に対する銀行の所有権は、侵害されていない。したがって、横領罪は成立しない。

他人名義の預金に対する占有　他人のキャッシュカードないし預金通帳を預かって、払戻しを受ける権限を与えられている場合、キャッシュカード等の所持者は、銀行預金に対する占有を有するのであろうか。この場合には、委託の内容が問題である。預金に対する処分権限の範囲であれば、横領罪は成立しない。小切手の振出権限が与えられていた場合については、判例には、被告人が、業務上保管中の金員を横領するため、部下に小切手を振り出させて当座預金を現金化したときは、右払出しの段階で業務上横領罪が成立し、その手段である小切手それ自体について同罪が成立するものではない（東京高判昭51・7・13東高刑時報27・7・83）としたものがある（なお、広島高判昭56・6・15判時1009・140）。

誤振込と占有　甲が、A銀行の乙の口座に振替送金しようとしたが、銀行員が誤って丙の口座に振り込んだため、それを奇貨として丙が①銀行の窓口からそれを引き出した場合、②CD機からカードを用いて引き出した場合、③ATM機を用いて他人の口座に振替送金した場合に、何罪が成立するかが問題である。**第1説**は、A銀行にその金銭に対する占有を認めて、①は、1項詐欺罪（☞§92,1）、②は窃盗罪、③は電子計算機使用詐欺罪にあたるとする（大谷302頁、西田236頁）。**第2説**は、委託関係によらず占有が丙に帰属したのであるから、振り込まれた金銭は占有離脱物であり、遺失物横領罪が成立するとする説（曽根171頁、林281頁）である。いずれにせよ預金者である丙は、誤振込された金銭を占有しているわけではなく、横領罪は成立しない。

判例には、遺失物横領罪とするもの（東京地判昭47・10・19研修337号69頁）、銀行の窓口から引き出した場合、1項詐欺が成立するとするもの（札幌高判昭51・11・11判タ347・300）、CD機からカードで引き出した場合につき、窃盗罪を認めるもの（東京高判平6・9・12判時1545・113）があった。しかし、原因となる法律関係の有無にかかわらず誤振込を受けた受取人の預金債権が成立するという**民事判例**が出された（最判平8・4・26民集50・5・1267）。

事案は、F銀行O支店に金員の振込依頼をしたが、誤って、振込先をF銀行U支店のTの普通預金口座と指定したため、同口座に右558万円余の入金記帳がされた。上告人Aが差押えたTの普通預金債権の残高572万円

---

[6] 誤振込に関する最近の文献として、佐藤文哉「誤って振り込まれた預金の引出しと財産犯」佐々木喜寿327頁以下参照。

余のうち558万円余は、本件振り込みにかかるものであるというときに、被上告人は、上告人の強制執行のうち本件預金債権に対する部分につき、第三者異議の訴えによりその排除を求める請求をしたものである。この事案につき、最高裁は、「振込依頼人から受取人の銀行の普通預金口座に振込みがあったときは、振込依頼人と受取人との間に振込みの原因となる法律関係が存在するか否かにかかわらず、受取人と銀行との間に振込金額相当の普通預金契約が成立し、受取人が銀行に対して右金額相当の普通預金債権を取得するものと解するのが相当である」とした。預金債権を取得するのなら、誤振込にかかる金額を引き出しても、詐欺や窃盗にならないはずである。そこで、刑法上この判例をどのように解するかが問題となっていた。

最近、**最高裁**は、誤振込の事案に、先の民事判例を前提としても刑法上詐欺罪が成立するとの判断を下した（最決平15・3・12刑集57・3・322＝**百選51**）。

> 事案は、被告人が、B株式会社からの誤った振込みがあったことを知ったが、窓口係員に対し、誤った振込みがあった旨を告げることなく、その時点で残高が92万円余りとなっていた預金のうち88万円の払戻しを請求し、同係員から即時に現金88万円の交付を受けたというものである。
> 第1審（大阪地堺支判平9・10・27刑集57・3・351）は、被告人には、誤振込にかかる預金の払戻しを受ける正当な権限がないとし、控訴審（大阪高判平10・3・18判タ1002・290）でも同様に、詐欺罪を肯定した。[7]

最高裁は、まず、先の民事判例にもとづいて「受取人である被告人と振込先の銀行との間に振込金額相当の普通預金契約が成立し、被告人は、銀行に対し、上記金額相当の普通預金債権を取得する」とする。しかし、銀行実務では、誤振込の振込依頼人からの申し出があれば、受取人の預金口座への入金処理が完了している場合であっても、受取人の承諾を得て振込依頼前の状態に戻す、組戻しという手続が執られており、また、受取人から誤った振込みがある旨の指摘があった場合にも、自行の入金処理に誤りがなかったかどうかを確認する一方、振込依頼人に対し、当該振込みの過誤の有無に関する照会を行うなどの措置が講じられている。また、受取人においても、自己の口座に誤った振込みがあることを知った場合には、誤った振込みがあった旨を銀行に告知すべき信義則上の義務があると解される。そうすると、「誤った振込みがあることを知った受取人が、その情を秘して預金の払戻しを請求

---

[7] 第1審・第2審の判決については、佐藤・前掲論文334頁以下参照。

することは、詐欺罪の欺罔行為に当たり、また、誤った振込みの有無に関する錯誤は同罪の錯誤に当たるというべきであるから、錯誤に陥った銀行窓口係員から受取人が預金の払戻しを受けた場合には、詐欺罪が成立する」とした。

　この判例では、誤振込であることを知りながら、払戻しを受けようとした被告人に、信義上の告知義務を認め、不作為による詐欺罪を肯定したが、預金債権はあるが、払戻し権限が否定される場合に、刑法上の占有がどのように扱われるべきかについては明言していない。しかし、その趣旨は、悪意者には正当な払戻し権限がないものとして、預金に対する占有を認めなかったものと解することができる。

　ところで、**民事判例**においては、誤振込ではなく、定期預金および普通預金通帳などを窃取され、窃取者の意を受けた者が定期預金を解約して被害者の普通預金に振り込んだ後、これを銀行に払い戻させた後、**預金通帳を盗まれた被害者が、銀行に対しその金額の払戻し求めた**事案で、最高裁が、結論としてこれを容認したもの（最判平20・10・10民集62・9・2361、第1審＝東京地判平17・12・16金融法務事情1814・49、第2審＝東京高判平18・10・18判時1952・96）がある。[8]

　　事案は、窃盗者たちが、Aの自宅に侵入し、本件普通預金および定期預金の各預金通帳および各銀行届出印を窃取したが、別の人物に依頼し、定期預金を解約するとともに、これによって得るべき解約金1100万円あまりを本件普通預金の口座に振り込むよう依頼し、これに基づき本件預金口座に上記の額の入金がされたが、その後、Aが、B銀行に対して普通預金の払戻しを求めたところ、B銀行がその金額に相当する預金は、原因となる法律関係の存在しない振込によって生じたものであることを理由として、Aの払戻請求は、権利の濫用に当たると主張したものである。B銀行は、Aが払戻を求める金額に相当する預金を、振込をした前記の者に払い戻したが、この払戻しは債権の準占有者に対する弁済として有効であるなどと主張して、これを争った事案である。

　　第1審は、窃盗犯人の依頼を受けた者に払い戻されたことにつき、銀行が暗証番号を回答しないまま払戻し請求者に対し、払戻を行ったもので、民法478条の適用について過失があるので、有効な弁済ということはできないとして、Aの請求を容認したのに対し、**原審**は、Aの払戻し請求は、Aにおいて払戻しを受けるべき正当な利

---

[8] 本判例につき、石丸将利・平成20年度最判解（民事）（2011年）513頁以下参照。なお、「特集・銀行預金をめぐる財産犯」刑ジ38号（2013年）4頁以下（橋爪隆「銀行預金をめぐる刑法上の諸問題」同4頁以下、とくに6頁以下、上嶌一高「誤振込に係る事故名義預金の処分」同12頁以下、とくに13頁参照）。

益を欠き、権利の濫用として許されないと判示した。**最高裁**は、「振込依頼人から受取人として指定された者（受取人＝A）の銀行の普通預金口座に振込があったときは、振込依頼人と受取人との間に振込の原因となる法律関係が存在するか否かにかかわらず、受取人と銀行との間に振込金額相当の**普通預金契約が成立**して、受取人において銀行に対し上記金額相当の普通預金債権を取得するものと解するのが相当であり、上記法律関係が存在しないために受取人が振込依頼人に対して不当利得返還義務を負う場合であっても、受取人が上記普通預金を有する以上、その行使が不当利得返還義務の履行手段としてのものなどに限定される理由はないというべきである。そうすると、受取人の普通預金口座への振込を依頼した振込依頼人と受取人との間に振込の原因となる法律関係が存在しない場合において、受取人が当該振込に係る預金の払戻しを請求することについては、払戻しを受けることが、当該振込に係る金員を不正に取得するための行為であって、詐欺罪等の犯行の一環を成す場合であるなど、これを認めることが著しく正義に反するような特段の事情があるときは、**権利の濫用**に当たるとしても、受取人が振込依頼人に対して不当利得返還義務を負担しているというだけでは、権利の濫用に当たるということはできないものというべきである」とする。そして、本件については、「Aが本件振込に係る預金について払戻しを請求することが**権利の濫用となるような特段の事情があることはうかがえない**」という。しかし、「本件払い戻しが債権の準占有者に対する弁済として有効であるか等について更に審理を尽くさせるため、同部分につき本件を原審に差し戻す」こととした。

　本判決は、振込依頼人が、法律関係のないまま銀行に対し、振込みを依頼したときでも、受取人と銀行との間に有効な普通預金契約が成立し、それに基づいて受取人は、銀行に対して払戻し請求をなしうるとした。窃取者の意を受けた債権の準占有者の受けた弁済が有効かどうかの判断は、差戻し審に委ね、受取人（A）と銀行との間に振込金額相当の普通預金契約が成立しているのであって、先の準占有者の受けた弁済が有効かどうかとは独立に、**受取人は、その普通預金口座に振り込まれた金員の払戻しを銀行に請求できるとしたもの**である。受取人が、銀行に対する預金債権の成立を認めるとしても、誤振込があったことを認識した上で銀行窓口において預金の払戻しを請求することは、権利の濫用であるとする見解によれば、詐欺罪が成立しうることになるが、最高裁は、これを権利の濫用とはみなさなかった。したがって、権利濫用論を刑法上の犯罪成立の根拠とする見解をとれば、刑法上もこれを詐欺とすることはできないことになる。

　❸　委託信任関係　　占有は、物の所有者ないし公務所と行為者との委託信任関係にもとづくものであることを要する（東京高判昭25・6・19高刑集3・2・227）。委託信任関係にもとづく占有であることが必要なのは、占有の取得

原因が、窃盗、強盗、詐欺、恐喝などの奪取罪による場合には、横領は、不可罰的事後行為であり、横領罪の成立の余地はなく、それが他人の意思にもとづかず偶然に自己の占有に帰した場合には、遺失物横領罪が成立し、本罪の成立の余地がないからである。かくして、委託信任関係に由来する占有のみが、横領罪を構成する（大谷303頁参照）。

委託信任関係の発生原因は、使用貸借（民593条以下）、賃貸借（民601条以下）、委任（民643条以下）、寄託（民657条以下）などの契約のほか、所有者の意思によらず法律上の規定によって発生する場合でもよく、したがって、事務管理（民697条）、後見（民838条）も含まれる。その他、慣習・条理にもとづいて委託信任関係があるとされる場合でもよい。委託契約が法律上無効であり、または取り消されたときも、それにもとづいて事実上引き渡された場合にはその占有は、委託信任関係にもとづくものである。したがって、第三者が権利なくして委託した他人の物についても、横領罪が成立する（東京高判昭24・10・22高刑集2・2・203）。

ⓓ 他人の物　「他人の」物とは、他人の所有する財物を意味する。他人とは行為者以外の者をいう。自然人であると法人であるとを問わない。他人との共有物も、他人の所有する物である（大判明44・4・17刑録17・587）。他人の所有に属するかどうかは、民法の所有権概念を基礎として決定される。しかし、刑法の立場から要保護性をも併せ考慮されるべきであり、民法上の概念に完全に従属させられる必要はない。次のような場合が問題となる。

（ⅰ）**売買の目的物**　民法は、所有権の移転につき、意思主義を採る（民176条）。それによれば、動産および不動産につき売買契約が成立すればその所有権は売主から買主に移転する。

そこで、いわゆる**二重売買**の場合、すなわち、売買契約の締結後、まだ当該動産を現実に引き渡す以前に、売主がほしいままに当該動産を他人に売り渡し、あるいは不動産については、買主名義への所有権移転登記をする以前に、他人名義の登記を完了した場合には、売主には横領罪が成立する（前掲最判昭30・12・26、名古屋高判昭29・2・25高刑特33・72）（☞後述4, **ⓒ**）。

しかし、**割賦販売**の目的物の所有権については、特約のない限り、代金完済に至るまでは所有権は売主に留保されるから（割賦販売法7条）、代金完済までに引き渡しを受けた買主がそれを処分すれば、自己の占有する他人の物にあたり、横領罪が成立する（大判昭9・7・19刑集13・1043、最決昭55・7・15判

時972・129)。このような**所有権留保付割賦販売**の場合として、判例には、24回の月賦払で購入した自動車につき、完済まで所有権は売主に留保するという約定がつけられたが、3回分払った後資金不足に陥り、買主がその自動車を金融業者に担保として提供したという事案につき横領罪を認めたものがある（前掲最判昭55・7・15）。

それでは、**譲渡担保**の目的物は、自己の占有する他人の物にあたるか。譲渡担保とは、債務を担保するため目的物の所有権を債務者から債権者に移転し、債務が弁済されると、所有権は債務者に復帰するという担保制度である。形式的には所有権が移転するが、実質的には担保権の一種なのである。

大審院の**民事判例**では、譲渡担保には①第三者に対する外部的関係においてのみ所有権を移転し、当事者間の内部関係においては所有権を移転しない類型と、②所有権を内外部ともに移転するが譲渡担保権者の権利行使に一定の制限を課する類型とがあるとし、通常は前者の類型であるが、当事者の合意があり、または内部関係における所有権の帰属における当事者の意思が明らかでないときは、後者の類型であると推定していた（大判大13・12・24民集3・555、吉本・大コンメ13巻348頁参照）。**刑事判例**においては、これに従い、①の場合、弁済期日前に債権者が目的物を他人に売却した場合には横領罪が成立するとされた（大判昭11・3・30刑集15・396）。内部関係において土地の所有権を債務者に留保して担保としての土地の所有権を譲渡した事案については、弁済期に弁済しなかったときには、所有権が完全に移ることを約した場合、弁済期到来の後、債務者がほしいままにこれを他人に売却した事案につき横領罪が成立するとしたもの（大判昭8・11・9刑集12・1946）もある。

現在の民法判例理論では、所有権移転の外形に物権的効力を認めるが、譲渡担保権者の権利を担保目的に適合するよう制限し、所有権の移転の物権的効力と担保権としての実質との調和を図る傾向にある（吉本・大コンメ13巻349頁参照)。刑法においては、このことは、所有権の形式的な効力を重視して、譲渡担保権者が完全な所有権者として保護を受ける見解と、その所有権の実質的価値は、担保権的利益にすぎないから、譲渡担保権者に「他人の物」にあたる所有権を認めない見解との対立に現れているというべきであろう。[9] 学説においては、所有権は譲渡担保権者に移転していることを前提に、

---

[9] 佐伯=道垣内・対話77頁以下、山口・探究182頁以下は、それぞれ「所有権的構成」と「担保的構成」とする。

債務弁済前に債務者がその担保物件を処分した場合には**横領罪を認める見解**（大谷304頁、曽根169頁以下、西田241頁）が、有力である。ただし、譲渡担保の担保的性格を重視する立場から、債務弁済前の処分については**背任罪を認めるべきであるとするもの**もある（神山・基本判例162頁、平川381頁）。しかし、民事判例は、目的物の所有権が債権者に移転しているという構成を採っている（最判昭58・2・24判時1078・76）のであり、それに従うと、譲渡担保の目的物は「自己の占有する他人の物」であり、債務者がほしいままにこれを処分するのは、横領罪にあたるというべきである。他方、債権者は、弁済期到来前に目的物を処分すれば、債務者の受戻権を侵害することになるから、背任罪にあたる（大阪高判昭55・7・29刑月12・7・525、西田240頁、林290頁は、横領罪としてよい場合もあるという）。

　(ⅱ)　**委託された金銭**　　金銭が**封金**の形で、特定物として委託された場合、その所有権は委託者に残る。しかし、この場合、金銭に対する占有も委託者に残るので、受託者がそれをほしいままに領得した場合には、窃盗罪が成立する。これに対して、消費寄託の場合には金銭の所有権は受託者に移転するから、これを費消しても横領罪とはならない。

　使途の定められた金銭　　さて、封金とされていない場合でも、一定の使途を定めて寄託された金銭の所有権は、刑法上、通常、寄託者に残ると考えられている（最判昭26・5・25刑集5・6・1186＝**百選63**）。したがって、横領罪が成立する。しかし、民法においては、金銭の代替性・流通性にかんがみて、金銭の占有とその所有権の帰属とは常に一致するのであって、金銭の所有権は、占有の移転により移転すると考えられている（我妻・有泉・新訂物権法185頁以下）。この民法の理論に従った場合、寄託された金銭については、横領罪の成立する余地がなくなるが、そこで、金銭については背任罪を適用するなら刑の下限が軽くなる等の不当な結論が導かれる。そこで、これをどのように解決すべきかが問題となるのである。

　判例における金銭の所有権　　判例においては、金銭の所有権は、特段の事情のない限り金銭の占有の移転とともに、移転するとした最高裁の判例もある（最判昭29・11・5刑集8・11・1675）が、この判例は、金銭の所有権移転を内容とする消費寄託契約が無効になった場合も、その金銭の所有権は受寄者に移転するとしたもので、委託された金銭一般に妥当するものではない。判例は、一定の目的ないし使途を定めて寄託された金銭は、原則として寄託者

に所有権があるとし、受託者がそれを費消した場合には横領罪が成立するとする（大判大3・12・12刑録20・2401、前掲最判昭26・5・25=**百選63**、最判昭34・2・13刑集13・2・101）。不動産を買い受ける資金として預かっていた金銭（大判昭9・4・23刑集13・517）、製茶の買受資金として寄託されていた金銭[10]（前掲最判昭26・5・25=**百選63**）、株式売買業者が株式現物買付け方を委託されて受領した手付金（大判大15・12・13刑集5・570）などにつき、受託者がほしいままに費消したとき横領罪を認める。

金銭の一時流用 封金の形式をとらなくても、目的・使途を定めて預けられた金銭の所有権は、寄託者に存する。使途を定めて寄託された金銭には、刑法上、「特定性」があるというべきである。そうだとすると、例えば、50万円を、授業料の支払という特定の使途のために預かった者が、たまたま自己の口座から自分の50万円引き出すのが面倒だったため、一時流用するがすぐに返すつもりでその預かり金を使って家電製品などを買った場合、横領罪が成立することになる。このような、必要なときには他の金銭で代替しうる状況のもとで、または後日補塡する意思と能力をもって、預かり金を一時流用する行為を横領罪に問うのは、金銭の高度な代替性にかんがみれば妥当とはいいがたい。これについては、①金銭の所有権は、それが流用された時点において受託者に移転するとみることができるとする説（大塚286頁）、②所有権は寄託者にあり、客観的には横領罪の構成要件に該当しているが、不法領得の意思を欠くとする説（大谷306頁）、③特定物としての金銭の所有権ではなく、不特定物としての金額所有権という概念を認め、客観的に横領行為を否定する説（西田238頁、山口302頁）がある。しかし、この民法理論にいう「価値所有権」(物権的価値返還請求権)[11]概念と同根の「金額所有権」という考え方には、賛成できない。それを認めることで、例えば、預金口座の名義人は、口座内の金銭につき、金額所有権とともに占有をももつことになり、例えば、村長が自己の名義で公金を銀行口座に預けた場合に、これを費消の目的で引き降ろしても、「自己の占有する他人の物」ではないから、横領罪を構成しないということになるからである。金銭の一時流用については、横

---

[10] 山中「使途を定めて寄託された金銭の他人性」百選（第5版）116頁以下参照。
[11] 四宮和夫「物件的価値返還請求権について」私法学の新たな展開（我妻追悼）(1975年) 201頁、能見善久「金銭の法律上の地位」民法講座（別巻1）(1990年) 116頁。なお、山中・百選（第5版）117頁参照。

領罪の構成要件には該当するが、可罰的違法性を欠くというべきである。

　使途の定めなく不特定物として委託された金銭については、委託され占有が移転すると同時に所有権も受託者に移転する（前掲最判昭29・11・5）。このような金銭をほしいままに処分し費消した場合、横領罪は成立しない。背任罪の可能性がある。

委任者のため他人から受領した金銭　金銭の受領を伴う事務を委任された者が、その行為にもとづいて委任者のために受領した金銭の所有権は、原則として委任者に属する。債権者に債権の取り立てを委任された者が債務者から取り立てた金銭は、直接、債権者の所有となる（大判昭8・9・11刑集12・1599）。したがって、受任者が取り立てた金銭を領得する行為は、横領罪を構成する。集金人が取り立てた金銭についても、同様であり、集金人がその会社のため取り立てた売掛代金を自己の用途に費消したとき、（業務上）横領罪を構成する（大判大11・1・17刑集1・1）。委託販売によって取得した代金も、特約ないし特殊事情がない限り、受託者が受け取ると同時に委託者の所有に属する（大判大2・6・12刑録19・711、最決昭28・4・16刑集7・5・915）。受託者が委託販売代金を銀行に預金して（業務として）保管中、後にこれを補塡する見込みがないのにそれを引き出し、他の債務の支払に充当した場合、（業務上）横領罪が成立する（高松高判昭29・3・15高刑集7・4・541）。自動車販売会社の販売外交員が集金した自動車販売代金につき、その販売外交員の当座預金口座にこれを入金すること、および会社への引き渡しは同人振出の小切手によることを会社が黙認しており、その口座には同人個人の預金も多く含まれている場合、その預金債権は同人のものであり、会社の所有に属するのではない（東京高判昭44・7・31高刑集22・4・518）。

委託された有価証券・有価証券を換金した金銭　一定の使途を定めて委託された有価証券の所有権は、通常、委託者に属する。株式取次業者が、顧客からその名義をもってする株式短期取引委託の取次を委託された者は、その取引の証拠金代用として受け取った有価証券を、委託の趣旨に背いて自分自身のための株式短期取引の証拠金代用として取引員に差し入れた場合、（業務上）横領罪が成立する（大判昭9・11・22刑集13・1588）。また、手形の割引を委託された者が、手形の割引により委託者本人のために受領した金銭は、特段の事情のない限り委託者の所有に帰し、受託者がこれを着服するときは、横領罪を構成する（大判大12・2・13刑集2・60、最決昭33・12・26刑集12・16・

3684)。

工作を施した受託物　委託者から工作を施すことを依頼されて預かった物に、受託者が工作を加えたためその物の価値が高められても、その所有権は、通常、委託者にある。[12] 洋服の仕立業者が、客の注文を受けて預かった洋服生地を加工し、洋服に仕立てたような場合、その結果、著しく価格が増加しても所有権は注文者にある（最決昭45・4・8判時590・91）。製粉業者が、客から小麦を預かって製粉したとき、その製出された小麦粉は、価格のいかんにかかわらず依頼者の所有に帰する（大判大6・6・13刑録23・637）。

(iii)　不法原因給付　民法708条本文は、「不法な原因のために給付をした者は、その給付したものの返還を請求することができない」と定め、不法の原因を理由に返還請求をすることができないと規定している。そこで問題は、委託者から不法の原因にもとづいて給付された物を受託者が領得した場合、横領罪が成立するかである。学説には、肯定説と否定説、および（不法原因給付・不法原因寄託）区別説[13]がある[14]。

①　肯定説　不法原因給付物については、給付者は給付物の返還を請求できないが、その所有権をなお失ってはいないと解する。したがって、受給者にとっては、給付された物は「自己の占有する他人の物」である。それゆえ、これをほしいままに領得する行為は、横領罪を構成する（藤木340頁、内田363頁、前田377頁）。そのほかに、民法上の保護があるかどうかとは無関係に、刑法上犯罪となるかどうかが判断されるべきである（小野267頁、木村155頁）とするものもある。

②　否定説　委託（給付）者は、受託者に対してその物の返還を請求することができないということは、委託（給付）者には、受託者に対して保護されるべき所有権はなく、したがって、受託者がそれを費消したとしても横領罪を構成しないとする（牧野779頁、滝川183頁、植松444頁、西原252頁）。そのほか、民法上返還義務のない者に返還を強制することは法秩序全体の統一を破るものであるから、横領罪は成立しないと解すべきとする見解（団藤637

---

[12] ただし、民法上、「加工」（246条）にあたる場合、工作によって生じた価格が著しく材料の価格を超えるときは、所有権は受託者に帰する。
[13] 林幹人『財産犯の保護法益』（1984年）157頁以下、同「不法原因給付における『給付』の意義」上智法学45巻2号（2001年）41頁以下。
[14] 判例・学説については、田山聰美「不法原因給付と横領罪の成否（1―4完）」法研論集90号（1999年）227頁以下、91号111頁以下、92号105頁以下、93号（2000年）107頁以下参照。

頁、中森134頁）、そして、不法原因給付物の所有権は、給付と同時に受給者に移り、その後の受給者の行為には横領罪は成立しえないとする見解（大塚291頁、吉本・大コンメ13巻361頁）がある。

③ **区別説**　区別説の第1として、給付者が、その物の所有権を受給者に与える意思で占有を移転した場合には給付者は返還請求権を有しないから、返還しなくても横領罪にはならないのに対して、たんに贈賄のために財物を委託したような場合には民法708条の適用はないが、ただ不法原因で寄託したことには信任関係の違背がないがゆえに、委託物横領罪は成立しないとしても、遺失物横領罪は認められるとする見解（江家324頁、野村稔・百選〔第4版〕107頁）がある。第2の解釈は、**不法原因給付**と**不法原因寄託**とを分け、前者については所有権が受給者に移転するから横領罪は成立しないが、後者については、所有権の移転はないから横領罪が成立するというもの（林幹人・財産犯の保護法益157頁以下、同152頁、大谷309頁、曽根173頁、斎藤信治182頁以下、西田242頁）である。しかし、この見解に対しては、不法原因給付と不法原因寄託とを区別する点に疑問が提起されている（佐伯＝道垣内・対話48頁、山口・探究186頁、同303頁）。

判　例　判例は、かつては、不法原因給付物も他人の物であるとして、横領罪を肯定していた。不法原因給付として給付者が民法上返還を請求できない場合でも、給付者はその所有権を失うものではないというのである（大判明43・9・22刑録16・1531）。同様に、密輸出のための金地金を買い入れる資金として預かっていた金員を着服した場合（大判昭11・11・12刑集15・1431）、贈賄の委託を受けて預かり保管していた資金を自己のために費消した場合（最判昭23・6・5刑集2・7・641＝**百選62**）、闇米を買うために預かっていた金銭を費消した場合（福岡高判昭25・8・23高刑集3・3・382）にも横領罪が認められている。

昭和45年の民事判例　ところで、民法学においては、従来、不法原因給付物の所有権の帰属については定説がみられなかったため（我妻栄・事務管理・不当利得・不法行為83頁）、刑法学独自に問題を考えざるをえなかったふしがあるとされている（大塚290頁）。しかし、昭和45年には、最高裁が、不法原因給付物の所有権は受給者に移転すると解するに至った（最大判昭45・10・21民集24・11・1560）。この判例は、妾関係の継続を目的として新築の建物を愛人に贈与して引き渡した者が、後に贈与は民法90条により無効であり、その建物の所有権は贈与者に属すると主張したのに対し、返還請求できない

ことの反射的効果としてその建物の所有権は受贈者に帰属すると判示したものである。

民事判例の刑法学上の意味　この民事判例が刑法学においてどのような意味をもつかについては争いがある。少なくとも、不法原因給付物について給付者が所有権を失わないということを根拠に横領罪を肯定する学説は、この判例によって妥当性を失ったというべきであろう。民法上、所有権が存在しないとされている事項につき刑法上、所有権があるとはいえないからである。

区別説からの肯定説　区別説によると、民事判例は、贈与の事案であり、所有権の移転を意図する場合であるから、不法原因給付にあたり、不法原因寄託には妥当しないと解釈することも可能であるが、返還請求権のないことの反射的効果として所有権が移転するのであれば、受託者についてもこの論理は妥当すべきであるから、この判例を基礎にする限りその解釈には無理がある。しかし、不法原因寄託の場合には、民法 708 条の適用に疑問があり、返還請求権を認めるのが、むしろ受託者が不法な目的を実現するのを未然に防止するのに有益であるとし、さらに、不法な原因にもとづくにせよ財物の委託信任関係自体は保護する必要があるとする見解（大谷 309 頁）が唱えられている。確かに民法上、給付とは終局的な利益の移転をいうとすれば、寄託は、それにあたらないとも解釈できる。この見解は、返還請求権を認め、委託された金銭を委託者に返還しなかったことが、横領罪としての処罰根拠であるとする（西田 242 頁）。

しかし、民法上、不法原因寄託の事案に 708 条の適用がないとする解釈が妥当かどうかには疑問がある。民法の解釈としても、不法原因寄託物については、寄託自体、すなわち、受託しているという状態が不法であるとしているのではなく、贈賄、密輸などの目的が不法なのであり、受託者に受託物を返還する義務を課しているわけでもない。給付者の返還請求権を否定しているにすぎないのである。受託者が、その趣旨に従ってその物を保管しつづけている限りでは、民法上、委託者と受託者との間に問題はない。したがって、刑法も、受託者が返還しなかったことを処罰するのではない。

むしろ、不法原因寄託の事案については、確かに民法 708 条によって返還請求権は認められないが、最高裁判例とは異なり、返還請求権のないことの反射的効果として所有権が受給者に移転するのではなく、もともと給付者の意図も、金銭・消費寄託の場合を除いて、所有権を移転するつもりはなかっ

たのであるから、所有権はなお給付者にあるが、不法原因給付であるので、給付者は、返還請求をすることができないだけであると解釈することは、なお可能であると思われる。大審院の民事判例の主流が、給付者が所有権を失わないとしていたのであるから、**昭和45年の最高裁判例の射程**は、限定されており、不法原因寄託には及んでいないという解釈はなお排除されないと思われる。このようにして、不法原因寄託の事案については、所有権は委託者にあり、委託信任関係も存在するから横領罪が成立すると解することができると思われる。実質的な観点から考察しても、刑法は、その目的とは切り離して、委託自体の趣旨に反して、受託者が受託物を費消する行為につき、委託信任関係の侵害を認めて保護しているということができるのである。

(iv) 盗品等ないし盗品等処分の代金 盗品等の処分を委託された者が、保管している盗品等を領得し、あるいはその売却代金を着服した場合、横領罪が成立するか。

盗品等の領得 この問題については、大審院の判例の立場は三つに分かれていた。①横領罪の目的物は、たんに犯人の占有する他人の物であれば足り、給付者が返還請求しうる物であることを要しないから、**横領罪が成立するとする立場**（大判大4・10・8刑録21・1578）。②委託者である窃盗犯人が盗品等の所有権を取得することはないという理由から**横領罪の成立を否定するもの**（大判大8・11・19刑録25・1133）。③本犯の被害者の所有権に対する関係で盗品等に関する罪が認められる以上、さらに**横領罪を認めるべきではないとするもの**（大判大11・7・12刑集1・393）である。**最高裁の判例**（最判昭36・10・10刑集15・9・1580）は、第1説に立ち、当該盗品は、窃盗犯人において、「牙保者たる被告人に対しその返還を請求し得ないとしても、被告人が自己以外の者のためこれを占有して居るのであるから、その占有中これを着服した以上、横領の罪責を免れ得ない」とした。

学説は、窃盗犯人である委託者は盗品につき所有権を取得しないので、委託者に対する**横領罪は成立しないとする見解**（大塚291頁、中山303頁、西田243頁）が有力である。この見解からは、窃盗の被害者である所有者との関係には、委託関係がないので、委託物横領罪は成立しないが、遺失物横領罪は成立しうることになる。しかし、この場合、重い窃盗罪に吸収されて領得行為は独立に論じる必要はないとされる（大塚292頁参照）。これに対して、窃盗犯人が盗品を占有している場合にその占有も保護に値するのであるから、窃

盗犯人による盗品の保管等の委託関係も保護に値するとする見解がある（大谷310頁、前田378頁）。違法な委託関係は保護に値しないというべきである（山口・探究188頁）。

盗品等の売却代金についても、本犯の被害者が所有権者であるが、窃盗犯人からその委託を受けて占有している者がほしいままにそれを処分した場合、委託物横領罪が成立するであろうか。判例には、横領罪の成立を肯定するもの（前掲最判昭36・10・10）と否定するもの（前掲大判大8・11・19）とがある。前者は、不法原因給付物についても、「他人の物」であることを肯定し、後者は、委託契約を公序良俗違反で無効とし、委託者は、売却代金について所有権を取得しないとする。学説においては、自己の占有する「他人の物」を処分したのであるから、**横領罪が成立する**という立場（藤木340頁、大谷310頁、前田378頁）が有力である。本犯の被害者との関係で盗品関与罪（256条）も成立し、それとの観念的競合になるものとする。その理由として、横領罪においても所持そのものも一応保護され、所有権者以外の者との間の委託信任関係をも保護するものであるという点を挙げる。しかし、本犯の被害者と受託者の間に委託信任関係がなく、さらに、本犯者たる委託者と受託者の委託関係が違法なものであるから、この委託関係は保護に値しない。したがって、**横領罪は成立しない**（西田243頁以下、山口304頁以下）。本犯の被害者との関係では、盗品等有償処分あっせん罪ないし遺失物横領罪が成立しうる。重い前者が成立する場合、後者は吸収されて、包括一罪となると解される（大塚292頁、曽根173頁、西田243頁、山口305頁）。

　受託者が、寄託を受ける際には、盗品であることを知らずに受け取り、**後に盗品であることに気づいた**後、自ら領得し、または事情を知らない第三者にそれを売却した場合、本犯の被害者との間には委託信任関係はなく、したがって横領罪は成立しない。**判例**は、横領罪の成立を認める（大判昭13・9・1刑集17・648、大判大6・10・23刑録23・1091）。学説には、横領罪を認める説（齊藤金作318頁）、遺失物横領罪が成立するとする説（江家325頁）、盗品等に関する罪が成立するとする説（大塚293頁）、盗品と知って売却した点につき盗品

---

[15] この見解は、窃盗犯人の平穏な所持も刑法上保護に値すると解し、窃盗犯人との間の委託信任関係も保護に値すると解する（大谷310頁以下）。
[16] さらに、この場合、盗品等の処分の委託を受けて、その盗品等を保管している場合には、盗品等保管罪が成立するのであるから、その後の処分は、所有権に対する新たな侵害とはいえないとする。

関与罪が成立し、同時に代金を着服した点につき横領罪が成立し、両者は観念的競合になるとする説（大谷311頁）がある。

（ⅴ）**公務所から保管を命ぜられた自己の物**　自己の物であっても公務所から保管を命ぜられた場合には、それをほしいままに処分したときは、横領罪が成立する。公務所が保管を命じるには理由があるが、それは、自己の物が公務所より差押えられた場合に限るとする見解（大場・上674頁、柏木487頁）がある。しかし、公務員が差押えたうえ保管を命じた物は、公務員の占有に属するのであるから、これを領得するのは窃盗罪にあたり、本項の適用があるのは差押えを受けていない自己の物につき保管を命じられた場合に限るとするのが、**通説**である（泉二892頁、大谷311頁）。これに対して、差押物件の表示方法にはさまざまな形態があり、封印を破棄しなければ内容物を取り出せない場合には、占有は執行官に属するが、標目表を貼付しているだけで内容物を自由に取り出せるような場合には、差押えを受けても占有はなお保管者に存するとして、そのような場合には差押えを受けた物でも保管を命ぜられた者に占有があるとする見解（大塚294頁、吉本・大コンメ13巻363頁）もある。

4　行　為

ⓐ　横領行為の意義　横領行為の意義については、**領得行為説**と**越権行為説**とが対立している。**領得行為説**によれば、横領とは自己の占有する他人の物または公務所から保管を命ぜられた自己の物を不法に領得することをいう。換言すれば、不法に領得する意思を実現する一切の行為を意味する（団藤629頁以下、福田278頁、平野226頁、西原231頁、西田221頁、林291頁、山口306頁）。これに対して、**越権行為説**によれば、横領とは、委託の趣旨に違背して占有物に対しその権限を越えた行為をすることである（木村158頁以下、中168頁、内田364頁、川端407頁）。この説によると、不法領得の意思の有無は横領罪の成否には無関係である。[17]　このように、両説の差異は、まず、不法領得の意思の必要説に立つか、不要説に立つかに存する。したがって、越権行為説

---

[17] それに加えるに、この説の修正形態であって、横領罪の本質を、物の占有者は、その委託者に対して委託の趣旨に従って物の保管をする法律上の義務を負担するにもかかわらず、その義務に違反して物を不法に処分する点にあるとし、義務違反説の立場を唱える学説もある（大塚296頁）。しかし、この見解は、横領罪も財産犯であって、財物という財産的利益の取得が本質であることを看過したものであって、不当である。

に立てば、たんに一時使用の目的で占有物を処分する場合も、目的物を毀棄・隠匿する意思で処分した場合も横領罪が成立し、その成立範囲は、領得行為説よりは広くなる。判例は、領得行為説に立つものと解されている（大判大 6・7・14 刑録 23・886、最判昭 28・12・25 刑集 7・13・2721）。判例によれば、横領罪における不法領得の意思とは、「他人の物の占有者が委託の任務に背いて、その物につき権限がないのに、所有者でなければできないような処分をする意志をいう」（最判昭 24・3・8 刑集 3・3・276＝百選 65）。この対立は、横領罪と背任罪との区別の問題にも関係する（☞背任罪、§104, 3）。学説の中には、両説は実質的には重なり合う面も多いとし（前田 380 頁）、客観的には権限を逸脱する行為、主観的には不法領得の意思が必要とする説（大谷 312 頁）も唱えられている。しかし、結論的には、不法領得の意思を前提にする **領得行為説が妥当** である。

横領行為の例示　横領行為とされるためには、占有された物に対する客観的な処分行為を必要とする。[18] 物の売却、贈与、貸与、交換、質権の設定、抵当権の設定、預金、振替等の法律的処分行為のほか、費消、着服、拐帯、搬出・帯出、毀棄・隠匿（大判明 44・6・8 刑録 17・1113）、共有物の独占（最決昭 43・5・23 判時 519・92）、などの事実的処分行為でもよい（大塚 298 頁参照）。

不実の仮登記 をなすことも横領行為であるといえる。登記簿上の所有名義人が A 者である建物を預かり保管中であった者が、金銭的利益を得ようとして、同建物の電磁的記録である登記記録に不実の抵当権設定仮登記を完了したという事案に、横領罪が成立するとした最高裁判例（最決平 21・3・6 刑集 63・3・291）がある。最高裁によれば、「登記を了した場合、それに基づいて本登記を経由することによって仮登記の後に登記された権利の変動に対し、当該登記に係る権利を優先して主張することができるようになり、これを前提として、不動産取引の実務において、仮登記があった場合にはその権利が確保されているものとして扱われるのが通常である。以上の点にかんがみると、不実とはいえ、本件登記を了したことは、**不法領得に意思を実現する行為として十分**であり、横領罪の成立を認めた原判断は正当である」とする。

❻　一時使用の目的　一時使用の目的で、他人の物の占有者がそれを使用した場合、態様、時間、使用行為の社会的・経済的評価に照らして判断されるべきである。不法領得の意思は、返還の意思があっても、会社所有の機

---

[18] 判例も、すでに古く「横領罪の成立するには、占有に係る他人の物件を不法に領得するの意思実行あることを要す。而して、其意思実行は、単に他人の物件を領得する目的を以て準備行為を為すを以て足れりとせず、必ずや現実に其物件を権限外に於て処分するか、又は物件の委託者若くは利害関係人に対して欺罔手段を施し、以て不法領得の意思を表示せざるべからず」とする（大判明 43・8・9 刑録 16・1452）。

密資料をコピーする目的で社外に持ち出す場合には認められる（東京地判昭60・2・13刑月17・1=2・22）。処分した物を後日補塡する意思があっても横領罪の成立を妨げない[19]（前掲最判昭24・3・8=**百選65**）。自己のために領得する意思のみならず、第三者のために領得する意思（第三者領得意思）も、不法領得の意思であるとするのが多数説である（団藤630頁、大谷315頁）。財物を処分する意思があっても、委託者本人のために行われたときは、不法領得の意思は認められない（前掲最判昭28・12・25）。

◉ 二重売買　動産または不動産を売却した後、当該動産を引き渡す前に、あるいは不動産については所有権移転登記を完了する前に、売主がその物を事実上または法律上占有しているのを奇貨として、これをさらに第三者に売却することをいう。

　所有権の移転と意思主義　通説・判例によれば、二重売買における売主は、横領罪の責を負う（最判昭30・12・26刑集9・14・3053）。売買契約の締結によって物の所有権は買主に移転する（民176条）が、その物が、いまだ引き渡しまたは所有権移転登記が済まない間は、売主にとり「自己の占有する他人の物」だからである。不動産については、その引き渡し後も、登記簿上の所有名義を有する者が占有者である。

　代金等の支払と所有権の移転時期　しかし、民法の学説上、所有権の移転時期について意思表示のみでは所有権が移転せず、金銭の授受、引き渡し、登記に必要な書類の交付等何らかの外形的行為が必要であるとする学説（川島・所有権法の理論248頁）も有力であり、刑法上も、意思表示のみであれば買主の売主に対する信頼も弱く、**処罰に値する程度の所有権の実質を備えていない**場合には当該財物を領得したとはいえないと考える見解（大塚298頁、大谷317頁、曽根175頁、西田238頁以下、山口・探究181頁）が有力である。この説によると、第1の売買について買主が金銭を支払ったが、第2の売買において売主の売却の意思表示があったにすぎない場合には、第1の買主の所有権が

---

[19] ただし、債権取立ての委託を受けた者が取り立てた金銭については、「金銭は所論の如く代替物であるから、委任の趣旨にかんがみその取り立てた金銭の一時使用を許さないような特別の事情の認められない限り、受任者がその金銭の占有中一時これを自己のために費消するも、遅滞なくこれを補塡する意思があり、且つ何時にてもこれを補塡し得べき十分な資力のあるときは場合により違法性を欠くことにより、横領罪を構成しないこともあり得る」とする判例（東京高判昭31・8・9東高刑時報7・8・340）がある。

侵害される危険が生じたにすぎず、また、第1の売買につき買主が移転登記を得る可能性は残されているから、横領罪は未遂にすぎない。また、第1の買主が代金の支払いも済ませていない場合には、所有権の移転はないから、売主の横領罪は成立しない。

背信的悪意者 第2の買主が、二重売買の事実を知りながら買い受け、移転登記を済ませた場合でも、民法上は、登記を得ることによって第三者に対抗できるから（民177条）、第2の買主は、完全な所有権を得ることができる。その場合には、刑法上横領罪につき売主との共同正犯ないし売主に対する教唆犯の責任を負わせることはできない（最判昭31・6・26刑集10・6・874）。しかし、民事判例においては、背信的悪意の第三者は、民法177条の「第三者」から除くと判示するものが現れた（最判昭36・4・27民集15・4・901）。そこで、刑事においても、第2の買主が**背信的悪意者**であった場合には**横領罪の共同正犯**（福岡高判昭47・11・22刑月4・11・1803＝**百選64**）ないし**教唆犯**の責任を負うと解されるようになった。たんなる悪意者とは異なり、背信的悪意者は、登記を得ても、第三者に所有権の取得を対抗できないから（前掲最判昭36・4・27）、民法上保護を受けない。刑法上も可罰的違法性がある（大谷321頁）。ただし、横領罪につき占有者たる身分のない第2の買主に横領罪の共同正犯が成立することはないというべきである。

ⓓ 転質 転質は、横領罪を構成するか。判例においては、当初、債務者の承諾なくして質物を担保に供することはできない（民350条、298条2項）として、これを肯定していた（大判明44・3・20刑録17・420）が、連合部決定によって改め、民法348条にもとづき、質権者は、その権利の範囲内において転質をなしうるから、新たに設定した質権が原質権の範囲を超越するとき、すなわち、債権額、存在期間等、転質の内容・範囲・態様が質権設定者に不利な結果を生じる場合に限って、横領罪が成立するとしたのである（大連決大14・7・14刑集4・484）。戦後、最高裁の判例もこれを踏襲している（最決昭45・3・27刑集24・3・76）。

ⓔ 不作為による横領 横領行為は不作為によっても実行される。例えば、司法警察官が、職務上保管すべき他人の物を領得する意思で領置の手続をせず、かつ検事局に送致しなかった場合には、横領罪を構成する（大判昭10・3・25刑集14・325）。銃砲刀剣類等所持禁止令による保管許可申請手続をすることを頼まれ保管していた刀剣を、所定期日までにその手続をせず、以

後、自己のために蔵置するとき、横領罪が成立する（最判昭 27・10・17 裁判集刑 68・361）。

5 未遂・既遂

ⓐ 着手時期と既遂時期　横領罪は、横領行為が開始されればその完了を待たずに既遂に達し（大判明 43・12・2 刑録 16・2129）、横領罪には未遂を認めることができないとされている。領得行為説からは、不法領得の意思が行為によって外部に発現したときに実行の着手があり、それと同時に既遂となるとされる（仙台高判昭 28・7・25 高刑特 35・47）。したがって、動産の売却については、行為者が売却の意思表示をした以上、相手方が買受けの意思表示をするまでもなく、横領罪は既遂に達する（大判大 2・6・12 刑録 19・714、大判昭 22・2・12 刑集 26・1）。ただし、不動産については、処分の意思表示の時点ではなく、所有権侵害が確定的となる登記が完了した時点である。集金を拐帯する場合には、その金銭を会社に納入しない意思が明瞭に現れた時点、すなわち、これを勝手に自己のものとする意思で所持する外形的行為がなされたときにおいて横領罪が完成する（東京高判昭 28・6・22 高刑特 38・125 参照）。建物の所有者を相手にその占有者が虚偽の所有権を主張して民事訴訟を提起すれば、その後、訴えを取り下げても、既遂である（最判昭 25・9・22 刑集 4・9・1757）。

横領罪には**未遂処罰規定はない**。したがって、実行の着手の時期について議論する実益はない。従来、むしろ、横領罪については、民法の物権移動が意思主義に従って生じるため、処分意思の発現する行為に着手すれば既遂であって、未遂を論じる実際的意味はないとされてきた。しかし、上記の不動産の横領のように、意思表示と登記の完了との間に時間的間隔が存在する場合もあり、理論上も実際上も、不可罰な未遂と既遂の区別は重要性をもたないわけではない。

ⓑ 所有権の侵害　横領行為によって、他人の所有権に対して法律上または事実上の侵害を与えるものでなければならない。したがって、質物の保管を委託された者が、それをほしいままに所有者に交付する行為は、所有権を侵害するものではなく、背任罪はともかく、横領罪は構成しない（大塚 299 頁）。しかし、必ずしも法律上・事実上、所有権を自己または第三者に移転させることを要しない。したがって、仮装の売買であって実体法上所有権移転の効果がない場合でも、横領罪の成立は認められる（大判明 42・8・31 刑

録15・1097)。

6 横領額

　代替物の横領は、通常、現実に領得した数額について成立する。しかし、代替物でも特定物として委託されていた場合に、これを無断で他の代替物と取り替えたとき、その受託物の全体について横領罪が成立する（大判明43・9・27刑録16・1556）。共有金を占有している者が、自己のためにその共有金を費消した場合には、共有金を分割する以前には物全体の持分を有するにすぎないから、費消した金銭の全額について横領罪が成立する（大判明44・2・9刑録17・59）。一個の口座に会社の資金と個人の資金が振り込まれ、その総体が一個の預金残高を構成しているときは、個人的用途のため順次これを引き出したとき、いずれの資金からの出金であるか確定できないから、引出額全部につき横領罪が成立する（東京地判昭55・7・24刑月12・7・538、なお、東京高判昭56・12・24高刑集34・4・461）。自己の保管する他人の小切手を無断で処分したときは、その金額の一部に委託の趣旨に従った支出といえるものがあっても、不可分の一通の小切手である以上、その小切手を横領したものである（東京高判昭32・11・30東高刑時報8・11・396）。

7 主観的要件

　横領罪の主観的要件としては、故意のほかに不法領得の意思を必要とするかどうかが争われている。横領罪の故意は、自己の占有する他人の物または公務所から保管を命ぜられて占有する自己の物を、権限を越えて利用・処分する行為の実現意思である。

　ⓐ 不法領得の意思　横領罪における不法領得の意思は、判例によれば、「他人の物の占有者が委託の任務に背いて、その物につき権限がないのに、所有者でなければできないような処分をする意志」とされる[20]（前掲最判昭24・3・8＝**百選65**、最判昭30・12・9刑集9・13・2627等）。窃盗罪における不法領得の意思と比較すると、まず、「権利者を排除して」行われる必要性がなく、しかし、「委託の任務に背いて」行われる必要がある点で内容が異なる。実質的に意味があるのは、横領罪における不法領得の意思には、「**経済的用法に従い」利用・処分する意思**という限定が付されていない（東京高判昭34・3・16高

---

[20] 最判昭24・3・8は、「必ずしも占有者が自己の利益取得を意図することを必要とするものではなく、又占有者において不法に処分したものを後日に補塡する意志が行為当時にあったからとて横領罪の成立を妨げるものでもない」とする。

刑集12・2・201）ところが、窃盗罪とは異なるという点である。この文言が用いられていないことによって、不法領得の意思の内容そのものが異なると解すべきかどうかには疑問がある（西田244頁）が、一般には、これによって窃盗罪のそれよりは広いと解され、経済的に利用・処分する意思でなくてもよいと解されている。ここでは、不法領得の意思が、経済的利用・処分の意思を本質的内容とするのかどうかが問われなければならない。具体的には、自己の占有する他人の物を毀棄・隠匿の意思で処分した場合にも、横領が成立するかどうかが問題となる。

ⓑ 毀棄・隠匿の意思 自己の占有する他人の物を毀棄・隠匿する行為は、不法領得の意思によるものといえるかどうかが問題である。学説においては、**否定説**（宮本384頁、江家167頁）と**肯定説**（団藤630頁）とが対立している。判例には、市の助役が自己の保管する公文書を他人に帯出・隠匿させた行為に横領罪の成立を認めたもの（大判大2・12・16刑録19・1440）がある。経済的用法に従い利用処分する意思を必要としないのであれば、毀棄・隠匿行為についても横領罪を肯定できる。判例には、株式会社の代表取締役が、業務上保管していた会社の現金を母親に預けて隠匿した場合も不法領得の意思が認められるとしたものがある（前掲東京高判昭56・12・24）。不法領得の意思の観点を離れても、確かに、自己の占有する他人の物を毀棄・隠匿する行為は、委託者との信任関係を侵害する行為であり、たんに自己の占有しない他人の物を毀棄・隠匿する行為とは異なるから、行為の客観的性質上、毀棄・隠匿行為であっても横領罪によって捕捉すべき行為といえるかもしれない。しかし、横領罪の本質は、委託信任関係を破って「他人の物を領得する」点にあるとすれば、経済的用法に従って利用・処分する意思に担われない行為は、横領罪にはあたらないというべきである。横領罪における不法領得の意思も、窃盗と同様に「経済的用法に従って」利用・処分される場合をいうとしなければ一貫しないであろう（大塚303頁、大谷315頁、西田244頁、山口307頁）。

ⓒ 一時使用の意思 他人の物を占有する者が、一時使用の目的でその委託の趣旨ないし権限を超えて目的物を使用した場合に横領罪が成立するかどうかが問題である。委託者の意思に反し、委託の趣旨に反する領得の意思があることを前提にしても、不可罰な一時使用である**使用横領**の事例であるかどうかは、意思の問題というよりは、客観的な行為の問題であるということができる。使用行為の客観的な態様、時間、社会・経済的意味に照らし

て、所有者の委託の趣旨に反する一時使用であれば、たんに一時使用の目的であっても横領罪は成立するというべきである。判例の中には、短時間使用することを許諾され自動車を借り受けた者が許諾の限度を超えて8日間にわたって自動車を乗り回した事案について不法領得の意思を肯定したものがある（大阪高判昭46・11・26高刑集24・4・741）。さらに、下級審の判例であるが、会社の所有にかかるコンピュータシステムの機密資料を、コピーする目的で一時的に社外に持ち出した行為は、「その間、所有者であるX社を排除し、本件資料を自己所有の物と同様にその経済的用法に従って利用する意図があったと認められる」としたものがある（東京地判昭60・2・13刑月17・1＝2・22＝百選65）。

ⓓ 不特定物の補塡の意思　　金銭その他の不特定物につき、後日補塡・弁償する意思があっても不法領得の意思は肯定されるというのが判例である（大判明42・6・10刑録15・759、大判大2・11・25新聞914・28、前掲最判昭24・3・8＝百選65）。**受託した金銭**を流用した場合につき、判例は、委託の趣旨に反する限り、弁済する資力とその意思があったとしても横領罪が成立するとする（大判明37・8・22刑録10・1618、大阪地判平4・2・25判時1427・3）。しかし、中には、一時流用した場合でも、補塡の意思があり客観的に補塡の資力があれば違法性を欠くとして、横領罪の成立を否定する判例もある（東京高判昭31・8・9高裁特3・17・826）。**学説**では、金銭その他の代替物の一時使用については、確実に補塡する意思と資力がある場合、横領罪が否定されるとする見解が有力である。その根拠としては、領得行為にあたらないとするもの（町野・百選〔第2版〕117頁、前田376頁）、可罰的違法性がないとするもの（藤木『経済取引と犯罪』44頁）、横領罪の客観的構成要件には該当するが、不法領得の意思がないとするもの（大塚304頁、大谷316頁）がある。

ⓔ 第三者領得意思　　判例の中には、不法領得の意思には、自己のために領得する意思ではなく、第三者のために領得する意思をも含むとしたものが多い（大判明44・4・17刑録17・605等）。判例は、不法領得の意思とは、所有者でなければできないような処分をする意思をいうのであって、必ずしも占有者が自己の利益取得を意図することを必要とするものではない（前掲最判昭24・3・8＝百選65、最大判昭24・6・29刑集3・7・1135、前掲最判昭30・12・9）とする。これと同じく、この場合、不法領得の意思を肯定する学説もある（団藤630頁、大塚304頁）。しかし、第三者の範囲については、行為者と特殊の関

係を有するものに限定し（大谷 315 頁）、行為者自身が領得するのと同視しうる場合に限られるとするものが有力である（西田 245 頁）。

❻ **本人のために処分する意思**　このような意思をもっていた場合、判例では、不法領得の意思は認められないとされている（大判大 3・6・27 刑録 20・1350）。住職が、職務上保管するその代表する寺院の什物を **寺院建設費調達のために処分** したときには、檀家総代の同意および主務官庁の認可を受けなかった場合でも横領罪にあたらない（大判大 15・4・20 刑集 5・136）。信用購買組合から公債証書を預かっていた者が、組合の資金調達のため公債証書を担保として銀行に差し入れた場合にも横領罪を構成しない（大判大 3・12・8 新聞 987・28）。**最高裁の判例** においては、会社の取締役経理部長等が、会長一族からの **経営権の奪取を阻止する**ための工作資金を工面しようとして、業務上保管中の会社の資金を支出権限がないのに、工作員に交付したという事案で、「本件交付における被告人の意図は、専ら A（当該会社）のためにするところにはなかった」として、不法領得の意思が肯定された（最判平 13・11・5 刑集 55・6・546 =国際航業事件=**百選 66**）。これに対して、本人のためにした行為であっても、その処分行為が **違法な目的** を有する場合、禁令の趣旨に明らかに反してなされた場合、不法領得の意思は認められる（最判昭 34・2・13 刑集 13・2・101）。ただ、禁令に違反する行為であっても、軽微な手続違背の程度ならば必ずしも横領罪を構成するものではない（大塚 305 頁）。いわゆる **納金スト** とは、労働争議の手段として、通常の集金業務は行うものの、管理者への納金業務を拒否し、労働組合が、争議終了までの間、預金等の形で保管する行為をいうが、判例においては、もっぱら会社のために行われるときは、不法領得の意思を欠くとされる（最判昭 33・9・19 刑集 12・13・3047、最判昭 33・9・19 刑集 12・13・3127）。学説においては、この場合、本人たる会社のためにしたのではなく、労働組合のためにしたのであるから、むしろ権利者を排除して自己の所有物のように処分するものではないという理由で不法領得の意思が欠けるとする見解（藤木・総判 (11) 20 頁）や、不法領得の意思の欠如を理由とするのではなく、行為自体の適法性を理由に横領罪の成立を否定する見解（大塚 305 頁）も唱えられている。

　本人にも行うことが許されない処分が行われた場合、本人のために処分する意思があったとはいえず、横領罪が成立するとする判例（前掲最判昭 34・2・13 等）が多い（山口 310 頁）。しかし、法令違反の行為を行った場合でも、

それによって直ちに本人のためにする意思の否定にはつながらない。会社経理部長らが仕手筋の自社株買占めに対抗するために、第三者に妨害工作を依頼し、会社資金を交付したという、前掲の最高裁の事案につき、最高裁（前掲最決平13・11・5＝**百選66**）は、「たとえ商法その他の法令に違反する行為であっても、行為者の主観において、それを専ら会社のためにするとの意識の下に行うことは、あり得ないことではない」とした。本決定では、結論的に、「その行為が商法その他の法令に違反するという一事から、直ちに行為者の不法領得の意思を認めることはできない」としたが、前述のように、結論的には、もっぱら本人のためにする意思であることを否定し、不法領得の意思を認定して、業務上横領罪を肯定した。

8 共　犯

委託物横領罪は、委託を受けて他人の物を占有する者のみが実行しうる真正身分犯である。そこで、他人の者を占有する者に加功して、その物を占有しない者が領得行為に関与したときの共犯関係が問題となる。これは、真正身分犯に非身分者が加功した場合であるから、65条1項の適用があり、身分のない者も共犯とするのが、通説・判例である（中167頁、大谷321頁、大判明44・3・16刑録17・405、最判昭27・9・19刑集6・8・1083）。委託物横領罪と遺失物横領罪とが、「身分によって特に刑の軽重がある」場合にあたるから、身分のない加功者には、遺失物横領罪の刑を科するべきだとする見解（木村164頁）もある。しかし、両罪は、委託関係の有無によって基本・派生の関係にある犯罪ではなく、性格を異にする独立の犯罪であるから、身分による軽重関係を認めることはできない（中167頁、大塚306頁）。しかし、65条1項は、共同正犯には適用がないから、占有者という身分のない関与者は、横領罪の共同正犯にはならない（大塚306頁、☞総論§168, 3 (1)）。

不動産の二重売買における第2の買主が、登記を得たという事例で、第2の買主が背信的悪意者であった場合、売主の横領罪に対する教唆犯や幇助犯が成立しうることについてはすでに論じた（☞§101, 4 **❸**）。

9 罪数・他罪との関係

❶　罪　数　横領罪が一罪か数罪かを決める基準を何に求めるかについては、学説が分かれている。主要な学説を挙げると、①横領行為の個数を基準とする見解（木村163頁）、②占有の個数によるとする見解（柏木502頁）、③所有権の侵害の個数によるとする見解（大判大3・5・20刑録20・966、内田372

頁以下)、④委託信任関係の個数によるとする見解（大谷 323 頁)、⑤一個の委託関係にもとづく物の所有権の一回の侵害を基準とする見解（大塚 307 頁）である。横領罪の本質が委託信任関係の侵害にあることから、委託信任関係の個数、そして、横領行為が一回であれば一罪が成立するという原則から、委託信任関係の個数および横領行為の個数を基準とすべきである（吉本・大コンメ 13 巻 389 頁)。

したがって、寄託物の所有者が複数であってもその占有が一個の委託信任関係にもとづいているときは、一回の横領行為による場合、一罪が成立する。委託信任関係が一個であっても、複数の占有物を、各個の行為が必ずしも近接せず、その態様も同一ではなく、継続した意思をもたずに横領した場合には、併合罪となる。しかし、一個の委託信任関係にもとづく複数の占有物を時間的に接続して順次横領するときは、自然的にみて横領行為が数個であっても、包括一罪となる。例えば、他人から預かっている金銭を数回にわたって費消した場合には、包括一罪である（高松高判昭 27・10・9 高刑集 5・12・2105)。また、一個の横領意思発動のもとに連続して、自己の占有する他人の物を処分した場合には、一個の横領行為として一罪が成立する（広島高判昭 25・9・13 高刑特 13・128)。さらに、継続した意思のもとに単一の法益を侵したものと認められる場合には、包括一罪となる（大阪高判昭 28・11・11 高刑特 28・67)。これをまとめると、「占有状態は同一であり、且つ単一若しくは継続した意思の発動として領得行為が接着して行われた場合には、たとえその具体的行為が数個であっても、これを包括して観察」すべきである（大阪高判昭 30・6・27 高裁特 2・14・721)。

横領後の横領　横領罪は状態犯であり、したがって、横領行為の終了後に行われた横領物の処分行為は**不可罰的事後行為**であるとされていた（通説)。判例は、他人の土地につき譲渡を受けたかのような登記を有する者が、ほしいままに抵当権を設定した場合、横領罪が成立するが、その後、その土地を他人に売却しても別罪を構成しないとしていた（大判明 43・10・25 刑録 16・1747)。**最高裁**も、昭和 31 年に「甲がその所有にかかる不動産を第三者に売却し所有権を移転したるも、未だその旨の登記を了していないことを奇貨とし、乙に対し右不動産につき抵当権を設定しその旨の登記をするときは、横領罪が成立する。従って、甲がその後更に乙に対し右不動産の所有権を移転しその旨の登記をしても、**別に横領罪を構成するものではない**」（最判昭 31・6・

26刑集10・6・874）と判示した。その後の**下級審の判例**においても、自己の占有する他人の宅地に根抵当を設定して登記を済ませてこれを横領した後、その宅地を第三者に売却し登記した行為は、横領罪を構成しない（東京高判昭63・3・31東高刑時報39・1＝4・7）とされ、ただ、第2の横領行為が新たな法益侵害とみなされる場合は、不可罰的事後行為ではないとされていた。保管中の他人名義の銀行定期預金に自己資金捻出のため質権を設定した者が、その預金を解約し、払戻金を横領した場合がそうである（横浜地相模原支判平10・7・10判時1650・160）。

しかし、最近、**最高裁**は、大法廷判決によって、昭和31年判決を変更した（最大判平15・4・23刑集57・4・467＝**百選68**）。次のようにいう。[21]

「委託を受けて他人の不動産を占有する者が、これにほしいままに抵当権を設定してその旨の登記を了した後においても、その不動産は他人の物であり、受託者がこれを占有していることに変わりはなく、受託者が、その後、その不動産につき、ほしいままに売却等による所有権移転行為を行いその旨の登記を了したときは、委託の任務に背いて、その物につき権限がないのに所有者でなければできないような処分をしたものにほかならない。したがって、売却等による所有権移転行為について、横領罪の成立自体は、これを肯定することができるというべきであり、**先行の抵当権設定行為が存在することは、後行の所有権移転行為について犯罪の成立自体を妨げる事情にはならない**と解するのが相当である」。

これによって、横領の後の横領行為につき、不可罰的事後行為は、否定された。横領は、抵当権の設定という部分的な所有権の侵害によって成立するが、その後の横領行為によってさらに残された所有権が侵害されたとき、横領後の横領は、新たな法益侵害であり、不可罰的事後行為として先行の横領に吸収されないということである。

しかし、その後の下級審判例で、この最高裁大法廷判決に矛盾するとも思われる判例（大阪地判平20・3・14判タ1279・337）が出た。[22] 本件では、他人所有

---

[21] この判例につき、山口「『横領後の横領』に関する大法廷判決をめぐって」法教278号（2003年）34頁以下参照。
[22] 本件は、先に「Ⓒ　不実の仮登記」で紹介した最決平21・3・6刑集63・3・291の第1審判決であるが、検察官は上訴しておらず、控訴審（大阪高判平20・11・7刑集63・3・323）、上告審では、この点は問題とされていない。

の建物および土地の名義人である被告人が、その所有者に無断でこの不動産につき第三者名義の抵当権設定の仮登記をしたのち、その移転登記をも行ったが、前者のみに横領罪の成立を認め、後者をその**不可罰的ないし共罰的事後行為**として横領罪の成立を否定した。検察官が抵当権設定仮登記と所有権移転登記とを併合罪として起訴したのに対し、最初の抵当権設定仮登記に関する横領罪のみを認めた理由を次のように述べる。

「なるほどこれらの所為は、仮登記の日時や権利内容を異にしており、法的評価を離れた自然的観察の下における社会的な事実関係としては別個のものということができる上、前記抵当権設定仮登記後においても、所有権の侵害は確定的なものではなく、被告人は、いまだ本件建物をその所有者（寄託者）であるM会のために実質的に占有するという受託者としての地位を完全には失っていなかったとする見解に立てば、そのいずれについても横領罪が成立し併合罪として同時に処罰できると解する余地もなくはないが、当裁判所は、そのような見解は採用しない。当裁判所は、最初の抵当権設定仮登記によって、被告人は、本件建物の所有者でなければできない処分を既にしており、本件建物に対する**所有権の侵害は確定的に生じている**とみるべきであるから検察官がこの点を横領罪として捉えて公訴提起をしている以上は、この事実をもって処罰すれば基本的に十分であると解する上、とりわけ、本件においては、それらの仮登記が、被告人と同一共犯者との共謀に基づき、所有者（寄託者）を同じくする同一不動産に対してわずか11日間前後というかなり近接した時点でなされていることや、各仮登記の目的がいずれも、被告人において、破産管財人らとの間における本件建物の所有権やその敷地地上権等の帰属をめぐる交渉を有利に進めるための仮装にあり、仮装の内容も同一架空債権を担保したかのように装うというものであったことをも併せ考えれば、前記各仮登記の点に刑法的観点から罪数評価を加え横領罪として処断するにあたっては、先行する前記抵当権設定仮登記の点について**包括的一罪として横領罪の成立**を認めれば足り、後行する前記所有権移転仮登記の点はいわゆる**不可罰的ないし共罰的事後行為としてもはや処罰の対象にはならず**、この点は、量刑事情として考慮すれば足ると解するのが相当である」。

❻　他罪との関係　　自己の占有する他人の物を横領するために、人を欺く行為を行った場合、占有の移転がないから、1項詐欺罪は成立しない（大判明44・4・17刑録17・587）。例えば、委託した物の返還を求められた際に、預かっていないと騙してその物を領得したとき、横領罪が成立するが、処分行為がないのみならず、横領罪が成立しているので、不可罰的事後行為であろう。これに対して、委託者が返還請求権の放棄の意思表示をすれば2項詐欺罪が成立し、横領罪との観念的競合になるとする説（牧野806頁、藤木342頁）がある。しかし、同一財物につき二重の刑法的評価を加えるのは不当である

から、横領物を確保するために行われた詐欺行為は不可罰的事後行為であるとする見解（前田387頁、西田248頁、山口313頁）が唱えられている。本説が妥当である。

これに対し、他人から借り受けた自転車を自己の所有物であるかに装ってほしいままに担保に供することによって第三者を欺き、その第三者からズボンの交付を受けた場合、新たな法益侵害を伴うから、他人に対する横領罪と第三者に対する詐欺罪との観念的競合である（仙台高秋田支判昭24・12・26高刑特13・194、東京高判昭42・4・28判タ210・222）。

集金の委託を受けた者が、集めた金銭をはじめから領得する意思で、集金した場合、判例には、横領罪の成立を認めたもの（東京高判昭28・6・12高刑集6・6・769）と詐欺罪の成立を認めたもの（千葉地判昭58・6・12判時1128・160）とがある。集金権限が認められる場合には、占有移転の時点では、詐欺罪の成立があるか疑問であり、横領罪が成立するというべきであろう（山口312頁）。

なお、仮登記による不実記録電磁的公正証書原本供用罪と横領罪とは**観念的競合**の関係に立つ（最決平21・3・6刑集63・3・291）。

§102 業務上横領罪

業務上自己の占有する他人の物を横領した者は、10年以下の懲役に処する（253条）。

1 意 義

本罪は、横領罪に対する身分による加重類型である（不真正身分犯）。業務関係にもとづく占有物を横領する行為を加重処罰する根拠については、学説が分かれている。第1説は、業務上横領の場合、通常、犯人と多数者との間の信頼関係を破るものである点において、その法益侵害の範囲が広く、また頻発のおそれが多いことなどを理由に違法性が大きいことに加重処罰の根拠を見出す（大判大3・6・17刑録20・1245、大塚308頁、中森136頁）のに対し、第2説は、他人の物を占有する業務を行う者は、横領罪を犯す可能性が高いため、一般予防の見地から責任を加重する趣旨で、あるいは責任非難が増大するから加重処罰されると解する（中山313頁、曽根177頁、大谷319頁、西田248頁）。この対立する説は、共犯者の処罰につき、正犯者に連帯するか個別的かの争いを意識して、「違法性は連帯的に、責任は個別的に」の原則から逆

に根拠づけられているふしもある。頻発のおそれや横領罪を犯す可能性といった上述の根拠は、必ずしも説得的ではない。むしろ、横領罪の本質が、委託信任関係の違背にあり、したがって業務上横領罪の加重根拠が、業務者との委託信任関係がとくに重要な義務を根拠づけ、その違反には加重処罰する必要があるとすると、義務違反による法益侵害が大きく、したがって違法性が高いということもできる。また、法益侵害そのものは、所有権の侵害であるから非業務者と同じであるが、一般予防的観点から規範的な責任非難を重くしているのだとすれば、可罰的責任が大きいということになる。後者の見解が妥当である。

2 主 体

業務上他人の物を占有する者である。単純横領罪の主体は、占有者でなければならず（真正身分犯）、業務上横領罪は、それにさらに業務者という身分（不真正身分犯）が加わった者であるから、本罪は、二重の意味で身分犯（複合した身分犯）である。

業務とは、社会生活上の地位にもとづいて反復または継続して行われる事務をいう。したがって、本罪にいう業務とは、他人の委託にもとづき他人の物を継続・反復して占有する事務である。例えば、質屋、倉庫業者、運送業者、クリーニング業者などの事務である。その他、職務上公金を保管する公務員、会社・団体の金銭を保管する会社員・団体役員・銀行員なども業務者である。

業務は、必ずしも営業または職業として自己の生活を維持するために行われるものに限らない（前掲大判大3・6・17）。報酬・利益を目的とする事務であることはもちろんのこと、生活の手段としてなされる必要もない（大判明45・3・4刑録18・244、札幌高函館支判昭25・3・6高刑特6・178）。業務の根拠は、法令によるか契約によるか、または慣例によるかを問わない（大判明44・10・26刑録17・1795）。業務は、特定人の委託を受けているものであろうと、不特定・多数人の委託を受けたものであるとを問わない（大判大11・1・17刑集1・1）。公的なもの、私的なものを問わず、また、本務であると兼務であるとを問わず、他人に代わって事実上行う事務でもよい（東京高判昭39・1・21高刑集17・1・82）。付随的事業も業務である（大判大11・5・17刑集1・282）が、本来の業務と密接な関連性を有する範囲内の付随的事務に限られる（名古屋高判昭29・10・25高裁特1・10・425）。自己のための事務であると他人のための事務で

あるとを問わない（大判明42・6・3刑録15・682）。雇われた主人の事務でも、裁量権のない他人の分担事務でもよい[23]（大判明43・5・5刑録16・797）。無免許による事務のように手続上違法な場合でも、事務自体が違法でない限り、業務といってよい（大判大9・4・13刑録26・307）。職務上保管する物は、職務を免ぜられても事務引き継ぎをした後でなければ業務者としての責任を免れない（大判明44・3・16刑録17・386）。

3 客体

業務上自己の占有する他人の物である。業務者が業務と関係なく占有している物は、本罪の客体ではない。

4 行為

横領することである。横領の意義については、単純横領罪における説明を参照（☞§101, 4）。ここでとくに言及されるべきは、業務者が業務上保管する金銭を本来の目的以外の使途に流用する行為が、横領行為といえるのはどのような条件のもとにおいてかという問題である。金銭の業務上の保管者が、委託の趣旨に反して流用が禁止されているにもかかわらず権限を逸脱し不法に流用した場合には、業務上横領罪が成立する。例えば、町長が町の公金を町行政の公共事務に属しない町会議員慰労の饗応その他に費消したとき（大判昭9・12・12刑集13・1717）、農林省の出先機関である作物出張所長が、出張所の事務の円滑を図る目的でその保管にかかる人夫賃を所長自身および所員の出張旅費あるいは接待費に流用したとき（前掲最判昭30・12・9）、さらに、国立病院歳入金徴収等の取扱責任者が、業務上保管中の病院の歳入金等を病院経営に随伴する諸経費に充てるため、会計法規に従った国庫納入手続をとらずに、別途運営資金として経理上留保の措置を講じたとき（札幌地室蘭支判昭30・8・13判タ52・74）、本罪が成立する。また、銀行支店長が定期預金として顧客から保管中の金銭を他人に貸与するためほしいままに領得したときも本罪を構成する（大判大13・4・8刑集3・280）。成年後見人として成年被後見人の預貯金の管理等の業務に従事していた弁護士が、被後見人名義の普通預金口座から出金した現金を被後見人のために業務上預かり保管中、自己の用途に消費する目的で、現金合計550万円を着服した行為も業務上横領罪を構成する（大阪地判平26・5・27LEX/DB）。

---

[23] 学説には、他人の事務につきまったく裁量権のない者には、業務上横領罪は成立しないとするものがある（滝川143頁）。

5 共犯

　まず、他人の物を**業務者と非業務者が共同占有**している場合の共犯関係につき、共犯と業務上横領罪の加重処罰の根拠に関する見解の相違から学説が分かれる。この場合、65条1項に従って業務上横領罪の共犯ないし共同正犯が成立するとする見解がある（大塚311頁）。しかし、不真正身分犯としての業務者たる身分がない者に業務上横領罪が成立するというのは不当である。この場合にさらに、2項を適用して科刑は単純横領罪の刑で処断されるとするのも不当である。[24]

　次に、本罪は**二重の身分犯**であるが、業務者の行為に、業務者でも占有者でもない者が関与した場合、つまり業務者と非業務者との共同占有がない場合に、どのような犯罪が成立するかが問題となる。65条1項を適用して業務上横領罪の共犯を認め、65条2項によって非身分者には横領罪の刑を科するとする説（大判明44・8・25刑録17・1510、大判昭15・3・1刑集19・63、団藤643頁、大塚311頁）があるが、この説は、罪名と科刑を分離する点で不当である。非身分者には占有者の身分もないのだから、65条2項の適用はなく、65条1項が適用され、業務上横領罪が成立するとする説（植松450頁、香川575頁）もあるが、占有者が関与した場合には単純横領罪が成立するのに比べて均衡を失する。業務者は、責任身分であるから、非身分者に連帯せず、占有者という身分は違法身分であるから連帯し、したがって非占有者には遺失物横領罪ではなく、65条1項により単純横領罪の共犯が成立するとする説（平野・総論373頁、西田250頁）は、違法身分は連帯するが責任身分は個別的に作用するというドグマを前提とし、業務者という身分を責任身分とするがゆえに妥当ではない。通説は、65条1項により単純横領罪の共犯が成立し、2項により業務者には業務上横領罪が成立するものとする（大谷322頁、川端421頁以下）。これに対しては、単純横領罪も遺失物横領罪の加重類型と解しうるとして、非身分者には65条2項により軽い遺失物横領罪が成立すると解すべきである（木村164頁）という批判がある（西田250頁）。しかし、遺失物横領罪が基本類型で、単純横領罪がその加重類型であるとする考え方は支持できない。単純横領罪の本質が委託信任関係の侵害にあるとすれば、たんなる占有の有無という相違が加重処罰の根拠ではないことになる。非占

---

[24] 大塚311頁では、65条2項の適用につき言及はない（しかし、大谷322頁はそう解する）。二重の身分犯であるから、真正身分犯でもあり、65条2項の適用はないと解している可能性がある。

有者には遺失物横領罪が成立するという結論は採りえない。

非占有者も単純横領罪の共犯として処罰される理由は、委託者の所有権を侵害するのみならず、占有者の行為を通じて委託信任関係という特別の法益をも侵害する点にある（☞総論§74, 1 (2) (c)）。これに対して、業務者にはたんなる占有者より強く委託信任関係から生じる義務を履行することが期待されているが、その期待は一身専属的であって、非業務者には及ばない。したがって、業務者と非占有者の共犯関係については、非占有者には、65条1項により単純横領罪が成立する。業務者については、行為共同説によって、65条2項の適用をまつまでもなく業務上横領罪が成立するというべきである（結論同旨・中171頁）。ただし、65条1項は、共同正犯には適用がないから、非占有者には単純横領罪の共同正犯は成立しないので、その教唆または幇助にとどまる（大塚311頁）。

6 罪数・他罪との関係

業務上横領罪の個数を決める基準は、単純横領罪と同様、委託信任関係の個数および横領行為の個数によるべきであるが、委託関係・所有関係が単一で、犯意が継続し、行為が時間的に近接している場合には、包括一罪となる。同一人からの業務上保管する金銭と業務上の保管でない金銭とを混同して占有中にこれらを横領したときは、業務上横領罪のみが成立し、横領罪はそれに吸収される（大判大3・2・12刑録20・139、最判昭24・2・15刑集3・2・179、大塚312頁、内田373頁）。

§103 遺失物横領罪

> 遺失物、漂流物その他占有を離れた他人の物を横領した者は、1年以下の懲役又は10万円以下の罰金若しくは科料に処する（254条）。

1 意義

本条は、他人の占有に属さない他人の所有物を領得する行為を犯罪とする。すなわち、占有侵害がない点では、委託物横領罪と共通するが、占有者の意思にもとづかないでその占有を離れた他人の物を客体とする点で異なる。このように、委託物横領罪とは委託信任関係にもとづくものでない点で異なるが、その関係につき、遺失物横領罪が横領の罪の基本類型であり、委託物横領罪が加重類型であるという見解（木村164頁、滝川142頁、山口315頁）

があるが、委託物横領罪は、背信的側面において、むしろ背任罪に類似する犯罪であり、遺失物横領罪の加重類型とみるのは不当である（団藤627頁、西田230頁）。

2 客 体

遺失物、漂流物、その他占有を離れた他人の物、すなわち、占有離脱物である。占有離脱物とは、占有者の意思にもとづかないでその占有を離れ、いまだ何人の占有にも属していない物、または委託によることなく行為者の占有に属することとなった物をいう。遺失物、漂流物はその例示である。遺失物は、占有者の意思によらずその占有を離れ、いまだ何人の占有にも属していない物をいう。漂流物とは遺失物が水中にある場合をいう。遺失物法にいう準遺失物である「誤って占有した他人の物、他人の置き去った物及び逸走の家畜」（同法2条1項）も、占有離脱物（前掲大判明43・12・2）であり、授受の内容に錯誤がある場合、すなわち、占有者が物を引き渡す意思をもって誤って他の物の授受を行ったような場合、その授受の客体は占有離脱物である（前掲大判明43・12・2）。誤って手渡された物、誤配された郵便物、バス・電車・列車内に遺留された乗客の携帯品、村役場の事務所内に遺失された紙幣は、占有離脱物であり、また、スーパーマーケットの6階の**ベンチに置き忘れた札入れ**は、持ち主が地下1階にエスカレーターで移動して2分以上経っていた場合、占有離脱物である（東京高判平3・4・1判時1400・128）。さらに、飲酒酩酊して路上に放置して立ち去り、その所在も分からなくなった自転車（仙台高判昭30・4・3高刑集8・3・423）のほか、偶然自己の支配下に入ってきた物、例えば風で飛んできた隣家の洗濯物も本罪の客体である。養殖業者の生け簀から湖沼中に**逸出した鯉**であっても色彩が違うなどの点で天然のものと区別できる限り占有離脱物である（最決昭56・2・20刑集35・1・15）。無主物は、本罪の客体とはならない。例えば、野生の動物や自然の水産物がそうである。しかし、**埋蔵物**は本条の客体となりうる。例えば、古塚に埋葬された1500年くらい前の、所有者不明の宝石鏡剣の類も、埋葬者の権利がその子孫その他の者に承継されるから、本罪の客体である（大判昭8・3・9刑集12・232）。

3 行 為

横領することである。横領とは、不法に占有離脱物につき事実上自己の支配下に置くことを意味する。占有離脱物を自己の占有のもとに置けば既遂となる。

4 主観的要件

故意を認めるには、客体が占有離脱物であることの認識が必要である。警察に届けるつもりで拾得したが、途中で不法領得の意思を生じたときは、それが外部に具体化する行為が行われた時点で、本罪が成立する。他人の占有に属する物を占有離脱物と誤認したときは、38条2項によって本罪が成立する。判例によれば、故意のほかに不法領得の意思が必要である（大判大6・9・17刑録23・1016、最判昭23・12・24刑集2・14・1877）。

5 罪数・他罪との関係

本条の罪数は、所有権侵害の個数を基準とする。他人が遺失した有効な乗車券を拾得した者が、その事実を秘して乗車券の払戻しを受けた場合、不可罰的事後行為であり、詐欺罪は成立しないという判例[25]（東京地判昭36・6・14判時268・32、浦和地判昭37・9・24下刑集4・9＝10・879）があり、これを支持する学説（大塚315頁、大谷326頁）もある。しかし、被害者が異なり、新たな法益侵害があったというべきであるから、詐欺罪が成立する（西田252頁、山口317頁）。自己の屋敷の入口に置かれていた玄米5俵を盗品であることを認識しながら隠匿した行為は、盗品等無償譲受け罪ではなく、遺失物横領罪にあたる（前掲最判昭23・12・24）。

第7節　背任の罪

§104　総　説

1 意　義

背任の罪は、他人のためその事務を処理する者が、自己もしくは第三者の利益を図り、または本人に損害を加える目的で、その任務に背く行為をすることによって、本人に財産上の損害を加えることを内容とする犯罪である。この犯罪類型は、刑法上は、「詐欺及び恐喝の罪」（第2編第37章）の章に規定されているが、「詐欺罪と背任罪」をともに規定するのは、1851年のプロ

---

[25] 前掲浦和地判は、その理由を次のように根拠づける。すなわち、払戻しを受けることは「社会通念上乗車券の用法に従った通常の使用、処分方法であって、遺失物横領者がかかる所為に出ることは当初から当然に予想されるところであって、右所為は贓物の事後処分にすぎず、すでに当然に遺失物横領罪の構成要件によって包括的に評価されているもの」だからである。

イセン刑法以来のドイツ刑法の影響を受けたものである（現行ドイツ刑法第 22 章）。現行刑法の解釈論としても、ドイツでは、詐欺罪も背任罪も財産を保護法益とする点では共通であり、しかも、法益の侵害態様も、詐欺罪では、被害者の自己危殆につながるような欺罔により信頼を寄せさせることによるのに対して、背任罪では、他人の信頼を濫用する点で、いずれも他人の信頼に対する行為を要求するものであり、共通すると理解されている。しかし、わが国では、背任罪は、相手方の瑕疵のある財産的処分行為を必要とする詐欺罪・恐喝罪とは違って、それを必要としない点でそれらの罪とは異質であり、本人と事務処理者との間の信頼関係に違背することがその中核である点で、むしろ委託物横領罪と共通性をもつと理解されている。現在では、委託物横領罪と並んで論じるのが体系的であるとの認識が一般的である。すでに刑法改正作業の過程においても、そのような考え方から、委託物横領罪と並べて規定する方式がとられている。

背任罪の特別罪として、会社法（960条、961条）、保険業法（322条、323条）に特別背任罪の規定が設けられ、それらの規定においては、主体の点で、刑法上の背任罪に変更が加えられている。

背任罪についても、**親族相盗例（244条）の準用**がある（251条）。親族関係は、行為者と委託者との間にあることが必要である。

2 権限濫用か背信か

本罪の本質をどのように理解するかについては、**権限濫用説**と**背信説**が基本的に対立し、その中間にさまざまな説が位置づけられるという状況であり、背任罪の精確な理解のために、まず、この基本的対立について明確にし

---

[1] Vgl. *Arzt/Weber*, Strafrecht Besonderer Teil, 2000, S. 573.
[2] 改正刑法仮案第2編43章（442条1項および2項）、改正刑法草案第2編第39章「横領及び背任の罪」（350条および352条）。なお、仮案・草案の両者において、業務上背任罪が加えられている（仮案443条、草案353条）。
[3]「事業に関するある種類又は特定の事項の委任を受けた使用人」も、特別背任罪の主体である（会社法960条1項7号）。最高裁の判例では、いわゆるイトマン事件に関し、理事兼企画監理本部長の立場にあった当時の被告人が、A社という株式会社の組織内に組み込まれ、社長であるBの指揮命令に服しながら、不動産開発等の業務を担当する企画監理本部の長として、A社の対外的法律行為に関する包括的代理権の行使を含め、A社の企業活動の一端を継続的かつ従属的に担っていた場合に、給与等の支払をA社から受けることがなかったとしても、商法486条1項（平成2年法律第64号による改正前）にいう「営業ニ関スル或ル種類若ハ特定ノ事項ノ委任ヲ受ケタル使用人」にあたるというべきであるとされた（最決平17・10・7刑集59・8・1086）。

ておく必要がある。

現行ドイツ刑法266条1項は、「権限の濫用」（濫用構成要件＝第1選択肢）と「義務の侵害」（背信構成要件＝第2選択肢）の二つの行為態様を規定している。このような規定形式は、1871年のライヒ刑法が、新たに「委任者の債権、その他の財産に対して意図的にその損害をもたらす処分をする受任者」を処罰しようとした266条2号を付け加えて以来発生した権限濫用説（Mißbrauchstheorie）（ビンディング）と背信説（Treubruchstheorie）（ライヒ裁判所）の論争を、両態様ともに規定することによって、終息させようとした1933年の立法によって生じたものである。現在のドイツにおける背任罪の規定の解釈も、第1選択肢である濫用構成要件は、「処分行為」や「義務の賦課」などの行為者の「有効な法律行為」を把捉するものである。これに対して、背信構成要件は、「他人の財産に対する事実上の作用」を把捉する。この論争が、わが国の権限濫用説と背信説の論争につながっている。しかし、わが国の刑法においては、「任務の違背」が唯一の行為態様として規定されている。わが国においては、権限濫用説は少数説（滝川173頁）であり、背信説が通説である。文言上は背信説にもとづくものと解される。

わが国の **権限濫用説**（滝川172頁）によれば、背任罪とは、代理権を有する者が、その代理権を濫用して財産上の侵害を加える犯罪であり、代理権の濫用は、**法律行為** に限られる。主として、法律行為の相手方である第三者に対する **対外的関係** において成立する。背任罪を権利に対する犯罪として位置づける。[4]

これに対して、**背信説** によれば、背任の罪とは、誠実義務に違反して本人に財産上の損害を加える犯罪であり、本人から委託された任務に違背する行為であれば、第三者に対してのみならず、本人に対する **対内関係** においても成立し、また、法律行為のみならず、事実上の信任関係を破壊する **事実行為** としても成立する。事実上の背信行為としては、秘密の漏示、保管物の毀損等も含まれ、判例によると、売掛代金を受け取るべき任務に背いて商品の返品があったという虚偽の事実を帳簿に記載する場合（大判大3・6・20刑録20・1313）も背任である。

---

[4] これに対しては、詐欺罪、恐喝罪にも権利に対する罪としての二項犯罪があり、背任のみを権利に対する犯罪と解することはできないという批判がある。

権限濫用説に対しては、背任を、代理権を濫用する法律行為に限定するが、実際上はたんなる事実行為としての背任行為にも当罰性が高いものが少なくないから、その限定は適切でないと批判される。他方、背信説に対しては、背任罪の前提としての信任関係を無限定のものと解する結果、背任罪の限界が漠然とし、かつ、広汎に及びすぎるおそれがないわけではないとされ、信任関係に限定を加えることが必要だとされる（大塚317頁）。

　その他、最近の学説として、いわゆる**意思内容決定説**（上嶌一高・背任罪理解の再構成245頁）がある。この見解は、事務処理者の要件を、本人に代わって法律行為による財産処分についての意思内容を内部的に決定することが許されている点に求め、本人の側からすれば、自らの財産の処分について意思内容決定を他人に委託した場合には委任罪による財産保護を受けるのであり、背任罪とは、「本人の財産処分についての意思内容決定を委託された者が、その与えられた機能を用いて、財産処分について本人にとって不利益な意思内容を決定するという任務違背行為によって、本人に財産上の損害を加えた場合」をいうのである。この見解に対しては、法律行為以外の事務処理者を背任の主体から除外してしまうこと、二重抵当等の場合に、背任罪による保護を受けられないとすることは疑問であるという批判がある。

　そこで、背信説の基礎となっている誠実義務に限定を加えることによって、背信説を修正する試みが出発点とされるべきである。**背信的権限濫用説**は、本人の事務を処理するについて、社会観念上、負担しているとみられる権限を濫用して行われた背信的義務違反行為のみに犯罪性を認めるべきものとする（植松452頁、藤木354頁、大塚317頁、内田345頁、大谷327頁、前田391頁）。すなわち、物の処分について権限を逸脱した場合には、横領罪であるが、権限の範囲内ではあるが、それを濫用した場合に背任罪であるとする。この説は、権限の濫用による背信行為のみに限定するが、これによって、例えば、荷物の監視を依頼された者が、監視を怠って誰かに荷物を盗まれてしまったような場合は、権限を濫用して財産上の損害を加えたものではないから、背任とはならないとする（大谷328頁）。

　しかし、物の処分ではなく、権利・利益の処分が権限を逸脱して行われたとき、横領罪は成立せず、また、背信的権限濫用説によれば、背任とは権限濫用であるから、この場合は背任罪にあたらず、結局、不可罰となる。例えば、電話加入権ないし債権の二重譲渡の場合、権限逸脱であるから（内田

347頁、曽根・重要問題237頁、反対＝川端・財産犯の点景140頁）、背任罪が成立しないとするのは不当である。また、二重抵当の場合には、背信的権限濫用説からも背任が認められているが、これは権限逸脱の場合に背任罪を肯定するものである[5]（西田254頁）。さらに、背信的権限濫用説からは、企業秘密を漏示して会社に損害を与える場合には、そもそも権限濫用の問題ではなく、事実行為の問題であるとも、また、権限逸脱の場合であるとも考えられるが、背任罪が成立しないのであろうか。

思うに、「任務に違背する」場合に背任罪が成立するのであるから、任務に違背して背信行為を行うのが、背任行為である。この見解からは、他人のためにその事務を処理する権限をもつ者の「任務」の内容が決定的な意味をもつことになる。「任務」は、本人との間の対内的信任関係にもとづいて生じ、事務処理者は、本人から委ねられた権限の範囲内で法律行為・事実行為を行う権限を有する。これに違背する行為が背任である。したがって、背信説が出発点である。

問題は、背任を横領からどのように区別するかである。事務処理者の「任務」には、「物」が委託される場合も含まれるから、横領罪の客体とは競合する。しかし、他方、背任罪における「任務」は、横領罪における場合とは異なり、高度の特殊な信任関係を前提とする。例えば、物の賃借人は、賃貸人と物に関する委託信任関係に立つが、それは、背任罪の主体となる他人の事務を処理する者ではない。したがって、横領と背任は、横領が背任の特別類型、ないし背任は横領の補充類型であるというのではなく、むしろ、交差する二つの円のような関係にある（林299頁）。これによれば、物に対する領得行為である横領は、同時に任務違背であり、背任である場合を含む。この交差する部分については、両罪は法条競合の関係に立ち、重い横領罪によって処断すべきである。

結局、横領罪の意義について領得行為説に立ち、領得行為とみられる場合を横領罪、その他の背信行為を背任罪とする**限定的背信説**（中森139頁、曽根・重要問題238頁以下、西田254頁、林300頁以下、山口・探究194頁）から出発する

---

[5] 二重抵当の場合に、所有者にはなお抵当権の設定権限が認められており、順位についてのみ、対抗関係が生ずるにすぎないのであるから、当然に「権限逸脱」とみることはできないという見解（川端・前掲点景140頁）もあるが、先に、先順位の登記をする権限はないから、その点についてはやはり権限逸脱である。

見解が妥当である。

　しかし、背任罪の成立を、事務処理者に財産的処分権限を要求することによって限定する必要はない。したがって、客体となる財産につき管理権を有し、他人のためその事務を処理する者である限り、背任罪が成立しうる。例えば、開発中のソフトウェアを開発部長が毀棄した場合、当該ソフトウェアをネット上で公開して秘密を漏示した場合にも、任務違背であって、背任罪は成立する。ただし、財物に関する管理の任務を怠ったことによって第三者の行為の違法行為を招いたため本人に損害を与えた場合には、他人の行為を介在させているので、直接の任務違背行為ではなく、背任罪は成立しない。権限逸脱の場合にも、横領罪にならない限り、背任罪が成立するから、電話債権の二重譲渡は、背任罪を構成しうる。

3　委託物横領との区別

　行為客体が財産上の利益の場合には、横領罪が成立しないので、背任罪との区別の問題は生じない。したがって、他人のためにその事務を処理する者が、自己の占有する他人の物を処分したときに、両者の区別が問題となる。[6]これに関しては、①**権限濫用説**に立って、背任罪は権限を濫用して行われる法律行為であるのに対して、横領罪は、特定物または特定の利益を侵害する事実行為であるとする見解（滝川173頁）、[7]②**行為の客体**によって両罪を区別し、それが自己の占有する他人の財物である場合には横領罪、財物以外の財産上の利益の場合に背任罪とする見解（牧野・日本刑法下425頁、小野274頁、西原233頁）、[8]③横領罪は、委託物に対する**権限を逸脱**することによって成立するが、背任罪は、**抽象的権限を濫用**する場合であるとする見解（植松458頁、大塚320頁、藤木343頁、内田345頁、前田391頁）、[9]④財物に対する領得行為が横

---

[6] これに関する基本的文献として、平野「横領と背任・再論（1-4完）」判時1680号（1999年）3頁、1683号3頁、1686号11頁、1689号23頁以下、上嶌一高『背任罪理解の再構成』（1997年）、筑間正泰「横領と背任の区別」基本講座5巻267頁以下、平川「背任罪」現代的展開232頁以下参照。

[7] この立場からは、横領罪と背任罪は、権限逸脱か濫用かで区別され、互いに重なり合うことはなく、択一関係に立つ。

[8] この見解は、横領罪を背任罪の特別罪とし、背任罪は横領罪が成立しない場合に限って成立する犯罪とみる。客体による区別だとすると、利益侵害（背任罪）が、財物侵害（横領罪）より刑が軽い理由が説明できない。両罪の信任関係が完全に重なり合うかどうかも疑問であるとされている。

[9] この見解からは、両罪は、法条競合の択一関係であるとされる（大塚320頁）。

領罪、その他の背信行為が背任罪とする見解(平野231頁、大谷328頁以下、曽根181頁、平川391頁、中森139頁、西田242頁、山口327頁)がある。なお、⑤判例の主流は、第三者の利益を図った場合につき、**本人の名義・計算**で行われた場合には背任罪、**自己の名義・計算**で行われた場合には横領罪が成立するものとする(大判大3・6・13刑録20・1174、大判昭9・7・19刑集13・983=**百選67**、最判昭29・11・5刑集8・11・1675)。

　①背任罪は法律行為により、横領罪は事実行為によるとする見解は、事実行為による背任を認めない点で不当である。②客体による区別は、背任罪を実質的に2項横領罪と解する見解であるが、客体が財物の場合にも背任罪の成立する場合があることは否めない。③権限逸脱か濫用かで区別する見解は、横領罪について**越権行為説**を採り、背任罪につき**背信的権限濫用説**を採る立場から主張されるのが通常である。この見解からは、背任罪の方が横領罪より軽い理由は、権限濫用は権限逸脱より背信の度合いが弱いからであると説明することになって、この点の説明は可能である。しかし、すでに論じたように、権限逸脱の場合にも、二重抵当や秘密漏示の場合のように、横領罪が成立せず背任罪が成立する場合があるが、本説からは、処罰しえなくなる点の不当性は看過しえない。権限逸脱か濫用かという背信的権限濫用説から唱えられるが、その基本的立場が妥当性をもたない。④結局、横領罪につき**領得行為説**に立ち、その他の背信行為を背任とする立場によって区別するのが妥当である。両罪は、法条競合の択一関係に立つが、重い横領罪が成立する場合には、背任罪に優先して横領罪が適用される(平野231頁、曽根181頁、西田254頁、山口319頁)。

　古い判例には、行為の客体による区別をするもの(大判明43・12・16刑録16・2214、大判大11・3・8刑集1・124、大判大15・10・2刑集5・435)があり、権限濫用行為を行うのが背任であるとするもの(大判大45・7・4刑録18・1009)、さらに、本人のために保管中の金員を第三者の利益を図る目的で貸し付けた行為に背任罪を認めたものもある(大判昭8・3・16刑集12・275、前掲大判昭9・7・19=**百選67**)。

---

[10] 大谷328頁は、背信的権限濫用説に立ちながら、この見解を採る。しかし、権限濫用と逸脱という区別基準を背信説から唱えるのが、背信的権限濫用説であるから、明らかに権限逸脱とみられる占有物の損壊行為が、背信的権限濫用説から背任罪となるかどうかは疑問である。

[11] 背任罪につき、権限濫用説を採っても、背信説を採っても、権限逸脱のときには横領罪が成立するというのであれば、この説は採りうるのであって、権限濫用説からでないと本説を採れないというわけではない(反対=平野・諸問題352頁)。

しかし、**判例の主流**は、**本人の名義・計算**か**自己の名義・計算**かによって区別する（前掲大判大3・6・13、最判昭33・10・10刑集12・14・3246）。村の収入役が自己の保管する公金を自己の名義で他人に貸与したとき、業務上横領罪が成立するとした（大判昭10・7・3刑集14・745）のに対し、村長が自己の保管する金銭を**本人の計算**において第三者に貸与したときは、背任罪が成立するとした（前掲大判昭9・7・19＝百選67）。また、信用組合の支店長等が組合から支出させた金員を預金謝礼として支払った場合等につき、本人の計算においてなされた行為ではなく、自己の計算においてなされた行為であるとして、業務上横領罪の成立を認めた（前掲最判昭33・10・10）。しかし、判例は、この基準のみを用いているのではなく、他人の所有権そのものを侵奪する行為であるときには、横領罪の成立が認められるものとする。森林組合の理事長が、政府からの融資の条件に違反して、地方公共団体に、本人である組合名義で貸し付けたとしても、保管方法と使途の限定された他人所有の金員の所有権を侵奪する行為とみられるときは、横領罪が成立する（最判昭34・2・13刑集13・2・101）。また、本人名義による貸付であっても、正規の貸付手続をふまずに帳簿に記載することもなく貸し付けたとき、業務上横領罪が成立する（広島高岡山支判昭28・6・25高刑集6・12・1631）。権限の逸脱があるときには、本人名義で行われたとしても、横領罪が認められるのである（大判昭9・12・12刑集13・1717）。

§105 背任罪

> 他人のためにその事務を処理する者が、自己若しくは第三者の利益を図り又は本人に損害を加える目的で、その任務に背く行為をし、本人に財産上の損害を加えたときは、5年以下の懲役又は50万円以下の罰金に処する（247条）。未遂は、罰する（250条）。

1 主体

本罪の主体は、「他人のためにその事務を処理する者」である。この事務処理者のみが犯しうる犯罪であるので、真正身分犯である。

「他人のためにその事務を処理する」とは、他人の事務を他人のために処理することをいう。したがって、他人固有の事務を本人に代わって行うことをいう（大判大3・10・12新聞974・30）。

ⓐ 他人のための他人の事務 「他人」とは、行為者以外の者をいい、自然人のほか法人や法人格のない団体を含む。契約の相手方に対するその履行事務などは、他人のための事務ではあるが、「他人の事務」ではないので、これにあたらない。他人に対する、**対内的義務**ではなく、対向的義務は、他人の事務ではないのである（団藤651頁）。このように、事務処理者は、本人との内部関係における信任に従って義務を有する者、すなわち、本来、本人が行う事務を事務処理者が代わりに行うという**対内的信任関係**に立つ者でなければならない。売買、消費貸借等における売主の目的物を引き渡す義務、買主の代金支払義務、借主の返還義務等は、それぞれ自己の事務であって、他人の事務ではない。その不履行は債務不履行となるのみである。同様に、物の賃借人の、物に対する善管義務の不履行は、その義務の履行は自己の事務であるから、背任とはならない。

電話加入権 判例においては、**電話加入権の二重譲渡**（大判昭7・10・31刑集11・1541）において、譲渡人の名義変更請求義務の履行は譲受人の事務であるとされ、**二重抵当**（最判昭31・12・7刑集10・12・1592＝**百選69**）において、「抵当権設定者はその登記に関し、これを完了するまでは、抵当権者に協力する任務を有する」とされた。また、農地の売買につき県知事の許可を条件とする場合に、県知事の許可の前、所有権移転の効果が発生しない間に、売主が自己の債務の担保としてほしいままに第三者に抵当権を設定し、登記を経たとき（最決昭38・7・9刑集17・6・608）、背任罪の成立が認められるものとした。

二重抵当 学説においては、**二重抵当**につき、**登記に協力すべき義務**は、抵当権設定契約上、「自己の事務」であって他人の事務ではないという見解（平野229頁、中山334頁、平川392頁、山口・探究201頁）が有力である。この見解は、このような根拠から、二重抵当につき背任罪の成立を否定する。これに対して、通説は、これを肯定する（大塚324頁、大谷337頁、中森139頁以下、曽根190頁、前田395頁以下、林273頁）。抵当権の設定により、登記の事務は、登記名義人の協力を得なければ行いえないのであるが、登記を完了することによってはじめて第三者に対しても抵当権が保全されるのであって、財産の保全に必要な事務は抵当権者の事務であることはいうまでもない。したがって、抵当権設定者たる登記名義人は、それに協力して、登記に必要な書類（白紙委任状、印鑑証明書、権利証等）を交付する義務を負う。登記名義人の登記

協力義務は、「他人の事務」というべきである（西田257頁）。しかし、登記に必要な書類を交付した後には、一番抵当権の確保に協力すべき義務はないというべきである（曽根・重要問題251頁）。この場合には、第三者は必要書類を得られず、登記はできないから事実上問題はない。

さらに、株式質権の設定者が、株券を質権者に交付した後、裁判所を欺いて除権判決を得て株券を失効させた場合、背任罪の成立を認めた判例があった（東京高判平11・6・9判時1700・168）が、これについては、最近、**最高裁**の判断が示され、「株式を目的とする質権の設定者は、株券を質権者に交付した後であっても、融資金の返済があるまでは、当該株式の担保価値を保全すべき任務を負い、これには、除権判決を得て当該株券を失効させてはならないという不作為を内容とする任務も当然含まれる」とされ、この担保価値保全の任務は、他人である質権者のために負うのであるから、質権設定者がその任務に背いて、質入れした株券について虚偽の申立てにより除権判決を得て株券を失効させ、質権者に損害を加えた場合には、背任罪が成立するとして、被告人を「他人のためにその事務を処理する者」にあたるとした原判断を支持した（最決平15・3・18刑集57・3・172）。問題は、質権設定者が、その対象である株券を質権者に交付した後にも、担保価値保全の義務を負うかどうかである。これについては、対抗要件を備えた後に財産保全義務を認めるのは妥当でないとする見解もある（堀内184頁）。しかし、本件の事案は、対抗要件を備えるための協力義務ではなく、すでに対抗要件を備えた物権の保全義務に関するものである。この場合、担保権設定者には内部的な信任関係が成立し、担保価値を積極的に侵害しない義務を肯定しうると思われる。

❻ **事　務**　「事務」は、公的事務、私的事務を問わず、継続的事務であると一時的事務であるとにかかわらない。また、法律行為であると事実行為であるとを問わない。問題は、**財産上の事務に限るか**どうかである。

本罪の「事務」は、①財産上の事務に限るべきであるとする**限定説**（通説）と②結果的に財産上の損害を加えるものであればよく、事務の内容については文言上何らの限定もないとする**無限定説**（木村145頁、植松454頁）が対立している。無限定説によれば、医師が患者に財産上の損害を加える目的でわざと不適切な治療を行った場合、あるいは弁護士が依頼された訴訟にわざと不適切な事件処理を行った場合にも、背任罪が成立するとされる。しかし、財産罪としての性格から、財産管理上の事務と解すべきであり、限定説が妥当

である。

　事務は、**ある程度包括的な内容**のものであることを要し、たんに単発的な個別の事務は含まれないと解すべきであるという説が有力である（団藤652頁、大塚321頁、前田396頁）。包括的である限り、単独で処分しうる事務に限らず、他の者の決裁に従って行われる事務でもよい（最決昭60・4・3刑集39・3・131）。また、ある程度の裁量権を有する事務である限り、補助者ないし補助機関として関与するにすぎない場合であってもよい（大判大4・2・20刑録21・130、大判大11・10・9刑集1・534）。しかし、このような見解を横領罪と背任罪の区別を「権限逸脱」か「権限濫用」かに求める見解から主張されているとして、このような包括的・裁量的なものに限定する必要はないとする見解も有力である（山口325頁）。

　また、物の監視、使者のようなまったく機械的な内容のものは、本罪にいう事務ではないとする見解（団藤652頁、大塚322頁）が有力である。しかし、判例においては、質物の保管者等の裁量の余地のない事務も含められている。

　❸　**信任関係の破壊**　これは、背信説を前提とする背任罪の本質である。すなわち、背任罪は、事務処理者たる行為者が、本人との間に存在する信任関係を破って行う点に本質がある。したがって、事務処理者であるためには、本人との間に信任関係の存在が必要である。**信任関係の発生根拠**は、法令、契約、慣習（大判大3・4・10刑録20・498）、事務管理（民697条）等である。法令による場合として、親権者（民824条）、後見人（民859条）、破産管財人（破産78条）、会社の取締役（会社348条）がある。契約による場合として、委任、雇用、請負、寄託がある。信任関係は、法律上、客観的に定められたものでもよく、事務処理者と本人の間に個人的に取り結ばれたものであることを要しない。また、本人との間に直接の信任関係が存在する必要はなく、間接的であってもよい。他人の事務処理者としての身分は、実行行為のときに存在することを要し、それで足りる（大判昭8・12・18刑集12・2360）。

2　行　為
　❶　**背任行為**　任務に背く行為を行うことである。「**任務**」とは、事務処理者としての信任関係にもとづき具体的事情のもとで法的に期待された義務を意味する。したがって、任務に「背く」行為とは、そのような信任関係を破って行われる義務違反行為をいう。任務違背行為は、法律行為に限らず、

事実行為であってもよい。したがって、保管物を毀損したとき、秘密を漏示したときでもよい。また、不作為の背任行為も含む。例えば、債権取り立ての事務を委任されている者が、取り立てを怠って債権を消滅時効にかからせた場合、あるいは、物の管理を委託された者が、その管理を怠って委託者に財産上の損害を加えた場合がその例である。

いかなる場合に、そのような義務違反が認められるかは、具体的・個別的な事務の内容、事務処理者の地位・権限、行為事情等によって、信義則に従って社会通念に照らして判断される。その際、当該事務に関して定められた法令、予算、公官署における通達、組織体における定款、契約、内規、事務処理規則、委任の趣旨に反するかどうかが判断基準となるが、形式的な手続違反によって直ちに任務違背行為となるのではなく、実質的に「任務違背」かどうかが判断されなければならない。また、義務違反は、担当する事務との関係で生じる義務違反であることを要し、たんに雇用契約にもとづく一般的忠実義務違反では足りない（神戸地判昭56・3・27判時1012・35）。

❻ 背任行為の類型　典型的な背任行為としては、次の類型がある。①**不良貸付・不当貸付**：前者は、銀行の頭取・支店長その他の金融機関の貸付業務に従事する者が、回収の見込みがほとんどないのに貸付を行うことをいう（大判大15・9・23刑集5・427、大判昭9・6・29刑集13・895、最決昭38・3・28刑集17・2・166）。後者は、町村、公共団体の理事長等が、その保管する町村ないし組合の財産を、本人の計算で、正式の手続を経ずに貸し付けることをいう（大判昭8・3・16刑集12・275）。村長が、村民税の賦課徴収に関し、村条例の規定に反して過少な賦課徴収を行った場合（最決昭47・3・2刑集26・2・67）、また、農業協同組合の理事長が、定款および組合決議に違背して、貸付限度額以上の金額を第三者に貸し付けた場合（名古屋高判昭26・2・16高刑集14・4・199）もこれに属する。②**債務負担**：消費貸借、保証、約束手形の振出・裏書、支払保証等によって権限を濫用して本人に債務を負担させる行為は背任となる。③**担保権の毀滅**：例えば、質権者から委託を受けて質物を保管している者が、質物所有者の依頼により質物を所有者に交付して質権を消滅させた場合（大判明44・10・13刑録17・1698）がそうである。④**蛸配当**：会社の取締役が配当の可能性がないのにそれがあるかのように仮装して株主に利益配当をすることを蛸配当というが、それは会社法（963条5項2号）において禁止されている。蛸配当は、任務違背行為であり、商法上の特別背任罪に

あたる（大判昭7・9・12刑集11・1317）。⑤**取締役と会社との自己取引**：取締役が取締役会の承認を得ずに自己または第三者のために会社と取引をすることは、会社法356条1項2号により禁止されているが、これによって会社に財産上の損害を加えたとき、特別背任罪が成立する（大判大5・9・19刑録22・1380）。⑥**物品証券との引換によらない貨物の引渡**：貨物引換証、船荷証券、倉庫証券等が発行された場合、貨物の引渡の請求は証券と引換でなければならない。これと引換でなく荷受人に貨物を引き渡すことは、信任関係に違背する。倉庫業者が質入証券と引換でなく受寄物を引き渡す行為（大判明44・12・19刑録17・2231）、運送業者が貨物引換証と引き換えずに運送品を引き渡す行為（大判昭7・11・24刑集11・1703）は、背任行為である。さらに、⑦**プログラムの無断入力**：ソフトウェアの開発販売を営業目的とする会社にインストラクターとして勤務する者が、プログラムを磁気により記録したフロッピーを管理し、その使用方法などにつき技術指導する業務を遂行すべき任務を有していたが、同社に無断で第三者のコンピュータに当該プログラムを入力した場合（東京地判昭60・3・6判時1147・162）も背任行為にあたる。

　銀行の取締役の融資に関する「経営判断の原則」の適用について判示した判例がある[12]（最決平21・11・9刑集63・9・1117＝百選70［いわゆる北海道拓殖銀行事件］）。それは、Aおよびbは、株式会社北海道拓殖銀行の頭取であり、Cは、D株式会社の代表取締役等であったが、D社は実質的破たん状態にあったにもかかわらず、AおよびBは、Cと共謀し、D社に十分な担保を徴することなく、融資し、銀行に損害を与えたという特別背任の事案である。最高裁は、「銀行の取締役が負うべき注意義務については、一般の株式会社取締役と同様に、受任者の善管義務（民法644条）及び忠実義務（……会社法355条）を基本としつつも、いわゆる経営判断の原則が適用される余地がある」という。しかし、……融資業務に際して要求される銀行の取締役の注意義務の程度は一般の株式会社取締役の場合に比べて高い水準のものであると解され、……**経営判断の原則が適用される余地はそれだけ限定的なものにとどまる**といわざるをえない。したがって、銀行の取締役は、融資業務の実施に当たっては、元利金の回収不能という事態が生じないよう、債権保全のため、融資先の経営状況、資産状態等を調査し、その安全性を確認して貸付を決定

---

[12] 第1審＝札幌地判平15・2・27判タ1143・122、第2審＝札幌高判平18・8・31判タ1229・116。

し、原則として確実な担保を徴求する等、相当の措置をとるべき義務を有する」。本件についてみると、「総体としてその融資判断は著しく合理性を欠いたものであり、銀行の取締役として融資に際して求められる債権保全に係る義務に違反したことは明らかである」として特別背任罪を肯定した。本決定は、任務違背があるかどうかの判断にあたって「経営判断の原則が適用される余地がある」とした最初の最高裁判例であるが、銀行の取締役の経営判断については、銀行の業務内容の特殊性から限定的であるとされている。実質的倒産状態にあった企業への取締役の融資判断にあたっては、それが客観性をもった再建計画が存在するなど合理性のあるものでなければならないというのである。

その他、二重抵当（前掲最判昭31・12・7）、電話加入権の二重譲渡（前掲大判昭7・10・31）、指名債権の二重譲渡（名古屋高判昭28・2・26高刑特33・9）も、背任行為である。

いわゆる**冒険的取引**（Risikogeschäft）は、それが社会生活上の通常の取引の範囲を超えない限り、背任行為にはあたらない。しかし、この判断をするについては、事務の性質を考慮すべきである。株式売買や商品取引のように処理すべき事務自体が投機的性質を有するものについては、ある程度の危険を冒すことは、通常の取引の範囲内である。これに対して、親権者や後見人が未成年者や被後見人の財産を管理するにあたり冒険的取引をすることは、この範囲を超えるであろう。

3 主観的要件

故意のほか、自己もしくは第三者の利益を図りまたは本人に損害を加える目的が必要である（目的犯）。

ⓐ 故 意 本罪の故意は、**任務違背の認識**と財産上の**加害の認識**を内容とする。したがって、自己の行為が任務の本旨に適合していると誤信して行為にでる場合には、事実の錯誤があり故意は阻却される（大判大3・2・4刑録20・119）。任務違背の認識は、本罪が目的犯であるところから、確定的認識であることを必要とする見解（藤木348頁、大谷334頁）もあるが、目的と故意とが直接的に結びつくわけでもないので、未必的認識で足りると解すべきである（大塚326頁）。財産上の加害の認識に関して、未必的認識で足りるか、それとも確定的認識ないし意欲が必要かについても、学説は分かれる。**判例・通説**は、**未必的認識で足りる**ものとする（大判大13・11・11刑集3・788、前

掲大判昭9・6・29)。「欲求」(滝川174頁)ないし確定的もしくは蓋然的認識が必要であるとする見解(内藤・注釈6巻316頁)も唱えられている。

❻ 目 的　本罪は、目的犯であり、「自己若しくは第三者の利益を図る目的」(図利の目的)、または「本人に損害を加える目的」(加害の目的)が必要である。本罪は、利得犯と財産毀損罪という異質な性質をもつ犯罪である。図利目的は、**主観的超過要素**であるが、加害目的は、損害の発生という構成要件要素に対応する目的であるから、主観的超過要素ではないとされている(前田327頁)。問題は、その理解が正当であるかどうかである。

（ⅰ）　**加害の認識と加害の目的**　加害目的が、主観的超過要素ではないとすると、故意においても、先述のように、「加害の認識」を要求するのであるから、これと「加害の目的」とは、どのような違いがあるのだろうか。

まず、図利加害目的は**確定的なもの**であることを要するか、**未必的なもの**であればよいかについても対立があり、犯罪の成立範囲を明確にする意味において**確定的なもの**であることを要するというのが**通説**(大塚327頁、大谷334頁、中森141頁)であり、また「欲求」され(滝川171頁)、「意欲」(内藤・注釈6巻322頁)され、「動機」とされることを要する(団藤656頁)という見解もあるが、これは、図利加害目的が故意を限定する意義を有すべきであるとする基本的立場から唱えられる見解である。その実質的な機能は、**本人のため冒険的な取引**を行った場合に、確定的ではないとして加害目的を否定するところにあるといえるであろう。

しかし、図利加害目的は、未必的なものでよいと解すべきである(西田236頁、前田328頁)。「意欲」ないし「積極的認容」は不要である。**最高裁の判例**も、特別背任罪に関して、「特別背任罪における図利加害目的を肯定するためには、図利加害の点につき、必ずしも所論がいう意欲ないし積極的認容までは要しない」と判示した(最判昭63・11・21刑集42・9・1251)。

もし図利加害目的が未必的認識でよいとすると、その**意義**はどこにあるのだろうか。最近の有力説は、財産上の損害を加えることを認識しながら任務違背行為を行った場合でも、本人の利益を意図した場合、すなわち、**本人図利目的**がある場合を除くところにその意義があるとする(香城敏麿・基本判例158頁、同・基本講座5巻265頁、永井・最判解・昭63年度461頁以下、曽根187頁、中森141頁、西田260頁、前田399頁以下、山口・探究203頁、同327頁)。図利加害目的の要件を、本人のためにする意思で行われたものではないという要件を

裏側から規定したものと解するのである（上嶌・前掲256頁、西田260頁）。しかし、本人図利目的があっても、「加害の故意」も存在するのであるから、その存在によって「加害目的」が否定されるかどうかには疑問が残る。学説の中には、図利加害目的を「本人にとって実質的に不利益な行為」であることの認識と解する結果、それが故意の内容となることから、この認識は、これを本人にとって実質的に不利益な行為を行うことが許されるかという**違法性の錯誤の場合の不可罰性**を規定したものとする見解（上嶌・前掲263頁以下、271頁）がある。これに対して、違法性の錯誤の特別規定ではなく、本人に対する利益を意図していた場合には、本人に対する実質的不利益性の認識がなく、信頼関係の侵害について**故意責任が欠如する**と解する見解（山口・探究204頁以下）も唱えられている。しかし、図利加害目的が、故意とは異なる主観的要素と解する限り、これらの見解は採れない。やはり本人図利目的が優越的に存在する場合には、「加害の故意」はあっても、「加害目的」は否定されるものと解するべきである。

「加害の故意」は、構成要件的事実の認識につきるものである。しかし、「加害目的」ないし「図利目的」は、実は、両者ともに**主観的超過要素**である。それは、たんなる構成要件要素の認識につきるものではなく、正当化事由の事実的前提をも認識の対象に含めた主観的要素なのである。加害の認識である構成要件的故意は存在しても、本人図利につながる事実を表象認識していた場合には、正当化事情の認識に類似する主観的要素が存在し、この「加害の目的」が阻却されるのである。違法性を阻却しうる事実を表象し、意図していた場合には、これは、通常は、構成要件的故意の認識対象となりうるものであるが（☞総論§68, 3）、背任罪においては、とくに、冒険的取引をあえて本人のために行う場合が少なくないことから、特別に、主観的超過要素としての「目的」を規定し、正当化要素である客観的事実の存否にかかわらず、本人図利目的が優越する場合には、この「加害の目的」の要件に欠け、犯罪の成立を否定しようとしたものであり、したがって、「図利加害目的」は、このような意味における**特別の主観的要素**なのである。

　（ⅱ）　**自己若しくは第三者の利益を図る目的**　「自己」とは、他人の事務を処理する者自身のことである。「本人」とは、その事務を処理させる者を指す。「第三者」とは、「自己」と「本人」を除いたそれ以外の者をいう（大判明45・6・17刑録18・856）。背任罪の共犯者も第三者である（前掲大判明45・6・

17)。「利益」とは、必ずしも財産上の利益に限らないというのが通説・判例である（大判大3・10・16刑録20・1867）。文言上「財産上」という限定がなく、また、財産上の損害の発生で財産犯であるという要件は充たされているからである。これによると、人格的・身分的利益を図る目的でもよい（西田259頁）。例えば、他人の信用面目を保持する目的なども含まれる（前掲最決昭63・11・21）。しかし、財産上の利益に限るという見解（団藤655頁、大塚327頁、大谷333頁、前田397頁）も有力である。何らかの意味で「利益」を目的にしない犯罪はないのであるから、もし財産的利益に限定しないとすると、本罪において「目的」を要求した趣旨が没却される。

（iii） **本人に損害を加える目的** 「本人」とは、事務処理をさせる者である。「損害」についても、「利益」と同じく、財産上の損害に限るかどうかの争いがあるが、財産上の損害に限るべきである（反対＝西田259頁）。加害目的は、毀棄罪に近い性格をもつ。

（iv） **図利の目的と加害の目的の関係** このいずれかの目的があればよい。双方がともに存在する必要はない。両者が併存する場合には、主たる目的がいずれにあるかによって決せられる。

（v） **本人の利益を図る目的** 本人の利益を図る目的で行為した場合、任務に違背して本人に損害を加えた場合でも背任罪は成立しない（前掲大判大3・10・16）。本人の利益を図る目的と上述の図利加害目的とが併存する場合、**主として図利加害目的**があれば、従として本人の利益を図る目的があっても背任罪の成立を妨げない（前掲大判昭7・9・12、前掲最判昭29・11・5、最決昭35・8・12刑集14・10・1360）。例えば、自己または第三者の利益を図る目的が「**主たる動機、目的**」である以上、たとえ内心において本人の債権回収を図る意図を有していたとしても、それは現実性に乏しいたんなる期待ないし願望にすぎないのである（新潟地判昭59・5・17判時1123・3参照）。

いわゆる**平和相互銀行事件**において、判例は、「H銀行の利益を図るという動機があったにしても、右資金の確保のためにH銀行にとって極めて問題が大きい本件融資を行わなければならないという必要性、緊急性は認められないこと等にも照らすと、……それは融資の決定的な動機ではなく、本件融資は、主としてTクラブ……の利益を図る目的をもって行われたということができる」として、**主として第三者図利の目的**があるとし、特別背任罪における図利目的を肯定した（最決平10・11・25刑集52・8・570＝**百選72**）。本事案

は、「大幅な担保不足であるのに多額の融資を受けられるという利益を与えることになることを認識しつつ、あえて右融資を行うこととした」ものであり、本人の利益を図る目的が融資の決定的動機ではなく、第三者の利益を図る目的があると認定したのである。

この判決では、本人図利の目的が認められないから、第三者図利目的が主たる目的としたとも考えられ、図利加害の目的は、本人の図利の目的がないことを裏から示す要件であると解するいわゆる**消極的動機説**（西田260頁、中森141頁、前田399頁）に親しむ見解を採ったとされている。また、最近では、図利加害目的の内容を本人に対する実質的な不利益の認識と解するいわゆる**不利益性認識説**（上嶌・前掲267頁以下、山口・探究204頁以下）も有力になっている。

4 財産上の損害

❶ 全体的財産 背任行為によって本人に財産上の損害が加えられなければならない。財産上の損害とは、財産的価値の減少を意味する。既存財産の減少である「積極的損害」でも、将来取得しうる利益の喪失である「消極的損害」でもよい（大判大11・9・27刑集1・483、最判昭58・5・24刑集37・4・437＝百選70）。消極的損害の範囲については、請求権が認められる利益の喪失に限るべきだという見解（木村147頁、滝川170頁）もあるが、事実上取得する蓋然性が高い利益であれば、必ずしも請求権にもとづくものでなくてもよい（大塚328頁）。ここで「財産」とは全体財産の意味である（最判昭28・2・13刑集7・2・218）。したがって、損害は、本人の財産状態の全体について考慮されなければならない。生じた損害と、それに対応する反対給付によって得られた利益とを差し引きしたものが全体的財産状態である。とくに、本人に債務を負担させ、あるいは、本人名義で手形等を振り出したような場合には、本人がこれに対する確実な反対債権を取得しないのであれば、財産上の損害が認められる。

次の**最高裁の判例**（最決平8・2・6刑集50・2・129）では、反対給付が債務負担に見合うものではないとして、財産上の損害が認められた。被告人が代表者をしていた株式会社が被害者である銀行との間で当座勘定取引を開始し、当座貸越契約を締結して融資を受けるうち、貸越額が信用供与の限度額およ

---

[13] これについて、岡本勝「背任罪における『財産上ノ損害』について」荘子古稀430頁以下。

び差し入れていた担保の総評価額をはるかに超え、約束手形を振り出しても自らこれを決済する能力を欠く状態になっていたのに、被告人が同銀行の支店長と共謀のうえ、9回にわたり同社振出しの約束手形に同銀行をして手形保証させたが、それは、一時的に貸越残高を減少させ同社に債務の弁済能力があることを示す外観を作り出して、同銀行をして引き続き当座勘定取引を継続させ、さらに同社への融資を行わせることなどを目的として行われたものである。この事案に対して、最高裁は、「右のような事実関係の下においては、右入金により当該手形の保証に見合う経済的利益が同銀行に確定的に帰属したものということはできず、同銀行が手形保証債務を負担したことは、……247条にいう『財産上ノ損害』に当たる」とした。

　❺　**法的財産概念・経済的財産概念**　　財産上の損害があったかどうかは、法的判断ではなく、経済的判断による。いわゆる**経済的損害概念**によるのであるから、法律上の権利が存在しても、その実行が不可能ないし困難なときは、その経済的価値は存在せず、または僅少である。判例は、財産上の損害とは、「経済的見地において本人の財産状態を評価し、被告人の行為によって、本人の財産の価値が減少したとき又は増加すべかりし価値が増加しなかったときをいう」とする（前掲最決昭58・5・24=**百選71**）。

　法的財産（損害）概念は、財産（ないし損害）を、純粋に法律的に財産上の権利を中心として構成する立場（泉二834頁）である。この見解によると、被害者が法律上の請求権をもっているかどうかが基準となる。これに対して、**経済的財産（損害）概念**は、財産を、経済的な利益を中心として構成する見解である。さらに、損害概念を経済的見地において判断するとしつつ、違法な財産的利益を排除するという意味で法的・経済的見地において総合的に判断するものとする**法的・経済的財産概念**（団藤659頁）も唱えられている。

　❻　**財産上の実害発生の危険と財産上の損害**　　判例の中には、「財産上の損害を加えた」というのは、実害発生の危険を生じさせた場合をも含むとするものが多い（大判昭13・10・25刑集17・735、最判昭37・2・13刑集16・2・68）。確かに経済的財産概念によれば、権利の実行が不可能ないし困難になれば、経済的価値は減少し、財産上の損害が認められるのであるから、実害発生の危険を生じさせたとき、財産上の損害が発生したといえるかもしれない。しかし、経済的見地からみれば、回収の見込みがなくまた無担保で貸し付けられた債権はすでに無価値であり、財産上の損害が発生しているといえる。最高

裁も、信用保証協会事件決定において、「債務がいまだ不履行の段階に至らず、したがって同協会の財産に、代位弁済による現実の損失がいまだ生じていないとしても、経済的見地においては、同協会の財産的価値は減少したものと評価される」として財産上の損害を加えたものとした（前掲最決昭58・5・24）。

ⓓ 既遂・未遂 背任罪は、本人に財産上の損害が生じた時点で既遂に達する。背任行為と財産上の損害の間には因果関係（前掲最判昭28・2・13）・帰属可能性がなければならない。既遂に達した後に、損害が塡補されても犯罪の成否に影響しない（大判昭3・7・14刑集7・477）。

背任行為の実行に着手したが、財産上の損害が生じなかったとき未遂である（前掲大判昭7・10・31）。

5 共 犯

背任罪は、身分犯であるが、共同実行者がそれぞれ身分を有する場合には、背任罪の共同正犯が成立するのはいうまでもない。これにつき、旧日本道路公団の理事等か入札談合を行った事件につき**背任罪の共同正犯**が認められたもの（東京高判平19・12・7判時1991・30）である。

> まず、旧日本道路公団（JH）の理事兼副総裁などを務めていた被告人につき、被告人が鋼橋上部工事会社A社顧問であったB、JHの理事C、および40数社の担当者らと共謀の上、JH発注の工事につき入札談合を行い、また、Cと共謀の上高架橋工事について2分割での発注を支持し、一括発注の場合に比べ約4780万円多額の支払いを要求する財産上の損害を加えた事案につき（第1審＝東京高判平20・7・4LEX/DB）、東京高裁は、被告人に**背任罪の共同正犯**を認めた。次に、上記と同一事実における、理事Cについての判決で、東京高裁は、Cを独禁法違反（不当な取引制限の罪）につき身分なき共謀共同正犯の責任を負い、高架橋工事につき、一括発注の場合に比べて、費用が増大したと認定し、第2工事が未発注であるとしても、経済的見地から、道路公団の財産的価値が減少したと評価できるがゆえに、背任罪についても既遂に達しており、背任罪の共同正犯が成立するとした。

背任罪は、身分犯であるので、65条1項により身分のない者も共犯になりうる。共同正犯についても、判例・通説によると、65条1項の適用がある。問題となるのは、背任行為の相手方が加功し利益を得た場合に、共同正犯が成立するかである。判例にはこれを肯定したものが多い（大判昭8・9・29刑集12・1683、東京地判平5・6・17判タ823・265、大阪地判平6・1・28判タ841・283、最決平15・2・18刑集57・2・161＝**百選73**など）。しかし、判例の中には、身分のない相手方が、事務処理者の実行行為、すなわち任務違背、損害発生の

具体的内容を知っていたかどうか、図利加害目的があったかどうかなど、主観的に、背任罪の共同正犯の成立を限定しようとするものもある。銀行頭取のなしたいわゆる不良貸付の相手方となった者について、「共同正犯としての責を負わしめんがためには、その際任務を有する者が抱いた任務違背の認識と同程度の任務違背の認識を有することを必要とする」とするものがある（東京高判昭38・11・11＝千葉銀行事件控訴審判決、日比幹夫・大コンメ13巻216頁）。

　なお、特別背任罪につき、その行為主体たる身分を有していない被告人につき、「単に本件融資の申込みをしたにとどまらず、本件融資の前提となる再生スキームをDらに提案し、G社との債権譲渡の交渉を進めさせ、不動産鑑定士にいわば指し値で本件ゴルフ場の担保価値を大幅に水増しする不動産鑑定評価書を作らせ、本件ゴルフ場の譲渡先となるCを新たに設立した上、Dらと融資の条件について協議するなど、本件融資の実現に積極的に加担した」という場合には、「このような事実からすれば、被告人はDらの特別背任行為について共同加功したものと評価することができるのであって、被告人に特別背任罪の共同正犯の成立を認めた原判断は相当である」というものがあっ（最決平20・5・19刑集62・6・1623）（☞総論§159, 6, (2)(g)）。

　65条1項は、共同正犯については適用できないという説（☞総論§168, 3 (c)）からは、このような事案は教唆犯ないし幇助犯となる。なお、幇助を認めたものとしては、会社経営者が銀行支店副長と共謀して不正融資を受けた背任事件で、会社の事務担当者が共同正犯として起訴されたが、背任幇助にすぎないとした判例（最判昭57・4・22判時1042・147）がある。なお、学説の中には、事実上の対向犯とし、共同正犯・共犯ともに不可罰とするものがあるが、事実上の対向犯を認めることはできず、また、共犯としての加功には当罰性が認められる。[14]

6　他罪との関係

　背任罪と横領罪の関係についてはすでに述べた（☞§104, 3）。

　背任罪と詐欺罪の関係について、本人を欺いて背任行為が行われた場合が問題である。例えば、保険会社の勧誘員が被保険者を健康であると欺いて保険会社と保険契約を締結させ、保険証券を交付させたような事例（大判昭7・6・29刑集11・974）に、背任罪か詐欺罪かいずれが成立するのかが問題である。[15] これについては、すでに詐欺罪において、前述したように、詐欺罪の成立を認めるべきである。

---

[14] 関哲夫「背任罪の共同正犯についての一考察」佐々木喜寿364頁以下。

背任罪と電子計算機使用詐欺罪の関係については、例えば、不良貸付がコンピュータ端末を操作した振替入金によって行われる場合のように、背任ではあっても貸付自体が民事法上有効である場合には、この操作は、資金的実体を有し、「虚偽の情報」とはいえないので、電子計算機使用詐欺罪は成立しない（東京高判平5・6・29高刑集46・2・189）。

背任罪と器物損壊罪との関係については、背任行為によって本人の財物を毀棄した場合、背任罪と毀棄罪の法条競合とする見解（宮本396頁）と観念的競合とする見解（植松461頁、福田292頁、大塚331頁、内田357頁、大谷340頁）とに分かれる。両罪は、同じ財産罪であっても、罪質を異にするから、観念的競合が認められるべきである。[17]

第8節　盗品等に関する罪

§106　総　説

　盗品等に関する罪（39章）とは、財産犯によって領得された財物に関与して、その財物に対する被害者の追求・回復を困難にするとともに、利益に与る犯罪である。盗品等の無償譲受け（＝収受）、運搬、保管（＝寄蔵）、有償譲受け（＝故買）、有償処分あっせん（＝牙保）の各行為がその内容である。[1]財産罪の対象となった財物を間接に領得する犯罪とみることもでき、また、盗品等に関与する犯罪でもある。そこで、盗品関与罪と呼ばれることもある（西田258頁）。かつては、贓物罪と呼ばれたが、平成7年の刑法の現代用語化のための改正によって、用いられなくなった。

1　盗品等罪の本質

　盗品等に関する罪の**本質**については、見解が分かれている。①**違法状態維持説**（木村166頁、なお、前田413頁以下）は、犯罪によって成立した違法な財

---

[15] これに関する最近の研究として、内田幸隆「背任罪と詐欺罪の関係」早稲田法学会誌53号（2003年）95頁以下。背任罪と詐欺罪は構成要件において区別されると説く。
[16] 法条競合説は、毀棄罪を認める見解（宮本396頁）と背任罪を認める見解（牧野763頁、滝川175頁）とに分かれる。
[17] 私用文書等毀棄罪（259条）の法定刑は背任罪よりも下限は重いことなども考慮すると、毀棄罪と背任罪の関係は、観念的競合と解するのが妥当であろう（日比・大コンメ13巻243頁）。
[1] 平成7年法律91号による改正以前は、「贓物に関する罪」と称されていた。

産状態を維持させることを内容とする犯罪であるとする。この説は、すべての犯罪により生ぜしめられた違法な財産状態を維持する行為を問題にする。したがって、盗品等には、財産犯以外の犯罪によって取得された目的物を含むとされた。②**追求権説**（小野277頁、香川582頁、曽根192頁、山口337頁以下、大判大11・7・12刑集1・393）は、本犯の被害者である所有者の盗品等に対する追求を困難にする犯罪であるとする。すなわち、被害者が盗品等に対して有する私法上の回復請求権の実行を困難にすることが、本罪にとり本質的であるとする。

　平成7年の改正によって、盗品等に関する罪は、その贓物罪という名称から、行為類型まで、新たな表記に変更されたが、実質的には、「財産に対する罪に当たる行為によって領得された物」のみを客体とすることになったことによって、違法状態維持説の前提が崩れることになり、違法状態維持説は窮地に陥った。

　学説の中には、古くから、まず、③本犯の犯罪は直接領得であるのに対し、財物につき間接的に領得するのが盗品等罪の本質であるとし、いわば第2次的に所有権を侵害する犯罪であるとする**間接領得罪説**（宮本・法学論叢35巻3号823頁、谷口正孝「贓物罪について」曹時4巻4号85頁）、があった。この説は、本犯に対して事後的に関与する者を、本来、共犯として可罰的な行為であるとみて、盗品等罪とは、このような事後的共犯の一部の行為を加重的に処罰する特別規定であると解する。しかし、本犯者と同一の目的物に対する事後的共犯と解するのは疑問である。その他、盗品等無償譲受け罪を犯罪による利益に与るという前近代的な犯罪類型とし、有償譲受け罪等の各犯罪を、盗品等の利用を事後従犯的に幇助する行為であって、交換経済を前提とする近代的犯罪類型とする分類を基礎とし、④本罪を犯罪による利益に関する犯罪とする**利益関与説**（平野・小野還暦(1)343頁以下・刑法の基礎所収198頁以下、とくに212頁以下、伊東291頁）がある。

　しかし、最近では、これらの観点を何らかの形で総合する**折衷説**が有力である。折衷説は、二つに分けることができる。第1に、追求権説と違法状態維持説は互いに表裏し合う立場であるとし、本犯の被害者の側からは追求権とみられるものが、盗品等罪の犯人の側からすれば違法状態の維持となると

---

[2] 前田343頁は、「新しい違法状態維持説」を唱え、「財産犯によって生じた違法な状態」を問題とする。この新しい違法状態維持説は、次の折衷説に位置づけることができる。

して、両説を折衷・結合させることを中心とし、これに利益関与説や事後共犯説をも加味した⑤いわゆる**新しい違法状態維持説**（団藤660頁、福田294頁、大塚332頁、大谷342頁、内田379頁、平川398頁、前田413頁以下）がこれに属する。第2に、違法状態維持説ではなく、⑥追求権説を中心に**本犯助長的事後共犯的性格**や**利益関与的性格**も併せ持つとする見解（中森145頁、西田270頁）である。本犯助長的事後共犯的性格とは、財産犯の本犯者から盗品等を保管したり、買い受けたりすることによって、事後的に犯罪に関与し、これがさらに、買い受けてもらうために、また、買い受けてくれる者がいるからこそ、財産犯を犯すというようにして本犯を助長する意味をもつというものである。関与者の側からみれば、盗品等を無償で譲り受けたり、その処分に関与することによって自らも利益に与るという側面があるので、利益関与的性格も考慮すべきなのである。

さらに、最近では、⑦本罪の法益を、財産領得罪を禁止する**刑法規範の実効性**という抽象的なものとして捉える見解（井田・現代的展開267頁以下）も唱えられている。この説は、盗品等罪は、特定の被害者の具体的な財産の保護を目指す、財産犯としての性格をもった犯罪類型ではなく、本犯者に対する事後的な援助行為を禁圧することによって、刑事政策的に効果を図ろうとする犯罪類型であるとする。人的に犯罪行為者を庇護するのではなく、物的な観点から庇護することを禁止するので、本説は、**物的庇護説**と呼ばれる（山口・探究211頁）。この見解は、法益の中に規範の実効性を含める点で疑問であり（林307頁）、また、個人的法益としての被害者の追求権の保護の側面を等閑視するものであって不当であり、また、盗品等関与罪の財産犯としての法益侵害の内容を実体として空虚にするもので、基本的に疑問がある（山口339頁）。

2　追求権説との複合的性格

盗品等に関する罪の法益を最も適切に説明するのは、やはり追求権説であることは、学説・判例の大枠での合意がある。問題は、盗品等罪の保護法益のすべてを追求権説で説明可能かどうかであり、この点で学説が分かれているといってよい。それは、追求権の内容の理解の相違による場合もあれば、そのもたらす具体的帰結が政策的に妥当かどうかの判断にもよっている。例

---

[3] 宝石泥棒も、大量の電化製品を盗む者も、その使用価値ではなく、交換価値に着目して盗むのであり、故買屋がいなければ盗む意味はないのである。

えば、追求権説によると、不法原因給付物については、民事上の追求権は及ばないと考えられるが、盗品性が完全に否定されるのが正当かどうか、また、即時取得した物（民192条）でも、それが盗品であった場合、2年間は被害者がその物の回復を請求できるが、これは、即時取得によって所有権は取得者に移っているのであるから、所有権にもとづく追求権ではない、すなわち、物権的請求権ではないが、追求権説は、債権的請求権をも含むのかどうかが問題である。また、禁制品について法的な追求権は及ばないが、盗品性がないといってよいのであろうか。これが、新しい違法状態維持説が唱えられた根拠である。

　しかし、まず、追求権説と違法状態維持説では、財産罪による占有移転によって転々とする財物に対する民事上の追求権の有無を基準にするか、犯罪によってもたらされた違法状態を維持する行為を基準とするかの違いはあれ、もともと「違法状態」の意味が不明確であり、民事的な追求権説の刑事的修正の道具にすぎないともいいうるので、違法状態維持説は、追求権説に付け加えられるその修正原理としては、明確性と独自性をもたないと思われる。

　これに対して、本罪が、民事上の追求権を保護するのみならず、**本犯助長的・本犯誘発的な側面**に着目してこれを防止し、**関与者の利益関与を防止する意味**をもつという説明は、追求権説に新たな視座を付け加えるものである。すなわち、例えば、たんに追求権のみが法益とされているなら、本犯の法定刑より重い法定刑が科せられることはないと考えられるが、有償譲受け罪等の、交換経済を前提にし、犯罪助長的機能の強い行為につき10年以下の懲役と50万円以下の罰金刑の併科によって防止しようとする256条2項の法定刑は、まさに本犯助長機能に着目して、重く規定されたものである（西田246頁）。盗品関与罪は、財産の領得によって被害者の追求権を侵害する犯罪であるという追求権説を出発点としつつ、事後従犯的・利益関与的性格をも付随的にもつものであると解するのが妥当である。

　かくして、第⑥説が妥当であると思われるが、その帰結は、具体的論点と事案に即して判断されなければならない。

§107 盗品譲受け等罪

盗品その他財産に対する罪に当たる行為によって領得された物を無償で譲り受けた者は、3年以下の懲役に処する。(256条1項)。
前項に規定する物を運搬し、保管し、若しくは有償で譲り受け、又はその有償の処分のあっせんをした者は、10年以下の懲役及び50万円以下の罰金に処する（同条2項）。

1 主 体

本犯の正犯者は、本罪の主体とはなりえない。本犯者には、その盗品等の処分は不可罰的事後行為である（最判昭24・10・1刑集3・10・1629）。なぜなら、本犯者は、新たに追求権を侵害するものではなく、本犯助長的性格をもたないからである。正犯者には共同正犯も含まれる。しかし、本犯の教唆者・幇助者は、主体となりうる（大判明42・3・16刑録15・258、最判昭24・7・30刑集3・8・1418）。財産罪について、本犯の実行によって財物を実際上直接領得するのは、本犯者および共同正犯者であり、狭義の共犯者ではない。したがって、共同正犯者は、財物を直接領得するのに対して、本犯によって領得された物の間接領得に関与した教唆者・幇助者は、追求権を侵害し、事後従犯的性格をもつといえるからである。[4]

2 客 体

本罪の客体は、「盗品その他財産に対する罪に当たる行為によって領得された物」であって、被害者が法律上追求できるものをいう。これを盗品等と略称する。以前は、「贓物」（贓物）と称されていた。

ⓐ 財産罪にあたる行為 財産罪によって取得された財物に限られる。[5] 収賄罪において収受された賄賂（大判明35・3・28刑録8・3・89）、賭博罪において取得された物、通貨偽造罪における偽造通貨、文書偽造罪における偽造文書、墳墓発掘罪において領得された死体（大判大4・6・24刑録21・886）、鳥獣保護及び狩猟に関する法律、漁業法などに違反して取得された鳥獣・魚貝などは盗品にあたらない。動産・不動産を問わない。不動産についても、追求権を困難にすることが可能であり、登記によって占有されるのであるから、登記名義の移転による無償譲受け、有償譲受け等が考えられる。権利自

---

[4] この意味で、共同正犯のみならず狭義の共犯についても、盗品等関与罪の成立を否定する見解（西田254頁）も、逆に両者につき肯定する見解（林307頁）もともに妥当性を欠く。
[5] 背任罪は、これに含まれないとする見解（河上=渡辺・大コンメ13巻477頁）もある。

体は盗品等ではないが、権利が化体された証券等は盗品等にあたる。本犯たる財産犯は、構成要件該当性、違法性を備える行為であればよく[6]、有責性を備える必要はない（大判明44・12・18刑録17・2208）。したがって、本犯の行為者が責任無能力者であってもよい（大判大3・12・7刑録20・2382）。親族相盗例により刑が免除される場合（大判大5・7・13刑録22・1267、最判昭25・12・12刑集4・12・2543）、本犯者の行為について公訴時効が完成したことによりこれを処罰できないときでも盗品等にあたる（大判明42・4・15刑録15・435）。本犯が外国で行われ刑法の適用を受けない場合に、盗品等がわが国に持ち込まれたとき、盗品等にあたるかについては、見解の対立があるが、肯定説が通説である（団藤663頁、藤木359頁、大塚335頁、大谷343頁、反対＝西田272頁）。「財産罪によって領得された物」とは、「わが国の財産犯」と解すべきであるから、否定説が妥当である。本犯の行為は既遂に達していることが必要である。本犯が未遂の段階においては、本犯の共犯が成立するにとどまる（大判昭9・10・20刑集13・1445、最決昭35・12・13刑集14・13・1929）。横領罪においては、他人の物の占有者が、第三者に対してその物を売り渡そうとする意思表示をしたことによって横領行為は直ちに完成し、それと同時にその物は盗品性をもつようになる（大判昭22・2・12刑集26・1）。

❻ 追求可能な客体　追求権説に立つと、盗品等は、被害者が**法律上追求することができる客体**でなければならない。被害者に当該財産について追求権がなく、またはそれを喪失したときは、盗品性は失われる。例えば、民法192条によって第三者が即時取得した場合（大判大6・5・23刑録23・517）である。しかし、**盗品**または**遺失物**については、所有者は、民法193条により、盗難または遺失の日から2年間は占有者に対してその物の回復を請求することができるから、その間、盗品性は失われない（大判大15・5・28刑集5・192、最決昭34・2・9刑集13・1・76）。**追求権**とは、物権的請求権をいうのか、債権的請求権をいうのかにつき見解の対立がある。善意取得の場合に被害者が2年間は代金を支払って目的物を回復することができる権利は、**物権的請求権**であるというのが判例（大判大10・7・8民録27・1373）であるが、学説は**債権的請求権**であるとする（西田273頁）。

❼ 物の同一性　民事上、物の同一性が失われない限り、追求権が及び、

---

[6] 違法性を要しないという見解（小野278頁）もあるが、妥当ではない。

盗品性を失わない。したがって、**民法246条**により加工者が所有権を取得した物については、盗品性を喪失する（大判大4・6・2刑録21・721）。しかし、工作者が所有権を取得する程度の「加工」に至らない限り、盗品性は存続する。判例では、窃取または強取した貴金属類の原型を変更して金塊としたとき（前掲大判大4・6・2）、アマルガムに火力を加えて金銀塊としたとき（大判大11・4・28刑集1・307）、盗伐した木材を製材して搬出したとき（大判大13・1・30刑集3・38）、いずれも所有権は失われるものではないとする。また、最高裁は、窃取してきた**婦人用自転車**の車輪二個およびサドルを取り外し、これを他の男子用自転車の車体に取り付けて男子用に変更したという事案につき、両者は原形のまま容易に分離しうること明らかであるから、これをもって両者が分離することができない状態において「**附合**」したものともいえないし、また、婦人用自転車の車輪および「サドル」を用いて、男子用自転車の車体に工作を加えたものともいえず、被害者は依然としてその車輪およびサドルに対する所有権を失わないとして、盗品性を肯定した（最判昭24・10・20刑集3・10・1660＝**百選76**）。

ⓓ 取消可能な行為　所有権移転の意思表示が、民法上詐欺または強迫によって取り消しうる場合（民96条）、その所有権は適法に犯人に移転し、被害者を害する行為とはいえないので、盗品等とはいえないとする見解（牧野826頁以下）があるが、通説はこれを、取り消される以前にも法律上の追求権の可能性が認められるから、盗品等と解する（木村169頁、団藤664頁、大塚336頁）。これを取り消される可能性があるから追求可能性があるというのではなく、物権的請求権は認められないが、事実上の返還請求権は認められるとするもの（大谷327頁）、さらに債権的請求権は認められると説明するものもある（西田249頁）。

ⓔ 不法原因給付物　これについても盗品等としての性格が認められるかどうかについては、①盗品性を肯定する見解（藤木359頁）、②盗品性を否定する見解（牧野829頁、滝川146頁、曽根193頁）、③本犯たる財産犯の成否に応じて区別する見解（大塚336頁、中森146頁）に分かれる。基本的には、**追求権説**に立てば、不法原因給付物については返還請求権がなく、**盗品性は否定される**が、**違法状態維持説**に立てば、違法性がある以上**盗品である**ということになる。①肯定説は、さらに、民法上の制裁である返還請求権を認めないことと刑法上の違法性とは異なるから、盗品性を認めるべきであるという見解

（中谷瑾子・刑法講座6巻156頁）、民法上の返還請求権が及ばなくても、事実上の所有状態に対して刑法的保護は及ぶべきであるという見解（藤木359頁）も展開されている。②の否定説は、追求権説からの帰結である。③の**区別説**は、横領罪のように、不法原因給付物に対して犯罪が成立しえない場合と、強盗罪・詐欺罪の場合のように犯罪が成立する場合とを区別し、犯罪が成立する場合には盗品となるものとする。本説が妥当である。

❻ 対価たる金銭 　財産罪によって領得された財物そのものが盗品等であるから、それを売却して得た**対価たる金銭**も、盗品たる金銭によって購入した物も盗品性をもたない。盗品等の代替物には追求権は及ばないからである。しかし、判例は、盗品である小切手を呈示して現金を取得した場合、現金自体が盗品となるとする（大判大11・2・28刑集1・82）。この場合、小切手を呈示して現金に替える行為は、**新たな法益を侵害する行為**であるから、それ自体が詐欺行為であり、したがってその現金は詐欺によって得られた盗品等となると解すべきである（内田384頁、大谷345頁、前田416頁）。

3　行 為

本罪の行為は、①盗品等を無償で譲り受けること、②盗品等を運搬すること、保管すること、有償で譲り受けること、またはその有償の処分のあっせんをすることである。

ⓐ 盗品等無償譲受け罪 　本犯の得た利益に与る行為であり、犯罪助長的要素がないので、2項より法定刑が軽くなっている。「**無償で譲り受けたる**」とは、盗品等を代価を支払わずに取得することをいう。贈与を受けること、無利息での消費貸借を受けることも、本罪にあたる（大判大6・4・27刑録23・451）。事実上の処分権を取得する点で保管とは異なる。本犯者の意思にもとづいて譲り受ける必要がある。遺失物の拾得者が盗品であることの認識をもって拾得しても、遺失物横領罪が成立するにすぎない（最判昭23・12・24刑集2・14・1877）。このように、盗品等に関する罪は、本犯者との間で譲り受け、運搬、保管などにつき「合意」が存在しなければならないのである（平野234頁、山口345頁）。無償で譲り受けたといえるためには、合意の成立のみでは不十分であり、盗品等が現実に引き渡されなければならない。本犯が既遂に達した後でなければ成立しない。

ⓑ 盗品等運搬罪 　運搬とは、委託を受けて盗品等を場所的に移転させることをいう。被害者の盗品等に対する追求・回復に影響を及ぼす程度の場

所的移転でなければならないが、遠近を問わない（最判昭33・10・24刑集12・14・3368）。[7] 有償・無償を問わない。すでに有償で譲り受けた者が、その盗品等を他の場所に運搬しても、別に運搬罪を構成しない（前掲最判昭24・10・1）。本犯者と共同して盗品等を運搬した者には運搬罪が成立する（最決昭35・12・22刑集14・14・2198）。学説においては、運搬のために盗品等を取得した時点で盗品性の認識が必要とされるという見解（山口345頁）と運搬の途中でそれを知ったにもかかわらず運搬を続行した場合でも運搬罪が成立するという見解（大塚340頁、大谷347頁）の対立がある。運搬罪は、継続犯であり、本犯からの占有移転を概念要素とはしていないので、占有移転の認識が不要である。したがって、後説が妥当である。情を知った時点からは、本犯者との間で合意があったものとみなされる（また、追求権を侵害しているからである）。本犯者が、運搬者が情を知っていることを認識している必要はない。[8] しかし、盗品であることを知った第三者が、本犯者に無断でそれを運搬した場合には、そもそも運搬することについて合意がないので、運搬罪は成立しない。[9]

盗品等を被害者のもとへ運搬する行為については、判例は、「被害者のためになしたものではなく、窃盗犯人の利益のためにその領得を継受して贓物の所在を移転したものであって、これによって被害者をして該贓物の正常なる（無償返還請求権の行使による）回復を全く困難ならしめたもの」であるとして、運搬罪の成立を肯定した[10]（最決昭27・7・10刑集6・7・876）。しかし、学説においては、被害者の追求を困難にするとはいえないから、運搬罪は成立しないとするのが通説である（大塚338頁、大谷347頁、曽根194頁、西田274頁、山口346頁、反対=前田419頁、井田・現代的展開262頁）。この事案については、被害

---

[7] 最高裁は、この判決で、盗品を移転の目的たる宅「付近」から同人宅4畳半の押入れまで運んだ事案で、「その運んだ距離にさほど遠くない」ものがあっても、権利の実行を困難ならしめたものということができるとする。
[8] 反対=林312頁、山口346頁。しかし、意思の連絡がなければ本犯助長性が認められないわけではない。本犯助長は、心理的助長に限らず、少なくとも本犯に運搬させているという認識があれば、物理的助長と併せて本犯助長性が肯定される。
[9] 合意がない場合は、盗品等に対する窃盗罪が成立しうる。札幌高判昭27・3・8高刑集5・3・406は、「他人の占有に属する贓物を不法領得する意思を以て運搬するときは窃盗罪が成立し、贓物運搬罪は成立しないものと解すべきである」としている。
[10] 事案は、ミシンを窃取された被害者から取戻しの依頼を受けて犯人をつきとめ、8万円なら売ってやると言われ、被害者から8万円を受け取って、犯人に支払い、当該ミシンを被害者宅に運搬したというものである。

者の依頼を受けた者が、被害者の追求権行使の一環として運搬しているのであり、本犯助長・誘発のおそれはなく、この観点からも運搬罪は成立しないというべきであろう（☞ⓔ後掲最決平14・7・1）。

　ⓒ　**盗品等保管罪**　保管とは、委託を受けて盗品等を保管することをいう。有償・無償を問わない（大判大3・3・23刑録20・326）。寄託を受ける場合、質物として受領する場合（大判明45・4・8刑録18・443）、貸金の担保として受け取る場合（大判大2・12・19刑録19・1472）等が含まれる。保管契約が締結されただけでは足りず、盗品を受け取ったことが必要である（京都地判昭45・3・12刑月2・3・258）。盗品であることを知らずに委託を受けて保管していた者が、事情を知った後も保管しつづけた場合、**事情を知った後**、本罪が成立する。保管とは、①盗品等を受け取って保管を開始し、②保管を継続する行為であるが、①の占有移転行為が不可欠であるとすると、保管は状態犯であるということになる。②の占有の移転を伴わない保管行為で十分であるとすると、継続犯であるということになる。判例は、**知情後の保管罪の成立**を肯定する[11]（最決昭50・6・12刑集29・6・365＝百選75）。学説においては、この判例の見解に対して批判が強い。追求権の実現の困難は、占有移転によってもたらされるのであるから、**占有移転の段階での盗品性の認識**が必要であるとする（平野235頁、中森148頁、曽根196頁、山口347頁）。しかし、保管罪における保管の概念に占有移転は構成要件要素ではないから、この点の主観的要素も必要ではない。また、保管状態の継続は、盗品等の発見を困難にし、被害者の追求を困難にするものである。本犯助長行為の面からも、盗品等の保管によって助長される側面のあることを否定できない（西田273頁）。知情後の保管については、少なくとも、本犯は、「情を知らない保管」の認識はあったところに、盗品等を与った者が情を知ったのであるから、その時点から両者の「合意」が生じたといえる。

　ⓓ　**盗品等有償譲受け罪**　有償譲受けとは、盗品等を、**対価を提供して取**

---

[11] 「贓物であることを知らずに物品の保管を開始した後、贓物であることを知るに至ったのに、なおも本犯のためにその保管を継続するときは、贓物の寄蔵にあたるものというべき」である。原審は、その理由を次のようにいう。「けだし、窃盗罪の事後従犯として、盗品に対する被害者の追及権を保護し、かつ、窃盗本犯を助長する行為を禁ずる等の贓物罪の保護法益および立法理由に徴すれば、贓品の返還が可能であり、かつ、法律上これを拒否する理由がないのに拘らず、知情後においてもなお保管を継続する行為と、当初より贓物であることの情を知りながらこれを預り保管する行為とを区別する理由はないからである」。

得すること をいう。売買、交換（大判昭14・12・22刑集18・572）、債務の弁済（大判大10・1・18刑録27・5）、代物弁済、利息付消費貸借（福岡高判昭26・8・25高刑集4・8・995）など、いかなる形態でもよい（大判大12・4・14刑集2・336）。本犯者から委託を受けたかどうかに関係しない。契約が成立しただけでは足りず、盗品が現に引き渡されたことを要する（大判大12・1・25刑集2・19、最判昭24・7・9刑集3・8・1193）。盗品が引き渡された以上、代金の支払がなくても本罪を構成する（大判大12・5・31刑集2・465）。本犯者から直接に買い受ける場合のほか、他の有償譲受け人から転買を受ける場合でもよい（大判昭8・12・11刑集12・2304）。盗品等であることの情を知って買い受けを承諾し、その引渡しを受けた以上、その目的物の数量、代金額等について具体的取り決めがなくても、有償譲受け罪が成立する（前掲最判昭24・7・9）。現実に取得するときに盗品等であることを認識していればよい。取得後に盗品等であることを知ったときは、本罪は即成犯であり、犯罪は成立しない。

　ⓔ 盗品等有償処分あっせん罪　有償処分あっせんとは、盗品等の有償的な処分、すなわち、売買、交換、質入などの **媒介・周旋** をすることをいう（大判大3・1・21刑録20・41）。有償・無償を問わない（最判昭25・8・9刑集4・8・1556）。本犯者からの委託の有無を問わない。行為者の名義をもってすると、本犯の名義またはその代理名義をもってするとを問わない（最判昭24・1・11刑集3・1・13）。直接に買主に対して行う場合でも、間接に他人を介して行われる場合でもよい（前掲大判大3・1・21）。盗品等は現実に存在することが必要であり、将来窃取すべき物の売却を周旋しても、窃盗幇助罪の成立はあっても、本罪は成立しない（最決昭35・12・13刑集14・13・1929）。売買を仲介・周旋した事実があれば、売買契約が成立しなくても、有償処分あっせんが成立するというのが判例[12]（最判昭23・11・9刑集2・12・1504、福岡高判昭24・10・21高刑特1・255、平野・小野還暦(1)361頁＝刑法の基礎217頁、前田419頁）であるが、追求権説からは、少なくとも周旋にかかる契約の成立したことを要するとされる（大塚339頁、大谷349頁）。追求権の実現の困難性の観点を強調するあまり、現実的な物の授受がない限り本罪は成立しないというのは（曽根189頁、西田276頁、山口347頁）、有償処分のあっせん者が、物の授受に関与

---

[12] 最判昭26・1・30刑集5・1・117においては、次のように述べて、本犯助長的性格が強調されている。「（法が贓物牙保を罰するのはこれにより被害者の返還請求権の行使を困難ならしめるばかりでなく、一般に強窃盗の如き犯罪を助成し誘発せしめる危険があるからである）」。

しない実態からいって、犯罪の成否を行為者に直接に関係のない犯罪行為後の条件にかからせるものであり、疑問である（大谷349頁）。この意味で、有償譲受け、運搬、保管等が、現実の占有の移転を要求するのとは、要件と行為類型が異なるといえる。あっせん行為が、本犯を誘発する危険がとくに大きいという類型的性格をもつこともこれを裏付ける。

近時、**最高裁**は、手形ブローカーから入手した盗品である約束手形の売却を依頼され、それらが盗品であることを知りながら、窃盗被害に遭った会社の子会社に売却した事案に有償処分あっせん罪の成立を認めた（最決平14・7・1刑集56・6・265＝**百選74**）。

> すなわち、被害者に盗品等を回復させる行為が盗品等処分あっせん罪にあたるかにつき、その本犯助長的性格にかんがみて、これを肯定したものである。最高裁は、次のようにいう。「盗品等の有償の処分のあっせんをする行為は、窃盗等の被害者を処分の相手方とする場合であっても、被害者による盗品等の正常な回復を困難にするばかりでなく、窃盗等の犯罪を助長し誘発するおそれのある行為であるから、刑法256条2項にいう盗品等の『有償の処分のあっせん』に当たると解するのが相当である」。

4 故 意

盗品等であることの認識が必要である。認識は未必的なもので足りる（最判昭23・3・16刑集2・3・227）。財産罪のどれかによって領得された物であることを認識していれば足り、どのような犯罪によって領得されたかを知っている必要はない（大判大3・3・14刑録20・297）。また、本犯者（前掲大判昭8・12・11）ないし被害者が誰であるかも知っている必要はない（大判明44・3・9刑録17・295）。本犯の行われた日時、場所、品目についても同様である（大判大12・12・8刑集2・930）。**認識（知情）の時期**については、実行行為のときであり、盗品等の移転を成立要件として必要とする犯罪については、その時点が実行行為のときである。したがって、盗品等を贈与され、買い受けたときには、そのときに認識している必要がある。しかし、盗品等であることを知らずに売買契約を締結したが、その後、受領までにこれを知った場合、有償譲受け（故買）罪が成立する（大判昭6・11・9刑集10・551）。判例においては、有償譲受け罪につき、取引後に情を知ったときでも「現実に移転のある際に贓物たるの情を知って」いるとして盗品等罪の成立を認めたものがある（最判昭24・11・1裁判集刑14・333）。本犯との間に**意思の連絡**が必要かについては学説が分かれている。肯定説（山口345頁、前掲最判昭23・12・24）が有力であ

る。本犯者が盗品等であることを明かす必要はなく、盗品等罪の行為者に故意があれば足りるとする否定説（大谷350頁）も唱えられている。意思の連絡は、本犯者が、盗品等罪の行為者が情を知っているとの認識までは必要でないというべきであるが、それを除く意思の連絡は必要である。

5 罪数・他罪との関係

ⓐ 罪 数 　本罪の個数は、一般的には、被害者の追求権の侵害の回数によって決められる。本罪の行為は、有償譲受けの後に運搬し、または保管の後に有償処分のあっせんをするといったように、相次いで行われることが多いが、そのような場合には、原則的に包括的に評価される。保管の後、無償で譲り受けた場合には、無償譲受け罪も成立するが、包括して保管罪で評価される。保管・有償譲受けの後、運搬したとき、有償処分のあっせんの後、保管され、運搬されたときも、それぞれ包括一罪として前者の罪が成立する。保管の後無償で譲り受けた場合、判例は、保管罪のみの成立を認める（大判大5・7・20刑録22・1293）。しかし、保管した盗品等をいったん依頼者に返還した後、さらに依頼されて有償処分のあっせんをした場合には、保管罪と有償処分のあっせん罪の併合罪とする（最判昭25・3・24刑集4・3・407）。

本犯の教唆者・幇助者が、本犯の取得した財物について盗品等罪を犯した場合には、本犯の教唆犯・幇助犯と盗品等罪との併合罪であるとする**併合罪説**（植松469頁、大谷350頁、最判昭24・7・30刑集3・8・1418）と牽連犯であるとする**牽連犯説**（大塚340頁、曽根192頁、中森148頁、前田420頁）とがある。その根拠は、いずれも、両罪の罪質の相違から、本罪の本犯助長的性格にかんがみて、それには本犯の共犯行為を超えた不法が認められるという点にある。窃盗教唆罪と盗品等罪とが、類型的に手段・結果の関係に立つかどうかが問題であるが、必ずしも手段・結果関係に立つものではないであろう。判例は、窃盗教唆の後、盗品等を有償で譲り受けた場合、窃盗教唆罪と有償譲受け罪の併合罪（大判明42・3・16刑録15・258）、強盗の幇助者が、正犯の盗取した財物を情を知って買い受けた場合、強盗幇助罪と有償譲受け罪の併合罪（前掲最判昭24・10・1）であるとする。

ⓑ 他罪との関係 　まず、**詐欺罪との関係**については、盗品等の有償処分のあっせんをする際に、情を知らない買主から代金を受け取るのは、あっせんの当然の結果であるから、詐欺罪は成立しない（大判大8・11・19刑録25・

1133)。実質的な根拠としては、善意の買主は、民法上保護されるから、詐欺罪を認める必要はないという理由が挙げられる（西田277頁）。ただし、あっせん罪の既遂の時期が盗品等の移転の時期であるとすればこの説は妥当であるが、契約の成立によって既遂になるとすると、代金は受け取ったが、動産の占有や不動産の登記の移転がないために、買主が損害をこうむることもあるから、この見解は不当であるとする（西田277頁）。

既述のように、盗品等罪は、他人が不法に取得した盗品等について成立する犯罪であるから、本犯の正犯ないし共同正犯には、盗品等罪は成立しない（前掲最判昭24・10・1）。例えば、窃盗罪の正犯が、他者と共同で窃取した財物を運搬した場合、窃盗犯人には盗品等運搬罪は成立しないのである。

盗品等を所持する本犯に対して、窃盗罪、強盗罪、詐欺罪、恐喝罪が行われた場合には、それらの財産罪が成立する。**横領罪**については、判例は、古くは、盗品等の保管者が、その盗品等を不法に着服した場合、すでに盗品等を保管していることによって被害者の追求権を侵害している以上、はじめから盗品等を有償・無償で譲り受けて追求権を侵害するのと差異はないから、盗品等罪のほかに横領罪を認めるべきではないとして、横領罪の成立を否定した（前掲大判大11・7・12）が、最高裁は、横領罪を肯定する[13]（最判昭36・10・10刑集15・9・1580）。遺失物である盗品等を領得すれば、遺失物横領罪のみが成立し、本犯との合意はないから、無償譲受け罪は成立しない（前掲最判昭23・12・24）。

§108　親族間の犯罪に関する特例

> 配偶者との間又は直系血族、同居の親族若しくはこれらの者の配偶者との間で前条の罪を犯した者は、その刑を免除する（257条1項）。
> 前項の規定は、親族でない共犯については、適用しない（同条2項）。

1　意　義

盗品等の罪につき、親族間の犯罪に特例が設けられた趣旨は、一定の親族関係にある者が本犯の利益に関与し、本犯者を庇護し、またはその利益を助長するために盗品を処分する行為は、不法ではあるが、**処罰に値する責任非難が減少する類型**にあたるという点にある。財産罪に関する親族間の特例は、

---

[13]「所論金員は、窃盗犯人たる第一審相被告人Tにおいて、牙保者たる被告人に対しその返還を請求し得ないとしても、被告人が自己以外の者のためにこれを占有して居るのであるから、その占有中これを着服した以上、横領の罪責を免れ得ない」とする。

窃盗罪に関する親族相盗例（244条）の準用規定を置くことによって行われている（251条）が、親族相盗例ないしその準用は、加害者と被害者が一定の親族関係にある場合に、「法律は家庭に入らない」という思想を根拠にするものである。しかし、盗品等に関する罪においては、本犯の被害者と盗品等罪の犯人との間には本犯者が介在しており、被害者と盗品等罪の犯人との間に親族関係が存在することは、偶然でしかない。むしろ、本犯者と盗品等罪の犯人との間の親族関係を根拠に特例が定められていると解すべきである。親族相盗例の準用という形式を採らなかった根拠もここにある。

2　要　件

配偶者、直系血族、親族の意義は民法による。同居とは、同一の場所で同一の家計のもとに日常生活を営んでいることをいう（最決昭32・11・19刑集11・12・3093）。

ⓐ　身分関係の意義　身分関係が誰と誰との間に必要かについては、学説が対立する。①**通説・判例**は、**盗品等罪の犯人と本犯者の間**に存在することが必要であるとする（団藤669頁、平野235頁、大塚343頁、内田391頁、大谷351頁以下、西田279頁、前掲大判大3・1・21、最決昭38・11・8刑集17・11・2357）。②**少数説**には、本条を親族相盗例と同旨の規定と解し、この身分関係は、**盗品等罪の犯人と本犯の被害者の間**を指すとするもの（小野283頁、植松470頁、香川592頁）がある。しかし、本条が犯人庇護・事後従犯的観点から定められた特例であるという理解を基礎とすれば、少数説は不当である。その他、③身分関係は、**盗品等罪の犯人と本犯者との間**に存在する場合を**原則**として、**盗品等罪の犯人と本犯の被害者の間**に存在する場合についても**例外**的にその準用を認める見解（中山353頁、曽根・重要問題263頁）もある。

この③の見解は、盗品等罪の犯人と本犯の被害者との間に親族関係が存在する場合に準用を認める根拠として、追求権の行使を困難にする度合いが低く違法性が減少すること、本犯の被害者が盗品等罪の犯人に盗品等の返還を強くは期待できず、責任が減少することを挙げる（曽根・重要問題254頁）。しかし、親族関係があっても追求権の行使の困難性の程度には影響はない。また、追求権の行使の困難性が少ないことと、返還を期待困難なことは相矛盾するが、逆方向の事由が違法性減少事由とともに責任減少事由にはたらくとするのは自家撞着である。追求権説からもこの説を正当化することはできない。むしろ、盗品等罪が間接領得犯であることを根拠に親族相盗例の準用が

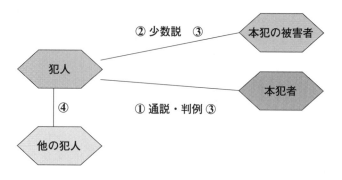

考えられるべきであるが（草案360条参照）、条文上の根拠がないがゆえに立法的解決を待つべきであろう。

④ **盗品等罪の犯人相互間**にこのような身分関係が存在する場合にも、本条を適用すべきであるとする見解（中山353頁、内田392頁、曽根197頁、中森149頁以下、前田422頁、山口・探究223頁、同351頁、林313頁）がある。盗品等罪も財産犯であり、この場合も**期待可能性は減少する**ことを理由とする。しかし、本犯助長の点について身分関係の存在による期待可能性の減少を考慮するのが本条の趣旨であるから、このような場合に本条を適用する根拠はないというべきであり、**否定説たる通説**（大塚343頁、大谷352頁、西田279頁、前掲最決昭38・11・8）が妥当である。

本犯が共同正犯である場合に共同正犯中の一人と盗品等罪の犯人との間に、この身分関係が存在しても、当該の共同正犯者が盗品等罪に関与したのでない限り本規定の適用はない（最判昭23・5・6刑集2・5・473）。

❻ **刑の免除の根拠**　これについては、①人的処罰阻却事由であるとする見解（小野84頁、香川593頁、大塚343頁、大谷352頁）、②可罰的違法性が阻却されるとする見解（井上＝江藤206頁）、③期待可能性がないがゆえに責任が阻却されるとする見解（滝川149頁、佐伯172頁）が対立している。②③の見解は、犯罪不成立とする点で、刑の免除が有罪判決を意味するとする刑事訴訟法の規定（刑訴333条1項、334条）に反すると批判される。私見によれば、期待可能性は、可罰的責任に位置づけられる要素であり、したがって、本条の趣旨は、親族関係の存在にもとづく**可罰的責任が減少する**場合であると解すべきである。刑の免除を根拠づける程度に可罰的責任が減少する場合は、刑

事訴訟法 (333条1項) 上の「犯罪の証明があったとき」にあたり、有罪であるが、刑罰が阻却される場合である。

第9節　毀棄および隠匿の罪

§109　総説

1　意義

毀棄および隠匿の罪は、財物に対する毀損行為・隠匿行為によりその効用を滅失し、利用を妨げる犯罪である。公用文書等毀棄罪（258条）、私用文書等毀棄罪（259条）、建造物等損壊罪・同致死傷罪（260条）、器物損壊罪（261条）、境界損壊罪[1]（262条の2）、および信書隠匿罪（263条）がこれにあたる。昭和62年の刑法の一部改正の際には、公用文書等ならびに私用文書等毀棄罪の客体には、「電磁的記録」も加えられた。

毀棄・隠匿の罪は、物の効用を害し、場合によっては、それを物質的に滅失させる点で、社会総体的には有害性が高いともいいうるが、粗暴犯であって利欲犯ではない点で、責任非難が類型的に高くなく、また、一般予防の必要性も高くないがゆえに、法定刑は領得罪よりもかなり低くなっている（大谷353頁以下、西田280頁、山口352頁）。

2　毀棄・損壊の概念

文書の「毀棄」、建造物ないし器物の「損壊」の概念については、客体の相違により使い分けられているが、実質的には同義である。これに関しては、**物理的損壊説**と**効用侵害説**が対立している。前説は、毀棄・損壊には、財物を物理的に損壊することを要するものとする（曽根199頁）。これに対して、後説は、物理的損壊のみならず、財物の効用を害する一切の行為を含むとする（通説・判例）。他人の養魚池の水門を開いて鯉を流失させる行為（大判明44・2・27刑録17・197）や食器に放尿する行為（大判明42・4・16刑録15・452）、さらには、競売事件の記録を持ち出して隠匿する行為（大判昭9・12・22刑集13・1789）は、前説によれば、毀棄・損壊ではないが、後説によれば、それにあたる。前説、つまり物理的損壊説は、毀棄・損壊の日常用語的意味

---

[1] 本規定は、昭和35年の刑法の一部改正の際に不動産侵奪罪の新設に伴って加えられたものである。

に近いが、規範の解釈としては、物理的損壊に至らなくても、物の利用が侵害されれば、これにあたると解するのでなければ、不当な処罰の間隙を生じることになるのみならず、信書隠匿罪（263条）の処罰根拠を適切に説明できなくなるなど、体系的・論理的解釈に反することになる。したがって、効用侵害説が妥当である。

近時、コンピュータ・ウィルス・ファイルを受信させ、パソコン内蔵のハードディスクの効用を害した事案につき器物損壊罪に問われた判例がある（東京地判平23・7・20判タ1393・366、東京高判平24・3・26東京高刑時報63・1＝12・42）。いわゆる「**イカタコ・ウィルス事件**」判決であり、事案は以下の通りである。

被告人は、音楽ファイル等に仮装したコンピュータウィルスファイル（通称イカタコウィルス）をファイル共有ソフトのネットワーク上に公開し、その旨誤信した被害者3名をして、各人のパソコンで同ウィルスファイルを受信、実行させたことにより、パソコン内蔵のハードディスクに記録されていた**ファイルを使用不能にし、事後新たに記録されるファイルも使用不能となる状態にした行為**につき、**第1審**は、ハードディスクの効用を害したとして**器物損壊罪**が成立するとした。**控訴審**では、被告人側は、ハードディスクは初期化の操作をすれば本来の動作が可能な状態に戻るから、ハードディスク自体の効用は何ら侵害されていないと主張したが、保存していたファイルは使用不能となったものを含めてすべて消滅するのだから効用が害されたことは明白であるとし、本件のような電磁的記録の消去行為については、不正指令電磁的記録供用罪（68条の2第2項、第1項1号）に当たりうるのであり、器物損壊罪ではないと主張したが、これに対して、「不正指令電磁的記録供用罪は、電子計算機のプログラムに関する社会の信頼という社会的法益として新設されたのであり、器物損壊罪とは保護法益も構成要件も異なると解される」とし、原審判断に誤りはないとした。

§110　公用文書等毀棄罪

公務所の用に供する文書または電磁的記録を毀棄した者は、3月以上7年以下の懲役に処する（258条）。

1　保護法益

本罪の保護法益は、公用文書および公用電磁的記録の使用価値である。ただし、公用文書・電磁的記録であるので、同時に公務の円滑な遂行も保護されている。[2]次条以下の犯罪の法定刑（3年以下、5年以下の懲役）と比べて、法定刑が重い点（7年以下の懲役）にこれが現れている。

---

[2] 改正刑法草案は、公用文書等の損壊を公務妨害罪に位置づけている（148条）。

第9節　毀棄および隠匿の罪　§110　公用文書等毀棄罪◇　487

2　客体

　公務所の用に供する文書または電磁的記録である。「**公務所の用に供する文書**」とは、現に公務所で使用中の文書および公務所において使用の目的で保管する文書をいう。公務所が作成名義人である公文書とは区別される必要がある。したがって、公文書でも私文書でもよい。作成目的も、公務所のためであっても私人のためであってもよい（大判明44・8・15刑録17・1488、最判昭38・12・24刑集17・12・2485）。また、偽造文書（大判大9・12・17刑録26・921）、未完成の文書[3]（最決昭32・1・29刑集11・1・325、最決昭33・9・5刑集12・13・2858、最判昭52・7・14刑集31・4・713）、完成のための手段方法が違法な、あるいは欠陥のある文書[4]（最判昭57・6・24刑集36・5・646）、保存期間を経過した文書（大判明42・7・8刑録15・987）、証明の用に供せられない文書[5]（前掲最判昭38・12・24）であるとを問わない。

　図画・有価証券が本条の文書にあたるかどうかについては、図画は文書の一部となっている場合のほかは文書に含まれないが、有価証券については、文書毀棄罪の客体となりうるというべきであろう。

　電磁的記録とは、電子的方式、磁気的方式、その他、人の知覚によって認識することができない方式により作られた記録であって、電子計算機による情報処理の用に供するものをいう（7条の2）。公務所の用に供する電磁的記録とは、現に公務所に保管されている電磁的記録のみならず、公務所が外部からのアクセスにつき管理している電磁的記録をも含む。公電磁的記録であると私電磁的記録であるとを問わない。

3　行為

　本罪の行為は、毀棄することである。**毀棄**とは、前述の通り、物理的損壊

---

[3] 最判昭52・7・14は、警察官が作成中の、自己にかかる弁解録取書を引きちぎったという事案に対して、「当該公務員が公務所の作用として職務権限に基づいて作成中の文書は、それが文書としての意味、内容を備えるに至った以上、右にいう公務所において現に使用している文書にあたる」としたものである。
[4] 最判昭57・6・24は、「本件供述録取書のように、これを完成させるために用いられた手段方法がたまたま違法とされるものであっても、……既にそれが文書としての意味、内容を備えるに至っている以上、将来これを公務所において適法に使用することが予想されなくはなく、そのような場合に備えて公務所が保管すべきものであるというべきであり」、公務所の用に供する文書にあたるとする。
[5] 駅助役が急告板に白墨を用いて記載し掲示した文言を、黒板拭をもってその記載文言を全部抹消した事案につき、公用文書であることを認めたもの。

のみならず、**物の効用を害する一切の行為**[6]をいう。文書を破り捨てる行為が典型的であるが、内容の一部またはその署名・押印を抹消する行為（大判大11・1・27刑集1・16）も毀棄である。また、弁解録取書を両手で丸め、しわくちゃにしたうえ床の上に投げ捨てる行為も毀棄である（前掲最決昭32・1・29）。文書の実質的部分を害さず、たんに形式的部分を毀損するのも毀棄であるから、文書に貼付された印紙を剝離するのも毀棄である（前掲大判明44・8・15）。公用文書を **隠匿** する行為は、毀棄にあたるかどうかについては争いがある。毀棄行為を有形的に **物体に作用する場合に限定する立場** から、**否定説**（木村174頁、曽根200頁）も唱えられているが、隠匿行為を処罰できなくなり問題であるとして、隠匿を **効用毀損の一態様** と解するのが **通説・判例**（大谷355頁、山口353頁、前掲大判昭9・12・22、私用文書につき、最決昭44・5・1刑集23・6・907）である。電磁的記録の毀棄とは、電磁的記録の効用を失わせることである。記録媒体の物理的損壊、記録の消去がその例である。内容の消去・改変が「新たな証明力」を生じさせる場合には文書偽造、電磁的記録不正作出罪が成立する。

§111　私用文書等毀棄罪

> 権利又は義務に関する他人の文書又は電磁的記録を毀棄した者は、5年以下の懲役に処する（259条）。親告罪である（264条）。

1　客体

客体は、権利または義務に関する他人の文書または電磁的記録である。「**権利又は義務に関する**」とは、権利または義務の存在・得喪変更・消滅などを証明しうるものであることをいう（大判昭11・7・23刑集15・1078）。権利・義務に関する文書ではなく、事実証明のための文書は、本罪の客体ではない[7]。「他人の文書」とは、他人名義の文書を意味するのではなく、他人が所有する文書の意味である。他人が所有する文書であれば、公文書であると私文書であるとを問わない。債務証書（大判明37・2・25刑録10・364）、公務員の退職届（大判大10・9・24刑録27・589）がその例である。有価証券である小

---

[6] 教職員が公立高校の入試答案の誤った解答部分を消しゴムで消し、鉛筆で正解を記入したとき、受験番号の記載を署名とみなして有印私文書偽造・同行使を認めたほか、公用文書毀棄罪が成立するとした判例（神戸地判平3・9・19判時797・269）がある。
[7] 事実証明に関する文書の毀棄については、器物損壊罪（261条）が適用される。

切手が私用文書に含まれるとするのが判例である（前掲最決昭44・5・1）。これに対し、学説は、**肯定説**（大塚347頁、中山357頁）が多数であるが、**否定説**（香川・注釈6巻594頁）もある。肯定説は、有価証券の経済的価値が文書より大きく、これを含める方が合理的な解釈であるとする。

「他人の」電磁的記録とは、他人の支配・管理するものの意味である。公電磁的記録であると私電磁的記録であるとを問わない。預金元帳ファイルの記録、電話料金の課金ファイル、テレフォンカードの磁気情報部分が挙げられる。

自己の所有する文書であっても、差押えを受け、物権を負担し、または賃貸したものであるときは、本罪の客体となる（262条）。

2 行 為

毀棄することである。「**毀棄**」の意義については、公用文書毀棄罪と同様である。判例によれば、他人が所有する自己名義の文書の日付を改ざんすること（前掲大判大10・9・24）、文書の内容を変更せず、文書の連署中一名の署名を抹消し、他の者の署名を加えること（前掲大判大11・1・27）は毀棄である。

3 親告罪

本罪は、親告罪である。告訴権をもつのは、原則として、文書の所有者、電磁的記録の管理者である。自己の物について本罪が成立するときは、その文書に対する物上権者が告訴権者である。

§112　建造物等損壊罪・建造物等損壊致死傷罪

> 他人の建造物又は艦船を損壊した者は、5年以下の懲役に処する（260条前段）。よって人を死傷させた者は、傷害の罪と比較して、重い刑により処断する（同条後段）。

1 客 体

客体は、他人の建造物または艦船である。「**建造物**」[8]とは、家屋その他これに類似する建築物であって、屋蓋を有し、牆壁または柱材によって支持され、土地に定着し、少なくともその内部に人が出入りしうるものをいう（大

---

[8] 建造物の「他人性」が問題になった判例として、最決昭61・7・18刑集40・5・438＝**百選77**がある。そこでは、「他人の所有権が将来民事訴訟等において否定される可能性がないということまでは要しない」とする。したがって、この判例によれば、建物の売買契約を締結し、移転登記も済ませたが、売主が、詐欺を理由に取り消した（民96条）後に、この建物を損壊したときにもなお本罪が成立する。

判大3・6・20刑録20・1300）。物置小屋も建造物である（大判明41・12・15刑録14・1102）。しかし、棟上を終えただけでまだ屋蓋や周壁等を有するに至っていない物件（大判昭4・10・14刑集8・477）、潜り戸の付いた門（前掲大判大3・6・20）、塀はこれにあたらない。建造物の構成部分については、**毀損しなければ取り外すことができない状態**にあるものは、建造物に含まれる（大判明43・12・16刑録16・2188）が、建具・造作物のように、毀損することなく自由に取り外すことができるものは、建造物にはあたらない。したがって、家屋の天井板（大判大3・4・14新聞940・26）、敷居・鴨居（大判大6・3・3新聞1240・31）、屋根瓦（大判昭7・9・21刑集11・1342）などは建造物であるが、雨戸、板戸（大判大8・5・13刑録25・632）、障子、ふすまなどは建造物ではない。建造物の一部である屋根瓦であっても、他のものを用いて簡単に補修できる部分は、器物損壊罪の客体になる（団藤675頁、大谷358頁、曽根202頁）。

判例には、鉄筋コンクリート造3階建居宅の一階**アルミ製玄関ドア**に弾丸三発を命中貫通させた事案につき、「ある客体が、建造物損壊罪の対象となる建造物の一部であるかどうかは、器物損壊罪とは別に建造物損壊罪が設けられている趣旨を考慮し、第一次的に、その客体が構造上及び機能上、建造物と一体化し、器物としての独立性を失っていると認めるのが相当であるかどうかの観点から、これを決するのが相当である」とし、「かかる観点から本件をみると、そもそも建造物にとって出入口及び出入口ドアの設置は不可欠であり、出入口ドア（玄関ドア）は外形上も構造上も建造物の外壁の一部をなし、機能上も、外壁の一部として外界との遮断・防犯・防風・防音などの役割を果たす存在であること、本件玄関ドアが、……建物自体に固着された外枠の内側に蝶番等により接合固定されることにより、外枠及び玄関ドア本体は構造上及び機能上一体化するとともに、両者は建造物に強固に固着（適合する器具等なしに玄関ドア本体を取り外すには、鈍器を用いるなど強力な力で蝶番等を破壊しなければならない。）されてこれと一体化するに至っていると認められることなどに照らし、本件玄関ドアは構造上も機能上も建造物（その外壁）の一部をなすものと認めるのが相当である」としたものがある（大阪高判平5・7・7高刑集46・2・220）。

また、**最近の最高裁**の事案は、建造物に取り付けられたドアを金属バットで叩いて凹ませた事案につき、建造物損壊罪が成立するかが問われたものである（最決平19・3・20刑集61・2・66）。本件ドアは、5階建て市営住宅1階に

ある居室の出入口に設置された金属製開き戸であり、上記建物に固着された外枠の内側に3個のちょうつがいで接合され、外枠と同ドアとは構造上家屋の外壁と接続しており、一体的な外観を呈しているものである。凹損の塗装修繕工事費用の見積金額は2万5000円であった。弁護人は、本件ドアは、適切な工具を使用すれば容易に取り外しが可能であって、損壊しなければ取り外すことができないような状態にあったとはいえないから、器物損壊罪が成立するにすぎないと主張した。これに対し、最高裁によれば、「建造物に取り付けられた物が建造物損壊罪の客体に当たるか否かは、当該物と建造物との接合の程度のほか、当該物の**建造物における機能上の重要性**をも総合考慮して決すべきものである」とし、「本件ドアは、住居の玄関ドアとして外壁と接続し、外界とのしゃ断、防犯、防風、防音等の重要な役割を果たしているから、建造物損壊罪の客体に当たるものと認められ、適切な工具を使用すれば損壊せずに同ドアの取り外しが可能であるとしても、この結論は左右されない」として、建造物損壊罪を認めた原判決を妥当と判断した。

「艦船」とは、軍艦および船舶をいう。航行能力があることが必要であり、廃船となっているもの、解体中のものは艦船ではない（広島高判昭28・9・9高刑集6・12・1642）。艦船に人が現在していることを要しない。「他人の」とは他人の所有を意味する。自己の建造物・艦船であっても、差押えを受け、物権を負担し、または賃貸したものは本罪の客体である（262条）。本条は、建造物・軍艦に準じる規模のものであることを要し、小船・小舟艇は含まないという解釈も唱えられている（内田399頁）。しかし、公共危険罪である往来妨害罪とは法益が異なるから、本罪についてはこのような限定は不要である（香川・注釈6巻598頁、大谷359頁、飯田・大コンメ13巻554頁）。艦船の一部を損壊した場合については、船体に固着してこれと一体をなす機関を破壊して航行できないようにしたとき、その回復が容易であっても艦船損壊罪にあたる（大判昭8・11・8刑集12・1931）。なお、モーターボートのフロントガラスも、取り外しには特殊な道具と専門的技術が必要なため、艦船の一部とした判例もある（広島高判昭53・11・2刑月10・11＝12・1369）。

2 行　為

「**損壊**」は、物理的に形体を変更しまたは毀損することによって、あるいはその他の方法によって建造物・艦船の全部または一部の効用を減却・減損することをいう（東京高判昭26・3・7高刑特21・36）。効用を減却・減損すれば

よいから、その本来の用法に従って使用できない状態に至らせれば、損壊である。建造物や艦船の主要構成部分を毀損したことを要しない（大判明43・4・19刑録16・657）。例えば、他人の居住する住居を地上から持ち上げ定着点から十数間移動させた場合（大判昭5・11・27刑集9・810）も損壊である。主要部分とはいえなくても壊さなければ取り外しのきかない部分を毀損すれば損壊である。しかし、建造物・艦船の効用に影響のない程度の毀損は、損壊とはいえない（広島高判昭37・1・23刑集18・9・634）。

屋根瓦のように、建造物と一体となっているが、容易に取替えができ、補修も簡単なものの軽微な毀損は、物理的損壊を伴う場合であっても、それが建造物等の効用を害さない限り、損壊ではないというべきである。[9]

物理的毀損を伴わないが効用滅失・減損といえるかどうかが問題となるのが、**建造物へのビラ貼り**と損壊罪の成否の問題である。

まず、物理的毀損を伴わなくても、本来の用法に従った効用が妨げられる場合がある。[10] 例えば、窓ガラス一面へのビラ貼りのため採光が妨げられた場合ないし見通しが阻害されたような場合であるが、これらの場合には、効用減損があったということができよう。

第2に、建造物の効用には、本来的用法に従って使用する場合の効用のほかに、それに付随する効用である建造物の美観・威容等が含まれるか争われているが、**下級審の判例**は、建造物にはその機能や価値に応じてそれぞれ美観があり、その美観を著しく害することは、建造物の効用を減損するものであるとする（名古屋高判昭39・12・28下刑集6・11＝12・1240、名古屋高金沢支判昭42・3・25下刑集9・3・191）。しかし、感情上の美観が損なわれただけで、建造物の機能上の本来的効用が減損していなければ、損壊とはいえないであろう。

---

[9] 判例は原状回復の難易は損壊罪の成否に影響しないとする（前掲大判昭8・11・8、最判昭25・4・21刑集4・4・655）。

[10] **最高裁**は、「被告人らが、多数の者と共謀の上、闘争手段として、当局に対する要求事項を記載した原判示ビラを、建造物またはその構成部分たる同公社Ｂ電気通信局庁舎の壁、窓ガラス戸、ガラス扉、シャッター等に、3回にわたり糊で貼付した所為は、ビラの枚数が1回に約4,500枚ないし約2500枚という多数であり、貼付方法が同一場所一面に数枚、数十枚または数百枚を密接集中させて貼付したこと等原審の認定した事実関係のもとにおいては、右建造物の効用を減損するものと認められる」とした（最決昭41・6・10刑集20・5・374）。

最高裁の決定によれば、建造物にラッカースプレーでペンキを吹き付け、美観を著しく損ね、利用を妨げた場合、その効用を減損させたがゆえに「損壊」にあたる。

それは、公園内のトイレにペンキを吹き付けた事案に建造物損壊罪を適用したものである。すなわち、被告人は、本件建物の白色外壁に、所携のラッカースプレー2本を用いて赤色及び黒色のペンキを吹き付け、その南東側及び北東側の白色外壁部分のうち、既に落書きがされていた一部の箇所を除いてほとんどを埋め尽くすような形で、「反戦」、「戦争反対」及び「スペクタクル社会」と大書したというものである（最決平18・1・17刑集60・1・29=百選79）。「その大書された文字の大きさ、形状、色彩等に照らせば、本件建物は、従前と比べて不体裁かつ異様な外観となり、美観が著しく損なわれ、その利用についても抵抗感ないし不快感を与えかねない状態となり、管理者としても、そのままの状態で一般の利用に供し続けるのは困難と判断せざるを得なかった。ところが、本件落書きは、水道水や液性洗剤では消去することが不可能であり、ラッカーシンナーによっても完全に消去することはできず、壁面の再塗装により完全に消去するためには約7万円の費用を要するものであった」という。最高裁は、本件行為は、「本件建物の**外観ないし美観を著しく汚損し、原状回復に相当の困難を生じさせた**ものであって、その効用を減損させたものというべきであるから、刑法260条前段にいう『損壊』に当たる」とした。

第3に、下級審の判例の中には、最高裁の判例にもかかわらず、物理的毀損を伴わない効用減損の場合には、軽微な減損で、原状回復の容易な場合には効用の実質的侵害にあたらないとするものがある（札幌高判昭43・3・5下刑集10・3・229）。本来の効用が一時的に侵害されても、原状回復が容易な場合には、損壊とはいえないというべきであり、この基準は、本来的用法に従った効用の阻害の基準を補完するものと位置づけることができよう。

ビラ34枚を駅長室内の板壁や腰板に貼付し、またガラス窓、出入口ガラス戸、衝立などに30枚を貼付した場合について、本罪の成立を否定した**最高裁判例**（最判昭39・11・24刑集18・9・610）があるので、紹介しておこう。本判決は、原判決を相当としたが、理由は挙げていない。そこで、原判決をみると、次のようにいう。「前記ビラ貼行為のために、右建物や器物に物質的な損傷を生じたと認め得るような証拠はなく、却って手を以ってビラを剥ぎ、清水を以ってその跡を洗滌することによって、比較的容易に旧状に復し、ただ一部に、ビラに使用していた赤インクによる汚染が、かすかに残在して居った外はその痕跡を止めない程のもので、前記赤色の汚染にしてもその後日常の清掃によって、間もなく完全に消失したというのであるから、本件の場合建物や器物の物質的有形的な毀損を問題とする余地は存しないばかりでなく、これをより実質的な効用の減損という点から判断して見ても、もともと本件ビラ

貼行為の対象となった駅長室は、同駅々長や駐在運輸長の執務上の便宜のためにする事務室で、併せて来客との応接の用にも供せられていた関係から、或る程度の品位や美観を兼ね備えていることもまた要求せられるところではあるが、そのような用途は比較的第二義的なもので、同室並びにその備品の効用は、より実際的な事務室としての便利と実用を主眼とするものと解せられるのであって、また実際これを司法警察員作成の検証調書等について見ても、右駅長室は改築直前の比較的簡素な駅舎の一部で、その構造並びに備品にしても、特に高度の品位や美観を備えていたとは認められないのである。しかも一方本件ビラ貼の状況を、前記検証調書等によって見ると、なるほどその枚数は相当多数に昇り、若干ながら同室の採光、品位、美観を害したものであることは、否定し得べくもないところではあるが、ビラ貼の箇所、ビラの寸法、形状、紙質、文字の体裁、貼方などは、ほぼ一定し比較的整然として居って、事務室としての同室の効用に、さして障害を及ぼしたと認め得ないのはもちろんのこと、応接室としての効用を著しく毀損する程、その品位や美観を害したものとも認め得ない」のである。

さらに、広島高裁の判例に次のものがある。被告人は、他人の住居の外壁、車庫のシャッター、外塀、門灯および防犯カメラに緑色の合成樹脂塗料を吹き付けたという事案につき、「**外壁**」は、**構造上も外観上も本件建物と一体化**しており、その接合の程度は極めて強く、本件建物において一定程度の重要な機能を果たしていると評価すべきであるから、「建造物」の一部であるとし、「**シャッター**」は、本件建物の北側外壁に密着して取り付けられており、その構造に照らし、容易に取り外すことができず、本件建物との接合の程度は強いと認められること、本件シャッターは、居宅兼車庫として建築された本件建物の１階部分に設けられた車庫の出入口であり、居宅ないし車庫と外界との遮断、防犯、防風、防音等の重要な機能を果たしていると認められることなどを総合して、「建造物」の一部であるとした。また、本判決によると、「『損壊』とは、建造物の本来の効用を減却あるいは減損させる一切の行為をいい、物理的に建造物の全部または一部を毀損する場合だけではなく、その外観ないし美観を著しく汚損し、かつ、原状回復に相当の困難を生じさせ、建造物の効用を減却ないし減損させたといえる場合には、そのような行為は『損壊』に当たる」（前掲最決平18・1・17）とする見解を基礎に、本件落書き行為は、「**建物の外観ないし美観を著しく汚損**し、かつ、**原状回復に相当の困難を生じさせた**ものであると認められ、本件落書きは、本件建物の効用を減損させたものというべきであるから、刑法260条前段にいう『損壊』に当たる」とした（広島高判平19・9・11LEX/DB）。

3　建造物等損壊致死傷罪

他人の建造物を損壊し、その結果、人を死傷させた場合に成立し、傷害の罪と比較して重い刑によって処断される。**結果的加重犯**である。

第9節　毀棄および隠匿の罪　　§113　器物損壊罪◇　495

§113　器物損壊罪

> 前3条に規定するもののほか、他人の物を損壊し、又は傷害した者は、3年以下の懲役又は30万円以下の罰金若しくは科料に処する（261条）。親告罪である（264条）。

1　客体

公用文書等毀棄罪（258条）、私用文書等毀棄罪（259条）および建造物等損壊罪（260条）の客体以外のすべての物である[11]。物の種類・性質を問わない。動産でも建造物以外の不動産でもよい。したがって、整地した敷地を掘り起こして畑として耕作物を植えつけたとき、土地に対する器物損壊罪が成立する（前掲大判昭4・10・14）。水田に生育したれんげ草も本罪の客体である（東京高判昭31・11・22高刑集9・10・1148）。動物も含まれる。動物を傷害した場合を動物傷害罪（☞2）ということがある。電信法に違反する違法な電話施設行為によって施設された施設に付属する器物（最判昭25・3・17刑集4・3・378）も、公職選挙法上違法に掲示された政党演説会告知用ポスターも本罪の客体にあたる[12]。電磁的記録も、公用文書等毀棄罪・私用文書等毀棄罪の客体にあたらない限り、本罪の客体であるとする見解（大谷360頁）があるが、電磁的記録自体は本罪の客体とはならない。ただ、電磁的記録は物的媒体に記録されるから、それを消去した場合には、電磁的記録物はその内容を変更され、「損壊」されうる。

2　行為

損壊とは、物理的に形体に変更を加えまたは滅尽させる行為のほか、**物の本来の効用を損なう行為**をいう（大判明42・4・16刑録15・452）。例えば、他人の食器に放尿し（前掲大判明42・4・16）、あるいは物の利用を妨げる目的で隠匿し、または、木製看板を取り外して空き地に投げ捨てる行為（最判昭32・4・4刑集11・4・1327）、地中に埋設したドラム罐入りガソリン貯蔵所を発掘して、土壌を排除し、そのドラム罐を露出させた行為は、損壊にあたる（前掲最判昭25・4・21）。高校の校庭として使用していた土地に、アパート建築現場と墨書した立札を掲げ、地中に杭を打ち込み、板付けをして保健体育の授業

---

[11] 電気が本罪の客体になるかは、245条の準用規定がないので、「物」の定義に従うことになる。
[12] 事案は、政党の演説会告知用ポスターに表示された政党幹部の肖像写真や氏名の部分などに「殺人者」などと刷られたシールを貼り付けたというものである。

などに支障を生じさせた行為は、損壊である（最決昭 35・12・27 刑集 14・14・2229）。

> **判例**には、強姦目的で自動車内に監禁した女性から携帯電話を取り上げて携帯電話で助けを呼ぶのを妨げたが、その状況が継続したのは、約 3 分間であったとき、いまだ携帯電話の効用そのものが失われたとまで解することはできず、「損壊」と評価できないが、その後、川に投棄した行為をもって損壊にあたるとしたものがある（大阪高判平 13・3・14 判タ 1076・297）（☞§79, 5 **b**）。

「傷害」とは、動物を殺傷することをいう。動物としての効用を失わせる行為が傷害である。例えば、鳥かごを開けて他人の鳥を逃がしたとき、池に飼育されている他人の鯉約 2000 匹を逃がしたとき（大判明 44・2・27 刑録 17・197）、捕獲されたイルカ 150 頭を逃がしたとき（静岡地沼津支判昭 56・3・12 判時 999・135）がそうである。

3 親告罪

本罪は、親告罪である（264 条）。告訴権者は、損壊・傷害された物の所有者（最判昭 45・12・22 刑集 24・13・1862）ないしその適法な占有者である[13]。裁判所支部の公用財産の毀棄については、裁判所長、支部判事、物品会計官吏は、告訴権を有する（大判明 45・5・27 刑録 18・676）。差押えを受け、物権を負担し、または賃貸した物の損壊・傷害については、差押え権者、物権取得者、賃借人にも告訴権がある（東京高判昭 29・12・13 高裁特 1・12・2229）。

§114　境界損壊罪

> 境界標を損壊し、移動し、若しくは除去し、又はその他の方法により、土地の境界を認識することができないようにした者は、5 年以下の懲役又は 50 万円以下の罰金に処する（262 条の 2）。

1 意 義

不動産侵奪罪の新設に伴って昭和 35 年に規定された不動産侵奪罪の予備的行為を犯罪とする規定である。土地の権利関係の明確性を保護するために土地の境界を不明確にする行為を処罰するものである（大谷 361 頁、中森 155 頁、西田 286 頁、山口 362 頁）。

---

[13] 最判昭 45・12・22 は、外国に出稼ぎにいっている夫の所有物が毀損されたとき、これを適法に占有使用していた妻は告訴権を有するとした。なお、刑事訴訟法 230 条は、「犯罪により害を被った者は、告訴をすることができる」と規定する。

2 客体

　客体は、「土地の境界」、すなわち、権利者を異にする土地の限界線である。「境界標」とは、土地の境界を示すために土地に設置された標識である。標識は、柱、杭、塀などの工作物による場合も、立木・自然石などの自然物による場合もある。土地に関する所有権ばかりではなく、地上権、借地権でもよい。府県境、市町村境のような公法上の関係にもとづくものでもよい。事実上、境界を標示するもの、すなわち「事実上の境界」であれば、真正の法律関係を示す境界、すなわち「法律上あるべき境界」でなくてもよい（東京高判昭41・7・19高刑集19・4・463、東京高判昭61・3・31高刑集39・1・24）。

3 行為

　行為は、土地の境界を認識できなくする一切の行為をいう。例示として、刑法は、境界標を損壊し、移動し、もしくは除去する行為を挙げる。「その他の方法」とは、境界標の損壊、移動、除去に準ずるものでなければならない。例えば、境界を流れる河川の水流を変え、境界の溝を埋める行為がそうである。境界を示す図面を毀棄する行為は含まれない。本罪の成立のためには、境界の認識ができなくなるという結果の発生が必要である[14]。境界標を損壊したが、いまだ境界が不明にならない場合には、器物損壊罪は成立するが、本罪は成立しない。境界が認識不能になったことという要件は、絶対的認識不能を意味しない。関係者の証言等で境界を確認する手段が残されていても、本罪の成立を妨げない（団藤679頁）。

4 他罪との関係

　まず、不動産侵奪罪との関係が問題となる。本罪は、不動産侵奪罪の手段として行われることが多いが、別罪を構成するので、両罪の関係は、観念的競合（青柳571頁）または牽連犯（大谷362頁）の関係とされる（大塚354頁）。次に、器物損壊罪との関係については、本罪のみが成立するという見解が有力であるが、観念的競合とする説もある[15]（大塚354頁、大谷362頁）。

---

[14] 最判昭43・6・28刑集22・6・569は、有刺鉄線を張った丸太32本が、境界標とされていたところ、それらの丸太を根元から鋸で切断したが、それらは根元付近で有刺鉄線を付けたまま放置されており、丸太の地中の部分はそのまま残存していたという事案につき、一般論として「認識することができなくなるという結果の発生」を要求しつつ、本事案については、「本件境界は、被告人の行為後も、従来の境界標の一部によって、その認識が可能であった場合であると認定できないことはない」と判示した。

[15] 土地の境界標となっている石垣を損壊し、境界を認識することができなくした事案につき、器物

§115 信書隠匿罪

> 他人の信書を隠匿した者は、6月以下の懲役若しくは禁錮又は10万円以下の罰金若しくは科料に処する（263条）。親告罪である（264条）。

1 客体

客体は、「他人の信書」である。他人の信書とは、特定人から特定人に宛てた意思を伝達するための他人所有の文書である。封緘された信書に限らない。したがって、封書でなく葉書でもよい。信書としての目的を完全に果したものは、信書ではなく、一般の文書として取り扱われる。

2 行為

行為は、「隠匿」である。隠匿とは何かについては、見解の対立がある。文書・器物の「毀棄・損壊」が、**物理的毀損**のみを意味すると解するのか、それとも広く**効用を滅失ないし減損**すればよいと解するのかに応じて、それに「隠匿」を含むかどうかの結論が異なったが、**通説**は、後説を採り、隠匿を毀棄・損壊に含める。その場合、信書隠匿罪における隠匿と器物損壊ないし文書毀棄罪における隠匿とはどのように区別されるのであろうかが問題である。なお、信書隠匿罪の法定刑は、文書毀棄罪・器物損壊罪と比べて軽くなっている。

学説は、①信書隠匿罪を器物損壊罪の**特別減軽類型**と解し、信書毀棄も、**信書隠匿罪に含まれると解する見解**[16]（滝川180頁、福田308頁、中森154頁、前田432頁）、②前説と同じく特別減軽類型とするが、信書隠匿と毀棄を区別し、本罪は、**信書隠匿のみを処罰**し、信書毀棄は器物損壊として処罰されるとする見解（平野236頁、中187頁、藤木373頁、中山365頁、西田287頁、山口361頁）、③毀棄概念につき**物質的毀損説**に立ち、**隠匿は毀棄にあたらない**から、信書の隠匿につき独立罪として処罰しようとするものと解する見解（木村174頁、曽根・重要問題274頁以下）、④信書の利用を不可能にしてその効用を害する隠匿は、器物損壊罪にあたるが、**目的物の発見を妨害する程度の隠匿**は、信書隠匿罪にあたるとする見解（団藤680頁、大塚355頁、内田408頁、大谷363頁）、⑤す

損壊罪と本罪の観念的競合とした判例（前掲東京高判昭41・7・19）がある。

[16] この見解は、隠匿は毀棄の一態様であるとするので、すべての隠匿は毀棄であることを認めることになる。

でに名宛人に到達した信書の隠匿は器物損壊罪にあたるが、これに対して、信書隠匿罪における信書とは、名宛人の占有が設定されていない段階にあるものを意味し、信書隠匿罪は、占有侵害を伴わないため刑が軽くなっていると解する見解（西原242頁）である。

　毀棄・損壊概念につき、物質的毀損説は狭すぎるので採りえない。したがって、③説は不当である。④説は、毀棄には隠匿を含むという見解を基礎にして唱えられている。したがって、隠匿には、利用不能にする隠匿とたんに発見を妨げる隠匿があることになる。このような軽微な隠匿と重大な隠匿の区別は困難である。信書のみについて、軽微な隠匿でも処罰されるという処罰拡大の根拠も明らかでない。したがって、④説も妥当でない。⑤説は、毀棄罪について、占有が誰にあるかによって区別されていないことを説明できない。投函前の発信人が占有する信書の隠匿も占有侵害を伴うが、信書隠匿罪として軽く処罰される理由はないと思われる。結局、出発点としては、信書隠匿罪は、毀棄・損壊罪の特別減軽類型と解し、その根拠は、信書の財産的価値が低い点にあると解する見解が妥当である。①説か②説かどちらが妥当かについては、隠匿概念に毀棄をも含めることはできないので、①説は妥当でなく、信書の「隠匿」だけを信書隠匿罪によってとくに軽く処罰する趣旨と解すべきである。

3　親告罪

　本罪は親告罪である（264条）。

第2編 社会的法益に対する罪

第2編 社会的法益に対する罪

序　章

1　社会的法益の捉え方

　社会的法益に対する罪は、個人的法益に対する罪とは異なり、具体的な個人の利益ではなく、個人を超えた公共の利益に対する犯罪である。超個人的利益（公共的法益）には、社会的法益と並んで国家的法益がある（法益三分説）が、国家的法益が、国家の権力機構としてのその存立・作用に関する利益であるのに対して、社会的法益とは、多数の個人的法益の集合体をいう。したがって、社会的法益に対する罪とは、不特定・多数の者の生命・身体・財産などの利益の侵害ないし危険に関する罪である。

　社会的法益の捉え方については、社会を一つの有機体とみるか個人の集合したものにすぎないとみるかという社会に関する考え方を反映して、**二つの見解**が存在する。一つは共同生活上の利益を直接保護しようとするものである点で、個人的法益との区別を強調する見解（小野64頁、井上＝江藤213頁、香川157頁、中森157頁）と、社会的利益を個人的法益の集合として捉えその意味でこれを「公衆の法益に対する罪」と呼ぼうとする見解（平野239頁、中山368頁、内田411頁以下、大谷366頁）である。確かに、個人を超えた社会全体の利益を抽象化し、その危殆化を処罰することは処罰の拡大につながるおそれがあり、個人的法益に還元しうるものはできるだけ個人的法益として保護すべきである。しかし、社会的法益の中には、それに還元できず、また、その本質を捉えることのできないものが、存在する。例えば、刑法典の中では、「公共の信用に対する罪」がそうである[1]（香川239頁）。

2　社会的法益に対する罪の分類

　社会的法益に対する罪の分類方法については、大別して**四つの説**がある。第1に、社会的秩序、経済的秩序、道徳（風紀）的秩序に対する罪に分類する見解（団藤171頁以下、中189頁以下）がある。これと同じ分類であるが、異なる分類概念を用いるものとして、公共の平穏、公共の信用、風俗に対す

---

[1] 例えば、経済刑法の分野においても、さまざまな経済システムを保護するための罰則は、最終的に、不特定・多数の者の利益の保護につながるとしても、直接、不特定・多数人の利益の保護を目指しているわけではなく、システムそのものの保護を目指していると捉えるべきである。

罪に分類する見解（香川158頁以下、曽根201頁）もこれに含められる。第2に、公共の平穏（安全）、公共の信用、公衆の健康、風俗に対する罪の四つに分類する見解（福田60頁以下、大塚357頁、井上＝江藤215頁）、第3に、公共危険罪、取引の安全に対する罪、風俗に対する罪に分類する見解（中森157頁、西田289頁以下、393頁以下、山口365頁以下、502頁以下）がある。その他、社会の平穏に対する罪（公共危険罪）と取引の平穏に対する罪に二分する見解（内田411頁以下）もある。

　しかし、ここでは、①公衆の安全に対する罪、②公衆の健康に対する罪、③取引の安全に対する罪および④社会生活環境に関する自己決定権ないしそれに対する信頼に対する罪に分類する。最後に掲げた「公衆の生活上の自己決定権」とは、社会の多数人の生活上の価値を実現しうるような社会的環境を維持するための共同の自己決定権を意味する[2]。したがって、これを「公衆の社会環境上の自己決定権」ということもできる[3]。具体的には、刑法は、公衆の性的自己決定権、宗教的自己決定権および経済的生活形成上の自己決定権をその危殆化から保護する。しかし、実際的には、個人の自己決定権とは異なり、「公衆の」自己決定権は、平均的・一般的なものでしかない。現に公衆の自己決定権が信頼されたかどうかも立証できないから、公衆の自己決定権は、さらに抽象化され、一定の生活環境に対する公共的な自己決定に対する信頼を保護法益とする以外にないであろう。

---

[2] 具体的な法益を離れた「道徳的秩序」ないし「風俗」という概念は、解釈学的には、観念的・一般的すぎて、構成要件の解釈の指針となりえない。解釈学的に説明すれば、むしろ、不特定・多数の人々のそれぞれの生活上の価値を育む社会基盤を選択する共同の権利が保護法益である。そこには、不特定・多数人の共同の権利というフィクションが介在する。したがって、そのような共同の権利を刑法上、現行法のように保護する必要性については、刑事政策的に疑問がありうる。

[3] 誤解を恐れずに言えば、あるいは、これを「社会的環境権」と名づけることもできよう。

第1章　公衆の安全に対する罪

　公衆の安全に対する罪とは、不特定または多数の人の生命・身体・財産に対し侵害の危険を生じさせる犯罪である。したがって、これを公共危険犯と呼ぶ。それには、騒乱の罪（第8章）、放火および失火の罪（第9章）、出水および水利に関する罪（10章）、および往来を妨害する罪（11章）が属するほか、飲料水に関する罪（15章）およびあへん煙に関する罪（14章）も含む。後二者は、公衆の健康に対する罪として、ここから除かれることがある。また、騒乱の罪については、治安そのものが保護法益となっており（大塚358頁）、あるいは、暴徒と化した多数人の集団が公衆の平穏な生活状態を害するところに本質がある（大谷367頁）から、公共危険罪とは一応区別すべきであるという見解もあるが、むしろ、不特定・多数者の生命・身体・財産に対する危険がその犯罪の内容である。

第1節　騒乱の罪

§116　総説

　騒乱の罪（かつては「騒擾の罪」と呼ばれた）は、多数の者が集合して暴行・脅迫をすることによって、または暴行・脅迫の目的で集合した多数の者が解散命令にもかかわらず解散しないことによって、不特定・多数人の生命・身体・財産を侵害する危険を生ぜしめる犯罪である。騒乱罪（106条）と多衆不解散罪（107条）とに分かれる。構成要件上、多数の者の行為が予定されているので、必要的共犯の一種としての集団犯（多衆犯）である。また、刑事学的には、群集心理により犯される群衆犯罪であり、共通の目的をもつことも、組織化されていることも必要とせず、いわゆる烏合の衆でもよい。同じく集団犯である国家犯罪としての内乱罪（77条）とは、「憲法の定める統治の基本秩序を壊乱する」目的をもたないことによって区別される。

　騒乱の罪の法益につき、「**公共の平和、静謐**」であると解するのが判例であり（最判昭35・12・8刑集14・13・1818）、**通説**も、「治安そのもの」（大塚358頁）

あるいは、一般人の「**危惧感**」(大谷367頁参照)などと、同様に生命・身体・財産に対する危険を超えた包括的な秩序の平穏と解している。これに対して、騒乱罪を **公共危険罪** と解する見解[4]は、より具体的に公衆の生命・身体・財産に対する侵害の危険と解する(平野241頁、中森159頁、西田290頁、山口366頁以下)。後者の見解は、漠然たる平穏の侵害の危険では足りないとするのであるが、これに対しては、その見解では小規模な公共危険も含むことになるが、漠然たる平穏ないし不安感が法益であると解することによって、かえって、「**一地方における公共の平和、静謐**」(前掲最判昭35・12・8)として一定規模の集団によるものを要求することになり、犯罪の成立を限定するものという反論がありうる(中山370頁)。判例の中にも、保護法益を具体的に捉えようと試みるものもある。そこでは、騒乱罪の保護法益を公共の平和とし、公共の平和とは、「一般住民の生命、身体、財産等の法益が法秩序により保護されているという状態」をいう(東京高判昭47・11・21高刑集25・5・479)とし、「一般住民の生命、身体、財産に対し危害を及ぼすおそれ」があることを要求する(福岡高那覇支判昭50・5・10刑月7・5・586)。

このような法益論上の争いは、騒乱罪の適用の濫用を避けるためにどのような理論構成が適しているかをめぐるものである。

　　騒乱罪は、第2次世界大戦前は、かなりの認知件数が示されたが、戦後は、昭和20年代の混乱期をすぎると、1968年の新宿駅騒乱事件一件を除いて立件されていない(前田「集団犯罪」現代的展開270頁)。戦後の4大騒乱事件と呼ばれるのが、昭和24年の平事件(前掲最判昭35・12・8)、昭和27年のメーデー事件(前掲東京高判昭47・11・21)、同年の吹田事件(大阪高判昭43・7・25判時525・3)、同じく27年の大須事件(最決昭53・9・4刑集32・6・1077)である。**新宿駅騒乱事件**[5]とは、昭和43・10・21国際反戦統一行動に際し、いわゆる過激派の諸団体がベトナム戦争反対運動の一環として米軍用ジェット燃料輸送阻止のために新宿駅に向かい、駅構内線路上に侵入し、駅を占拠し、約3000人が集結し、投石、角材による殴打により警察隊と争ったが、電車や駅施設を破壊、放火して、駅舎の一部、警察車両の一部等を焼損した事案につき、734人が逮捕され、起訴された人員は、21人(騒乱罪のほか、威力業務妨害罪、公務執行妨害罪、放火)であった。第1審の有罪15名(指揮8名、助勢7名)。なお、第2審=東京高判昭57・9・7高刑集35・2・126、上告審=最決昭59・12・21刑集38・12・3071)。

---

[4] 騒乱罪は、真正の「公共危険罪」として把握されるべきであるとするものに、内田416頁がある。
[5] これらの裁判例およびその他の概要については、松本光雄・大コンメ6巻358頁参照。

§117 騒乱罪

> 多衆で集合して暴行又は脅迫をした者は、騒乱の罪とし、次の区別に従って処断する。
> 1. 首謀者は、1年以上10年以下の懲役又は禁錮に処する。
> 2. 他人を指揮し、又は他人に率先して勢いを助けた者は、6月以上7年以下の懲役又は禁錮に処する。
> 3. 付和随行した者は、10万円以下の罰金に処する（106条）。

1 主体

本罪の主体については、「多衆」（集団）か（通説・判例）、個々の参加者か（少数説）については、基本的な見解の対立がある。これは、本罪の基本的な構造に関する見解の相違の反映である。前説は、本条の本文にいう「暴行又は脅迫」が、構成要件的行為であると解する。これに対して、後説は、各号に記載された主体の、首謀行為、指揮・率先助勢、付和随行といった各行為を構成要件的行為と解し、したがって、多衆集合のうえでの暴行脅迫は、構成要件的結果であると解する（平場「騒擾罪の構造」法学論叢71巻5号16頁）。

2 実行行為

騒乱罪の**実行行為**については、①106条本文に規定された、多衆集合した集団自体による暴行・脅迫なのか（団藤156頁）、それとも、②各号に規定された、首謀者、指揮者・率先助勢者、付和随行者の各自の行為なのか（平場・前掲法学論叢71巻5号1頁以下、中森160頁以下）、あるいはまた、③その両者（総合説）なのか、をめぐって三つの見解がある。前者①の「**106条本文説**」に立つと、106条各号は、加担者の演じた役割によって刑の軽重を区別する規定であって、構成要件の規定ではない（団藤182頁）。したがって、各号の行為についての共犯はありえない。この説は、本罪を群集心理に支配される群衆犯罪と捉える。集団そのものが暴行・脅迫をしたといいうるのでなければならないから、暴行・脅迫を集団に帰属させる共同意思が必要である。これに対して、後者②の「**106条各号説**」は、106条各号所定の行為が構成要件的行為であるとする。集合した多衆による暴行・脅迫は、構成要件的結果ないし状況にすぎないことになる。この見地からは、本罪の集団犯性が否定され、騒乱行為は、各人の行為に解消される。個人の意思を超えた共同意思は、不要である。③「**総合説**」は、本文の集団としての暴行・脅迫行為も、

各号の集団の構成員としての行為もともに実行行為であるとする（中山373頁、内田421頁以下、曽根210頁）。この二つの行為の側面を重視せず、ただ、これらの行為の主観面を区別して、主観的要件として、集団としての多衆について認められるべき全体意思である「第1次的故意」と、本罪に参加した各個人のそれぞれの立場における故意である「第2次的故意」とを区別する見解（大塚363頁）もこれに含めることができる。

多人数の烏合の衆である「集団」が犯罪の主体となるわけではないから、集団それ自体が本罪の主体であるという考え方は不当である。法文も、「多衆で」「集合して暴行又は脅迫をした者」とされており、多衆が主語ではなく、「者」が主語である。その「者」は、同時に、各号にいう「首謀者」、「指揮者・率先助勢者」、「付和随行者」のうちのどれかの「者」にあたる。それらの者の具体的な行為は、あくまでも各号の個別的行為である。したがって106条各号説が妥当である。「暴行又は脅迫」は、それらの個別行為に起因し、あるいはそれに関与する行為状況であり、それに帰属可能であればよい。すなわち、首謀行為、指揮・率先助勢行為、付和随行行為により暴行・脅迫が結果として生ずればよい。さらに、その暴行・脅迫は、「多衆で」行われたものでなければならない。すなわち、集団に帰属可能でなければならない。

3 「多衆で集合して」の意義

通説によれば、「多衆」は、本罪の主体を表す。しかし、少数説によれば、「多衆で」とは、「集団」という形態で、暴行・脅迫を行うことを表すにすぎない。

多衆とは多数人の集団をいう。何人以上であることを要するかについては、規定上明らかではない。通説・判例は、本罪の法益に照らして、一地方における公共の平穏（静謐）を害するに足りる暴行・脅迫をなすに適当な多数人とする（大判大2・10・3刑録19・910、最判昭35・12・8刑集14・13・1818、大塚360頁、大谷369頁、前田437頁）。これに対しては、**一地方**[6]というのがどの程度の広がりを指しているのかということ自体が不明確であるから、これを基礎にして多衆を定義することもまた不明確である（中190頁以下）と批判されている。[7]

---

[6]「一地方」の意義については、後述。
[7] 戦前の判例では、19〜80人の参加人員で騒乱罪に問われたものが5例ある（松本・大コンメ6

公共危険犯であるとする見解からは、「多衆」とは、「これに属する個々の人の意思では支配できない程度の集団」(平野241頁、中森160頁)、ないし、「一見しただけでは人数が把握できないほどの大集団」をいうとされる(岡本勝・小暮ほか266頁、曽根210頁)が、いずれも、漠然としていて不明確であり、また、公共危険罪の特質に照らした定義とはいいがたい。これに対して、「相当多数の一般住民、通行人、その他の者の生命・身体、財産に危険を及ぼすことが可能な程度の多人数」をいうと解すべきだとするものがある(西田291頁以下、山口367頁以下)。一地方の一般住民、ないしその地方に居合わせた者の多数が、その生命・身体・財産の危険を感じ、その地方の通常の警察力をもってしては制御が困難な程度に至った集団をいうと解すべきである。その際、人数のみではなく、その集団の組織性、持っている凶器類の種類と性質、集合の場所・時間などが総合して判断されるべきである(大塚360頁、大谷369頁、西田291頁)。

集合とは、多数人が時と場所を同じくすることをいう。集合目的を問わず、一定の共同目的を有する必要もない(大判明45・6・4刑録18・815)。当初から共同して暴行・脅迫を行う目的をもたず、平穏に集合した群衆が途中から暴行脅迫の意思を生じた場合でもよい(大判大4・11・6刑録21・1897)。また、組織化されていることを要せず、首謀者も必要でない(大判大3・10・19刑録20・1884)。

4 暴行・脅迫

各号の個別行為により、多衆で集合した状態での暴行・脅迫が惹起され、あるいは、それらの暴行・脅迫に関与されなければならない。**暴行・脅迫**は、最広義におけるそれであり、その相手方は、個人であると特定人であろうと不特定人であるとを問わない。**暴行**は、物に対するものでもよい(前掲最判昭35・12・8)。脅迫は、告知される害悪のいかんを問わず、また、脅迫罪(222条)のそれとは異なり、本人およびその親族に関する害悪であることを要しない。暴行・脅迫の程度については、少なくとも一地方の平穏を害する程度の危険を含むものでなければならないとする見解[8](団藤176頁、大塚362

巻363頁参照)。戦後の判例において、30余名を多衆としたものが1例ある(最判昭28・5・21刑集7・5・1053)。しかし、これについては、昭和23年という戦後の物情騒然としていた時代を背景とするもので、今日では騒乱罪の成立は無理というべきであろうとされている(西原396頁)。

[8] 判例は、「騒擾罪を規定した刑法106条にいう暴行・脅迫は、一地方における公共の平和、静謐

頁、内田421頁、大谷352頁、曽根205頁、前掲最判昭35・12・8）と、本罪を公共危険罪と解し、公衆の生命・身体・財産に危険を及ぼすに足りる程度のものでなければならないとする見解（中森160頁、西田291頁）とが対立している。後者によると、特定の個人や警官隊を目的とした集団的暴行では足りず、付近の一般住民や通行人にも危険が及ぶ可能性を生じたことが必要であるとされる（西田290頁）。

本罪が**抽象的危険犯か具体的危険犯か**については、見解が分かれている。暴行・脅迫に一地方の平穏を害するに足りる程度のものであることを要求する見解からは、暴行・脅迫自体に公共の平穏を害する危険が当然に含まれているので、そのうえに平穏侵害の危険結果が発生することを要求する必要はないと解される（中山372頁参照）から、判例は、抽象的危険犯であるとしていた[9]が、逆に、この立場から、具体的危険犯説に立つ学説（大塚362頁）もある[10]。公共危険罪と解する見解からも、具体的危険犯説（西田290頁）と抽象的危険犯説（中森160頁）に分かれている。騒乱罪についても、構成要件的行為が、危険の発生を前提としたものであるので、構成要件的行為から切り離された具体的危険結果の発生を要求する必要はなく、**抽象的危険犯**であると解すべきである。

5 行為態様

首謀者、指揮者、率先助勢者、付和随行者は、それぞれの行為の主体を表す。各行為は、集団としての危険惹起への関与形式の態様である。

① 首謀者（1年以上10年以下の懲役・禁錮） 首謀者は、騒乱行為の主動者となって、騒乱を首唱、画策し、集団の合同力により暴行・脅迫させる者を

---

[9] を害するに足りるものでなければならないところ…右にいう『一地方』に該当するか否かについては、単に暴行・脅迫が行われた地域の広狭や居住者の多寡などといった静的、固定的要素のみによってこれを決めるべきものではなく、右地域…が社会生活において占める重要性や同所を利用する一般市民の動き、同所を職域として勤務する者らの活動状況などといった動的、機能的要素をも総合し、さらに当該騒擾の様相が右地域にとどまらず、その周辺地域の人心にまで不安、動揺を与えるに足りる程度のものであったか否かといった観点からの考察も併せ行うべき」であるとしている（前掲最決昭59・12・21）。

[9] 判例は、「刑法106条は、多衆聚合して暴行又は脅迫をしたときは、その行為自体に当然地方の静謐又は公共の平和を害する危険性を包蔵するものと認めたが故に騒擾の罪として処罰するものであるから、同罪の成立には、右のごとき暴行脅迫の外更らに所論のごとく、群衆の暴動に発展し社会の治安を動揺せしむる危険又は、社会の治安に不安動揺を生ぜしめた事実を必要とするものではない」（前掲最判昭28・5・21、なお、前掲最決昭59・12・21）とする。

[10] 大谷370頁は、準抽象的危険犯とする。

いう（大塚360頁、前掲大判大4・11・6、前掲最判昭28・5・21）。また、騒乱全般にわたり多衆に対して直接的であると、間接的であるとを問わず、また、肉体的であると精神的であるとを問わず、首動者としての役務を提供する者をいう（大判大8・12・9刑録25・1350）。必ずしも一人であるとは限らず、また、暴行・脅迫をともにし、もしくは現場にいて総括指揮することを要しない。中途から参加した者も首謀者となりうる。必ず首謀者が存在することが必要なわけでもない（前掲大判大3・10・19、最判昭24・6・16刑集3・7・1070）。

② **指揮者**（6月以上7年以下の懲役・禁錮）　指揮者は、騒乱行為につき多衆の全部または一部に対して指揮をとる者をいう。それは、多衆で暴行・脅迫の決行中に現場において行われると、事前に他の場所で行われるとを問わない（大判昭5・4・24刑集9・265）。

③ **率先助勢者**（6月以上7年以下の懲役・禁錮）　率先助勢者は、衆に抜きんでてとくに騒乱の勢いを増大させる行為をした者をいう。[11] 多衆の先頭に立ったり、共同して暴行・脅迫を行ったり、あるいは集団を激励して暴行・脅迫をさせる者がそうである（大判大8・6・23刑録25・800）。助勢行為は、挙動によると言語によるとを問わない。それは、また、暴行・脅迫の決行中であると事前に行われたものであるとを問わない。率先助勢者は、自ら暴行・脅迫を行ったことを要しない（大判昭2・12・8刑集6・476）。

④ **付和随行者**（10万円以下の罰金）　付和随行者とは、付和雷同的に騒乱に参加した者をいう。自ら暴行・脅迫をする必要はない（大判大4・10・30刑録21・1763）。付和随行者が、たとえ暴行・脅迫を行ったとしても、暴行罪（208条）・脅迫罪（222条）よりも刑が軽くなっているのは、群集心理を考慮したからである（大塚361頁）。

6　主観的要件

騒乱罪の主観的要件としては、故意のほかに共同意思が必要とされている。共同意思とは、共同して暴行・脅迫をする意思であるが、個人の暴行・脅迫を集団としての暴行・脅迫にするための要件としての機能をもつ。しかし、この共同意思の内容については、さまざまな理解がある。

---

[11]「騒擾の率先助勢とは、多衆の合同力を恃んで自ら暴行又は脅迫をなし、もしくは多衆をしてなさしめる意思をもって、多衆にぬきんでて騒擾を容易ならしめ、その勢を助長、増大する行為をいうのであって、それが現場で行なわれると事前に行なわれるとを問わない。従ってまた、その行為のときすでに多衆が集合して共同して暴行又は脅迫を行なうべく共同意思を形成していることを必要としない」（最決昭53・9・4刑集32・6・1077＝大須事件上告審決定）。

ⓐ 共同意思に関する学説の対立　第1に、共同意思を集団のもつ**全体的意思**とする見解（団藤178頁、大塚363頁、大谷372頁、平川94頁）、第2に、ともに集団を構成する**個人の意思**とする見解（平野・法セ220号65頁、岡本・小暮ほか269頁、曽根・重要問題285頁、中森161頁）、および、第3に、**共同意思不要説**がある（平場・前掲法学論叢71巻5号1頁以下、江藤孝「騒擾罪における『共同意思』―共同意思否定論の試み―」判タ275号16頁、同「騒擾罪における『共同意思』と『静謐阻害』の機能」判タ287号124頁、井上=江藤217頁）。

第1説は、暴行・脅迫は集団行動の一部として行われ、いわば集団そのものの暴行・脅迫といえるものでなければならないが、そのためには、多衆が共同して暴行・脅迫をする意思をもって行われることが必要であるとする。この共同の意思は、暴行・脅迫が集団行動の一部と認められるための主観的要素であるが、それは、騒乱罪の故意とは区別される。共同意思とは、騒乱罪の構成要件的故意であり、これに対して、騒乱罪の故意とは責任要素としての故意であるとする。騒乱罪の構成要件該当性は群衆の構成員の一人ずつの行為について考えられるべきではなく、群衆の行動を全体として考察して判断されなければならない。したがって、構成要件的故意も、群衆犯罪的定型の見地から、群衆を支配する群集心理をもとにして考察されるべきであり、いわゆる共同の意思も構成員の全員がもつことを要しない。これに対して、責任要件としての故意には、個人責任の原理が支配するべきであり、行為者の一人ごとに考えられなければならない（団藤180頁）。

この第1説には、さらに、第1次的故意と第2次的故意に分ける見解（大塚363頁以下）も属する。本罪の暴行・脅迫は、多衆の共同意思に出たものであることを要する。そのためには、集合した多衆の間に、その暴行・脅迫を多衆自体のものとして容認し、ないしは支持しようとする集団的な共感意識が存在しなければならない。これは、多衆を構成する個々人の意思を超えた集団としての多衆について認められるべき全体的意思である。これが、第1次的故意である。次に、多衆の構成員として本罪に参加した各個人については、さらに、それぞれの立場における故意が認められなければならない。それは、多衆犯に関与し、その一員として行動するという点から、いずれも、多衆を構成する意思が必要であり、また、それぞれの立場において、多衆の一員として活動する意思を有しなければならない。このような具体的な首謀者、指揮者、率先助勢者、付和随行者の故意が、本罪における第2次的故意

である。

第1説は、集団そのものの**全体的故意**をもって共同意思とする点で共通する。それは、多衆犯については、その実行行為は、集団による共同の暴行・脅迫行為であり、その集団の行為に帰属する要件が、集団の共同意思であるとする考え方を背景とする。しかし、この見解、とくに前者の見解が、集団自体の「意思」を認めているのかどうかは疑問の余地がある。集団の意思も構成員の意思から構成され、最終的には構成員の意思の中に求められることになる（平川94頁）からである。行為者の行為意思が故意であるから、少なくとも、本説にいう「共同意思」を、「故意」ということはできないと思われる。

第2説は、共同意思を集団の構成員たる**個人の意思**とし、（構成要件的ないし責任要素としての）故意の一内容とする。この見解は、個人の意思を超えた集団意識の存在を疑い、共同の意思とは、多衆を構成する各個人が他の者達と共同して暴行・脅迫をするという意思であるとする。この説も、本罪の主観的要件としては、集団としての暴行・脅迫に向けられた意思である「共同意思」と、首謀者、指揮者、率先助勢者、付和随行者の各行為に分けられた意思である「加担意思」の両者を要求する（曽根・重要問題286頁）。

第3説は、**共同意思不要説**であるが、その内容については、明確でない。本説は、集団の故意としての共同意思を否定することは明らかである。故意を行為主体の構成要件を実現しようとする「行為意思」だとする（☞総論§93, 4）と、集団の故意などありえないからである（平場・前掲10頁以下参照）。この説は、暴行・脅迫という構成要件要素の主観的要素は、集合の意思があればよく、暴行・脅迫の点については個々人において共にする意思を必要としないとする（平場・前掲14頁）。さらに、この説は、共同意思は騒乱罪の成立を限定する機能をもたず、むしろ、公務執行妨害罪ないし暴力行為等処罰に関する法律違反にいう暴行・脅迫を行ったにすぎない者を、共同意思があるということによって騒乱罪にいう暴行・脅迫に高めることが可能になり、それによってその成立範囲を拡大する機能をもつとすることを根拠にする。

---

[12] 本罪の実行行為について二つの側面をもつとする見解からは、構成要件的故意についても同様に、①集団そのものの構成要件的故意たる集団的暴行・脅迫の認識・認容（共同意思）と構成員ごとに、②首謀ないし付和随行の個別的故意を認める見解も、これに属せしめられるであろう（内田422頁）。

実行行為が、首謀者、指揮者、率先助勢者、付和随行者としての各行為であるとしても、多衆で集合して暴行・脅迫行為を行い、または、そのような構成要件的結果が生じ、あるいはそのような構成要件的状況があるという事情は、本罪の故意の認識対象であり、それを不要とすることは責任主義に反する。したがって、**第2説が正当である。**

　❺　**共同意思の内容**　共同意思とは、多衆で集合して暴行・脅迫する行為に関与するという意思であって、構成要件的故意である。その意味で、通常の故意と異ならない。その内容について、判例によれば、共同意思とは、①多衆の合同力を恃んで自ら暴行または脅迫をなす意思ないしは多衆をしてこれをなさしめる意思と、②かかる暴行または脅迫に同意を表し、その合同力に加わる意思とに分けられ、③集合した多衆が前者の意思（**積極的加害意思**）を有する者と後者の意思（**消極的認容意思**）を有する者とで構成されているときは、その多衆の共同意思があるものとなるとされる（前掲最判昭35・12・8）。このうち、③は、集団の共同意思を認めることを前提とするが、各号の個別行為が実行行為とする立場からは、これは不要である。むしろ、集合犯であることから、客観的構成要件結果ないし状況として、多衆で集合して暴行・脅迫行為の行われていることが必要なのであるから、その暴行・脅迫が共同意思にもとづいて行われていることも必要である。そうだとすると、③集団の構成員の多数が共同意思をもっているということを、行為者が認識することが、故意の内容として要求されることになる。

　　判例は、共同意思は、共謀ないし通謀と同意義ではなく、すなわち、多衆全部間における意思の連絡ないし相互認識の交換までは必ずしもこれを必要とするものではないとし、事前の謀議、計画、一定の目的があることは必要でないし、また、当初からこの意思のあることは必要でなく、平穏に合法的に集合した群衆が、中途から、かかる共同意思を生じた場合においても本罪の成立を妨げないとする（前掲最判昭35・12・8）。

　共同意思を全体的意思であるとみる立場からは、共同意思は、故意とは区別される（大塚363頁参照）が、故意の一種であるとみる立場からは、共同意思を個人の役割分担行為に対する認識と区別して、論じる必要はない（反対=曽根206頁以下）。

　❻　**未必的共同意思**　共同意思は、多衆の合同力による暴行脅迫の事態の発生について確定的な認識を要するか、それとも**未必的な認識をもって足**

りるかが、問題とされている。いわゆる未必的共同意思で足りるかどうかである。すなわち、「事態の発展や相手の出方如何により、時と場合によっては更に暴行脅迫等の所為に出るかも知れ」ない（仙台高判昭33・9・29判時166・5）という程度の予見で足りるのか、それとも、暴行・脅迫の事態の発生について確定的な認識ないし予見が必要なのかである。判例は、この点、多衆の合同力による暴行・脅迫の事態の発生を予見し、あえて騒乱行為に加担する意思がなければならないが、ただし、必ずしも確定的に具体的な個々の暴行・脅迫の認識を要するものではないとし（前掲最判昭35・12・8）、また、「共同意思が存するといいうるためには、騒擾行為に加担する意思において確定的であることを要するが、多衆の合同力による暴行脅迫の事態の発生については、常に必らずしも確定的な認識をまで要するものではなく、その予見をもって足りる」とするもの（前掲最決昭53・9・4）もあり、加担意思は、確定的であることを要するが、暴行・脅迫の事態の発生については、「確定的認識」は必要でなく、たんなる「予見」で足りるとしている[13]。この**「予見」と「認識」の相違**は、認識・予見の対象が現在の事実か将来の事実かにかかるのみであるが、将来の事実については、事態の発展や相手方の出方如何により時と場合によっては、さらに暴行脅迫等の所為に出るかもしれない程度の予見では足りないが、具体的な個々の暴行・脅迫を認識する必要はなく、「予見」しておればよいとしているものと解される。結局、判例は、加担意思については未必の意思では足りないが、暴行脅迫の事態の発生については、ある程度の未必的意思で十分だとしたものであろう。これに対して、学説においては、未必的共同意思を肯定する立場（大谷372頁）もあるが、暴行脅迫に関する共同意思については、未必的共同意思では足りないとするものが少なくない[14]（団藤180頁、曽根・重要問題287頁）。

7 共犯の可罰性

首謀者、指揮・率先助勢者、付和随行者としての騒乱への関与以外に**総則**

---

[13] この判例を、暴行・脅迫の事態の発生を予見することは必要であるとしているものと解して、この点の未必的共同意思では十分でないとしたものと解されることがある（中山375頁、曽根・重要問題287頁）。しかし、他方では、確定的認識は必要でないとしているので、この判決の文脈からみて、「予見」には「未必的予見」も含むものと解される。
[14] 集団の全体的意思であるとする立場からは、「多衆自体についての共同意思は、それを構成する個々人を超えた全体としての多衆の問題であるから、『未必的』ということを論ずる意味がない」とされる（大塚364頁）。

の共犯としての関与の処罰がありうるかどうかが問題となる。これについては、学説が分かれている。**消極説**は、本罪の主体は「多衆」であって、構成要件的行為は、本文の暴行・脅迫行為であり、各号は処罰の区分にすぎないとする見解を根拠とする（団藤181頁、大塚360頁、香川163頁、内田427頁）。処罰の区分に対する共犯はありえない。騒乱の実行行為を各号の個別行為に分けて考える立場を基礎とすれば、それぞれの行為に対する共犯の成立が認められる（**積極説**）（平場・法学論叢71巻5号20頁注12）。しかし、むしろ、実行行為に対する理解の相違にかかわらず、106条は「集団内における関与」については規定しているが、「集団外からの関与」については何ら定めるところではなく、首謀者と共謀しながら集団の外にいる者、率先助勢者を教唆した者などを不可罰にするのは妥当でないとして、総則の共犯規定の適用が認められるという論拠を用いた**積極説**が有力である（木村185頁、藤木81頁、中山376頁、大谷374頁、曽根213頁、中森162頁、前田439頁、西田292頁）。騒乱行為を教唆・幇助しつつ現場に赴かなかった者で、首謀者、指揮・率先助勢者にあたらない者を不可罰にとどめる理由はないから、共犯規定の適用を認めてよいと思われる。ただ、首謀者、指揮・率先助勢者、付和随行者、いずれも、集団外にいることも集団の暴行・脅迫の前に行為されることも可能であるとすれば、内外の区別は大きな意味をもたなくなるのであり、例えば、指揮者か教唆者かの区別は明確ではないであろう。

8　他罪との関係

本罪の行為は、暴行・脅迫である。したがって、暴行罪、脅迫罪は本罪に吸収される。付和随行者が暴行・脅迫を行った場合には、処罰は、むしろ、軽くなるが、群集心理にもとづく責任の軽減を考慮したものとされている（団藤181頁、西田294頁、山口375頁）。殺人罪、恐喝罪、公務執行妨害罪など、暴行・脅迫を含む罪と本罪との関係については、**観念的競合**を認めるのが**判例**である（前掲最判昭35・12・8）。学説には、判例の立場と同じもの（大塚365頁、香川162頁、西田294頁、林329頁、山口375頁）、他の罪の刑が、指揮者・率

---

[15] 内乱罪における謀議参与者（77条1項2号）と同様の規定はないから、騒乱罪において謀議に参与しただけの者は処罰されない。しかし、謀議参与者を首謀者に対する従犯として処罰することはできるかが問題である。学説においてはこれを肯定する見解（木村185頁、植松92頁、藤木81頁、中山376頁、大谷374頁、中森162頁、西田294頁）と否定する見解（団藤181頁、福田62頁、大塚362頁、香川164頁、内田427頁）があるが、古い判例の中にはこれを否定したもの（大判明44・9・25刑録17・1550）がある。

先助勢者の刑よりも重い場合には観念的競合を認め、軽い場合には本罪に吸収されるとする説（木村182頁以下、団藤182頁、福田63頁、内田427頁以下）、さらに、法定刑と関係なく騒乱罪に予定されている行為、すなわち、逮捕監禁罪、公務執行妨害罪、器物損壊罪、建造物損壊罪、住居侵入罪などは、本罪に吸収され、それ以外の罪については、観念的競合を認めるべきだとする説（西原389頁、大谷375頁、曽根210頁）などがある。法益の相違、法定刑の差等からみて、容易に吸収を認めることは妥当でなく、観念的競合を認める判例の立場を妥当とすべきである。

§118 多衆不解散罪

> 暴行又は脅迫をするため多衆が集合した場合において、権限のある公務員から解散の命令を3回以上受けたにもかかわらず、なお解散しなかったときは、首謀者は3年以下の懲役又は禁錮に処し、その他の者は10万円以下の罰金に処する（107条）。

1 主 体

暴行・脅迫をするために集合した多衆である。目的犯である。暴行・脅迫の目的があればよいのではなく、暴行・脅迫に至る現実の危険ないし「切迫した危険」（草案169条参照）があることが必要である（中山377頁、大谷376頁、中森162頁、西田295頁）。目的は、当初からある必要はなく、途中から生じたものであってもよい。集合した多衆が、まだ、暴行・脅迫の実行の着手に出ていないことが必要である（大判大4・10・30刑録21・1763）。集合した多衆が暴行・脅迫を開始したときは、騒乱罪となり、本罪は、それに吸収される（大判大4・11・2刑録21・1831）。本罪は、**騒乱罪の予備段階の行為を独立罪として処罰**しようとしたものである。

2 行 為

権限のある公務員から解散の命令を3回以上受けたにもかかわらず、なお解散しないことであり、不作為である。構成要件上「不作為」が要件であるので、**真正不作為犯**である。解散を命令する権限をもつ公務員とは、通常、警察官をいう。その根拠法として、戦前は、治安警察法（8条1項）があった。現在では、警察官職務執行法5条が、解散命令権の根拠に挙げられることが多い[16]（団藤185頁以下）が、その「制止」が集会の解散権をも含むかどうかは疑問であるとされる（平野242頁、中山378頁）。「解散の命令」は、適法

なものであることが必要である。

命令を「**3回以上受けた**」ことが必要であるが、既遂時期については、命令が3回なされれば、本罪は直ちに既遂に達するという見解（団藤185頁、福田63頁、大塚366頁、香川166頁、中森163頁）、3回目の解散命令の後解散のために必要な時間が経過したとき、既遂に達するという見解（西田269頁、山口367頁）、および、4回目以後の命令で解散しても本罪は成立しないとする見解（柏木175頁、井上=江藤219頁、平野243頁、中山378頁）がある。「3回」で直ちに既遂になるというのは不当である。少なくとも、第2説のように作為義務を履行するのに要する合理的な時間的経過を考慮すべきである。また、第1説・2説と第3説との関係では、第1説は、「以上」というのはたんなる言葉のあやと解する（団藤185頁、香川166頁）が、「3回以上」とある限り、事情によっては3回を超える命令を受けた以降に、既遂となる場合もあると解すべきである。しかし、4回目以後の命令でも解散しさえすれば本罪を構成しないという見解（井上=江藤219頁）は不当である。[17]

解散命令は、集合者が解散を考慮するために必要とする**相当の時間的間隔**を経て発せられなければならない。時間的間隔をおくことなく、3回「解散」を連呼しても、「3回」とはいえない。命令は、口頭・書面等の形式を問わないが、相手方に覚知されるものでなければならない。解散とは集団からの任意の離脱をいう。離脱しないで、集団のまま場所を移動しても、逮捕を免れるために逃走しても解散ではない。一部の者が離脱した後でも、残余の者がなお「多衆」といえる限り、本罪が成立しうる。

3 法定刑

本罪も、「首謀者」（3年以下の懲役又は禁錮）と、「その他の者」（10万円以下の罰金）に区別して、法定刑に差を設けている。不解散行為における役割の相違にもとづく区別である。「首謀者」とは、集団形成の際の主導者ではなく、「不解散」についての主導者をいう。

---

[16] 判例の中で警察官の解散命令の根拠に言及したものとして、「これ以上集会を係属させるときは、一般通行人や付近の住民の身体、財産等に危害を及ぼす犯罪の発生する虞があり、これを解散させる緊急の必要があったものと認められるときは、警察官はこれを予防するため、集会の解散を警告し、これに応じない場合には実力をもって解散を強行することが警察官の職務権限に属する」とする（東京高判昭33・7・28高裁特5・9・370）。

[17] この見解に対しては、命令を発する公務員の「手心」が介入するおそれがあり、それによって、法的安定性が害されるとの批判がある（団藤185頁）。

第2節　放火および失火の罪

§119　総説

1 意義・種類

　放火および失火の罪は、火力によって建造物その他の物件を焼損する犯罪であり、溢水の罪とともに、不特定・多数の人の生命・身体・重要な財産に対する危険を考慮する公共危険罪の典型的なものである。放火および失火の罪の類別は、その客体の性質・状況によってなされている。法定刑が極めて重いのが、わが国の放火の罪の特徴である。

　刑法は、客体の性質と状況に応じて、現住建造物等放火罪（108条）、非現住建造物等放火罪（109条）および建造物等以外放火罪（110条）を規定し、そのうち、現住建造物等放火罪（108条）、非現住建造物等放火罪（109条1項）は、抽象的危険犯である。これらの罪は、未遂罪処罰規定（現住建造物等放火未遂罪・非現住建造物等放火未遂罪）（112条）、および予備罪処罰規定（放火予備罪）（113条）をもつ。自己所有の非現住建造物等放火罪（109条2項）および建造物等以外放火罪（110条）は、具体的危険犯であり、未遂罪・予備罪の処罰規定はない。その他、一定の軽い放火罪の類型から重い類型の結果が生じた場合の結果的加重犯として、延焼罪（111条）がある。過失犯としては、失火罪（116条）と加重類型である業務上失火罪・重失火罪（117条の2）があり、客体により抽象的危険犯と具体的危険犯に分かれる。消火妨害罪（114条）は、消火活動を妨げる行為を処罰するものである。さらに、放火・失火に類する公共的危険を生じる関連犯罪類型として、激発物破裂罪（117条1項）、その過失犯として、過失激発物破裂罪等（117条2項、117条の2）がある。さらに、ガス漏出罪およびその結果的加重犯としてのガス漏出致死傷罪

---

[1] 古くは、公共危険罪における「公共の危険」とは、「公共の静謐」であると解され、騒乱罪における「平穏」と同じものと解されたが、そのような抽象的な静謐・平穏ではなく、不特定・多数人の生命・身体・財産に対する危険と解すべきである（中山380頁参照）。

[2] 人は火を支配するものではあるが、往々にして火勢は人の支配圏外に逸脱し、不測の災害を招致することがあるから、個人的法益を超えた、公共の安全を図るため、放火罪の規定をおいたのである（中197頁）。

[3] 昭和16年刑法一部改正により、失火罪の法定刑が加重され、また、業務上失火・重失火罪（117条の2）の規定が追加された。

（118条）が規定されている。その他、多数の特別法上の規定がある。[4]

2 性質

放火の罪は、基本的には公共危険罪である。[5] しかし、火力により個人の財産が侵害されるのであるから、副次的には、公共危険罪的性格の内部において、個人的法益の侵害という側面ももつ。自己の所有物に対する放火行為が、他人の所有物に対する放火行為よりも軽く処罰されているのは、個人の財産的侵害の観点が考慮に入れられているからである。さらに、人の居住・現在のいかんによって法定刑に差が設けられているのは、第2次的に、生命・身体に対する罪の側面ももっているからである。

3 被害者の承諾

被害者の承諾は、個人的法益に関する罪において、構成要件該当性ないし違法性阻却事由としての機能をもつが、公共危険罪である放火罪については、これによって該当する構成要件が変化するという機能を果たす。現住建造物等に放火するにあたり（108条）、居住者・現在者が承諾した場合には、非現住建造物等放火罪（109条）と同視される（大塚369頁）。学説の中には、現住建造物等放火罪の構成要件には該当するが、違法性の程度は非現住建造物等放火罪の限度にとどまるものとして、109条を「準用」すべきであるとするものもあり（曽根216頁）、また、108条の法益主体の承諾が109条を基礎づけるとするのは疑問であるとする見解も唱えられている（内田444頁）。しかし、現住建造物等における居住者・現在者の承諾によって、その生命・身体・財産の危険については、法益保護が放棄されているから、非現住建造物等とみなすことができ、109条の罪が成立するというべきである。また、目的物の所有者が「承諾」したときは、その所有物の所有権を放棄したのであるから、自己の所有物に対して放火する場合（109条2項、110条2項）と同視してよい。

§120 放火罪の基本概念

「放火」して、目的物を「焼損」するというのが、放火罪の構成要件的行

---

[4] 例えば、破壊活動防止法（39条）、森林法（202条以下）、軽犯罪法（1条8号～10号）、爆発物取締罰則（1条以下）、電気事業法（115条）、ガス事業法（53条）等に、各犯罪類型の特別罪の規定がある。
[5] 公共危険犯については、星周一郎『放火罪の理論』（2004年）57頁以下参照。

為の中核である。

1　放火の意義

「放火」するとは、客体の焼損に対して原因力を与える行為をいう。目的物に対して直接に放火する必要はなく、目的物に燃焼作用を及ぼしうる状態に達すれば、放火である。したがって、直接、客体に点火する場合でなく、媒介物に点火して、目的物に導火させることも放火である（大判明44・1・24刑録17・6）。しかし、行為者がいまだ媒介物の火を支配下におき、行為者の意思にもとづく次段の行為がなければ建造物に延焼する可能性のある可燃物に燃え移る具体的危険性が認められないというのであれば、**実行の着手**があったものとはいえない（東京地判昭57・7・23判時1069・15）。木造家屋内でガソリンを撒くような危険な行為が行われたときは、その段階ですでに放火の着手が認められる（静岡地判昭39・9・1下刑集6・9＝10・1005、広島地判昭49・4・3判タ316・289、横浜地判昭58・7・20判時1108・138）。

現住建造物放火の故意で、これに隣接する非現住建造物（109条）に放火したが、非現住建造物の焼損にとどまった場合、非現住建造物は、導火媒介物とみることができ、全体として現住建造物等放火罪の未遂が認められる（大判大12・11・12刑集2・784、大判大15・9・28刑集5・383）。放火罪は公共危険罪であり、媒介材料たる非現住建造物は、目的物ではないからである。

放火は、作為によると不作為によるとを問わない。不作為による放火は、法律上の消火義務を有する者が、容易に消火可能であるにもかかわらず、これを消火しなかった場合で、作為による放火と法律上同視しうる場合に認められる。

　　判例において不作為による放火が認められた事例として、次の三つのものがある（☞総論§83、2）。①養父と争った末、養父を殺害した後、格闘中に養父の投げた燃木尻の火が、内庭に積んであった藁に燃え移ったことを認めながら、死体等の罪跡を隠蔽するために、容易に消し止めうるにもかかわらず、これを放置して家屋を全焼させた事例（大判大7・12・18刑録24・1558）、②家屋の所有者が、神棚の燭台が不安定で、点火されたろうそくが神符の方へ傾いているのを知りながら、家屋に付した火災保険を得ようと放置して外出したため、家屋が焼損した事案（大判昭13・3・11刑集17・237）、③従業員が、木机の下に、原符の入ったボール箱の傍らに火鉢を置いて、股火鉢をしながら残業をしていたが、別室で休眠したところ、その間にボール箱に引火し、その後、机に延焼しているのを発見したが、自己の失策が発覚するのを恐れて、そのまま営業所を立ち去ったため、営業所の建物を焼損したという事案（最判昭33・9・9刑集12・13・2882）がそれである。その他、広島高岡山支判昭48・9・6判時

743・112も、不作為による放火を肯定した。なお、不作為による放火罪の成立を否定した判例（仙台高判昭30・4・12高刑集8・3・301）もある。

2 焼損の意義

焼損とは、火力による物の損壊をいう。目的物が「焼損した」とき、放火罪は既遂となる。焼損の意義については、①独立燃焼説、②効用喪失説、③その中間説という学説の対立がある。[6]

ⓐ 学説 **① 独立燃焼説** 火が媒介物を離れて目的物に移り、独立して燃焼を存続しうる状態に達したとき、焼損があるものとする（団藤194頁、藤木88頁、中森165頁、西田303頁、林333頁）。判例は、古くから一貫して独立燃焼説に立つ（大判明43・3・4刑録16・384、最判昭23・11・2刑集2・12・1443、最判昭25・5・25刑集4・5・854＝百選80）。目的物が独立に燃焼を継続しうる状態になれば、公共の危険が発生するというのである。[7] 学説の中には、立ち消えの場合に焼損を認めないため、ある程度の燃焼継続可能性による限定を付して、独立燃焼説を支持するものもある（山口385頁）。

② 効用喪失説 火力によって目的物の重要な部分が焼失し、その本来の効用を失ったことをいうとする（木村189頁、植松97頁、香川172頁、曽根219頁、岡本・小暮ほか288頁）。本説は、出水罪（119条以下）における「浸害」が、水力による物の喪失・損壊をいうのと同様に解釈しようとする。本説は、物の財産的側面に重点を置き、また、「焼損」という言葉の意義に「損壊」の意味が含まれているものという解釈をとる。しかし、公共危険罪としての放火罪という観点からは、その既遂時期が遅くなりすぎる嫌いがある。

③ 中間的見解 これには、独立燃焼説を基盤とする「**燃え上がり説**」と効用喪失説を出発点とする「**一部損壊説（毀棄説）**」の二つのものがある。燃え上がり説は、**重要部分燃焼開始説**とも呼ばれ、燃え上がって、物の重要な部分燃焼を開始したことをもって、焼損とする（小野75頁、井上＝江藤223頁、福田67頁）。「重要部分が建造物全体に燃え移る危険のある程度に炎を上げて燃えたこと」を要求する見解（前田445頁）もこれに属する。これに対して、

---

[6] 焼損概念に関するわが国の学説を検討したものとして、星・前掲書161頁以下。
[7] 判例においては、「放火罪は静謐に対する犯罪なれば、苟くも放火の所為が一家の目的物の上に行はれ、其状態が導火材料を離れ独立して燃焼作用を営み得べき場合に於ては、公共の静謐に対する危険は既に発生せるを以て、縦令其目的物をして全然其効用を喪失せしむるに迨ばざるも、刑法に所謂焼燬の結果を生じ放火の既遂状態に達したるものと謂はざるべからず」（大判大7・3・15刑録24・219）とされる。

一部損壊説は、火力によって目的物が建造物損壊罪における損壊の程度に達すれば足りるとする（中「放火罪の問題点」刑法講座5巻124頁、同203頁、大塚372頁、西原245頁、中山383頁、大谷381頁以下、川端481頁）。

ⓑ 各説の問題点　独立燃焼説を採用する判例によると、屋根横4尺縦一間くらい、およびその屋根の下の桁木4尺ほどを焼いた事案（前掲大判明43・3・4）、天井板約一尺四方を焼燬した事案（前掲最判昭23・11・2）、三畳の間の床板一尺四方、ならびに押入床板および上段各三尺四方を焼燬した事案（前掲最判昭25・5・25＝百選80）において、焼損が認められる。

独立燃焼説は、焼損を公共の危険の発生と結び付ける見解であるとされるが、独立燃焼は、いまだ不特定多数人の生命・身体・財産の危険を意味しない。公共の危険は、火力が即時に手元にある手段を用いて消火できるという人の支配可能性の範囲を脱したときに認められるが、独立燃焼の開始は、火力が焼損に至る独立の原因力であるということを意味しても、いまだ人の支配可能性を脱したことにはならない。方法論的には、客体全体の燃焼への独立の可能性を開けば、公共の危険が発生したというのが、本説の考え方であるが、公共の危険は、全体への延焼の可能性によって発生するのではなく、その燃焼自体によって生じるべきである。独立燃焼の時期が早すぎるという批判を避けるため、判例も、独立燃焼に「**ある程度の燃焼の継続**」を要求しているといわれる（前田445頁）が、判例が焼損を認めた具体的事例においてそれを正当とするなら、既遂時期が早すぎる点に変わりはない。次に、**効用喪失説**は、焼損概念を公共の危険と切り離して、むしろ、財産的侵害の点から規定しようとする方法論に問題がある。客体の効用の喪失が、放火罪の結果（法益侵害の危険）と関係するわけではなく、むしろ、効用の喪失を待たなくても公共の危険は発生する。さらに、**燃え上がり説**ないし**重要部分燃焼開始説**は、燃え上がったかどうかの立証が困難で、基準が不明確かつ感覚的である点、また、最近の耐火性建築物においては、燃え上がることなく、高温で炭化するといった仕方で燃焼するが、この場合に、燃え上がり基準は役立たないという点に問題がある。重要部分燃焼開始基準も、重要部分が独立燃焼に至れば、焼損であるというのは、建造物の取り外しのきかない構造の部分を重要部分という限り、独立燃焼説と異ならない（中203頁）とも批判されている。しかも、燃え上がり基準と重要部分燃焼開始基準との方法的整合性が明確でないということもできよう。「重要部分が建造物全体に燃え移る危

険のある程度に炎を上げて燃えたこと」、および炎が上がらない物については、「延焼の危険が発生する程度に酸化し高温になった時点」を焼損の時期とする見解（前田445頁）は、可燃物と不燃物を分けて、重要部分燃焼開始説を客体全体への延焼の危険と結び付けた点に工夫がみられるが、結論からみても、独立燃焼説が、もともと独立に燃焼を開始すれば「建物全体への延焼の可能性」があるとする見解であるという点を変更するものではなく、それに新たに説明を加えただけのものである。

　最後に、**一部損壊説**は、もともと効用喪失説では既遂時期が遅すぎるから、それを修正して、一部の財産的毀損の時点で既遂を認めようとするものであり、その点では、公共危険罪における既遂時期の決定基準としては疑問を禁じえないという側面がある[8]。しかし、放火の罪は、公共危険罪であるが、その内部においては財産犯的性質をももつ。公共の危険というそれ自体輪郭の不明確な状態ではなく、客体の焼損を既遂時期とするのは、客体の毀棄が公共の危険を推定していると考えたからである。客体の全体的な効用の喪失に至らないまでも、一部の損壊の状態の発生によって、抽象的危険犯における公共の危険の発生を法的に推定しているということができる。客体の**一部分の損壊程度の燃焼**に至れば、火勢が人の直接の支配可能性の範囲を脱しているということができ、不特定多数人に危険を生ぜしめたといえるからである[9]。

3　不燃性建造物の焼損

　コンクリートなどの不燃性の素材の表面に建材ないし化粧鋼板・樹脂等をはりつけた構造の耐火性・不燃性（難燃性）建造物に対する放火については、①建材や樹脂が溶融し、損傷して、表面が損壊しても、コンクリートそのものは燃えず、また、②炎を上げて燃えることなく、高温で炭化し、さらに、③火力そのものによらずして、**有毒ガス**や**煙**で不特定・多数の人の生命・身

---

[8] 放火罪に、公共の危険の発生を要求する見解から、公共の危険と焼損概念と一体視する見解には疑問があるとされる（曽根・重要問題301頁）。しかし、108条ないし109条1項の放火罪につき、具体的危険犯説ないし準抽象的危険犯説に立つとしても、既遂時点を決定する基準としての「焼損」の概念を論じる限り、両者を結び付けて考える必要がある。なぜなら、それを切り離すなら、客体に火力が加えられることにより危険の発生したであろう時点を焼損の時期とする見解（井田良「放火をめぐる最近の論点」基本講座6巻190頁）が方法的に妥当ということになるからである。

[9] 現在建造物であったならば人の生命・身体に危険が発生したであろう事態をもって焼損とすべきだとする説として、林331頁がある。ただし、独立燃焼説と同じ結論をとる。

体等を危険にさらすことがある。このような事案では、建造物の効用が失われても独立燃焼に至らず、燃え上がることもなく、また、独立燃焼や一部損壊もなくして公共の危険が生ずるといった事態が生じ、従来の「焼損」概念の前提に異変が生じ始め、焼損の概念に新たな問題を投げかけている。

ⓐ 判例 ここで、判例で問題となった不燃性建造物への放火の事例について検討しておこう。まず、不燃性建造物の意義については、鉄筋コンクリート造りの建物も、その一部を木材などの可燃物で構成しているのであり、不燃性の建物であっても、その可燃部分が独立して焼損するに至れば公共の静謐を害するという点では、木造家屋の場合ととくに区別して考える必要はないとする。このような前提のもとで、木製の窓わくへ燃え移って独立に燃焼し始め、これを焼失あるいは炭化させ、さらに天井に近い部分のコンクリート壁を黒色に変色させるに至るとともに、階段両側の木製手すりを焼失あるいは炭化させた事案につき、建造物放火の既遂を認めたものがある（東京高判昭49・10・22東高刑時報25・10・90）。**東京交通会館地下二階**に設けられた可燃性塵芥集積区内に集積された紙屑等に放火して燃え上がらせ、塵芥処理場のコンクリート壁の厚さ約2.5センチメートルのモルタルを約12.9平方メートルにわたり剥離・脱落させ、コンクリート天井表面の厚さ約1センチメートルの石綿を約61.6平方メートルにわたり損傷、剥離させたほか、天井の蛍光灯、吸気・排気ダクトの塗装を燃やした事案について、「犯人の放った火が、媒介物を離れて当該目的建造物の部分に燃え移り、爾後その火が独立して燃焼を維持する程度に達した」とはいえないとして、未遂罪を認定するにとどめた。この判決では、検察官が、「媒介物の火力によって不燃性建造物の一部を、可燃性建造物の本体あるいは一部が独立燃焼の状態に達した場合と同等に評価し得るまで損壊して建造物としての効用を著しく毀損させるに至り、かつ、それによって人の生命、身体、財産に対する危険状態に至った場合には」、放火罪として捉えるべきであると主張したのを退けて、上記のように判示した（東京地判昭59・6・22刑月16・5＝6・467）。さらに、12階マンション内の**エレベーターのかご**の新聞紙に点火してかごの側壁を燃焼させたが、かごの側壁は、厚さ1.2ミリメートルの鋼板の内側にあたる面に商品名フルオールシートなる化粧シートを合成樹脂粘着剤で張りつけた化粧鋼板でできていたところ、かごの側面約0.3平方メートルの部分において、壁面表面のフルオールシートが溶融、気化して燃焼し、一部は炭化状態とな

り、一部は焼失したという事案において、媒介物であるガソリンから独立して燃焼したと認めた（最決平元・7・7判時1326・157＝**百選81**）。

　ⓑ　学　説　学説においても、不燃物につき、独立燃焼に至らなくても、媒介物の火力により構造物が効用を失ったときは、既遂を認めるべきであるという**新効用喪失説**（河上和雄「放火罪に関する若干の問題について」捜査研究26巻3号36頁以下）、あるいは、独立燃焼説の立場から効用喪失説をも「併用」する必要性（団藤195頁）が説かれている。また、一部損壊説の立場から、火力による目的物の損壊により、有毒ガスの発生など燃焼するのと同様の公共危険を生じさせる可能性があるときは焼損とすべきであると説く学説もある（大谷381頁）。

　しかし、一部損壊説を上のように解したとすると、まず、損壊は、**火力による燃焼**にもとづくものでなければならない（山口・探究236頁）。次に、燃焼は、炎を出して燃え上がる必要はない。さらに、一部損壊は、火力に対する人の支配可能性の範囲を逸脱する程度に、公共の危険を生じるものであることを要する。この基準によれば、耐火性建造物の不燃物の表面の合成樹脂等のみが燃焼した場合には、その範囲がある程度広くなっていたとしても、建造物全体に延焼する可能性もなく、人に恐怖心を与えるような火勢もなく、火力に対する支配可能性もあるので、いまだ焼損とはいえない。これによって、燃焼することなしに、有毒ガスや煙を発生させて建物内部の不特定多数人の生命・身体に危険を及ぼしたといった事案についても、上記のような燃焼を経ないがゆえに、火力そのものの危険を伴わないのであり、直ちに放火罪における公共の危険とはいえないということになろう。

4　抽象的危険犯か準抽象的危険犯か

　放火罪については、108条および109条1項をはじめ、原則として、抽象的危険犯であるが、109条2項および110条の放火罪（さらに、116条2項、117条）については、具体的危険犯であるとするのが、通説である。しかし、108条および109条1項については、抽象的危険犯としつつも、その意味については理解の相違がある。第1は、焼損に至れば**公共の危険の発生があると擬制される**とする見解（団藤187頁、西田296頁、大判明44・4・24刑録17・655）である。第2は、**実質的な抽象的危険の発生**を必要とする見解（山口・探究227頁、同『危険犯の研究』221頁以下、中山383頁、中森166頁、前田446頁）である。さらに、第3に、具体的危険犯と解する立場（武田誠『放火罪の研究』69

頁以下）もあり、また、第4に、公共危険を違法要素とする見解（内田442頁、曽根215頁）もある。

しかし、108条および109条1項は、危険結果推定型の抽象的危険犯に属するというべきである。[10] この類型の抽象的危険犯は、ある程度の危険の発生の可能性もなければ、不成立となる（=準抽象的危険犯）。したがって、内部に人のいないことを確かめ、現住建造物たる野中の一軒家に放火した場合には、これらの放火罪は不成立である。

§121 現住建造物等放火罪

> 放火して、現に人が住居に使用し又は現に人がいる建造物、汽車、電車、艦船又は鉱坑を焼損した者は、死刑又は無期若しくは5年以上の懲役に処する（108条）。未遂は、罰する（112条）。

1 客体

建造物・汽車・電車・艦船または鉱坑である。現に人が住居に使用し、または現に人がいることを要する。

ⓐ 人の現住・現在する建造物等　（ⅰ）**人の意義**　人とは、犯人・その共犯者以外の者をいう（大判大2・12・24刑録19・1517、大判昭9・9・29刑集13・1245、最判昭32・6・21刑集11・6・1700）。客体の所有権が犯人に属するかどうかを問わない（大判明42・12・6刑録15・1735）。犯人の妻子その他の家族ないし同居人は、人である（前掲大判昭9・9・29）。犯人が一人で住んでいる住居に放火すれば、その住居が他人の所有に属するものであっても、現住建造物放火ではなく、非現住建造物等放火罪（109条）の客体にあたる（大判昭7・5・5刑集11・595）。

（ⅱ）**現住性**　「住居に使用し」とは、起臥寝食の場所として日常使用することをいい（大判大14・2・18刑集4・59）、昼夜間断なく人が現在する必要はない（前掲大判大2・12・24）。一時的使用であるか、継続的であるかを問わない（前掲大判大14・2・18）。したがって、待合の客用の離座敷も住居である（最判昭24・6・28刑集3・7・1129）。建造物の一部が起臥寝食の用に供せられていれば、その全体が住居となる。判例によると、例えば、学校の校舎の一室を宿直室としている場合には、全体が住居に使用する建造物である（前

---

[10] 既述のように、焼損概念は、実質的には、公共の危険の観点を含むものである。

揭大判大2・12・24)。判例は、居住者全員を殺害した後に放火する行為は、本罪にあたらず、109条にあたるとする（大判大6・4・13刑録23・312）。妻が離婚を相当に固く決意して家出したとしても、離婚が確定的でなく、当該家屋を自分の住居であるとの意思を有していた場合には、住居に供する建物である（前揭横浜地判昭58・7・20）。また、**最近の最高裁判例**において、競売手続の妨害目的で自己の経営する会社の従業員を交代で泊まり込ませていた家屋につき、放火する前に従業員らを**旅行**に連れ出していても、同家屋に日常生活上必要な設備、備品等があり、従業員らが犯行前の約1カ月半交代で宿泊し、旅行から帰れば再び交代で宿泊するものと認識していた場合には、現住性が認められる（最決平9・10・21刑集51・9・755＝**百選83**）とされている。

  (iii) 現在性　「現に人がいる」とは、放火の際、犯人以外の者が現に建造物の内部に居合わせることをいう。建造物の一部に現在すれば、全体として人の現在する建造物である（大判昭14・6・6刑集18・337）。住居に使用されている建造物であれば、現に人が現在する必要はない。

  (iv) 建造物・汽車・電車・艦船・鉱坑　「建造物」とは、家屋その他これに類似する工作物で、土地に定着し、人の起居出入りに適するものをいう（大判大13・5・31刑集3・459）。一間半四方の藁葺き藁囲いの掘立小屋も建造物である（大判昭7・6・20刑集11・881）。

> いわゆるホームレスの被告人が、河川敷所在の隣人の簡易建物（木造ビニールシート葺平屋建）に火を放ち、さらに、自己が住居として使用していた簡易建物（木造ビニールシート葺平屋建）に火を放ってそれぞれ焼損した事案につき、その簡易建物が「建造物」かどうかが問題となったが、判決では、「いずれも柱を有し、とりわけ、被告人方はコンパネ張りの**堅牢な造りの小屋**であり、それぞれの材料により壁や天井も構成されていたのであるから、それらの構造自体から、家屋に類する工作物であることは明らかである」とし、また、「いずれの建物も、木の柱が地中に打ち込まれており、土地に固定されて定着していた上、実際に被告人及びCがそれらの中で生活し、扉から出入りしていたのであるから、**人の起居出入りに適する構造**を有していたことに疑いはない」とした（東京地判平17・4・6判時1931・166）。

取り外しの自由な雨戸、板戸、畳、建具などは建造物にあたらない（大判

---

11 宿直室が独立した別棟にある官庁庁舎も、宿直員が執務時間後でも庁舎内を巡視していることを理由に、本罪の客体にあたるとする判例（大判大3・6・9刑録20・1147）に対して、学説から批判がある（中201頁、大塚375頁、大谷384頁、中森166頁）。また、学校や庁舎の宿直室や待合の離座敷が住居にあたるかについても、疑問だとする学説が多い（中201頁、大谷384頁、中森166頁）。これについては、建造物の一体性の問題として後述する（☞**❻**）。

大8・5・13刑録25・632）。シャッターは、容易に取り外すことができず、建物との接合の度合いは強いから建造物の一部である（前掲広島高判平19・9・11）。従物が、構造物たる家屋の一部を構成するものとするには、「毀損しなければ取り外すことができない状態にあること」を要する（最判昭25・12・14刑集4・12・2548）。「汽車・電車」に、ガソリンカー、ディーゼルカー、あるいはトロリーバスなどが含まれるかが問題となるが、軌道上を走らないトロリーバスはこれにあたらないというべきである。「艦船」とは、軍艦その他の船舶をいう。判例・通説は、大小形状を問わないとする（大判昭10・2・2刑集14・57、大塚376頁、大谷385頁）。しかし、学説には、ボート、その他、櫓やオールで操作される小型の舟は、汽車・電車との対比上、艦船から除外されるとするものがある（中200頁、内田438頁、岡本・小暮ほか287頁）。通常、不特定多数人の危険の発生を伴わず、また、脱出も容易な小型の舟をこれに含める必要はないので、否定説が正当である。「鉱坑」とは、炭鉱のように、鉱物を採取するために掘られた地下設備をいう。

ⓑ 建造物の一体性 庁舎、会社、学校等の建物の一部に管理人室・宿直室等の起臥寝食の場所があれば、建物全体が現住建造物である。したがって、人の寝泊まりしている劇場に接着して建設されその一部となっていた便所も、現住建造物にあたる（最判昭24・2・22刑集3・2・198）。また、一棟の家屋が数戸に区画されている場合に、そのうち一戸が住居に使用されていたが、他が空家になっていても、全体として現住建造物である（大判昭3・5・24新聞2873・16）。このように一個の建造物の内部ないしそれに接着している建造物は、基本的に一体とみなされる。

耐火構造建造物の一体性 それでは、耐火構造の建造物で住居部分と業務用部分とがコンクリート等で仕切られていた場合は、どうであろうか。また、建物が回廊・渡り廊下等で接合されている場合、あるいは別棟になっていた場合、一体性はどのような条件のもとで認められるのであろうか。

判例には、**鉄筋10階建マンションの一階**の、住居に使用せず当時無人の医院に放火した事案で、「構造上他の区画と接着しているとはいえ、他の区画とは鉄筋コンクリートの壁、天井などで画され、独立性が強く、他の居住部分と一体の建造物とみることは困難である」とし、また、居住部分との効用上の関連性も薄く、居住部分への延焼の蓋然性も考えられないとして、「構造上及び効用上の独立性」が強く、居住部分と一体として観察し、現住建造

物と評価するのは相当でないとしたものがある。この判例においては、建造物の一体性の判断においては、「たんに物理的な観点のみならず、その効用上の関連性、接着の程度、連絡・管理の方法、火災が発生した場合の居住部分への延焼の蓋然性など各種の観点を総合して判断すべき」であるとする（仙台地判昭58・3・28判時1086・160）。また、マンション内の**エレベーターのかご**に放火した事案については、「本件エレベーターは、本件マンションの各居住空間の部分とともに、それぞれ一体として住宅として機能し、現住建造物である本件マンションを構成していることが認められる」とし、本件エレベーターのかご部分は、「毀損しなければ取り外すことができない状態にある」場合に該当し、建造物の一部を構成するものであるとした（前掲最決平元・7・7）。さらに、**耐火構造のマンション全体**が、全体として一個の建造物にあたるとした事案がある。「本件マンションは、耐火構造の集合住宅として建築されたものであるけれども」、「いったん内部火災が発生すれば、火炎はともかく、いわゆる新建材等の燃焼による有毒ガスなどがたちまち上階あるいは左右の他の部屋に侵入し、人体に危害を及ぼすおそれがないとはいえ」ないとして「いわゆる耐火構造の集合住宅であっても、刑法108条の適用にあたっては、各室とこれに接続する外廊下や外階段などの共用部分も含め全体として一個の建造物とみるのが相当である」とする（東京高判昭58・6・20刑月15・4=6・299）。

　複合建造物の一体性　　複数の建物が**渡り廊下等で接合されている事案**については、いくつかの判例がある。まず、柱と柱の間に羽目板もないたんなる渡り廊下で接続された二つの建造物（東京高判昭28・6・18東高刑時報4・1・5）、渡り廊下に柱がなく鉄骨の桁が渡してあり、トタンの屋根で雨や雪を防ぐようにしてある建造物（東京高判昭31・7・31高裁特3・15・770）は、構造上の観点から一体とはいえないとされた。**最近の判例**では、物理的観点のみならず機能的観点から一体性を判断する。守衛・ガードマンが、夜間、社殿の建物を巡回し、回廊によって接続された複数の木造建造物からなる**平安神宮社殿の社務所・守衛詰所**に、神職とガードマンが就寝することになっていたところ、それとは別の建物に放火したという事案で、「社殿は、その一部に放火されることにより全体に危険が及ぶと考えられる一体の構造であり、また、全体が一体として日夜人の起居に利用されていたものと認められる。そうすると、右社殿は、物理的に見ても、機能的に見ても、その全体が一個の現住

建造物であったと認めるのが相当である」とする（最決平元・7・14刑集43・7・641＝百選**82**）。最近の下級審の判例では、**研修棟の結婚披露宴用のステージ、ジョーゼット**等に灯油をまいたうえ、ライターで同ジョーゼットに点火して放火したところ、同室内壁、天井等に燃え移らせて炎上させ、同室及び同棟廊下を焼損したが、放火した研修棟と従業員および宿泊客が現在した宿泊棟とは、側壁および天井を有する長さ約 7.5 メートルの 2 本の**渡り廊下**によって構造上連結されていたという事案で、裁判所は、宿泊棟と研修棟との間に「相当に強い機能的連結性」を認めたうえで、次のようにいう。「しかしながら、…宿泊棟と研修棟とを連結している南東側渡り廊下には、研修棟側入口に防火扉である鉄製扉が設置されている上、宿泊棟側にもガラス窓付きの金属製扉が設けられており、また、同渡り廊下を建築した建築業者の担当者によれば、長さ約 7.5 メートルの同渡り廊下の屋根から床面に至るまでの部材の中に可燃物は見当たらないというのであって、このような防火設備及び材質等に鑑みると、……同渡り廊下を経由して研修棟から宿泊棟へ延焼する蓋然性を認めるには合理的疑いが残る」（福岡地判平 14・1・17 判タ 1097・305）。

　　物理的・機能的一体性の判断　　以上のように、**建造物の一体性の判断**について、判例は、①**物理的・構造的一体性**のみならず、②**利用上の機能的一体性**を考慮し、さらに、物理的一体性の判断には③**延焼の可能性**（危険の及ぶ可能性）をも考慮している。つまり、物理的一体性とは、建造物の構造上の一体性のみならず、それに加えて、一体のものとして延焼の危険があるかどうかの判断が重要な基準となっている。機能的一体性は、建造物の全体が一体のものとして日常生活に利用されているかという判断である。物理的一体性が、構造上の一体性に加えて延焼の可能性をも考慮しているのは、構造上の一体性があっても延焼可能性がない場合に一体性を否定するためでもあり、逆に、構造上の一体性が弱い場合にも、延焼可能性によってそれを補充するためである。したがって、鉄筋コンクリート構造の一つの建物の内、1 階部分の医院と 2 階以上の住居部分が、延焼可能性がない程度にコンクリートで区分されていた場合には、構造上の一体性があっても物理的一体性がない。

　　構造上、まったく接合されていない建造物は、延焼可能性のみによって物理的一体性を肯定することはできないであろう。機能的一体性は、物理的一体性を補充する基準である。人が巡回している、日夜人が出入りするといった利用のあることにより、当該建造物が、物理的一体性の弱い別棟の現住建

造物と機能的に一体であるとされるのである。ここでも、まったく物理的一体性の認められない場合には、機能的一体性のみによって建造物の一体性を肯定することはできないであろう。

2 罪数・他罪との関係

放火罪の罪数は、公共危険罪という性格から判断される。一個の放火行為で二個の現住建造物を焼損した場合でも、一個の公共の危険と判断される場合には、一個の放火罪が成立する（大判大2・3・7刑録19・306）。一個の放火行為によって現住建造物と非現住建造物を焼損したとき（大判明42・11・19刑録15・1645）、または、一個の放火行為により非現住建造物とその中にある物件とを焼損したとき（大判昭2・4・20刑集6・158）も、それぞれ、包括して、最も重い処罰規定にあたる放火罪一罪が成立する（包括一罪）。数個の放火行為によって数個の現住建造物を焼損した場合でも、公共の危険が一つであれば、包括一罪とされるべきである（大谷382頁）。現住建造物を焼損する目的で、隣接する非現住建造物に放火したとき、現住建造物に延焼しなくても、現住建造物等放火未遂罪が成立し、非現住建造物等放火罪の既遂は、これに吸収される（前掲大判大15・9・28）。この場合、非現住建造物等放火罪が既遂に至らなかった場合でも、現住建造物等放火罪の既遂が成立しうる。

殺人または傷害の故意で放火し、人を殺傷した場合には、放火罪と殺人罪または傷害罪の観念的競合である。保険金を詐取する目的で住居を焼損し、保険金を詐取したときは、保険金詐欺という一つの刑事学的類型をなしているとして、牽連犯とする見解（大塚377頁、内田450頁）と、手段・結果の関係にないとして、詐欺罪と本罪の併合罪とする見解（大判昭5・12・12刑集9・893、大谷386頁）とがある。

§122 非現住建造物等放火罪

放火して、現に人が住居に使用せず、かつ、現に人がいない建造物、艦船又は鉱坑を焼損した者は、2年以上の有期懲役に処する（109条1項）。未遂は、罰する（112条）。
前項の物が自己の所有に係るときは、6月以上7年以下の懲役に処する。ただし、公共の危険を生じなかったときは、罰しない（109条2項）。
第109条第1項に規定する物が自己の所有に係るものであっても、差押えを受け、物権を負担し、賃貸し、又は保険に付したものである場合において、これを焼損したときは、他人の物を焼損した者の例による（115条）。

1 客体

ⓐ 109条1項　現に人の住居に使用されておらず、「かつ」、人がその内部にいない建造物、艦船、鉱坑である。従来、「又は」であったものが、平成7年の改正により、「かつ」に改められた。[12] 108条と異なり、汽車、電車は、含まれない。これらのものへの放火は、110条にあたる。営業所、事務所、物置小屋、倉庫、納屋などがこれにあたる。居住者・現在者を全員殺害した後の家屋は、109条1項にいう建造物である。判例において建造物かどうか問題となったものとして、豚小屋がある。建造物は、「人の起居又は出入することが予定されている建物」であることを要するとし、豚小屋は、「性質上人の起居又は出入が全く予定されていなもの」であり、これに該当しないとし、その他、犬小屋、堆肥小屋も同じとした（前掲東京高判昭28・6・18）。これに対しては、人の起居出入が可能な程度の規模の建造物であれば、動物小屋のようなものでも、建造物にあたると解釈すべきだとするものがある（植松99頁、西田306頁）。これに対して、人の出入を予定しているものは、建造物である。掘立小屋（大判大元・8・6刑録18・1138）、板葺物置小屋（大判明41・12・15刑録14・1102）、炭焼き小屋（広島高岡山支判昭30・11・15高裁特2・22・1173）がそうである。

ⓑ 自己所有非現住建造物等放火罪（109条2項）　これらの物が自己の所有にかかる場合には、6月以上7年以下の懲役である。公共の危険を発生させない限り、処罰されない。無主物は、自己の所有物と同様に取り扱われるべきだとされている（植松103頁、大塚378頁）。具体的危険犯である。したがって、公共の危険の発生は、構成要件要素であり、それを充足しなければ、未遂犯処罰規定はないから、処罰されない。公共の危険が発生したかどうかは、当該具体的状況下における一般人の判断を基準として、客観的に判定されるべきである（大塚379頁）。通説は、公共の危険の概念を、物理的なものではなく、一般人の心理的な状態とする。一般人が不安を感じるかどうかが重要なのである。したがって、自然的・物理的観点からは危険が存在しない場合にでも、通常人の感覚からすれば危険が認められるときは、公共の危険があることになる（小野77頁、植松96頁、中206頁、大塚379頁、大谷388頁以下）。しかし、公共の危険も、具体的危険説のみではなく、むしろ、客観的

---

[12] 判例・学説において、すでに改正以前から「また」ないし「かつ」の意味に解されていた（神戸地判昭36・6・21下刑集3・5＝6・569、中205頁参照）。

危険説をも基礎にして判断されるべきであるから、物理的・経験的な蓋然性を基準として、客観的に判断すべきである。

　判例には、麓に並存する人家から雑木林などを隔てて直線距離にしても、300メートル以上の山腹にある炭焼き小屋であって、小屋の北側には、炭竈を設け、前面は平坦に土盛りをなし、周辺の雑木はすべて切り払われ、切株からはすでに若芽が萌え出ており、引火延焼の危険のある物は何物も存在せず、さらに小雨が降る中を監視しながら、その小屋を燃やしたというとき、延焼の危険はなく、公共の危険があったとはいえないとしたものがある（前掲広島高岡山支判昭30・11・15）。

❸　115条　　自己の所有にかかるものであっても、差押えを受け、物権を負担し、賃貸し、または保険に付したものであるときは、他人の物と同様に取り扱われる（115条）。したがって、109条1項によって処罰される。これによって、未遂・予備も可罰的となる（大判昭7・6・15刑集11・841）。他人の所有にかかる場合と同様に処罰されるのは、焼損によって、物権、賃借権などの他人の財産権が侵害され、あるいは保険会社に財産的損害を与えるからである。

2　公共危険の認識

❶　故　意　　自己所有非現住建造物等放火罪（2項）は、具体的な公共の危険の発生したことが必要な具体的危険犯である。これを構成要件的結果であるとすると、故意を認めるためには、**公共の危険の発生に関する認識**が必要であるということになる（団藤199頁、中206頁以下、内田454頁、大谷390頁、中森167頁以下、山口390頁）[13]。これに対して、不要説は、公共危険罪における「危険」を「処罰条件」とし、焼損の時点を放火罪・失火罪に共通した既遂時期とすることを前提とする。不要説[14]（西田308頁）の根拠は、公共の危険の認識と延焼の認識とが同一であり、適用上の差異がないという点（藤木・注釈3巻181頁）、ならびに、焼損については故意があるが、公共の危険の発生について認識のない場合、失火罪とするのは論理的不整合を生じるものとする点（香川188頁）にある。しかし、両者の区別は、理論上も実際上も意味があり、犯罪の成立に必要な故意が欠けるときに、過失犯が成立するのは、論

---

[13] もちろん、抽象的危険犯である108条、109条1項についても、公共の危険の発生を要求し、その認識を必要とするという説もある。

[14] 古い判例は、不要説に立つ（大判昭10・6・6刑集14・631）。戦後の下級審の判例には、これを必要とするものもある（名古屋高判昭39・4・27高刑集17・3・262）。それが未必的認識で足りることは、いうまでもないとする。

第2節　放火および失火の罪　§122　非現住建造物等放火罪◇　535

理上当然のことであって、失火罪および建造物等損壊罪（260条）の観念的競合ないし併合罪（内田454頁）とすることが不自然ではない。

ｂ　公共の危険の認識　　しかし、肯定説にとっての問題点は、**公共の危険の認識の内容**である。なぜなら、公共の危険とは、108条、109条1項の目的物への延焼の危険であるとすれば、その認識は、結局、108条、109条1項の故意を意味することになり、両者の区別は困難だからである。学説においては、この両者の内容的区別が試みられている。例えば、①公共の危険の発生についての予見はあるが延焼を容認することのない心理状態（植松104頁）、②108条、109条1項の故意は、「延焼」自体の認識を要求するのに対して、公共の危険の認識は、**「延焼の可能性」の認識**で足り、あるいは延焼の危険と無関係に公共の危険は生じうるのであり、両者は区別しうるという見解（曽根・重要問題296頁）、③延焼の危険はないが、なおその幻影におびえるというのが一般的であるということの認識（一般公衆が延焼の危険を感じるであろうという認識）（中207頁、中森168頁）などがある。[15] しかし、**第1説**は、公共の危険の予見はあっても「認容」がないならば、故意の内容につき認容説に立つと延焼を容認しない限りそれに対する故意があるとはいえないのであるから、不当であり、**第2説**によれば、「延焼」の認識が、確定的な故意を指し、「延焼の可能性」の認識が未必の故意を指すのかどうかは明らかでない。そうだとすれば、本説は、そのような振り分けの根拠を示していない。108条および109条1項が未必の故意の場合を排除するという根拠もない。また、延焼の危険と無関係に公共の危険が生じる場合が存在するということは、無関係でない場合の両者の区別の明確化にはつながらない。**第3説**は、危険の概念そのものを、物理的な危険ではなく、一般人の心理的な不安感をいうとする点で妥当性を欠く。一般人が不安感を抱くかどうかの判断が不明確であるが、そのようなことを行為者が認識することは通常はないといって

---

[15] 谷口裁判官も、「『公共の危険発生の予見はあるが、延焼を予見することのない心理状態』すなわち、放火行為により『一般人をして延焼の危惧感を与えることのない認識』と考えてよい」とされる（最決昭59・4・12刑集38・6・2107、最判昭60・3・28刑集39・2・75＝**百選85**）。なお、谷口裁判官は、公共の危険の認識不要説の根拠として、判例が不要説を採った（大判昭6・7・2刑集10・303）のは、条文が「焼燬シ因テ公共ノ危険ヲ生セシメタル者」となっていて、いわゆる結果的加重犯類似の形式をとっていることに由来するものと思われるとされる。結果的加重犯においては、基本犯罪とその結果生じた罪とは同一罪質の罪であることが通常であるが、110条1項の罪については、この関係は成り立たないとされる。

よい。

そこで、さらに、109条2項、110条は故意犯と過失犯の複合的な犯罪類型であり、公共の危険＝延焼の危険については、**過失があれば足りるとする見解**（西田310頁）が検討されるべきである。この見解は、具体的危険犯一般について、具体的危険結果については、故意の対象とならないとするのか、それとも、放火罪のみについてそれが故意の対象とならないとするのか明らかでないが、具体的危険犯一般に妥当するというなら不当であり、放火罪のみに妥当するとするなら、その根拠が明らかでない。本説は、結局、本罪が、結果的加重犯類似の犯罪であるという古い判例の見解（前掲谷口裁判官の意見参照）の新装版であるが、根拠がない。また、具体的危険犯は、すべて故意犯と過失犯の複合類型の犯罪であるとすることも、理論的に根拠づけられない。かくして、具体的危険結果について故意を必要とすることは疑いがない。[16]

ⓒ 危殆化故意としての危険の認識 具体的危険犯における「危険」の認識とその危険の実現である「結果」の認識とは区別できないのであろうか。理論的には、「危険」に対する故意（危殆化故意）があっても、「結果」に対する故意（侵害故意）がないという場合がありうることは疑いない。死ぬかもしれないと思っても、殺そうと思っていなければ殺人の故意はないのである。このことは、認識ある過失と未必の故意の区別の問題として十分に議論されている。危険故意と結果故意を実際上区別することが困難なのは、その故意論が不明確だからであるともいえよう。[17]

まず、108条、109条1項の放火を行う目的で、その手段として109条2項、110条の物件に放火した事例については、108条、109条1項の放火罪の故意を認めるためには、未必の故意の存在で足りるが、それには、延焼結果についての実現意思が必要である。それは延焼の事実を表象し、その実現のために行動を操縦することを前提とする。より具体的に言えば、現住建造物の焼損を実現する意思が必要なのである。次に、公共の危険ないし延焼の危険に対する故意は、抽象的に不特定多数の人の生命・身体・財産に対する

---

[16] 本説を唱える者も、遺棄罪について、遺棄罪を具体的危険犯とすると具体的危険の認識が必要となり、故意の点で殺人と区別しえなくなることを抽象的危険犯とする根拠とする（西田27頁）。
[17] ここで、区別が困難だから、公共危険の認識が不要であるとする説は、よく切れる肉切り包丁がないから牛一頭まるごと食べろというようなものである。

危険の認識を意味するのではない。それは、具体的な事情、因果関係等の認識を前提とする。例えば、延焼の危険の認識とは、自己所有の物置小屋に放火するときには、物置小屋と現住建造物の位置関係、距離、風向き、天候、建物の耐火構造性等の認識を前提とするのである。具体的危険犯における故意とは、抽象化された「具体的危険」の認識ではなく、その危険を徴表するさまざまな事実の認識の集合体である。ただ、そこには、結果の発生、すなわち具体的に言えば、建造物の焼損についての実現意思はみられない。行為者は、さまざまな危険の徴表を認識しながらその意味を統合して結果発生、すなわち焼損につながることの認識とその実現意思につなげてはいないのである。[18]

§123 建造物等以外放火罪

> 放火して、前2条に規定する物以外の物を焼損し、よって公共の危険を生じさせた者は、1年以上10年以下の懲役に処する（110条1項）。
> 前項の物が自己の所有に係るときは、1年以下の懲役又は10万円以下の罰金に処する（同条2項）。

1 客体

「前2条に規定する物以外の物」とは、建造物、汽車、電車、艦船、鉱坑以外の物である。したがって、自動車、航空機のほか、現に人がいない汽車・電車、その他、建造物にあたらない物である。廃棄物のような、焼損することが意味をもたないような物も含む（大谷390頁、内田461頁）のか、含まない（大塚380頁）のかについては、学説が分かれる。判例には、それは、「公共危険犯としての観点から考えて、それ自体を焼燬することに意味のある物をいい、マッチ棒や極く少量の紙片の如く、他の物体に対する点火の媒介物として用いられていて、それ自体を焼燬することによっては、一般的定型的に公共の危険の発生が予想されないような物は、含まないもの」とするものがある（東京地判昭40・8・31判タ181・194）。

2 公共の危険

本罪は、具体的危険犯であるから、公共の危険の発生が必要である。[19] 公共

---

[18] 結局、危殆化故意とは、客観的な危険については認識があるが、その危険の認識が、結果の発生に向けた当該行為者の行為形成にとって重要な程度には達していない場合に成立する。

の危険とは、現住建造物ないし非現住建造物への延焼の危険を意味するばかりではなく、不特定または多数人の生命・身体・財産に対する危険を意味する。一例として、本条に関する最近の最高裁判例（最決平 15・4・14 刑集 57・4・445 = **百選 86**）を掲げておこう。

> 事案は以下のごとくである。被告人は、妻と共謀のうえ、長女が通学する小学校の担任教諭の所有にかかる自動車に放火しようと企て、小学校教職員用の駐車場に無人でとめられていた被害車両に対し、ガソリン約 1.45 リットルを車体のほぼ全体にかけたうえ、これにガスライターで点火して放火した。本件駐車場は、市街地にあって、公園および他の駐車場に隣接し、道路を挟んで前記小学校や農業協同組合の建物に隣接する位置関係にあった。また、本件当時、被害車両の近くには、前記教諭以外の者の所有にかかる 2 台の自動車が無人でとめられており、うち 1 台（第 1 車両）は被害車両の左側部から 3.8 メートルの位置に、他の 1 台（第 2 車両）は、第 1 車両の左側部から更に西側へ 0.9 メートルの位置にあった。そして、被害車両の右側部から東側に 3.4m の位置にはゴミ集積場が設けられており、本件当時、可燃性のゴミ約 300 キログラムが置かれていた。

この事案につき、最高裁は、刑法「110 条 1 項にいう『公共の危険』は、必ずしも同法 108 条及び 109 条 1 項に規定する建造物等に対する延焼の危険のみに限られるものではなく、不特定又は多数の人の生命、身体又は前記建造物等以外の財産に対する危険も含まれると解するのが相当である。そして、市街地の駐車場において、被害車両からの出火により、第 1、第 2 車両に延焼の危険が及んだ等の本件事実関係の下では、同法 110 条 1 項にいう『公共の危険』の発生を肯定することができるというべきである」とした。

本決定は、公共の危険の内容につき、108 条、109 条 1 項に規定する建造物に対する延焼の危険に限らず、不特定または多数人の生命・身体、その他の財産に対する危険をも含むとしたものである。

3 故 意

故意の内容として、公共の危険の認識を必要とする（反対=藤木 92 頁）。過失を要求する（西田 309 頁、斎藤信治 228 頁以下）だけでは足りない。判例は、[20]

---

[19] その判断は、犯行現場の状況、客体の焼失状況、焼屑の悲惨状況、気象状況などの「発火当時における諸般の事情を基礎にした合理的判断によるべきである」とする（松江地判昭 48・3・27 刑月 5・3・341）。

[20] 事案は、暴走グループのリーダーであった行為者 X が、Y らに B 方に隣接して置かれていた、グループを離脱した A らの単車に放火するよう申し向けたが、単車が焼損し、B 方に延焼したというものである。不要説を示す古い判例として、大判昭 6・7・2 刑集 10・303、大判昭 10・6・6 刑集 14・631 がある。

「焼燬の結果公共の危険を発生させることまでを認識する必要はないものと解すべきである」とする（前掲最判昭60・3・28＝百選85）が、不当である。

　　下級審の判例の中には、公共の危険の認識を要求するものもある（前掲名古屋高判昭39・4・27）。公共の危険の認定に際して、これに言及する判例もある。この事案は、現住建造物に隣接する駐車場に駐車中の自動車のボディカバーに放火し、その一部を焼損したが、自動車と現住建造物とはわずか0.56メートルの距離しかなかったというものである。判例は、「炎は自然に消えるに至っていたであろう蓋然性がかなり高かった」とし、したがって、「未だ付近の建造物等への延焼に至る客観的な危険性を肯認しうる状況にも、一般人をして右のような結果を生ずるおそれがあると危惧させるに足りる状態にも至っていなかった」として、公共の危険の発生を否定した。括弧内で公共の危険の認識についても言及し、「そのまま放置すれば、付近の建造物への延焼のおそれのある状態に至るのではないかとの抽象的な危険を意識した」というだけでは足りないとした（浦和地判平2・11・22判時1374・141）。

4　自己の所有にかかる物

　客体が自己の所有にかかるときは、減軽される。放棄された無主物については、財産罪的保護を不要ならしめるから、自己の所有物と同様に取り扱われるべきである。

　　判例には、板塀に接して置いてある、他人所有のごみ箱の上に捨てられたハトロン紙5、6枚については、所有物に準じて取り扱われるとするもの（大阪地判昭41・9・19判タ200・180）がある。「所有者が所有権を放棄した物は、これを焼燬しても財産的侵害を理由に刑を加重すべきではないことはいうまでもないから、放火犯人所有の物に準じて取扱うのが妥当である」とする。また、古い判例には、自己が所有する石油約1合を他人の住居の壁板等に注ぎかけたが、その住居を焼損する意思はなく、石油のみを燃やして消し止める意思でマッチで点火してこれを燃え上がらせたという事案に対して、石油の所有権を放棄したから、他人の物の焼損にあたるとして、110条1項を適用したものがある（大判昭5・5・31新聞3169・12）。

本条（110条2項）についても、115条が適用される（☞§122, 1 ❸）。

§124　延焼罪

> 　第109条第2項又は前条第2項の罪を犯し、よって第108条又は第109条第1項に規定する物に延焼させたときは、3月以上10年以下の懲役に処する（111条1項）。
> 　前条第2項の罪を犯し、よって同条第1項に規定する物に延焼させたときは、3年以下の懲役に処する（同条2項）。

　本罪は、自己所有物件に対する放火罪の**結果的加重犯**である。延焼の結果について故意のないことを要する。放火の客体は、自己所有の非現住建造物

等（109条2項）または自己所有の「その他の物」（110条2項）であり、延焼の客体は、現住建造物等（108条）、非現住建造物等（109条1項）であり、または建造物等以外（110条1項）である。基本犯である109条2項・110条2項の罪が成立したうえで、108条・109条1項・110条1項の客体に延焼することが必要である。すなわち、放火の客体について「罪を犯し」ていることが必要であるから、自己の所有物に放火して自己所有物件を焼損し、また、公共の危険が発生していることを前提としたうえで、延焼することが必要なのである。「**延焼**」とは、行為者の予期しなかった客体について焼損の結果を生じさせることをいうとされる（小野77頁、大塚381頁、大谷392頁）。しかし、このような説明は、誤解を生むのみで意味がない。延焼の客体について侵害故意がない場合に限るということのみが重要である。公共の危険を根拠づける物件に延焼しても本罪が成立することは疑いないからである。延焼の結果について予見可能性（過失）が必要である（団藤202頁、山口388頁）。

　115条の適用によって他人所有として取り扱われる物件に延焼した場合に、本条の適用があるかについては、学説上争いがある。**肯定説**（内田463頁、中森169頁、西田311頁、山口394頁）に対して、**否定説**（大塚381頁、大谷393頁、平川113頁）は、111条に明文の規定がないこと、および、115条は故意に焼損した場合にのみ適用される規定と解すべきことを理由とする。しかし、111条に明文で定める必要はないし、115条の適用は、故意犯に関する規定に限るとする根拠もない。財産罪的性格の考慮により「他人の所有物」として取り扱うべきことが理由であるから、過失犯についても妥当すべきである。

　111条に明文のない延焼　　これについては、次のように考えるべきである。現住建造物等放火罪（108条）を犯す故意で放火したが、非現住建造物に延焼したというように、重い放火罪を犯す故意で、軽い放火罪の客体に延焼した場合には、公共危険罪としての性格から、重い方の放火罪の成立のみを認めれば足りる（大塚381頁、大谷393頁）。逆に、例えば、109条1項の罪を犯す故意で、108条の罪の客体に延焼した場合、あるいは、110条1項の罪を犯し、108条または109条1項の罪の客体に延焼したというように、軽い罪を犯す故意で、重い罪の客体に延焼した場合には、軽い罪（109条1項ないし110条1項）のみが適用される（大判昭13・8・22新聞4317・15）。

§125　放火予備罪

> 第108条又は第109条第1項の罪を犯す目的で、その予備をした者は、2年以下の懲役に処する。ただし、情状により、その刑を免除することができる（113条）。

　予備とは、放火の実行の着手以前の準備行為をいう。放火の材料を準備する行為等がそうである。すでに述べたように（☞§120, 1）、媒介物に点火されれば実行の着手がある。[21] 準備行為の始期は明確ではないが、少なくとも、他の予備罪と同様に、「客観的に相当の危険性の認められる程度の準備」（東京高判昭42・6・6高刑集20・3・351）ないし「実行の危険性を顕在化させる準備行為」（東京高判平10・6・4判時1650・155）が必要であろう。現住建造物等放火罪（108条）または他人所有非現住建造物等放火罪（109条1項）を犯す目的が必要である。予備が、未遂・既遂の段階に至れば、放火予備罪は、放火未遂罪・既遂罪に吸収される（大判明44・7・21刑録17・1475）。

§126　消火妨害罪

> 火災の際に、消火用の物を隠匿し、若しくは損壊し、又はその他の方法により、消火を妨害した者は、1年以上10年以下の懲役に処する（114条）。

　火災の際に消火活動を妨害する罪である。妨害が奏功する必要はなく、妨害行為をすれば既遂となる。**抽象的危険犯**である。

　「火災の際」は、行為の状況をいうが、火災が発生しようとしている場合および発生している場合をいう。「火災」は、公共の危険を生ぜしめる程度の規模に達したもの、そのような規模に達するであろうという場合をいう（内田464頁）。放火、失火、自然発火等、火災の原因を問わない。自己の責に帰すべき事由による場合でもよい。放火後に、行為者が自ら消火を妨害した場合には、故意の放火によってすでに公共の危険が発生しており、本罪は放火罪の補充規定であるから、本罪は、放火罪に吸収される（内田465頁、大谷394頁、中森170頁）。これに対して、失火後に消火を妨害した場合には併合

---

[21] ある下級審の判例では、放火行為の開始があったかどうかは、「客観的にみて、現実に焼燬の結果発生のおそれのある状態を生ぜしめる行為が開始されたか否かによって決しなければならない」として、発火装置の懐炉灰の火が完全に消えていたとすると、それを床の上に放置する行為が放火行為とはいえないとされた（東京高判昭58・8・23刑月15・7=8・357）。

罪となる。

妨害行為は、作為に限られないが[22]、たんに公務員から援助を求められたのに、これに応じないだけでは、軽犯罪法（1条8号）に違反するだけで、消火妨害罪にはあたらない[23]。「消火用の物」とは、消防自動車、消防ホース、消火器等、消防の用に供されるすべての器具ないし設備をいう。「隠匿」とは、消火用の物の発見を不可能または困難にすることをいう。「損壊」とは、物理的な破壊をいう。「その他の方法」とは、消火活動を妨害する一切の行為をいう。例えば、消防車の出動を妨害し、消防活動中の消防士に暴行・脅迫を加え、または、水道栓を閉じる行為等がそれである。

§127 失火罪

> 失火により、第108条に規定する物又は他人の所有に係る第109条に規定する物を焼損した者は、50万円以下の罰金に処する（116条1項）。
> 失火により、第109条に規定する物であって自己の所有に係るもの又は第110条に規定する物を焼損し、よって公共の危険を生じさせた者も、前項と同様とする（同条2項）。

過失によって出火させる罪である。客体により、他人所有建造物等失火罪（1項）と自己所有非現住建造物等失火罪（2項）とに分かれる。

1 現住建造物・他人所有建造物失火罪（1項）

抽象的危険犯である。過失の出火によって1項所掲の客体を焼損することを要する。本罪にも、115条の適用が認められる。

2 自己所有非現住建造物等失火罪（2項）

具体的危険犯である。焼損のほか、公共の危険を発生させたことを要する。焼損については故意があったが、公共の危険の認識がなく、予見・回避可能であったにすぎない場合も、失火罪を構成する（大塚384頁、大谷377頁）。本罪にも、115条の適用が認められる。

---

[22] 不作為犯の成立は、作為義務を前提とするので、法律上の消火義務を負う者であることを要する。ただし、作為の放火と同視される場合には、不作為による放火罪を構成するので、そうでないことを必要とする。

[23] 「風水害、地震、火事、…その他の変事に際し、正当な理由がなく、現場に出入するについて公務員若しくはこれを援助する者の指示に従うことを拒み、又は公務員から援助を求められたのにかかわらずこれに応じなかった者」を罰する。その他、消防法40条（妨害行為）がある。

第2節　放火および失火の罪　　§128　業務上失火罪・重失火罪　　543

§128　業務上失火罪・重失火罪

> 第116条又は前条第1項の行為が業務上必要な注意を怠ったことによるとき、又は重大な過失によるときは、3年以下の禁錮又は150万円以下の罰金に処する（117条の2）。

本条は、昭和16年の刑法改正により追加されたものである。業務上失火・重失火罪につきとくに刑を加重したものである。

1　業務上失火罪

ここで、業務とは、「職務として火気の安全に配慮すべき社会生活上の地位」をいう（最決昭60・10・21刑集39・6・362）。社会生活上、反復・継続して従事する事務であるだけであって、「職務として」行われるのではないのであれば、本罪にいう業務ではない。なぜなら、本罪は、一定の業務上の注意義務違反を加重処罰する趣旨のものであって、無限定に拡大することはその趣旨に合わないからである。したがって、反復・継続して火気を用いる家庭の主婦や愛煙家などの私生活内部の行為は、業務行為に含まれない（大塚384頁）。そこで、本条にいう業務は、①火気の使用を直接の内容とする（例えば、調理師、ボイラーマン、溶接作業員）、②火気発生の高い危険物・器具等を取り扱う（例えば、ガソリン、プロパンガス取扱業者）、③火災の発見・防止を任務とする（例えば、夜警、火気防止責任者）職務に限られる。

「業務」には、以上のような三つの類型があるが、判例において、火気を直接取り扱う職務である①の類型に属するものとして、公衆浴場経営者（最判昭34・12・25刑集13・13・3333）がある。「引火性の極めて高い危険物を取扱うことを業務の内容としている場合」である②の類型として、「自動車の運転」には当然に引火性の極めて強いガソリンの保管使用を伴うから、業務であるとしたもの（福岡高宮崎支判昭41・3・15下刑集8・3・372）、その他、ディーゼル・エンジン自動車の運転者（最決昭46・12・20刑集25・9・1086）、石油販売業者（東京高判昭39・11・25高刑集17・8・729）、高圧ガス販売業者（最決昭42・10・12刑集21・8・1083）、風呂釜の販売取付業者（福岡高判昭52・9・20判時879・152）、石油化学工場の管理者（新潟地判昭53・3・9判時893・106）などがある。③の類型に関する判例には、易燃物であるウレタンフォームを管理するうえで当然に伴う火災防止の職務に従事していた者（易燃物の管理責任者）を

業務者としたもの（前掲最決昭60・10・21）があり、また、「夜警」の職務を火災の発見防止を内容とするとしたもの（最判昭33・7・25刑集12・12・2746）がある。さらに、「組立式サウナ風呂の開発・製作の担当者」が、長期間使用するときは電熱炉の加熱により木製ベンチ部分に火災が発生する危険があるサウナ風呂の構造につき耐火性を検討、確保して火災を未然に防止する措置をとる業務上の注意義務を負うとした判例（最決昭54・11・19刑集33・7・728）があるが、この場合、職務内容と火気発生との関係がやや間接的であり、②の類型にあてはまるかどうかは疑問がないわけではない。

なお、業務上失火罪の共同正犯が肯定された判例として、作業員2名が、鋼材の電気溶接作業を交代で実施していた際に、それによって発生した熱の輻射や火花などにより発生した火災につき、それを肯定したもの（名古屋高判昭61・9・30高刑集39・4・371）がある。

2 重失火罪

重大な過失とは、不注意の程度が著しいことをいう（東京高判昭62・10・6判時1258・136）。わずかな注意を払えば、予見・回避可能であったという場合（東京高判平元・2・20判タ697・269参照）である。

判例には、盛夏炎天の日、ガソリン給油場内のガソリン罐から数十センチメートルの箇所でライターを使用した事案（最判昭23・6・8判例体系32・380）、石油ストーブの燃料に、白灯油と誤信してガソリン入りの混合油を使用した事案（前掲東京高判平元・2・20）、学校校舎から15ないし20メートル離れた地点で廃材を焼却したが、その飛び火により校舎の火災が発生した事案（東京高判昭60・11・29刑月17・11・1105）、電気ストーブを椅子からわずか30センチメートル離れたところに設置し、椅子の上でトレンチコートを下半身にかけて眠り込んだが、コートが電気ストーブにずり落ちて火災を生じさせた事案（東京高判昭51・6・29判時831・121）、妻子がガス風呂に入浴中にガソリンをポリタンクに移し替えようとして、ガソリンを土間に流出させ、ガス風呂の焚き口の種火に引火させるなどして、住宅を焼損した事案（大阪地判平2・11・13判タ768・251）などがある。

§129 激発物破裂罪

火薬、ボイラーその他の激発すべき物を破裂させて、第108条に規定する物又は他人の所有に係る第109条に規定する物を損壊した者は、放火の例による。第109条に

規定する物であって自己の所有に係るもの又は第110条に規定する物を損壊し、よって公共の危険を生じさせた者も、同様とする（117条1項）。

激発物を破裂させる行為も、放火行為と同様、公共危険罪であるから、放火に類するものとして、本章に規定された。前段は、抽象的危険犯、後段は、具体的危険犯である。

「**激発すべき物**」（激発物）とは、急激に破裂して物を破砕する力を有する物質をいう。火薬、ボイラーはその例示である。その他、高圧ガス、液化ガスなども含まれる。爆発物取締罰則1条以下にいう「爆発物」も激発物の一種である。爆発物を利用して財物を損壊し、公共の危険を生じさせた場合、判例は、本罪と爆発物使用罪（爆発1条）の観念的競合とする（大判大11・3・31刑集1・186）が、爆発物使用罪は、本罪の特別罪であり、同罪のみが成立する[24]（大塚386頁、大谷398頁）。

破裂させて、建造物等の「**損壊**」の結果が発生することを要する。「**放火の例による**」というのは、客体の種類により108条または109条の法定刑が適用されるという意味である。[25] 後段の罪は、「損壊」し、さらに「公共の危険」の発生があった限りで、109条2項、110条1項または2項の法定刑で処断される。

本罪の予備罪・未遂罪が処罰されるかについては、「放火の例による」のが未遂罪・予備罪の処罰をも意味しているのかどうかが争われている。未遂罪については、否定説（団藤207頁）もあるが、刑法3条1号は、本罪の未遂罪を予定しており、危険性の程度において、本罪を放火罪から区別する理由はないから、肯定説（大塚387頁、大谷398頁、内田470頁、中森171頁、山口398頁）が妥当である。しかし、未遂罪については処罰を肯定する見解にも、本罪の予備罪については否定するものがある（内田470頁）が、3条1号は、予備については触れていないので、予備罪については否定されるべきであろう。

---

[24] 激発物に関する特別法として、破壊活動防止法（39条、41条）、火薬類取締法58条以下、軽犯罪法1条10号、高圧ガス保安法80条以下など参照。なお、火炎ビンは、激発物にあたらない。「火炎ビンの使用等の処罰に関する法律」（2条、3条）によってその使用・製造・所持が処罰されているからである。
[25] 本罪について、115条の適用があるかについては、肯定説が通説である（大塚387頁、内田471頁）。

§130　過失激発物破裂罪・業務上過失激発物破裂罪・重過失激発物破裂罪

> 前項の行為が過失によるときは、失火の例による（117条2項）。第116条又は前条第1項の行為が業務上必要な注意を怠ったことによるとき、又は重大な過失によるときは、3年以下の禁錮又は150万円以下の罰金に処する（117条の2）。

「失火の例による」というのは、その行為が、単純過失によるときは、116条の失火罪により、「50万円以下の罰金」に処せられ、その行為が、業務上必要な注意を怠ったことによるとき、または、重大な過失によるときは、117条の2によって、「3年以下の禁錮または150万円以下の罰金」に処せられるという趣旨である。

§131　ガス漏出罪・ガス漏出致死傷罪

> ガス、電気又は蒸気を漏出させ、流出させ、又は遮断し、よって人の生命、身体又は財産に危険を生じさせた者は、3年以下の懲役又は10万円以下の罰金に処する（118条1項）。
> ガス、電気又は蒸気を漏出させ、流出させ、又は遮断し、よって人を死傷させた者は、傷害の罪と比較して、重い刑により処断する（同条2項）。

1　ガス漏出罪（1項）

放火ではないが、類似した罪質の公共危険罪であるので、本章に規定された。1項の罪は、人の生命・身体・財産に危険を生じさせることを必要とするので、危険犯である。「人」は、特定少数人でもよいので、公共の危険の発生が具体的に必要なわけではない。しかし、「漏出・流出・遮断」行為そのものは、定型的に公共の危険をもたらす行為類型であり、その意味で、本罪は、公共危険罪であり、抽象的危険犯である。客体は、ガス・電気・蒸気である。行為は、漏出・流出・遮断である。自殺の目的で室内にガスを充満させる行為は、本罪にあたる（福岡高飯塚支判昭54・2・9判時925・134）。

具体的危険の発生について、午前2時頃、夫がすでに眠り、妻も傍らにいたときに、換気のよくない家に忍び込み、台所のガスコンロの栓を全開させて、都市ガスを漏出させたという事案で、118条に「所謂生命に対する具体的な危険が発生したというためには、瓦斯を漏出させることによって、人の死亡が確実視される状態あるいは所論がいうように人の死亡に密着するほどの危険な状態になることは必要でなく、瓦

ス漏出の時刻、量、動機・目的、漏出場所の構造等当時の具体的な事情のもとで、通常、生命を侵害するおそれがある状態になれば足りる」とした判例（東京高判昭51・1・23判時818・107）がある。なお、危険の発生については、さらに、自殺しようとして、可燃性都市ガスを、爆発下限界を超えて室内に充満させたときに、爆発の危険が生じたことは明らかであるとしたもの（大阪地判昭58・2・8判タ504・190）がある。

　人の生命・身体・財産の危険の発生については、故意の対象となるので、その認識が必要である。危険の発生について予見を必要としないとする見解（中野・小野ほか288頁以下、藤木107頁、西田313頁、前掲東京高判昭51・1・23）は不当である。「よって」の文言が用いられているが、結果責任を認めたものではない（団藤208頁、大塚388頁、大谷399頁、中森208頁、山口399頁）。殺人または傷害の故意がある場合には、本罪と殺人罪または傷害罪との観念的競合となる（団藤208頁、大塚388頁、大谷399頁）。

　ガス漏出行為を行った結果、それを爆発させた場合には、激発物破裂罪が成立し、激発物破裂罪の方が重い限りで、前者は後者に吸収される。

2　ガス漏出致死傷罪（2項）

　結果的加重犯である。致死傷の結果については、故意がないことを要するが、予見可能性が必要である。傷害罪・傷害致死罪の刑と比較し、上限・下限ともに重い方の刑を適用する趣旨である。

第3節　出水および水利に関する罪

§132　総　説

　出水および水利に関する罪は、出水に関する罪と水利妨害罪によって構成される。前者の出水に関する罪は、水力、すなわち、水の破壊作用を利用して犯される公共危険罪であり（大判明44・11・16刑録17・1987）、火力を利用する放火罪に類似する。水害は、火災と同様に公衆の生命・身体・財産に大きな危険をもたらすものであり、それを惹起する行為を処罰する趣旨である。本節の罪は、公共危険罪であるが、副次的には、財産罪的性格をも備えている。逆に、後者の水利妨害罪は、財産権の一種である水利権を直接の保護法益とするが、水利妨害罪は、その手段において、通常、出水の危険を伴うので、第10章に併せて規定されているのである。出水に関する罪には、現住

建造物等浸害罪（119条）、非現住建造物等浸害罪（120条）、水防妨害罪（121条）、過失建造物等浸害罪（122条）、出水危険罪（123条後段）が属する。これに対して、水利に関する罪に属するのは、水利妨害罪（123条前段）のみである。

改正刑法草案は、第2編第12章に「出水及び水利に関する罪」の表題のもとに、現住建造物等浸害罪については、現行規定の法定刑から死刑を除き、過失犯の加重類型として、業務上過失浸害罪・重過失浸害罪（189条2項）を新設し、水利妨害罪（190条）に修正を加え、独立の条文に規定するなどの改正を図っている。

§133　現住建造物等浸害罪

> 出水させて、現に人が住居に使用しまたは現に人がいる建造物、汽車、電車または鉱坑を浸害した者は、死刑または無期若しくは3年以上の懲役に処する（119条）。

1　客体

現に人の住居に使用し、または現に人がいる建造物、汽車、電車または鉱坑である。現住建造物等放火罪（108条）の客体から「艦船」が除かれている。

2　行為

出水させて浸害することである。「出水」させるとは、人の管理・制圧する水力を解放して氾濫させることをいう。水は、流水であると貯水であるとを問わない。解放の手段も問わない[1]。例えば、ダムを決壊させ、水流をせき止める行為がそうである。「浸害」とは、水力によって客体を流出、損壊させ、または効用の滅失・減損をもたらすことをいう[2]。浸害は、一時的なものでもよい。本罪は、浸害があれば、公共の危険が発生したものとする抽象的危険犯である。本罪の未遂犯処罰規定はないが、出水させても浸害に至らないときは、出水危険罪（123条後段）が成立する。

3　故意

現に人が住居に使用し、または現在する客体を、出水させて浸害することを認識する必要がある。

---

[1] 旧刑法（411条）は、堤防の決潰と水門の毀壊に限定していた。

[2] 河川の氾濫によってすでに客体に浸水が始まっていても、堤防を破壊してさらに水量を増加させて浸害すれば、本罪にあたる（大判明44・11・16刑録17・1984）。

第3節　出水および水利に関する罪　　§135　水防妨害罪　549

§134　非現住建造物等浸害罪

> 出水させて、前条（119条）に規定する物以外の物を浸害し、よって公共の危険を生じさせた者は、1年以上10年以下の懲役に処する（120条1項）。
> 浸害した物が自己の所有に係るときは、その物が差押えを受け、物権を負担し、賃貸し、又は保険に付したものである場合に限り、前項の例による（同条2項）。

1　客体

現住建造物等浸害罪の客体以外の物である。放火罪においては、非現住建造物等放火罪（109条1項）と建造物等以外放火罪（110条1項）が区別されているが、本罪においては、建造物・鉱坑等とその他の物とが区別されていない点で異なる。非現住・非現在建造物・鉱坑のほか、田畑、牧場、森林などがその客体の例である。犯人の自己所有物については、差押えを受け、物権を負担し、または賃貸し、もしくは保険に付してある場合に限り客体となる。

2　行為

出水させて前記の客体を浸害し、それによって公共の危険を発生させることである。公共の危険は、構成要件要素であり、本罪は、**具体的公共危険犯**である。「よって」の文言があるが、公共の危険は、客観的処罰条件（香川199頁）ではない。公共の危険とは、本罪の客体を浸害することによって、不特定または多数の人の生命・身体・財産に浸害のおそれを生じさせることをいう。

3　故意

出水させて浸害することの認識のみならず、**公共の危険の発生についての認識**を必要とする（大塚391頁、大谷402頁、中森173頁、山口401頁、反対＝西田315頁）。出水・浸害の認識があっても、公共の危険の発生についての認識を欠くときは、毀棄罪と過失建造物等浸害罪の観念的競合である（大塚391頁、大谷384頁）。

§135　水防妨害罪

> 水害の際に、水防用の物を隠匿し、若しくは損壊し、又はその他の方法により、水防を妨害した者は、1年以上10年以下の懲役に処する（121条）。

本罪は、放火罪における消火妨害罪に対応するものである。構成要件的状況として、「水害の際」であることが要求されている。「水害の際」とは、水害が現に発生している状況のほか、まさに発生しようとしている状況を含む（反対=林342頁）。「水害」とは、出水および浸害により公共の危険が生じている状態あるいは生じうる状態をいう。

本罪の行為は、水防用の物を隠匿し、もしくは損壊し、またはその他の方法により、水防を妨害することである。「**水防用の物**」とは、水害を防ぐすべての物をいい、土嚢、コンクリートブロック、石材、材木等のほか、水防信号用器具、連絡用無線等も含む。隠匿・損壊は、水防を妨害する行為の例示である。「**隠匿**」とは、水防用の物の発見を困難ないし不可能にすることをいう。「**損壊**」とは、本罪においては物理的破壊によって水防の効用を滅失・減損することをいう。「**その他の方法**」とは、隠匿・損壊以外の方法で、通常、水防の妨害となりうる程度の行為を意味する。妨害は、不作為による場合でもよいが、法律上の水防活動の義務が前提とされる。たんに水害に際して公務員等の指示に従わず、援助に応じないという不作為は、軽犯罪法1条8号を成立させるにすぎない。隠匿・損壊等の行為があれば本罪は成立し、現に水防活動が妨害されたことを要しない（反対=林342頁）。**抽象的危険犯**である。本罪の特別罪として、水害発生以前に水防器具の損壊等を罰する水防法52条以下の規定がある。

§136　過失建造物等浸害罪

> 過失により出水させて、第119条に規定する物を浸害した者又は第120条に規定する物を浸害し、よって公共の危険を生じさせた者は、20万円以下の罰金に処する（122条）。

本条は、失火罪に関する116条に相当する。前段は抽象的公共危険罪、後段は具体的公共危険罪である。

§137　出水危険罪

> 堤防を決壊させ、水門を破壊し、その他出水させるべき行為をした者は、2年以下の懲役若しくは禁錮又は20万円以下の罰金に処する（123条後段）。

「出水させるべき行為」とは、出水の危険のある行為をいう。「堤防を決壊させ、水門を破壊し」は、その例示である。抽象的危険犯である。出水の結果が生じた場合、現住建造物等浸害罪、非現住建造物等浸害罪が成立しない限り、その予備・未遂の段階をも含めて本罪が成立する。

§138 水利妨害罪

> 堤防を決壊させ、水門を破壊し、その他水利の妨害となるべき行為をした者は、2年以下の懲役若しくは禁錮又は20万円以下の罰金に処する（123条前段）。

1 要件

本罪は、他人の**水利権**を侵害する罪である[3]。水利権を有しない者に対して水の使用を妨げる行為をしても本罪を構成しない（大判昭7・4・11刑集11・337）。したがって、本罪の保護法益は、水利権である。「水利」とは、灌漑、水車、発電、水道など水の利用の一切をいう。ただし、交通上の利用、水道による飲料水としての利用は、それぞれ往来を妨害する罪（124条以下）および飲料水に関する罪（142条以下）によって別途保護されるから、本罪にいう水利から除かれる。水利権は、契約上の権利であっても、慣習上の権利であってもよい。「他人の水利」が客体であるから、水利権者が承諾するときは本罪を構成しない。

「水利の妨害となるべき行為」とは、水利を妨害するおそれのある行為をいう。堤防の決壊、水門の破壊はその例示であり、その他、水門の閉塞（大判昭4・6・3刑集8・302）・変更（大判明35・4・14刑録8・4・77参照）、貯水の流失（大判昭9・5・17刑集13・646）等がこれにあたる。水利権を現実に妨害したことを要しない。したがって、本罪は、**具体的危険犯**である（西田316頁）。

なお、水利妨害罪と出水危険罪の両罪が成立する場合、両罪は同一の条文に併せて規定されているので、包括して123条一罪が成立する。

2 違法性阻却事由

本罪は、いわゆる水争いに関連して行われることが多い。判例では、上流の水利権者が、慣行に反してみだりに多量の水を汲み上げて、下流の灌漑用水を減水させた場合に、下流の水利権者が、旱魃に際してその稲の生育を阻

---

[3] 出水危険罪と侵害方法が似ているため同一条文のもとに規定されているが、本罪は、公共危険罪ではない（大谷403頁、山口402頁）。

害されるのを免れるために上流の水利権者の揚送水を阻止する行為は正当防衛であるとしたものがある（大判昭10・9・11刑集14・916）。また、争議行為の一環として水利妨害が行われた場合、違法性が阻却されることがある。判例では、いわゆる電源ストに際し、減電のため用水を放流した行為につき、放流せずに職場離脱が可能であったかについて第1審、第2審がこれを正当な争議行為としたのに対し、最高裁が、それを不明として差し戻し、差し戻し後の控訴審（東京高判昭35・11・28高刑集13・10・695）がこれを有罪としたものがある[4]（最判昭33・12・25刑集12・16・3555）。

第4節　往来を妨害する罪

§139　総　説

「往来を妨害する罪」（第2編第11章）は、**公の交通機関および交通施設を侵害する罪**であり、道路・鉄道・船舶の交通の安全を保護法益とする。公の交通機関・施設への侵害は、それらを利用する不特定・多数人の生命・身体・財産に対する危険を生ぜしめるものであり、その意味で、本罪は、公共危険犯である。往来を妨害する罪に属するのは、往来妨害罪（124条1項）、往来妨害致死傷罪（同条2項）、往来危険罪（125条）、汽車等転覆・破壊罪（126条1項、2項）、汽車等転覆・破壊致死罪（同条3項）、往来危険汽車等転覆・破壊罪（127条）、往来妨害未遂罪・往来危険未遂罪・汽車等転覆・破壊未遂罪（128条）、過失往来危険罪・業務上過失往来危険罪（129条）の各罪である。

これらの各犯罪類型は、刑法典制定当時重要であった交通機関・施設を念頭において規定されたものであり、例えば、自動車および航空交通機関・施設が含まれていない。そこで、交通の安全に関する多くの特別法が制定され、罰則を設けて、現代の交通安全を刑事的に規制している[1]。

---

[4] 最高裁は、制水門を開放し「用水を関川に放流した積極的な行為が、何故に原判示にいわゆる電源職場における従業員の発電施設の運行停止行為又は発電停止の準備操作行為その他被告人等の労働契約上負担する労務供給義務の不履行行為に当るかについては、原判決は何等首肯するに足りる説示を示していないのである。従って、前記本件公訴に係る積極的な行為が正当な争議行為の範囲内にあるか否か不明であるといわなければならない」という。

[1] 代表的な法律を挙げると、例えば、自動車交通の安全に関しては、道路法、道路交通法、高速自動車国道法等が罰則を設け、鉄道交通の安全に関しては、鉄道営業法、新幹線鉄道における列車

§140 往来妨害罪

　陸路、水路又は橋を損壊し、又は閉塞して往来の妨害を生じさせた者は、2年以下の懲役又は20万円以下の罰金に処する（124条1項）。未遂は、罰する（128条）。

1　客　体

　陸路・水路・橋である。公衆の往来に供せられるべきものに限る。公有・私有を問わない（最決昭32・9・18裁判集刑120・457）。「陸路」とは、公衆の通行の用に供される陸上の通路すなわち道路をいう。道路法にいう道路に限らず、事実上公衆の通行の用に供されていればよい。鉄道は、往来危険罪（125条）の客体とされているから、本罪の陸路からは除外される（反対＝平川128頁）。「水路」とは、艦船、船舶などの航行の用に供される河川、運河、港口などをいう。海路・湖沼の水路も損壊・閉塞しうるものは本罪の客体である。「橋」は、河川・湖沼の上に架けられた橋、陸橋、桟橋を含む。[2] ただし、汽車・電車の運行のためだけに架設されたものは、本罪の橋には含まれず、往来危険罪（125条）にいう「鉄道」にあたる。

2　行　為

　損壊・閉塞して往来を妨害することである。「**損壊**」とは、物理的に毀損してその効用を滅失・減損させることをいう。その結果、往来の妨害を生じさせる程度の損壊であることを要する。[3] 「**閉塞**」とは、有形の障害物を置いて通路を遮断することをいう。この場合も、損壊と同視しうる程度に遮断することが必要である。[4]（名古屋高判昭35・4・25高刑集13・4・279）。「設けられた障害物が通路を部分的に遮断するにすぎない場合であっても、該道路の効用を阻害して往来の危険を生じさせるものであるとき」は、閉塞にあたる[5]（最

運行の安全を妨げる行為の処罰に関する特例法等、船舶の安全に関しては、船員法、船舶安全法等、航空機の安全に関しては、航空法、航空機の強取等の処罰に関する法律、航空の危険を生じさせる行為等の処罰に関する法律等が制定されている。

[2] 判例においては、危険防止のため通行禁止の立札を立てていても、本罪の「橋」であるとされている（最判昭36・1・10刑集15・1・1）。

[3] 損壊・閉塞以外の方法では本罪は成立しない。たんに道路の標示物を移動・除去させる場合には、軽犯罪法違反にすぎない（1条33号）。

[4] 本判例においては、道路上に立看板等を点々と放置して交通の妨害となるおそれのある行為をしても、付近を通過する車馬が、わずかな注意を払うことにより、これらの障害物を回避し、あるいは乗り越えまたは除去して往来のすることのできる場合には、いまだ本条にいう往来妨害の程度に達しないという。

決昭 59・4・12 刑集 38・6・2107)。損壊・閉塞ともに相当の時間にわたってその状態を継続する必要がある（佐伯 60 頁、大塚 396 頁、前田 467 頁）。「往来の妨害を生じさせる」とは、通行が不可能ないし困難になる状態を生じさせることをいう。必ずしも、現実に往来が不可能にされたことを要しない。すなわち、本罪は、公共危険罪であり、公衆の誰かが現に通行を妨害されたことは必要ではないのである。本罪は、**具体的危険犯**とされている（中 216 頁、大塚 397 頁、大谷 406 頁、大判昭 3・5・31 刑集 7・416）。すなわち、損壊・閉塞行為が行われても、危険の発生が擬制されているわけではなく、通行不可能ないし困難な状態が引き起こされることが必要なのである。損壊・閉塞に着手したが、往来の妨害を生じさせて、具体的危険を発生させるに至らなかった場合、本罪の未遂である。

3 故 意

陸路、水路、橋を損壊・閉塞して往来の妨害を生じさせることの認識が必要である。すなわち、往来の妨害の具体的危険についての認識を含む。

4 違法性阻却事由

道路の管理者が修繕のために一時往来を妨げる場合には正当行為である。もっぱら特定人の往来を妨害するために改築と称して道路等を損壊する行為は、職権の濫用であり、本罪が成立する[6]（大判昭 2・3・30 刑集 6・145）。

§141 往来妨害致死傷罪

> 前項の罪（124 条 1 項）を犯し、よって人を死傷させた者は、傷害の罪と比較して、重い刑により処断する（124 条 2 項）。

往来妨害罪の結果的加重犯である。すなわち、往来妨害罪の成立が前提であって、その結果として死傷の結果が発生したことを要するから、損壊・閉塞の行為自体から致死傷の結果を生じさせたときは、本罪にあたらないとするのが通説（団藤 224 頁、大塚 398 頁、大谷 406 頁）である（反対=前田 467 頁、渡邊

---

[5] 事案は、新東京国際空港の建設に反対していた被告人らが、航空機を滑走路に誘導する設備のある施設に通じる道路に、他人の所有する普通乗用車を反対側車線を斜めに置いたうえ、約 2 メートルの余地を残して、乗用車にガソリンを振り撒き、車内に火炎びんを投げ込んで火を放ち、炎が約 3 メートルの高さに及ぶ状態で約 10 分間炎上させたというものである。

[6] 県の土木課長が、国庫補助金を獲得するために橋を損壊した事案で本罪の成立を認めた判例がある（前掲最判昭 36・1・10）。

一弘・大コンメ7巻200頁)。通説の立場からは、橋が落下して往来を妨害して通行人に傷害を与えたのではなく、橋の破壊行為自体から直接人の傷害が発生したときは、往来妨害罪と過失傷害罪の観念的競合である。「人」とは、通行人のほか、犯人以外のすべての人をいう。したがって、道路工事中の作業員であってもよい（前掲最判昭36・1・10)。人の死傷の結果につき予見がないことを要する。致死傷の予見があるときは、殺人罪ないし傷害罪と本条1項との観念的競合である。

一個の損壊・閉塞行為により数人の死傷者があった場合、公共危険罪としての性格上包括一罪とする見解（大塚398頁）と、死傷者の数に応じて観念的競合を認める見解（内田483頁、大谷406頁）とがある。後説が妥当である。本罪は、致傷の場合には、傷害の罪に比較し重い刑、つまり傷害罪の法定刑により処断される。致死の場合には傷害致死罪の法定刑によって処断される。

§142 往来危険罪

> 鉄道若しくはその標識を損壊し、又はその他の方法により、汽車又は電車の往来の危険を生じさせた者は、2年以上の有期懲役に処する（125条1項）。
> 灯台若しくは浮標を損壊し、又はその他の方法により、艦船の往来の危険を生じさせた者も、前項と同様とする（同条2項）。
> 未遂は、罰する（128条）。

1 意 義

本罪の保護法益は、汽車、電車および艦船の往来の安全である。重要な交通機関である汽車・電車および艦船の往来の安全を害する行為を、一般の往来妨害に比べてとくに重く処罰するものである。

2 行 為

①鉄道もしくはその標識を損壊し、またはその他の方法により、汽車・電車の往来の危険を生じさせることと②灯台もしくは浮標を損壊し、またはその他の方法により、艦船の往来の危険を生じさせることである。

「**鉄道**」とは、線路のみならず汽車・電車の運行に直接必要なすべての施設をいう。枕木、橋梁、トンネルなども鉄道である。「**標識**」とは、汽車・電車の運行に必要な信号機その他の標示物をいう。「**損壊**」とは、物理的に破壊することをいう。「**その他の方法**」とは、汽車・電車の運行に危険を生じさせる一切の行為をいう。例えば、軌道上に石その他の障害物を置くこと

(大判大9・2・2刑録26・17)、汽車・電車の器具等を破壊すること、破壊以外の方法で信号の効用を喪失させること、例えば、転轍機を反転すること、無人電車を暴走させること（最判昭30・6・22刑集9・8・1189）、正規のダイヤによらない電車の運行（最判昭36・12・1刑集15・11・1807）、などがその例である。

「**汽車**」とは、蒸気機関車が牽引し、線路上を走行する交通機関をいう。「**電車**」とは、電力によって線路上を走行する交通機関をいう。汽車代用のガソリンカーについては、汽車に含まれるとする判例（大判昭15・8・22刑集19・540）があり、通説もこれを支持する。ディーゼル車も汽車に含められる。モノレール（単軌鉄道）、ケーブルカー（鋼索鉄道）が電車に含まれることは明白である。これに対して、軌道上を走行しないバス、トロリーバス（無軌条電車）、ロープウェイ（架空索道）は、電車には含まれない。

「**灯台**」とは、艦船の航行に必要な燈火による陸上の標識である。「**浮標**」とは、水の深浅その他船舶の航行上の安全を標示する水上の標示物をいう。「**損壊**」とは物理的に破壊することである。「**その他の方法**」とは、船舶の往来の危険を生じさせる一切の行為をいう。灯台の火を消す、浮標を除去する、航路に水雷を設置するなどがその例である。

「**艦船**」とは、軍艦および船舶をいう。船舶は、一定規模のものであることを要するか。学説には、①汽車・電車に準じた規模のものに限るとする見解（牧野108頁、植松121頁、福田77頁、中山404頁）、②ボート等の小船舶を除外するという見解（小野84頁）、③櫓または櫂で進行する小型の船やモーターボートを含まないとする見解（江家107頁）もある。往来の安全が保護法益であるから、不特定または多数の船舶の往来を危険にする以上は、④船舶の大小形状にかかわらず本罪にあたると解すべきである（大判昭10・2・2刑集14・57、大塚400頁、大谷408頁、中森176頁、前田468頁、山口407頁）。

3　往来の危険

本罪の既遂には、汽車・電車・艦船の往来の危険が生じさせられたことが必要である。「往来の危険を生じさせた」とは、それらの交通機関の衝突、転覆、脱線、沈没、破壊等、「これら交通機関の往来に危険な結果を生ずる虞のある状態を発生させること」をいう（最判昭35・2・18刑集14・2・138）。**具体的危険犯**であるから、実害を生じたことを要しない（前掲大判大9・2・2）。「安全なる往来を妨害すべき結果を発生せしむべき可能性」が認められ

れば足りる（大判大11・12・1刑集1・721）。往来の危険を生じさせる行為に着手したが、その危険が生じなかった場合に、未遂罪となる。

「往来の危険」に関する最近の**最高裁の判例**に次のようなものがある（最決平15・6・2刑集57・6・749＝**百選86**）。

　　被告人は、鉄道用地と境界を接する自己の所有地上において、Ａに、パワーショベルで同所有地を同境界に沿って深さ約3.8メートルないし4.3メートル、幅約2メートル、長さ約76メートルにわたり掘削させた。それによって、上り線の線路脇にある上止69号電柱は、掘削が進むにつれて同電柱付近の土砂が崩壊し、土地の境界杭が落下したほか、国鉄側が同電柱を防護すべく打ち込んでいた長さ約3メートルのＨ鋼も滑り落ち、同電柱付近の路盤の掘削断面上端部は、同電柱から約0.6メートルの距離まで迫った。

この事案につき、最高裁は、「改正前の刑法125条1項にいう『往来ノ危険』とは、汽車又は電車の脱線、転覆、衝突、破壊など、これらの交通機関の往来に危険な結果を生ずるおそれのある状態をいい、単に交通の妨害を生じさせただけでは足りないが、上記脱線等の実害の発生が必然的ないし蓋然的であることまで必要とするものではなく、上記実害の発生する可能性があれば足りる」[7]とし、本件については、「掘削行為の規模及び掘削断面と上止69号電柱等との位置関係や、本件当時、国鉄職員及び工事関係者らが、上記掘削により上止69号電柱付近において地すべりが生じ同電柱が倒壊するなどして、電車の脱線など安全な走行ができない状態に至るなど、極めて危険な状態にあると一致して認識しており、その認識は、現場の状況からして相当な理由があり合理的なものであったといえることなどに照らすと、上記実害の発生する可能性があったと認められる」とした。

4　故　意

本罪の故意には実害発生の具体的危険の認識が必要である（大塚400頁、大谷409頁、前田469頁、山口407頁、これを疑問とするものとして、西田319頁）。実害の発生に対する認識は不要である。実害の発生の認識があり、故意が認められるなら、汽車等転覆・破壊罪（126条）の故意が認められることになる（大判大12・7・3刑集2・621）。

---

[7] 前掲最決昭35・2・18、前掲最判昭36・12・1参照。

§143 汽車等転覆・破壊罪

> 現に人がいる汽車、又は電車を転覆させ、又は破壊した者は、無期又は3年以上の懲役に処する（126条1項）。
> 　現に人がいる艦船を転覆させ、沈没させ、又は破壊した者も、同様とする（同条2項）。
> 　未遂は、罰する（128条）。

1 客体

現に人がいる汽車、電車、艦船である。「人」とは、犯人以外の者をいう。「現に人がいる」時期については、①実行の開始時と解する見解（木村200頁、山口408頁[8]、大判大12・3・15刑集2・210）、②結果発生時と解する見解（団藤230頁、内田485頁）、③実行の着手から結果発生までの間のいずれかの時点でよいと解する見解（大塚401頁、大谷409頁、中森177頁、西田320頁、前田470頁）、および④実行の着手時および結果発生時とする見解（中山405頁、曽根229頁）がある。

第3説が妥当である。現にいる人の生命・身体の安全が直接の保護法益であり、その人の生命・身体に対する危険がある限り、実行行為から結果の発生までどの時点においても、その危険に対してその人の生命・身体の安全は保護されなければならないからである。汽車・電車は、走行中であると停車中であるとを問わず、また、艦船は航行中であると停泊中であるとを問わず、本罪の客体である。ただし、交通機関としての機能を停止している場合は除かれる。

2 行為

汽車・電車に対しては、転覆または破壊であり、艦船に対しては転覆・沈没または破壊である。

汽車・電車の「**転覆**」とは、それらの転倒、横転、墜落をいう。たんなる脱線は、転覆ではない。[9] 艦船の「破壊」とは、艦船の実質を害し、航行機関たる機能の全部または一部を不能にする程度の損壊をいう（大判昭2・10・18刑集6・386）。

---

[8] ただし、転覆等の結果が生じる危険が現実化した時点で人が現在することが必要である（山口409頁）とするから、この説の意味における実行の開始時点である。
[9] これに疑問を呈するものとして、西田320頁参照。

第4節 往来を妨害する罪 §143 汽車等転覆・破壊罪 559

　汽車・電車の「**破壊**」については、①汽車・電車の実質を害してその交通機関としての用法の全部または一部を不能にする程度に損壊することをいうとする見解（大判明44・11・10刑録17・1868、最判昭46・4・22刑集25・3・530、通説）と、②本罪が公共危険罪であることから、不特定または多数人の生命・身体に対する危険を生じさせるに足りる損壊を指し、損壊の程度の大小を問わないとする見解（木村200頁、牧野111頁）とが対立している。汽車・電車の交通機関としての効用・機能を害する程度の損壊が加えられたときは、公共の危険が生じたということができるから、通説たる前説が妥当である。したがって、車両の屋根、天井の板、座席の一部などが破壊され、爆発物の破片等が床上に散乱したとき、電車の破壊である（前掲最判昭46・4・22）。しかし、投石によって電車の車体の塗料を一部剥離させたり、窓ガラスを一枚破損した程度では破壊にあたらない（前掲大判明44・11・10）。**最高裁の判例**には、人の現在する本件漁船の船底部約3分の1を厳寒の千島列島ウルップ島海岸の砂利原に乗り上げさせて坐礁させたうえ、同船機関室内の海水取入れパイプのバルブを開放して同室内に約19.4トンの海水を取り入れ、**自力離礁を不可能**ならしめて、同船の航行能力を失わせた等、本件の事実関係のもとにおいては、船体自体に破損が生じていなくても、艦船の「破壊」にあたるとしたものがある[10]（最決昭55・12・9刑集34・7・513）。
　艦船の「**転覆**」とは、舷側、甲板を水につけて艦船を横転させることである。「**沈没**」とは、船体の主要な部分を水中に没した状態をいう。
　転覆・沈没・破壊については、その方法を問わない。往来危険罪（125条）の方法である鉄道またはその標識の損壊、灯台または浮標の損壊といった方法によってもよい。

3 故　意

　汽車、電車、艦船に人が現在すること、および、それによって、転覆、沈没、破壊の結果が発生することを認識することが必要である（前掲大判大12・7・3）。

---

[10] 本決定には、団藤裁判官と谷口裁判官の補足意見がある。団藤裁判官は、坐礁させたうえ自力離礁を不可能ならしめることは、艦船の航行能力を失わせるものであり、器物損壊罪における「破壊」にあたるとされ、ただ、艦船覆没罪は公共危険罪であるから、「覆没・破壊が艦船に現在する人の生命・身体に対する危険の発生を伴うものであることを構成要件として予想している」とする。谷口裁判官は、本罪を具体的危険犯と解するべきだとする。

§144　汽車等転覆・破壊致死罪

> 前2項（126条1項・2項）の罪を犯し、よって人を死亡させた者は、死刑又は無期懲役に処する（126条3項）。

1　意　義

　本罪は、汽車等転覆・破壊罪（126条1項、2項）の結果的加重犯を規定したものである。人の現在する汽車・電車の転覆・破壊、艦船の転覆・沈没・破壊が基本犯であり、それによって加重結果として、人の死亡が発生したことを要する。基本行為と加重結果の間には因果関係・帰属関係が必要である。傷害の結果が生じたにすぎない場合には、本罪にあたらない。汽車等転覆・破壊罪は、既遂に達していなければならない。未遂に終わったが、死亡の結果が生じた場合には、本罪を構成しない（反対＝東京高判昭45・8・11高刑集23・3・524）。[11] この判例の事案では、電車内で時限爆破装置を爆発させて電車を破壊したが、同時に破片により乗客を死亡させた事案に本罪が適用されたが、電車の転覆・破壊行為自体から、人の死亡の結果が発生しているので、本罪を適用するのは不当である。

　「人を死亡させた」における「人」は、①汽車・電車または艦船内に現在する人に限る（平野・法セ221号49頁、中山406頁、中森178頁、曽根230頁、山口410頁）か、②車船内に限らず、歩行者等その周囲にいる人をも含む（団藤232頁、大塚403頁、藤木115頁、大谷412頁、西田321頁、前田470頁、林346頁、前掲最判昭30・6・22）かについては見解の対立がある。公共危険罪としての性格からして汽車等の内部にいる人が死亡した場合のみを想定しているのではないと解するべきであろう。駅のホームにいる乗客や鉄道沿線の住民が死亡させられる場合について、本罪に含まれないとするのは不合理である。

---

[11] 傷害について過失があった場合には、過失傷害罪と汽車等転覆・破壊罪との観念的競合、故意があった場合には傷害罪と汽車等転覆・破壊罪との観念的競合であるとする見解（大塚403頁、大谷412頁）と、傷害の点は、汽車等転覆・破壊罪に吸収されるという見解（中野・小野ほか302頁、柏木214頁）とがあるが、後説が妥当である。なぜなら、法定刑は、傷害罪に比べて汽車等転覆・破壊罪の方が重く、死亡した場合のみを加重処罰しているのであるから、生命に対する危険である傷害が発生したときは、汽車等転覆・破壊罪に含まれて評価されているとみるべきだからである。

第4節 往来を妨害する罪 §145 往来危険汽車等転覆・破壊罪◇ 561

2 殺 意

　殺意がある場合には、本条の適用があるか。これについては、①殺人が既遂の場合、つまり、殺意をもって汽車等を転覆・破壊し、よって人を死亡させたとき、本罪のみが成立するが、殺人が未遂に終わったときは、刑の均衡上、汽車等転覆・破壊罪と殺人未遂罪の観念的競合になるとする見解（滝川232頁、中山407頁、内田487頁、大谷412頁、西田321頁、前田471頁、山口410頁）、②殺意のない場合にも本罪が適用されるのであるから、殺意のある場合には、刑の均衡上、殺人罪と本罪との観念的競合になるとする見解（大判大7・11・25刑録24・1425、団藤232頁、香川220頁）、および、③汽車等転覆・破壊罪と殺人または殺人未遂罪との観念的競合になるとする見解（柏木215頁、大塚404頁）が対立している。まず、第三説は、故意の行為について、過失を要素とする結果的加重犯よりもかえって法定刑が軽くなって、妥当ではない。それを立法上の欠陥であるという（大塚404頁）のは、解釈と具体的妥当性判断をともに放棄するものである。本罪は、基本的に、法定刑の重さからみて、故意ある場合をも含む規定であることから出発すべきである。そうすると、殺人が未遂に終わったときに、本罪の未遂を処罰する規定がないことが問題となる。そこで、殺人が既遂に至った場合についても、本罪と殺人罪の観念的競合であるとしておいて、殺人未遂の場合も当然本罪と殺人未遂罪との観念的競合とみる第2説と、殺意があり、既遂に至った場合には、本条のみの適用でよいが、未遂に終わった場合のみ、汽車等転覆・破壊罪と殺人未遂罪との観念的競合として、本罪の未遂処罰規定がない不合理を回避する第1説との対立が問題となる。その焦点は、未遂と既遂で法の適用を区別するのが妥当かどうかである。殺意があり既遂に至った場合には、本罪の適用のみで十分であるのだから、この場合には、本罪のみの適用でよいと考えるべきである。そうすると、**第1説が妥当**であるということになる。既遂と未遂で、法の適用が異なる点は、それが具体的に妥当な結論を生むのであるから、妥当な結論を犠牲にすべきほど、大きな障害ではない。したがって、最終的にも第1説が妥当である。

§145 往来危険汽車等転覆・破壊罪

　第125条の罪（往来危険罪）を犯し、よって汽車若しくは電車を転覆させ、若しくは破壊し、又は艦船を転覆させ、沈没させ、若しくは破壊した者も、前条の例による（127条）。

1 意義

本罪は、往来危険罪（125条）の結果的加重犯を規定したものである。往来危険罪は、汽車・電車および艦船の往来の安全を害する行為を処罰するものであるが、本罪は、それによって、汽車・電車の転覆・破壊または艦船の転覆・沈没・破壊の実害が生じた場合につき加重処罰しようとするものである。往来危険罪における故意は、汽車・電車・艦船の往来の危険の認識があれば足りるが、往来危険罪が犯され、その結果、汽車・電車・艦船の転覆・破壊・沈没が現に生じた場合には、その転覆・破壊・沈没を認識・予見しなかった場合でも、その認識・予見のある汽車等転覆・破壊罪と同等に処罰すべきものとするのが本罪の意義である。加重結果については、故意はなく、過失が存在するにすぎないが、この場合を実質上故意犯と同視する趣旨である（大塚405頁参照）。

2 人の死亡と「前条の例による」の意義

「前条の例による」の解釈については、それが、汽車・電車・艦船を転覆・破壊・沈没させたときに126条1項・2項の例によるということのみを意味するのか、それとも転覆・破壊・沈没の結果としてさらに**人を死亡させたときに**、126条3項を適用するという意味もあるのかについて見解の対立がある。①126条3項の適用を否定する前説（大塚406頁、曽根231頁）は、127条において125条の結果的加重犯の要件として掲げられているのは、転覆・破壊・沈没の場合のみであり、人を死亡させた場合は含まないことを根拠とする。これに対して、②126条3項の適用を肯定する後説（前掲最判昭30・6・22、通説）は、127条において「前条の例による」と規定されており、「前条1項、2項の例による」とは規定されていないのであるから、文理上当然に126条3項の適用をも認める趣旨であると解する。さらに、③「前3項」は、人の現在性を要求するものであり、人の現在する汽車等を転覆・破壊し、その結果、人を死亡させた場合にのみ適用があるとする折衷説（団藤228頁、平野244頁、中218頁、中森179頁、西田321頁、前田472頁以下、山口412頁）も、有力に唱えられている。この折衷説は、127条が126条の例によるとしているのは、少なくとも人の現在する電車等を前提としているものとする。したがって、この第3説によれば、無人の汽車等が転覆した場合には、そもそも本条の適用はないことになる。[12]

判例は、車庫に停車中の無人電車を発進させて暴走させ、電車の往来の危

第4節 往来を妨害する罪 §145 往来危険汽車等転覆・破壊罪◇ 563

険を生じさせたところ、電車は、三鷹駅の車止めに衝突して、脱線し、交番や民家を破壊し、その際付近にいた6人を死亡させたという「**三鷹事件**」につき、126条3項の適用があるか否かの問題に取り組み、大法廷において、法廷意見と5人の裁判官の少数意見に分かれた（前掲最判昭30・6・22）。

多数意見は、その適用を肯定した。「127条は、125条の罪を犯し因て汽車電車の顛覆又は破壊の結果を発生せしめた場合、126条の例によって処断すべきことを規定している。この法意は、右の結果の発生した場合に126条1項2項の例によって処断すべしとするものであるばかりでなく、汽車電車の顛覆又は破壊によって致死の結果を生じた場合には、また3項の例によって処断すべきを定めたものと解するを相当とする」という。[13]

これに対して、**少数意見**（栗山茂、真野毅、島保、藤田八郎、谷村唯一郎各裁判官）は、「127条は125条の罪を犯し、因て汽車、電車、艦船の顛覆、破壊等の結果を生ぜしめた場合、126条1、2項の例によって処断すべきことを規定したに止まり、さらに、これに因て生じた致死の場合の結果的加重責任については、何ら規定するところのないものと解するを相当とする」という。その理由は、①127条には、「よって人を死亡させた場合」とは規定されていないから厳格解釈によると、多数意見には無理がある、②126条3項の法定刑は「死刑又は無期懲役」に限られている極めて重い刑罰法規であるのに

---

[12] この見解によると、無人電車を転覆させて、その結果、車外の人を死亡させた場合、往来危険罪（125条）と殺人罪、または、過失致死罪等との観念的競合となる（平川133頁、西田322頁）。

[13] 「けだし127条には右致死の結果の発生した場合について特に明記するところがないことは、所論のとおりであるが、同条が『前条ノ例ニ同シ』と規定して、前条3項を除外せず、また『前条第1項第2項ノ例ニ同シ』とも規定していないことは、文理上当然に、126条各項所定の結果の発生した場合には、すべて同条項と同様処断すべきものであることを示しているからである。次に、126条は人の現在する汽車電車の顛覆又は破壊の結果の発生につき故意ある場合を規定するものであるのに反し、127条は広く125条の罪の結果犯について規定するものであるのにかかわらず、その処断については126条127条の間に差異がないことになるのであるが、このことは、125条の汽車又は電車の往来に危険を生ぜしめる所為は、本質上汽車又は電車の顛覆若しくは破壊、延いては人の致死の結果等の惨害を惹き起こす危険を充分に包蔵しているものであるから、右各重大な結果が発生した以上は、126条各項の場合に準じそれと同様に処断することを相当とする法意と解すべきである。なお126条3項にいう人とは、必ずしも同条1項2項の車中船中に現在した人に限定すべきにあらず、いやしくも汽車又は電車の顛覆若しくは破壊に因って死に致された人をすべて包含するの法意と解するを相当とする。けだし人の現在する汽車又は電車を顛覆又は破壊せしめ、若しくは汽車又は電車の往来の危険を犯しもって右と同様の結果が発生するときは、人命に対する危害の及ぶところは、独り当該車中の人に局限せられるわけのものではないからである。また127条にいわゆる汽車又は電車とは、125条の犯行に供用されたものを含まないと解すべき理由は存しない」。

対して、もともと127条の基本となる125条の罪は、たんなる汽車、電車等の往来の危険を生ぜしめる罪であって、その法定刑は「2年以上の有期懲役」と定められ、たとえ、この罪を犯して過って人を死に致した場合でも、過失致死の罪と比照して重きに従って、処断されるにすぎない。ところが、同じく125条の罪を犯して、たまたまその結果として人の現在しない汽車、電車等の転覆破壊等の事故を起こし、そのため、人を死亡させた場合に、もし、多数説がいうように、126条3項の適用があるとすれば、その法定刑は「死刑又は無期懲役」に限ることとなり、1項2項の例による場合と比べて、あまりにも刑の権衡を失するものであるというにある。

折衷説は、人の現在する電車（有人電車）等を転覆させた場合に限るとしているが、「前条の例による」のは、法定刑のことを指していると解すべきであり、127条にいう「第125条の罪」においては、有人電車を前提としていないので、限定的に解する文理上の理由はない。しかし、実質的には、127条は、125条の結果的加重犯として、転覆・破壊・沈没について故意がない場合を、それらについて故意を要求する126条の場合と同様に処罰するものとしている。その126条の場合において、「有人電車」に限定しているのに、故意を要求しない127条においてそれすら要求していないと解する場合、126条と同様に処罰する合理性に欠けるであろう。この解釈に従うと、126条1項・2項の例による場合も、「現に人がいる」電車等に限定されると解釈することになる。このようにして、本説によると、「有人電車」に限定して127条においては一般に、126条3項の適用はあるが、無人電車を暴走させて、車外の人を死亡させた場合については、適用がないということになる。しかし、本説によっても、有人電車の場合に転覆・破壊・覆没について故意がないのに、法定刑が「死刑又は無期懲役」とされる不合理は解消されない。

以上の考察によって、次のように解するべきである。「前条の例による」の意義については、犯罪の成立要件の補完をも意味する場合がありうるが、原則として、法的効果の部分を指すと解する（第1説）のが妥当である。とくに、127条においては、文理上、要件の部分は、「125条の罪を犯し、電車等を転覆・破壊・沈没させた者」に限定されるのであって、そこに記述されていない「よって人を死亡させた者」までをも要件に加える趣旨ではないというべきであろう。したがって、126条3項の適用はないと解するのが妥当

である。「前条の例による」べきなのは、要件を充足した場合に限り、その要件は、1項、2項の場合のみ充足するのであるから、3項について適用がないとするために、「前条1項・2項の例による」と規定する必要はない。

§146　過失往来危険罪・業務上過失往来危険罪

> 過失により、汽車、電車若しくは艦船の往来の危険を生じさせ、又は汽車若しくは電車を転覆させ、若しくは破壊し、若しくは艦船を転覆させ、沈没させ、若しくは破壊した者は、30万円以下の罰金に処する（129条1項）。
> その業務に従事する者が前項の罪を犯したときは、3年以下の禁錮又は50万円以下の罰金に処する（同条2項）。

本条は、過失往来危険罪（1項前段）、過失汽車等転覆・破壊罪（1項後段）、業務上過失往来危険罪・業務上汽車等転覆・破壊罪（2項）からなる。

1　過失往来危険罪

125条の過失犯であり、過失による具体的危険犯である。したがって、「往来の危険を生じさせ」とは、汽車等の転覆・破壊・沈没の具体的危険を生じさせることをいう。汽車にはガソリンカーを含む（前掲大判昭10・2・2）。

2　過失汽車等転覆・破壊罪

汽車等に現に人がいたかどうかは問わない（通説）。その結果、人を死傷させたときは、過失致死傷罪（209条、210条）と本罪との観念的競合である。

3　業務上過失往来危険罪、業務上過失汽車等転覆・破壊罪

本罪の主体は、業務に従事する者であり、業務とは、社会生活上の地位にもとづき継続して行う人の事務である。ここでは、直接または間接に汽車、電車、艦船の交通往来の事務に従事する者をいう（大判昭2・11・28刑集6・472）。機関士、電車の運転手、乗務車掌、駅長、駅助役、船長、信号係、保線助手などがその例である。汽車等は、無人であってもよい。**最近の判例**には、一等航海士が、濃霧のとき、レーダーなどにより前方を航海する船の動静を厳に注視せず、衝突・炎上させた事案につき、本罪の適用を認めたものがある（津地判平17・11・28判タ1216・318）。しかし、判例には、海上自衛官2名が、漁船と衝突・覆没（乗員2名を死亡）させた事案につき、両名の過失の競合による業務上過失往来危険、業務上過失致死の罪責を問われた事案において、本件では、衝突に危険を生じさせた漁船の側が、海上自衛艦「あたご」を避航すべき義務を負っていたとして、注意義務を認めず、両名ともに

無罪としたものがある（横浜地判平23・5・11判タ1376・220）。本罪の結果、人を死傷させた場合には、業務上過失致死傷罪（211条1項前段）との観念的競合となる（過失往来危険罪の場合につき、東京高判昭37・10・18高刑集15・7・591）。

第2章　公衆の健康に対する罪

　不特定・多数人の生命・身体に対して公共の危険を生じさせる行為を処罰することによって公衆の健康を保護するのも、刑法の重要な任務である。刑法は、公衆の健康に対する罪として、飲料水に関する罪（第2編15章）およびあへん煙に関する罪（第2編14章）を規定している。飲料水は、人の生存のために不可欠なものであり、その清浄性の保持、円滑な供給は、不特定・多数人の健康な生活のための基礎的条件である。今日では、河川・湖沼等の汚染による飲料水の汚染が防止される必要も出てきたのであり、水域の環境上の保護も刑法の重大な課題となっているが、それは、特別刑法としての環境刑法の課題である。また、あへん煙の吸食は、その強い依存性・中毒性のために、吸食者自身の心身の健康を害するだけではなく、その習慣が蔓延するときには、不特定・多数の者の健康に対する危険がもたらされるおそれがある。刑法は、あへん煙の輸入・販売、あへん煙吸食器具の輸入・製造・販売、あへん煙吸食・場所提供、あへん煙またはそれを吸食するための器具の所持等を罰している。あへん煙に対しても、あへん法、麻薬取締法等の行政取締のため法律があり、その中に罰則をもつ特別刑法が多数存在する。

第1節　飲料水に関する罪

§147　総　説

　飲料水に関する罪は、公衆の飲料に供する浄水を汚染し、またはそれに毒物を混入する行為を罰するものであり、公衆の健康を保護法益とする。不特定または多数の生命・身体の安全を危険にさらす行為を処罰するものであって、**抽象的公共危険罪**である。これに属する犯罪類型として、浄水汚染罪（142条）、水道汚染罪（143条）、浄水毒物等混入罪（144条）、浄水汚染致死傷罪・水道汚染致死傷罪・浄水毒物等混入致死傷罪（145条）、水道毒物等混入罪（146条前段）、同致死罪（同条後段）、水道損壊・閉塞罪（147条）がある。[1]

§148　浄水汚染罪

人の飲料に供する浄水を汚染し、よって使用することができないようにした者は、6月以下の懲役又は10万円以下の罰金に処する（142条）。

1　客体

本罪の客体は、「**人の飲料に供する浄水**」である。不特定または多数人の飲用に供する浄水であることが必要である。したがって、特定人の飲用に供する目的でコップに入れた浄水は、これにあたらない[2]（大判昭8・6・5刑集12・736）。143条が、「公衆に供給する飲料の浄水」の汚染を加重処罰していることと区別するため、ある程度の多数でよい。したがって、家族で飲料に供している井戸水は、（不特定または）[3]多数人の飲用に供する浄水である（大阪高判昭33・6・13高裁特5・7・736）。「**浄水**」とは、人の飲料に供しうる程度の水をいう。必ずしも清澄な水であることを要しない。ある程度汚濁していても人が飲料に供している限り、浄水である。井戸水のように自然水であると、水道設備などによる人工水であるとを問わない（前掲大判昭8・6・5）。清涼飲料水などは含まない。

2　行為

本罪の行為は、汚染することによって飲料水として使用できなくすることである。「**汚染**」とは、泥土、塵芥などを混入するなど、水の清潔な状態を失わせることをいう。一時的でもかまわない。「**使用することができないようにした**」とは、飲料水としての用途を失わせることをいう。物理的・生理的・化学的に不潔にすることをいうが、心理的なものでもよい[4]。汚染されてその用途を失わされたかどうかは、通常人の感覚を標準として客観的に判断されるべきである（最判昭36・9・8刑集15・8・1309）。「よって」という文言が

---

[1] 客体が、「浄水」と「水道」に分けられ、後者の方が、水道により公衆に供給されるところから、重く処罰されている。そこで、「浄水に対する罪」と「水道に対する罪」とに分けて解説されることもある（山口416頁以下）。

[2] バケツや水がめなどに貯蔵されて反復・継続して用いるものであれば本罪の客体になるとする見解（植松191頁）もある。

[3] 本判例の事案では、工事の人夫約40人が飲料として用いていたとされる。来客の飲料としても用いられる場合、不特定といえるとする見解もある（平野・法セ221号49頁）。

[4] 井戸水に食用紅を溶かした水を注ぎ、薄赤色に混濁させ、飲料浄水として一般的に使用することを心理的に不能ならしめた場合も本罪にあたる（後掲最判昭36・9・8）。

用いられているが、結果責任を認めたもの（泉二 219 頁）ではない。飲料水として使用することができない程度に汚染することを意味する（団藤 241 頁）。

§149 水道汚染罪

> 水道により公衆に供給する飲料の浄水又はその水源を汚染し、よって使用することができないようにした者は、6月以上7年以下の懲役に処する（143条）。

「**水道**」とは、浄水を供給するための人工的設備をいう。いわゆる上水道を指す。天然の水路に人工を施した設備でもよい。しかし、天然の水流にすぎないものは、水道ではない。設備の大小、公設、私設のいかんを問わない。「**公衆に供給する飲料の浄水**」とは、不特定または多数人に飲料として供給されるべき浄水であって、供給の途上にあるものをいう。「**水源**」とは、水道に流入すべき水であり、流入以前のものをいう。貯水池や浄水池の水、そこに流れ込む天然水などがそうである。

§150 浄水毒物等混入罪

> 人の飲料に供する浄水に毒物その他人の健康を害すべき物を混入した者は、3年以下の懲役に処する（144条）。

「**毒物**」とは、化学的作用により少量でも人の健康を害するに足りる無機物をいう。[5]青酸カリ（大判昭 3・10・15 刑集 7・665 参照）、硫酸ニコチン（前掲大判昭 8・6・5）などがその例である。「**人の健康を害すべき物**」とは、人の健康状態を不良に変更する性質をもつ一切の物質をいう。無機物でも有機物でもよい。毒物は、「人の健康を害すべき物」の例示である。細菌、寄生虫、その卵などがこれに属する。

「**混入**」とは、混じって容易に分離しえない状態をいう。浄水を、人の健康を害すべき程度に至らせたことが必要である。現に人の健康が害されたことを要しない。

---

[5] 毒物には、少量でも摂取すれば有害な「性質上の有害物」と分量が過度にわたる場合には有害となるものを意味する「分量上の有害物」とがある。前者に限るというのが、本文の定義である。

§151 浄水汚染致死傷罪・水道汚染致死傷罪・浄水毒物等混入致死傷罪

> 前3条の罪（浄水汚染罪、水道汚染罪、浄水毒物等混入罪）を犯し、よって人を死傷させた者は、傷害の罪と比較して、重い刑により処断する（145条）。

浄水汚染罪、水道汚染罪、浄水毒物等混入罪の結果的加重犯である。死傷の結果について認識・予見のないことが必要である。認識・予見があるときは、殺人罪・傷害罪が成立し、浄水汚染罪、水道汚染罪、浄水毒物等混入罪と観念的競合となる（団藤241頁、大塚507頁、大谷418頁以下）。

§152 水道毒物等混入罪・水道毒物等混入致死罪

> 水道により公衆に供給する飲料の浄水又はその水源に毒物その他人の健康を害すべき物を混入した者は、2年以上の有期懲役に処する（146条前段）。
> よって人を死亡させた者は、死刑又は無期若しくは5年以上の懲役に処する（同条後段）。

1　水道毒物等混入罪

前段の罪が完成するには、毒物等を混入し、人の健康を害する状態に至らせれば足り、現に人の健康を害する必要はない（前掲大判昭3・10・15）。水道毒物混入致死罪は、「致死」の場合のみを加重処罰し、「致傷」の場合を含まないから、本条には、致傷の結果が生じた場合も含むと解すべきである。傷害の故意ある場合も含む（大塚507頁、大谷418頁以下、反対=内田498頁〔観念的競合〕）。この場合、傷害罪は、本罪に吸収される。

2　水道毒物等混入致死罪

後段は、水道毒物等混入罪の結果的加重犯である。本罪の法定刑は、殺人罪の法定刑より重い。したがって、①死亡の結果について故意のある場合をも含むというのが通説である（団藤242頁、大谷419頁、西田326頁、山口418頁）。殺意がありながら、死亡に至らなかった場合は、未遂であるが、未遂処罰規定はない。本説によると、未遂の処罰に困難が生じる。そこで、②水道毒物等混入罪と殺人罪または殺人未遂罪との観念的競合であるとする見解（大塚508頁）も有力である。既遂の場合には、本条のみを適用し、未遂の場

合にのみ、殺人未遂罪との観念的競合を認める見解（大谷419頁、中森183頁、西田326頁、山口418頁）が妥当である。

§153 水道損壊・閉塞罪

> 公衆の飲料に供する浄水の水道を損壊し、又は閉塞した者は、1年以上10年以下の懲役に処する（147条）。

1 客体

本罪は、公共危険罪ではなく、水道の利用妨害罪である（西田326頁、山口418頁）。本罪の客体は、公衆の飲料に供する浄水の水道である。「公衆」とは、不特定または多数人をいう（福岡高判昭26・12・12高刑集4・14・2092）。「浄水の水道」とは、飲料水をその清浄を維持しながら一定の地点に導く人工的設備をいう（大判昭7・3・31刑集11・311）。水源、取水施設、貯水施設、導水施設、浄水施設は、いまだ水道ではない。浄化後の送水施設、排水施設が水道にあたる。

2 行為

損壊または閉塞である。これらは、浄水の供給を妨害する行為である。「**損壊**」とは、水道による浄水の供給を不可能または困難にする程度に破壊することをいう（神戸地姫路支判昭36・4・5下刑集3・3＝4・292）。水道鉛管の切取り（前掲福岡高判昭26・12・12）がその例である。「**閉塞**」とは、有形の障害物で水道を遮断し、浄水の供給を不能または著しく困難にすることをいう（大阪高判昭41・6・18下刑集8・6・836）。

第2節 あへん煙に関する罪

§154 総説

あへん煙の吸食によって害される公衆の健康が保護法益である。あへん煙は、その吸食によって精神的・身体的依存性がもたらされ、常用によって慢性中毒症状を起こす身体・精神に有害な薬物である。中毒によって中毒者自身の生活を頽廃させ、さまざまな派生犯罪を生むおそれがあるのみならず、国民の中にその濫用が蔓延するときは、不特定・多数人の精神的・身体的健

康に害悪を及ぼすおそれがある。本罪は、公衆の健康に対する**抽象的危険犯**として構成されている。

あへん煙に関する罪として、あへん煙輸入等罪（136条）、あへん煙吸食器具輸入等罪（137条）、税関職員あへん煙等輸入・輸入許可罪（138条）、あへん煙吸食罪（139条1項）、あへん煙吸食場所提供罪（同条2項）、あへん煙等所持罪（140条）、これらの未遂罪（141条）が規定されている。

あへんの製造過程については、けしから採取した液汁を自然に凝固させ、生あへんを作り、それを溶解・煮沸・加熱・発酵してあへん煙（あへん煙膏）が製造される。あへん煙は、パイプでの吸煙に用いられる。ちなみに、生あへんからはモルヒネ、コカイン等が抽出される。現在、あへん煙の吸食は、薬物犯罪としてはほとんど問題にならない。

あへんの取締は、明治30年に阿片法が、昭和21年には麻薬取締規則、23年に（旧）麻薬取締法、その後、麻薬の範囲の明確化等の目的で、昭和28年に麻薬及び向精神薬取締法が制定された。しかし、医療用としての麻薬の必要性から、あへんについて独立の規定を設けることになり、昭和29年にあへん法が制定された。その後、あへん以外の麻薬や覚せい剤の濫用も社会問題となり、大麻取締法（昭和23年）、覚せい剤取締法（昭和26年）、国際的な協力の下に規制薬物に係る不正行為を助長する行為等の防止を図るための麻薬及び向精神薬取締法等の特例等に関する法律（麻薬特例法）（平成3年）が制定された。

§155 あへん煙輸入等罪

> あへん煙を輸入し、製造し、販売し、又は販売の目的で所持した者は、6月以上7年以下の懲役に処する（136条）。未遂は、罰する（141条）。

本罪の客体は、「あへん煙」である。あへん煙膏に限り、その原料である生あへんを含まない[1]（大判大8・3・11刑録25・314）。

本罪の行為は、輸入・製造・販売・販売目的所持である。「**輸入**」とは、日本国外から日本国内に搬入することである。輸入の**着手時期**については、既

---

[1] あへん法は、生あへんの取締をも図っている（3条）。あへん法にいうあへんには、あへん煙をも含むので、同法違反行為が、本罪に該当するときは、刑法の罪と比較し重きに従って処断するとされている（同法56条）。

第2節　あへん煙に関する罪　　§156　あへん煙吸食器具輸入等罪◇　573

遂に至る**客観的な危険性が発生する時点**である。本罪についてではないが、覚せい剤取締法41条、関税法109条1項、3項の罪について、実行の着手について論じた判例がある（最判平20・3・4刑集62・3・123）。この事案では、覚せい剤を、船舶から海上に投げ込み、後にそれを他の船で回収することによって輸入しようとしたのであるが、海上に投下しただけでは、「回収担当者が覚せい剤をその実力支配の下に置いていないばかりか、その可能性にも乏しく、覚せい剤が陸揚げされる客観的な危険性が発生したといえない」として実行の着手が否定された（☞総論§146.2.(4)(a)）。輸入の**既遂時期**については、陸揚げないし荷卸ししたときと解する**陸揚げ説**（大判昭8・7・6刑集12・1125、木村203頁、大谷422頁、前田477頁）と日本国の領海・領空内に入れば足りるとする**領海説**（植松196、藤木123頁、大塚510頁）がある。陸揚げ説は、輸入罪は、公衆の衛生が危険にさらされるときに完成するとするので、より具体的な危険が発生するとみられる陸揚げのときとするが、領海内で、陸揚げせずに、待機した船舶へのあへん煙の引き渡しが行われる場合の当罰性を勘案すると、疑問が残る。しかし、領海説も、領海・領空を通過しただけでも輸入罪が成立するのは妥当ではないであろう。領海内で別の船舶に積み替えたときにはその時点を陸揚げ時点と解すれば、陸揚げ説で説明可能である。したがって、陸揚げ説が妥当である。[2] 陸揚げした以上、一時わが国の領土を通過するにすぎない場合も輸入にあたる（前掲大判昭8・7・6）。「**製造**」とは、あへん煙膏を作り出すことである。生あへんを作り出すだけではまだ製造ではない。「**販売**」とは、反復の意思をもって、不特定または多数人に対して有償譲渡することを意味する。「**所持**」とは、事実上支配することをいう。所持罪は、継続犯である。「**販売の目的**」とは、不特定または多数人に対して有償に譲渡しようとする目的をいう。

§156　あへん煙吸食器具輸入等罪

> あへん煙を吸食する器具を輸入し、製造し、販売し、又は販売の目的で所持した者は、3月以上5年以下の懲役に処する（137条）。未遂は、罰する（141条）。

---

[2] 覚せい剤取締法につき、判例は、「覚せい剤を船舶から保税地域に陸揚げし、あるいは税関空港に着陸した航空機から覚せい剤を取りおろすことによって既遂に達する」とする（最判昭58・9・29刑集37・7・1110）。

本罪の客体は、とくにあへん煙の吸食の用に供する目的で作られた器具である。例えば、煙管がそうである（吸食については☞§158）。

§157 税関職員によるあへん煙輸入罪

> 税関職員が、あへん煙又はあへん煙を吸食するための器具を輸入し、又はこれらの輸入を許したとき、1年以上10年以下の懲役に処する（138条）。未遂は、罰する（141条）。

本罪の主体は、**税関職員**である（身分犯）。税関職員とは、税関においてとくに輸入に関する事務に従事する公務員をいい、税関に勤務するすべての職員をいうのではない。

本罪の行為は、輸入し、または輸入を許すことである。したがって、本罪は、輸入罪と輸入許可罪とに分かれる。輸入罪は、あへん煙輸入罪（136条）、あへん煙吸食器具輸入罪（137条）の身分による加重犯（不真正身分犯）である。「輸入を許」すとは、明示的または黙示的に許可することをいう。他人の輸入が既遂となった場合に本罪は既遂となる。本来は幇助的形態であるが、取り締まる側の職員によって行われることから、独立罪として規定された（真正身分犯）[3]。

§158 あへん煙吸食罪

> あへん煙を吸食した者は、3年以下の懲役に処する（139条1項）。未遂は、罰する（141条）。

吸食とは、あへん煙を、呼吸器または消化器によって消費することをいう[4]。目的のいかんを問わない。

吸食のためあへん煙またはあへん煙吸食のための器具を一時所持した行為は、本罪に吸収され、別罪を構成しない（大判大6・10・27刑録23・1103）。これに対して、以前からあへん煙またはあへん煙器具を所持していた者が、そ

---

[3] これについては、前段・後段ともに輸入罪の加重類型であり、不真正身分犯であるとする説がある。本条の後段の輸入許可は、輸入の教唆・幇助行為のうち税関職員の行う許可という類型の行為のみをその身分のゆえに刑を加重して処罰したものとする（河村博・大コンメ7巻373頁）。

[4] 人体にその成分を摂取しうるものであれば、注射、塗布による場合等でもよいとする説（河村・前掲377頁）もある。

れを用いてあへん煙を吸食したとき、本罪とあへん煙所持罪との併合罪である（大判大9・3・5刑録26・139）。

§159　あへん煙吸食場所提供罪

> あへん煙の吸食のため建物又は室を提供して利益を図った者は、6月以上7年以下の懲役に処する（139条2項）。未遂は、罰する（141条）。

「あへん煙の吸食のため」とは、行為者が吸食する目的でという意味ではなく、あへん煙の吸食の用に供するためという意味である。「建物又は室を提供」するとは、あへん煙吸食のための場所として建物または建物の一部である部屋を提供することをいう。あへん煙吸食罪の幇助のうち場所を提供する形態のもので利益を図る行為を、幇助犯よりも加重して処罰するものである。利欲犯・営業犯的要素をもつとともに、あへん煙吸食の悪習の蔓延を助長するからである。「利益を図った」とは、利益を得ようとしたという意味である。現実に利益を得たことを要しない。

§160　あへん煙等所持罪

> あへん煙又はあへん煙を吸食するための器具を所持した者は、1年以下の懲役に処する（140条）。未遂は、罰する（141条）。

本罪の「所持」は、販売目的のない場合である。

第3章　取引の安全に対する罪

　現代資本主義社会における社会生活は、経済取引によって維持され、経済取引は、法の保護のもとにその安全性が保障されていなければならない。このような経済秩序に対する人々の信頼が揺らぐと、多数の人々の社会・経済生活が脅かされることになる。取引の安全に対する罪は、社会・経済生活上不可欠なさまざまな取引の技術的手段となっている通貨、文書、有価証券、印章、署名の真正に対する公共の信用を侵害する罪である。したがって、**公共の信用に対する罪** とも称される。直接の物々交換のみによって成り立つ社会では、相手方の支払能力に対する信頼性や支払手段に対する信頼性は大きな意味をもたないが、取引の大規模化・匿名化・遠隔化、あるいは迅速化の進んだ現代資本主義社会における経済取引は、経済取引の手段たる通貨・有価証券・文書などに対する信用を基礎としてのみ成り立っている。取引の安全は、このような社会・経済生活上の支払・決済のための技術的手段、権利・義務や事実証明に関する文書等に対する公共の信用を保護することによって保障されるのである。[1]

　取引の安全に対する罪においては、通貨偽造の罪（第2編16章）、文章偽造の罪（同17章）、有価証券偽造の罪（同18章）、支払用カード電磁的記録に関する罪（同18章の2）、印章偽造の罪（同19章）および不正電磁的記録に関する罪（同19章の2）が置かれ、それぞれの取引の安全のための技術的手段に対する公共の信用が保護されている。そのような制度化された技術的手段を「偽造」することによってそれに対する公共の信用を動揺させるという手段が用いられるのが中心的な犯罪形態であるので、この犯罪を「偽造罪」と呼ぶこともある。

---

[1] 紙幣、商品券、文書の偽造は、パソコン、スキャナー、カラー複写機等の情報機器の発達によって精巧、かつ高度の技術が誰にでも開かれることになり、容易となった。これに対しては、複写機に紙幣認識装置を付けて、複写を防止するなどの技術的対策もとられているが、万全ではない。なお、パソコン等を用いて紙幣・商品券などを偽造した事案として、名古屋地判平9・10・16判タ974・260参照。

第1節　通貨偽造の罪

§161　総　説

1　意義・保護法益

　通貨偽造の罪は、通貨に対する公共の信用を害することによって、通貨を媒介とする取引の安全を危険にさらす犯罪である。保護法益は、公共の信用・取引の安全であり、社会的法益に対する罪であることは疑いないが、通貨偽造の罪が、これに加えて、第2次的に、**国家の通貨発行権**（いわゆる通貨高権）をも保護するものであるかどうかについては、学説上争いがある（通説＝消極説）。最高裁の判例においても、「通貨偽造罪は通貨発行権者の発行権を保障することによって通貨に対する社会の信用を確保しようとするにある」とするもの（最判昭22・12・17刑集1・94）がある。かつては、通貨偽造罪の保護法益は、通貨高権であるという見解も唱えられたが、現在では、学説は、これを第2次的なものとし、国家的法益に対する犯罪としての一面をも備えている（大塚411頁、西田328頁）、あるいは、あくまで通貨に対する公衆の信用を確保する限り認められるべきである（大谷426頁）などというにとどめている。しかし、現代においては、国家の通貨発行権が、とくに偽造罪の処罰によって保護される必要性はないといってよい（大谷426頁、曽根235頁、中森185頁、林370頁）。第1に、外国通貨についても偽造・行使等が禁止されており（149条）、わが国の通貨のそれに限られず、また、外国通貨の偽造・行使等より、わが国の通貨のそれの方が重く処罰されているのは、強制通用力の有無やわが国における取引の安全に対する危険の大小の相違から説明される[2]（中森185頁）。第2に、通貨も、有価証券と同じく支払・決済手段として用いられるが、有価証券の中には、公債証書など国家・公共団体の発行するものもあれば、また、民間の発行するものであっても、金券、カード類のように汎用性が高く、実質上、通貨の代用手段になっているものも少なくな

---

[2] 学説の中には、かつて、内国通貨については通貨高権も保護法益であるが、外国通貨については公共の信用だけが保護法益であるとする見解（吉田常次郎「通貨偽造罪」刑事法講座7巻1444頁以下）もあった。なお、通貨偽造の罪について、諸外国の立法例には世界主義的見地に立って、外国の貨幣にも自国のそれと同様の保護を与えている。わが国の刑法も、ある程度の世界主義的配慮も払われているとされている（大塚411頁）。特別法として、「外国ニ於テ流通スル貨幣紙幣銀行券証券偽造変造及模造ニ関スル法律」（明治38年法66号）がある。

いが、これらと通貨の保護法益ないし保護の必要性を異なって捉える必要はないことが挙げられる。

2 法益としての通貨発行権？

前掲の最高裁の判例の事案（＝新円切替え事件）は、次のようなものである。

昭和21年に、旧円から新円への切替えが実施されたが、新紙幣の発行が間に合わなかったため、応急措置として、日本銀行において旧券に一定の証紙を貼付したものは新券とみなされることになった。政府は、その手続として、郵便官署その他の金融機関から国民一人につき金額100円に相当する証紙を交付し国民各自にそれぞれその所持する金額100円に相当する証紙を貼付させ、新券による預金の支払を受けたのと同様の結果を得させようとした。被告人は、当該証紙を不正に入手し、制限額を超えて旧券に貼付して「新券」を作成したのであるが、これに対して、「通貨偽造罪は通貨発行権者の発行権を保障することによって通貨に対する社会の信用を確保しようとするにあるのであるから作成者が通貨発行の権限を有たない者である限り」「その作成行為はもとより通貨偽造たるを免れず」と判示された[3]。

この事案では、学説は、違法に作成された新券は、合法的に作成されたものと区別できず、有効であって、通貨の真正に対する信用は害されておらず、また、国が予定していた通貨総量を変更したのでもないとして、この判例を批判する（大谷426頁、中森185頁、山口421頁）。このような行為によって、国民が通貨制度に不信感を抱きその制度の存立の基盤が危うくなるとして、公共の信用が揺るがされるとし、この判例の結論を支持する見解（前田412頁）もあり、また、真貨とまったく同じ材質・形態の10万円記念硬貨を偽造し、流通させた場合には、通貨発行権を法益としなければ、それを有効とせざるをえないという反論（西田328頁、反対＝前掲最判昭22・12・17）もあるが、法益の問題と真貨・偽貨の区別の問題とを混同するものであり、不当である。

問題は、通貨発行手続違反が通貨の有効・無効にどの程度影響するかにある。通貨作成過程で、粗悪な印刷状態のものが混ざっていたとしても、有効な真貨であり、また、計算ミスで流通させる予定の通貨総量を超えて流通させた紙幣も有効である。判例の事案は、証紙も旧券も真正のものであるが、誰が旧券に貼付して流通させるかの点で手続違反があったにすぎず、有効とみるべきなのである。これによって通貨そのものに対する信用が害されるわけでもない。これに対して、10万円記念硬貨については、そもそも真貨と

---

[3] なお、同種の判例として、最判昭25・6・29刑集4・6・1127も参照。

偽貨の区別がつく限り、偽貨であれば、その硬貨は無効であって、その流通により通貨に対する公共の信用が害されるのである。

§162 通貨偽造罪

> 行使の目的で、通用する貨幣、紙幣又は銀行券を偽造し、又は変造した者は、無期又は3年以上の懲役に処する（148条1項）。未遂は、罰する（151条）。

1 意義

本罪は、行使の目的をもって通貨を偽造または変造する行為を処罰するものである。行使に至らなくても、偽造・変造すれば既遂となる。抽象的危険犯である。通貨偽造に着手したが、模造の程度にとどまるなど、偽造の程度に至らなかったときは、未遂である。

2 客体

通用するわが国の **貨幣・紙幣・銀行券** である。これらを総称して通貨という。「通用する」とは、事実上「流通している」（149条1項）というのとは異なり、**強制通用力** を認められていることを意味する。強制通用力を有する限り、すでに鋳造または発行が停止されていても、通貨である。しかし、古銭・廃貨は、強制通用力をもたず、通貨ではない。

貨幣 とは、政府が発行する通貨を意味し（後述の通貨法4条1項）、一般に強制通用力をもった金属貨幣をいう。**銀行券** とは、政府の認許により特定銀行が発行する貨幣代用証券をいう。わが国では、日本銀行のみが銀行券の発行権を有する（日銀法46条1項）。これに対して、**紙幣** とは、政府その他の発行権者によって発行される貨幣代用証券である（旧臨時通貨法5条以下）。昭和62年に新たに「通貨の単位及び貨幣の発行等に関する法律」（昭和62年法42号）（通貨法と略す）が制定され、従来の貨幣法（明治30年法16号）および臨時通貨法（昭和13年法86号）が廃止され、紙幣に関する規定がなくなった。これにより、わが国の通貨は、硬貨たる貨幣および日本銀行券のみとなった。

3 行為

行使の目的で、「偽造」し、または「変造」することである（目的犯）。

ⓐ 偽造 偽造とは、通貨の製造・発行権をもたない者が、一般人をして **真貨と誤信させるような外観** のものを作り出すことをいう。判例による[4]

---

[4] 以前、外国の通貨（例えば、ハンガリーのフォリント、韓国のウォン）の形状・重量などを変造

と、片面が白紙のコピーであっても、千円札の表面の文字や絵と、裏面の文字や絵の裏返しのものが併せて印刷されており、文字や絵の形状や色合いが真正の紙幣と酷似しており、「印刷された片面のみを呈示するなど、用い方によっては、通常人が不用意に一見した場合に真正の紙幣と誤認させる程度の外観を備えている」場合には、偽造である（東京高判平18・2・14LEX/DB）。偽造の程度に至らないが、**真貨と紛らわしい外観を呈するものを作り出すことは「模造」**であって、別の法律によって処罰される[5]（通貨及証券模造取締法1条、2条）。真貨に加工して、その同一性を失わせるのも、偽造である。偽貨に相当する真貨の存在が必要かについては、必要説（植松133頁、内田544頁、村井・小暮ほか263頁）と不要説（通説）とに分かれている。一般人をして真貨と誤認させるようなものを作成すればよいから、将来発行される予定のものを一般人がすでに発行された真貨と誤認することはありうることからすれば、真貨の存在は不要と解すべきである。

❻　変　造　変造とは、通貨の製造・発行権をもたない者が、**真貨に加工して真貨に類似する外観**を有するものを作成することをいう。真貨に加工されその外観を有するものが、一般人をして真貨と誤認させる程度の外観を有するものでなければならない。作成されたものは、名価の変更があるとないとを問わない。したがって、5千円券を1万円券に変造する場合も、一枚の1万円券の表裏を剝がし、2枚の1万円券の外観を有するものを作出した場合も、変造である。しかし、真貨に加工して得られたものが、以前の真貨と同一性を欠くに至ったときは、変造ではなく、偽造である。したがって、

　　して、わが国の500円硬貨として、自動販売機で使用する事件が頻発していたが、このような自動販売機のみが「誤認」する偽貨は、一般人が真貨と誤認することはないから、偽造通貨とはいえないであろう。このような場合には、後述する外国通貨変造罪（149条）も、外国通貨の真貨に類似するものに変造したわけではないので、適用できず、窃盗罪（235条）で処罰するほかないであろう。

[5]「貨幣、政府発行紙幣、銀行紙幣、兌換銀行券、国債証券及地方債証券に紛はしき外観を有するものを製造し又は販売すること」（1条）を、1月以上3年以下の懲役に処する（2条）ものとする。「紛はしき外観を有するもの」とは、「其の色彩形状等に於て真物を模擬するを以て足り、必ずしも普通の知識を有する者と雖尚其の鑑別を誤るが如きものたることを必要とせず」と解されている（大判大15・6・5刑集5・241）。通貨及証券模造取締法により処罰された事案として、真正の銀行券を利用して作成した原版を用いて、真券の90パーセントの大きさのものを印刷し、表と裏に赤で「見本」と印刷したものを作成した事案（東京地判昭62・10・22判時1258・143）、また、100円紙幣（銀行券）とほぼ同じ大きさで同色のデザインの外観の表面に「サービス券」と赤い文字で記載し、裏面には、広告を記載したサービス券を作成した事案（最決昭62・7・16刑集41・5・237）がある。

例えば、真貨を溶解してまったく別の通貨の外観を呈するものを作出し、または、10円硬貨にメッキをして100円硬貨の外観を有するものを作出するのは、変造ではなく、偽造である（大塚414頁、反対＝植松133頁）。偽造と変造とは、同一構成要件内に規定され、法定刑も異ならず、また、偽造と変造を誤ったとしても上級審における破棄の理由とはならないから、両者の区別は実際上重要でないとされている（最判昭36・9・26刑集15・8・1525）。

❻ 偽造と変造の区別に関する判例　これには以下のものがある。日本銀行券100円券を青色に着色し、数字および文字に変更を加えて500円券のように改ざんした事案で、銀行券の「変造」にあたるとしたもの（東京高判昭30・12・6東高刑時報6・12・440）、日本銀行券千円券を偽造する材料を得るため、その上下左右のうち約4分の1ずつを切り取り、残余の部分をなお正常な千円券として行使する目的で、欠損した部分にハトロン紙を貼付補充し、流通の過程で自然に欠損したものを、所持人によって善意で補修されたものであるかに装った事案で、「変造」にあたるとしたもの（東京高判昭39・7・22高刑集17・6・647）、また、真正な日本銀行券2枚を用い、表裏に剥がし、切断し、糊付けする等の方法で、千円券を四つ折または八つ折にした6片の物件を作り出した事案で、「通常人をして真正の銀行券を四つ折又は八つ折にしたものと思い誤らしめる程度の外観、手ざわりを備え、真正の銀行券として流通する危険を備えたものと認められる」として、「変造」を認めたもの（最判昭50・6・13刑集29・6・375）がある。その他、真正な千円札を表裏に剥がして2片とし、それぞれ印刷のない片面に白地の和紙を糊で張りつけるなどして作成された千円券は、「通常人が不用意にこれを一見した場合に、真正な銀行券と誤認させる程度の外観を備えていたものと認めることができる」として、「変造」罪を肯定したもの（東京地判平8・3・27判時1600・158）がある。しかし、真正の日本銀行券千円券8枚の異なる部分を8分の1ずつ切り取って張り合わせるなどして、9枚の千円券を作り出した事案では、「真正の銀行券の中間の一部を縦に切除し残余の両端の部分を継ぎ合わせ一見完全なる1枚の銀行券の如き観を呈するものを作出する行為」を「偽造」にあたるとした（広島高松江支判昭30・9・28高刑集8・8・1056）。

4　行使の目的

本罪は、目的犯である。**行使の目的**とは、偽造・変造したものを、本来の用法に従って真正な通貨として流通に置く目的をいう。行使の目的がなく、学校の教材として、または演劇用の小道具として使用する目的で、通貨を偽造・変造する行為は、公共の信用を害する危険がないので、本罪にあたらない。行使の目的は、他人に行使させる目的でもよい（最判昭34・6・30刑集13・6・985）。また、目的は、確定的なものであることを要せず、未必的なもので足りる。

§163 偽造通貨行使罪

> 偽造又は変造の貨幣、紙幣又は銀行券を行使し、又は行使の目的で人に交付し、若しくは輸入した者も、前項と同様とする（148条2項）。未遂は、罰する（151条）。

1 客体

偽造・変造の貨幣、紙幣または銀行券である。これらを総称して「偽貨」という。行使の目的で行われたかどうかを問わない。誰が偽造・変造したものでもよいから、他人の偽造・変造した通貨も本罪の客体である。

2 行為

①行使すること、行使の目的で、②人に交付し、③輸入することである。

ⓐ 行使 「行使」とは、偽造・変造の通貨（偽貨）を真貨として流通に置くことをいう。「流通に置く」とは、客体を自己以外の者の占有に移転し、不特定多数の者の手にわたる危険のある状態に置くことをいう。行使は、有償・無償を問わず、その使用方法が適法なものであることを要しない。したがって、購入の代金として支払にあて、債務の弁済に用い、保証金として提供し、小遣銭として贈与し（大判明35・4・7刑録8・4・48）、両替すること（最決昭32・4・25刑集11・4・1480）、また、賭博のかけ金に使うこと（大判明41・9・4刑録14・755）なども、行使である。公衆電話機や自動販売機に偽貨を投入して使用することが行使にあたるかについては、行使にあたらないとする**消極説**（牧野143頁）もあるが、**積極説**が通説である（団藤250頁、中227頁、福田84頁、大塚415頁、大谷431頁、西田330頁）。消極説は、人に対して真貨であることを主張することを要するとするが、積極説は、その必要はないとし、流通に置けば真貨と認識される可能性があり、また、いずれ流通することがあるとする。判例にも、たばこの自動販売機に偽造硬貨を投入する行為を偽造通貨行使罪にあたるとしたもの（東京高判昭53・3・22刑月10・3・217）がある。しかし、既述のように、人が見れば一見して明らかに偽貨であることが分かるが、自動販売機には識別不可能なものを使用した場合には、行使とはいえない（山口424頁）。これに対して、自己の資産状態を信用させるために偽貨を示すことは、流通に置いたことにはならない。また、偽

---

[6] 行使とは、偽造変造の通貨を真正の通貨としてその用法に従って使用することをいう（大判昭7・6・15刑集11・837）。

貨を通貨としての用法によらずに他人に交付することは、行使ではない。例えば、標本として贈与すること、蒐集家に商品として売却すること、保管のために寄託することは、「行使」にあたらない。

行使の相手方は、偽貨であるとの**情を知らない者**でなければならない。情を明かして、あるいは情を知った者に偽貨を手渡すのは、「**交付**」である。偽貨を偽造の共犯者間で分配する行為は、偽造罪の危険を超える危険を生ぜしめたものではないから、通貨偽造罪として罰すれば足りる（大塚416頁、大谷431頁、山口424頁）。**情を知らない使者**に物品を購入させるため、偽貨を手渡した場合については、学説上、①行使にあたるとする説（団藤252頁、大塚415頁以下、大谷431頁、中森188頁、西田330頁、前田491頁、山口425頁）、②行使の間接正犯であるとする説（木村237頁、福田85頁、内田551頁、曽根231頁）、および③交付と解する説（大判明43・3・10刑録16・402、平野258頁、中山418頁）が対立している。①説は、使者に手渡す行為自体が自動販売機などに投入する場合と同じ意味で偽貨を流通に置くものと評価しうることを根拠とする。②説は、たんに行使の間接正犯と表現しただけであるかにもみえるが、その実際の意図は、使者に手渡しただけでは、いまだ行使の実行に着手しただけであり、流通に置いたものとはいえないとする点にあり、したがって、この段階ではいまだ未遂であるとする点で、①説と異なる。③説は、行使と交付の区別を、相手方が情を知らない場合が行使、情を知っている場合が交付という通説的な区別基準ではなく、情を知らなくても直接的な行使のほかは交付とするという基準を採用する見解[7]にもとづき、この事例を交付とする。通常は、情を知らない者に手渡された時点で、流通に置かれたものというべきであるが、本事例の場合には、情を知らないのはたんなる使者であり、とくに物品の購入などの使途を定めて手渡されているので、使者は手交者の占有補助者にすぎず、いまだ流通に置かれたとはいえない。しかし、情[8]

---

[7] この見解は、交付を行使の前段階とみる。なお、この見解の一部（中山418頁）によれば、交付とは「偽貨を他人に手渡すことをいう」と、まず、広く定義して、そこから直接に流通の場に置く場合を除いたものが、狭義の「交付」とし、この基準の方が「安定的で妥当」であり、また、「形式的で、より明確だ」とする。しかし、直接・間接の概念は、一見明確であるかにみえるが、実は「流通に置く」というのがどのような状態をいうかにかかる相対概念であるから、もともとあいまいである。

[8] 例えば、東京で行使するため、多額の偽造通貨を、借金の返済のために情を知らない金融業者に向けて、運送業者を使って地方から東京に輸送する場合、運送業者に預けた段階ではいまだ行使の未遂にすぎない。金融業者に到達した時点で「流通に置かれた」ことになる。本事例の使者

を知る者でもないから、交付でもない。行使罪の未遂である。使者が、偽貨を使った段階で既遂となる。結論的に、②説が妥当である。

偽造通貨収得後知情行使罪（152条）との関係で、本条の行使罪が成立するには、偽貨の収得のときに偽貨であることを認識していなければならない。ただし、違法な収得の場合には、その限りではない（☞後述§167, 2）。

行使罪は、偽貨を流通に置いた時点で既遂となる。相手方が怪しんで返還した場合にも、未遂ではなく既遂である。判例には、ビール代の支払として偽貨を手交したが、相手方が怪しんで返還した場合にも、行使罪の既遂としたもの（前掲大判昭7・6・15）がある。

ⓑ 交 付　「交付」とは、偽貨であるという**情を明かして、または、偽貨であることを知っている相手方に手渡すこと**をいう（前掲大判明43・3・10）。交付は、有償・無償を問わない。行使の目的で交付することを要する。行使の目的とは、他人に行使させることを目的にすることをいう。したがって、交付罪は、実質的には、行使の教唆または幇助にあたる行為を独立罪として処罰するものであるということができる。それゆえ、交付の後、被交付者がその偽貨を行使しても、交付者に行使教唆罪は成立しない（前掲大判明43・3・10）。

なお、通貨偽造の共同正犯間で偽貨を分配するのは、偽造通貨交付罪にはあたらない（大塚416頁、大谷431頁、山口425頁）。

ⓒ 輸 入　「輸入」とは、偽貨を国外から国内に搬入することをいう。行使の目的が必要である。ここでも、陸揚げないし荷降ろしできる状態に達したことを要するとする**陸揚げ説**（木村203頁、福田86頁、大谷431頁、堀内266頁、西田331頁、山口425頁、大判明40・9・27刑録13・1007）と、領海・領空内に搬入すれば足りるとする**領海説**（植松136頁、大塚416頁）が対立している。たんに領海内に搬入しただけで輸入というならば、わが国の領海・領空内を通過しただけでも輸入を認めることになり、不当であろう。わが国における通貨に対する公共の信用を害する危険が発生するのは、陸揚げされたときであるというべきであるから、陸揚げ説に従うべきである。ただし、いったん陸揚げされた以上、一時領土内を通過するにすぎない場合にも、輸入となる。

　　は、この事例の運送業者と同様の立場にいる。

3　他罪との関係

　通貨を偽造した後、さらにそれを行使した場合、通貨偽造罪と偽造通貨行使罪の牽連犯とするのが通説であるが、行使罪に吸収されるとする見解（宮本 536 頁、中山 419 頁）もある。偽造通貨を行使して財物を詐取した場合には、両罪を牽連犯とする立場（木村 235 頁、西原 279 頁）もあるが、通説・判例によれば、詐欺罪は、偽造通貨行使罪に吸収される（大塚 417 頁、大谷 432 頁、西田 331 頁、山口 425 頁、大判明 43・6・30 刑録 16・1314）。確かに個人的法益を保護する詐欺罪と、社会的法益を保護する偽造通貨行使罪とは、罪質を異にする。しかし、牽連犯とすると、偽造通貨収得後知情行使罪（152 条）の場合、同罪につき、重い 10 年以下の懲役刑が処断刑となり、とくに軽い刑（額面価額の 3 倍以下の罰金又は科料）を定めている趣旨が没却されることになるからである。自動販売機等で偽貨を使用する場合も、窃盗罪は偽造通貨行使罪に吸収される（大谷 432 頁、山口 425 頁）。

§164　外国通貨偽造罪

　行使の目的で、日本国内に流通している外国の貨幣、紙幣又は銀行券を偽造し、又は変造した者は、2 年以上の有期懲役に処する（149 条 1 項）。未遂は、罰する（151 条）。

　「日本国内に流通している」とは、日本国内で事実上使用されていることをいう（東京高判昭 29・3・25 高刑集 7・3・323）。国内の一部に流通することで足りる。しかし、合法的に流通するものであることを要する（東京高判昭 30・3・14 高裁特 2・7・199）。また、必ずしも日本人の間で流通するものに限らない。判例は、一部の外国人の間のみで流通する米軍ドル表示軍票についても、国内で流通する外国の通貨であるとする（最決昭 28・5・25 刑集 7・5・1128）。「外国の」とは、外国政府またはその承認した機関において製造発行されたものの意味である。必ずしも、外国において法律上強制通用力が認められていることを要しない（前掲東京高判昭 30・3・14）。

§165　偽造外国通貨行使罪

　偽造又は変造の外国の貨幣、紙幣又は銀行券を行使し、又は行使の目的で人に交付し、若しくは輸入した者も、前項と同様とする（149 条 2 項）。未遂は、罰する（151 条）。

「日本国内に流通している」という限定はないが、その意味である。「行使」し、または、行使の目的をもって「交付」もしくは「輸入」する行為が処罰される。偽造の外国通貨を邦貨と両替するのも、行使にあたる（前掲最決昭32・4・25）。

§166 偽造通貨収得罪

> 行使の目的で、偽造又は変造の貨幣、紙幣又は銀行券を収得した者は、3年以下の懲役に処する（150条）。未遂は、罰する（151条）。

1 客体

偽造または変造の貨幣、紙幣または銀行券である。外国の通貨も含む（通説、反対=滝川238頁）。前2条との関連から、本罪の客体は、148条および149条の偽造・変造の通貨を指す。すなわち、邦貨については強制通用力のあるもの、外国通貨については事実上国内で流通しているものをいう。

2 行為

行使の目的で、収得することである。「収得」とは、自己の占有に移すことをいう。有償・無償、原因の如何を問わない。贈与、交換、買受、拾得、窃取、詐取、喝取など、すべて収得である。しかし、横領は、自己の占有に移すのではないから、収得ではないとするのが通説（福田86頁、大塚419頁、中山421頁、大谷434頁）であるが、肯定説（植松140頁）もある。情を知らずに偽貨を預かった者が、後にそれに気づいて横領したときも、収得にはあたらない（中山421頁、大谷434頁）。

3 行使の目的

行使の目的が必要である（目的犯）。収得者が、自ら行使する目的であろうと、他人に行使させる目的であろうとを問わない。行使の目的は、日本国内で行使する目的でも、外国で行使する目的でもよい。偽貨と知って収得したのでなければならない。

収得した後に行使した場合には、行使罪との牽連犯となる。

§167 偽造通貨収得後知情行使・交付罪

> 貨幣、紙幣又は銀行券を収得した後に、それが偽造又は変造のものであることを知って、これを行使し、又は行使の目的で人に交付した者は、その額面価格の3倍以下

の罰金又は科料に処する。ただし、2千円以下にすることはできない（152条）。

1　意　義

本罪は、偽造通貨を収得した後に、偽造通貨であると認識して、行使・交付した場合につき、収得のときに偽造通貨であることを認識していた場合よりも、とくに軽く処罰する趣旨のものである。とくに軽く処罰する根拠は、収得後に偽造通貨であると知って損害を他人に転嫁することは同情すべきであり、類型的ないし定型的に適法行為の期待可能性が減少するという点にあるとされている（滝川 238 頁、団藤 255 頁、中 229 頁、大塚 420 頁、中山 422 頁、大谷 435 頁、中森 189 頁、西田 333 頁）。しかし、本罪の刑が軽すぎるとの批判がある（中森 189 頁）。

2　要　件

本罪の客体は、偽造・変造された貨幣・紙幣・銀行券である。148 条および 149 条の偽造・変造通貨の意味である。**本罪の行為**は、収得した後に、偽造・変造の通貨であることを知って、行使し、または行使の目的で交付することである。偽造・変造の通貨であることの認識なく収得したものであることを要する。「収得」が、適法なものに限られるか、それとも窃取のように違法な場合を含むかについては、学説上の争いがある。適法な収得に限るという説（江家 123 頁、大塚 420 頁、大谷 435 頁、中森 189 頁、西田 332 頁）は、違法な収得の場合には、収得者に損害がないこと、収得後行使の処罰が軽いのは、定型的に期待可能性が低いからであるが、収得そのものは適法になされたものであることを要すること、また、本罪の処罰が著しく軽いことを根拠とする。これに対して、違法な収得も含むとする説（中山 422 頁、内田 550 頁）は、適法な収得の場合でも無償で譲渡される場合のように、収得者に損害がない場合もあり、また、行使罪・収得罪と収得後知情行使罪との限界をあいまいにするおそれがあって、形式的に違法収得も含むとする方が安定的な解釈であるということを根拠にする。しかし、本罪の適用はないと解される。違法な収得者には、もともと事後の適法行為は期待できないのであるから、法がそれを期待するはずもなく、また、収得後、誘惑に負けて「でき心」から偽貨を行使するのではなく、功利的な計算の必然的な結果として行使するにすぎず、可罰的責任は減少しないというべきである。本罪は、148 条 2 項または 149 条 2 項の行使罪の減軽類型であり、適法に収得した場合に

のみ適用があるから、違法な収得の後、情を知って行使する場合は、通常の行使罪が成立する。これによって、収得後知情行使罪との区別があいまいになるおそれはないといってよい。

§168　通貨偽造準備罪

> 貨幣、紙幣又は銀行券の偽造又は変造の用に供する目的で、器械又は原料を準備した者は、3月以上5年以下の懲役に処する（153条）。

1　意　義

通貨偽造・変造罪の予備にあたる行為のうち、**器械または原料を準備する行為**のみを処罰する。本罪は、器械・原料の準備行為を独立罪としたものとする見解および判例がある（木村238頁、大判大5・12・21刑録22・1925）が、通説は、通貨偽造罪の従犯としての器械・原料の準備行為（他人予備的形態）をも含むものと解する（団藤255頁、大塚420頁、中山423頁、大谷436頁、中森187頁、西田333頁、山口428頁、なお、大判昭7・11・24刑集11・1720）。すなわち、本罪には、予備的形態のものと幇助的形態のものがあるというのである。一般に、予備罪については、他人予備を含まず、自己予備のみをいうとするのが通説（☞総論§144, 2）であるが、本罪については、**他人予備**をも含むと解されている。形式的には、法は、本罪を器械・原料の「準備」に限定することで、通常の「予備」罪とは区別しており、また、「**用に供する目的**」とは、他人の偽造・変造の用に供する目的の場合をも含むと解釈されうるからである。実質的には、通貨偽造行為のもつ危険性の大きさからみて、予備行為の段階における幇助をもとくに処罰する必要があるからである[10]（大塚421頁）。したがって、他人の偽造・変造罪の幇助のための準備行為は、他人がその実行行為に出なくても処罰される。他人が実行に出た場合は、その罪の幇助罪となり、準備罪はそれに吸収される（団藤256頁、大塚422頁、なお、東京高判昭29・3・26高刑集7・7・965）。

2　客　体

器械・原料である。「**器械**」とは、偽造・変造の用に供しうる一切の器械

---

[9] 情を知らず偽貨を窃取した場合には、窃盗罪と148条2項または149条2項の行使罪との併合罪である。

[10] 本罪の法定刑は、「3月以上5年以下の懲役」であり、殺人予備罪の法定刑が「2年以下の懲役」であるのと比べても重いことも、その根拠である。

を指称する。偽造・変造に直接必要なものに限らない（大判大2・1・23刑録19・28、前掲大判昭7・11・24）。例えば、鋳造機、印刷機、写真機、複写機などがそうである。「原料」とは、地金、用紙、インク等を指す。

3 行 為

貨幣、紙幣、銀行券の偽造・変造の用に供する目的で、器械または原料を準備することである。「準備」とは、器械・原料を用意し、偽造の目的を遂行しうる状態に置くことをいう。器械・原料を買い入れ、製作するなどの行為がそれである。

器械・原料を準備することによってただちに**既遂**となり、準備が偽造・変造の目的を達成しうる程度に至ったことを要しないというのが、通説・判例（団藤257頁、大塚421頁、大谷432頁、大判明44・2・16刑録17・88）である。しかし、準備の概念は、広く、まず、偽造用に用紙のみを入手したという段階でも、準備にあたるというのは不当であり、偽造・変造の実行行為に対する客観的危険が認められる程度の準備である必要があろう（中森229頁）。

4 目 的

「偽造又は変造の用に供する目的」が必要である（目的犯）。それに加えて、偽貨を**行使する目的**が必要かどうかについては、争いがある。不要説（木村238頁、前掲大判明44・2・16）もあるが、必要説（大判昭4・10・15刑集8・485、団藤250頁、福田88頁、大塚421頁、大谷436頁以下、中森187頁、前田495頁、山口428頁）が通説である。偽造・変造罪の成立にも行使の目的が必要である以上、より危険性の低い準備行為にもそれを必要と解すべきであり、必要説が妥当である。行使の目的には、自ら行使する目的のほか、他人に行使させる目的をも含む。

5 共犯・罪数

本罪に対する共犯も成立する。したがって、偽造器械の購入の資金を提供するのは、本罪の幇助犯である（団藤256頁、大谷437頁、西田333頁以下、山口428頁、大判昭4・2・19刑集8・84）。予備罪に対する共犯を否定して、本罪についても従犯の成立を否定する見解（大塚422頁、中山424頁）は、その前提が不当である（☞総論§164, 4 (3)）。

準備行為から、通貨偽造罪の実行の着手に至ったときは、本罪は、それに吸収される（前掲大判大5・12・21）。

第2節　文書偽造の罪

§169　総　説

1　文書偽造の罪の意義

ⓐ　保護法益　文書は、われわれの社会生活において権利義務や事実の証明手段として重要な役割を果たす。経済取引における権利義務のみならず身分関係・資格の証明等においても、文書が重要な証拠・証明手段とされる。現代社会においては、このような文書を信用して取引関係や社会関係に入っていかざるをえない。各種の契約書、各種の証明書、請求書、領収書などは、権利・義務関係や事実関係の証拠として、それらを基礎として新たな権利・義務関係や身分関係が形成されていくのであり、その信用性が担保されていなければ円滑な社会関係の形成が阻害される。かくして、文書の信用性を害する行為の禁止が刑罰によって保証されている必要がある。文書偽造の罪は、文書に対する公共の信用性を保護して、取引の安全を図る目的を有するものである。

このようにして、文書偽造の罪の保護法益は、公共の信用（publica fides）、すなわち、法的取引の安全と信用であるとされる[1]。しかし、たんなる公共の信用ではなく、文書という証拠手段ないし証明制度に対する公共の信用である。そのような公共の信用が保護されなければならない理由は、さらに詳しくみると、そのような文書にもとづいて取引関係を樹立する不特定・多数の者が、偽造によってその取引行為における「処分の自由」（Dispositionsfreiheit）が侵害される危険があるからである[2]。

ⓑ　文書の機能　文書は、次の**三つの機能**をもつ。第1は、**記録保存機能**である。すなわち、観念ないし意思の表示を永続的に記録・保全し、いつでも再生しうるようにする機能である。第2は、**証拠機能**である。すなわち、文書の観念的内容が、その外部にある事実に対して、一定の証明ないし証拠

---

[1] 文書に対する関係者の信用に限定する見解として、山口428頁以下がある。
[2] 文書偽造罪に関する最近の詳細な研究として、今井猛嘉「文書偽造罪の一考察」(1)－(6・完) 法学協会雑誌112巻2号 (1995年) 1頁、6号1頁、114巻7号 (1997年) 72頁、116巻6号 (1999年) 78頁、7号90頁、8号87頁、幾夜聡「有形偽造考察 (1) (2・完)」都立大学法学論集32巻2号 (1991年) 29頁、33巻1号 (1992年) 173頁参照。なお、「特集・文書偽造理論の現代的課題」現刑35号 (2002年) 4頁以下参照。

となるべき機能である。第3は、**保証機能（責任明示機能）**である。すなわち、名義人にその意思ないし観念の表示に対する保証人とさせ、責任の所在を明らかにする機能である。この三つの機能は、人が法的に重要な取引行為を行う際に、その記憶力・証明力・責任保証を補い、正確な決断を下すための基礎を与えるものである。

❸ 文書偽造の罪の種類 文書偽造の罪（第17章）として、詔書等偽造罪（154条）、公文書偽造罪（155条）、虚偽公文書作成罪（156条）、公正証書原本等不実記載罪（157条）、偽造公文書・虚偽公文書行使罪（158条）、私文書偽造罪（159条）、虚偽診断書等作成罪（160条）、偽造私文書・虚偽診断書等行使罪（161条）、さらに、電磁的記録不正作出・供用罪（161条の2）を規定する。最後に挙げた犯罪類型は、従来、文書は、後に述べるように可視性・可読性をもつものとされてきたが、近年、公証事務や一般的な事務処理が電子計算機によって行われることが多くなり、文書とならんで、可視性・可読性をもたない「電磁的記録」（7条の2）が用いられるようになって、その刑法上の保護が、判例においても問題となったことから、昭和62年の刑法の一部改正にあたって置かれたものである。このほかに、この改正によって、従来の規定における行為客体としての文書のほかに「電磁的記録」が加えられた（157条、158条）。

本章の罪における客体としての「文書の偽造」については、客体として、公文書と私文書が区別され、行為として、偽造と虚偽作成が区別されている。すなわち、公文書の証明力、社会的信用が私文書より高いことから、公文書については、偽造と虚偽作成の両者を処罰するが、私文書については原則として偽造のみを処罰するものとして区別し、法定刑も公文書の方が重くなっている。さらに、印章・署名の有無によって文書の社会的信用性が異なることから、有印文書・署名のある文書の偽造を無印・無署名の文書の偽造

---

3 わが国では、文書の機能として、①正確・明確化機能、②独立伝達機能、③確証機能、④責任明示機能に分け、とくに③④を重視するものがある（平川441頁）。また、「証拠価値」としての文書の機能を重視するものとして、川端528頁以下がある。さらに、責任明示機能を重視するものとして、西田354頁。ここでは、正確・明確化機能が記録保存機能にあたり、確証機能が証拠機能にあたる。また、証拠価値としての文書が証拠機能にあたり、責任明示機能が保証機能にあたる。なお、本書で採った三つの機能を証拠方法としての機能、永続化機能、保証機能と表現するものもある（成瀬幸典「文書偽造の保護法益―有形偽造の本質―」現刑35号36頁以下）。
4 なお、文書に関する罪には、このほかに文書毀棄罪（258条以下）があるが、これは、個人的法益に関する罪として、毀棄罪の中に規定されている。

よりも重く処罰している。

2 形式主義と実質主義

　文書偽造の罪における広義の偽造は、**狭義の偽造**と**虚偽文書の作成**に分けられる。狭義の偽造は、**有形偽造**ともいわれ、作成名義の真実性を偽るものであるのに対して、虚偽文書の作成は、**無形偽造**ともいわれ、文書の内容を偽るものである。要するに、前者は、作成権限のない者が、作成名義を偽って文書を作成することを指し、後者は、作成権限のある者が、内容虚偽の文書を作成することを指す。この有形偽造を処罰する主義を**形式主義**といい、無形偽造を処罰する主義を**実質主義**という。[5]形式主義に立つならば、作成権者が、内容虚偽である文書を作成しても処罰されない。実質主義に立てば、内容が真実であれば、作成権限のない者が作成しても処罰されないということになる。しかし、文書の内容の真実性が保護されなければ、法取引の円滑性が阻害される危険があり、内容的に真実でも、作成権者の名義が、無断で冒用されるならば、文書の信用性が加害されることになる。そこで、実際には、この両主義が、併用されることになる。

　わが刑法は、形式主義を基調としつつ、補充的に実質主義をも併用する立法主義をとる。[6]すなわち、有形偽造については、私文書についても権利義務ないし事実証明に関する文書である限りで広くこれを保護するが、私文書の無形偽造については、医師の診断書等、特定のものに限ってこれを保護している（160条）。形式主義が実質主義に優越させられている理由は、**文書の保証機能（責任明示機能）** にかんがみて、名義の真正が保証されている限りで、名義の真正は、内容の真実性をコントロールする前提であり、真正の文書である限り、内容の虚偽性につき責任を追及できるのであり、私文書の内容的正当性については、通常、法取引に参加する者の自発性に委ねられ、いわば潜在的被害者の自己責任に任されている点にあるとされる。

---

[5] わが国の立法過程における実質主義から形式主義への展開については、山火正則「現行『文書偽造の罪』規定の成立過程」西原古稀3巻241頁以下参照。

[6] 実質主義を主張する立場もある（牧野151頁）。形式主義に立ちながらも、内容の真正な文書は、取引の信用を害するおそれはないとして、内容の真正なものまで処罰する必要はないとし、形式と実質の二本立てを妥当とする折衷的立場（滝川245頁、中山426頁以下）もある（平野261頁）。

§170　文書の意義

1　文書の一般的意義

文書とは、広義においては、文字またはその他の可読的符号を用い、ある程度永続しうる状態において、物体上に記載された意思または観念の表示であり、その表示から名義人が判断しえ、また、その表示内容が、法律上または社会生活上重要な事項について証拠となりうるものをいう（大判明43・9・30刑録16・1572）。広義における文書のうち、文字その他の発音的符号を用いたものを狭義における文書という。可読的符号を用いることを要するから、録音テープは文書ではない。これに対して、象形的符号を用いたものを図画という。発音的符号と象形的符号が併用されているときは、どちらが主たる要素となっているかによって、狭義の文書か図画かが区別されるべきである。しかし、狭義の文書と図画とは、通例、一つの条文中に並列的に規定されていることから、その厳密な区別は、実際上あまり問題にはならない。

2　物体上の意思・観念の表示

ⓐ　発音的符号による表示　文書は、文字またはそれに代わる発音的符号を用いて表示されたものである。日本文字のみならず、外国文字でもよく、また、点字、電信符号、速記用符号、バーコードなどによって表示されたものも文書である。しかし、文字または発音的符号は、客観的に理解可能なものでなければならないから、本人ないし当事者のみが理解しうる符号で書かれたものは文書ではない。発音的符号は、視覚に訴えるものでなければならないから、録音テープ、レコードなどは、文書ではない。手話、手旗信号などは、視覚に訴えるものであり、一義的な意味を伝達しうるものであるから、符号である。したがって、永続すべき物体上に記載して意味の伝達が可能な場合には文書となりうる。しかし、ビデオ撮影したような場合には、記録媒体そのものの可視性の点で問題となる。

ⓑ　可視性・可読性　符号は、可視性をもち、可読性、すなわち、可視的に一義的な意味を客観的に理解しうるものでなければならない。可読性は、したがって、可視性と理解可能性の二つの要件からなる。録音テープ、ビデオテープ、電磁的記録は、理解可能性はあるが、可視性がなく、したがって、可読性をもたず、文書にはあたらない。符号そのものが可視性をもつ必要があるので、補助器具ないし機械的処理によりはじめて可視性を得るも

のは文書ではない。**電磁的記録**については、かつて、判例は、磁気テープの可読性について、コンピュータによりプリントアウトしたならば直ちに可視性・可読性をもつから、電磁的記録と現出された文書とを不可分一体のものとして文書とした（最決昭58・11・24刑集37・9・1538、名古屋高金沢支判昭52・1・27刑月9・1=2・8、広島高判昭53・9・29刑月10・9=10・1231、大阪地判昭57・9・9刑月14・10・776＝近畿相互銀行事件）が、電磁的記録それ自体に可視性がないので、文書とはいえない。これに反して、顕微鏡でみなければわからないほどの小さな文字で書かれたものも、それ自体が可視的な符号で書かれているから、文書である。したがって、バーコード、マイクロフィッシュなども文書である。

　　ⓒ　理解可能性　　文書に表示される観念または意思は、**客観的に理解可能でなければならない**。すなわち、一定の連絡した意味をもつ必要がある。暗号で書かれた文書については、客観的に理解可能であることが要求されるから、少なくとも当事者以外の一定の人的範囲に属する者が理解しうるものでなければならない。観念または意思の表示が省略されていても、法令上ないし慣例上、それに一定の意味が付与されていて、客観的に理解しうる場合には、文書である。これを**省略文書**と呼ぶ。

　　例えば、判例によれば、郵便受付時刻証明書（大判明43・5・13刑録16・860）、郵便局の日付印（大判昭3・10・9刑集7・683）、物品税表示証紙（最決昭35・3・10刑集14・3・333）は、公文書であり、銀行の出金票（大判明43・2・10刑録16・189）、銀行の支払伝票（大判大3・4・6刑録20・478）、印鑑紙（大判大2・1・21刑録19・20）、白紙委任状（大判大元・11・26刑録18・1425）などは私文書である。しかし、番号が記されているだけの下足札、傘立ての番号札等は、省略文書とはいえない。これに対して、ホテルの名前の入ったクロークの番号札は、省略文書である。

　　ⓓ　永続性・物体性　　文書は、**ある程度永続しうる状態**で物体上に表示されたものであることを要する。永続性の要件については、砂の上に書かれた文字、板の上に水で書かれた文字、水の上にペンキで書かれた文字などは永続性がないから、文書とはいえない。黒板の上に白墨で書かれた文字については、ある程度の永続性をもつとして文書とされる（大塚437頁）。テレビやコンピュータのディスプレー（ブラウン管・液晶）に映し出された文字は、永続性をもつか。これについては、スイッチが切られれば消滅するので、永続性をもたないというべきである（堀内241頁は、文書性を肯定する）。なお、とくに、例えば、商品たる服に縫い付けられた定価票のような、表示する文字の

書かれた物体と、指示内容である物体とが結合してはじめて文書となるいわゆる「**結合文書**」[7](zusammengesetzte Urkunde)について、その結合の度合いによって永続性が問題となることを指摘しておこう。

文字ないし符号の表示される物体は、紙のほか、布、木板、陶器、金属板など有体物であればよいが、永続性のない気体や液体は除かれるであろう。

 ⓔ **証拠適格性・証拠予定性**　文書の表示の内容は、法的取引上ないし社会生活上、重要な事項につき証拠となりうるものでなければならない。これを**証拠適格性**（Beweiseignung）といい、客観的に判断される。文書の形式を充たさない無効な文書は、証拠適格性を欠く文書である。また、文書の証拠機能の観点から、証拠としての意義のまったくないものは文書として刑法上の保護を受けないのである。私文書偽造罪が、「**権利、義務若しくは事実証明に関する文書**」のみを客体としているのは、証拠適格性のあるものに限定しているのである。したがって、小説、詩歌あるいは学術論文は、文字によって観念を表示したものであるが、証拠としての性格をもたず、文書ではない。書画についても、観念を表示したものであり、一般的な意味での図画に含まれるが、それ自体芸術作品であって証拠適格性に欠けるので、ここでいう文書ではない（大判大 2・3・27 刑録 19・423）。したがって、書画に落款および押印を加えても、文書とはならない。判例は、画賛の署名を文書とする（前掲大判大 2・3・27）が、学説上は疑問を示すものが多い（木村 240 頁、福田 91 頁、大塚 438 頁）。

「証拠適格性」とならんで、主観的に証拠とする用途で作られたかどうかを基準とする判断を「**証拠予定性**」（Beweisbestimmung）という。この点で、証拠予定性に関連して、当初から証拠とする目的で作られた文書を「**目的文書**」（Absichtsurkunde）といい、事後になって第三者によって証拠性が与えられた文書を「**偶然文書**」（Zufallsurkunde）という。すなわち、文書は、その名義人がその意思表示を法的取引に置くことによって成立するのみならず、ある者が、他人が任意に表示したもの、例えば、私的な手紙やカレンダーの上のメモ書を法的取引に証拠として用いることによっても成立するのであっ

---

[7] 結合文書の例としては、写真を貼り付けた身分証明書が挙げられる。写真は、それ自体文書でないが、身分証明文書と結合して文書となる。これに対して、「**全体文書**」（Gesamturkunde）とは、内容的には互いに独立である個々の文書が全体的にまとめられている文書をいう。例えば、商業帳簿、出納簿がそうである。

て、後者は、はじめから証拠とする目的で作成されているわけではないので、偶然文書というのである。偶然文書も、文書である。証拠予定性が認められるには、証拠適格性の認識があれば十分である。

3 名義人の存在とその表示

文書には、名義人の存在が必要である。名義人とは、文書に表示された文書の作成主体をいう。文書は保証機能をもつ必要があるので、名義人の表示されない、または特定されない文書は、その文書の内容に関する責任を追及できないので、文書偽造罪における文書とはいえない（大判明43・12・20刑録16・2265）。名義人は、自然人でも法人でも、法人格のない団体でもよい（大判大2・4・17刑録19・502）。しかし、名義人の氏名が文書上に表示されている必要はない。その文書の内容、形式、筆跡、付属物等から名義人が特定できれば十分である[8]（大判昭7・5・23刑集11・665、反対=前掲大判明43・12・20）。

名義人は実在することを要するか。これを必要とする見解もある（小野399頁）。しかし、現在では、通説は、不要説に立ち、名義人が死亡者・架空人であってもよいとする（最判昭28・11・13刑集7・11・2096、最判昭36・3・30刑集15・3・667、大塚440頁、大谷441頁）。その根拠は、文書偽造罪は名義人が存在し、その文書の内容について保証されるという一般の信用を保護するのであるから、虚無人であっても一般的に名義人が実在すると誤信するものであれば文書偽造罪が成立するものとして処罰すべきだという点にある。したがって、一見して虚無人であると判断されるような名義の文書については、保護に値する文書性は認められない。

判例は、当初、公文書と私文書を区別して捉え、すでに旧刑法の時代から、公文書については名義人の実在性を必ずしも必要としないとしており（大判明39・4・19刑録12・500）、現行法の時代になっても、名義人となっている公務員がすでに死亡していた場合等にも公文書偽造罪の成立を認めた（大判大元・10・31刑録18・1313）のに対して、私文書については、旧刑法時代にすでに、名義人が実在することを必要としていた（大判明30・10・15刑録2・219）が、現行刑法の時代になっても、踏襲された（大判明45・2・1刑録18・75）。例えば、虚無人の氏名を用いた場合には、本罪は成立しないとした判例（大判昭10・7・23新聞3902・8）がある。戦後も、架空の者を代表者として実在する会社名義の契約書等を作成した場合につき、名義人の実在性を要求した（最判昭23・10・26刑集2・11・1408）。しかし、**昭和24年の最高裁の判例**によって、この立場が変更され、英文で「第1騎兵師団庶務課長ジー・エム・ホワイト」と

---

[8] 大谷423頁は、文書の公共信用性が問題なのであるから、文書それ自体から判別できることが必要であるとする。

いう架空人の名義の文書について私文書偽造罪を肯定した（最判昭24・4・14刑集3・4・541）。ただし、この事案では、「第1騎兵師団」は実在していた。昭和28年になって、最高裁は、架空人名義を用いて保険申込書を作成した場合につき、「一般人をして真正に作成された文書と誤信せしめる危険」があるとして、「架空人名義を用いたとしても被告人の行為は私文書偽造罪を構成するものと解すべきである」とし（前掲最判昭28・11・13）、明確に虚無人名義の文書についても偽造罪を認める立場に明らかに変更したのである。

4 原本性

文書の証拠機能および保証機能からみて、当該の文書は、当該の事項の証拠となるべく名義人によって作成されたものであることが明らかでなければならないから、草稿や写しではなく、原本であることを要する。人の観念や意思の表示が、確定的に現れたものでなければ、証拠適格性も証拠予定性も認められず、また、名義人が内容について保証しうるものでもないのである。これを **文書の確定性** という。名義人による内容についての保証は、原本についてのみ行われる。原本には、名義人の観念ないし意思内容が直接表示されているが、写しには、他人の意思の介在の余地があるからである。したがって、原本のみが文書である。

ⓐ 手書きの写しの文書性　まず、**たんなる手書きの写し** は写された原本の内容およびその存在を伝達するのみであって、その写しの真実性に対する原本の名義人の直接の責任を表すものではない。その写しを作成した者の名義は、写しの文面には表れていないのであるから、名義人が特定できないのである。ただし、認証文の付された写しは、認証者、すなわち、写しの作成者が誰であるかを明示しており、名義人が表示された文書である。カーボン紙を使った写しについては、ドイツにおいては、それが複数枚作成された場合でも、名義人の意思表示が表されているものであるから、文書であるとされているが、わが国においても同様に解すべきであろう。

ⓑ コピーの文書性　コピー機やスキャナーの発達・普及により複写は、原本の内容をそのまま写し出すものとなった。そこで、社会生活上の広範な領域で、資格証明などのため、原本ではなくコピーの提出が要求されることが少なくなくなった。もちろん、コピーは、原本の存在と内容を証明する資料にすぎないが、原本の精確な複写であることからそれ自体として証明手段

---

[9] 用いられた便箋から名義人が特定できるとして、写しを文書とした判例として、最決昭34・8・17刑集13・10・2757がある。

としての社会的機能を果たすようになったのである。そこで、このようなコピー機による写しが、文書性をもつかどうかが、判例において問題とされるに至った。[10]

判　例　　当初、下級審の判例において、コピーの文書性を否定したもの（東京高判昭49・8・16高刑集27・4・357、東京高判昭50・9・18東高刑時報26・3・74）と肯定したもの（名古屋高判昭48・11・27高刑集26・5・568）とに分かれたが、どちらかといえば否定判例が優勢であった。しかし、**昭和51年**には、最高裁は、積極説に与し、行政書士である被告人が、真正な供託金受領書の写しであるかのような外観を呈する写真コピーを作成した事案に対して、公文書偽造罪を認めた。[11]それによると、「公文書偽造罪は、公文書に対する公共的信用を保護法益とし、公文書が証明手段としてもつ社会的機能を保護し、社会生活の安定を図ろうとするものであるから、公文書偽造罪の客体となる文書は、これを原本たる公文書そのものに限る根拠はなく、たとえ原本の写しであっても、**原本と同一の意識内容**を保有し、証明文書としてこれと同様の**社会的機能と信用性**を有するものと認められる限り、これに含まれると解するのが相当である」（最判昭51・4・30刑集30・3・453＝**百選87**）。

最高裁は、その後も、肯定説に立った判例（最決昭54・5・30刑集33・4・324、最決昭58・2・25刑集37・1・1、最決昭61・6・27刑集40・4・340）を重ね、判例は確定した。そこでは、コピーは、近年の複写技術の進歩により、原本に代えて用いられることが多くなり、その信用性も高まり、原本と同様の社会的機能を有するようになったことのほか、複写機・写真機を使用して、機械的な方法により原本を複写したコピーは、複写した者の意識が介在する余地なく、内容のみならずその形状をも精確に複写・再現したものであり、原本の名義人を名義人とする文書であるということを根拠とする。

学　説　　学説においては、**肯定説**（宮沢浩一「フォトコピーと文書偽造罪（上・中・下）」判タ323号22頁以下、327号31頁以下、335号52頁以下、大塚444頁、藤木144頁、川端博『文書偽造罪の理論』（新版）146頁以下、同・545頁、前田523頁、佐久間316頁）と**否定説**（団藤273頁、平野「罪刑法定主義の感覚―コピーの偽造に関して」警研49巻2号3頁以下、内田566頁、中山429頁、大谷444頁、曽根243頁、中森193頁、堀内239頁、西田356頁、林352頁、山口433頁）に分かれている。

---

[10] これについては、多数の文献があるが、とくに、成瀬幸典「刑法における文書概念についての一考察―写真コピーの文書性を中心に（1・2完）」法学64巻4号（2000年）1頁、64巻5号531頁、今井猛嘉「文書概念の解釈を巡る近時の動向について」松尾古稀（上）455頁以下参照。
[11] ドイツの判例・通説は、コピーの文書性を否定する（BGHSt 24, 141, BGH wistra 93, 225）。

肯定説の中心的な根拠は、精巧なコピーは、原本の内容・形状を機械的に再現するので、**コピーの作成名義人**は、コピーに写し出された**原本の名義人**であるとし、コピーの社会的機能と信用性が原本と同程度であるとする点にある。これに対して、否定説の中心的な根拠は、コピーは、誰でも作成することができ、改ざんも自由であるから、むしろ、原本の名義人がコピーを作成したとはいえない場合が多く、コピーの文面から名義人が判然とするわけではないという点である。[12] 肯定説の立場からは、コピー作成者は、原本の名義人から授権されてその作成行為を代行したのであるから、コピーは原本の名義人が作成したものだと主張されるが、名義人が一般的に授権しているというのは擬制以外のなにものでもない。コピーは、文書の要件として必要な名義人の表示がないものであり、したがって、文書とはいえないというべきである。

コピーの有印文書性 コピーの文書性の問題において、原本が有印・有署名の公文書・私文書である場合に、そのコピーは、有印・有署名の公文書・私文書といえるかという問題がある。原本の印章・署名が、朱肉や青インクでなされている場合にも、黒色のコピーでは、黒一色で写し出されることになり、明らかに原本の印章・署名がそのままコピーに表出されているわけではなく、文書と同様に取り扱うわけにはいかないのではないかが問題点である。最高裁の判例は、コピー上の印章・署名も、原本の名義人の印章・署名であるとする（前掲最判昭51・4・30）。学説の中には、印章・署名が、原本とまったく同じ色で複写されているわけではないことを理由に、原本に印章・署名がある場合も、写しは、それを欠く文書であるとして、無印・無署名文書であるとする見解（大塚444頁）もある。[13] コピーの文書性を否定する見解からは、そもそも文書ではない。

ファックスの文書性 これに対して、**ファックスが文書か**どうかについては、母子融資資金の融資の証拠になる書類を要求された被告人が、市の教育委員会の支払振込通知書を改ざんしてそれを送付原稿として、自宅のファックスから、金融会社の営業所のファックスに送信し、印字させた事案につ

---

[12] 卒業証書は学校長を名義人とする文書であるが、卒業証書のコピーは、作成者は分からず、証書上の名義人もコピー自体の名義人を表すものではないことは明らかである。
[13] したがって、この見解は、カラーコピーであれば、有印・有署名文書となるとする（大塚444頁）。

き、一審判決（岡山地判平7・11・20判時1552・156）が、公文書偽造にあたらないとしたのを、控訴審（広島高岡山支判平8・5・22判時1572・150）において原判断を是認できないとして、これを肯定した事案がある。**岡山地裁**は、「現状においてはファックスによる写を証明文書として原本と同一の社会的機能と信用性を有するものと認めることはできない」としたのに対して、**広島高裁**では、「複写機械による写しとファクシミリによる写しとの間には、あたかも原本を原形どおり正確に複写する点で格別の差異があるとはいえない」として、公文書であることを肯定した。[14] これに関しては、学説においてもファックスの文書性を肯定するもの（川端545頁、前田523頁、佐久間317頁）と否定するもの（西田359頁以下、林353頁、今井「文書概念の解釈を巡る近時の動向について」松尾古稀（上）465頁以下）に分れている。

最近のファックスは、コピーとは異なり、送信した者の名前が印字されて、受信されるから、送信者を名義人とする文書といえる（ドイツの通説）。そうだとすると、無形偽造であり、偽造罪は成立しない。その意味では、上の事案のファックスは、送信者によって作成された私文書であるので、虚偽私文書作成であり、不可罰である。

最近の判例には、生年月日・住所等を偽って携帯電話を取得しようとして自らの国民保険被保険者証を白黒コピーしたものに、生年月日欄に他のコピーから切り取った数字を貼り付けるなどして、これをファクシミリに読み取らせその画像データを携帯電話会社に送信した事案につき、**第1審**判決では原本の文書性を認めたが、**控訴審**では、**写しに文書性を認めた**ものがある（東京高判平20・7・18判タ1306・311）。次のようにいう。「本件改ざん物は、ファクシミリ複合機によりデータ送信された先の端末機の画面を通して見れば、一般人をして本件保険証の原本の存在を窺わせるような物であるが、そのような電子機器を解する場合以外の肉眼等による方法では、その「色合いや大きさ等の客観的形状に照らせば、これを本件保険証の『原本』と見誤ることは通常は考え難いものである。このような物を作出した時点では、いまだ公文書である本件保険証の『原本』に対する公共の信用が害されたとは評価できないし、物の客観的形状を離れて行使形態を過度に重視することは、偽造の概念を無限定にするおそれがあり、当裁判所としては与することができない」。しかし、「本件改ざん物は、本

---

[14] 控訴審判決では、「もとより、ファクシミリの印字機能、記録紙の種類等によって、印字の精細度ないし鮮明度、濃淡等に差異があり、送信文書ないし被写原本の印字と全く同一の印字が再現されるとは限らないことはいうまでもないが、それでも、文書全体の規格、文字の配置、文字の字体及び大きさ等は正確に複写され、これを見る者をして、同一の体裁と内容の原本の存在を信用させ、原本そのものを現認するのに近いような認識を抱かせる程度の写しが作成されることは否定できない」とする。

件保険証のコピーそのものではないけれども、一般人をして**本件保険証の真正なコピーであると誤認させるに足りる程度の形式・外観を備えた文書**と認める」ことができる。

§171　偽造の概念

1　広義における偽造

　偽造の意義については、四つに分類されている（大塚444頁以下参照）。最広義においては、文書偽造の罪における「偽造」「変造」「虚偽文書の作成」「行使」をすべて含む概念である。広義における偽造とは、最広義における概念から「行使」を除いたものと解される。この広義における偽造は、有形偽造（faux matériel）と無形偽造（faux intellectuell）に分けられる。変造は、有形偽造・無形偽造のいずれの場合もありうる。狭義における偽造とは、有形偽造を指す。これに対して、無形偽造は、虚偽文書作成（Falschbeurkundung）という。最狭義における偽造とは、有形偽造から変造を除いたものである。各条文中にいう「偽造」とは、この意味において用いられている。[15]

2　狭義における偽造

ⓐ　有形偽造と無形偽造　　有形偽造とは、**作成者と名義人の人格の同一性の不一致**をいう。作成権限のない者が他人の名義を冒用して文書を作成することであると定義されることもある。これに対して、無形偽造ないし虚偽文書の作成とは、名義人が、真実に反する内容の文書を作成することをいう。わが刑法は、形式主義を採り、有形偽造を原則的に処罰し、無形偽造については、限定的に処罰している。すなわち、無形偽造の処罰規定としては、公文書については虚偽公文書作成罪（156条）および公正証書原本等不実記載罪（157条）を規定し、私文書については虚偽診断書等作成罪（160条）のみを規定する。

ⓑ　名義人と作成者の意義　　名義人と作成者の人格が一致する限り、**真正文書**であり、偽造文書ではない。ここで名義人とは、文書から窺われる観念または意思の表示行為主体である。これに対して、作成者とは、自らの判断によって現実にその文書の作成行為をした者であるということができる。名義人とは、文書から窺われる作成者なのであるから、まず、作成者の概念を

---

[15] この意味の「偽造」とは、有形偽造と無形偽造の両者を含む広義の偽造であるとする見解もあったが、少数説である（牧野155頁、木村247頁）。

明らかにする必要がある。[16]

❸「作成者」概念　作成者の概念の理解については、基本的に、二つの見解がある。

（ⅰ）**学説の状況**　一つは、**事実説**（=行為説　Körperlichkeitstheorie）である。これは、文書の記載行為を行った者、すなわち、文書に観念や意思の起案を事実上書き記した者が作成者であるとする。したがって、この説によると秘書が文書を作成し、印刷工が植字をすれば、彼らが作成者であるということになる。この説によると、これらの場合、名義人と作成者の人格が不一致であるから、すべて有形偽造となる。もう一つは、**観念説**（=**精神性説、意思説**　Geistigkeitstheorie）である。この見解は、作成者とは、文書が観念的に由来する人であるとする。わが国では、それを「文書の記載をさせた意思の主体」であると定義する（大塚441頁）。

しかし、この定義は、不明確である。例えば、消費貸借の相手方が、借主に借用証書の作成を要求した場合、「借用証書の記載をさせた相手方」が作成者とはいえない。

そこで、観念説は、作成権限が誰に由来するかを基準とし、または、法的効果が帰属する主体が作成者であるとする。前者は、作成権限は、法的に有効に与えられる必要があるので、規範的に権限の由来する者をもって作成者とする（**法的権限説**）。後者は、とくに権利義務に関する文書につき、法的効果が帰属する主体をもって作成者とする（**法的効果帰属主体説**）。[17] 学説の中には、これらの見解を、「規範的意思説」と呼んで、「事実的意思説」と対比するものがある（林355頁）。**事実的意思説**は、法的効果と切り離された事実的意思の由来する者を作成者とする見解である。[18]

このようにわが国の学説は、意思または観念の作成につき利害関係をもち、自己の計算において文書を記載させたかどうかを作成者かどうかの区別基準としている。これに対して、ドイツにおいては、むしろ、第1次的、直接的に当該**文書の内容と形式を決定しつつ記載した者**が作成者であるという基

---

[16] 従来、作成者の特定の問題と名義人の特定の問題との区別が十分ではなかった（堀内244頁）。
[17] これを「法効果帰属主体名義説」という学説がある（川崎一夫「偽造概念と文書の意義」基本講座6巻231頁）。
[18] 林幹人『現代の経済犯罪』（1989年）103頁以下、とくに141頁以下、同「有形偽造について」刑雑26巻2号（1984年）307頁以下、とくに319頁。

本的な考え方が底流となっているように思われる。例えば、本人のために契約書を作り、最後に本人のサインをもらった弁護士は、文書作成について自ら意思表示の内容と形式を決定しているのであり、原則的に「観念の由来する者」なのである。そこから出発して、この場合、弁護士が作成者とするのは問題であるとして、作成者とは、当該の観念ないし意思表示が、法取引上その者のものとして帰属される者をいうと定義し、観念説を修正する見解（法的意思帰属説）が唱えられている。この修正説によると、この例における弁護士は、文書上の意思表示の事実上の起因者ではあるが、いまだ作成者ではなく、契約当事者がその契約書に署名することによって、その意思表示を自らのものとしたのであるから、法的には当事者が作成者なのである。この帰属関係は、法的効果帰属関係とは異なる。すなわち、作成者とは、その意思表示によって生じる実質的な法的効果が発生する者ではないのである。例えば、本人に法的効果が生じる文書を作成した代理人は、この意味における作成者であって、本人が作成者ではないということになる。

わが国においては、さらに、「**裁可名義説**」が古くから唱えられ、また、「**責任主体説**」（川端536頁）が最近有力に唱えられている。裁可名義説は、名義人の概念を、意思または観念の表示者とみるのではなく、「具体的に表現された思想に付いてその効力を受け責を負ふ者」、すなわち、裁可名義者であるとする（宮本548頁、佐伯81頁以下）。さらに、**文書の責任主体**を名義人とする見解は、作成者（名義人）とは「文書を作成すること自体に関する責任の主体」であるとする[19]（川端536頁）。これらの説は、後に解説する代理人名義の冒用の問題を解決するために、法的効果の帰属主体を名義人としつつ、事実証明に関する文書についての名義人をも考慮した定義を採用するものである。この説が、名義人概念を問題にしているのは、文書に表示された名義が、本人と代理人の名前の両者である場合に、当該文書の名義人はどちらなのかをまず決定する必要があるからである。本説は、まさに、法的効果の帰属主体を名義人とし、作成者とするために展開された理論である。

（ⅱ）**作成行為帰属主体説**　作成者の概念は、観念説ではなく、**事実説を出発点として決定**すべきである。[20]「文書の記載行為を行った者」が原則として

---

[19] 川端・前掲『文書偽造の理論』81頁
[20] 詳しくは、山中敬一「文書偽造罪における『偽造』の概念について―作成行為帰属主体説の提唱―」関法50巻5号（2000年）1頁以下、とくに27頁以下参照。

作成者なのである。しかし、この記載行為は、自らの判断と裁量にもとづいて行われるべきである。秘書の口述筆記や、印刷工が原稿にそってタイプするのは、ここでいう「作成行為」ではない。しかし、代理人が本人のために、本人の名義を用いて作成し、自らも、代理人であることを明示した文書の作成者は、明らかに代理人なのである。この場合、代理人が文書の内容と形式について本人から委任されており、事実上それらを判断して決定するからである。また、弁護人が、本人のために作った訴状の作成者は、明らかに弁護人である。このように自らの判断と裁量によって文書の内容と形式を決定し、当該文書作成行為を行う者が作成者であると考えるべきである。これは、行為説を出発点としつつ、従来の事実的行為説を修正するものであるので、「**修正行為説**」とも呼ぶこともできる。

ⓓ 名義人概念 　名義人とは、**文書から窺われる作成者**である。この文書から窺われる作成者と現実の作成者の人格が一致しない場合が「偽造」である。文書上の名義人とは、原則的に文書の作成主体として文書に表示されている者であり、その識別要素としては、「氏名」が最も重要な意味をもつ。しかし、文書上に表示される氏名は、本名であるとは限らず、通称、俗称、芸名、ペンネーム、その他、変名、偽名が用いられることがあり、その場合、すべて現実の作成者を指さないとはいえない。そのような本名以外の名称が、現実の作成者を特定させ、識別させるものであれば、「**名義人と作成者の人格の同一性**」があり、偽造とはいえないのである。

（ⅰ）　通称、俗称、変名、偽名等　　俗称・通称等は、長く使用され定着して通用し、一定の範囲内では、本人を指すことは明らかであるので、当該「文書の目的と流通範囲」が「通称等の通用範囲」を超えない限り、**特定識別機能**をもち、同一性があるというべきである。また、単発的に使用される変名・偽名であっても、その文書の性質と、住所、肩書等から特定識別機能をもち、さらに、関係者が文書に表示された氏名に無関心な場合等には、人格同一性はある。例えば、ホテルの宿泊カードに、男性と同宿した女性が、男性の姓を用いて名前の部分に本名を書いた場合、たんなる「**氏名詐称**」にすぎず、文書偽造ではない（林366頁参照）。

判例（東京高判昭54・7・9判時947・123）には、新聞店に配達人として住み込みで働く際、偽名（S）を用いて雇われ、以後その名前で通していたところ、交通事故原票の供述者氏名欄にSと記載したという事案に、「未だ社会生活上、Sの名称が被告

人の人格を示すものとして通用するに至ったものということはできない」として、偽造を肯定したものがある。しかし、「S」の氏名から、新聞店に住み込んでいる交通違反者が特定される限り、特定識別機能は認められる。また、最高裁（最判昭59・2・17 刑集38・3・336 =百選93）は、密入国し外国人の新規登録申請をしていないのに、他人名義で発行された外国人登録証明書を入手し、長年その他人であるかに装って在留を続けていたが、それが通称となり、本名を知る人の方が少数であったところ、被告人が、再入国許可申請書を、本名を用いずに通称を用いて作成した事案に対し、「再入国の許可を申請するにあたっては、ことがらの性質上、当然に、本名を用いて申請書を作成することが要求されている」とし、通称が「相当広範囲に被告人を指称する名称として定着し」、「高度の特定識別機能を有するに至ったとしても」私文書偽造罪が成立するとした。しかし、学説には、この件については、特定識別機能がはたらくとして、成立を否定する見解が有力である（平川453頁、曽根244頁以下、林369頁、反対＝西田376頁、山口468頁）。

偽名を用いた事案として、指名手配され潜伏中、偽名で就職して生活費にあてようとして、履歴書用紙に虚偽の氏名、虚偽の生年月日、現住所等を記入したうえ「A」と刻した印鑑を押捺し、**被告人自身の顔写真を添付して履歴書を作成**し、求職先に提出して行使するなどした事案（最決平11・12・20刑集53・9・1495＝百選95）がある。最高裁は、「文書の性質、機能等に照らすと、たとえ被告人の顔写真がはり付けられ、あるいは被告人が右各文書から生ずる責任を免れようとする意思を有していなかったとしても、これらの文書に表示された名義人は、被告人とは別人格の者であることが明らかであるから、名義人と作成者との人格の同一性にそごを生じさせたものというべきである」とした。

本件文書は、就職のための履歴書である。就職先の企業との関係では、本人がこの名義で生活している限り特定識別機能はあるといえそうである。しかし、犯人が指名手配を受けて逃走中であったという事実から、就職中は、継続的に意味をもつこの履歴書は、本人が逃走したときに特定識別機能を失う人格の同一性の不安定な文書である。[21] したがって、履歴書という文書の通用範囲ないし期間との関係では、特定識別機能をもたないというべきであろう。

変名・偽名ないし仮名を用いる場合の偽造かどうかの判断基準は、特定識別機能の有無である。これには、その変名・偽名がどの範囲の通用力をもつかという観点と、その文書の目的と通用範囲の観点が重要であると思われる。文書の目的と通用範囲によって、とくに公文書の信用性を揺るがすに直接の影響を与える文書については、偽造となる可能性がある。

---

[21] この点を考慮する見解に、林幹人「有形偽造の新動向」田宮追悼（上）455頁。

(ⅱ) 肩書、資格、所属等　文書上の名義人としての氏名に肩書・資格・所属等を付した場合、①氏名のみが、表示された名義人なのか、②氏名と肩書等とが相互に補完しあって名義人の表示をなすのか、③氏名には意味がなく、肩書・所属等が重要なのかが、まず、問題である。この問題も、文書の性質やその流通範囲との関係で定められるべきである。まず、例えば、ホテルの宿泊者カードに「法学博士」でない A が、「法学博士 A」と書いた場合には、肩書は、意味をもたない。次に、肩書・資格を付することにより、それが「特別の証拠価値」を表示する場合には、氏名を補完して特定識別機能をもつことがある。同じ人的交流範囲に同姓同名の人物がいる場合に、異なった住所や肩書を付ける場合にも、特定識別機能がある。さらに、公務員でない者が、自らの本名を用いて、虚偽の「〇〇県〇〇局長」の肩書を付した公文書を作成した場合、本名は意味をもたない。一般に公官庁名義に、例えば「〇〇局長 A」等と記されている文書は、表示されたその人物が作成した文書とみるのが自然である。しかし、その氏名を有する者そのものが名義人ではなく、肩書等を付された人物が名義人と解すべきである。このように、一定の資格を有する者が作成したことがその文書の性質を決定づけており、その通用範囲もそれを弁護士の作成した文書であるという性質に意味があるような場合には、肩書・資格が決定的な意味をもつ。これを「一定の肩書・資格が存在することを前提として作成される文書」である場合といってもよい（山口470頁）が、その場合でも特定識別機能を果すため偽造といえない場合があることに留意すべきである。

　　判例には、第２東京弁護士会所属の弁護士と**同姓同名**であることを利用して、自己が弁護士であるかのように装って、土地に関する調査につき弁護士の肩書を付けて「弁護士報酬金請求について」という書面、振込依頼書、請求書等を作成し、行使したという事案につき、「本件各文書が弁護士としての業務に関連して弁護士資格を有する者が作成した形式、内容のものである以上、本件各文書に表示された名義人は、第２東京弁護士会に所属する弁護士 X であって、弁護士資格を有しない被告人とは別人格の者であることが明らかである」として、私文書偽造罪等が成立するものとしたもの（最決平5・10・5刑集47・8・7＝**百選94**）がある。

　判例および多数の学説（大谷471頁、中森197頁、西田378頁、山口471頁）に反して、本件では、確かに弁護士の作成すべき文書を作成しているが、この文書の通用範囲では、弁護士の肩書が意味をもったのではなく、被告人本人が特定識別できるのであるから、人格の同一性はあると思われる（中山・概

説 II 249 頁、平川 454 頁、曽根 245 頁、林 369 頁）。

　　（iii）　二重の「名義人」の表示　　本人（A）のために代理人（B）が作成した文書で、代理人が自らの氏名を「A 代理人 B」と表示したいわゆる顕名代理の場合、名義人は、本人であろうか、それとも代理人であろうか。これについては、本人とする説が圧倒的多数であるが、少数説には、代理人ないし本人の代理人であるという肩書をもった代理人であるとする説も唱えられている。ここで、明らかなのは、このような文書の記載行為を行ったのは、代理人であるということが、文書のうえから明らかであるということである。したがって、作成行為帰属主体説によると、本人が名義人でないことは明らかである。この問題については「代理人名義の冒用」の問題として後述する（☞§172）。

　　（iv）　証明文書における知見表示者　　処分文書（権利義務に関する文書）と証明文書（事実証明に関する文書）との違いは、前者が個人の処分しうる意思表示をなす文書であるのに対し、後者は、実際に一定の事実を知見した者が、その「知見」を表示する文書であるという点にある。[22] このような知見表示文書の特殊性は、**知見を実際に体験した者の名義においてしか作成できない文書**であるという点である。現実の作成者は、体験者以外の者でありうる。そして、その場合でも真正文書であることはありうる。しかし、実際に知見していない者の名義の文書は、文書のうえから窺われる実際に知見した者である作成人とは別の人格であるので、不真正文書である。**知見表示文書**は、内容の真実性と密接に結びついた文書なのである。したがって、例えば、交通事故を起こしていない者（A）の承諾を得て、その名義で、**交通事故原票の供述欄**に署名した者は、Aが知見を実際に経験した者ではなく、名義人とはなりえないので、偽造を行うものである。また、いわゆる大学受験等の際の**替え玉受験**の場合、試験答案は、受験し通学しようとする者の名義で作成されるべ

---

[22] 文書は、処分文書（Dispositivurkunden）と証明文書（Zeugnisurkunde）に分類される。処分文書は、法律行為上の意思表示に関する文書であり、事実の主張を含まない。処分文書は、それによって法律関係が創設されるもの（例えば、手形）であろうと、法律関係の存在・変更・終了等を表示するもの（例えば、借用書・領収書）であろうとを問わない。すなわち、文書記載上、名義人が処分意思を表示したとみなされるのが、処分文書である。これに対して、証明文書は、法的に重要な事実について報告する文書、すなわち、事実を証明する文書であり、真正・不真正よりもむしろ内容が真実かどうかに価値が置かれる文書である。この対比は、わが国の刑法における「権利義務に関する文書」と「事実証明に関する文書」の関係に相当する。

き事実証明のための文書である[23]（最決平6・11・29刑集48・7・453＝**百選88**）。名義人の承諾があっても、修正的行為説によれば、試験答案は、現実の答案の解答者が作成する文書であるから、替え玉受験生が作成者であり、本来の受験生の同意があったとしても、その名義で作成することは許されず、偽造文書である。

また、証明文書においては、その証明されるべき事実およびその文書の果たすべき機能との関係で、知見表示しうる作成者の**地位・身分**が原則的に重要な意味をもつから、医師でない者が、私立病院医師という肩書を付して本名で発行した診断書は、私文書偽造となる。

❺ 偽造の方法 偽造の方法には制限がない。新たに他人名義の文書を作り出す場合でも、既存文書を利用して行われる場合でもよい。既存の未完成文書に加工して完成させる場合、すでに完成している真正文書を改ざんする場合、無効になった文書に加工して新文書を作り出す場合のいずれを問わない。名義人を欺いて真意に反してその名義の文書を作らせた場合、有形偽造の間接正犯となりうる。名義人が、文書の内容を知らず、または別の文書と誤信して署名・押印したときに限って、偽造となる。文書の記載内容を認識したうえで、署名・押印したときは、欺罔されて記載内容が真実に反することを知らなかった場合でも、文書偽造とはならない[24]（大判昭2・3・26刑集6・114）。

❻ 真正文書の外観の作出 偽造というためには、偽造された文書が**一般人をして真正の文書と誤認されるに足りる程度の形式・外観を備えていること**を要する（大判大元・10・31刑録18・1313）。そのような形式・外観を備えているかどうかは、文書の客観的形状のみならず、文書の種類・性質や社会における機能、さらに、そこから想定される文書の行使の形態等を考慮しなければならない。

---

[23] 本件入学選抜試験の答案は、試験問題に対し、志願者が正解と判断した内容を所定の用紙の解答欄に記載する文書であり、それ自体で志願者の学力が明らかになるものではないが、それが採点されて、その結果が志願者の学力を示す資料となり、これを基に合否の判定が行われ、合格の判定を受けた志願者が入学を許可されるのであるから、志願者の学力の証明に関するものであって「社会生活に交渉を有する事項」を証明する文書（最決昭33・9・16刑集12・13・3031頁参照）にあたると解するのが相当である。

[24] とかく書類に盲判を押すことがあるのに乗じて、虚偽の内容を記載した書面に公務員の職員を押捺させた場合、文書偽造を構成する（東京高判昭28・8・3高刑特39・71）。

判例には、自己の運転免許証の上に他人の運転免許証の写し一部を置き、新たな氏名を作出したうえで、その上からメンディングテープで覆ったものを、**イメージ・スキャナー**で読みとらせ、遠隔地に設置されたディスプレー上に表示させる形で、係員に対し、この文書が真正に作成されたものであるかのように装って、行使した事案につき、偽造を認めたもの（大阪地判平 8・7・8 判タ 960・293 =**百選 89**）がある。「運転免許証は、自動車等の運転免許を受けているという事実を証明するためのみではなく、広く、人の住所、氏名等を証明するための身分証明書としての役割も果たしており、その行使の形態も様々であり、呈示の相手方は警察官等の公務員のほか、広く一般人であることもあり、また、必ずしも相手方が運転免許証のみを直に手に取って記載内容を読み取るとは限らず、免許証等入れのビニールケースに入ったまま、しかも、相手に手渡すことなく示す場合もあるし、その場面も、夜間、照明の暗い場所であったりするし、時間的にも、瞬時ないしごく短時間であることさえある。さらに、近時は、相手方の面前で呈示・使用されるだけではなく、身分証明のために、コピー機やファクシミリにより、あるいは、本件のように、イメージスキャナ等の電子機器を通して、間接的に相手方に呈示・使用される状況も生じてきている」として、それを文書としての形式・外観を備えるものとする。

　本件においては、細工した運転免許証を、イメージ・スキャナーによってディスプレー上に表示させた画像を媒介として、係員が、ほとんどリアルタイムで見ているので、行使の対象となっているのは、その細工した免許証自体である。このような行使態様においては、真正文書の外観を備えているとかろうじていえるものと思われる（疑問の余地があるとするものとして、山口 439 頁）。

　判例の中には、車のフロントガラス越しに行使するべく、**標章とビニールケースの隙間に差し込んだ紙片**につき文書性を認めたものがある（東京地判平 22・9・6 判時 2112・139）。被告人は、東京都公安委員会から交付を受けていたビニール製ケース入り駐車禁止除外指定標章とビニール製ケースの上面との隙間から、その標章の有効期限欄の「平成 20 年 11 月 17 日」の「20」と記載された部分に「22」と記載された紙片差し入れて置いたという事案で、警察官等が、フロントガラス越しに確認するのは、その標章の「本来的な用法」であり、「本件標章が一般人をして東京都公安員会が作成した**真正な公文書と信じさせるに足る程度の概観を備えたもの**といえる」とした。「被告人が置いた紙片は、その大きさ、形状、色、印字内容、自体等が正規の記載と酷似しており、…標章と密着してこれと一体化することによりあたかも紙片に記載された数字（年）は正規の有効期限及び発行日であるかのごとき外観を呈するものであった」という。

　さらに、自己の生年月日及び住所等を偽って携帯電話機を取得しようと企て、自身を被保険者とする健康保険被保険者証の白黒コピーを作成した上、その生年月日欄に、別の紙から切り抜いた数字を貼り付け、それをファクシミリで読み取らせてその

画像データを携帯電話会社に送信して携帯電話利用契約を締結した事案(東京高判平20・7・18判タ1306・311)に、被告人がコピーを用いて作成した「本件保険証の写し」につき、文書偽造罪の成立を認めたものがある。保険証の原本については、「本件改ざん物の色合いや大きさ等の客観的形状からみて、これを本件のように電子機器を介するのでなく肉眼等で観察する限り、本件保険証の原本であると一般人が認識することは通常は考え難いから、これを作出したことをもって本件保険証の原本の偽造を遂げたとみることはできない」とし、「被告人が本件保険証のコピーを用いて作出した本件改ざん物は、一見すれば、**本件保険証の真正なコピーのように見える物**である」。

結局、「本件改ざん物は、本件保険証のコピーそのものではないけれども、一般人をして本件保険証の真正なコピーであると誤認させるに足りる程度の形式・外観を備えた文書と認めるのが相当であり、このような意味で、本件において被告人がコピーを用いて作成した本件保険証の写しについては、その文書性を肯定でき、偽造罪の成立を認めることができる」というのである。

§172 代理人名義の冒用・代理権の逸脱

1 代理人名義の冒用

代理権・代表権を有しない者が、他人の代理資格・代表資格を冒用して文書を作成した場合、先述のように、文書上には本人名義と代理人・代表者名義との両者が表示される(☞§171、2 ❹ (iii))。そこで、「甲代理人乙」「A代表者B」などと表示された文書の名義人は、本人であるのか、代理人・代表者であるのかが問題である。この文書が本人名義の文書であるとすると、名義人と作成者の人格の同一性がないから、これは不真正文書である。これが代理人・代表者名義の文書であるとすると、名義人と作成者の人格が一致するようにみえるので、真正文書でありうることになる。代理人名義の冒用に関して、基本的に、有形偽造説と無形偽造説に分かれるが、次のような学説がある。[26]

❹ **有形偽造説** まず、通説・判例は、代理人の表示のある文書の名義人は本人であるとし、代理権限のない者が、権限なく他人名義を冒用するのは、有形偽造であるとする(団藤278頁、大塚448頁、内田537頁、大谷469頁以

---

[25] 一般人をして代理・代表名義と信じさせるようなものであれば、偽造罪になる。「銀行支店出張所主任」は銀行を代表する権限を有しないが、その資格を用い出張所の印を押捺して作成した文書は、「普通一般の人をして銀行を代表して作成したる文書なりと誤信せしむるに足るもの」として文書偽造罪の成立を認める(大判大12・6・16刑集2・546)。
[26] 判例・学説については、島田聡一郎「代理・代表名義の冒用、資格の冒用」現刑35号(2002年)47頁以下参照。

第2節　文書偽造の罪　　§172　代理人名義の冒用・代理権の逸脱◇　611

下、中森241頁、前田531頁、林359頁、大判明42・6・10刑録15・738、最決昭45・9・4刑集24・10・1319＝百選92）。法的効果帰属主体説（規範的意思説）によれば、法律効果が代理・代表される本人に帰属する形式の文書であり、社会の一般人は、代理人・代表者個人の文書であることに信頼を抱くのではなく、その文書が被代理者・被代表者本人の意思を表示したものである点を信用するものだからである。また、いわゆる事実的意思説も、本人の意思表示にもとづいて作成された形式の文書であることを理由に、本人を名義人とする。その他に、代理人・代表者の氏名の表示は、代理資格・代表資格の表示と一体をなして一つの作成名義となっているとして、代理・代表権限のない者が、それがあるかのように表示した場合には、他人名義の冒用にほかならないとする見解（植松155頁、宮沢・刑法講座5巻144頁、日高・現代刑法論争301頁以下）が唱えられている。代理人の氏名の表示は代理資格と一体をなしており、「A代理人B」という一つの作成名義を形成しているとする。代理権がないにもかかわらず、そのように表示した場合には、他人名義を冒用したのであり、有形偽造となるとするのである。この見解に対しては、巧妙な解釈論ではあるが、ことさらそのような技巧を凝らすまでもない（大塚449頁）と批判されている。名義人とは、文書を作成することに関する責任の主体をいうとして、代理人名義の文書の責任を負担するのは本人であり、文書の効果が帰属する主体も本人であるから、名義人は本人であるが、作成者は代理人であるので、有形偽造であるとする見解（川端『文書偽造罪の理論』82頁）も、文書の作成行為責任ではなく、文書の内容に関する責任を問題にし、結局、法的効果の帰属主体と「作成責任」とを同一視している点で不当である。

　❻　**無形偽造説**　　代理・代表資格を冒用した文書の名義人は、代理人・代表者であり、代理・代表資格を偽った点に内容の虚偽が存在するにすぎないから、無形偽造であるが、刑法典上、私文書の無形偽造が処罰されていないのは不都合であり、これを避けるため、無形偽造でも、行使の目的で生活取引において不正な証拠となるべき文書を作出する限り、文書偽造であるとする（牧野164頁）。本説は、わが刑法が実質主義を採っているとし、無形偽造については、155条3項（公文書）、159条3項（私文書）を適用すべきだとする。しかし、わが刑法は形式主義を基調とし、155条3項・159条3項は、無印有形偽造に関する規定である。さらに、有形偽造に準じて考えられる無形偽造である、代理・代表資格を冒用して自己名義の文書を作成する場合に

は、刑法159条3項を適用して処罰しうるものとする見解（木村250頁）がある。この見解によれば、159条3項は、印章・署名を用いない他人名義の私文書の有形偽造と、自己名義の文書の無形偽造を処罰する規定である。しかし、この後者の場合の処罰は、有形偽造に準じられる場合、すなわち、代理・代表資格を冒用して自己名義の文書を作成する場合に限られるものとする。しかし、公文書の無形偽造については、155条3項の適用はなく、私文書のそれについては、159条3項の適用があるという解釈は、両規定が同様の規定であることから、不合理である。しかも、159条3項の適用は、代理名義の冒用の場合に限られるとする点は根拠がない。無形偽造説に立てば、普通、本人の委任状を偽造するものであるから、それについて処罰すれば足り、文書偽造として処罰する必要はないとする不可罰説（山岡551頁）に至るのが、理論的には一貫していると思われるが、政策的には不当である。

ⓒ 本書の立場　作成行為帰属主体説によれば、代理名義の冒用の場合、文書上に代理人の氏名の表示があるから、その文書の作成行為を行ったのは、本人ではなく文書上から窺われる**代理人**であることは明らかである。したがって、名義人は、代理人である。しかし、その文書の社会的信用性は、代理人が、真の代理人であるという点にある。つまり、「甲代理人乙」と表示された文書は、その法律効果は、第1次的には、本人に発生し[27]、本人の信用性が文書の信用につながる。このことは、先に挙げた、学長でない者が、「〇〇大学学長」と肩書を付して本名を記載した卒業証書を作成した場合に、「肩書と一体となった氏名」を名義人と考えるべきなのと同じであって、「甲代理人」という肩書をもった「乙」が名義人なのであり、作成者が、それをもたない無権代理の「乙」であるのだから、人格の同一性はないのである。代表資格の冒用の場合には、このことは、いっそう妥当する。会社名等団体名の後に、代表者名の記載がある場合には、作成行為者は代表者であることは疑いない。しかし、団体に法的効果が帰属するのであるから、**肩書と一体となった氏名が名義人である**。代表権がない場合には、人格の同一性に欠ける。同様のことは、官庁名に担当者名が付されているときにもあてはまる。

ⓓ 判　例　最高裁の判例（前掲最判昭45・9・4＝百選92）には、顕名で理事長でない者がそれを代表するような「肩書」をつけた自己名義の文書を作成した事案を

---

[27] もちろん、第2次的には、民法117条により、無権代理人は、相手方の選択によって履行または損害賠償の責任を負うから、代理人の信用性についても、相手方の関心外の事柄ではない。

扱ったものがある。被告人Xは、学校法人K義塾理事会で理事長に選任されていないにもかかわらず、行使の目的をもって、理事会決議録と題し、理事会においてKを理事長に選任し、かつ、同人を議事録署名人とすることを可決したと記載し、その末尾に、理事録署名人Xと記載し、その下にXの印を押したのである。判決は、「他人の代表者または代理人として文書を作成する権限のない者が、他人を代表もしくは代理すべき資格、または、普通人をして他人を代表もしくは代理するものと誤信させるに足りるような資格を表示して作成した文書は、その文書によって表示された意識内容にもとづく効果が、代表もしくは代理された本人に帰属する形式のものであるから、その名義人は、代表者もしくは代理された本人であると解するのが相当である」とし、「理事録署名人という記載は、普通人をして、同理事会を代表するものと誤信させるに足りる資格の表示と認められるのであるから、被告人らは、同理事会の代表者または代理人として同理事会の議事録を作成する権限がないのに、普通人をして、同理事会を代表するものと誤信させるに足りる理事録署名人という資格を冒用して、同理事会名義の文書を偽造したものというべきである」と判示した。

本判決の**第1審**（および原審）は、「被告人Xにおいて権限がなかった理事会議事録についての署名人の資格を冒用し、理事会議事録署名人作成名義の理事会議事録なる文書」を作成したものとしていた。これに対して、本判決では、「これを理事会議事録署名人作成名義の文書を偽造したものとした第1審判決およびこれを是認した原判決は、法令の解釈適用を誤ったもの」とする。

本判決では、法的効果帰属主体説に立って、代理人・代表者をこの文書の名義人とする。これに対して、第1審は、「理事会議事録署名人」という資格をもった「X」であるとする。これをもたない作成者「X」とこれをもつ名義人たる「X」とは人格が同一ではないので、文書偽造であるとする。本判決では、名義人たる代理人・代表者の「印」を押さず、被告人Xの「印」を押した本件文書は、無印私文書であるのに対して、第1審判決では、「理事会議事録署名人X」であるから、Xの「印」のある本件文書は、有印私文書であるということになる。作成行為帰属主体説によると、名義人は、「理事会議事録署名人」の資格をもった「X」であるという第1審の見解が妥当である。[28]

2 代理権の逸脱・濫用

ⓐ 代理権の逸脱　代理権・代表権を有する者が、その権限の範囲を超えて本人名義の文書を作成したときも、権限のない場合と同様、名義人は、代理・代表権を有する代理・代表者であるが、代理・代表権の範囲を超えて文書を作成した作成者とは人格の不一致があり、有形偽造である[29]（団藤279

---

[28] 同旨、川崎・百選（第4版）171頁、宮沢・刑法講座5巻144頁、福田97頁、植松155頁。
[29] 民法上、代理人が、その権限外の行為をなした場合において、第三者がその権限があると信じるに足りる正当な理由を有するときは、本人は、その第三者との間でなした行為につき責任を負うとされる（110条）。刑法上の文書偽造の成立は、民法上の法律効果とは無関係である。

頁、福田96頁、大塚449頁）。例えば、白紙委任状に委任された権限を超えて記入する場合（白紙偽造）がそうである。

　判例（最決昭42・11・28刑集21・9・1277）には、共同代表取締役について、「数人の代表取締役が共同して会社を代表する定めがある場合には、各代表取締役は、他の代表取締役と共同して会社を代表することができるだけで、単独で会社を代表する権限はないのであるから、代表取締役の一人が、行使の目的をもって、他の代表取締役の署名もしくは印章を冒用して、共同代表の形で会社名義の文書を作成する行為は、文書偽造罪を構成する」としたものがある。

　❺ **代理権の濫用**　これに対して、権限の範囲内で、権限の濫用があるにすぎない場合には、たとえ本人に損害を与えても、文書の公共的信用を害することはないから、文書偽造を構成しない（団藤279頁、大塚449頁）。

　古い判例は、株式会社の取締役が、会社のためではなく、もっぱら自己または第三者の利益を図るために会社名義の文書を作成した場合に、私文書偽造が成立するとし（大判明42・12・13刑録15・1770）、もっぱら会社の利益を図る目的に出た場合には、たとえ権限を濫用した場合にも偽造とはならないとした（大判大8・7・9刑録25・846）。その後、刑事連合部の判決（大連判大11・10・20刑集1・558）は、この見解を変更し、自己または第三者の利益を図る目的で、代理権・代表権を濫用した場合にも、文書偽造を構成しないと説くに至った。この判決によれば、その目的が、本人のためにするものであろうと、自己または第三者の利益を図るためにするものであろうと、それは、本人と代表者または代理人との間における内部関係にとどまり、外部関係においては何ら差別があるものではないからである。

3　他人名義の使用の承諾

　学説においては、一方で、名義人と作成者とが一致しない文書を偽造文書と定義し、他方で、文書の偽造とは、作成権限を有しない者が、他人の名義を冒用して文書を作成することであると定義する見解（大塚445頁）が有力である。しかし、他人名義の文書を作成する権限は、観念説を緩やかに解すれば、広く認められるとしても、作成者の概念を文書作成行為の帰属主体であると解する見解を基礎とすれば、限定的な範囲において認められるにすぎないことになる。そこで、「他人名義の使用」にあたる事例の類型によって分析することが必要となる。これは、代理にあたる場合でも、代理人の氏名が文書上に表示されないので、**匿名代理**のケースである。

　本人が、他人に自己名義の文書の作成権限を与えた場合については、四つの類型に分けることができる。

第2節　文書偽造の罪　　§172　代理人名義の冒用・代理権の逸脱◇　615

ⓐ　機械的な文書作成行為の代行　　裁量権を認めず、機械的な文書作成のみを委託した場合には、作成者と名義人は人格上一致する。機械的に記載した者は、作成補助者であって、「作成者」ではないからである。例えば、社長が秘書に、社長名義の文書を口述筆記させ、内容を確認しつつ署名も代行させる場合等である。

ⓑ　組織上の作成補助権限　　上司名義の文書の作成が、一定の範囲内で包括的・制度的に部下に委任されている場合にも、その与えられた権限の範囲内で、名義人と作成者とは人格上一致する。例えば、市長名義の戸籍謄本の発行が、戸籍課長に委ねられている場合がそうである。

ⓒ　法律行為の匿名代理　　自己の名義における法律行為を裁量権を与えて代理させた場合、例えば、甲が承諾して、乙に、処分文書である甲名義の契約書を作成する権限を与えた場合、作成権限を授権された乙は現実の作成者であるが、名義人は甲である。ここでは、文書の作成につき、甲が責任を負うべく署名したわけでもない。したがって、有形偽造である。しかし、名義人が承諾しているので、処分文書においては、法律効果は名義人甲に帰属するのであり、また、第三者に損害は発生せず、文書の保証機能が危殆化されるわけでもなく、公共の信用が害される危険はない。したがって、構成要件該当性が否定される。

　なお、本人が、官庁・会社などの組織であった場合、匿名代理の場合は、名義人は、その会社ないし官庁自身であるというべきである。これらの組織が、機関を通じて決定し、作成者に作成権限が認められている限り、当該文書は真正文書である。

ⓓ　たんなる名義使用の承諾　　名義人がたんに名義の使用を承諾した場合、すなわち、本人のための代理権を授与したのではなく、他人に事実上自己名義の使用を承諾したにすぎない場合には、処分文書と証明文書とで原則的な点で、相違がある。まず、処分文書については、本人が、名義使用の承諾から生じる法律効果を引き受けるとき、概念上有形偽造ではあるが、匿名代理と同様に、危険性がないことを理由に構成要件該当性を否定しうる。証明文書については、承諾は意味がないから、知見表示者名義の文書でない限り、偽造である。

　　判例には、一連の交通事故原票の供述欄に**承諾**を得て他人の氏名を記載する事案を取り扱ったものがある。これは、事実証明に関する文書における名義使用の承諾の事

例である。まず、運転免許証停止処分を受けていた被告人が、Aから「俺が免許を持っているから俺の名前を使え」と勧められたが、その後、被告人は、無免許運転中に警察の取締りを受けた際に、免許証は家に忘れてきたと述べて、Aの氏名等を称し、交通事件原票中の供述欄の末尾に「A」と署名したという事案につき、判例①（最決昭56・4・8刑集35・3・57＝**百選97**）は、「交通事件原票中の供述書は、その文書の性質上、作成名義人以外の者がこれを作成することは法令上許されないものであって、右供述書を他人の名義で作成した場合は、あらかじめその他人の承諾を得ていたとしても、私文書偽造罪が成立すると解すべきであるから、これと同趣旨の原審の判断は相当である」とした。同様の事実につき、判例②（最決昭56・4・16刑集35・3・107）は、「このような供述書は、その性質上、違反者が他人の名義でこれを作成することは、たとい名義人の承諾があっても、法の許すところではないというべきである」とする。さらに、判例③（最決昭56・12・22刑集35・9・953）は、被告人は、かねてから義弟と同一の氏名を使用して生活していたが、交通事件原票の供述欄に、義弟の氏名を名乗り、生年月日を告げて署名したという事案について、「右の事実関係のもとにおいては、仮に右氏名がたまたまある限られた範囲において被告人を指称するものとして通用していたとしても、被告人が右供述書の作成名義を偽り、他人の名義でこれを作成したことにかわりはなく」、私文書偽造罪が成立すると判示した。

ここで、「作成名義人以外の者がこれを作成することは法令上許されないもの」という表現で判例が言い表そうとしているのは、事実証明に関する文書については、自己の名義において事実を証明する「知見表示」をなしうるのは、その「知見」の保有者のみであって、他の者はこれを行いえないという趣旨であると解すべきである。すなわち、このような文書においては、「名義人」となりうる者が限定されているのである。したがって、承諾の有効・無効が重要論点ではないというべきである。

§173　変造・虚偽文書作成・行使の意義

1　変造の概念

変造の意義は、二つに大別できる。第1に、有形偽造の一種としての変造であり、これを **有形変造**（狭義における変造）といい、第2に、虚偽文書の作成の一種としての変造であり、これを **無形変造** という。有形変造は、権限のない者が、真正な他人名義の **文書の非本質的部分に変更を加え、新たな証明力を作り出すこと** を意味する[31]（大塚453頁、大谷448頁、曽根247頁、堀内249頁）。これに対して、無形変造は、作成権限を有する名義人自身が自己名義の真正

---

[30] 谷口裁判官は、その補足意見において「本件供述書は、その性質上作成名義人たる署名者本人の自署を必要とする文書であると考える」とされる。
[31] 本質的部分に変更を加えて、新たな証明力を生じさせた場合、変造ではなく、偽造である。

文書の非本質的部分に改変を加えることをいう。無形変造の処罰は、156条においてのみ規定されている。

ⓐ 変造の主体 狭義における変造は、権限のない者によってなされることを要する。例えば、既存の公文書に、権限のない私人がその非本質部分に修正を加える場合がそうである。

ⓑ 変造の客体 すでに成立した他人名義の真正文書の非本質的部分に改変を加えるのでなければならない。未完成の書面に手を加えて完成させる行為は、偽造にはなっても、変造にはなりえない。また、無効となった証書に加工して新たな証書を作成するのは、変造ではなく、偽造である（大判昭12・10・26刑集16・1391）。不真正文書の非本質的部分に変更を加えても、新たな公共的信用を害する危険はないから、変造とはならない。変造の対象となる文書の内容が真実であるかどうかを問わない（大判大4・9・21刑録21・1390）。自己名義の文書に変更を加える行為は、変造ではない[32]（団藤285頁、大塚453頁）。文書の非本質的部分に不法に変更を加えて、新たな証明力を作り出すことである。例えば、郵便貯金通帳の貯金受入れ年月日を改ざんした場合、変造である（大判昭11・11・9新聞4074・15）。**本質的部分**に変更を加えて新たな証明力を作り出せば、変造ではなく、偽造である。例えば、特定人に交付された自動車運転免許証に貼付してある写真を、他人の写真とはりかえ、生年月日の数字を改ざんしたときは、まったく別個の新たな免許証を作り出したのであり、偽造である（最決昭35・1・12刑集14・1・9）。結局、**変造と偽造の区別**は、従来の文書と同一性を保持するか、まったく新たな文書を作成したかによる[33]（福田98頁、大塚454頁、大谷448頁以下、大判大3・11・7刑録20・2054）。私立学校の学生証に記載してあった学生の氏名を抹消して、他の学生の氏名を記入した場合には、私文書変造罪を構成するというのが、判例

---

[32] 実質主義の見地からは、新たな証拠力を発生させたときは、自己名義の文書であっても変造罪が肯定される（牧野208頁）。なお、債務者が借用書を債権者から一時返却してもらってその文字を変更するのは、変造罪にではなく、毀棄罪にあたるとする判例（大判明37・2・25刑録10・364）がある。

[33] 判例によって「偽造」とされたものとして、旅行券に記載された氏名・年齢および渡航地を変更した場合（大判大3・11・7刑録20・2054）、その他、郵便貯金通帳の記号・番号、貯金者名義ならびに預入・払戻欄の記載を抹消し、それぞれの箇所に元の記載と異なった記載をした場合（大判大15・5・13刑集5・158）、村長の記名捺印のある家庭用米穀配給通帳に記載してある世帯主の姓名の名の部分を他の名に改ざんした場合（最判昭24・4・9刑集3・4・511）などがある。

（大判昭11・4・24刑集15・518）であるが、学生証に表示された学生の氏名は本質的要素であるから、むしろ偽造にあたるとする学説がある（大塚454頁）。

なお、公文書の内容に改ざんを加えたうえでそのコピーを作成した場合、それが変造の程度にとどまるものであったとしても、原本とは別個の文書を新たに作成したのであるから、公文書偽造罪にあたるというのが判例である（最決昭61・6・27刑集40・4・340、大塚455頁、山口434頁）が、コピーを文書とする判例の帰結である。

さらに、**変造**は、文書の内容を変更して新たな証明力を作出することをいい、新たな証明力を作出しないで、その文書の効力の全部または一部を消滅させるのは、文書毀棄（258条、259条）である。例えば、借用証書の金額のうち「0」を一つ消すのは、変造であるが、金額を全て消去した場合には、毀棄である。

2　虚偽文書の作成の概念

虚偽文書の作成（Falschbeurkundung）とは、無形偽造のことであり、名義人ないし作成権限を付与された者が、真実に反する内容の文書を作成することをいう。形式主義を採用する刑法は、虚偽文書の作成の処罰を、とくに私文書については、医師の診断書等一定のものに限定している（160条）。公文書については、内容の真実性が、文書に対する信頼の重要な要素であるから保護されるべきである（156条、157条）が、私文書については、原則として作成名義の真正が保護されれば足り、内容の真実性は、私人の処分の範囲内のことがらであって、それを絶対的に保護すべきものでもないとみなされたのである。

代理権・代表権を有しない者が、本人名義の私文書を作成すれば、有形偽造であるが、それらを有する者が、匿名代理によって本人名義の文書を作成した場合も、一応、有形偽造の概念にあてはまる。しかし、名義人の承諾があるので、文書の信用性に危険を生じず、構成要件該当性を阻却されるのであって、私文書の虚偽作成であるがゆえに不可罰なのではない（通説反対）。与えられた作成権限内でその権限を濫用した場合には、虚偽文書の作成であって、有形偽造とはならない（大判大11・12・23刑集1・841、最決昭33・4・11刑集12・5・886）。

「虚偽」とは、文書の記載内容と事実の不一致であるから、生じた事実を文書の内容として採用しないという不作為によっても生じる。判例は、村会

議長が、村会会議の作成にあたって、ある事実の記録をことさらに脱漏させ、村会開会中その事実がなかったもののように装う場合をも虚偽文書作成とする（大判昭2・6・8刑集6・295、最決昭33・9・5刑集12・13・2858）。虚偽文書の作成は、一般人をして内容の真実な文書と誤信させる程度のものであればよい。判例によれば、虚偽公文書作成の故意は、公文書偽造の故意と罪質を同じくする（最判昭23・10・23刑集2・11・1386）がゆえに、その構成要件間の錯誤は、故意を阻却しない。[34]

3 行使の概念

「行使」とは、偽造文書を真正なものとして使用し、または虚偽文書を内容の真実なものとして使用することをいう（大判明44・3・24刑録17・458、団藤287頁、大塚457頁以下、大谷450頁以下、西田369頁、山口455頁）。

ⓐ 認識可能な状態に置くこと 使用するとは、相手方に呈示・交付・送付すること、あるいは一定の場所に備えつけることによってその内容を閲覧に供することを意味する。戸籍簿、登記簿等を公務所に備え付けさせたときに行使があったということができる。したがって、行使とは、**他人に認識させ、または認識可能な状態に置くこと**を意味する（最判昭28・12・25裁判集刑90・487、最大判昭44・6・18刑集23・7・950＝**百選**99）。認識しうる状態に達すれば既遂であり、相手方が現実にその文書の内容を認識したかどうかを問わない。[35]

最高裁は、**偽造運転免許証を携帯**して運転することが行使になるかについては、かつて判例は積極的に解していた（最決昭36・5・23刑集15・5・812、これに従う判例として、東京高判昭38・5・8高刑集16・3・254、東京高判昭38・5・15高刑集16・3・274）が、後に、行使にあたらないものとしてこれを変更した（前掲最大判昭44・6・18＝**百選**99）。「たとい自動車を運転する際に運転免許証を携帯し、一定の場合にこれを提示す

---

[34] 被告人は、Xと共謀し、刑務所の医務課長を買収して甲が勾留に堪えられない旨の虚偽の診断書を作成させようとしたが、Xは、医務課長の買収が困難であることを知り、むしろ、医務課長名義の診断書を偽造しようとして、Yを教唆して診断書を偽造させた。この事案につき、判例は、虚偽公文書作成の教唆の故意で、結果的に公文書偽造の罪の教唆を犯した場合、「この両者は犯罪の構成要件を異にするも、その罪質を同じくするものであり、且法定刑も同じである」とし、「法律上本件公文書偽造教唆につき故意を阻却しない」とする。罪質の同一性については疑問が提起され、構成要件的定型を超えて故意の成立を認めることは検討を要するとされる（団藤277頁）。他方、これに対して、公共的信用を害するおそれのある公文書の作成を内容とする点では共通性をもち、その範囲で（構成要件的）符合を認めうるであろうとする見解（大塚457頁）もある。
[35] 偽造文書を郵送する場合には、発送しただけでは足りず、到達してはじめて、内容を認識しうる状態にあるといえるから、その時点で既遂となる（大判大5・7・14刑録22・1238）。

べき義務が法令上認められているとしても、自動車を運転する際にかかる運転免許証を携帯しているに止まる場合には、未だこれを他人の閲覧に供しその内容を認識しうる状態においたものというには足りず、偽造公文書行使罪にあたらないと解すべきである」というのである。正当である。

偽造文書・虚偽文書は、行使者が自ら偽造・虚偽内容の記載をした文書であることを要せず（大判明 41・12・21 刑録 14・1136）。行使の目的で偽造または虚偽記載された文書であることも必要でない（大判明 45・4・9 刑録 18・445）。行使される偽造文書・虚偽文書は、原本でなければならない。謄本や写しを他人に示したり、それらの内容・形式を口頭または文書で他人に告知するだけでは、行使とはいえない（大判明 43・8・9 刑録 16・1452、大塚 458 頁、林 373 頁）。したがって、**偽造文書・虚偽文書をファックスで他人に送信した場合**にも、行使ではない。これを肯定する見解（山口 456 頁）もあるが、あくまで原本を示す必要があるというべきである。ただし、ファックス自体が、原本として使用され、偽造文書・虚偽文書とされる場合には、行使であり、また、写しとして使用されるものも文書であるとする立場に立てば、行使といえる（広島高岡山支判平 8・5・22 判時 1572・150）。

❺ **真正文書の外観**　文書は、相手方をして**真正または内容の真実な文書であると誤信させうる外観**を備えているものであることを要する。

　例えば、窃取した**他人の自動車運転免許証に自己の写真を貼り替えて**あたかもその運転免許証の交付を受けたその他人であるかに作出して偽造したうえ、これを警察官に呈示したところ、警察官はその免許証表示の有効期間が 3 ヶ月余経過していることに気づいたが、それが、真正に作成され、かつ、被告人が自動車運転免許の交付を受けた者であると誤信させるに足りる外観を具備していると認められる場合には、行使にあたる（最決昭 52・4・25 刑集 31・3・169）。なお、先に掲げたように（☞§171, 2 ❶）、自己の運転免許証の上に他人の運転免許証の写しの一部を置いて、テープで覆ったものを偽造文書とし、それをイメージ・スキャナーで読みとらせ、ディスプレー上に表示させて係員に呈示する行為を行使とした判例（大阪地判平 8・7・8 判タ 960・293 =**百選 89**）がある。

❻ **行使の相手方**　行使の相手方は、必ずしも当該文書に利害関係をもつ者でなくてもよいが、利害関係を有する者の認識可能性が生ずるものでなければならない。したがって、利害関係のない者に呈示するような場合でも、不特定多数の者がその内容を認識しうるときは、行使となりうる（大谷 451 頁以下）。ただ、その文書が相手方にとって何らの意味をもたず、その他の他人の認識可能性がありえない場合には、公共の信用を危険にさらすもの

ではない。例えば、偽造犯人が偽造文書をわが子である幼児に見せても行使とはいえない。しかし、老母を喜ばせる目的で、偽造した預金通帳を見せる場合も利害関係を有する者に対するものでないとする見解（大塚458頁）に対しては、このような限定を不要とするのが多数である（西田370頁、山口456頁以下）。老母がその預金通帳をあてにした社会生活上の行動をとることもありうるから、利害関係がないとは言い切れないと思われる（大谷453頁）。

　判例は、偽造の郵便貯金通帳を、私通の相手に将来のため貯金をしてくれるように懇請されて、贈与した場合につき、交付した以上は文書の信用を害する危険があるとして、行使を認めた（大判昭7・6・8刑集11・773）。また、偽造した公立高校の校長名義の卒業証書を父親に呈示する行為は、たんに父親を満足させる目的でのみなされた場合でも、行使にあたるとする（最決昭42・3・30刑集21・2・447）。高等学校の課程を修了したことを証明するために他人にこれを呈示することは、まさに本来の用法に従って使用したものであり、父親への呈示は、「相手方に於て右文書についてなんらの利害関係もなく、かつ右利害関係につき社会生活上なんらかの行為に出る可能性が存しないものとはいい得ない」からである。

相手方は、**情を知らないことを要する**。したがって、共犯者に呈示しても行使ではない（大判大3・10・6刑録20・1810）。行使は、文書をその本来の用法に従って使用する場合に限らない。

　犯人が、犯した犯罪を覚知されるのを恐れ、潔白を装うため、偽造した土地の売戻し契約証書を巡査に呈示した場合にも行使である（大判大9・2・5刑録26・30）。

4　行使の目的

文書偽造、虚偽文書の作成は、「行使の目的」で行われることが必要である。**行使の目的**とは、他人に偽造文書・虚偽文書を真正・真実な文書と誤信させようとする目的をいう。文書の名宛人に対して使用する目的であることを要しない（大判大2・4・29刑録19・533）。本来の用法に従って使用する目的でなくてもよい。真正文書と誤信させる積極的な目的を有しなかったとしても、未必的な目的があればよい。**判例**も、危険のあることを認識して、その目的とする用に供しようとした場合は、行使の目的が認められるとする（大判大2・12・6刑録19・1387）。他人を害しまたは自己を利する目的が存在することも必要でない（大判明41・11・9刑録14・1008）。

§174　詔書等偽造罪

> 　行使の目的で、御璽、国璽若しくは御名を使用して詔書その他の文書を偽造し、又は偽造した御璽、国璽若しくは御名を使用して詔書その他の文書を偽造した者は、無期又は3年以上の懲役に処する（154条1項）。
> 　御璽若しくは国璽を押し又は御名を署した詔書その他の文書を変造した者も、前項と同様とする（同条2項）。

　天皇の公文書の偽造・変造をとくに重く処罰する規定である。偽造罪（1項）と変造罪（2項）に分けて規定されている。

　御璽とは天皇の印章、国璽とは日本国の印章、御名とは天皇の署名をいう。詔書とは、天皇が一定の国璽に関する意思表示を公示する文書であって、詔書の形式がとられるものをいう（旧公式令1条参照）。国会の招集詔書、衆議院の解散詔書などがそうである。「その他の文書」とは、詔書以外の天皇名義の公文書をいう。法律の公布文書、内閣総理大臣・最高裁判所長官の任命文書、国務大臣および法律に定めるその他の官吏の任免の認証文書、条約の批准書などをいう。天皇の私文書を含まない。

§175　公文書偽造罪

> 　行使の目的で、公務所若しくは公務員の印章若しくは署名を使用して公務所若しくは公務員の作成すべき文書若しくは図画を偽造し、又は偽造した公務所若しくは公務員の印章若しくは署名を使用して公務所若しくは公務員の作成すべき文書若しくは図画を偽造した者は、1年以上10年以下の懲役に処する（155条1項）。
> 　公務所又は公務員が押印し又は署名した文書又は図画を変造した者も、前項と同様とする（同条2項）。
> 　前2項に規定するもののほか、公務所若しくは公務員の作成すべき文書若しくは図画を偽造し、又は公務所若しくは公務員が作成した文書若しくは図画を変造した者は、3年以下の懲役又は20万円以下の罰金に処する（同条3項）。

1　意　義

　公文書の偽造・変造を処罰する。公文書は、証拠力・信用力が高いので、その偽造は、私文書偽造罪（159条）よりも重く処罰される[36]。刑法は、有印

---

[36] 判例は、その理由を「公文書が私文書に比してその信用が厚きが故なり、而して公文書の信用力は繋ってその作成名義に在りてその内容に存せず」とし（大判昭6・3・11刑集10・75）、また、「一般に対する証拠力及信用力厚く」「偽造に対する被害の程度も亦大なるべきに因るもの」とする（大判昭14・7・26刑集18・444）

公文書偽造罪（155条1項）、有印公文書変造罪（同条2項）、無印公文書偽造・変造罪（同条3項）に分けて規定する。

2　有印公文書偽造罪（1項）・有印公文書変造罪（2項）

ⓐ　主 体　本罪の主体に限定はない。公務員でも作成権限をもたない文書を作成し（大判大元・11・25刑録18・1413、最判昭25・2・28刑集4・2・268）、公務所または公務員名義の文書を作成すれば、本罪にあたる。上司である他の公務員の作成を補助する公務員については、権限を委譲されている場合、作成権者が決裁している場合を除いて原則として作成権限をもたない。しかし、一定の限度では、補助者も、作成権限を有する場合がある。

　　判例によると、「公文書偽造罪における偽造とは、公文書の作成名義人以外の者が、権限なしに、その名義を用いて公文書を作成することを意味する。そして、右の作成権限は、作成名義人の決裁を待たずに自らの判断で公文書を作成することが一般的に許されている代決者ばかりでなく、一定の手続を経由するなど**特定の条件のもとにおいて公文書を作成することが許されている補助者**も、その内容の正確性を確保することなど、その者への授権を基礎づける一定の基本的な条件に従う限度において、これを有しているものということができる」（最判昭51・5・6刑集30・4・591＝**百選90**）。

ⓑ　客 体　本罪の客体は、公務所または公務員の作成すべき文書（公文書）もしくは図画（公図画）である。公務所とは、「官公庁その他公務員が職務を行う所」をいう（7条2項）。公務員とは、「国又は地方公共団体の職員その他法令により公務に従事する議員、委員その他の職員をいう」（7条1項）。特別法において、「刑法その他の罰則の適用については、法令により公務に従事する職員とみなす」等という旨の規定のあるいわゆるみなし公務員を含む[37]（最判昭23・10・28刑集2・11・1414）。「委員」とは、法令により一定の公務を委任された非常勤の職員をいう。各種審議会の委員、労働委員会委員、教育委員会委員がそうである[38]。公務所・公務員は、日本国のそれに限る（最判昭24・4・14刑集3・4・541）から、外国の公務員は含まれない（最判昭27・12・25刑集6・12・1387）。

　公務所・公務員が、その名義で、**作成権限の範囲内**で、所定の形式に従って作成すべき文書・図画であることを要する（最決昭38・12・27刑集17・12・

---

[37] 判例には、旧日本電信電話公社の職員である信越電気通信局支出役名義の文書は、公文書であるとしたものがある（最判昭32・6・27刑集11・6・1741）。
[38] 公正取引委員会委員、証券取引等監視委員会委員等は、通常の公務員である。

2595)。作成権限は、法令にもとづくものに限らず、内規または慣例にもとづくものであってもよい（大判明45・4・15刑録18・464、前掲最決昭38・12・27）。当該公務員等に作成権限がない場合であっても、その文書が、一般人をして、公務所・公務員がその職務権限内で職務に関して作成したものと信じさせるに足りる形式・外観を備えているときは、本罪にいう公文書である（最判昭26・8・28刑集5・9・1822、最判昭28・2・20刑集7・2・426）。公文書の信用を害する危険を生じさせたからである（前掲最判昭26・8・28）。公務員が作成した文書であっても、その職務権限にもとづいたものではなく、職務に関して作成されたのでもない場合には、公文書には含まれない。

　したがって、村役場の書記が、その肩書を用いて退職届を作成した場合、その身分にもとづいて職務の執行に関して作成したものではないから、公文書とはいえない（大判大10・9・24刑録27・589）。公務員の肩書を用いて政党の機関紙の広告欄に「祝発展」と掲載した場合にも、公文書ではない（最決昭33・9・16刑集12・13・3031）。

　公務所もしくは公務員の作成すべき文書は、公法関係において作成された文書であるか、私法関係において作成される文書かを問わない。したがって、郵政民営化以前の判例によれば、貯金局名義で発行される郵便貯金通帳は公文書である（最判昭24・4・5刑集3・4・427）。

　公文書の例 としては、運転免許証、納税証明書、外国人登録証明書、印鑑証明所、民営化前の郵便貯金通帳などがある。民営化以前、郵便局の日付印は、印章ではなく、公文書である（大判昭3・10・9刑集7・683）。図画とは、象形的符号により記載された一定の思想ないし観念を表示したものをいう。文書が思想・観念を文字その他の発音的符号によって表示したものである点で異なる。公図画の例としては、旧日本専売公社の製造にかかるたばこ「光」の外箱（最判昭33・4・10刑集12・5・743）、および、地方法務局の土地台帳付属の地図（最決昭45・6・30判時596・96）がある。

　ⓒ 行　為　1項の「偽造」と2項の「変造」に分かれる。

　（ⅰ）**1 項**　行使の目的で、①公務所・公務員の印章・署名を使用して、公務所・公務員の作成すべき文書・図画を偽造すること、または、②偽造した公務所・公務員の印章・署名を使用して、公務所・公務員の作成すべき文書・図画を偽造することである。

　「**公務所・公務員の印章**」とは、公務所・公務員の人格を表章するために、

物体上に顕出された文字または符号の影蹟、すなわち印影をいう（大塚469頁）。公印、私印を問わず（大判明44・3・21刑録17・427）、職印でも、認印でもよい（大判昭9・2・24刑集13・160）。「署名」とは、自署に限るか、たんなる記名（印刷等による名称の表記）をも含むかについては学説に対立がある。前説（団藤302頁、大塚469頁）は、取引の一般観念上、記名は押印を伴う場合にはじめて自署と同じ意味を認められる点を根拠とする。後説（大判大2・9・5刑録19・853、大判大4・10・20新聞1052・27、平野260頁、中森200頁、西田362頁）は、法文上、「公務所の署名」もありうる（大判明43・5・13刑録16・860）ことが前提に規定されているから、記名をも含むと解すべきであるとする。印章・署名は、いずれか一方が使用されれば足りる（前掲大判昭9・2・24）。印章・署名の「使用」とは、真正の印顆（印形）を不正に押捺し、または、正当に物体上に顕出された印章・署名を不正に使用することをいう（大判大3・6・13刑録20・1182）。「偽造した」公務所・公務員の印章・署名とは、権限のない者によって物体上に顕出させられた公務所・公務員の印影または署名を意味する。偽造した印顆を押捺することを要せず、一般人をして真正の公務所・公務員の印章を誤信させるに足りる影蹟を顕出させればよい（大判昭8・9・27刑集12・1668、最決昭31・7・5刑集10・7・1025）。使用する印章・署名は、行為者自ら偽造したものである必要はない。自ら印章・署名を偽造して、これを使用して公文書を偽造したときは、印章・署名偽造は、公文書偽造に吸収される（大判大12・4・23刑集2・351）。

(ⅱ) **2項**　公務所・公務員が捺印しまたは署名した文書・図画を変造する行為も罰せられる。「**変造**」とは、真正に成立した他人名義の文書の非本質的部分に権限なく変更を加えることをいう。[39] 行使の目的が必要である。

3　無印公文書偽造・変造罪（3項）

行使の目的で、公務所・公務員が印章・署名を使用しないで作成すべき文書・図画を偽造し、または作成した文書・図画を変造することが行為の内容である。客体となるのは、例えば、旧国鉄の駅名札（大判明42・6・28刑録15・877）、物品税証紙（最決昭29・8・20刑集8・8・1363）である。

---

[39] 無効に帰した恩給証書に加工して新たな恩給証書を作成する行為は、偽造であって変造ではない（大判昭12・10・26刑集16・1391）。

§176 虚偽公文書作成罪

> 公務員が、その職務に関し、行使の目的で、虚偽の文書若しくは図画を作成し、又は文書若しくは図画を変造したときは、印章又は署名の有無により区別して、前2条の例による（156条）。

1 意 義

公務員の虚偽文書作成を罰する。公務員が虚偽の事実について証明主体になることを処罰によって一般的に禁止しなければ、もともと高い公文書の社会的信用を維持できないからである。印章の有無により、虚偽有印公文書作成罪と虚偽無印公文書作成罪とに分けられる。

2 主 体

本罪は身分犯であり、その主体は、当該文書を**作成する権限を有する公務員**である必要がある（最決昭29・4・15刑集8・4・508）。公務員でも、その職務の権限外の事項について、内容虚偽の文書を作成するときは、公文書偽造罪にあたる（大判大7・11・20刑録24・1378）。公務員がその名義でその権限において作成することを要するが、その権限は、法令によると、内規または慣例によるとを問わない（大判明45・4・15刑録18・465、前掲最決昭38・12・27）。

私人でも共同正犯になりうるというのが判例である（大判明44・4・17刑録17・605）が、65条1項は、共同正犯には適用されないと解すべきである（☞総論§168, 3 (1) c）。公文書の作成権者の**補助者である公務員**が、作成者の決裁を受けることなく文書を作成した場合には、公文書偽造罪であり、本罪にはあたらない（最判昭25・2・28刑集4・2・268）。私人または補助公務員に本罪の間接正犯が成立するかについては、後述する（☞4）。

3 行 為

行使の目的で、内容虚偽の公文書・公図画を作成すること（無形偽造）および真正の公文書・公図画を変造すること（無形変造）である。行為の方法は、「印章又は署名の有無により区別」され、さらに客体は、天皇の公文書（天皇文書）（154条）と公文書（155条）とに分かれる。すなわち、(a) 御璽・国璽・御名を使用して、虚偽の詔書その他の文書を作成し、(b) 御璽・国璽を押捺し、または御名を署した詔書その他の文書を変造すること（無期または3年以上の懲役）、(c) 公務所・公務員の印章・署名を使用して、虚偽の文

書・図画を作成し、(d) 公務所・公務員が押印・署名した文書・図画を変造すること（1年以上10年以下の懲役）、(e) または印章・署名のない虚偽の公文書・公図画を作成もしくは変造すること（3年以下の懲役または20万円以下の罰金）である。本罪における「変造」とは、作成権限のある公務員が真正に成立した公文書・公図画に不当に変更を加えて内容虚偽のものとすることをいう。

虚偽公文書作成罪の成立が認められた**判例**の事案として、私人の渡航・帰朝に関する事実を証明する職務を有する村長が、その事実がないのに、あるかのように証明する文書を作成した事案（大判大2・8・29刑録19・828）、農地委員会の会長らが、その委員会の議事録を作成するにあたり、現実になされた決議と異なる決議があったかのように記載した事案（最決昭33・9・5刑集12・13・2858）、さらに、町長らが、請負業者の代表取締役Bらと共謀の上、請負業者と口頭で約束して履行させたのと明らかに異なる内容の契約書を作成した事案で、「口頭で約束して履行させた事実とは明らかに異なる記載がなされた契約書は、内容虚偽の契約書であって、虚偽の公文書となり、その作成に関与した者には、虚偽有印公文書作成罪が成立する」とした事案（高松高判平20・12・18高刑集61・4・15）がある。

4 本罪の間接正犯

本罪が、単独正犯としては、公務員のみが主体となりうる真正身分犯であることから、非公務員または作成権限のない公務員が、情を知らない、作成権者である公務員を利用して本罪を犯すことができるかについて、争いがある。公正証書原本等不実記載罪（157条）は、まさにこのような場合の一種について規定するものである。すなわち、157条は、公務員に対し「虚偽の申立て」という一定の手段によって、公正証書等（の一定の客体）の虚偽作成（不実記載）を行わしめる行為に対し、156条の虚偽公文書作成罪よりも軽い法定刑を定めているが、このような規定があるにもかかわらず、これとは別に、156条の間接正犯が認められるかが問題である。これについては、間接正犯の成立を肯定するものと、否定するものとがある。

ⓐ 学説 ①**肯定説** 157条は、本罪の間接正犯的な場合を独立の構成要件として規定するのであるが、これに含まれない場合でも、いやしくも公文書の公的信用性を害する行為については、私人によるものであろうと、補助公務員によるものであろうと、一般に、本罪の間接正犯を認めるべきも

のとするが、157条に該当するときは法条競合により157条の罪だけが成立するものとするのが通説・判例である（川端553頁以下、同・現代刑法論争286頁以下）。これには、157条は、156条の間接正犯の場合と比べて、責任が減少する行為態様につき定めた規定であり、したがって、そのような行為態様以外の行為による場合については、156条の間接正犯が成立しうるものとする説（西田364頁以下）も含まれる。これに対して、**②否定説**は、非公務員またはその文書について作成権限を有しない公務員は、身分犯である本罪の実行行為をなしえず、また、157条は、本罪の間接正犯的な場合を一定の限度でとくに法定刑を軽くして処罰するものであるから、本罪の間接正犯的形態を不可罰と解するのが刑法の趣旨に合致するものとする（香川274頁、曽根250頁）。ただし、この見解の多くは、補助公務員が実質的に当該文書を作成する権限があるとみられる公務員である場合には間接正犯が成立する（福田104頁、大塚474頁）ものとするのであるから、**補助公務員の行為**については間接正犯が成立するが、非公務員については不成立とする見解（荒木友雄・大コンメ6巻43頁以下）であるということができる。この見解は、最高裁の判例の立場である。

ⓑ 判　例　判例には、間接正犯を肯定したものと否定したものがある。肯定したものとして、村の助役が村会議員の選挙にあたって、情を知らない選挙長を利用して選挙録に虚偽の事実を記載させた事案に対するもの（大判昭11・2・14刑集15・113）がある。同じく、村の助役が、軍事扶助金名義で、県知事から金員を詐取しようと企て、軍事扶助金調書に虚偽の事実を記載して作成権者である村長に呈示し、情を知らない村長に署名させて、虚偽の軍事扶助調書を作成させた事案に対するもの（大判昭15・4・2刑集19・181）がある。

最高裁判例には、県地方事務所の建築係が、その地位を利用し、ある住宅の現場審査申請書に虚偽の報告記載をなし、これをその現場審査合格書の作成権限者である地方事務所長に提出し、情を知らない同所長をして、その報告記載のとおり建築が進行したものと誤信させ、記名・捺印させ、内容虚偽の現場審査合格書を作らせたという事案に対するもの（最判昭32・10・4刑集11・10・2464＝**百選91**）がある。否定した

---

[40] 学説を検討したものとして、西田典之「公文書無形偽造の間接正犯について」西原古稀3巻270頁以下、松原芳博「公文書無形偽造の間接正犯」現刑35巻（2003年）63頁以下。
[41] この見解によれば、判例において間接正犯を肯定した事案は、いずれも、当該公文書の作成権者を補佐して当該文書を起案する地位にあり、実質的に作成権限があった場合であるとする（福田104頁、大塚474頁）。なお、156条の「教唆犯」が成立するという見解があるが、過失犯処罰がないにもかかわらず、上司に「可罰的規範的障害」（☞総論§155, 4 (2) (e) (iii) 注38）があるとはいえず、したがって教唆にはならないというべきである。

判例には、公務員の身分を有しない者が、虚偽の内容を記載した証明願を村役場の係員に提出し、その係員をして村長名義の虚偽の証明書を作成させた事案に対するもの（最判昭27・12・25刑集6・12・1387）がある。

ⓒ 補助公務員の作成権限　問題は、**補助公務員**について、実質的に作成権限が与えられているといえるかどうかである。補助公務員の概念については、公文書の作成に対する権限という観点から、①公文書の作成権限者から、その決裁を待たずに代決権が与えられる代決者、②事後的な決裁を得ることを条件に作成権限が与えられている準代決者、③起案は行うが、決裁の権限はない起案担当者、④事実上の作成を行うにすぎない機械的補助者に分類されている（山口445頁以下参照）。代決者のみならず、準代決者も、作成権限は与えられているといってよい（山口446頁）。

最高裁は、**昭和51年の判決**で、補助公務員につき、作成権限が与えられていると解される要件について判示した（最判昭51・5・6刑集30・4・591＝**百選90**）。

被告人は、秋田市役所本庁の市民課調査係長であったが、自宅の新築資金を借り入れるために印鑑証明書が必要になったことから、自らこれを作成して使用しようと考え、市長作成名義の自己宛の印鑑証明書2通、妻ほか3名宛の印鑑証明書各1通、合計5通を、申請書を提出せず、自ら作成し、手数料を納付せずに取得した。この事案に対し、最高裁は、次のようにいう。

「公文書偽造罪における偽造とは、公文書の作成名義人以外の者が、権限なしに、その名義を用いて公文書を作成することを意味する。そして、右の作成権限は、作成名義人の決裁を待たずに自らの判断で公文書を作成することが一般的に許されている代決者ばかりでなく、一定の手続を経由するなどの特定の条件のもとにおいて公文書を作成することが許されている補助者も、その内容の正確性を確保することなど、その者への授権を基礎づける一定の基本的な条件に従う限度において、これを有しているものということができる」。「これを本件についてみると、本庁における印鑑証明書の作成は、市民課長の専決事項とされていたのであるから、同人が、作成名義人である秋田市長の代決者として、印鑑証明書を作成する一般的な権限を有していたことはいうまでもないが、そのほか被告人を含む市民課員も、市民課長の補助者の立場で、一定の条件のもとにおいて、これを作成する権限を有していたことは、これに対する市民課長の決裁が印鑑証明書の交付された翌日に行われる事後決裁であったことから、明らかにこれを認めることができる。そ

して、問題となる五通の印鑑証明書は、いずれも内容が正確であって、通常の申請手続を経由すれば、当然に交付されるものであったのであるから、被告人がこれを作成したことをもって、補助者としての作成権限を超えた行為であるということはできない」。このようにして、被告人の行った手続違反は、その作成権限を制約する基本的な条件とみるのは妥当でなく、権限の濫用はあっても、公文書偽造罪にはあたらないと判示した。

一定の手続を経由するなどの特定の条件のもとにおいて公文書を作成することが許されている補助者は、準代決者であり、作成権限を認められるのである。

ⓓ 間接正犯の成立範囲 157条の刑の減軽の根拠を「虚偽の申立て」という行為態様が極めて日常的であり、犯罪を行わせる誘惑的要素をもつことから、責任が減少することによるとする説（西田365頁）があるが、不当である。私人が夜間に役所に侵入し、作成権限者の机上にある公文書の中に内容虚偽の文書を紛れ込ませ、情を知らない公務員に署名押印させるような場合には、156条の間接正犯（西田366頁）ではなく、不可罰である。156条の罪のうち、作成権限のある公務員によるもの以外の間接正犯的行為については、157条に定めた私人の「虚偽の申立て」によるもの以外は処罰しないというのが刑法の趣旨である。

ⓔ 共同正犯 それでは、作成権限ある公務員と作成権限のない公務員ないし私人とが共同して内容虚偽の公文書を作成した場合、**共同正犯**が成立するかという問題については、理論的には、65条1項は、共同正犯には適用がないと解すべきであり、したがって、作成権限のない者が共同正犯となることはない。そこで、共同正犯を否定する学説は、作成権限のない者には、狭義の共犯（教唆・幇助）の成立が認められるにすぎないとする（大塚475頁）。判例は、これを共同正犯とするが、理論上、不当である。また、作成権限のある公務員には本罪、私人には157条の罪が成立し、それぞれ共同正犯であるという行為共同説の帰結は、私人に157条の罪の共同正犯が成立するとする点で、不当である。なぜなら、157条の罪の成立は、作成権限者たる公務員が、情を知らないことを前提にするからである（中山443頁）。私人ないし作成権限のない公務員には、虚偽公文書作成罪の教唆・幇助に加えて、公文書偽造罪の正犯も成立し、両者は観念的競合となるという見解（大塚475頁）については、公文書偽造罪が成立するかの点で疑問がある。こと

に観念説によれば、意思の連絡のある限り、その文書は、権限ある公務員の意思に由来する文書であって、不真正文書とはいえないからである。したがって、結論的には、この場合、私人ないし権限のない公務員には、虚偽公文書作成罪の教唆・幇助のみが成立する。

§177 公正証書原本等不実記載罪

> 公務員に対し虚偽の申立てをして、登記簿、戸籍簿その他の権利若しくは義務に関する公正証書の原本に不実の記載をさせ、又は権利若しくは義務に関する公正証書の原本として用いられる電磁的記録に不実の記録をさせた者は、5年以下の懲役又は50万円以下の罰金に処する（157条1項）。
> 　公務員に対し虚偽の申立てをして、免状、鑑札又は旅券に不実の記載をさせた者は、1年以下の懲役又は20万円以下の罰金に処する（同条2項）。
> 　前2項の罪の未遂は、罰する（同条3項）。

1 意 義

1項は、公正証書原本等不実記載罪、2項は、免状等不実記載罪と呼ばれる。本罪は、いずれも公務員を利用する虚偽公文書作成の一種である。情を知らない公務員を利用するので、間接正犯的な無形偽造の場合を罰するものであるといってよい。なお、電磁的記録についても、ここで問題なのは、公務員を利用した間接的な公電磁的記録不正作出（161条の2第2項）である。

2 公正証書原本等不実記載罪（1項）

ⓐ 客 体　1項の客体は、権利・義務に関する公正証書の原本または権利・義務に関する公正証書の原本として用いられる電磁的記録である。権利義務に関する公正証書とは、公務員がその職務上作成する文書であって、権利義務に関する一定の事実を証明する効力を有するものをいう[42]（最判昭36・3・30刑集15・3・605）。本条に例示として掲げられた「登記簿、戸籍簿」のほか、土地台帳（大判大11・12・22刑集1・828）、土地登記簿・建物登記簿（大判明43・11・8刑録16・1895）、商業登記簿（大判大13・4・29刑集3・383、最判昭41・10・11刑集20・8・817、最決平3・2・28刑集45・2・77）、住民票の原本（最決昭48・3・15刑集27・2・115）などがこれにあたる。公法上、私法上いずれの「権利若しくは義務」（前掲大判大11・12・22）でもよく、私法上の権利・義務

---

[42] 大審院の判例は、権利義務に関する公正証書を「権利義務の得喪変更等の証明を目的とする公簿」と狭く解し、寄留簿は、これにあたらないと解した（大判大9・7・19刑録26・541）。

は、財産上のものであると、身分上のものであるとを問わない（大判大4・4・30刑録21・551）。

さらに、「権利、義務に関する公正証書の原本として用いられる電磁的記録」も、本罪の客体である。それは、公務員がその職務上作るべき公正証書の原本に相当する電磁的記録である。道路運送車両法（6条）に規定する電子情報処理組織による自動車登録ファイル（最決昭58・11・24刑集37・9・1538）、電子情報処理組織による登記事務処理の円滑化のための措置等に関する法律による不動産登記、商業登記その他の登記ファイル、住民基本台帳法による住民基本台帳ファイル（6条3項）、特許法（27条2項）による特許原簿ファイルがその例である。

ⓑ 行 為 　公務員に対して虚偽の申立をし、権利・義務に関する公正証書の原本に不実の記載をさせ、または権利・義務に関する公正証書の原本たるべき電磁的記録に不実の記載をさせることである。

公務員 　登記官、公証人のように、公正証書の原本に記入し、または公正証書の原本として用いられる電磁的記録に記録する権限を有する公務員をいう。公務員は、申し立てられた公正証書原本への記録事項、または公正証書の原本として用いられる電磁的記録への記録事項が不実であることを知らないことを要する。申立を受けた公務員が、虚偽の申立人と意思を通じ、情を知りながら公正証書の原本に不実の記載をし、また公正証書の原本として用いられる電磁的記録に不実の記載をしたときは、虚偽公文書作成罪（大判大6・6・25刑録23・699）または公電磁的記録不正作出罪が成立し、申立人はその教唆または幇助となる（☞前述§176, 4ⓔ）。

通説によれば、公務員が、たまたまその申立が虚偽の事実に関わることを知ったにもかかわらず、あえて不実の記載あるいは記録をした場合には、公務員がその申立について実質的審査権を有するか、形式的審査権しか有しないかによって結論が分かれる。公務員が実質的審査権を有する場合には、公務員には虚偽公文書作成罪または公電磁的記録不正作出罪が成立するのであり、その場合、申立人は、公正証書原本等不実記載罪の故意で、前記の各罪の教唆を犯したことになるから、構成要件的符合説によれば、両罪は実質的に符合するので、錯誤はあるが、軽い公正証書原本等不実記載罪の成立が認められる。これに対して、形式的審査権があるにすぎない場合には、公務員は、記載すべき事項が虚偽であることを知っていても、実質審査を要しない

のであるから、公務員には罪責は生ぜず、申立人に本罪が成立するにすぎないとする（大塚478頁）。これに対して、形式的審査権が存在するにすぎないときも、その事実が明白に虚偽であることを知って記載した以上、当該公務員に虚偽公文書作成罪が成立するとし、せいぜい実質的違法性の問題が生ずるにすぎないとする見解も有力である（大谷464頁）。

虚偽の申立て　真実に反して、存在しない事実を存在するとし、または存在する事実を存在しないとして申し立てることを意味する（大判明43・8・16刑録16・1457）。申立事項の内容について虚偽のある場合のみならず、申立人の同一性に関して虚偽のある場合をも含む（大判明41・12・21刑録14・1136）。口頭によると、書面によるとを問わず、また、行為者自ら行うと、代理人によって行うとを問わず、さらに、自己の名義をもってすると、他人の名義をもってするとを問わない。裁判にもとづく申立て（（旧）不動産登記法35条2項、戸籍法63条、73条、77条、115条、116条）も、申立てにあたる。

不実の記載・記録　「不実の記載」とは、存在しない事実を存在するものとし、または存在する事実を存在しないものとして記載することをいう（前掲大判明43・8・16）。「不実」とは、記載事項の重要な点において事実に反することをいう。「不実の記録」とは、事実に反する情報を入力して電磁的記録に記録することをいう。

中間省略の登記　数次にわたって不動産の所有権の移転があった場合につき、実際には、中間に他の所有権者が介在しているのに、登記名義人であった最初の所有権者から最後の所有権者に直接に所有権が移転したように装い、その中間の所有権移転を省略して登記申請し、登記官にその旨を登記簿に記載させることをいう。この場合に本罪が成立するかが問題である。**大審院の判例**は、本条の成立を肯定した（大判大8・12・23刑録25・1491）が、学説においては、登記をするのは当事者の任意であり、登記は第三者に対する対抗要件である（民177条）にすぎないから、中間省略の登記も、登記自体としては有効であり、本罪は成立しないとするのが、通説である（福田107頁、大塚479頁、大谷465頁）。民事判例においては、中間省略登記は無効とする立場から有効とする立場に改められ（大判大5・9・12民録22・1702）、戦後の刑事判例において、中間省略登記につき本罪の成立を認めたものはなく、むしろ、下級審判例の中に中間省略登記は刑法上適法であるとするものが現れた（東京高判昭27・5・27高刑集5・5・861）。これによって、大審院判例は、実質上

変更されたと解されている（団藤297頁、大塚479頁）。

着手時期　公務員に対して虚偽の申立てを開始したときである。既遂時期は、公務員が公正証書の原本に不実の記載をなし、または原本として用いられる電磁的記録に記録したときである。実行の着手の後、未遂罪が成立するが、虚偽の申立てが開始されたが終了しなかった場合と、その終了後、公務員が公正証書の原本に不実の記載を、上記の電磁的記録に不実の記録をしなかった場合、および、公務員が不実の記載ないし記録を開始したが完成しなかった場合とがある。

故　意　本罪の故意を認めるには、申立て事項が虚偽であることを表象し（最判昭26・7・10刑集5・8・1411）、かつ、その申立てにもとづいて公正証書の原本に不実の記載がなされ、または公正証書の原本として用いられる電磁的記録に記録されることについての実現意思が存在していたことを要する。客観的に真実であることを、虚偽であると申し立て、公務員に、その旨、公正証書に記載させ、公正証書の原本として用いられる電磁的記録に記録させても、本罪にはあたらない（大判大5・1・27刑録22・71参照）。

3　免状等不実記載罪（2項）

本罪は、公務員に虚偽の申立てをして、免状、鑑札、または旅券に不実の記載をさせることを内容とする犯罪である。

ⓐ　客　体　「免状」とは、一定の人に対して一定の行為を行う権利を付与する公務書または公務員の証明書をいう（大判明41・9・24刑録14・797）。その例として、火薬譲渡許可証（前掲大判明41・9・24）、狩猟免状（大判大4・4・24刑録21・491）、自動車運転免許証（大判昭5・3・27刑集9・207）、医師免許証などが挙げられる。[43]「鑑札」とは公務書の許可・登録があったことを証明するものであって、公務所が作成して交付し、その交付を受けた者がこれを備え付け、または携帯することを要するものをいう。犬の鑑札（狂犬病予防法4条）、質屋の許可証（質屋2条1項、10条）、古物商の許可証（古物5条2項、11条）などをいう。「旅券」とは、外務大臣または領事官が、外国に渡航する人に対して国籍・渡航目的等を証明し、かつ、旅行に必要な保護等を関係官に要請する旨を記した文書であって、旅券法にもとづいて発給されるものをいう（旅券法2条以下）。

---

[43] これに対して、外国人登録証明書（東京高判昭33・7・15東高刑時報9・7・201）、自動車検査証（大阪高判昭30・6・20高裁特2・14・715）などは、免状ではない。

❺ **行　為**　公務員に対して虚偽の申立てをして、免状等に不実の記載をさせることである。虚偽の申立てを受ける公務員は、不実であることを知らないものであることを要する。不実を記載された免状等の交付を受ける行為も包含される（大判昭9・12・10刑集13・1699）。

§178　偽造公文書・虚偽公文書行使罪

> 第154条から前条（157条）までの文書若しくは図画を行使し、又は前条第1項の電磁的記録を公正証書の原本としての用に供した者は、その文書若しくは図画を偽造し、若しくは変造し、虚偽の文書若しくは図画を作成し、又は不実の記載若しくは記録をさせた者と同一の刑に処する（158条1項）。前項の罪の未遂は、罰する（同条2項）。

1　意　義

①詔書等偽造罪、公文書偽造罪、虚偽公文書作成罪、公正証書原本等不実記載罪の文書・図画を行使し、または、②公正証書原本等不実記載罪（157条1項）の電磁的記録を公正証書の原本としての用に供する行為を、それぞれ処罰する規定である。

2　要　件

本条の客体としての文書は、必ずしも行使の目的をもって偽造・変造または不実記載されたものであることを要しない。

行為は、①については「行使」することであり、②については、「供用」することである。行使とは、文書等を名義の真正なものないし内容の真実なものとして他人に認識させ、または認識しうる状態に置くことをいい、不実公正証書原本行使罪については、**一般公衆が閲覧できる状態に置くこと**をいう。「公正証書の原本としての用に供」するとは、電磁的記録を公務所に備えて、利害関係人の申立てにより一定の権利・義務に関して公証をなしうる状態に置くことをいう。

3　罪数・他罪との関係

公文書を偽造して行使したとき、公文書偽造罪と本罪との牽連犯である。公務員に虚偽の事実を申請して公正証書の原本に不実の記載をさせ、これを公務所に備えさせたときは、公正証書原本不実記載罪と本罪との牽連犯とするのが判例である（大判明42・11・25刑録15・1667）のに対して、学説の中には、備付けは、公務員の行為を利用する間接正犯とみるべきであるとして、

間接正犯における実行行為を利用行為者自身の行為について考える立場から、公正証書原本不実記載罪と本罪との観念的競合を認めるべきであるとする見解が有力である（大塚482頁）。

§179　私文書偽造罪

> 　行使の目的で、他人の印章若しくは署名を使用して権利、義務若しくは事実証明に関する文書若しくは図画を偽造し、又は偽造した他人の印章若しくは署名を使用して権利、義務若しくは事実証明に関する文書若しくは図画を偽造した者は、3月以上5年以下の懲役に処する（159条1項）。
> 　他人が押印し又は署名した権利、義務又は事実証明に関する文書又は図画を変造した者も、前項と同様とする（同条2項）。
> 　前2項に規定するもののほか、権利、義務又は事実証明に関する文書又は図画を偽造し、又は変造した者は、1年以下の懲役又は10万円以下の罰金に処する（同条3項）。

1　意　義

公文書に比べて社会的信用度および証拠価値が低く、偽造による被害の程度も小さい私文書（大判昭14・7・26刑集18・444）につき、公文書とは別に、その半分以下の軽い法定刑を定めた規定である[44]。有印私文書偽造・変造罪、無印私文書偽造・変造罪とに分類される。

2　各犯罪類型

ⓐ　有印私文書偽造罪（159条1項）　　本罪は、印章もしくは署名を用いて私文書を偽造することを内容とする犯罪である。

（ⅰ）**客　体**　　他人の権利・義務・事実証明に関する文書・図画である。「他人」とは、公務所または公務員でない者をいう。必ずしも私人に限らない。自然人、法人、その他の団体であるとを問わない（大判大10・9・24刑録27・589）。外国の公務所・公務員の作成すべき文書も本罪に含まれる（最判昭24・4・14刑集3・4・541）。「他人の」文書・図画とは、他人の作成名義にかかる文書・図画をいい、その保管者が誰であるかを問わない。

権利・義務に関する文書とは、権利・義務の発生・存続・変更・消滅の効果を生じさせることを目的とする意思表示を内容とする文書および権利・義務の存否を証明する文書をいう。公法上のものであると私法上のものであるとを問わない。財産関係に関する文書であると、身分関係に関する文書であ

---

[44] この法定刑の差を身分による差別ではなく、憲法14条に反しないとした判例として、最判昭34・9・22刑集13・11・2985がある。

るとを問わない。判例によって、権利・義務に関する文書とされたものに、送金依頼の電報頼信紙（大判大11・9・29刑集1・505）、借用書（大判大4・9・2新聞1043・31）、債権譲渡証（大判大12・5・24刑集2・445）、銀行の無記名定期預金証書（最決昭31・12・27刑集10・12・1798）、ゴルフ会員券[45]（東京高判昭53・2・16高刑集31・1・22）がある。

事実証明に関する文書とは、判例によれば、実社会生活に交渉を有する事項を証明するに足りる文書である（大判明44・10・13刑録17・1713、前掲最決昭33・9・16、最決平6・11・29刑集48・7・453）。これに対して、学説においては、これを広すぎるとして、刑法の保護の対象とすべき客体は、法律的にも何らかの意味のある、社会生活の重要な利害に関係のある事実を証明しうる文書に限られるべきであるとする（大塚484頁、大谷468頁、前田545頁）。

　判例が事実証明に関する私文書としたものとして、郵便局に対する転居届（前掲大判明44・10・13）、書画の箱書（大判大14・10・10刑集4・599）、衆議院議員候補者の推薦状（大判大6・10・23刑録23・1165）、政党の機関紙に掲載された「祝発展、佐賀県労働基準局長某」という広告文（前掲最決昭33・9・16）、大学入学選抜試験の答案（前掲最決平6・11・29）、公立高校の入試答案（神戸地判平3・9・19判タ797・269）がある。自動車登録事項等証明書交付申請書（東京高判平2・2・20高刑集43・1・11）につき、「請求者がこれらの情報の入手を請求する意思を表示したことを証明するもの」とされたが、これについては、この請求が誰にでもできるものである以上、社会的に重要な事実とは思われないという批判がある（林380頁）。なお、事実証明に関する図画にあたるとされたものとして、日本音楽著作権協会の英文略称「JASRAC」を図案化したシール（東京高判昭50・3・11高刑集28・2・121）がある。

　さらに、司法書士に対し金銭消費貸借契約証書に基づく公正証書の作成の代理委嘱を依頼するに際して偽造の同契約書をあたかも真正な文書のように装って交付する行為は、161条1項にいう「行使」に当たる（最決平15・12・18刑集57・11・1167）としたものがある。その理由は、「同証書の内容、交付の目的とその相手方等にかんがみ、文書に対する公共の信用を害するおそれがあると認められる」という点にある。

（ⅱ）行　為　行使の目的で、①他人の印章・署名を使用して、権利・義務・事実証明に関する文書・図画を偽造すること、または、②偽造した他人の印章・署名を使用して、権利・義務・事実証明に関する文書・図画を偽造することである。

　「**印章**」とは、特定人の人格を表章するものをいい、たんなる記号を含ま

---

[45] ゴルフ会員券を、私文書でなくして、有価証券にあたるとした判例として、東京地判昭53・3・28判時911・166がある。

ない。書画の雅号印は、印章にあたる（前掲大判大14・10・10）。有合せ印を用いたことが、他人の印章を用いたことになるかについては、①公信力を高める性質の印章であることを要するから、この場合、他人の印章を用いたことにならないとする見解（大谷475頁）と、②一般人を一定の人の真正な印章と誤信させうる場合には、印章を使用したものというべきだとする見解（大塚485頁）とが争われている。

「署名」の意義については、自署に限るとする見解（団藤302頁、大塚485頁、大谷475）と、記名で足りるとする見解（大判明45・5・30刑録18・790）とが対立している。後説が妥当である（☞§192, 2❷）。「偽造した他人の印章若しくは署名」は、自らが偽造したものであろうと、他人が偽造したものであろうとを問わない。

判例においては、特定人を表章しうるものであれば、片仮名で氏のみを表記した場合（大判明43・1・31刑録16・74）のほか、商号（大判明43・3・10刑録16・414）、屋号（大判明43・9・30刑録16・1572）、または雅号（前掲大判大14・10・10）を用いた場合でも、印章のみを押捺したが、署名に代えたと認められる場合（大判昭12・10・7刑集16・1338）でも、代筆させた場合、または印刷された記号の場合（前掲大判明45・5・30）でも、署名にあたるとされている。なお、受験番号の記載を「署名」にあたるとした下級審判例（前掲神戸地判平3・9・19）がある。

偽造の概念については、前述したが、ここでは、これに関する最近の最高裁の判決（最決平15・10・6刑集57・9・987＝**百選96**）の事案を紹介しておこう。

被告人は、国際旅行連盟なる団体がその発給者として表示されている国際運転免許証様の文書1通を作成したが、それは、当局またはその当局が正当に権限を与えた団体でなければ、ジュネーブ条約にもとづいて国際運転免許証を発給することができないところ、その表紙に英語と仏語で「国際自動車交通」、「国際運転免許証」、「1949年9月19日国際道路交通に関する条約（国際連合）」等と印字されているなど、ジュネーブ条約にもとづく正規の国際運転免許証にその形状、記載内容等が酷似しているものであった。

（判旨）　「本件文書の記載内容、性質などに照らすと、ジュネーブ条約に基づく国際運転免許証の発給権限を有する団体により作成されているということが、正に本件文書の社会的信用性を基礎付けるものといえるから、本件文書の名義人は、『ジュネーブ条約に基づく国際運転免許証の発給権限を有する団体である国際旅行連盟』であると解すべきである。そうすると、国際旅行連盟が同条約に基づきその締約国等から国際運転免許証の発給権限を

与えられた事実はないのであるから、所論のように、国際旅行連盟が実在の団体であり、被告人に本件文書の作成を委託していたとの前提に立ったとしても、被告人が国際旅行連盟の名称を用いて本件文書を作成する行為は、文書の名義人と作成者との間の人格の同一性を偽るものであるといわねばならない」。このようにして、被告人に対し有印私文書偽造罪の成立を認めた原判決の判断を正当であるとした。

さらに、下級審の判例であるが、Aが、自己名義では消費者金融から融資を受けることができなくなっていたので、養子縁組をして姓をCに変えて運転免許証の再交付を受けて、消費者金融二社に融資の申込みをしようとして、縁組後の氏名により消費者金融業者借入基本契約書申込書等を作成提出し、キャッシングカードの交付を受けたという事案で、「融資の申込に際して行う審査の目的は、…当該申込者の人格そのものに帰属する経済的信用度を判断し、申込者が融資を受ける適格を有する者か否かを判断することにある」とし、「本件養子縁組が無効である以上、各被害会社に対し、以後の融資契約等の法律効果の帰属主体を、本件養子縁組以前のAすなわち被告人とは別個の人格であるCと偽り、その結果、融資契約等の法律効果が帰属する人格の経済的信用度を誤らせるもので、虚偽の人格の帰属主体を表示し、各文書の作成名義を偽るものにほかならず、いずれについても有印私文書偽造罪が成立する」と判示したものがある(東京地判平 15・1・31 判時 1838・158)。

(iii) 罪数・他罪との関係　公文書の偽造と私文書の偽造が、一個の行為で行われ、または手段・結果の関係において行われた場合には、単一の文書偽造罪の成立を認め、最も重い刑を規定した罰条を適用すべきであるとする見解があるが、判例は、観念的競合(大判明 43・6・23 刑録 16・1267)ないし牽連犯(大判昭 2・11・1 刑集 6・407)と解し、学説においてこれを支持する見解(大塚 486 頁)も有力である。

ⓑ 有印私文書変造罪 (159 条 2 項)　本罪は、他人が押印し、または署名した権利・義務または事実証明に関する文書または図画を変造することを内容とする犯罪である。変造は、行使の目的でなされなければならない。

ⓒ 無印私文書偽造・変造罪 (3 項)　「前 2 項に規定するもののほか」とは、他人の印章または署名のないことを意味する。すなわち、印章・署名のどちらか一方でもあれば、前 2 項によることになる(前掲大判昭 12・10・7)。

判例においては、銀行の出金票(大判明 43・2・10 刑録 16・189)、銀行の支払伝票(大判大 3・4・6 刑録 20・478)、他人が署名をした封筒に封入した署名のない文書(大判明 42・3・25 刑録 15・318)、などがある。

偽造・変造は、行使の目的で行われる必要がある。

§180　虚偽診断書等作成罪

> 医師が公務所に提出すべき診断書、検案書又は死亡証書に虚偽の記載をしたときは、3年以下の禁錮又は30万円以下の罰金に処する（160条）。

1　意　義
虚偽私文書作成を罰する規定である。私文書の無形偽造は、本条の場合にのみ処罰され、法定刑も軽い。

2　主　体
本罪は、身分犯であり、主体は、医師（医師法2条）である。改正刑法草案231条の存在を根拠に、歯科医師も含むとする見解（大塚487頁、佐久間228頁）があるが、含まないと解すべきである（香川287頁）。私人たる医師に限られる。公務員である医師には、虚偽公文書作成罪（156条）が成立する（最判昭23・10・23刑集2・11・1386参照）。

3　客　体
客体は、公務所に提出すべき診断書・検案書・死亡証書である。「提出すべき」とは、自ら提出する場合、他人によって提出される場合を問わない（大判大5・6・26刑録22・1179）。「診断書」とは、医師が診断の結果に関する判断を表示して人の健康状態を証明するために作成する文書をいう（大判大6・3・14刑録23・179）。「検案書」とは、死体につき死亡の事実、死因、死期、死所等を医学的に確認する文書をいう。「死亡証書」とは、生前から診察していた医師が、死亡の事実を確認する文書をいう。医師法20条にいう「死亡診断書」のことである。

4　行　為
「**虚偽の記載**」とは、真実に反する記載および自らの医学的判断に反する記載を意味する。死亡診断書に、柿の木から墜落して脳障害をおこして死亡したのに、脳溢血によって病死したと虚偽の死亡原因を記載すること（大判大12・2・24刑集2・123）、また、死亡日時・時刻を偽って記載すること（大判昭13・6・18刑集17・484）が、事実に反する記載の例である。安静加療を要すると判断しないのに、これを要すると記載するのが、自らの医学的判断に反する記載の例である。医師が診断書の記載内容が客観的に真実であるのに虚偽であると誤信して、それを作成した場合には、客観的に真実に反するわけ

第 2 節　文書偽造の罪　　§181　偽造私文書・虚偽診断書等行使罪　641

ではないので、本罪を構成しない（前掲大判大 5・6・26）。本罪の成立に「行使の目的」が要件となっているかどうかについては、通説はこれを要求する（大塚 488 頁、大谷 477 頁）。「公務書に提出すべき」という文言から、目的犯と解するのである（反対=香川 288 頁）。

　本罪の既遂は、虚偽の診断書等が作成されたときである。公務所に提出されたかどうかを問わない。

§181　偽造私文書・虚偽診断書等行使罪

> 前 2 条の文書又は図画を行使した者は、その文書若しくは図画を偽造し、若しくは変造し、又は虚偽の記載をした者と同一の刑に処する（161 条 1 項）。前項の罪の未遂は、罰する（同条 2 項）。

1　意　義

　偽造・変造された私文書・私図画、医師が虚偽の記載をした公務所に提出すべき診断書・検案書・死亡証書の行使を罰する規定である。

　本罪の客体たる私文書・私図画・診断書等は、行使の目的をもって偽造・変造・虚偽記載されたものであることを要しない（大判明 43・10・18 新聞 682・27）。虚偽の記載にかかる診断書・検案書・死亡証書の行使は、公務所に提出することによる。

2　罪　数

　偽造・変造・虚偽作成の罪と本罪とは牽連犯の関係に立つ（大判明 43・1・27 刑録 16・38）。偽造にかかる私文書を行使して金員を詐取した場合、本罪と詐欺罪の牽連犯となる（大判明 43・12・16 刑録 16・2227、最決昭 42・8・28 刑集 21・7・863）。また、他人の印章・署名を使用して委任状を偽造し、これを行使して、公務員に公正証書の原本に不実の記載をさせたうえ、さらに行使するときは、判例は、私文書偽造罪、偽造私文書行使罪、公正証書原本等不実記載罪および不実記載公正証書原本行使罪の牽連犯とする（大判明 42・3・11 刑録 15・210）。ただし、先に述べたように、公正証書原本等不実記載罪と不実記載公正証書原本行使罪が観念的競合であると解する見解からは、この両罪は、観念的競合である。全体的には牽連犯となり、一罪として処断される（大谷 459 頁）。

§182　電磁的記録不正作出罪

> 人の事務処理を誤らせる目的で、その事務処理の用に供する権利、義務又は事実証明に関する電磁的記録を不正に作った者は、5年以下の懲役又は50万円以下の罰金に処する（161条の2第1項）。
> 前項の罪が公務所又は公務員により作られるべき電磁的記録に係るときは、10年以下の懲役又は100万円以下の罰金に処する（同条2項）。

1　意　義

　本罪は、電磁的記録の不正な作出を処罰する規定である。電子的情報処理システムの発達により情報の保存・伝達・証明は、文書に代わって電磁的記録によって行われうるようになり、それによって大量の情報を迅速かつ確実に処理しうるようになった。それとともに、社会的に重要な事項の証明に、文書に代わって電磁的記録が用いられることが多くなり、その社会的信用をも保護する必要が出てきた。そこで、本罪は、電磁的記録の証明機能の保護と電磁的記録に対する公共の信用の保護を図る趣旨に出たものである。電磁的記録は、文書と違って、それ自体としては可視性・可読性を欠き、しかもその作成過程に複数の人の意思や行為が関与することがあり、文書と同様の作成名義を観念することが困難なこともあって、昭和62年の改正により刑法の中に本罪が新設されたのである。[46]

　人の権利・義務または事実証明に関する電磁的記録を客体とする私電磁的記録不正作出罪（161条の2第1項）と公務所または公務員によって作られるべき電磁的記録を客体とする公電磁的記録不正作出罪（同条2項）とに分けられ、後者を加重処罰している。

　昭和62年のコンピュータ犯罪に関する刑法の一部改正以前にすでに、電磁的記録に蓄積されたデータの改ざんが、判例上問題になっていたが、その際、判例は、文書偽造罪の成立を肯定する姿勢を見せた。例えば、下級審の判例は、キャッシュカードの磁気ストライプ部分の改ざんにつき、「電磁的記録物も一定のプロセスにより必ず

---

[46] 当時の文献として、米沢慶治編『刑法等一部改正法の解説』（1988年）、中山研一・神山敏雄編『コンピュータ犯罪等に関する刑法一部改正』（改訂増補版・1989年）、「特集・コンピュータ犯罪とデータの保護」刑雑28巻4号（1988年）467頁以下。なお、山口厚「電磁的記録と文書犯罪規定の改正——電磁的記録の不正作出（161条ノ2）を中心に」ジュリ885号（1987年）5頁以下、神山敏雄「電磁的記録不正作出罪」基本講座6巻241頁以下。

確実に文書として再生され、電磁的記録物と再生された文書とは一体不可分な関連を有するのであるから、……文字その他の符号によって表示され視覚可能といって支障はない」とし、可視的・可読的な文書として再生されるジャーナルレシートと磁気ストライプ部分との一体不可分な関連を認めて磁気ストライプ部分の文書性を肯定した（大阪地判昭 57・9・9 刑月 14・10・776 ＝近畿相互銀行事件）。その後、最高裁は、電子情報処理組織によって登録される電磁的記録物たる「自動車登録ファイル」への不実の記録につき、公正証書原本等不実記載罪の成立を認めた（最決昭 58・11・24 刑集 37・9・1538）。この最高裁決定の以前にも、自動車登録ファイルについて、下級審の判例がいくつかあった（名古屋高金沢支判昭 52・1・27 刑月 9・1＝2・8、広島高判昭 53・9・29 刑月 10・9＝10・1231）が、それらの判例の中では、電磁的記録物もプリントアウトすれば文書として再生されることも[47]根拠として挙げられていたが、この判例が、電磁的記録物の文書性を肯定したものか、文書性を欠くところがあっても道路運送車両法等により「公正証書の原本」であることが認められる（谷口裁判官の補足意見）としたのかについては争いがあった。

2 私電磁的記録不正作出罪（1項）

人の事務処理の用に供する権利・義務または事実の証明に関する電磁的記録を不正に作出する行為を罰する規定である。

電磁的記録とは、①電子的方式、磁気的方式、その他人の知覚をもって認識できない方式によって作られ、②電子計算機による情報処理の用に供されるものをいう（7条の2）。

「人の事務処理」における「人」とは、行為者以外の私人をいう。自然人でも法人でもよい。「事務」とは、財産上、身分上その他人の社会生活に影響を及ぼしうる性質の仕事をいう。「権利、義務又は事実証明に関する」電磁的記録であることを要する。「権利、義務に関する」とは、権利・義務の発生・存続・変更・消滅に関する内容のものであることを意味し、「事実証明に関する」とは、社会生活上の重要な利害に関する内容のものであることを意味する。

行為は、電磁的記録を不正に作ることである。「不正に作る」とは、電磁的記録作出権限者の意図に反して権限なく電磁的記録を作出することをいう[48]。電磁的記録作出権者とは、コンピュータ・システムを設置・管理し、そ

---

[47] 広島高裁は、「転々流通する通常の文書とは異る性質」をも併せ考えて、「少くとも公正証書としての文書性を肯定するのが相当」とする。

[48] 次に詳論するように、無形偽造的態様の不正作出をも含むと解する説からも、例えば、企業の経営者が法人税を脱税するため、自社の取引状況について税務署員を欺く目的で、その管理する電磁的記録に内容虚偽のデータを入力しても本罪にあたらないとされる。それは、電磁的記録作出

れによって一定の事務処理を行おうとしている者をいう。

　文書偽造の罪においては、作成権限のない者による「有形偽造」と作成権限のある者による「無形偽造」(虚偽作成)が区別して規定されたが、問題は、本罪においても、それに対応するような区別が考慮されるべきか、そうではないかである。注意すべきは、その際、「不正に作る」という行為は、公電磁的記録不正作出罪(2項)にも共通であることである。すなわち、もし、不正作出に、権限者が作成する場合、つまり無形偽造にあたる場合が含まれないとするなら、権限のある者による公電磁的記録不正作出も処罰されないことになることである。学説上は、不正作出の概念を、公電磁的記録については虚偽作成の場合を含むと解するが、私電磁的記録については、これを含まないと解するもの(神山・基本講座6巻250頁)があるが、同一概念を1項と2項で区別して解釈するのは概念上の混乱を招くがゆえに、不当である。したがって、①公電磁的記録に対する公共の信用性が、公文書に比べて低くはなく、権限者によるデータ入力の内容の真実性も保護に値することから、解釈の整合性を考慮して、私文書に比べて保護を厚くしたとみるべきであって、私電磁的記録の不正作出には、権限者による内容虚偽の電磁的記録の作出の場合をも含むと解する見解(米沢・刑法等の一部改正法の解説(的場)113頁、大塚490頁、中森206頁、前田549頁、山口477頁)を採るか、②私文書については、作成権限者が内容虚偽の電磁的記録を作出することを処罰するとなれば、処罰範囲が不当に拡大されるから、1項と2項の解釈の整合性を考慮して、公電磁的記録の虚偽作成(無形偽造の態様)にあたる場合も不処罰としたものと解するか(団藤687頁、大谷479頁以下、平川457頁、曽根255頁、林385頁)の選択肢が残る。後説が妥当である。

　本罪にいう「不正作出」の事例として、キャッシュカードの磁気ストライプ部分の預金情報の改ざん(東京地判平元・2・17判タ700・279)、その暗証番号等の不正な印磁(東京地判平元・2・22判時1308・161)、勝馬投票券の裏の払戻事務処理用の磁気記録部分の的中組番号などへの改ざん(甲府地判平元・3・31

権者自身の意図による行為であって、不正に作ったものではないというのである(大塚490頁以下)。したがって、無形偽造的態様の「不正」作出は、作成権者から権限を与えられた者が、その権限を濫用して(つまり、意図に反して)作出した場合のみであるということになる。

[49] 本説は、前述のところから明らかなように、「不正に」の意義について、「権限なしに」というだけではなく、「権限を濫用して」という場合をも含むと解する。

判時1311・160)、パソコン通信のホストコンピュータ内の顧客データベースファイルに記録された他人の住所等の改ざん(京都地判平9・5・9判時1613・157)がある。

「人の事務処理を誤らせる目的」で行われることを要するのであって、本罪は目的犯である。この「目的」を要求することによって、本罪の成立範囲を限定するものである。「人の事務処理を誤らせる」とは、当該電磁的記録によって事務処理が行われた場合に、それによって他人の正常な事務処理を害し、電磁的記録作成権者の本来意図していたものとは異なったものとなることをいう。したがって、他人の電磁的記録に記録されているデータを無断でプリントアウトしたり、新たな電磁的記録としてコピーしたりするだけでは本罪が成立しない。

3 公電磁的記録不正作出罪（2項）

客体が、「公務所又は公務員により作られるべき電磁的記録」である場合には加重処罰される。公電磁的記録の社会的信用性が大きく、またその証拠力も高く、したがって、私電磁的記録より厚い保護を必要とするからである。公電磁的記録には、自動車登録ファイル、特許登録ファイル、住民基本台帳ファイルなどがある。

§183 不正作出電磁的記録供用罪

> 不正に作られた権利、義務又は事実証明に関する電磁的記録を、第1項の目的で、人の事務処理の用に供した者は、その電磁的記録を不正に作った者と同一の刑に処する（161条の2第3項）。前項の罪の未遂は、罰する（同条4項）。

1 意 義

不正に作出された権利・義務または事実証明に関する電磁的記録を、人の事務処理を誤らせる目的で、「人の事務処理の用に供」する行為を処罰する。これには、不正作出公電磁的記録供用罪（10年以下の懲役または100万円以下の罰金）と不正作出私電磁的記録供用罪（5年以下の懲役または50万円以下の罰金）との二つの態様がある。

2 客体・行為

本罪の客体は、**不正に作出された権利・義務または事実証明に関する電磁的記録**である。人の事務処理を誤らせる目的をもって作出されたものであること

を要しない。「事務処理の用に供」するとは、不正に作出された電磁的記録を電子計算機において事務処理のために使用しうる状態に置くことをいう。「供用」は、「行使」が人に対するものであるのに対して、電子計算機に使用されて人の事務処理に用いられることをいう。実行の着手時期は、供用行為が開始されたときにある。不正に作出された電磁的記録が電子計算機に装着されて、直ちに人の事務処理に用いうる状態を作ることが必要である。したがって、不正に作出された電磁的記録を他人に交付するだけでは足りない。不正に作出された当該電磁的記録が、当該システムの中で、いつでもその事務処理に用いられる状態に達したときには、既遂となる。

本罪は、目的犯であり、「人の事務処理を誤らせる目的」が必要である。権限なく作出された電磁的記録であっても、内容が真正であれば、証明機能を害するおそれがない場合があるので、そのような場合を不可罰とする趣旨である（大谷484頁参照）。

3 未遂

未遂罪は、処罰される。供用行為の開始によって未遂罪となる。例えば、磁気ストライプ部分を不正に作出したキャッシュカードを現金自動支払機（ATM機）に挿入しようとしたが、できなかった場合、あるいは、電磁的記録の記録された磁気ディスクを虚偽のものに差し替えようとしたが、これを遂げなかった場合には、未遂である。

4 罪数・他罪との関係

電磁的記録不正作出罪と本罪は牽連犯である。キャッシュカードを不正に作出し、これをCD機に差し込んで現金を引き出したときは、私電磁的記録不正作出罪、不正作出電磁的記録供用罪および窃盗罪の牽連犯となる（前掲東京地判平元・2・17）。本罪と電子計算機損壊等業務妨害罪（234条の2）および電子計算機使用詐欺罪（246条の2）とは観念的競合である（大塚493頁）。

第3節　有価証券偽造の罪

§184　総説

有価証券偽造の罪（第18章）は、行使の目的で有価証券を偽造・変造・虚偽記入することを処罰する。その保護法益は、有価証券に対する公共の信用

第 3 節　有価証券偽造の罪　　§185　有価証券偽造罪◇　647

である。その罪のもとには、有価証券偽造罪（162条1項）、有価証券虚偽記入罪（同条2項）、偽造有価証券等行使罪（163条1項）、および同未遂罪（同条2項）が規定されている。

　有価証券偽造の罪は、現行刑法においては、「文書偽造の罪」の章の次に独立の章を設けて規定されている。[1]旧刑法（204条、209条）においては、文書偽造の罪の中に規定されていたのが、現行法では、文書偽造の罪の特別罪とみられることになったのである。しかし、有価証券は、手形や小切手に代表されるように、経済取引の重要な手段として利用され、その意味では通貨に類似する機能を果たしている。刑法改正草案がこの罪を通貨偽造の罪と文書偽造の罪の中間に位置づけている（第2編17章）ことは、このような有価証券の機能に着目したものである。[2]そこで、体系書においても、有価証券偽造の罪を通貨偽造の罪と文書偽造の罪の間に配置するものが多い（団藤257頁、平野258頁、大塚422頁、内田555頁、西田335頁、前田496頁）。確かに、現行刑法における有価証券偽造の罪の法定刑は、通貨偽造の罪に比べて一般に軽いが、私文書偽造罪よりは重く、また、輸入罪や交付罪を処罰している点でも、私文書偽造罪よりは保護を厚くしているといってよい。しかし、それは、いまだ文書偽造の罪の特別罪としての性格を奪い去るものではなく、また、解釈上、文書偽造の罪の後に論ずる方が理解しやすいと思われる。そこで、本書では、現行刑法の体系に従って叙述する（中240頁、大谷485頁、中森208頁、林385頁）。

　　特別罪として、外国に於て流通する貨幣紙幣銀行券証券偽造変造及模造に関する法律1条―6条、通貨及証券模造取締法1条、2条、紙幣類似証券取締法1条、3条、印紙犯罪処罰法1条―3条、印紙等模造取締法1条、2条がある。

§185　有価証券偽造罪

　行使の目的で、公債証書、官庁の証券、会社の株券その他の有価証券を偽造し、又は変造した者は、3月以上10年以下の懲役に処する（162条1項）。

---

[1] 現行規定の成立過程については、山火正則「現行『有價證券偽造の罪』規定の成立過程」福田＝大塚古稀（下）531頁以下参照。
[2] ドイツ刑法は、通貨偽造（146条）や公的証券（amtliches Wertzeichen）の偽造（148条）の後に、一定の有価証券の偽造の処罰規定（151条）を置いている。

1 客体

ⓐ 有価証券の意義　本罪の客体は、**公債証書、官庁の証券、会社の株券その他の有価証券** である。有価証券とは、財産上の権利が証券に表示され、その表示された権利の行使につきその証券の占有を必要とするものをいう（大判明 42・3・16 刑録 15・261、最判昭 32・7・25 刑集 11・7・2037、最決平 3・4・5 刑集 45・4・171）。その表章する財産権は、債権であると、物権であると、その他の権利であるとを問わない。表示の方式は、無記名式（商品券など）、指図式（手形・小切手など）、指名式（記名債権など）を問わない。有価証券の多くは、流通性を有するが、[3]鉄道乗車券（大判大 3・11・19 刑録 20・2200）、勝馬投票券（東京高判昭 34・11・28 高刑集 12・10・974、反対：大判昭 9・3・3 刑集 13・362）、などのように流通性を欠くものでも有価証券とされるものがある（前掲最判昭 32・7・25）。[4]本罪における有価証券は、わが国内で発行され、または流通するものに限られ、外国において発行され、かつ、外国においてのみ流通するものを含まない（大判大 3・11・14 刑録 20・2111）。しかし、外国において発行されても、わが国で流通する有価証券（最判昭 28・5・29 刑集 7・5・1171）、外国で流通するが、わが国において発行された有価証券は、本罪によって保護される（大塚 424 頁）。有価証券の発行権者は、公的機関であると、私人であるとを問わない。

　公債証書、官庁の証券、会社の株券は、有価証券の例示である。「**公債証書**」とは、国または公共団体の債務を証明するために、国または公共団体が発行した証券である。これには、国債、地方債がある。「**官庁の証券**」とは、官庁の名義で発行される有価証券をいう。（旧）大蔵省証券、郵便為替証書（大判明 43・5・9 刑録 16・821）がその例である。「**会社の株券**」とは、株式会社の発行した株主としての地位を表章する有価証券である。「**その他の有価証券**」としては、手形（前掲大判明 42・3・16）、小切手（大判明 42・10・7 刑録 15・1196）、貨物引換証（大判大 10・2・2 刑録 27・32）、預証券（大判大 12・2・15 刑集

---

[3] 流通性を欠くがゆえに、有価証券性を否定されたものとして、大判明 42・11・11 刑録 15・1554（採炭切符）、大判昭 6・3・11 刑集 10・75（郵便貯金通帳）がある。

[4] 本判決は、本条の有価証券とは、「取引上流通性を有すると否とは刑法上は必ずしもこれを問わない」とする。なお、商法上の有価証券の定義については、近時、「権利の移転及び行使に証券を要するもの」ないし「権利の譲渡に証券を必要とするもの」などとされているが、商法学上の有価証券概念は「証券としての流通性を重視している」点で共通性がみられる（原田國男・最判解・平 3 年度 135 頁以下参照）。

第3節　有価証券偽造の罪　§185　有価証券偽造罪◇　649

2・73)、倉荷証券（大判大12・11・9新聞2197・20)、船荷証券のように私法上有価証券とされるもののほか、鉄道乗車券（前掲大判大3・11・19)、電車定期乗車券（前掲最判昭32・7・25)、宝くじ（最決昭33・1・16刑集12・1・25)、勝馬投票券（前掲東京高判昭34・11・28)、競輪の車券（名古屋高判昭27・12・22高刑特30・23)、クーポン券（福岡高判昭42・8・11下刑集9・8・1038)、外国貿易支払票（前掲最判昭28・5・29)、増資新株式申込証拠金領収書（大判昭34・12・4刑集13・12・3127)、ゴルフクラブの会員証（東京地判昭53・3・28判時911・166)、パチンコ店の発行する景品交換に応ずる玉数を記した紙片（東京地判昭58・9・12刑月15・9・475）などがある。その他、商品券、入場券が有価証券とされる。

　　最近の判例では、アイドルグループの一人と握手することができるという内容の財産上の権利が表象された握手券を偽造し、交付したとして、有価証券偽造・同行使罪を肯定したものがある（東京地判平22・8・25LLI/DB)。
　判例上、有価証券性が否定されたものとしては、郵便貯金通帳（前掲大判昭6・3・11)、信用組合の出資証券（大判昭6・12・15新聞3366・17)、ゴルフクラブの入会保証金預託証書[5]（最決昭55・12・22刑集34・7・747)、がある。その他、契約証書、手荷物預り証、下足札も有価証券ではなく、印紙、郵便切手も有価証券ではない。その偽造は、印紙犯罪処罰法、郵便法などの規定によって処罰される。

❻　テレホンカードの有価証券性　　テレホンカードとは、電磁的方法によって記録された金額に応じた対価をあらかじめ得て、発行される証票であるいわゆる**プリペイドカード**の一種であって、NTTが発行するカードであり、カード式公衆電話機に挿入して利用し、利用度数に応じてカードの裏面に印磁された残度数が電話機に表示されるシステムの電話料金の支払手段をいう。[6]

問題点　　このテレホンカードの電磁的記録を、販売ないし使用の目的で、不正に改ざんする行為が、有価証券偽造罪にあたるかどうかが問題とな

---

[5] ゴルフクラブの入会保証金預託証書については、東京地判昭52・3・14判時875・124は、有価証券性を肯定していたが、東京高判昭53・2・16高刑集31・1・22は否定していた。昭和55年のこの最高裁判例により、有価証券性が否定された。
[6] 前掲最決平3・4・5は、テレホンカードの仕組みを説明し、「その発行時の通話可能度数及び残通話可能度数を示す度数情報並びに当該テレホンカードが発行者により真正に発行されたものであることを示す発行情報は、磁気情報として電磁的方法により記録されており、券面上に記載されている発行時の通話可能度数及び発行者以外の右情報は、券面上の記載からは知り得ないが、残通話可能度数については、カード式公衆電話機にテレホンカードを挿入すれば、度数カウンターに赤色で表示され、右の発行情報もカード式公衆電話機内に内蔵されたカードリーダーにより読み取ることができるシステムとなっている」とする。

った。テレホンカードの「有価証券」性、およびテレホンカードの「行使」の意義が論じられ、判例は、これを肯定して、テレホンカードの偽造に有価証券偽造罪を適用した。ここでは、この問題を取り上げるが、この問題は、実は、平成13年の刑法改正により「第18章の2　支払用カード電磁的記録に関する罪」の新設により **立法的に解決** された（☞§188以下）。この新設された規定の意義については、次節で詳論するが、まず、改正前の有価証券偽造罪の適用可能性の議論を紹介しておこう。

　この問題を考察する前提として、以下の4点の確認を出発点としよう。第1に、昭和62年の刑法の一部改正により「有価証券の罪」の章には、「電磁的記録」の不正作出に関する行為の処罰規定が新設されなかったことである。第2に、テレホンカードの電磁的記録部分の不正作出は、163条の2の不正作出罪（1項）、それを電話機に挿入して使用する行為は、供用罪（2項）にあたり、また、電子計算機使用詐欺罪（246条の2）にもあたりうるということである。第3に、しかし、いわゆる偽造テレホンカードは、偽造した犯人自身が使用する目的でではなく、それを偽造カードと知っている他人に販売する目的で作成されることであり、文書偽造の罪（電磁的記録不正作出罪）には、これに対応しうる「交付」行為の処罰規定がないが、有価証券偽造の罪にはあることである。第4に、有価証券偽造の罪の法定刑は、電磁的記録不正作出罪よりも重いということである。

　判　例　テレホンカードの有価証券性に関する **判例** をみておくと、平成に入って、これに関する多くの下級審の判例が出されたが、積極説を採る多数の判例（東京地判平元・8・8判時1319・158、千葉地判平元・10・12判時1332・150など）の中に消極判例[7]（千葉地判平元・11・2判時1332・160、千葉地判平2・2・22公刊物未登載）もみられ、また積極説の中でも、有価証券性の肯定の理由はさまざまであった。以上に掲げた無罪判決はすべて高裁で破棄された。**平成3年になって、最高裁判例** が積極説を示し、判例上は問題の決着を見た。

　磁気情報部分と券面の一体性　　最高裁は、テレホンカードの「磁気情報部分並びにその券面上の記載及び外観を一体としてみれば、電話の役務の提供を受ける財産上の権利がその証券上に表示されていると認められ、かつ、これをカード式公衆電話機に挿入することにより使用するものであるから、テ

---

[7] 東京地判平元・9・28判時1325・158は、有価証券性は肯定するが、「行使の目的」はこれを否定することによって、有価証券偽造罪の成立を否定した。

レホンカードは、有価証券に当たると解するのが相当である」(前掲最決平3・4・5)としたのである。[8]

このように、最高裁は、磁気情報部分と券面上の記載および外観との「**一体説**」によってテレホンカードの有価証券性を肯定した。そこで、券面上の記載を一切欠くいわゆる**ホワイトカード**および磁気情報をまったく含まないがテレホンカードの外観を有するいわゆる**空カード**が、有価証券かどうかという問題が残された。前者の問題については、すでに「補足意見」において、その有価証券性を肯定しえないが、これを不可罰とするのは均衡を失するので、立法的解決が望ましいとする意見が述べられていた。ホワイトカードについては、このように、一体説からは有価証券性が否定されることにつながる。空カードについては、磁気部分が空でも、真正なテレホンカードと誤信させるに足りる外観を具備するとして、有価証券性を肯定されうるといってよい。

下級審の判例においては、これとの関連で、カードの外観上有価証券性が問題となる場合として、改ざんされたテレホンカードに**パンチ穴**が空けられ、裏面にはそれを塞ぐため黒色の磁気テープを張った事案について論じ、「一見明白に不正に作出されたとわかるカードであれば、……社会一般のテレホンカードに対する信用を害するおそれはない」として、有価証券性を否定した判例(名古屋地判平5・4・22判タ840・234)があり、他方、同様に**アルミ箔様のテープ**が張られていたという場合に、「カード上の記載や外観においては一般人をして真正に作成されたものと誤信させるに足りる程度のものと認められる」として、変造有価証券性を肯定したもの(東京高判平6・8・4判時1524・151)がある。なお、パチンコ店で使用されるプリペイドカードであるいわゆるパッキーカードについて有価証券性を肯定した判例として、東京高判平6・8・17判時1549・134がある。

学　説　①有価証券を文書の一種であるとし、昭和62年の刑法の一部改正により電磁的記録は文書でないとされるに至ったのであるから、可視性・可読性のない磁気部分に本質のあるテレホンカードは有価証券でないとする**消極説**(山口・ジュリ951号52頁、曽根258頁、西田341頁、山中「プリペイドカード関連犯罪」法教132号29頁)がある。**積極説**は、有価証券性を、テレホンカードの磁気部分に認めるか、それと券面の記載部分との両者に認めるかによって、二つに分かれる。②**磁気部分説**は、電磁的記録も有価証券となりうるとし、財産権を化体しているのは電磁的記録部分であるから、その部分が有価証券であるとする(古田・研修495号44頁以下)。したがって、ホワイトカードも有価証券である。③**一体性説**(大塚425頁、大谷489頁、前田496、498頁以下、

---

[8] この決定では、さらに、「従来、有価証券が文書であると考えられてきたのは、一般に文書の形態のものしか存在しなかったからであるにとどまり、文書でないものは有価証券に当たらないと解することはできない」という。

木村光江「有価証券偽造罪—変造テレホンカードの問題を中心に」基本講座6巻258頁）は、前掲の最高裁判例のとる立場で、両者が一体として有価証券であるとする。

立法的解決　有価証券は、文書の一種であり、**可視性・可読性**を必要とする。昭和62年の刑法の一部改正によって「電磁的記録」についての処罰規定の設けられなかった「有価証券偽造の罪」の章における「文書」としての有価証券の概念は、解釈に委ねられたのではなく、むしろ、電磁的記録をも文書とする解釈を封じたのである。したがって、消極説が妥当である。電磁的記録不正作出罪による処罰が不十分であるとすれば、立法的解決を図る必要がある。かくして、立法的解決が図られ（☞§188以下）、前記平成3年最高裁決定は判例としての効力を失った。

2　行　為

行使の目的で有価証券を「偽造」「変造」することである。

ⓐ 偽　造　「偽造」とは、作成権限のない者が他人名義の有価証券を作成することをいう。一般人をして真正の有価証券であると誤信させるに足りる外観を備えることが必要である。必ずしも法律の定める要件を完備していることを要しない。例えば、振出地の記載のない約束手形（東京高判昭58・5・26東高刑時報34・4=6・18）、あるいは、裏書の連続を欠く手形を作成する場合でもよい。

作成権限の濫用か逸脱か　作成権限を逸脱する場合は、有価証券偽造が成立するが、権限を濫用するにすぎない場合には、偽造ではなく、背任罪の成立が問題となる。株式会社の取締役が辞任後、その登記前に取締役名義を冒用して約束手形を振り出した場合（大判大15・2・24刑集5・56）、会社を代表して手形を振り出す権限のない社員による手形の作成の場合（最決昭40・6・3刑集19・4・431）、株式会社の代表取締役が、前代表取締役の署名を冒用して株券を作成した場合（福岡高判昭47・12・25高刑集25・6・975）には、権限を逸脱しており、偽造が認められる。

有価証券の一般的作成権限を有する者が、その**権限の範囲を超えて**、有価証券を作成する場合には、偽造となる。会社の取締役は、一般的に包括的な有価証券の作成権限が与えられていることがあるが、その場合でも、その権限外の目的での有価証券の発行は、偽造になる。例えば、銀行の取締役が銀行の業務と無関係な事項に関して手形の裏書をして、銀行印を押捺した場合は、偽造である（大判明43・4・19刑録16・633）。

判例 このような**包括的権限**が与えられている場合につき、**大審院**の判例は、当初、会社の目的外の目的での有価証券の作成の場合、例えば、贈賄目的の場合（大判明45・7・4刑録18・1009）や、自己または第三者の利益を図る目的の場合（大判大3・12・17刑録20・2426）には、偽造罪を構成するとした。しかし、大正11年に、大審院は、銀行支配人がその作成権限を濫用して有価証券を作成した場合につき、その**判例を変更**した。「他人の代表者または代理人が、その代表名義もしくは代理名義を用いてまたは直接本人の商号を使用して、文書を作成する権限を有する場合に、たまたまその地位を濫用してたんに自己または第三者の利益を図る目的をもってほしいままにその代表もしくは代理名義または直接本人の商号を用い、文書を作成したるときといえども、文書偽造罪は成立するものにあらず。何となれば、その目的が本人のためにすると、はたまた自己または第三者の利益を図るためにするとは、これただ本人と代表者または代理人との間における内部関係たるにとどまり、外部関係においては何等の差別あるものに非ず」というべきだからである（大連判大11・10・20刑集1・558）。その一方、大審院は、一般的権限を有しない作成補助者が、その権限を逸脱して有価証券を作成した場合には本罪の成立を肯定していた（大判大11・12・6刑集1・736）。

作成権限の内部的制限 包括的権限を有する者の一般的作成権限に、**目的、限度、方式等の制限**が付されているときに、これに違反してなされた作成行為は、偽造を構成するのであろうか。これについて、**最高裁**は、**漁業共同組合の参事**が、形式上支配人としての地位を有し、手形作成に起案者・補佐役として関与していたが、組合長名義で振り出す約束手形の作成権限は、すべて専務理事に属することになっていたとき、専務理事の承認を得ないで融通手形を作成した事案につき、たんに「手形作成権限の行使方法について内部的制約があったというにとどまるものではなく、実質的には同人に右手形の作成権限そのものがなかったとみるべきである」として、有価証券偽造罪の成立を認めた（最決昭43・6・25刑集22・6・490＝**百選93**）。

学説においては、代理権に内部的制限を加えた場合でも、会社法11条3項の準用（水産業協同組合法46条参照）により、第三者に対抗できず、私法上手形が有効となる場合には、本罪の成立を認める必要がないともいいうる（町野312頁参照）。しかし、善意者保護の規定は、個別的救済を図るものにすぎず、また、有価証券の受領者に「善意」の立証責任を負わすものであり、この場合でも有価証券の公共の信用はやはり害されているとして、実質的にみて作成権限があるかどうかによるべきで、私法上の相対的有効性によって本罪の成否が左右されるべきではないという見解が唱えられている（西田

312頁)。この見解は、作成権限の濫用か逸脱かによって区別する判例の立場を踏襲しようとするものである。内部的制約がある場合については、その内部的制約が権限を否定する場合には本罪が成立するが、たんに権限の行使方法についての手続的制約にすぎない場合には本罪は成立しないとする（藤木・注釈4巻198頁、西田338頁参照）。基本的には、私法上の効果ではなく、作成権限の逸脱があったか否かによって、偽造の有無を判断すべきである（山口484頁以下参照）。

作成名義人の実在と表示　原則として、偽造される有価証券には作成名義人の表示が必要である。しかし、一般人が真正に成立した有価証券であると**誤信するに足りる程度の外観**を備えていれば必ずしも発行名義人の記載は必要でない（前掲最判昭28・5・29）。架空人名義でもよいかについて、**大審院**の判例は、名義人の実在することを必要としていた（大判明43・11・18刑録16・2022）が、**最高裁**は、**架空人名義**の有価証券であっても偽造罪が成立するものとした。有価証券に対する公共の信用を保護する趣旨から、真正に成立したと誤信させる外観を備えていれば架空人名義であっても有価証券偽造罪は成立すると解する最高裁の立場が妥当である。

最高裁の判例には、**実在しない名義人**を記載した約束手形について、「たとえ、その名義人が実在しない仮空の者であり、また、その記載事項の一部が真実に合致しないものであっても、その偽造罪の成立を妨げないものと解するを相当とする」としたもの（最大判昭30・5・25刑集9・6・1080）があり、その他、設立準備中の会社の代表取締役名義の約束手形（最判昭38・12・6刑集17・12・2443）、死者名義の約束手形（最決昭39・12・25判時401・66）について有価証券偽造罪を認めたものがある。

ⓑ 変 造　「変造」とは、権限なく、真正かつ有効な有価証券の記載内容を変更することをいう。例えば、他人振出名義の小切手の振出日付を変更する行為（大判大3・5・7刑録20・782）、ないし金額欄の金額数字を改ざんする行為（最判昭36・9・26刑集15・8・1525）がそうである。なお、テレホンカードを有価証券と解する判例の見解によれば、その磁気情報部分に記録された通話可能度数を権限なく改ざんする行為は「変造」にあたる[9]（前掲最決平3・4・5)。

有効な有価証券の記載内容に変更を加えることが必要である。したがって、

---

[9] 一般人をして真正な証券と誤信させるおそれがあるかどうかが問題である。この立場に立てば、券面は、外観・形式上、何らの変更もないので、一般人が真正なものと誤信するおそれがあるといえるであろう。

失効した有価証券を、新たに効力を発したものであるかに見せかけ、または別個の権利関係を表示する有価証券を作り出す場合には、変造ではなく、偽造である。例えば、通用期限が経過して無効となった乗車券の有効期限の記載を改ざんして、有効なもののように見せかける行為は、偽造である（大判大 12・2・15 刑集 2・78）。テレホンカードの磁気部分を券面部分と一体として有価証券とする見解によれば、使用済のカードを用いて再び使用可能なものにする行為は、変造ではなく、偽造である。結局、変造と偽造の区別は、有価証券の本質部分に変動を生じさせるかどうかによる。したがって、変造は、有価証券の本質部分に変動を生じさせることなく、その同一性を保つことを必要とする。宝くじの当せん確定後、空くじの番号を当せん番号に改ざんする行為は、本質部分に改ざんを加える行為であり、変造ではなく、偽造である（福岡高判昭 26・8・9 高刑集 4・8・975）。

ⓒ 行使の目的 「行使の目的」が必要である（目的犯）。行使の目的とは、真正の有価証券として使用する目的をいう。必ずしも流通輾転させる目的であることを要しない（大判明 44・3・31 刑録 17・482）。他人に行使させる目的であってもよい（大判大 15・12・23 刑集 5・584）。

§186 有価証券虚偽記入罪

> 行使の目的で、有価証券に虚偽の記入をした者も、前項と同様とする（162 条 2 項）。

1 客体

有価証券である。必ずしも、私法上有効なものであることを要せず、一般人が真正な有価証券と誤信するに足りる程度の外観・形式を備えるものであればよい（大判明 43・2・1 刑録 16・97）。無効の貨物引換証（大判大 2・6・30 刑録 19・733）、設立無効の会社の株券（大判大 14・9・25 刑集 4・547）、偽造の約束手形（前掲大判明 43・2・1）も、ここでいう有価証券にあたる。

2 行為

「虚偽の記入」をすることである。**虚偽の記入の意義**をめぐっては、判例と通説が対立する。[10]

---

[10] これについては、椿幸雄「有価証券の無形偽造についての一考察」西原古稀 3 巻 279 頁以下参照。

判例・学説の対立　①判例によれば、虚偽記入とは、有価証券に真実に反する記載をする一切の場合をいう。その際、自己の名義を用いてすると、他人の名義を冒用してするとを問わないとされる。ただし、他人名義を偽る場合については、有価証券の発行または振出のような**基本的証券行為**に関して名義を偽った場合には、「偽造」となるから、「虚偽記入」にあたるのは、裏書、引受、保証、その他の**付随的証券行為**に関するものに限られる（大判明45・4・18刑録18・477、最決昭32・1・17刑集11・1・23、西原273頁、藤木159頁、内田556頁）。これに対して、②**通説**は、虚偽記入とは、文書偽造罪における虚偽文書の作成に相応するものであって、作成権限を有する者が、有価証券に真実に反する記載をすることをいい、基本的証券行為に関するものに限らず、付随的証券行為に関するものでもよいとする（団藤263頁、福田113頁以下、平野259頁、大塚431頁、大谷492頁、中森210頁、曽根259頁）。有形偽造と虚偽記入（無形偽造）の区別は、有価証券偽造の罪についても、他人名義を偽るか、内容の真実性を偽るかによって行うのが理論的に明快であり（団藤263頁、大塚431頁）、概念的混乱を避ける意味で望ましい。通説が妥当である。

これによれば、**虚偽記入**とは、作成権限を有する者が自己名義を用いて有価証券として効力を生ずる事項を事実に反して記入することをいう。作成権限のある者が、既存の有価証券に虚偽の記入をする場合であると、新たに虚偽の有価証券を作成する場合であるとを問わない。

判　例　倉庫業者が現実の物品の寄託がないのにその寄託を受けた旨を記入して自己名義で預証券を作成する行為を虚偽記入としたもの（大判大12・2・15刑集2・73）のほか、他人の署名を冒用して手形に裏書・引受・保証などの記入をする行為を虚偽記入としたもの（前掲大判明45・4・18、大判大2・6・12刑録19・705、大判大8・5・31刑録25・732、大判大13・5・15刑集3・410）がある。最高裁は、虚偽記入とは、有価証券に真実に反する記載をするすべての行為を指すものであって、手形にあっては基本的な振出行為を除いたいわゆる付随的手形行為の偽造等をいうものとする（前掲最決昭32・1・17）。

3　目　的

「行使の目的」を必要とする（目的犯）。その有価証券を流通輾転させる目的があったことを要しない（大判大14・10・2刑集4・561）。

4　罪　数

有価証券を偽造し、そのうえで「虚偽記入」したときは、有価証券偽造罪

第 3 節　有価証券偽造の罪　　§187　偽造有価証券行使罪　657

の包括一罪である（大判大 4・4・2 刑録 21・325、最決昭 38・5・30 刑集 17・4・492）。

§187　偽造有価証券行使罪

> 偽造若しくは変造の有価証券又は虚偽の記入がある有価証券を行使し、又は行使の目的で人に交付し、若しくは輸入した者は、3 月以上 10 年以下の懲役に処する（163 条 1 項）。前項の罪の未遂は、罰する（同条 2 項）。

1　客体

偽造・変造の有価証券または虚偽の記入がある有価証券である。それが行為者自身でなされたか、また、行使の目的をもってなされたかを問わない。

2　行為

①「行使」し、または、行使の目的で人に②「交付」し、もしくは③「輸入」することである。

ⓐ 行使　「行使」とは、偽造・変造の有価証券を、真正な有価証券として、または虚偽記入のある有価証券を内容の真実な有価証券として使用することをいう（前掲大判明 44・3・31）。流通に置くことを要しない（前掲大判明 44・3・31）。したがって、例えば、自己の管理する財産の浪費の痕跡を隠蔽するために、相当金額を人に貸与したように装って偽造の約束手形を親族に呈示する行為も行使である（前掲大判明 44・3・31）。手形を善意取得した者が、後になって偽造であることを知り、真実の手形の署名者である裏書人に手形を呈示して債務の履行を請求することは、当然の権利であって、偽造手形の行使にあたらない（大判大 3・11・28 刑録 20・2277、大塚 432 頁）。「行使」罪の構成要件には該当するが、違法性が阻却されるとする見解（大谷 493 頁）は、情を知る真実の裏書人に対しては、真正な有価証券として使用していないので、構成要件に該当しないと解すべきであるから不当である。行使の態様は問わない。他人に手渡し、呈示するほか、事務所などに備え付けて利害関係人の閲覧に供するのも行使である。他人の認識しうる状態に置いたとき既遂となる（大判昭 7・5・5 新聞 3433・7）。

　判例は、磁気部分を改ざんしたテレホンカードを公衆電話機に挿入する行為をも「行使」とする（前掲最決平 3・4・5、後述参照）が、変造テレホンカードを公衆電話機に挿入したところ、変造テレホンカード監視回収システムが設置されていて、通話ができないまま、カードが電話機の中に回収されてしまったという事案につき、カード

挿入口に挿入したことによって、行使の既遂となるとしたもの（千葉地判平2・8・6判時1371・160）がある。

ⓑ 交付 「交付」とは、情を知らない他人に対して情を明かしたうえで偽造・変造・虚偽記入の有価証券を引き渡すことをいう（大判昭2・6・28刑集6・235）。共犯者間の授受は交付とはならない（大判昭6・3・16評論20刑訴106）。

ⓒ 輸入 「輸入」とは、偽造・変造・虚偽記入の有価証券を国外からわが国に搬入することをいう。

3 目 的

「交付」および「輸入」は、「行使の目的」をもって行われなければならない。**行使の目的**とは、偽造・変造・虚偽記入の有価証券を真正な、または内容の真実な有価証券として使用させる目的をいう。被交付者に行使させる目的でも、第三者に行使させる目的でもよい。

テレホンカードの「行使の目的」での「交付」に関して、最高裁は、前掲の決定において、「偽造等をした有価証券の行使とは、その用法に従って真正なものとして使用することをいう」と解し、「変造されたテレホンカードをカード式公衆電話機に挿入して使用する行為は、変造された有価証券の行使に当たるというべきである」とする（前掲最決平3・4・5）。しかし、磁気情報部分が改ざんされたテレホンカードを電話機に挿入する行為は、行使といえるかについては、これを否定する見解も有力である。問題は、まず、「行使」が「人に対する行使」に限定されるかどうかである。最高裁は、行使を「その用法に従って使用すること」と定義し、文書たる有価証券を人に対して使用する場合のほか、テレホンカードであればそれを電話機に挿入することが用法に従った使用になるものとする趣旨に解する。偽造通貨行使罪における機械に対する行使を類推することは許されない。通貨については、機械に投入することが行使にあたるとするのが通説であるが、流通に置くことを要求する偽造通貨の「行使」と、それを要しない有価証券とは「行使」の意味が異なるからである。行使を人に対する行使に限定しても、公衆電話機を設置したNTTに対して行使しているとみることができると解する見解（前掲千葉地判平元・10・12）もある。しかし、この見解は、機械に対する金属片やCDカードの使用を、人に対する使用であると解することにつながり、詐欺罪における「欺く」行為の解釈を拡大することになって不当である。昭和62年の刑法の一部改正により、文書については「行使」、電磁的記録については、「供用」というように、「使用」に関する概念が使い分けられることになったが、これによって、電話機へのテレホンカードの使用は、「供用」にあたっても、「行使」にはあたらないというべきである。

4 罪 数

有価証券偽造罪または有価証券虚偽記入罪を犯し、本罪に及んだ場合に

は、両者は牽連犯である（大判明42・2・22刑録15・127）。本罪と、その手段たる詐欺罪も、偽造通貨行使罪とは異なり、吸収関係にはなく、牽連犯である（大判大3・10・19刑録20・1871）。本罪は、有価証券一通ごとに一罪が成立するから、数通の有価証券を一括して行使または交付したとき、観念的競合である（大判昭7・6・30刑集11・911）。

第4節　支払用カード電磁的記録に関する罪

§188　総　説

1　意　義

　刑法典に「第18章の2　支払用カード電磁的記録に関する罪」を新設すべく、平成13年6月26日に第151回国会において刑法の一部を改正する法律が成立し、同年7月4日、公布され（同年法97号）、同月24日から施行された。刑法163条の2から163条の5までが新たに加えられた。その目的は、支払システムに対する社会的信頼を保護するため、電磁的記録であってクレジットカードその他の支払用カードの不正作出・供用・譲り渡し・貸し渡し・輸入、所持、不正作出の準備などを処罰することである。[1]この一部改正によって、刑法2条も改正され、本章の罪に関するすべての者の国外犯が処罰されることになった。また、附則第2号により、関税定率法に支払用カードが加えられ、輸入禁制品とされ、組織的な犯罪の処罰及び犯罪収益の規制等に関する法律の一部が改正され、その別表に定める犯罪収益等隠匿罪等の前提犯罪に加えられることとされた。

2　背　景

　クレジットカード、プリペイドカード、デビットカードなど、コンピュータ処理のための電磁的記録を構成要素とする支払用カードは、広く国民の間に普及し、現金代用の支払決済手段として通貨や有価証券に準ずる社会的機

---

[1] この改正については、井上宏「刑法の一部を改正する法律」ジュリ1209号（2001年）10頁以下、長瀬敬昭「刑法の一部を改正する法律について」警論54巻9号（2001年）102頁、西田典之「カード犯罪と刑法改正」ジュリ1209号（2001年）18頁、曽根威彦「カード犯罪に関する刑法の一部改正―理論上の問題点―」現刑31号（2001年）63頁以下参照。なお、山中「日本における最近のハイテク犯罪処罰の動向について」刑事法学新趨勢（台湾刑事法学会叢書10）（2004年）617頁以下参照。

能を営んでいる。しかし、最近、電子機器を用いてカードの電磁的記録の情報を密かに取得し（スキミング）、これを用いて精巧な複製品を作成し、その不正カードを使用して商品を購入・換金する等の犯罪が国際的な規模で組織的に行われる事件が頻発している。クレジットカードなどの支払用カードは、その不正作出・供用は161条の2によって処罰されるが、その所持や偽造準備等の行為は犯罪とはされていなかったこと、その他、法定刑は有価証券偽造罪と比べて低く、交付罪・輸入罪の処罰規定がなかったこと、また、カード情報の不正取得の処罰、偽造カードの処罰の必要性もあることなどにより、新たな立法が必要とされた。さらに、従来、クレジットカードは、文書または電磁的記録とされるが、プリペイドカードは、有価証券として扱われるなど、適用条項がカードの種類によって異なり、法定刑や処罰行為の類型も区々さまざまとなっていたが、その点、新たな立法によって、支払用カードにつき統一的な規制を図るのも改正の目的であった。[2]

3 保護法益・対象となるカード

この罪は、支払用カードを構成する電磁的記録の真正を保護しようとするものである。保護法益は、支払システムに対する社会的信頼であるといってもよい（井上・前掲11頁）。「支払用カード」とは、「代金又は料金の支払用のカード」および「預貯金の引出用のカード」をいう。代金または料金の支払用のカードとは、商品の購入、役務の提供等の取引の対価を現金で支払うことに代えて所定の支払システムにより支払うために用いるカードを意味する。クレジットカード、プリペイドカード等がそうである。預貯金の引出用のカードとは、郵便局または銀行等の金融機関が発行する預金または貯金にかかるキャッシュカードを意味する。しかし、支払用カードには、対価の支払決済機能を有しないローンカード、生命保険カードの預貯金以外の金銭取引にかかわるATMカード、量販店のポイントカードなどの顧客サービスカードは含まれない。

---

[2] この立法につき、批判したものとして、神山敏雄「支払用カード犯罪立法の問題点」佐々木喜寿、とくに379頁以下。

§189　支払用カード電磁的記録不正作出・供用・譲り渡し等の罪

> 人の財産上の事務処理を誤らせる目的で、その事務処理の用に供する電磁的記録であって、クレジットカードその他の代金又は料金の支払用カードを構成するものを不正に作った者は、10年以下の懲役又は100万円以下の罰金に処する。預貯金の引出用のカードを構成する電磁的記録を不正に作った者も同様とする（163条の2第1項）。
> 　不正に作られた前項の電磁的記録を、同項の目的で、人の財産上の事務処理の用に供した者も、同項と同様とする（同条2項）。
> 　不正に作られた第1項の電磁的記録をその構成部分とするカードを、同項の目的で、譲り渡し、貸し渡し、又は輸入した者も、同項と同様とする（同条3項）。
> 　未遂は、罰する（163条の5）。

1　意義

本罪の保護法益は、支払用カードを構成している電磁的記録の真正、ひいては、これらの**支払用カードを用いた支払システムに対する社会的信頼**である。本罪は偽造罪の一種である。

2　客体

1項前段にいう電磁的記録を構成部分とする「**代金又は料金の支払用カード**」とは、すでに上で定義された通りであるが、それには、支払決済用のカードであるクレジットカードやプリペイドカードが含まれ、後段にいう「**預貯金の引出用カード**」とは、預金の引出し・預け入れ用のカード、すなわちキャッシュカードをいう。デビットカードは、支払用カードの一種であるが、即時振替決済機能をもつので、むしろ後段のキャッシュカードに含まれる。

プリペイドカードについては、テレホンカードの磁気情報部分の残度数の改ざんが、有価証券偽造罪にあたるかがこれまで判例において争われたが、前述のように、最高裁は、それを肯定した（最決平3・4・5刑集45・4・171）。券面上の記載と磁気情報部分とが一体として有価証券にあたるというのである。この判例が維持されるとすると、有価証券偽造罪の法定刑は「3月以上10年以下の懲役」であり、本罪の「10年以下の懲役又は100万円以下の罰金」より重く、有価証券偽造罪が適用されることになるが、それでは、今回の立法の意義が没却されることになる。本立法によって判例は修正されたと

みるべきであり、プリペイドカードの偽造は、本罪にあたると解すべきである（西田345頁以下参照）。これによって、一体説が修正されたのであるから（長瀬・前掲110頁参照）、ホワイトカードの電磁的記録部分のみを改ざんした場合にも、本条の適用があることになる。支払用カードの電磁的記録部分を除くカードの可視的部分については、今回の立法の対象外であった。したがって、クレジットカードの外観が偽造されるとともに、あわせて電磁的記録が不正に作出された場合には、私文書偽造罪と本罪の両罪が成立し、観念的競合となる。[3]

3 行 為

本罪の行為は、①支払用カード電磁的記録の不正作出（1項）、②不正電磁的記録カードの供用（2項）、③不正電磁的記録カードの譲り渡し、貸し渡し、輸入（3項）である。これらの行為は、「人の財産上の事務処理を誤らせる目的」で行われることを要する。目的犯である。

ⓐ 目 的 人の財産上の事務処理を誤らせる目的とは、不正に作られた電磁的記録が用いられることにより、他人の財産上の事務処理を誤らせる目的をいう（長瀬・前掲109頁）が、単純化していうと、不正に作出された支払用カードを支払システムの中で機械に対して使用する目的を意味する（西田320頁参照）。161条の2における目的と比較すると、支払用カードが有価証券や通貨に準ずる機能を有することを考慮して、「財産上の」という限定が付されている。したがって、クレジットカードを身分証明書代わりに使用する場合など、非財産的な事務処理を誤らせる目的の場合には、本罪は成立しない。

ⓑ 不正作出（1項） 不正作出とは、権限なくまたは権限を濫用して支払システムにおいて供用可能な支払用カードの電磁的記録を作出することをいう（西田320頁）。「カードを構成する」電磁的記録とは、カードに組み込まれた磁気ストライプやICチップに記録された電磁的記録をいう。したがって、「**電磁的記録であって、支払用カードを構成するものを不正に作った**」とは、正規のカードとして機械処理が可能な状態の上記のような電磁的記録を作ることをいう（井上・前掲13頁参照）。カードと一体となっている状態の電磁的

---

[3] しかし、この場合、実務上は、本条のみの公訴提起をもって足り、外観に対する罪について公訴提起すべき事案は、電磁的記録部分が欠けている場合など、例外的な場合に限定されるとする見解もある（長瀬・前掲110頁）。

記録を不正に作出し、支払システムにおいて供用可能な状態の完成品を作出したときに既遂となる（西田347頁参照）。電磁的記録部分のみを作出したが、いまだカードに組み込まれていないときは、不正作出の未遂（163条の5）または準備にとどまる（163条の4）。

カードと一体となった電磁的記録が客体であり、カードの外観は問題にならないから、支払用カードとして供用可能なものであれば、一見して不正作出したものと分かるものであってもよい。

不正作出の未遂は（163条の5）、例えば、カードと一体となった電磁的記録部分にカード情報を印磁しようとしてこれを遂げなかった場合に成立する。

ⓒ 供用（2項） 供用とは、不正に作出された支払用カードの電磁的記録を人の財産上の事務処理の用に供することをいう。161条の2第3項の不正作出電磁的記録供用罪の特則である。用に供すべき事務処理は「財産上」のものに限られる。具体例としては、テレホンカードを電話機に対して使用すること、キャッシュカード、デビットカードなどを CD 機、ATM 機ないしデビットカード端末機に対して使用することなどが挙げられる。本罪の未遂は、それらにカードを挿入しようとしたが、電磁的記録の内容が読み取り可能になる前に検挙されたような場合に成立する。

ⓓ 譲り渡し・貸し渡し・輸入（3項） 2項では、支払システムで用いられる機械に対する使用を「供用罪」として把捉したが、3項では、人に対する引渡し行為を捉え、引渡しを分類して、「譲り渡し」、「貸し渡し」に分ける。**譲り渡し**とは、カードの処分権を引き渡しの相手方に移転することをいう。**貸し渡し**とは、処分権の付与を伴わず、カードの使用のみを相手方に許可することをいう。相手方が、カードの電磁的記録が不正に作出されたものであることを知っているかどうかを問わない。偽造通貨交付罪（148条2項）、偽造有価証券交付罪（163条1項）にいう「交付」は情を知っている相手方に占有を移転する行為をいうのに対して、本罪では、知情の有無を問わないのである。

「**輸入**」とは、不正作出のカードを日本国内に持ち込むことをいう。外国への輸入は含まない。完成品を輸入する場合に限って本罪が成立すると解すべきである（西田348頁）。

関税定率法の規定する輸入禁制品に、本条1項の規定する不正作出電磁的

記録支払用カードが追加され、これを輸入すれば、関税法109条1項の禁制品輸入罪が成立する。しかし、本罪が成立する場合、禁制品輸入罪は、本罪に吸収されると解すべきであろう（西田348頁）。

譲り渡し・貸し渡しの罪については、その相手方である譲り受け・借り受け行為者が処罰の対象とされていない。**対向犯**の必要的共犯の相手方が正犯として処罰されていないから、譲り渡し・貸し渡しの罪の共犯としても不可罰である。ただし、不正に作出された支払用カードであることを知っていれば、163条の3の不正電磁的記録カード所持罪が成立する。

§190　不正電磁的記録カード所持罪

> 前条（163条の2）第1項の目的で、同条第3項のカードを所持した者は、5年以下の懲役又は50万円以下の罰金に処する（163条の3）。

1　意　義

人の財産上の事務処理を誤らせる目的で、不正作出にかかる支払用カードを構成する「電磁的記録をその構成部分とするカード」（不正電磁的記録カード）を所持する行為を罰するものである。従来、刑法典の偽造罪には、所持を処罰する規定はなかったが、電磁的記録をその構成部分とする支払用カードについては、反復使用が可能であるため、その所持による法益侵害の危険性がとくに高いこと、電磁的記録は、不正に作られたものであっても、真正なものとまったく同内容のものができるので、事務の用に供された段階で不正を発見し、犯人を検挙することが極めて困難であること等を考慮して、これを処罰することとされた（長瀬・前掲113頁、井上・前掲13頁以下参照）。

2　行　為

人の財産上の事務処理を誤らせる目的、つまり、供用目的で、不正作出電磁的記録カードを所持することである。**本条の供用目的**は、自ら供用する目的のみならず、他人に供用させる目的をも含む。**所持**とは、不正作出された支払用カードを実力支配のもとに置くことを意味する。不正作出カードは、完成されたものであることを要する。未完成のものの所持は、準備罪（163条の4第3項）にあたるにすぎない。本罪にいう不正電磁的記録カードは、カードが使用停止措置が取られているものをも含み、直ちに使用可能なものを所持することを要するのではない（広島高判平18・10・31LEX/DB）。

§191　支払用カード電磁的記録不正作出準備罪

> 　第163条の2第1項の犯罪行為の用に供する目的で、同項の電磁的記録の情報を取得した者は、3年以下の懲役又は50万円以下の罰金に処する。情を知って、その情報を提供した者も、同様とする（163条の4第1項）。未遂は、罰する（163条の5）。
> 　不正に取得された第163条の2第1項の電磁的記録の情報を、前項の目的で保管した者も、同項と同様とする（同条2項）。
> 　第1項の目的で、器械又は原料を準備した者も、同項と同様とする（同条3項）。

1　意　義

　支払用カード電磁的記録不正作出罪の予備的な行為のうち、**カード情報と器械・原料を準備する行為**を、実行に不可欠で、とくに重要なものとして処罰するのが、本罪の意義である。本条第1項、2項は、カード情報の**取得、提供、保管**を処罰する。これは、とくにクレジットカードの偽造に多数の者が関与することから、各段階の行為に応じて的確に犯罪行為を把捉するために、このような行為類型を設定したものである。クレジットカードの偽造は、現実には、カードの磁気ストライプ部分の電磁的記録をコピーしてカード情報を盗み取り（スキミング）、その情報をもとに偽造クレジットカードを作成するといった手口による（長瀬・前掲114頁）。したがって、このようなカード偽造の準備段階から犯罪化しておくことが、有効な対策となるのである。

2　客　体

　「電磁的記録の情報」とは、会員番号、有効期限等の個々の情報をいうのではなく、支払決済システムにおける情報処理の対象となるひとまとまりの情報をいう（長瀬・前掲114頁参照）。真正なカードの情報と同一のものであることを要する。支払用カードの磁気ストライプに記録されているもののほか、カード会社のコンピュータにそれと同じものが蔵置されていれば、これもこの情報に該当する。

3　行　為

　上述のカード情報の取得・提供（1項）、保管（2項）および器械・原料の準備（3項）である。
　「取得」とは、支払用カードを構成する電磁的記録の情報をカードから複写するなどして自己の支配下に移すことをいう。典型例として、クレジット

カードの加盟店の CAT（Credit Authorization Terminal：信用照会端末）にチップ（スキマー）を装着し、信用照会の際、読み取られたカード情報がチップに蓄積するようにしてカード情報を不正に取得する行為が挙げられる。[4]このようにして取得された情報の提供を受ける行為も取得である（西田 351 頁）。「**提供**」とは、カード情報を事実上相手方が利用できる状態に置く行為をいう。カード情報が記録された CD ないし DVD ないし SD カード、USB スティックなどを相手方に交付する行為等がそれである。「**保管**」とは、カード情報を自己の実力支配内に置いておくことを意味する。有体物の「所持」に対応する。カード情報をスキマーやハードディスクに保存することがそうである。「不正に取得された」電磁的記録の情報であることが必要である。カード発行会社の担当職員が職務上保管する場合など、正当に保管される場合を含まない。

未遂が処罰されるのは、取得・提供の実行の着手の時点で既遂に至る危険が高いからであり、また、信用照会端末にスキマーが設置された場合などに、そこに蓄積された情報が回収される前にも処罰の必要が認められるからである。

第3項は、**支払用カード電磁的記録不正作出器械原料準備罪** であるが、予備的行為のうちとくに器械・原料の準備を処罰するものである。「**準備**」とは、器械・原料の購入・製作など、これを利用して不正作出の目的を達成することができる状態に置くことを意味する。器械とは、支払用カードの不正作出にとって必要な一切の器械をいう。したがって、カードライター、エンボッサー、ロゴマークの印刷機などがそうである。「原料」の例としては、カード原板、印刷用の材料などが含まれる。スキマーの購入は、準備の準備であって、準備罪にはあたらない（長瀬・前掲 116 頁）。

4 罪 数

本章の罪は、通常、準備罪、不正作出罪、所持罪、供用罪の順序で行われる。①不正作出準備罪は、カード情報の取得、保管、提供は、手段または結果の関係にあるから、それぞれ**牽連犯**である。②準備罪を犯し、不正作出罪に至った場合には、いわゆる発展犯の関係にあるから、準備罪は、不正作出罪に吸収されて、不正作出罪のみが成立する（☞総論§176, 2 (3)）。③不正作

---

[4] 最近では、カードをポケットに入れていても、外部から近づけるだけで磁気情報を読み取り可能なスキマーが用いられることがあるとされている。

出罪と譲り渡し、貸し渡し、所持、供用も、牽連犯の関係に立つ。同一のカードを所持し、これを複数回にわたって供用した場合には、供用罪相互は、併合罪であるが、いずれも一個の継続した所持罪と牽連犯の関係にあるので、いわゆる**かすがい現象**（☞総論§180, 2）によって、全体が一罪となる。供用罪とその結果としての詐欺罪も、牽連犯である。

第5節　印章偽造の罪

§192　総　説

1　意　義

　印章偽造の罪（刑法第19章）は、行使の目的をもって印章・署名を偽造し、または印章・署名を不正に使用し、もしくは偽造した印章・署名を使用することを内容とする犯罪である。保護法益は、印章・署名の真正に対する公共の信用である。刑法上、その犯罪類型には、御璽等偽造罪（164条1項）、御璽等不正使用罪（同条2項）、公印等偽造罪（165条1項）、公印等不正使用罪（同条2項）、公記号偽造罪（166条1項）、公記号不正使用罪（同条2項）、私印等偽造罪（167条1項）、私印等不正使用罪（同条2項）、各不正使用罪の未遂罪（168条）がある。[1]

　印章・署名とは、人の同一性を表示する文字または符号であるが、それは、文書や有価証券を作成する際に用いられることが多い。そこで、文書等に印章・署名が使用されることにより、その文書等と特定人との間の特定の関係がとくに強く証明されうるため、その印章・署名の真正に対する社会の信用を保護して、法律上の取引の安全を図ることが必要となる。他方、印章・署名は、文書等と独立に用いられ文書等に代替する役割を果たすことも少なくない。例えば、書画に対する花押のようにそれだけで事実の証明や認証を示すものとして、使用される例もある。そこで、文書等とは独立にその真正に対する社会の信用が保護される必要がある。

　文書偽造罪・有価証券偽造罪が成立し既遂となるならば、印章・署名の偽造は、それに吸収され、独立の犯罪を構成することはない。したがって、印

---

[1] 印章偽造罪の成立過程については、山火正則「現行『印章偽造の罪』規定の成立過程」香川古稀377頁以下参照。

章・署名の偽造ないし不正使用が独立に処罰される必要があるのは、文書・有価証券の偽造が未遂にとどまった場合である。

　印章偽造の罪は、偽造・不正使用の行為が行われれば、印章・署名の真正に対する公共の信用が害される危険があるとみなされる犯罪である。したがって、**抽象的危険犯**である。他人に財産的損害を発生させたかどうかは問わない（大判明45・3・11刑録18・331）。

2　印章・署名の意義

ⓐ　印章の概念　　印章とは、人の人格を表示してその同一性を証明するために用いられる物体上に顕出させられた文字または符号をいう。学説には、このように、**印影に限るという説**（平野265頁、中245頁、福田118頁、大塚494頁、内田584頁、大谷505頁、西田385頁、山口496頁）のほか、印顆をも含むとする説（植松184頁、香川305頁）もある。判例は、後説をとる（大判明43・11・21刑録16・2093、大判大3・10・30刑録30・1980）。すぐ後で詳論するように、前説が妥当である。「**印影**」とは、人の同一性を証明するために物体上に顕出させられた文字または符号の影蹟をいう。したがって、印影とは、印顆を物体上に押捺して得られるものに限らず、有合せ印を用いた場合（大判大5・12・11形録22・1856）、さらに、署名ないし記名に引き続いて付せられ、同様の社会的機能を営む拇印・花押なども含む。「**印顆**」とは、印影を作成する手段としての文字または符号を刻した物体（印形）をいう（前掲大判大5・12・11）。

ⓑ　印影と印顆　　印影と印顆の両方を含むとする説[2]（大判大13・5・22刑集3・431）は、印顆（印鑑）は、わが国の社会生活において極めて重要な地位を占めること（植松184頁）、印章偽造の罪が抽象的危険犯であることから、印顆を権限なくして作成する行為それ自体によって公共の信用は害されたといえること（香川305頁）、印章不正使用罪および偽造印章使用罪にいう「使用」の解釈として、印顆の「使用」と解するのが合理的であること（小西秀宣・大コンメ6巻33頁）などを根拠とする。しかし、印章と署名の偽造が同じ証明力を有するものとして並列的に規定されている点に照らせば、ここでいう「印章」とは署名に類する印影に限ると解すべきこと（大塚494頁、大谷505頁）、また、人の同一性を証明するのは印顆ではなく、印影であること（西田

---

[2] 本判例によれば、印顆の原体製造の用に供する材料の製作は、いまだ刑法上保護しようとする公の信用を害する程度に達したものといえないから、印章には含まれない。

385頁）、印顆の偽造は、印影の偽造の予備行為にすぎず、取引において実際上重要な意味を有するのは印影であり、印影を保護すれば印章の公共的信用を保護するという目的は達せられること（大塚494頁）、「**使用**」とは、印影の使用を意味し、「使用」とは、印影を閲覧しうる状態に置くことを意味すること（大判大7・2・26刑録24・121、中245頁、内田590頁）、といった理由から、印影に限ると解すべきである。

ⓒ 省略文書と印章の区別 省略文書とは、一定の意思・観念を簡略化して表示された文書をいうのに対して、印章とは、人の人格の同一性を証明する物体上に顕出された文字または符号をいうのであるから、省略文書と印章の相違は、意思・観念を表示するのか人格の同一性を表示するのかによって決せられることになる。そこで、問題なのは、**極端な省略文書** である物品税表示証紙（最決昭35・3・10刑集14・3・333）、物品税証紙（最決昭29・8・20刑集8・8・1363）、とくに、**郵便局の日付印** が文書か印章かである。郵便局の日付印については、学説・判例が分かれている。①公務所の印章とする説（印章説）（大判明42・6・24刑録15・848、大判大11・3・15刑集1・147、団藤203頁、福田118頁、大塚495頁、香川306頁）、②郵便局の署名のある文書であるとする説（文書説）（大判明43・5・13刑録16・860、大判昭3・10・9刑集7・683、藤木136頁、内田584頁、前田551頁、西田386頁）、③日付印が使用される場合によって区別し、金員領収の趣旨を表す意思を表示するか、郵便物が郵便局を経由したことを示すにすぎないかにより、前者を文書、後者の場合を印章とする立場（区別説）（牧野255頁、大谷506頁以下）などがある。日付印は、たんに、郵便局の人格の同一性を表示するにすぎないものではなく、物体の上に顕出されることにより、その物体とも相まって、例えば、受領の日時を証明し、金員受領の意思表示をなす省略文書と解すべきである。外見上、印章とみられるものは、内容的に一定の事項の証明を含むものであっても、印章と解すべきであるとする見解（団藤301頁、大塚495頁）は、人格の同一性を表示するにすぎないものと一定の意思・観念をも表示するものとの区別を文書と印章の区別基準とする見解からは、不当といわざるをえない。

ⓓ 印章の取引上の意味 印章は、人格の同一性の証明のために用いられるものであるが、その証明が、**法律上または取引上意味をもつもの** でなければ、印章の偽造・不正使用によって公共信用が害される危険があるとはいえない。そこで、名所・旧跡・観光施設などの記念スタンプは、人の同一性を

証明するためのものではなく、印章とはいえない。印章は、必ずしも権利・義務に関するものである必要はない（大判大3・6・3刑録20・1108）。したがって、書画の落款に使用される雅号印も、印章である（前掲大判大3・6・3）。

印章は、公印と私印とに区別される。**公印**とは、公務所・公務員の印章をいう（165条）。**私印**とは、私人の印章をいう（167条）。御璽・国璽（164条）も公印の一種である。印章の概念は、広義におけるそれと狭義におけるそれとに分けられる。狭義における印章は、記号とともに広義における印章に含まれる。狭義の印章と記号との区別については後述する（☞§196, 1）。記号についても、公記号と私記号があるが、刑法は、公務所の記号たる公記号のみの偽造・不正使用などを罰している（166条）。私人の記号である私記号については処罰規定を設けていない。

　❺　**署名**　　署名とは、自己を表象する文字をもって氏名その他の呼称を表記したものをいう（前掲大判大5・12・11）。氏名のみならず、氏のみ、名のみを表示したもの（大判明43・1・31刑録16・74）も、片仮名で氏のみを表示した（前掲大判明43・1・31）のであってもよい。商号（大判明43・3・10刑録16・414）、略号（大判大3・6・20刑録20・1289）、屋号（大判明43・9・30刑録16・1572）、雅号（大判大2・3・10刑録19・327）も署名である。

署名は、主体自らが記載する「**自署**」に限るか、ゴム印・印刷等によるたんなる「**記名**」をも含むかについては、自署に限るという説（団藤302頁、大塚496頁、中山455頁、大谷506頁、曽根266頁）も有力であるが、通説・判例は、**記名**をも含むと解している（大判明45・5・30刑録18・790、大判大2・9・5刑録19・853、中245頁、福田119頁、香川306頁、内田585頁、西田385頁、林394頁）。主体の同一性が表示されている点で、記名も自署と同様の社会的機能を営み、「公務所の署名」（165条1項）の観念は、自署に限る限り、ありえないから、通説・判例が正しい。署名と省略文書との区別も問題になる。署名の下に「書」「画」などの文字を加えた程度のものは、意思・観念の表示を含まず、文書とはいえず、署名にとどまると解する見解が有力である（団藤301頁、大塚497頁）が、「書」、「画」ないし「写」の文字が、その表示された物体と相まって法律上・取引上重要な事項について意思ないし観念を表示したものである限り、省略文書であると解すべきである（内田585頁、西田385頁）。なお、署名についても、取引上意味をもつ重要なものであることが必要であるが、封筒裏面の氏名（大判昭8・12・6刑集12・2226）の表記も、署名

である。

　署名についても、公務員の行う「公署名」(165条)と私人の行う「私署名」(167条)に分けられる。

3　偽造・不正使用・使用

　本章の各行為は、行使の目的での印章等の「偽造」、印章等の「不正使用」および偽造された印章等の「使用」である。「**偽造**」とは、作成権限なくして他人の印鑑の印影、署名、公務所の記号を物体上に顕出することである。物体上に表示された印章・署名は、必ずしも真正の印章・署名に酷似していることを要せず（大判明43・6・23刑録16・1267）、一般人をして真正なものと誤信させる程度のものであれば足りる。「**不正使用**」とは、権限なくして、あるいは権限を踰越して他人に対して使用することをいう（大判大5・7・3刑録22・1221）。たんに印影を物体上に顕出させるだけでは、印章の使用があったとはいえない（大判昭4・11・1刑集8・557）。印影を他人の閲覧しうる状態に置くことが必要である（前掲大判大7・2・26）。しかし、他人がそれを現に認識したこと、真正のものと誤信したことは必要でない。「**使用**」とは、真正でない印章・署名を、その用法に従って、真正なものとして他人に示すことをいう。他人がそれを認識したこと、真正な印章・署名と誤信したことを要しない。

§193　御璽等偽造罪・御璽等不正使用罪

> 　行使の目的で、御璽、国璽又は御名を偽造した者は、2年以上の有期懲役に処する（164条1項）。
> 　御璽、国璽若しくは御名を不正に使用し、又は偽造した御璽、国璽若しくは御名を使用した者も、前項と同様とする（同条2項）。未遂は、罰する（168条）。

　公印偽造罪、公印等不正使用罪の特別罪である。御璽・国璽・御名の意義については、前述のところを参照（☞§174）。

§194　公印等偽造罪

> 　行使の目的で、公務所又は公務員の印章又は署名を偽造した者は、3月以上5年以下の懲役に処する（165条1項）。

1 客体

公務所・公務員の印章・署名である。「公務所又は公務員の印章」とは、公務上使用される印章をいい、職印、私印、認印を問わない（大判明44・3・21刑録17・427）。公務員の「署名」とは、公務員がその身分を明示して行った署名をいう。公務所の「署名」とは、公務所の記名をいう（大判昭9・12・24刑集13・1817、木村380頁、西田385、387頁）。署名を自署に限るとする説からは、公務所の署名はありえない（大塚498頁、大谷508頁）。

2 行為

印章・署名を行使の目的をもって偽造することである（目的犯）。**印章の偽造**とは、権限なくして、真正でない印影を物体上に表示することをいう。印顆を用いる場合、有合せ印を用いる場合（大判大3・10・30刑録20・1980、前掲大判大5・12・11）、直接、描写することにより印影を顕出する場合（大判明43・4・19刑録16・673）、真正の印影を利用して新たな証明力をもつ印影を顕出させる場合（大判明44・3・6刑録17・270）等、方法を問わない。**署名の偽造**とは、権限なくして他人の署名を物体上に記載することをいう。筆墨を用いても、ペンや鉛筆で書いても、カーボン紙を用いて記してもよい（大判明44・3・9刑録17・295）。印章・署名は、架空人のものであってもよいが、通常人に実在者の印章・署名と誤信させる程度の形式・外観を備えている必要がある（最決昭32・2・7刑集11・2・530）。

判例によれば、「福島供託局若松出張所」の署名と誤信させるため、「若松区裁判所供託部」と表示した場合に公署名偽造罪が成立する（前掲大判昭9・12・24）。「大阪法務局岸和田支局」の印章と誤信させるために、「大阪法務社岸和田支局」という印の「社」の部分をことさらに不鮮明に押す等の行為につき、公署名偽造を認めた（最決昭31・7・5刑集10・7・1025）。

印影を物体上に顕出したときに**既遂**となる。**行使の目的**は、他人に行使させる目的でもよい（大判大9・10・28刑録26・753）。

§195 公印等不正使用罪

公務所若しくは公務員の印章若しくは署名を不正に使用し、又は偽造した公務所若しくは公務員の印章若しくは署名を使用した者も、前項と同様とする（165条2項）。未遂は、罰する（168条）。

---

[3] 「長野県明治四十二年検査合格」の証印の「二」を「三」に改変したとき、公務所の印章偽造にあたるとした。「該証印は、元来一定の年度における検査合格を証明するものにして、証印の年度の異なるによりその証明力もまた自づから異なるもの」とする。

[4] 本判決では、小野田市長名義の転出証明書を偽造しようとして、これに押捺しようと、一見して「小野田市長姫井伊介」の印章と誤信せしむべき「小野田市長印」「姫井伊介」なる不可分の関係に立つ2個の印章を作成偽造したが、「姫井伊介」が市長選挙に落選してその職を退いていたとしても、公務員の印章偽造と認めて妨げないとした。

1　客体

「使用」の客体は、公務所・公務員の印章・署名、または偽造した公務所・公務員の印章・署名である。犯人自身によって偽造されたものであると、他人が偽造したものであるとを問わず、また、行使の目的で偽造されたものであるとを問わない（前掲大判大5・12・11）。

2　行為

印章・署名を「不正に使用し」、偽造した印章・署名を「使用」することである。「不正に」とは、権限のない者が使用し、または権限のある者が権限を超えて使用することである。印影を物体上に顕出させるだけでは「使用」ではない。印影を他人が閲覧しうる状態に置くことを要する（前掲大判大7・2・26）。偽造した印章・署名の「使用」とは、偽造の印章・署名を、その用法に従い真正なものとして他人に使用することである。それは、「行使」と同義である（大判昭16・10・9刑集20・547）。

3　他罪との関係

文書偽造・有価証券偽造の手段として印章・署名の偽造・不正使用が行われた場合には、文書偽造罪・有価証券偽造罪に包含され、別罪を構成しない（大判明42・2・5刑録15・61、大判明42・6・24刑録15・841）。文書偽造罪・有価証券偽造罪が未遂に終わった場合には、印章偽造罪が成立する。公務員等の印章・署名を偽造し、かつ、これを使用した場合には、公印章偽造罪と公印章不正使用罪との牽連犯となる（大判昭8・8・23刑集12・1434参照）。

§196　公記号偽造罪

> 行使の目的で、公務所の記号を偽造した者は、3年以下の懲役に処する（166条1項）。

1　客体

公務所の記号のみであり、私記号は含まない。私人の記号に対する公共の信用は、刑法上とくに保護するまでもないとされたのであろう。[5] 公記号は、狭義の印章に比べて、重要性が低いので、法定刑も軽くされている。

記号と狭義の印章は、どのように区別されるか。その区別基準については、

---

[5] 私記号は、167条の「印章」に含まれ、私印等偽造罪で処罰されるという説については、後述参照（☞§198、1）。

①押捺される客体が、文書の場合の影蹟が印章であるが、文書以外の場合（産物・商品・書籍・什物など）が記号であるとする（押捺物体標準説ないし）**使用目的物標準説**（大判大 3・11・4 刑録 20・2008、大判昭 11・7・2 刑集 15・924、最判昭 30・1・11 刑集 9・1・25、藤木 161 頁）と、②人の同一性を表示する影蹟が印章、それ以外の事項を表示する影蹟が記号であるとする（表示内容標準説ないし）**証明目的標準説**（大判大 11・3・15 刑集 1・147、団藤 303 頁、平野 265 頁、中 246 頁、福田 119 頁、大塚 501 頁、香川 309 頁、中山 458 頁、内田 585 頁、大谷 510 頁）が対立している。

　　前説に立つ**判例**には、県産米の包装に押捺する 5 等級合格を示す検査印（大判大 6・2・15 刑録 23・65）、文字の訂正増加抹消の箇所に押印する変更証印（大判大 8・3・27 刑録 25・396）、織物に押捺する「税済足利税務署」の印（前掲大判昭 11・7・2）、玉ラムネびんのラベルに押捺された「日本政府・物品税之証」のゴムの印影（最決昭 32・6・8 刑集 11・6・1616）などがある。

　前説に対しては、押捺される客体の相違によって印章となったり記号となったりするのは不合理であるという批判のほか、押捺された時点ではじめて印章と記号が区別され、客体が文書の場合には、有印文書偽造罪が成立し、印章偽造罪の成立の余地がなくなってしまう等の批判がある。そこで、後説が通説である。主体の同一性の証明に対する社会の信頼の方が、それ以外の事項の証明に対する場合よりも重要であり、重い刑を科せられているのである。このようにして、後説が妥当である。それによれば、一定事実を記録するための影蹟、例えば、極印、検印、訂正印などは、記号である。

　　省略文書と記号の区別　　文書は、名義人が表示されそれ自体で完結した意思・観念を表示する独立の証明機能をもつが、記号は、押捺された物との関係で、補完的に証明機能をもつにすぎない。郵便局の日付印が、記号であるとする説（香川 309 頁）は、名義人の表示、日付の表示による独立の証明機能の点からみて、不当である。判例においても、局名付の日付印の年月日の空欄に数字をほしいままに記入した事案において、「署名」と「受付時刻証明書」を偽造したものとして、公文書偽造を肯定したものがある（大判明 43・5・13 刑録 16・860）。また、火災保険契約書の送付につき、郵便局日付の時刻表示を変更させたとき、郵便物引受の事実を証明する郵便局の署名のある公文書であるとしたものがある（大判昭 3・10・9 刑集 7・683）。[6]

---

[6] その他、物品税証紙は、物品税納付の事実を証明する内容を有する政府発行の文書であるとしたもの（最決昭 29・8・20 刑集 8・8・1363）、「日本政府物品税之証、日本燐寸調整組合」の表示があるマッチ箱に貼付された「物品税表示証紙」を公文書としたもの（最決昭 35・3・10 刑集 14・3・333）がある。

なお、判例は、影蹟を顕出させる物体も記号であるとする（大判明45・4・22刑録18・491）が、記号についても、印章と同じく影蹟に限定すべきである。

2　行　為

行使の目的で偽造することである（目的犯）。「偽造」とは、権限なくして、公務所の記号の影蹟を物体上に顕出させることをいう。一般人をして真正の記号であると誤信させるに足りる程度に至ったとき、偽造は既遂となる（前掲最決昭32・6・8）。

§197　公記号不正使用罪

> 公務所の記号を不正に使用し、又は偽造した公務所の記号を使用した者も、前項と同様とする（166条2項）。未遂は、罰する（168条）。

不正に使用するとは、権限なくして真正の記号を物体上に表示し、他人が閲覧しうる状態に置くこと、および、真正の記号が表示されている物体を権限なくして利用または処分することをいう。後者の事例としては、森林主事が、署長の命令により払下げ予定の雑木に「山」極印を打ち込んだ後、払下げ許可前にひそかに他人に伐採させた場合には、影蹟の不正使用にあたるとした事案（大判大6・5・28刑録23・577）、さらに、真正の公記号である影蹟が存在する物件の解離により切り離された影蹟を、接合して原状回復して引き渡すのは、新たな影蹟を作成したのではないから、公記号の不正使用罪にあたるとした事案（大判大11・4・1刑集1・194）がある。偽造した記号を「使用」するとは、それを正当に押捺されたものとして他人の閲覧しうる状態に置くことをいう（前掲大判大7・2・26）。

§198　私印等偽造罪

> 行使の目的で、他人の印章又は署名を偽造した者は、3年以下の懲役に処する（167条1項）。

1　客　体

「他人の」印章・署名である。公務所・公務員以外の他人を指す。本罪における「印章」とは、広義の印章を指し、したがって、「記号」も含む（前掲大判大3・11・4）のか、狭義の印章のみを指すのか（福田122頁、大塚502頁、

中山458頁、大谷511頁）については、争いがあるが、後説が通説であり、妥当である。私記号に対する公の信用は低く刑法上の保護を要しないから、除かれたのであると考えられるからである。

2 行為・目的

本罪の行為は、「偽造」である。実在人である「近衛文麿」の署名と誤認されるおそれがあるから、**実在しない「近衛文麿」という署名**を作出すれば、署名の偽造である（大判昭 8・12・6 刑集 12・2226）。行使の目的が必要である（目的犯）。

§199 私印等不正使用罪

> 他人の印章若しくは署名を不正に使用し、又は偽造した印章若しくは署名を使用した者も、前項と同様とする（167条2項）。未遂は、罰する（168条）。

本罪の客体は、私人の印章・署名である。

第6節 不正指令電磁的記録に関する罪

§200 不正指令電磁的記録に関する罪

1 意 義

現代社会においては、コンピュータとそれを用いたネットワークは、世界中に広く普及し、重要な社会的基盤をなしている。高度情報化社会の到来は、高速・大量の情報を迅速に処理することを可能とし、それなしではあらゆる社会的活動がなりたたないほど社会に浸透している。しかし、その反面、コンピュータ・ネットワークは、サイバー攻撃の対象となり、それを悪用した犯罪を頻発させている。ネットワーク社会は、その脆弱性を残したまま、社会生活の隅々にまで浸透し、世界中に拡延しているのであって、それを利用した犯罪に対する迅速な対策を要求している。

2001（平成13）年11月に署名され、2004（平成16）年に国会において承認された「サイバー犯罪条約」により、国内法上、サイバー犯罪対策立法が要請されることになった。法務省は、立法作業を進め、2004年には「犯罪の国際化及び組織化並びに情報処理の高度化に対処するための刑法の一部を改正する法律案」が閣議決定され、

第6節　不正指令電磁的記録に関する罪　§200　不正指令電磁的記録に関する罪◇　677

第159回国会に提出されたが、審議されることなく、その後も第163回国会及び第164回国会で法律案が提出されたが、いずれも廃案となった。その後、法務省において法整備の在り方について検討を進めた結果、まず、サイバー関係の法整備及び強制執行妨害関係に罰則整備を行うことが必要との結論に達し、これらの法律案が立案され、2011（平成23）年3月11日に閣議決定され、第177回国会に提出された。この法律案は、衆議院で可決された後、衆議院でも可決され、2011（平成23）年6月24日に公布された（平成23年法74号）たうえ、同年7月14日から施行された。

サイバー関係の罰則整備は、①不正指令電磁的記録に関する罪の新設（刑法第2編第19章の2）、②わいせつ物頒布等の構成要件の拡充等（刑法175条）、③電子計算機損壊等業務妨害罪の未遂犯処罰規定の新設（刑法234条の2第2項）につき行われた。②③の改正については、それぞれの箇所で解説し（☞§71．1、☞§203）、ここでは、①の「不正電磁的記録に関する罪」の立法趣旨について解説しておく。

本章の罪は、コンピュータ・ウィルスによる情報処理プログラムへの信頼の侵害に対して、不正なプログラムの作成・提供・供用・取得または保管の各段階の行為を処罰しようとするものである。コンピュータ・プログラムに対する信頼を保護法益とする社会的法益に関する犯罪に位置づけられる。

2　不正指令電磁的記録作成等罪

> 正当な理由がないのに、人の電子計算機における実行の用に供する目的で、次に掲げる電磁的記録その他の記録を作成し、又は提供した者は、3年以下の懲役又は50万円以下の罰金に処する。

---

[1] 「特集・ハイテク犯罪に対する立法課題」ジュリ1257号（2003年）6頁以下、サイバーポルノに関する改正案については、山口「サイバー犯罪に対する実体法的対応」ジュリ1257号15頁以下、とくに19頁以下、山中「インターネットとわいせつ罪」前掲『インターネットと法』119頁以下、「特集・サイバー犯罪の現在」現刑57号（2004年）4頁以下参照。「特集・ハイテク犯罪に対する立法課題」ジュリ1257号（2003年）6頁以下、「特集・サイバー犯罪の現在」現刑57号（2004年）4頁以下参照。山中・前掲刑事法学新趨勢627頁以下参照。

[2] 橋清隆『「情報処理の高度化等に対処するための刑法等の一部を改正する法律』の概要」刑ジ30号（2011年）3頁以下、渡邊卓也「サイバー関係をめぐる刑法の一部改正」刑ジ30号27頁以下、吉田正行「法改正の経緯及び概要」ジュリ1431号（2011年）58頁以下、今井猛嘉「実体法の視点から」ジュリ1431号66頁以下、杉山徳明・吉田雅之「『情報処理の高度化等に対処するための刑法等の一部を改正する法律』について」（上・下）曹時64巻4号751頁以下、64巻5号1049頁以下、杉山徳明・吉田雅之「『情報処理の高度化等に対処するための刑法等の一部を改正精する法律』について」警論64巻10号1頁以下。

[3] 山口厚「サイバー犯罪に対する実体法的対応」ジュリ1257号15頁以下、岡田好史「ハッキング・クラッキングに対する刑事規制」現刑57号35頁以下。

> 1　人が電子計算機を使用するに際してその意図に沿うべき動作をさせず、又はその意図に反する動作をさせるべき不正な指令を与える電磁的記録
> 2　前号に掲げるもののほか、同号の不正な指令を記述した電磁的記録その他の記録（168条の2第1項）。
> 　正当な理由がないのに、前項第1号に掲げる電磁的記録を人の電子計算機における実行の用に供した者も、同項と同様とする（同条2項）。
> 　前項の罪の未遂は、罰する（同条3項）。

ⓐ　作成・提供の意義　1項は、コンピュータ・ウィルスの作成・提供を、社会的法益に対する罪として処罰するものであるから、たんなる個人的法益たる器物損壊罪の予備罪ではなく、コンピュータ・システムに対する社会の信頼を危険に陥れる行為を抽象的危険犯として処罰するものである。「人の電子計算機における実行の用に供する目的」が要求されている目的犯である。

ⓑ　正当な理由の不存在　「正当な理由がないのに」作成・提供することが必要である。正当な理由があるとみなされるのは、例えば、ウィルス対策ソフトの開発・試験等を行う場合である。この場合、自己のコンピュータで、または他人の承諾を得て他人のコンピュータで作動させることになるが、正当な理由があることになる。すでに「人の電子計算機における実行の用に供する目的」が欠けるともいえるが、このような場合に作成罪等が成立しない趣旨を明確にするため、この文言が追加された。[4]

ⓒ　目的　「人の電子計算機における実行の用に供する目的」が必要であるが、これは、本罪が目的犯であることを示すものである。「人」とは、犯人以外の者をいう。「電子計算機」とは、自動的に計算やデータ処理を行う電子装置のことをいう。携帯電話や携帯ゲーム機も、このような機能を有する限りこれにあたる。「実行の用に供する」とは、不正指令電磁的記録を、その情を知らない第三者のコンピュータで実行され得る状態に置くことをいう。

ⓓ　客体　ここでいう不正指令電磁的記録とは、第1号および2号に掲げる電磁的記録その他の記録を略して用いられている概念であって、1号では、「人が電子計算機を使用するに際してその意図に沿うべき動作をさせず、又はその意図に反する動作をさせるべき不正な指令を与える電磁的記録」と

---

[4] 渡邊・刑ジ30号30頁、今井・ジュリ1431号68頁参照。

表現されている。ここでいう「意図」とは、具体的な使用者の実際の認識ではなく、プログラムの機能の内容や想定される利用方法等を総合して、その機能につき一般に認識すべきと考えられるところを基準として規範的に判断される。[5] そのプログラムによる指令が「不正」なものかどうかは、その機能を前提に社会的に許容しうるものかどうかによる。例えば、ソフトウェアの製作会社が不具合を修正するプログラムをユーザーの電子計算機に無断でインストールした場合における修正プログラムが、不正とはいえない指令を与える電磁的記録の例である。[6]

2号では、前号に掲げるもののほか、「同号の不正な指令を記述した電磁的記録その他の記録」とは、「前号に掲げるもの」が、使用罪の客体になるもので、そのままの状態で電子計算機において動作させることができるものをいうのに対して、そのままでは電子計算機において動作させ得る状態にないものをいう。[7]

ⓔ 作成・提供 「作成」とは、不正指令電磁的記録等を新たに記録媒体上に存在するようにすることを意味する。「提供」とは、不正指令電磁的記録等であったことを知った上で、自己の支配下に移そうとする者に対し、これをその支配下に移して事実上利用しうる状態に置くことを意味する。

「人の電子計算機における実行の用に供する目的」が要求されていることによって、コンピュータのセキュリティのテストのために、「人」の同意を得て正当な行為として行われるウィルスの作成・提供の処罰は、本罪にあたらないことになる。

ⓕ 不正指令電磁的記録の供用（2項） 2項は、コンピュータ・ウィルスを電子計算機において実行の用に供する行為を処罰するものであり、「供用」の予備段階である作成・提供からさらに一段進んで、電子計算機において実際に使用した場合を処罰するものである。

以下に、判例において不正指令電磁的記録供用罪が肯定された事案を挙げておく。
事案は、被告人らの犯行グループが、インターネット上に開設したアダルトサイトに

---

[5] 櫟・刑ジ30号5頁、杉山・吉田・前掲曹時64巻4号821頁参照。「意図に反する」かどうかと「不正な」とは、完全に重複するものではない。ソフトウェア製作会社が、ユーザーに無断で修正プログラムをインストールした場合、「意図には反する」が「不正」ではないとされている（833頁）。
[6] 杉山・吉田・前掲曹時64巻4号822頁参照。
[7] 櫟・刑ジ30号6頁。

おいて、一見すると動画再生のためのものとしか見えないボタンを押した被害者2名に対し、有料会員登録手続が完了し利用料金の支払義務が生じた旨の画面表示を行うことで、被害者らに支払義務が生じた旨誤信させ、同料金の支払いをさせるという犯行を行うに際し、同料金の支払を心理的に強制するため、パソコンの画面上に、その意図に反して女性の半裸画像等からなる料金請求画面を表示し続ける不正指令プログラムを、被害者の使用するパソコンの実行の用に供したというものである（京都地判平24・7・3LEX/DB）。

❻ 未遂罪 第3項は、第2項の罪の未遂を処罰するものである。例えば、コンピュータ・ウィルスをメールで送付したが、相手方のメールボックスにとどまっている場合に未遂となる。

> メールで送信する等の供用行為の実行の着手があれば、ダウンロードされず、実行の用に供される状態に至らなかった場合でも、その危険性は高いからである。送信された不正指令電磁的記録が、いったん送信先の電子計算機のハードディスクに取り込まれたが、ソフトウィルス対策ソフトで発見・駆除されたという場合も未遂にあたる。送信された不正指令電磁的記録を受信者の使用する電子計算機にダウンロードされたが、それを実行するには、ファイルの閲覧やダブルクリックなどの操作が必要な場合には、そのような操作が必要だとしても、基本的には「容易にこれが実行され得る状態」に至ったので、供用罪は既遂に達していると解されている。[8]
> 不正指令電磁的記録が記録されている記録媒体を交付したが、交付を受けた者がそれを電子計算機で用いなかった場合も未遂である。

3 不正指令電磁的記録取得等罪

> 正当な理由がないのに、前項第1号に掲げる電磁的記録を人の電子計算機における実行の用に供した者も、同項と同様とする（168条の2第2項）。
> 3 前項の罪の未遂は、罰する（同条3項）。

コンピュータ・ウィルスの取得・保管を罰する規定である。「取得」とは、自己の支配下に移す行為をいい、「保管」とは、自己の支配下に置いておく行為をいう。リモートのハードディスクに保管する場合も含む。「人の電子計算機における実行の用に供する目的」が必要である。

本罪の「保管」に当たるとされた事案に次のものがある。すなわち、広告代理業等を営む会社の代表取締役らが、迷惑メールを送信する目的で、スマートフォンに記録された電話帳データを抜き取るウィルスプログラムを米国内のサーバーに保管し、これをスマートフォンの使用者にダウンロードさせるなどしたという事案である。裁判所は、不正指令電磁的記録保管罪と同供用罪を認めた（千葉地判平25・11・8LEX/DB）。

---

[8] 杉山・吉田・曹時64巻4号832頁参照。

4 罪　数

ⓐ　不正指令電磁的記録に関する罪相互間の罪数

　作成罪と保管罪は、いずれも供用目的で行われることから、供用罪とは、手段と目的の関係に立つのであって、牽連犯である。作成罪・保管罪も、供用目的で行われるから、提供罪とは、牽連犯の関係に立つ。取得罪および保管罪も、供用目的で行われ、供用罪、提供罪とは牽連犯となる。提供罪と取得罪は、対向犯の関係にある。なお、不正指令電磁的記録等の作成後に保管をした場合、作成行為の一部として、その必然的結果として一時的に保管している場合を除き、作成罪に包括されるものではなく、別個、保管罪が成立する。

ⓑ　他の罪との罪数関係

　不正指令電磁的記録を、人の業務に使用する電子計算機に使用目的に反する動作をさせてその業務を妨害した場合、供用罪と電子計算機損壊等業務妨害罪が成立し、行為が1個と評価される限り、両者は観念的競合となる。供用罪は、電子計算機のプログラムの社会の信頼を保護するものであるのに対し、電子計算機損壊等業務妨害罪は、人の業務遂行の安全を保護法益とするからである。

第4章 社会生活環境に対する罪

　本章の罪は、一般に「風俗に対する罪」と呼ばれる。「風俗」とは、既存の慣習やしきたりを指すが、それ自体を保護するのが、本章の罪の趣旨であると考えるのは妥当でない。[1]本章の罪が保護するのは、現在の社会的制度ないし社会生活環境[2]に対する公衆の自己決定権であり、そのようにして形成された共同の意思決定への信頼である。社会生活環境には、無限に多数の局面がありうるが、ここで保護される社会生活環境は、性、経済および宗教に関する社会生活環境である。従来、「風俗」と言い表されてきたこのような社会生活環境は、その中で多数の人々が、安心感・信頼感を得て、社会生活を営んでいるのであり、現行刑法は、このような「社会生活環境」とそれに対する「信頼」は刑法的保護に値するというのである。

　ここで取り上げる社会生活環境には、性的環境、経済的環境、宗教的環境があるが、それぞれに対する「公衆の自己決定権」が、保護法益の実体である。しかし、公衆がどのような価値に対して自己決定権を主張するのかは、実際には測定しがたい。そこで、これを抽象化して、一般的な社会的な価値と公衆の社会生活を取り巻く社会生活環境に対する信頼をもって、公衆の自己決定権の総体とみるほかない。このような「信頼」が害され危険にさらされる場合として、二つの類型がある。第1は、当該の社会生活環境全体に対する共同の自己決定の結果である環境状態が一般的に危険にさらされる場合である。例えば、勤労の美風の中で生活するという自己決定権が、頻繁な賭博行為により危険にさらされる場合があるが、この場合、自己決定状態の動揺は、いまだ抽象的なものにすぎない。したがって、社会生活環境に対する深刻な打撃ないしその根底的な震撼作用は、一定の行為が行われればその発生が擬制されているのである。第2は、ある程度具体的な不特定多数の者を取り巻く具体的な社会生活環境に対する公衆の自己決定権、すなわち、社会

---

[1] 通説は、本章の罪を社会の風俗自体を保護法益とするものとする。しかし、風俗犯（Sittlichkeitsdelikte）という概念も、前近代的な道徳主義的・権威主義的な意味合いをもつがゆえに、「風俗」といった表現はできるだけこれを避けるべきであると考える。

[2] 「健全な精神的社会環境」を保護すると解する見解として、団藤309頁、平川288頁以下、なお、公衆の感情に対する罪とするものとして、林396頁以下。

的環境に対する信頼感（安心感）が具体的に危険にさらされる場合である。[3]
例えば、公開の広場の真ん中で男女の性的行為が行われると、その場にいる不特定多数の人の性的羞恥心が害され、具体的に精神的平穏ないし感情的自己決定権が害されるが、これは、それらの者の具体的な性的環境に対する「自己決定権」が具体的に害されているのである。

　刑法は、本章において、わいせつおよび重婚の罪（第22章）、賭博および富くじに関する罪（第23章）、礼拝所および墳墓に関する罪（第24章）の3種の犯罪類型を規定する。これによって、性生活、経済・勤労生活、および宗教生活に関する善良の風俗が保護されているとするのが通説である。しかし、先に述べたように、「善良の風俗」は、それ自体が保護されているのではなく、善良な社会生活環境に対する「公衆の自己決定ないし公共の信頼」が保護されているのである。先の分類に従えば、この自己決定権の危殆化は、一般的危殆化と具体的危殆化に分かれる。具体的には、わいせつの罪は、性秩序に対する一般的自己決定権の保護の側面は希薄で、具体的信頼感（性的感情に関する自己決定権）の保護の側面が強い。重婚の罪は、一夫一婦制という法制度に対する一般的信頼が保護されている。賭博・富くじに関する罪については、適正かつ公正な経済活動を保証した制度に対する一般的信頼の保護の側面が強い。礼拝所および墳墓に関する罪については、公衆の宗教感情の具体的危殆化に対する保護の側面が強い。

第1節　わいせつおよび重婚の罪

§201　総説

　刑法第2編第22章は「わいせつ、姦淫及び重婚の罪」と題され、①公然わいせつ罪・わいせつ物頒布等罪、②強制わいせつ罪・強姦罪等の罪、③淫行勧誘罪、④重婚罪の4種類の犯罪類型が規定されている。このうち、強制わいせつ罪・強姦罪は、個人の性的自由を保護する規定であり、すでに個人[4]

---

[3] したがって、ここでいう具体的信頼感とは、他人の一定の行為に対して不快感・嫌悪感を感じないという心理的・精神的平穏ないし感情的自己決定権をいう。しかし、「公正な社会秩序」（林411頁）が保護法益である「賭博及び富くじに関する罪」にはこの分類はあてはまらないから、このカテゴリーは、上位概念とはならない。

[4] これらの犯罪も、「風俗に対する罪」に位置づけるものもある（香川312頁）。

的法益に関する罪において取り上げた。淫行勧誘罪については、これが個人の性的自由に関する罪に属するのか、ここで取り上げる「わいせつおよび重婚の罪」に位置づけられるのかについては、学説が分かれる[5]が、本書ではこれを個人的法益に関する罪に位置づけた（☞§55）。残る公然わいせつ罪（174条）、わいせつ物頒布罪（175条）および重婚罪（184条）が、ここでいう「わいせつおよび重婚の罪」にあたる。わいせつおよび重婚の罪は、性的環境に対する公衆の自己決定権と信頼とを侵害することを内容とする犯罪である。重婚罪については、今日の社会的道徳規範の一環としての一夫一婦制を支えることによって、家庭生活を保護しようとする意図も含まれているとも説明される（大塚514頁）が、法律上の重婚のみが処罰の対象であるから、実質的には、一夫一婦制という「法制度」の保護が本規定の目的である。したがって、重婚罪は、第1次的には、性関係ないし家庭に関する法制度に対する罪であって、性に関する公衆の精神的平穏に関する罪の側面は、かなり希薄である。

　通説は、本罪を「風俗に対する罪」とし、**健全な性的風俗**を保護しようとするものであるとする[6]（大塚514頁）。本罪を公衆の性的な感情に対する罪とする見解（平野268頁、林396頁以下）も有力に唱えられている。この見解は、見たくない者の自由と性的に未発達な青少年の保護がわいせつ罪処罰を正当化するものとする。この後者の見解は、立法論としては妥当であるが、解釈論としては、無理がある。最高裁は、わいせつ図画販売罪（175条）に関し、昭和58年の判決において、「175条が、所論のように他人の見たくない権利を侵害した場合や未成年者に対する配慮を欠いた販売等の行為のみに適用されるとの限定解釈をしなければ違憲となるものでない」（最判昭58・10・27刑集37・8・1294）として、175条の処罰根拠が見たくない者の権利と未成年者の保護にはないことを明らかにしている。

　　本書で展開したような、社会生活環境そのもの、そしてまた、精神的・感情的な平穏状態といったものが刑法上の保護に値するかについては、謙抑的法益保護の原則上（☞総論§20）、疑問がある。本章の罪は、道義観や倫理秩序を保護するものであり、「被害者のない犯罪」を犯罪化し、リーガル・パターナリズムの立場であるといった

---

[5] 本章の罪に位置づける見解も、これを同時に被害者個人の性的自由を害する罪としての一面をも有するものとする（大塚514頁）。
[6] しかし、この見解を採るものも、他方では、社会の健全な性的道徳感情を保護しようとするものともされる。

批判が妥当する。しかし、これが現行刑法の立場であるので、これは法解釈論上の限界である。立法論としても、社会生活環境の保護を全面的に個人の自己決定権と自由に委ねても、道徳観によって拘束された適度な歯止めと抑制がはたらくという古き良き時代は去ったように思われる。人々が古い道徳から解放され、情報化とコマーシャリズムの支配する現代においては、問題は、具体的な規制方法であり、立法技術である。わいせつ罪についても、いたずらに一定の道徳観を押しつけたり、不必要な規制によって国民の道義的頽廃を救おうとする反動的な動きに対抗して、刑法の道徳からの解放を図り、刑事規制の自由化ないし非犯罪化を図るとともに、未成年者の保護や「見たくないものを見ない権利」の保護をどのように図っていくかが課題である。

§202 公然わいせつ罪

> 公然とわいせつな行為をした者は、6月以下の懲役若しくは30万円以下の罰金又は拘留若しくは科料に処する（174条）。

1 行 為

ⓐ 公然性 公然とわいせつな行為をすることである。「公然」とは、不特定または多数人が認識できる状態をいう（最決昭32・5・22刑集11・5・1526）。現に不特定または多数人が認識したことを要しない。判例は、特定かつ少数の者にわいせつ行為を見せた場合、それが不特定多数の人を勧誘した結果であれば、公然性を認め（最決昭31・3・6裁判集刑112・601）、また、学説において、密室内で少数の者に見せる場合でも、それを反復すれば公然性の要件を充たすとし（大谷521頁）、または行為の反復意思を必要とするという見解（中森222頁）がある（山口507頁）。しかし、公然わいせつ罪は、同一の不特定・多数の者の前での1回の行為ごとに一罪が成立するのであり、その1回の行為が、特定・少数の者の認識しうる状態において行われたにすぎないのであれば、公然性は否定されると解すべきである。

判例において、**公然性が否定された事例**として、被告人の知人およびその麻雀仲間の合計4名であった事案、被告人の兄弟と被告人の媒酌人の子ら合計4名であった事案がある（静岡地沼津支判昭42・6・24下刑集9・6・851）。また、外部から遮断された自宅の1室で、夜間約1時間ひそかに、特定の知人3名と、これらの者と特別の関係あるもの2名にわいせつ映画を映写し観覧させても、いまだわいせつ図画を公然陳列したものとはいえないとした判例がある（宮崎簡判昭39・5・13下刑集6・5=6・651）。

同意と公然性　学説の中には、わいせつ罪の保護法益を見たくない人の自由と捉える立場から、何を見るかについて、本人の了解・同意がある者が集合している場合には「公然」と解すべきではないとする見解（平野269頁、内田文昭=長井圓「性表現と刑法」刑罰法大系4巻〔社会生活と刑罰〕279頁、林403頁、反対：山口507頁）がある。確かに、性に関する具体的な精神的平穏は、同意のある者については害されないといえる。しかし、公然性の概念は、不特定または多数人が認識できる状態をいうというのは、判例・通説において確立した解釈であって、その中に同意している者が集合しているかどうかの考慮は入らない。この問題は、むしろ**社会的法益に関する犯罪における同意の有効性**の問題として論じられるべきである。しかし、ストリップショウを見るために入場券を買って入場した者が、全員、わいせつ行為につき同意能力があると前提することはできず、また、それによって公然わいせつ罪の法益の保護が放棄されているかどうかは疑問である。たとえ具体的な危険につき同意が存在することを認めたとしても、公然わいせつ罪は、抽象的危険犯であり、公然性のある限り、性的環境に対する一般的信頼の危険にさらされたといいうるであろう。むしろ、公然性が否定される限りでのみ、同意も有効であって、一般的信頼が揺るがされることがないと擬制していると解することができる。

❷　わいせつな行為　「わいせつな行為」とは、「その行為者又はその他の者の性欲を刺激興奮又は満足させる動作であって、普通人の正常な性的羞恥心を害し善良な性的道義観念に反するもの」をいう（東京高判昭27・12・18高刑集5・12・2314、最大判昭26・5・10刑集5・6・1026参照）。現実に性的羞恥心を害することを要せず、普通人に性的羞恥心を害する性質・程度の行為であれば足りる。

本罪は、社会の性的道義観念や性的秩序を維持し、性道徳の頽廃から社会を防衛することを目的とするものではなく、現に社会に存在し、妥当している**性的社会生活環境に対する公衆の信頼**を保護するために、普通人の性的な精神的平穏を害しうるような行為を処罰しようとするものである。したがって、わいせつかどうかの判断は、社会一般の性的感情や社会通念に照らして客観的に行われなければならない。このことは、わいせつの観念およびその判断基準は、社会の変化とともに変化することをも意味する。したがって、現代の社会においては、接吻や乳房の露出のみならず、性器の露出も直ちにわいせつな行為とはいえない。[8]

---

[7] 同意無能力者が排除されていることについては、例えば、興行主において、入場の際に身分証明書の呈示を求め、未成年者を入場させないよう厳格にチェックする体制をとっていることが要求されるであろう。

[8] 性器の露出は、原則として、わいせつな行為にあたるとするのが通説である（大塚516頁、香川

判例が、わいせつな行為とした例には、約200名の観客の前で、照明をつけ薄い幕の後方の舞台で女優が一糸まとわぬ全裸となり陰部までを露出した姿で約1分30秒間ポーズをとって立っていた行為（最判昭25・11・21刑集4・11・2355）、ストリップガールが、多数の観客の前で踊りながら、時折、衣装をわきにずらして陰部を露出する行為（最決昭30・7・1刑集9・9・1769）、女性2名が、張形を用いて性交の実演をする行為（前掲最決昭32・5・22＝百選104）などがある。

ⓒ ストリップショウと公然わいせつ罪 いわゆるストリップショウが、本罪にあたるか、むしろ、わいせつ物陳列罪（175条）にあたるかについて、通説は、本罪にあたるとするが、わいせつ物陳列罪にあたるとする有力な少数説（植松206頁）がある。この説は、本罪の法定刑がわいせつ物陳列罪の法定刑に比べて軽いが、春画やわいせつな彫刻を陳列しても、重い陳列罪にあたるのに、生きた人間の肉体とわいせつ行為を観覧させることが、軽い本罪にしかあたらないのは不合理であり、観覧に供された身体は、わいせつ物となっているのであり、したがって、わいせつ物陳列罪にあたるとする[9]。しかし、人間の身体は「物」ではなく（平野271頁、西田397頁）、わいせつ物陳列にはあたらない。また、ストリップショウは、利欲犯的性格をもち、衝動犯的性格の強い公然わいせつ罪とは刑事学的類型を異にするという根拠（大塚516頁参照）も、利欲犯性は、むしろ興行主等、本罪の教唆犯・幇助犯について強いのであって、自らの性的羞恥心との相剋関係にある正犯の利欲犯的性格には、重い刑罰をもって臨むべきものでもないと反論できよう。

なお、**わいせつな踊り等をテレビ中継した場合**には、本罪が成立する。しかし、録画したものを放映すれば、わいせつ物陳列罪にあたる。インターネットを利用して放映したような場合、わいせつ画像は、いったんフラッシュメモリーを経由するとしても、生中継である限り、本罪が成立するというべきである（☞§203, 2）。

ⓓ わいせつ行為の範囲 公然わいせつにはあたらない程度の身体の露出については、**軽犯罪法1条20号**で、「公衆の目に触れるような場所で公衆にけん悪の情を催させるような仕方でしり、ももその他身体の一部をみだりに露出した者」を拘留または科料に処するものとしている。わいせつ行為は、動作によるもののほか、言語によるものも含むかについては争いがある。①性的な動作を伴うものであるとき全体としてわいせつになるという説

314頁）。

[9] 演技者ではなく、興業主にわいせつ物陳列罪が成立するという見解をとるものもある（江家173頁）。

(平野271頁、大塚516頁、前田481頁)、②一過性の言語を伴ってはじめて性的羞恥心を害するものとなる行為まで、刑法が干渉すべきでないから、これを含まないとする説(植松「猥褻、姦淫および重婚に関する罪」刑事法講座7巻1535頁、中山462頁、吉川326頁)、あるいは③わいせつ性を肯定しうる事態を想定することは困難であるという説(山口507頁)もあるが、言語(発言行為)のみでも、わいせつな「行為」にあたるというべきである(大谷522頁)。したがって、例えば、講演者が、学術講演会における多数の聴衆の前で、突然、演題とは無関係な、聞くに耐えない猥談を始めたときは、たとえ動作を伴わなくても、公然わいせつ罪にあたりうる。[10]

2 共犯

判例においては、劇場の支配人代理と、陰部を露出するいわゆる「特出し」契約をしたストリッパーとの間に公然わいせつ罪の共同正犯を認めたもの(名古屋高判昭40・2・18高検速報40・349)があるほか、踊り子の行為がわいせつ行為にあたることを承知で劇場に出演させた興業師に共同正犯を認めたもの(福岡高判昭27・8・30高刑集5・8・1398)がある。また、いわゆるカップル喫茶の経営者は、公然わいせつ行為を行った客との共謀共同正犯ではなく、「同伴客の公然わいせつの犯罪行為を容易ならしめようとするもの」としたものがある(東京地判平8・3・28判時1598・158)。

3 罪数

ストリップショウにおいて、1回の出演中に、前後7回各異なる多数の観客の前で別個独立のわいせつな演技を行った場合には、7回の独立の行為があり、これらは併合罪である(最判昭25・12・19刑集4・12・2577)。強制わいせつ罪を公然と行った場合、強制わいせつ罪のみが成立するとする見解(小野134頁、福田183頁)と本罪との観念的競合を認めるべきだとする見解(大判明43・11・17刑録16・2010、団藤490頁、大塚517頁、大谷523頁、前田566頁、山口507頁)とがあるが、法益が異なるから、後説が妥当である。なお、ストリップショウの観客は、一種の必要的共犯であり、自らが舞台に上がり相手方となるような行為(いわゆるマナ板ショウ)がない限り、共犯にはならない。

---

[10] カセットテープのわいせつな音声を公然と聞かせることが、わいせつ物公然陳列罪にあたるなら、公衆の前で肉声を聞かせることが公然わいせつ罪にあたるとすることに問題はないといいうるであろう。

第1節　わいせつおよび重婚の罪　　§203　わいせつ物頒布等罪　　689

§203　わいせつ物頒布等罪

> わいせつな文書、図画、電磁的記録に係る記録媒体その他の物を頒布し、又は公然と陳列した者は、2年以下の懲役若しくは250万円以下の罰金若しくは科料に処し、又は懲役及び罰金を併科する。電気通信の送信によりわいせつな電磁的記録その他の記録を頒布した者も、同様とする（175条1項）。
> 　有償で頒布する目的で、前項の物を所持し、又は同項の電磁的記録を保管した者も、同項と同様とする（同条2項）。

1　最近の改正

　インターネットの発展により、コンピュータ・ネットワークをその手段として利用した犯罪が急速に発展・蔓延することとなったが、その一つとして、わいせつな画像をネット上で公開するいわゆるサイバーポルノに対して、従来の刑法175条の規定では十分に対応できない状況に陥っていたのに対し、すでに2003年には、ハイテク犯罪関係の刑法の一部改正において、175条の改正に着手されたが、幾度か廃案となった後、サイバー関係の法整備が切り離され、改正された175条を含む改正法が、2011（平成23）年6月24日に公布され、同年7月14日から施行された。[11]
　その改正の要点は、1項の前段の「客体」に「電磁的記録に係る記録媒体」[12]が付け加えられた点にある。「記録媒体」とされたことで、画像情報が化体された「物」が客体であるという基本的な考え方は変更されなかった。また、「販売」の語は用いられなくなり、行為としては、有償・無償を問わず、「頒布」のみとなった。後段は、電子メールにわいせつ画像が添付されて特定の者に送付された場合について、現行法で処罰することができなかったので、これを処罰するための規定である。「その他の記録」とあるが、これは、ファックスでわいせつな画像を頒布するような場合を意味する。したがって、ファックスで不特定多数人にわいせつ画像を送付したような場合には、相手方の所有するわいせつな画像の現れた紙を公然と陳列したというわけにはいかないので、送信側のファックスの機械内の記録媒体が陳列されたということになり、頒布の場合には受信側にプリントアウトされた「記録」が頒布されたことになるであろう。
　2項は、以前の「販売目的所持罪」にあたるものであるが、「販売」が用いられなくなったので、「有償で頒布する目的」とされた。また、「物」については、「所持」という概念が用いられ、「電磁的記録」については「保管」という概念を用いること

---

[11] 杉山徳明・吉田雅之『「情報処理の高度化に対処するための刑法等の一部を改正する法律」について』警論64巻10号1頁以下参照。
[12] 「電磁的記録に係る記録媒体」の文言は、「児童買春、児童ポルノに係る行為等の処罰及び児童の保護等に関する法律」（児童ポルノ法）2条3項、7条4項などでも用いられている。

によって、両概念が明確に区別された。

2　175条の合憲性

わいせつ文書・図画等の頒布・販売・公然陳列・有償譲渡（販売）目的所持の処罰が、憲法13条（個人の尊厳）、21条（表現の自由）、23条（学問の自由）、31条（法定手続）に照らして合憲かどうかが争われている。

判例は、一貫して合憲であるとする。中でも重要なのは、表現の自由（憲法21条）との関係であるが、**チャタレー事件大法廷判決**（最大判昭32・3・13刑集11・3・997）は、出版その他表現の自由は極めて重要なものではあるが、やはり公共の福祉によって制限されるとし、その後の判例（最大判昭44・10・15刑集23・10・1239＝**悪徳の栄え事件**、最判昭48・4・12刑集27・3・351＝**艶本国貞事件**、最判昭58・3・8刑集37・2・15、最判昭58・10・27刑集37・8・1294）においても同種の判断に至っている。しかし、公共の福祉による制限ではなく、内在的制約の存在から根拠づける判例・意見もある（大阪地判昭51・3・29刑月8・3・156＝**ふたりのラブジュース事件**第1審判決、悪徳の栄え事件判決における田中二郎裁判官の意見）。31条との関係では、判例は、「同条の構成要件が所論のように不明確であるとはいうことはできない」（最決昭54・11・19刑集33・7・754＝**日活ポルノビデオ事件**、最判昭55・11・28判時982・87＝ふたりのラブジュース事件上告審判決、前掲最判昭58・3・8など）とする。[13]

この問題は、抽象論として表現の自由の制約が妥当かどうかではなく、175条の規制方法が妥当かどうかである。したがって、まず、憲法31条の明確性の原則ないし実体的デュープロセスの原則（☞総論§30）に反するかどうかの問題として捉るのが妥当である。つまり、表現の自由が内在的制約に従うことはすでに争いえないのであり、それをわいせつ罪につきどのような方法で規制するのが、内在的制約の範囲内であるのかが、具体的に問われているのであって、したがって、問題は、まず、憲法31条に違反するかどうかにあるというべきである。

明確性の原則との関係では、**わいせつ概念の明確性**については、それ自体は不明確であり、あいまいであるとしても、判例によって展開された、とくに「**四畳半襖の下張事件**」上告審判決（最判昭55・11・28刑集34・6・433＝**百選104**）における具体的判断方法（☞後述3❸）によって得られ、あるいは、端的な春本・春画説によって得られる概念内容は、いちがいに不明確とはいえないであろう。このような合憲的限定解釈によって違憲とはいえないという結

---

[13] この判決では、憲法24条2項との関係でも「原判決が女性を不当に差別する思想に基づくものでないこと」は明白であるとする。

論も導きうるであろう。次に、実体的デュープロセス（適正処罰）の原則からは、本罪の構成要件は、謙抑的法益保護の原則を実現するために妥当な立法技術かどうかが問われなければならない。できるだけ政策的に妥当な結論を導き得るような理論構成を目指すべく本書で展開した解釈論によっても、過度に広汎な処罰を回避しえないと思われるので、本罪の規定方法は、憲法31条（適正処罰の原則）違反として違憲であるといわざるをえない。例えば、端的な春本・春画説（☞後述3❸）に立っても、端的な春本・春画を他人に迷惑をかけずに見ようとしている人に販売する行為が、なぜ処罰されるべきかは論証されていないといえる。このような自由を認めつつ、見たくない者の権利と未成年者の保護を図るような規制方法をとらないで、現行のような不適切な立法技術による処罰は、適正処罰の原則に反するといわざるをえない。政策論・立法論としては、見たくない者の権利と未成年者の健全な育成を図りつつ、他人の自由や権利を侵害せずに、見たい者に販売・頒布する自由を認め、また、見る者が自ら精神的に堕落する自由を認めるべきである。

3 客 体

本罪の客体は、1項前段と後段とで分かれる。前段の「頒布」「公然陳列」の客体は、「わいせつな文書、図画、電磁的記録に係る記録媒体その他の物」であるのに対して、後段の「頒布」の客体は、「わいせつな電磁的記録その他の記録」である。2項の「所持」の客体は、「物」であり、「保管」の客体は、「電磁的記録」である。

❶ **文書・図画・電磁的記録に係る記録媒体その他の物**　わいせつな文書、図画、電磁的記録に係る記録媒体その他の物である。本罪の**文書**とは、発音的符号によって表示されるものであり、文書偽造の罪における名義人の表示の必要性のような限定はない。**図画**とは、象形的方法によって表示されるものをいう。絵画、映画、写真のほか、判例によれば、写真の陽画・陰画（前掲最判昭58・3・8）、未現像の映画フィルム（名古屋高判昭41・3・10高刑集19・2・104）、録音テープ（東京高判昭41・12・23高刑集24・4・789）、ビデオテープ（前掲最決昭54・11・19）なども含む。「**電磁的記録に係る記録媒体**」とは、わいせつな画像データを記憶・蔵置させた媒体たる物、例えば、ハードディス

---

[14] したがって、わいせつに対する刑事規制がすべて違憲であるというわけではない。適正な規制が必要なのである。合憲判例が確立し、実務が合憲説で行われている現在、違憲であるからといって、解釈論を放棄することはできないので、ここでは憲法論議を度外視して解釈論を展開する。

ク、USB、SD カードなどをいう。注意すべきは、電磁的記録そのものではなく、それを記憶・蔵置した「媒体」が客体であって、「物」であるという点である。従来、文書・図画ではなく「その他の物」に包含されるとされていた前記のハードディスクなどの「記録媒体」は、この改正によって、「電磁的記録に係る記録媒体」に含まれることになった。「**その他の物**」とは、文書・図画以外のもの、例えば、わいせつな彫刻物、置物、レコードなどをいう。録音テープについては、判例は図画に含めるが、可視性がないので、その他の物に含めるべきである。性器の模擬物（最決昭 34・10・29 刑集 13・11・3062）もその他の物にあたる。

　情報そのものは「物」ではなく、また、音声・光線なども物ではない。[15]しかし、それらが媒介物としての物に蔵置されていれば、物である。したがって、性交時の会話や音声を録音したカートリッジテープ（名古屋地判昭 46・12・23 刑月 3・4・521）、わいせつな音声を録音した、ダイヤル Q^2 の回線を利用した電話と接続された録音再生機（大阪地判平 3・12・2 判時 1411・128）も、音声自体は物でないとしても、「物」であり、それには必ずしも視覚的にわいせつ性が存在する必要はない。従来争われていたのは、**わいせつな電子画像情報**ないしその媒体物が、わいせつ物にあたるかどうかであった。[16]

　わいせつな電子画像情報は、判例・通説によって従来、媒体物と一体として捉えられ、「物」と解釈されてきた。本書第 2 版では、次のように論じた。

　　わいせつな画像が記憶・蔵置されたサーバ・コンピュータのハードディスクも物である[17]（東京地判平 8・4・22 判時 1597・151、京都地判平 9・9・24 判時 1638・160、大阪高判平 11・8・26 判時 1692・148）。有体物としてのコンピュータ自体は何らわいせつ性がないものであるとの見解（曽根 275 頁）があるが、それ自体が視覚的にわいせつなも

---

[15] 映画の映写につき、「映写に因り顕れたる幻影を以て同条に所謂図画其他の物に該当せしむるもの」ではないとした大審院の判例がある（大判大 15・6・19 刑集 5・267）。

[16] これについては、多数の文献がある。とくに、永井善之『サイバー・ポルノの刑事規制』（2003 年）、渡邊卓也『電脳空間における刑事的規制』（2006）参照。

[17] 岡山地判平 9・12・15 判時 1641・158 は、情報としての画像データがわいせつ「図画」であるとするが、不当である。その理由として、「有体物としてのコンピューターはなんらわいせつ性のない物であり、これをわいせつ物であるということはあまりに不自然かつ技巧的である」ことを挙げるが、判例はすでに古くから、レコードをわいせつ物としていたのであり、この理由によればレコードをわいせつ物ということも不自然かつ技巧的であるから、音声そのものが「わいせつ物」であるといわなければならなくなり、より一層不自然である。なお、本文中に掲げた判例は、ハードディスクを「図画」ともするが、「その他の物」というべきである（山中「インターネットとわいせつ罪」『インターネットと法』（高橋・松井・鈴木編〔4 版・2010 年〕103 頁以下）。

の␣のみがわいせつ性をもつのではないのであるから、この見解は不当である。また、パソコンのディスプレー上にわいせつ画像情報を表示させたとき、表示された画像データが、文書であるとする学説もある（堀内捷三「インターネットとポルノグラフィー」研修588号5頁、同241頁）が、永続性がなく、文書とはいえないから、不当である。

しかし、この解釈は、「電磁的記録に係る記録媒体」の文言が加えられたことにより、「記録媒体」はたしかに「物」であるが、「図画」や「その他の物」ではなく、「電磁的記録に係る記録媒体」に当たることが明確になった。

ⓑ わいせつな演技の生中継　人の身体そのものは、物ではない。したがって、前述のように、いわゆる**ストリップショウ**は、わいせつ物公然陳列罪（植松206頁）ではなく、公然わいせつ罪にあたる。それでは、インターネットのピープショウ中継でわいせつな演技を送信した場合はどうであろうか。ハードディスク等に**録画**したものを不特定多数の者に中継した場合には、**わいせつ物公然陳列罪**にあたるが、生中継であれば、公然わいせつ罪にあたるにすぎない。法定刑の差は、一回限りの法益侵害の危険と反復可能な法益侵害の危険の可能性との差であろう。

岡山地裁の事案は、被告人4名が、インターネット上に「レディースナイト」と称するホームページを開設し、同ホームページに出演する女性らのわいせつな演技を不特定のインターネット利用者に有料で観覧させようと企て、女性にわいせつな演技をさせ、これをカメラで撮影した映像データを観覧しようとする者に電話回線を通じて即時配信したうえ、数名の不特定の者に即時観覧させたというものである。検察官は、わいせつ物公然陳列罪で起訴したが、裁判所は公然わいせつ罪で有罪と判示した。問題は、中継された

---

[18] 曽根275頁は、人々が目にするのは、あくまでダウンロードされて自己のコンピュータに表示されたわいせつ画像そのものであって、サーバ・コンピュータ自体を不特定・多数人が観覧しうるというのは疑問であるとする。しかし、後述のように、ディスプレーに表示された画像そのものは、永続性を欠き、「わいせつ物」とはいえず、また、後述のように、一時的にメモリーに記録されるだけの画像情報も、永続性があるとはいえない。これに比較して、サーバ・コンピュータのハードディスクに蔵置された画像情報が、ディスプレーを通じて可視的となっているという思考の方が説得的である。なお、横浜地川崎支判平12・7・6研修628号（2000年）119頁以下も参照。

[19] この問題に関する比較的最近の文献として、塩見淳「インターネットを利用したわいせつ犯罪」刑雑41巻1号（2001年）66頁以下、林陽一「わいせつ情報と刑法175条」現刑57号（2004年）10頁以下。なお、山中・前掲「日本における最近のハイテク犯罪処罰の動向について」刑事法学新趨勢（2004年・台北）609頁以下参照。

[20] 岡山地判平12・6・30判決判例集未登載＝園田寿・http://www.lawschool-konan.jp/sonoda/参照。

画像については、人々は、カメラのレンズを通して生の現実を見ている場合とは異なり、**メモリ上のバッファ領域にいったん保存されたその画像**を見ているので、録画を見ているのと同じとはいえないかどうかである。ただし、メモリ上にパケット化された個々のわいせつ映像のデータが存在する時間は、数ミリセコンド（ミリセコンドは千分の一秒）であって、人間の感覚では、**時間として全く知覚できない程の極めて短い時間**である。したがって、公然わいせつ罪が成立する事案であるというのである。

　この点につき、判例の説明を詳しくみておこう。判例によれば、画像が配信され受信者が画像を観覧する事情はつぎのようなものである。まず、女性が演技している状況が、CCDカメラで撮影され、その映像データが、リアルキャプチャーステーションでパケット化されて、リアルサーバーコンピューターに送り込まれる。この映像は動画であり、データはデジタル化されている。リアルサーバーコンピューターのメモリ上には、バッファ領域が作成されており、パケット化されたデータは、そのバッファ領域に順次送り込まれる。そして、メモリ上に送り込まれたデータは、後から新しいデータが送り込まれるのにつれて、順次上書きされて消去される。データがメモリ上のバッファ領域に存在する時間は、数ミリセコンドである。以上のような場合に、裁判所は、「リアルサーバーコンピューターのメモリ上にパケット化された個々のわいせつ映像のデータが存在する時間は、数ミリセコンドであって、人間の感覚では、時間として全く知覚できない程の極めて短い時間であることに照らせば、パケット化された個々のわいせつ映像のデータは、メモリ上に記憶蔵置されるのではなく、メモリ上を通過しているだけであると認定するのが相当である」として、公然わいせつ罪を認めたのであるが、正当である。

❸　客体の容易顕在化可能性　わいせつ性が容易に顕在化可能な物は、わいせつ物である。判例においては、一見すると鬼と坊主の模様にすぎないが折り合わせると陰部の図が現れる手拭い（大判昭14・6・19刑集18・348）、同様のわいせつな図の現れるハンカチ（札幌高判昭44・12・23高刑集22・6・964）、マジックインキによって塗りつぶされているが、通常人が容易に復元できる写真（東京高判昭56・12・17高刑集34・4・444）、未現像フィルム（前掲名古屋高判昭41・3・10）は、わいせつ図画であるとする。このように、補助器具を用いたり、少し手を加えれば容易に顕在化するものは、わいせつ物である。したがって、市販の画像修正ソフトを用いれば容易に外すことができるモザイク模様のマスクをかけてホームページ上に掲載されたもともとわいせつな画像は、わいせつ物である。

　最近、**最高裁**は、いわゆるアルファネット事件決定においてわいせつな画像データ

を記憶・蔵置させたパソコンネットのホストコンピュータのハードディスクを「わいせつ物」にあたるとする決定を下した（最決平13・7・16刑集55・5・317＝**百選101**）が、この決定では、「公然と陳列した」の意義についても判断している。それによると、「公然と陳列した」とは、「その物のわいせつな内容を不特定又は多数の者が認識できる状態に置くことをいい、その物のわいせつな内容を特段の行為を要することなく直ちに認識できる状態にするまでのことは必ずしも要しないもの」とする。すなわち、「被告人が開設し、運営していたパソコンネットにおいて、そのホストコンピュータのハードディスクに記憶、蔵置させたわいせつな画像データを再生して現実に閲覧するためには、会員が、自己のパソコンを使用して、ホストコンピュータのハードディスクから画像データをダウンロードした上、画像表示ソフトを使用して、画像を再生閲覧する操作が必要であるが、そのような操作は、ホストコンピュータのハードディスクに記憶、蔵置された画像データを再生閲覧するために通常必要とされる簡単な操作にすぎず、会員は、**比較的容易にわいせつな画像を再生閲覧することが可能であった**」として「公然陳列」にあたるとしたのである。

4 わいせつの意義

ⓐ わいせつ性の判断基準　「わいせつ」の意義については、本概念がいわゆる規範的構成要件要素であって、価値判断を含み、また、解釈者の主観的判断が入り込むあいまいな概念であるが、従来から最もよく論議の対象となったのが、本条にいう「わいせつ」概念である。「わいせつ」とは、判例によれば、「徒らに性欲を興奮又は刺激せしめ、且つ普通人の正常な性的羞恥心を害し、善良な性的道義観念に反する」ことをいう（最大判昭26・5・10刑集5・6・1026、前掲最大判昭32・3・13＝チャタレー事件）。この三つの要件（**わいせつ三要件**）のすべてが充たされたとき、わいせつと判断されるというのが通説でもあるが、性欲を興奮・刺激することが必要かどうか、善良な性的道義観念に反することを要するかなどについては、疑問を呈する見解（中森220頁、林399頁）がある。判例によれば、普通人の正常な性的羞恥心を害するかどうかの判断基準は「一般社会において行われている良識すなわち社会通念」であり、また、一般人の良識ないし社会通念とは、「個々人の認識の集合又はその平均値でなく、これを超えた集団意識であり」、個々人がこれに反する認識をもつことによって否定されるものではなく、また、社会通念は、時と場所によって変遷し、同一の社会においても変遷がある（チャタレー事件判決）。善良な性的道義観念に反することという要件は、性的道義観念[21]

21　しかし、同判決は、続けて、「性行為の非公然性の原則」は「超ゆべからざる限界としていずれの社会においても認められまた一般的に守られている規範」であるとする。

を法益とする立場とつながる（林399頁）がゆえに、不要であると批判されている。しかし、この三つの要件の前二者が不特定多数の性的自己決定権者の「具体的信頼感」の侵害すなわち心理的平穏の侵害の要件、最後の要件を性的社会環境に対する「一般的信頼」の危殆化の問題と捉えると、「善良な性的道義観念」が問題ではなく、「社会の性的環境の震撼」が問題なのである。たとえ具体的信頼感が害された場合でも、社会の性的環境に深刻な打撃を与え、それが根底から震撼させられうるようなもの、すなわち、性的環境に対する一般的信頼の危殆化を伴うような作用がなければ、わいせつとはいえないという意味に解釈すれば、むしろ限定要素として用いることができよう。例えば、性交場面の執拗な映写が性欲を刺激・興奮させ、普通人の正常な性的羞恥心を害するものであっても、いわゆるハード・コア・ポルノでないならば、社会の性的環境ないし秩序を害するものではないのである。

　　判例は、その後、わいせつ性の判断基準および方法につきより**具体化し明確化**している。そこでは、「文書のわいせつ性の判断にあたっては、当該文書の性に関する露骨で詳細な描写叙述の程度とその手法、右描写叙述の文書全体に占める比重、文書に表現された思想等と右描写叙述との関連性、文書の構成や展開、さらには芸術性・思想性等による性的刺激の緩和の程度、これらの観点から該文書を全体としてみたときに、主として、読者の好色的興味にうったえるものと認められるか否かなどの諸点を検討することが必要であり、これらの事情を総合し、その時代の健全な社会通念に照らして、それが『徒らに性欲を興奮又は刺激せしめ、かつ、普通人の正常な性的羞恥心を害し、善良な性的道義観念に反するもの』（…）といえるか否かを決すべきである」という（前掲最判昭55・11・28＝四畳半襖の下張事件判決＝**百選 100**）。

　❻　**わいせつ性の判断方法**　　わいせつ性の判断は、表現方法、表示の状況等によって変わりうるのであろうか、また、わいせつ性は、作品の一部を取り出して判断されるのか、それを全体的に判断されるべきか、あるいは、芸術性とわいせつ性とはどのような関係に立つのであろうか。

　　（ⅰ）　**相対的わいせつ概念**　　文書のわいせつ性の有無は、文書の内容自体のほかに、作者・出版社の意図、印刷・製本の体裁、広告・宣伝・販売・展示の方法、現実の読者層の状況等を考慮し、読者に与える影響を具体的に論証することによって、相対的に判断されなければならないという考え方である（奥平康弘「サド判決とわいせつ概念のゆくえ」ジュリ440号67頁参照）。例えば、ある芸術作品を美術館で展示すればわいせつ図画ではないが、それを複製した絵葉書として販売すればわいせつ図画であるというのである。このよ

うな「相対的わいせつ概念」を肯定する見解（団藤326頁、大塚520頁、西田364頁）と、これを否定して「**絶対的わいせつ概念**」を唱える見解（植松208頁）とがある。しかし、肯定説の中でも、①作者・出版社の主観的意図に力点を置くか（主観説）、②作品が置かれた状況、販売方法、読者層等の客観的事情に力点を置くか（客観説）によって、ニュアンスが異なる。一般的には、行為者の意図によってわいせつか否かが異なるという前説については批判が強い。しかし、同じものが、それが示される相手や、時と所によって、もつ意味が異なることがあるという後説については、かなり広範な支持がある。これに対して、否定説は、文書のわいせつ性は、その文書自体について客観的に判断すべきものであり、現実の購読者層の状況あるいは著者や出版者としての著述、出版意図などの意図や読者層など当該文書外に存する事実関係は、文書のわいせつ性判断の基準外に置かれるべきものである（最判昭48・4・12刑集27・3・351＝艶本国貞事件判決）とする。[22]

（ⅱ）**全体的考察方法** わいせつ性の判断の対象となる作品は、作品の一部だけを取り出して、わいせつか否かを判断するのではなく、作品の全体について行われなければならない。判例の中にも、「文章の個々の章句の部分は、全体としての文書の一部として意味をもつものであるから、その章句の部分のわいせつ性の有無は、**文書全体との関連**において判断されなければならない」とし、「したがって、特定の章句の部分を取り出し、全体から切り離して、その部分だけについてわいせつ性の有無を判断するのは相当でない」（最大判昭44・10・15刑集23・10・1239＝悪徳の栄え事件）とするものがある。しかし、この判決は、「文書全体との関連においてわいせつ性の有無を判断すべきものとしながら、特定の章句の部分についてわいせつ性を肯定したからといって、論理の矛盾であるということはできない」としている。これは、ある部分のわいせつ性は、全体をわいせつなものとするという趣旨（部分の全体的評価）[23]であり、全体としてわいせつでなければ、部分的にわいせつ

---

[22] 本件の被告人は、出版業者と江戸文学の研究者であり、いわゆる艶本を複製したうえ不特定の者に販売した。被告人らは、読者層は相当年配者で世間や生活に対する思慮分別もすでに定着し、その研究や蔵書自体を楽しむという者に限定される等と主張した。なお、最高裁チャタレー事件大法廷判決（前掲最大判昭32・3・13）も、「わいせつ性の存否は純客観的に、つまり作品自体からして判断されなければならず、作者の主観的意図によって影響されるべきものではない」としていた。

[23] 団藤324頁は、チャタレー事件においては「部分の部分的評価」が暗黙の前提とされていたが、

な叙述が含まれていても、わいせつではないとしたものではない。全体的考察は、文書の全体の趣旨、その部分の記述の展開の自然性、全体における意味等を考慮することにより、部分的には、わいせつとされうるものであっても、わいせつ性を否定する機能をもつものでなければならないことは当然であるが、さらに進んで、該文書を全体としてみたときに、主として、読者の好色的興味に訴えるものと認められるか否かを判断基準とする（前掲最判昭55・11・28、最判昭58・3・8刑集37・2・15、大谷520頁、中森221頁）。

(iii) 芸術性・科学性 　科学的論文や芸術作品も、わいせつ性をもつのか、それはどのような関係にあるのか。これについては、①両者は別のものであり、両立するという見解（平野270頁）と②芸術性・思想性は、文書のわいせつ性を緩和し、純然たる科学的な著書・論文やすぐれた文芸作品には、わいせつ性は存しないという見解（大塚520頁）とがある。

　　判例は、「芸術性とわいせつ性とは別異の次元に属する概念であり、両立し得ないものではない」とし、「何となれば芸術的面においてすぐれた作品であっても、これと次元を異にする道徳的、法的面においてわいせつ性をもっているものと評価されることは不可能ではないからである」（前掲最大判昭32・3・13＝チャタレー事件）としていたが、その後、「文書がもつ芸術性・思想性が、文書の内容である性的描写による性的刺激を減少・緩和させて、刑法が処罰の対象とする程度以下にわいせつ性を解消させる場合がある」として、芸術性・思想性などにより性的刺激が緩和されることを認めるに至った（前掲最大判昭44・10・15＝悪徳の栄え事件判決）。さらに、わいせつの「違法性」の判断の問題と位置づけ、芸術性・思想性のゆえの利益とわいせつ性のゆえの利益とを衡量すべきとする見解も展開された。「芸術・思想・学問等の社会的価値あると同時にわせつ性をも有する文書を頒布その他公表する行為が刑法175条の罪を構成するか否かは、この文書の公表によりわいせつ性のため侵害される法益と、これが公表により、社会が芸術的・思想的・学問的に享ける利益とを比較衡量して、わいせつ性のため侵害される法益よりもその文書を公表することにより社会の享ける利益（公益）の方が大きいときは、その社会の利益（公益）のためにその文書を公表することは、刑法35条の正当な行為としてわいせつ罪を構成しないものと解すべきもの」というのである（前掲最大判昭44・10・15における岩田裁判官の意見）。[24]

　この判決では「部分の全体的評価」の考え方を採用し、「四畳半襖の下張」事件になると「全体の全体的評価」の立場が正面から採用されるに至ったとする。

[24] 最判昭58・10・27刑集37・8・1294における中村裁判官の意見においても同様の見解が示されている。「どのような文書、図画等をいわゆるわいせつの文書、図画等として処罰することが許されるかは、右の目的達成のための規制の必要性と、当該文書、図画等のもつ表現としての価値（…）及びそれが右の規制によって損なわれる程度との比較衡量によってこれを決するほかはないと考える」。

芸術的価値・学問的価値などの社会的価値[25]はわいせつ性を緩和するという見解に対しては、芸術的価値・学問的価値を含んでいるから、わいせつ性をもたないというならば、裁判所は、わいせつ性を否定するために、芸術的価値・学問的価値を判断しなければならないが、裁判所がそのような価値を公権的になしうると考えるのは不当であるという批判がある（林402頁、町野240頁参照）。裁判所が、芸術的・学問的価値を判断しなければならない場合は、わいせつ罪以外においても存在することは明らかであり、この点でこの批判には賛同しえない。しかし、学問的価値はともかく、芸術的価値については、判断基準が多様かつ不明確であり、わいせつなものが芸術的価値をもつこともありうる[26]から、やはり、少なくとも芸術的価値とわいせつ性は、独立の判断であることは認めなければならないであろう。

ⓒ 端的な春本・春画説　昭和55年最高裁判決の採用した[27]「文書を全体としてみたときに、主として、読者の好色的興味にうったえるものと認められるか否か」という基準は、最高裁の昭和58年の判決でも、採用され、本件写真誌は、[28]「現実の性交等の状況を詳細、露骨かつ具体的に伝える写真を随所に多数含み、しかも、物語性や芸術性・思想性など性的刺激を緩和させる要素は全く見当らず、全体として、もっぱら見る者の好色的興味にうったえるものであると認められる」ものとした。このような見解は、客観的にみてもっぱら好色的興味にのみ訴えるためのものである「端的な春本・春画」[29]（ハード・コア・ポルノ）に限ってわいせつ性を認めるという見解につながり、現在、有力になっている（藤木117頁、大谷521頁以下、中森221頁、西田395頁、前田563頁、山口505頁以下）。この説に対しては、それは、同時に、その程度

---

[25] 東京高判昭57・6・8刑月14・5＝6・315（＝愛のコリーダ事件第2審判決）においては、「わいせつ性の判断と性表現の各種領域における社会的価値との関連」という。
[26] 古典的で美的なもののみが芸術であると考えるのは、独断である。
[27] 前掲最判昭55・11・28＝四畳半襖の下張事件判決。
[28] 前掲最判昭58・3・8。事案は、被告人は、裸体の男女の性交・性戯中の写真の性器およびその周辺部分を黒く塗りつぶして修正のうえ印刷したものを掲載して写真誌を販売したというものである。判決は、本文で引用した部分の直前で、これを「いわゆるハード・コア・ポルノということはできないが、修正の範囲が狭くかつ不十分で」あるとしている。
[29] 何がハード・コア・ポルノにあたるかについては、「性器または性交を具体的に露骨かつ詳細な方法で描写叙述し、その文書図画を全体としてみたときにその支配的効果がもっぱら受け手の好色的興味に感覚的官能的に訴えるものであって、その時代の社会通念によっていやらしいと評価されるもの」と定義される（前掲最判昭58・3・8における「伊藤裁判官の補足意見」）。

に至らないいわゆる準ハード・コア・ポルノについては、広く青少年や見たくない人の目に触れることを許容することになるという矛盾を含んでいるという指摘がある[30][31]（西田395頁）。

5 行 為

頒布し、公然と陳列し、または有償で頒布する目的でわいせつな「物」を所持し、「電磁的記録」を「保管」することである。

ⓐ 頒布　　頒布とは、不特定または多数の者に交付することをいう。改正前は、行為は、頒布および販売とされていた。頒布と販売の違いについては、通説は、頒布とは、無償で交付することをいい、販売とは、有償の交付をいうとしていた（大判大15・3・5刑集5・78、大塚523頁、大谷525頁、林404頁）。これに対して、販売とは、不特定または多数人に対して有償で譲渡することをいう[32]とする判例（大判大6・5・19刑録23・487）があった。そして、有力説は、頒布を「販売」以外の方法による交付と定義していた（団藤329頁、植松205頁、中森223頁、西田398頁、前田569頁、山口510頁）。この見解は、販売を有償譲渡と解する[33]ので、頒布からは有償譲渡は除かれるという結論となり、これは、有償で貸与する場合など所有権の移転を伴わない場合には、販売ではなく、頒布に含まれると解釈されることとなった[34]。「販売」に有償貸与を含めることは文理上無理があるがゆえに、この見解が妥当性をもった（第2版646頁）。

しかし、頒布は、本来、有償・無償を問わずに物の占有を移転することをいい、販売に関する規定がなければ有償の譲渡も含みうる概念である。改正

---

[30] 準ハード・コア・ポルノとは、前記伊藤裁判官の補足意見によれば、「性器または性交の直接の具体的描写ではないが、その描写から容易に性器や性交を連想させ、その支配的効果がもっぱら又は主として好色的興味をそそるものであって、社会通念に照らして、ハード・コア・ポルノに準ずるいやらしさをもつ文書図画」である。
[31] この見解は、この場合には、わいせつ性を肯定したうえで、販売方法や対象となった人の範囲との関係で、可罰的違法性の阻却を認めるという方向が妥当であるとする。
[32] 「譲渡」とは、所有権の移転を伴う占有の移転をいい、占有の移転を意味する「交付」と区別すべきである。
[33] 植松205頁、中森222頁以下、山口510頁。
[34] 逆に、所有権の移転を伴わない「貸与行為」を販売概念に含める（大谷499頁、林404頁）ことは、混乱をもたらす。著作権法2条1項19号では、「頒布」とは「有償であるか又は無償であるかを問わず」、「公衆に譲渡し、又は貸与すること」と定義している。なお、公職選挙法146条1項にいう文書図画の「頒布」に、対価を得てこれを配付する場合を含むとした判例として、最判昭40・4・16刑集19・3・154がある。

によって、「販売」が削除され、「頒布」とのみ記載されることになったのであるから、現行規定のもとでは、**頒布には**従来の販売を含めて、**有償・無償を問わず、すべての「交付」が含まれる**と解釈すべきである（大谷525頁、曽根273頁、西田398頁、前田569頁）。

頒布は、現実に目的物が相手に引き渡されたことを要する（最判昭34・3・5刑集13・3・275）。郵送による場合には、相手方に到達したときに成立する（大判昭11・1・31刑集15・68）。わいせつなビデオテープを客の持参した生テープに転写し、有償で客に交付する行為は、わいせつな図画の販売にあたる[35]とした判例（大阪地堺支判昭54・6・22刑月11・6・584）があった。改正後は、この行為が所有権の移転を伴わない交付に当たることは明らかであり、「電磁的記録に係る記録媒体」の交付にあたるのであるから、物の所有権の移転を論じる必要がなくなった。

判例には、わいせつ情報が媒体に固定されることにより伝播可能となる点にわいせつ物頒布罪が公然わいせつ罪よりも重く評価されている理由があるとして、電子メール・システム全体がビデオテープのように情報の媒体としての機能を果たし、わいせつな画像データが有体物に化体されたのと同程度の固定性・伝播性を有するに至るとして、わいせつな画像データがインターネットにおける電子メール・システムという媒体の上に載っていることにより、有体物に化体されたのと同視しうるとし、わいせつ図画販売罪の成立を肯定したものがある（横浜地川崎支判平12・7・6研修628号119頁）が、情報は、有体物に化体された状態でなければ社会的意味がないのであるから、電子メール・システムという媒体の上に載っていることは確かであるとしても、化体した媒体とともに頒布・販売の客体とならなければならず、システム全体を媒体とみることは不当である。しかも、ケーブルで接続されず、無線LANで接続されている場合にも、現実にその部分システムが媒体物に化体されているとはいえず、物的に途切れたシステムを媒体でつながったシステ

---

[35] 客とビデオ店主との間に生テープのわいせつビデオテープへの加工請負契約（民632条）が成立すると解し、わいせつ情報という主要材料ないし加工により生じた価格が材料の価格を著しく超えるから、民法246条1項により客の持ち込んだテープの所有権はいったん店主に帰属し、これを客に譲渡したので、販売となるというのである。ダビング料の価格により所有権の帰属が変動し、また、客の支払った料金が加工請負契約による転写の対価に尽きるかにより所有権帰属の有無が、さらにわいせつテープの対価の意味をももつかにより、販売か頒布かが分かれることになる。

ムとみることはできない。改正により、ハードディスク等は、「電磁的記録に係る記録媒体」に当たるのであるから、このような解釈は不要となった。

　特定少数人にのみ交付した場合には、頒布とはいえない が、反復の意思をもって行われるかぎり、一人に対する1回の交付行為であっても、頒布にあたる（前掲大判大6・5・19参照）。頒布罪は、相手方を必要とする犯罪であるが、相手方については、実質的には当該の頒布に対して個別的に原因を与えたにすぎないので可罰性が低く、また、形式的には立法者が必要的共犯のうちいわゆる片面的対向犯として処罰規定を置かなかったのであるから、相手方は共犯としても処罰されることはない（大谷526頁、中森223頁、西田400頁、山口511頁）。

　❺　公然陳列　　**不特定または多数の者**が観覧[36]しうる状態に置くことをいう。映画の上映[37]（大判大15・6・19刑集5・267）、録音テープの再生（東京地判昭30・10・31判時69・27）のほか、ダイヤルQ^2の電話回線を利用し、電話を録音再生機に接続し、電話をかければ不特定多数の者が同時にわいせつな音声を聞けるようにする行為（大阪地判平3・12・2判時1411・128）、わいせつ画像のデータをプロバイダーのホスト・コンピュータのハードディスク内に記憶・蔵置し、パソコン通信ないしインターネットを利用して再生・閲覧可能な状態にする行為（東京地判平8・4・22判時1597・151、京都地判平9・9・24判時1638・160、大阪高判平11・8・26判時1692・148＝前掲京都地判の第2審）も公然陳列である。容易に顕在化可能な物は、すでにわいせつ物であるから、それを不特定多数人が容易に観覧しうる状態に置けば公然陳列である。例えば、不特定多数の者が市販の画像修正ソフトを用いて容易にモザイクを外すことができる状態でホームページ上にもともとわいせつな画像を掲載した場合には公然陳列である（岡山地判平9・12・15判時1641・158＝FLマスク事件）。

　児童ポルノ処罰法の事案であるが、その7条4項にいう「公然と陳列した」につき、児童ポルノ画像を掲載しているホームページのURLの一部を改変した文字列等を記載した事案で、最高裁多数意見は、「その物のわいせつな内容を不特定又は多数の者が認識できる状態に置くこと」をいうとする最高裁判例を踏襲して、本件につき、児童ポルノ公然陳列罪の成立を認めた（最決平24・7・9判時2166・140）。しかし、これには反対意見があり、「『公然と陳列した』とされるためには、既に第三者に

---

[36] 観覧とは、視覚による認識以外の認識をも含む概念であると解することができる。
[37] 30名ないし40名の者の有志の前でわいせつ映画を上映した場合、「公然」にあたる（前掲最決昭32・5・22）。

第1節　わいせつおよび重婚の罪　§203　わいせつ物頒布等罪◇　703

よって陳列されている児童ポルノの所在場所の情報を単に情報として示すだけでは不十分であり、当該児童ポルノ自体を不特定又は多数の者が認識できるようにする行為が必要で」あるとし、公然陳列は、「被告人によって示されたURL情報を使って閲覧者が改めて画像データが掲載された第三者のウェブサイトにアクセスする作業を必要とする場合まで対象とするものではない」とし、幇助犯の成立が考えられるとする。[38]

なお、判例によれば、パソコンネット開設者がハードディスク内にわいせつ画像を記憶・蔵置し、不特定多数の会員に再生閲覧させる行為の既遂時期は、「会員による右データへのアクセスが可能な状態にした時点」である（前掲大阪高判平11・8・26）。アクセスが可能となった後、不特定または多数の者がその画像データ等を自己のコンピュータ内にダウンロードしたときは、「頒布」にもあたることになり、頒布罪も成立する。

　本罪は国外犯には適用されないが、日本国内から外国のプロバイダーのサーバーにわいせつ画像を記憶・蔵置させ、国内からのアクセスを可能にした場合に、国内犯として本罪の適用があるかが問題となる。遍在説によると、実行行為の一部が国内で行われていれば、刑法の適用があることになる（☞総論§33, 2）が、本罪は、「公然陳列」行為があったときに成立するから、それがどこで行われたかが問題である。判例は、国内での実行行為を認め、刑法の適用を肯定する（山形地判平10・3・20公刊物未登載、大阪地判平11・3・19判タ1034・283）。確かに、国内から送信された画像が、公然陳列され、不特定多数人が閲覧可能になるのは、外国においてであるとしても、実行の着手が国内で行われているとすれば、刑法の適用が可能である（大谷526頁、佐久間修「ネットワーク犯罪におけるわいせつ物の公然陳列」西原古稀第3巻226頁）。しかし、アップロード行為は実行行為ではなく、予備にすぎないとも解釈しうる（西田399頁）。むしろ、国内からの観覧可能性が具体的に生じたときに、公然陳列の結果が国内で生じたものとみて、**そのサイトに国内からのアクセスがあったときに**、構成要件結果たる危険が国内で生じており、国内犯であると解すべきである。[39]

---

[38] 幇助が成立するためには、公然陳列罪を継続犯と解する必要がある。しかし、この点には疑問がある。

[39] 山中・前掲『インターネットと法』112頁以下参照。前掲大阪地判平11・3・19は、「本件において、被告人が、海外プロバイダーであるユーエス・インターネットのサーバーコンピューターに会員用のわいせつ画像データを送信し、同コンピューターのディスクアレイに記憶、蔵置させた行為は、たとえ同コンピューターのディスクアレイの所在場所が日本国外であったとしても、それ自体として刑法175条が保護法益とする我が国の健全な性秩序ないし性風俗等を侵害する現実的、具体的危険性を有する行為であって、わいせつ図画公然陳列罪の実行行為の重要部分に他ならないといえる。したがって、被告人が右のような行為を日本国内において行ったものである以上、本件については刑法175条を適用することができる」とする。

ⓒ 電気通信の送信による電磁的記録等の「頒布」（1項後段）

「**電気通信**」とは、有線、無線その他の電磁的方式により、符号、音響又は映像を送り、伝え、又は受けることをいう。「**送信**」とは、これらを「送る」行為をいう。送信の内容は、「電磁的記録」および「その他の記録」である。ファクシミリを用いてわいせつな画像等を送信した場合、頒布先において電磁的記録以外の形態による記録として存在せしめられることがあるため、「その他の記録」の文言も加えられた。ファクシミリは、最近の機種では、いったん電磁的記録として受信・蔵置される機種が多いが、直接、紙媒体の上に印字されるタイプのものもあり、その場合、電気的記録以外の記録となるからである。「**頒布**」とは、不特定または多数の者の記録媒体上に電磁的記録その他の記録を存在せしめることをいう。有償・無償を問わない。特定かつ少数の者に電子メールで送信し、受信させても頒布には当たらない。不特定・多数の者に送信する行為の一環として、あるいは不特定・多数の者に送信するという反復の意思をもって行われれば、頒布である。頒布というるためには、受信者の記録媒体上に「電磁的記録その他の記録」として存在するようになることが必要である。

電磁的記録が、「頒布」されたといいうるためには、受信者のコンピュータにダウンロードされ、存在するようになったことが必要であるが、この受信者の行為は、送信者の「頒布」の一部をなす。

　　判例には、アメリカ合衆国内に設置されたサーバーコンピュータに記録・保存したわいせつな動画データファイルを日本国内の顧客らにダウンロードさせた行為が、わいせつな電磁的記録を頒布したにあたるとされた事案で、控訴趣意において、日本国内の顧客らがインターネット上のサイトからわいせつな電磁的記録を含むデータをダウンロードするのは、刑法175条1項後段にいう「頒布」には該当せず、また、アメルカ合衆国内のサーバーコンピュータに置かれたサイトの運営により、インターネットを通じて行われたものであるから、本件を国内犯として処罰できないと主張されたのに対し、**控訴審**では、顧客らの行為は、「頒布」の一部を構成するものとし、また、刑法1条1項の解釈については、犯罪構成要件に該当する事実の一部が本国内で発生していれば、国内犯として刑法を適用できるとして、日本国内における顧客のダウンロードという行為を介して本件ファイルを頒布したのであるから、これに当たるとする（東京高判平25・2・22高刑集66・1・4）。**最高裁**は、高裁判決と同様、「被告人らが運営する前記配信サイトには、インターネットを介したダウンロード操作に応じて自動的にデータを送信する機能が備付けられていたのであって、顧客による操作は被告人らが意図していた送信の契機となるものにすぎず、被告人らは、これに応じてサー

バコンピュータから顧客のパーソナルコンピュータへデータを送信したというべきである。したがって、不特定の者である顧客によるダウンロード操作を契機とするものであっても、その操作に応じて自動的にデータを送信する機能を備えた配信サイトを利用して送信する方法によってわいせつな動画等のデータファイルを当該顧客のパーソナルコンピュータ等の記録媒体上に記録、保存させることは、刑法175条1項後段にいうわいせつな電磁的記録の『頒布』に当たる」とし、また、「被告人らが、同項後段の罪を日本国内において犯した者に当たることも、同条2項所定の目的を有していたことも明らかである」とした。

❹ 所持 わいせつ物を自己の支配下に置くことをいう。現実に握持していることを要しない。「物」であることを要する。

(ⅰ) 従来の「販売目的所持」要件

従来の判例には、この点、インターネット通じて不特定・多数の者に有償で提供（販売）する目的で児童ポルノ画像を自宅のコンピュータサーバー等に記憶・蔵置した事案につき、児童ポルノ提供目的所持罪（児童ポルノ処罰法7条4項）の成立を認めながら、刑法上のわいせつ図画販売目的所持罪（175後段）の成立を否定したものがある（札幌高判平21・6・16LEX/DB）。同罪の「販売目的」の対象となる「わいせつな文書、図画その他の物」（刑法175条前段）とは有体物であって、単なる電子データそのものや「電磁的記録その他の記録」はこれを含まないと解されるからである。児童ポルノ処罰法における「提供目的所持罪」については、「提供」対象には有体物という制約はなく、電磁的記録としてデータが提供されればよい。

改正前の「販売の目的」としていた時代の判例には、**マスターテープ**を販売する意図はなく、それからダビングしたテープを販売する目的でマスターテープを所持していた場合に、「所持にかかるわいせつ物と販売するわいせつ物とが同一物でなくても、わいせつ物を複写して複写物を販売する目的で所持するに至れば『販売の目的』及び『所持』がある」と判示したもの（富山地判平2・4・13判時1343・160、東京地判平4・5・12判タ800・272も参照）があるが、不当である。この解釈によれば、わいせつな彫刻を販売する目的はなく、それを写真に撮って販売する目的でその彫刻を所持していても本罪にあたるからである。

さらに、判例には、わいせつ図画である写真誌の見本誌を所持したという事案につき、「当面は見本用として販売促進に供されているものであっても、それが他の写真誌の販売促進のためで」あるとして、販売目的を肯定したものがある（東京地判昭60・3・13判時1172・159）。この事案については、本誌自体の販売がありえないとはいえず、販売目的を肯定できるように思われる。

最近では、わいせつ物に該当する画像データを販売用コンパクトディスク作成に備えて保存しておくバックアップのための光磁気ディスクを製造・所持した行為につき、販売の目的があるかが問題とされたわいせつ物販売目的所持罪に関する事例がある。最高裁は、**光磁気ディスク自体を販売する目的**

はなかったけれども、これをハードディスクの代替物として製造し、所持していた場合に、必要が生じた場合には、本件光磁気ディスクに保存された画像データを使用し、これをコンパクトディスクに記憶させて販売用のコンパクトディスクを作成し、これを販売する意思であったとき、その所持は、刑法175条後段にいう「販売の目的」で行われたものであるとした（最決平18・5・16刑集60・5・413＝**百選102**）。

改正前の判例によれば、販売の目的は、**日本国内で販売する目的**をいい、国外で販売する目的を含まない[40]（最判昭52・12・22刑集31・7・1176）。事案は、外国ポルノ本類の輸入・販売を業としていた者が、スウェーデンのポルノ書籍販売業者から写真原板を買いうけ、これを用いてわいせつのカラー写真を多数冊印刷させたが、その原板をアメリカで販売する目的で所持したという事実が問題となったというものである。原審は、「いやしくも販売の目的で所持する以上」「国内で販売する目的の場合だけ適用があると解すべきではない」としたが、**最高裁**は、刑法175条の規定は、日本国内においてわいせつの文書、図画などが頒布、販売され、または公然と陳列されることを禁じようとする趣旨に出たものであるからとして、「日本国内において販売する目的」をいうとしたのである。現在では、これを「日本国内において有償頒布する目的」と読み替えることになる。

（ii） 改正後の「有償頒布目的所持」

有償頒布の目的でなされることが必要である。刑法改正により、175条2項には、「有償で頒布する目的で」と規定され、「販売」の文言は使用されていない。これにより、上の事例も、「物」でない、「電磁的記録の頒布」目的での所持を含むことになった。

従来、頒布は、無償の交付、すなわち、占有の移転を意味し、販売とは、有償の交付であるとされていたが（☞前述5, ⓐ）、その場合、有償の交付とは、所有権の移転を意味するのか、占有の移転でよいのかについては争いがあった。今回の改正により、「有償で頒布する目的」には、有償の貸与等を含む「占有の移転」を意味することが明確にされた。

ⓔ 保　管　　保管とは、電磁的記録を自己の支配内に置くことをいう。「物」の所持に相当する概念である。保管の際には「有償で頒布する目的」

---

[40]「わが国における健全な性風俗を維持するため」の規定だからである。

が必要である。

6 故意

わいせつ性の認識が必要である。意味の認識があれば足りる。当該物件が本罪のわいせつな文書・図画に該当することの認識は必要ではない。描写の内容とこれを頒布することについて認識があれば足り、その描写が175条にいうわいせつ性を具備することの認識まで必要としない（東京地判平16・1・13判時1853・151）。わいせつ性の認識は未必的なものでよい（東京高判昭27・12・10高刑集5・13・2429）。

7 共犯・罪数

わいせつな文書を翻訳して出版した場合には、翻訳者と出版社には、わいせつ文書販売（有償頒布）罪の共同正犯が成立する（前掲東京高判昭27・12・10＝チャタレー事件控訴審判決）。本罪は、その性質上、反復・継続される多数の行為を予想するものであるから、同一の意思のもとに行われる限りにおいて、数個の行為は、包括一罪とされるべきである（福岡高判昭27・2・15高刑集5・2・249）。販売（有償譲渡）と販売（有償頒布）目的所持とは包括一罪であり、前者のみが成立する（最判昭40・12・23裁判集刑157・495）。

§204 重婚罪

> 配偶者のある者が重ねて婚姻をしたときは、2年以上の懲役に処する。その相手方となって婚姻をした者も、同様とする（184条）。

1 意義

一夫一婦制の維持を図るのが、本規定の目的である。民法732条は、重婚を禁止するが、この禁止を刑罰によって担保しようとするものである。

2 主体

配偶者のある者（184条前段）およびその相手方となって婚姻をした者（同条後段）である。配偶者のある者とは、法律上の婚姻関係にある者を指し、事実上の結婚生活を営み内縁関係にあるにすぎない者を含まない。その相手方となって婚姻した者とは、相手方が配偶者のある者であることを知りながら、その者と婚姻した者をいう。配偶者の有無を問わない。

3 行 為

重ねて婚姻をすることである。配偶者のある者と法律上の婚姻をすることをいう（**法律婚説=通説**）。事実婚で足りるという**事実婚説**（牧野293頁、小野138頁）は、前婚につき法律婚を要求しつつ、後婚につき事実婚で足りるとする根拠に欠け、また、事実婚で足りるとすると重婚罪の成否が極めて不明瞭となる。前婚は、無効なものであってはならないが、取り消すことができる瑕疵があってもよい。有効な婚姻関係が成立しているならば、戸籍上の記載がこれと異なってもよい（水戸地判昭33・3・29一審刑1・3・461、名古屋高判昭36・11・8高刑集14・8・563）。事実婚説からは、法律婚であることを要求すると、事実上、重婚となる事例はほとんどありえないとされるが、協議上の離婚を離婚届の偽造によって行い、別人と婚姻するような場合には、重婚罪が成立しうる。

重婚が成立すれば直ちに既遂に達する。継続犯（広島高岡山支判昭29・10・19高検速報29・47）ではなく、状態犯である。重婚は、取消原因にとどまるから、本罪による処罰の後も重婚状態が継続する可能性があるが、このような場合には、検察官は取消の請求をすべき（民744条）であろう（亀山継夫・大コンメ9巻108頁）。

第2節　賭博および富くじに関する罪

§205　総　説

賭博および富くじに関する罪は、偶然の事情により財物の得喪を争う行為を罰するものである。賭博罪（185条）、常習賭博罪（186条1項）、賭博場開張図利罪・博徒結合図利罪（同条2項）、富くじ罪（187条）がこれに属する。

本罪の保護法益については、射幸を望んで金を賭け、財産上の損害を受けること、あるいは、他人の射幸心につけ込んでその人の財産に対して損害を与えることを処罰するものであり、**財産に対する罪**であると捉える見解（平野251頁、大判昭4・2・18新聞2970・9）があるが、詐欺的手段によらない限り、財産喪失者の自己の財産の自己加害にすぎないともいえるのであり、**リーガル・パターナリズム**の観点からの処罰であるといわざるをえない。通説・判例は、その本質は公共的犯罪であり、個人を保護することを主眼とする趣旨

第2節　賭博および富くじに関する罪　§205　総　説◇　709

のものではない（東京高判昭60・8・29高刑集38・2・125参照）とこの見解を批判し、「国民をして怠惰浪費の弊風を生ぜしめ、健康で文化的な社会の基礎を成す勤労の美風（…）を害する」ばかりではなく、「副次的犯罪を誘発し、又は国民経済の機能に重大な障害を与える恐れすらある」（最大判昭25・11・22刑集4・11・2380）というのが、この罪の処罰根拠であるとする。すなわち、国民の射幸心を助長し、怠惰浪費の弊風を生じさせ、健康で文化的な社会の基礎をなす勤労の美風を損ない、国民経済の機能に重大な支障をきたさせるおそれがあるので、勤労によって財産を取得するという健全な経済的風俗を保護しようとするのが、賭博罪処罰の根拠であるというのである（団藤348頁、大塚527頁）。

しかし、本罪の趣旨は、大きくは社会生活環境の保護にあるが、より具体的には、賭博等を一般的に禁止して国家のコントロールの下に置くことにある。それによって、賭博の際に行われがちな不公正な運営の印象を防止するためである。[1]すなわち、保護法益は、**公認された賭博制度に対する公共の信頼**である。

このようにして、公認された賭博行為・富くじ行為は、法令行為として違法性を阻却されるにとどまるものではなく、すでに構成要件該当性が否定されると解すべきである（☞総論§119、5）。商品取引所法（昭和25年法239号）、当せん金附証票法（昭和23年法144号）、競馬法（昭和23年法158号）、自転車競技法（昭和23年法209号）、小型自動車競争法（昭和25年法208号）、モーターボート競走法（昭和26年法242号）などが、これを許している。これらの許容規範がない限り、賭博・富くじ行為は処罰されるのであるが、法益からみて、許容規範が存在する限り、書かれざる構成要件である「公認されない限り」という消極的構成要件要素を充たしており、構成要件該当性が否定されるというべきである。

なお、公認されたものでなくても、公正な制度に対する社会の信頼を動揺させない小額の景品が賭られたにすぎないような場合には、構成要件該当性が否定されることがある。

---

[1] 昭和36年の公営競技調査会の答申（昭和36年7月28日総審公12号）は、公営競技が「公開の場で行なわれていることは、より多くの弊害を防止する上において、なにがしかの効果をあげていることは否みがたい」とする。

§206 賭博罪

> 賭博をした者は、50万円以下の罰金又は科料に処する。ただし、一時の娯楽に供する物を賭けたにとどまるときは、この限りでない（185条）。

1 行 為

賭博することである。「**賭博**」とは、二人以上の者が、金銭その他の財産を賭けて、偶然の勝敗を争い、財物の得喪を決めることをいう。二人以上の者が関与することが必要なので、必要的共犯の一種である。

ⓐ 偶然の勝敗 偶然の勝敗とは、偶然の事情によって財物の得喪の勝敗を決定することを意味する。偶然の事情とは、当事者にとって主観的に確実には予見できない事情をいうのであって、必ずしも客観的に不確実な事実である必要はない（大判明3・10・7刑録20・1816）。また、偶然の勝敗とは、勝敗が完全に偶然に決するものである必要はなく、当事者の技能が勝敗の決定に影響する場合であっても、多少とも偶然の要素がある限り、これにあたる（大判大44・11・13刑録17・1884参照）。例えば、囲碁（大判大4・6・10刑録21・805）、将棋（大判昭12・9・21刑集16・1299）、麻雀（大判昭6・5・2刑集10・197）などの勝負に財物を賭けるのもそうである。当事者が任意に左右することのできない事情であれば足りるのである（大判昭10・3・28刑集14・346参照）。偶然の事情は、犯人の行為に存するのでも、その他の事実に存するのでもよい。また、その事実は、過去、現在、将来のいずれにかかるものでもよい。

当事者全員について偶然の要素の存在することが必要であるから、当事者の一部が、詐欺的手段を用いて勝敗を支配した場合には賭博罪は成立せず、詐欺的手段を用いた者には詐欺罪が成立する[2]（大判昭9・6・11刑集13・730）。このような詐欺賭博において、被害者にはいわゆる片面的賭博として、賭博罪の成立を認める見解（牧野298頁、江家182頁、木村231頁）は、偶然の勝敗そのものが存在しないにもかかわらず、賭博罪を成立させるものであって、不当である（通説）。

ⓑ 財物の得喪 ここで「財物」とは、必ずしも金銭その他の有体物に限らず、財産上の利益の一切を含む。価額の多寡を問わない（大判大4・12・

---

[2] 例えば、いわゆるモミ賭博につき、見物人にはまったく勝つ機会がないのにその機会があるように欺罔して賭け金を騙し取った場合は、詐欺罪が成立する（最判昭26・5・8刑集5・6・1004）。

14 刑録 21・2097）が、たんに一時の娯楽に供する物については、本罪の成立はない。また、得喪の目的である財物の数額は、当初から確定している必要はない（大判明 45・7・1 刑録 18・947）。「賭博」には、賭事と博戯(とじ)(ばくぎ)があり、前者は、行為者自身またはこれに代わる者の動作の結果によって勝敗を決めることをいう。賭麻雀は、これにあたる。これに対して、後者は、行為者またはこれに代わる者の動作と関係のない事情によって勝敗を決めることをいう。野球賭博がその例である。

　本罪は、挙動犯である。したがって、財産を賭けて勝負が開始された時点で、実行の着手があり、直ちに既遂となる。偶然の勝敗によって賭物を勝者に交付することを予約し(大判大 10・6・11 刑録 27・553)、勝負が開始されれば既遂であるから、その結果として勝敗が決定され財産の得喪が実現されたことを要しない（大判明 43・5・27 刑録 16・955）。判例によれば、当事者がすでに賭銭をその場に出し花札を配付したときは、たとえそれが親を決めるためであったとしても、実行の着手は認められる（最判昭 23・7・8 刑集 2・8・822）。

　ⓒ　構成要件阻却事由　　一時の娯楽に供する物を賭けたにとどまるときは、賭博罪は成立しない。経済的価値が僅少であり、このような物を賭けるのは、賭博概念に含まれないとして、構成要件から排除したものである。一時の娯楽に供する物とは、関係者がその場で直ちに娯楽のために費消する物をいう（大判昭 4・2・18 刑集 8・72）。飲食物・煙草などがこれにあたる。一時の娯楽に供する物の範囲は、具体的な状況に応じて一般社会通念に従い、客観的に判断すべきである（大判昭 9・9・28 刑集 13・1221）。判例によれば、金銭は、その多少にかかわらず、一時の娯楽に供する物ではない（大判大 13・2・9 刑集 3・95、最判昭 23・10・7 刑集 2・11・1289）。ただし、それが、他の一時の娯楽に供すべき物の対価を負担させるための金銭であるときには、一時の娯楽に供する物に含まれる（大判大 2・11・19 刑録 19・1253）。

---

[3] 従前は、概念上区別し、「博戯又は賭事を為した」という表現を用いていたが、平成 7 年の改正で「賭博」と改められた。ただし、法定刑に差を設けていなかったため、区別の実益に乏しいとされていた。通説・判例では、この区別を判決文に示す必要もないとされていた（大判大 2・10・7 刑録 19・989）。
[4] 財物を現実にその場に提供することを要しない（前掲大判明 45・7・1）。
[5] 「金 15 銭に相当する天丼」（大判昭 9・4・30 新聞 3694・5）、「煙草響一個」（大決昭 12・6・23 大審院裁判例 11 刑法 40）は一時の娯楽に供する物である。

§207 常習賭博罪

> 常習として賭博をした者は、3年以下の懲役に処する（186条1項）。

1 意 義

本罪は、賭博をした者が常習性を有するときに、加重処罰する賭博罪の加重類型である。常習性は、身分であり（大連判大3・5・18刑録20・932）、したがって、本罪は、行為者が常習性という身分を有することによって刑が加重される加減的身分犯である。

2 主 体

賭博の常習者である。**常習性**は、①行為者の属性であって責任要素であるとする説（最大判昭26・8・1刑集5・9・1709、団藤353頁、香川339頁、西田404頁、なお、山口519頁）、②行為の属性であって違法要素であるとする説（平野252頁、内田524頁、林413頁）、③行為者の属性であると同時に行為の属性であるとする説（大塚530頁、大谷532頁）がある。しかし、行為者刑法を否定し、行為無価値論をとらないとすれば、行為の属性であって責任要素であるとすべきである。常習性とは、一定の犯罪を反復して行う習癖をいう。それは、行為者のもつ特性であることは否定できない。そこで、行為の際の行為者の常習性という性癖が、それを知りつつ行為に出る規範侵害の程度が高く、したがって、行為者の非難を高め、行為責任を加重する方向にはたらくのが、加重処罰の根拠であり、「可罰的責任要素」と解すべきである。

賭博の常習性 とは、反復累行して賭博行為をする習癖をいう（大判大3・4・6刑録20・465、最判昭23・7・29刑集2・9・1067）。必ずしも、賭博を営業とする者であることを要しない。また、博徒・遊び人の類を指すものではない（前掲最判昭23・7・29）。賭博の習癖は、判例によれば、主として、賭博の前科の存在、賭博行為の反復累行の事実を資料に認定されるが、その他、賭博の性質・方法・反復の事実、賭金の額、勝負の回数等、諸般の事情に照らして総合的に認定すべきである（大判昭5・11・25新聞3226・7、最判昭24・2・10刑集3・2・155、前掲最大判昭26・8・1）。賭博の習癖が認められる以上、一回限りの行為でも、常習賭博罪にあたる（大判大4・9・16刑録21・1315）。

近年、賭博遊戯機を設置して客に賭博をさせる遊技場の経営者に常習賭博罪を適用する判例が増えている。判例には、多年にわたって鋳造業を営み、前科もなく、賭事に親しむこともなかった者が、長期間営業を継続する意思のもとに多額の資金を投下

第 2 節　賭博および富くじに関する罪　§207　常習賭博罪◇　713

してスロットマシン賭博遊戯機 34 台を設置した遊技場の経営を開始し、警察による摘発を受けて廃業するまでの 3 日間、これを継続し、その間延べ約 140 名の客が来場して約 70 万円の売上金を得たという事案につき、被告人に賭博を反復累行する習癖を認めたもの（最決昭 54・10・26 刑集 33・6・665）がある。この判例の原審は、「資本的もしくは経済活動上の依存性もまた習癖の一内容をなし得る」としたが、本決定はこれを支持するものである。本決定には、塚本裁判官の反対意見がある。塚本裁判官によれば、「ここに習癖とは、性癖、習慣化された生活ないし行動傾向、人格的、性格的な偏向などをいうと理解される」が、「習癖として賭博を行うことと営業として賭博を行うこととは別個の概念である」として、被告人に賭博の常習癖があったとは認められないとするのである。反復継続する意思で十分とされる営業賭博と、その意思が人格的に沈殿させられた常習賭博は区別されるべきであり、本判決が本件に常習賭博罪を認めたことには疑問がある（判例に疑問を示す見解として、団藤 354 頁、大塚 532 頁、林 414 頁）。

3　行　為

常習性の発現として賭博をすることである。常習性の発現と認められる限り、1 回限りの行為であっても、本罪は成立しうる。数回にわたって反復された賭博行為も、**集合犯** として包括一罪となり、併合罪を構成しない[6]（大判大 12・4・4 刑集 2・309、最判昭 26・4・10 刑集 5・5・825）。

4　共犯・累犯加重

賭博の常習者と非常習者とが、共同して賭博を行ったときは、常習賭博が加減的身分犯であることを前提に、共犯論に従ってどの犯罪の共同正犯が成立するかが決められると解すべきである。しかし、共犯と身分につき、65 条 1 項を構成的身分、加減的身分を問わず、共犯の成立につき定めたものと解する見解は、常習性が、行為者定型の要素としての身分であるとして、65 条の適用を否定する見解（団藤 355 頁）と、これを行為類型をも定めたものと解して、まず、常習賭博の共同正犯が成立し、そのうち、非常習者は、65 条 2 項により 185 条の適用を受けるとするもの（大塚 532 頁）とに分かれる。前説によれば、非常習者には単純賭博が成立し、常習者には常習賭博が成立することになる。行為共同説によれば、65 条 2 項の適用により、非常習者には単純賭博の共同正犯、常習者には常習賭博の共同正犯が成立する。部分的犯罪共同説からは、単純賭博罪の限度で共同正犯が成立し、常習者には常習賭博罪が成立する（大谷 534 頁）。

---

[6] 「連続して数回賭博を為すも常習として為したる以上は、其連続せる数個の賭博行為は、集合して 1 個の常習として賭博を為したる犯罪行為を構成する」（大判明 44・2・16 刑録 17・83）。

非常習者が常習者の賭博行為を **教唆・幇助** したときは、正犯者には常習賭博罪が成立する。これに対して、非常習者には65条2項により単純賭博罪の教唆・幇助が成立する。逆に、常習者が、非常習者に賭博を教唆・幇助したときには、非常習者が単純賭博罪の正犯であることは疑いないが、常習者は、通説・判例（前掲大連判大3・5・18）によれば、常習賭博罪の教唆犯・従犯であるのに対し、有力説、すなわち、186条1項は、賭博の実行行為を常習として行う場合にのみ適用されるものであり、教唆犯・従犯には適用がないとする見解からは、教唆者・従犯は、常習性の有無にかかわらず、賭博罪の教唆犯・従犯であるとされる（団藤・総論397頁、大塚533頁）。この有力説は、「賭博の常習者でない」という身分を認め、65条2項の適用を図るのは、身分概念の自殺であるとするが、65条2項は、身分のある共犯には常にその身分に応じた犯罪が成立すべきことを認めた規定であるから、常習者には65条2項の適用によって常習賭博罪の教唆・幇助が成立すると解すべきである。

常習賭博の前科を有する者が、56条の要件にあたる状況のもとで重ねて賭博を行ったとき、**累犯加重** することができる。常習性と累犯性とは異なるのであって、累犯的反復は常習性の一部にすぎない（牧野・日本刑法下249頁）とはいえないからである。

§208　賭博場開張等図利罪

> 賭博場を開張し、又は博徒を結合して利益を図った者は、3月以上5年以下の懲役に処する（186条2項）。

1　意　義

賭博場開張図利罪（前段）および博徒結合図利罪（後段）を規定する。賭博罪の教唆・幇助的行為を処罰するものであるが、賭博行為を主宰し、人的に組

---

[7] 教唆者・幇助者については、常習性が行為者の属性であり、65条1項の適用がないとする見解からは、単純賭博罪の教唆犯・従犯となり（団藤355頁）、行為の属性とみる見解によれば、65条2項によって賭博罪の教唆犯・従犯の刑が科せられる（大塚533頁）。

[8] 判例は、以前には、186条1項は常習賭博の正犯のみに適用されるという立場から、非常習者を常習者が賭博へと幇助した場合、単純賭博罪の従犯となるとしていた（大判大3・3・10刑録20・266）が、本文に掲げた判例において、実行正犯、教唆犯、幇助犯を問わず、賭博行為により反復して賭博をなす習癖が発現するに至った場合には、2項を適用し、常習賭博罪の従犯の成立が認められるとした（☞総論§168, 4 (3)）。

第2節 賭博および富くじに関する罪 §208 賭博場開張等図利罪◇ 715

織化して、これを助長し利益を図る点で、賭博行為それ自体よりも罪は重い。

2 賭博場開張図利罪

ⓐ 要 件 「賭博場を開張」するとは、自らが主宰者となって、その支配下において賭博をさせる場所を開設することをいう（大判大15・9・25刑集5・381、最判昭25・9・14刑集4・9・1652）。本罪の行為者が、博徒または賭博常習者である必要はない（前掲大判大15・9・25）。開設者自身がその賭博場に臨んだか、賭博を行ったかは問わない（大判明43・4・19刑録16・686）。賭博場は、賭博のために特設されたもの、ないし常設のものでなくともよく、自己の支配下にある場所である必要もない。その設備の程度も問わない（大判昭7・4・12刑集11・367）。したがって、株式取引所の参観席のような場所で賭博者を集めて相場の高低によって賭銭賭博をさせた場合でもよい（前掲大判昭7・4・12）。また、野球賭博の場合につき、事務所を設け、電話で賭客の申込みを受け、これを整理して賭金の計算などを行った場合には、必ずしも賭博者を一定の場所に集合させることがなくてもよい（最決昭48・2・28刑集27・1・68）。これに対して、他人が賭博行為を行うことを知って、賭博場にあてる建物または部屋を給与したにすぎない場合には、賭博罪の従犯であって、本罪にはあたらない（大判昭2・11・26評論17刑法65参照）。主宰者として賭博場の設営をするとは、その場所を自ら設営したことを要せず、他人のあらかじめ設営した場所を利用する場合でもよい（東京高判昭39・8・5高刑集17・5・528）。

「利益を図」るとは、利益を得る目的（図利目的）で行為することをいう。したがって、本罪は、目的犯である。利益を得る目的とは、賭博者から寺銭または手数料などの名目で、賭博場開張の対価として不法な財産的な利益を得ようとする目的をいう（最判昭24・6・18刑集3・7・1094）。

本罪は、図利目的をもって賭博場を開設すれば**既遂**となる。現実に財産上の利益を得たことを要せず、その賭博場で賭博行為がなされたか否かも問わない（大判明43・11・8刑録16・1875、東京高判昭57・6・30判時1076・153）。本罪は、継続犯である。

ⓑ 従 犯 本罪の従犯は賭博場開張を容易にする行為をいうが、賭博場を提供する行為（大判大2・7・9刑録19・771）、賭博場を開張するため、賭博者を賭博場に誘引し（大判大9・11・4刑録26・793）、賭博場において下足番その他諸般の手伝いをする行為（大判大11・10・6刑集1・530）などが賭博場開張罪の幇助である。

c　罪数・他罪との関係　一回の賭博場開張の期間内に数回連続して賭博が行われ、または、賭客から数回にわたって寺銭等の対価を取得しても、一罪の賭博場開張罪が成立するにすぎない（大判大3・3・28刑録20・392）。別個の意思の発動として、日時・場所を異にして行われ一個の行為と認められない場合には、それぞれの賭博場開張罪は、併合罪である（前掲最判昭25・9・14）。賭博場開張者が賭博行為に参加したときは、賭博場開張罪と（常習）賭博罪との併合罪である（大判明44・2・23刑録17・163）。同一の行為（例えば、賭博場の提供）が、賭博場開張行為と賭博行為のいずれをも容易にするものであった場合、賭博場開張罪の従犯が成立する（前掲大判大9・11・4）。

3　博徒結合図利罪

博徒を結合して利益を図る行為を罰する。「博徒」とは、常習的または職業的に賭博を行う者をいう。「結合」とは、犯人自らが中心になって博徒との間に親分・子分の関係を結び、一定の区域内で、集合して賭博を行う便宜を与えることを意味する（大判明43・10・11刑録16・1689）。図利目的が必要である。現に利益を得たことを要しない（前掲大判明43・10・11）。犯人と子分らとの間にその縄張り内で賭博させる便宜を与えれば既遂となる。継続犯であり、犯人が親分としての地位を失わない限り犯罪は継続する（前掲大判明43・10・11）。

本罪の犯人が、自ら賭博場を開張したときは、賭博場開張図利罪との併合罪となる（大判明43・12・9刑録16・2157）。

§209　富くじ罪

> 富くじを発売した者は、2年以下の懲役又は150万円以下の罰金に処する（187条1項）。
> 富くじ発売の取次ぎをした者は、1年以下の懲役又は100万円の罰金に処する（同条2項）。
> 前2項に規定するもののほか、富くじを授受した者は、20万円以下の罰金又は科料に処する（同条3項）。

1　意　義

本罪は、富くじの発売（1項）、取次ぎ（2項）、授受（3項）行為を罰するものである。富くじ行為は、賭博行為の一種であり、あらかじめ番号札を発売して購買者から金銭その他の財物を集め、その後、抽せんその他の偶然的方

法によって、その購買者の間に不平等な利益を分配することをいう。当せん者は、当せんによって利益を得るが、当せんしなかった者はその拠出した財物の全部または一部を喪失する。拠出した財物を失わない福引は、富くじにはあたらない（大判大3・7・28刑録20・1548）。賭博と富くじの区別は、賭博にあっては、当事者の全員が財物を得喪する危険を負担するのに対して、富くじにあっては、購買者が危険を負担するだけで、発売者はこれを負担しないという点にある（団藤359頁、大塚537頁、大谷537頁、なお、前掲大判大3・7・28）。

2 行 為

「発売」とは、購買者に抽せんの方法によって利益の取得を僥倖させる目的で一定のくじ札を売り出すことをいう（大判大3・11・17刑録20・2139）。多人数に対するくじ札の有償的譲渡である。現に多人数に売却する必要はない。「取次ぎ」とは、発売者と購買者との間の富くじの売買の周旋をいう。現に利益を得たかどうかを問わない。「授受」とは、富くじの所有権の移転行為であって、発売・取次ぎ以外のものをいう。富くじを購入した者がそれを第三者に贈与・売却する場合などがそうである。

第3節　礼拝所および墳墓に関する罪

§210　総　説

通説・判例によれば、礼拝所および墳墓に関する罪の保護法益は、宗教生活上の善良な風俗（平穏）ないし国民の正常な宗教的感情である（団藤360頁、大塚539頁、大谷537頁、大判昭9・6・13刑集13・747）。本書の見解からは、公衆の宗教的生活環境である。憲法は、信教の自由を保障している（憲20条）が、刑法上の規定は、宗教そのものないしその内容を保護するものではなく、公衆の宗教的感情を保護することによって、各人の信教の自由を間接的に保護しているのである。刑法は、礼拝所不敬罪（188条1項）、説教等妨害罪（同条2項）、墳墓発掘罪（189条）、死体損壊・遺棄罪（190条）、墳墓発掘死体損壊・遺棄罪（191条）、変死者密葬罪（192条）を定める。なお、変死者密葬罪は、警察ないし犯罪捜査目的のための行政刑罰法規であり、宗教的感情の保護とは無関係であるが、死体に関するものであることから、便宜上、ここに置かれている（団藤366頁、大塚539頁、西田407頁、前田583頁）。

§211　礼拝所不敬罪

> 神祠、仏堂、墓所その他の礼拝所に対し、公然と不敬な行為をした者は、6月以下の懲役若しくは禁錮又は10万円以下の罰金に処する（188条1項）。

1　客体

　宗教的な崇敬の対象となっている場所である、神祠、仏堂、墓所その他の礼拝所である。「神祠」とは、神道により神を祀った祠堂をいう。「仏堂」とは、仏教による寺院の本堂その他礼拝の場所をいう。いずれもその大小を問わない。社務所、寺事務所、庫裡などは含まれない。「墓所」とは、人の遺体・遺骨を埋葬・安置して死者を祭祀し、または記念する場所をいう。墓碑・墓標の有無にかかわらない。「その他の礼拝所」としては、その他の宗教の礼拝所、例えば、キリスト教、イスラム教等の教会が挙げられる。殿堂その他、建造物の有無を問わない。原爆慰霊碑やひめゆりの塔のような一般的宗教感情により尊崇の対象となっているのもその他の礼拝所に含まれる。神棚・仏壇などの個人の宗教的施設が、礼拝所に含まれるかについては、本罪の客体の例示および本罪の社会的法益としての性格からみて否定すべきであろう。この場合、次に述べる「公然」性の要件に欠くことも多いであろう。

2　行為

　公然と不敬な行為をすることである。「公然」とは、不特定または多数人の認識しうる状態を指す。現に認識されたことを要しない。また、不特定多数の者がその場に居合わせることも必ずしも必要でない[1]。「不敬な行為」とは、礼拝所の尊厳または神聖を害する行為をいう。言語によると動作によるとを問わない。侮辱的言辞を浴びせ、墓所の墓石を押し倒す、神体に放尿する等の行為がこれにあたる[2]。たんに不作為として、敬礼をしないといった消極的態度があったにすぎないならば、不敬の行為があったとはいえない。侮辱的言辞は、礼拝所で直接なされることを要する。

---

[1] 他人の住家が遠くない位置に散在する共同墓地で、墓碑を押し倒す行為につき、「たまたま、その行為が午前2時ころ行われたもので、当時通行人などがいなかったとしても、公然の行為というに妨げない」（最決昭43・6・5刑集22・6・427）。
[2] 判例によれば、「畜生意地がやけら、小便でもひっかけてやれ」といいながらその家の墓所に放尿するような格好をしたとき、現実に放尿することはなかったとしても、本罪が成立する（東京

第 3 節　礼拝所および墳墓に関する罪　　§213 墳墓発掘罪◇　719

§212　説教等妨害罪

> 説教、礼拝又は葬式を妨害した者は、1 年以下の懲役若しくは禁錮又は 10 万円以下の罰金に処する（188 条 2 項）。

1　客体

　説教、礼拝または葬式である。「説教」とは、宗教上の教義を説く行為をいう。宗教行政・宗教政策に関する演説や宗教に関する学術上の講演を含まない。「礼拝」とは、神仏に宗教的崇敬の念を表明する動作をいう。「葬式」とは、死者を弔う儀式をいう。説教、礼拝または葬式は、現に行われているものであっても、まさに行われようとするものであってもよい。これら以外の婚礼や托鉢などの宗教的行事は、本罪の客体とはならない。[3]

2　行為

　妨害することである。「妨害」とは、説教等の平穏な遂行に支障を与える一切の行為をいう。妨害の方法は、言語、動作いずれによっても、暴行・脅迫を用いても、欺罔その他の手段を弄して行うのでもよい。結果として、現実に説教等が阻止されたことを要しない。

§213　墳墓発掘罪

> 墳墓を発掘した者は、2 年以下の懲役に処する（189 条）。

1　客体

　墳墓である。「墳墓」とは、人の死体、遺骨、遺髪などを埋葬して死者を祀り、礼拝の対象とする場所をいう。墓標・墓石がなくても墳墓であるが、墓標・墓石があっても、人の死体などが埋葬されていなければ墳墓ではない。埋葬されているのが人の形体を備えた死胎であってもよい（なお、墓地、埋葬等に関する法律 2 条 1 項参照）。古墳のように、すでに礼拝の対象になっていない場所は、墳墓ではない（前掲大判昭 9・6・13）。

　高判昭 27・8・5 高刑集 5・8・1364）。
[3] これらの宗教的行事を妨害すれば、軽犯罪法の儀式妨害罪（同法 1 条 24 号）にあたる可能性がある。

2 行 為

発掘することである。「発掘」とは、墳墓の覆土の全部または一部を除去し、または墓石などを破壊・解体するという方法で墳墓を損壊することをいう。墳墓内にある棺桶、死体、遺骨などを外部に露出させたこと、それらを隠匿ないし取得したことを要しない（最決昭 39・3・11 刑集 18・3・99）。死体、遺骨等が外部から認識しうる状態に至っていることを要するという見解（江家 187 頁、植松 237 頁）は、未遂の処罰規定がないことから不都合である（大塚 541 頁、大谷 540 頁）。判例も、外部から認識しうる状態を作り出すことを要しないものとする[4]（前掲最決昭 39・3・11）。

§214 死体損壊・遺棄罪

> 死体、遺骨、遺髪又は棺に納めてある物を損壊し、遺棄し、又は領得した者は、3 年以下の懲役に処する（190 条）。

1 保護法益・客体

本罪の保護法益は、死者に対する公衆の敬虔感情であるが、死者の生前にもっていた人格権の事後効果を保護するものであるともいえよう。本罪の客体は、死体、遺骨、遺髪または棺に納めてある物である。「死体」とは、死亡した人の身体をいう。死胎も人体の形を備えていれば死体である（大判明 44・10・23 刑録 17・1752）。死体の一部をなしている臓器も含む（大判大 14・10・16 刑集 4・613）。「遺骨」「遺髪」とは、死者の祭祀または記念のために保存し、または保存すべき死者の骨および頭髪をいう（大判明 43・10・4 刑録 16・1608）。「棺に納めてある物」とは、死体、遺骨、遺髪とともに棺内に置かれた物をいう。棺桶自体は含まない。祭祀・礼拝の対象となりうるものでなければならない（前掲大判昭 9・6・13）。骨あげの後に火葬場に遺留した骨片は、ここでいう遺骨にあたらない（前掲大判明 43・10・4）。

---

[4] この決定では、「発掘とは、墳墓の覆土の全部または一部を除去し、もしくは墓石等を破壊解体して、墳墓を損壊する行為をいい、必ずしも墳墓内の棺桶、遺骨、死体等を外部に露出させることを要せず、いわんや所論のように棺桶、遺骨、死体等を取り出して公衆の目に触れる状態に置くこと、またはそれらを隠匿しもしくは領得することは、その成立要件ではない」とする。

第3節　礼拝所および墳墓に関する罪　§214　死体損壊・遺棄罪◇　721

2　行　為

損壊、遺棄または領得である。「損壊」とは、物理的に破壊することをいう。死体の首、手足を切断する場合がそうである（大判昭8・7・8刑集12・1195）。死体解剖も損壊であるが、死体解剖保存等によって法令上許容されている。死体の一部を摘出するのも損壊であるが、臓器の移植に関する法律（平成9年法104号）等の法令により違法性が阻却されるほか、35条の一般的正当化規定により正当化されることもある。屍姦は、死体を侮辱する行為であるが、損壊にはあたらない（最判昭23・11・16刑集2・12・1535）。「遺棄」とは、風俗上の埋葬と認められない方法で放棄することをいう。死体を共同墓地に埋めたとしても、それが風俗上埋葬といえない方法であれば、遺棄にあたる（大判昭20・5・1刑集24・1）。不作為による死体遺棄は、法律上死体の埋葬義務のある者が、死体を放置したときにのみ成立する[5]（大判大6・11・24刑録23・1302）。人を殺した者が、死体を現場に放置したまま立ち去ったとしても、不作為による死体の遺棄とはいえない（前掲大判昭8・7・8）。その者が、犯跡を隠そうとしてこれを隠匿するのは、死体遺棄罪となる（最判昭24・11・26刑集3・11・1850）。「領得」とは、不法に占有を取得することをいう。取得の方法は問わない。直接・間接、窃盗による場合も、買い受ける場合でもよい。死体の領得犯人から、さらに買い受けることも死体領得罪にあたる（大判大4・6・24刑録21・886）。

3　罪数・他罪との関係

棺内に置かれた物を領得する行為に、**財産罪の適用**があるかについては、争いがある。本罪のみを適用するときは、財産罪と比べて刑が軽すぎるから、本罪との観念的競合を認めるべきだとする見解（団藤363頁、福田144頁、内田519頁、前田587頁）があるが、信仰の対象としての物が本罪の客体であることに着目して、とくに軽く処罰しようとするのがその趣旨だとすると、財産罪の成立は排除されていると解すべきである（平野267頁、大塚545頁、西原188頁、中山480頁、大谷542頁、中森229頁、西田409頁、林175頁、山口525頁、前掲大判大4・6・24）。棺内蔵置物に対する財産罪の成立が排除されているとすると、それに対して盗品等に対する罪も成り立たない（前掲大判大4・6・24）。

---

[5] 死体について何ら場所的移転を加えたのでないにしても、右死体が他人の宅の押し入れに隠してあることを知りながら葬祭の意思なくこれを放置してその場所から離去した行為は死体遺棄にあたるとした判例（東京高判昭40・7・19高刑集18・5・506）がある。

人を殺害した後、死体を不法に損壊した場合には、殺人罪と死体損壊罪の併合罪である。人を殺害の後、死体を遺棄する行為は、殺人罪と死体遺棄罪の併合罪となるとするのが判例（大判明44・7・6刑録17・1388、前掲大判昭8・7・8、最判昭34・2・19刑集13・2・161）であるが、学説においては死体遺棄が殺人の結果として行われるのが通常であるから、牽連犯であるとするのが有力説（福田144頁、大塚544頁、大谷542頁、中森229頁）である。

§215　墳墓発掘死体損壊等・遺棄罪

墳墓発掘罪を犯して、死体、遺骨、遺髪又は棺に収めてある物を損壊し、遺棄し、又は領得した者は、3月以上5年以下の懲役に処する（191条）。

墳墓発掘罪と死体損壊・遺棄罪の結合犯である。不法に墳墓を発掘した者が、死体等を損壊、遺棄、領得した場合に限って適用される。適法に発掘した機会に死体等を損壊・領得した場合、死体損壊・遺棄罪（190条）が適用されることになる（大判大3・11・13刑録20・2095）。墳墓を発掘し死体等を領得した犯人から死体を買い取る行為も、190条にあたるにすぎない。

§216　変死者密葬罪

検視を経ないで変死者を葬った者は、10万円以下の罰金又は科料に処する（192条）。

警察目的、犯罪捜査目的のための行政取締法規である。「変死者」とは、「不自然なる死亡を遂げ、其死因の不明なる者のみを指称する」というのが判例（大判大9・12・24刑録26・1437）であるが、より狭く、犯罪を死因とする死体、その疑いがある死体をいう。[6] 刑事訴訟法229条にいう「変死の疑のある死体」も含まれる。死因は明白であるが、犯罪による死亡が明白な場合にも、変死者に含まれる（大谷543頁、中森230頁、西田409頁、反対＝伊藤・註釈刑事訴訟法（新版）（伊藤栄樹＝河上和雄補正）2巻265頁、岩村修二・大コンメ9巻243頁）。「検視」とは、死体に対する検証をいう。検視には、司法検視および行政検視がある。[7] 行政検視を含むとする説（大塚546頁、大谷543頁、前田587頁）

---

[6] 樹上より墜落して創傷を負った者が医師の治療を受けた後に死亡した場合、死因は明瞭であるから、変死者にはあたらないとした判例がある（前掲大判大9・12・24）。刑事訴訟法229条（検視規則1条）は、「変死の疑のある死体」について検視を規定する。「変死の疑ある死体」が192条の「変死者」に含まれるかについては、疑問視する学説もある（団藤367頁）。

が有力であるが、本罪は犯罪捜査の端緒を確保するという目的をもつことから、行政検視を含まないとする説（岩村・大コンメ9巻241頁、西田409頁、山口526頁）もある。後説が妥当である。「葬る」とは、埋葬することをいう。その方法を問わない。

[7] 犯罪による死亡の疑いのある場合に行われるのが、司法検視（刑訴229条）、それ以外の、犯罪によることの疑いのない不自然死の死体、例えば、自殺者、凍死者、伝染病死の疑いがあるときに行われるのが、行政検視（昭33年国家公安委員会規則3号）である。

第 3 編

国家的法益に対する罪

第3編 国家的法益に対する罪

序　章

　国家法益に対する犯罪とは、個人的法益や社会的法益以外の国家自体の法益に対する攻撃を内容とする犯罪である。国家の存立に対する罪と、国家の作用（活動）に対する罪とに大別される。国家の存立に対する罪は、国家の内部からの侵害に関する罪と、外部からの侵害に関する罪とに分けることができる。内乱に関する罪（刑法2編2章）と外患に関する罪（同3章）である。国家の作用に対する罪も、内部からの侵害に関する罪と外部からの侵害に関する罪とに分けることができる。それは、公務員による犯罪と公務員以外の者による犯罪の区別である。

◇第3編　国家的法益に対する罪　　第1章　国家の存立に対する罪

第1章　国家の存立に対する罪

　国家の存立に対する罪は、最も重要な犯罪とされる。国家は、それ自体が自己目的ではなく、とくにさまざまな個人的法益や社会的法益を保護するための権力機構としての手段であるが、それに対する攻撃は、法益保護システムに対する攻撃であるので、重く処罰されるのが通常である。[1] もちろん、どの程度、厳罰をもって臨むかは、国家観に依存するのであって、全体主義的国家においては、民主主義国家に比べて厳罰主義で臨むという傾向がある。しかし、他方、国家の存立に対する罪は、よりよい国家システムの樹立を目指して政治的確信から行われることが多い。そこで、この犯罪類型は、政治犯・確信犯であり、非破廉恥罪であるので、刑罰としてかつての名誉拘禁の名残で禁錮刑が規定されていることが多い。

第1節　内乱に関する罪

§217　総　説

　内乱に関する罪は、憲法の定める統治の基本秩序を壊乱することを目的として、暴動を起こすことを内容とする犯罪である。内乱罪（77条1項）を基本類型とし、その未遂罪（同条2項）、予備・陰謀罪（78条）および、幇助罪（79条）をそれぞれ規定する。内乱罪は、革命を目的とするものであるから、革命が成功すればそれ以前の刑法によって処罰されることはありえず、[2] したがって、内乱罪は危険犯の形式によってしか規定されないといわれる（団藤12頁、大塚549頁、堀内363頁、山口530頁）。また、内乱罪は、国家の政治的基本組織の破壊に向けられた犯罪であり、現在の政治体制に対する政治的闘争の手段として行われる政治犯であって、確信犯であることが多い。そこで、

---

[1] 戦前は、皇室に対する罪（第2編旧1章）の規定もあった。しかし、現行の民主主義憲法のもとでは、この規定は、違憲であり、昭和22年法律124号により削除された。
[2] 韓国においては、革命の「成功」の後、再び、元の勢力が復活したという事件が起こり、それ以前の刑法によって処罰されえないのかどうか、時効の停止があるのか等が議論された。

国家の基本的秩序に対する暴力的侵害行為に対して厳罰をもってこれに臨みつつも、制裁としては、名誉刑である禁錮刑が科される立法例が多い。わが刑法も、内乱罪の法定刑については、自由刑としては、禁錮刑を定めている。

§218　内乱罪

> 　国の統治機構を破壊し、又はその領土において国権を排除して権力を行使し、その他憲法の定める統治の基本秩序を壊乱することを目的として暴動をした者は、内乱の罪とし、次の区別に従って処断する。
> 　(1) 首謀者は、死刑又は無期禁錮に処する。(2) 謀議に参与し、又は群衆を指揮した者は無期又は3年以上の禁錮に処し、その他諸般の職務に従事した者は1年以上10年以下の禁錮に処する。(3) 付和随行し、その他単に暴動に参加した者は、3年以下の禁錮に処する（77条1項）。
> 　前項の罪の未遂は、罰する。ただし、同項第3号に規定する者については、この限りでない（同条2項）。

1　主体

　本罪の主体は、多数人である。本罪は、必要的共犯の一種としてのいわゆる**多衆犯**（集団犯）であり、本罪の行為としては、多数人の共同犯行を前提とする「暴動」を行いうるにふさわしい数の行為主体が要求されるからである。多数人は、統治の基本秩序を壊乱する目的を実現するにふさわしい程度の人数、すなわち、**少なくとも一地方の平穏が害される程度の規模**であり、しかもその目的のもとに**ある程度組織化されていること**を要する。つまり、首謀者の存在が必要であり、また、本罪で区分されているような関与形態において組織化されている人々の関与が必要なのであって、騒乱罪におけるようなたんに集合した多衆では足りない。

　本罪の関与者は、その関与形態に応じて、首謀者（1項1号）、謀議参与者、群衆指揮者、その他諸般の職務従事者（1項2号）、付和随行者その他たんなる暴動参加者（1項3号）に区分されている。

　「首謀者」とは、**暴動の主謀統率者**をいう。一人に限らない。途中で交替して主謀統率者になった者でもよい。暴動の現場にいて指揮統率する者である必要はない。首謀者は、死刑または無期禁錮に処せられる。

　「謀議に参与した者」とは、暴動の計画の全部または一部に参加し、首謀者を補佐した者であり、いわゆる**参謀**である。「**群衆を指揮した者**」とは、暴動

の現場において、または現場に臨むに際して、暴動に参加した群衆の全部または一部を指揮した者を意味する。したがって、暴動開始前の具体的方法の指示、開始後の集団外からの指示を与えた者も群衆指揮者にあたる。謀議に参与した者、群衆を指揮した者は、無期または3年以上の禁錮に処せられる。

「その他諸般の職務に従事した者」とは、上記以外の者で、これらの者の統制に服しつつ一定の限られた責任ある職務を担当する者をいう。食料・弾薬の補給を指揮し、衛生、通信、会計等を掌理する者をいう。1年以上10年以下の禁錮に処せられる。

「付和随行し、その他単に暴動に参加した者」とは、暴動の行われるのを知って集団の一部に参加し、指揮者の命令に従って行動し、暴動の勢いを助けた者をいう。暴動に参加・関与し、投石、殺傷、放火、略奪、破壊等の行為をした者、あるいは、食料・弾薬を運搬する等の機械的労務を提供した者を意味する。暴動の一環として殺人・放火等が行われても暴動全体の中に包括して評価され、別に殺人罪・放火罪等が成立するわけではない。群集心理による犯行であることが考慮されたものである。付和随行者、暴動参加者は、3年以下の禁錮に処せられるにすぎない。内乱が未遂に終わったときは、罰せられない (77条2項但し書)。

首謀者と、群衆指揮者、暴動参加者は、集団組織の中で不可欠であるが、謀議参与者や諸般の職務従事者が欠けた組織であっても、内乱罪の成立を妨げるものではない。

2 目 的

本罪は目的犯である。主体としての多数人は、**憲法の定める統治の基本秩序を壊乱するという目的**を有していなければならない。「憲法の定める統治の基本秩序を壊乱する」目的とは、日本国憲法に規定されたわが国の基本的統治組織を不法に破壊する目的を意味する[3] (大判昭10・10・24刑集14・1267)。「国の統治機構を破壊」すること、または「その領土において国権を排除して権力を行使」することは、その例示である。国の統治機構とは、旧規定の「政

---

[3] このいわゆる5・15事件に関する大審院の判例において、「刑法第77条に所謂朝憲を紊乱するとは国家の政治的基本組織を不法に破壊することを謂ひ政府の顛覆封土の僣窃の如き其の例示的規定なりと解すべく、従って、政府の顛覆とは行政組織の中枢たる内閣制度を不法に破壊する如きことを指称するものと解するを相当とす」るという。

府転覆」を平易化したものであるが、「国家の統治機構」と文言修正されたため、行政機構のみならず、立法機構・司法機構をも含むことが明らかになった。このような日本国の統治に関する基本的構成を打ち壊すことが、「国の統治機構を破壊」することの意味である。したがって、統治機構には、議院内閣制、国会制度、司法制度の破壊が含まれる。たんなる個々の内閣の打倒・更迭は、これに含まれない。[4]**「国権を排除して権力を行使」**するとは、日本国の領土を占領して領土主権を事実上排除し、独自の統治権力を行使することを意味する。国権を排除しとは、実力で日本国の領土内で独立国の建国を宣言し、日本国の統治権の行使を事実上排除することをいう（朝鮮高判大9・3・22新聞1687・13）。本罪にいう目的は、国家の基本秩序を破壊する「直接の目的」でなければならず、たんにこれを機縁にして発生するであろう別の暴動によって壊乱が生じることを期待するものであるときは、本罪にあたらない（前掲大判昭10・10・24）。

3 行 為

暴動することである。**暴動**とは、多数人による集団的暴行、脅迫であり、**少なくとも一地方の平穏を害するに至る程度のもの**と解するのが通説である（団藤17頁、大塚550頁、西田412頁）。これでは不十分であって、国家の基本組織に動揺を与える程度の強力なものであることを要するとする見解（滝川294頁、大谷549頁、内田597頁、中森234頁）もある。暴行・脅迫は、最広義におけるものを意味する。暴行は、人に対するものであると、物に対するものであるとを問わない。殺人、傷害、放火なども含む。脅迫も、告知される害悪の種類を問わない。

着手時期は、多数人が集合し暴動、すなわち**集団的暴行・脅迫を開始した時点**である（大谷549頁、西田412頁）。着手時期に関しては、暴動を行いうるための集団的行動が開始されれば、暴行・脅迫が行われたことを要しないという見解もある（大塚550頁）。しかし、集団行動を開始してもまだ暴行・脅迫行為に至らないときは、まだ、予備の段階というべきであろう。暴動の結果、少なくとも一地方の平穏が害されるに至ったとき、既遂となる。壊乱す

---

[4] 首相の暗殺は、内閣制度を破壊するものではなく、国の統治機構を破壊する行為ではない（前掲大判昭10・10・24〔5・15事件〕参照）。閣僚を殺害することも、内閣の更迭を目指すものではあっても、国の統治機構を破壊するものではない（大判昭16・3・15刑集20・263〔神兵隊事件〕）。

る目的が遂げられたかどうかは既遂の要件ではない。一地方の平穏が害されるに至らなかったときは、未遂である。たんなる暴動参加者の未遂は罰せられない。

4 共 犯

本罪は、**必要的共犯**としての多衆犯である。したがって、暴動の集団内部における関与行為相互間に総則の共犯規定は適用されない。各関与形態に応じて77条1項各号の適用があるだけである。しかし、**暴動の外部にあって他人を教唆して暴動に参加させた者**には総則の共犯規定の適用はないのであろうか。これについては、肯定説と否定説に分かれる。否定説（団藤18頁、福田7頁、大塚552頁）は、本罪は、多衆犯としての集団行動への関与を一定の限度で処罰しようとするものであり、それ以外の関与行為は不可罰とする趣旨であると解する。したがって、総則の共犯規定を適用して処罰することは許されないとする。これに対して、肯定説は、集団の外部からの教唆等の関与は多衆犯の予想外の関与形態であり、これを処罰できないというのは容認しがたく、多衆犯にも共犯規定を適用しうると解すべきだとする（植松6頁、中山490頁、大谷551頁、中森235頁、西田412頁）。幇助に関しては、79条で、内乱罪およびその予備陰謀罪の幇助を別に規定している。したがってここで問題になるのは、教唆のみである。沿革的には、旧刑法では、「首魁及び教唆者は死刑に処す」と規定していたが、現行刑法では、首魁（首謀者）の教唆は総則の規定によって罰することができるとして、これを削除したとされている（刑法沿革総攬2163頁）。この場合、首謀者の一人として処罰することも可能であると思われる。しかし、集団の外部者から個々の職務従事者や付和随行者を教唆した者は、総則の共犯規定によって処罰されないと、処罰を逃れることになるが、それを不可罰にとどめるべき合理的理由はない。

5 罪数・他罪との関係

内乱の目的でその機会に行われた殺人、傷害、放火などは本罪に吸収されるのであって、観念的競合ではない（前掲大判昭10・10・24）。

§219 内乱予備・陰謀罪

> 内乱の予備又は陰謀をした者は、1年以上10年以下の禁錮に処する（78条）。
> 暴動に至る前に自首したときは、その刑を免除する（80条）。

「**内乱の予備**」とは、内乱を計画し、その実行を準備することである。武器、弾薬、食料を調達し、参加者を集めるなどの行為がこれである。「**陰謀**」とは、二人以上の者が内乱の実行を計画し合意することをいう。内乱が実行に至れば、予備・陰謀は、内乱の未遂または既遂に吸収される。

自首による刑の免除は、暴動を未然に防ごうとする政策的目的にもとづくものであり、必要的免除を定めている。暴動の実行に着手する以前に自首される必要がある。暴動に至った後に自首した場合には、42条1項により任意的に刑が減軽される。

§220 内乱等幇助罪

> 兵器、資金若しくは食糧を供給し、又はその他の行為により、前2条の罪を幇助した者は、7年以下の禁錮に処する（79条）。

本罪は、内乱罪および内乱予備罪・陰謀罪の幇助を独立罪として罰する規定である。したがって、**総則の幇助**に関する規定（62条、63条）の適用はない。「**兵器**」とは、暴動に用いるべき武器、弾薬をいい、「**資金若しくは食糧**」とは、軍資金、兵糧をいう。「**その他の行為**」とは、例えば陰謀の場所を提供する行為をいう。正犯である内乱罪および予備・陰謀罪が成立するときに限り本罪が成立するのか、それともそれらが成立しないときでも、本罪が成立するのかについては争いがある。内乱罪等が成立しないときでも、本罪の成立をも認めるべきであるとする見解（滝川296頁、植田・刑事法講座7巻1400頁、大谷552頁、中森236頁、前田593頁）は、独立罪としての性格から、正犯への従属性は不要であるとする。本罪を刑のみの特別規定であるとみて、正犯が成立することが必要であるとする見解（団藤21頁、中260頁、大塚554頁、曽根281頁、西田413頁）が妥当である。刑事政策的にみて、内乱罪、予備陰謀罪が成立する以前に幇助のみを独立に罰する必要はないからである。

本罪についても、暴動に至る前の自首により刑が必要的に免除される（80条）。

第2節　外患に関する罪

§221　総説

　外患に関する罪は、国家の外部からその安全を害する罪である。日本国に対して外部から武力を行使させ、または外部からの武力の行使に加担して、その存立を脅かす犯罪である。かくして、保護法益は、国家の対外的存立である。祖国に対する裏切り行為を処罰するという性格をもつため、法定刑として懲役刑が規定されている。外患誘致罪（81条）、外患援助罪（82条）、それらの罪の未遂罪（87条）、外患予備・陰謀罪（88条）の各類型がある。

　本罪は、もともと外国との間に戦争状態が発生しうることを前提として規定されていた。戦後、憲法9条の「戦争の放棄」により昭和22年法律124号により改正され、81条、82条の文言を修正し、83条〜86条の敵国のために利を図る行為（通謀利敵罪）、敵国のためのスパイ行為等を処罰する規定、89条の戦時同盟国に対する行為を処罰する規定が削除された。[1]

§222　外患誘致罪

> 外国と通謀して日本国に対し武力を行使させた者は、死刑に処する（81条）。未遂は、罰する（87条）。

　「**外国**」とは、外国の政府・軍隊など外国を代表すべき国家機関を意味する。私人としての外国人や外国の私的団体を含まない。「**通謀**」とは、意思の連絡をとることをいう。直接的に行われると、人を介して間接的に行われるとを問わない。「**武力を行使させた**」とは、軍事力を用いてわが国の安全を侵害させることである。国際法上の戦争である必要はない。外国に通謀した

---

[1] 旧83条「敵国を利する為め要塞、陣営、艦船、兵器、弾薬、汽車、電車、鉄道、電線其の他軍用に供する場所又は物を損壊し若くは使用すること能はざるに至らしめたる者は死刑又は無期懲役に処す」。
84条「帝国の軍用に供せざる兵器、弾薬其の他直接に戦闘の用に供す可き物を敵国に交付したる者は無期又は3年以上の懲役に処す」。
85条「敵国の為めに間諜を為し又は敵国の間諜を幇助したる者は死刑又は無期若しくは5年以上の懲役に処す」。「軍事上の秘密を敵国に漏泄したる者亦同じ」。
86条「前5条に記載したる以外の方法を以て敵国に軍事上の利益を与へ又は定刻の軍事上の利益を害したる者は2年以上の有期懲役に処す」。

第 2 節　外患に関する罪　§ 224　外患予備・陰謀罪　735

ことと武力の行使の間に因果関係がなければならない。通謀はあったが、武力行使に至らなかった場合、ないし通謀と武力行使との間に因果関係がなかったときは、未遂である。法定刑は、死刑のみである（絶対的法定刑）。

未遂は、通謀行為はあったが、意思の連絡が生じなかった場合、通謀は完成したが、武力の行使が生じなかった場合、通謀と武力行使の間に因果関係がなかったときに生じる。

§ 223　外患援助罪

> 日本国に対して外国から武力行使があったときに、これに加担して、その軍務に服し、その他これに軍事上の利益を与えた者は、死刑又は無期若しくは 2 年以上の懲役に処する（82 条）。未遂は、罰する（87 条）。

「日本国に対して外国から武力の行使があったとき」とは、構成要件要素としての行為の状況であり、このような状況のもとにおける行為でなければ本罪にあたらない。「これに加担して」とは、外国に味方することをいう。「軍務に服し」とは、軍人または軍属として勤務することをいい、直接戦闘に参加したことを要しない。「その他これに軍事上の利益を与え」とは、外国の武力行使に有利になるような有形・無形の手段を提供することをいう。例えば、武器、弾薬、食糧、医薬品などの支給、運搬、軍事情報の提供、部隊の誘導などの行為がそれである。

§ 224　外患予備・陰謀罪

> 第 81 条（外患誘致罪）又は第 82 条（外患援助罪）の罪の予備又は陰謀をした者は、1 年以上 10 年以下の懲役に処する（88 条）。

外国との通謀以前に、外患誘致のための準備行為・謀議を行うこと、または外国からの武力行使に加担するため軍事的援助をするための準備行為・謀議をすることを罰する。

第3節　国交に関する罪

§225　総　説

　国交に関する罪の **保護法益** については、**外国の国家的法益に対する罪と解する見解**（団藤164頁、大塚648頁）と、**国家の国際的地位ないし外交上の利益と解する見解**（平野292頁、中山496頁、内田692頁、大谷555頁、中森239頁、西田415頁、前田685頁、山口535頁）とが対立している。前説は、本罪の内容が直ちにわが国の存立を危うくするようなものを含まないこと、外国政府の請求が訴訟条件とされている場合があることを根拠にする。後説は、本罪は外患に関する罪の後に規定されていること、わが国の刑法が外国の法益を直接保護しているとは考えにくいこと、さらに、国際信義に反するような行為を許せば、わが国の国際的地位が危うくなることを挙げる。後説が妥当である。

　以前、刑法は、日本に滞在する外国の君主、大統領に対する暴行、脅迫、侮辱（90条）、日本に派遣された外国の使節に対する暴行、脅迫、侮辱（91条）を処罰していた。しかし、昭和22年の一部改正（法124号）によって、皇室に対する罪（73条～76条）が削除されたこととの均衡上、これらの規定も削除された。草案は、私戦罪（126条）のほか、外国の元首・使節に対する暴行・脅迫・侮辱罪（128条、129条）を新設している。

§226　外国国章損壊罪

> 　外国に対して侮辱を加える目的で、その国の国旗その他の国章を損壊し、除去し、又は汚損した者は、2年以下の懲役又は20万円以下の罰金に処する（92条1項）。
> 　前項の罪は、外国政府の請求がなければ公訴を提起することができない（同条2項）。

1　客　体

　外国の国旗その他の国章である。「**外国**」とは、国際法上承認されている日本以外の独立国をいい、わが国が承認しているかどうかを問わない。未承認国であってもその国家的名誉は保護されるべきだからである。「**国旗**」とは、国を表章するために定められた旗であり、国章の典型的なものである。「**国章**」とは、国を象徴するために定められた物件をいう。軍旗、大公使館の徽章がその例である。国家を越える国連旗その他の徽章は含まない。本罪

の客体となる国旗その他の国章が、①外国の国家機関によって公的に掲揚されているものに限る（滝川301頁、中264頁、大谷556頁、前田686頁、鈴木・大コンメ6巻67頁）か、それとも②私人が掲揚するものであっても当該国に対する侮辱の意思の表示として国交に影響を及ぼすべき場合であればこれに含まれるとする（植松16頁、大塚649頁、西原412頁、内田694頁、林476頁）か、あるいは、③公共の場所（例えば、国際競技場）において当該国家の権威を象徴するものとして私的に掲揚されたものも含むと解する[1]（中森240頁、西田416頁、山口536頁）かについては見解の対立がある。わが国の外交上の利益が保護法益であると解する立場からは、外国の国家機関が公的に掲揚している場合に、その国旗その他の国章がその外国の権威と尊厳を表徴するものといえるのであり、その侮辱が、わが国の外交上の利益を損なうのであるから、その場合に限って本罪が成立すると解すべきである[2]。

2 目 的

外国に対して侮辱を加える目的が必要である（目的犯）。「侮辱を加える」とは、その国に対する否定的評価を表示することをいう。その国に対する侮辱の意思を表示すること、ないし侮蔑の感情的価値判断を表示することをいうとする立場（大塚650頁、鈴木・大コンメ6巻68頁）もあるが、侮辱罪が名誉感情を保護法益とするという立場を前提にするものであって妥当ではない。

3 行 為

外国の国章を損壊し、除去し、または汚損することである。「損壊」とは、国章自体を破壊または毀損する方法によって、外国の威信・尊厳を表徴する効用を減失または減少させることをいう（大阪高判昭38・11・27高刑集16・8・708）。国旗を引き裂く、燃やすなどの行為がこれにあたる。損壊は、物理的破壊のみを意味するか、広く効用減失を含むとするかについては見解が分かれる。後者の見解からは「遮蔽」は、損壊に含まれることになる（平野293

---

[1] 民間の国際的な競技、会議、博覧会、船舶等で使用する国旗、その国の祝祭日に私人の掲揚する国旗などは含まれるが、たんなる装飾用の万国旗や外交官私宅の紋章などは含まないとする見解もある（柏木69頁）。

[2] 判例には、日中友好協会長崎支部主催の中国の切手等の展示即売会会場において吊り下げられていた同支部の中華人民共和国国旗様の旗一枚を引き下ろして除去した行為に、軽犯罪法1条31号、同33号を適用したにとどめたもの（長崎簡略式命令昭33・12・3―審刑1・12・2266）、そして、中華民国駐大阪総領事館邸一階正面の、中華民国の国章を刻した横額の上にベニヤ板製の看板を掲げて横額を外部から遮蔽した事案につき、本条を適用したものがある（前掲大阪高判昭38・11・27、最決昭40・4・16刑集19・3・143）。

頁）。本罪では、261条とは保護法益も異なり、行為も「損壊、除去、汚損」とされている点からみて、損壊は物理的損壊に限ると解すべきであろう。「除去」とは、国章自体を損壊することなく、場所的移転、遮蔽等の方法によって、国章が現に所在する場所において果たしている威信・尊厳を表徴する効用を滅失または減少させることをいう。国旗を取り外したり、看板などで「遮蔽」する行為がこれにあたる。「汚損」とは、人に嫌悪の感を抱かせる物を付着または付置して国章自体に対して嫌汚の感を抱かせる方法によって、その効用を滅失または減少させることをいう。墨汁を塗るとか、泥靴で踏むなどの行為がこれにあたる。

4 他罪との関係

器物損壊罪とは、①法条競合の択一的関係として本罪のみが成立すると解する説（中山497頁、大谷557頁、中森240頁、西田385頁、山口537頁）と②観念的競合とする説（大塚650頁、前田686頁、林477頁）とが対立している。前説は、法益が異なる点が説明されておらず、後説は、常に重い器物損壊罪の刑によって処断されることになり、本罪の法定刑が軽いことが考慮されないという難点がある。本罪が侮辱罪の性格をもち、国章の財産的価値が低いがゆえに、法定刑が軽くされていることから、前説が妥当である。

§227 私戦予備・陰謀罪

> 外国に対して私的に戦闘行為をする目的で、その予備又は陰謀をした者は、3月以上5年以下の禁錮に処する。ただし、自首した者は、その刑を免除する（93条）。

外国に対して私的に戦闘行為を行う目的で予備・陰謀を行うことを処罰するものである。**本罪の目的**は、私戦の予備・陰謀段階を国内法で処罰し、わが国の国際的地位の安全を図る趣旨に出たものである。

本罪は、予備・陰謀を処罰するのみであって、私戦が未遂に終わった場合、既遂に至った場合を処罰するものではない。[3]「私的に戦闘行為をする目的」を必要とする目的犯である。「外国」とは、国家としての外国を意味する。外国の一地方、特定の外国人団体ではない。「**私的に戦闘行為をする**」とは、国権の発動としての命令によらないで、組織的な武力を行使して攻撃・

---

[3] その場合には、騒乱罪、殺人罪、放火罪等の規定を適用するほかない。この場合、それらの罪との併合罪とする（大谷558頁）か、牽連犯とする（大塚651頁、中森240頁）かが争われている。なお、改正刑法草案126条は、私戦罪とその未遂罪を処罰する。

防御をすることを意味する。**予備**とは、私戦行為の準備をいう。**陰謀**とは、私戦の実行について謀議することをいう。

自首した者には、刑が必要的に免除される。

§228 中立命令違反罪

> 外国が交戦している際に、局外中立に関する命令に違反した者は、3年以下の禁錮又は50万円以下の罰金に処する（94条）。

外国が交戦状態にあるとき、中立国の立場をとる国家は、国際法上、一定の義務を負う。この義務を履行するため中立国は、自国内で一定の作為・不作為を命じる。これが局外中立命令である。この局外中立命令に違反する者は、わが国の国際上の地位を危うくするものである。

「**外国が交戦している際**」とは、二国以上の外国が現に戦争状態にある際の意味である。交戦とは、国際法上の紛争のみならず、事実上の戦争状態を含む。

本罪の行為は、局外中立に関する命令に違反することである。「**局外中立に関する命令**」とは、外国が戦争状態にあるときに、わが国がそのいずれにも加担しないことを宣言し、国民に対してもそのいずれにも便宜を与えてはならない旨を指示して発する命令をいう。例えば、一方の国への武器弾薬の輸出、ないし、その兵員募集への応募を禁止することである。命令は、法形式の一つとしての命令、すなわち例えば政令であることを要しない。

局外中立命令は、一種の限時法的性格をもつ。そこで、局外中立命令が廃止されたとき、その後の**追及効**をもつかどうかという問題が生じる。しかし、限時法の理論を認めて追及効を肯定することはできない（☞総論§42, 2）。

---

[4] 陸戦の場合に於ける中立国及中立人の権利義務に関する条約（明治45年条約5号）、海戦の場合に於ける中立国の権利義務に関する条約（明治45年条約12号）参照。

[5] この局外中立命令の内容は、外国間に交戦があった際に発せられるのであるから、その内容は特定していない。したがって、白地刑罰法規ないし空白刑法であるといってよい。ここでいう命令は、政令のみに限らず、法律による場合も含む（大塚652頁、大谷559頁、西田418頁）。

[6] これまで発せられた局外中立命令としては、普仏戦争の際の太政官布告492号（明治3年7月）、546号（同年8月）、米西戦争の際の中立詔勅86号、87号（明治31年4月30日）、伊土戦争に際しての詔勅（明治44年10月3日）がある。

第2章　国家の作用に対する罪

　立法、司法、行政などの各国家作用の円滑かつ公正な実施を保障するため、刑法は、公務の執行を妨害する罪（第5章）として、公務執行妨害罪・職務強要罪（95条）を規定するほか、封印等破棄罪（96条）から公契約関係競売等妨害罪（96条の6）までを改正して規定し、司法作用に対する罪として、逃走の罪（第6章）、犯人蔵匿および証拠隠滅の罪（第7章）、偽証の罪（第20章）、虚偽告訴の罪（第21章）を規定し、さらに、汚職の罪（第25章）として、公務員による職権濫用の罪（193条～196条）、収賄罪（197条以下）・贈賄罪（198条）を規定する。公務の執行を妨害する罪および司法作用に対する罪は、国家の作用を外部から侵害する点に共通性があるが、汚職の罪は、国家の作用を内部から侵害する罪である。この中には、公務執行妨害罪、職務強要罪、競売妨害罪、虚偽告訴の罪、汚職の罪のように、国家自体の作用のみならず、地方公共団体の作用をも保護するものが含まれている。
　刑法96条の封印等破棄罪以下の強制執行に関する罪の改正案は、すでに平成15年の第156回国会に提出されたが、廃案となり、平成23（2011）年に修正案が第177回国会に提出され、可決・成立した。封印等破棄罪（96条）、強制執行妨害目的財産損壊等罪（96条の2）、強制執行行為妨害等罪（96条の3）、強制執行関係売却妨害罪（96条の4）、加重封印等破棄等罪（96条の5）および公契約関係競売等妨害罪（96条の6）が、これである。

第1節　公務員および公務所

　公務員、公務所の概念は、国家の作用に対する罪の主体または客体として重要である。

§229　公務員

　刑法の定義によれば、この法律において公務員とは、「国又は地方公共団体の職員その他法令により公務に従事する議員、委員その他の職員をいう」（7条1項）。

1 国または地方公共団体の職員

国家公務員（国公2条）、または地方公務員（地公3条）である。

2 法令により公務に従事する者

「法令」とは、法律、命令、条例のほか、判例は、抽象的な通則を規定するものである限り、たんに行政官庁内部の組織作用を定めたにすぎない訓令、内規の類も含むとする（大判大4・5・14刑録21・625、最判昭25・2・28刑集4・2・268）。しかし、学説は、一般国民を対象としない訓令・内規などは法令にあたらないとする（大塚558頁、大谷562頁）。法令に「より」とは、古い判例によれば、その職務権限が法令によって定められていることを必要とするものと解した（大判大6・4・5刑録23・279）が、大正11年には、その職務権限の定められた者に限らず、広く法令によって公務に従事する職員を称するものとした（大連判大11・7・22刑集1・397）。しかし、法令中にとくに職名を明示してその当該者を任用しうる旨の特段の明文の規定が存することを要するとされていた（大判昭12・5・11刑集16・725等）。最高裁は、職名が示されなくても、法令に根拠があって任用されたのであればよいと解するようになった（最判昭25・10・20刑集4・10・2115等）。

公務員は公務に従事する者でなければならない。**「公務」**とは、国または地方公共団体の事務をいう。必ずしも権力関係にもとづくものであることを要しない。現業的事務でもよいというのが通説である。しかし、この点は、公務執行妨害罪における「職務」として後に詳論する（☞§232, 2）。

公共組合、公団、金庫、公庫などの**公法人の職員の事務**については、①その事務を一律に公務と解し、公法人の職員も公務員であると解する見解（大判昭11・1・30刑集15・34、最判昭26・5・11刑集5・6・1035）と、②当該公法人の事務の性質によって個別的に判断すべきであるという見解（団藤39頁、大塚559頁）が対立し、さらに、③公法人の職員について公務員とみなすという規定[1]が置かれている場合に限って公務員とし、それがない場合にまで公務員性を認める必要はないとする見解も唱えられている（平野277頁、大谷563頁、

---

[1] いわゆる「みなし公務員」規定が置かれている場合にのみ公務員であるとするのである。みなし公務員とは、「法令により公務に従事する職員とみなす」と規定され、あるいは、「刑法その他の罰則の適用については、法令により公務に従事する職員とみなす」と規定されるものである。例えば、日本銀行の役職員（日銀法30条）、準起訴手続における指定弁護士（刑訴268条3項）などがそうである。

中森244頁、西田421頁、山口541頁）。公法人の職員の事務すべてを公務として保護する必要はなく、また、個別的判断も限界の明確性に問題があるから、「みなし公務員」につき公務員と解する見解が妥当である。

3 議員、委員、その他の職員

「**議員**」とは、国または地方公共団体の意思決定機関である合議体の構成員をいう。衆・参両議院の議員、地方公共団体の議会の議員がそれである。「**委員**」とは、法令にもとづき任命・選挙・嘱託によって一定の公務を委任される非常勤のものをいう。審議会委員、調停委員、教育委員等がそうである。「**職員**」とは、法令上の根拠にもとづき、国または地方公共団体の機関として公務に従事する者をいう（前掲最判昭25・10・20）。意思決定機関であるに限らず、それを補助する地位にある者も含む。職制上、職員と称される者であるかを問わず、技手補、事務員などと呼ばれていてもよい（最決昭30・12・3刑集9・13・2596）。

旧憲法のもとにおいては、**官吏・公吏**と雇員、傭人、嘱託などとは截然と区別されていた。官吏とは、国家の特別の選任行為にもとづき国家に対して無定量の事務について忠実に勤務すべき公法上の義務を負担する地位に立つ個人をいい、公吏とは、地方公共団体に対して義務を負う、官吏に対応する者であった。後者は、私法上の雇用契約にもとづき、公務を処理すべき義務を負担する者であった（大塚558頁参照）。日本国憲法下の国家公務員法は、官吏のみならず、雇員等も含めた意味で国家公務員の概念を用いている。

このような**広い意味での公務員**は、すべて刑法上の公務員といえるかどうかが問題である。判例は、職員は、ある程度、精神的・知能的な仕事に携わる者であることを要し、たんなる機械的・肉体的な労務に従事する者は含まれないとする[2]（大判昭12・5・10刑集16・717、最判昭35・3・1刑集14・3・209）。学説においてもこれを支持する見解もある[3]（大塚560頁、西田421頁）。

---

[2] 執行吏代理（大判明42・8・31刑録15・1121）、税務署雇（前掲大判昭12・5・11、最判昭25・3・24刑集4・3・411）、兵庫県雇（最判昭26・7・20刑集5・8・1586）などが、判例で公務員とされたが、九州帝国大学建築課雇（大判大14・12・8刑集4・723）、岡山市雇（大判大14・10・16刑集4・607）などは公務員でないとされた。

[3] 大塚559頁以下は、「刑法が、公務員の範囲を職員に限ろうとした趣旨は、一定の程度以上の地位にある者のみを公務員とすることによって、公務員の品位を保持させるとともに、公の作用を円滑・適正に行わせようとすることにある」という。

大審院の判例は、**郵便集配人**につき、「官制職制又は其他の法令上、職員と称するものとは其撰を異にし、職工人夫等と何等選ぶ所なきこと、郵便電信及電話官署現業傭人規程の趣旨に徴し明瞭にして、之を職員と称するを得ざるもの」として、公務員性を否定した（大判大 8・4・2 刑録 25・375）。最高裁は、郵便配達人について、「その担当事務の性質は単に郵便物の取集め、配達というごとき単純な肉体的、機械的労働に止まらず、民訴法、郵便法、郵便取扱規程等の諸規定にもとづく精神的労務に属する事務をもあわせ担当しているものとみるべきであるから、仕事の性質からいって公務員でないというのは当を得ず」とした（前掲最判昭 35・3・1）。

しかし、学説は、**肉体的・機械的労働に従事する者**であっても、その事務が権力的事務であり、または国または地方公共団体の機関としての事務である場合には公務員にすべきであるとする（平野 277 頁、大谷 564 頁、中森 244 頁）。この見解は、機械的・肉体的労働かどうかという基準が疑問であるとするだけで、機関として公務を担当する者かどうか等を基準とした区別は行うべきだとする。したがって、例えば、現業傭人、雑役に従事する用務員などは「職員」ではないとする（大谷 564 頁）。

§230　公務所

公務所とは「官公庁その他公務員が職務を行う所をいう」（7 条 2 項）。

「官公庁」とは、国または地方公共団体の意思を決定し、表示する権限を与えられた機関である。「職務を行う所」とは、場所や建造物をいうのではなく、官公署その他の組織体または機関をいう。

第 2 節　公務の執行を妨害する罪

§231　総　説

公務の執行を妨害する罪の保護法益は、公務、すなわち国または公共団体の作用である（最判昭 28・10・2 刑集 7・10・1883）。立法当時は、「公務員又は公務所の尊厳」が保護法益とされた（政府提出案理由書）が、憲法によって、公務員が国民「全体の奉仕者」とされた（憲法 15 条 2 項）ことから、刑法 95 条の規定は、「公務員を特別に保護する趣旨の規定ではなく公務員によって執行される公務そのものを保護するもの」（前掲最判昭 28・10・2）と解すべきことになったのである。このように、本罪の保護法益は、**国または公共団体**

の公務の円滑・公正な遂行 であるといえる。とくに職務強要罪のように、公務員の地位それ自体が保護されているようにみえる規定についても、それは公務が保護されることの反射的効果にすぎない（大塚 562 頁、大谷 565 頁）。

公務の円滑・公正な遂行が、私的業務に比べてとくに手厚く保護されているのは、国民主権のもとで、公務が、国民の総意にもとづいて国民の利益の実現を目的にするからである。しかし、公務の遂行は、個々の国民に対して向けられ、国民の個人的利益を侵害する可能性をもつのであり、そこに利益の衝突が生じる。このような利益衝突を調整するため、公務の保護の範囲は、適正に限界づけられる必要がある。[1]

公務の執行を妨害する罪には、公務執行妨害罪（95条1項）、職務強要罪（同条2項）、封印等破棄罪（96条）が属し、さらに、昭和16年法律61号により追加され平成23年に改正された、強制執行妨害目的財産損壊等罪（96条の2）、強制執行行為妨害等罪（96条の3）、強制執行関係売却妨害罪（96条の4）、加重封印等破棄等罪（96条の5）および公契約関係競売等妨害罪（96条の6）の各類型が属する。公務執行妨害罪の法定刑に、平成18年以降、罰金刑が追加された。

§232　公務執行妨害罪

> 公務員が職務を執行するに当たり、これに対して暴行又は脅迫を加えた者は、3年以下の懲役若しくは禁錮又は 50 万円以下の罰金に処する（95条1項）。

1　客体

保護法益は、公務員の職務（公務）であるが、行為の客体は、公務員である。公務員とみなされる者も含む。外国の公務員は含まない。[2] 公務員概念の詳細はすでに論じた（☞§229）。

2　職務の意義

公務員が職務を執行するにあたり、これに対して暴行または脅迫を加えることである。

ⓐ　職　務　「職務」とは、「ひろく公務員が取り扱う各種各様の事務のすべ

---

[1] 公務執行妨害の罪については、日高義博「公務執行妨害罪」現代的展開326頁以下、船山泰範「公務執行妨害罪の問題点」基本講座6巻317頁以下。
[2] 判例は、アメリカ領事館員は、刑法にいわゆる公務員にあたらないとした（最判昭 27・12・25 刑集 6・12・1387）。

第 2 節 公務の執行を妨害する罪 §232 公務執行妨害罪◇ 745

て」とするのが**判例・通説**である（最判昭 53・6・29 刑集 32・4・816、最決昭 59・5・8 刑集 38・7・2621、大塚 563 頁、平野 275 頁、大谷 566 頁、西田 422 頁）。これを限定して、**権力的・非現業的公務に限るとする見解**が有力である（団藤 48 頁、中山 503 頁、曽根 286 頁、中森 244 頁）。この見解は、業務と公務の関係につき、業務妨害罪と公務執行妨害罪とを区別し、公務について業務妨害罪による保護と公務執行妨害罪による二重の保護を与えることは意味がないとして、その刑法による保護を振り分けて、私企業的・現業的公務については業務妨害罪のみの成立を認め、それ以外の公務については公務執行妨害罪のみの成立を認めるというものである。すでに業務妨害罪において論じたように、議会における審議のように、強制力を伴わず、自力排除力をもたないが、典型的な意味での公務は、公務執行妨害罪によって保護される必要があると同時に、暴行・脅迫によらない公務の妨害に対しても、業務妨害罪によって保護される必要がある。したがって、公務と業務を厳格に振り分けるのではなく、二重の保護が与えられる場合もあることを認めるいわば**交差型振分け説**（☞業務妨害罪、§70, 1 ❻）ともいうべき見解が妥当である。

　❻ **職務の範囲**　「職務を執行するに当たり」暴行・脅迫がなされる必要がある。まさに公務の執行の円滑・公正が保護されるのであるから、具体的・個別的に特定された公務が保護されるべきであり、したがって、そのような構成要件的状況が前提とされるのである。「職務を執行するに当たり」とは、職務を執行する「際に」という意味である（大阪高判昭 26・3・23 高刑特 23・56）。したがって、執行「中」よりも広い。判例は、「具体的・個別的に特定された職務の執行を開始してからこれを終了するまでの時間的範囲およびまさに当該職務の執行を開始しようとしている場合のように当該職務の執行と時間的に接着しこれと切り離し得ない一体的関係にあるとみることができる範囲内の職務行為」とする（最判昭 45・12・22 刑集 24・13・1812）。すなわち、職務の執行中でなくても、その**準備段階**でまさにその執行に着手しようとしているとき、または職務執行の終了した**直後の段階**をも含むのである。また、一時中断中であっても、継続した一連の職務とみることができる場合は、「執行に当たり」に含まれる。しかし、職務執行が完全に終了した後は、もはやこれにあたらない（東京高判昭 33・6・26 東高刑時報 9・6・167）。また、職務執行を中断し、休憩をとっていたといった事情があれば、「職務の執行に当たり」とはいえない。

判例において、問題になった事例を挙げておこう。**駅の助役**が会議室で点呼を終了した直後に、数十メートル離れた助役室での事務引継ぎに向かうため会議室を退出しようとしたときに暴行を受けた事案では、助役の職務は、点呼および事務引継であるとし、本件は、「『引継ぎ』の職務執行の着手に近接した場合ではあるが、『引継ぎ』の職務の執行またはその着手と同視できる程度の、まさに職務の執行に着手しようとした場合とも認められず、また、右点呼と事務引継ぎの両事務は全然別個のものであり、ただ順序として、まず前者を執行し、それが終了してから後者を執行するというだけのことであって、この両事務を一連の事務とし、その間の点呼より助役室に赴くことを職務自体と解することはできない」とする[4]（前掲最判昭45・12・22）。電報局長室で会計書類の決裁等を行っていた**電報局長**および窓口事務通信室で報告文書作成を行っていた電報局次長に対して暴行を加えたが、被告人の闖入によって一時職務を中断したという事案に対し、「職務の性質によっては、その内容、職務執行の過程を個別的に分断して部分的にそれぞれの開始、終了を論ずることが不自然かつ不可能であって、ある程度継続した一連の職務として把握することが相当と考えられるものがあり、そのように解しても当該職務行為の具体性・個別性を失うものではない」として、本件において、「局長及び次長の職務は、局務全般にわたる統括的なもので、その性質上一体性ないし継続性を有するものと認められ」るとしたものがある（前掲最判昭53・6・29）。本判決では、「職務の執行が一見中断ないし停止されているかのような外観を呈したとしても、その状態が被告人の不法な目的をもった行動によって作出されたものである以上、これをもって局長及び次長が任意、自発的に当該職務の執行を中断し、その職務執行が終了したものと解するのは相当でない」とする。さらに、**県議会の委員会委員長**が抗議文を受け取り、これを朗読したうえで昼食のため休憩を宣言するとともに、審議の打切りを告げて席を離れ出入口へ向かおうとしたところ、これに抗議し、右腕などをつかんで引っ張るなどの暴行を加え、同委員長が廊下に出ると合計約2、30人が同委員長に対し、押す、引く、体当たり、足蹴りなどの暴行を加えたという事案に、「休憩宣言により職務の執行を終えたものではなく、休憩宣言後も、前記職責に基づき、委員会の秩序を保持し、右紛議に対処するための職務を現に執行していたもの」とした（最決平元・3・10刑集43・3・188＝**百選114**）。

ⓒ 職務執行の適法性　職務の執行は適法になされることを要する。刑法は、たんに「**職務の執行に当たり**」と規定するのみであるが、通説・判例は、職務執行であればその適法・違法を問わないというのではなく、適法な

---

[3] 勤務時間中でも、休憩しているときは、職務を執行するに「当たり」とはいえないとするものに、大阪高判昭53・12・7高刑集31・3・313、大阪高判昭53・12・15高刑集31・3・333がある。巡査が警邏中たまたま他人と雑談していても、とくに休憩していたという状況のない限り、職務執行に「当たり」である（東京高判昭30・8・18高刑集8・8・979）。

[4] 本判決には、松本裁判官の反対意見がある。「当直助役の職務内容ならびに点呼と事務引継との時間的、場所的な接着性、近接性等からすれば、被告人らが暴行を加えた段階においては、被害者たるAは当直助役として点呼ならびに事務引継という一連の職務を執行中であったとみるのが相当である」という。

職務執行のみが保護されるものとする（大塚564頁、大谷567頁以下、大判大7・5・14刑録24・605、大阪高判昭28・10・1高刑集6・11・1497）。これに対して、いやしくも公務員の一般的権限内の行為であり、かつ職務行為としての形式的条件を備えたものであれば足り、その適法・違法を問うべきではないとする見解（小野20頁）もある。しかし、公務の円滑・公正な執行を保護するに、それが違法な場合にまで保護に値するとはいえない。ただ、ここで「適法」な職務執行という場合、その職務執行の依拠する法令上の適法ではなく、刑法上の「適法」、すなわち刑法上の判断としての「違法でない」という評価を意味する。したがって、刑事訴訟法上の手続における瑕疵が、直ちに、ここでいう「違法」であるわけではない。

（i）**適法性の体系的地位**　職務執行行為が違法であった場合、その職務執行行為によって権利を侵害される者が、暴行・脅迫の手段を用いてその執行を妨害した場合、構成要件該当性がなく、公務執行妨害罪は成立しない。その場合、暴行罪（208条）、脅迫罪（222条）の違法性も、正当防衛によって阻却されることがある。

職務執行の適法性の要件について、**構成要件要素**とするのが通説であるが、**違法要素**とする少数説（団藤51頁、中森246頁）もある。少数説は、適法性の判断は具体的・個別的になされるべきであるから、違法判断に、むしろなじむものとし、また、適法性の錯誤の事例において、故意阻却に歯止めをかけることを狙うが、ここにおける適法性の判断は、利益衝突場面での衡量によって判断されるべき要素ではなく、構成要件要素としても、適法性の錯誤について適正な解決を図ることができるから、規範的構成要件要素であると解するべきである（大塚564頁、大谷568頁、西田427頁）。

（ii）**適法性の要件**　職務の執行が適法であるというためには、次の**三つの要件**を充足する必要がある。①当該行為が当該公務員の抽象的職務権限（一般的職務権限）に属すること。②当該公務員が、その職務執行を行う具体的職務権限を有すること。③当該行為が、その公務員の職務執行の有効要件である法律上の重要な条件・方式を履践していることである。

抽象的職務権限　公務員は、その行いうる職務の範囲を法令上限定されている。執行官は、強制執行を行う権限を有し、麻薬取締官は、麻薬取締法に規定された犯罪について司法警察員としての職務を行いうる。抽象的職務権限に属さない事項については、職務執行行為とはいえない。例えば、入場

料金の支払示談のあっせんを行うのは、警察官の一般的職務権限には属さない（大判大4・10・6刑録21・1441）。このような抽象的職務権限の逸脱は、職務執行の「適法性」の問題というよりは、むしろ、「職務」それ自体の問題といってよいであろう。

　抽象的職務権限は、必ずしも法令で具体的に規定されたものであることを要しない（大判大13・6・10刑集3・476、名古屋高判昭28・6・29高刑特33・37）。例えば、無灯火で自転車に乗っていた者に巡査が説諭・注意を与え、村長村会議員が村の区長選任のための準備協議会を開催すること（大判昭10・11・16刑集14・1227）も、抽象的職務権限内の行為である。

　具体的職務権限　その職務行為を行う具体的職務権限があることを要する。抽象的職務権限があっても、職務の割当て、指定・委任などによって担当する職務行為が確定される場合には、それがあってはじめて具体的に職務権限内の行為ということができる。例えば、執行官は、具体的に委任を受けた場合に限って強制執行を行いうる（執行官法2条）。現行犯逮捕を行うには、刑事訴訟法212条に定める具体的要件の充足が必要である（大阪地判昭31・11・8判時93・25）。また、警察官職務執行法にもとづいて、職務質問のために停止させる権限が認められるときは、適法な職務の執行である。

　　判例は、自動車の運転者が酒気帯び運転をするおそれがあるときに、交通の危険を防止するために必要な応急の措置として巡査が自動車の窓から手を差し入れ、**エンジンのスイッチを切った行為**は、「警察官職務執行法2条1項の規定に基づく職務質問を行うため停止させる方法として必要かつ相当な行為」であるとした（最決昭53・9・22刑集32・6・1774）。さらに、被告人の吐いたつばが交通整理等の職務にあたっていた巡査にかかったことから、故意につばを吐きかけたものと認識した同巡査が、被告人がさらに暴行あるいは公務執行妨害等の犯罪行為に出るのではないかと考え、職務質問するため、その**胸元をつかみ歩道上に押し上げようとした**という事案に対して、職務質問を行うことができることは当然であるとして、それを適法な職務行為とし、公務執行妨害罪を認めた判例がある（最決平元・9・26判時1357・147）。[5]

　重要な条件・方式の履践　具体的職務権限があっても、職務行為の有効要件である法律上の重要な条件・方式を履践していなければ適法な職務行為

---

[5] 本判例には、島谷六郎裁判官の反対意見がある。島谷裁判官は、本件行為につき、職務質問のための公務の執行であると評価することができるか否か疑問を抱かざるをえないとし、「もし職務質問をしようというのであれば、警察官としては、被告人に対し、端的に質問すればよいのであって、質問をしないで、いきなり被告人の胸元をつかむというのは、職務質問として適法な行為ではあるまい」とする。

とはいえない。しかし、実際上、このような条件・方式が完全に履践されていない場合もある。その場合には、職務の適法性を欠き、刑法上の保護を受けないことになるのかどうかが問題である。どのような重要な条件・方式を履践していないときに、違法な職務として**要保護性**を欠くのかを、どのような基準で判断するのかが問われなければならない。学説には、少なくとも任意規定に違反しただけの場合（大塚 566 頁）、あるいは訓示規定の違反の場合[6]（平野 278 頁、曽根 288 頁）には、適法性は失われないとするものがある。強制的意味を含まない職務行為については、ある程度緩やかに解することができるというのである。ただし、人の生命や自由に対する侵害を内容とする職務行為については、任意規定の範囲はより厳格に制限される必要があるという（大塚 566 頁）。

具体的職務権限の要件と条件・方式の履践の要件とが、明確に区別できるのか、条件・方式の違背がどの程度であれば適法性の要件に反するのかの判断が困難であるとして、この二つの要件の区別を無意味であるとし、むしろ職務行為の中で具体的に執行された職務行為が、刑法上保護に値する行為かどうかが問題であるとするアプローチがとられることがある。それが、職務行為の適法性の問題を「要保護性」の問題に解消しようとする見解である（荘子・木村還暦〔下〕796 頁）。適法性とは、「暴行・脅迫から厚く保護するに値する公務」かどうかという実質的基準によって評価されるものなのである（前田 601 頁）。

適法性と要保護的違法性　確かに、他人の身体・自由を侵害するような職務行為がその条件・方式等の手続を履践していなかった場合、「適法」か否かを判断する基準が問題となる。手続的には不当であるが適法である場合、違法であるが有効である場合等も考えられる[7]。この問題における出発点は、職務行為が適法（正当）であれば、妨害行為者の行為は、規範的構成要件要素を充足し、構成要件該当性が肯定されるという点である。そのような場合には、公務執行妨害罪の成立は疑いない。問題は、とくに条件・方式の

---

[6] 旧国税徴収法第 11 条は、訓示規定であるとして、差押えをなすにあたって資格を証明すべき証票を呈示しなかったことにより処分が無効となるのではないとした判例がある（大判大 14・5・7 刑集 4・276）。
[7] 刑法上の判断としては、違法か違法でない（適法）かの選択肢しかない。したがって、刑法の立場からは、不当ではあるが、違法ではなく、有効であるといった判断は混乱を招くだけであって、使わない方が望ましい。

履践の違背によって完全に適法とはいえない場合の取り扱いである。いま、事例類型に分類すると、①完全に適法な場合、②要保護性はあるが、完全に適法とはいえない場合、③完全に違法な場合に分けられる。②の場合を「**要保護的違法性**」の類型と名づけよう。別の観点から言えば、要保護的に違法な行為とは、いわば構成要件に該当する適法行為の一種である。しかし、概念上、混乱が起こらないように、①の場合は、職務行為の「適法性」と呼ぶのが妥当であるが、②の場合は、これと区別して、職務行為の「要保護的違法性」、すなわち、違法であるが保護の必要性がある職務行為とするのが妥当であると思われる。

職務行為の「要保護的違法性」は、構成要件段階においては、「要保護性」の方が重要であって、保護の範囲に入る職務行為であることが重要である。しかし、違法性判断の段階ではやはり「違法」であることは否めない点が重要である。そこでは、原則として正当防衛の要件である「不正」の侵害にあたることになる。ただし、「急迫性」要件、「やむを得ずにした行為」等の要件にあたるかどうかは、検討されなければならない。また、職務行為の「適法性」の判断も、ここでは、構成要件要素に対する類型的判断であることを明らかにしておかなければならない。この一応の適法判断は、違法性判断において覆される可能性があることを否定できない（☞ (iii)）。

判例 判例によれば、収税官吏が**所得税に関する調査**を行うにあたっては、質問や物件の検査をする権能が法律上認められているが、旧所得税法施行規則 63 条は、検査の際には**検査章を携帯しなければならない**と規定しており、これはたんなる訓示規定ではない。検査権は検査章の携帯によってはじめて賦与されるものではなく、相手方が何等検査章の呈示を求めていない場合には、検査章を携帯していなかったからといって、公務の執行ではないとはいえないとされる（最判昭 27・3・28 刑集 6・3・546、なお、最決昭 28・6・12 裁判集刑 82・641）。判例の中で、**要保護性**について言及しているものとして、**地方議会の議長**が議員からの緊急動議にもとづき、議案の一括採決を諮ろうとしたとき、議員が議長席に殺到し、議長に暴行を加えて妨害したという事案に対し、かりに「法令上の適法要件を完全には満していなかったとしても」、当該措置は「刑法上には少なくとも、本件暴行等による妨害から保護されるに値いする職務行為にほかならず」、公務員の職務執行にあたるとする（最大判昭 42・5・24 刑集 21・4・505 =**百選 112**）。**労働時間の終了後**に、暴行を受けた

場合に公務といえるかが問題となった事案につき、最高裁は、「法令により公務に従事する者とみなされる日本国有鉄道職員であって労働基準法の適用を受ける者に対する職務命令が、同法所定の労働時間の制限を超えて就労することをもその内容としており、かつ、その者の就労が右制限を超えたからといって、そのために職務の執行が具体的権限を欠いて違法となるものではなく、これに対して暴行脅迫を加えたときは公務執行妨害罪の成立を妨げないと解するのが相当である」とする（最判昭48・5・25刑集27・5・1115）。**下級審の判例**の中には、逮捕状の執行に際して被疑者にそれを呈示しなかったという事案に対して、「本件逮捕行為は違法であって本条による保護に値ししない」としたもの（大阪高判昭32・7・22高刑集10・6・521）、および、逮捕状の緊急執行に際して逮捕状の呈示を求められた警察官が、罪名と逮捕状が発布されている事実を告げただけで**被疑事実の要旨を告げなかった**という事案について、「逮捕のように被逮捕者の基本的人権に重大な制約を加える場合にあっては、逮捕の円滑強力な執行を要請する国家的利益を考慮する必要性の大なることもさることながら、これにより被逮捕者の基本的人権を不当に侵害することのないよう職務行為の適法要件は厳格に解するのが相当」であるとし、被疑事実の要旨を告げなかった瑕疵は、重要でない軽微なものと解することはできず、職務行為は適法なものではないとしたものがある（東京高判昭34・4・30高刑集12・5・486）。

　(iii) 適法性の判断基準　職務行為の適法性を判断するにあたってその判断基準を何に求めるかについて、見解が分かれている。

　学　説　①公務員本人が適法と信じて行為したときは、適法であるとする**主観説**（大判昭7・3・24刑集11・296、泉二67頁）、②裁判所が客観的に判断するとする**客観説**（滝川267頁、団藤53頁、最決昭41・4・14判時449・64＝**百選113**、前掲大阪高判昭32・7・22）、③一般人の判断によるとする**折衷説**（牧野26頁以下、木村301頁、大谷571頁、大判大7・5・14刑録24・605）の**三つの見解**がある。客観説が通説である。主観説は、職務行為を行う当該公務員の判断によって適法・違法が決まるということを意味するが、この基準では事実上適法性の要件を不要とするに等しい。折衷説は、一般人の通念、社会通念によって判断されるべきだとするが、一般人の見解とは何かが一定しないのであるから、常に一致した結論を導くとは限らない不安定なところのある見解である。客観説には、①裁判所の判断は事後的に純客観的になされるべきであるとする

純客観説（=裁判時基準説）（大塚567頁、福田15頁、中山504頁、曽根289頁）と、②裁判所の判断の際に、当該職務行為の時点での具体的状況に即して、客観的に判断されるべきだとする **行為時基準説**（団藤53頁、平野278頁、中271頁、中森245頁、前田604頁、西田426頁、山口546頁、前掲最決昭41・4・14=**百選113**）とがある。

　職務行為の適法性の判断は、構成要件要素に対する判断である。この判断は、客観的判断であるべきだが、終局的判断ではなく、一応の類型的判断である。したがって、**行為時基準説**が妥当である。しかし、正当防衛の成否が問題となる違法性判断の段階においては、正当防衛行為者の立場を考慮すべきである。その際には、行為当時の客観的事実を事後的に判断すべきであるから、**純客観説**が妥当である。

　　判　例　　判例は、かつては**主観説**をとった。「公務員の抽象的職務権限に属する事項に該り、該公務員として真実其の職務の執行と信じて之を為したるに於ては、其の行為は一応其の公務員の適法なる職務執行行為と認めらるべき」であるとした（大判昭7・3・24刑集11・296）。ところが、戦後の下級審の判例には**客観説**を採用したものが出た（前掲大阪高判昭32・7・22、大阪高判昭34・9・30下刑集1・9・1924）。大阪高裁昭和32年判決では、収税官吏が、ガラス窓越しに、普通の民家には見られない酢酸びんに液体を入れて座敷に置いてあるのを見て、密造酒所持の現行犯と判断し、証憑を集取するため同家に立ち入り、また、同家土間において密造焼酎入りの壺を発見し、証憑として差押えたことは、いずれも、収税官吏たるO、T等の抽象的かつ具体的権限に属する適法な職務行為であるとしつつ、次のようにいう。「法が公務員に認定権又は裁量処分権を認めている場合には、事後の判断において、公務員の認定に錯誤があったと認められる場合においても、職務執行の当時における状況を基準とし、公務員として用うべき注意義務のもとに合理的に判断したものと認め得られるときは、やはり、本来の保護する職務の執行というを妨げない」（前掲大阪高判昭32・7・22）。

　最高裁は、昭和41年に、行為時基準説による**客観説**を採用した。A・B両巡査が日本刀の仕込み杖をもっていた現行犯人Xを逮捕しようとしたところ、別の人物Yが寄りかかって来たので、Xが何かを手渡す気配を察知し、割り込んだところ、Yの腹あたりから**けん銃**が落ちてきたので、逮捕を免れようとする両名から暴行脅迫を受けたという事案につき、「職務行為の適否は事後的に純客観的な立場から判断されるべきでなく、行為当時の状況に基づいて客観的、合理的に判断されるべき」であるとした原判決の判断を相当としたのである[8]（前掲最判昭41・4・14=**百選113**〔原審〕大阪高判昭40・9・9判時449・64）。

本書の見解　逮捕の適法性については、「**相当な理由**」（相当な嫌疑）が実質的要件となっているから、逮捕自体の適法性は、行為時における相当な嫌疑が存在することにかかっている。したがって、職務行為の適法性の判断の基準は、行為時における相当な嫌疑の存否であって、事後的に無罪となった場合でも、嫌疑があればその逮捕は、刑事訴訟法上適法である。このように、法律の要件・方式に従って被疑者を逮捕したところ、結果として誤認逮捕であった場合、行為時に相当な嫌疑があれば、逮捕は、刑法上も適法（要保護的）であり、公務執行妨害罪の構成要件に該当する。しかし、すでに論じたように、行為者の正当防衛が成立するかどうかを判断する際には、純客観説によるべきである。違法性判断においては、法益保護と行為者の権利の利益衝突の解決が目指されるべきであるので、客観的・事後的に判明した違法・適法判断によってその調整を図るべきだからである。

3　行　為

本罪の行為は、暴行または脅迫である。

ⓐ　暴行概念　「暴行」とは、暴行罪（208条）にいう暴行よりは広い。**公務員に向けられた有形力の行使**であり、直接公務員の身体に向けられている必要はない（最判昭37・1・23刑集16・1・16）。また、「公務員の指揮に従いその手足となりその職務の執行に密接不可分の関係において関与する**補助者**」に加えられるものでも、その公務員に対する暴行である（最判昭41・3・24刑集20・3・129＝**百選118**）。事案は、裁判所執行吏がその指揮下にある労務者Ａほかを使役して社宅の明渡しを執行するため家財道具等を持ち出そうとしたのに対し、労務者Ａから羽釜を取り上げてそれでＡを殴打するなどしたというものである。**物に対して加えられた暴行**も、間接的に公務員に対して物理的な影響力を及ぼす場合には、本罪の暴行である（平野279頁、大塚569頁以下、大谷572頁、曽根289頁、中森247頁、西田427頁、山口547頁）。これを**間接暴行**という。物理的影響力が何等かの接触を意味するのであれば狭すぎる。少なくとも公務員がその暴行の影響力を感知できれば十分であろう[10]（大谷573

---

[8] この事案では、Ｙは裁判所により事後的に無罪の判決を受けた。この判決が、客観説を採用したといえるかどうかについては争いがある（頃安・大コンメ6巻103頁以下参照）。

[9] 本判決は、「刑法95条にいわゆる暴行とは、公務員の身体に対し直接であると間接であるとを問わず不法に攻撃を加えることをいう」ものとする。

[10] 判例には、行使した有形力が公務員たる巡査に感応するものであったとしても、それだけでは、「公務員に対する暴行」ということはできないとしたものがある（秋田地判平9・9・2判時

頁)。

物に対する暴行の公務員に対する影響力が直接的にみられる事例として、被告人は、融資申込みの受付事務の職務に従事していたH県同和局企画調整課企画調整係長Aから、新運用方式に基づく融資手続などの説明を受けているうち、その説明に対する不満をあらわにして、激高した態度で所携のパンフレットを丸めてAの座っていたいすのメモ台部分を数回たたいたうえ、丸めた右パンフレットを同人の顔面付近に二、三回突きつけ、少なくとも一回その先端をあごに触れさせ、さらに、約二回にわたり、同人が座っていたいすのメモ台部分を両手で持って右いすの前脚を床から持ち上げては落とすことによりその身体を揺さぶった行為が、暴行にあたるとしたもの(最判平元・3・9刑集43・3・95)がある。

判例において物に加えられた暴行を取り扱ったものとして、巡査が覚せい剤取締法違反の現行犯人を逮捕する場合、現場で証拠物として適法に差押えて置かれた**覚せい剤注射液入りアンプル30本を足で踏みつけ損壊した**という事案で、その暴行を間接的に当該巡査に対して向けられたものであったとして、公務執行妨害罪の成立を認めたものがある(最決昭34・8・27刑集13・10・2769)。また、公務員に押収されてトラックに積み込まれた**密造タバコを路上に投げ捨てた行為**(最判昭26・3・20刑集5・4・794)にも、警察署長が群衆を取り締まるために乗り込んだ船に取りすがり、**船板で舷を叩き、錨を舳先に投げつけたりして、警察署長の群衆取締りを不可能にした行為**(大判大6・12・20刑録23・1566)にも暴行を認めた。補助者に対して暴行が加えられた事案としては、家財道具を屋外に搬出中であった執行吏の職務執行の補助者に対し、暴行脅迫を加えて、執行吏に一時執行を中止させた事案(前掲最判昭41・3・24＝**百選118**)がある。

❺ 脅迫概念 「脅迫」とは、恐怖心を生じさせる目的で他人に害悪を告知することをいう。害悪の内容、性質、通知の方法を問わない。必ずしも公務員に直接に向けられたものでなく、第三者に対する脅迫でも公務員の職務執行を妨害するに足りるものであればよい。例えば、執行官が仮処分の執行のために同道させた人夫を脅迫した場合でも本罪の脅迫である(東京高判昭29・10・19高裁特1・8・366)。

❻ 妨害するに足りる程度の暴行・脅迫 本罪の暴行・脅迫は、公務員の職務の執行を妨害するに足りる程度のものであることを要する[11]。判例では、

1635・168)。この判決では、ちなみに、公務員が職務執行中書類等を所持していたところ、その隙をみてこれをひったくる行為は、当該公務員の身体に感応するものではあるが、それだけでは「公務員に対する暴行」とはいえないという。

警察官に向かって投石したが、それが、ただ一回の瞬間的な暴行であったとき、警察官の職務の執行を妨害するに足りるものかどうかが問題とされたもの（前掲注最判昭33・9・30=**百選115**）がある。事案は、3名の者が、無許可デモが行われていた際に、検挙または警備にあっていた警察官に対して、それぞれ投石したが、巡査の耳のあたりをかすめ、鉄兜にあたり、あるいは臀部にあたったというものである。これに対し、最高裁は、原審が単純暴行罪にすぎないとしたのを破棄、差し戻し、その暴行を「相手の行動の自由を阻害すべき性質のものである」とし、職務執行の妨害となるべき性質をもつものとした。このような性質をもつ暴行・脅迫が行われれば、その結果、公務員の職務の執行が現実に妨害されなくても、公務執行妨害罪は既遂に達する（前掲大判大6・12・20、最判昭25・10・20刑集4・10・2115）。したがって、本罪は、**抽象的危険犯**である（平野279頁、大塚571頁、大谷574頁、西田427頁）。具体的危険犯とみる見解（吉川357頁）あるいは準抽象的危険犯とする見解（中山507頁）もあるが、法文上、行為は、「暴行又は脅迫」であり、公務執行の妨害の危険の発生を要件としていないから、この解釈は無理がある。[12]

4 故 意

行為の客体が公務員であること、職務を執行するにあたり、これに対して暴行・脅迫を加えることを認識している必要がある（前掲大判大6・12・20）。職務執行の「**適法性**」の要件は、規範的構成要件要素であり、これに対する認識も原則的に故意の要件であるが、その際、故意を肯定するには、意味の認識が必要である（☞総論§140, 2 (2)）。

行為者が公務員の職務執行を違法であると誤信して暴行・脅迫を加えた場合の**錯誤**（職務の適法性の錯誤）の処理については学説が分かれている。①事実の錯誤であって故意を阻却するという見解（植松25頁、岡野285頁、平川521頁、前田605頁）、②違法性の錯誤とする見解（前掲大判昭7・3・24、藤木26頁、頃安・大コンメ6巻143頁）、③事実の錯誤の場合と法律の錯誤の場合の両方の

---

[11] 最判昭33・9・30刑集12・13・3151=**百選115**は、「公務執行妨害罪は公務員が職務を執行するに当りこれに対して暴行又は脅迫を加えたときは直ちに成立するものであって、その暴行又は脅迫はこれにより現実に職務執行妨害の結果が発生したことを必要とするものではなく、妨害となるべきものであれば足りうるものである」という。

[12] 本罪の構造は、暴行・脅迫に加えて「妨害」行為ないし「妨害」結果の発生を要求するものではなく、暴行・脅迫を加えることがそのまま「妨害」であるとされているのであり、暴行・脅迫が行われれば、「妨害」が発生したとみなされていると解されるのである。

場合がありうるとする二分説（福田 15 頁、大塚 572 頁、中 273 頁、大谷 574 頁、曽根 289 頁、西田 427 頁、山口 546 頁、なお、中森 246 頁以下）であるが、**二分説**が妥当である（☞総論§140, 2 (3)）。行為者が公務員の職務行為を違法と誤信する場合には、その適法性を基礎づける事実の錯誤の場合、例えば、公務員ではなく暴力団員であると誤信した場合と、公務員の職務行為であることは正しく認識していたが、その評価を誤り、違法であると錯誤した場合とがありうる。前者は、事実の錯誤であり、故意を阻却するが、後者は法律の錯誤であって、故意を阻却せず、違法性の意識の可能性の問題として、責任が阻却される場合がある。

　大審院の判例には、市会議員が予算審議に際して市会議長に暴行を加えた事案に対し、「議長の措置を以て適法ならずと判断し、従て、議長の職務執行行為に妨害を為すものにあらずと思惟したりとするも、右は被告人の該行為に対する法律上の判断に過ぎず」として、**法律の錯誤**であって故意を阻却しないとしたものがある（前掲大判昭 7・3・24）。また、巡査の解散命令を職権濫用に基づく不法の侵害であると誤認して、反撃抵抗した事案につき、「本来法律上許されざる自己の行為を許されたるものと誤信したるに外ならざるを以て故意を阻却せざるもの」としたものがある（大判昭 6・10・26 評論 21 諸法 70）。しかし、**下級審の判例**には、傷害の準現行犯として警察官に逮捕される際に、それを認識せず、二人の巡査が何の説明もなく、ただ車に強引に押し込もうと立ち向かってくるので、両巡査の職務行為を違法と考え抵抗を続けた事案につき、「本件におけるその職務行為の適法性についての錯誤は事実の錯誤があった場合にあたる」としたものがある（大阪地判昭 47・9・6 判タ 306・298）。封印破棄罪（96 条）における差押えの表示が法律上無効であると誤信した事案についての最高裁判例（最判昭 32・10・3 刑集 11・10・2413）については、後述参照（☞§234, 4）。

5　罪数・他罪との関係

　本罪の罪数を決定する基準につき、公務の数を基準とする通説・判例（団藤 46 頁、植松 22 頁、大塚 572 頁、大谷 575 頁、大判昭 2・7・11 評論 16 諸法 365、仙台高判昭 27・10・18 高刑特 22・184）と公務員の数を基準とする少数説（中野・小野ほか 236 頁）とがあるが、本罪の法益が公務であることから、通説・判例が妥当である。[13] 暴行罪・脅迫罪との関係については、暴行は本罪の構成要件に含まれるから、成立せず、本罪のみが成立し（大判昭 2・2・17 評論 16 刑法 28）、脅迫罪についても同様である。これに対して、殺人罪（大津地判昭 37・

---

[13] 最判昭 26・5・16 刑集 5・6・1157、最判昭 31・7・20 裁判集刑 114・331 は、公務員の数に応じた数の同罪が成立するものとしたようにみえるが、職務の個数が公務員ごとに考えられた結果にすぎない（頃安・大コンメ 6 巻 143 頁参照）。

5・17 判時 301・16)、傷害罪（大判明 42・10・8 刑録 15・1316、東京高判昭 27・10・29 高刑特 37・64）等は、本罪との観念的競合である。

§233　職務強要罪

> 公務員に、ある処分をさせ、若しくはさせないため、又はその職を辞させるために、暴行又は脅迫を加えた者も、前項と同様とする（95条2項）。

1　意義

本罪は、公務員の将来の職務執行に向けられる犯罪である点で、現在の職務執行に向けられる公務執行妨害罪と異なる。目的犯である。判例によれば、「公務員の正当な執務の執行を保護するばかりでなく、広くその職務上の地位の安全をも保護しようとするもの」である（最判昭 28・1・22 刑集 7・1・8）。**職務上の地位の安全**を保護することによって間接的に公務を保護しようとするものであるともいわれる（団藤 45 頁）。本罪は、将来の職務執行に向けられた犯罪であるから、現在との関係では、将来の具体的職務執行を行うための職務上の地位の安全が保護されているというべきである。そこで、本罪は、公務執行妨害罪の補充的な犯罪であるとされる。しかし、強要罪（223 条）の特別類型でもある。

2　行為

公務員に対して暴行または脅迫を加えることである。暴行・脅迫の意義については、公務執行妨害罪と同様である。公務員に処分等をさせる目的で、暴行・脅迫が実行されれば、既遂である。公務員が処分をしたかどうか、辞職したかどうかを問わない（大判昭 4・2・9 刑集 8・59）。しかし、本罪についても、暴行・脅迫には、「目的」の実現の一定の客観的可能性のある程度のものであることが必要であろう。

3　目的

本罪における「**目的**」は、公務員に「ある処分をさせ」る、ある処分を「させない」、または「その職を辞させる」目的である。

「**処分**」とは、広く公務員が職務上なしうる行為をいう（大判明 43・1・31 刑録 16・88）。それによって一定の法律上の効果を生じさせるようなものであることを要しない（大判昭 8・11・27 刑集 12・2134）。村会議員が村会に出席すること（大判大 8・7・22 刑録 25・880）、議場で意見を述べること（前掲大判明

43・1・31、大判大 12・4・2 刑集 2・291 参照）、村助役が村長の代理として村会を開会すること（大判大 13・2・28 刑集 3・164）なども処分の例である。

処分が**職務権限内のもの**であることを要するかについては見解の対立がある。大審院の判例においては、権限外の行為を強制しても、本罪を構成しないとしていた（大判昭 2・7・21 刑集 6・357）。**学説**も、公務員の職務の円滑かつ公正な執行を保護する罪と解し、少なくとも抽象的職務権限のもとにある処分に限定すべきであるという見解（平野 280 頁、大塚 573 頁、大谷 576 頁、曽根 290 頁）が有力である。これに対して、**最高裁**は、「当該公務員の職務に関係ある処分であれば足り、その職務権限内の処分であるとその職務権限外の処分であるとを問わない」とする（前掲最判昭 28・1・22）。学説においても、理由づけは異なるとしても、結論的に、公務員に違法な処分を強要することは公務の適正な遂行を妨害することにあるとして、抽象的職務権限外の処分についても本罪の成立を肯定する見解（中森 429 頁、西田 429 頁）がある。先の最高裁の判例は、職務強要罪は、「公務員の正当な職務の執行を保護するばかりでなく、広くその職務上の地位の安全をも保護しようとするものである」ことをその根拠とする。しかし、本罪は、抽象的職務権限内に属する、将来の具体的職務行為に向けられた行為を処罰するものであるから、抽象的職務権限を有する限りでの職務上の地位の安全が保護されているというべきである。したがって、結論的には、有力説が妥当である。

適法な処分をさせるためであっても、本罪は成立する（大塚 574 頁、大谷 576 頁、西田 429 頁、山口 549 頁、反対＝平野 280 頁）。例えば、不当な課税方法であっても、その是正の方法は、税法所定の審査訴願および訴訟の手段によるべきであるのに、これをとらず、税務署長に対し直接脅迫手段をもって課税額および徴税方法の変更を求めることは、本罪にあたる（最判昭 25・3・28 刑集 4・3・425）。

違法な処分をさせない目的であるときは、本罪の目的に含まれないとする見解（団藤 60 頁、平野 280 頁、大塚 574 頁、大谷 576 頁、中森 302 頁、西田 429 頁、山口 548 頁以下）が、有力である。これに対して、違法な処分をさせない目的であるときも、構成要件該当性を肯定したうえで、事案によっては正当防衛として違法性阻却を図るべきであるという見解もある（頃安・大コンメ 6 巻 155 頁）。しかし、むしろ有力説のように、違法な処分をさせない目的の場合には、本罪の成立を端的に否定するのが妥当である。

「職を辞させるため」とは、公務員に自ら退職させることをいう。公務の執行を妨害する手段として辞職させる目的である場合であるかどうかを問わない。これを**辞職強要罪**といい、前二者の目的の場合を職務強要罪と呼ぶのと区別される。辞職強要罪においては、将来の公務のほか、まさに「職務上の地位の安全」が保護法益である。

ある処分をさせる目的で複数の公務員に同時に脅迫を加えた場合、公務員毎に職務強要罪が成立し、観念的競合の関係に立つ（最判昭26・5・16刑集5・6・1160）。他罪との関係については、本罪は、暴行罪・脅迫罪を吸収し、強要罪も吸収する。

§234 強制執行妨害罪等改正の経緯と趣旨

すでに前世紀末以来、不良債権の処理に際して資産隠しなどの強制執行を妨害する事案が目立っていたが、民事執行制度を強化するため、2003（平成15）年には「担保物権及び民事執行制度の改善のための民法等の一部を改正する法律」が成立した。その際、それを担保するため刑事罰則によって強制執行手続の適正と権利実現の実効性の確保を図る必要性が説かれたが、すでに2002年には、法務大臣から法制審議会に対し、そのための刑法改正について諮問が発出され、同年2月には法制審議会（総会）において刑法を改正し、罰則を整備するのが相当であるとの答申がなされていた。2003年3月には「犯罪の国際化及び組織化に対処するための刑法等の一部を改正する法律案」が閣議決定され、第156回国会に提出されたが、継続審査の末、廃案となった。その後、2011（平成23）年になって、強制執行等に関する罰則につき先の法案に修正を加えたうえ、第177回国会に提出され、同年5月衆議院で可決、6月には参議院で可決され、同月24日に公布された後、罰則整備に係る部分は同年7月14日から施行された。

改正の趣旨[14]は、「封印等破棄罪、強制執行妨害罪及び競売等妨害罪等の罰則では処罰が困難な、封印等が不法に取り除かれた後における目的財産に対する妨害行為、目的財産の現状の改変等による妨害行為、執行官など関係者に対して行われる妨害行為、又は競売開始決定前に行われる競売手続の公正を害するような妨害行為を新たに処罰の対象とする」ことにある。新設されたのは、強制執行行為妨害等（96条の3）、強制執行関係売却妨害（96条の4）

---

[14] これについては、「特集・情報処理の高度化等に対処するための法整備」刑ジ30号（2011年）3頁以下参照（鎮目征樹「強制執行妨害関係の罰則整備について」同11頁以下）、「特集・情報処理の高度化等に対処するための刑法等の改正」ジュリ1431号（2011年）58頁以下（吉田雅之「法改正の経緯及び概要」同58頁以下、今井猛嘉「実体法の視点から」同66頁以下、とくに72頁以下）。

の規定であり、それらの法定刑は、3年以下の懲役若しくは250万円以下の罰金又はこれらの併科とされた。さらに、これらの犯罪が他人の強制執行に介入して報酬目的で行われる場合には、刑を加重し、「5年以下の懲役若しくは500万円以下の罰金又はこれらの併科」とする規定（96条の5）が新たに設けられた。

§235 封印等破棄罪

> 公務員が施した封印若しくは差押えの表示を損壊し、又はその他の方法によりその封印若しくは差押えの表示に係る命令若しくは処分を無効にした者は、3年以下の懲役若しくは250万円以下の罰金に処し、又はこれを併科する（96条）。

1 意義

本罪は、広義の公務執行妨害罪の一種であり、その保護法益は公務員の職務執行の効力であるが、そのうち公務員の施した封印または差押えの表示を損壊した場合およびその封印若しくは差押えの表示に係る命令若しくは処分を無効にした場合を処罰するものである。従来は、「封印若しくは差押えの表示」を損壊し、または無効にする行為のみが処罰の対象であった（旧96条）が、それによると、有効な封印・差押えの表示の存在を前提としてのみ処罰が可能なため、封印若しくは差押えの表示が、第三者によって除去されれば、その事実を知っている者が、裁判所の命令等が有効である間に、その命令等の実質的効果を滅失又は減殺するような行為を行った場合については、処罰は不可能であると解されていた（最判昭29・11・9刑集8・11・1742）[15]。改正によって、「その封印若しくは差押えの表示に係る命令若しくは処分」を無効にする場合をも処罰の対象とされ、処罰の間隙が埋められた。

2 客体

「公務員が施した封印または差押えの表示」、または、「公務員が施した封印若しくは差押えの表示に係る命令若しくは処分」である。「**封印**」とは、物に対する処分、使用、その他現状の変更を禁止するために、開くことを禁止する意思を表示するべく権限ある公務員によって職務上その外部に施された封緘等の物的設備をいう[16]。封印は、公務員が職務上定められた印影を用い

---

[15] 杉山・吉田・前掲曹時64巻4号779頁以下参照。

て行うのが通例であるが、これに限らない（通説）。執行吏が差押えた俵に縄張りをし、その縄に差押物件、年月日、執行吏の官氏名および所属裁判所等を記入した紙片を巻きつけたものであっても、封印にあたる（大判大6・2・6刑録23・35）。強制執行において執行官によってなされる場合、国税徴収官によってなされる場合のほか、法令により通信事務員が郵便行嚢に施した封印（大判明44・12・15刑録17・2190）、警察官が法令にもとづき有毒物の入った清酒の販売を禁止するために桶に施した封印（大判大5・7・31刑録22・1297）も本罪の封印にあたる。「**差押え**」とは、公務員が職務上保全すべき物を自己の占有に移す強制処分をいう（大判大11・5・6刑集1・261）。民事執行法による不動産の売却のための執行官保管の保全処分（同法55条2項）、買受人のための執行官保管の保全処分（同法77条1項）、などがこれにあたる。刑事訴訟法における差押え（同法107条以下）も、占有を移転させるものであるから、これにあたる。しかし、公務員が物を自己の占有に移さず、他人に対して一定の作為・不作為を命ずるにすぎない処分（前掲大判大11・5・6）は差押えではない。したがって、民事執行法の規定による不動産の差押え、金銭債権の差押えは、本罪の差押えにあたらない。山林への立ち入りおよび立木の伐採を禁止する旨の不作為を命じる仮処分も、執行吏が自己の占有に移すものではないから、差押えにあたらない（前掲大阪高判昭39・4・13）。差押えの「**表示**」とは、差押えによって取得された占有を明白にするために施された表示であって、封印以外のものをいう。貼札、立札がその例である。必ずしも差押物自体になされることを要しない（高松高判昭27・8・30高刑集5・10・1612）。

　封印・差押えは、**有効**なものでなければならない。差押え自体がその効力を失えば、表示もその効力を失う。また、たとえば、地番の誤記のように、表示に多少の瑕疵がある場合でも、全体として差押えの内容が明らかになるものであれば有効である（最決昭39・8・28刑集18・7・443）。**最高裁**は、公示札による表示が包装紙で覆われその上からビニールひもが十文字に掛けられて[17]

---

[16] 判例の中には、「物の現状の変更を禁ずる処分として公務員がその職務の執行として物に施した物的標示をいう」と定義するもの（大阪高判昭39・4・13高検速報4・1）がある。

[17] 建築工事の続行を禁止する仮処分命令が出されその旨を公示した公示札が立てられたが、誰かが茶色の包装紙で覆うなどして、**公示札の内容を読むことができない状態**になっていたところ、被告人が、情を知らない工事業者をして支柱にネットを張る工事などの建築工事を完成させたという事案である。

いて、そのままではその記載内容を知ることができなかったものの、包装紙、ビニールひもは容易に除去して記載内容を明らかにすることができる状態にあった場合、「右公示札は、差押の標示としての効用を一部減殺されてはいたけれども、いまだその効用を滅却されるまでには至っておらず、有効な差押の表示として刑法96条の罪の客体になる」とする（最決昭62・9・30刑集41・6・297＝**百選116**）。

　封印・差押えの表示は、**適法または有効なもの**であることを要する[18]（福田18頁、大塚576頁、大谷568頁、曽根299頁、中森303頁、西田422頁以下、前掲大判大5・7・31）。したがって、公務員の職務行為ではない、法律上の有効要件・方式を欠く違法または無効な封印・差押えは、本罪の保護の客体とはいえない。判例は、仮処分の目的物が、実際には被告人の占有に属するのに、債務者の占有にかかるものと誤認して行った執行手続を有効とし、その表示も有効とする[19]（最決昭35・5・28刑集14・7・928、最決昭42・12・19刑集21・10・1407）。しかし、客観的見地から判断すれば、表示は要保護性をもたない違法なものである。

　　平成23年の改正前の判例は、仮処分による差押えの表示が、行為の当時、他人によって剥離・損壊され、差押えの効力はあっても、差押えの表示としての効力が失われている場合には、本罪の客体とはならない（最判昭29・11・9刑集8・11・1742）とし、また、差押えの表示が行為時に現存しないときは、土地の明け渡しの妨害となる一切の行為をしてはならないとの仮処分の存在を知りながら、それに反してその土地に家屋を建築しても本罪にあたらない（最判昭33・3・28刑集12・4・708）としていた。改正によって、行為の当時に、適法・有効な封印・差押えの「表示」の存在することが必要ではなくなったので、これらの判例は、意味をもたなくなった。

　「封印若しくは差押えの表示に係る命令若しくは処分」が客体である。「**命令**」とは、裁判所の裁判による命令をいう。「**処分**」とは、執行官、その他

---

[18] 不適法・無効であっても差押えと認められる場合には本罪が成立するという見解として、小野24頁。
[19] 昭和42年決定は、執行吏代理が誤解して、債務者でない第三者の家屋に対して占有保管の仮処分をなしたが、「右執行に際し、右執行代理人に故意に第三者の権利を侵害する目的があったとは認められず、またその執行の瑕疵が重大かつ明白であって、執行そのものが無効あるいは不存在と認められる場合でもなかった」から、本件仮処分の執行とその旨の公示によって第三者である被告人の占有も制限を受け、「執行方法の異議若しくは第三者異議の訴によって、その取消を求めない限り、本件家屋に入居することは許されなくなったもの」として、封印破棄罪を肯定した。この見解に対しては、批判が強い（大塚576頁、西田423頁）。

行政機関の行為として行われるものをいう。命令または処分は、封印または差押えの表示が有効に完了した時点以降、その効果が存続している間、本罪による保護の対象となる。

3 行　為

　封印または差押えの表示を損壊し、またはその他の方法によりその封印若しくは差押えの表示に係る命令若しくは処分を無効にすることである。「損壊」とは、封印・差押えの表示を物理的に毀損・破壊し、その効力を失わせる行為をいう（大判昭7・4・2刑集11・329）。封印・差押えの外表を毀損・破壊するだけではなく、表示の全部を剥離して、それが施されていた位置から移動させることも損壊である[20]（大判大3・11・17刑録20・2142）。「その封印若しくは差押えの表示に係る命令若しくは処分」を「無効」にしたとは、表示自体を物質的に破壊することなく、その事実上の効力を減殺・減却することをいう（大判昭7・2・18刑集11・42）。法律上の効力を失わせることではない（大判昭12・5・28刑集16・811）。

　「その他の方法」で無効にする行為の類型には、①表示のなされている物件自体を搬出・移転する場合（物件自体の移動の類型）、②外観はそのままにしてその物件の内容物を処分する場合（内容物の処分の類型）、③表示の内容に変更を加える場合（物件の内容の変更の類型）がある（河上＝元木元・大コンメ6巻171頁以下、杉山・吉田・曹時64巻4号783頁以下参照）。①差押えを受けた生繭78貫余を搬出して売却した事案（前掲大判昭12・5・28）、②封印された桶から密造酒を漏出させた事案（大判明44・7・10刑録17・1409）、仮処分によって処分禁止の旨を記載した公示書が貼付されている建物を他人に賃貸してその内部を改装させた事案（最判昭31・4・13刑集10・4・554）、③その土地内に立ち入り耕作することを禁止した表示札があるのにその土地内に立ち入り耕作した事案（前掲大判昭7・2・18）、④店舗を含む建物について、執行吏の保管に移したが、現状を変更しないことを条件として被申請人の使用を許可する仮処分命令が執行され、その公示書がある場合に、その店舗をパチンコ店からスタンドバーに改装した事案（最判昭36・10・6刑集15・9・1567）がある。

---

[20] 判例には、公示札が同一土地内で7.7メートル移動した事案で、移動によって公示の効果が減殺されていないとして、「無効」ならしめたことにならないとしたものがある（東京高判昭45・6・30高刑集23・3・441）。

現状変更の程度については、被保全権利の実現を困難ならしめる程度の影響を与えない、または原状に回復することが困難な変更とはいえないかどうか（大阪高判昭37・2・24高検速報3・2）、建物の現状を保持するにとどまる改装かどうか（福岡高昭45・12・2高検速報1093）、使用許可の趣旨に反しない限度において些少の変更を加えるにすぎないか（大阪高判昭38・6・6下刑集5・5＝6・512）、あるいは、仮処分によって保全しようとする目的と背馳しないかどうか（大阪高判昭27・11・18高刑集5・11・1991）などが判例において考慮されている。

4 故 意

公務員により施された有効な封印または差押えの表示の存在の認識、およびこれを損壊することの認識、または、その封印若しくは差押えの表示に係る命令若しくは処分であることの認識およびこれを無効にすることの認識である。封印・差押えの表示を**違法・無効なものと誤信した場合**、その錯誤はどのように取り扱われるか。これについても、公務執行妨害罪において検討した**二分説**が妥当である。封印・差押えの表示が公務員によって施されたものではないと誤信して、これを損壊したとき、事実の錯誤として故意が阻却されるが、その表示が有効なものと知りながら、なお、法律上これを損壊することが許されると誤信した場合には、法律の錯誤であり、その錯誤が相当であった場合、責任が阻却される（☞総論§140．2(3)）。

大審院の判例においては、仲裁人によって債務が弁済されたと聞き、差押えの効力がなくなったものと誤信し、差押物件の封印・表示を損壊したという事案につき、故意を阻却するものとした（大判大15・2・22刑集5・97）。その他、戦後の**下級審の判例**にも故意を否定したものがある（札幌高函館支判昭31・8・21裁特3・16・806等）。**最高裁**は、差押調書に重要事項の記載を欠いているから差押えおよび封印は法律上無効であると誤信したという事案につき、「市収税吏員によって法律上有効になされた本件滞納処分による差押の標示を仮に被告人が法律上無効であると誤信してこれを損壊したとしても、それはいわゆる**法律の錯誤**であって」、**故意を阻却しない**ものとした（最判昭32・10・3刑集11・10・2413）。また、仮処分の債務者以外の者が仮処分前より本件家屋を占有していると誤信していたため、被告人に仮処分の効果が及ばないと考えていた事案で、たんなる法律の錯誤であるとしたものがある（名古屋高判昭50・9・17高検速報555）。

5 他罪との関係

差押えのため封印をした酒類中の徳利を窃取した場合、本罪と窃盗罪との観念的競合である（大判明44・12・19刑録17・2223）。封印の施された物件を保管している者が、これを第三者に売却しようとして搬出する行為は、本罪と横領罪との観念的競合である（最決昭36・12・26刑集15・12・2046）。封印破棄罪と公文書毀棄罪とは、併合罪であって、牽連犯ではない（最決昭28・7・24刑集7・7・1638）。

§236 強制執行妨害目的財産損壊等罪

> 強制執行を妨害する目的で、次の各号のいずれかに掲げる行為をした者は、3年以下の懲役若しくは250万円以下の罰金に処し、又はこれを併科する。情を知って、第3号に規定する譲渡又は権利の設定の相手方となった者も、同様とする。
> 1．強制執行を受け、若しくは受けるべき財産を隠匿し、損壊し、若しくはその譲渡を仮装し、又は債務の負担を仮装する行為
> 2．強制執行を受け、若しくは受けるべき財産について、その現状を改変して、価格を減損し、又は強制執行の費用を増大させる行為
> 3．金銭執行を受けるべき財産について、無償その他の不利益な条件で、譲渡をし、又は権利の設定をする行為（96条の2）。

1 意 義

本罪は、昭和16年の刑法の一部改正の際に競売等妨害罪とともに新設されたものを平成23年の改正の際にさらに改正したものである。本罪の保護法益は、強制執行の適正な運用であり、債権者の債権でもある[21]。しかし、この規定の主眼は、債権者の債権保護である（最判昭35・6・24刑集14・8・1103＝**百選117**）とはいえない。そこで、本罪の性格について、①第1次的には国家の作用としての**強制執行の適正な運用を保護する規定**であるが、第2次的には**債権者の保護を図る規定**であると解すべきである（団藤64頁、中276頁、福田20頁、大塚578頁、西田425頁、山口547頁）。**反対説**は、②第1次的には、**債権者保護**を図るが、第2次的には**強制執行の適正な運用**を考慮する罪であるとする（平野281頁、藤木30頁、中山514頁、大谷571頁、曽根300頁、中森304頁、前田447頁）。本条の条文上の位置からみても、国家的法益に対する罪の一種というべきであるから、第1説が妥当である。

---

[21] 西田典之「執行妨害の意義」争点242頁以下、上嶌一高「強制執行妨害・競売妨害—債権回収の妨害と刑法」法教240号（2000年）20頁以下。

2 改正の要点

　旧強制執行妨害罪（旧96条の2）は、強制執行を免れる目的で行われる財産の損壊、隠匿、仮装譲渡、および仮装債務負担という四つの行為を処罰するものとしていた。しかし、仮装譲渡、債務の仮装負担については、債務者が所在不明になっている事情等があって、債務者側の関与が認められない事案については処罰に疑義があった。仮装の債務を「負担した」といえるかどうかに疑問があったからである。そこで、改正の主眼は、この問題点を解消することであった。

　旧96条の2が、「強制執行を免れる目的」としているのに対し、「**強制執行を妨害する目的**」と変更している。これは、実際には、強制執行を免れるためではなく、一時的に阻害して利益を得ようとする場合も少なくないことから、そのような「目的」の場合にも拡張するものである。

　1号は、「譲渡を仮装し、又は債務の負担を仮装する行為」とし、前述の問題点を回避して、債務者が「負担した」ことが確定されない場合をも処罰しうるようにするものである。

　2号は、建物に無用の増改築を加え、あるいは敷地内に廃棄物を搬入するなどの行為により、強制執行の目的財産の物的状況を変化させることによって、その財産の価値を著しく減少させる事案、あるいは、それによって生じた障害を取り除くには莫大な費用を要するといった事案を処罰しようとするものである。

　本罪の客体を「強制執行を受け又は受けるべき財産」とした。「受けるべき財産」としたのは、現に強制執行手続が進行中の財産のほかに、強制執行の申立てが行われる前でも、強制執行を受けるおそれがある客観的状況が発生した後であれば、その目的となるべき財産は、含まれるとするためである。

　3号は、金銭債権の債権者が強制執行により権利の実現を図ろうとしたところ、債務者が自己の財産を、第三者に無償であるいは不当に低い価格で譲渡ないし権利設定をして、十分な引当財産に不足を生じさせる行為を処罰しようとするものである。これを、財産の損壊という物理的な方法を手段として行った場合については、旧96条の2においても、また、改正後の96条の2の1号によっても処罰の対象とされ、また、財産の仮装譲渡によって引当財産に不足の外観を生じさせた場合も、それらの処罰の対象となる。しか

し、**譲渡**ないし**権利設定**という法律上の手段によって金銭債権の引当財産に不足を生じさせ、しかもその譲渡ないし権利設定が真実のものであるというような場合については、これを把捉しえない。そこで、本規定は、新たにこのような行為を処罰の対象とするものである[22]。

3 主 体

制限はない。必ずしも債権者に限定されず（大判昭18・5・8刑集22・130）、第三者も含まれる。債務者でない第三者が妨害行為をする場合には、従来の「強制執行を免れる目的」にではなく、「強制執行を免れさせる目的」というべきであるが、「強制執行を妨害する目的」に変更された結果、第三者が主体になりうることは明確になった。

4 目 的

「強制執行を妨害する目的」が必要である。したがって、本罪は、目的犯である。従来は、「強制執行を免れる目的」が要求されていたが、改正により、上述のように改められた。これは、前述のように、実際には、強制執行を免れるためではなく、一時的に阻害して利益を得ようとする場合も少なくないことから、そのような「目的」の場合にも拡張するものである。目的犯であるから、目的の実現は既遂の要件ではない。したがって、従来も、既遂になるには、現実に強制執行を免れたことは必要でなく、強制執行の全部または一部が現実に実行されたことも不要であるとされていた（最決昭35・4・28刑集14・6・836）。

「強制執行を妨害する目的」とは、強制執行の進行に支障を生じさせる積極的な意図を意味する。「強制執行」とは、民事執行法による強制執行または同法を準用する強制執行を意味するという見解（最決昭29・4・28刑集8・4・596）があり、また、主として債権者の債権の実現を法益とするという見解に立たずに、強制執行とは、私人の権利の実現を目的とするから、民事執行または同法を準用する強制執行に限られると解する見解（西田425頁）もあるが、限定的に解すべきではなく、仮差押え、仮処分の執行（前掲大判昭18・5・8）、罰金、科料、没収などの強制執行（刑訴法490条参照）も含むと解すべきである[23]（団藤64頁、福田20頁、大塚579頁）。「強制執行を免れる目的」が存

---

[22] このような行為は、すでに破産法第374条1号、あるいは国税徴収法第187条1項において、「不利益処分」として処罰されている。
[23] 国税徴収法による滞納処分もその性質上は強制執行であるが、同法に特別の罰則があるから

在するためには、**強制執行が行われることがありうるという状態**にあることが必要である。

　　判例によれば、「現実に強制執行を受けるおそれのある客観的な状態の下において」行為をなすことを要する[24]（前掲最判昭35・6・24＝**百選117**）。この判例では、「刑法96条の2の規定は、国家行為たる強制執行の適正に行われることを担保する趣意をもってもうけられたものであることは疑いのないところであるけれども、強制執行は要するに債権の実行のための手段であって、同条は究極するところ債権者の債権保護をその主眼とする規定である」とする。

　したがって、本罪の保護法益につき、強制執行の適正な運用を保護する規定とみるか、債権者の債権の保護とみるかという基本的立場の対立が、債権の存在を要求するかどうかの対立に反映している。後者の立場からは、①少なくとも、**基本たる債権の存在**が必要であるとする見解（平野281頁、大谷572、曽根301頁、）が唱えられ、前者の立場からは、②基本となる債権の存在とは別問題であり、**行為の当時債権の存在する可能性**があれば足りるとする見解（団藤64頁、大塚579頁、中森304頁、前田447頁、西田426頁、山口549頁）が唱えられるという構図がみられる[25]。後者の見解は、仮差押え、仮処分のように、権利関係に争いのあることが常に前提とされている保全執行なども本罪の強制執行に含まれる以上、現実に債権が存在しない場合にも、国家の制度としての強制執行の機能を保護する必要があることを根拠とする（大塚579頁、西田426頁、河上＝久木元・大コンメ6巻189頁）。これによれば、行為時に基本となる債権の存在する可能性があれば足りるという解釈が妥当といえよう。

　強制執行は、適法なものでなければならない。広義の公務執行妨害の罪の一種であり、適法な公務が保護されているからである。

5　行　為

(1) 隠匿・損壊・譲渡の仮装・債務の負担の仮装（1号）

　前記の目的で、強制執行を受け、若しくは受けるべき財産を隠匿し、損壊し、若しくはその譲渡を仮装し、又は債務の負担を仮装する行為である。

（178条）、それによるべきである。

[24] 本判決は、さらに、「刑事訴訟の審理過程において、その基本たる債権の存在が肯定されなければならない」とした。債権自体が保護法益だと捉える最高裁の立場からは、現実に債権が存在したことが必要となるが、妥当ではない。本判決は続けて、「従って、右刑事訴訟の審理過程において債権の存在が否定されたときは、保護法益の存在を欠くものとして本条の罪の成立は否定されなければならない」という。

[25] しかし、この構図が、必ずしも常に妥当するわけではない。中森304頁以下参照。

従来は、たんに「財産」と規定されており、「強制執行を受け、若しくは受けるべき財産」と表現されていたわけではなかった。「受けるべき財産」と改正されたことで、現に強制執行手続が進行中の財産のほかに、強制執行の申立てが行われる前でも、強制執行を受けるおそれがある客観的状況が発生した後であれば、その目的となるべき財産は、含まれるとするためである。動産、不動産のほか債権も含む。ただし、強制執行の対象となりうるものであることを要する。

「隠匿」とは、強制執行を実施する者に対して、その財産の発見を不能ないし困難にする行為をいう（大塚 578 頁、大谷 572 頁、西田 427 頁、大阪高判昭 32・12・18 裁特 4・23・637）。物理的に隠す行為のほか、財産の所有関係を不明にする行為、たとえば、自己の所有物を他人の所有物と偽る行為（最判昭 39・3・31 刑集 18・3・115）なども隠匿である。

「損壊」とは、財産を物理的に破壊してその効用を失わせ、またはその価値を減少させる一切の行為を含む。動産のほか不動産も損壊されうる。また、債権の化体した証券を損壊して債権を滅失・減少させることもありうる。

「譲渡の仮装」とは、実際には財産を譲渡する意思がないのに、表面上譲渡が行われたようにみせかけることをいう。通謀・関与した相手方がいないにもかかわらず、強制執行の目的財産を譲り受けたという虚偽の主張をして、強制執行を妨害する行為は、従来の規定のように、「財産を…仮装譲渡した」という規定のままであれば、この規定に当たらないということになる。そこで、平成 23 年の改正の際に、「その譲渡を仮装し」に改められた。

「債務の負担を仮装する」とは、実際には債務はないのに、債務を負担したように装うことをいう。この規定についても、従来は、「仮装の譲渡を負担した」と規定されていたが、第三者が、債務者との通謀や関与なしに虚偽の債権の存在を主張して強制執行を妨害する場合、仮装の譲渡を「負担した」とはいえないので、この場合を含めることはできなかった。この改正により、このような場合も、「債務の負担を仮装する」ことに当たることは明白となった。有償・無償を問わない（福岡高判昭 47・1・24 刑月 4・1・4）。

強制執行を妨害する目的で「強制執行を受け、若しくは受けるべき財産」を隠匿、損壊、譲渡を仮装し、または債務の負担を仮装すれば、本罪は成立する。現実に強制執行の全部または一部が行われる必要はない（前掲最決昭 35・4・28）。もとより、実際に強制執行を妨害したことも必要ではない。

(2) 現状改変・価格減損・費用増大（2号）

改正以前も、強制執行の目的財産を「損壊」する行為は処罰の対象とされていたが、損壊にまでは至らない行為を把捉する規定はなかった。そこで、建物に無用の増改築を加え、あるいは敷地内に廃棄物を搬入するなどの行為により、強制執行の目的財産の物的状況を変化させて、その財産の価値を減少させ、またはそれを除去するに過大な費用を要する状態に至らしめることによって、強制執行を妨害する行為も処罰対象とするため、「現状を改変し、価格を減損し、又は強制執行の費用を増大させる行為」をも規定に加えることとされたのである。

(3) 不利益な条件での譲渡等・権利の設定（3号）

「金銭執行を受けるべき財産について、無償その他の不利益な条件で、譲渡をし、又は権利の設定をする行為」が処罰の対象である。これは、金銭債権の債権者が強制執行により権利の実現を図ろうとしたところ、債務者が自己の財産を、第三者に無償であるいは不当に低い価格で譲渡または権利の設定をして、十分な引当財産に不足を生じさせる行為を処罰しようとするものである。改正以前は、「仮装譲渡」は、処罰対象であったが、仮装ではなく真実の譲渡ではあっても、無償その他の不利益な条件で行うことによって、引当財産不足の状態を生じさせるという形態での強制執行妨害については把捉できなかった。そこで、本規定は、譲渡のみならず権利設定をも含めて新たにこのような行為をも処罰の対象とするものである。[26]

本号の客体は、「金銭執行を受けるべき財産」、すなわち強制執行を受けるおそれのある客観的状況が発生した後、実際に強制執行が開始される前における、その目的となるべき財産に限定されている。差押え後に行われた目的財産の譲渡は、差押債権者に対抗することができないため、これを譲渡しても、金銭債権の引当財産に不足を生じさせるものではないと解されるからである。

本号の「譲渡」ないし権利設定は、真実の譲渡ないし権利設定であるから、相手方は必ず存在するが、情を知って本号における譲渡ないし権利設定の相手方となった者についても、当罰性があるとして、後段において、「第

---

[26] このような行為は、すでに破産法第374条1号、あるいは国税徴収法第187条1項において、「不利益処分」として処罰されている。

3号に規定する譲渡又は権利の設定の相手方となった者も、同様とする」として、相手方をも処罰することを明らかにしている。**必要的共犯**として不処罰であるとの疑念を避けるための注意規定である。

6 共 犯

情を知りながら財産の仮装譲渡を受けた者、または**仮装の債権者となった者**が、本罪の共犯となる（大塚580頁）かどうかについては争いがあった。改正後の「譲渡の仮装」、「債務負担の仮装」については、相手方の存在は必ずしも必要ではないことが明らかになったが、従来は、相手方の存在が必要とされたので、相手方が存在して初めて犯罪が成立する**必要的共犯**（☞総論§154, 2）の場合であると解する見解が唱えられたのである。必要的共犯と解するならば（片面的対向犯であって）、相手方について処罰規定を欠くのであるから、債務者の依頼に応じて引き受けた通常の態様の場合には共犯にならず（藤木31頁、大谷573頁、前田448頁）、債務者をして強制執行を免れさせようという積極的目的にもとづいて相手方となったような場合には共犯または共同正犯を構成するというのである（大谷573頁）。しかし、本罪の成立には共犯者は必ずしも必要でなく、少なくとも改正後は、必要的共犯であるとの解釈は維持できない。とくに、改正により、96条の2第3号の場合につき、「情を知って、第3号に規定する譲渡又は権利の相手方となった者も、同様とする」と規定され、この点は、相手方となった者も、正犯として処罰されることが明示されるに至った。

　最後に、旧規強制執行妨害罪の幇助を認めた最高裁判例（最決平23・12・6判時2154・138）に、被告人（弁護士）が、会社経営者らに対し、強制執行を免れるための仮装の手段による財産隠匿行為として、別の会社に賃貸人を変更したように装い、テナントをして、その会社の口座に賃料を振り込ませる方策を助言したという事案があることを指摘しておく。[27]

---

[27] 本決定には、反対意見がある。第1審は、無罪とし（東京地判平15・12・24判時1908・47）、控訴審では幇助が認められていた（東京高判平20・4・23公刊物未登載）事案である。

§237　強制執行行為妨害等罪

> 偽計又は威力を用いて、立入り、占有者の確認その他の強制執行の行為を妨害した者は、3年以下の懲役若しくは250万円以下の罰金に処し、又はこれを併科する（96条の3第1項）。
>
> 強制執行の申立てをさせず又はその申立てを取り下げさせる目的で、申立権者又はその代理人に対して暴行又は脅迫を加えた者も、前項と同様とする（同条2項）。

1　本条の保護法益および目的

　強制執行の適正な執行が保護法益である。本罪は、抽象的危険犯である[28]。本条は、96条の2と同様、強制執行の進行を阻害する行為を処罰しようとするものであるが、96条の2の場合は、物に向けられた行為であるのに対して、執行官や債権者等、**人に対して向けられた行為**を新たに処罰しようとするものであり、従来なかった規定を新設するものである。

2　第1項

　本条1項は、「偽計又は威力を用いて、立入り、占有者の確認その他の強制執行の行為を妨害」する行為を処罰するものである[29]。したがって、強制執行の実施現場における執行行為に対する妨害行為を罰するものである。執行官等の公務員に対しては、公務執行妨害罪（95条）が適用されるが、その適用には「**暴行又は脅迫**」が手段となっていなければならない。しかし、強制執行に対する妨害は、例えば、明渡執行の目的である建物付近で猛犬を放し飼いにし、または、その建物の現実の占有者と、債務名義等に表示された強制執行の名あて人との同一性の確認を妨げるといった方法で、執行官の明渡執行を妨害する行為が少なくない。これらの行為は、「威力」あるいは「偽計」にとどまり、公務執行妨害罪を適用できないものである。本条によって、このような行為を把捉しようとする。

　「**偽計を用いる**」とは、人の判断を誤らせるような術策を用いることをいう。「**威力を用いて**」とは、人の自由な意思を制圧するに足りる勢力を使用することをいう。例えば、建物の明渡執行に際して近くに猛犬を係留する場

---

[28] 川上＝久木本・大コンメ6巻199頁は、具体的危険犯であるとする。しかし、「公の競売又は入札の公正を害すべき行為」とは、行為の危険性をいうのであって、それらを害する具体的な危険結果の発生を証明しなければならないものではないと解すべきである。

[29] その典型例として、民事執行法等の規定に基づく執行官の執行行為が想定されている。

合がそれにあたる。「**占有者の確認**」とは、特定の時点における占有者が誰であるかを識別し、一定期間にわたる占有者として強制執行の相手方となるべき者が誰であるかを特定するための確認行為をいう。この確認の実施や確認の目的の達成を困難にさせるのが、「**妨害**」である。「**強制執行の行為**」とは、強制執行の現場で行われる公務員の事実行為を指す。民事執行法の規定に基づく執行官の執行現場での行為がこれにあたる。強制執行手続に関して執行裁判所が行う行為は、判断作用であり、執行官等が現場で判断する「執行行為」ではないので、強制執行の行為にはあたらない。「**妨害**」とは、強制執行の円滑な進行を不可能または困難にすることをいう。

本罪は、公務執行妨害罪とは保護法益が重なる。威力は暴行・脅迫を含むより広い概念であるから、執行官の強制執行行為を暴行または脅迫を用いて妨害した場合、公務執行妨害罪は、より重い本罪に吸収される。

3　第2項

第2項は、「強制執行の申立てをさせず又はその申立てを取り下げさせる目的で、申立権者又はその代理人に対して暴行又は脅迫を加える行為」を処罰する。

債権者等に対して強制執行を妨害する行為が行われた場合、この規定がなくても、強要罪（223条）、業務妨害罪（233条、234条）が適用されうる。しかし、これらの規定を適用するについても、公務としての強制執行を保護する規定ではないため、強制執行妨害に対してこれを適用するには、害悪の告知の内容、意思の自由に対する影響の要件等において、難がある。例えば、強要罪における脅迫の内容は、被害者自身またはその親族の生命・身体・自由・名誉または財産に関するものに限定されている。しかも既遂犯とするには、義務のないことを行わせる等の結果の発生を必要とする。そこで、この難点を補おうというのが、本項の新設された理由である。すなわち、本項は、強制執行の申立てをさせない等の目的によって**暴行または脅迫**を加える行為については、脅迫に係る害悪の告知の内容や、暴行・脅迫が実際に強制執行の申立権者の意思の自由に影響を及ぼしたかどうか、または暴行・脅迫を受けた債権者等における業務性の要件にかかわりなく、これを処罰の対象としようとするものである。しかし、本項の行為は、「暴行又は脅迫」に限定されている。

行為の時に「**強制執行の申立てをさせない目的**」、または「**その申立てを取り**

下げさせる目的」を有していることを必要とする目的犯である。このような目的を主観的に抱く前提として、客観的に目的実現の可能性があることが必要である。

「申立権者」とは、自己の名において強制執行の申立てをする権利を有する者をいう。債権者が法人である場合には、法人自身が「申立権者」に当たる。法人の役職員に対する暴行・脅迫は、法人に対する脅迫であると解することができる。

「その代理人」とは、申立権者に代わって、これとは別個の地位に基づいて強制執行の申立てをすることができる物をいう。

その手段は、「暴行又は脅迫」である。「偽計又は威力」という暴行・脅迫にまでは至らない形で相手の意思に影響を及ぼす行為については、本項が、申立権者の保護については副次的なものにとどめていることから、処罰の対象とはされなかった。

§238 強制執行関係売却妨害罪

> 偽計又は威力を用いて、強制執行において行われ、又は行われるべき売却の公正を害すべき行為をした者は、3年以下の懲役又は250万円以下の罰金に処し、又はこれを併科する（96条の4）。

1 意義および改正の契機

本条の保護法益は、強制執行における売却の公正である。本条のもととなった規定は、従来の刑法96条の3の「競売等妨害罪」の規定である。その規定には、強制執行に関する妨害行為と公共契約に関する妨害行為とが含まれていた。しかし、両行為は、もともと公務としても性質が異なるものであり、保護すべき対象も異なるとされていた。そこで、改正によって、構成要件を分け、本条は、強制執行に関する妨害の部分のみを規定し、その構成要件の拡充を図った。

改正前の強制執行における売却ないし入札の妨害は、暴力団が関与し、組織的に行われることが多かった。古くは、競売屋が一般人の競売参加を妨害して最低競売価格の引き下げを図ったが、1979（昭和54）年に成立した民事執行法134条による期間入札の制度の導入により、競売屋による入札妨害は減少した。バブル崩壊後は、占有屋が横行し、抵当物件である建物等を不法

に占拠し、一般人の入札を妨害する手口で、抵当物件に暴力団の代紋を貼り付けたり、物件明細書に暴力団の印鑑を押したりして一般人の競売参加を妨害したのである。これに対処するため、1996（平成8）年の民事執行法の改正により、保全処分の相手方を不動産の「占有者」にまで拡大され（55条）、また、不動産競売の開始決定前の保全処分が新たに設けられた（187条の2）。さらに、1993（平成5）年の暴力団対策法の改正により、暴力的要求行為の禁止に、「土地又は建物の支配の誇示をやめることの代償として、明け渡しその他これに類する名目で金品等の供与を要求すること」（9条12号）が付け加えられた（西田428頁以下参照）。しかし、刑法旧96条の3の競売等妨害罪の規定は、「競売開始決定後」の強制執行妨害ないし公の競売または入札の公正を害すべき行為に限って処罰対象としていた。

2 改正の目的

本条は、旧96条の3の競売等妨害罪のうち、強制執行における「売却の公正」を阻害する行為を処罰しようとするものである。旧96条の3は、「偽計又は威力を用いて、公の競売又は入札の公正を害すべき行為をした者」を処罰していた。そこでは、その行為は、「**競売開始決定後**」のものに限ると解釈されていた。しかし、強制執行に対する妨害は、債務者が倒産状態に陥って、金融機関等の債権者が競売の申立てを行う時期が近いと知った時点から、暴力団等が、例えば、競売の目的財産である建物の玄関先に、暴力団の代紋等を掲示して、当該財産に暴力団が関与しているという印象を与えて、一般人が入札に参加する意思を喪失させることによって行われる。このように、競売開始決定前の時点における行為が、その後の手続の公正に不当な影響を与えている例が多発している。そこで、「強制執行において…**行われるべき売却**」という文言によって、**競売開始決定前における公正阻害行為をも処罰しようとする**のが**改正の目的**である。また、旧96条の3にいう「競売又は入札」とは、民事執行法64条で認められている、競売・入札以外の売却を含まないのではないかという疑念があり、そこで、「売却」という文言に改めて、このような売却の公正をも保護しようとするものである。

刑法旧96条の3第2項は、「公正な価格を害し又は不正な利益を得る目的で、談合した者」を処罰する規定を置いていたが、改正後の規定においては、このような規定は置かれていない。「談合」は、「偽計」と捉えることができ、また、「公正を妨げるべき行為」であるので、1項によって把捉でき、

これをとくに置く必要がないと考えられたからである。

3 行 為

「偽計又は威力を用いて、強制執行において行われ、又は行われるべき売却の公正を害すべき行為」を行うことが要件である。

「**偽計又は威力を用いて**」行われる必要がある。「強制執行において行われる」「売却」とは、公正を害すべき行為が行われた時点で競売開始決定がすでになされている場合を意味する。「強制執行において」「行われるべき売却」とは、公正を害すべき行為が行われた時点でまだ競売開始決定がなされていない場合を意味する。売却の公正を害すべき行為が行われ得る時期は、競売開始決定前といっても無限定に遡りうるわけではなく、現実に強制執行を受けるおそれのある客観的状態が生じた時点以降でなければならない。「売却」は、強制執行手続を規定する法令によって認められているものをすべて含まれる。現に強制執行を受けるおそれのある客観的状態が生じた時期から、本罪が成立する。その後、競売開始決定がなされなかったとしても、本罪の成立には影響しない。

「偽計・威力」の意義は、業務妨害罪におけると同様である。「**偽計**」とは、人の判断を誤らせる施術を用いることをいう。偽計には、立木売却のための競争入札において、入札価格が下位にある入札参加者に落札させるため入札価格を増額訂正して落札させる行為（甲府地判昭43・12・18下刑集10・12・1239）、土地・建物の現況調査（民事執行法57条参照）に赴いた執行官に対して、競売物件の占有者が虚偽の賃借権を主張し、当該物件に暴力団が関係しているなどの事実を申し向け、同執行官をして同人作成の現況調査報告書にその旨記載させ、これを裁判所支部において、入札希望者等に閲覧できるよう備え付けさせる行為（鳥取地米子支判平4・7・3判タ792・232）がある。最近の**最高裁判例**には、弁護士である被告人が、裁判所が不動産競売の開始決定をした土地建物の公正な売却を妨害するため、競売開始決定前に短期賃貸借契約が締結されていた旨の内容虚偽の賃貸借契約書写し等を裁判所に提出した行為につき、偽計による競売入札妨害罪を認めたものがある（最判平10・7・14刑集52・5・343＝**百選119**）。

「**威力**」を用いるとは、人の意思の自由を制圧するような勢力を用いることをいう。威力を用いたとされる事例には、競売不動産である建物の玄関に暴力団名を書いた張り紙をする行為（福岡地判平2・2・21判時1399・143）、最高

裁執行官室に備え置かれている現況報告書の写しの所有者欄の自己氏名の近くに「岡山4代目木下会〇〇組」と彫ってあるゴム印を押捺した行為（岡山地判平2・4・25判時1399・146)、裁判所書記官室に備え置かれた物件明細書写しの綴りの中に暴力団の肩書きの入った名刺を挟み込む行為（高松高判平4・4・30判タ789・272)、現況調査担当執行官に対し、競売物件に暴力団が関係しているとの事実を述べてその旨、現況調査報告書に記載させる行為[30]（前掲鳥取地米子支判平4・7・3)、右翼団体政治結社の支部長であった被告人が、自己が管理する土地建物につき競売開始決定がなされたため、入札したが、ある不動産業者が競落した後、代金納付前にその会社の取締役に対して、「なんで競売落としたんだ。後ろに暴力団がついているのか。この物件から手を引いてくれ」などと申し向けて不動産の取得を断念するように要求する行為（最決平10・11・4刑集52・8・542）につき、「威力」を用いたものとしている。

　従来の刑法96条の3第2項では、「談合」が、構成要件要素として挙げられていた。本条では、「談合」の文言は用いられていないが、上述のように、これは「偽計によって構成を害すべき行為」にあたる。刑法旧96条の3第2項では、「公正な価格を害し又は不正な利益を得る目的」を要求していたが、改正後の96条の4では、この目的は要件とされていない。

　「公正を害すべき行為」 とは、公の競売・入札の不当な影響を及ぼしうる行為をいう[31]。談合も構成を害すべき行為であるが、談合罪（2項）との関係で本罪の行為には含まれない[32]。公の競売または入札の公正を害すべき行為が行われれば既遂である（抽象的危険犯）。現実に公の競売・入札の公正が害されたことを要しない。

　本罪が **状態犯か継続犯か** について言及しておこう。それが、本罪の公訴時効の完成時期につき、刑訴法253条に定める「犯罪行為が終った時」から時効が進行するというときの犯罪の終了時期につき重要な意味をもつからであ

---

[30] 事案は、「わしは丙に300万円貸している。平成元年5月1日から1ヶ月1万円でこの部屋を借りている。金を返してもらっていないから、裁判所から立ち退きを命じられても立ち退かない。大同会も1000万円くらい丙に金を貸し、甲が賃借権を付けている。甲は大同会の幹部をしている。」旨、……「虚偽及び前記土地・建物に暴力団が関係しているなどの事実を申し向け、同執行官をして同人作成の現況調査報告書にその旨記載させ」たというものである。

[31] 橋爪隆「競売入札妨害罪における『公正を害すべき行為』の意義」神戸法学雑誌49巻4号（2000年）39頁以下参照。

[32] 威力を用いて談合に応じるよう要求したとき、判例は、本罪の成立を認める（最決昭58・5・9刑集37・4・401；反対＝大塚582頁)。

る。これについて問われた**最高裁の決定**（最決平 18・12・13 刑集 60・10・867）の事案をまず紹介しよう。

事案は、被告人 A は甲株式会社の代表取締役、被告人 B は財務部長、被告人 C は丙社の代表取締役であったが、被告人 3 名は、共謀の上、東京地方裁判所裁判官により競売開始決定がされた本件会社所有に係る土地・建物につき、その売却の公正な実施を阻止しようと企て、裁判所執行官が現状調査のため、登記内容等について説明を求めた際、被告人 B において、虚偽の事実を申し向けるとともに、これに沿った内容虚偽の契約書類を提出したというものである。

この事案に対し、**最高裁**は、被告人 B の所為は、偽計を用いた「公の競売又は入札の公正を害すべき行為」（刑法旧 96 条の 3 第 1 項）に当たるが、その時点をもって刑訴法 253 条 1 項にいう「犯罪行為が終った時」と解すべきものではなく、虚偽の事実の陳述等に基づく**競売手続が進行する限り**、「**犯罪行為が終った時**」には**至らない**と解するのが相当であるとして、競売入札妨害罪につき、3 年の公訴時効が完成していないとした。

第 1 審は、「現況調査のため説明を求めた執行官に対し、虚偽の賃貸借契約等の存在の事実を陳述し、その虚偽の契約に関する書類等を提出した時点以降、競売入札妨害罪の保護法益を害する危険が発生し、また、……手続を進行させている間も、競落入札関係者らの受ける経済的利益を害する危険は存続しているのであるから、かかる行為も処罰の対象となるというべきである。したがって、……の裁判所職員をして内容虚偽の事実が記載された現況調査報告書等の書類を入札参加希望者が閲覧できるように備え付けさせた時点から、時効が進行すると解することができるのであって、公訴時効が完成している旨の弁護人の主張は失当である」とした（東京地判平 12・12・21 刑集 60・10・874）。これに対して、**第 2 審**は、本件においては、「虚偽の陳述に基づく誤った記載のある現況調査報告書等が裁判所に備え付けられて一般入札希望者の閲覧可能な状態に置かれるに至っており、この間、それぞれの競売入札の公正が害される状態は継続していたといえる。このような類型の競売入札妨害罪においては、既遂に達した後も、虚偽の陳述に基づく売却手続が続く限り、犯罪は終了せず、被告人らにおいて虚偽の陳述を撤回するなどの措置が採られ、競売入札の公正が害される状態が解消されるまでは、公訴時効は進行しないと解すべきである」とした（東京高判平 17・4・28 刑集 60・10・902）。

第 1 審のように、「現況調査報告書等の書類を入札参加希望者が閲覧できるように備え付けさせた時点」とするのは、被告人らの何らかの現実的な行為にとらわれた見解である。むしろ、第 2 審のように、「偽計又は威力を用いて……公正を害すべき行為」（「犯罪行為」）は、売却手続が続き、公正を害する危険が継続している限り継続していると解すべきである。本罪は、**継続**

犯の一種である。

§238の2　加重封印等破棄等罪

> 報酬を得、又は得させる目的で、人の債務に関して、第96条から前条までの罪を犯した者は、5年以下の懲役若しくは500万円以下の罰金に処し、又はこれを併科する（96条の5）。

　本罪は、96条から96条の4までの犯罪類型の**加重処罰の規定**である。「**報酬を得、又は得させる目的**」をもって、また、「**人の債務に関し**」て、すなわち、他人が強制執行を受ける場合に、これらの犯罪が行われたことを要件として、加重処罰しようとするものであり、暴力団等による職業的な妨害行為を加重処罰して抑止しようとするものである。「報酬」とは、上述の罪を犯すことの対価として供与される財産上の利益をいう。「目的」には、自ら取得することを目的とする「得る目的」の場合と、第三者に取得させることを目的とする「得させる目的」の場合がある。

§238の3　公契約関係競売等妨害罪

> 偽計又は威力を用いて、公の競売又は入札で契約を締結するためのものの公正を害すべき行為をした者は、3年以下の懲役若しくは250万円以下の罰金に処し、又はこれを併科する（96条の6第1項）。
> 2. 公正な価格を害し又は不正な利益を得る目的で、談合した者も、前項と同様とする（同条2項）。

1　本条の趣旨

　本罪は、旧96条の3の「競売等妨害」により処罰される行為のうち、公共契約に係る部分について規定するものである。強制執行に関する妨害行為については、96条の4によって処罰される。したがって、公共工事や公有物の売渡し等に関する競売または入札の公正を阻害する行為を処罰対象とする。本罪の**保護法益**は、**公共工事等の競売または入札の契約締結の公正**である。
　強制執行における売却の場合には、買受人が所定の代金を納付することにより、法律上の効果として売却目的財産の所有権がその買受人に移転する（民事執行法78条、79条参照）。これに対して、公共工事や公有物の売渡し等に

関する競売あるいは入札の場合には、落札者となった者と国・地方公共団体等との間で改めて契約手続を行うことが必要である（会計法29条の3、29条の5、29条の6、地方自治法234条参照）。これによると、競売や入札は、契約相手を選定するための手続であると解されている。そこで、従来の96条の3の要件に「契約を締結するための」という文言を加えて、96条の4の場合と区別しようとしたものである。

2 公の競売・入札

本罪の客体は、「公の競売又は入札で契約を締結するためのもの」である。**公の競売または入札** とは、国または公共団体の実施する競売または入札をいう。公法人であっても、その事務が「公務に該らない団体の実施する競売又は入札」はこれに含まれない（東京高判昭36・3・31高刑集14・2・77）。したがって、健康保険組合の実施する入札は、本罪の公の入札にあたらない。民事執行法にいう競売（売却）、会計法にいう競争入札、予算決算および会計令のせり売り、地方自治法にいう競争入札、地方自治法施行令のせり売り、国税徴収法にいう公売などがその例である。「**競売**」とは、売主が二人以上の者に口頭で買い受け条件の申込みを促し、最高額の申込みをした者に承諾を与え、売買契約を成立させることをいう。「**入札**」とは、物件の購入、工事の請負などの契約の内容について二人以上の者に文書によって契約内容を表示させて競争させ、最も有利な内容を呈示した者と契約を締結する手続をいう。

競売・入札は、適法なものでなければならない。それは、「公の入札が行われたというためには、権限のある機関によって、適法に入札に付すべき旨の決定がなされたことが必要であって」、適法に行われなければならないとされる[33]（最判昭41・9・16刑集20・7・790）。しかし、差押えないし競売手続において多数の瑕疵があるとしても、いまだ競売手続が不存在ないし当然無効であるとは解しがたい場合、当然に手続が無効となるわけではない（東京高判昭46・11・15高刑集24・4・685）。

---

[33] 本判決では、「公の入札の存在するものと認め得るには国または公共団体の正当な権限を有する機関によって適法に競争入札に附すべき旨の決定のなされたことを必要とし、且つそれを以て足るものと解される」とするが、「本件では原判示のように入札書が関係部局に提出され、その最高額の入札書の名義人がその価格で落札した旨の開札結果調書が担当吏員によって作成され決裁を経ている事実はいずれも認められるけれども、これらの書面はあたかも真に指名競争入札が行なわれたもののように作為するだけのために作成あるいは提出されたものにすぎず、現実にはなんら入札と目すべき行為が行なわれなかった」として、無罪を言渡した原判決を支持した。

3　公正を害すべき行為

　偽計または威力を用いて公の競売・入札で契約を締結するためのものの公正を害すべき行為をすることである。旧規定（96条の3）では、「公の競売又は入札」を妨害する行為が処罰されたが、改正後の本条では、対象となる手続は、「競売又は入札で契約を締結するためのもの」の手続に限定された。公共契約に関する妨害行為のみが本条の対象であって、強制執行における公の競売又は入札は、96条の4によって処罰される。「偽計」を用いるとは、人の判断を誤らせる術策を用いることをいう。偽計にあたる例としては、小学校の改築工事が敷札による競争入札において敷札に最も近い入札者を落札者とすることとされたとき、敷札額を特定の入札予定者に内報する行為（最決昭37・2・9刑集16・2・54）がある。「威力」を用いるとは、人の意思の自由を制圧するような力を用いることをいう。したがって、暴行・脅迫によるほか、職権を濫用する場合、地位・権勢を利用して相手方を制圧する場合をも含む。威力を用いたとされた事案として、入札場から出てくる弁護士と落札者を取り囲み、語気強く申し向け、入札の取り下げを求める行為（京都地判昭58・8・1判時1110・44）、地方公共団体が行う指名競争入札に際し、談合に応じなければ身体等に危害を加えかねない気勢を示して脅迫した行為（最決昭58・5・9刑集37・4・401）がある。

　「公正を害すべき行為」とは、公の競売・入札に不当な影響を及ぼしうる行為をいう。[34]談合も公正を害すべき行為であるが、談合罪（2項）との関係で本罪の行為には含まれない。[35]公の競売または入札の公正を害すべき行為が行われれば既遂である（抽象的危険犯）。現実に公の競売・入札の公正が害されたことを要しない。

§238の4　談合罪

1　趣　旨

　本罪（96条の6第2項）は、旧96条の3第2項の規定を受け継ぎ、公の競売または入札における不正な談合行為を処罰する規定である。本罪は、昭和

---

[34] 橋爪隆「競売入札妨害罪における『公正を害すべき行為』の意義」神戸法学雑誌49巻4号（2000年）39頁以下参照。
[35] 威力を用いて談合に応じるよう要求したとき、判例は、本罪の成立を認める（前掲最決昭58・5・9、反対＝大塚582頁）。

16年の刑法の一部改正によって新設された。本罪は、立法当時の政府案では、「偽計若くは威力を用ひ又は談合に依り公の競売又は入札の公正を害すべき行為を為したる者は2年以下の懲役又は5千円以下の罰金に処す」というものであり、競売等妨害罪と談合罪は統合されたものとして規定されようとした。しかし、すべての談合が違法ではなく、正当な談合もありえ、談合行為が広く処罰されすぎることになるから、新たに2項において、目的犯として限定・修正されて規定されることになったのである[36]。

本罪は、**目的犯**として入札協定の段階で処罰するものであり、公の競売・入札の公正に対する**抽象的危険犯**である（大谷575頁）。談合の典型的形態は、競売または入札参加者が通謀して、落札予定者と落札価格を決め、ある特定の者に落札させるものであるが、他の参加者にはその代償として談合金が支払われまたはその支払いが約束されるといった形のものと、談合金の分配のない形のものがある。

本罪は、複数の者の関与を予定するものであるから、必要的共犯の一種である集団犯である（西田432頁）。

2 目 的

「公正な価格を害する目的」または「不正な利益を得る目的」をもって行われることが必要である。問題は、「**公正な価格**」の意義である[37]。

最高裁は、「いわゆる『公正ナル価格』とは入札なる観念を離れて客観的に測定せらるべき公正価格の意ではなく、当該入札において、公正な自由競争によって形成せられたであろう落札価格の謂に外ならない」とした（最決昭28・12・10刑集7・12・2418）。その後、最高裁は、「『当該入札において公正な自由競争により最も有利な条件を有する者が実費に適正な利潤を加算した額で落札すべかりし価格』である旨の見解は、右当裁判所の判例の是認しないところであって既に……変更されているものといわなければならない」とし、この見解を追認した（最判昭32・7・19刑集11・7・1966）。すなわち、「公正な価格」とは、客観的に相場とみられる価格ではなく、また、実費に適正な利潤を加算した価格でもなく、談合がなかったならば成立していたであろう競落・落札価格をいうものとするのである。最高裁の立場は、公正な価格

---

[36] 談合罪については、西田典之「談合罪についての覚書」松尾古稀429頁以下参照。
[37] これについては、野村稔「談合罪の『公正な価格』の意義」争点244頁、西田・前掲松尾古稀（上）443頁以下参照。

は、入札者の採算とは無関係であって、適正な利潤等を考慮する必要はないものとする。これは、**競争価格説**と呼ばれる立場である（大谷576頁、西田434頁）。これに対して、実費に適正な利潤を加算した価格とするのが、**適正利潤価格説**である（大塚584頁、中山518頁、中森307頁）。学説にはその他、**客観的に公正な価格とする立場**（小野・概論220頁）、平均的な市場価格とする立場（植松35頁以下）などもある。談合については、「わが国では、広く行われている慣行である」とし、入札を完全な自由競争にゆだねることは共倒れを招いたり、不当に廉価で落札したため手抜き工事が行われるなどの弊害を避けえないことから、「競売人・入札者が、事前に、適正な最高価格または最低価格を協定することは許されるべきであろう」（大塚583頁参照）とする見方が支配的である。しかし、実費に適正な利潤を加算した落札価格の範囲内で談合した場合に、公正な価格を害する目的がないから、本罪を構成しない（東京高判昭28・7・20判特39・37、大阪高判昭29・5・29判特28・133等）とされるが、その場合の「適正利潤」の内容が不明確である。公正な自由競争を前提とする入札制度の趣旨からは、競争価格説が妥当であると思われる。

　公正な価格を害する目的とは、このような価格を、競売の場合には引き下げ、または、入札の場合には引き上げる目的をいう。「**不正の利益**」とは、談合によって得るその他の経済的利益をいう。競落者・落札者にとってはその契約上の不当な利益であり、他の競売・入札参加者にとっては、不当な談合金である（福岡高判昭42・6・13下刑集9・6・764）。しかし、談合によって得られる利益が「社会通念上いわゆる祝儀の程度を越え、不当に高額である場合」に限られるとされる（最判昭32・1・22刑集11・1・50）。しかし、不当に高額かどうかは問題ではなく、「祝儀の程度」とはこのような対価性のない車代、日当、弁当代などをいうと解する見解（西田435頁）が妥当である。

　公正な価格を害する目的と不正の利益を得る目的とは、併存する場合が多いが、別個に成立しうる（仙台高秋田支判昭29・9・7裁特1・6・221）。

3　行　為

　談合することである。「**談合**」とは、競売人・入札者が互いに通謀して特定の者を競落者・落札者とするために、一定の価格以下または以上で入札または付け値しないことを協定することをいう（大判昭19・4・28刑集23・97）。競売人・入札者の全員が談合に加わる必要はない。入札・競売に不当な影響を及ぼしその公正を害するような協定をなしうるかぎりで、一部の競売人・

入札者によって行われたときも、本罪の談合である（最判昭32・12・13刑集11・13・3207）。自ら競売または入札を希望しない者も本罪の主体となりうる（最決昭39・10・13刑集18・8・507）。ただし、その場合には自己と特別な関係にある者が競売・入札を希望しており、これに何らかの**影響を及ぼしうる地位**にある者[38]であることが必要である（大谷577頁）。自由取引による談合に限られるから、偽計・威力を用いた場合には、競売入札妨害罪が成立する（前掲最決昭58・5・9）。

　本罪は、談合が行われれば**既遂**である。談合の結果、その協定に従って行動することを要しない（前掲最決昭28・12・10）。また、入札が行われる必要もない。さらに、公正な価格が害され、不当の利益が得られたことを要しない。その意味で、本罪は、**抽象的危険犯**である（大塚585頁、大谷576頁、河上＝久木元・大コンメ6巻221頁）。公正な価格を害する目的での談合罪は、公正な価格を害する具体的危険の発生を必要とするが、後者の談合罪は、入札の公正を害する抽象的危険犯であるとするのが判例の見解（前掲最判昭32・1・22、福岡高判昭29・11・30高刑集7・10・1610）、および、既遂に達するには、協定だけでは足りず、入札を必要とするという見解からは、いずれも**具体的危険犯であるという見解**（江家30頁）も唱えられているが妥当ではない。

---

[38] 福岡高判昭37・7・24高刑集15・5・397参照。

第3節　逃走の罪

§239　総　説

　逃走の罪は、国家の拘禁作用を保護法益とする。刑事司法手続における拘禁作用が中心となるが、必ずしも刑事司法に関する拘禁作用に限らない（通説）。拘禁は適法なものであることを要する。被拘禁者が自ら逃走する行為と他の者が被拘禁者を逃走させる行為とが処罰される。

　立法例としては、被拘禁者自身の逃走は、期待可能性が乏しいので、とくに重大な態様のものに限って処罰し、単純逃走を処罰しないものもある（ドイツ刑法）。しかし、わが刑法は、単純逃走罪も処罰している。自ら逃走する行為を処罰する規定として、単純逃走罪（97条）および加重逃走罪（98条）を定め、他人が被拘禁者を逃走させる犯罪として、被拘禁者奪取罪（99条）、逃走援助罪（100条）および看守者等による逃走援助罪（101条）を置く。

§240　単純逃走罪

> 　裁判の執行により拘禁された既決又は未決の者が逃走したときは、1年以下の懲役に処する（97条）。未遂は、罰する（102条）。

1　主　体

　「**裁判の執行により拘禁された既決又は未決の者**」である[1]（真正身分犯）。裁判の執行により拘禁された既決の者とは、確定判決を受け、自由刑（懲役・禁錮・拘留）の執行として刑事施設法にいう刑事施設に拘禁されている者、または死刑の執行に至るまで拘置されている者（11条2項）をいう。換刑処分として労役場に留置されている者（18条）もこれにあたる。しかし、少年院は、刑事施設ではないから、保護処分として少年院に収容されている者は含まれない（西田451頁）。裁判の執行により拘禁された未決の者とは、裁判の

---

[1] 本罪が「自手犯」であるかどうかについて争いがある。自手犯とする見解（植松392頁、柏木・総論132頁）は、自ら逃走行為をする必要があり間接正犯の形態では実行しえないことを理由とする。これに対して、自手犯性を否定する見解（大塚・全集下615頁）は、他人を強制してその運転する自動車に乗って逃走する場合のように、間接正犯も認められるから、自手犯ではないとする。被拘禁者が情を知らない被拘禁者を逃走させることも可能であるという見解（内田・総論294頁）もある。

確定前に刑事手続によって、被疑者（刑訴207条）または被告人（同60条以下）として勾留状により拘置所または代用刑事施設に拘禁されている者をいう（札幌高判昭28・7・9高刑集6・7・874）。鑑定留置（刑訴167条、224条）を受けている者も含む（仙台高判昭33・9・24高刑集11追録1）。逮捕状の執行により留置された者、現行犯人として逮捕された者は、「裁判の執行により拘禁された」のではないから、これにあたらない。平成7年の改正以前は、本罪の主体は、「既決又は未決の囚人」とされていたので、逮捕された者を含むと解釈する（平野283頁）余地があったが、改正により「裁判の執行により」と限定されたので、これを含まないと解釈されるべきことになった。「拘禁された」者でなければならないから、仮釈放中の者、刑の執行停止中の者、保釈中の者、勾留状または収容状の執行を受け刑事施設に引致される途中の者などは本罪の主体にはならない（大谷594頁、前田627頁、山口566頁）。いったん収容された者が移監や出廷のため護送中の者または構外作業に従事している者も本罪の主体である。拘禁は、適法なものであることを要する。

2 行 為

「逃走」することである。**逃走**とは、被拘禁者自身がその拘禁を離脱することをいう。逃走の手段・方法を問わない。**不作為による逃走**がありうるかについては、肯定説（大塚・全集下616頁）と否定説（草野194頁）がある。

拘禁から離脱する行為、すなわち拘禁作用の侵害の開始があれば実行の着手がある。逃走の開始は、例えば、刑務所の塀をよじ登ろうとしたとき、居房の扉を開ける行為を開始したときにある。本罪の**未遂**は罰せられるので、実行の着手時点の確定は重要である。拘禁から離脱したとき、すなわち看守者の実力支配を脱したときに既遂となる。居房から脱出しても、いまだ刑事施設の構内にいる場合には、実力支配を脱してはいないので、未遂にとどまる（広島高判昭25・10・27高裁特14・128）。刑事施設の外壁を乗り越えたときは、既遂である。引き続き看守による追跡を受けている場合には、いまだ実力支配を脱していないという見解（団藤74頁、大塚586頁、大谷595頁、前田628頁、山口567頁）が有力である。しかし、いったん完全に姿を見失うなど実力支配を脱したという場合には既遂である。判例には、裁判所構内の便所に行った際逃走しようと企て、手錠をはめたまま逃げ出したが、巡査がすぐに追跡し、一、二度その姿を見失ったが通行人等の指示により追いかけ、約600メートル離れた場所で逮捕したとき、未遂にすぎないとしたものがある（福

岡高判昭29・1・12高刑集7・1・1)。本罪は状態犯であり、継続犯ではないから、既遂に至れば終了する。地震、火災その他の災害に際し、留置施設から解放された者が避難を必要とする状況がなくなった後速やかに、刑事施設又は刑事施設の長ないし留置施設又は留置業務管理者が指定した場所に出頭し(刑事施設法83条3項、215条3項)ないときは、本罪により処罰される。

§241 加重逃走罪

> 前条に規定する者又は勾引状の執行を受けた者が拘禁場若しくは拘束のための器具を損壊し、暴行若しくは脅迫をし、又は二人以上通謀して、逃走したときは、3月以上5年以下の懲役に処する(98条)。未遂は、罰する(102条)。

1 主 体

前条の主体に、「勾引状の執行を受けた者」が加えられている(真正身分犯)。「勾引状の執行を受けた者」の意義については、刑事訴訟法の規定により勾引された被告人または証人に限定すべきであるとする見解(西原405頁)もあるが、広く一定の場所に拘禁することを許す令状の執行を受けた者と解すのが通説(大谷595頁)である。勾引状と区別して、逮捕状、収容状・勾留状を「勾引状に準ずるもの」と解する見解も主張されている(団藤74頁、大塚587頁、東京高判昭33・7・19高刑集11・6・347)。勾引状に含まれるものには、勾引状(刑訴152条、民訴194条)、引致状(更生63条)がある。これに準ずる勾引状には、勾留状、収容状、逮捕状がある。したがって、被告人のほか、証人(民訴194条、刑訴152条)、身体検査の対象者(刑訴135条)、逮捕状によって逮捕された被疑者、収容状、勾留状の執行を受けたが収容されていない者を含む。これに対して、勾引状に、逮捕状等が含まれ、または準ずると解釈することに疑問を呈し、類推解釈ではないかという見解もある(山口569頁以下)。現行犯人として令状なしに逮捕された者、緊急逮捕されて逮捕状が発付される前の者は、勾引状の執行を受けた者ではないので、含まれない(大塚587頁、大谷595頁以下)。

2 行 為

本罪の行為には、三つのものがある。①**拘留場または拘束のための器具を損壊すること**、②**暴行・脅迫**、③**二人以上通謀すること**、である。「拘留場」とは、刑事施設、警察の留置場、その他の拘禁の用に供せられる場所をいう。

「拘束のための器具」とは、手錠、捕縄などの身体を拘束する器具をいう。「損壊」するとは、物理的に毀損することをいう。本罪では、財産的価値の喪失ではなく、逃走の手段の重大性が問題だから、効用減損は意味をもたないというべきである。護送中の者が手錠および捕縄を損壊することなしに外し、手錠を車外に投棄したとき、損壊にはあたらない（広島高判昭31・12・25高刑集9・12・1336）。「暴行」「脅迫」は、逃走の手段として看守者または看守者に協力する者に対してなされることを要する。第三者に対する暴行・脅迫でも、物に対する暴行でも、看守者らの身体に物理的に強い影響を与えうる者であれば足りる。「二人以上通謀して」とは、二人以上の本罪の主体が逃走するために、その時期や方法について意思の連絡をすることをいう。この場合は、必要的共犯となる。「二人以上通謀して逃走する」ことが必要であるから、通謀者がともに逃走することが必要である。通謀のうえ、一人だけが逃走したとき、または、外部の者と通謀して逃走したとき、逃走者には単純逃走罪が成立し、通謀者には逃走援助罪が成立する。

　本罪の着手時期は、各行為類型ごとに異なる。第1類型たる拘禁場等の損壊を手段とする場合には、逃走を目的として「損壊」行為を開始した時点であるとするのが判例である（最判昭54・12・25刑集33・7・1105）。その判例は、「刑法98条のいわゆる加重逃走罪のうち拘禁場又は械具の損壊によるものに

---

[2] これに対して、効用減却行為も含むとし、手錠を外して投棄した場合も、損壊にあたるとする見解（植松40頁）や、合鍵を使って逃走する行為も本罪にあたるとする見解（草野195頁）もある。

[3] したがって、単純逃走罪にとどまる。

[4] したがって、たんに看守者に対して反抗するために暴行を加えても本罪は成立しない。

[5] 判例には、「犯人各自が相互に逃亡する意思あることを認識し、その結果を惹起するをもって足るものと解すべきであり、従って、特に犯人間において、必ずしも、あらかじめ謀議の事実あることを要するものではない。なお、その意思の連絡ある以上、犯人のすべてが、自らの手で直接犯罪の遂行に必要な準備工作をすることも必要としない」としたものがある（福岡高宮崎支判昭24・11・28高刑特1・297）。

[6] 事案は、被告人ほか3名が、いずれも未決の者として松戸拘置支所第3舎第31房に収容されていたところ、共謀のうえ、逃走の目的をもって、右第31房の一隅にある便所の外部中庭側が下見板張りで内側がモルタル塗りの木造の房壁（厚さ約14.2センチメートル）に設置されている換気孔（縦横各約13センチメートルで、パンチングメタルが張られている）の周辺のモルタル部分（厚さ約1.2センチメートル）3か所を、ドライバー状に研いだ鉄製の蝶番の芯棒で、最大幅約5センチメートル、最長約13センチメートルにわたって削り取り損壊したが、右房壁の芯部に木の間柱があったため、脱出可能な穴を開けることができず、逃走の目的を遂げなかったというものである。

ついては、逃走の手段としての損壊が開始されたときには、逃走行為自体に着手した事実がなくとも、右加重逃走罪の実行の着手があるものと解するのが相当である」という。この見解は、本罪が結合犯であることを根拠に、逃走行為に着手したことは必要ではないとするものである（反対＝香川64頁）。しかし、拘禁場の一部を損壊しただけで直ちに未遂とはならず、具体的な脱出の可能性を生じなければ、建造物損壊罪にとどまると解されるのであり（佐賀地判昭35・6・27下刑集2・5＝6・938、西田453頁）、少なくとも、具体的な逃走可能性のある損壊行為の開始を必要と解すべきであろう。第2類型たる暴行・脅迫による場合には、手段としての暴行・脅迫が開始されたときが着手時期である（東京高判昭54・4・24刑月11・4・303）。第3類型の「通謀して、逃走する」行為の場合には、二人以上の者が、ともに逃走を開始することが必要である。既遂時期は、通謀逃走者の各人ごとに決定される。

3 共 犯

通謀逃走罪は、必要的共犯であるから、ともに逃走した者相互間には総則の共犯規定の適用はない。ともに逃走した者以外の者が、例えば、三人の者が通謀したが、一人が逃走しなかったとき、または外部の者が通謀逃走罪を教唆ないし幇助した場合、総則の共犯規定の適用があるか。否定説が通説（所・注釈3巻105頁）であり、判例の中にも否定するものがある[7]（前掲佐賀地判昭35・6・27）。

§242 被拘禁者奪取罪

法令により拘禁された者を奪取した者は、3月以上5年以下の懲役に処する（99条）。未遂は、罰する（102条）。

1 客 体

「**法令により拘禁された者**」である。法令により拘禁された者であればすべてを含むのであるから、逃走罪・加重逃走罪よりもなお広くなっている。したがって、広く、法令を根拠にして身体の自由を拘束された被拘禁者を意味する。「法令」は、刑事司法のための法令に限定されない（反対＝柏木96頁、香

---

[7] その判例は、三人の通謀者のうち、二人は逃走を遂げたが、第三人目の者は逃走に着手したが遂げなかった場合につき、「その者については加重逃走の未遂罪が成立するに止まり、逃走の着手もしていない場合には、右の未遂罪も成立しない」。「共犯形式による逃走については右の刑法第98条、第100条に特別の規定が置かれているのであって、これはとりもなおさず、刑法総則の共犯規定—従ってその一である刑法60条—の適用はこれを排除する趣旨である」という。

川 68 頁) が、司法に関する法令に限定されるであろう[8]。したがって、裁判の執行により拘禁された既決または未決の者のほか、勾引状、逮捕状、勾留状、収容状、引致状の執行を受けた者、さらに現行犯逮捕や緊急逮捕により逮捕・留置された者、出入国管理及び難民認定法による被収容者 (同法 39 条)、逃亡犯罪人引渡法により拘禁された者 (同法 5 条)、法廷等の秩序維持に関する法律により監置された者 (同法 2 条)、なども含まれる。**少年法により少年院や少年鑑別所に収容されている者** (同法 24 条、17 条、43 条) については、学説が対立している。**肯定説** (団藤 76 頁、大塚 589 頁、大谷 597 頁、前田 629 頁、山口 572 頁) と **否定説** (平野 287 頁、中 281 頁、中山 523 頁、中森 256 頁、曽根 299 頁、西田 454 頁) の対立の原因は、少年院ないし少年鑑別所 (少年法 17 条 1 項 2 号) に収容された者をどのように評価するかの点である。肯定説は、国家の拘禁作用を侵害する点では刑罰的性質を有するか、保護的性質を有するかには本質的な相違はないとし、否定説は、保護処分としての拘禁は本質的に拘禁ではなく、また在院者が逃走したときは連れ戻すことができる旨 (少院 14 条) を規定するにとどまり、「逮捕」といった言葉を用いていないことを根拠にする。下級審の判例には、肯定説に立つものがある[9] (福岡高宮崎支判昭 30・6・24 高裁特 2・12・628)。少年法による保護処分も、司法に関する国権の作用の一種であり、肯定説が妥当である。これに対して、司法に関する法令にもとづかない拘禁はこれに含まれない。例えば、児童福祉法による児童自立支援施設に入所中の児童 (同法 44 条)、精神保健法により入院措置ないし仮入院に付された者 (同法 29 条、29 条の 2、34 条)、警察官職務執行法により保護された者 (同法 3 条) などがそうである。

2 行 為

「**奪取**」することである。「**奪取**」とは、被拘禁者を自己または第三者の実力的支配下に移すことをいうというのが**通説**である (大塚 589 頁、大谷 597 頁、

---

[8] 「刑事司法手続における拘禁に類似した拘禁の対象者に客体を限定すべきである」とするものとして、山口 571 頁参照。
[9] その判例においては、「元来、刑法第 100 条は、司法に関する国権の作用を妨害するものを処罰する趣旨の規定であるところ、少年院に保護処分として送致収容された者が逃走したときは、よしんば、逮捕等の言葉を使用せず所論のように、少年院法第 14 条に連れ戻し得る旨の規定があるとしても、なお、その収容は、前顕示するように、実質的には、司法に関する国権の作用による強制収用であるから、その収容者は、刑法第 100 条に、いわゆる法令により拘禁された者で、本罪の対象たり得るものと解するのが相当である」とされる。

前田 629 頁)。しかし、たんに被拘禁者を支配から離脱させる行為で足りるとする見解（平野 284 頁、中森 256 頁、西田 454 頁、林 473 頁、山口 572 頁）も**有力**である。通説によれば、たんに離脱させるときは、逃走援助罪（100条）にあたるとするが、逃走援助は、たんに逃走を容易にすべき行為をすることが行為類型であるのに対して、奪取罪は、行為者が身柄を支配下において拘禁を離脱させる点が典型的行為類型である。したがって、離脱させる態様により、逃走援助と奪取とが区別されるべきである。有力説が妥当である。奪取の手段は問わない。暴行・脅迫、欺罔等いずれでもよく、看守の隙をつく場合でもよい。承諾の有無をも問わない。

本罪の着手時期は、拘禁から離脱させる行為に着手したときである。被拘禁者を奪取する目的で暴行・脅迫を加えたが、目的を遂げなかった場合、本罪の未遂である[10]。通説によれば、自己または第三者の実力支配下に置いたとき既遂となる。有力説によれば、拘禁の実力支配から脱したときに既遂となる。

3 共犯

被拘禁者が第三者を**教唆して自己を奪取**させたとき、被拘禁者に本罪の教唆犯が成立するかについては、被拘禁者には、逃走または加重逃走の正犯が成立し、本罪の教唆は成立しないと解すべきである。

§243 逃走援助罪

> 法令により拘禁された者を逃走させる目的で、器具を提供し、その他逃走を容易にすべき行為をした者は、3年以下の懲役に処する（100条1項）。
> 前項の目的で、暴行又は脅迫をした者は、3月以上5年以下の懲役に処する（同条2項）。
> 未遂は、罰する（102条）。

1 意義

本罪は、逃走罪の教唆行為ないし幇助行為を独立に処罰しようとしたもの[11]

---

[10] この場合、本罪の未遂を認めると、次条2項の場合よりも刑が軽くなるのは問題であるとして、次条2項の逃走援助罪の既遂を認める見解（植松 43 頁）があるが、妥当ではない。量刑上考慮すれば足りる。

[11] 「逃走を容易にすべき行為」に逃走教唆が含まれるかどうかには、文言上、疑義がないわけではない（山口 574 頁）。

である。被拘禁者が逃走する行為は期待可能性が低いが、拘禁者を逃走させる行為は、たんに被拘禁者の逃走に関与する点に本質があるのではなく、それ自体が正犯としての当罰性をもつ行為であり期待可能性の減少は認められないから、教唆・幇助としてではなく独立の犯罪類型として規定し重く処罰することとされたのである。したがって、原則として、被拘禁者に逃走罪が成立する場合にも、それを援助する行為には本罪が成立するのであって、逃走罪に対する総則の幇助罪が成立するのではない（西田 455 頁）。ただし、加重逃走罪の教唆は、逃走援助罪の法定刑よりも重いから、加重逃走罪の教唆が成立する（山口 573 頁）。また、被拘禁者に逃走罪が成立しない場合でも、逃走援助罪は独立して処罰される。逃走援助の対象となる者は、逃走罪・加重逃走罪の主体よりも広いからである。

被拘禁者自身に逃走援助罪の共犯が成立するか。被拘禁者自身に逃走罪等が成立するときは、それらの罪によって処罰され、逃走罪等が成立しないときは、本罪の共犯としても処罰されないというのが、一般である。被拘禁者には、逃走罪等が成立し、援助罪よりも軽く処罰することが予定されているから、逃走援助罪の共犯を排除しているとみるべきである（柳＝川原・大コンメ 6 巻 278 頁以下）。

2 行 為

「法令により拘禁された者」を逃走させる目的で、①器具を提供し、②その他逃走を容易にすべき行為をすること（1 項）、または、③暴行・脅迫をすることである（2 項）。本罪は、法令により拘禁された者を逃走させる目的でなされなければならない（目的犯）。**「法令により拘禁された者」**の意義は、被拘禁者奪取罪におけると同様である。②逃走を容易にすべき行為とは、手錠を外すなどの行為のほか、逃走の経路、警備状況などを教示するなど言語による場合をも含むが、①「器具を提供」するのはその例示である。前述のように、逃走を教唆する場合をも含む。[12]「器具」とは、逃走に役立つ道具をいう。金鋸、繩梯子、針金などがそうである。③暴行・脅迫は、被拘禁者の逃走を容易にする程度のものであることが必要である。暴行・脅迫は必ずしも

---

[12] 判例には、逮捕された者に対し、積極的に逃走を勧め逃走心を強固にするとともに、警察職員の注意を自己に向けて逃走の機会を与えたとして、本罪を認めたものがある（名古屋高金沢支判昭 45・4・14 高検速報 45・476）。

看守者に向けられたものでなくてもよい。暴行・脅迫を用いた場合には、刑が加重されている。

着手時期は、逃走を容易にすべき行為を開始したときである。被拘禁者自身が逃走行為に着手する必要はない。既遂時期は、その行為が終了したときである。逃走に着手すること、逃走が既遂に至ったことを要しない。暴行・脅迫の場合には、それが行われれば既遂である。したがって、未遂の場合はほとんど発生しえない。

3　他罪との関係

逃走させる目的で被拘禁者を暴行・脅迫を用いて奪取すれば、被拘禁者奪取罪と本罪との観念的競合であるか、本罪が被拘禁者奪取罪に吸収されるかについては説が分かれている。被拘禁者を奪取する目的で暴行・脅迫を行ったが奪取に至らなかった場合については、本罪の既遂が成立するか、被拘禁者奪取罪の未遂が成立するかについては、前述の通り、後説が妥当である。

§244　看守者等逃走援助罪

法令により拘禁された者を看守し又は護送する者がその拘禁された者を逃走させたときは、1年以上10年以下の懲役に処する（101条）。未遂は、罰する（102条）。

1　主　体

法令により拘禁された者を看守する者または護送する者である。本罪の身分が真正身分犯を意味するのか、不真正身分犯を意味するのかは、本罪の本質をどのようにみるかにかかる。本罪を逃走援助罪の加重類型であるとみる立場からは、不真正身分犯とされる。これに対して、行為態様の差に着目して、**真正身分犯**とする立場が、むしろ通説である（大谷599頁、西田455頁、山口575頁）。本罪が職務違反に着目して重く処罰する規定であることからすると、通説が妥当である。身分は行為の当時存在すれば足り、逃走は、看守・護送の任務解除後に生じても本罪は成立する（大判大2・5・22刑録19・626）。看守者・護送者は、公務員でなくてもよいが、法令にもとづき任務についている者であることを要するというのが通説（団藤78頁、大谷599頁、中森258頁、山口575頁）である。これに対して、法定刑の重さからみて公務員に限られると解する見解もある（藤木38頁、西田455頁）。この見解は、本来、拘禁作用を司るべき者によって行われるがゆえに法益侵害の可能性も高く、ま

た、公務の適正な執行に対する国民の信頼という法益侵害を伴うという点から、根拠づけられている。法令にもとづいて任務についている者についても、職務違反の点では同様に扱われてよいと思われるので、通説が妥当である。

2 行 為

「**逃走**」させることである。被拘禁者の逃走を惹起し、またはこれを容易にする一切の行為をいう（通説）。被拘禁者が逃走するのをあえて見逃すような不作為による場合も含まれる。これに対して、被拘禁者を積極的に解放するか、その逃走を黙認する行為に限定されるとする見解も有力である（平野284頁、西田456頁）。

着手時期は、逃走させる行為の開始時点である。現実に逃走したときに**既遂**となる。

3 共 犯

本罪は、逃走の幇助行為を独立の犯罪としたものである。したがって、被拘禁者が本罪の教唆行為を行っても、本罪については、総則の共犯規定の適用は排除される。教唆した被拘禁者が逃走したときは、逃走罪の主体となりうる限りで、逃走罪（97条、98条）として処罰され、本罪の共犯とはならない。第三者が、看守者に加功したときは、真正身分犯とする見解に立って、共犯と身分に関する理論の通説によると、65条1項の適用があることになるが、この点は、共犯理論によって見解が分かれる。私見では、真正身分犯について共同正犯は成立しえない。

第4節　犯人蔵匿および証拠隠滅の罪

§245　総　説

　犯人蔵匿および証拠隠滅の罪は、犯罪捜査、刑事裁判、刑の執行などの国家の **刑事司法作用** を保護法益とする犯罪である（大判大4・12・16刑録21・2103、最判昭24・8・9刑集3・9・1440 = **百選120**、最決平元・5・1刑集43・5・405 = **百選125**）。それに属する犯罪類型として、犯人蔵匿罪（103条）、証拠隠滅罪（104条）、それに証人等威迫罪[2]（105条の2）がある。**犯人蔵匿罪** は、犯人の発見、身柄の拘束・確保を妨げ、刑事の裁判または刑の執行を免れさせる犯罪である。犯人蔵匿・証拠隠滅罪は、沿革的には、犯人を庇護する罪であって、本犯に対する事後共犯的な犯罪として取り扱われたものである。今日では、共犯ではなく独立罪として規定され、刑事司法作用の侵害に本質があると解される。**証拠隠滅罪** は、刑法の現代用語化以前は、証憑湮滅罪と呼ばれたが、他人の刑事事件に関する適正な証拠の利用を妨げる犯罪である。いずれも犯人の庇護のために行われることが多いが、刑事司法作用を侵害する限り、犯人の利益のために行われることは要件とはされていない。たんに無実の者に対して嫌疑をかけるために行われた場合でも、これらの規定は適用されうる。**証人等威迫罪** は、刑事事件の証人などが犯人側から加えられるいわゆるお礼参りを抑止しようとして、昭和33年の刑法の一部改正（法107号）の際に新設された規定である。保護法益は、刑事司法の適正・円滑な運用であるが、それとともに、刑事事件の証人、参考人それらの者の親族らの私生活の平穏をも含む。

§246　犯人蔵匿罪

> 罰金以上の刑に当たる罪を犯した者又は拘禁中に逃走した者を蔵匿し、又は隠避させた者は、2年以下の懲役又は20万円以下の罰金に処する（103条）。

---

[1] 犯人蔵匿罪および証拠隠滅罪の特別罪として、爆発物取締罰則9条、人身保護法26条前段、日本国とアメリカ合衆国との間の相互協力及び安全保障条約第6条に基づく施設及び区域並びに日本国における合衆国軍隊の地位に関する協定の実施に伴う刑事特別法3条がある。

[2] 証人等威迫罪の特別罪として、暴力行為等処罰に関する法律2条、議院における証人の宣誓及び証言等に関する法律9条がある。

1 客体

罰金以上の罪にあたる罪を犯した者または拘禁中に逃走した者である。「**罰金以上の刑に当たる罪**」とは、法定刑に罰金以上の刑が含まれている犯罪をいう。したがって、拘留・科料のみが法定刑となっている犯罪（例：侮辱罪・軽犯罪法違反）のみが除かれる。「**罪を犯した者**」**の意義**については、①真犯人に限るという説（団藤81頁、福田27頁、中山526頁、大谷601頁、曽根289頁、林460頁、山口578頁〔最低限③説とする〕）、②犯罪の嫌疑を受けて捜査または訴追されている者を含むという説（藤木212頁、西原400頁、中森314頁、西田458頁、大判大12・5・9刑集2・401、前掲最判昭24・8・9＝**百選120**）、③客観的・合理的に真犯人であると強く疑われる者とする説（大塚593頁、前田634頁）が対立している。**第1説**は、真犯人でない者を蔵匿する行為は、その違法性が極めて弱く、期待可能性も低い点で責任も軽いことを根拠にする。しかし、本説によれば、行為時に真犯人かどうかの判断につき、実際上の大きな困難を伴う。軽率に真犯人でないと信じた者について故意を認定できず、捜査・審判に著しい妨害を与えた者をも不可罰とせざるをえないという問題を生じる。さらに、被疑者・被告人の蔵匿・隠避に成功した場合、その真犯人性を立証することは不可能になり、また、本罪の審理過程において真犯人であることを認定するのも、その正確性に限度があり、さらに、被蔵匿者が裁判で無罪となれば再審事由となることを認めざるをえないとされる（西田458頁参照）。そこで、判例は、**第2説**をとり、「犯罪の嫌疑によって捜査中の者をも含むと解釈しなくては、立法の目的を達し得ない」とする（前掲最判昭24・8・9）。しかし、犯罪の嫌疑を受け捜査・訴追を受けている者を含むとすると、明らかに真犯人でない者を匿った者にも本罪の成立が認められ、国家の司法作用を過当に保護することになる（大塚593頁参照）。**第3説**は、この難点を回避するために、行為時に立てば、客観的に真犯人と疑われて当然の者に限定しようとする折衷説である。しかし、本説も、その判断基準が不明確であると批判されている。

このような各説の難点を克服するためには、本罪の客体を真犯人であるとしつつ、捜査機関によって合理的な嫌疑をかけられている者は、真犯人であると推定されて挙証負担が転換されており、被告人が反証を挙げない限り真犯人と確定されるとみなす見解が有効である。故意の対象は、推定された真犯人であるという事実であるから、真犯人でないと信じていても、嫌疑を受

けているという事実を認識していれば故意は阻却されない。しかし、真犯人でないことが証明されれば、客観的構成要件該当性がなく、犯人蔵匿罪は成立しない。このようにして、「**事後的に反証が挙げられなかった真犯人**」が本罪の客体であり、故意は、「**合理的な嫌疑をかけられていて、推定された真犯人であるという事実の認識**」である。このような考え方を、④「**推定真犯人説**」と称することにする。

真に罰金刑以上の刑にあたる犯罪を行ったと推定される者であれば、捜査の開始前であると（最判昭28・10・2刑集7・10・1879）、捜査中であると、逮捕勾留中であると（前掲最決平元・5・1）、公判において審理中であると、さらには確定判決を受けた後であるとを問わず、本罪の客体になりうる（前掲大判大4・12・16）。ただし、親告罪についての告訴権の消滅、時効の完成、刑の廃止、恩赦などによって訴追または処罰を受ける可能性のなくなった者は、本罪の客体にならない（団藤82頁、大塚594頁、大谷602頁）。不起訴処分を受けた者についても、訴追・処罰の可能性がなくなったわけではないので、本罪の客体となると解される（東京高判昭37・4・18高刑集15・3・186）。「罪を犯した者」には教唆者、幇助者、予備・陰謀罪の犯人も含まれる。

「罪を犯した者」には「死者」を含むかについては、真犯人の身代わり犯人として名乗り出たが、そのときすでに真犯人が死亡していたという事案につき、死者であっても、無罪となりまたは免訴の確定判決を得た者など法律上訴追または処罰を受ける可能性が完全になくなっている者とは異なり、いまだ犯人が誰かが分っていない段階で捜査機関に自らが犯人であると申告する行為は、刑事司法作用を妨害するおそれがあるのであって、これを含むと解されている（札幌高判平17・8・18判時1923・160＝**百選126**）。

「**拘禁中に逃走した者**」とは、法令によって拘禁されている間にそれを破って逃走した者をいう。逃走が犯罪を構成するかどうかを問わない。奪取された者も含む（広島高判昭28・9・8高刑集6・10・1347）。

2　行　為

❶　蔵匿・隠避の意義　　蔵匿しまたは隠避させることである。「蔵匿」とは、官憲の発見・身柄の拘束を免れるべき場所を提供して匿うことをいう（前掲大判大4・12・16）。「隠避」とは、蔵匿以外の方法により官憲による発見・身柄の拘束を免れさせるべき一切の行為をいう（大判昭5・9・18刑集9・668）。したがって、隠避には、勤務先の社長がAを殴打して路上に転倒させ

た傷害の罪を犯した者であることを知りながら、その処罰を免れさせる目的で、警察署で同署司法警察員警部補に対し、社長が自己の過失により転倒したという虚偽の事実の申立てによる場合についてもこれに当たる（神戸地判平20・12・26LEX/DB）。

判例において、蔵匿か隠避かが問題となった事案に次のものがある。被告人は、逮捕を免れるため、逃亡中のAと行動を共にし、偽名や虚偽の住所ないし電話番号を記載して、ともにホテルに宿泊するなどしていた。被告人は、あるホテルにおいて、所定の用紙に自己とAの偽名等を記載した行為が、犯人蔵匿罪として起訴された。しかし、東京高裁は、Aもフロントに同行しており、実際に宿泊代金を支払ったのもAであって、氏名等を記載したのは被告人であっても宿泊契約を締結したのはAであるとして、被告人がAを「隠匿」したとはいえず、むしろ、官憲の発見を妨げ、捜査を困難ならしめる行為であるから、客観的に「隠避」にあたると判示した（東京高判平17・9・28東高刑時報56・1＝12・59）。

隠避には次の類型のものがある。①犯人に直接はたらきかける類型（仲家・大コンメ6巻298頁参照）として、逃走場所につき助言・情報を与え、留守宅の状況ないし捜査状況に関する情報を与える（前掲大判昭5・9・18）といった無形的方法のほか、逃走のための資金を提供すること（大判大12・2・15刑集2・65）、犯人が偽名を用いるための他人の戸籍謄本、身分証明書を供与すること（大判大4・3・4刑録21・231）などの有形的方法による場合もあり、また、身代わり犯人の弁護人が、真犯人の自首の決意を阻止する行為（大判昭5・2・7刑集9・51）、警察官が犯人を見逃すという不作為（大判大6・9・27刑録23・1027）などもある。②隠避は、捜査機関にはたらきかけることによっても行われる。この類型には、犯人の所在について警察官に虚偽の陳述をする行為（大判大8・4・22刑集25・589）、あるいは、犯人の身代わりとして警察に出頭する行為（福岡高判昭30・4・6高検速報30・481）、第三者を身代わり犯人に仕立て上げること（大判大4・8・24刑録21・1244、高松高判昭27・9・30高刑集5・12・2094、最決昭36・3・28裁判集刑137・493）がある。

蔵匿・隠避行為が、官憲による発見・身柄の拘束を困難にするおそれをもつ限り、犯罪が成立するから、本罪は**抽象的危険犯**である（大谷569頁、西田422頁）。現実に刑事司法の機能を妨害する必要はない。したがって、蔵匿行為が行われれば、たとえ捜査官憲が被蔵匿者の所在を知っていたとしても、本罪が成立するという判例がある（東京地判昭52・7・18判時880・110）。

ⓑ 拘禁中の犯人の身代わり犯人　本人の**逮捕勾留中に身代わり犯人を立て**

る行為について、隠避にあたるかどうかが問題となる。**平成元年の最高裁の判例**の事案によって解説しよう。暴力団幹部である被告人は、組長Aが殺人未遂の被疑事実により逮捕されたので、Aに訴追処罰を免れさせようとする目的で、組員Bにけん銃と実包を渡して身代わり犯人として警察署に出頭させたが、それによってAの身柄の拘束は解かれなかった。この事実に対して、**第1審**（福岡地小倉支判昭61・8・5刑集43・5・405）は、本罪の趣旨は、**身柄確保に向けられた刑事司法作用の保護**にあるが、官憲によって身柄を確保されている者は身代わり犯人を立てる行為によって**身柄の拘束が解かれない限り、行為客体に含まれない**し、本件では、結果的に身柄拘束が解かれなかったので、身柄確保に危険がもたらされたわけでもないとして、無罪とした。**第2審**（福岡高判昭63・1・28刑集43・5・405）は、本罪の趣旨を広く**司法に対する国権の作用を妨害する行為の処罰**にあるとし、身柄の確保に限定されるわけではないとして、本件においては、犯人の特定に関する捜査が混乱・妨害されたとして有罪判決を下した。**最高裁**（最決平元・5・1刑集43・5・405＝**百選125**）は、「刑法103条は、捜査、審判及び刑の執行等広義における刑事司法の作用を妨害する者を処罰しようとする趣旨の規定であって、同条にいう『罪ヲ犯シタル者』には、犯人として逮捕勾留されている者も含まれ、かかる者をして**現になされている身柄の拘束を免れさせるような性質の行為**も同条にいう『隠避』に当たると解すべきである」として、原審の判断を支持した。

学説においても、①犯人等の身柄を確保することに向けられた犯罪とする説（林461頁以下、山口580頁、伊東453頁以下）と、②犯人の特定等に向けられた犯罪と解し、身代わり犯人に対する取調べや他の関係者に対する事情聴取など、捜査の円滑な遂行に支障を生じさせる結果を招いていれば本罪が成立するという説（前田636頁）、ならびに③本人の身柄拘束状態を変化させること、ないし「現になされている身柄の拘束を免れさせるような性質の行為」に向けられた犯罪とする説（大谷603頁、西田460頁）とがある。身柄の拘束が現に解かれ解放されない限り隠避ではないとするのは、本罪の性質を抽象的危険犯とみる立場からは不当である。犯人の特定を含めて、広く国権の作用を妨害する行為を処罰する規定とみるのは、広すぎる。「現になされている身柄の拘束を免れさせるような性質の行為」を身柄の確保を動揺させる危険な行為として、そのような行為であれば、隠避にあたるとする見解が妥当である。

3 故 意

　本罪の故意は、罰金以上の刑にあたる罪を犯した者、または拘禁中逃走した者であることを認識し、かつ、その者を蔵匿・隠避させることを認識することを必要とする。**罰金以上の刑にあたる罪を犯した者であることの認識** とは、たんに罰金以上の刑にあたる犯罪である殺人罪であるとか窃盗罪であるといった罪を犯した者であることを知っていれば足り（団藤 84 頁、大塚 596 頁、大谷 604 頁、中森 260 頁、西田 460 頁、山口 581 頁、前掲大判大 4・3・4、反対＝平野 285 頁）、それが罰金以上の刑にあたる犯罪であることを知っている必要はない。拘留・科料にあたる罪を犯した者と誤信して蔵匿した場合には、故意は阻却される。被蔵匿者は、真犯人と推定された者であることを要するが、客観的に推定されていることを知っていることで十分であるから、嫌疑を受けて捜査の対象となっていることを知っていれば、故意は阻却されない。ただし、後に真犯人でないことが証明されたときは、客観的構成要件該当性が欠けるので、故意は意味をもたない。被蔵匿者の氏名、犯罪の種類・内容について具体的に知らなくても、錯誤があっても故意に影響を与えない。

4 罪 数

　同一事件につき同一人を蔵匿し、かつ隠避させたとき、本罪の包括一罪である（大判明 43・4・25 刑録 16・739、最判昭 35・3・17 刑集 14・3・351）。同一事件について数名の共犯者を、一個の行為で蔵匿・隠避させたときは、本罪の観念的競合となる（前掲大判大 12・2・15、前掲最判昭 35・3・17）。

5 共 犯

　犯人または逃走者自身が自己を蔵匿・隠避しても本罪は成立しない。自己蔵匿や自己隠避は、犯人自身は発見・逮捕を免れたいと考えるのは無理もないのであり、**期待可能性**が欠けるからである。それでは、**犯人または逃走者自身**が、他人に「匿って欲しい」と自己の**蔵匿・隠避行為を教唆した場合**には、犯人らに犯人蔵匿罪等の教唆罪が成立するのであろうか。[3]

　　これについては、**判例**は、「他人を教唆して自己を隠避せしめ」るのは、「防御権の濫用」であり、「防御の範囲を逸脱」するものとし、被教唆者に対し犯人隠避罪が成立する以上、「犯人には犯人隠避罪教唆の罪責を負」うもの（大判昭 8・10・18 刑集 12・1820）として、教唆罪の成立を肯定する（理由を示さないが、これを踏襲するものと

---

[3] これについては、今上益雄「犯人による犯人蔵匿・証拠隠滅の教唆と共犯の処罰根拠」東洋法学 42 巻 1 号（1998 年）1 頁以下。なお、十河太朗「犯人蔵匿罪と証憑湮滅罪の限界に関する一考察」同志社法学 239 号（1995 年）72 頁以下。

して、最決昭35・7・18刑集14・9・1189、最決昭40・2・26刑集19・1・59)。なお、**下級審の判例**の中には、業務上過失傷害の罪を犯した者が、他人に身代わりを依頼し、承諾したその他人とともに、警察官に対しその他人が運転者であると供述した事案につき、犯人隠避の共同正犯は成立せず、教唆犯が成立するとしたものがある（東京高判昭52・12・22刑月9・11＝12・857)。

学説には、**教唆罪を肯定する見解**（団藤90頁、福田34頁、大塚601頁、前田638頁以下）と**否定する見解**（平野286頁、中山532頁、大谷605頁以下、西田460頁、林462頁、山口582頁）が対立する。肯定説は、他人に犯人蔵匿の罪を犯させてまでその目的を遂げるのは自ら犯す場合と情状は違い、「もはや定型的に期待可能性がないとはいえない」（団藤90頁）という理由を挙げる。これは、他人を犯罪に巻き込んだことを共犯の処罰根拠とする考え方を反映したものであり、責任共犯論（ないし不法共犯論）の立場からの根拠づけである。因果的共犯論の立場からは、正犯としても期待可能性なしとして犯罪にならないのならば、なおのこと共犯には期待可能性がなく犯罪は成立しないと考えるべきだとされる（西田460頁以下）。これに対して、他人が犯人に自己蔵匿を教唆した場合には、違法行為を教唆しているから、犯人蔵匿罪の教唆が成立すると解すべきである。

§247　証拠隠滅罪

> 他人の刑事事件に関する証拠を隠滅し、偽造し、若しくは変造し、又は偽造若しくは変造の証拠を使用した者は、2年以下の懲役又は20万円以下の罰金に処する（104条）。

1　客体

本罪の客体は、他人の刑事事件に関する証拠である。「他人」とは、自己以外の者をいう。自己の刑事事件に関する証拠を隠滅することをしない期待可能性が低いので、処罰しないものとしたのである。

自己の刑事事件に関する証拠が同時に他人の刑事事件についても共通に証拠となっている場合には、本罪が認められる余地がある（大判昭7・12・10刑集11・1817）。とくに、**共犯者の刑事事件**が他人の刑事事件といえるかどうかについては、①**肯定説**（大判大7・5・7刑録24・555)、②**否定説**（植松48頁、中285頁、中山528頁、内田657頁、中森260頁、西田462頁）および③**動機二分説**に分かれている。動機二分説とは、もっぱら他の共犯者のためにする意思で行

為した場合には、他人の刑事事件として扱うべきであるが、もっぱら自己のためにする意思、あるいは、他の共犯者と自己両者の利益のために行為した場合には、他人の刑事事件ではなく本罪は成立しないとする見解[4]（団藤86頁、福田30頁、藤木213頁、大塚597頁、大谷606頁、曽根302頁、前田640頁、林463頁、山口585頁、大判大8・3・31刑録25・403、広島高判昭30・6・4高刑集8・4・585、東京地判昭36・4・4判時274・34）をいう。しかし、動機二分説は、自己の利益のためにする意思か他人の利益のためにする意思かによって区別するのは、基準を主観に求めるもので不当である。共犯者との共通の利益にかかる証拠の隠滅は、本罪を構成しないというべきである。その意味で否定説が妥当である。

後述するように、本罪における**証拠**とは、物証のみならず、人証（証人・参考人など）も含む。共犯者も人証の一つであるが、共犯者を蔵匿・隠避させる行為は、自己の証拠であるが、証拠隠滅罪を構成することはないのであろうか。

旭川地裁の判例（旭川地判昭57・9・29刑月14・9・713＝**百選124**）の事案は、以下の通りである。被告人Xは、配下の者と共謀のうえ、対立する組の組員Aを監禁し窒息死させたが、犯人の一人で配下のBと共謀し、他の犯人8名を隠避させようと企て、Bが単独でAを殺害したと虚偽の事実を警察に申し立てさせ、犯人を隠避させるとともに蔵匿した。この事実につき、裁判所は、「103条、104条の保護法益をみるに、これは、抽象的には、いずれも国家の刑事司法作用であるが、同法104条の証憑湮滅罪は他人の刑事被告事件に関する証憑の完全な利用を妨げる罪であるのに対し、同法103条の犯人蔵匿、隠避罪は犯人を庇護して当該犯人に対する刑事事件の捜査、審判及び刑の執行を直接阻害する罪であって、このような法益保護の具体的な態様の相違に着目すると、本件のように、共犯者に対する犯人蔵匿、隠避が、行為者である被告人自身の刑事被告事件に関する証憑湮滅としての側面をも併有しているからといって、そのことから直ちにこれを不可罰とすることはできないものと解すべきである[5]」という。

---

[4] 前掲東京地判昭36・4・4は、次のようにいう。「自己の刑事被告事件に関する証拠が同時に共犯者の刑事被告事件に関する証拠である場合であって自己の利益のためにこれを湮滅するときは、たとえそれが同時に共犯者の利益にもなるにしても証憑湮滅罪を構成しないとすることが前記法条の趣旨であると解するを相当とする」。
[5] その理由として、「終局的には共犯者である犯人自身の刑事被告事件における刑執行の客体ともなる者自体を蔵匿し、隠避せしめて、当該犯人に対する捜査、審判及び刑の執行を直接阻害する行為は、もはや防禦として放任される範囲を逸脱するものというべきであって、自己の刑事被告事件の証憑湮滅としての側面をも併有することが、一般的に期待可能性を失わせる事由とはなりえないというべきだからである」という。

学説には、本判例と同じく、証拠隠滅罪としては期待不可能であるとしても、蔵匿・隠避罪としては期待不可能とはいえないとして蔵匿・隠避罪が成立するとする見解（前田641頁以下）がある。これに対して、両罪が保護法益、法定刑が同一であり、重要な証拠を隠滅する行為の法益侵害の程度も同様であるから、共犯者を蔵匿・隠避させる行為は、自己の証拠隠滅行為であって不可罰とすべきだとする見解も有力である（西田461頁、山口585頁）。共犯者を蔵匿・隠避させる行為が、自己の刑事事件に関する証拠を隠滅する意味をもつのであるから、本来、証拠隠滅罪としては不可罰な行為を、蔵匿罪・隠避罪として処罰することを意味し、不可罰とした趣旨を没却するものである。有力説が妥当である。

　「**刑事事件に関する**[6]」証拠であることが必要である。したがって、民事事件、懲戒事件、非訟事件などの証拠は含まない。「刑事事件」とは、現に裁判所に係属している被告事件、被疑事件のみならず、捜査開始前の事件も含む（平野286頁、大塚597頁、大谷606頁、大判昭10・9・28刑集14・997）。親告罪について告訴のない段階での証拠も、捜査開始前の事件に関する証拠であり、含まれる。しかし、再審の可能性のある事件に関する証拠は、再審の申立てがあった場合を除いて、確定判決事件の証拠であるので、本罪の客体とはならない（大谷606頁）。刑事事件は、終局的に有罪となったかどうかにかかわらない（大塚597頁）。少年事件も刑事事件にあたるとした判例[7]（札幌地判平10・11・6判時1659・154）がある。

　「**証拠**」とは、犯罪の成否、刑の量定に関係あると認められる一切の**証拠方法**[8]をいう。物的証拠であると、人的証拠であるとにかかわらない。したがって、証人・参考人なども含む（大判明44・3・21刑録17・449、最決昭35・8・17刑集15・7・1293）。また、証拠能力、証明力のいかんにかかわらない。

---

[6] 刑法の現代用語化以前の旧規定では「他人ノ刑事被告事件」とされていた。解釈上は、明治刑訴において、今日の被疑事件も被告事件に含まれていたので、「刑事被告事件」には広く「刑事被疑事件」も含むと解釈されていた。

[7] 道路交通法上の集団暴走行為について保護処分を受けることを恐れ、自己のアリバイ証拠をねつ造するため、犯行現場以外の場所にいたようにビデオテープを偽造するよう友人らにはたらきかけた行為につき、証拠偽造教唆罪の成立を認めたものである。

[8] 判例によれば、「同条にいわゆる証憑とは、刑事事件が発生した場合捜査機関又は裁判機関において国家刑罰権の有無を断ずるに当り関係があると認められるべき一切の資料を指称し、あらたな証憑を創造するのは証憑の偽造に該当する」（前掲大判昭10・9・28）。しかし、物理的な証拠方法に限り、証拠方法から認識された無形の証拠資料を含まないと解すべきである。

2　行　為

①証拠を隠滅すること、②偽造・変造すること、または③偽造・変造の証拠を使用することである。「**隠滅**」とは、証拠の顕出を妨げ、またはその価値を滅失・減少させる一切の行為をいう（大判明43・3・25刑録16・470）。したがって、証拠物件の物理的滅失のみならず、隠匿することも（前掲大判明43・3・25）、**参考人、証人となるべき者を隠匿すること**も隠滅である（大判明44・3・21刑録17・445、最決昭36・8・17刑集15・7・1293＝**百選121**）。「**偽造**」とは、不真正な証拠を作成することをいう。存在しない証拠を新たに作成する場合のほか、既存の物件を利用して犯罪事実と関係のあるもののように作為を加える行為も偽造である（大判大7・4・20刑録24・359）。「**変造**」とは、真正な証拠に加工してその証拠としての効果に変更を加えることをいう。文書である場合も、作成権限の有無や内容の真否は、本罪の成否に影響しない（前掲大判昭10・9・28）。最近の判例では、**大阪地方検察庁の検事**が、大阪地方裁判所に公判係属中であったKらに対する虚偽有印公文書作成等被告事件の証拠であるフロッピーディスクについて、ソフトウェア等を使用して、同フロッピーディスク内に記録されていた文書ファイルの更新日時「2004年6月1日…」を「2004年6月8日…」に改変した行為が、**証拠変造**にあたるとされた（大阪地判平23・4・12判タ1398・374）。「**使用**」とは、偽造・変造の証拠を真正のものとして用いることをいう。裁判所に対する使用であると、捜査機関に対するそれであるとを問わない[9]（前掲大判大7・4・20）。自ら進んで提出するのではなく、求められて提出する場合も使用である（大判昭12・11・9刑集16・1545）。

証人に偽証させるのは、証拠隠滅行為にあたるか。刑法は、法律に宣誓した証人が虚偽の陳述をしたとき、別に偽証罪として処罰する（169条）。したがって、法律によって宣誓した証人に偽証させる行為は、偽証罪（169条）の教唆を構成する。実際上は、したがって、**宣誓しない証人**[10]や**捜査段階で参考人に偽証させる行為**が、証拠隠滅罪にあたるかが問題である。まず、参考人が虚偽の供述をした場合に証拠偽造罪が成立するかどうかを検討しておこう[11]。

---

[9] 学説の中には、弁護人に対して用いることも、「使用」であるとするものがある（平川544頁）。
[10] 判例は、宣誓しない証人に偽証させる行為につき、証拠偽造罪の成立を否定する（大判昭9・8・4刑集13・1059）。
[11] この問題につき、松宮「捜査機関に対する参考人の虚偽供述と証拠隠滅罪」立命館法学246号

判例は、参考人が捜査官に対して虚偽の供述をすることは、それが犯人隠避罪にあたりうることは別として、証拠偽造罪にはあたらないものと解する（大判大3・6・23刑録20・1324、大判昭8・2・14刑集12・66、前掲大判昭9・8・4、最決昭28・10・19刑集7・10・1945、大阪地判昭43・3・18判タ223・244、宮崎地日南支判昭44・5・22刑月1・5・535）。その根拠は、刑法は、虚偽の供述は偽証罪に限って処罰するものとしていること、証拠は証拠資料は含まず、証拠方法に限られること、である。

学説は、この点については判例と同じく、本罪において「証拠」とは人証および物証を含む物理的な**証拠方法**を意味し、**証拠資料**は含まないがゆえに、証拠偽造罪は成立しないとする**消極説**（団藤87頁、福田46頁、西田463頁）が多数説であるが、積極説（大塚598頁、内田655頁、中森260頁、堀内320頁）も有力である。**積極説**は、証拠偽造罪と偽証罪とを特別関係または補充関係にあるとし、宣誓をしない証人の偽証および参考人の虚偽供述は、一般法または補充法である証拠偽造罪によって処罰されるという根拠を挙げるのである。

次に、参考人が捜査官に対して虚偽の供述をしたにとどまらず、その虚偽供述が録取されて**供述調書**が作成されるに至った場合については、供述が文書化され、証拠方法となっているので、形式的には、捜査官を利用して供述調書という証拠を偽造させたものと解することができるように思われる[12]。これについて、**従来の判例**は、自ら虚偽の内容の上申書を捜査機関に提出した事案につき、証拠偽造罪の成立を肯定してきた（大判昭12・4・7刑集16・517、千葉地判昭34・9・12判時207・34、東京高判昭36・7・18東高刑時報12・8・133）。これに対して、**最近の判例**の中には、「供述調書は、参考人の捜査官に対する供述を録取したにすぎないものであるから（…）、参考人が捜査官に対して虚偽の供述をすることそれ自体が、証憑偽造罪に当たらないと同様に、供述調書が作成されるに至った場合であっても、やはり、それが証憑偽造罪を構成することはあり得ないものと解すべきである」とする（千葉地判平7・6・2判時1535・144＝**百選122**）。従来の判例は、「参考人が虚偽の内容を記載した上申書を作成しこれを検察官に提出すれば、刑法第104条にいう証憑を偽造使用したことになると解する」とした（東京高判昭40・3・29高刑集18・2・126）のに対して、「手続上当然に録取され、あるいは、…聴取者の裁量により供述録取書が作成され供述者が署名押印するなどして、右虚偽供述が証拠方法

（1996年）498頁以下、十河「内容虚偽の供述調書と証拠偽造罪」同志社法学254号（1998年）28頁以下参照。
[12] 十河・前掲同志社法学239号72頁以下参照。

たる書面等に転化した場合についても、同罪として処罰すべきではないことになる。付言すれば、捜査官等が聴取した上で参考人に記述させた上申書等についても、供述が転化したといえるものであれば、同様に解すべきである」とするのである（千葉地判平 8・1・29 判時 1583・156）。

　学説においては、参考人が自ら積極的に虚偽の事実を記載した上申書を捜査機関に提出した場合には、法益侵害の程度も高く、証拠偽造罪を構成するが、虚偽供述が検察官によって調書に記載されて署名・捺印した場合にはそれが低いから成立しないとする見解（前田 541 頁、同「参考人の虚偽供述と証拠隠滅罪」研修 574 号 8 頁以下）もある。しかし、この区別は、供述のきっかけはどうであれ、物理的な証拠方法であることには変わりなく、合理的ではない（曽根 303 頁、山口 588 頁、堀内 321 頁）。そこで、参考人の虚偽供述も文書化された場合には証拠偽造罪にあたると解する見解（大谷 608 頁、中森・判時 1597 号 238 頁、西田 463 頁、山口 588 頁）と、先に紹介した最近の千葉地裁のように、証拠偽造罪を構成しないという見解とが対立している。前説が妥当である。

3　罪数・他罪との関係

　証拠を偽造し、その後、これを使用したとき、両罪を牽連犯とする判例（前掲東京高判昭 40・3・29）もあるが、包括一罪と解すべきである（前掲宮崎地日南支判昭 44・5・22）。

　証拠偽造行為と犯人蔵匿・隠避行為の両者にあたるときは、特別法である本罪が成立する。他人の窃盗事件に関する証拠である盗品を預かって隠匿した場合、盗品保管罪と本罪との観念的競合である（大判明 44・5・20 刑録 17・981）。酒税法違反の取調中に、証拠を隠滅する目的で証拠物件を窃取した場合には、窃盗罪との観念的競合である（大判大 3・11・30 刑録 20・2290）。証拠隠滅の目的で証人等を殺害し、または逮捕監禁した場合にはそれぞれの罪との観念的競合となる。

4　共　犯

　本罪の客体は、「他人の刑事事件」の「証拠」に限定されているので、犯人自身が関与した場合の共犯関係が問題となる。**犯人が第三者に自己の刑事事件に関する証拠の隠滅を教唆した場合**については、証拠隠滅の教唆罪が認められるというのが通説・判例である（大判明 45・1・15 刑録 18・1、大判昭 8・10・18 刑集 12・1820、前掲大判昭 10・9・28、最決昭 40・9・16 刑集 19・6・679）。**証拠の隠滅の教唆**というには、「人に特定の犯罪を実行する決意を生じさせた」こ

とが必要である。

　判例には、17歳の被告人が、自己のアリバイ証拠をねつ造するため、ビデオテープを偽造するよう友人らにはたらきかけた行為が証拠隠滅罪の教唆にあたるとしたもの（前掲札幌地判平10・11・6）もあるが、本判決には本論点に関する詳しい論述はない。

犯人が他人からの証拠偽造の提案を受け入れ、これを承諾した場合に、犯人には、証拠偽造罪の教唆犯が成立するかが問題とされた判例がある。

　被告人は、ある会社の代表取締役として同社の業務全般を統括していたが、法人税をほ脱するため知人Aに相談したところ、Aは、内容虚偽の契約書を作成して法人税法違反事件に関する証拠偽造を遂げたという事案につき、被告人が証拠偽造罪の教唆に問われたのが本件であるが、上告趣意では、Aは、証拠偽造の依頼により新たに犯意を生じたものではないから、Aには教唆は成立しないとの主張があった。確かに、Aは、被告人に虚偽の契約書を作出するという具体的な証拠偽造を考案し、これを積極的に被告人に提案していた。しかし、最高裁は、「Aは、被告人の意向にかかわりなく本件犯罪を遂行するまでの意思を形成していたわけではない」とし、「Aの本件証拠偽造の提案に対し、被告人がこれを承諾して提案に係る工作の実行を依頼したことによって、その提案どおりに犯罪を遂行しようというAの意思を確定させたものと認められるのであり、被告人の行為は、人に特定の犯罪を実行する決意を生じさせたものとして、教唆に当たるというべきである」とした（最決平18・11・21刑集60・9・770）（☞総論§161, 2 (1) (a)）。

逆に、**第三者が犯人を教唆**して証拠を隠滅させたとき、第三者の行為が可罰的かどうかという問題にとっては、犯人が証拠隠滅罪の正犯として処罰されない根拠が重要である。因果的共犯論に立てば、犯人には期待可能性がなく、したがって、責任が阻却されるがゆえに犯人は正犯として処罰されないとすると、教唆者は、制限従属性説からは可罰的となりうる。「他人の」という文言は、構成要件要素ではなく、責任要素と解すれば、この解釈も可能である（☞犯人蔵匿罪、§246, 5）。学説の中には、本事例は、事実上の正犯行為に構成要件該当性すらない場合にあたるとして共犯の成立を否定するものがある（曽根303頁、西田464頁、山口589頁）が、このような根拠から、「他人の」を構成要件要素と解する必然性はないし、この説からみても、犯人たる身分は、違法身分ではなく責任身分なので、個別的に作用すると解すべきである。

§248　親族間の犯罪の特例

> 前２条の罪（犯人蔵匿罪、証拠隠滅罪）については、犯人又は逃走した者の親族がこれらの者の利益のために犯したときは、その刑を免除することができる（105条）。

1　意義

本条は、犯人または逃走した者の親族が犯人蔵匿罪や証拠隠滅罪を犯すのは、期待可能性が低く、その刑が任意的に免除されうることを規定したものである。本条は、昭和22年に改正され、それまで、「之ヲ罰セス」と規定されていたのを改めたものである。親族間の人情にもとづく行為であり、儒教思想を背景とし、ヨーロッパ法系の同種の規定を参酌して設けられた旧規定を、一般的に、親族間の行為を免責事由としない英米法の影響のもとに家族的倫理より公民的倫理を優先させる思想にもとづいて改正されたと説明されている（団藤88頁、大塚600頁）。期待可能性が低いことによる責任の低減が任意的免除の根拠であるとするのが通説であるが、**可罰的責任減少事由**と解すべきである。

2　適用範囲

行為の主体は、「**犯人又は逃走した者の親族**」である。犯人とは、罰金以上の刑にあたる罪を犯した者（103条）である。逃走した者とは拘禁中に逃走した者である。「親族」の範囲は民法（725条）による。[13]

「これらの者の利益のために」犯した場合に限る。もっぱら犯人・逃走者の非親族である共犯者のために行われたときは、本条の適用はないことは明らかである（大判大 8・4・17 刑録 25・568）。親族たる犯人・逃走者の利益のためであると同時に、非親族である共犯者のためにも行われたときには、**適用説**（柏木110頁、平川545頁、西田465頁、前田643頁、山口590頁）と**適用否定説**（団藤88頁、大塚600頁、大判昭 7・12・10 刑集 11・1817）に分かれる。しかし、同時に非親族である共犯者の利益のために行われた場合であっても本条の適用を認めるべきであると思われるから、前説が妥当である。

ⓐ　犯人・逃走者の親族が第三者を教唆して犯人蔵匿、証拠隠滅を行わせる場合

判例は、本条は、親族自身の実行行為についてのみ適用され、「他人を教唆

---

[13] 日本国籍を有しない者については、本人の本国法によって決まる（法の適用に関する通則法第5節〔24条以下〕）。

して犯人隠避の罪を犯さしむるが如きは所謂庇護権の濫用にして」法律が認める庇護の範囲を逸脱するものであるとする（前掲大判昭 8・10・18）。学説は、これを期待可能性の概念で根拠づけるが、本条の適用を否定する見解（団藤 89 頁、大塚 601 頁、内田 652 頁）は、責任・不法共犯論に立ち、教唆については期待可能性がないとはいえないとする[14]。これに対して、因果的共犯論からは、正犯の場合と同様、共犯として関与した場合でも、期待可能性の減少が認められ、本条の適用が認められると解する（平野 285 頁、大谷 610 頁、曽根 304 頁、西田 466 頁、前田 643 頁）。後説が妥当である。

ⓑ 第三者が犯人・逃走者の親族を教唆して犯人蔵匿・証拠隠滅を行わせる場合 親族の行為は、本条の適用によって刑の免除がありうる。教唆者については、正犯たる犯人の親族の刑の免除の根拠が、期待可能性が低いこと、つまり可罰的責任の少ないことに認められるから、教唆者には、期待可能性の少ない原因が存在しないので、本条の適用の理由がなく、刑の免除は受けられないということになる。

ⓒ 犯人がその親族に犯人蔵匿・証拠隠滅を教唆した場合 正犯たる親族には犯罪は成立する。ただし、親族には刑の免除の可能性がある。この場合にも、親族に犯罪が成立する以上、教唆者には、期待可能性がないとはいえないとして犯人に教唆犯の成立を認め、親族の行為に準じて刑の免除の可能性を認めるという見解が唱えられている（団藤 89 頁、大塚 602 頁、内田 653 頁、中森 262 頁）。しかし、犯人は、教唆として行った場合でも、もともと不可罰であるというべきである。

ⓓ 親族が犯人に犯人蔵匿・証拠隠滅を教唆した場合 犯人の行為は構成要件に該当する違法な行為であり、可罰的責任が減少するにすぎない。その正犯に教唆した親族は、刑の免除を受けうるにすぎず、不可罰とはならない（反対＝西田 466 頁）。

§249 証人威迫罪

> 自己若しくは他人の刑事事件の捜査若しくは審判に必要な知識を有すると認められる者又はその親族に対し、当該事件に関して、正当な理由がないのに面会を強請し、又は強談威迫の行為をした者は、1 年以下の懲役又は 20 万円以下の罰金に処する（105 条の 2）。

---

[14] 因果的共犯論に立脚しても、期待可能性がないとはいえないとして、適用を否定する見解もある（中 286 頁）。

1 意 義

暴力団員による「お礼参り」を抑止するために、昭和33年に新設された規定であり、保護法益は、刑事司法作用であるが、証人の保護も目的とするから、副次的には、**個人の意思決定の自由ないし私生活の安全**を含む（大塚592頁、大谷611頁、中森263頁、西田467頁、前田645頁、山口591頁）。

2 客 体

自己もしくは他人の刑事事件の捜査もしくは審判に必要な知識をもっていると認められる者またはその親族である。「**刑事事件**」とは、他人の刑事事件のみならず、自己の刑事事件についても成立しうる。「捜査若しくは審判に必要な知識を有すると認められる者」とは、犯罪に関する知識を有する刑事事件の被害者、証人、参考人などをいう。「**捜査・審判に必要な知識**」とは、捜査機関・裁判機関において刑罰権の有無を判断するにあたり関係があると認められる一切の知識をいう。被告事件・被疑事件のみならず、将来刑事事件となりうるものをも含む（東京高判昭35・11・29高刑集13・9・639）。当該事件を担当した捜査官等も本罪の客体となる（東京高判昭39・7・6高刑集17・4・422）。証人としてすでに証言を終わった者でも、本罪の客体になる（最決昭40・11・26裁判集刑157・397、大阪高判昭35・2・18下刑集2・2・141）。証言を終わった者でも再喚問の可能性があるとともに、報復の不安を抱くことを防止するためである（団藤92頁、平川547頁、西田467頁）。「**認められる者**」とは、現に知識を有するだけではなく、そのような知識を有するとみられる者であれば足りるということであって、現にその知識を有する者である必要はない。したがって、現に犯人を目撃していなくても、客観的に目撃したと認められる状況にいた者であればよい。

3 行 為

当該事件に関して正当な理由がないのに面会を強請し、または強談威迫の行為をすることである。「**当該事件に関して**」とは、自己または他人の刑事事件に関係するという意味であり、当該事件と無関係な行為を排除する趣旨である。「**面会を強請**」するとは、相手方の意思に反して面会を強要することをいう。「**強談**」とは、言語をもって自己の要求に応じるよう迫ることである。「**威迫**」とは、言語・動作によって気勢を示し、不安・困惑の念を生じさせることをいう[15]（大判大11・10・3刑集1・513）。面会の強請、強談、威迫

いずれの場合も、直接、相手方の住所、事務所などで行うことが必要であり、間接的に、書信・電話によって行われる場合を除くとする見解が有力である（大塚604頁、大谷612頁、福岡高判昭38・7・15下刑集5・7＝8・653、長崎地判昭37・12・6下刑集4・11＝12・1076）。面会強請は、個人の私生活の平穏を侵害するものであり、したがって直接相手方の住居・事務所等で行われることを要するものとする判例もある（前掲福岡高判昭38・7・15）。しかし、被害者の不安を生じさせる行為であれば、「面会の強請」を電話や書信で行うことは可能であると思われる。また、面前で「面会の強請」をすることも、相手方が面会の意思がない場合には、考えられなくはないが、奥にいる本人に玄関から大声で「出てきて会え」と要求する行為が面談の強請の典型例であろう。いずれにせよ、意思決定の自由や私生活の平穏は、直接的方法によらずとも、間接的方法によって侵害されうるのであるから、電話・書信等を除く理由はない（鹿児島地判昭38・7・18下刑集5・7＝8・748）。「強談威迫」にあたるとされた判例として、恐喝事件の被疑者の友人が、凄みのある語調で示談書の作成・持参を要求した行為（長野地判昭34・2・16判時181・36）、被告人に不利な証言をした警察官を、その証言終了後に、取り囲み、証言を取り消すよう要求した行為（前掲東京高判昭39・7・6）などがある。

本罪は、抽象的危険犯である。したがって、面会の強請、強談威迫の行為が行われれば犯罪は成立する。

4 故 意

行為客体、行為の意味を認識していれば、故意は肯定しうる。公判の結果に影響を及ぼそうとする目的または意思を要しない。

5 罪数・他罪との関係

罪数は、客体を基準に決定される。同一人に面会を強請し、引き続いて強談威迫を行ったときは、包括一罪である。面会の強請が相手方を畏怖させる程度のものであるときは、本罪と強要未遂罪（223条）との観念的競合である。相手方に畏怖心を生じさせる程度のものであるときは、脅迫罪または強要未遂罪および本罪の観念的競合である。強談威迫によって、偽証や、出頭拒否ないし証言拒否を要求するときは、偽証罪（169条）、証人不出頭罪（刑訴151条）、証言拒否罪（刑訴161条）の各教唆犯との観念的競合となる。

---

[15]「面会の強請」および「強談威迫」の観念は、旧警察犯処罰令1条4号に由来するものである。したがって、上記の大審院判例も、この旧警察犯処罰令に関するものである。

第5節　偽証の罪

§250　総説

　偽証の罪は、法律により宣誓した証人・鑑定人・通訳人・翻訳人が、虚偽の陳述・鑑定・通訳・翻訳を行うことを内容とする犯罪である。その保護法益は、**国家の審判作用の適正**である。偽証の罪には、偽証罪（169条）、虚偽鑑定・虚偽通訳・虚偽翻訳罪（171条）がある。偽証の罪は、歴史的には、詐欺罪の一種とみられたこともあるが、19世紀初頭には、偽造罪に属するものと捉えられた。わが国の刑法にはこの伝統が影響している。現在では、国家の審判作用の適正を保護するものであると考えられている。判例も、すでに戦前から、偽証罪は、国家の審判権を危殆ならしめる犯罪であるとしている（大判昭12・11・9刑集16・1545）。

　なお、偽証の罪の特別罪として、議院における偽証罪（議院証人6条1項）、選挙人等の偽証罪（公選253条1項、212条2項）、出入国管理手続における偽証罪（入管75条、10条5項、48条5項）等がある。

§251　偽証罪

> 法律により宣誓した証人が虚偽の陳述をしたときは、3月以上10年以下の懲役に処する（169条）。

1　主体

　法律により宣誓した「**証人**」である（身分犯）。「**宣誓した証人**」が主体か、「証人」が主体かについては見解の対立がある。この対立は、証言の前に**事前宣誓**をしている場合にのみ本罪が成立するか、証言をした後、**事後宣誓**をした場合でもよいかという後述する学説の対立に関係する。事後宣誓でもよいとする見解は、主体は、「証人」であって、その証人が「宣誓して」「偽証する」のが偽証罪であると捉える。これに対して、事後宣誓を認めない立場は、「宣誓した証人」が本罪の主体であるから、偽証の前に宣誓している必要があるとみなすのである。その根拠は、後述することにして、ここでは、「証人」が主体であると解する立場を前提とする。

2 行　為

法律により宣誓して虚偽の陳述をすることである。

ⓐ　「法律により」の意義　「法律により」とは、法律に根拠があることをいう。法律に直接規定されていなくても、法律の委任により下位の法規に規定されていればよい。法律上の規定としては、民事訴訟法201条、刑事訴訟法154条など、命令上の規定としては、国家公務員法16条、91条にもとづく人事院規則13-1第52条がある。民事・刑事事件のみならず、非訟事件、懲戒事件・行政事件においても、法律による宣誓が行われる。

ⓑ　宣誓の意義　「宣誓」とは、良心に従って真実を述べ、何事も隠さず、また何事も付け加えないことを誓うことである（刑訴規118条2項、民訴規112条4項）。宣誓は、証言の前になされなければならないか。これについては、先述のように見解の対立がある。

通説・判例（団藤98頁、大谷614頁以下、中森264頁、西田470頁、大判明45・7・23刑録18・1100）は **事後宣誓** を認める。民事訴訟法規則（112条1項）は、証人の宣誓は、特別の事由のあるときは証人尋問の後にさせることができるものとする。この場合、「**宣誓した証人**」が主体だとすると、いまだ宣誓をしていないので本罪の主体にあたらず、「**証人**」が主体であって、「**宣誓した**」は「**構成要件的行為**」の一部とみるのである。事後の宣誓の内容が同時に虚偽の陳述になっているから、事後宣誓の場合にも本罪が成立すると説明する見解（平野・法セ228号41頁、中森264頁）は、事前宣誓の場合と事後宣誓の場合とで、「構成要件的行為」の内容を異なって解釈するもので、妥当ではない。これに対して、「宣誓した証人」が主体であるとする立場（大塚608頁、内田662頁、曽根306頁、前田648頁）は、法律により宣誓した証人が虚偽の陳述をした場合を犯罪としているのであるから、宣誓が陳述に先行すべきであるとする。その根拠は、文理上の根拠のほか、実質的にも、宣誓のうえで虚偽の陳述をする場合と、宣誓をせずに虚偽の陳述をする場合とでは、陳述者に対する非難の程度に明瞭な相違が存在するという（大塚608頁）。しかし、虚偽の陳述が先か宣誓が先かで、心理的に良心の緊張度が異なるとは思えない。事後宣誓の場合にも、宣誓にあたって先の虚偽の陳述を前提として宣誓するのは、大きな心理的抵抗があるはずだからである。通説が妥当である。

宣誓は、有効に行われることを要する。そのためには、**法律の定める手続**によってなされなければならないが、軽微な手続上の瑕疵があるだけで無効

となるわけではない（広島高判昭41・9・30高刑集19・5・620）。例えば、判例には、宣誓の趣旨の論示と偽証の罰の警告、宣誓書の朗読などの法定の宣誓の方式を履践しなかったとしても、法律により宣誓した証人にあたるとしたものがある（前掲広島高判昭41・9・30）。しかし、宣誓無能力者（刑法155条、民訴201条2項）に誤って宣誓させても無効であり（大判明42・11・1刑録15・1498）、本罪は成立しない（最決昭28・10・19刑集7・10・1945）。宣誓不適格者が誤って宣誓させられたうえ偽証した場合については、**大審院**は、偽証罪の成立を妨げるものではないとしていた（大判明42・6・18刑録15・808等）。しかし、**最高裁**は、「刑法169条にいわゆる『法律ニ依リ宣誓シタル証人』とは、法律上宣誓せしめ得ない証言事項につき宣誓したる証人を含まないもの」と解し、宣誓不適格者は本罪の主体になりえないとした（最大判昭27・11・5刑集6・10・1159）。

証人が法律上宣誓を拒むことができる場合に、これを拒否することなく宣誓を行ったとき、その宣誓は有効であると解されている。判例によれば、民事訴訟において当事者と親族関係があることから**宣誓拒絶権**が認められているときに（旧民訴291条、現行201条4項）、これを行使しないで宣誓して、偽証したとき、偽証罪が成立する（大判大12・4・9刑集2・327）。また、宣誓させるかどうかが裁判所の裁量に委ねられている場合（民訴201条3項）、裁量によってさせた宣誓は有効である。**証言拒絶権**を有する者（民訴196条、197条、刑訴146条以下）が、宣誓のうえ、証言拒絶権を行使することなくして偽証した場合、宣誓は有効であり、本罪の主体となりうる。[1] 最高裁も、「証人がこの証言拒絶権を拋棄し他の刑事事件につき証言するときは必ず宣誓させた上で、これを尋問しなければならないのである。それゆえかかる証人が虚偽の陳述をすれば刑法169条の偽証罪が成立する」という（前掲最決昭28・10・19、最決昭32・4・30刑集11・4・1502）。共犯者または共同被告人が、証人として宣誓のうえ、証言拒絶権を行使しないで偽証したときも同様である（大判明44・2・21刑集17・157）。刑事被告人には、いわゆる被告人質問に答える形

---

[1] 被告人の親族が、被告人のために偽証したとき、105条を準用して刑の免除をなしうるものとする見解（佐伯35頁）があるが、親族には証言拒絶権が認められている（刑訴147条、民訴196条）のであるから、法は、それを行使しないで積極的に偽証することまでをも許す趣旨ではないと解するのが妥当である（大塚607頁、大谷616頁）。もはや期待可能性を欠くものとは解せないともいえよう（中290頁）。

で任意の供述は求めることができるが (刑訴311条)、憲法の黙秘権の保障 (38条) との関係で、証人適格は認められていない。したがって、たとえ被告人が宣誓のうえ虚偽の供述をしたとしても本罪を構成しない。ただし、手続を分離したうえで、共犯者または共同被告人を他の共犯者の証人とすることは認められる (最決昭29・6・3刑集8・6・802) が、その場合に、証言拒絶権を行使せずに宣誓のうえ偽証するならば、その内容が自己の犯罪事実に関する場合であっても本罪を構成する (前掲大判明44・2・21、西田470頁)。

ⓒ 虚偽の陳述の意義　「虚偽の陳述」が本罪の「行為」の中核である。「虚偽」の意義については見解の対立がある。

「虚偽」の意味については、①証人の記憶に反することであるとする **主観説**（団藤101頁、中290頁、大塚608頁、福田37頁、大谷617頁、平川552頁、川端707頁以下、曽根306頁以下）と、②陳述の内容をなす事実が客観的真実に反することであるとする **客観説**（平野289頁、中山537頁、中森265頁、西田472頁、前田650頁、山口596頁）との対立がある。主観説が通説であり、判例（大判大2・6・9刑録19・687、大判大3・4・29刑録20・654=**百選123**、東京高判昭34・6・29下刑集1・6・1366）である。

主観説は、証人は、本来、自身が実際に体験したことをその記憶のままに述べるべきであり、記憶に反する事実を陳述すること自体にすでに国家の審判作用を害する抽象的危険が含まれているという。したがって、記憶に反する陳述がたまたま客観的真実に合致していても偽証罪は成立する。それゆえ、証人が自己の記憶に反する事実を陳述すれば、常に裁判を誤らせる抽象的危険をもっていると考え、本罪を抽象的危険犯とみなす。また、主観説によると、本罪は、外部に表明された陳述と主観的な記憶内容の不一致が内容とされている犯罪であるから、表現犯である。これに対して、**客観説**は、証人が偽証の意思で陳述しても、それが真実に合致している限り、国家の審判作用が害されるおそれはないとする。国家の公正な審判作用が害される危険は、客観的事実と合致しない証言が行われたときに発生するのであって、結果的に客観的真実に合致していれば、その危険はなく、主観説はむしろ宣誓義務違反を偽証罪の処罰根拠とするものだと批判する。客観説に対しては、自己の記憶に反する事実を真実と信じて陳述したとき、それが真実でなかったときでも、故意を阻却し不可罰となって不当であると批判される。例えば、交通事故の犯人が交差点に進入したとき、目撃した信号は「赤」である

と記憶していたが、よく考えてみると、その方向には歩行者が横断していたことを鮮明に思い出し、「赤」であったはずはなく、「赤」だったのは交差する道路の信号であったと考えて、「青」であったと確信して「青」であったと証言したとき、実際には「赤」であった場合、客観説によれば、客観的事実である「赤」を「青」と陳述したのであるから、事実は客観的に不一致であるが、証言者には、「青」と確信してそう証言したのだから、事実と不一致であることを意識しておらず、したがって、故意がないということになるが、それは不都合だというのである。しかし、この場合、生の記憶を分析し論理的な推論を加えて再構成し、それが体験した事実であると確信しているのであって、故意がないと解するのが相当であろう。国家の公正な審判作用は、客観的事実に合致した陳述によって害される危険はないといってよい。主観説は、宣誓に反して事実を述べなかった点で、宣誓義務違反があることを本罪の内容とするものであり、国家の公正な審判作用の侵害の危険ではないと思われる。**客観説が妥当である。**

　判例は、主観説を採っている。大審院の判例（前掲大判大3・4・29[2]）は、証言の内容たる事実が真実に一致する場合でも、証人がその記憶に反する陳述をなす場合には偽証罪を構成するとする。戦後の高裁判例でも、「証人がその認識、記憶するところと異なることを故意に陳述したときは、仮にその陳述にかかる事実が偶々真実に符合していたとしても虚偽の陳述をしたものとして、偽証罪が成立する」とする（前掲東京高判昭34・6・29）。

　黙秘それ自体は、虚偽の陳述を積極的にしたわけではなく、審判作用を誤らせるおそれはないので、本罪を構成しない。証言拒否罪（刑訴161条、民訴200条）が成立しうるにすぎない。しかし、証人が陳述中に自己の記憶する事実の全部または一部を黙秘して全体として陳述内容を虚偽のものとするときは、「虚偽の陳述」である。

　本罪は**自手犯**であるとする見解（大塚609頁）がある。法律により宣誓した証人自身による虚偽の陳述のみが実行行為とされるのであって、他の者がこれを利用して犯す間接正犯は考えられないというのがその根拠である。しか

---

[2]「証言の内容たる事実が真実に一致し、若しくは少くとも其不実なることを認むる能はざる場合と雖も、苟くも証人が故らに其の記憶に反したる陳述を為すに於ては、偽証罪を構成すべきは勿論にして、即ち偽証罪は証言の不実なることを要件となすものに非ざるが故に、裁判所は一面偽証の犯罪事実を認め、多面証言の内容が不実ならざることを認むるも二個の認定は必ずしも相抵触するものと謂うを得ず」という。

し、宣誓した証人を道具のように利用して偽証の結果を実現することは可能であるから、偽証罪の間接正犯はありえ、自手犯ではないとする見解（大谷618頁）も有力である。

ⓓ 危険犯・既遂時期　本罪は、**抽象的危険犯**であるとされる（大塚609頁、大谷619頁、西田472頁）。「虚偽の陳述」をすれば、国家の審判作用が害されるおそれがあるとみなしているのである。しかし、国家の審判作用を害する抽象的危険すら含んでいないときは、本罪の成立は否定されるというのが有力説である（大塚609頁、大谷619頁）。例えば、虚偽の陳述が、当該の事件とまったく関係のない事実に関して行われたとき、または審判作用を害する危険がない非本質的部分に関するものであったとき、抽象的危険すらなかったとするのである。しかし、主観説に立つ限り、自己の記憶に反する事実を陳述することがすでに抽象的危険を含んでいるのであるから、事件と無関係な事実であっても、虚偽の事実を陳述すること自体に危険がみられると考えるべきではないだろうか。主観説に立つ判例は、虚偽の陳述が裁判の結果に影響を及ぼすかどうかは問わないとしている（大判大 2・9・5 刑録 19・844）が、その立場は一貫しているといえる。

本罪は、**挙動犯**である。実行行為は、宣誓と虚偽の陳述の両者である。事前宣誓の場合は虚偽の陳述があったとき、事後宣誓の場合には、宣誓の開始があったとき、実行の着手である。虚偽の陳述の全体が終わったとき既遂となる。虚偽の陳述の結果、国家の審判作用が現実に侵害されたかどうかを問わない。個別的な陳述が終了したときに既遂に達するのか、1回の尋問手続における陳述全体の終了したときに既遂に達するのかについては、陳述は全体として評価されるから、後説が妥当である。それゆえ、1回の尋問手続の途中または事後宣誓のときに、以前の証言を訂正すれば本罪は成立しないと解するべきである（大判明 35・10・20 刑録 8・9・75）。事後宣誓の場合は宣誓が終了したとき、既遂に達する。

ⓔ 共　犯　被告人が自己の刑事被告事件について他人に虚偽の陳述をするよう教唆・幇助した場合、偽証教唆・幇助の成立が認められるかについては、**否定説**（滝川285頁、木村317頁、大谷620頁、川端712頁、西田473頁）と**肯定説**（通説、前掲最決昭 28・10・19）に分かれる。肯定説の根拠としては、犯人自身による犯人蔵匿・証拠隠滅罪の教唆の成立を否定しながら、本罪については、被告人の虚偽の陳述が処罰されないのは、期待可能性がないからでは

なく、刑事訴訟法において、被告人には、**証人適格**が認められていない（通説、大阪高判昭27・7・18高刑集5・7・1170）がゆえであるから、本来は、正犯となりうるのであり、したがって、他人を教唆・幇助した場合にも可罰的であるとして、この場合には、犯人たる被告人に共犯が成立するとするものがある（平野290頁、中山538頁、曽根309頁、同・重要問題349頁以下）。憲法38条は、自己の刑事責任に関する不利益な事実について供述を強要されないことを保証している（自己負罪特権）が、刑事訴訟法上、証人として証言しなくてよいように、証言拒絶権（刑訴146条）が認められている。その証言拒絶権を行使しないで、積極的に虚偽の陳述をした場合にも期待可能性がないとは、もはやいえず、したがって、共犯として、他人に偽証を教唆した場合にも、期待可能性が否定されるわけではないというのである。

このように、刑事訴訟法上証人適格が否定されている偽証罪については、被告人自身の他人への偽証教唆についても、違った観点から考察する必要がある。それは、自己の正犯行為に期待可能性がなければ共犯行為についても期待可能性がないという因果的共犯論の基本的な観点からではなく、教唆者の**教唆行為自体の期待可能性**という観点である。つまり、被告人は、偽証という手段で自ら実行することは制度上防止策がとられているので、他人への教唆という手段をとるに至るのであるが、この共犯行為そのものに期待可能性が少なく（反対＝曽根・重要問題348頁）、したがって、可罰的責任を欠くがゆえに、偽証罪の教唆・幇助は不処罰とすべきなのである。

§252　虚偽鑑定罪・虚偽通訳罪・虚偽翻訳罪

法律により宣誓した鑑定人、通訳人又は翻訳人が虚偽の鑑定、通訳又は翻訳をしたときは、3月以上10年以下の懲役に処する（171条）。

1　主　体

鑑定人、通訳人または翻訳人に限られる（民訴216条、201条、154条2項、刑訴166条、178条）。身分犯である。鑑定人とは、特別の知識経験を基礎として現在の経験事実について意見を陳述する者をいう。通訳人・翻訳人とは、訴訟手続上、裁判所によって通訳・翻訳を命じられた者である（民訴154条、刑訴175条以下）。捜査機関によって鑑定・通訳を嘱託されたもの（刑訴223条）などは含まない。

2　行　為

虚偽の鑑定、通訳または翻訳をすることである。「虚偽」の意義については、主観説、客観説の対立があるが、偽証罪と同様に解すべきである。

鑑定・通訳・翻訳が書面による報告で完了する場合（刑訴規129条、136条）、書面の提出によって既遂となる。

§253　自白による刑の減免

> 前条の罪（偽証罪）を犯した者が、その証言をした事件について、その裁判が確定する前又は懲戒処分が行われる前に自白したときは、その刑を減軽し、又は免除することができる（170条）。

偽証等にもとづいて、誤った審判がなされる前に、未然に防止することを目指す政策的規定である。したがって、自白は裁判確定前または懲戒処分前になされることを要する。「自白」とは、自己が虚偽の陳述・鑑定・通訳・翻訳をした事実を告白することをいう。自首に限らず、自認することでもよい。したがって、尋問に応じて告白する場合でもよい（大判明42・12・16刑録15・1795）。自白の相手方は、裁判所、懲戒権者、捜査機関に限る。私人を含まない。刑の任意的減免の理由は、自白によって行為の可罰的責任が事後的に減少する点にある。事後的に違法が減少するとする見解は不当である。正犯者のほか、教唆者にも適用される（大決昭5・2・4刑集9・32）。正犯者の自白の効果は、可罰的責任減少事由であるから、教唆者には及ばない（大判昭4・8・26刑集8・416）。

第6節　虚偽告訴の罪

§254　総説

　虚偽告訴の罪とは、人に刑事または懲戒の処分を受けさせる目的で、虚偽の告訴・告発その他の申告をすることを内容とする犯罪である。虚偽告訴の罪は、かつては虚偽の申告をされた被虚告者の個人的法益を侵害する罪とされた。[1]現行刑法では、国家の審判作用を害する犯罪の中に位置づけられている。当時の刑法改正政府提出案理由書によると、「誣告の罪は主として信用に関するものにして、身体に対するは寧ろ本罪の結果に過ぎざればなり」という。しかし、**虚偽告訴の罪の保護法益**については、学説の対立がある。

　①国家の審判作用の適正な運用に対する罪とする見解（団藤109頁、香川106頁、西原434頁、藤木48頁）、②個人の私生活の平穏に対する罪と解する見解（平野290頁、平川189頁、山口599頁、なお、曽根311頁）、③第1次的には国家的法益としての国家の審判作用に対する罪であるが、第2次的には個人的法益に対する罪であるとする見解（大塚613頁、大谷622頁、西田475頁、前田653頁、林457頁）、さらに④むしろ個人的法益侵害の側面に重点があるとする見解（中森311頁）もある。

　第3説が妥当である。第1次的には、刑事手続・懲戒手続の開始のための端緒となる告訴権を濫用して、国家の審判作用の前提としての刑事事件または懲戒事件に対する国家の捜査権や懲戒のための調査権の適正な行使の妨害から保護するのがその趣旨である。虚偽告訴があったからといって、直ちに審判作用が害されるおそれはない。むしろ刑事処分・懲戒処分に関する審判を誤らせるには、不十分だからである（大塚613頁参照）。虚偽告訴は、個人について刑事処分等につき虚偽の事実を申告するのであるから、それが被虚告者の私生活の平穏を害する危険性は高い。したがって、第1次的には、国家的法益に対する罪であるが、第2次的には個人的法益に対する罪でもあることになる。しかし、第2説のように、個人の法益を第1次的に捉え、個人の利益の侵害がある限りでのみ、虚偽告訴等罪が肯定されるという見解は、

---

[1] 旧刑法では、第3編「身体財産に対する重罪軽罪」の中の第1章「身体に対する罪」に位置づけられ、その第12節に「誣告及び誹毀の罪」として規定された。

本罪の体系上とりえない。

　被害者の承諾があった場合に本罪の成立が阻却されるかについては、国家的法益の保護の面が基本的なものであるから、阻却されないということになる[2]（大判大元・12・20刑録18・1566、大塚613頁、大谷623頁、西田475頁）。

§255　虚偽告訴罪

> 人に刑事又は懲戒の処分を受けさせる目的で、虚偽の告訴、告発その他の申告をした者は、3月以上10年以下の懲役に処する（172条）。

1　行　為

　虚偽の告訴、告発その他の申告をすることである。「**虚偽**」とは、客観的真実に反することをいう[3]（最決昭33・7・31刑集12・12・2805）。「**告訴**」とは、犯罪の被害者その他の告訴権者から捜査機関に対して犯罪事実を申告し、犯人の処罰を求める意思表示である（刑訴230条以下）。「**告発**」とは、告訴権者および犯人以外の者から捜査機関に対して、犯罪事実を申告し犯人の処罰を求める意思表示である（刑訴239条以下）。「**その他の申告**」とは、刑事処分を求める請求、懲戒処分を求める申し立てのほか、刑事処分や懲戒処分に結びつきうる事実の申告をいう（西田476頁）。

　申告の内容である事実は、刑事または懲戒処分の原因となりうるものでなければならない。申告の一部に虚偽の事実が含まれていたとしても、虚偽の部分が犯罪の成否に影響を及ぼす重要な部分ではない場合には、刑事処分等の原因となるものではないから、本罪を構成しない。抽象的事実を申告するだけでは足りず、**捜査機関または懲戒権者の職権発動を促すに足りる程度の具体的なもの**であることを要する（大判大4・3・9刑録21・273、団藤114頁、大塚615頁、大谷623頁）。しかし、申告すべき事実を具体的に詳記することを要せず、官庁の職権の発動を促すに足りるおそれがある程度に抽象的なものであってもよい（大判大5・9・20刑録22・1393）。例えば、賭博をした日時・場所（大判大9・9・15刑録26・676）、贈賄者の特定（大判昭2・3・17刑集6・103）は必要で

---

[2] 承諾があれば法益が存在せず、本罪は成立しないとする見解も有力である（木村323頁、平野291頁、曽根312頁、中森267頁）。
[3] 偽証罪における「虚偽」につき、主観説を採る立場に立つ見解からも、本罪については、客観的に真実に反するのが虚偽であるとされる。

はない。申告は、相当官署に対してなされることが必要である。**相当官署**とは、刑事処分については、捜査権が与えられた検察官、検察事務官、司法警察職員をいう（大判大2・3・20刑録19・365）。懲戒処分については、本属長官、その他の懲戒権者ないし機関をいう（大判明45・4・12刑録18・458）。申告は、自発的になされたものでなければならない。捜査機関・懲戒権者などの取調べを受けてそれに対する回答として虚偽の事実を述べることは申告にはあたらない。申告の方式を問わない。口頭によるか書面によるか、匿名か署名を用いるか、自己名義でするか他人名義をもってするかを問わない（大判明42・4・27刑録15・518）。

　本罪の既遂時期は、虚偽の申告が相当官署に到達したときである。文書が相当官署に到達し、閲覧しうる状態に置かれれば足りる。現実に閲覧されたことを要しない（大判大5・11・30刑録22・1837）。被申告者がその内容を知ること、検察官等が捜査に着手したこと、起訴した（大判大3・11・3刑録20・2001）ことを要しない。しかし、文書を発送しただけでは既遂ではない。未遂は不可罰である。

2　主観的要件

　本罪は、故意のほかに「人に刑事又は懲戒の処分を受けさせる目的」を必要とする目的犯である。主観的要件における問題点は、虚偽告訴が、正当な告訴まで禁じることがあってはならず、したがって、故意における「虚偽」の認識ないし「刑事又は懲戒の処分を受けさせる目的」が未必的なものであってよいかどうかである。

　ⓐ　故　意　事実を虚偽であることを認識しつつ申告することを要する（大判大13・7・29刑集3・721）。これにつき、事実が虚偽であるとの認識は、**未必的認識**で足りるか（平野291頁、藤木49頁、内田669頁、前田556頁、大判大6・2・8刑録23・41、最判昭28・1・23刑集7・1・46）、**確定的認識**であることを要するか（団藤112頁、福田41頁、大塚616頁、大谷624頁、曽根312頁、中森327頁、西田478頁、山口602頁以下）については見解が分かれている。前説は、その根拠として、一般論として未必の故意を排除する理由はないこと、また、故意で限定しなくても、誤った処分を受けさせる目的によって限定することが可能であるということを挙げる。しかし、告訴・告発は、犯罪の嫌疑があると思うところから出発するのであり、その嫌疑についてあるいは虚偽であるかもしれないという認識は誰でももつものであるともいえる。そうだとすると、

未必的に虚偽であるかもしれないと思った告訴者・告発者はすべて未必の故意をもっているので、大部分は、虚偽告訴罪にあたることになってしまう。これによって、告訴権・告発権の行使を不当に制約するおそれがあるというのである（団藤112頁、大塚616頁）。また、「処分を受けさせる目的」は、「虚偽性の認識」を含むものではないから、「目的」によって限定することはできない。したがって、虚偽性の認識については、故意の要件において**確定的故意**であることを要求すべきである。

❻ 目　的　人に**刑事または懲戒の処分を受けさせる目的**で行われることを要する。「人」とは他人の意味である。したがって、自己に対する虚偽告訴は、本罪を構成しない。人は、実在することが必要である。虚無人に対する虚偽告訴も本罪を構成しない。なぜならば、虚無人は「人」ではなく、刑事処分・懲戒処分を受ける人が実在しないのであるから、捜査・取調べが進んでも人に刑事処分を受けさせる可能性はなく、個人的法益を侵害するおそれがないからである。実在する人である限り、責任無能力者であっても、懲戒を受けるべき身分を有しない人であってもよい。法人が処罰される両罰規定については、法人も人に含まれる。刑事処分には、刑罰のほか、少年に対する保護処分（少年法24条）、売春婦に対する補導処分（売春17条以下）を含むと解されている（団藤111頁、大塚617頁）。「懲戒の処分」とは、公法上の監督関係にもとづいて紀律維持のために科せられる制裁を意味する。行政作用であることも、公務員に対するものであることも要しない。例えば、弁護士、公証人、司法書士、医師、公認会計士に対する懲戒はこれにあたる。受刑者に対する懲罰もこれにあたる。過料が懲戒にあたるかどうかについては見解が分かれる。一般的にはこれにあたらないと解する見解も有力である（大塚617頁）が、肯定説（木村324頁、大谷625頁）が多数説である。

　「目的」とは、刑事または懲戒の処分を受けさせる結果の発生の**意欲**を必要とするのか（佐伯38頁、団藤111頁、中293頁、福田40頁、曽根312頁）、それとも、その結果発生の**未必的認識**で足りるのか（通説、大判昭8・2・14刑集12・114）については見解が分かれる。つまり、有罪判決に至ることまでは意欲せず、捜査の開始までを意図したにすぎない場合（前掲大判昭8・2・14）、前説からは、「目的」がないことになるが、後説からは、少なくとも有罪判決に至るという未必的認識は存在するのが通常であり、本罪の目的があるということができる。後説からは、国家の捜査権・調査権の行使の開始により、

個人が捜査・調査の対象となって負担が課せられることになるから、当罰性があることが根拠とされる。この説に従い、刑事処分・懲戒処分を受けさせる目的は、**未必的認識**で足りると解すべきである。刑事処分または懲戒処分を受けさせる目的は、唯一・主要な動機であることを必要としない（大判昭12・4・14刑集16・525）。

3 罪数

個人的法益の侵害の側面を重視して、被申告者の数を標準とすべきである（大判明45・7・1刑録18・971）。一通の書面による同一人に対する数個の虚偽の犯罪事実を記載した告訴を行った場合、一罪が成立する（大判明44・2・28刑録17・220）。一通の書面によって数人を虚偽告訴した場合、観念的競合である（大判明42・10・14刑録15・1375）。三人につき贈収賄の事実を内容とする告訴状を警察署に提出した後、同一内容の告訴状を検察官に提出した場合、二個の虚偽告訴にあたり、併合罪の関係にある（最決昭36・3・2刑集15・3・451）。

§256 自白による刑の減免

> 前条の罪（虚偽告訴罪）を犯した者が、その申告をした事件について、その裁判が確定する前又は懲戒処分が行われる前に自白したときは、その刑を減軽し、又は免除することができる（173条）。

虚偽告訴によって誤った刑事処分や懲戒処分が行われるのを防止するために政策的に設けられた規定である。

第7節 職権濫用の罪

§257 総説

職権濫用の罪は、刑法第25章「涜職の罪」に、賄賂の罪とともに規定されている。職権濫用の罪とは、公務員がその職権を濫用することにより公務の適正な執行を侵害し、これに対する国民の信頼を侵害することを内容とする犯罪である。その保護法益は、国家の司法・行政作用の適正であり、国家

---

[1] 職権濫用罪については、「特集・公務員犯罪」刑雑31巻1号（1990年）43頁以下、「特集・公務員犯罪の諸問題」現刑39号（2002年）4頁以下、浅田和茂「職権濫用罪」現代的展開336頁以下、中森喜彦「職権濫用罪に関する覚書」森下古稀（上）334頁以下、斉藤豊治「職権濫用罪の

的法益であるが、第 2 次的には職権濫用行為の相手方の自由や権利といった**個人的法益の保護**も含まれる（佐伯 40 頁、大塚 619 頁、大谷 626 頁以下、西田 479 頁、山口 604 頁）。国家の作用に対する犯罪は、本章でこれまで論じてきた諸類型にあっては国家機関の外部にいる者が、外部から国家の作用を侵害する類型であったのに対して、公務員自身が国家の内部から国家の作用を侵害するものである。この点で、「汚職の罪」として賄賂罪と共通するのである。

職権濫用の罪には、公務員職権濫用罪（193 条）、特別公務員職権濫用罪（194 条）、特別公務員暴行陵虐罪（195 条）および特別公務員職権濫用等致死傷罪（196 条）が属する。旧憲法においては、官僚国家的な公務員制度のもとで、公務員の職権濫用については職務行使の行き過ぎにすぎないとされ、法定刑も軽かったが、賄賂罪については、職務の清廉性を汚すものとして重い法定刑が規定されていた。新憲法のもとになって、「すべて公務員は、全体の奉仕者であって、一部の奉仕者ではない」（憲法 15 条 2 項）とされ、また、「公務員による拷問……は、絶対にこれを禁ずる」（憲法 36 条）とされたことを受け、昭和 22 年の刑法の一部改正の際に法定刑が大幅に引き上げられ、賄賂罪とのバランスが図られた。

§258 公務員職権濫用罪

> 公務員がその職権を濫用して、人に義務のないことを行わせ、又は権利の行使を妨害したときは、2 年以下の懲役又は禁錮に処する（193 条）。

1 主 体

公務員である（身分犯）。公務員には限定がなく、公務員であればよいのか（福田 43 頁、香川 117 頁）、それとも、一定の行為を行わせ、必要に応じてそれを**強制しうる権限**を有する公務員でなければならないのか（大塚 620 頁、西原

問題点」基本講座 6 巻 342 頁以下参照。なお、私見については、山中「職権濫用の意義」争点（第 3 版）252 頁以下参照。

[2] 職権濫用罪の保護法益を個人の権利・自由という個人的法益であるとする見解も唱えられている（神山「職権濫用罪の法益についての一考察」井戸田古稀 803 頁以下）が、公務員の義務違反を根拠に加重処罰する規定とみるのは疑問である。国家の作用の適正の保護の観点を等閑視することはできない。

[3] 刑事訴訟法上、本罪については準起訴手続（刑訴 262-269 条）が定められ、検察官による起訴独占主義の弊害をチェックできる制度となっている。

[4] 本罪の法定刑に禁錮が残されているのは、公務員が職務に熱心なあまり職権を濫用するのは破廉恥罪ではないという官僚主義思想の残滓であり、疑問である。

451頁、内田675頁）については見解が分かれている。さらに、公務員の権限が濫用された場合、相手方をして義務なきことを行わせ、または行うべき権利の行使を事実上妨害する可能性があれば足り、必ずしも強制力を伴う権限を有する公務員であることを要しないとする見解（大谷628頁）もある。

2 行　為

公務員がその職権を濫用して、人に義務のないことを行わせ、または行うべき権利を妨害することである。

「**職権の濫用**」とは、一般的職務権限に属する事項について、職権の行使に仮託して実質的、具体的に違法、不当な行為をすることをいう（最決昭57・1・28刑集36・1・1）。不作為も含む。

「**職権**」とは、当該公務員の**一般的職務権限**をいう。職務権限があるような外観が存在するだけでは足りず、客観的に職務権限があることが必要である。法律上明文の根拠規定を要せず、法制度を総合的、実質的に観察して認められるものであれば足りる。

> **判例**において、職務権限が認められた例を一つ挙げておこう。簡易裁判所判事Xは、女性Aに対する窃盗被告事件の審理を担当していたが、同事件については、被害弁償を待つために次回公判期日が指定されていたところ、自己との交際を求める意図で、Aに電話をし、同女を呼び出し、右被告事件について出頭を求められたものと誤信した同女をして、喫茶店まで出向かせ、同店内に約30分間ほど同席させたという事案である。**最高裁**は、この事案につき、「刑事事件の被告人に出頭を求めることは裁判官の一般的職務権限に属するところ、裁判官がその担当する刑事事件の被告人を右時刻に電話で喫茶店に呼び出す行為は、その職権行使の方法としては異常なことであるとしても、当該刑事事件の審理が右状況にあるもとで、弁償の件で会いたいと言っていることにかんがみると、所論のいうように職権行使としての外形を備えていないものとはいえず、右呼出しを受けた刑事事件の被告人をして、裁判官がその権限を行使して自己に出頭を求めてきたと信じさせるに足りる行為であると認めるのが相当であるから、右Aをしてその旨誤信させて、喫茶店まで出向かせ、同店内に同席させた被告人の前記所為は、職権を濫用し同女をして義務なきことを行わせたものというべきである」と決定した（最決昭60・7・16刑集39・5・245）。

職務は、**強制的要素**をもつものでなければならないかどうかにつき見解が分かれている。学説においては、①強要罪と文言が共通していることから、相手方の意思の制圧の要素を含むことを要素とする犯罪であって、職権とは強制的な権限をいうとする見解（**強制的権限説**＝古田・大コンメ7巻409頁、大塚620頁、内田675頁、平川169頁）と、②法律の強制力を伴う必要のない一般的

第7節 職権濫用の罪　§258　公務員職権濫用罪

職務権限をいうとする見解（**一般的職務権限説**ないし**無限定説**=中森・森下古稀（上）334頁、曽根314頁、西田482頁、前田659頁、同・刑雑31巻1号87頁）が対立している。**判例**においては、「一般的職務権限は、必ずしも法律上の強制力を伴うものであることを要せず、それが濫用された場合、職権行使の相手方をして事実上義務なきことを行わせ又は行うべき権利を妨害するに足りる権限であれば、これに含まれる」とする（前掲最決昭57・1・28）。この判例を支持し、学説においても、③法律上、事実上の負担ないし不利益を生ぜしめるに足りる特別の権限、すなわち、「強制力はないとしても、国民に対し事実上服従ないし忍受を求めうるような職務権限」（出田孝一・最判解・平元年度111頁）を要するとする見解（**特別職務権限説**=大谷628頁、山口・探究308頁、山中・争点〔第3版〕253頁）が唱えられている。一般的職務権限説によると、職務権限がない職務仮装型の職権濫用行為については職権濫用を肯定できないという批判がある。この見解からは、職務行為の形式をとって不正な行為がなされていれば足りるとする反論（中森・前掲271頁）もある。これに対して、特別職務権限説からは、職務仮装型でも国民に事実上・法律上の負担・不利益を与える特別の権限をもつのであれば含まれることになる。しかし、特別職務権限説によれば公務員が国民からの申請を握りつぶす場合のような権利付与型の権限の場合が排除されることになるという批判があるが、この場合も事実上・法律上の負担ないし不利益を与えるのであり、特別職務権限はあるといってよい。かくして、特別職務権限説が妥当である。

　　最高裁は、裁判官が、司法研究その他職務上の参考に資するための調査・研究という正当な目的ではなく、これとかかわりのない目的であるのに、正当な目的による調査行為であるかのように仮装して身分帳簿の閲覧、その写しの交付等を求め、刑務所長らをしてこれに応じさせたという事案（いわゆる**宮本身分長事件**）につき、「一般的職務権限は、必ずしも法律上の強制力を伴うものであることを要せず、それが濫用された場合、職権行使の相手方をして事実上義務なきことを行わせ又は行うべき権利を妨害するに足りる権限であれば、これに含まれるものと解すべきである」として、「裁判官が刑務所長らに対し資料の閲覧、提供等を求めることは、司法研究ないしはその準備としてする場合を含め、量刑その他執務上の一般的参考に資するためのものである以上、裁判官に特有の職責に由来し監獄法上の巡視権に連なる正当な理由に基づく要求というべきであって、法律上の強制力を伴ってはいないにしても、刑務所長らに対し行刑上特段の支障がない限りこれに応ずべき事実上の負担を生ぜしめる効果を有するものであるから、それが濫用された場合相手方をして義務なきことを行わせるに足りるものとして、職権濫用罪における裁判官の一般的職務権限に属すると認め

るのが相当である」と決定した（前掲最決昭57・1・28）。

「**濫用**」とは、一般的職務権限に属する事項につき、職権行使の際に、および職権の行使に仮託して、実質的、具体的に違法、不当な行為をすることをいう。濫用行為は、相手方が職権の行使であることを認識できるものに限るかどうかについて、①被害者に職権の行使と認識させなくてもよいとする見解（最決平元・3・14刑集43・3・283、団藤122頁、大谷629頁、曽根315頁、西田484頁、前田660頁、山口・探究305頁、同606頁）と、②相手方が職権行使であることを認識できる外観を備えた行為で、相手方の意思にはたらきかけ影響を与えるものに限るとする見解（東京高決昭63・8・3高刑集41・2・327、古田・大コンメ9巻409頁）がある。この見解は、強要罪が「人に義務のないことを行わせ、又は権利の行使を妨害した」ことを要件としており、相手方の意思にはたらきかけてそれを抑圧して一定の作為・不作為を強要することを要件としているのとパラレルに本罪を解釈するものである。しかし、職権濫用罪は強要罪と異なり、相手方の意思にはたらきかけ、これに影響を与えることを要しない犯罪類型である。本罪は、国民に対し法律上・事実上の不利益を生ぜしめる効力を有する特別の権限を与えられた公務員が、その権限を濫用して国民の自由・権利を侵害した場合を処罰するものであるから、職権の不当な濫用があり、国民に事実上の不利益を与える限り、相手方の意思への影響にかかわりなく、本罪の成立が認められる。したがって、公務員がその職務権限の行使の外観をとり、相手方に気付かれずにその権利・自由を侵害するいわゆる**密行型の職権濫用**も可能である。

　判例においては、警察官AおよびBが、ある政党関係の情報を含む警備情報の収集に関する職務を担当していたが、当該党関係の情報を得るため、職務として、同党中央委員会国際部長の自宅に架設されているダイヤル式電話機による通話を**盗聴**しようと企て、また、電話機に通ずる電話線に工作を施し、電話の通話内容を密かに聴取することができる状態にあった電話の通話内容を盗聴しようとしたという事案につき、次のように決定した。

　東京地裁は、「相手方において、職権の行使であることを認識できうる外観を備えたもの」でないことを理由に、本罪の成立を否定し（東京地決昭63・3・7判時1266・13）、東京高裁は、本件盗聴行為が刑法193条（公務員職権濫用罪）の罪が成立するためには、「濫用行為を手段として『人をして義務なきことを行わしめ、又は行うべき権利を妨害』することを要するのであるから、当該公務員が違法、不当な行為をするに当たり仮託する職権の行使は、一般的職務権限に属するすべての職務行為をいうのではなく、行為の相手方の意思に働きかけ、これに影響を与えて、義務のないことを

行わせ、又は行うべき権利について不行使を余儀なくさせるに足る性質のものであることを要すると解すべきである。すなわち、具体的に行われた公務員の行為が同条に該当するためには、このように相手方の意思に働きかけ、これに影響を与える職権行使の性質を備えるものであることを要する」として、公務員職権濫用罪の成立を否定した（前掲東京高決昭63・8・3）。

これにつき、**最高裁**は、「被疑者らは盗聴行為の全般を通じて終始何人に対しても警察官による行為でないことを装う行動をとっていたというのであるから、そこに、警察官に認められている職権の濫用があったとみることはできない。したがって、本件行為が公務員職権濫用罪に当たらないとした原判断は、正当である」と決定した（前掲最決平元・3・14）。

しかし、警察官の一般的職務権限に属する警備情報の収集作業として行われた**盗聴**は、電気事業法に違反する違法な犯罪行為であり、権限を「逸脱」するが、これも一種の職権「濫用」であり（西田484頁）、また、相手方が職権の行使であることを認識していなくても、その権利は侵害されたのであり、これを職権の濫用があったといえないとする判例の判断は不当である。

3 結　果

「**義務のないことを行わせ**」とは、法律的にまったく義務のない行為はもちろん、義務があるときに、その義務の態様を不当に変更して行わせる場合を含む。義務の履行期を早期に変更し、または一定の条件を付して行わせるといった場合が、義務の態様を変更する例である。「**権利の行使を妨害し**」とは、法律上認められている権利の行使を妨害することである。権利は、必ずしも法律上の権利であることを要しない。事実上の利益をも含む。

本罪は**結果犯**であるから、既遂に達するためには、職権濫用行為の結果として、現に人が義務のないことを行わされ、または権利の行使が妨害されたという結果の発生が必要である（団藤122頁、大塚622頁、大谷630頁以下、西田484頁）。未遂は処罰されない。

4 他罪との関係

本罪は、暴行・脅迫罪と単純な加重・減軽類型に立つのではない。本罪の法定刑は、暴行・脅迫を手段としないとはいえ、2年以下の懲役または禁錮であり、3年以下の懲役である強要罪より軽い。したがって、公務員が、暴行・脅迫を加えて職権濫用行為を行う場合には、本罪と強要罪との観念的競合である（団藤125頁、大塚622頁）。

§259　特別公務員職権濫用罪

> 裁判、検察若しくは警察の職務を行う者又はこれらの職務を補助する者がその職権を濫用して、人を逮捕し、又は監禁したときは、6月以上10年以下の懲役又は禁錮に処する（194条）。

1　主体

裁判、検察、もしくは警察の職務を行う者またはこれを補助する者である。本罪は、逮捕監禁罪（220条）に対して、その主体が公務員であることによって刑が加重されている不真正身分犯である。その職務の性質上、職権を濫用して人権を侵害する危険が伴いやすいので、それを防止するため加重処罰しているのである。「**裁判、検察若しくは警察の職務を行う者**」とは、裁判官、検察官、司法警察員を指す。司法警察員には、一般司法警察職員（刑訴189条）、特別司法警察職員（刑訴190条参照）を含む。「**これらの職務を補助する者**」とは、裁判所書記官、検察事務官、司法巡査（大判大5・10・12刑録22・1550）など、その職務上、補助者の地位にあるものを指す。事実上、補助する私人を含まない。したがって、警察署長から委託を受け、非行少年の早期発見・補導等を行う少年補導員は、これに含まれない（最決平6・3・29刑集48・3・1）。

2　行為

職権を濫用して、人を逮捕し、または監禁することである。逮捕・監禁は、職権の濫用として行われる必要がある。職務とは無関係に行われた逮捕・監禁は、本罪を構成せず、逮捕・監禁罪が成立するにすぎない。

本罪は、公務員職権濫用罪と特別関係に立ち、逮捕・監禁罪に対しても同様である。

§260　特別公務員暴行・陵虐罪

> 裁判、検察若しくは警察の職務を行う者又はこれらの職務を補助する者が、その職務を行うに当たり、被告人、被疑者その他の者に対して暴行又は陵辱若しくは加虐の行為をしたときは、7年以下の懲役又は禁錮に処する（195条1項）。
> 法令により拘禁された者を看守し又は護送する者がその拘禁された者に対して暴行又は陵辱若しくは加虐の行為をしたときも、前項と同様とする（同条2項）。

1　主体

裁判・検察・警察の職務を行う者もしくはこれを補助する者（1項）、または、法令により拘禁された者を看守または護送する者である（2項）。暴行については加重的身分犯である。本罪は、本罪の主体たる公務員は、その職務の性質上、人の自由・権利の侵害を伴う行為をする職務を与えられているので、その濫用を防止して厳しく罰する趣旨に出たものである。

2　客体

被告人、被疑者、その他の者であり（1項）、または、被拘禁者（2項）である。「その他の者」とは、証人、参考人などの捜査・公判上取調の対象となる者をいう。

3　行為

職務を行うにあたり暴行または陵辱・加虐の行為をすることである。「**暴行**」は、人に対して不法に有形力を行使することをいう。広義の暴行の趣旨であり、有形力が直接人の身体に加えられるものであると、間接的に加えられるものであるとを問わない（東京高判昭30・7・20東高刑時報6・8・249）。着衣を破る行為もこれにあたる。**陵辱**とは、人を痛めつけ、はずかしめることをいう。**加虐**とは、痛めつけ、虐げることをいう。「**陵虐又は加虐の行為**」とは、暴行以外の方法で精神的・肉体的苦痛を与える一切の虐待行為をいう。例えば、相当な飲食物を与えないこと、用便させないこと、睡眠させないこと、わいせつまたは姦淫の行為をすること（大判大4・6・1刑録21・717）などである。

　最近の判例において、留置場の看守が被留置者を姦淫した場合、被留置者の承諾を得ていても、「陵虐若しくは加虐の行為」に該当するとしたもの（東京高判平15・1・29判時1835・157）がある。そこでは、看守等は、「被拘禁者を実力的に支配する関係に立つものであって、その職務の性質上、被拘禁者に対して職務違反行為がなされるおそれがあることから、本罪は、このような看守者等の公務執行の適正を保持するため、看守者等が、一般的、類型的にみて、前記のような関係にある被拘禁者に対し、精神的又は肉体的苦痛を与えると考えられる行為（……）に及んだ場合を処罰する趣旨であって、現実にその相手方が承諾したか否か、精神的又は肉体的苦痛を被ったか否かを問わないものと解するのが相当である」と判示した。

　さらに、最近の判例で、少年院の法務教官が、その職務を行うに当たり、在院している少年に対して遺書を作成させた上、少年の面前で塩素系漂白剤と酸性洗剤をビニール袋内で混合して塩素ガス様の気体を発生させ、吸ったら死ねるなどと迫る旨の文言を申し向けたるなどした事案につき、特別公務員暴行陵虐罪の成立を認めたもの

（広島地判平22・11・1LEX/DB、控訴審＝広島高判平23・6・30LEX/DB）がある。事案は、「本件当日、体育館において、本件少年の頸部にシーツを巻き付けた上で、自分で頸部を絞め付けて死ぬように迫る旨の文言を申し向け、続けて、本件少年に遺書を作成するよう申し向けた上、同人がこれを拒絶すると、A教官に指示し、『イショ』『ぼくは死にます。』などと記載した文書を作成させて、これを読み上げさせ」るなどし、さらに、有毒な気体が発生しているように装い「ビニール袋を本件少年の顔面に近づけて、そこから発生している有毒な気体を吸えば死ねるなどと迫る旨の文言を申し向けた」というものである。**第1審**は、「このような行為は、指導の目的があっても、法務教官の職務上、行うことが許される行為とはいえず、特別公務員暴行陵虐罪にいう暴行又は陵虐行為に該当するので、被告人には同罪が成立する」とした。**控訴審**も、この点、「指導目的でされたものであることや、本件少年の特殊性、緊急に対処する必要性をいかに考慮しても、社会通念に照らし、職務上行うことが必要かつ相当なものであるとは到底いい難く、公務の適正とこれに対する国民の信頼の観点からしても、およそ容認することはでき」ないとした。

4　違法性阻却事由

被害者の承諾は違法性を阻却しない（陵辱加虐の意味はもたないとするものに、中森333頁）。公務員の汚職行為を罰するものであり、個人的法益のみの保護を図る規定ではないからである。

5　他罪との関係

暴行罪は、本罪に吸収される。判例には、陵辱・加虐の行為としてわいせつ・姦淫行為が行われたときは、判例は、本条のみが適用されるとするものがある（前掲大判大4・6・1）。しかし、わいせつ・姦淫行為が行われたときは、両罪の罪質は異なるので、強制わいせつ罪・強姦罪と本罪との観念的競合となると解すべきである（団藤128頁、福田46頁、大塚624頁、大谷634頁、西田486頁、山口609頁、大阪地判平5・3・25判タ831・246）。

§261　特別公務員職権濫用致死傷罪等

> 前2条の罪を犯し（特別公務員職権濫用罪・特別公務員暴行・陵虐罪）、よって人を死傷させた者は、傷害の罪と比較して、重い刑により処断する（196条）。

特別公務員職権濫用罪（194条）および特別公務員暴行陵虐罪（195条）の結果的加重犯である。

第8節　賄賂の罪

§262　総　説

1　意　義

　賄賂の罪は、収賄の罪と贈賄の罪とからなる。現在、刑法上、収賄の罪としては、収賄罪（197条1項前段）、受託収賄罪（同条後段）、事前収賄罪（同条2項）、第三者供賄罪（197条の2）、加重収賄罪（197条の3第1項、2項）、事後収賄罪（同条3項）、および、あっせん収賄罪（197条の4）が規定され、贈賄の罪としては、贈賄罪（198条）のみが規定されている。

2　沿　革

　賄賂の罪は、刑法制定当時から処罰の拡大の歴史をたどった。当初、刑法は、収賄罪（197条1項前段）、加重収賄罪（同条後段）および贈賄罪（198条）のみを規定していたが、**昭和16年**の刑法一部改正（同年・法61号）の際に各規定が修正されたほか、新たに受託収賄罪、事前収賄罪、第三者供賄罪、事後収賄罪が追加された。当時、戦時統制経済体制が強化され、公務員の許認可に関する強大な権限が認められるに至っていたが、これに応じて、公務員の職務の公正の保護を強化し、綱紀の粛正を図ろうとしたところに改正の狙いがあった。昭和18年には、戦時刑事特別法（同年法107号）に斡旋収賄罪の規定（18条の3）が新設されたが、昭和20年にはこの法律は廃止された。

　戦後、**昭和33年**になってようやく、刑法の一部改正により斡旋収賄罪および斡旋贈賄罪が設けられた。しかし、これによって、処罰の対象は、公務員自身の職務に関するものではないあっせん行為にまで拡大され、賄賂に関する罪の性格は極めて複雑なものとなった。昭和55年にはロッキード事件を契機として、加重収賄罪を除いて収賄罪の法定刑が引き上げられ（同年法30号）、重罰化が図られ、あっせん贈賄罪は、法定刑が引き上げられ、贈賄罪と一本化された。**平成3年の改正**により、贈賄罪の罰金額が250万円に引き上げられた。

　これらの改正では、収賄罪の主体は、公務員または仲裁人に限るという原則は維持されているが、特別法の領域においては、行為の主体の拡大も推し

---

[1] 旧刑法では、収賄の罪だけ処罰され、贈賄は処罰の対象ではなかった。

進められた。「みなし公務員」にも収賄罪の規定は適用されるが、そのほか、各種の特別法において **収賄罪の主体の拡張** が行われている。会社の発起人・取締役などの収賄罪（会社967条1項）、それに対する贈賄罪（会社967条2項）のほか、破産管財人等の収賄・贈賄罪（破産273条、274条）、独占事業会社等の役職員の収賄・贈賄罪（経罰1条、2条、4条）などがそうである。

なお、2003年8月1日には、仲裁法（平成15年法138号）が公布され、仲裁人に関する贈収賄罪を規定した（50条以下）。その結果、刑法197条、197条の2、197条の3における賄賂罪の主体としての「又は仲裁人」という文言は削除されることになった（仲裁法附則13条）。

3　保護法益

賄賂罪の保護法益に関しては、もともと「**職務行為の不可買収性**」であるとする見解と「**職務行為の公正（純粋性）**」であるとする見解とが対立している。前者は、職務上の義務に反しない正当な職務のためであっても、賄賂によって職務が左右されるということのないようにするのが賄賂罪であると考える。それに対して、後者は、賄賂によって職務の公正が曲げられなければよいと考えるものである。しかし、後者の見解も、職務行為の公正に対する社会の信頼も保護法益であるとすることによって、正当な職務行為に対しても賄賂罪が成立するとみるのが通常である。

わが国では、賄賂罪の保護法益については、①職務行為の不可買収性に求める見解（**不可買収性説**=木村288頁、平野294頁、中297頁、香川132頁）、②職務行為の公正およびそれに対する社会の信頼に求める判例・通説（**信頼保護説**=大判昭6・8・6刑集10・412、大判昭11・5・14刑集15・626、最大判昭34・12・9刑集13・12・3186、最大判平7・2・22刑集49・2・11=**百選107**、西原454頁、大谷635頁、中森273頁以下、堀内345頁、西田489頁、前田665頁）、③職務行為の公正（純粋性）を保護法益とする最近の有力説（**純粋性説**=北野・刑雑27巻2号259頁、町野・現代的展開351頁、林442頁、山口・探究323頁、同612頁）、④職務行為の不可買収性および公正であるとする **折衷的見解**（団藤129頁、福田46頁、大塚627頁、川端733頁）、そのほかに、⑤賄賂罪の本質を公務員の **清廉であるべき義務** に反

---

2 賄賂罪の保護法益については、北野通世「収賄罪の一考察（1・2完）」刑雑27巻2号（1986年）5頁以下、28巻3号（1988年）78頁以下、斎藤信治「賄賂罪の保護法益（1－3・完）法学新報96巻1=2号（1989年）73頁、3=4号（1990年）49頁、5号1頁。町野「収賄罪」現代的展開348頁以下。

することと解する見解（小野48頁）とに分かれている。

職務行為の不可買収性が保護法益であるという見解は、職務行為の正・不正にかかわらず、買収からは自由であることを重要とみなし、職務行為に関して賄賂を収受すること自体を処罰することにつながる。単純収賄罪の処罰は、これを意味する。これに対して、職務行為の公正を保護法益とみる純粋性説は、職務行為の公正が害された場合を処罰する加重収賄罪が収賄罪の基本類型であるということになる。単純収賄罪は、その危険犯である。信頼保護説は、職務行為の公正に対する社会一般の信頼を加えることによって、単純収賄の場合でも、すでに社会の信頼を動揺させていることを説明するための理論である。しかし、**最近の有力説（純粋性説）**は、社会の信頼という極めて抽象的で漠然とした不明確なものを[3]法益とすることを避け、職務の公正を疑わしめるような利益の収受のみでは不法ではありえないというのである（林441頁）。この純粋性説は、個別の職務行為の公正を保護法益と捉える点で、一面的である。むしろ、公の機関全体の不可買収性の方が基本的な保護法益であると解すべきである。

このようにして、**公的機関の不可買収性**が保護法益であり、そのうえで**個別職務行為の公正も保護**されているのである[4]。しかし、賄賂罪の本質は、公務員らの職務についての不可買収義務の違反にある（大塚627頁）わけではない。第1次的には、個々の不可買収義務違反ではなく、それによって公的意思決定に影響を及ぼしうる可能性があるという印象を引き起こしたことが重要なのである。その意味では、あえて信頼保護説の用語を使えば、不可買収性とは、職務行為の清廉性に対する社会の信頼であるいってもよい。第2次的には、個々の公務の公正に対する抽象的危険が重要である。単純収賄罪が基本類型である以上、このように解するべきである。したがって、賄賂の罪は、公的機関の意思決定の不可買収性、社会一般の職務行為の不可買収性への信頼、公務員の個々の職務の公正が保護法益であり、それによって国民が公正な公務を利用し、享受する権利を保障するものであるといってよいと思われる[5]。

---

[3] 斎藤信治「賄賂罪の問題点―含、没収、追徴」基本講座6巻374頁。
[4] 山中「賄賂罪における職務関連性」現刑39号（2002年）28頁参照。
[5] *Arzt/Weber*, Strafrecht, Besonderer Teil, 2000, S. 1046.

4 職務の意義

賄賂の罪の客体は賄賂である。「賄賂」とは、公務員の職務に関する不正な報酬としての（対価関係に立つ）利益をいう。そこで、まず、「職務に関し」の意義を明らかにする必要がある。[6]

ⓐ 職務関連性 「職務に関し」とは、**職務行為自体**に対する対価関係のほか、後述するように、**職務と密接な関連を有する行為**に対するものをも含む（通説、大判大2・12・9刑録19・1393、最判昭25・2・28刑集4・2・268）。職務とは、公務員がその地位に伴い公務として取り扱うべき一切の執務をいう（最判昭28・10・27刑集7・10・1971）。その範囲は、法令によって定められるのが通常であるが（前掲大判大2・12・9）、必ずしも法令に直接の規定があることを要しない（大判大5・1・28刑録22・74）。その職務に関する独立の決定権を有する場合に限らず、上司の指揮監督のもとにその命令を受けて事務を取り扱うにすぎない補助的職務であってもよい（大判大8・12・18刑録25・1388、前掲最判昭28・10・27）。

職務は、法令上その公務員の**一般的職務権限**に属するものであれば足り、現に具体的に担当している事務であることを要しない（大判昭18・2・18刑集22・22、最判昭37・5・29刑集16・5・528）。ただし、当該公務員の地位、担当変更の可能性、事務処理の状況からして当該公務員が何らかの意味で**職務行為に影響を与えうる可能性**が必要である（平野297頁、町野・現代的展開364頁、大谷638頁、西田494頁）。具体的には、以下のような職務が問題である。

① 将来の職務 抽象的職務権限に属する事務であれば、将来になってはじめて行うことのできる事務であってもよい（大判明42・12・17刑録15・1843、最決昭36・2・9刑集15・2・308）。しかし、将来、その職務を担当する蓋然性があることが必要であるとされている（西田497頁）。判例では、市長が、任期満了前に、現に市長としての一般的職務権限に属する事項に関し、再選された場合に担当すべき具体的職務の執行につき請託を受けて賄賂を収受した事案について、受託収賄罪の成立を認めたものがある（最決昭61・6・27刑集40・4・369 = **百選108**）が、この判例に対しては、市長選で再選されることが

---

[6] これに関する比較的最近の文献として、堀内「賄賂罪における職務行為の意義」平野古稀（上）495頁以下、中森「職務関連行為概念の機能」法学論叢128巻4 = 5 = 6号（1991年）177頁以下、北野通世「刑法第197条第1項にいわゆる『其職務ニ関シ』の意義」（1・2完）山形大学紀要（社会科学）22巻1号（1991年）36頁、23巻2号（1993年）120頁。

確実ではないから、事前収賄罪または現在の職務に関する単純収賄罪とすべきではないかとの疑問が唱えられている（西田498頁）。

② **内部的事務分配**　公務所における内部的な事務分配のいかんにかかわらない（大判大9・12・10刑録26・885、最判昭27・4・1刑集6・4・665）。したがって、日常担当しない事務であっても、所属する課の分掌事務に属するものであれば、全般にわたり一般的権限を有しているものといえる（前掲最判昭37・5・29）。

③ **過去の職務**　過去において担当していた事務であるが、現在は担当していない事務であってもよい（前掲大判明42・12・17）。これについては、後に「転職と職務権限」の項（☞**c**）で詳述する。

④ **適法な職務行為**　法令上公務員の一般的職務権限に属する行為であれば、「公務員が具体的事情の下においてその行為を適法に行うことができたかどうかは、問うところではない」[7]（前掲最大判平7・2・22＝**百選107**）。

⑤ **不作為による職務行為**　職務に関する行為は、**不作為**であってもよい。判例によれば、議員が欠席して議事に加わらないことも（大判大5・11・10刑録22・1718）、巡査がことさらに捜査を中止することも（大判大8・3・31刑録25・483）、鉄道の警備係がやみ物資輸送を黙認することも（最判昭28・4・28刑集7・4・887）職務行為である。最近の判例では、文部事務次官が、特定業者が営む、進学指導情報誌の発行事業の遂行に支障を及ぼすことを考慮して、実態調査を含む対応措置となる行政措置をとらなかったことが職務関連行為にあたるとされている（最決平14・10・22刑集56・8・690＝リクルート事件文部省ルート上告審決定）。

判例において、職務権限が認められたものを挙げておくと、高等女学校長は、校舎内で生徒用教科書を一手に販売させることを許可する職務権限を有するとした（大判大14・12・12刑集4・755）。また、通商産業政務次官の職にあった者が、競輪場の設置申請に対し政務として決裁に関与することは、職務にあたるとする（最判昭31・7・17刑集10・1075）。その他、最近の判例においては、内閣官房長官が、国の行政機関が国家公務員の採用に関し民間企業における就職協定の趣旨に沿った適切な対応をするよう尽力願いたい旨の請託を受け、賄賂を収受した事案に対し、「閣議に係る重要

---

[7] いわゆるロッキード事件では、運輸大臣が民間航空会社の特定機種の選定購入を行政指導として勧奨する行為は、運輸大臣の職務権限に属する行為であり、内閣総理大臣が運輸大臣に対し、勧奨行為をするようはたらきかける行為は、内閣総理大臣の運輸大臣に対する指示という職務権限に属する行為ということができるとする。

事項に関する総合調整その他行政各部の施策に関するその統一保持上必要な総合調整に関する事務を掌る」内閣官房長官の職務権限に属する（最決平11・10・20刑集53・7・641＝リクルート事件政界ルート）とされ、北海道開発庁長官が、北海道総合開発に含まれるスポーツ施設の建設予定場所等に関する情報の提供を市等に求めること、第3セクター方式で行われる同施設の建設事業主体として特定企業を市等に紹介すること、同施設建設工事の施工業者として特定企業を市等に紹介、あっせんすること、などは、北海道開発庁長官の職務である（最決平12・3・22刑集54・3・119＝共和汚職事件）とされた。

さらに、最近の最高裁判例によれば、警視庁警部補として同庁調布警察署地域課に勤務し、犯罪の捜査等の職務に従事していた被告人が、公正証書原本不実記載等の事件につき同庁多摩中央警察署長に対し告発状を提出していた者から、同事件について、告発状の検討、助言、捜査情報の提供、捜査関係者へのはたらきかけなどの有利かつ便宜な取り計らいを受けたいとの趣旨のもとに供与されるものであることを知りながら、現金の供与を受けたという事案につき、「警察法64条等の関係法令によれば、同庁警察官の犯罪捜査に関する職務権限は、**同庁の管轄区域である東京都の全域に及ぶ**と解されることなどに照らすと、被告人が、調布警察署管内の交番に勤務しており、多摩中央警察署刑事課の担当する上記事件の捜査に関与していなかったとしても、被告人の上記行為は、その職務に関し賄賂を収受したものである」とするものがある（最決平17・3・11刑集59・2・1＝百選105）。

❻ 職務密接関連行為 職務密接関連行為とは、職務行為そのものではないが、職務と密接な関係を有するため職務行為に準じた扱いを受けるものである（最決昭31・7・12刑集10・7・1058）。この職務密接関連行為が、文言上、「職務」の概念から演繹されるのか（平野298頁、中森275頁、西田495頁、前田670頁、山口617頁）、「職務」ではないが、「関し」という文言から解釈上演繹されるのか（団藤131頁、大塚630頁）については、学説上争いがある。[8]後者の解釈は、信頼保護説から説かれ、職務に密接に関連する行為であれば信頼を侵害するとして、密接関連行為は「職務」そのものの解釈からは演繹されないと解するのである。しかし、「職務」の解釈につき、法令上の根拠のある本来の職務のみならず、**事実上所管するその準備行為**も含まれるものと解釈すべきであろう。

---

[8] 曽根「収賄罪」刑雑31巻1号（1990年）59頁以下、山中・現刑39号29頁参照。

学説は、職務密接関連行為が認められる事案を二つの類型に分類している。第1の類型は、自己の本来の職務行為から派生した慣行上担当している行為の類型であり、第2のそれは、自己の職務にもとづく事実上の影響力を利用して行う行為の類型である。

(ⅰ) 事業上所管する職務行為

第1の類型について、判例は、古くからこれを肯定してきた。

> 判例は、すでに古くから「職務と密接な関係のある行為」の概念によって法令上一般的職務権限の範囲外の行為であっても職務性を肯定してきた。例えば、**大審院**は、大正2年に、地方議会の議員が議会外で勧誘説得行為・意見の表明を行った行為が、法令上の職務行為ではないとしても、本来の職務を円滑に遂行するための、それと密接不可分な関連性を有する行為であるとした（前掲大判大2・12・9）が、本来の職務行為の準備行為にまで職務の範囲を拡大したものであった。**最高裁**は、戦後もこの判例を踏襲したが、戦災復興院福井建築出張所雇員が、板ガラス割当証明書所持者に、ある特定の店から買い受けるように仕向けた事案につき、その「職務と密接な関係を有する行為」をなすことにより相手方から金品を収受すれば賄賂罪が成立するとした（前掲最判昭25・2・28）。また、村役場の書記であり村長の補助として外国人登録事務に関する事務を取り扱っていた被告人が、ひそかに登録原票等を偽造した見返りに賄賂を収受していたという事案について、公務員が法令上主掌する職務のみならず、「**その職務に密接な関係を有するいわば準職務行為又は事実上所管する職務行為**」も含むものとした（前掲最決昭31・7・12）。さらに、昭和38年には、県衛生部予防課長代理として精神病予防事務を担当する者が、厚生大臣から県知事に委託された精神病床整備費の国庫補助金に関する事務を、慣習上ないし事実上分掌するときは、本来の職務と密接な関連のある行為または準職務行為であるとした（最決昭38・5・21刑集17・4・345）。

(ⅱ) 事実上の影響力の利用としての「指示」「説得・勧誘」

問題となるのは、第2の類型である。この類型は、とくに国会議員の「**説得・勧誘行為**」や内閣総理大臣の「**指示**」が、職務密接関連行為かどうかをめぐって議論されている。

判例においては、**大阪タクシー汚職事件**（最決昭63・4・11刑集42・4・419）が、**国会議員の説得・勧誘行為**が、職務密接関連行為かどうかの問題に取り組んだ。事案は、液化石油ガスに新たに課税することを内容とする石油ガス税法案が、衆議院大蔵委員会で審査中であったときに、衆議院運輸委員会委員であった衆議院議員2名に対して、同法案の廃案等の発言を依頼するとともに、大蔵委員会委員を含む他の議員に対しても説得・勧誘することを依頼

して、金100万円を渡したというものである。**第1審判決**は、「議員は、自己の所属しない委員会に属する議案の審査、表決についても議員の地位にもとづく権限に属する事項として一般的権限を有する」、「勧説（勧誘説得）する行為は、それ自体としては、国会議員としての一般的職務権限に属するものであるとはいえないが、勧説はその相手方議員の職務権限の行使に影響を与え、これを方向づける行為であるということができるから、勧説する議員の職務の執行に密接に関連した行為と解すべきである」とし、それを「自己の審議表決の方向に向けて直接影響力を与える行為」とした。**第2審**も原則的にこれを支持した。これに対して、**最高裁**は、「職務に関してなされた賄賂の供与」であるとして原判決を正当であるとしたが、「職務密接関連行為」であるかどうかには触れてはいない。

後者の**内閣総理大臣の「指示」**に関しては、被告人ロッキード社の航空機の売り込みに際して、内閣総理大臣に対して、全日空にその購入を勧奨する行政指導をするよう運輸大臣に指揮すること（Aルート）、自ら直接全日空にはたらきかけることを依頼して（Bルート）5億円の授受が行われた事案に対する**ロッキード事件・丸紅ルート判決**（前掲最判平7・2・22＝**百選107**）がある。判決では、もっぱらAルートに関し、運輸大臣が航空機会社に対し特定の機種の選定購入を勧奨する行為は、運輸大臣の職務権限に属する行為であり、内閣総理大臣の運輸大臣に対する指示という職務権限に属する行為であるとした。判決では、「職務密接関連行為」の概念には言及しなかったのに対し、3名の裁判官が、「意見」において、その指示は、内閣総理大臣の一般的な指示権限の範囲外であり、したがって、職務権限外の行為ではあるが、「密接関連行為」であるとした。

さらに、**KSD事件**[9]（最決平20・3・27刑集62・3・250、第1審＝東京地判平15・5・20刑集62・3・340、第2審＝東京高判平17・12・19刑集62・3・507）がある（☞後述§264）。元労働大臣であった衆議院議員Aが、在職中、職人を育成するためのいわゆる職人大学の設置をめざす財団法人の会長理事等であったCから、衆議院本会議において所属会派を代表して質疑するに当たり、本件大学の設置のため有利な取り計らいを求める質問をされたい等の請託を受け、これら各請託を受けたことなどの報酬として供与されるものであることを知りなが

---

[9] 昭和44年に、「財団法人中小企業経営者災害補償事業団」として設立され、平成6年以降、「財団法人ケーエスデー中小企業経営者福祉事業団」と称された団体。

ら、また、その政策秘書Ｂは、被告人Ａが上記勧誘説得の請託を受けたことなどの報酬として供与されるものであることを知りながら、被告人両名が、Ｃから現金の交付を受けた事案につき、弁護人の上告を棄却し、「被告人Ａは、その職務に関し、Ｃから各請託を受けて各賄賂を収受したものにほかならないのであって、これと同旨の原判断は相当である」と決定した。

原審では、「参議院議員が、本会議や委員会において自ら推進しようとする施策の実現に向けて質疑や意見陳述などを行うというその職務権限に属する行為について、自ら行うのではなく、その地位や立場を利用して同僚議員に行うよう**勧誘説得**することは、参議院議員の職務に密接に関連する行為と解されるから、勧誘説得の対象とされたＡの行為は、Ａの参議院議員としての職務に密接に関連する行為と認められる」としていた。

最近の判例には、北海道開発庁長官の発注予定の工事に関する便宜な取り計らいをなすよう請託を受けて報酬を受け取った行為が、職務密接関連行為にあたるかを取り扱ったもの（＝**北海道開発庁長官受託収賄事件**：最決平22・9・7刑集64・6・865、第1審＝札幌地判平16・11・5刑集64・6・900、第2審＝東京高判平20・2・26刑集64・6・951）がある。そこでは、北海道開発庁長官は工事業者を事実上決定するものであり、その働きかけが違法かどうかは判断に影響しないとした（☞後述§264）。

すなわち、**事案**は、北海道開発庁長官が、その在任中、Ａ建設株式会社の代表取締役らから、北海道総合開発計画に基づいて北海道開発局の開発建設部が発注する予定の港湾工事について、予算の実施計画案の策定作業が行われている段階から、Ａ建設が受注できるように北海道開発局港湾部長に指示するなど便宜な取り計らいをされたい旨の請託を受け、北海道開発庁長官室に上記港湾部長を呼び出して、予定される工事の表を提出させるなどした上で、Ａ建設が特定の工事を落札できるように便宜を図ることを求め、4回にわたり、その報酬として合計600万円の現金の供与を受けたというものである。

この事案に対して、**最高裁**は、「北海道開発庁長官である被告人が、港湾工事の受注に関し特定業者の便宜を図るように北海道開発局港湾部長に**働き掛ける行為**は、職員に対する服務統督権限を背景に、予算の実施計画作製事務を統括する職務権限を利用して、職員に対する指導の形を借りて行われたものであり、また、被告人には港湾工事の実施に関する指揮監督権限はないとしても、その働き掛けた内容は、予算の実施計画において概要が決定される港湾工事について競争入札を待たずに工事請負契約の相手方である工事業者を**事実上決定するもの**であって、このような働き掛けが金銭を対価に行われることは、北海道開発庁長官の本来的職務として行われる予算の実施計画作製の公正及びその公正に対する社会の信頼を損なうものである。したがって、上記働き掛けは、北海道開発庁長官の**職務に密接な関係のある行為**というべきであ

る。なお、所論は、談合にかかわる行為は正当な職務としておよそ行い得ない違法な類型の行為であるから、職務に密接な関係のある行為とはなり得ない旨主張するが、当該行為が密接関係行為に当たるかどうかは上記のように本来の職務との関係から判断されるべきものであり、その行為が所論のいうような**違法な行為であることによってその判断は直ちには左右されない**と解するのが相当である」。そうすると、「上記働き掛けを行うよう請託を受け、その報酬として金銭の供与を受けた行為が受託収賄罪に当たるとした原判断は正当である」とする。

(iii) 職務密接関連行為の判断基準

ところで、最高裁の決定の「補足意見」（最決昭 59・5・30 刑集 38・4・419 =**百選 111**）の中には、職務密接関連行為の**判断の基準**を分析したものもある。大学設置審議会およびその**歯学専門委員会の委員**が、歯科大学の設置の認可申請をしていた関係者らに同委員会の審査結果をその正式通知前に知らせた行為につき、「職務に密接な関係のある行為」としたが、その「補足意見」において、社会通念上職務行為として認められるための視点となる基準を分析している。それによると、①当該公務員の職務権限と実質的な結びつきがあるかどうか、②公務を左右する性格をもつ行為かどうか、③公務の公正を疑わせるかどうか、である。

学説においても、密接関連行為であるかどうかの**判断基準**については、三つの観点が挙げられてきた。①事実上公務員の職務である「公務」としての性格をもつものかどうかを基準とする見解（**=公務説**）、②職務行為に対し影響力を及ぼしたかどうかを基準とすべきとする見解（**=影響力説**）、さらに、③地位を利用して職務行為の「相手方」に対する影響力を行使したかどうかによるとする見解（**=地位利用説**）がある。[10] **公務説**は、形式的に、事実上公務的性格を有するかどうかを基準とする。議会等で、意思形成のため他の議員にはたらきかけるのは、議員の意思決定の準備行為であり、公務に属する。市会議員が、現職議員によって構成される会派内において市会議長選挙に関し所属議員の投票を拘束する趣旨で投票すべき候補者を選出する行為は、同様にして、市会議員の職務に密接な関係のある行為である（最決昭 60・6・11 刑集 39・5・219）。**影響力説**は、本来の職務行為に対する事実上の影響力があるかどうかという実質的な基準によって判断する。純粋性説から、本来の職務行為に対する事実上の影響力があったときにのみ、職務行為の公正が害さ

---
[10] これらの学説の検討として、山中・前掲現刑 39 号 29 頁以下参照。

れるとされ、本説が支持される。**地位利用説**は、職務行為の相手方に対して公務員たるの地位を利用して影響力を行使したかどうかを基準とする。**芸大バイオリン事件**（東京地判昭60・4・8判時1171・16）において、学生に対してバイオリンの指導をしている教授が、学生にバイオリンの購入をあっせんする行為は、学生に成績評価や爾後の指導に影響するという懸念を抱かせるものであるが、その地位を利用して、学生に事実上の影響力を行使したものといえるであろう。しかし、**地位利用説**は、あっせん行為のようないわば「顔をきかす」行為を職務密接関連行為とする可能性を否定できない。結局、本来の職務に対する事実上の影響力という基準も、地位を利用して相手方に対する事実上の影響力の行使の可能性という基準も、影響力の行使といった事実的・因果的思考を基礎にするものであって、限界は不明確である。本来の公務ではないが、公務の周辺に位置し、公務に付随しあるいは公務の準備行為として、なお公務的性格を有するかという規範的な判断が重要であるというべきである。**公務説**が妥当である（林448頁）。

(iv) 公務的性格基準を採り入れた最近の判例

最近、「職務密接関連行為」を肯定し、これに関する一事例を加えた判例に、被告人たる病院経営者が、附属病院の救急科部長を兼ね、医局に所属する医師を教育指導することを職とする公立の医科大学救急医学教室の教授に対し、その**指導する医師を関連病院に派遣する行為の対価**として29回にわたって金員を供与した事案（最決平18・1・23刑集60・1・67）がある。本件については、第1審判決（大阪地判平14・9・30刑集60・1・113）、第2審判決（大阪高判平15・12・19刑集60・1・146）および最高裁決定（前掲）のある贈賄側の裁判例と第1審で確定した収賄側の裁判例（大阪地判平14・4・30判タ1129・268）がある。

以下は、**贈賄罪関係の事案と決定要旨**である。決定によれば、N医大の各臨床医学教室と附属病院の各診療科とは、一体の組織として構成され機能している。Aは、教育公務員であり、上記医学教室および上記救急科に属する教員、委員および臨床研修医等の**医師を教育し、その研究を指導する職務権限**を有していた。この医大でも臨床医学教室および診療科に対応して「医局」と呼ばれる医師の集団が存在し、教授は、自己が長を務める医局を主宰、運営する役割を担い、当該医局の構成員を教育指導し、その人事についての権限を有する。Aも、関連病院、すなわち、医局に属する医師の外部の病院への医師派遣についても、最終的な決定権を有しており、Aにとって、自己が教育指導する**医師を関連病院へ派遣**することは、その教育指導のうえ

でも、また、将来の救急医学教室の教員等を養成するうえでも重要な意義を有していた。このように認定したうえ、**最高裁**は、Aが、「その指導する医師を関連病院に派遣することは、N医大の救急医学教室教授兼附属病院救急科部長として、これらの医師を教育指導するというその**職務に密接な関係のある行為**というべきである」とする。本件の第1審判決では、「本来の職務と高度な実質的関わり合い」が認められ、臨床医学教室と密接不可分の関係にある医局から医師を派遣することに関して金員を受け取ることは、公務員である教授（診療科部長）の「職務の公正さに対する社会の信頼を害する行為」であって、「本来の職務に密接な関係を有するいわば準職務行為又は事実上所管する行為として職務関連性を有する」としている。したがって、この事案でも、**事実上の影響力の行使の可能性**があったというだけではなく、本来の公務の周辺に位置し、**公務に付随する公務的性格を有する行為**であるとされたのであろう。

（ⅴ）　医師の派遣を「職務行為」とした最近の判例

これに対して、同じN医科大学の第1内科学教室・附属病院第1内科部長の関連病院への医師派遣に対する**収賄事件**について、大阪地裁は、次のようにいう。「被告人は、N医大教授兼附属病院の部長として、N医大1内教室や附属病院第1内科の施設や器具についての管理権限や研究費等予算に関する権限等を掌握して医局を主宰し、関連病院に派遣された医師に対しても帰学日を設けるなどしてN医大との関係を維持した上これを教育、指導等する体制の下に、N医大がその存在や運営を承認する本件医局の医局人事を通じて、医師の教育、指導等という医科大学教授としての本来的な役割とともに、これと不可分一体となったN医大が自ら制定したその理念・目的の1つである地域医療への貢献等の役割を果たすために、その職務として、医局に所属する医師の関連病院への派遣行為を行っていたのであるから、このようなN医大1内教室及び附属病院第1内科に所属する医師の教育、指導等の一環としてなされた医師の派遣行為は、被告人の**職務に密接な関連を有する行為**にとどまらず、まさに被告人の**N医大教授兼附属病院の部長としての職務行為**であった」（大阪地判平14・4・30判タ1129・268）。ここでは、職務密接関連行為ではなく、職務行為そのものと解されている。

ⓒ　転職と職務権限　公務員の抽象的職務権限に属する行為の範囲内でのみ賄賂罪が成立するが、公務員が、その職務権限を異にする他の職務に転職した後に、転職前の職務に関して賄賂を受けたとき、「**職務に関し**」賄賂を収受したことになるのであろうか。ここで問題なのは、抽象的職務権限の範囲内の転職であることが必要かどうかである。学説は、公務員がその一般的職務権限を異にする職務に転じた後に転職前の職務に関して賄賂罪が成立するかどうかにつき、**肯定説**（平野296頁、中山552頁、中森275頁、平川501頁、西田497頁、前田669頁、山口619頁）と**否定説**（団藤135頁、大塚631頁、大谷639頁以下、曽根320頁以下、町野・現代的展開359頁）に分かれる。学説の中には、一般的に、過去の職務に関しては、金銭に動機づけられて公務を左右する可

能性がないから、収賄罪は不可罰であるとする見解（町野・現代的展開353頁）もある。この見解は、公務の公正を保護法益とする純粋性説からの帰結であろう。しかし、信頼保護説によれば、過去の職務に関する賄賂も、職務の公正に対する社会一般の信頼を侵害する危険があるから、処罰の理由があることになる。ただ、問題は、事後収賄罪（197条の3第3項）とどのように区別するかである。

　判例は、**大審院**においては、転職によって職務の変更があったとき賄賂収受罪の成立を否定し（大判大4・7・10刑録21・1011）、職務に異同が生じないと認められる場合にこれを肯定していた（大判大6・6・28刑録23・737、大判大11・4・1刑集1・201、大判大14・2・20刑集4・80、大判昭9・12・4刑集13・1647、大判昭11・3・16刑集15・282）。しかし、**最高裁**は、昭和28年に「いやしくも収受の当時において公務員である以上は収賄罪はそこに成立し、賄賂に関する職務を現に担任することは収賄罪の要件でない」として**肯定説**に転じた（最決昭28・4・25刑集7・4・881）。この決定は、岸和田税務署直税課から浪速税務署直税課に転勤した後に、前職当時に有利な取り扱いをしたことの謝礼として現金を受け取ったという事案に関するものであった。同年、**最高裁**は、大阪府土木部特別建設課から建築部指導課に転任したという事案について、「原審が転任に因ってその一般的職務に異同を生ずるものではないと説示したのは現在の職務関係に拘泥するきらいがあって措辞適切を欠くものがあるけれども、転任後も公務員たる資格あることによって贈賄罪の成立を認めた点は両者異なるところがない」として収賄罪を肯定した（最判昭28・5・1刑集7・5・917）。**昭和58年**には、兵庫県建築部建築振興課宅建業係長から同県住宅供給公社開発部参事兼開発課長に転任した後に被告人が贈賄した事案について、「公務員が一般的職務権限を異にする他の職務に転じた後に前の職務に関して賄賂を供与した場合であっても、右供与の当時受供与者が公務員である以上、贈賄罪が成立するものと解すべきである」とした（最決昭58・3・25刑集37・2・170＝**百選109**）。

　否定説は、一般的職務権限を異にする転職の場合、事後収賄罪を適用する。学説の中には、**事後収賄罪**にいう「公務員であった者」という要件に、一般的職務権限の範囲を超えて転職した公務員を含めるという解釈は**文言上無理がある**とするものもある（平野296頁、中森275頁）。しかし、この点は、現在いまだ公務員であっても、一般的職務権限を同じくする職務に就いていない者を含むものと解釈することは可能な解釈である（西田497頁）。

　転職後の収賄につき、**過去の職務**に関する賄賂を処罰するものと解すると、確かに現在の職務が、過去の職務の一般的職務権限を同じくすることを

---

[11]「時間的に後の行為が前の行為に影響を及ぼすことは不可能だからである」（山口・探究321頁）。

要件とする必然性はない。しかし、逆に、現在の職務に関する職務行為の公正のみでは、対価関係がない。そこで、①過去の職務行為が行われた時点での将来の賄賂の授受の蓋然性にかんがみて、職務の公正に対する危険性ないしその時点での後に行われるべき贈与への期待を認定することによって処罰根拠とするアプローチが考えられる（曽根・重要問題388頁、町野・現代的展開353頁）。このアプローチからは、一般的職務権限の範囲内の転職であることは必要でないことになる。第2に、②賄賂の授受が行われた時点、すなわち、**現在の職務との対価関係**を基準とするアプローチである。これによれば、第1に、授受時点での将来の職務の公正を侵害する危険に処罰根拠を求める見解が唱えられうる。一般的職務権限の範囲内の転職であることは、この見解によれば、過去の職務行為を根拠に将来の職務の公正に対する危険を判断するための判断資料の限定である。第2に、因果的アプローチを捨てて、**相関的アプローチ**をとれば、賄賂の授受の時点で、過去の職務の公正が遡って動揺させられることもありうる。この場合、信頼保護説によれば、過去の職務行為の公正に対する現在の信頼が侵害ないし動揺させられるのである。純粋性説からは、過去の職務の公正を現在の賄賂が惹起することはないから、このアプローチは採れない。

不可買収説に立つと、賄賂の授受の時点での実行行為が、過去の職務行為の公正の意味づけを変化させ、動揺させることによって、不可買収性が侵害されることに処罰根拠が見出されるというべきである。この相関的アプローチは、**職務行為の公正を害する過去の行為と現在の賄賂の授受を統一的評価客体**とみて、過去の行為との対価関係が明らかになることによって、過去の職務行為の法的評価を遡及して変更させ、それが現在に反映して現在の公務の不可買収性を侵害するのである。この相関的変化が生じるためには、現在の職務行為と過去の職務行為とは抽象的職務権限の範囲内にあるという同一性が必要だということになる。

5 賄賂の意義

賄賂とは、職務に関する不正な報酬としての利益である。その利益は、職務行為またはそれと密接な関係のある行為との間に**対価関係**が存在しなけれ

---

[12] しかし、このアプローチを採っても、過去の職務行為時に賄賂罪の違法性が与えられ、賄賂の授受時に公務員であることは「責任要素」であるにすぎないという見解（山口・探究325頁）は、妥当でない。賄賂の授受は、収受罪の実行行為であるからである。

ばならない。賄賂は、一定の職務に対する包括的な反対給付であれば足り、個々の職務行為と賄賂との間に対価的関係のあることを必要とするものではない（大判昭4・12・4刑集8・609、最決昭33・9・30刑集12・13・3180）。すなわち、贈賄罪の成立には、その職務執行の目的である事項が特定しもしくは特定されるべきものであることを必要としないのであって、古着商が、その営業取締りを担当する巡査に対して、厳重な取締りを免れることを期待して菓子箱一個を提供するのも、贈賄である（大判大5・12・4刑録22・1848）。また、不正な報酬の対価としての職務行為は、必ずしも不正なものであることを要しない（大判大5・6・13刑録22・981、最決昭27・7・22刑集6・7・927）。

また、土地の売買代金が**時価相当額**であったとしても、その売買による換金の利益は、賄賂に当たる（最決平24・10・15刑集66・10・990、第1審＝東京地判平20・8・8刑集66・10・1138、第2審＝東京高判平21・10・14刑集66・9・990）。

この最高裁判例の**事案**は、福島県知事Aが、同県が発注する建設工事に関して一般競争入札の入札参加資格要件の決定、競争入札の実施、請負契約の締結等の権限を有していたが、その実弟・相被告人Bが代表取締役を務める会社Cにおいて、本件土地を早期に売却し、売買代金を会社再建の費用等に充てる必要性があったにもかかわらず、思うように売却できずにいた状況の中で、両名が共謀の上、同県が発注したダム工事受注の謝礼の趣旨の下に、受注業者の下請業者に本件土地を買い取ってもらい代金の支払を受けたというものである。

❶ **賄賂の目的物**　賄賂の目的となる利益は、財物のみに限らない。有形・無形を問わず、**いやしくも人の需要または欲望を充たすに足りるべき一切の利益**を含む（大判明43・12・19刑録16・2239、大判明44・5・19刑録17・879）。したがって、金品、不動産のほか、金融の利益（大判大14・4・9刑集4・219）、債務の弁済（大判大14・5・7刑集4・266、最決昭41・4・18刑集20・4・228）、芸者の花代を含む饗応接待（大判明43・12・1刑録16・2239）、ゴルフクラブ会員権（最決昭55・12・22刑集34・7・747）、異性間の情交（大判大4・7・9刑録21・990、最決昭36・1・13刑集15・1・113）、就職のあっせんの約束（大判大14・6・5刑集4・372）、地位の供与（大判大4・6・1刑録21・703）、公開価格を確実に上回ると見込まれる未公開株を公開価格で取得できる利益（最決昭63・7・18刑集42・6・861＝**百選103**＝殖産住宅事件）なども賄賂である。

❷ **賄賂性の限界**　わが国では中元、歳暮、餞別、手土産等が社会慣習化している。これらの贈答が、**社交儀礼の範囲内**にとどまるか、それとも賄

賂にあたるかの限界は微妙である。この問題に対する基本的な考え方は、これらの贈答が、先輩後輩関係などの私的な関係にもとづく場合には、賄賂とはならないが、職務に関して授受される場合には、社交儀礼と認められる程度の贈物であっても、賄賂性が生じる可能性があるということである（大塚633頁）。

従来、**判例**においては、「苟も公務員の職務に関し授受せらるる以上は、賄賂罪の成立すること勿論にして、其の額の多少、公務員の社会上の地位若は時期の如何を理由として、公務員の私的生活に関する社交上の儀礼に依る贈答たるに止まる」とする理由はないとされ（前掲大判昭4・12・4）、額の多寡に関係なく職務に関し提供された以上、賄賂性があるという立場を採るものが多数を占めていた（大判昭10・8・17刑集14・885、大判昭13・2・25刑集17・110など）。しかし、**最高裁**は、昭和50年の判決において、慣行的社交儀礼の範囲内の贈答につき、**賄賂罪の成立を否定**した（最判昭50・4・24判時774・119＝**百選104**）。

> この判決の事案は、国立大学教育学部付属中学校教諭が、①新規に担任する生徒の母親から学習指導の謝礼として額面5000円の贈答用小切手1通の供与を受けて、これを収受したほか、②その他の学級担任であった生徒の親からも同様の額面1万円の小切手を収受していたというものである。この①事案に対し、最高裁は、被告人が「新しく学級担任の地位についたことから父兄からの慣行的社交儀礼として行われたものではないかとも考えられる余地が十分存するのであって」、右供与をもって直ちに「学級担任の教諭として行うべき教育指導の職務行為そのものに関する対価的給付であると断ずるには、……なお合理的な疑が存するものといわなければならない」と判示して、社交儀礼であれば、対価性が否定され賄賂性を欠く場合がありうることを認めた。[13]

学説においては、贈答は、職務関連性があり対価的報酬であるが、社交儀礼の範囲内にある場合についても、職務行為の公正ないしそれに対する社会の信頼が害されないとして、**賄賂性を否定**するのが**通説的見解**である。その限界は、公務員の職務の内容、その職務と利益供与者との関係、利益の種類・多寡、利益収受の経過、利益供与の時期・態様など諸般の事情を考慮して判断される（大塚633頁、西田491頁、前掲最判昭50・4・24）。

---

[13] 他の生徒の親からの贈答用小切手の供与（②事案）については、「被告人の職務行為を離れた、むしろ私的な学習上生活上の指導に対する感謝の趣旨と、被告人に対する敬慕の念に発する儀礼の趣旨に出たものではないかと思われる余地がある」とする。

§263 単純収賄罪

> 公務員が、その職務に関し、賄賂を収受し、又はその要求若しくは約束をしたときは、5年以下の懲役に処する（197条1項前段）。

1 主 体

公務員である。公務員には公務員とみなされる者も含まれる。従来は、仲裁人も主体に掲げられていたが、平成15年に削除された。[14] 犯罪行為のときに公務員の身分が存在することを要する。

2 行 為

賄賂を収受、要求、約束することである。「**収受**」とは、賄賂を受け取ることである。財物については、その占有を取得することであり、利益については、実際にそれが享受されることである。収受によって本罪は既遂に達する（大判明42・12・17刑録15・1843）。収受の時期は、職務執行の前後を問わない。賄賂を収受するという認識が必要である。この認識がなかった場合にも、供与者の賄賂供与申込罪の成立に影響を及ぼさない（最判昭37・4・13判時315・4）。「**要求**」とは、賄賂の供与を請求することである。一方的行為で足り、相手方が応じることは必要でない（大判昭9・11・26刑集13・1608）。また、賄賂要求罪の成立には、公務員がその職務に関し相手方に対し認識されうる状態において賄賂の交付を求める意思を表示することで足り、相手方が実際上その意思表示を認識したか否かは関係がないから、公務員が賄賂要求の意思を表示した以上、相手方がその意思を誤解し贈賄の意思なく要求の金品を供与しても、賄賂要求罪の成立に影響ない（大判昭11・10・9刑集15・1281）。要求があれば既遂である。「**約束**」とは、賄賂の授受についての意思の合致をいう。賄賂約束罪における利益は、約束のときにおいて後日供与せられることが予期できることをもって足り、約束当時現存することを必要としない（大判昭7・7・1刑集11・999）。いったん約束がなされた以上、後に解約の意思表示をしても、約束罪の成否に影響しない（大判昭15・5・27新聞4578・8）。約束罪は、合意が成立した時点で既遂に達する。

---

[14] 仲裁人とは、法令にもとづいて仲裁の職務権限を認められた者をいうとされた。たんに事実上、示談・和解等のあっせんをする者を含まない（大判大5・1・25刑録22・35）。

3　故　意

　要求・約束・収受された客体たる利益が公務員の職務に関する不正な対価としての**報酬**であること（**賄賂性**）を認識する必要がある。すなわち、職務に関するものであることの認識、対価性の認識が必要である。対価であることの認識がない場合、または、社交儀礼の範囲内の金品の贈与であるとの認識があった場合には、賄賂性の認識を欠き、故意が否定される。判例には、中元、歳暮と認識していた場合（東京地判昭33・12・11一審刑1・12・1960）、盆踊りの寄付金と認識してのし袋を受け取り、金額を確認のうえその日のうちにこれを寄付金として委員会の会計担当に引継いだものであるとき（大阪地判昭63・11・8判タ703・281）、賄賂性の認識を否定したものがある。

4　罪数・他罪との関係

　賄賂を要求し、または約束し、ついで収受したとき、包括して一個の収賄罪が成立する（大判昭10・10・23刑集14・1052）。収賄が**恐喝的手段**で行われた場合の**収賄罪と恐喝罪の関係**については、公務員が、職務執行をたんなる名目にして恐喝した場合には、恐喝罪のみが成立するという点では、一致しているが、職務執行の意思がある場合については、学説が分かれている。①恐喝罪のみを認める見解（大場・下691頁、西田499頁、大判昭2・12・6刑集6・512、最判昭25・4・6刑集4・4・481）、②恐喝罪と収賄罪との観念的競合とする見解（団藤140頁、福田56頁、中山556頁、中森277頁以下）、③公務員に対しては恐喝罪と収賄罪との観念的競合を認め、被恐喝者には贈賄罪をも認める見解（江家78頁、大塚636頁、大谷653頁以下、前田675頁、山口623頁、最決昭39・12・8刑集18・10・952、福岡高判昭44・12・18刑月1・12・1110）がそれである。

　①説は、収賄罪が成立するには、職務執行の意思が必要であると解し、公務員に職務執行の意思がない場合には恐喝罪のみが成立するが、職務執行の意思があるときについても、喝取されることと贈賄を禁止することとが両立させられるのは不合理であるとして、贈賄罪の成立を否定ないし疑問視し（中森340頁）、これとの対応上収賄罪も否定する（西田499頁）。②説は、恐喝罪が成立するとき、その被害者には贈賄罪は否定されるとするものである。③説は、対価として職務を行う意思のもとに恐喝した場合、恐喝罪のほか、収賄罪をも成立するとするが、贈賄者の側には恐喝を受けてもなお行為の任意性が残されているという場合には、贈賄罪が成立するものとする。恐喝の被害者にその意思にもとづく供与が可能かどうかが問題であり、恐喝の場

合、瑕疵ある意思にもとづく交付・処分行為があるが、贈賄罪の成立に要求される意思の任意性がどこまで要求されるかが、この見解の対立の要である。ある犯罪の被害者であることが、他の犯罪の加害者であることを自動的に排除するわけではないことを前提にすれば、恐喝行為があった場合も、贈賄罪を行わない期待可能性は残っており、③説が妥当である。判例も、「贈賄罪における賄賂の供与等の行為には、必ずしも完全な自由意思を要するものではなく、不完全ながらも、いやしくも贈賄すべきか否かを決定する自由が保有されておれば足りるものと解するのが相当である」としている（前掲最決昭39・12・8）。

公務員が**詐欺的方法**を用いて賄賂を収受した場合も、恐喝罪の場合に対応して見解が対立している。すなわち、収賄罪と詐欺罪の観念的競合とするのが、通説・判例（団藤141頁、中307頁、前田675頁、大判昭15・4・22刑集19・227）であり、さらに、被欺罔者には、贈賄罪が成立するという見解（大塚636頁、大谷653頁）もある。贈賄罪のみならず、職務執行の意思を否定し、収賄罪の成立をも否定する見解もある（西田499頁、山口623頁）。

§264　受託収賄罪

> 公務員が、その職務に関し、請託を受けて、賄賂を収受し、又はその要求若しくは約束をしたときは、7年以下の懲役に処する（197条1項後段）。

請託を受けたことにより、単純収賄罪を加重処罰する類型である。「**請託**」とは、職務に関し、一定の職務行為を依頼することをいい、それが正当な職務行為か不正な職務行為であるかを問わない（前掲最判昭27・7・22）。しかし、「何かと世話になった謝礼および将来好意ある取扱を受けたい趣旨」で賄賂を供与する場合のように、職務行為が具体的に特定されない場合には、請託があったとはいえない（最判昭30・3・17刑集9・3・477）。請託は黙示的であってもよい（東京高判昭37・1・23高刑集15・2・100）。「**請託を受け**」ることが必要であるから、公務員が明示的または黙示的に承諾したことを要する（最判昭29・8・20刑集8・8・1256）。

受託収賄罪が肯定された最近の判例として、先の**KSD事件**（最決平20・3・27）においては、請託は、「他の参議院議員を含む国会議員に対しその所属する委員会等における国会審議の場において国務大臣等に職人大学設置のため有利な取り計らいを求

める質疑等の職人大学設置を支援する活動を行うよう勧誘説得されたい」というものであった。また、**北海道開発庁長官受託収賄事件**（前掲最決平22・9・7）においては、それは、北海道開発庁官が、特定の会社が港湾工事を受注できるように北海道開発局港湾部長に指示するなど便宜な取り計らいをされたいという旨のものであった。

§265 事前収賄罪

> 公務員になろうとする者が、その担当すべき職務に関し、請託を受けて、賄賂を収受し、又はその要求若しくは約束をしたときは、公務員となった場合において、5年以下の懲役に処する（197条2項）。

1 主 体

公務員になろうとする者である。公選による首長ないし議員に立候補している者がそうである。形式的に、立候補の届出をしていることを要しない。判例によると、立候補を決意してこれを表明し、選挙に向けての準備活動に入っているような場合は、立候補届出以前であっても、これに該当すると解釈するのが自然である[15]（宇都宮地判平5・10・6判タ843・258）。

2 行 為

その担当すべき職務に関し、請託を受け、賄賂を収受、要求、約束することである。「担当すべき職務」とは、将来、公務員となったときに担当することが予想される職務をいう。担当すべき職務と賄賂との間に対価関係が必要である。

「**公務員となった場合**」の要件が、処罰条件であるのか、構成要件要素なのかについては、学説の対立がある。**客観的処罰条件であるとする見解**（平野295頁、藤木65頁、大塚637頁以下）は、政策的考慮により公務員になった場合にはじめて可罰性が生じるとされているが、賄賂を収受・要求・約束した時点で、すでに犯罪の成立要件が充足されていると解する。これに対して、**構成要件要素と解する見解**（団藤143頁、福田70頁、中山557頁、大谷644頁、曽根324頁、中森280頁、西田501頁、前田676頁）は、公務に対する信頼は、公務員になったことによって侵害され、あるいは処罰に値する程度に侵害されると解するのである（大谷644頁、西田501頁、前田676頁）。公務員になるかどうかは、収賄行為者自ら支配しうる事象であり、贈賄行為者にとっては、文言上、相

---

[15] 本判決では、「立候補の手続がなされない限りはこれにあたらないという、極めて限定した解釈をするのは妥当とはいえない」が、「単に立候補して公務員になろうという内心の希望を持つだけでは足りない」とする。

手方が「公務員となった場合」という限定はないが、構成要件と解することによって、事前収賄に対応する贈賄も、この要件が適用されることが容易に説明可能となるからである（☞§268）。

§266　第三者供賄罪

> 公務員が、その職務に関し、請託を受けて、第三者に賄賂を供与させ、又はその供与の要求若しくは約束をしたときは、5年以下の懲役に処する（197条の2）。

本罪は、公務員が、自ら賄賂を収受するのではなく、**第三者に受け取らせる犯罪**である。第三者を介することによる受託収賄罪の脱法的行為を取り締まる目的で規定されたものである。しかし、形式的に第三者を介しているようにみえても、例えば、公務員がその妻に供与させる場合には、実質的には公務員自身が収受したといえるので、受託収賄罪が成立する。

「**請託を受けて**」とは、職務に関し依頼を受け、これに承諾したことをいう（前掲最判昭29・8・20）。**第三者**とは、公務員以外の者をいう。自然人のみならず、法人、法人格のない団体でもよい。したがって、地方公共団体（前掲最判昭29・8・20）、警察署（最判昭31・7・3刑集10・7・965）、県陸運事務所（福岡高判昭36・6・29高刑集14・5・273）なども第三者にあたる。また、第三者は、**正犯以外の者**をいう。共同正犯は、第三者に含まれず、受託収賄罪が成立するが、教唆犯、幇助犯の場合には本罪が成立する（大塚638頁）。第三者に供与させた利益は、職務行為と**対価関係**になければならない（前掲最判昭29・8・20）。第三者は、目的物が賄賂であることを知る必要はない。「**供与**」させるとは、受け取らせることをいう。第三者が受け取らない限り、供与の要求ないし約束にとどまる。「供与の要求」とは、第三者に供与するよう相手方に求めることをいう。供与の「約束」とは、第三者に供与させることについての相手方との合意をいう。

§267　加重収賄罪

> 公務員が、前2条の罪（収賄罪、受託収賄罪、事前収賄罪、または第三者供賄罪）を犯し、よって不正な行為をし、又は相当の行為をしなかったときは、1年以上の有期懲役に処する（197条の3第1項）。
> 公務員が、その職務上不正な行為をしたこと又は相当の行為をしなかったことに関し、賄賂を収受し、若しくはその要求若しくは約束をし、又は第三者にこれを供与させ、若しくはその供与の要求若しくは約束をしたときも、前項と同様とする（同条2項）。

1 意義

本罪は、収賄行為のみならず職務上不正な行為がなされた場合の加重罪である。**枉法収賄罪**とも呼ばれる。1項の罪は、収賄行為の後に職務上の不正行為が行われる場合（**事前加重収賄罪**）、2項の罪は、職務上の不正行為の後に収賄行為が行われる場合（**事後加重収賄罪**）を規制するものである。

2 主体

公務員である。1項には、事前収賄罪も含まれるので、公務員になろうとする者も含まれる。職務上の不正行為が行われるときには、公務員になっているからである。

3 行為

本罪の行為は、前2条の収賄罪を犯し、よって不正な行為をし、または相当の行為をしないこと（1項）、または、その職務上不正な行為をし、または相当の行為をしなかったことに関し、賄賂を収受し、要求し、または第三者にこれを供与させ、その供与を要求し、約束することである（2項）。

「**不正な行為をし、又は相当の行為をしなかった**」とは、その職務に違反する一切の作為・不作為をいう（大判大6・10・23刑録23・1120）。必ずしも法規に違反する行為に限らず、裁量に属する行為であっても**裁量権を濫用**して著しく不当な裁量がなされるときは、これにあたる。被疑者の要望により、警察官が賄賂を収受して証拠品の押収を取りやめたとき（最決昭29・9・24刑集8・9・1519）は、裁量権の濫用にあたる。「**不正行為**」の例としては、鉄道院書記で、木材の購入の職務を担当していた者が、他の木材業者の入札最低価格をひそかに内示した行為（大判大3・12・14刑録20・2414）、刑務所の看守の在監者へのたばこの差入れ（高松高判昭40・5・10高検速報40・270号）などがある。「**相当の行為をしなかった**」場合として、議員が故意に議場に出席しないこと（大判明44・6・20刑録17・1227）、司法警察吏が犯罪があったことを知りながら上司に報告しなかった行為（大判大6・9・12新聞3314・11）、警察署長が事件を検察庁に送致しない行為（前掲最判昭29・8・20）などがある。

最近では、市議会議員が、1億1000万円の賄賂を約束して、その職務上不正な行為をし、うち1000万円の賄賂を収受したとして加重収賄罪をみとめた判例（大阪地判平20・3・17LEX/DB）がある。事案は、市議会議員であった被告人が、Xと共謀の上、市発注に係る建設工事の受注を目指していたM社の従業員らに対し、有利かつ便宜な取り計らいをすることの報酬として、金員を供与するよう要求し、議会承認決議の際、M社が談合により上記工事を落札したことを知りながら、異議を唱える

ことなく賛成して職務上不正な行為をし、賄賂を収受したというもので、Xや被告人が支払を要求した金員は、被告人が市議会議員として議会承認について質疑し表決権を行使するという職務に対する対価であり、職務関連性を有する賄賂であることは明らかであるとした。

「よって」とは、前2条の罪を犯し、その結果としてという意味である。すなわち、1項の罪については、収賄行為と職務上不正な行為とには**因果関係**があることを必要とする。「職務上」とは「職務に関し」と同義である。職務と密接な関連性を有する事項につき不正な行為をした場合でもよい。

§268 事後収賄罪

> 公務員であった者が、その在職中に請託を受けて職務上不正な行為をしたこと又は相当の行為をしなかったことに関し、賄賂を収受し、又はその要求若しくは約束をしたときは、5年以下の懲役に処する（197条の3第3項）。

本罪は、公務員が、**退職後**、その在職中に請託を受けて行った不正な職務行為に関し収賄した場合を罰するものである。既述のように、抽象的職務権限を異にする地位についたときは、公務員の身分があっても、本罪が成立する。在職中に賄賂の要求・約束をし、退職後それにもとづいて賄賂を収受した場合には、在職中の要求・約束に関しては収賄罪が成立しうるから、退職後、賄賂を収受した行為は、前の収賄罪に吸収される。

判例としては、**防衛庁調達実施本部**原価計算第1担当副本部長等を務めていた被告人が、在職中に、A社の関連会社G社および子会社の各水増し請求事案の事後処理として、それぞれこれらの会社が国に返還すべき金額を過少に確定させるなどの便宜を図り、退職後、G社に異例な報酬付与の条件等の下で非常勤の顧問に受け入れられ、**顧問料**として金員の供与を受けたという事案に対して。**事後収賄罪**の成立を認めた最高裁決定（最決平21・3・16刑集63・3・381）がある。**最高裁決定**では、まず、その行為が、職務上不正な行為に当たるとされ、その後の間もない時期に、…G社の代表取締役において、水増し請求の事案の事後処理で世話になっていたなどの理由から、被告人の希望に応ずる形で、当時の同社においては異例な報酬付与の条件等の下で、防衛庁を退職した被告人を同社の非常勤の顧問に受け入れたのであり、被告人は、顧問料として前記金員の供与を受けることとなったという事実を認定し、「被告人に供与された前記金員については、被告人にG社の顧問としての実態が全くなかったとはいえないとしても、前記各不正な行為との間に**対価関係がある**というべきである」として、事後収賄罪の成立を認めた。

§269　あっせん収賄罪

> 公務員が請託を受け、他の公務員に職務上不正な行為をさせるように、又は相当の行為をさせないようにあっせんをすること又はしたことの報酬として、賄賂を収受し、又はその要求若しくは約束をしたときは、5年以下の懲役に処する（197条の4）。

1　意　義

本罪は、公務員が公務員としての立場で、他の公務員の職務に関してあっせんを行い、それについて賄賂を収受する行為等を処罰するものである。公務員が、自己の職務行為の対価として賄賂を収受するのではない点で、他の賄賂罪と性格が異なる。本条は、昭和33年に追加され（法107号）、昭和55年（法30号）に法定刑が3年以下から5年以下に引き上げられた。

2　主　体

本罪の主体は、**公務員**に限る。①公務員が、公務員としての地位を利用した場合に限るか[16]（小野・ジュリ156号6頁）、②公務員としての地位において行えば足りるのか（団藤150頁、大塚641頁、香川146頁、大谷648頁、前田679頁）、それとも、③私人としての立場で行為した場合であってもよいのか（鈴木義男『幹旋贈収賄罪論』110頁）については、見解が分かれる。判例は、あっせん収賄罪が成立するためには、「公務員が積極的にその地位を利用して幹旋することは必要でないが、少なくとも公務員としての立場で幹旋することを必要とし、単なる私人としての行為は右の罪を構成しないものと解するのが相当である」（最決昭43・10・15刑集22・10・901）として第3説に立つ。第3説が妥当である。

3　行　為

本罪の行為は、請託を受け、他の公務員に、その職務上不正の行為をさせ、または相当の行為をさせないようにあっせんすること、またはあっせんしたことの報酬として賄賂を収受・要求・約束することである。「**請託を受け**」とは、他の公務員に職務行為に関しあっせんすることを依頼され、承諾することを意味する。

---

[16] あっせん収賄罪は、昭和15年の改正刑法仮案、昭和16年の刑法中改正法律案において、「公務員其の地位を利用し」とされていたが、それが廃案となり、昭和33年に現在の形で「地位利用」の要件を付することなく、刑法上追加された。本説は、この「地位利用」要件を付した立法の名残である。

「職務上不正の行為をさせ」または「相当の行為をさせないよう」とは、公務員としての職務上の義務に反する積極的行為、または、職務上相当な行為をしないという消極的行為をさせることをいう。

この点で、最高裁は、消極的に職務上の義務に反して一定の処分をさせないという形でのあっせんを行う事案として、いわゆるゼネコン汚職政界ルート事件決定において、公正取引委員会が独禁法違反があると思料するときは検事総長に告発しなければならない旨を定めているところ、建設会社社長Xが、衆議院議員Aに対し、公取委が告発しないように公正取引委員会委員長にはたらきかけてほしい旨のあっせんの請託をして現金を供与し、Aがこれを収受したという事案につき、公務員が、請託を受けて、公正取引委員会の委員長に対し、「これを告発しないように働き掛けることは、同委員会の裁量判断に不当な影響を及ぼし、適正に行使されるべき同員会の告発及び調査に関する権限の行使をゆがめようとするものである」から、「相当の行為をさせないようにあっせんをする」ことにあたるとしたのである（最決平15・1・14刑集57・1・1=百選110）。

「あっせん」とは、一定の事項について当事者の双方の間に立って仲介し、交渉成立の便宜を図ることをいう。「あっせんをしたこと」でもよいので、過去のあっせん行為でもかまわない。将来のあっせん行為に対して賄賂を収受・要求・約束したときは、後にあっせん行為が実際に行われたか否かを問わず、本罪が成立する。「報酬として」とは、あっせんの対価としてという意味である。

4 他罪との関係

本罪と詐欺罪の関係が問題である。公務員が他の公務員の職務上の行為についてあっせんする意思がないのに、あっせんしてやると欺いて財物を受け取った場合、詐欺罪と本罪が成立するという見解（団藤131頁）もあるが、詐欺罪のみが成立する（大塚642頁）。あっせんの意思があって、相手方を欺いて財物を交付させたときは、本罪と詐欺罪との観念的競合である。

§270 贈賄罪

> 第197条から第197条の4まで（収賄罪、受託収賄罪、事前収賄罪、第三者供賄罪、加重収賄罪、事後収賄罪、あっせん収賄罪）に規定する賄賂を供与し、又はその申込み若しくは約束をした者は、3年以下の懲役又は250万円以下の罰金に処する（198条）。

公務員に賄賂を供与し、またはその申込みもしくは約束をすることによって公務員の不可買収性を害する行為を処罰する規定である。

贈賄罪は、収賄罪と原則的に **必要的共犯** の関係に立つ。賄賂の供与と収受、約束者間相互は必要的共犯の関係にあり、収賄の教唆・幇助にあたる行為も、供与罪・約束罪の限度で処罰されるにすぎない。しかし、要求罪と申込み罪とは独立の犯罪であり、独立して犯罪を構成する（大谷652頁）。

本罪の行為は、賄賂の供与・申込み・約束である。「供与」とは、賄賂を相手方に収受させる行為をいう。提供したが、相手方が収受しなかった場合は、申込みにとどまる。その意味で、供与は、必要的共犯であり、供与罪は、収賄罪の成立を前提とする（大判昭3・10・29刑集7・709、大判昭7・7・1刑集11・999）。また、相手方が賄賂であると認識していない場合には申込みにすぎない。「申込み」とは、賄賂の収受を促す行為をいう。たんなる口頭による申出で足り、必ずしも現実に相手方が収受しうる状態に置くことを要しない（大判大7・3・14刑録24・206、大判昭8・11・9刑集12・1950）。相手方が賄賂であることを現に認識することは必ずしも必要でないが、認識しうる状態に置かれることは必要である（大判昭7・4・20刑集11・402、最判昭37・4・13判時315・4）。申込みは、贈賄者の一方的行為でよい（大判明41・5・28刑録14・610）。公務員の妻に提供する場合も、公務員が現実に収受しない限り、申込みである（大判明43・12・19刑録16・2249）。「約束」とは、賄賂に関して贈収賄者間において意思が合致することをいう。必要的共犯である。

賄賂の申込みまたは約束をし、ついでこれを供与したときは、包括して賄賂供与罪のみが成立する（仙台高秋田支判昭29・7・6高裁特1・1・7）。

事前収賄罪に対する贈賄罪は、権衡上、相手方が公務員になったことを客観的処罰条件とし（大塚643頁）、あるいは、公務員になったことによってはじめて処罰条件ではないが犯罪成立に要する可罰性をもつとされる（山口629頁）（☞前掲§263、2）。

§271 没収・追徴

> 犯人又は情を知った第三者が収受した賄賂は、没収する。その全部又は一部を没収することができないときは、その価額を追徴する（197条の5）。

1 意　義

本条は、賄賂罪による不正の利益を保持させない趣旨で設けられた規定である[17]。昭和16年に197条の4として「犯人又は情を知りたる第三者」に対象が拡大され、昭和30年に斡旋収賄罪の新設により、197条の5に繰り下げられた。

必要的没収・必要的追徴の規定であって、刑法19条・19条の2の任意的没収・任意的追徴に対する特別規定である（大連判大11・4・22刑集1・296）。しかし、本条は、刑法19条を排斥するものではない。したがって、総則の没収・追徴の規定が、賄賂罪に関して、本条で没収・追徴できない場合に補充的に適用されることを排除しない（最決昭33・2・27刑集12・2・342）。

2 没収・追徴の対象

犯人または情を知った第三者の収受した賄賂である。「犯人」が何罪の犯人を意味するかは必ずしも文言上明らかではない。まず、現実に賄賂を収受した者を指すことは明らかである。要求・約束したにとどまる者は、「犯人が収受した賄賂」が存在せず、含まない（大判大4・7・10刑録21・1011）。「犯人」には共犯者も含む。犯人は、起訴されていない場合でも、事実認定によって犯人と認められれば足りる。「**情を知った第三者**」とは、犯人以外の、賄賂であることを知っている者をいう。法人も、その代表者が情を知っている場合には、これに含まれる（最判昭29・8・20刑集8・8・1256）。独立性を有する農業組合の支部のような法人格のない団体も、これにあたる（最大判昭40・4・28刑集19・3・300）。

没収の対象は、「収受した賄賂」である。提供されただけで、収受されなかった賄賂は、本条によって没収されず（大判昭6・11・2刑集10・523、最判昭34・7・30裁判集刑130・695）、19条による任意的没収の対象となりうる（大判

---

[17] 賄賂の没収・追徴については、香川「追徴時と賄賂の概念」荘子古稀335頁以下、堀内「収賄罪と追徴」内藤古稀221頁以下、山口「賄賂の没収・追徴」内藤古稀201頁以下、町野・林幹人編『現代社会における没収・追徴』（1996年）参照。

大 7・11・20 刑録 24・1415、最判昭 24・12・6 刑集 3・12・1884)。

追徴は、没収が不可能なときに行われる。「**没収することができないとき**」とは、①賄賂の性質上没収に親しまない場合と、②収受後に、費消・減失などによってそれが不可能となった場合とを意味する。前者の例としては、酒食の饗応（大判大 4・6・2 刑録 21・721）、芸妓の演芸、ゴルフクラブの会員権（最判昭 55・12・22 刑集 34・7・747）が挙げられる。後者の例としては、賄賂を減失した場合（大判昭 9・3・6 刑集 13・218）、預金した場合（最判昭 32・12・20 刑集 11・14・3331）など、賄賂としての金銭・物品等が収賄者の手元に残っていない場合、他の物と混同した場合である。追徴しうる賄賂は、その価額を金銭的に評価しうるものに限る。情交のように金銭に換算できないものは追徴もできない。賄賂として収受した金員を自己の所持金と混同して判別不能にした場合には、没収できないときにあたる（大判明 45・5・6 刑録 18・561）。また、収賄した金員を金融機関に預けた場合には、収賄金はもはや没収できず、追徴すべきである（前掲最判昭 32・12・20）。

追徴すべき価額は、没収できない場合にそれを金銭に換算した金額である。**追徴の価額の算定時期**としては、①賄賂を収受した時点とする見解（**収受時説**＝団藤 156 頁、大谷 650 頁、西田 508 頁、前田 683 頁、最大判昭 43・9・25 刑集 22・9・871）と②没収不能となったときとする見解（**没収不能時説**＝植松 73 頁、福田 57 頁）、③裁判のときとする見解（**裁判時説**＝大塚 645 頁、堀内・内藤古稀 240 頁）とに分かれている。収受時説は、「収賄者は賄賂たる物を収受することによってその物のその当時の価額に相当する利益を得たものであり、その後の日時の経過等によるその物の価額の増減の如きは右収受とは別個の原因に基づくものにすぎないのであるから、没収に代えて追徴すべき金額は、その物の授受当時の価額によるものと解するのが相当である」とする（前掲最判昭 43・9・25）。収受時説が妥当である（疑問の余地があるとするものとして、山口 632 頁）。

数人が共同して賄賂を収受したときは、各自の分配額に応じて負担する（大判昭 9・7・16 刑集 13・972）。分配額が不明のときは、各自平等に分配したものとして没収・追徴すべきである（東京高判昭 27・7・3 高刑特 34・100）。共同で費消したときも平等に追徴される。判例によれば、収賄者が賄賂を贈賄者に返還したときは、贈賄者から没収し（前掲大連判大 11・4・22、最決昭 29・7・5 刑集 8・7・1035、仙台高判平 5・3・15 高刑集 46・1・13）、没収できないときは追徴する（前掲最決昭 29・7・5）ものとされる。これによれば、「刑法 197 条の 4

の規定は没収または追徴の対象範囲を定めた規定であって、何人について之を言渡すかの点についてまで規定したものではないと解するのを相当とし、本件のように、収受された賄賂が贈賄者に返還せられ贈賄者においてこれを費消した場合に、右の規定によって贈賄者よりその額を追徴することを不当とすべき理由はない」とされた。しかし、学説においては、本条は、とくに収賄者に不正な利益を残さないことを目的としていることから、贈賄者には本条の必要的没収を認めるべきではなく、19条の任意的没収が科せられるべきとする見解が有力である（団藤155頁、大塚647頁、大谷650頁、曽根327頁、西田507頁以下）。この場合に、収受した賄賂を費消したうえで、後にそれと同額の金銭を返還したときは、費消したことにより利益を得たのは収賄者であるから、追徴の対象となるのは収賄者である（最判昭24・12・15刑集3・12・2023）。

事項索引

〈あ〉

愛のコリーダ事件 ……… 699
悪徳商法 ……………… 359
悪徳の栄え事件 … 690, 697
欺く行為 → 詐欺行為
新しい違法状態維持説 … 471
あっせん ……………… 856
　　──収賄罪 ………… 856
アドセンター事件 … 82, 86
あへん煙
　　──吸食器具輸入等罪 ……… 573
　　──吸食罪 ………… 574
　　──吸食場所提供罪 … 575
　　──等所持罪 ……… 575
　　──の吸食のため … 575
　　──輸入等罪 ……… 572
　　税関職員による──輸入罪 ……… 574
アルファネット事件 …… 694
安否を憂慮する者 ……… 152
安楽死 ………………… 33

〈い〉

イカタコ・ウィルス事件 ……… 486
遺棄 …………………… 109
遺棄罪 → 単純遺棄罪
遺棄等致死傷罪 ……… 122
遺失物横領罪 ………… 446
委託信任関係 ………… 418
委託物横領罪 ………… 409
移置 …………………… 110
一時使用の意思 … 277, 281
一部損壊説（毀棄説）… 522
一部露出説 …………… 10
居直り強盗 …………… 309

囲繞地 ………………… 183
威迫 …………………… 810
違法状態維持説 ……… 470
威力 …………………… 243
印影 …………………… 668
印顆 …………………… 668
淫行勧誘罪 …………… 177
印章 ……………… 637, 668
　　──の使用 ………… 671
　　──の不正使用 …… 671
印章偽造の罪 ………… 667
インターネット上の名誉毀損 ……… 209, 221
隠匿
　　毀棄──の意思 …… 435
隠避 …………………… 797
隠滅 …………………… 804
飲料水に関する罪 …… 567

〈え〉

嬰児殺 ………………… 16
営利目的等略取・誘拐罪 ……… 149
越権行為説 …………… 429
FLマスク事件 ……… 702
延焼 …………………… 540
　　──罪 ……………… 539

〈お〉

往来危険汽車等転覆・破壊罪 ……… 561
往来危険罪 …………… 555
往来妨害罪 …………… 553
往来妨害致死傷罪 …… 554
横領行為 ……………… 429
横領後の横領 ………… 439
横領罪 ………………… 411
大阪タクシー汚職事件 … 839

大槌郵便局事件 ……… 179
置き去り ……………… 110
汚職の罪 ……………… 824
汚染 …………………… 568

〈か〉

害悪の告知 …………… 135
外患援助罪 …………… 735
外患誘致罪 …………… 734
外患予備・陰謀罪 …… 735
外国国章損壊罪 ……… 736
外国通貨偽造罪 ……… 585
拐取 …………………… 145
解放による刑の軽減 … 160
加害の認識 ……… 461, 462
加害の目的 …………… 462
加虐 …………………… 831
火災の際 ……………… 541
過失往来危険罪 ……… 565
過失汽車等転覆・破壊罪 ……… 565
過失激発物破裂罪 …… 546
過失建造物等浸害罪 … 550
過失傷害罪 …………… 94
過失致死罪 …………… 94
過失運転致死傷罪 …… 78
過失運転致死傷アルコール影響発覚免脱罪 ……… 75
加重収賄罪 …………… 853
加重逃走罪 …………… 787
加重封印等破棄等罪 … 779
貸し渡し ……………… 663
ガス漏出罪 …………… 546
ガス漏出致死傷罪 …… 546
割賦販売 ……………… 419
貨幣 …………………… 579
川崎共同病院事件 …… 34
姦淫 …………………… 169

864　◇事項索引

監禁 …………………… 128
監護者 ………………… 146
鑑札 …………………… 634
看守者等逃走援助罪 …… 793
間接暴行 ………………… 753
間接領得罪説 …………… 470
艦船 …… 185, 491, 529, 556
完全性毀損説 …………… 40
官庁の証券 ……………… 648
観念説 …………………… 602
勧誘 ……………………… 177
管理可能性説 …………… 254
管理権者の意思 ………… 179

〈き〉

毀棄・隠匿　→　隠匿
偽計 ………………… 242, 244
　　──と威力の区別 …… 244
危険運転致死傷罪 …… 66, 73
危険状態不解消罪 ……… 114
記号 …………………… 673, 674
汽車 ……………………… 529, 556
汽車等転覆・破壊致死罪
　…………………………… 560
汽車等転覆・破壊罪 …… 558
偽証罪 ………………… 812
キセル乗車 ……………… 388
偽造 ………… 579, 652, 671,
　　　　　　　　　　675, 804
　　──の概念 …………… 601
　　狭義における── …… 601
　　広義における── …… 601
　　無形── ……………… 601
　　有形── ……………… 601
偽造公文書・虚偽公文書行使
　罪 ……………………… 635
偽造私文書・虚偽診断書等行
　使罪 …………………… 641
偽造通貨使罪 …………… 582
偽造通貨収得後知情行使・交
　付罪 …………………… 586
偽造通貨収得罪 ………… 586
偽造有価証券行使罪 …… 657
寄付金詐欺 ………… 342, 377

器物損壊罪 ……………… 495
客殺し商法 ……………… 360
客体の容易顕在化可能性
　…………………………… 694
旧住居権説 ……………… 178
境界損壊罪 ……………… 496
恐喝 ……………………… 400
　　──（取財）罪 ……… 399
　　──利得罪 …………… 405
凶器 ……………………… 87
　　──準備結集罪 ……… 91
　　──準備集合罪 ……… 81
強制執行 ………………… 767
　　──を妨害する目的 … 767
強制執行関係売却妨害罪
　…………………………… 774
強制執行行為妨害等罪 … 772
強制執行妨害目的財産損壊
　等罪 …………………… 765
強制通用力 ……………… 579
強制わいせつ罪 ………… 163
強制わいせつ等致死傷罪
　…………………………… 174
共同意思 ………… 511, 514
　　未必的── …………… 514
共同加害目的 …………… 85
共同絶交の通告 ………… 138
脅迫 ………………… 134, 303
　　──罪 ………………… 134
業務 ……… 95, 235, 443, 543
業務上横領罪 …………… 442
業務上過失往来危険罪 … 565
業務上過失汽車等転覆・破壊
　罪 ……………………… 565
業務上過失激発物破裂罪
　…………………………… 546
業務上過失致死傷罪 …… 94
業務上失火罪　→　失火罪
業務上堕胎罪 …………… 106
業務上堕胎致死傷罪 … 106
業務妨害罪 ……………… 235
　　威力── ……………… 243
　　偽計── ……………… 242
供与（第三者供賄罪における）

　…………………………… 853
供用 ……………… 646, 663
強要 ……………………… 141
　　──罪 ………………… 139
共和汚職事件 …………… 838
虚偽 ……………………… 821
　　──の記載 …………… 640
　　──の記入 …………… 655
　　──の情報 ……… 247, 395
　　──の陳述 …………… 815
　　──の電磁的記録の供用
　…………………………… 396
　　──の風説の流布 …… 234
虚偽鑑定罪 ……………… 818
虚偽公文書作成罪 ……… 626
虚偽告訴罪 ……………… 821
虚偽診断書等作成罪 …… 640
虚偽通訳罪 ……………… 818
虚偽文書の作成 ………… 618
虚偽翻訳罪 ……………… 818
局外中立命令 …………… 739
御璽等偽造罪 …………… 671
御璽等不正使用罪 ……… 671
許諾権説 ………………… 180
銀行券 …………………… 579
銀行預金の占有 ………… 413
禁制品（法禁物） ……… 257
金銭
　　──の一時流用 ……… 422
　　──の所有権 ………… 421
　　委託された── ……… 421
　　使途の定められた──
　…………………………… 421
　　受託した── ………… 436

〈く〉

偶然の勝敗 ……………… 710
クレジットカード ……… 361
　　自己名義の── ……… 361
　　他人名義の── ……… 364
群集指揮者 ……………… 729
群集犯罪 ………………… 505

事項索引◇ 865

〈け〉

経営判断の原則 …………460
KSD 事件 …………840, 851
傾向犯 ………………165
警告 …………………136
経済的財産(損害)概念 …466
経済的財産説 …………260
形式主義 ………………592
芸術性・科学性 ………698
芸大バイオリン事件 …843
競売 …………………780
激発すべき物(激発物)
 …………………………545
激発物破裂罪 …………544
月刊ペン事件 …………216
結婚の目的 ……………150
検案書 …………………641
権限濫用説 ……………450
現在者意思優先説 ……192
現在性 …………………528
検視 …………………722
現住建物等侵入罪 ……548
現住建物等放火罪 ……527
建造物 ……184, 489, 528
 ——の一体性 ………529
 ——の物理的・機能的一体
  性 …………………531
建造物等以外放火罪 …537
建造物等損壊罪 ………489
建造物等損壊致死傷罪 …494
限定積極説 ……………237
限定の背信説 …………453
現場助勢罪 → 傷害現場
 助勢罪
現物まがい商法 ………360
権利行使
 ——と恐喝罪 ………407
 ——と詐欺罪 ………382

〈こ〉

公印等偽造罪 …………671
公印等不正使用罪 ……672
強姦

夫婦間—— ……………167
強姦罪 …………………167
公記号偽造罪 …………673
公記号不正使用罪 ……675
公共危険罪 ……………519
公共危険の認識 ………534
公共の危険 ……………537
抗拒不能 ………………171
公契約関係競売等妨害罪
 …………………………779
鉱坑 …………………529
公債証書 ………………648
交差型振分け説 ………240
行使 …………582, 619, 657
 ——の目的 581, 621, 655
公衆の安全に対する罪 …505
公衆の健康に対する罪 …567
強取 …………………308
公正証書 ………………631
 ——原本等不実記載罪
 …………………………631
公正な価格 ……………782
公然性 …………210, 685
公然陳列 ………………702
公然わいせつ罪 ………685
強談 …………………811
公電磁的記録不正作出罪
 …………………………645
強盗強姦罪 ……………336
強盗強姦致死罪 ………337
強盗罪 …………………303
強盗致死傷罪 …………327
強盗の機会 ……………332
強盗予備罪 ……………339
強盗利得罪 ……………310
公図画 …………………623
交付 …………365, 584, 658
 ——罪 ………………251
公文書 …………………623
 ——偽造罪 …………622
公務
 ——と業務 …………236
 ——振分け説 ………237
 強制力の伴う—— …237

強制力を伴わない権力的
 —— …………………238
 現業的—— …………237
公務員 …………………740
 ——職権濫用罪 ……825
公務執行妨害罪 ………744
公務所 …………………743
効用侵害説 ……………485
効用喪失説 ……………522
公用文書等毀棄罪 ……486
呼吸終止説 ……………12
国際航業事件 …………437
国章 …………………736
告訴 …………………821
告発 …………………821
国家の作用に対する罪 …740
国家の存立に対する罪 …728
国旗 …………………736
コピーの文書性 ………597
誤振込 …………………415
個別財産に対する罪 …252
昏酔強盗罪 ……………326

〈さ〉

裁可名義説 ……………603
財産概念 ………………260
財産罪
 ——の体系 …………251
 ——の分類 …………252
 ——の保護法益 ……260
財産上の利益(の移転)
 …………………259, 314
財産的処分行為 ………313
財産的損害 ……………375
財産に対する罪 ………250
サイバーポルノ ………689
財物 …………………253
 ——の意義 …………253
 ——の価値性 ………255
 ——の得喪 …………710
財物移転罪 ……………251
財物罪 …………………252
詐欺行為 ………………347
 挙動による—— ……349

不作為による―― ……350	自殺関与 ………………24	私文書偽造罪 …………636
黙示的―― …………349	――の処罰根拠 ………26	紙幣 ……………………579
詐欺罪 …………………345	自殺教唆 ………………24	死亡証書 ………………641
詐欺利得罪 ……………385	自殺の不処罰根拠 ……25	清水谷公園事件 ……87, 88
錯誤	自殺幇助 ………………24	事務処理者 ……………455
動機の―― ……………30	事実	社会生活環境に対する罪
法益関係的―― …30, 190	――の公共性 …………215	………………………682
作成権限 ………………623	――の摘示 ……………213	社交儀礼と賄賂 ………847
補助公務員の―― ……629	――説 …………………602	重過失激発物破裂罪 ……546
作成行為帰属主体説 ……603	事実上の支配 …………267	重過失致死傷罪 …………96
作成者 → 文書の作成者	事実上の平穏説 ………178	住居 ……………………182
差押え …………………761	事実の意思説 …………602	――侵入罪 ……………181
――の表示 ……………761	死者	住居権説 ………………180
殺人罪 ……………………18	――の占有 ……………271	旧―― …………………178
殺人予備罪 ………………22	――の名誉毀損 ………228	新―― …………………178
作用必要説 ………………50	事前収賄罪 ……………852	集合 ………………87, 509
作用不問説 ………………49	私戦予備・陰謀罪 ……738	重婚罪 …………………707
三角恐喝 ………………402	死体損壊・遺棄罪 ……720	修正本権説 ……………264
三角詐欺 …………362, 368	失火罪 …………………542	重大な過失 ………………96
産地偽装 ………………360	業務上―― ……………543	集団強姦等罪 …………173
三兆候説 …………………12	重―― …………………544	集団犯 …………………505
三分説 ……………………2	実質主義 ………………592	収得 ……………………586
	実質的利益説 …………180	自由
〈し〉	私的領域の自由に対する罪	可能的な―― …………126
私印等偽造罪 …………675	………………………178	現実的な―― …………126
私印等不正使用罪 ………676	私電磁的記録不正作出罪	――に対する罪 ………124
指揮者 …………………511	………………………643	自由剥奪の意識 ………127
事後強盗罪 ……………317	自動車運転過失致死傷罪	重要部分燃焼開始説 ……522
――と共犯 ……………324	…………………78, 93	収賄の罪 ………………833
――と承継的共犯 ……324	自動車運転致死傷行為処罰	授権説 …………………370
――における結合犯説	法 ………………8, 63	受託収賄罪 ……………851
………………318, 324	児童ポルノ処罰法 ……702	出産機能傷害説 …………49
――における真正身分犯	支配 → 占有	出水 ……………………548
説 …………318, 324	事実上の―― …………267	――危険罪 ……………550
――における不真正身分	法律上の―― …………412	取得 ……………………665
犯説 ………318, 324	自白 ……………………819	首謀者 ……………510, 729
――における身分犯説	――による刑の減免	準強制わいせつ罪 ……170
………………318, 324	…………………819, 824	準強姦罪 ………………170
事後収賄罪 ……………855	支払用カード …………661	準強盗 ……………303, 326
自己所有にかかる物 ……539	――電磁記録不正作出・	準詐欺罪 ………………393
自己所有非現住建造物等放	供用・譲り渡し等の罪	準備 …………88, 589, 666
火罪 …………………533	…………………661	使用横領 ………………435
事後宣誓 ………………813	――電磁的記録不正作出	傷害現場助勢罪 …………55
自己堕胎罪 ……………101	準備罪 …………665	傷害罪 ……………………40

事項索引◇　867

傷害致死罪 ……………52
消火妨害罪 …………541
証言拒絶権 …………814
証拠 …………………803
　──適格性 ………595
　──予定性 ………595
証拠隠滅罪 …………801
常習賭博罪 …………712
詔書等偽造罪 ………622
浄水 …………………568
　──汚染罪 ………568
　──汚染致死傷罪 …570
　──毒物等混入罪 …569
　──毒物等混入致死傷罪
　　　………………570
使用窃盗 ……………280
焼損 …………………522
承諾殺人 ………………24
譲渡担保 ……………420
譲渡の仮装 …………769
証人 …………………812
　──威迫罪 ………809
私用文書等毀棄罪 …488
情報財（の移転）…310, 315
情報と財物 …………255
嘱託殺人 ………………24
職務権限
　一般的── ………836
　具体的── ………748
　抽象的── ………747
　転職と── ………844
職務関連性 …………836
職務強要罪 …………757
職務行為
　──の公正 ………834
　──の不可買収性 …834
職務執行の適法性 …746
　──の判断基準 …751
職務密接関連行為 …838
所持 ……………664, 705
所持説 ………………261
職権（の濫用）……826
所在国外移送目的略取・誘拐
　罪 …………………155

処分意思
　──の意識性 ……366
　意識的──必要説 …367
処分行為 ……………365
　無意識の── ……387
署名 ……………638, 670
陣営説 ………………370
新円切替え事件 ……578
浸害 …………………548
人格権の延長 …41, 259
人工妊娠中絶 …98, 100
信号無視運転致死傷罪 …71
神祠 …………………718
真実性
　──の誤信 ………224
　──の証明 …214, 216
　証明可能な程度の──
　　　………………220
新宿駅騒乱事件 ……506
新宿ホームレス退去妨害事
　件 …………………241
信書 …………………197
　──隠匿罪 ………498
　──開封罪 ………197
心神喪失 ……………171
人身売買罪 …………156
心臓死説 ………………12
親族間の犯罪の（に関する）
　特例 ……297, 482, 808
親族相盗例 …………297
身体的活動能力 ……126
侵奪 …………………296
診断書 ………………640
心的外傷ストレス症候群
　　　…………………43
侵入 …………………185
信任関係の破壊 ……458
信用 …………………233
　──毀損 …………235
　──毀損罪 ………233

〈す〉

水害の際 ……………550
水源 …………………569

水道 …………………569
　──汚染罪 ………569
　──汚染致死傷罪 …570
　──損壊・閉塞罪 …571
　──毒物等混入罪 …570
　──毒物等混入致死傷罪 570
水防妨害罪 …………549
水利 …………………551
　──権 ……………551
　──妨害罪 ………551
水路 …………………553
スキミング …………665

〈せ〉

制御困難運転致死傷罪 …69
請託 …………………851
性的な意図ないし傾向 …166
生命・身体に対する罪 …8
生命保続可能性 …18, 102
生理の機能障害説 …40
責任主体説 …………603
説教 …………………719
説教等妨害罪 ………719
接近の遮断 …………111
窃取 …………………285
窃盗罪 ………………284
窃盗の機会 …………320
宣誓 …………………813
　──不適格者 ……814
全体財産に対する罪 …252
全体の財産 …………465
全部露出説 ……………10
占有 …………………266
　──の意義 ………266
　──の意思 ………270
　──の移転 ………365
　──の帰属 ………273
　一応理由のある── …264
　上下・主従関係における
　　── ……………274
　対等な関係における──
　　　………………274
　不動産の──（登記によ
　　る）……………412

封緘物の―― ……………274
平穏な―― ……………264
占有説 ……………………261
占有離脱物 ………………447

〈そ〉

臓器移植法 ………………13
総合判定説 ………………12
葬祭対象物 ………………259
葬式 ………………………719
相当な対価 ………………378
蔵匿 ………………………797
騒乱罪 ……………………507
贈賄罪 ……………………858
素材同一性 ………363, 377
組織内の処分行為主体 …372
訴訟詐欺 …………………371
率先助勢者 ………………511
損壊 ………………485, 491
　毀棄――の概念 ………485
損害 → 財産
　経済的――概念 ………466
　実質的個別的―― ……379
　法的――概念 …………466
尊厳死 ……………………33
尊属殺 ……………………16

〈た〉

第三者供賄罪 ……………853
第三者領得意思 …………436
胎児 …………………9, 19
胎児性致死傷 ……………47
逮捕 ………………………128
　――・監禁罪 …………125
逮捕監禁致死罪 …………131
代理権の逸脱 ……………613
代理権の濫用 ……………614
代理人名義の冒用 ………610
竹内基準 …………………13
蛸配当 ……………………459
多衆 ………………………508
　――不解散罪 …………517
堕胎 ………………………101
立入拒否の意思表示 ……186

立川自衛隊宿舎事件 ……187
奪取罪 ……………………251
他人名義の使用の承諾 …614
他人名義の預金に対する占
　有 ………………………415
談合 ………………………783
　――罪 …………………781
単純遺棄罪 ………………116
単純収賄罪 ………………848
単純逃走罪 ………………785
端的な春本・春画説 ……699

〈ち〉

千葉銀行事件 ……………468
チャタレー事件 …………690,
　　　　　695, 698, 707
中間省略の登記 …………633
中立命令違反罪 …………739
直接性の要件 ……………366
直系血族 …………………298
沈没 ………………………559

〈つ〉

追求権説 …………………470
追徴 ………………………859
通貨 ………………………579
　――偽造罪 ……………579
　――偽造準備罪 ………588
　――発行権 ……………577
通貨高権 …………………577
通行禁止道路進行致死傷
　　 ………………………72
通謀 ………………………734
艶本国貞事件 ………690, 697
釣銭詐欺 …………………350

〈て〉

邸宅 ………………………184
手書きの写し ……………597
鉄道 ………………………555
テレホンカード ……649, 658
電気 ………………………254
電子計算機使用詐欺罪 …394
電子計算機損壊等業務妨害

　罪 ………………………246
転質 ………………………432
電磁的記録（の情報）…487,
　　　　　　　　643, 665
　――に係る記録媒体
　　 ……………………689, 691
電磁的記録不正作出罪 …642
電車 …………………529, 556
伝播性の理論 ……………211
転覆 ………………………558
電話加入権（の二重譲渡）
　　 ………………………456

〈と〉

同意殺人罪 ………………24
同意堕胎罪 ………………104
同意堕胎致死傷罪 ………104
同意と公然性 ……………686
同居の親族 ………………298
動作阻害 …………………248
動産 ………………………253
投資顧問商法 ……………360
投資ジャーナル事件 ……360
同時傷害の特例 …………56
盗取罪 ……………………251
逃走 ………………………786
逃走援助罪 ………………791
灯台 ………………………556
盗品等運搬罪 ……………476
盗品等罪の本質 …………470
盗品等ないし盗品等処分の
　代金 ……………………427
盗品等保管罪 ……………478
盗品等無償譲受け罪 ……476
盗品等有償処分あっせん罪
　　 ………………………479
盗品等有償譲受け罪 ……478
盗品譲受け等罪 …………473
毒物 ………………………569
特別公務員職権濫用罪 …830
特別公務員職権濫用致死傷
　罪 ………………………832
特別公務員暴行・陵虐罪
　　 ………………………830

事項索引◇　869

独立呼吸説 …………………*10*
独立生存可能性説 ………*10*
独立燃焼説 ………………*522*
賭博 ………………………*710*
　──罪 …………………*710*
　──の常習性 …………*712*
賭博場開張等図利罪 ……*714*
富くじ罪 …………………*716*
豊田商事事件 ……………*360*
図利の目的 ………………*462*
取引の安全に対する罪 …*576*
取引目的 ……………*342, 380*
　──目的不達成(論)
　　………………… *377, 379*

〈な〉

内乱罪 ……………………*729*
内乱等幇助罪 ……………*733*
内乱予備・陰謀罪 ………*732*

〈に〉

2項強盗 …………………*310*
2項犯罪 …………………*252*
二重抵当 ……………*381, 456*
二重売買 …………………*431*
日活ポルノビデオ事件 …*690*
入札 ………………………*780*
任務 ………………………*458*
任務違背の認識 …………*461*

〈の〉

脳死説 ………………………*12*
　相対的── ………………*14*
脳死選択説 …………………*14*

〈は〉

配偶者 ……………………*298*
背信説 ……………………*450*
　限定的── ……………*453*
背信的悪意者 ……………*432*
背信の権限濫用説 ………*451*
背任行為 …………………*458*
背任罪 ……………………*455*
　──と委託物横領罪との

区別 ………………………*453*
破壊 …………………*558, 559*
博徒 ………………………*716*
博徒結合図利罪 …………*716*
パチスロ遊戯機 …………*286*
発掘 ………………………*720*
犯人蔵匿罪 ………………*795*
販売 ………………………*700*
　──の目的 ……………*705*
頒布 ………………………*700*

〈ひ〉

被拐取者収受者の身の代金
　要求罪 …………………*154*
被拐取者等所在国外移送罪
　………………………………*157*
被拐取者引渡し等罪 ……*158*
引出用カード ……………*661*
非現住建造物等浸害罪 …*549*
非現住建造物等放火罪 …*532*
被拘禁者奪取罪 …………*789*
PTSD ………………………*43*
人 ……………………………*8*
　──の始期 ………………*9*
　──の終期 ……………*12*
　──の看守 ……………*185*
秘密 ………………………*200*
　──意思 ………………*200*
　──概念 ………………*200*
　──事実 ………………*200*
　──利益 ………………*200*
　客観的── ……………*201*
　主観的── ……………*201*
秘密漏示罪 ………………*199*
標識 ………………………*555*
ビラ貼り …………………*492*

〈ふ〉

封印 ………………………*760*
封印等破棄罪 ……………*760*
風説 ………………………*234*
　──に対する罪 ………*684*
不可罰的事後行為 ………*292*
不敬な行為 ………………*718*

不実の記載・記録 ………*633*
不実の電磁的記録の作出
　………………………………*394*
侮辱罪 ……………………*229*
不正作出 …………………*662*
不正作出電磁的記録供用罪
　………………………………*645*
不正指令電磁的記録作成等
　罪 ………………………*677*
不正指令電磁的記録取得等
　罪 ………………………*680*
不正指令電磁的記録に関す
　る罪 ……………………*676*
不正電磁的記録カード所持
　罪 ………………………*664*
不正な指令 …………*247, 396*
不退去罪 …………………*195*
二人のラブジュース事件
　………………………………*690*
物理的損壊説 ……………*485*
不同意堕胎罪 ……………*106*
不同意堕胎致死傷罪 ……*106*
不当貸付 …………………*459*
不動産 ……………………*253*
　──侵奪罪 ……………*295*
不燃性建造物 ……………*524*
浮標 ………………………*556*
不法原因寄託 ……………*425*
不法原因給付 ……………*373*
　──と横領罪 …………*424*
　──と詐欺罪 …………*374*
不法原因給付物 ……*374, 475*
不法領得の意思
　………………*276, 280, 434*
　暴行・脅迫後の── …*307*
　──不要説 ……………*277*
不保護罪 …………………*120*
プリペイドカード ………*649*
不良貸付 …………………*459*
付和随行者 …………*511, 730*
文書 …………………*590, 593*
　──の永続性 …………*594*
　──の可視性 …………*593*
　──の可読性 …………*593*

870　◇事項索引

――の機能 …………590
――の記録保存機能 …590
――の原本性 ………597
――の作成者 ………602
――の責任主体 ……603
――の証拠機能 ……590
――の物体性 ………594
――の保証機能（責任明示機能） …591
――の名義人 ………604
偶然―― ……………595
結合―― ……………595
権利・義務に関する――
　………………………636
事実証明に関する――
　………………………637
省略―― ……………594
真正―― ……………601
目的―― ……………595
分娩開始説 ……………9
墳墓 …………………719
――発掘罪 …………719
墳墓発掘死体損壊等・遺棄罪
　………………………722

〈へ〉

平和相互銀行事件 …464
変死者 ………………722
――密葬罪 …………722
変造 ……………580, 654

〈ほ〉

放火 …………………521
――予備罪 …………541
妨害 …………………244
――運転致死傷罪 ……70
包括的同意 …………191
謀議参与者 …………729
冒険的取引 …………461
暴行 ……………36, 303
――罪 …………………36
暴行・脅迫後の領得意思
　………………………307
法的・事実的権限説 …370

法的権限説 ……370, 602
法的効果帰属主体説 …602
暴動 …………………731
――参加者 …………730
暴力団 ………………352
法律的・経済的財産説 …260
法律的財産説 ………260
保管 …………………666
保護義務 ……………117
保護責任者 …………117
――遺棄罪 …………117
補助公務員の作成権限 …629
母体傷害説 ……………49
母体保護法 ……98, 100
北海道開発庁長官受託収賄事件 …851
没収 …………………859
ホワイトカード ……651
本権説 ………………261
本犯助長の事後共犯的性格
　………………………471

〈み〉

未熟運転致死傷罪 ……69
未成年者略取・誘拐罪 …146
三鷹事件 ……………563
みなし公務員 ………741
水俣病刑事事件 ………48
身の代金目的略取・誘拐罪
　………………………151
身の代金目的略取・誘拐予備罪
　………………………160
身の代金要求罪 …153, 154
未必の共同意思 ……514

〈む〉

無意識の処分行為 …387
無印公文書偽造・変造罪
　………………………625
無印私文書偽造・変造罪
　………………………639
無形偽造　→　偽造
無形的方法による傷害 …44
無主物 ………………258

無銭飲食・宿泊 ……387
無免許運転 ……………80

〈め〉

名義人
　――と作成者の意義 …601
　――と通称・俗称・変名・偽名 …604
　――の肩書・資格・所属
　　…………………606
　――の承諾 ………364
酩酊運転致死傷罪 ……67
名誉 …………………205
　外部的―― ……205, 230
　規範的―― ………207
　事実的―― ………207
　社会的評価としての――
　　…………………205
　内部的―― ………205
　人の―― …………210
名誉・信用・業務に対する罪
　………………………204
名誉感情 ……………205
名誉毀損 ……………213
　死者の―― ………228
名誉毀損罪 …………210
免状 …………………634
　――等不実記載罪 …634
面前性 ………………206

〈も〉

燃え上がり説 ………523
目的の公益性 ………216
模造 …………………580

〈ゆ〉

有印公文書偽造罪 …623
有印公文書変造罪 …623
有印私文書偽造罪 …636
有印私文書変造罪 …639
誘拐 …………………145
有価証券 ……………648
　――を換金した金銭
　　…………………423

委託された―― ……… 423
有価証券偽造罪 ………… 647
有価証券虚偽記入罪 …… 655
有形偽造　→　偽造
有償の役務の提供 ……… 315
有体性説 ………………… 253
譲り渡し ………………… 663
輸入 ……………… 658, 663

〈よ〉

要保護的違法性 ………… 749
四畳半襖の下張事件
　………………… 690, 696
予備
　自己―― ……………… 23
　他人―― ……………… 23

〈り〉

利益関与説 ……………… 470
陸揚げ説 ………… 573, 584
リクルート事件 … 837, 838

利得罪 …………………… 252
　強盗―― ……………… 310
　詐欺―― ……………… 385
略取 ……………………… 145
　――・誘拐の罪 ……… 144
領海説 …………… 573, 584
陵辱 ……………………… 831
領得 ……………………… 251
　――罪 ………… 251, 276
領得行為説 ……………… 429
旅券 ……………………… 634
臨死介助 ………………… 34

〈れ〉

霊能力 …………………… 359
礼拝 ……………………… 719
礼拝所不敬罪 …………… 718

〈ろ〉

ロッキード事件 … 833, 840

〈わ〉

わいせつ
　――(な)行為 …… 164, 686
　――の意義 …………… 695
　――の目的 …………… 150
わいせつ概念
　――の明確性 ………… 690
　絶対的―― …………… 697
　相対的―― …………… 696
わいせつ性
　――の判断基準 ……… 695
　――の判断方法 ……… 696
わいせつ物頒布等罪 …… 689
賄賂 ……………………… 846
　――の収受・要求・約束
　　………………………… 849
　――の供与・申込み・約束
　　………………………… 858
　――の目的物 ………… 847
賄賂性の限界 …………… 847

判例索引

大判明 30・10・15 刑録 2・219 ……………… *596*
大判明 34・6・21 刑録 7・6・69 ……………… *288*
大判明 35・3・28 刑録 8・3・89 ……………… *473*
大判明 35・4・7 刑録 8・4・48 ……………… *582*
大判明 35・4・14 刑録 8・4・77 ……………… *551*
大判明 35・10・20 刑録 8・9・75 ……………… *817*
大判明 36・4・7 刑録 9・487 ……………… *401*
大判明 36・5・21 刑録 9・874 ……………… *254*
大判明 37・2・25 刑録 10・364 ……… *488, 617*
大判明 37・8・22 刑録 10・1618 ……………… *436*
大判明 37・12・20 刑録 10・2415 ……………… *285*
大判明 39・4・16 刑録 12・472 ……………… *271*
大判明 39・4・19 刑録 12・500 ……………… *596*
大判明 40・9・26 刑録 13・1002 ……………… *197*
大判明 40・9・27 刑録 13・1007 ……………… *584*
大判明 41・2・25 刑録 14・134 ……………… *42*
大判明 41・5・28 刑録 14・610 ……………… *858*
大判明 41・9・4 刑録 14・755 ……………… *582*
大判明 41・9・24 刑録 14・797 ……………… *634*
大判明 41・11・9 刑録 14・1008 ……………… *621*
大判明 41・11・19 刑録 14・1023 ……………… *275*
大判明 41・12・15 刑録 14・1102 ……… *490, 533*
大判明 41・12・21 刑録 14・1136 ……… *620, 633*
大判明 42・2・5 刑録 15・61 ……………… *673*
大判明 42・2・9 刑録 15・120 ……………… *240*
大判明 42・2・22 刑録 15・127 ……………… *659*
大判明 42・3・11 刑録 15・210 ……………… *641*
大判明 42・3・16 刑録 15・258 ……… *473, 481*
大判明 42・3・16 刑録 15・261 ……………… *648*
大判明 42・3・25 刑録 15・318 ……………… *639*
大判明 42・4・15 刑録 15・435 ……………… *474*
大判明 42・4・16 刑録 15・452 ……… *485, 495*
大判明 42・4・27 刑録 15・518 ……………… *822*
大判明 42・5・31 刑録 15・673 ……………… *383*
大判明 42・6・3 刑録 15・682 ……………… *444*
大判明 42・6・8 刑録 15・728 ……………… *336*
大判明 42・6・10 刑録 15・738 ……………… *611*
大判明 42・6・10 刑録 15・759 ……………… *436*
大判明 42・6・14 刑録 15・769 ……………… *23*

大判明 42・6・17 刑録 15・793 ……………… *336*
大判明 42・6・18 刑録 15・808 ……………… *814*
大判明 42・6・21 刑録 15・812 ……………… *374*
大判明 42・6・24 刑録 15・841 ……………… *673*
大判明 42・6・24 刑録 15・848 ……………… *669*
大判明 42・6・28 刑録 15・877 ……………… *625*
大判明 42・7・8 刑録 15・987 ……………… *487*
大判明 42・8・31 刑録 15・1097 ……………… *433*
大判明 42・8・31 刑録 15・1121 ……………… *742*
大判明 42・10・7 刑録 15・1196 ……………… *648*
大判明 42・10・8 刑録 15・1316 ……………… *757*
大判明 42・10・14 刑録 15・1375 ……………… *824*
大判明 42・11・1 刑録 15・1498 ……………… *814*
大判明 42・11・9 刑録 15・1536 ……………… *257*
大判明 42・11・11 刑録 15・1554 ……………… *648*
大判明 42・11・19 刑録 15・1645 ……………… *532*
大判明 42・11・25 刑録 15・1667 ……………… *635*
大判明 42・12・6 刑録 15・1735 ……………… *527*
大判明 42・12・13 刑録 15・1770 ……………… *612*
大判明 42・12・13 刑録 15・1779 ……………… *259*
大判明 42・12・16 刑録 15・1795 ……………… *819*
大判明 42・12・17 刑録 15・1843 … *836, 837, 849*
大判明 42・12・23 刑録 15・2037 ……………… *383*
大判明 43・1・27 刑録 16・38 ……………… *641*
大判明 43・1・28 刑録 16・46 ……………… *383*
大判明 43・1・31 刑録 16・74 ……… *638, 670*
大判明 43・1・31 刑録 16・88 ……………… *757*
大判明 43・2・1 刑録 16・97 ……………… *655*
大判明 43・2・3 刑録 16・147 ……………… *243*
大判明 43・2・3 刑録 16・113 ……………… *371*
大判明 43・2・10 刑録 16・189 ……… *594, 639*
大判明 43・2・15 刑録 16・236 ……………… *320*
大判明 43・2・15 刑録 16・256 ……………… *257*
大判明 43・2・16 刑録 15・264 ……………… *284*
大判明 43・3・4 刑録 16・384 ……… *522, 523*
大判明 43・3・10 刑録 16・402 ……… *583, 584*
大判明 43・3・10 刑録 16・414 ……… *638, 670*
大判明 43・3・25 刑録 16・470 ……………… *804*

大判明 43・4・14 刑録 16・610 ……… *317, 327*
大判明 43・4・15 刑録 16・615 ……… *413*
大判明 43・4・19 刑録 16・633 ……… *652*
大判明 43・4・19 刑録 16・657 ……… *492*
大判明 43・4・19 刑録 16・673 ……… *672*
大判明 43・4・19 刑録 16・686 ……… *715*
大判明 43・4・21 刑録 16・708 ……… *324*
大判明 43・4・25 刑録 16・739 ……… *800*
大判明 43・4・28 刑録 16・760 ……… *32*
大判明 43・5・5 刑録 16・797 ……… *444*
大判明 43・5・9 刑録 16・821 ……… *648*
大判明 43・5・12 刑録 16・857 ……… *18*
大判明 43・5・13 刑録 16・860 ……… *594, 625, 669, 674*
大判明 43・5・27 刑録 16・955 ……… *711*
大判明 43・6・6 刑録 16・1055 ……… *371*
大判明 43・6・7 刑録 16・1103 ……… *299*
大判明 43・6・17 刑録 16・1210 ……… *313*
大判明 43・6・23 刑録 16・1267 ……… *639, 671*
大判明 43・6・30 刑録 16・1314 ……… *384, 585*
大判明 43・7・1 刑録 16・1322 ……… *318*
大判明 43・8・9 刑録 16・1452 ……… *430, 620*
大判明 43・8・16 刑録 16・1457 ……… *633*
大判明 43・9・22 刑録 16・1531 ……… *425*
大判明 43・9・27 刑録 16・1556 ……… *434*
大判明 43・9・27 刑録 16・1558 ……… *405*
大判明 43・9・30 刑録 16・1572 ……… *593, 638, 670*
大判明 43・10・4 刑録 16・1608 ……… *720*
大判明 43・10・11 刑録 16・1689 ……… *716*
大判明 43・10・18 新聞 682・27 ……… *641*
大判明 43・10・25 刑録 16・1747 ……… *439*
大判明 43・10・27 刑録 16・1764 ……… *327, 330*
大判明 43・11・8 刑録 16・1875 ……… *715*
大判明 43・11・8 刑録 16・1895 ……… *631*
大判明 43・11・15 刑録 16・1937 ……… *138*
大判明 43・11・17 刑録 16・1999 ……… *385*
大判明 43・11・17 刑録 16・2010 ……… *688*
大判明 43・11・18 刑集 16・2022 ……… *654*
大判明 43・11・21 刑録 16・2093 ……… *668*
大判明 43・12・1 刑録 16・2239 ……… *847*
大判明 43・12・2 刑録 16・2129 ……… *433, 447*
大判明 43・12・9 刑録 16・2157 ……… *716*
大判明 43・12・16 刑録 16・2188 ……… *490*
大判明 43・12・16 刑録 16・2214 ……… *454*

大判明 43・12・16 刑録 16・2227 ……… *641*
大判明 43・12・19 刑録 16・2239 ……… *847*
大判明 43・12・19 刑録 16・2249 ……… *858*
大判明 43・12・20 刑録 16・2265 ……… *596*
大判明 43・12・23 刑録 16・2293 ……… *406*
大判明 44・1・24 刑録 17・6 ……… *521*
大判明 44・2・9 刑録 17・59 ……… *434*
大判明 44・2・16 刑録 17・83 ……… *713*
大判明 44・2・16 刑録 17・88 ……… *589*
大判明 44・2・21 刑録 17・157 ……… *814*
大判明 44・2・23 刑録 17・163 ……… *716*
大判明 44・2・27 刑録 17・197 ……… *485, 496*
大判明 44・2・28 刑録 17・220 ……… *824*
大判明 44・2・28 刑録 17・230 ……… *400*
大判明 44・3・6 刑録 17・270 ……… *672*
大判明 44・3・9 刑録 17・295 ……… *480, 672*
大判明 44・3・9 刑録 17・341 ……… *175*
大判明 44・3・13 刑録 17・345 ……… *61*
大判明 44・3・16 刑録 17・386 ……… *444*
大判明 44・3・16 刑録 17・405 ……… *438*
大判明 44・3・20 刑録 17・420 ……… *432*
大判明 44・3・21 刑録 17・427 ……… *625, 672*
大判明 44・3・21 刑録 17・445 ……… *804*
大判明 44・3・21 刑録 17・449 ……… *803*
大判明 44・3・24 刑録 17・458 ……… *619*
大判明 44・3・31 刑録 17・482 ……… *655, 657*
大判明 44・3・31 刑録 17・497 ……… *149*
大判明 44・4・13 刑録 17・552 ……… *383*
大判明 44・4・17 刑録 17・587 ……… *419, 441*
大判明 44・4・17 刑録 17・605 ……… *267, 436, 626*
大判明 44・4・24 刑録 17・655 ……… *526*
大判明 44・4・28 刑録 17・712 ……… *174*
大判明 44・5・5 刑録 17・768 ……… *371*
大判明 44・5・19 刑録 17・879 ……… *847*
大判明 44・5・20 刑録 17・981 ……… *806*
大判明 44・5・23 刑録 17・906 ……… *401*
大判明 44・5・25 刑録 17・959 ……… *343*
大判明 44・5・29 刑録 17・1011 ……… *371*
大判明 44・6・8 刑録 17・1113 ……… *430*
大判明 44・6・20 刑録 17・1227 ……… *854*
大判明 44・6・29 刑録 17・1327 ……… *138*
大判明 44・7・6 刑録 17・1388 ……… *722*
大判明 44・7・10 刑録 17・1409 ……… *763*
大判明 44・7・21 刑録 17・1475 ……… *541*
大判明 44・7・28 刑録 17・1477 ……… *159*

874 ◇判例索引

大判明 44・8・4 刑録 17・1483 ……………*213*
大判明 44・8・15 刑録 17・1488 ……*487, 488*
大判明 44・8・25 刑録 17・1510 …………*445*
大判明 44・9・25 刑録 17・1550 …………*516*
大判明 44・10・5 刑録 17・1598…………*260*
大判明 44・10・13 刑録 17・1698 ………*459*
大判明 44・10・13 刑録 17・1713 ………*637*
大判明 44・10・23 刑録 17・1752 ………*720*
大判明 44・10・26 刑録 17・1795 ………*443*
大判明 44・11・10 刑録 17・1868 ………*559*
大判明 44・11・13 刑録 17・1884 ………*710*
大判明 44・11・14 刑録 17・2047 ………*371*
大判明 44・11・16 刑録 17・1984 ………*548*
大判明 44・11・16 刑録 17・1987 ………*547*
大判明 44・11・16 刑録 17・2002 ………*150*
大判明 44・12・4 刑録 17・2095 ……*260, 399, 401*
大判明 44・12・8 刑録 17・2183……………*101*
大判明 44・12・15 刑録 17・2190 ……*275, 761*
大判明 44・12・18 刑録 17・2208 ………*474*
大判明 44・12・19 刑録 17・2223 ………*765*
大判明 44・12・19 刑録 17・2231 ………*460*
大判明 44・12・25 刑録 17・2328 ……*24, 195*
大判明 45・1・15 刑録 18・1 ……………*806*
大判明 45・2・1 刑録 18・75 …………*596*
大判明 45・3・4 刑録 18・244…………*443*
大判明 45・3・11 刑録 18・331 …………*668*
大判明 45・3・14 刑録 18・337 …………*401*
大判明 45・4・8 刑録 18・443 …………*478*
大判明 45・4・9 刑録 18・445 …………*620*
大判明 45・4・12 刑録 18・458 …………*822*
大判明 45・4・15 刑録 18・464 …………*624*
大判明 45・4・15 刑録 18・465 …………*626*
大判明 45・4・15 刑録 18・469 …………*407*
大判明 45・4・18 刑録 18・477 …………*656*
大判明 45・4・19 刑録 14・1023…………*275*
大判明 45・4・22 刑録 18・491 …………*675*
大判明 45・4・22 刑録 18・496 …………*260*
大判明 45・5・6 刑録 18・561…………*860*
大判明 45・5・7 刑録 18・578 …………*412*
大判明 45・5・27 刑録 18・676 …………*496*
大判明 45・5・30 刑録 18・790 ……*638, 670*
大判明 45・6・4 刑録 18・815…………*509*
大判明 45・6・17 刑録 18・856 …………*463*
大判明 45・6・20 刑録 18・896 …………*40*

大判明 45・6・27 刑録 18・927 ……*210, 228*
大判明 45・7・1 刑録 18・947…………*711*
大判明 45・7・1 刑録 18・971…………*824*
大判明 45・7・4 刑録 18・1009 ……*454, 653*
大判明 45・7・16 刑録 18・1087…………*393*
大判明 45・7・23 刑録 18・1100…………*813*
大判大元・8・6 刑録 18・1138 …………*533*
大判大元・9・6 刑録 18・1211 …………*306*
大判大元・10・8 刑録 18・1231 …………*414*
大判大元・10・31 刑録 18・1313 ……*596, 608*
大判大元・11・19 刑録 18・1393 ………*401*
大判大元・11・25 刑録 18・1413 ………*623*
大判大元・11・25 刑録 18・1421 ………*257*
大判大元・11・26 刑録 18・1425 ………*594*
大判大元・11・28 刑録 18・1431 ……*371, 381*
大判大元・12・20 刑録 18・1563 ………*257*
大判大元・12・20 刑録 18・1566 ………*821*
大判大 2・1・21 刑録 19・20 …………*594*
大判大 2・1・23 刑録 19・28 …………*589*
大判大 2・1・27 刑録 19・85 …………*234*
大判大 2・2・3 刑録 19・173 …………*304*
大判大 2・3・7 刑録 19・306…………*532*
大判大 2・3・10 刑録 19・327…………*670*
大判大 2・3・20 刑録 19・365…………*822*
大判大 2・3・27 刑録 19・423 …………*595*
大判大 2・4・17 刑録 19・502 …………*596*
大判大 2・4・24 刑録 19・526 …………*142*
大判大 2・4・28 刑録 19・530 …………*372*
大判大 2・4・29 刑録 19・533 …………*621*
大判大 2・5・22 刑録 19・626 …………*793*
大判大 2・6・9 刑録 19・687 …………*815*
大判大 2・6・12 刑録 19・705 …………*656*
大判大 2・6・12 刑録 19・711 …………*423*
大判大 2・6・12 刑録 19・714 …………*433*
大判大 2・6・30 刑録 19・733 …………*655*
大判大 2・7・9 刑録 19・771 …………*715*
大判大 2・8・18 刑録 19・817…………*269*
大判大 2・8・29 刑録 19・828 …………*627*
大判大 2・9・5 刑録 19・844 …………*817*
大判大 2・9・5 刑録 19・853 ……*625, 670*
大判大 2・9・22 刑録 19・884 …………*53*
大判大 2・10・3 刑録 19・910…………*508*
大判大 2・10・7 刑録 19・989 …………*711*
大判大 2・10・21 刑録 19・982 …………*271*
大判大 2・11・5 刑録 19・1114 …………*405*

| 大判大 2・11・19 刑録 19・1253 …………… *711*
| 大判大 2・11・19 刑録 19・1261 …………… *408*
| 大判大 2・11・24 刑録 19・1326 ……………… *94*
| 大判大 2・11・25 刑録 19・1299 …………… *379*
| 大判大 2・11・25 新聞 914・28 ……………… *436*
| 大判大 2・11・29 刑録 19・1349 …………… *138*
| 大判大 2・12・6 刑録 19・1387 ……………… *621*
| 大判大 2・12・9 刑録 19・1393 ……… *836, 839*
| 大判大 2・12・16 刑録 19・1440 …………… *435*
| 大判大 2・12・19 刑録 19・1472 …………… *478*
| 大連判 2・12・23 刑録 19・1502 …… *382, 408*
| 大判大 2・12・24 刑録 19・1517 …… *527, 528*
| 大判大 3・1・21 刑録 20・41 ……… *479, 483*
| 大判大 3・1・26 新聞 922・28 ……………… *121*
| 大判大 3・2・4 刑録 20・119 ……………… *461*
| 大判大 3・2・12 刑録 20・139 ……………… *446*
| 大判大 3・3・10 刑録 20・266 ……………… *714*
| 大判大 3・3・14 刑録 20・297 ……………… *480*
| 大判大 3・3・23 刑録 20・326 ……… *257, 478*
| 大判大 3・3・24 刑録 20・336 ……………… *375*
| 大判大 3・3・28 刑録 20・392 ……………… *716*
| 大判大 3・4・6 刑録 20・465 ……………… *712*
| 大判大 3・4・6 刑録 20・478 ……… *594, 639*
| 大判大 3・4・10 刑録 20・498 ……………… *458*
| 大判大 3・4・14 新聞 940・26 ……………… *490*
| 大判大 3・4・24 刑録 20・619 ………………… *94*
| 大判大 3・4・29 刑録 20・654 ……… *815, 816*
| 大判大 3・5・7 刑録 20・782 ……………… *654*
| 大判大 3・5・12 刑録 20・856 ……………… *371*
| 大連判 3・5・18 刑録 20・932 ……… *712, 714*
| 大判大 3・5・18 刑録 20・956 ……………… *371*
| 大判大 3・5・20 刑録 20・966 ……………… *438*
| 大判大 3・6・3 刑録 20・1108 ……………… *670*
| 大判大 3・6・9 刑録 20・1147 ……………… *528*
| 大判大 3・6・10 刑録 20・1167 …………… *290*
| 大判大 3・6・11 刑録 20・1171 …… *344, 380*
| 大判大 3・6・13 刑録 20・1174 …… *454, 455*
| 大判大 3・6・13 刑録 20・1182 …………… *625*
| 大判大 3・6・17 刑録 20・1245 …… *442, 443*
| 大判大 3・6・20 刑録 20・1289 …………… *670*
| 大判大 3・6・20 刑録 20・1300 …………… *489*
| 大判大 3・6・20 刑録 20・1313 …………… *450*
| 大判大 3・6・23 刑録 20・1324 …………… *805*
| 大判大 3・6・24 刑録 20・1333 …… *303, 305*
| 大判大 3・6・24 刑録 20・1337 …………… *401*

大判大 3・6・27 刑録 20・1350 …………… *437*
大判大 3・7・21 刑録 20・1541 …………… *166*
大判大 3・7・28 刑録 20・1548 …………… *717*
大判大 3・9・1 刑録 20・1579 ………………… *53*
大判大 3・10・6 刑録 20・1810 …………… *621*
大判大 3・10・7 刑録 20・1816 …………… *710*
大判大 3・10・12 新聞 974・30 …………… *455*
大判大 3・10・16 刑録 20・1867 …………… *464*
大判大 3・10・19 刑録 20・1871 …………… *659*
大判大 3・10・19 刑録 20・1884 …… *509, 511*
大判大 3・10・21 刑録 20・1898 …………… *270*
大判大 3・10・30 刑録 20・1980 …… *668, 672*
大判大 3・11・3 刑録 20・2001 …………… *822*
大判大 3・11・4 刑録 20・2008 …… *674, 675*
大判大 3・11・7 刑録 20・2054 …………… *617*
大判大 3・11・13 刑録 20・2095 …………… *722*
大判大 3・11・14 刑録 20・2111 …………… *648*
大判大 3・11・17 刑録 20・2139 …………… *717*
大判大 3・11・17 刑録 20・2142 …………… *763*
大判大 3・11・19 刑録 20・2200 …… *648, 649*
大判大 3・11・26 刑録 20・2265 …… *228, 349,*
　　　　　　　　　　　　　　　　　　　375
大判大 3・11・28 刑録 20・2277 …………… *657*
大判大 3・11・30 刑録 20・2290 …………… *806*
大判大 3・12・1 刑録 20・2303 …… *137, 138*
大判大 3・12・3 刑録 20・2322 …………… *242*
大判大 3・12・7 刑録 20・2382 …………… *474*
大判大 3・12・8 新聞 987・28 ……………… *437*
大判大 3・12・12 刑録 20・2401 …………… *422*
大判大 3・12・14 刑録 20・2414 …………… *854*
大判大 3・12・17 刑録 20・2426 …………… *653*
大判大 4・2・9 刑録 21・81 ………………… *242*
大判大 4・2・10 刑録 21・90 ………… *20, 122*
大判大 4・2・20 刑録 21・130 ……………… *458*
大判大 4・3・4 刑録 21・231 ……… *798, 800*
大判大 4・3・9 刑録 21・273 ……………… *821*
大判大 4・3・18 刑録 21・309 ……………… *285*
大判大 4・4・2 刑録 21・325 ……………… *657*
大判大 4・4・9 刑録 21・457 ……………… *412*
大判大 4・4・20 刑録 21・487 ………………… *25*
大判大 4・4・24 刑録 21・491 ……………… *634*
大判大 4・4・26 刑録 21・422 ……………… *383*
大判大 4・4・29 刑録 21・444 ……………… *196*
大判大 4・4・30 刑録 21・551 ……………… *632*
大判大 4・5・14 刑録 21・625 ……………… *741*

大判大 4・5・21 刑録 21・663 ……240, 276, 281
大判大 4・5・21 刑録 21・670 ……107, 108, 116
大判大 4・5・24 刑録 21・661 ……………329
大判大 4・6・1 刑録 21・703 ………………847
大判大 4・6・1 刑録 21・717 ………831, 832
大判大 4・6・2 刑録 21・721 ………475, 860
大判大 4・6・10 刑録 21・805………………710
大判大 4・6・15 刑録 21・818………………393
大判大 4・6・22 刑録 21・879………………257
大判大 4・6・24 刑録 21・886 ………259, 473, 721
大判大 4・6・24 刑録 21・899………………256
大判大 4・7・9 刑録 21・990 ………………847
大判大 4・7・10 刑録 21・1011 ……845, 859
大判大 4・8・24 刑録 21・1244 ……………798
大判大 4・9・2 新聞 1043・31………………637
大判大 4・9・16 刑録 21・1315 ……………712
大判大 4・9・21 刑録 21・1390 ……………617
大判大 4・10・6 刑録 21・1441 ……………748
大判大 4・10・8 刑録 21・1578 ……………427
大判大 4・10・20 新聞 1052・27……………625
大判大 4・10・25 新聞 1049・34……………358
大判大 4・10・30 刑録 21・1763 ……511, 517
大判大 4・11・2 刑録 21・1831 ……………517
大判大 4・11・6 刑録 21・1897 ……509, 511
大判大 4・12・11 刑録 21・2088……………176
大判大 4・12・14 刑録 21・2097……………710
大判大 4・12・16 刑録 21・2103 ……795, 797
大判大 5・1・25 刑録 22・35 ………………849
大判大 5・1・27 刑録 22・71 ………………634
大判大 5・1・28 刑録 22・74 ………………836
大判大 5・2・12 刑録 22・134………118, 121
大判大 5・5・1 刑録 22・672 ………………269
大判大 5・6・1 刑録 22・854 ………228, 233
大判大 5・6・13 刑録 22・981………………847
大判大 5・6・16 刑録 22・1012 ……………400
大判大 5・6・26 刑録 22・1153 ……210, 233
大判大 5・6・26 刑録 22・1179 ……640, 641
大判大 5・7・3 刑録 22・1221 ……………671
大判大 5・7・13 刑録 22・1267 ……………474
大判大 5・7・14 刑録 22・1238 ……………619
大判大 5・7・20 刑録 22・1293 ……………481
大判大 5・7・31 刑録 22・1297 ……761, 762
長崎地判大 5・8・24 新聞 1180・29 ………242
大判大 5・9・12 民録 22・1702 ……………633
大判大 5・9・19 刑録 22・1380 ……………460
大判大 5・9・20 刑録 22・1393 ……………821
大判大 5・9・28 刑録 22・1467 ……………365
大判大 5・10・12 刑録 22・1550……………830
大判大 5・11・1 刑録 22・1644 ……………228
大判大 5・11・10 刑録 22・1718 ……………837
大判大 5・11・30 刑録 22・1837 ……………822
大判大 5・12・4 刑録 22・1848 ……………847
大判大 5・12・11 刑録 22・1856 ……668, 670, 672, 673
大判大 5・12・18 刑録 22・1909……233, 234
大判大 5・12・21 刑録 22・1925……588, 589
大判大 6・2・6 刑録 23・35 ………………761
大判大 6・2・8 刑録 23・41 ………………822
大判大 6・2・15 刑録 23・65 ………………674
大判大 6・3・3 新聞 1240・31………………490
大判大 6・3・14 刑録 23・179………………640
大判大 6・4・5 刑録 23・279 ………………741
大判大 6・4・12 刑録 23・339 ………141, 402
大判大 6・4・13 刑録 23・312 ………………528
大判大 6・4・27 刑録 23・451………………476
大判大 6・5・19 刑録 23・487 ………700, 702
大判大 6・5・23 刑録 23・517 ………………474
大判大 6・5・28 刑録 23・577 ………………675
大判大 6・6・13 刑録 23・637 ………………424
大判大 6・6・25 刑録 23・699 ………413, 632
大判大 6・6・28 刑録 23・737 ………………845
大判大 6・7・14 刑録 23・886 ………………430
大判大 6・9・17 刑録 23・1016 ……………448
大判大 6・9・27 刑録 23・1027 ……………798
大判大 6・10・23 刑録 23・1091……………428
大判大 6・10・23 刑録 23・1120……………854
大判大 6・10・23 刑録 23・1165……………637
大判大 6・10・25 刑録 23・1131……………131
大判大 6・10・27 刑録 23・1103……………574
大判大 6・11・5 刑録 23・1136 ……………371
大判大 6・11・9 刑録 23・1261 ………………22
大判大 6・11・24 刑録 23・1302……………721
大判大 6・11・29 刑録 23・1449……………351
大判大 6・12・20 刑録 23・1566……754, 755
大判大 6・12・24 刑録 23・1621……………349
大判大 7・1・17 刑録 24・4 …………………96
大判大 7・2・6 刑録 24・32 ………………274
大判大 7・2・26 刑録 24・121 ……669, 671, 675
大判大 7・3・1 刑録 24・116 ………………213

大判大 7・3・14 刑録 24・206 ……………… *858*
大判大 7・3・15 刑録 24・219 ……………… *522*
大判大 7・3・23 刑録 24・235 ……………… *118*
大判大 7・4・20 刑録 24・359 ……………… *804*
大判大 7・5・7 刑録 24・555 ……………… *801*
大判大 7・5・14 刑録 24・605 ……… *747, 751*
大判大 7・7・17 刑録 24・939 ……………… *351*
大判大 7・9・25 刑録 24・1219 ……… *262, 263*
大判大 7・10・16 刑録 24・1268 ……………… *146*
大判大 7・10・19 刑録 24・1274 ……………… *413*
大判大 7・11・18 刑録 24・1407 ……………… *386*
大判大 7・11・20 刑録 24・1378 ……………… *626*
大判大 7・11・20 刑録 24・1415 ……………… *859*
大判大 7・11・25 刑録 24・1425 ……………… *561*
大判大 7・12・6 刑録 24・1506 ……… *179, 193*
大判大 7・12・18 刑録 24・1558 ……………… *521*
大判大 8・2・27 刑録 25・261 ……………… *104*
大判大 8・3・11 刑録 25・314 ……………… *572*
大判大 8・3・27 刑録 25・396 ……… *358, 674*
大判大 8・3・31 刑録 25・403 ……………… *802*
大判大 8・3・31 刑録 25・483 ……………… *837*
大判大 8・4・2 刑録 25・375 ……… *240, 743*
大判大 8・4・4 刑録 25・382 ……………… *269*
大判大 8・4・17 刑録 25・568 ……………… *808*
大判大 8・4・18 新聞 1556・25 ……… *211, 213*
大判大 8・4・22 刑録 25・589 ……………… *798*
大判大 8・5・13 刑録 25・632 ……… *490, 528*
大判大 8・5・23 刑録 25・673 ……………… *406*
大判大 8・5・31 刑録 25・732 ……………… *656*
大判大 8・6・23 刑録 25・800 ……………… *511*
大判大 8・6・30 刑録 25・820 ……… *141, 142*
大判大 8・7・9 刑録 25・846 ……………… *614*
大判大 8・7・9 刑録 25・864 ……………… *401*
大判大 8・7・22 刑録 25・880 ……………… *757*
大判大 8・7・31 刑録 25・899 ……………… *42*
大判大 8・8・7 刑録 25・953 ……… *118, 121*
大判大 8・8・30 刑録 25・963 ……………… *118*
大判大 8・11・19 刑録 25・1133 ……… *427, 428, 481*
大判大 8・12・9 刑録 25・1350 ……………… *511*
大判大 8・12・13 刑録 25・1367 ……………… *10*
大判大 8・12・18 刑録 25・1388 ……………… *836*
大判大 8・12・23 刑録 25・1491 ……………… *633*
大判大 9・2・2 刑録 26・17 ……………… *556*
大判大 9・2・4 刑録 26・26 ……… *276, 280, 281*

大判大 9・2・5 刑録 26・30 ……………… *621*
大判大 9・2・26 刑録 26・82 ……………… *243*
大判大 9・3・5 刑録 26・139 ……………… *575*
朝鮮高判大 9・3・22 新聞 1687・13 ……… *731*
大判大 9・4・13 刑録 26・307 ……………… *444*
大判大 9・6・3 刑録 26・382 ……… *105 106*
大判大 9・7・19 刑録 26・541 ……………… *631*
大判大 9・9・15 刑録 26・676 ……………… *821*
大判大 9・10・28 刑録 26・753 ……………… *672*
大判大 9・11・4 刑録 26・793 ……………… *715*
大判大 9・11・17 刑録 26・837 ……………… *371*
大判大 9・12・10 刑録 26・885 ……………… *837*
大判大 9・12・10 刑録 26・912 ……………… *138*
大判大 9・12・17 刑録 26・921 ……………… *487*
大判大 9・12・24 刑録 26・1437 ……………… *722*
大判大 10・1・18 刑録 27・5 ……………… *479*
大判大 10・2・2 刑録 27・32 ……………… *648*
大判大 10・5・7 刑録 27・257 ……………… *105*
大判大 10・6・11 刑録 27・553 ……………… *711*
大判大 10・6・18 刑録 27・545 ……………… *269*
大判大 10・7・8 民録 27・1373 ……………… *474*
大判大 10・9・24 刑録 27・589 ……… *488, 489, 624, 636*
大判大 10・10・24 刑録 27・643 ……… *235, 236*
大判大 10・12・5 新聞 1921・12 ……… *257*
大判大 11・1・17 刑集 1・1 ……… *423, 443*
大判大 11・1・27 刑集 1・16 ……… *488, 489*
大判大 11・2・28 刑集 1・82 ……………… *476*
大判大 11・3・8 刑集 1・124 ……………… *454*
大判大 11・3・15 刑集 1・147 ……… *669, 674*
大判大 11・3・22 刑集 1・160 ……………… *380*
大判大 11・3・31 刑集 1・186 ……………… *545*
大判大 11・4・1 刑集 1・194 ……………… *675*
大判大 11・4・1 刑集 1・201 ……………… *845*
大連判大 11・4・22 刑集 1・296 ……… *859, 860*
大判大 11・4・28 刑集 1・307 ……………… *475*
大判大 11・5・6 刑集 1・261 ……………… *761*
大判大 11・5・9 刑集 1・313 ……………… *52*
大判大 11・5・17 刑集 1・282 ……………… *443*
大判大 11・5・18 刑集 1・319 ……………… *191*
大判大 11・7・4 刑集 1・381 ……………… *371*
大判大 11・7・12 刑集 1・393 ……… *427, 470, 482*
大連判大 11・7・22 刑集 1・397 ……………… *741*
大判大 11・9・15 刑集 1・450 ……………… *269*
大判大 11・9・27 刑集 1・483 ……………… *465*

大判大 11・9・29 刑集 1・505 …… *637*
大判大 11・10・3 刑集 1・513 …… *810*
大判大 11・10・6 刑集 1・530 …… *715*
大判大 11・10・9 刑集 1・534 …… *458*
大連判大 11・10・20 刑集 1・558 …… *614, 653*
大判大 11・11・7 刑集 1・642 …… *408*
大判大 11・11・22 刑集 1・681 …… *400*
大判大 11・11・28 刑集 1・705 …… *103*
大判大 11・12・1 刑集 1・721 …… *557*
大判大 11・12・6 刑集 1・736 …… *653*
大連判大 11・12・15 刑集 1・763 …… *375*
大判大 11・12・16 刑集 1・799 …… *42*
大連判大 11・12・22 刑集 1・815 …… *327, 330*
大判大 11・12・22 刑集 1・821 …… *361, 375*
大判大 11・12・22 刑集 1・828 …… *631*
大判大 11・12・23 刑集 1・841 …… *618*
大判大 12・1・25 刑集 2・19 …… *479*
大判大 12・1・27 刑集 2・35 …… *183*
大判大 12・2・13 刑集 2・60 …… *423*
大判大 12・2・15 刑集 2・65 …… *798, 800*
大判大 12・2・15 刑集 2・73 …… *648, 656*
大判大 12・2・15 刑集 2・78 …… *655*
大判大 12・2・24 刑集 2・123 …… *640*
大判大 12・3・15 刑集 2・210 …… *558*
大判大 12・4・2 刑集 2・291 …… *758*
大判大 12・4・4 刑集 2・309 …… *713*
大判大 12・4・9 刑集 2・327 …… *814*
大判大 12・4・14 刑集 2・336 …… *479*
大判大 12・4・23 刑集 2・351 …… *625*
大判大 12・5・9 刑集 2・401 …… *796*
大判大 12・5・24 刑集 2・437 …… *212*
大判大 12・5・24 刑集 2・445 …… *637*
大判大 12・5・31 刑集 2・465 …… *479*
大判大 12・6・4 刑集 2・486 …… *210*
大判大 12・6・9 刑集 2・508 …… *274*
大判大 12・6・16 刑集 2・546 …… *610*
大判大 12・6・29 刑集 2・596 …… *401*
大判大 12・7・3 刑集 2・621 …… *557, 559*
大判大 12・7・3 刑集 2・624 …… *292*
大判大 12・7・14 刑集 2・650 …… *344, 380*
大判大 12・11・1 刑集 2・784 …… *371*
大判大 12・11・9 新聞 2197・20 …… *649*
大判大 12・11・12 刑集 2・784 …… *345, 375, 521*
大判大 12・11・21 刑集 2・823 …… *379, 380*
大判大 12・11・24 刑集 2・847 …… *401*

大判大 12・12・3 刑集 2・915 …… *146*
大判大 12・12・8 刑集 2・930 …… *480*
大判大 13・1・30 刑集 3・38 …… *475*
大判大 13・2・9 刑集 3・95 …… *711*
大判大 13・2・28 刑集 3・164 …… *758*
大判大 13・3・31 刑集 3・259 …… *96*
大判大 13・4・8 刑集 3・280 …… *444*
大判大 13・4・28 新聞 2263・17 …… *105*
大判大 13・4・29 刑集 3・383 …… *631*
大判大 13・5・15 刑集 3・410 …… *656*
大判大 13・5・22 刑集 3・431 …… *668*
大判大 13・5・31 刑集 3・459 …… *528*
大判大 13・6・10 刑集 3・473 …… *270*
大判大 13・6・10 刑集 3・476 …… *748*
大判大 13・6・19 刑集 3・502 …… *147*
大判大 13・7・29 刑集 3・721 …… *822*
大判大 13・8・4 刑集 3・608 …… *344*
大判大 13・10・22 刑集 3・749 …… *164*
大判大 13・11・7 刑集 3・783 …… *171*
大判大 13・11・11 刑集 3・788 …… *461*
大判大 13・11・28 新聞 2382・16 …… *351*
大決大 13・12・12 刑集 3・871 …… *151*
大判大 13・12・24 民集 3・555 …… *420*
大判大 13・12・24 刑集 3・904 …… *298*
大判大 14・2・18 刑集 4・59 …… *527*
大判大 14・2・20 刑集 4・80 …… *845*
大判大 14・3・20 刑集 4・184 …… *385*
大判大 14・4・9 刑集 4・219 …… *847*
大判大 14・4・23 刑集 4・262 …… *175*
大判大 14・5・7 刑集 4・266 …… *847*
大判大 14・5・7 刑集 4・276 …… *749*
大判大 14・6・5 刑集 4・372 …… *847*
大判大 14・7・4 刑集 4・475 …… *274*
大連決大 14・7・14 刑集 4・484 …… *432*
大判大 14・9・25 刑集 4・547 …… *655*
大判大 14・10・2 刑集 4・561 …… *656*
大判大 14・10・10 刑集 4・599 …… *637, 638*
大判大 14・10・16 刑集 4・607 …… *742*
大判大 14・10・16 刑集 4・613 …… *720*
大判大 14・12・1 刑集 4・688 …… *23*
大判大 14・12・1 刑集 4・743 …… *165*
大判大 14・12・8 刑集 4・723 …… *742*
大判大 14・12・8 刑集 4・739 …… *121*
大判大 14・12・12 刑集 4・755 …… *837*
大判大 14・12・23 刑集 4・780 …… *42, 52*

大決大 15・2・22 刑集 5・97 ……………… *764*
大判大 15・2・23 刑集 5・46 ……………… *317*
大判大 15・2・24 刑集 5・56 ……………… *652*
大判大 15・3・5 刑集 5・78 ……………… *700*
大判大 15・3・24 刑集 5・117 …………… *210*
大判大 15・3・24 刑集 5・123 …………… *142*
大判大 15・4・20 刑集 5・136 …………… *437*
大判大 15・5・13 刑集 5・158 …………… *617*
大判大 15・5・28 刑集 5・192 …………… *474*
大判大 15・6・5 刑集 5・241 ……………… *580*
大判大 15・6・15 刑集 5・252 …………… *139*
大判大 15・6・19 刑集 5・267 …… *692, 702*
大判大 15・6・25 刑集 5・285 …………… *171*
大判大 15・7・5 刑集 5・303 ……………… *231*
大判大 15・7・16 刑集 5・316 …………… *285*
大決大 15・7・20 新聞 2598・9 …………… *44*
大判大 15・9・23 刑集 5・427 …………… *459*
大判大 15・9・25 刑集 5・381 …………… *715*
大判大 15・9・28 刑集 5・383 ……… *521, 532*
大判大 15・9・28 刑集 5・387 …………… *118*
大判大 15・10・2 刑集 5・435 …………… *454*
大判大 15・10・5 刑集 5・438 …………… *195*
大判大 15・10・7 新聞 2633・13 ………… *231*
大判大 15・10・8 刑集 5・440 …………… *267*
大判大 15・10・14 刑集 5・456 …… *131, 405*
大判大 15・11・2 刑集 5・491 …………… *269*
大判大 15・12・13 刑集 5・570 …………… *422*
大判大 15・12・23 刑集 5・584 …………… *655*
大判昭元・12・25 刑集 5・603 …… *268, 274*
大判昭 2・2・17 評論 16 刑法 28 ………… *756*
大判昭 2・3・17 刑集 6・103 ……………… *821*
大判昭 2・3・26 刑集 6・114 ……………… *608*
大判昭 2・3・28 刑集 6・118 ……………… *56*
大判昭 2・3・30 刑集 6・145 ……………… *554*
大判昭 2・4・20 刑集 6・158 ……………… *532*
大判昭 2・4・22 新聞 2712・12 ………… *406*
大判昭 2・6・8 刑集 6・295 ……………… *619*
大判昭 2・6・17 刑集 6・208 ……………… *101*
大判昭 2・6・28 刑集 6・235 ……………… *658*
大判昭 2・7・11 評論 16 刑法 365 ……… *756*
大判昭 2・7・21 刑集 6・357 ……………… *758*
大判昭 2・9・20 刑集 6・363 ……………… *401*
大判昭 2・10・18 刑集 6・386 …………… *558*
大判昭 2・11・1 刑集 6・407 ……………… *639*
大判昭 2・11・26 評論 17 刑法 65 ……… *715*

大判昭 2・11・28 刑集 6・472 …………… *565*
大判昭 2・12・6 刑集 6・512 ……………… *850*
大判昭 2・12・8 刑集 6・476 ……………… *511*
大判昭 3・4・6 刑集 7・291 ………… *116, 122*
大判昭 3・5・24 新聞 2873・16 …………… *529*
大判昭 3・5・31 刑集 7・416 ……………… *554*
大判昭 3・7・14 刑集 7・477 ……………… *467*
大判昭 3・10・9 刑集 7・683 ………… *594, 624,*
669, 674
大判昭 3・10・15 刑集 7・665 ……… *569, 570*
大判昭 3・10・29 刑集 7・709 …………… *858*
大判昭 3・11・8 評論 18 刑法 35 ………… *380*
大判昭 3・12・21 刑集 7・772 …… *352, 376, 378*
大判昭 4・2・9 刑集 8・59 ………………… *757*
大判昭 4・2・18 新聞 2970・9 …………… *709*
大判昭 4・2・18 刑集 8・72 ……………… *711*
大判昭 4・2・19 刑集 8・84 ……………… *589*
大判昭 4・3・7 刑集 8・107 ……………… *351*
大判昭 4・5・16 刑集 8・251 ……………… *335*
大判昭 4・6・3 刑集 8・302 ……………… *551*
大判昭 4・8・26 刑集 8・416 ……………… *819*
大判昭 4・10・14 刑集 8・477 ……… *490, 495*
大判昭 4・10・15 刑集 8・485 …………… *589*
大判昭 4・11・1 刑集 8・557 ……………… *671*
大判昭 4・12・4 刑集 8・609 ……… *847, 848*
大決昭 5・2・4 刑集 9・32 ………………… *819*
大判昭 5・2・7 刑集 9・51 ………………… *798*
大判昭 5・3・27 刑集 9・207 ……………… *634*
大判昭 5・4・24 刑集 9・265 ……………… *511*
大判昭 5・5・17 刑集 9・303 ……………… *407*
大判昭 5・5・31 新聞 3169・12 ………… *539*
大判昭 5・7・10 刑集 9・497 ……………… *401*
大判昭 5・8・5 刑集 9・541 ……………… *189*
大判昭 5・8・5 刑集 9・534 ……………… *371*
大判昭 5・9・18 刑集 9・668 ……… *797, 798*
大判昭 5・11・25 新聞 3226・7 …………… *712*
大判昭 5・11・27 刑集 9・810 …………… *492*
大判昭 5・12・12 刑集 9・893 ……… *384, 532*
大判昭 6・3・11 刑集 10・75 …… *622, 648, 649*
大判昭 6・3・16 評論 20 刑訴 106 ……… *658*
大判昭 6・3・18 新聞 3283・15 ………… *404*
大判昭 6・5・2 刑集 10・197 …………… *710*
大判昭 6・5・8 刑集 10・205 ……… *260, 313*
大判昭 6・7・2 刑集 10・303 ……… *535, 538*
大判昭 6・8・6 刑集 10・412 …………… *834*

大判昭 6・9・12 新聞 3314・11 …………… *854*
大判昭 6・10・26 評論 21 諸法 70 ……… *756*
大判昭 6・10・29 刑集 10・511 ……… *332, 333*
大判昭 6・11・2 刑集 10・523 …………… *859*
大判昭 6・11・9 刑集 10・551 …………… *480*
大判昭 6・11・17 刑集 10・604 …………… *410*
大判昭 6・11・26 刑集 10・627 …………… *358*
大判昭 6・12・15 新聞 3366・17 ………… *649*
大判昭 7・2・1 刑集 11・15 ……………… *101*
大判昭 7・2・12 刑集 11・75 …………… *128*
大判昭 7・2・18 刑集 11・42 …………… *763*
大判昭 7・2・19 刑集 11・85 …………… *351*
大判昭 7・2・22 刑集 11・107 …………… *176*
大判昭 7・2・29 刑集 11・141 …………… *128*
大判昭 7・3・17 刑集 11・437 ……… *142, 143*
大判昭 7・3・24 刑集 11・296 ……… *751, 752,*
　　　　　　　　　　　　　　　　　755, 756
大判昭 7・3・31 刑集 11・311 …………… *571*
大判昭 7・4・2 刑集 11・329 …………… *763*
大判昭 7・4・11 刑集 11・337 …………… *551*
大判昭 7・4・12 刑集 11・367 …………… *715*
大判昭 7・4・20 刑集 11・402 …………… *858*
大判昭 7・4・21 刑集 11・342 …………… *413*
大判昭 7・4・21 刑集 11・407 …………… *183*
大判昭 7・5・5 刑集 11・595 …………… *527*
大判昭 7・5・5 新聞 3433・7 …………… *657*
大判昭 7・5・23 刑集 11・665 ……… *379, 596*
大判昭 7・6・6・刑集 11・737 …………… *384*
大判昭 7・6・8 刑集 11・773 …………… *621*
大判昭 7・6・15 刑集 11・837 ……… *582, 584*
大判昭 7・6・15 刑集 11・841 …………… *534*
大判昭 7・6・15 刑集 11・859 …………… *375*
大判昭 7・6・20 刑集 11・881 …………… *528*
大判昭 7・6・29 刑集 11・974 ……… *384, 468*
大判昭 7・6・30 刑集 11・911 …………… *659*
大判昭 7・7・1 刑集 11・999 ……… *840, 858*
大判昭 7・7・11 刑集 11・1250 ………… *213*
大判昭 7・9・12 刑集 11・1317 …… *460, 464*
大判昭 7・9・21 刑集 11・1342 ………… *490*
大判昭 7・10・10 刑集 11・1519 ………… *243*
大判昭 7・10・31 刑集 11・1541 …… *456, 461,*
　　　　　　　　　　　　　　　　　467
大判昭 7・11・11 刑集 11・1572 ………… *136*
大判昭 7・11・24 刑集 11・1703 ………… *460*
大判昭 7・11・24 刑集 11・1720 …… *588, 589*

大判昭 7・11・30 刑集 11・1750 ………… *24*
大判昭 7・12・10 刑集 11・1817 …… *801, 808*
大判昭 7・12・12 刑集 11・1839 ………… *318*
大判昭 8・2・14 刑集 12・114 …………… *823*
大判昭 8・2・14 刑集 12・66 …………… *805*
大判昭 8・3・9 刑集 12・232 …………… *447*
大判昭 8・3・16 刑集 12・275 ……… *454, 459*
大判昭 8・4・12 刑集 12・413 …………… *233*
大判昭 8・4・19 刑集 12・471 ……… *21, 30*
大判昭 8・6・5 刑集 12・648 …………… *320*
大判昭 8・6・5 刑集 12・736 …… *40, 568, 569*
大判昭 8・6・29 刑集 12・1013 ………… *392*
大判昭 8・6・29 刑集 12・1269 ………… *338*
大判昭 8・7・6 刑集 12・1125 …………… *573*
大判昭 8・7・8 刑集 12・1195 ……… *721, 722*
大判昭 8・7・17 刑集 12・1314 ………… *268*
大判昭 8・7・18 刑集 12・1344 ………… *319*
大判昭 8・8・23 刑集 12・1434 ………… *673*
大判昭 8・9・11 刑集 12・1599 ………… *423*
大判昭 8・9・27 刑集 12・1668 ………… *625*
大判昭 8・9・29 刑集 12・1683 ………… *467*
大判昭 8・10・16 刑集 12・1807 …… *400, 401*
大判昭 8・10・18 刑集 12・1820 …… *800, 806,*
　　　　　　　　　　　　　　　　　809
大判昭 8・11・8 刑集 12・1931 ……… *491, 492*
大判昭 8・11・9 刑集 12・2114 ………… *375*
大判昭 8・11・9 刑集 12・1946 ………… *420*
大判昭 8・11・9 刑集 12・1950 ………… *858*
大判昭 8・11・27 刑集 12・2134 ………… *757*
大判昭 8・12・6 刑集 12・2226 ……… *670, 676*
大判昭 8・12・11 刑集 12・2304 …… *479, 480*
大判昭 8・12・18 刑集 12・2360 ……… *458*
大判昭 8・12・18 刑集 12・2384 ……… *260*
大判昭 8・12・21 刑集 12・2397 ……… *400*
大判昭 9・2・24 刑集 13・160 …………… *625*
大判昭 9・3・1 刑集 13・166 …………… *150*
大判昭 9・3・3 刑集 13・362 …………… *648*
大判昭 9・3・6 刑集 13・218 …………… *860*
大判昭 9・3・29 刑集 13・335 …………… *385*
大判昭 9・4・23 刑集 13・517 …………… *422*
大判昭 9・4・30 新聞 3694・5 …………… *711*
大判昭 9・5・11 刑集 13・598 …………… *213*
大判昭 9・5・17 刑集 13・646 …………… *551*
大判昭 9・6・11 刑集 13・730 …………… *710*
大判昭 9・6・13 刑集 13・747 ……… *717, 719*

大判昭 9・6・29 刑集 13・895	*459, 462*
大判昭 9・7・16 刑集 13・972	*860*
大判昭 9・7・19 刑集 13・983	*454, 455*
大判昭 9・7・19 刑集 13・1037	*139*
大判昭 9・7・19 刑集 13・1043	*419*
大判昭 9・8・2 刑集 13・1011	*407, 408*
大判昭 9・8・4 刑集 13・1059	*804, 805*
大判昭 9・8・27 刑集 13・1086	*27*
大判昭 9・8・30 刑集 13・1095	*371*
大判昭 9・9・28 刑集 13・1221	*711*
大判昭 9・9・29 刑集 13・1245	*527*
大判昭 9・10・19 刑集 13・1473	*288, 289*
大判昭 9・10・20 刑集 13・1445	*474*
大判昭 9・11・22 刑集 13・1588	*423*
大判昭 9・11・26 刑集 13・1608	*849*
大判昭 9・12・4 刑集 13・1647	*845*
大判昭 9・12・10 刑集 13・1699	*635*
大判昭 9・12・12 刑集 13・1717	*444, 445*
大判昭 9・12・20 刑集 13・1767	*191*
大判昭 9・12・22 刑集 13・1789	*282, 485, 488*
大判昭 9・12・24 刑集 13・1817	*672*
大判昭 10・2・2 刑集 14・57	*529, 556, 565*
大判昭 10・2・7 刑集 14・76	*104*
大判昭 10・3・25 刑集 14・325	*432*
大判昭 10・3・28 刑集 14・346	*710*
大判昭 10・5・13 刑集 14・514	*338*
大判昭 10・6・6 刑集 14・631	*534, 538*
大判昭 10・6・24 刑集 14・728	*136*
大判昭 10・7・3 刑集 14・745	*455*
大判昭 10・7・23 新聞 3902・8	*596*
大判昭 10・8・17 刑集 14・885	*848*
大判昭 10・9・11 刑集 14・916	*552*
大判昭 10・9・23 刑集 14・938	*403*
大判昭 10・9・28 刑集 14・997	*803, 804, 806*
大判昭 10・10・23 刑集 14・1052	*850*
大判昭 10・10・24 刑集 14・1267	*730, 731, 732*
大判昭 10・11・16 刑集 14・1227	*748*
大判昭 10・11・22 刑集 14・1240	*136*
大判昭 10・12・3 刑集 14・1255	*129*
大判昭 10・12・21 刑集 14・1434	*405, 407*
大判昭 11・1・30 刑集 15・34	*741*
大判昭 11・1・31 刑集 15・68	*701*
大判昭 11・2・14 刑集 15・113	*628*
大判昭 11・3・16 刑集 15・282	*845*
大判昭 11・3・24 刑集 15・307	*199*
大判昭 11・3・30 刑集 15・396	*420*
大判昭 11・4・24 刑集 15・518	*618*
大判昭 11・5・7 刑集 15・573	*244*
大判昭 11・5・14 刑集 15・626	*834*
大判昭 11・5・30 刑集 15・705	*131*
大判昭 11・6・25 刑集 15・823	*58*
大判昭 11・7・2 刑集 15・924	*674*
大判昭 11・7・23 刑集 15・1078	*488*
大判昭 11・10・9 刑集 15・1281	*849*
大判昭 11・11・7 新聞 4074・13	*379*
大判昭 11・11・9 新聞 4074・15	*617*
大判昭 11・11・12 刑集 15・1431	*425*
大判昭 12・2・27 新聞 4100・4	*243*
大判昭 12・3・5 刑集 16・254	*155, 157*
大判昭 12・3・17 刑集 16・365	*235*
大判昭 12・3・28 判決全集 4・6・42	*118*
大判昭 12・4・7 刑集 16・517	*805*
大判昭 12・4・8 刑集 16・485	*299*
大判昭 12・4・14 刑集 16・525	*824*
大判昭 12・5・10 刑集 16・717	*742*
大判昭 12・5・11 刑集 16・725	*741, 742*
大判昭 12・5・28 刑集 16・811	*763*
大決昭 12・6・23 裁判例 11 刑法 40	*711*
大判昭 12・9・10 刑集 16・1251	*58*
大判昭 12・9・21 刑集 16・1299	*710*
大判昭 12・9・30 刑集 16・1333	*155*
大判昭 12・10・7 刑集 16・1338	*638, 639*
大判昭 12・10・26 刑集 16・1391	*617, 625*
大判昭 12・11・9 刑集 16・1545	*804, 812*
大判昭 12・11・19 刑集 16・1513	*212*
大判昭 13・2・25 刑集 17・110	*848*
大判昭 13・2・28 刑集 17・125	*193*
大判昭 13・2・28 刑集 17・141	*207*
大判昭 13・3・11 刑集 17・237	*521*
大判昭 13・6・18 刑集 17・484	*640*
大判昭 13・8・22 新聞 4317・15	*540*
大判昭 13・9・1 刑集 17・648	*428*
大判昭 13・10・25 刑集 17・735	*466*
大判昭 14・5・25 刑集 18・294	*275*
大判昭 14・6・6 刑集 18・337	*528*
大判昭 14・6・19 刑集 18・348	*694*
大判昭 14・7・26 刑集 18・444	*622, 636*
大判昭 14・10・27 刑集 18・503	*404*

大判昭 14・12・22 刑集 18・565 ……………… *192*
大判昭 14・12・22 刑集 18・572 ……………… *479*
大判昭 15・3・1 刑集 19・63 ……………… *445*
大判昭 15・4・2 刑集 19・181 ……………… *628*
大判昭 15・4・22 刑集 19・227 ……………… *851*
大判昭 15・5・27 新聞 4578・8 ……………… *849*
大判昭 15・8・22 刑集 19・540 ……………… *556*
大判昭 15・10・14 刑集 19・685 …… *104, 105*
大判昭 15・11・27 新聞 19・820 ……………… *274*
大判昭 16・2・15 刑集 20・263 ……………… *731*
大判昭 16・10・9 刑集 20・547 ……………… *673*
大判昭 16・11・11 刑集 20・598 ……………… *279*
大判昭 17・2・2 刑集 21・77 ……………… *378*
大判昭 17・4・7 新聞 4775・5 ……………… *379*
東京控訴院昭 17・12・24 新聞 4821・3 …… *178*
大判昭 18・2・18 刑集 22・22 ……………… *836*
大判昭 18・5・8 刑集 22・130 ……………… *767*
大判昭 18・12・2 刑集 22・285 ……………… *343*
大判昭 19・2・8 刑集 23・1 ……………… *320*
大判昭 19・4・28 刑集 23・97 ……………… *783*
大判昭 19・11・24 刑集 23・252 …… *307, 337*
大判昭 20・5・1 刑集 24・1 ……………… *721*
大判昭 22・2・12 刑集 26・1 …… *433, 474*
最判昭 22・11・26 刑集 1・28 ……………… *306*
最判昭 22・11・29 刑集 1・36 ……………… *324*
最判昭 22・11・29 刑集 1・40 ……………… *309*
最判昭 22・12・17 刑集 1・94 ……… *577, 578*
最判昭 23・3・9 刑集 2・3・140 …… *332, 333*
最判昭 23・3・16 刑集 2・3・227 ……………… *480*
最大判昭 23・4・7 刑集 2・4・298 …… *344, 378*
最判昭 23・5・6 刑集 2・5・473 ……………… *483*
最判昭 23・5・20 刑集 2・5・489 …… *179, 189, 190*
最判昭 23・5・22 刑集 2・5・496 ……………… *320*
最判昭 23・6・5 刑集 2・7・641 ……………… *425*
最判昭 23・6・8 判例体系 32・380 ……………… *544*
最大判昭 23・6・9 刑集 2・7・653 …… *344, 378*
最判昭 23・6・12 刑集 2・7・676 ……………… *327*
最判昭 23・6・26 刑集 2・7・748 ……………… *303*
最判昭 23・7・15 刑集 2・8・902 ……………… *344*
最判昭 23・7・8 刑集 2・8・822 ……………… *711*
最判昭 23・7・27 刑集 2・9・1004 ……………… *274*
最判昭 23・7・29 刑集 2・9・1067 ……………… *712*
最判昭 23・10・7 刑集 2・11・1289 ……………… *711*
最大判昭 23・10・11 刑集 4・10・2012 …… *190*

最判昭 23・10・23 刑集 2・11・1386 …… *619, 640*
最判昭 23・10・23 刑集 2・11・1396 …… *290, 292*
最判昭 23・10・26 刑集 2・11・1408 …… *596*
最判昭 23・10・28 刑集 2・11・1414 …… *623*
最判昭 23・11・2 刑集 2・12・1443 …… *522, 523*
最判昭 23・11・4 刑集 2・12・1446 …… *344*
最判昭 23・11・9 刑集 2・12・1504 …… *479*
最判昭 23・11・16 刑集 2・12・1535 …… *175, 176, 721*
最判昭 23・11・18 刑集 2・12・1614 …… *304*
最判昭 23・12・24 刑集 2・14・1877 …… *448, 476, 480, 482*
最判昭 23・12・24 刑集 2・14・1883 …… *308*
最判昭 24・1・11 刑集 3・1・1 …… *403*
最判昭 24・1・11 刑集 3・1・13 …… *479*
最判昭 24・2・8 刑集 3・2・75 …… *303, 304, 308, 400*
最判昭 24・2・8 刑集 3・2・83 …… *262, 399, 407*
最判昭 24・2・10 刑集 3・2・155 …… *712*
最判昭 24・2・15 刑集 3・2・164 …… *309, 446*
最判昭 24・2・15 刑集 3・2・175 …… *262*
最判昭 24・2・15 刑集 3・2・179 …… *446*
最判昭 24・2・22 刑集 3・2・198 …… *529*
最判昭 24・2・22 刑集 3・2・232 …… *371*
最判昭 24・3・8 刑集 3・3・276 …… *430, 431, 434, 436*
最判昭 24・3・24 刑集 3・3・376 …… *333*
最判昭 24・4・5 刑集 3・4・427 …… *624*
最判昭 24・4・9 刑集 3・4・511 …… *617*
最判昭 24・4・14 刑集 3・4・541 …… *597, 623, 636*
最判昭 24・5・7 刑集 3・6・706 …… *381*
最判昭 24・5・10 刑集 3・6・711 …… *169*
最判昭 24・5・21 刑集 3・6・858 …… *298, 299*
最判昭 24・5・28 刑集 3・6・873 …… *333*
最判昭 24・6・16 刑集 3・7・1070 …… *184, 185, 191, 511*
最判昭 24・6・18 刑集 3・7・1094 …… *715*
最判昭 24・6・28 刑集 3・7・1129 …… *527*
最大判昭 24・6・29 刑集 3・7・1135 …… *436*
最判昭 24・7・9 刑集 3・8・1174 …… *175*
最判昭 24・7・9 刑集 3・8・1188 …… *322*

最判昭 24・7・9 刑集 3・8・1193 ……… *479*
最大判昭 24・7・22 刑集 3・8・1363 ……… *190*
最判昭 24・7・23 刑集 3・8・1373 ……… *295*
最判昭 24・7・30 刑集 3・8・1418 ……… *473, 481*
最判昭 24・8・9 刑集 3・9・1440 ……… *795, 796*
最判昭 24・8・18 判例体系 35・517 ……… *337*
最判昭 24・9・29 判例体系 35・411 ……… *339*
最判昭 24・10・1 刑集 3・10・1629 ……… *473, 477, 481, 482*
名古屋高判昭 24・10・6 高刑特 1・172 ……… *193*
東京高判昭 24・10・15 高刑集 2・2・171 ……… *236*
最判昭 24・10・20 刑集 3・10・1660 ……… *475*
福岡高判昭 24・10・21 高刑特 1・255 ……… *479*
東京高判昭 24・10・22 高刑集 2・2・203 ……… *419*
最判昭 24・11・1 裁判集刑 14・333 ……… *480*
最判昭 24・11・17 刑集 3・11・1808 ……… *381*
最判昭 24・11・26 刑集 3・11・1850 ……… *721*
福岡高宮崎支判昭 24・11・28 高刑特 1・297 ……… *788*
最判昭 24・12・6 刑集 3・12・1884 ……… *860*
東京高判昭 24・12・10 高刑集 2・3・292 ……… *317*
最判昭 24・12・15 刑集 3・12・2023 ……… *861*
最判昭 24・12・20 刑集 3・12・2036 ……… *129*
最判昭 24・12・21 刑集 3・12・2048 ……… *340*
最判昭 24・12・22 刑集 3・12・2070 ……… *292*
最判昭 24・12・24 刑集 3・12・2088 ……… *339*
最判昭 24・12・24 刑集 3・12・2114 ……… *337*
仙台高秋田支判昭 24・12・26 高刑特 13・194 ……… *442*
最判昭 25・2・24 刑集 4・2・255 ……… *293, 383, 384*
最判昭 25・2・28 刑集 4・2・268 ……… *623, 626, 741, 836, 839*
札幌高函館支判昭 25・3・6 高刑特 6・178 ……… *443*
最大判昭 25・3・15 刑集 4・3・355 ……… *175*
最判昭 25・3・17 刑集 4・3・378 ……… *495*
最判昭 25・3・24 刑集 4・3・407 ……… *481*
最判昭 25・3・24 刑集 4・3・411 ……… *742*
最判昭 25・3・28 刑集 4・3・425 ……… *758*
大阪高判昭 25・4・5 高刑集 9・40 ……… *291*
最判昭 25・4・6 刑集 4・4・481 ……… *405, 850*
最判昭 25・4・11 刑集 4・4・528 ……… *262, 399*
東京高判昭 25・4・17 高刑特 12・14 ……… *195, 341*
最判昭 25・4・21 刑集 4・4・655 ……… *492, 495*
最判昭 25・5・25 刑集 4・5・854 ……… *522, 523*

最判昭 25・6・1 刑集 4・6・909 ……… *344, 381*
広島高松江支判昭 25・6・2 高刑特 9・100 ……… *352*
東京高判昭 25・6・10 高刑集 3・2・222 ……… *37*
東京高判昭 25・6・19 高刑集 3・2・227 ……… *418*
最判昭 25・6・29 刑集 4・6・1127 ……… *578*
広島高松江支判昭 25・7・3 高刑集 3・2・247 ……… *137*
最判昭 25・7・4 刑集 4・7・1168 ……… *343, 374*
名古屋高判昭 25・7・17 高刑特 11・88 ……… *406, 479*
福岡高判昭 25・8・23 高刑集 3・3・382 ……… *425*
最判昭 25・8・29 刑集 4・9・1585 ……… *255, 257*
広島高判昭 25・9・13 高刑集 13・128 ……… *439*
最判昭 25・9・14 刑集 4・9・1652 ……… *715, 716*
最判昭 25・9・22 刑集 4・9・1757 ……… *433*
広島高松江支判昭 25・9・27 高刑特 12・106 ……… *321*
最判昭 25・10・20 刑集 4・10・2115 ……… *741, 742, 755*
最大判昭 25・10・25 刑集 4・10・2126 ……… *16*
広島高判昭 25・10・27 高裁特 14・128 ……… *786*
最判昭 25・11・9 刑集 4・11・2239 ……… *52*
名古屋高判昭 25・11・14 高刑集 3・4・748 ……… *290*
最判昭 25・11・21 刑集 4・11・2355 ……… *687*
最大判昭 25・11・22 刑集 4・11・2380 ……… *709*
札幌高函館支判昭 25・11・22 高刑特 14・222 ……… *179*
最判昭 25・11・24 刑集 4・11・2393 ……… *189*
最判昭 25・12・5 刑集 4・12・2475 ……… *374*
最判昭 25・12・12 刑集 4・12・2543 ……… *301, 474*
最判昭 25・12・14 刑集 4・12・2548 ……… *529*
最判昭 25・12・19 刑集 4・12・2577 ……… *688*
福岡高判昭 25・12・21 高刑集 3・4・672 ……… *96*
大阪高判昭 25・12・23 高刑特 15・95 ……… *217, 218*
広島高判昭 26・1・13 高刑特 20・1 ……… *320*
最判昭 26・1・30 刑集 5・1・117 ……… *479*
名古屋高判昭 26・2・16 高刑集 14・4・199 ……… *459*
東京高判昭 26・3・7 高刑特 21・36 ……… *491*
名古屋高判昭 26・3・12 高刑特 27・54 ……… *298*
最判昭 26・3・15 刑集 5・4・512 ……… *256*
最判昭 26・3・20 刑集 5・4・794 ……… *754*

大阪高判昭 26・3・23 高刑特 23・56 ……… *745*
最判昭 26・4・10 刑集 5・5・825 ……… *713*
広島高松江支判昭 26・5・7 高刑特 20・163
　……………………………………… *292*
最判昭 26・5・8 刑集 5・6・1004 …… *375, 710*
最大判昭 26・5・10 刑集 5・6・1026 …… *686,*
　　　　　　　　　　　　　　　　695
最判昭 26・5・11 刑集 5・6・1035 ……… *741*
最判昭 26・5・16 刑集 5・6・1157 ……… *756*
最判昭 26・5・16 刑集 5・6・1160 ……… *759*
最判昭 26・5・25 刑集 5・6・1186 …… *421, 422*
最判昭 26・6・7 刑集 5・7・1236 ……… *94*
最判昭 26・7・10 刑集 5・8・1411 ……… *634*
最判昭 26・7・13 刑集 5・8・1437 … *276, 282*
最大判昭 26・7・18 刑集 5・8・1491 …… *240*
最判昭 26・7・20 刑集 5・8・1586 ……… *742*
最判昭 26・7・24 刑集 5・8・1609 ……… *138*
最大判昭 26・8・1 刑集 5・9・1709 …… *712*
最判昭 26・8・9 刑集 5・9・1730 …… *336*
福岡高判昭 26・8・9 高刑集 4・8・975 …… *655*
最判昭 26・8・9 裁判集刑 51・363 ……… *263*
福岡高判昭 26・8・25 高刑集 4・8・995 … *479*
最判昭 26・8・28 刑集 5・9・1822 ……… *624*
最判昭 26・9・20 刑集 5・10・1937 …… *52, 62*
最判昭 26・9・28 刑集 5・10・2127 …… *406*
東京高判昭 26・10・3 高刑集 4・12・1590
　……………………………………… *298*
東京高判昭 26・10・5 高刑特 27・114 …… *298*
東京高判昭 26・11・7 高刑特 25・29 …… *219*
広島高岡山支判昭 26・11・15 高刑特 20・131
　……………………………………… *181*
福岡高判昭 26・12・12 高刑集 4・14・2092
　……………………………………… *571*
最判昭 26・12・14 刑集 5・13・2518 …… *365*
福岡高判昭 27・2・15 高刑集 5・2・249 … *707*
最決昭 27・2・21 刑集 6・2・275 …… *21, 27*
札幌高判 27・3・8 高刑集 5・3・406 …… *477*
福岡高判昭 27・3・20 高刑特 19・72 …… *351*
最判昭 27・3・28 刑集 6・3・546 ……… *750*
最判昭 27・4・1 刑集 6・4・665 ……… *837*
最判昭 27・4・15 裁判集刑 63・243 …… *257*
福岡高判昭 27・4・26 高刑特 19・82 …… *402*
最判昭 27・5・20 裁判集刑 64・575 …… *139*
東京高判昭 27・5・27 高刑集 5・5・861 … *633*
東京高判昭 27・6・3 高刑集 5・6・938 … *259*

最判昭 27・6・6 刑集 6・6・795 ……… *45*
東京高判昭 27・6・26 高刑集 34・86 …… *321*
東京高判昭 27・7・3 高刑集 5・7・1134 … *236*
東京高判昭 27・7・3 高刑特 34・100 …… *860*
最決昭 27・7・10 刑集 6・7・876 ……… *477*
大阪高判昭 27・7・18 高刑集 5・7・1170 … *818*
最判昭 27・7・22 刑集 6・7・927 …… *847, 851*
最判昭 27・7・25 刑集 6・8・941 …… *136, 137*
東京高判昭 27・8・5 高刑集 5・8・1364 … *718*
福岡高判昭 27・8・30 高刑集 5・8・1398 … *688*
高松高判昭 27・8・30 高刑集 5・10・1612
　……………………………………… *761*
最判昭 27・9・19 刑集 6・8・1083 …… *412, 438*
仙台高判昭 27・9・27 高刑特 22・178 …… *286*
高松高判昭 27・9・30 高刑集 5・12・2094
　……………………………………… *798*
広島高判昭 27・10・3 高刑集 5・13・2345
　……………………………………… *285*
高松高判昭 27・10・9 高刑集 5・12・2105
　……………………………………… *439*
最判昭 27・10・17 裁判集刑 68・361 …… *433*
仙台高判昭 27・10・18 高刑特 22・184 …… *756*
東京高判昭 27・10・29 高刑特 37・64 …… *757*
最大判昭 27・11・5 刑集 6・10・1159 …… *814*
札幌高函館支判昭 27・11・5 高刑集 5・11・
　1985 ……………………………… *182*
最判昭 27・11・11 裁判集刑 69・175 …… *286*
大阪高判昭 27・11・18 高刑集 5・11・1991
　……………………………………… *764*
札幌高判昭 27・11・20 高刑集 5・11・2018
　……………………………………… *406*
東京高判昭 27・12・10 高刑集 5・13・2429
　……………………………………… *707*
東京高判昭 27・12・18 高刑集 5・12・2314
　……………………………………… *686*
名古屋高判昭 27・12・22 高刑特 30・23 …… *649*
最判昭 27・12・25 刑集 6・12・1387 …… *344,*
　　　　　　　　　　　　380, 623, 629, 744
最判昭 28・1・22 刑集 7・1・8 …… *757, 758*
最判昭 28・1・23 刑集 7・1・46 ……… *822*
最判昭 28・1・30 刑集 7・1・128 …… *243, 244*
広島高岡山支判昭 28・2・12 高刑特 31・65
　……………………………………… *290*
最判昭 28・2・13 刑集 7・2・218 …… *465, 467*
札幌高函館支判昭 28・2・18 高刑集 6・1・128

.... *39*
最判昭 28・2・19 刑集 7・2・280 .... *328*
最判昭 28・2・20 刑集 7・2・426 .... *624*
東京高判昭 28・2・21 高刑集 6・4・367
.... *216, 217*
高松高判昭 28・2・25 高刑集 6・4・417 ... *290*
名古屋高判昭 28・2・26 高刑特 33・9 ...... *461*
最判昭 28・4・14 刑集 7・4・850 .... *106*
最判昭 28・4・16 刑集 7・5・915 .... *423*
最決昭 28・4・25 刑集 7・4・881 .... *845*
最判昭 28・4・28 刑集 7・4・887 .... *837*
最判昭 28・5・1 刑集 7・5・917 .... *845*
札幌高判昭 28・5・7 高刑特 32・26 ...... *269*
最判昭 28・5・8 刑集 7・5・965 .... *384*
最決昭 28・5・14 刑集 7・5・1042 ...... *179, 184*
最判昭 28・5・21 刑集 7・5・1053 .... *509, 510, 511*
最決昭 28・5・25 刑集 7・5・1128 .... *585*
広島高判昭 28・5・27 高刑特 31・15 ...... *321*
最判昭 28・5・29 刑集 7・5・1171 ...... *648, 649, 654*
最決昭 28・6・12 裁判集刑 82・641 ...... *750*
東京高判昭 28・6・12 高刑集 6・6・769 ... *442*
最大判昭 28・6・17 刑集 7・6・1289 ...... *129, 131*
東京高判昭 28・6・18 東高刑時報 4・1・5
.... *530, 533*
東京高判昭 28・6・22 高刑集 38・125 ... *433*
広島高岡山支判昭 28・6・25 高刑集 6・12・1631 .... *455*
名古屋高判昭 28・6・29 高刑特 33・37 ...... *748*
札幌高判昭 28・7・9 高刑集 6・7・874 ... *786*
東京高判昭 28・7・20 高刑集 39・37 ...... *783*
最決昭 28・7・24 刑集 7・7・1638 .... *765*
仙台高判昭 28・7・25 高刑特 35・47 ...... *433*
高松高判昭 28・7・27 高刑集 6・11・1442 ... *309*
東京高判昭 28・8・3 高刑特 39・71 ...... *608*
札幌高判昭 28・8・24 高刑集 6・7・947 ... *298*
広島高判昭 28・9・9 高刑集 6・10・1347 ... *797*
広島高判昭 28・9・22 高刑集 6・12・1642 ... *491*
大阪高判昭 28・10・1 高刑集 6・11・1497 ... *747*
最判昭 28・10・2 刑集 7・10・1879 ...... *797*
最判昭 28・10・2 刑集 7・10・1883 ...... *743*
最決昭 28・10・19 刑集 7・10・1945 ...... *805, 814, 817*

最判昭 28・10・27 刑集 7・10・1971 ...... *836*
大阪高判昭 28・11・11 高刑特 28・67 ...... *439*
東京高判昭 28・11・12 高刑特 39・177 ...... *349*
最判昭 28・11・13 刑集 7・11・2096 ... *596, 597*
最判昭 28・11・27 刑集 7・11・2344 ...... *131*
最決昭 28・12・10 刑集 7・12・2418 ... *782, 784*
最判昭 28・12・15 刑集 7・12・2436 ...... *213, 219*
最判昭 28・12・25 刑集 7・13・2721 ... *430, 431*
最判昭 28・12・25 裁判集刑 90・487 ...... *619*
福岡高判昭 29・1・12 高刑特 7・1・1 ...... *787*
最判昭 29・1・20 刑集 8・1・41 .... *339, 340*
大阪高判昭 29・1・23 高刑特 28・72 ...... *257*
名古屋高判昭 29・2・25 高刑特 33・72 ...... *419*
福岡高判昭 29・3・9 高刑特 26・70 ...... *406*
高松高判昭 29・3・15 高刑特 7・4・541 ...... *423*
札幌高函館支判昭 29・3・16 高刑特 32・95
.... *118*
東京高判昭 29・3・25 高刑集 7・3・323 ... *585*
東京高判昭 29・3・26 高刑集 7・7・965 ... *588*
最決昭 29・4・1 裁判集刑 94・49 .... *97*
東京高判昭 29・4・5 高刑集 7・3・361 ... *288*
最判昭 29・4・6 刑集 8・4・407 .... *401*
最決昭 29・4・15 刑集 8・4・508 .... *626*
最決昭 29・4・28 刑集 8・4・596 .... *767*
大阪高判昭 29・5・4 高刑集 7・4・591 ... *292*
最決昭 29・5・6 刑集 8・5・634 .... *290*
東京高判昭 29・5・29 高刑集 40・138 ...... *164*
大阪高判昭 29・5・29 高刑特 28・133 ...... *783*
大阪高判昭 29・5・31 高刑集 7・5・752 ... *40, 175*
最決昭 29・6・3 刑集 8・6・802 .... *815*
東京高判昭 29・6・7 東高刑時報 5・6・210
.... *383*
最判昭 29・6・8 刑集 8・6・846 .... *137*
大阪高判昭 29・6・24 高刑特 28・148 ...... *257*
広島高判昭 29・6・30 高刑特 7・6・944 ... *21, 29*
最決昭 29・7・5 刑集 8・7・1035 .... *860*
仙台高秋田支判昭 29・7・6 高裁特 1・1・7
.... *858*
大阪高判昭 29・7・14 高裁特 1・4・133 ...... *40*
広島高判昭 29・8・9 高刑集 7・7・1149 ... *401*
最判昭 29・8・20 刑集 8・8・1256 .... *851, 853, 854, 859*

最判昭 29・8・20 刑集 8・8・1277 .... *37*
最決昭 29・8・20 刑集 8・8・1363 .... *625,*
　　　　　　　　　　　　　　　　669, 674
仙台高秋田支判昭 29・9・7 高裁特 1・6・221
　.. *783*
最決昭 29・9・24 刑集 8・9・1519............ *854*
広島高判昭 29・9・30 高刑集 7・10・1545 .. *258*
最決昭 29・10・12 刑集 8・20・1591 .... *286*
東京高判昭 29・10・19 高裁特 1・8・366 ... *754*
広島高岡山支判昭 29・10・19 高検速報 47... *708*
最判昭 29・10・22 刑集 8・10・1616 .... *375*
名古屋高判昭 29・10・25 高裁特 1・10・425
　.. *443*
名古屋高判昭 29・10・28 高刑集 7・11・1655
　.. *326*
最判昭 29・11・5 刑集 8・11・1675 .... *421,*
　　　　　　　　　　　　　　　423, 454, 464
最判昭 29・11・9 刑集 8・11・1742 ... *760, 762*
福岡高判昭 29・11・30 高刑集 7・10・1610
　.. *784*
東京高判昭 29・12・13 高裁特 1・12・2229
　.. *496*
最判昭 30・1・11 刑集 9・1・25............ *674*
広島高判昭 30・2・5 高裁特 2・4・60 ...... *216*
名古屋高判昭 30・2・28 高刑集 8・1・82
　... *403, 404*
東京高判昭 30・2・28 高裁特 2・4・98..... *213*
東京高判昭 30・3・14 高裁特 2・7・199 ... *585*
最判昭 30・3・17 刑集 9・3・477............ *851*
名古屋高金沢支判昭 30・3・17 高裁特 2・6・
　156 .... *339*
大阪高判昭 30・3・25 高裁特 2・6・180... *219,*
　　　　　　　　　　　　　　　　　　　　231
東京高判昭 30・3・31 高裁特 2・7・242 ... *268*
東京高判昭 30・4・2 高裁特 2・7・247..... *288*
仙台高判昭 30・4・3 高刑集 8・3・423...... *447*
福岡高判昭 30・4・6 高検速報 30・481 ..... *798*
最判昭 30・4・8 刑集 9・4・827 .... *386, 392*
仙台高判昭 30・4・12 高刑集 8・3・301 ... *522*
福岡高判昭 30・4・25 高刑集 8・3・418 ... *267*
高松高判昭 30・4・27 高裁特 2・10・443
　.. *312*
福岡高判昭 30・5・19 高刑集 8・4・568 ... *380*
最大判昭 30・5・25 刑集 9・6・1080 .... *654*
広島高判昭 30・6・4 高刑集 8・4・585..... *802*

東京高判昭 30・6・13 高裁特 2・12・597 ... *27*
大阪高判昭 30・6・20 高裁特 2・14・715... *634*
最判昭 30・6・22 刑集 9・8・1189 .... *556,*
　　　　　　　　　　　　　　　556, 560, 563
福岡高宮崎支判昭 30・6・24 高裁特 2・12・628
　.. *790*
大阪高判昭 30・6・27 高裁特 2・14・721... *439*
東京高判昭 30・6・27 東高刑時報 6・7・211
　.. *216*
最決昭 30・7・1 刑集 9・9・1769............ *687*
東京高判昭 30・7・4 東高刑時報 6・7・227
　.. *292*
最決昭 30・7・7 刑集 9・9・1856............ *387*
東京高判昭 30・7・20 東高刑時報 6・8・249
　.. *831*
最判昭 30・8・9 刑集 9・9・2008 ... *256, 257*
札幌地室蘭支判昭 30・8・13 判夕 52・74... *444*
東京高判昭 30・8・16 高裁特 2・16＝17・849
　.. *183*
東京高判昭 30・8・18 高刑集 8・8・979 ... *746*
東京高判昭 30・8・30 高刑集 8・6・860 ... *236*
広島高判昭 30・9・6 高刑集 8・8・1021... *288,*
　　　　　　　　　　　　　　　　　　　　365
広島高松江支判昭 30・9・28 高刑集 8・8・1056
　.. *581*
最判昭 30・9・29 刑集 9・10・2098 ... *129*
最判昭 30・10・14 刑集 9・11・2173 ...... *382,*
　　　　　　　　　　　　　　　　　407, 408
東京地判昭 30・10・31 判時 69・27 .... *702*
大阪高判昭 30・11・1 高裁特 2・22・1152
　.. *119*
広島高岡山支判昭 30・11・15 高裁特 2・22・
　1173 .... *533, 534*
仙台高判昭 30・11・16 高裁特 2・23・1204
　.. *97*
最決昭 30・12・3 刑集 9・13・2596 .... *742*
東京高判昭 30・12・6 東高刑時報 6・12・440
　.. *581*
仙台高判昭 30・12・8 高裁特 2・24・1267... *38*
最判昭 30・12・9 刑集 9・13・2627......... *434,*
　　　　　　　　　　　　　　　　　436, 444
最判昭 30・12・9 刑集 9・13・2633 .... *217*
広島高岡山支判昭 30・12・22 高裁特 2 追録
　1342 .... *243*
最判昭 30・12・23 刑集 9・14・2957......... *337*

判例索引◇ 887

最判昭 30・12・26 刑集 9・14・3053 ……*412,*
419, 431
東京高判昭 30・12・28 高裁特 2・24・1296
………………………………………………*293*
東京高判昭 31・1・14 高裁特 3・1＝2・8…*400*
最決昭 31・3・6 裁判集刑 112・601 ………*685*
福岡高判昭 31・3・19 高裁特 3・7・304 …*401*
東京高判昭 31・4・3 高刑集 9・3・243 …*406*
最判昭 31・4・13 刑集 10・4・554…………*763*
福岡高判昭 31・4・14 高裁特 3・8・409…*146,*
161
高松高判昭 31・4・17 高裁特 3・19・901 …*295*
東京高判昭 31・5・29 東高刑時報 7・6・221
………………………………………………*267*
東京高判昭 31・5・31 東高刑時報 7・6・229
………………………………………………*257*
東京高判昭 31・5・31 高裁特 4・11＝12・289
………………………………………………*339*
仙台高判昭 31・6・13 高裁特 3・24・1149 …*331*
最判昭 31・6・26 刑集 10・6・874 …*432, 439*
最決昭 31・7・3 刑集 10・7・955 …*285, 286*
最判昭 31・7・3 刑集 10・7・965 …………*853*
最決昭 31・7・5 刑集 10・7・1025…*625, 672*
最決昭 31・7・12 刑集 10・7・1058 …*838, 839*
最決昭 31・7・17 刑集 10・7・1075………*837*
最判昭 31・7・20 裁判集刑 114・331 ……*756*
東京高判昭 31・7・31 高裁特 3・15・770…*530*
東京高判昭 31・8・9 東高刑時報 7・8・340
………………………………………………*431*
東京高判昭 31・8・9 高裁特 3・17・826 …*436*
札幌高函館支判昭 31・8・21 高裁特 3・16・
806 …………………………………………*764*
最決昭 31・8・22 刑集 10・8・1237 …*194, 196*
最決昭 31・8・22 刑集 10・8・1260………*286*
東京高判昭 31・9・27 高刑集 9・9・1044 …*150*
最判昭 31・10・25 刑集 10・10・1455 ……*176*
大阪地昭 31・11・8 判時 93・25 …………*748*
東京高判昭 31・11・22 高刑集 9・10・1148
………………………………………………*495*
東京高判昭 31・12・5 東高刑時報 7・12・460
………………………………………………*387*
最判昭 31・12・7 刑集 10・12・1592 ……*381,*
456, 461
大阪高判昭 31・12・11 高刑集 9・12・1263
………………………………………………*296*

広島高判昭 31・12・25 高刑集 9・12・1336
………………………………………………*788*
最決昭 31・12・27 刑集 10・12・1798 ……*637*
最決昭 32・1・17 刑集 11・1・23 …………*656*
最判昭 32・1・22 刑集 11・1・50 …*783, 784*
東京高判昭 32・1・22 高刑集 10・1・10 …*164*
最決昭 32・1・24 刑集 11・1・270 …*267, 270*
最判昭 32・1・29 刑集 11・1・325 …*487, 488*
最決昭 32・2・7 刑集 11・2・530 …………*672*
最大判昭 32・2・20 刑集 11・2・824 ………*16*
最決昭 32・2・21 刑集 11・2・877 …………*243*
最決昭 32・2・28 裁判集刑 117・1357 ……*184*
名古屋高金沢支判昭 32・3・12 高刑集 10・2・
157 …………………………………………*161*
最大判昭 32・3・13 刑集 11・3・997 ……*690,*
695, 697, 698
最判昭 32・4・4 刑集 11・4・1327……*183, 495*
仙台高判昭 32・4・18 高刑集 10・6・491
………………………………………………*171*
最決昭 32・4・23 刑集 11・4・1393………*40*
最判昭 32・4・25 刑集 11・4・1427 ………*275*
最判昭 32・4・25 刑集 11・4・1480 …*582, 586*
最決昭 32・4・30 刑集 11・4・1502 ………*814*
最決昭 32・5・22 刑集 11・5・1526………*685,*
687, 702
最決昭 32・6・8 刑集 11・6・1616…*674, 675*
最決昭 32・6・21 刑集 11・6・1700 ………*527*
札幌高判昭 32・6・25 高刑集 10・5・423…*316*
最決昭 32・6・27 刑集 11・6・1741 ………*623*
最判昭 32・7・16 刑集 11・7・1829 ………*269*
最判昭 32・7・18 刑集 11・7・1861 ………*333*
最決昭 32・7・19 刑集 11・7・1966 ………*782*
大阪高判昭 32・7・22 高刑集 10・6・521
………………………………………………*751, 752*
最決昭 32・7・25 刑集 11・7・2037 …*648, 649*
最決昭 32・8・1 刑集 11・8・2065…………*330*
最決昭 32・9・5 刑集 11・9・2143 ………*285*
最判昭 32・9・13 刑集 11・9・2263 …*260, 313*
大阪高判昭 32・9・13 高刑集 10・7・602…*138*
最決昭 32・9・18 裁判集刑 120・457 ………*553*
浦和地判昭 32・9・27 判時 131・43 ………*338*
最判昭 32・10・3 刑集 11・10・2413 ……*756,*
764
最判昭 32・10・4 刑集 11・10・2464 ……*628*
最判昭 32・10・15 刑集 11・10・2597 ……*258*

広島高判昭 32・10・22 判時 119・26 ………… *38*
最判昭 32・11・8 刑集 11・12・3061 ………… *268*
最決昭 32・11・19 刑集 11・12・3093 ………… *483*
東京高判昭 32・11・30 東高刑時報 8・11・396
　………………………………………………… *434*
最判昭 32・12・13 刑集 11・13・3207 ……… *784*
大阪高判昭 32・12・18 高裁特 4・23・637
　………………………………………………… *769*
最決昭 32・12・19 刑集 11・13・3316 ……… *413*
最判昭 32・12・20 刑集 11・14・3331 ……… *860*
最決昭 33・1・16 刑集 12・1・25 …………… *649*
東京高判昭 33・1・23 高裁特 5・1・21 …… *32*
最決昭 33・2・27 刑集 12・2・342 ………… *859*
最決昭 33・3・6 刑集 12・3・452 …………… *400*
東京高判昭 33・3・10 高裁特 5・3・89 …… *269*
仙台高判昭 33・3・13 高刑集 11・4・137 … *63*
最決昭 33・3・19 刑集 12・4・636 ………… *129*
最判昭 33・3・28 刑集 12・4・708 ………… *762*
水戸地判昭 33・3・29 一審刑 1・3・461 … *708*
最判昭 33・4・3 裁判集刑 124・31 ………… *39*
最判昭 33・4・10 刑集 12・5・743 ………… *624*
最判昭 33・4・11 刑集 12・5・886 ………… *618*
最判昭 33・4・18 刑集 12・6・1090 ………… *95*
最大判 33・5・28 刑集 12・8・1694 ……… *245*
大阪高判昭 33・6・13 高裁特 5・7・736 … *568*
東京高判昭 33・6・26 東高刑時報 9・6・167
　………………………………………………… *745*
東京高判昭 33・7・7 高裁特 5・8・313…… *387*
東京高判昭 33・7・15 東高刑時報 9・7・201
　………………………………………………… *634*
東京高判昭 33・7・19 高刑集 11・6・347… *787*
最判昭 33・7・25 刑集 12・12・2746 ……… *544*
東京高判昭 33・7・28 高裁特 5・9・370 … *518*
最判昭 33・7・31 刑集 12・12・2805 ……… *821*
最判昭 33・9・1 刑集 12・13・2833 ……… *374*
最決昭 33・9・5 刑集 12・13・2858 ……… *487,*
619, 627
最判昭 33・9・9 刑集 12・13・2882 ……… *521*
東京高判昭 33・9・12 一審刑 1・9・1351… *268*
最決昭 33・9・16 刑集 12・13・3021 …… *608,*
624, 637
最判昭 33・9・19 刑集 12・13・3047 ……… *437*
最判昭 33・9・19 刑集 12・13・3127 ……… *437*
仙台高判昭 33・9・24 高刑集 11・追録 1 … *786*
仙台高判昭 33・9・29 判時 166・5 ………… *515*

最判昭 33・9・30 刑集 12・13・3151 ……… *755*
最決昭 33・9・30 刑集 12・13・3180 ……… *846*
最判昭 33・10・10 刑集 12・14・3246 …… *455*
最判昭 33・10・24 刑集 12・14・3368 …… *477*
最判昭 33・11・21 刑集 12・15・3519 … *21, 30*
仙台高判昭 33・11・27 高裁特 5・12・486
　………………………………………………… *382*
東京高判昭 33・12・3 高裁特 5・12・494 … *97*
長崎簡略式命令昭 33・12・3 一審刑 1・12・
2266 ………………………………………… *737*
東京地判昭 33・12・11 一審刑 1・12・1960
　………………………………………………… *850*
福岡高判昭 33・12・15 高裁特 5・12・506
　………………………………………………… *245*
広島高判昭 33・12・24 高刑集 11・10・701
　………………………………………………… *171*
最判昭 33・12・25 刑集 12・16・3555 …… *552*
最決昭 33・12・26 刑集 12・16・3684 …… *423*
大阪高決昭 34・1・21 刑集 13・2・188 … *213*
大阪地判昭 34・2・4 下刑集 1・2・319 …… *23*
最決昭 34・2・9 刑集 13・1・76 …………… *474*
最判昭 34・2・13 刑集 13・2・101 … *422, 437,*
455
長野地判昭 34・2・16 判時 181・36 ……… *811*
最決昭 34・2・19 刑集 13・2・161 ………… *722*
最決昭 34・2・19 刑集 13・2・186 ………… *213*
最決昭 34・3・5 刑集 13・3・275 ………… *701*
最決昭 34・3・12 刑集 13・3・298 … *260, 392*
東京高判昭 34・3・16 高刑集 12・2・201… *434*
最判昭 34・3・23 刑集 13・3・391 ………… *321*
札幌高判昭 34・4・14 高刑集 12・3・249… *258*
最判昭 34・4・28 刑集 13・4・466 ………… *142*
東京高判昭 34・4・30 高刑集 12・5・486… *751*
最判昭 34・5・7 刑集 13・5・641 …… *211, 224*
最判昭 34・5・22 刑集 13・5・801 ………… *333*
最判昭 34・6・12 刑集 13・6・960 ………… *321*
名古屋高判昭 34・6・15 高刑集 12・6・650
　………………………………………………… *295*
東京高判昭 34・6・29 下刑集 1・6・1366
　…………………………………………… *815, 816*
最判昭 34・6・30 刑集 13・6・985 ………… *581*
最決昭 34・7・3 刑集 13・7・1088 ………… *129*
最判昭 34・7・24 刑集 13・8・1163 … *116, 119*
最判昭 34・7・24 刑集 13・8・1176 … *185, 190*
最決昭 34・7・30 裁判集刑 130・695 …… *859*

最決昭 34・8・17 刑集 13・10・2757 ……… 597
最決昭 34・8・27 刑集 13・10・2769 ……… 754
最判昭 34・8・28 刑集 13・10・2906 …… 262,
382
千葉地判昭 34・9・12 判時 207・34 ……… 805
最判昭 34・9・22 刑集 13・11・2985 ……… 636
神戸地判昭 34・9・25 下刑集 1・9・2069
……………………………………… 312, 316
最決昭 34・9・28 刑集 13・11・2993 ……… 379
大阪高判昭 34・9・30 下刑集 1・9・1924 … 752
最判昭 34・10・28 刑集 13・11・3051 …… 175
最決昭 34・10・29 刑集 13・11・3062 …… 692
佐賀地判昭 34・11・27 下刑集 1・11・2499
……………………………………………… 258
東京高判昭 34・11・28 高刑集 12・10・974
………………………………………… 648, 649
最判昭 34・12・4 刑集 13・12・3127 …… 649
東京高判昭 34・12・8 高刑集 12・10・1017
………………………………………………… 142
最大判 34・12・9 刑集 13・12・3186 …… 834
最判昭 34・12・25 刑集 13・13・3333 …… 543
最決昭 34・12・25 刑集 13・13・3360 …… 211
最決昭 35・1・12 刑集 14・1・9 ………… 617
最決昭 35・2・11 裁判集刑 132・201 …… 175
東京高判昭 35・2・17 下刑集 2・2・133 … 19,
103
最判昭 35・2・18 刑集 14・2・138 … 556, 557
大阪高判昭 35・2・18 下刑集 2・2・141 … 810
東京高判昭 35・2・22 東高刑時報 11・2・43
………………………………………………… 389
最判昭 35・3・1 刑集 14・3・209 …… 742, 743
最決昭 35・3・10 刑集 14・3・333 ……… 594,
669, 674
最判昭 35・3・17 刑集 14・3・351 ……… 800
最判昭 35・3・18 刑集 14・4・416 ……… 135
東京高判昭 35・3・22 東高刑時報 11・3・73
………………………………………………… 96
名古屋高判昭 35・4・25 高刑集 13・4・279
………………………………………………… 553
最判昭 35・4・26 刑集 14・6・748 ……… 263
最決昭 35・4・28 刑集 14・6・836 … 767, 769
最決昭 35・5・28 刑集 14・7・928 ……… 762
大阪高判昭 35・6・7 高刑集 13・4・358 … 44,
329
東京高判昭 35・6・16 判夕 105・103 …… 38

札幌高判昭 35・6・20 下刑集 2・5 = 6・693
………………………………………………… 382
最判昭 35・6・24 刑集 14・8・1103 … 765, 768
佐賀地判昭 35・6・27 下刑集 2・5 = 6・938
………………………………………………… 789
最決昭 35・7・18 刑集 14・9・1189 ……… 801
最決昭 35・8・12 刑集 14・10・1360 …… 464
最決昭 35・8・17 刑集 15・7・1293 ……… 803
東京高判昭 35・8・25 下刑集 2・7 = 8・927
………………………………………………… 228
最決昭 35・8・30 刑集 14・10・1418 …… 310,
336
最判昭 35・9・13 判時 243・7 …………… 258
最決昭 35・11・15 刑集 14・13・1677 …… 92
最決昭 35・11・18 刑集 14・13・1713 …… 240
名古屋高判昭 35・11・21 下刑集 2・11 = 12・
1338 …………………………………………… 128
東京高判昭 35・11・28 高刑集 13・10・695
………………………………………………… 552
東京高判昭 35・11・29 高刑集 13・9・639
………………………………………………… 810
東京高判昭 35・11・30 東高刑時報 11・11・
315 …………………………………………… 257
最判昭 35・12・8 刑集 14・13・1818 …… 505,
506, 508, 509, 510, 514, 515, 516
横浜地横須賀支判昭 35・12・9 下刑集 2・11 =
12・1506 …………………………………… 216
最決昭 35・12・13 刑集 14・13・1929 … 474,
479
最決昭 35・12・22 刑集 14・14・2198 …… 477
名古屋高判昭 35・12・26 高刑集 13・10・781
………………………………………………… 310
最決昭 35・12・27 刑集 14・14・2229 …… 496
最判昭 36・1・10 刑集 15・1・1 …… 553, 554,
555
最判昭 36・1・13 刑集 15・1・113 ……… 847
名古屋高判昭 36・1・18 下刑集 3・1・2 … 358
最決昭 36・1・25 刑集 15・1・266 ……… 175
最決昭 36・2・9 刑集 15・2・308 ……… 836
最決昭 36・3・2 刑集 15・3・451 ……… 824
大阪高判昭 36・3・27 下刑集 3・3 = 4・207
………………………………………………… 150
最決昭 36・3・28 裁判集刑 137・493 …… 798
大阪高判昭 36・3・28 下刑集 3・3 = 4・208
………………………………………………… 310

最判昭36・3・30刑集15・3・605………*631*
最判昭36・3・30刑集15・3・667………*596*
東京地判昭36・3・30判時264・35……*63*
東京高判昭36・3・31高刑集14・2・77…*780*
東京地判昭36・4・4判時274・34……*802*
神戸地姫路支判昭36・4・5下刑集3・3＝4・
　292 ……………………………………*571*
大阪地堺支判昭36・4・12下刑集3・3＝4・
　319 ……………………………………*162*
名古屋高金沢支判昭36・4・18高刑集14・6・
　351 ……………………………………*88*
最判昭36・4・27民集15・4・901………*432*
名古屋地判昭36・4・28下刑集3・3＝4・378
　………………………………………………*24*
名古屋高金沢支判昭36・5・2下刑集3・5＝6・
　399 ……………………………………*164*
最決昭36・5・23刑集15・5・812………*619*
名古屋地判昭36・5・29裁時332・5……*116*
東京高判昭36・6・6東高刑時報12・6・81
　………………………………………………*320*
東京地判昭36・6・14判時268・32……*448*
神戸地判昭36・6・21下刑集3・5＝6・569
　………………………………………………*533*
福岡高判昭36・6・29高刑集14・5・273…*853*
東京高判昭36・7・4高刑集14・4・246…*257*
浦和地判昭36・7・13下刑集3・7＝8・693
　………………………………………*403, 404*
東京高判昭36・7・18東高刑時報12・8・133
　………………………………………………*805*
東京高判昭36・8・8高刑集14・5・316…*270*
最決昭36・8・17刑集15・7・1293……*804*
浦和地判昭36・8・28下刑集3・7＝8・793
　………………………………………………*218*
最判昭36・9・8刑集15・8・1309………*568*
最判昭36・9・26刑集15・8・1525…*581, 654*
最判昭36・10・6刑集15・9・1567……*763*
最判昭36・10・10刑集15・9・1580……*427,*
　428, 482
大阪地判昭36・10・17下刑集3・9＝10・945
　………………………………………………*140*
仙台高判昭36・10・24高刑集14・7・506…*104*
名古屋高判昭36・11・8高刑集14・8・563
　………………………………………………*708*
名古屋高判昭36・11・27高刑集14・9・635
　………………………………………………*24*

横浜地判昭36・11・27下刑集3・11＝12・
　1111 ……………………………………*118*
最判昭36・12・1刑集15・11・1807……*556,*
　557
最決昭36・12・20刑集15・11・2032……*380*
最決昭36・12・26刑集15・12・2046…*765*
最判昭37・1・23刑集16・1・16………*753*
東京高判昭37・1・23高刑集15・2・100…*851*
広島高判昭37・1・23刑集18・9・634…*492*
最決昭37・2・9刑集16・2・54………*781*
最判昭37・2・13刑集16・2・68………*466*
大阪高判昭37・2・24高検速報37・2……*764*
最決昭37・3・27刑集16・3・326………*86*
最判昭37・4・13判時315・4…………*849, 858*
東京高判昭37・4・18高刑集15・3・186…*797*
東京高判昭37・4・25東高刑時報4・98…*174*
大津地判昭37・5・17判時301・16……*756*
最判昭37・5・29刑集16・5・528…*836 837*
福岡地小倉支判昭37・7・4下刑集4・7＝8・
　665 ……………………………………*193*
福岡高判昭37・7・24高刑集15・5・397…*784*
東京高判昭37・8・7東高刑時報13・8・207
　………………………………………………*315*
福岡高判昭37・8・22高刑集15・5・405
　………………………………………*295, 296*
浦和地判昭37・9・24下刑集4・9＝10・879
　………………………………………………*448*
東京高判昭37・10・18高刑集15・7・591
　………………………………………………*566*
東京高判昭37・10・23高刑集15・8・621
　………………………………………………*236*
最決37・11・8刑集16・11・1522……*23*
最決昭37・11・21刑集16・11・1570……*150*
東京地判昭37・12・3判時323・33……*272*
長崎地判昭37・12・6下刑集4・11＝12・1076
　………………………………………………*811*
名古屋高判昭37・12・22高刑集15・9・674
　………………………………………………*33*
大阪高判昭38・1・22高刑集16・2・177…*24*
福岡高判昭38・2・9高刑集6・1・108…*97*
東京地判昭38・3・23判タ147・92……*40, 42*
東京高判昭38・3・27高刑集16・2・194…*185*
最決昭38・3・28刑集17・2・166……*459*
福岡高宮崎支判昭38・3・29判タ145・199
　………………………………………………*96*

最決昭 38・4・18 刑集 17・3・248……*129, 175*
東京高判昭 38・5・8 高刑集 16・3・254 …*619*
東京高判昭 38・5・15 高刑集 16・3・274 …*619*
最決昭 38・5・21 刑集 17・4・345…………*839*
最決昭 38・5・30 刑集 17・4・492………*657*
大阪高判昭 38・6・6 下刑集 5・5=6・512
　………………………………………………*764*
東京高判昭 38・6・28 高刑集 16・4・377　*306*
最決昭 38・7・9 刑集 17・6・608…………*456*
福岡高判昭 38・7・15 下刑集 5・7=8・653
　………………………………………………*811*
鹿児島地判昭 38・7・18 下刑集 5・7=8・748
　………………………………………………*811*
東京高判昭 38・8・9 高刑集 14・6・392 …*129*
東京高判昭 38・9・6 高刑集 16・7・499 …*382*
高松地丸亀支判昭 38・9・16 下刑集 5・9=10・
867…………………………………*344, 380*
最決昭 38・11・8 刑集 17・11・2357
　………………………………………*483, 484*
東京高判昭 38・11・11 大コンメ(13)216 …*468*
大阪高判昭 38・11・27 高刑集 16・8・708
　………………………………………………*737*
最判昭 38・12・6 刑集 17・12・2443……*654*
最判昭 38・12・24 刑集 17・12・2485……*487*
最決昭 38・12・27 刑集 17・12・2595 …*623,
624, 626*
広島高松江支判昭 39・1・20 高刑集 17・1・47
　…………………………………………………*88*
東京高判昭 39・1・21 高刑集 17・1・82 …*443*
東京高判昭 39・1・27 判時 373・47 ……*87, 88*
最決昭 39・1・28 刑集 18・1・31 …………*38*
最決昭 39・3・11 刑集 18・3・99 …………*720*
最決昭 39・3・31 刑集 18・3・115 ………*769*
大阪高判昭 39・4・13 高検速報 4・1………*761*
大阪高判昭 39・4・14 高刑集 17・2・219 …*23*
名古屋高判昭 39・4・27 高刑集 17・3・262
　………………………………………*534, 539*
宮崎簡判昭 39・5・13 下刑集 6・5=6・651
　………………………………………………*685*
東京地判昭 39・5・30 下刑集 6・5=6・694
　………………………………………*23, 339*
東京高判昭 39・6・8 高刑集 17・5・446 …*273*
東京高判昭 39・7・6 高刑集 17・4・422…*810,
811*
東京高判昭 39・7・22 高刑集 17・6・647 …*581*

東京地判昭 39・7・31 下刑集 6・7=8・891
　………………………………………………*256*
東京高判昭 39・8・5 高刑集 17・5・528 …*715*
最決昭 39・8・28 刑集 18・7・443…………*761*
静岡地判昭 39・9・1 下刑集 6・9=10・1005
　………………………………………………*521*
最決昭 39・10・13 刑集 18・8・507 ………*784*
最判昭 39・11・24 刑集 18・9・610 ………*493*
最決昭 39・11・25 刑集 17・8・729
　………………………………………………*543*
最決昭 39・12・8 刑集 18・10・952 …*850, 851*
最決昭 39・12・25 判時 401・66…………*654*
名古屋高判昭 39・12・28 下刑集 6・11=12・
1240………………………………………*492*
名古屋高判昭 40・2・18 高検速報 40・349
　………………………………………………*688*
最決昭 40・2・26 刑集 19・1・59 …………*801*
最決昭 40・3・9 刑集 19・2・69 …………*288*
東京高判昭 40・3・29 高刑集 18・2・126
　………………………………………*805, 806*
最決昭 40・3・30 刑集 19・2・125…………*167*
最判昭 40・4・16 刑集 19・3・143…………*737*
最判昭 40・4・16 刑集 19・3・154　 ………*700*
最大判昭 40・4・28 刑集 19・3・300………*859*
高松高判昭 40・5・10 高検速報 40・270 …*854*
最決昭 40・6・3 刑集 19・4・431…………*652*
東京高判昭 40・6・25 高刑集 18・3・238
　………………………………………………*129*
東京高判昭 40・7・19 高刑集 18・5・506…*721*
東京地判昭 40・8・10 判タ 181・192………*175*
東京地判昭 40・8・31 判タ 181・194………*537*
最決昭 40・9・3 裁判集刑 156・311 ………*243*
大阪高判昭 40・9・9 判時 449・64…………*752*
最決昭 40・9・16 刑集 19・6・679 ………*806*
東京地判昭 40・9・30 下刑集 7・9・1828 …*119*
名古屋高金沢支判昭 40・10・14 高刑集 18・6・
691…………………………………*44, 329*
最決昭 40・11・26 裁判集刑 157・397 ……*810*
宇都宮地判昭 40・12・9 下刑集 7・12・2189
　…………………………………………………*22*
大阪高判昭 40・12・17 高刑集 18・7・877
　………………………………………………*296*
最判昭 40・12・23 裁判集刑 157・495 ……*707*
名古屋高判昭 41・3・10 高刑集 19・2・104
　………………………………………*691, 694*

福岡高宮崎支判昭 41・3・15 下刑集 8・3・372
　………………………………………………………… 543
最判昭 41・3・24 刑集 20・3・129 …… 753, 754
最判昭 41・4・8 刑集 20・4・207 ………… 272
福岡高判昭 41・4・9 高刑集 19・3・270 … 184
最決昭 41・4・14 判時 449・64 ……… 751, 752
最決昭 41・4・18 刑集 20・4・228 ………… 847
最決昭 41・6・10 刑集 20・5・374 ………… 492
大阪高判昭 41・6・18 下刑集 8・6・836 … 571
東京高判昭 41・7・19 高刑集 19・4・463
　………………………………………………… 497, 498
最決昭 41・9・14 刑集 160・733 …………… 44
最判昭 41・9・16 刑集 20・7・790 ………… 780
大阪地判昭 41・9・19 判タ 200・180 ……… 539
広島高判昭 41・9・30 高刑集 19・5・620 … 814
東京高判昭 41・9・30 高刑集 19・6・433 … 218
大阪高判昭 41・10・7 下刑集 8・10・1290 … 218
最判昭 41・10・11 刑集 20・8・817 ………… 631
最大判昭 41・11・30 刑集 20・9・1076 …… 240
東京高判昭 41・11・30 下刑集 8・11・1432
　………………………………………………………… 213
東京高判昭 41・12・23 高刑集 24・4・789
　………………………………………………………… 691
神戸地姫路支判昭 41・12・23 判タ 207・194
　………………………………………………………… 175
東京高判昭 42・3・7 下刑集 9・3・175 …… 175
名古屋高金沢支判昭 42・3・25 下刑集 9・3・
　191 ………………………………………………… 492
最決昭 42・3・30 刑集 21・2・447 ………… 621
東京高判昭 42・4・28 判タ 210・222 ……… 442
大阪高判昭 42・5・12 高刑集 20・3・291 … 296
大阪地判昭 42・5・13 下刑集 9・5・681 …… 37
最大判 42・5・24 刑集 21・4・505 ………… 750
東京高判昭 42・6・6 高刑集 20・3・351 … 541
福岡高判昭 42・6・13 下刑集 9・6・764 … 783
宮崎地都城支判昭 42・6・22 判時 498・89
　………………………………………………………… 175
静岡地沼津支判昭 42・6・24 下刑集 9・6・851
　………………………………………………………… 685
東京地判昭 42・6・30 判タ 211・187 ……… 265
岡山地判昭 42・7・12 下刑集 9・7・868 … 175
福岡高判昭 42・8・11 下刑集 9・8・1038 … 649
最決昭 42・8・28 刑集 21・7・863 ………… 641
最決昭 42・10・12 刑集 21・8・1083 ……… 543
最決昭 42・11・2 刑集 21・9・1179 ……… 296

最決昭 42・11・28 刑集 21・9・1277 ……… 614
大阪高判昭 42・11・29 判時 518・83 ……… 344
新潟地判昭 42・12・5 下刑集 9・12・1548
　………………………………………………… 318, 324
最決昭 42・12・19 刑集 21・10・1407 …… 762
最決昭 42・12・21 刑集 21・10・1453 …… 371
最決昭 43・1・18 刑集 22・1・7 ……… 213, 217
尼崎簡判昭 43・2・29 下刑集 10・2・211 … 193
大阪高判昭 43・3・4 下刑集 10・3・225 … 257
札幌高判昭 43・3・5 下刑集 10・3・229 … 493
大阪地判昭 43・3・18 判タ 223・244 ……… 805
東京地判昭 43・4・13 下刑集 10・4・385 … 89
岡山地判昭 43・5・6 下刑集 10・5・561 … 150
最決昭 43・5・23 判時 519・92 …………… 430
最決昭 43・6・5 刑集 22・6・427 ………… 718
最決昭 43・6・6 刑集 22・6・434 ………… 350
最決昭 43・6・25 刑集 22・6・490 ………… 653
最判昭 43・6・28 刑集 22・6・569 ………… 497
大阪高判昭 43・7・25 判時 525・3 ……… 506
最決昭 43・9・17 判時 534・85 …………… 282
最大判 43・9・25 刑集 22・9・871 ……… 860
岡山地判昭 43・10・8 判時 546・98 ……… 120
最決昭 43・10・15 刑集 22・10・901 ……… 856
最決昭 43・10・15 刑集 22・10・928 ……… 177
最決昭 43・10・24 刑集 22・10・946 ……… 260
最決昭 43・11・7 裁判集刑 169・355 ……… 116
広島高岡山支判昭 43・12・10 高刑集 21・5・
　640 ………………………………………………… 344
最決昭 43・12・11 刑集 22・13・1469
　………………………………………………… 405, 406
甲府地判昭 43・12・18 下刑集 10・12・1239
　………………………………………………………… 776
広島地判昭 43・12・24・判タ 229・264 … 310
最決昭 44・5・1 刑集 23・6・907 ……… 488, 489
宮崎地日南支判昭 44・5・22 刑月 1・5・535
　………………………………………………… 805, 806
最大判 44・6・18 刑集 23・7・950 ……… 619
最大判 44・6・25 刑集 23・7・975 ……… 225
最決昭 44・7・25 刑集 23・8・1068 ……… 167
東京高判昭 44・7・31 高刑集 22・4・518 … 423
大阪高判昭 44・8・7 刑月 1・8・795 …… 260,
　　　　　　　　　　　　　　　　　350, 373, 389, 389
京都地判昭 44・8・30 刑月 1・8・841 …… 241
東京地判昭 44・9・1 刑月 1・9・865 …… 190
最大判 44・10・15 刑集 23・10・1239 … 690,

　　　　　　　　　　　　　　　697, 698
福岡高判昭44・12・18刑月1・12・1110
　　　　　　　　　　　　…………405, 407, 850
札幌高判昭44・12・23高刑集22・6・964
　　　　　　　　　　　　　　　　…694
最判昭45・1・29刑集24・1・1………166
大阪地判昭45・1・29刑月2・1・70…142
京都地判昭45・3・12刑月2・3・258……478
最判昭45・3・26刑集24・3・55 …………371
最決昭45・3・27刑集24・3・76………432
東京高判昭45・4・6東高刑時報21・4・152
　　　　　　　　　　　　　　　　…257
最決昭45・4・8判時590・91…………424
名古屋高金沢支判昭45・4・14高検速報45・
　476　　　　　　　　　　　　　　…792
東京高判昭45・4・27東高刑時報21・5・165
　　　　　　　　　　　　　　　　…139
東京高判昭45・5・11高刑集23・2・386…120
広島高判昭45・5・28判タ255・275……291
大阪地判昭45・6・11判259・319……170
東京高判昭45・6・22刑集24・13・1895…306
最決昭45・6・30判時596・96 …………624
東京高判昭45・6・30高刑集23・3・441
　　　　　　　　　　　　　　…296, 763
札幌高判昭45・7・14高刑集23・3・479…58
最決昭45・7・28刑集24・7・585………169
東京高判昭45・8・11高刑集23・3・524…560
最決昭45・9・4刑集24・10・1319……611, 612
名古屋高判昭45・9・30刑月2・9・951…241
東京地判昭45・10・1刑月2・10・1099……88
京都地判昭45・10・12刑月2・10・1104…126
最大判昭45・10・21民集24・11・1560…425
浦和地判昭45・10・22刑月2・10・1107…119
名古屋高判昭45・10・28判時628・93……137
福岡高判昭45・12・2高検速報45・1093…764
最決昭45・12・3刑集24・13・1707……82,
　　　　　　　　　　　　　　　　87, 89
最判昭45・12・22刑集24・13・1812……745,
　　　　　　　　　　　　　　　　746
最判昭45・12・22刑集24・13・1862……496
最決昭45・12・22刑集24・13・1882……306
大阪地判昭46・1・30刑月3・1・59……190
東京高判昭46・2・2高刑集24・1・75……175
東京地判昭46・3・19刑月3・3・444……88
最判昭46・4・22刑集25・3・530…………559

大阪高判昭46・4・26高刑集24・2・320 …85
最判昭46・6・17刑集25・4・567…………334
仙台高判昭46・6・21高刑集24・2・418…282
高松地判昭46・8・17刑月3・8・1115……295
最決昭46・9・22刑集25・6・769………174
大阪高判昭46・10・6刑月3・10・1306 …413
福岡高判昭46・10・11刑月3・10・1311…38
東京高判昭46・11・15高刑集24・4・685　780
大阪高判昭46・11・26高刑集24・4・741…436
高松高判昭46・11・30高刑集24・4・769…406
最決昭46・12・20刑集25・9・1086………543
名古屋地判昭46・12・23刑月3・4・521…692
名古屋高金沢支判昭46・12・23刑月3・12・
　1613　　　　　　　　　　　　　…169
大阪高判昭47・1・24高刑集25・1・11…90
福岡高判昭47・1・24刑月4・1・4………769
最決昭47・3・2刑集26・2・67…………459
最判昭47・3・14刑集26・2・187 ………88
秋田地大曲支判昭47・3・30判時670・105…63
札幌地判昭47・7・19判時619・104………175
大阪判昭47・9・6判タ306・298…………756
東京地判昭47・10・19研修337・69………415
東京高判昭47・11・21高刑集25・5・479…506
福岡高判昭47・11・22刑月4・11・1803…432
名古屋高判昭47・12・6高刑集25・6・937
　　　　　　　　　　　　　　　　…340
東京高判昭47・12・22東高刑時報23・12・
　244　　　　　　　　　　　　　　…58
福岡高判昭47・12・25高刑集25・6・975…652
最決昭48・2・8刑集27・1・1……………90
最決昭48・2・28刑集27・1・68…………715
東京地判昭48・3・9判298・349…………120
最決昭48・3・15刑集27・2・115…………631
東京地判昭48・3・26高刑集26・1・85…307
松江地判昭48・3・27刑月5・3・341……538
広島高岡山支判昭48・4・3判タ306・297…167
最大判昭48・4・4刑集27・3・265………16
最判昭48・4・12刑集27・3・351………690, 697
東京高判昭48・4・24高刑集26・2・197 …88
最判昭48・5・25刑集27・5・1115 ………751
東京地判昭48・7・3刑月5・7・1139……91
東京高判昭48・8・7高刑集26・3・322…242
広島高岡山支判昭48・9・6判時743・112…521
東京地判昭48・9・6刑月5・9・1315……241
名古屋高判昭48・11・27高刑集26・5・568

……………………………………598
東京高判昭49・3・27刑月6・3・207………90
広島地判昭49・4・3判タ316・289………521
東京地判昭49・4・25刑月6・4・475……234,
242
福岡高判昭49・5・20刑月6・5・561……58
最大判昭49・5・29刑集28・4・114………64
最決昭49・5・31裁判集刑192・571………179
東京高判昭49・6・27高刑集27・3・291…298
最決昭49・7・4判時748・26………………245
東京高判昭49・7・31高刑集27・4・328…87,
92
東京高判昭49・8・16高刑集27・4・357…598
大阪高判昭49・9・10刑月6・9・945……184
最判昭49・9・26刑集28・6・329…………17
和歌山地判昭49・9・27判時775・178……361
東京高判昭49・10・22東高刑時報25・10・90
……………………………………525
東京地判昭49・11・7判タ319・295………38
東京地判昭50・2・28東高刑時報26・2・47
……………………………………88
東京地判昭50・3・4判タ320・316………86
東京地判昭50・3・11高刑集28・2・121…637
東京地判昭50・3・26刑月7・3・406……91
東京地判昭50・4・15刑月7・4・480……38
最判昭50・4・24判時774・119……………848
福岡高那覇支判昭50・5・10刑月7・5・586
……………………………………506
最決昭50・6・12刑集29・6・365…………478
最決昭50・6・13刑集29・6・375…………581
広島地判昭50・6・24刑月7・6・692……281
最決昭50・7・1刑月7・7=8・765………135
名古屋高判昭50・9・17高検速報50・555…764
東京高判昭50・9・18東高刑時報26・3・74
……………………………………598
東京高判昭50・11・28東高刑時報26・11・
198 ……………………………………282
東京高判昭51・1・23判時818・107………547
最判昭51・2・6刑集30・1・1……………17
最判昭51・3・4刑集30・2・79……179,183
最決昭51・3・23刑集30・2・229…………227
大阪地判昭51・3・29刑月8・3・156……690
最決昭51・4・1刑集30・3・425……343,378
広島高判昭51・4・1高刑集29・2・240…183
最判昭51・4・30刑集30・3・453……598,599

最判昭51・5・6刑集30・4・591……623,629
東京高判昭51・6・29判時831・121………544
東京高判昭51・7・13東高刑時報27・7・83
……………………………………415
東京高判昭51・8・16東高刑時報27・8・108
……………………………………172
京都地判昭51・10・15刑月8・9=10・41
……………………………………321
大阪地判昭51・10・25刑月8・9=10・435
……………………………………152
札幌高判昭51・11・11判タ347・300……415
広島高判昭51・12・1刑月8・11=12・517
……………………………………184
広島高松江支判昭51・12・6高刑集29・4・
651 ……………………………………373
札幌簡判昭51・12・6刑月8・11=12・525
……………………………………257
広島高判昭51・12・6高刑集29・4・651
……………………………………350,389
京都地判昭51・12・17判時847・112……281
名古屋高金沢支判昭52・1・27刑月9・1=2・8
……………………………………594,643
東京地判昭52・3・14判時875・124………649
最決昭52・4・25刑集31・3・169…………620
最判昭52・5・6刑集31・3・544…………85
広島高判昭52・7・13判時880・111………329
最判昭52・7・14刑集31・4・713…………487
東京地判昭52・7・18判時880・110………798
福岡高判昭52・9・20判時879・152………543
大阪高判昭52・11・15判時890・122……153
最判昭52・12・22刑集31・7・1176………706
東京高判昭52・12・22刑月9・11=12・857
……………………………………801
大分地中津支判昭53・1・31判時922・123
……………………………………316
東京高判昭53・2・16高刑集31・1・22
……………………………………637,649
最判昭53・3・3刑集32・2・97……………245
新潟地判昭53・3・9判時893・106………543
千葉地木更津支判昭53・3・16判時903・109
……………………………………321
東京高判昭53・3・22刑月10・3・217……582
東京地判昭53・3・28判時911・166……637,
649
福岡高判昭53・4・24判時905・123………413

最判昭 53・6・29 刑集 32・4・816 …*745, 746*
大阪高判昭 53・7・28 高刑集 31・2・118…*153*
最決昭 53・9・4 刑集 32・6・1077 ……*506, 511, 515*
東京高判昭 53・9・13 判時 916・140 ……*331, 335*
東京高判昭 53・9・20 高刑集 31・3・242 …*86*
最決昭 53・9・22 刑集 32・6・1774 ……*748*
広島高判昭 53・9・29 刑月 10・9＝10・1231 ……………………………………*594, 643*
釧路地北見支判昭 53・10・6 判タ 374・162 ……………………………………………*164*
広島高判昭 53・11・2 刑月 10・11＝12・1369 ……………………………………………*491*
東京高判昭 53・11・15 判時 928・121………*32*
大阪高判昭 53・12・7 高刑集 31・3・313…*746*
浦和地判昭 53・12・12 判時 922・123 ……*316*
大阪高判昭 53・12・15 高刑集 31・3・333 ……………………………………………*746*
福岡高飯塚支判昭 54・2・9 判時 925・134 ……………………………………………*546*
熊本地判昭 54・3・22 刑月 11・3・168 ……*48*
東京高判昭 54・3・29 東高刑時報 30・3・55 ……………………………………………*257*
秋田地判昭 54・3・29 刑月 11・3・264 ……*19*
東京高判昭 54・4・12 刑月 11・4・277……*268*
東京高判昭 54・4・24 刑月 11・4・303……*789*
名古屋地判昭 54・4・27 刑月 11・4・358 ……………………………………*344, 381*
佐賀地判昭 54・5・8 刑月 11・5・435 ……*337*
東京高判昭 54・5・21 高刑集 32・2・134…*183*
最決昭 54・5・30 刑集 33・4・324 ………*598*
東京高判昭 54・6・13 東高刑時報 30・6・81 ……………………………………………*382*
大阪地判昭 54・6・21 判時 948・128 …*44, 329*
大阪地堺支判昭 54・6・22 刑月 11・6・584 ……………………………………………*701*
最決昭 54・6・26 刑集 33・4・364…………*160*
東京高判昭 54・7・9 判時 947・123 ……*604*
東京高判昭 54・8・10 判時 943・122 ………*45*
最決昭 54・10・26 刑集 33・6・665 ………*713*
大阪高判昭 54・10・30 刑月 11・10・1146 …………………………………………*86, 87*
最決昭 54・11・19 刑集 33・7・710 ………*340*
最決昭 54・11・19 刑集 33・7・728 ………*544*

最決昭 54・11・19 刑集 33・7・754 …*690, 691*
東京高判昭 54・12・12 判時 978・130 ……*216*
最決昭 54・12・25 刑集 33・7・1105………*788*
東京地判昭 55・2・14 刑月 12・1＝2・47…*282*
東京高判昭 55・3・3 刑月 12・3・67 ……*288, 293, 348*
長崎地佐世保支判昭 55・5・30 刑月 12・4＝5・405 ……………………………………*244*
最決昭 55・7・15 判時 972・129 ……*419, 420*
東京地判昭 55・7・24 刑月 12・7・538……*434*
名古屋高判昭 55・7・28 刑月 12・7・709…*171*
大阪高判昭 55・7・29 刑月 12・7・525……*421*
東京高判昭 55・10・7 刑月 12・10・1101…*131*
最決昭 55・10・30 刑集 34・5・357 ………*281*
名古屋高判昭 55・11・18 高検速報 55・607…*88*
最判昭 55・11・28 刑集 34・6・433………*690, 696, 698, 699*
最判昭 55・11・28 判時 982・87……………*690*
最決昭 55・12・9 刑集 34・7・513…………*559*
最決昭 55・12・22 刑集 34・7・747………*649, 847, 860*
東京高判昭 56・1・27 刑月 13・1＝2・50…*172*
東京高判昭 56・2・5 判時 1011・138………*363*
最決昭 56・2・20 刑集 35・1・15 …………*447*
静岡地沼津支判昭 56・3・12 判時 999・135 ……………………………………*244, 496*
神戸地判昭 56・3・27 判時 1012・35……*459*
東京高判昭 56・4・1 刑月 13・4＝5・341 …*39*
最決昭 56・4・8 刑集 35・3・57……………*616*
最決昭 56・4・16 刑集 35・3・84 ……*215, 216*
最決昭 56・4・16 刑集 35・3・107 …………*616*
広島高判昭 56・6・15 判時 1009・140 …*415*
福井地判昭 56・8・31 刑月 13・8＝9・548 …*392*
福岡高判昭 56・9・21 判時 13・8＝9・527 …*361*
東京高判昭 56・12・17 高刑集 34・4・444…*692*
最決昭 56・12・22 刑集 35・9・953 ………*616*
東京高判昭 56・12・24 高刑集 34・4・461 ……………………………………*434, 435*
東京高判昭 57・1・21 刑月 14・1＝2・1 ……………………………………………*181, 332*
最決昭 57・1・28 刑集 36・1・1 …………*826, 827, 828*
東京地判昭 57・2・2 刑月 14・1＝2・187…*194*
最判昭 57・4・22 判時 1042・147 …………*468*
東京高判昭 57・5・26 判時 1060・146……*192,*

896　◇判例索引

　　　　　　　　　　　　　　　　　193
東京高判昭 57・6・8 刑月 14・5＝6・315…699
最判昭 57・6・24 刑集 36・5・646……487
最決昭 57・6・28 刑集 36・5・680……150
東京高判昭 57・6・30 判時 1076・153 ……715
大阪地判昭 57・7・9 判時 1083・158 ……312,
　　　　　　　　　　　　　　　　　317
東京地判昭 57・7・23 判時 1069・15………521
横浜地判昭 57・8・6 判タ 477・216…………46
福岡高判昭 57・9・6 高刑集 35・2・85 ……48
東京高判昭 57・9・7 高刑集 35・2・126…506
大阪地判昭 57・9・9 刑月 14・10・776 …594,
　　　　　　　　　　　　　　　　　643
旭川地判昭 57・9・29 刑月 14・9・713……802
最決昭 57・11・29 刑集 36・11・988………154
東京高判昭 58・1・20 判時 1088・147 ……181
大阪地判昭 58・2・8 判タ 504・190 ………547
最判昭 58・2・24 判時 1078・76……………421
最決昭 58・2・25 刑集 37・1・1……………598
福岡高判昭 58・2・28 判時 1083・156 ……268
東京地判昭 58・3・1 刑月 15・3・255
　　　　……………………………………171, 172
最判昭 58・3・8 刑集 37・2・15 ……690, 691,
　　　　　　　　　　　　　　　698, 699
最決昭 58・3・25 刑集 37・2・170…………845
仙台地判昭 58・3・28 判時 1086・160 ……530
最判昭 58・4・8 刑集 37・3・215…………179,
　　　　　　　　　　　　　　　185, 186
東京高判昭 58・4・27 高刑集 36・1・27 …213
最決昭 58・5・9 刑集 37・4・401…………777,
　　　　　　　　　　　　　　　781, 784
最決昭 58・5・24 刑集 37・4・437…………465,
　　　　　　　　　　　　　　　466, 467
東京高判昭 58・5・26 東高刑時報 34・4＝6・
　　　18……………………………………………652
千葉地判昭 58・6・12 判時 1128・160 ……442
東京高判昭 58・6・20 刑月 15・4＝6・299…530
最判昭 58・6・23 刑集 37・5・555 ……82, 83,
　　　　　　　　　　　　　　　　85, 86
横浜地判昭 58・7・20 判時 1108・138 ……521,
　　　　　　　　　　　　　　　　　528
京都地判昭 58・8・1 判時 1110・44 ………781
東京高判昭 58・8・10 判時 1104・147 ………28
東京高判昭 58・8・23 刑月 15・7＝8・357…541
大阪高判昭 58・8・26 刑月 15・7＝8・376…296

東京地判昭 58・9・12 刑月 15・9・475 …649
札幌高判昭 58・9・13 刑月 15・9・468 ……97
最決昭 58・9・21 刑集 37・7・1070 ………285
最決昭 58・9・27 刑集 37・7・1078………149,
　　　　　　　　　　　　　　　154, 155
最判昭 58・9・29 刑集 37・7・1110 ………573
最判昭 58・10・27 刑集 37・8・1294 ……684,
　　　　　　　　　　　　　　　690, 698
最決昭 58・11・1 刑集 37・9・1341 …206, 230
最決昭 58・11・24 刑集 37・9・1538 ……594,
　　　　　　　　　　　　　　　632, 643
最判昭 59・2・17 刑集 38・3・336…………605
最決昭 59・3・23 刑集 38・5・2030 ………243
最決昭 59・3・27 刑集 38・5・2064 …………29
最決昭 59・4・12 刑集 38・6・2107 …535, 553
秋田地判昭 59・4・13 判時 1136・161 ……383
最決昭 59・4・27 刑集 38・6・2584 ………242
福岡高判昭 59・5・7 高検速報 59・1303 …183
最決昭 59・5・8 刑集 38・7・2621……241, 745
新潟地判昭 59・5・17 判時 1123・3 ………464
大阪高判昭 59・5・23 高刑集 37・2・328
　　　　……………………………………344, 381
最決昭 59・5・30 刑集 38・4・419…………842
鹿児島地判昭 59・5・31 刑月 16・5＝6・437
　　　　………………………………………………46
東京高判昭 59・6・13 判時 1143・155 ……164
東京地判昭 59・6・15 刑月 16・5＝6・459
　　　　……………………………………282, 293
東京地判昭 59・6・22 刑月 16・5＝6・467
　　　　……………………………………………525
東京地判昭 59・6・28 刑月 16・5＝6・476
　　　　……………………………………282, 293
名古屋高判昭 59・7・3 判タ 544・268 ……361
東京高判昭 59・10・30 刑月 16・9＝10・679
　　　　……………………………………………275
東京高判昭 59・10・31 判タ 550・289 ……361
東京高判昭 59・11・19 判タ 544・251 ……361
大阪高判昭 59・11・28 高刑集 37・3・438…316
最判昭 59・12・18 刑集 38・12・3026
　　　　……………………………………………185
最決昭 59・12・21 刑集 38・12・3071 …506,
　　　　　　　　　　　　　　　　　510
大阪高判昭 60・2・6 高刑集 38・1・50 …328
横浜地判昭 60・2・8 刑月 17・1＝2・11 …326
東京地判昭 60・2・13 刑月 17・1＝2・22

判例索引◇ 897

.... *431, 436*
東京地判昭 60・3・6 判時 1147・162........ *460*
東京地判昭 60・3・13 判時 1172・159 ...... *705*
東京地判昭 60・3・19 判時 1172・155...... *318, 324*
最判昭 60・3・28 刑集 39・2・75 ...... *535, 539*
最決昭 60・4・3 刑集 39・3・131 .... *458*
東京地判昭 60・4・8 判時 1171・16 .... *843*
大阪高判昭 60・4・12 判時 1156・159 ...... *291*
東京高判昭 60・4・24 判夕 577・91 .... *332*
最決昭 60・6・11 刑集 39・5・219......... *842*
新潟地判昭 60・7・2 刑月 17・7=8・663 ... *273*
最決昭 60・7・16 刑集 39・5・245.......... *826*
東京高判昭 60・8・29 高刑集 38・2・125... *709*
最決昭 60・10・21 刑集 39・6・362 ...... *95, 543, 544*
広島地尾道支判昭 60・11・18 判時 1178・160
.... *285*
大阪高判昭 60・11・28 判時 1224・134 ...... *369*
東京高判昭 60・11・29 刑月 17・11・1105
.... *544*
東京高判昭 60・12・10 判時 1201・148 ...... *121*
東京高判昭 61・1・30 刑集 41・3・232...... *258*
横浜地判昭 61・2・18 刑月 18・1=2・127
.... *236*
福岡地判昭 61・3・3 判夕 595・95............ *242*
大阪地判昭 61・3・11 判時 1256・123 ...... *170*
東京地判昭 61・3・19 刑月 18・3・180...... *344*
東京高判昭 61・3・31 高刑集 39・1・24 ..... *497*
東京高判昭 61・4・17 高刑集 39・1・30 ..... *320*
京都地判昭 61・5・23 刑月 18・5=6・731
.... *241*
最決昭 61・6・27 刑集 40・4・340...... *598, 618*
最決昭 61・6・27 刑集 40・4・369........ *836*
高松高判昭 61・7・9 判時 1209・143........ *282*
大阪高判昭 61・7・17 判時 1208・138 ...... *282*
最決昭 61・7・18 刑集 40・5・438......... *489*
福岡地小倉支判昭 61・8・5 刑集 43・5・405
.... *799*
名古屋高判昭 61・9・30 高刑集 39・4・371
.... *544*
大阪地判昭 61・10・3 判夕 630・228 .... *97*
最判昭 61・10・28 裁判集刑 244・117 ...... *142*
最決昭 61・11・18 刑集 40・7・523 ... *310, 311*
大阪高判昭 61・12・16 高刑集 39・4・592

.... *135*
福岡地判昭 62・2・9 判時 1233・157........ *320*
最決昭 62・3・12 刑集 41・2・140.......... *241*
大阪高判昭 62・3・19 判時 1236・156 ...... *174*
最決昭 62・3・24 刑集 41・2・173........... *152*
最決昭 62・4・10 刑集 41・3・221 ...... *258, 269, 285*
東京地判昭 62・4・15 判時 1304・147 ...... *172*
大阪高判昭 62・4・21 判時 1238・160........ *39*
広島高松江支判昭 62・6・18 高刑集 40・1・71
.... *168*
福岡高宮崎支判昭 62・6・23 判時 1255・38
.... *42*
大阪高判昭 62・7・10 高刑集 40・3・720... *59, 62*
最決昭 62・7・16 刑集 41・5・237............ *580*
大阪高判昭 62・7・17 判時 1253・141 ...... *318, 324*
東京地判昭 62・9・8 判時 1269・3............ *360*
最決昭 62・9・30 刑集 41・6・297 .... *762*
東京地判昭 62・9・30 判時 1250・144 ...... *293*
大阪高判昭 62・10・1 判時 1256・123 ...... *171*
東京高判昭 62・10・6 判時 1258・136 ...... *97, 544*
東京地判昭 62・10・6 判時 1259・137 ...... *278, 282*
東京地判昭 62・10・22 判時 1258・143...... *580*
大阪高判昭 62・12・16 判夕 662・241 ...... *290*
東京高判昭 62・12・21 判時 1270・159 ...... *44*
最決昭 63・1・19 刑集 42・1・1 ...... *19, 103, 119*
福岡高判昭 63・1・28 刑集 43・5・405 ...... *799*
最決昭 63・2・29 刑集 42・2・314........ *48, 49*
東京地決昭 63・3・7 判時 1266・13 .... *828*
東京地判昭 63・3・17 判時 1284・149 ... *87, 92*
大阪高判昭 63・3・29 判時 1309・43 .... *142*
東京高判昭 63・3・31 東高刑時報 39・1=4・7
.... *440*
最決昭 63・4・11 刑集 42・4・419......... *839*
東京高判昭 63・4・21 判時 1280・161 ...... *292*
最決昭 63・7・18 刑集 42・6・861......... *847*
東京高決昭 63・8・3 高刑集 41・2・327... *828, 829*
新潟地判昭 63・8・26 判時 1299・152 ...... *165*
東京高判昭 63・10・5 判時 1305・148 ...... *194*
大阪地判昭 63・10・7 判時 1295・151 ...... *395,*

大阪地判昭 63・11・8 判タ 703・281 ……… *396* *850*
東京高判昭 63・11・17 判時 1295・43 …… *360*
最判昭 63・11・21 刑集 42・9・1251 …… *462, 464*
東京地判平元・2・17 判タ 700・279 … *644, 646*
東京高判平元・2・20 判タ 697・269 ……… *544*
東京地判平元・2・22 判時 1308・161 …… *644*
東京高判平元・2・27 高刑集 42・1・87 … *316*
大阪高判平元・3・3 判タ 712・248 ……… *307*
最判平元・3・9 刑集 43・3・95 …………… *754*
最決平元・3・10 刑集 43・3・188 ………… *746*
最決平元・3・14 刑集 43・3・283 …… *828, 829*
東京高判平元・3・14 東高刑時報 40・1 = 4・11
………………………………………………… *351*
福岡高宮崎支判平元・3・24 高刑集 42・2・103
………………………………………………… *29*
大阪地判平元・3・29 判時 1321・3 …… *360*
甲府地判平元・3・31 判時 1311・160 …… *644*
最決平元・5・1 刑集 43・5・405 …… *795, 797, 799*
最決平元・7・7 刑集 43・7・607 …… *263, 265, 285*
最決平元・7・7 判時 1326・157 ……… *526, 530*
最決平元・7・14 刑集 43・7・641 ……… *531*
東京地判平元・8・8 判時 1319・158 …… *650*
最決平元・9・26 判時 1357・147 ………… *748*
東京地判平元・9・28 判時 1325・158 …… *650*
千葉地判平元・10・12 判タ 1332・150 … *650, 658*
千葉地判平元・11・2 判時 1332・160 … *650*
大阪高判平元・11・15 高検速報平元・175
………………………………………………… *363*
最決平元・12・15 刑集 43・13・879 ……… *120*
東京高判平 2・2・20 高刑集 43・1・11 …… *637*
福岡地判平 2・2・21 判時 1399・143 …… *776*
千葉地判平 2・2・22 公刊物未登載 ……… *650*
京都地峰山支判平 2・2・26 裁判資料 273・218
………………………………………………… *247*
静岡地浜松支判平 2・3・27 判時 1344・176
…………………………………………… *346, 386*
富山地判平 2・4・13 判タ 1343・160 …… *705*
大阪地判平 2・4・19 判タ 1392・159 …… *347*
札幌地判平 2・4・23 判タ 737・242 ……… *325*
東京地八王子支判平 2・4・23 判時 1351・158

……………………………………………………… *397*
岡山地判平 2・4・25 判タ 1399・146 ……… *777*
千葉地判平 2・8・6 判時 1371・160 ……… *658*
大阪地判平 2・11・13 判タ 768・251 ……… *544*
東京地判平 2・11・15 判時 1373・144 …… *286, 290*
最決平 2・11・20 刑集 44・8・837 ………… *53*
浦和地判平 2・11・22 判時 1374・141 …… *539*
神戸地判平 2・12・12LEX/DB ……………… *346*
神戸地判平 2・12・12 税務訴訟資料 236・4139
………………………………………………… *386*
浦和地判平 2・12・20 判時 1377・145 …… *320*
最決平 3・2・28 刑集 45・2・77 …………… *631*
東京高判平 3・4・1 判時 1400・128 … *268, 447*
最決平 3・4・5 刑集 45・4・171 …… *648, 649, 651, 654, 657, 658, 661*
東京地八王子支判平 3・8・28 判タ 768・249
…………………………………………… *288, 365*
神戸地判平 3・9・19 判タ 797・269
…………………………………………… *488, 637, 638*
大阪地判平 3・12・2 判時 1411・128 … *692, 702*
東京高判平 3・12・26 判タ 787・272 …… *364*
最決平 4・2・18 刑集 46・2・1 …………… *360*
大阪地判平 4・2・25 判タ 1427・3 ……… *436*
浦和地判平 4・3・19 判タ 801・264 ……… *404*
大阪地判平 4・3・25 判タ 829・260 ……… *215*
浦和地判平 4・4・24 判タ 1437・152 …… *346*
浦和地判平 4・4・24 判タ 1437・151 …… *404*
高松高判平 4・4・30 判タ 789・272 ……… *777*
東京高判平 4・5・12 判タ 800・227 ……… *705*
東京高判平 4・6・19 判タ 806・227 ……… *153*
鳥取地米子支判平 4・7・3 判タ 792・232
…………………………………………… *776, 777*
大阪地判平 4・9・22 判タ 828・281 ……… *304*
東京高判平 4・10・28 東高刑時報 43・1 = 12・59
………………………………………………… *291*
東京高判平 4・10・30 判時 1440・158 …… *395*
札幌高判平 4・10・30 判タ 817・215 …… *306*
最決平 4・11・27 刑集 46・8・623 ……… *244*
東京高判平 5・2・1 判時 1476・163 …… *180, 186, 190, 244*
東京高判平 5・2・25 判タ 823・252 ……… *291*
仙台高判平 5・3・15 高刑集 46・1・13 …… *860*
大阪地判平 5・3・25 判タ 831・246 ……… *832*
名古屋地判平 5・4・22 判タ 840・234 …… *651*

東京地判平 5・6・17 判タ 823・265 ………467
札幌地判平 5・6・28 判タ 838・268 ………293
東京高判平 5・6・29 高刑集 46・2・189
　………………………………………395, 469
東京高判平 5・7・7 判時 1484・140 ………180
東京高判平 5・7・7 高刑集 44・1＝12・53
　………………………………………184, 186
大阪高判平 5・7・7 高刑集 46・2・220………490
最決平 5・10・5 刑集 47・8・7 ……………606
宇都宮地判平 5・10・6 判タ 843・258 ………852
名古屋地判平 6・1・18 判タ 858・272 ……45, 46
大阪地判平 6・1・28 判タ 841・283 ………468
最決平 6・3・29 刑集 48・3・1 ……………830
仙台地判平 6・3・31 判時 1513・175 ……185, 186, 191
福岡高判平 6・6・21 判タ 874・286 ………293
最決平 6・7・19 刑集 48・5・190 …………299
東京高判平 6・8・4 判時 1524・151 ………651
東京高判平 6・8・17 判時 1549・134 ………651
東京高判平 6・9・12 判時 1545・113 ……288, 415
最決平 6・11・29 刑集 48・7・453 ………608, 637
東京地判平 7・2・13 判時 1529・158………396
最大判平 7・2・22 刑集 49・2・11 ………834, 837, 840
横浜地判平 7・3・28 判時 1530・28 ………33
千葉地判平 7・6・2 判時 1535・144 ………805
大阪高判平 7・6・6 判時 1554・160 ………320
名古屋地判平 7・6・6 判時 1541・144 ……32
札幌高判平 7・6・29 判時 1551・142 ………307
高松高判平 7・6・30 判時 1571・148 ……135
東京高判平 7・9・21 判時 1561・138 ……400
名古屋地判平 7・10・21 判時 1552・153 ……194
福岡高那覇支判平 7・10・26 判時 1555・140
　………………………………………184, 244
名古屋地判平 7・10・31 判時 1552・153 ……183
那覇地沖縄支判平 7・10・31 判時 1571・153
　…………………………………………………97
岡山地判平 7・11・20 判時 1552・156 ……600
千葉地判平 8・1・29 判時 1583・156 ……806
最決平 8・2・6 刑集 50・2・129……………465
東京地判平 8・3・22 判時 1568・35 ………23
東京地判平 8・3・27 判時 1600・158 ……581
東京地判平 8・3・28 判時 1598・158………688

東京地判平 8・4・22 判時 1597・151 …692, 702
最判平 8・4・26 民集 50・5・1267……345, 415
横浜地判平 8・5・9 判時 1578・150 ………338
広島高岡山支判平 8・5・22 判時 1572・150
　………………………………………600, 620
大阪地判平 8・7・8 判タ 960・293 …609, 620
東京高判平 8・8・7 東高刑時報 47・3・103 …59
福岡高判平 8・11・21 判時 1594・153 ……344
名古屋地判平 9・1・10 判時 1627・158……397
大阪地判平 9・2・25 判時 1625・133 ……400
京都地判平 9・5・9 判時 1613・157 ………645
大阪地判平 9・8・20 判時 995・286 ………61
秋田地判平 9・9・2 判時 1635・168 ………753
大阪地判平 9・9・22 判時 997・293 ………364
京都地判平 9・9・24 判時 1638・160 …692, 702
大阪地判平 9・10・3 判タ 980・285 ………247
名古屋地判平 9・10・16 判時 974・260 ……576
最決平 9・10・21 刑集 51・9・755……………528
大阪地堺支判平 9・10・27 刑集 57・3・351
　…………………………………………………416
岡山地判平 9・12・15 判時 1641・158……692, 702
大阪高判平 10・3・18 判タ 1002・290……345, 346, 416
山形地判平 10・3・20 公刊物未登載 ………703
東京地判平 10・6・4 判時 1650・155 …23, 541
富山地判平 10・6・19 判タ 980・278 ……359
横浜地相模原支判平 10・7・10 判時 1650・160
　…………………………………………………440
最判平 10・7・14 刑集 52・5・343…………776
大阪高判平 10・7・16 判時 1647・156 ……28
最決平 10・11・4 刑集 52・8・542……………777
札幌地判平 10・11・6 判時 1659・154……803, 807
最決平 10・11・25 刑集 52・8・570 ………464
大阪地判平 11・3・19 判タ 1034・283 ……703
青森地弘前支判平 11・3・30 判時 1694・157
　………………………………………243, 244
大阪地堺支判平 11・4・22 判時 1687・157
　…………………………………………………318
東京高判平 11・6・9 判時 1700・168 ……457
大阪高判平 11・7・16 判タ 1064・243 ……308
大阪高判平 11・8・26 判時 1692・148……692, 702, 703
最決平 11・10・20 刑集 53・7・641 ………838

青森地判平 11・11・8 刑集 57・11・1092…346
最決平 11・12・9 刑集 53・9・1117 ……296
最決平 11・12・20 刑集 53・9・1495……605
最決平 12・2・17 刑集 54・2・38 …………241
東京高判平 12・2・21 判時 1740・107 ……174
仙台高判平 12・2・22 高刑集 53・1・21 …321
最決平 12・3・22 刑集 54・3・119………838
最決平 12・3・27 刑集 54・3・402……344, 381
福岡高判平 12・5・9 判時 1728・159 ………43
東京高判平 12・5・15 判時 1741・157 ……282
岡山地判平 12・6・30 公刊物未登載 ………693
横浜地川崎支判平 12・7・6 研修 628・119
　　　　　　　　　　　　　　　　693, 701
福岡高判平 12・9・21 判タ 1064・229 ……247
最決平 12・12・15 刑集 54・9・923 ………297
最決平 12・12・15 刑集 54・9・1049………297
東京地判平 12・12・21 刑集 60・10・874…778
大阪高判平 13・3・14 判タ 1076・297……282, 496
名古屋地判平 13・3・30 公刊物未登載 ……290
富山地判平 13・4・19 判タ 1081・291………43
仙台高判平 13・4・26 刑集 57・11・1132…346
最判平 13・7・16 刑集 55・5・317 ………695
最決平 13・7・19 刑集 55・5・371 ………376
名古屋高判平 13・9・27 高検速報 13・179
　　　　　　　　　　　　　　　　　　290
最判平 13・11・5 刑集 55・6・546 …437, 438
福岡地判平 14・1・17 判タ 1097・305 ……531
最決平 14・2・8 刑集 56・2・71 …………384
最判平 14・2・14 刑集 56・2・86 …………321
宮崎地判平 14・3・26 判タ 1115・284 ……121
名古屋高判平 14・4・8 高刑速 14・127 …359
東京地判平 14・4・17 判時 1800・157 ……160
大阪地判平 14・4・30 判タ 1129・268
　　　　　　　　　　　　　　　　843, 844
津地判平 14・5・8 判時 1790・159 …………72
最決平 14・7・1 刑集 56・6・265 ……478, 480
大阪地堺支判平 14・7・8 判時 1790・161 …72
函館地判平 14・9・17 判時 1818・176………70
金沢地判平 14・9・25 判タ 1123・283………70
最決平 14・9・30 刑集 56・7・395 ………241
大阪地判平 14・9・30 刑集 60・1・113 ……843
最決平 14・10・21 刑集 56・8・670 ………344
最決平 14・10・22 刑集 56・8・690 ………837
岐阜地判平 14・12・17 研修 664・129 ………50

最決平 15・1・14 刑集 57・1・1……………857
東京高判平 15・1・29 判時 1835・157 ……831
東京高判平 15・1・29 判時 1838・155 ……347
大津地判平 15・1・31 判タ 1134・311 ……311
東京高判平 15・1・31 判時 1838・158 ……639
広島高判平 15・2・4LEX/DB ………………333
最判平 15・2・18 刑集 57・2・161 ………467
札幌地判平 15・2・27 判タ 1143・122 ……460
最決平 15・3・11 刑集 57・3・293 ………234
最決平 15・3・12 刑集 57・3・322 ………416
最決平 15・3・18 刑集 57・3・172 ………457
最決平 15・3・18 刑集 57・3・371 ………155
東京地判平 15・3・31 判タ 1126・287 ……320
大阪地判平 15・4・11 判タ 1126・284 ……170
最決平 15・4・14 刑集 57・4・445 ………538
最大判平 15・4・23 刑集 57・4・467………440
東京地判平 15・5・20 刑集 62・3・340……840
最決平 15・6・2 刑集 57・6・749 …………557
名古屋高判平 15・6・2 判時 1834・161 ……164
最判平 15・7・10 刑集 57・7・903 ………132
最決平 15・7・16 刑集 57・7・950 …………53
神戸地判平 15・7・17LEX/DB ………………62
福岡高判平 15・8・29 高検速報 153 ………21
鹿児島地判平 15・9・2LEX/DB ……………50
最決平 15・10・6 刑集 57・9・987 ………638
甲府地判平 15・12・4LEX/DB ………………72
最決平 15・12・9 刑集 57・11・1088…346, 386
最決平 15・12・18 刑集 57・11・1167 ……637
大阪高判平 15・12・19 刑集 60・1・146 …843
東京地判平 15・12・24 判時 1908・47 ……771
京都地判平 16・1・9LEX/DB …………………286
東京地判平 16・1・13 判時 1853・151 ……707
最決平 16・1・20 刑集 58・1・1 ……………22
旭川地判平 16・1・29LEX/DB ……………308
宮崎地都城支判平 16・2・5 判時 1871・147
　　　　　　　　　　　　　　　　　　286
最決平 16・2・9 刑集 58・2・89 …………364
最決平 16・2・17 刑集 58・2・169…………53
大阪高判平 16・2・19 判時 1878・155
　　　　　　　　　　　　　　　　304, 320
広島高判平 16・3・23LEX/DB ……………170
東京地判平 16・4・20 判時 1877・154………43
大阪高判平 16・4・22 判タ 1169・3 ………209
千葉地判平 16・5・7 判タ 1159・1181………69
最決平 16・7・7 刑集 58・5・309 …………357

最決平 16・8・25 刑集 58・6・515 ………… *268*
札幌高判平 16・10・29 判タ 1199・296 …… *359*
札幌地判平 16・11・5 刑集 64・6・900 …… *841*
大阪地判平 16・11・17 判タ 1166・114 …… *329*
最決平 16・11・30 刑集 58・8・1005 …… *283*, *348*, *381*
最判平 16・12・10 刑集 58・9・1047 …… *321*, *322*
東京地八王子支判平 16・12・16 刑集 62・5・1337 ……………………………………… *187*
千葉地判平 17・2・3 判タ 1194・347 ………… *322*
最決平 17・3・11 刑集 59・2・1 ……………… *838*
横浜地判平 17・3・25 刑集 63・11・2057 … *34*
最判平 17・3・29 刑集 59・2・54 ……………… *43*
東京地平 17・4・6 刑時 1931・166 ………… *528*
最判平 17・4・14 刑集 59・3・283 … *131*, *405*
東京高判平 17・4・28 刑集 60・10・902 … *778*
富山地判平 17・6・13LEX/DB ……………… *27*
最決平 17・7・4 刑集 59・6・403 …………… *123*
東京高判平 17・8・16 判タ 1194・289 ……… *322*
札幌高判平 17・8・18 判時 1923・160 …… *797*
東京高判平 17・9・28 東高刑時報 56・1 = 12・59 …………………………………………… *798*
最決平 17・10・7 刑集 59・8・1086 ……… *449*
津地判平 17・11・28 判タ 1216・318 ……… *565*
最決平 17・12・6 刑集 59・10・1901 ……… *148*
東京高判平 17・12・9 刑集 62・5・1376 …… *187*
東京地判平 17・12・16 金融法務事情 1814・49 ……………………………………………… *417*
東京高判平 17・12・19 刑集 62・3・507 …… *840*
最決平 18・1・17 刑集 60・1・29 …… *493*, *494*
最決平 18・1・23 刑集 60・1・67 …………… *843*
東京高判平 18・2・14LEX/DB ……………… *580*
最決平 18・2・14 刑集 60・2・165 ………… *395*
千葉地判平 18・2・14 判タ 1214・315 ……… *68*
東京高判平 18・2・24LEX/DB ……………… *173*
最判平 18・3・14 刑集 60・3・363 …………… *72*
最決平 18・3・27 刑集 60・3・382 ………… *132*
大阪地判平 18・4・10 判タ 1221・317 …… *336*
最決平 18・5・16 刑集 60・5・413 ………… *706*
東京地判平 18・5・30 刑集 65・5・811 …… *244*
最決平 18・8・30 刑集 60・6・479 ………… *298*
静岡地判平 18・8・31 判タ 1223・306 ……… *71*
札幌高判平 18・8・31 判タ 1229・116 …… *460*
広島高判平 18・10・31LEX/DB …………… *664*

東京高判平 18・10・18 判時 1952・96 …… *417*
最決平 18・11・21 刑集 60・9・770 ………… *807*
最決平 18・12・13 刑集 60・10・867 ……… *778*
徳島家決平 19・2・21 家月 59・6・73 …… *287*
東京高判平 19・2・28 判タ 1237・153 … *34*, *35*
札幌地判平 19・3・7LEX/DB〔DB では「19・3・1」と誤記〕 …………………………… *352*
最決平 19・3・20 刑集 61・2・66 ………… *490*
最決平 19・4・13 刑集 61・3・340 ………… *286*
広島高岡山支判平 19・4・18LEX/DB ……… *58*
佐賀地判平 19・5・8 判タ 1248・344 ……… *70*
最決平 19・7・2 刑集 61・5・379 …… *187*, *243*
最決平 19・7・17 刑集 61・5・521 ………… *356*
松山地判平 19・7・19LEX/DB ……………… *294*
名古屋高判平 19・8・9 判タ 1261・346 … *282*, *294*
広島高判平 19・9・11LEX/DB …… *494*, *529*
東京高判平 19・9・26 判タ 1268・345 …… *168*
大阪地判平 19・10・15 判タ 1274・345 …… *184*
東京高判平 19・12・7 刑時 1991・30 ……… *467*
福岡地判平 20・1・8LEX/DB ………… *68*, *78*
最決平 20・1・22 刑集 62・1・1 …………… *175*
最決平 20・2・18 刑集 62・2・37 ………… *410*
東京地判平 20・2・26 刑集 64・6・951 …… *841*
東京地平 20・2・29 判時 2009・151 ……… *221*
最判平 20・3・4 刑集 62・3・123 ………… *573*
大阪地判平 20・3・14 判タ 1279・337 …… *440*
大阪地判平 20・3・17LEX/DB ……………… *854*
札幌地判平 20・3・19LEX/DB ……………… *360*
東京高判平 20・3・19 判タ 1274・342 …… *308*
東京地判平 20・3・25LEX/DB ……………… *351*
最決平 20・3・27 刑集 62・3・250 … *840*, *851*
大阪高判平 20・4・11 刑集 63・6・606 …… *184*
最判平 20・4・11 刑集 62・5・1217 ……… *187*
大阪地判平 20・4・17LEX/DB ……………… *360*
東京高判平 20・4・23 公刊物未載 ………… *771*
最決平 20・5・19 刑集 62・6・1623 ……… *468*
東京高判平 20・5・29 判時 2010・47 …… *244*
仙台地判平 20・6・3LEX/DB ………………… *53*
東京地判平 20・7・4LEX/DB ……………… *467*
東京地判平 20・7・18 判タ 1306・311 …*600*, *610*
東京地判平 20・8・8 刑集 66・10・1138 … *847*
東京地判平 20・9・8 判タ 1303・309 ……… *58*
仙台簡判平 20・9・22 刑集 63・5・468 …… *287*
最判平 20・10・10 民集 62・9・2361 ……… *417*

神戸地判平 20・10・14LEX/DB ………… *194*
大阪高判平 20・11・7 刑集 63・3・323 …… *440*
高松高判平 20・12・18 高刑集 61・4・15 … *627*
神戸地判平 20・12・26LEX/DB ………… *798*
仙台高判平 21・1・27 刑集 63・5・470 …… *287*
東京高判平 21・1・30 判タ 1309・91 ……… *221*
静岡地浜松支判平 21・2・16LEX/DB ……… *47*
東京高判平 21・3・6 判タ 1304・132＝高刑集
　62・1・23 …………………………………… *351*
最決平 21・3・6 刑集 63・3・291 ………… *430*,
　　　　　　　　　　　　　　　　　440, *442*
東京高判平 21・3・12 高刑集 62・1・21＝判タ
　1304・302 ………………………………… *239*
最決平 21・3・16 刑集 63・3・381 ………… *855*
奈良地判平 21・4・15 判時 2048・135 …… *201*
神戸地判平 21・4・17LEX/DB …………… *45*
大阪高判平 21・5・13LEX/DB …………… *194*
福岡高判平 21・5・15 刑集 65・7・1260 …… *68*
札幌地判平 21・6・16LEX/DB …………… *705*
横浜地判平 21・6・25 判タ 1308・412 …… *334*
最決平 21・6・29 刑集 63・5・461 ………… *287*
最決平 21・7・13 刑集 63・6・590 ………… *184*
大津地判平 21・7・16 判タ 1317・282 …… *173*
京都地判平 21・8・21 刑集 66・1・73 …… *42*
東京高判平 21・10・14 刑集 66・9・990 … *847*
東京高判平 21・11・9 刑集 63・9・1117 …… *460*
東京高判平 21・11・16 判タ 2103・158 …… *314*
東京高判平 21・11・30 刑集 63・9・1765 …… *188*
東京高判平 21・12・7 刑集 63・11・1899 …… *34*
大阪高判平 21・12・17 刑集 66・4・471 … *201*
東京地判平 21・12・22 判タ 1333・282 …… *292*
大阪地判平 22・1・8 判タ 1322・269 …… *413*
大阪高判平 22・2・2 刑集 66・1・76 …… *42*
最決平 22・3・15 刑集 64・2・1 ………… *221*
最決平 22・3・17 刑集 64・2・111 ……… *383*
名古屋地判平 22・4・12LEX/DB ………… *352*
東京高判平 22・4・20 東高刑判時報 61・1～
　12・70 ……………………………………… *289*
東京高判平 22・6・9 判タ 1353・252 …… *79*
東京地判平 22・7・7 判時 2111・138 …… *51*
大阪高判平 22・7・21LEX/DB …………… *122*
最決平 22・7・29 刑集 64・5・829 ………… *356*
大阪高判平 22・8・2LEX/DB …………… *122*
東京地判平 22・8・25LLI/DB …………… *649*
東京地判平 22・9・6 判タ 2112・139 …… *609*

最決平 22・9・7 刑集 64・6・865 …… *841*, *852*
広島地判平 22・11・1LEX/DB …………… *832*
松山高判平 22・12・1LE・DB …………… *402*
東京高判平 22・12・10 判タ 1375・246 …… *69*
東京高判平 23・1・25 高刑集 64・1・1 …… *333*
さいたま地判平 23・2・14 刑集 67・4・505 … *77*
名古屋高判平 23・2・14LEX/DB ………… *300*
松山高判平 23・3・24 刑集 66・11・1299 … *59*
大阪地判平 23・4・12 判タ 1398・374 …… *804*
東京高判平 23・4・18LEX/DB …………… *121*
京都地判平 23・4・21LEX/DB …………… *231*
大阪高判平 23・4・28LEX/DB …………… *137*
横浜地判平 23・5・11 判タ 1376・220 …… *566*
広島高判平 23・6・30LEX/DB …………… *832*
最判平 23・7・7 刑集 65・5・619 ………… *244*
仙台高判平 23・7・12LEX/DB …………… *294*
東京高判平 23・7・20 判タ 1393・366 …… *486*
静岡地判平 23・10・4LEX/DB …………… *120*
最決平 23・10・31 刑集 65・7・1138 … *66*, *69*
高松高判平 23・11・15 刑集 66・11・1324
　………………………………………………… *59*
東京高判平 23・11・17 刑集 67・4・532 …… *77*
大阪高判平 23・11・28 判タ 1373・250 …… *97*
神戸地判平 23・11・29LEX/DB ………… *171*
最決平 23・12・6 判時 2154・138 ………… *771*
宇都宮地判平 23・12・19LEX/DB ………… *66*
最決平 24・1・30 刑集 66・1・36 ………… *42*
最決平 24・2・13 刑集 66・4・405 ………… *201*
大阪高判平 24・2・23LEX/DB …………… *231*
最決平 24・2・23LEX/DB ………………… *231*
名古屋地判平 24・3・12LEX/DB ………… *65*
大阪高判平 24・3・13 判タ 1387・376 …… *44*
鹿児島地判平 24・3・19 判タ 1374・242 …… *311*
東京高判平 24・3・26 東高刑時報 63・1＝
　12・42 ……………………………………… *486*
東京高判平 24・4・11LEX/DB …………… *269*
名古屋地判平 24・4・12 刑集 68・3・674 … *353*
宮崎地判平 24・5・21 刑集 68・3・628 …… *353*
横浜地川崎支判平 24・5・23 判時 2156・144
　………………………………………………… *348*
東京地判平 24・6・25 判タ 1384・363 …… *397*
京都地判平 24・7・3LEX/DB …………… *680*
最決平 24・7・9 判時 2166・140 ………… *702*
さいたま地判平 24・7・17LEX/DB ……… *39*
最判平 24・7・24 刑集 66・8・709 ………… *43*

福岡高判平 24・10・4LEX/DB …………334	東京高判平 25・6・11 判特 2214・127 ………79
最決平 24・10・9 刑集 66・10・981 ………410	札幌高判平 25・7・11LEX/DB …………55
最決平 24・10・15 刑集 66・10・990………847	名古屋地判平 25・7・12LEX/DB …………62
最決平 24・11・6 刑集 6・11・1281…………59	大阪高判平 25・9・30LEX/DB …………65
福岡高判平 24・12・6 刑集 68・3・636……353	千葉地判平 25・11・8LEX/DB …………680
東京高判平 24・12・13 高刑集 65・2・21…356	横浜地判平 25・11・22LEX/DB …………396
札幌地判平 24・12・14 判タ 1390・368 ……55	最決平 26・3・17 刑集 68・3・368 ………52
大分地判平 25・1・18LEX/DB …………320	京都地判平 26・3・25LEX/DB …………352
東京高判平 25・2・22 高刑集 66・1・3 ……71	判平 26・3・28 刑集 68・3・582………353
京都地判平 25・2・19LEX/DB …………65	最決平 26・3・28 刑集 68・3・646………353
東京高判平 25・2・22 高刑集 66・1・6……704	最決平 26・4・7 判時 2228・129…………354
最決平 25・4・15 刑集 67・4・505 …………77	福岡地判平 26・4・23LEX/DB …………173
名古屋高判平 25・4・23 刑集 68・3・686…353	函館地判平 26・4・30LEX/DB …………32
名古屋地判平 25・6・10 判時 2198・142……68	大阪地判平 26・5・27LEX/DB …………444

著者略歴
山中敬一（やまなか けいいち）
- 1947年　大阪府生まれ
- 1970年　関西大学法学部卒業
- 1975年　京都大学大学院博士課程単位取得退学
- 1985年　関西大学法学部教授
- 1999年　博士（法学）、京都大学
- 2004年　関西大学法科大学院教授
  - 旧司法試験考査委員（1994-2002）
  - 新司法試験考査委員（2006-2007）

主要著書
- 刑法における因果関係と帰属（1984・成文堂）
- 正当防衛の限界（1985・成文堂）
- 論考大津事件（1994・成文堂）
- 刑事法入門（改訂版）（1996・成文堂）
- 経済刑法の形成と展開〔共著〕（1996・同文館）
- 刑法総論〔共著〕（改訂版）（1997・青林書院）
- 刑法における客観的帰属の理論（1997・成文堂）
- 刑法総論Ⅰ・Ⅱ（1999・成文堂）
- 刑法各論〔共著〕（補正版）（2000・青林書院）
- 中止未遂の研究（2001・成文堂）
- ロースクール講義刑法総論（2005年・成文堂）
- 刑法概説Ⅰ（総論）・Ⅱ（各論）（2008・成文堂）
- Strafrechtsdogmatik in der japanischen Risikogesellschaft, 2008, Nomos-Verlag
- 犯罪論の機能と構造（2010・成文堂）
- Geschichte und Gegenwart der japanischen Strafrechtswissenschaft, 2012, de Gruyter
- 医事刑法概論Ⅰ（2014・成文堂）
- 刑法総論（第3版）（2015・成文堂）

刑法各論〔第3版〕

2004年 9月20日　初　版第1刷発行
2009年 3月20日　第2版第1刷発行
2015年12月20日　第3版第1刷発行

著　者　山　中　敬　一

発行者　阿　部　成　一

〒162-0041　東京都新宿区早稲田鶴巻町514番地
発 行 所　株式会社　成 文 堂
電話 03(3203)9201　FAX 03(3203)9206
http://www.seibundoh.co.jp

製版・印刷　シナノ印刷　　　製本　佐抜製本
©2015 K. Yamanaka　Printed in Japan
☆落丁本・乱丁本はおとりかえいたします☆
ISBN978-4-7923-5166-3 C3032　検印省略

定価（本体7000円＋税）